Christian Schramm
Alltagsexegesen

STUTTGARTER BIBLISCHE BEITRÄGE
61

Herausgegeben von
Michael Theobald und Frank-Lothar Hossfeld

Christian Schramm

Alltagsexegesen

Sinnkonstruktion und Textverstehen in alltäglichen Kontexten

kbw bibelwerk

D6

www.bibelwerk.de

ISBN 978-3-460-00611-9
Alle Rechte vorbehalten
© 2008 Verlag Katholisches Bibelwerk GmbH, Stuttgart
Druck: E&B-printware, Karlsruhe

Inhaltsverzeichnis

Abkürzungsverzeichnis und Legende.. 10

VorWort 11

EinBlick
Wider ein Einbahnstraßen-Denken – Mögliche Wege aus einer exegetischen Sackgasse.. 13
1   Auslegungsprofis zu Gast bei Amateuren – Ein klassisches Selbstverständnis der wissenschaftlichen Exegese mit problematischen Konsequenzen............... 13
2   Die Entdeckung von Alltagsexegesen für die exegetische Forschung – Ein Weg aus der Krise?.. 18
3   Wie verstehst du, wenn du liest? – Die Hauptfrage eines interdisziplinären Forschungsprojektes... 21
4   Eine erste Sondierung – Kurze Skizze des Forschungsstandes........................ 24
5   Ein kurzer Vorausblick – Zum Aufbau der vorliegenden Arbeit...................... 28

Teil I
Nicht auf Sand gebaut – Das methodisch-theoretische Fundament................ 29
1   Alltagsexegese = Bibelverstehen jenseits des luftleeren Raumes – Exegetische Praxis trifft soziologische Theorie.. 29
   1.1   Konjunktiv vs. kommunikativ – Ein Erfahrungsraum macht (wissens-)soziologisch Karriere 30
   1.2   Wo fünf oder sechs ... – Die Gruppe als geeigneter Forschungsort........... 35
   1.3   Der Orientierungsrahmen in seinen Bestandteilen und seiner alltagsexegetischen Bedeutung... 39
2   Erneute Kooperation der Disziplinen zum Zwecke der Datenerhebung: Das Gruppendiskussionsverfahren sozialempirisch fundiert und exegetisch akzentuiert.. 42
   2.1   Wer weiß, was er sucht, ist klar im Vorteil! – Ein Kriterienkatalog für die Gruppenauswahl 42
   2.2   Welcher Kontrast in welcher Gemeinsamkeit? – Parameter für die Gruppenauswahl 48
   2.3   Der Zwölfer-Kreis ist komplett – Die Gruppenzusammenstellung............ 51
   2.4   Reden ist Silber, Diskutieren ist Gold! – Das Gruppendiskussionsverfahren als Datenerhebungsmethode in allgemeiner Theorie............... 53
   2.5   Die Diskussion möge beginnen! – Das Gruppendiskussionsverfahren in konkreter Praxis.. 58
   2.6   Wir haben Ihnen mitgebracht ... – Zwei Bibeltexte in forschender Mission 65
3   Das Prinzip des *Wiederkäuens* – Datenauswertung mal so, mal so................. 71
   3.1   Da dokumentiert sich was! – Die dokumentarische Methode der Interpretation auf soziologischer Seite.. 72
   3.2   Selbst ist der Mann! – Entwicklung einer eigenen Auswertungsmethode auf exegetischer Seite 75
      Schritt A: Methodisches Vorgehen... 77
      Schritt B: Textwahrnehmung und Hypertextrekonstruktion 91
      Schritt C: Positionierung (Identifikation/Kritik) 112
      Schritt D: Strategien der Sinnkonstruktion und des Textverstehens......... 114
   3.3   Die Frage nach dem Warum – Ein Blick auf den Orientierungsrahmen... 117

4 Was sich herauskristallisiert ... – Auf der Suche nach grundsätzlichen Lesestrategien.. 120
5 Statt einer Überleitung: Einige exegetische Vor- bzw. Nachbereitungen.......... 122
   5.1 Von Schlägen und von der Feindesliebe: Mt 5,38–48....................... 123
   5.2 Jesus und die blutflüssige Frau: Mk 5,24b–34................................ 127

Teil II
Alltagsexegesen konkret unter die Lupe genommen –
Empirisch-rekonstruktive Auswertungen mit exegetischem Interesse 132
1 Es werde Text! – Einleitende Anmerkungen zur Transkription 132
2 Von Gruppe zu Gruppe verschieden – Detaillierte Einzelfallauswertungen 135
   2.1 Gruppe „Kultur" 135
       2.1.1 Kurze Fallbeschreibung 135
       2.1.2 Auswertungen unter exegetischer Perspektive 137
             (A_{Mt}) 137 (B_{Mt}) 137 (C_{Mt}) 146 (A_{Mk}) 150 (B_{Mk}) 150 (C_{Mk}) 160 (D) 162
       2.1.3 Ein Blick auf den Orientierungsrahmen 164
             a. Orientierungsrahmen 164   b. Annäherungen 166
   2.2 Gruppe „Gewerkschaft" 167
       2.2.1 Kurze Fallbeschreibung 167
       2.2.2 Auswertungen unter exegetischer Perspektive 169
             (A_{Mt}) 169 (B_{Mt}) 172 (C_{Mt}) 179 (A_{Mk}) 181 (B_{Mk}) 182 (C_{Mk}) 189 (D) 193
       2.2.3 Ein Blick auf den Orientierungsrahmen 195
             a. Orientierungsrahmen 195   b. Annäherungen 197
   2.3 Gruppe „KSJ" 198
       2.3.1 Kurze Fallbeschreibung 198
       2.3.2 Auswertungen unter exegetischer Perspektive 200
             (A_{Mt}) 200 (B_{Mt}) 202 (C_{Mt}) 209 (A_{Mk}) 210 (B_{Mk}) 212 (C_{Mk}) 218 (D) 219
       2.3.3 Ein Blick auf den Orientierungsrahmen 220
             a. Orientierungsrahmen 220   b. Annäherungen 223
   2.4 Gruppe „Bibelkreis" 224
       2.4.1 Kurze Fallbeschreibung 224
       2.4.2 Auswertungen unter exegetischer Perspektive 226
             (A_{Mt}) 226 (B_{Mt}) 228 (C_{Mt}) 239 (A_{Mk}) 241 (B_{Mk}) 243 (C_{Mk}) 256 (D) 260
       2.4.3 Ein Blick auf den Orientierungsrahmen 262
             a. Orientierungsrahmen 262   b. Annäherungen 264
   2.5 Gruppe „CVJM" 265
       2.5.1 Kurze Fallbeschreibung 265
       2.5.2 Auswertungen unter exegetischer Perspektive 266
             (A_{Mt}) 266 (B_{Mt}) 269 (C_{Mt}) 273 (A_{Mk}) 274 (B_{Mk}) 275 (C_{Mk}) 282 (D) 285
       2.5.3 Ein Blick auf den Orientierungsrahmen 286
             a. Orientierungsrahmen 286   b. Annäherungen 288
   2.6 Gruppe „Hauskreis" 289
       2.6.1 Kurze Fallbeschreibung 289
       2.6.2 Auswertungen unter exegetischer Perspektive 290
             (A_{Mt}) 290 (B_{Mt}) 291 (C_{Mt}) 298 (A_{Mk}) 299 (B_{Mk}) 300 (C_{Mk}) 308 (D) 310
       2.6.3 Ein Blick auf den Orientierungsrahmen 312
             a. Orientierungsrahmen 312   b. Annäherungen 313

Inhaltsverzeichnis 7

2.7 Gruppe „SOLID".. 315
    2.7.1 Kurze Fallbeschreibung... 315
    2.7.2 Auswertungen unter exegetischer Perspektive...................... 317
          (A_{Mt}) 317 (B_{Mt}) 318 (C_{Mt}) 323 (A_{Mk}) 325 (B_{Mk}) 325 (C_{Mk}) 329 (D) 332
    2.7.3 Ein Blick auf den Orientierungsrahmen................................ 333
          a. Orientierungsrahmen $_{333}$ b. Annäherungen $_{335}$
2.8 Gruppe „Kirchenmänner"... 336
    2.8.1 Kurze Fallbeschreibung... 336
    2.8.2 Auswertungen unter exegetischer Perspektive...................... 337
          (A_{Mt}) 337 (B_{Mt}) 337 (C_{Mt}) 344 (A_{Mk}) 346 (B_{Mk}) 347 (C_{Mk}) 355 (D) 358
    2.8.3 Ein Blick auf den Orientierungsrahmen................................ 359
          a. Orientierungsrahmen $_{359}$ b. Annäherungen $_{361}$
2.9 Gruppe „Posaunenchor"... 363
    2.9.1 Kurze Fallbeschreibung... 363
    2.9.2 Auswertungen unter exegetischer Perspektive...................... 365
          (A_{Mt}) 365 (B_{Mt}) 366 (C_{Mt}) 370 (A_{Mk}) 372 (B_{Mk}) 372 (C_{Mk}) 376 (D) 378
    2.9.3 Ein Blick auf den Orientierungsrahmen................................ 380
          a. Orientierungsrahmen $_{380}$ b. Annäherungen $_{382}$
2.10 Gruppe „Montagskreis".. 383
    2.10.1 Kurze Fallbeschreibung... 383
    2.10.2 Auswertungen unter exegetischer Perspektive...................... 385
          (A_{Mt}) 385 (B_{Mt}) 387 (C_{Mt}) 397 (A_{Mk}) 399 (B_{Mk}) 402 (C_{Mk}) 410 (D) 413
    2.10.3 Ein Blick auf den Orientierungsrahmen................................ 414
          a. Orientierungsrahmen $_{414}$ b. Annäherungen $_{416}$
2.11 Gruppe „Theologinnen"... 418
    2.11.1 Kurze Fallbeschreibung... 418
    2.11.2 Auswertungen unter exegetischer Perspektive...................... 419
          (A_{Mt}) 419 (B_{Mt}) 424 (C_{Mt}) 430 (A_{Mk}) 431 (B_{Mk}) 434 (C_{Mk}) 439 (D) 441
    2.11.3 Ein Blick auf den Orientierungsrahmen................................ 443
          a. Orientierungsrahmen $_{443}$ b. Annäherungen $_{445}$
2.12 Gruppe „AI".. 446
    2.12.1 Kurze Fallbeschreibung... 446
    2.12.2 Auswertungen unter exegetischer Perspektive...................... 448
          (A_{Mt}) 448 (B_{Mt}) 450 (C_{Mt}) 455 (A_{Mk}) 456 (B_{Mk}) 457 (C_{Mk}) 461 (D) 462
    2.12.3 Ein Blick auf den Orientierungsrahmen................................ 463
          a. Orientierungsrahmen $_{463}$ b. Annäherungen $_{465}$
3 Was sich herauskristallisiert ... – Auf der Suche nach grundsätzlichen Lesestrategien.. 466

Teil III
Das haben wir nun davon! – Erkenntnisse und Resultate......................... 473
1 Abgeerntet – Das hermeneutische Beobachtungsfeld Alltagsexegesen 473
    1.1 Eine Rekonstruktion eigener Prägung – Dem konkreten, empirischen Leser von heute auf der Spur 473
    1.2 Virtuelle Hypertext-Konstruktionen und eine Handvoll grundsätzlicher Lesestrategien – Theoriebaustein-Sammlung................ 475
    1.3 Auf die Orientierung kommt es an! – Sinnkonstruktion vor/während/ nach bzw. jenseits der Lektüre 478
    1.4 Statt gelehrter Terminologie – Hermeneutische Beobachtungen hautnah 480

1.5 Ein prall gefüllter Werkzeugkasten, der fleißig und gezielt genutzt wird – Überraschende Endeckungen in methodischer Hinsicht 481
1.6 Nomen est omen – Eine terminologische Zwischenreflexion 483
2 Und die Moral von der Geschicht' – Vorschläge für eine Sanierung der wissenschaftlichen Exegese 490
2.1 Verlasst den universitären Elfenbeinturm! – Mit einem erweiterten Selbstverständnis im Gepäck 491
2.2 Brückenbauer gesucht! – Die ansprechend-verständliche Präsentation wissenschaftlicher Exegese auf dem alltäglichen Laufsteg 495
2.3 Die Menschen dort abholen und ernst nehmen, wo sie lesen und verstehen! – Einige bibelpastorale Anregungen grundlagentheoretischer Art............ 502

AusBlick
„Spieglein, Spieglein an der Wand ..." –
Eine Abschlussreflexion über die wissenschaftliche Exegese 508
1 Was es zu lernen gibt! – Eine Nachhilfestunde in methodischer Hinsicht 508
2 „Was hast du, das du nicht empfangen hast?" (U. Luz) – Der Person des Exegeten/der Exegetin auf der Spur 510
   2.1 Cultural Exegesis 513
   2.2 Autobiographical Biblical Criticism 514
   2.3 Autobiografisches Schreiben/autobiografische Essays 516
3 Außergerichtliche Verständigung statt K.O.-Lösung – Ein mediativer Vorschlag 519

NachWort 523
Literaturverzeichnis 524
Anhang 538
Summary 542

Dem
Theologischen
Studienjahr Jerusalem,
insbesondere
dem 28. und dem 33.

Abkürzungsverzeichnis

Alle Abkürzungen von Zeitschriften, Reihenwerken, Lexika etc. richten sich, soweit dort vorhanden, nach S. SCHWERTNER, Internationales Abkürzungsverzeichnis für Theologie und Grenzgebiete (IATG^2), Berlin ^{2}1992 – mit einer Ausnahme: Die Abkürzung *HBS* wird im Rahmen dieser Arbeit für *Herders Biblische Studien* verwendet und bezeichnet nicht: *Henry Bradshaw Society*.

Weitere verwendete Abkürzungen:

Atlantic monthly = The Atlantic monthly. A magazine of literature, art and politics, Boston (MA).

Biblical Interpretation = Biblical Interpretation. A Journal of Contemporary Approaches, Leiden.

Deutsche Sprache = Deutsche Sprache. Zeitschrift für Theorie, Praxis, Dokumentation, Berlin.

EuS = Ethik und Sozialwissenschaften. Streitforum für Erwägungskultur, Stuttgart.

Forum = Forum. A Journal of the Foundations and Facets of Western Culture, Sonoma (CA).

NET = Neutestamentliche Entwürfe zur Theologie. Hrsg. v. F. Vouga/O. Wischmeyer/H. Zapp.

Orientierung = Orientierung. Kath. Blätter für weltanschauliche Informationen, Zürich.

Semeia = Semeia. An Experimental Journal for Biblical Criticism, Atlanta (GA).

SozW = Soziale Welt. Zeitschrift für sozialwissenschaftliche Forschung und Praxis, Baden-Baden.

ZNT = Zeitschrift für Neues Testament. Das Neue Testament in Universität, Kirche, Schule und Gesellschaft, Tübingen.

ZSE = Zeitschrift für Sozialisationsforschung und Erziehungssoziologie (Journal for sociology of education and socialization), Weinheim [bis 1997; ab 1998: Zeitschrift für Soziologie der Erziehung und Sozialisation (Journal for sociology of education and socialization), Weinheim].

ZThG = Zeitschrift für Theologie und Gemeinde. Veröffentlichungen der Gesellschaft für Freikirchliche Theologie und Publizistik e. V., Hamburg.

Biblische Bücher werden nach den Loccumer Richtlinien zitiert. Biblische Eigen- und Ortsnamen richten sich nach: Die katholischen Bischöfe Deutschlands (Hrsg.), Ökumenisches Verzeichnis der biblischen Eigennamen nach den Loccumer Richtlinien, Stuttgart ^{2}1981.

Legende für verwendete Symbole

✼ = Hinweis auf methodisches Vorgehen der Gruppen
 (vgl. Teil I 3.2 Schritt A: Methodisches Vorgehen)

§ = Hinweis auf Einspielung extratextuellen Materials/auf Verlinkungstätigkeit
 (vgl. Teil I 3.2 Schritt B: Textwahrnehmung und Hypertextrekonstruktion)

VORWORT

„Der Wissenschafts- und Qualifikationsbetrieb zwingt zu ‚Leistungsnachweisen'."[1]
Auch ich habe mich diesem Zwang unterworfen und freue mich, mit diesem Buch nun meinen eigenen wissenschaftlichen Leistungsnachweis vorlegen zu können, der im Sommersemester 2007 von der Katholisch-Theologischen Fakultät der Westfälischen Wilhelms-Universität Münster als Dissertation angenommen worden ist. Der Leistungsnachweis ist zum einen das, was schwarz auf weiß auf dem Papier steht. Zum anderen steckt in dieser Arbeit aber noch ein Plus, das ihr als solcher nicht unmittelbar anzusehen ist: Herzblut, Schweiß, schlaflose Nächte, ausgerauft Haare und unzählige Stunden der intensiven Auseinandersetzung mit einem Thema, das mich mehr als einmal an den Rand der Verzweiflung gebracht hat.

Und jetzt ist es geschafft; Erleichterung macht sich breit. Bei alledem habe ich die Erfahrung gemacht, wie hilfreich und wichtig es ist, menschliche Begleitung auf dem Weg haben zu dürfen. Dafür möchte ich nun Dank sagen. Angefangen bei meinem Doktorvater Prof. Dr. Martin Ebner, bei dem ich nicht nur eine Forschungsstelle, sondern auch zu jeder Zeit ein offenes Ohr für alle Fragen und Probleme gefunden habe. Er ist mir durch seine kritisch-konstruktive und begeisterungsfähige Begleitung bleibend wichtig geworden – herzlichen Dank für alles! Durch die fachkundige Betreuung von Prof. Dr. Dr. Karl Gabriel im Forschungsprojekt „Bibelverständnis in Deutschland", auf dem die vorliegende Forschungsarbeit aufbaut, ist von Anfang an sichergestellt gewesen, dass meine eigenen Forschungen auf einer fundierten soziologischen Basis aufruhen. Zudem hat er die Mühe der Zweitbegutachtung übernommen. Die Zeit im Forschungsprojekt empfand ich stets als angenehm und fruchtbar – nicht zuletzt dank PD Dr. Dr. Helmut Geller und Johanna Erzberger, die mich durch Diskussionen sowie einen korrigierenden Blick auf so manche meiner Hypothesen vorangebracht haben. Und ohne die zur Teilnahme am Forschungsprojekt bereiten Gruppen wäre weder das Projekt noch meine Dissertation möglich gewesen. Die beiden am Forschungsprojekt beteiligten Lehrstühle, das Seminar für Exegese des Neuen Testaments und das Institut für Christliche Sozialwissenschaften, haben mir nicht nur in räumlicher Hinsicht eine Heimat geboten – allen Mitarbeiterinnen und Mitarbeitern gilt mein Gruß.

Daneben erinnere ich mich gerne an die bereichernde Gemeinschaft im neutestamentlichen Oberseminar von Prof. Ebner, wo ich mich menschlich wie wissenschaftlich gut aufgehoben gefühlt habe. Ich hoffe auf eine weitere, nicht nur wissenschaftliche Weggemeinschaft. Prof. Dr. Dr. Alfons Fürst ist zum einen (mit-)*schuld* daran, dass ich nach Münster gekommen bin, zum anderen habe ich als Hilfskraft bei ihm erste Einblicke in den wis-

---

[1] U. LUZ, Was hast du, das du nicht empfangen hast? 299.

senschaftlichen Alltag gewinnen dürfen. Darüber hinaus schätze ich ihn als Gesprächspartner sehr. Die Westfälische Wilhelms-Universität Münster hat mir durch die Gewährung eines Promotionsabschlussstipendiums den zügigen Abschluss meiner Dissertation ermöglicht, wobei Letzteres auch die fleißige Arbeit von Korrekturleserinnen und -lesern voraussetzt: Herzlich gedankt sei an dieser Stelle Markus Lau, Elisabeth Esch-Wermeling sowie Christina Schubert, denen ich mich in tiefer Freundschaft verbunden fühle. Das englische Summary am Ende der Arbeit wäre nicht möglich gewesen ohne die Unterstützung von Dr. Christian Lange (Bamberg) sowie Dr. David Neuhaus SJ (Jerusalem), Valena Elizabeth Beety (Nashville) und Prof. Dr. Gregory Collins OSB (Rom) – thanks for your support.

Meiner Freundin Julia Mathias gilt mein Dank indes nicht nur für Korrektur und Kritik, sondern für so viel mehr. Geteiltes Leid, ist halbes Leid – *mit*geteilte Verzweiflung ist halbe Verzweiflung! Sie hat mir immer sehr geduldig zugehört, auch mein ab und an übersprudelndes Mitteilungsbedürfnis hinsichtlich meiner neuesten Erkenntnisse er- bzw. mitgetragen. Immer kommen konnte ich auch zu meinen Eltern, die mich jederzeit in jederlei Hinsicht unterstützt haben – Danke euch für alles! Auch freue ich mich über meine Verwandten, allen voran meinen Bruder Martin, sowie meine Freunde, die mir trotz zeitweise eingeschränkter sozialer Kommunikationsfähigkeit erhalten geblieben sind – u. a. Claus Tirel.

Herr Prof Dr. Michael Theobald hat dankenswerterweise meine Arbeit in die SBB-Reihe aufgenommen. Ihm sowie dem zuständigen Lektor vom Verlag Katholisches Bibelwerk, Tobias Dulisch, bin ich für die unkomplizierte und kompetente Betreuung beim Prozess der *Buchwerdung* dankbar. Dafür, dass dieses Buch erscheinen kann, ohne dass ich selbst tief in die Tasche greifen muss, bin ich der Deutschen Forschungsgemeinschaft (DFG), dem Erzbistum Bamberg sowie dem Bistum Münster zu Dank verpflichtet für die finanzielle Unterstützung der Veröffentlichung.

Zum Abschluss noch ein Wort zur Widmung: Das Theologische Studienjahr Jerusalem hat mein theologisches Denken und Forschen mehrfach nachhaltig beeinflusst und geprägt – deshalb möchte ich ihm mein wissenschaftliches Erstlingswerk widmen, insbesondere dem 28., durch das ich als Student maßgeblich bereichert worden bin, sowie dem 33., das ich als Studienleiter begleiten durfte und während dessen der Abschluss meiner Arbeit gelang. Ich danke für alles Verständnis (besonders meinem *Chef* Dr. Joachim Negel sowie meinem Kollegen Thomas Fornet-Ponse), für Nachsicht bei sich verzögernden Korrekturen und für eine Atmosphäre im Beit Joseph, in der theologisches Denken, Forschen und Arbeiten – so Gott will – gute Früchte tragen kann.

Halle an der Saale, Ostern 2008
Christian Schramm

EINBLICK
WIDER EIN *EINBAHNSTRASSEN-DENKEN* – MÖGLICHE WEGE AUS EINER EXEGETISCHEN SACKGASSE

1 Auslegungsprofis zu Gast bei Amateuren – Ein klassisches Selbstverständnis der wissenschaftlichen Exegese mit problematischen Konsequenzen

„Ich denk' einmal, das weiß ja der Theologe […] als Allererster, dass man Bibel so nicht lesen kann, sonst müsst' er ja nicht Theologie studieren"[1].

„Tja, dafür gibt's dann auch die Theologen für die Auslegung, ne."[2]

„Natürlich freu' ich mich und bin auch wirklich sehr froh, wenn ich von anderer Seite, ja die, die Auslegung auch mal serviert kriege, nich."[3]

Der studierte Theologe[4] als Experte für die Auslegung der Bibel, als Profi, der mit seiner Fachkompetenz bei Auslegungsproblemen angefragt wird und mit Rat und Tat zur Seite steht – diese Sicht und Aufgabenzuteilung dürfte alle Theologinnen, im Speziellen natürlich alle Exegetinnen, sehr freuen. „Vielen Menschen erscheint die Bibel heute als ein antikes Buch, das ohne die Hilfe von Experten nicht mehr verstanden werden kann […]. ,Sicherheitshalber' wird die Bibel dann oft lieber erst gar nicht alleine, ohne fachkundliche Anleitung aufgeschlagen."[5] „Viele Leser der Bibel suchen daher nach wissenschaftlicher Hilfe, um die *fremden Welten* der biblischen Texte und ihrer Autoren verstehen zu können."[6] Es herrscht teilweise geradezu ein „Gefühl der Unfähigkeit, biblische Texte als Normal-Gläu-

---

[1] Gruppe „Posaunenchor" S. 10, M_1 (vgl. zur Zitation Teil II 1; vgl. zur Gruppe „Posaunenchor" Teil II 2.9). Die zitierten Passagen stammen aus Gruppendiskussionen, die im Rahmen des DFG-Forschungsprojektes „Bibelverständnis in Deutschland" im Zeitraum Juli bis November 2004 durchgeführt worden sind. Aus diesem Projekt ist die vorliegende Dissertation erwachsen. Die hinter dem Projekt stehende Grundidee soll im Rahmen dieser Einleitung Schritt für Schritt entwickelt werden. Im anschließenden Teil I findet sich die zugehörige theoretische und methodische Grundlegung.

[2] Gruppe „Posaunenchor" S. 12, M_1.

[3] Gruppe „Kultur" S. 10, F_2 (vgl. zur Gruppe „Kultur" Teil II 2.1).

[4] Wie in vielen Arbeiten so ist auch in dieser zu Beginn eine grundsätzliche Entscheidung zu treffen, nämlich bzgl. der Frage *Wie hält man es mit der Geschlechterterminologie?* Da ich selbst kein Freund der *Innen* (z. B. TheologInnen) bin und die permanente Benutzung beider Formen (z. B. Theologen/Theologinnen) den Lesefluss z. T. doch erheblich beeinträchtigt, möchte ich weitgehend jeweils nur eine Form verwenden, mich hierbei jedoch nicht auf ein Geschlecht (z. B. immer die maskuline Form) festlegen, d. h.: Im Verlauf dieser Arbeit finden sich mal männliche, mal weibliche Formen (eine Ausnahme stellen natürlich Zitate dar). Sollte es an einzelnen Stellen dezidiert auf ein bestimmtes Geschlecht ankommen, so wird dies ausdrücklich vermerkt werden.

[5] S. A. STRUBE, Diskussionsanstoß 243.

[6] R. HUNING, Bibelwissenschaft 13.

biger selbstständig lesen und verstehen zu können"[7], vor bzw. dies wird vonseiten wissenschaftlicher Exegeten nicht selten unterstellt – wobei hier nicht problematisiert werden soll, ob Eigen- und Fremdwahrnehmung in letzterem Fall wirklich immer deckungsgleich sind.

Denn abgesehen davon, ob (normale) Bibelleser heute sich derart unfähig fühlen, dürfte mit den einleitenden Zitaten ein weit verbreitetes, geradezu klassisch zu nennendes Selbstverständnis der universitär-wissenschaftlichen Exegese gut getroffen sein, das folgendermaßen zu skizzieren ist:[8] Die Bibel lässt sich nicht so einfach bzw. einfach so lesen und schon gar nicht sinnvoll verstehen. Vielmehr braucht es Wissen, Methoden und Erfahrung, um dem (wahren) Sinn auf die Spur kommen zu können. Mit einem Wort: Da müssen Profis ran! Profis, die etwas von der Sache, sprich: der Bibel, verstehen und den Amateuren die richtige Auslegung vermitteln können. Dass diese Auslegungsspezialisten in Sachen *Bibel* in den bibelwissenschaftlich-exegetischen Disziplinen an den Theologischen Fakultäten der Universitäten zu finden sind bzw. hier ihre Ausbildung genossen haben, das ist entsprechend keine Frage. Diese Spezialisten fühlen sich ihrerseits berufen, die *alltagsexegetischen* Amateure auf den Weg zur richtigen Auslegung zu führen – unverzüglich würde man der Bitte nachkommen: „Es wäre ja schön, wenn Sie uns den jetzt richtig deuten könnten."[9]

Mit dieser Grundüberzeugung begegnen wissenschaftlich-universitäre Exegeten als Profis nicht selten den *alltagsexegetischen* Amateuren,[10] in der Nachfolge des Philippus die etwas rhetorisch anmutende Frage auf den Lippen: „Versteht ihr überhaupt, was ihr lest?!" (vgl. Apg 8,30)[11] – und in Erwartung genau der Antwort, die gemäß Apg 8,31 der äthiopische Kämmerer gegeben haben soll: „Wie könnten wir die Bibel verstehen, wenn uns

---

[7] S. A. STRUBE, Diskussionsanstoß 243.
[8] J. KÜGLER, Gegenwart 24 spricht mit Blick auf das oben zu skizzierende *klassische Selbstverständnis* von einem *Traum* mancher Exegeten, die „interpretatorische Fertigmahlzeiten" zum Konsum anbieten (vgl. ders., Zeichen 212).
[9] Gruppe „Montagskreis" S. 29, F₆ (vgl. zur Gruppe „Montagskreis" Teil II 2.10).
[10] Dies setzt voraus, dass wissenschaftliche Exegese nicht als bloße (inneruniversitäre) Forschung an biblischen Texten verstanden wird und ein Vermittlungsauftrag zumindest ansatzweise in den Blick kommt.
[11] Dieses biblische Zitat findet sich mehrfach in den Titeln von Publikationen zum Themengebiet *Verstehen/Hermeneutik*, vgl. beispielsweise T. GREINER, Jugendumfrage (kompletter Titel: „Verstehst Du, was Du liest?" Jugendumfrage zum Thema Bibellesen); B. JANOWSKI, Reflexionen (kompletter Titel: „Verstehst du auch, was du liest?" Reflexionen auf die Leserichtung der christlichen Bibel); K. KERTELGE, Verstehst du auch, was du liest?; P. MÜLLER, Lesen (kompletter Titel: „Verstehst du auch, was du liest?" Lesen und Verstehen im Neuen Testament) sowie bzgl. Möglichkeiten der Bibelarbeit B. ELTROP, Bibelarbeit (kompletter Titel: Verstehst du auch, was du liest? Bibelarbeit in den Gemeinden und Erwachsenenbildung). Vgl. auch O. WISCHMEYER, Lehrbuch 8.

niemand anleitet?!" (vgl. Apg 8,31).[12] Womit die Exegetinnen selbst auf den Plan gerufen wären. Wenn auch nicht in allen Fällen eine bestimmte Interpretation direkt vorgegeben wird, so beschränkt sich der Kontakt von Auslegungsprofis zu Amateuren doch meistens darauf, Anleitung und Hilfestellungen zu geben und die Unwissenden an der eigenen Fachkompetenz teilhaben zu lassen. Für die Auslegung gibt es nun einmal die Theologen respektive die Exegeten und dementsprechend kann nur in sehr eingeschränktem Sinne von einem Austausch zwischen wissenschaftlich-universitärer Exegese und Bibelleserinnen in alltagsweltlichen Kontexten (z. B. Gemeindegruppen, Bibelkreisen, sonstige Interessierte) gesprochen werden. Vielmehr erscheint die Exegese

„als eine Altertumswissenschaft, die wie in einer Einbahnstraße ihr kompliziertes Fachwissen in vereinfachende Vorträge gefaßt den bibelinteressierten EndverbraucherInnen vorstellt. [...] Über sieben Brücken, so scheint es, und auch nur in eine Richtung, führt der Weg von der Exegese zu den bibellesenden EndverbraucherInnen, die [...] die Informationen annehmen oder sich ihnen verweigern. Die Frage nach den Lese- und Rezeptionsgewohnheiten dieser ‚EndverbraucherInnen' erscheint vor dem Hintergrund eines solchen Selbstverständnisses [...] als eine rein praktisch-theologische Aufgabe, die allein für die Vermittlung, nicht aber für die Exegese relevant ist. Wenn jedoch exegetische Detailinformationen und historische Rekonstruktionen praktisch nicht (mehr) interessieren, wird aus der Einbahnstraße der Vermittlung von Fachwissen leicht eine Sackgasse für die Exegese selbst."[13]

„Der Weg von der Exegese zur Bibellektüre in der Gemeinde ist fast ausschließlich eine *Einbahnstrasse*"[14], die nicht selten zur *Sackgasse* wird. Was ist nämlich, wenn die Profis nicht mehr gefragt sind? Was, wenn die Amateure das Desinteresse der Profis an ihnen entsprechend beantworten: nämlich mit Desinteresse?[15]

---

[12] Auch dieser biblische Vers ist als Titel herangezogen worden, vgl. C. CLAUSSEN/R. ZIMMERMANN, Methodenbücher [kompletter Titel: Wie kann ich (verstehen), wenn mich niemand anleitet? (Apg 8,31). Neuere Methodenbücher zur neutestamentlichen Exegese].
[13] S. A. STRUBE, Diskussionsanstoß 243.
[14] U. LUZ, Was hast du, das du nicht empfangen hast? 302.
[15] D. SÄNGER, Verlust 253f. referiert die gleiche Problemanzeige und spricht von einem „gewachsene[n] Desinteresse an neutestamentlicher Exegese" (ebd. 253), das als äußeres Indiz „auf einen tieferen krisenhaften Zustand der in unserem Land betriebenen neutestamentlich-exegetischen Wissenschaft" (ebd. 254) hinweist. J. KÜGLER, Gegenwart 27 weist darauf hin, dass sich die Fachfremden „dem Zugriff der Wissenschaft durch Nichtbeachten entziehen [können; C. S.], was [...] den [...] Relevanzverlust verstärkt."

„Was du denkst, ist mir völlig egal! [...] Du kannst so denken, wie du willst, aber ich denke so, wie ich will, d. h. [...] ich nehme die Geschichte so, wie sie mir in die Birne kommt, wie ich sie gerne interpretieren möchte, da interessiert mich die Exegese nicht"[16].

Auch wenn diese Aussage in der zugrunde liegenden Gesprächssituation eher provokativ-hypothetisch denn faktisch gemeint ist, so deutet sich darin doch ein Grundproblem an, mit dem heutige wissenschaftlich-universitäre Exegese zu kämpfen hat: Exegetische Erkenntnisse sind kaum als Bestseller zu bezeichnen; potenzielle Adressatinnen außerhalb der exegetischen Fachwissenschaft werden nur selten erreicht. „Nicht nur Vertreter/innen anderer theologischer Disziplinen,[17] sondern vor allem Nichttheolog/innen nehmen unsere Arbeit im großen und ganzen wenig wahr"[18], stellt U. Luz in diesem Kontext fest. Gerade die deutschsprachige Exegese sieht sich mit einem „erheblichen Ansehensverlust"[19] konfrontiert; „in gesamttheologischen und kirchlichen Diskursen [haben; C. S.] die exegetischen Stimmen deutlich an Gewicht verloren"[20]. Die Exegese – gemäß dem angedeuteten klassischen Selbstverständnis – ist ganz offensichtlich in eine Krise geraten. Dass die wissenschaftlich-universitäre Exegese in der Gemeinde[21] bzw. allgemeiner gesprochen: in der Alltagswelt kaum mehr ankommt, ist z. T.

---

[16] Gruppe „Montagskreis" S. 42, M₅.
[17] Vgl. K. MÜLLER, Art. Exegese/Bibelwissenschaft 349, der von einem „pragmatische[n] Desinteresse der anderen theologischen Disziplinen an den inzwischen allzu sehr spezialisierten und dadurch kaum noch für den Insider klar durchschaubaren methodischen Vollzügen der Exegeten" spricht. Vgl. J. KÜGLER, Gegenwart 11, wo als These formuliert wird: „Die Bibelwissenschaft ist weitgehend irrelevant für die Theologie" (im Original kursiviert). Weiter wird konstatiert: „Schon seit einigen Jahren [...] haben Exegeten den Eindruck, dass ihre Arbeit für die anderen theologischen Disziplinen bedeutungslos ist. Dieser Eindruck ist [...] im Großen und Ganzen [...] zutreffend" (ebd. 11).
[18] U. LUZ, Was hast du, das du nicht empfangen hast? 303.
[19] S. ALKIER/R. BRUCKER, Einleitung XII. Die Autoren führen dies ebd. auf die Selbstgenügsamkeit historisch-kritischer Exegesen zurück. D. SÄNGER, Perspektive 197 stellt angesichts persönlicher Erfahrungen fest, dass seine „Sorge um den Plausibilitätsverlust der Exegese im Kontext der übrigen theologischen Disziplinen [...] keineswegs unberechtigt oder übertrieben" war. Vgl. ders., Verlust 253, wo der *gesunkene Stellenwert des Faches* mit dem „zu beobachtende[n] Verlust an persönlicher und vor allem an sachbezogener Kommunikation innerhalb der neutestamentlichen Exegese" erklärt wird.
[20] S. VOLLENWEIDER, Langeweile 315.
[21] J. Kügler stellt folgende These auf: „Die wissenschaftliche Exegese ist weitgehend bedeutungslos für die Gemeindepastoral" (J. KÜGLER, Gegenwart 14; im Original kursiviert).

selbst verschuldet.²² Auch die Exegetinnen selbst tragen nicht unerheblich dazu bei, dass man „in einem hohen Maße in ein [...] Ghetto geraten"²³ ist. „Allzu oft kommen die Fragen, welche andere beschäftigen, bei uns überhaupt nicht vor"²⁴ – mangelnder Bezug der erforschten Problemstellungen und der behandelten Themen zur Lebenswirklichkeit stellt in diesem Zusammenhang nur einen der neuralgischen Punkte dar. „Es scheint, als forsche die Exegese an den Bedürfnissen derjenigen BibelleserInnen vorbei, die die Bibel als Glaubens- und Lebensbuch lesen (wollen)."²⁵ Des Weiteren ist festzustellen, „daß Fragen wie Antworten, die die wissenschaftliche Exegese anbieten kann, außerhalb ihrer selbst an Akzeptanz verlieren."²⁶ Hinzu kommen nicht selten interne Auseinandersetzungen um Detailprobleme, die keinem Nicht-Fachmann mehr verständlich gemacht werden können,²⁷ sowie eine Fachsprache, von der sich wirklich nur Experten angesprochen fühlen können. Wir haben es mit einem vielschichtigen *Kommunikationsdefizit* zu tun: Die „neutestamentlich-exegetische Wissenschaft und manche ihrer Vertreter leiden unter einem erheblichen Verlust an Vermittlung sowohl nach innen als auch nach außen."²⁸ Auf den Punkt gebracht: Wissenschaftliche Exegese scheint kaum etwas von aktueller Bedeutung zu sagen zu haben – und selbst wenn, dann bleibt sie oft unverstanden! Es entsteht der Eindruck einer *flächendeckenden Verstehensstörung*, nicht zuletzt, da

„in der zeitgenössischen Exegese und Hermeneutik Fragen beantwortet werden, die sich [...] Menschen, einschließlich der Pfarrer und Lehrer, so nicht stellen. Und umgekehrt könnte es sein, daß viele dieser Menschen dringend Antwort auf Fragen erwarten, um die sich Exegeten und Hermeneuten wenig oder gar nicht kümmern."²⁹

Dabei ist nicht nur eine unterschiedliche „Auswahl der als relevant betrachteten Fra-

---

[22] Ebd. 16 wird der konstatierte Relevanzverlust der wissenschaftlichen Exegese auf das eigene Selbstverständnis als *„wissenschaftliches*, universitäres Projekt" zurückgeführt.

[23] U. LUZ, Was hast du, das du nicht empfangen hast? 303. G. STEINS, Lesewesen 689 spricht von einer „zunehmenden Selbstisolierung der historisch-kritischen Exegese, der vorherrschenden Gestalt universitärer Bibelauslegung". Für J. KÜGLER, Kontrast 96 ist die biblische „Wissenschaft dabei, sich in ein selbsteingerichtetes Ghetto zurückzuziehen".

[24] U. LUZ, Was hast du, das du nicht empfangen hast? 301. Vgl. J. KÜGLER, Kontrast 101.

[25] S. A. STRUBE, Diskussionsanstoß 243.

[26] H. UTZSCHNEIDER, Bestandsaufnahme 225.

[27] Vgl. J. KÜGLER, Kontrast 96: „Die Kleinteiligkeit der wissenschaftlichen Ausdifferenzierung von Argument und Gegenargument ist von Nichtfachleuten nicht mehr nachzuvollziehen".

[28] D. SÄNGER, Verlust 247f. Zum Begriff *Kommunikationsdefizit* vgl. ebd. 247.

[29] D. FRICKENSCHMIDT, Empfänger 57.

gen und Themen"[30] als Grund der Krise benennbar, sondern auch die Tatsache, „daß die Art der Vermittlung der Lebenswelt und den Lebensperspektiven der Empfänger nicht genügend Aufmerksamkeit schenkt"[31]. „In jedem Fall ist zu fragen: Ist inzwischen eine Situation eingetreten, bei der die Erträge neutestamentlicher Theologie die Empfänger nicht mehr erreichen, weil die sozusagen längst mit unbekannter Adresse verzogen sind? Schreiben Exegeten und Hermeneuten sich seitdem unverdrossen nur noch gegenseitig ins Poesiealbum, was sie innerhalb des Universitätsbetriebes für relevant oder imposant halten?"[32]

2 Die Entdeckung von Alltagsexegesen für die exegetische Forschung – Ein Weg aus der Krise?

Doch vielleicht ist der schwindende Stellenwert der universitären Exegese in außeruniversitären, gemeindlichen bzw. allgemeiner gesagt: alltagsweltlichen Kontexten auch die natürliche Folge einer gewissen Emanzipation heutiger *Alltagsexegeten*, die mittlerweile eines sehr deutlich gemerkt haben dürften: Immens ist die Pluralität der Auslegungen, die auf dem universitär-exegetischen Markt vorherrscht. Sollte die „Interpretationsbedürftigkeit der Texte [...] nach den exegetischen Experten rufen [... lassen, dann ist die Irritation bei den Rufenden oftmals groß, weil; C. S.] die wissenschaftlichen Exegeten ihrerseits eine Fülle von Deutungen produzieren."[33] In fast jeder exegetischen Veröffentlichung findet sich eine andere Auslegung propagiert, eine andere Position bzw. Meinung artikuliert.[34] Es scheint, als sei Bibelauslegung eine *reine Interpretationssache:*

„Also ich würde es niemandem zutrauen, mir diesen Text [gemeint ist im vorliegenden Fall konkret Mt 5,38–48; C. S.] erklären zu können, weil ich einfach mal behaupte, dass es eine Interpretationssache ist [...]. Das, was der andere mir sagt, ist seine persönliche Meinung, das ist nicht meine Meinung, die kann ich rein theoretisch, weil er gut war, überzeugend war, zu meiner Meinung machen, aber ich sage mal, diesen Text können Millionen von Menschen anders interpretieren und jede Meinung ist richtig"[35]

---

[30] Ebd. 57.
[31] Ebd. 57.
[32] Ebd. 57.
[33] H. ROOSE/G. BÜTTNER, Laienexegesen 59.
[34] Auf den kritischen Punkt gebracht: „Das Konzept von der wissenschaftlichen Herstellung des richtigen Textsinns ist gescheitert" (J. KÜGLER, Gegenwart 24). „Wer die wissenschaftliche Textproduktion der Exegese einigermaßen aufmerksam verfolgt, wird feststellen, dass es *die* Textauslegung der Exegese nicht gibt" (ebd. 25). „Weder die historisch-kritische noch irgendeine andere Methode hat bis heute zu unumstrittenen, eindeutigen Ergebnissen geführt" (J. KÜGLER, Pluralitätsfähigkeit 142).
[35] Gruppe „Gewerkschaft" S. 23, M_4 (vgl. zur Gruppe „Gewerkschaft" Teil II 2.2). Vgl. mit Blick auf Mk 5 ebd. S. 27, M_3: „das ist auch wieder ja Interpretationssache".

„Also man könnte einen Pastor fragen, man könnte einen Bischof fragen, man könnte einen Papst fragen, man könnte den Bibelkreis fragen, man könnte seine Verwandten fragen oder Sonstige, aber jeder würde es anders erklären."[36]

Angesichts der pluralen Situation auf dem wissenschaftlich-exegetischen Auslegungsmarkt ist – jedenfalls für emanzipierte *Alltagsexegetinnen* – nicht einzusehen, warum die eigene Auslegung weniger richtig, weniger legitim sein soll als das, was in der Universität produziert wird. Jeder Mensch, der lesen kann, kann dies schließlich auch in der Bibel tun und für Textverstehen und Sinnkonstruktion ist ein universitäres Theologiestudium auf keinen Fall eine Grundbedingung. Der Mensch wird folglich verstanden „als ein mündiges Wesen, das sich aktiv und konstruktiv mit seiner Umwelt (dazu gehören auch Texte) auseinandersetzt und sich seine eigene Meinung bildet."[37] Auch wenn wissenschaftlich-exegetische Erkenntnisse ganz interessant bzw. sogar ganz spannend sein können, so steht die eigene, gewissermaßen unverbildete Bibellektüre dennoch häufig an erster Stelle:

> „Wichtig, wichtig ist doch für mich, und deswegen lese ich in erster Linie in der Bibel, was mir das sagt. Das kann für dich was ganz anderes sein, für jeden von uns was anderes, und ist auch gut so. Und deswegen ist mir nicht so, so wichtig, so die, was, was jetzt die Wissenschaftler und die Theologen herausgefunden haben, was denn da war, das kann ich im, im Nachhinein, wenn, das ist ganz interessant, wenn ich das auch höre, also Exe-, Exegese finde ich auch ganz spannend, aber das höre ich und, und denke: Ja, o. k.! Aber das, das, das ist was anderes, wenn ich so ganz unverbildet an so einen Text herangehe."[38]

Menschen lesen (auch) heute die Bibel und zum Verstehen des Gelesenen braucht es keinen Profiausleger an der Seite. Es scheint somit an der Zeit zu sein, dem wechselseitigen Desinteresse aktiv entgegenzutreten, und zwar, indem man die vielfältigen *Alltagsexegesen* nicht nur theoretisch in ihrer Existenz wahrnimmt, sondern auch selbst praktisch zu Wort kommen lässt. Es geht um die Aufhebung der klassischen Einbahnstraße, was U. Luz vehement einfordert:

---

[36] Ebd. S. 24, M₃.
[37] H. BEE-SCHROEDTER, Wundergeschichten 49.
[38] Gruppe „Montagskreis" S. 41, F₃. Bzgl. der aus den Gruppendiskussionen zitierten Passagen ist zu berücksichtigen, dass es sich um wortgetreue Transkripte mündlicher Kommunikationen handelt (vgl. zur Transkription Teil II 1). Aus diesem Grund sind Versprecher, Doppelungen, abbrechende Sätze, Unstimmigkeiten zwischen Subjekt und Prädikat etc. keine Seltenheit und sagen auf keinen Fall etwas über die Gebildet- respektive Ungebildetheit der jeweiligen Sprecher aus. Dies ist einfach der mündlichen und v. a. spontanen Gesprächssituation geschuldet. In der verschriftlichten Fassung mag dies an einigen Stellen die Lesbarkeit beeinträchtigen oder gar ein negatives Licht auf die Sprecherin werfen. Ersteres ist im Anliegen einer möglichst genauen Transkription nicht zu vermeiden, Letzteres ist ganz und gar nicht beabsichtigt. Niemand soll lächerlich gemacht werden.

„*Der Weg von der Exegese zur Bibellektüre in der Gemeinde ist fast ausschließlich eine Einbahnstrasse*. Natürlich bereiten sich Pfarrer/innen und Priester auf ihre Predigten, Bibelseminare, Bibelarbeiten etc. mithilfe exegetischer Reminiszenzen aus dem Studium und mithilfe von Kommentaren vor. [...] Aber in umgekehrter Richtung ist das Interesse ausgesprochen gering. Finden überbelastete Exegeten den Weg in die Gemeinden, dann fast ausschließlich als Referenten und Sachverständige, bei Gelegenheiten also, wo sie vor allem sich selbst zu hören bekommen. Das Umgekehrte wäre aber für uns interessanter! Gemeinden sind ja hermeneutische Labors, die ‚wilden Exegesen'[39] [...] bieten hermeneutische Beobachtungsfelder von großer Bedeutung. Hier kann die ‚Interaktion' zwischen Text und Ausleger/in, die Umsetzung der Texte in neue Lebenssituationen und ihre Auslegung in anderen Interpretationsmedien life (sic!) beobachtet werden. [...] [Viel zu oft bleibt; C. S.] der Exeget im Elfenbeinturm der universitären Akademie [stecken; C. S.]. Ein Überstieg [...] zu wirklichen Lesern durch uns Exegeten ist selten erfolgt [...]. Ich wünsche mir also Exegetinnen und Exegeten, welche sich für die Bibellektüren des ‚ordinary reader' in den und außerhalb der Gemeinden interessieren, nicht, weil sie meist dankbare und interessierte Rezipient/innen der Früchte exegetischer Arbeit sind, sondern weil sie uns hermeneutisch einiges lehren können."[40]

Diesen Bibellektüren der *ordinary readers* – ich möchte in diesem Zusammenhang, wie bisher praktiziert, von *Alltagsexegesen* sprechen (zur Terminologie vgl. Teil III 1.6) –, gilt das Forschungsinteresse der vorliegenden Arbeit.[41] Die hermeneutischen Labors, denen die universitäre Seite so lange keine Beachtung geschenkt hat, sollen in den Mittelpunkt gerückt, brachliegende hermeneutische Beobachtungsfelder nutzbar gemacht werden.

---

[39] Wichtig ist zu beachten, dass der Begriff *wilde Exegesen* im vorliegenden Kontext einfachhin die Bibellektüren der *ordinary reader* bezeichnet und nicht speziell auf frühe Versuche (tiefen-)psychologischer Bibelinterpretation bezogen ist, wie beispielsweise bei W. PRATSCHER, Weg 308.

[40] U. LUZ, Was hast du, das du nicht empfangen hast? 302f. Vgl. R. HUNING, Bibelwissenschaft 15, wo ebenfalls dieser Wunsch von U. Luz zitiert wird. Hier lässt sich gut beobachten, wie jeweils die eigene Terminologie mehr oder weniger explizit in eine fremde Aussage eingetragen wird bzw. wie ein fremdes Zitat für die eigene Argumentation benutzt wird: So wie ich selbst U. Luz als Gewährsmann für die Sinnhaftigkeit der Erforschung von *Alltagsexegesen* anführe, so greift R. Huning auf das gleiche Zitat zurück und spricht davon, dass „erst sehr wenige Bibelwissenschaftler [...] wie unlängst U. Luz [...] für eine Beachtung der *popularen Bibellektüre* durch die Bibelwissenschaft plädieren" (ebd. 15; Hervorhebungen C. S.).

[41] Folgende Fragen sind (unter Ausweitung des Personenkreises) zu stellen: „Wie liest das gegenwärtige Volk Gottes seine Bibel? Wie legt es sie aus, auch jenseits von Lehramt und wissenschaftlicher Exegese?" (J. KÜGLER, Pluralitätsfähigkeit 155). Dabei trifft die ebd. 155 referierte problematische Zustandsbeschreibung voll und ganz zu: „Über die Bibelinterpretation des Kirchenvolkes ist wenig bekannt, ein Austausch darüber findet kaum statt. [...] Hier wären spannende Forschungsprojekte möglich."

→ Forschungsgegenstand: Alltagsexegesen, d. h. Textverstehen[42] und Sinnkonstruktion bei der Begegnung mit bibl. Texten in alltäglichen Zusammenhängen.

Vielleicht erweist sich dieses Forschungsvorhaben als ein Weg aus der geschilderten Sackgasse respektive Krise.[43]

3 Wie verstehst du, wenn du liest? – Die Hauptfrage eines interdisziplinären Forschungsprojektes

Vorweg ist ein Umdenken – auch mit Blick auf das eigene Selbstverständnis als wissenschaftlich-universitär arbeitender Exeget – erforderlich: Wenn ich *Alltagsexegesen* untersuchen möchte, dann darf ich nicht als Auslegungsprofi (z. B. als Referent/Sachverständiger) ankommen und selbst reden, sondern ich muss zuhören und die *Alltagsexegeten* zu Wort kommen lassen.[44] Und meine Erkenntnis leitende Frage darf nicht lauten: „Versteht ihr überhaupt, was ihr lest?" (vgl. Apg 8,30), sondern muss folgendermaßen formuliert werden:

→ Fragestellung/Forschungsinteresse: Wie versteht ihr, wenn ihr lest?

Der in der Formulierung nur kleine Unterschied zwischen beiden Fassungen birgt bedeutsame inhaltliche Differenzen in sich, was entsprechende Konsequenzen für das zugehörige Forschungsvorhaben nach sich zieht. Bei der ersten Frage stehen nämlich folgende impliziten Voraussetzungen meist kaum reflektiert im Hintergrund: Bloßes Lesen genügt nicht und der Laie/Amateur versteht (biblische) Texte nicht selbstverständlich – wie könnte er auch, wenn niemand da ist, der ihn anleitet?! Somit braucht es jemanden, der eben dies tut, und hier sieht die exegetische Wissenschaft zumeist ihre Aufgabe: Exegese hat viel zu lehren, der *ordinary reader* viel

---

[42] Hilfreich ist in diesem Zusammenhang, zwischen Textverständnis (eines spezifischen Rezipienten bzw. als Resultat eines Textverstehensprozesses), Textverständlichkeit (als Eigenschaft eines Textes) und Textverstehen (als dynamischem Prozess) zu differenzieren. Um Letzteres geht es in vorliegender Arbeit, und zwar ähnlich wie bei J.-G. OH, Textverstehen 11 konzipiert: „Untersuchen wir *Textverstehen* als solches, so steht der Verstehensprozeß selbst und seine spezifischen Eigenschaften im Vordergrund. Dieser läßt sich erschließen sowohl aufgrund von der Reaktion des Lesers, als auch aufgrund von Hypothesen, die aus empirischen Untersuchungen [...] gewonnen werden."

[43] Vgl. S. A. STRUBE, Diskussionsanstoß 243f.: „Ein naheliegender Weg aus dieser Sackgasse ist m. E. gerade die [...] Frage nach den Lese- und Verstehenszugängen der heutigen AdressatInnen biblischer Texte sowie ihre empirische Erforschung – und dies gerade *als* Teil exegetischer Forschung."

[44] Vgl. O. FUCHS, Hermeneutik 403, der dem kirchlichen Amt die Verantwortung dafür zuspricht, dass Gläubige „auch eigens und selbst authentisch zu Wort kommen."

zu lernen. Die Rollenverteilung ist somit klar, ebenso das an sich edle Ziel: (*richtiges*) Verstehen ermöglichen.

Dabei wird aber erstens oftmals geflissentlich übersehen bzw. übergangen, dass auch der nicht theologisch studierte Bibelleser grundsätzlich sehr wohl lesen kann – auch biblische Texte. Und wenn ein biblischer Text entsprechend gelesen und ein (für den Einzelnen) kohärenter Sinn konstruiert/produziert wird (und kein Abbruch erfolgt), dann findet (Text-)Verstehen statt. Ob dieses Verständnis dann *richtig* genannt werden kann bzw. anhand welcher Kriterien dessen Güte/Angemessenheit[45] überhaupt grundsätzlich bestimmt werden soll, ist eine ganz andere Frage. „Hilfreich ist für die Experten zunächst eine Besinnung darauf, dass Laien biblische Texte nicht entweder richtig, falsch oder gar nicht verstehen, sondern dass sie sie z. T. *anders* verstehen als Experten."[46] Man kann „die Bibel auch ohne Griechisch- und Hebräischkenntnisse und ohne die geringste Ahnung von Exegese mit existentiellem Gewinn lesen und in ihr Gottes Offenbarung begegnen"[47]. Ein Zweites kommt hinzu: Die exegetische Wissenschaft kann zwar u. U. viel geben, doch wird diesen Bemühungen nur dann Erfolg beschieden sein, wenn Menschen außerhalb der fachwissenschaftlichen Zirkel sie überhaupt hören wollen, verstehen können und wenn sich die Anschlussfähigkeit universitärer Exegese an gegenwärtige und alltägliche Lese- und Verstehensvorgänge immer wieder aufs Neue bewährt. Es müssen entsprechende Anknüpfungspunkte gegeben sein. Und drittens kann auch umgekehrt die wissenschaftliche Exegese von den *Alltagsexegeten* profitieren: Geben *und* Empfangen statt Einbahnstraßen-Denken!

Vor diesem Hintergrund stellt sich die Konzeption der vorliegenden Arbeit wie folgt dar: Nicht die universitäre Reflexion über Verstehensvorgänge an sich – also das, was unter dem Begriff *Hermeneutik* zumeist thematisiert wird – steht im Mittelpunkt, sondern das alltägliche Lesen und Verstehen biblischer Texte. Es geht um *Alltagsexegesen*. Bevor ein Teilnehmer des Forschungsprojektes zu einer hermeneutischen Metareflexion über das eigene Verstehen gezwungen wird – was wegen der Ungewohntheit der Fragestellung und damit einhergehender Überforderung oft zum Scheitern verurteilt ist[48] –, soll konkret praktiziert werden, worum das For-

---

[45] Die Frage der Angemessenheit eines bestimmten Textverständnisses soll in der vorliegenden Forschungsarbeit – wie meistens bei empirischer Textverstehensforschung (vgl. C. ALTMAYER, Kultur 183) – weitgehend ausgeblendet bleiben.
[46] H. ROOSE/G. BÜTTNER, Laienexegesen 67.
[47] M. WOLTER, Exeget 101.
[48] Erste Versuche im Rahmen des Forschungsprojektes zielten genau in diese Richtung, beispielsweise mittels folgender (Nach-)Fragen: „Wie verstehen Sie biblische Texte?"; „Wie gehen Sie methodisch vor?" Hierbei wird sehr explizit das Forschungsinteresse zum Ausdruck gebracht und versucht, die relevanten *Daten* direkt zu erheben. Dieses Vorgehen funktionierte nicht: Die Versuchspersonen waren eindeutig

schungsprojekt kreist: Verstehen biblischer Texte (durch entsprechende Auslegungs- und Sinnkonstruktionsbemühungen). Hermeneutische Prozesse sollen direkt beim Vollzug beobachtet werden. Die primär angestrebten Erkenntnisse können nicht einfach abgefragt werden, vielmehr muss es das Bemühen der auswertenden Überlegungen sein, genau diese Metaebene (Textverstehensvorgänge/Sinnkonstruktion) zu erreichen. Das Ziel lässt sich somit folgendermaßen benennen:

→ Forschungsziel I: Rekonstruieren und verstehen, wie alltagsexegetisch biblische Texte verstanden werden, wie Sinn produziert/konstruiert wird.[49]

Was geht beim Verstehen/Auslegen vor sich? Welche Faktoren spielen eine Rolle? Was fließt ein und wie wird letzten Endes Sinn produziert? Welche Zusammenhänge lassen sich erkennen? Ein rein exegetisches Vorgehen verspricht zur Beantwortung dieser Fragen kaum Erfolg. Es gilt, den universitär-exegetischen Elfenbeinturm, die eigene Studierstube, zu verlassen und sich in die alltägliche Welt des (Bibel-)Lesens und des (Bibel-)Verstehens zu begeben. Die vorliegende Ausgangsfragestellung bedarf Materials, das nur auf sozialempirischem Wege zu erlangen ist. Von daher legt sich eine interdisziplinäre Zusammenarbeit nahe: (NT-)Exegese und Soziologie/(rekonstruktive) Sozialwissenschaft.[50] Das Vorgehen wird grundsätzlich *(sozial-)empirisch* und *rekonstruktiv* sein, wenn es ansteht, dem *ordinary reader* beim Bibellesen auf die Finger bzw. über die Schulter zu schauen.[51]

überfordert, wussten mit den Fragestellungen nichts anzufangen. Das ist nicht weiter verwunderlich, werden doch im Alltag derartige Metareflexionen nur äußerst selten vollzogen. Man liest und versteht Texte eben, ohne lange darüber nachzudenken, was man bzw. wie man dies genau tut.

[49] Mit dieser Zielsetzung wird wenigstens ansatzweise Abhilfe geschaffen für den von U. Luz beklagten Zustand, der für das Desinteresse anderer theologischer Disziplinen an exegetischen Erkenntnissen verantwortlich sein könnte: „Warum dieses Desinteresse? Allzu oft kommen die Fragen, welche andere beschäftigen, bei uns überhaupt nicht vor. Ich nehme als […] Beispiel die Sinnproduktion. […] Exegeten scheinen […] Fragen, welche über die Sinnreproduktion hinausgehen und die Produktion von neuem Sinn betreffen, im großen und ganzen wenig zu interessieren." (U. LUZ, Was hast du, das du nicht empfangen hast? 301).

[50] Diese interdisziplinäre Ausrichtung des Forschungsvorhabens dürfte den bereits mehrfach zitierten U. Luz ansatzweise freuen: „Das zweite, was ich für dringend notwendig halte, sind interdisziplinäre Projekte. Es gibt zu wenige Neutestamentlerinnen und Neutestamentler, welche in interdisziplinären Projekten mit nichttheologischen Fragestellungen […] mitarbeiten und mitmischen" (ebd. 301).

[51] Es sei an dieser Stelle nur andeutend darauf hingewiesen, dass mit Blick auf das Themengebiet *Textverstehen/Sinnkonstruktion* neben der Soziologie auch andere Kooperationspartner für interdisziplinäre Forschungen in Frage kommen, beispielsweise die (empirischen) Kognitionswissenschaften psychologischer Provenienz (vgl. hierzu als ersten Einstieg C. ALTMAYER, Kultur 175–190; A. NACEUR, Interesse

Ziel ist es somit, herauszufinden, welches (Vor-)Verständnis heutige Menschen von der Bibel mitbringen und wie sie angesichts ihrer (alltäglichen) Horizonte biblische Texte verstehen/auslegen, sprich: Welches Verständnis *von*, welcher Zugang *zu* und welcher Umgang *mit* biblischen Texten lassen sich in der Alltagswelt rekonstruktiv erfassen? „Eine der Grundfragen ist also auch: Wie kreativ, wie phantasiebegabt, wie intuitiv geht die Leserin, der Leser mit einem biblischen Text um?"[52] Dabei wird vorab vermutet, dass Vorverständnisse und (davon abhängige) Textauslegungen (milieuspezifisch) variieren, weshalb auf jeden Fall mit mehreren unterschiedlichen Untersuchungssubjekten[53] zu arbeiten ist. Angezielt ist die Eruierung der unterschiedlichen angewandten Verstehensstrategien und auf dieser Grundlage die rekonstruktive Erarbeitung grundlegender Lesestrategien im *alltagsexegetischen* Kontext. Darüber hinaus sollen Möglichkeiten erkundet werden, ob sich Anknüpfungspunkte zur gegenwärtigen wissenschaftlichen Exegese finden lassen bzw. was heutige Exegese umgekehrt von alltagsweltlich praktizierten Bibelzugängen lernen kann. Entsprechend ist die obige Zielvorgabe zu erweitern und „ein Gespür dafür zu entwickeln, wo sich [... Alltags-; C. S.] und Expertenexegesen überschneiden oder berühren."[54]

→ Forschungsziel II: Rekonstruktive Skizzierung grundlegender Lesestrategien und Korrelation mit universitär-exegetischer Forschung und Lehre.

4 Eine erste Sondierung – Kurze Skizze des Forschungsstandes

Mit Blick auf das Thema *Alltagsexegesen* ist der Befund bzgl. des Forschungsstandes verhältnismäßig überschaubar: Es sind innerhalb der Theologie nur relativ wenige Titel auszumachen, die sich (empirisch) mit dem Verstehen bzw. der Rezeption biblischer Texte in alltäglichen Kontexten beschäftigen. Diese stammen größtenteils aus dem Bereich der Pastoraltheologie respektive der Religionspädagogik und sind somit praktisch-theologisch motiviert und ausgerichtet.[55] Es lassen sich grob gesprochen

---

22–37; T. RICHTER, Einschätzungen 37–123), Sprachtheorie (vgl. z. B. M. SCHERNER, Sprache) oder Textlinguistik (vgl. J.-G. OH, Textverstehen). In der vorliegenden Arbeit erfolgt jedoch eine bewusste Konzentration auf die Soziologie.

[52] T. MEURER, Einführung 5.
[53] Zu dieser Terminologie vgl. Teil I 1. Anm. 20.
[54] H. ROOSE/G. BÜTTNER, Laienexegesen 67.
[55] Vgl. S. A. STRUBE, Erforschung 339 Anm. 20: „Während in der Literaturwissenschaft empirische Studien zur Textrezeption schon seit den 1970er Jahren durchgeführt werden, finden sich empirische Studien zum Verständnis biblischer Texte trotz ihrer offensichtlichen Relevanz für die schulische und kirchliche Praxis nur verein-

zwei Richtungen unterscheiden: Während sich eine Reihe von Arbeiten mit dem *Gleichnis*verstehen (v. a. von Kindern und Jugendlichen und besonders im Kontext des schulischen Religionsunterrichts) beschäftigt,[56] geht es einer zweiten Gruppe hauptsächlich um die Textgattung *Wundergeschichten*.[57] Dabei sind die in Frage kommenden Arbeiten meistens zweiteilig angelegt: Zunächst werden auf empirischem Wege brauchbare Daten bzgl. des interessierenden Rezeptionsverhaltens erhoben (z. B. Videoaufzeichnung einer Religionsunterrichtsstunde;[58] halb standardisiertes, problemzentriertes Interview[59]), bevor zur Interpretation und Auswertung der Daten je nach gewähltem Ansatz unterschiedliche Strömungen der Kognitionsforschung und/oder der Entwicklungspsychologie mit herangezogen werden (z. B. die stufenförmige Entwicklungspsychologie von J. Piaget im Allgemeinen[60] oder Stufen der religiösen Entwicklung im Besonderen[61]).

Während Ersteres (→ empirische Datenerhebung) auch im Rahmen der vorliegenden Arbeit eine wichtige Forschungsetappe darstellt,[62] spielt Letzteres in den folgenden Überlegungen dezidiert keine Rolle. Stattdessen wird ein sozialempirisch-rekonstruktiver Schwerpunkt gewählt. Somit kommt die allgemeinere Fragestellung von H. Bee-Schroedter „Wie rezipieren Kinder und Jugendliche heute biblische Wundergeschichten?"[63] – abgesehen von der textlichen und personellen Zuspitzung – dem Anliegen der vorliegenden Arbeit zwar relativ nahe, deutlich jedoch manifestiert sich die unterschiedliche Ausrichtung, wenn man die unmittelbar folgende konkrete operationalisierte Formulierung betrachtet: „Die vermutlich unterschiedlichen Rezeptionen neutestamentlicher Wundergeschichten sollen dokumentiert und mit Hilfe entwicklungspsychologischer Theorien erklärt werden."[64] Bei der Auseinandersetzung mit *Alltagsexegesen* wird es nämlich nicht nur darum gehen, unterschiedliche Rezeptionen bzw. unter-

---

zelt und überhaupt erst seit Anfang der 1990er Jahre im deutschsprachigen Raum, vornehmlich im Bereich der Religionspädagogik bzw. der Praktischen Theologie."

[56] Vgl. u. a. (in chronologischer Ordnung) A. BUCHER/F. OSER, Gleichnis; A. BUCHER, Gleichnisse; G. BÜTTNER, Gleichnisverstehen; D. MASSA, Verstehensbedingungen. Auch H. ROOSE/G. BÜTTNER, Laienexegesen setzen sich mit der Rezeption eines Gleichnisses auseinander, allerdings legt die größere Nähe zu dem hier unternommenen Forschungsbemühen eine eigene Thematisierung nahe, vgl. unten.

[57] Vgl. H.-J. BLUM, Wunder; H. BEE-SCHROEDTER, Wundergeschichten.

[58] Vgl. G. BÜTTNER, Gleichnisverstehen 1 Anm. 1.

[59] Vgl. H. BEE-SCHROEDTER, Wundergeschichten 149f.

[60] Vgl. G. BÜTTNER, Gleichnisverstehen.

[61] Vgl. A. BUCHER/F. OSER, Gleichnis (v. a. 169f.).

[62] Aus diesem Grund wird an entsprechender Stelle (vgl. Teil I 1.2 und 2.4) auf andere Arbeiten und dort präferierte Methoden Bezug genommen und das eigene Vorgehen vor dem Hintergrund möglicher alternativer Wege begründet.

[63] H. BEE-SCHROEDTER, Wundergeschichten 145 (im Original kursiviert).

[64] Ebd. 145 (im Original kursiviert).

schiedliche Verstehensresultate zu dokumentieren, sondern diese sollen gerade in ihrer Genese rekonstruiert und ansatzweise erklärt werden. Ein Rückgriff auf die Entwicklungspsychologie ist in diesem Zusammenhang nicht vorgesehen. Dementsprechend wirft die bisher erwähnte Literatur trotz z. T. ähnlichem Frageinteresse für das eigene Forschungsanliegen nur wenig Ertragreiches ab – dies auch nicht zuletzt darum, weil kaum dezidiert *exegetische* Ausrichtungen anzutreffen sind.

Deutlich anders sieht die Sache bei zwei weiteren Forschungsbeiträgen aus, die abschließend anzuführen sind. Mit H. Roose und G. Büttner haben sich eine Exegetin und ein Religionspädagoge zusammengetan und sich mit *Laienexegesen* auseinandergesetzt.[65] Ihnen geht es darum, „den Status der Laienexegese in ihrem Verhältnis zur wissenschaftlichen Vorgehensweise zu beleuchten und vor allem die Ergebnisse zu vergleichen."[66] Drei Fragen sind für ihre Forschungen leitend:

„1. Wie nehmen die RezipientInnen die materiale Textgrundlage auf? 2. Wie verbinden die RezipientInnen die materiale Textgrundlage mit ihren eigenen, ihnen zur Verfügung stehenden, Kenntnissen? [...] 3. Welche Strategien wenden die RezipientInnen an, um einen kohärenten Sinn zu konstruieren?"[67]

Ausgehend von diesen drei Fragen werden historische und moderne *Laienexegesen* unter die Lupe genommen, wobei ein Zugang zu Ersteren mittels der Expertenanalysen/-exegesen (→ historisch-kritische Rekonstruktionen) gesucht wird: „Die Expertenexegese steht (u. a.) im Dienst der (Re-)Konstruktion der historischen Laienexegese."[68] Um heutigen *Laienexegesen* auf die Spur zu kommen, wird ein „Gruppengespräch mit StudienanfängerInnen"[69] geführt. Unter dem Strich finden H. Roose und G. Büttner „einige recht klare Tendenzen im Hinblick auf die Konstruktionsprinzipien in Laienexegese und neutestamentlicher Wissenschaft, die einen Beitrag leisten können zum besseren Verständnis der Prozesse, die sich zwischen Text und Rezipienten abspielen."[70] Gerade letzterer Passus in Verbindung mit den drei oben referierten Erkenntnis leitenden Fragen dürfte die engen Berührungspunkte mit dem vorliegenden Forschungsvorhaben deutlich gemacht haben, das dennoch nicht überflüssig ist: Neben methodischen Unterschieden ist zunächst einmal ein größerer Umfang bzw. eine deutlich größere Reichweite zu konstatieren. Darüber hinaus bleiben die Resultate

---

[65] Vgl. H. ROOSE/G. BÜTTNER, Laienexegesen. Zum Begriff der *Laienexegese* gerade im Unterschied zur *Alltagsexegese* vgl. Teil III 1.6.
[66] H. ROOSE/G. BÜTTNER, Laienexegesen 59.
[67] Ebd. 59.
[68] Ebd. 60.
[69] Ebd. 60; vgl. ebd. 64 (vgl. zum methodischen Vorgehen bei der Datenerhebung im vorliegenden Forschungsvorhaben Teil I 2.).
[70] Ebd. 61.

von H. Roose und G. Büttner letzten Endes verhältnismäßig vage; vertiefende Überlegungen, die in eine ähnliche Richtung zielen, scheinen somit angebracht. Der Hauptunterschied besteht aber darin, dass das methodische Vorgehen von H. Roose und G. Büttner mit Blick auf die Auswertung des Gruppengesprächs völlig unklar bleibt; eine sozialempirisch fundierte Rekonstruktion des Verstehensprozesses erfolgt nicht bzw. ist nicht zu erkennen. An diesem Punkt geht die vorliegende Arbeit einen entscheidenden Schritt weiter, was sich besonders eindrücklich in den erzielten Erkenntnissen niederschlagen wird (vgl. Teil III).

Zu guter Letzt ist noch auf ein parallel laufendes Habilitationsvorhaben hinzuweisen, dessen Forschungsanliegen sich sehr ähnlich ausnimmt. S. A. Strube, Postdoktorandin im Graduiertenkolleg „Die Bibel – ihre Entstehung und ihre Wirkung" an der Eberhard-Karls-Universität Tübingen, führt unter dem Arbeitstitel „Vergleichende empirische Studie zu Lese- und Verstehensstrategien kirchlich bzw. a-religiös sozialisierter Menschen im Umgang mit biblischen Texten"[71] ein Forschungsprojekt mit folgender Fragestellung durch:

> „Das grundlegende Interesse dieser Arbeit ist ein hermeneutisch-exegetisches: Wie entsteht ein Verständnis eines Bibeltextes innerhalb des spontanen Bibellesens nichttheologischer Bibelleser/innen? Welche Lese- und Lebenserfahrungen, welches ‚Weltwissen' fließen in den Verstehensprozess ein? Mit Blick auf die Exegese frage ich weiter: Inwiefern gibt es deutliche Parallelen oder auch wesentliche Unterschiede zwischen spontanem und exegetisch-wissenschaftlichem Lesen? Wo überschneiden sich die Interessen von Exegese und nichttheologischen Bibelleser/innen, wo klaffen sie möglicherweise auseinander? Und schließlich: Wie kann Exegese in Bezug auf die Fragen und Interessen nichttheologischer Bibelleser/innen ‚passgenauer' forschen? [...] Kernstück der Arbeit ist die qualitative empirische Untersuchung des Lese- und Verstehensprozesses nichttheologischer Leser/innen mittels Leitfadeninterviews. Biblische Textgrundlage wird Joh 11,1–46 sein."[72]

Abgesehen davon, dass sowohl hinsichtlich des zugrunde gelegten biblischen Textes (vgl. Teil I 2.6) als auch mit Blick auf das methodische Vorgehen (vgl. Teil I 1.2, 2.4, 3.2) deutliche Unterschiede zur vorliegenden Arbeit zu konstatieren sind, weisen die Forschungsanliegen in beiden Fällen eine sehr große Ähnlichkeit auf. Es wird somit spannend sein, nach Abschluss beider Forschungsvorhaben die Resultate zu vergleichen: Welche

---

[71] Die Informationen stammen von der Homepage www.uni-tuebingen.de/gkbibel/k_strube.html [22.09.2006].

[72] Zitiert nach www.uni-tuebingen.de/gkbibel/k_strube.html [22.09.2006]. Vgl. S. A. STRUBE, Diskussionsanstoß 242, wo sie vom „Projekt einer empirischen Erforschung von Leseprozessen und Verstehenszugängen heutiger BibelleserInnen" spricht. Ebd. 243 führt sie die Beobachtungen zu Alltagslektüren auf ihre „aktuelle[...] Arbeit an einer empirischen Studie zu Lese- und Verstehensstrategien im Umgang mit biblischen Texten" zurück.

Erkenntnisse bringt der eine Forschungsweg, welche der andere? Und schließlich wird die Frage zu stellen sein, wie leistungs- und erklärungsfähig die unterschiedlichen erarbeiteten theoretischen Modellkonzeptionen – gerade im konkurrierenden Vergleich miteinander – sind.

5 Ein kurzer Vorausblick – Zum Aufbau der vorliegenden Arbeit

In der Hoffnung, dass das bisherige Einleitungskapitel zum Weiterlesen motiviert hat, soll abschließend der weitere Aufbau der Arbeit kurz skizziert werden.

Nach einer umfassenden Einführung in die methodischen und theoretischen Grundlagen der gesamten Arbeit (Teil I), finden sich in Teil II die detaillierten und deshalb umfangreichen Auswertungen der Einzelfälle. Abschließend wird zunächst ein Resümee aus dem Erarbeiteten gezogen (Teil III), bevor ein Ausblick noch einen Schritt weitergeht und – vielleicht überraschende – Vorschläge unterbreitet. Besonders ans Herz legen möchte ich den Teil I, denn ohne die entsprechende methodisch-theoretische Grundlegung sind die weiteren Ausführungen vermutlich kaum nachvollziehbar – und hierin besonders den Unterpunkt 3.2, wo unter dem Slogan *Selbst ist der Mann* eine eigene Auswertungsmethodik aus exegetischer Perspektive bzw. mit exegetischem Interesse entwickelt und erarbeitet wird. Letztere findet sich dann im empirischen Hauptteil II bei insgesamt zwölf Gruppen angewendet und erprobt. Hingewiesen sei besonders auf Unterpunkt 3. von Teil II, da in der abschließenden Skizze grundlegender Lesestrategien eine Zusammenführung der vorherigen Einzelergebnisse unternommen wird. Wiederum vollständig sei der Teil III der Lektüre anempfohlen, werden hier doch die Früchte der Forschungsanstrengungen eingebracht und der Ertrag resümiert. Im abschließenden Ausblick werden mögliche Konsequenzen aus den eigenen Forschungen gezogen, die zunächst vielleicht überraschend anmuten, in meinen Augen aber bzgl. der Zukunftsfähigkeit exegetischer Forschung und Lehre eine entscheidende Rolle spielen werden.

Teil I
Nicht auf Sand gebaut – Das methodisch-theoretische Fundament

Zu Beginn jedes Bauvorhabens ist es ratsam, den rechten Untergrund zu wählen und das Fundament sorgfältig zu bereiten, denn: Von der Basis hängt ganz entscheidend die Standhaftigkeit des Gebäudes *in spe* ab.[1] Ganz ähnlich verhält es sich mit einer Promotion: Auch diese will fundiert angegangen werden und so obliegt es diesem Kapitel, eine methodisch-theoretische Grundlegung zu leisten – ausgehend von der bereits skizzierten Fragestellung: *Bibelverstehen im Alltag*. Dieses Anliegen im Hinterkopf bzw. den Haupttitel *Alltagsexegese* im Ohr, dürfte schnell verständlich sein, dass eine grundsätzlich interdisziplinäre Ausrichtung der Überlegungen erforderlich ist und die beiden Bereiche Sozialempirie/Soziologie und Exegese in eine konstruktive Liaison miteinander zu bringen sind: Der Exegese geht es von alters her um biblische Texte, deren Auslegung und Verständnis; die sozialempirische Forschung ihrerseits interessiert sich (u. a.) für den menschlichen Alltag und stellt Erhebungs- und Auswertungsverfahren zur Verfügung, mittels derer ein Zugang zu alltäglichen Phänomenen und Prozessen – wenigstens annäherungsweise – möglich ist. Der *Alltagsexegese* auf der Spur zu sein, fordert somit beide Disziplinen heraus bzw. macht eine Zusammenarbeit unumgänglich. Eine derartige Zusammenarbeit zwischen Exegese und Soziologie/Sozialempirie über die Disziplinengrenzen hinweg soll im Folgenden grundgelegt werden.

1 Alltagsexegese = Bibelverstehen jenseits des *luftleeren Raumes* – Exegetische Praxis trifft soziologische Theorie

Es dürfte ohne weitere Begründung einsichtig sein, dass sich Bibellesen und Bibelverstehen nicht in einem Vakuum vollziehen, schon gar nicht, wenn es sich hierbei um *Alltagsexegese*, sprich: Bibelauslegung in alltäglichen Zusammenhängen, handelt. Das pralle Leben lässt sich nicht zugunsten einer (künstlichen) sterilen Laborsituation ausblenden, jedenfalls nicht vollständig. Also kann vorab vermutet werden, dass sich im Bibelverstehen das restliche Leben irgendwie niederschlagen wird, dass Einflüsse, vielleicht Abhängigkeiten oder auch Wechselwirkungen bestehen werden – bzw. etwas zurückhaltender formuliert: dass das eine mit dem anderen etwas zu tun haben wird, dass beides miteinander in Verbindung stehen wird.

---

[1] Beispielsweise baut es sich auf sandigem Terrain schlechter, wie neben der Lebenserfahrung auch ein Gleichnis Jesu (vgl. Mt 7,24–27) lehrt. Damit dürfte die gewählte Kapitelüberschrift erklärt sein.

Womit die exegetische Forschung, die sich dem Untersuchungsgegenstand *Alltagsexegesen* widmen möchte, vor einem grundlegenden Problem steht: Sie stößt in vielerlei Hinsicht an (ihre) Grenzen. Ihr fehlen nämlich sowohl theoretische Grundlagenüberlegungen als auch das methodische Instrumentarium, um derartige Zusammenhänge über bloße Vermutung und Postulierung hinaus adäquat und wissenschaftlich vertretbar untersuchen und nachvollziehen zu können. Zum einen ist hierfür (empirisches) Material (→ Daten) erforderlich, das in der Exegese – gerade weil es *empirisch* ist – normalerweise so gut wie nicht vorkommt, zum anderen könnten dann zwar die beim Verstehen biblischer Texte ablaufenden Prozesse genau analysiert werden, doch spätestens bei der sich am Ende unausweichlich stellenden Frage „Und warum wird jetzt die Bibel so verstanden, wie sie verstanden wird? Warum wird dieser und nicht jener Sinn konstruiert?" bleibt dem (reinen) Exegeten nur bescheidenes Schulterzucken und der Verweis an den soziologischen Kollegen. Hier droht die Gefahr, gewissermaßen *von Pontius zu Pilatus* geschickt zu werden, denn auf der anderen Seite kann nicht jeder Soziologe als Fachmann auf seinem Gebiet etwas mit der Bibel und zugehörigen Auslegungen anfangen und entsprechend auch nicht immer mit Rat und Tat zur Seite stehen.

Da hilft nur eines: Beide Disziplinen müssen von Anfang an eng zusammenarbeiten und für den Exegeten tut ein Blick über den exegetischen Tellerrand hinaus not – nämlich mitten hinein in soziologische Theorien über das, was unser alltägliches Leben ausmacht und prägt.

1.1 Konjunktiv vs. kommunikativ – Ein Erfahrungsraum macht (wissens-)soziologisch Karriere

Leben findet nicht im luftleeren Raum statt, das ist klar, doch wo eigentlich stattdessen? Letzteres ist gar nicht so einfach zu sagen, auch wenn die Frage auf den ersten Blick banal erscheinen mag. Man lebt einfach praktisch und zerbricht sich zumeist nicht groß den Kopf darüber, wie dies theoretisch und begrifflich zu fassen ist – es sei denn, man ist Soziologe. Denn genau dieses (alltägliche) Leben und Zusammenleben der Menschen wird in der Soziologie unter die Lupe genommen und in diesem Zusammenhang werden – neben anderen – Terminus und Theorie des *konjunktiven Erfahrungsraumes* angeboten. Ist man als Exeget auf der Suche nach einer heißen Spur mit Blick auf das alltägliche Bibelverstehen, so horcht man an dieser Stelle wahrscheinlich interessiert auf – mir zumindest ging es so: Das klingt, als ob sich auch die Begegnung mit biblischen Texten und entsprechende Auslegungen innerhalb dieser konjunktiven Erfahrungsräume abspielen würden, womit ein höchst beachtenswerter theoretischer Anhaltspunkt gefunden wäre. Aber was ist ein konjunktiver Erfahrungsraum eigentlich? Wo findet er sich? Was zeichnet ihn aus? Und wie kann er ermittelt, zumindest aber umrissen werden?

Zur besseren Verständlichkeit soll kurz etwas weiter ausgeholt und mit folgender Szenerie eingestiegen werden: Jemand kommt als Fremde/r neu in eine sich langjährig treffende Gruppe hinein – ein alltäglich stattfindender Vorgang. Unabhängig davon, wie offen und integrationsfähig/-willig die Gemeinschaft ist, wird dieser jemand auf jeden Fall eine ganze Weile brauchen, bis er sich innerhalb dieses neuen Kontextes zu Hause fühlt – unter ungünstigen Bedingungen gelingt dies vielleicht auch nie (ganz). Die Verständnisprobleme und Startschwierigkeiten fangen z. B. schon bei Spitznamen und diversen ritualisierten Praktiken an und hören bei Fachjargon und Insider-Witzen noch lange nicht auf. Dabei ist es gleichgültig, ob es sich um eine *peer group* (= „Gruppe[...] gleichaltriger Kinder und Jugendlicher"[2]), einen Männer-Stammtisch, eine Frauen-Kaffeerunde, eine Gemeindegruppe, eine Wissenschaftlervereinigung oder eine sonstige Gruppe handelt. Es dauert einfach eine gewisse Zeit, bis man voll und ganz dazugehört, sich innerhalb der Gruppierung akklimatisiert hat und mit der Gruppe so weit vertraut ist, dass man sich als integrierter Bestandteil und vollwertiges Mitglied fühlen kann. Man versteht sich hin und wieder ohne Worte (Insider) oder eben gerade auch nicht (Outsider/Neuankömmling) – diese alltägliche Erfahrung dürfte jedem vertraut sein, der schon einmal einen Neuanfang in einer neuen Stadt, an einem neuen Arbeitsplatz, in einem neuen Sport- oder Musikverein etc. gewagt hat.

An dem geschilderten Beispiel zeigt sich deutlich: Manchmal ist gegenseitiges zwischenmenschliches Verstehen möglich, ohne dass dabei viele Worte verloren werden – weil bestimmte Dinge sowieso fraglos klar, bekannt und selbstverständlich sind –, immer wieder aber ist ein kommunikativer Austausch unentbehrlich, um das Verständnis zu befördern respektive überhaupt erst zu ermöglichen. Dies ist von Fall zu Fall und von Situation zu Situation verschieden und hängt entscheidend davon ab, mit *wem* man zusammentrifft und um *was* es jeweils geht. Das beschriebene Phänomen der Verständigungsschwierigkeiten scheint auf jeden Fall immer dann aufzutreten, wenn man als Außenstehender zu einer Gruppe dazukommt, die als (Real-)Gruppe (inkl. regelmäßiger Treffen oder anderer gemeinsamer Aktivitäten) mit relativ festem Kernbestand an Mitgliedern ohne allzu große Fluktuation längere Zeit existiert und dementsprechend etabliert ist, und zwar besonders dann, wenn es um gruppeninterne Themen geht.

Woran das liegt? Daran, dass Menschen (Lebens-)Zeit miteinander verbringen, gemeinsam Dinge erleben, sich über das eine oder andere bereits immer wieder einmal ausgetauscht haben und infolgedessen auf einen vergleichbaren Erfahrungsschatz zurückgreifen können, zumindest über

---

[2] H.-G. ZIEBERTZ, Art. Peer Groups 2.

eine ausreichende Schnittmenge diesbezüglich verfügen. Man bewegt sich innerhalb eines ähnlichen Erfahrungsraumes, weist eine analoge Erlebnisschichtung auf und vor diesem Hintergrund erklären sich die Verständnisschwierigkeiten all derer, die sich in diesem Erfahrungsraum nicht auskennen bzw. überhaupt keinen Zugang dazu haben. Ihnen fehlt der entscheidende Hintergrund/Horizont, um das eine oder andere nachvollziehen zu können, und an dieser Stelle hilft nur eines: kommunikative Vermittlung – falls dies überhaupt möglich ist, denn nicht alles ist (reflexiv) bewusst und lässt sich in der Folge konkret verbalisieren und explizieren, geschweige denn einem Gruppenfremden erfolgreich verständlich machen.³

Es gilt somit zweierlei: „Die gemeinsame Existenz in derartigen geistigen Beziehungen konstituiert einen ‚konjunktiven Erfahrungsraum' der beteiligten Subjekte auf der Grundlage gemeinsamer Praxis – jenseits des theoretischen Erkennens und der kommunikativen Absichten."⁴ Und entsprechend setzt ein „Verstehen von Äußerungen oder Handlungen bzw. das Verstehen der in ihnen implizierten Haltungen oder Orientierungen [...] voraus, dass wir die Alltagspraxis, den erlebnismäßigen Kontext, den Erlebniszusammenhang oder Erfahrungsraum kennen gelernt haben, in den diese Äußerung hineingehört."⁵

Alltägliches Leben vollzieht sich somit – so ein soziologischer Theorieansatz – in konjunktiven Erfahrungsräumen, welche durch die Lebenspraxis entstehen und selbst wiederum großen Einfluss auf diese Praxis haben; es liegt eine zirkuläre Bewegung vor. Geprägt wurde der Begriff des konjunktiven Erfahrungsraumes durch den Soziologen K. Mannheim (1893–1947),⁶ der unter dem Schlagwort *Kultursoziologie* nach einer „Methode für das ‚Hineinhören in das, was immer schon vor sich geht'"⁷ suchte und im Rahmen dieser Überlegungen zum geistigen *Vater* der Theorie wurde,

---

³ Vgl. A.-M. NOHL, Migration 27.
⁴ R. BOHNSACK, Sozialforschung 62.
⁵ Ebd. 59f.; vgl. R. BOHNSACK, Interpretation 140. Vgl. K. MANNHEIM, Theorie der Kultur 272: „Andererseits erfassen wir aber beim Verstehen der geistigen Realitäten, die zu einem bestimmten Erfahrungsraum gehören, die besonderen existentiell gebundenen perspektivischen Bedeutungen nur, wenn wir uns den hinter ihnen stehenden Erlebnisraum und Erlebniszusammenhang irgendwie erarbeiten."
⁶ Auch hinsichtlich der dokumentarischen Methode der Interpretation als sozialempirisches Auswertungsverfahren (vgl. unten Teil I 3.1) ist auf diesen soziologischen Pionier der 20er-Jahre des 20. Jhs. zu verweisen, vgl. R. BOHNSACK, Theorie und Praxis 326; R. BOHNSACK, Sozialforschung 57. K. BERGER, Exegese 240f. leitet aus der Wissenssoziologie K. Mannheims Gesichtspunkte ab, die für die neutestamentliche Exegese zu beachten sind, u. a.: „Jedes Denken ist unabtrennbar an die Ausprägung gebunden, die es an dem jeweiligen Standort erhalten hat" (ebd. 240).
⁷ D. KETTLER/V. MEJA/N. STEHR, Arbeiten 9. Zum Zitat im Zitat vgl. R. D. CUMMING, Starting Point 147: „its application is a ‚listening in' to what is already ‚going on' with beingthere."

die für die Erforschung der Alltagsexegese eine anwendbare theoretische Basis bietet. K. Mannheim führte eine selbst definierte Unterscheidung zwischen Interpretieren und (schlichtem) Verstehen ein,[8] wobei Verstehen als unmittelbare, intuitive, aus der Handlungspraxis erwachsende Aktion grundlegend darauf angewiesen ist, dass die in Frage kommenden Personen „durch gemeinsame Erlebniszusammenhänge miteinander verbunden sind, [… sprich; C. S.] zu einem bestimmten ‚Erfahrungsraum' gehören."[9]

Dieser Erfahrungsraum wird deshalb als konjunktiv bezeichnet, weil er grundlegend einer (gelebten) Verbindung bedarf und entsprechend von möglichen kommunikativ-interaktiv hergestellten Varianten abzugrenzen ist.[10] Im Gegensatz zur kommunikativen (= interpretativen, definitorischen) Beziehung, die ohne explizit-verbalen Austausch nicht auskommt, basiert eine konjunktive Verständigung (= handlungspraktische, lebensweltliche, erlebnismäßige Herstellung sozialer Realitäten, auf der der Eigensinn dieser Realitäten ruht)[11] grundlegend auf dem Vorhandensein eines solchen geteilten konjunktiven Erfahrungsraumes:

> Nur in „Bereichen, in denen die Akteure über derartige existentielle Bindungen des gemeinsamen Erlebens verfügen, ist ein (unmittelbares) Verstehen untereinander möglich"[12], also nur „in jenen Bereichen […], in denen ich mit dem jeweiligen anderen durch Gemeinsamkeiten der Erlebnisschichtung, durch gemeinsame Erfahrungsräume […] verbunden bin."[13]

Damit steht folgende (konjunktive) Trias vor Augen: Zum konjunktiven Erfahrungsraum gehören die konjunktive Verständigung (= unmittelbares Verstehen) und hieraus resultierend ein konjunktives Erfahrungswissen, wobei dieses „in der gelebten Praxis angeeignete und diese Praxis zugleich orientierende Wissen, welches den Orientierungsrahmen bzw. Habitus bil-

---

[8] Vgl. R. BOHNSACK, Gruppendiskussionsverfahren 320f.; R. BOHNSACK, Methode 194–196. Es scheint, „dass Mannheim überall dort, wo er hinsieht, antithetische Paare findet, die irgendwie in eine strukturierte Koexistenz gebracht werden müssen" (D. KETTLER/V. MEJA/N. STEHR, Arbeiten 10). Vgl. z. B. K. MANNHEIM, Eigenart 47 (Bildungserlebnis – Urerlebnis; Gesellschaftskultur – Gemeinschaftskultur); ebd. 48f. (Kultur – Natur).
[9] R. BOHNSACK, Sozialforschung 60.
[10] Vgl. D. KETTLER/V. MEJA/N. STEHR, Arbeiten 22–25, wo der Begriff des konjunktiven Denkens im Unterschied zum kommunikativen Denken näher entfaltet wird. Vgl. R. BOHNSACK, Sozialforschung 111.
[11] Vgl. R. BOHNSACK, Theorie und Praxis 329.
[12] Ebd. 331; vgl. ebd. 333.
[13] R. BOHNSACK, Grundbegriff 113f.

det"[14], mit folgenden Attributen versehen werden kann: stillschweigend, implizit[15], unterschwellig, vorreflexiv, inkorporiert oder atheoretisch.

Konjunktive Erfahrungsräume sind folglich im Alltag in vielfältig unterschiedlichen Ausprägungen – entsprechend der mannigfaltigen Erfahrungsdimensionen des Lebens – existent und wir leben und bewegen uns alle selbstverständlich in ihnen. Das macht die damit verbundene Schwierigkeit aus: Etwas ganz Selbstverständliches und Alltägliches ist selten reflexiv bewusst, steht kaum vor Augen und ein konjunktiver Erfahrungsraum tritt gewissermaßen erst dann dezidiert in Erscheinung, wenn Verständnis- bzw. Kommunikationsprobleme auftreten – beispielsweise, weil ein Fremder in einen unbekannten konjunktiven Erfahrungsraum hineinkommt und sich (zunächst zumindest) überhaupt nicht zurechtfindet. Dann tut kommunikative Verständigung not, wobei sich an diesem Punkt immer wieder offenbart, wie implizit, vorreflexiv, un- bzw. vorbewusst, selbstverständlich – einfach *konjunktiv* – derartige Erfahrungsräume sein können, denn nicht immer sind eine Verbalisierung und ein expliziter Austausch möglich, geschweige denn erfolgreich. Das zugehörige (konjunktive bzw. implizite) Wissen „hat merkwürdige Eigenschaften: es ist [...] ein Wissen, das uns insofern *nicht zur Disposition steht*, als wir es nicht nach Wunsch bewußt machen und in Zweifel ziehen können"[16]. Kurz gesagt: Wir wissen einfach in manchen Situationen mehr, als wir zu sagen wissen![17]

Mit Blick auf die Erforschung des alltäglich-gewöhnlichen Bibelverstehens ist die Theorie konjunktiver Erfahrungsräume höchst interessant. Menschen begegnen nämlich der Bibel u. U. bereits innerhalb dieser Erfahrungsräume (→ Eigenrelevanz des Themas *Bibel*)[18] bzw. bei einer Konfrontation mit biblischen Texten (→ Fremdrelevanz) wird eine Auseinandersetzung damit auf jeden Fall und ganz selbstverständlich vor diesen Hintergründen stattfinden. Menschen, die biblische Texte im Alltag lesen und versuchen, diese auszulegen und sinnhaft zu verstehen, sind in diesem Bemühen – wie auch sonst im Leben – von den konjunktiven Erfahrungsräumen bestimmt, denen sie angehören, bzw. konjunktives Erfahrungswissen wird hier eine entscheidende Rolle spielen. Entsprechend ist zu vermuten, dass sich Sinnkonstruktion und Textverstehen in starker Abhängigkeit von den zugehörigen konjunktiven Erfahrungsräumen voll-

---

[14] R. BOHNSACK, Theorie und Praxis 331.
[15] Vgl. zu diesem Begriff insgesamt M. POLANYI, Implizites Wissen 13–31. Man könnte mit diesem auch von *tacit knowledge* oder *unausdrücklichem Erkennen* sprechen, vgl. R. BOHNSACK, Grundbegriff 114.
[16] J. HABERMAS, Theorie 451; vgl. U. MATTHIESEN, Dickicht 87.
[17] Vgl. M. POLANYI, Implizites Wissen 14. Er bezeichnet dies als eine Tatsache, die „deutlich genug ins Auge [springt; C. S.]; dennoch läßt sich gar nicht ohne weiteres sagen, was damit gemeint ist." Vgl. ebd. 17.25.29.
[18] Zu einer ausführlichen Diskussion der Aspekte *Eigen-/Fremdrelevanz* vgl. Teil I 2.1.

ziehen – so weit eine erste These, die der empirischen Überprüfung harrt (vgl. Teil I 3.3; Teil II jeweils 2.x^{19}.3 b.; Teil III 1.5).

→ Theoretische Basis in soziologischer Hinsicht: Theorie des konjunktiven Erfahrungsraums.

1.2 Wo fünf oder sechs ... – Die Gruppe als geeigneter Forschungsort

Das Phänomen *Alltagsexegese* soll erforscht und dabei die Theorie des konjunktiven Erfahrungsraums – zwecks Untersuchung möglicher Zusammenhänge – im Hinterkopf behalten werden. Beides erfordert ein sozialempirisches Vorgehen und als Untersuchungssubjekte[20] kommen grundsätzlich sowohl Einzelpersonen als auch Personengruppen in Frage. Jeder Einzelne verfügt über konjunktives Erfahrungswissen und ist durch bestimmte konjunktive Erfahrungsräume geprägt und selbstverständlich kann jeder Einzelne für sich biblische Texte lesen und verstehen – gar keine Frage. Allerdings sprechen gute Argumente exegetischer wie soziologischer Provenienz dafür, sich auf Gruppen zu konzentrieren:[21]

→ Untersuchungssubjekte: (Personen-)Gruppen.

---

[19] Der Platzhalter x steht jeweils für die Gruppennummer (vgl. hierzu Teil I 2.3).

[20] Gerade qualitativer Sozialforschung ist es – z. B. im Unterschied zum standardisierten Interview – daran gelegen, die in eine Untersuchung einbezogenen Menschen als *Subjekte* (beispielsweise einer Unterhaltung) und nicht als *Objekte* (einer Ermittlung) zu verstehen, u. a. um „den Postulaten der Offenheit und der Kommunikation" (S. LAMNEK, Lehrbuch 420) gerecht werden zu können. Der Begriff *Forschungs*subjekte birgt allerdings eine nicht zu eliminierende Zweideutigkeit: Bezieht er sich nun auf die Untersuchten oder auf die Untersuchenden? Aus diesem Grund wird in vorliegender Arbeit die Bezeichnung *Untersuchungs*subjekte gewählt. Vgl. grundsätzlich H. KROMREY, Gruppendiskussionen 117: „Werden im Rahmen traditioneller Sozialforschung Fragestellungen in Form von Hypothesen durch den Forscher (,Subjekt') an den Untersuchungsgegenstand (,Objekt') herangetragen, [...] so soll nach dem Verständnis der Aktionsforschung dieses Subjekt-Objekt-Verhältnis zu einem Subjekt-Subjekt-Verhältnis hin verändert werden".

[21] H. ROOSE/G. BÜTTNER, Laienexegesen greifen ebenfalls auf eine Gruppe als Untersuchungssubjekt zurück. Dass auch die andere Option gewählt werden kann, manifestiert sich beispielsweise ganz konkret im Habilitationsprojekt von S. A. Strube, die im qualitativ-empirischen Teil ihrer Untersuchung mit Einzelpersonen (Leitfadeninterviews) arbeitet; vgl. oben EINBLICK 5; vgl. www.uni-tuebingen.de/gkbibel/ k_strube.html [22.09.2006]. S. A. Strube selbst ist sich der diesbezüglichen Optionalität bewusst, wenn sie an anderer Stelle schreibt: „Wenn empirische Untersuchungen Gruppengespräche *oder* Einzelinterviews über einen Bibeltext aufzeichnen" (S. A. STRUBE, Diskussionsanstoß 244; Hervorhebung C. S.). Auch H. Bee-Schroedter entscheidet sich für Einzelpersonen (halb standardisiertes, problemzentriertes Interview), vgl. H. BEE-SCHROEDTER, Wundergeschichten 149f.

Mit Blick auf die Auslegung biblischer Texte bietet die Einbeziehung von Personengruppen ein deutlich breiteres Spektrum sowie die begründete Vermutung, dass extreme Einzelmeinungen innerhalb der Gruppe relativiert und korrigiert werden. Damit wird die Gefahr reduziert, Extrempositionen als repräsentativ auszugeben. Ablaufende Interaktionsprozesse treten außerdem deutlich zutage und die im vorliegenden Fall hauptsächlich interessierenden Vorgänge der Sinnkonstruktion und des Textverstehens (evtl. sogar inkl. zugehöriger Strategien) können empirisch beobachtet und nachgezeichnet werden, was bei Einzelpersonen ungleich schwerer fällt: Innerhalb der Gruppe vollzieht sich die Auslegung nämlich in Auseinandersetzung mit anderen Gruppenmitgliedern, u. U. in Abgrenzung von oppositionellen Meinungen, und der Einzelne ist in viel stärkerem Maße zur Explikation (der eigenen Position/des eigenen Vorgehens) gezwungen, als das der Fall ist, wenn man alleine und gewissermaßen ungestört über einen Bibeltext nachdenkt. In Gruppen kann es schon einmal hoch hergehen und was am Ende herauskommt – inkl. des Weges dorthin –, stellt sich für den forschenden Blick deutlich und nachvollziehbar dar.

Nicht zu unterschätzen ist auch die Kompatibilität mit der Alltagsrealität/-erfahrung vieler Menschen: Pauschal gesprochen dürfte die Begegnung mit biblischen Texten – abgesehen vom liturgischen Verkündigungskontext – bzw. auf jeden Fall die eigene aktive Auseinandersetzung mit diesen sehr viel häufiger in Gruppenzusammenhängen (z. B. Bibelkreis, Hauskreis, Frauengruppe, Seniorengruppe) geschehen als in Einzelstudien. Von daher erscheint es alltagsnäher, Gruppen zur Eruierung des Bibelverstehens heranzuziehen. Vielleicht ist das Gruppensetting sogar ein grundsätzlich zu favorisierender Kontext für Interpretationsbemühungen – so jedenfalls die Meinung von K. Weimar, der den „folgenden Satz [...] wegen seiner Wichtigkeit am liebsten auf jeder Seite der Hermeneutik abdrucken"[22] würde: „Interpretieren sollte man nicht allein."[23] Entsprechend bietet sich der forschende Rückgriff auf Gruppen an, da hier gemeinsame Interpretationsbemühungen beobachtbar sind.

Auf die Gruppe als Untersuchungssubjekt wird man auch nachdrücklich verwiesen, wenn man sich hinsichtlich soziologischer Belange und Erfordernisse Gedanken macht – denn:

„Die Meinungen und Einstellungen der Menschen entstehen und wirken nicht isoliert, gleichsam im luftleeren Raum, sondern in ständiger Wechselbeziehung und zwischen dem einzelnen und der unmittelbar und mittelbar auf ihn einwirkenden Gesellschaft. [...] Dem einzelnen werden sie häufig erst während der Auseinanderset-

---

[22] K. WEIMAR, Enzyklopädie 178 (§ 308).
[23] Ebd. 178 (§ 309). Auf diese grundsätzliche Forderung bezieht sich D. SCHÖNECKER, Textvergessenheit 162 Anm. 9 und führt aus: „Damit hängt zusammen, dass der beste Weg, über Hermeneutik und Interpretation zu reden, darin besteht, *tatsächlich*, und wenn es geht, gemeinsam zu interpretieren."

zung mit anderen Menschen deutlich. Sie sind zwar latent stets vorhanden, gewinnen aber erst Kontur, wenn das Individuum – etwa in einem Gespräch – sich gezwungen sieht, seinen ‚Standpunkt' zu bezeichnen und sich zu behaupten. [...] Zu ihrer Ermittlung ist es notwendig, eine möglichst der Realität ähnliche Situation herzustellen, in welcher die Einstellungen gleichsam aktiviert werden und so plastisch erscheinen, daß sie wissenschaftlich festgehalten werden können."[24]

Die real existierende Gruppe stellt einen grundsätzlichen Ort der Genese konjunktiver Erfahrungsräume dar und von daher ist die Favorisierung von Gruppen gegenüber Einzelpersonen nahe liegend. Allerdings muss ehrlicherweise einschränkend eingestanden werden, dass hier keine zwingende beiderseitige Abhängigkeit vorliegt – soll heißen: Jede Realgruppe verfügt zwar über einen zugehörigen konjunktiven Erfahrungsraum, doch bedarf nicht jeder Erfahrungsraum hinsichtlich seiner Soziogenese einer entsprechenden konkreten Trägergruppe.[25] Doch ist die Gruppe der bevorzugte Ort der Artikulation, Objektivation und Aktualisierung konjunktiver Erfahrung: „Derartige kollektive oder ‚konjunktive' Erfahrungen werden im Gespräch unter denjenigen aktualisiert, denen aufgrund biographischer oder sozialisationsgeschichtlicher Bedingungen spezifische Erfahrungen gemeinsam sind."[26] Erst in der Interaktion und Auseinandersetzung mit den anderen Gruppenmitgliedern, erst „im Miteinander von Menschen mit gleichen oder ähnlichen Erfahrungen"[27] drückt sich Konjunktives (implizit) aus, manifestieren sich konjunktive Erfahrungsräume so, dass sie – zumindest ansatzweise – empirisch greifbar werden. Die Gruppe bietet somit „einen validen empirischen Zugang zur Artikulation derartiger kollektiver Sinnzu-

---

[24] D. OSMER, Gruppendiskussionsmethode 44f.
[25] Als Alternative zum *gemeinsamen Erleben* kommt die *strukturidentisch* gelebte Vergangenheit in Frage, da eine gleichartig-homologe Erlebnisschichtung zur Konstituierung eines konjunktiven Erfahrungsraumes genügt (vgl. K. MANNHEIM, Problem 535–538.546f.). In diesem Sinne spricht R. Bohnsack von „übergemeinschaftlicher" Konstituierung, „ohne dass der gruppenhafte Zusammenschluss derjenigen, die an ihnen [sc. den konjunktiven Erfahrungsräumen; C. S.] teilhaben, Voraussetzung wäre für konjunktive Erfahrung" (R. BOHNSACK, Sozialforschung 112). Paradebeispiel eines derartigen Erfahrungsraumes stellen Generationenzusammenhänge dar. Entsprechend gilt, dass dort, wo sich „diejenigen, die zum selben Generationszusammenhang gehören, [...] in Gruppen zusammenfinden, [...] die Gruppe nicht der soziale Ort der *Genese*, sondern derjenige der Artikulation und Objektivation generationsspezifischer bzw. allgemeiner: kollektiver Erlebnisschichtung" (R. BOHNSACK, Sozialforschung 63) ist. R. BOHNSACK, Methode 200 scheint mit Blick auf den Einfluss der vorhandenen Basis auf die Diskursorganisation (= Art der interaktiven Bezugnahme) dem strukturidentischen Erleben einen geringeren Stellenwert zuzusprechen.
[26] R. BOHNSACK, Sozialforschung 122; vgl. W. MANGOLD, Gruppendiskussionen 230: Hier wird als Motiv für den Einsatz des Gruppendiskussionsverfahrens die Annahme angeführt, „daß die Gruppengesprächssituation eher als die des Einzelinterviews zur Aktualisierung und Explikation ‚tieferliegender' Bewußtseinsinhalte stimuliere."
[27] S. LAMNEK, Lehrbuch 428.

sammenhänge"[28], weshalb man an ihr als Untersuchungssubjekt nicht vorbeikommt – jedenfalls auf der vorstehend skizzierten theoretischen Grundlage. Noch einmal auf den Punkt gebracht:

„Die konkrete Diskussionsgruppe wird also nicht als der ausschließliche soziale Zusammenhang für die Genese von gemeinsamen handlungsleitenden Orientierungen betrachtet, wohl aber als ein Ort, an dem gemeinsame und strukturidentische Erfahrungen besonders eindrücklich artikuliert und exemplifiziert werden können – in denen also der empirische Zugriff auf ‚Milieutypisches' im Sinne übergreifender konjunktiver Erfahrungsräume [...] gelingen kann"[29].

Dabei kann man sich sowohl auf bestehende, natürliche Realgruppen stützen als auch neu und extra für diesen Zweck *ad hoc* Gruppen nach bestimmten sozio-demografischen Kriterien zusammenstellen.[30] Mit Blick auf das Forschungsinteresse sind beide Varianten grundsätzlich möglich, denn es „bedarf keiner Realgruppen, sondern lediglich Gesprächsgruppen, deren Teilnehmer gleiche oder ähnliche Erfahrungen gemacht haben."[31] Möchte man die Untersuchungssituation jedoch so alltagsnah wie möglich halten und das Bibelverstehen in den normal-alltäglichen Kontexten eruieren, so bietet sich die Entscheidung für Variante eins an. Bereits (seit Längerem) bestehende „Gruppen mit einer gemeinsamen und kollektiv geteilten Erfahrungsbasis [sind außerdem; C. S.] prädestinierter für das Gruppendiskussionsverfahren"[32] (als Erhebungsmethode in soziologischer Hinsicht), da die Mitglieder „nicht nur durch die Ebene vergleichbarer Erfahrungen, sondern darüber hinaus durch eine gemeinsame Handlungspraxis verbunden sind."[33] Es kann somit konkretisiert werden:

→ Untersuchungssubjekte: Realgruppen (in Deutschland).

Halten wir abschließend noch einmal fest: Das Untersuchungssubjekt sind reale, seit Längerem existierende Gruppen in Deutschland, die zum einen als solche jeweils über einen (gruppen-)spezifischen konjunktiven Erfahrungsraum verfügen,[34] zum anderen aber auch größere, (gruppen-)übergreifende Erfahrungsräume repräsentieren können. Letzteres ist allerdings erst

---

[28] R. BOHNSACK, Sozialforschung 64.
[29] B. LIEBIG/I. NENTWIG-GESEMANN, Gruppendiskussion 144.
[30] Vgl. zu dieser grundsätzlichen Frage P. LOOS/B. SCHÄFFER, Theoretische Grundlagen 43–45; S. LAMNEK, Gruppendiskussion 107–109; F. POLLOCK, Gruppenexperiment 433–435; M. DREHER/E. DREHER, Gruppendiskussion 147; W. MANGOLD, Gruppendiskussionen 246f.
[31] S. LAMNEK, Lehrbuch 429.
[32] P. LOOS/B. SCHÄFFER, Theoretische Grundlagen 44; vgl. B. LIEBIG/I. NENTWIG-GESEMANN, Gruppendiskussion 146.
[33] Ebd. 146.
[34] Vgl. R. BOHNSACK, Sozialforschung 112: „Gruppen und Gemeinschaften [haben; C. S.] ihre konjunktiven Erfahrungsräume".

im gruppenübergreifenden Vergleich näher untersuchbar.[35] Die einzelnen Mitglieder dieser Gruppen bewegen sich wie selbstverständlich in diesen Zusammenhängen und es ist auf jeden Fall zu erwarten, dass sich auch die Diskussion und Auslegung biblischer Texte in diesem Rahmen vollziehen werden und das Bibelverständnis hiervon geprägt, beeinflusst, bestimmt ... sein wird. Vor diesem theoretischen Hintergrund ist außerdem zu beachten, dass Verständnisschwierigkeiten der Forschenden als Gruppenfremde/Außenstehende immer wieder zu erwarten sind, da sie „sich erst erarbeiten [müssen; C. S.], was innerhalb der Gruppe für jeden selbstverständlich ist und ohne Explikationsbedarf auf der Hand liegt."[36]

1.3 Der Orientierungsrahmen in seinen Bestandteilen und seiner alltagsexegetischen Bedeutung

An dieser Stelle ist eine Einschränkung zu machen: Es wird auf sozialempirisch-rekonstruktivem Wege nie gelingen, unmittelbar Zugang zu einem bestimmten konjunktiven Erfahrungsraum zu gewinnen. Dies setzt nämlich eine zumindest strukturidentische Erlebnisschichtung voraus und damit ein Einleben – ob jetzt in Realgruppenzusammenhängen praktiziert oder nicht. Es erscheint allerdings möglich, in analytischer Intention einen – nicht zu vermeidenden – Umweg zu nehmen, und zwar über den sog. *Orientierungsrahmen*. Wenn man als sozialempirischer Forscher schon nicht direkt auf einen konjunktiven Erfahrungsraum zugreifen kann, so doch wenigstens mittelbar. Es schlägt sich nämlich in der alltäglichen Praxis immer wieder nieder, welchen konjunktiven Erfahrungsräumen eine Person angehört, d. h.: Ein lebensweltlicher konjunktiver Erfahrungsraum (= Erfahrungshintergrund/-dimension), basierend auf einer spezifischen Erlebnisschichtung, kommt im Alltag immer wieder zum Vorschein, nämlich im Orientierungsrahmen. Dieser – und hier liegt der entscheidende Clou – kann für eine bestimmte Person respektive Gruppe mittels sozialempirischer Methoden (vgl. Teil I 3.1) rekonstruiert (nicht abgefragt!) werden: „Die Orientierungen und ihre Rahmung sind den Mitgliedern einer Gruppe weder gänzlich bewusst, d. h. sie können nicht gezielt abgefragt werden,

---

[35] Vgl. P. LOOS/B. SCHÄFFER, Theoretische Grundlagen 44: Das Argument für den forschenden Rückgriff auf Realgruppen im Rahmen des Gruppendiskussionsverfahrens „impliziert nicht, daß sich seine Anwendung in der Analyse von Einzelfällen erschöpfen müßte. Im Gegenteil: Die Bevorzugung von Realgruppen führt über den Weg der Typenbildung und der komparativen Analyse [...] zur Abstraktion von den Einzelfällen (den einzelnen Gruppen)".

[36] A.-M. NOHL, Migration 25.

noch gänzlich unbewusst und also einer empirischen Zugangsweise verschlossen."[37]

Noch einmal im wechselseitigen Verhältnis beleuchtet: Ein konjunktiver Erfahrungsraum manifestiert bzw. dokumentiert sich in einem zugehörigen Orientierungsrahmen, welcher umgekehrt auf den dahinterstehenden Erfahrungsraum verweist. Vor diesem Hintergrund gilt das soziologische Forschungsinteresse im Folgenden vorrangig möglichen Orientierungsrahmen, weil mittels dieser Rückschlüsse auf konjunktive Erfahrungsräume möglich sind.[38] Dabei besteht ein Orientierungsrahmen (nach der Definition R. Bohnsacks) aus folgenden drei Komponenten, die folglich mittels eines sozialempirisch-rekonstruktiven Vorgehens herauszuarbeiten sind: positive und negative Gegenhorizonte und Enaktierungspotenziale. Es ist davon auszugehen, dass sich eine Gruppe auf eine bestimmte – und letztendlich in mehrfacher Hinsicht typische (typisch sowohl für die Gruppe als Einzelgruppe als auch für einen durch die Gruppe repräsentierten Typos) – Art und Weise mit den unterschiedlichsten Thematiken auseinandersetzt, nämlich erstens in Absetzung von negativen Gegenhorizonten, zweitens unter Profilierung eigener, befürworteter (Gegen-)Horizonte und drittens mit der Intention, die eigene Meinung/Einstellung handlungspraktisch wirksam werden zu lassen, sprich: mögliche Enaktierungen – „d. h. die Prozesse der Umsetzung der Orientierungen in Alltagshandeln"[39] – vorzunehmen. Entsprechend kommt es unter sozialempirischem Blickwinkel darauf an, „die Selektivität"[40], d. h. die spezifische Weichen- und Problemstellung bei der

---

[37] B. LIEBIG/I. NENTWIG-GESEMANN, Gruppendiskussion 144. Terminologisch ist der *Orientierungsrahmen* (mit dem Kern der *Orientierungsfigur*) vom *Orientierungsschema* zu unterscheiden. Während sich Letzteres auf zukünftige Handlungsentwürfe (*um-zu-Motive*) bezieht und ein wechselseitiger Zugang dazu per kommunikativer Verständigung erfolgt, ist der *Orientierungsrahmen* auf *weil-Motive* (= Verhalten, *modus operandi*) ausgerichtet, welche ihrerseits die Genese von *um-zu-Motiven* erklären können. Als Oberbegriff für Orientierungsrahmen und Orientierungsschema findet sich bei R. Bohnsack die Terminologie *Orientierungsmuster* (vgl. R. BOHNSACK, Typenbildung 230). Vgl. grundlegend R. BOHNSACK, Orientierungsmuster; R. BOHNSACK, Grundbegriff; R. BOHNSACK, Art. Orientierungsmuster.

[38] Im Rahmen der Bohnsackschen Auswertungsmethode (vgl. Teil I 3.1) werden diese Zusammenhänge bei der Generierung von Typiken untersucht: „Im Zuge der Generierung einer Typik werden fuktionale (sic!) Bezüge herausgearbeitet zwischen den Orientierungsmustern, also dem *Rahmen* einer Gruppe einerseits und der *Erfahrungsbasis*, dem Erlebnishintergrund oder *existentiellen Hintergrund* […], der den Mitgliedern der Gruppe gemeinsam ist, andererseits" (R. BOHNSACK, Generation 372; vgl. ebd. 377).

[39] R. BOHNSACK, Sozialforschung 136.

[40] „Vielmehr vollzieht sich die Interpretation in der Rekonstruktion des sich aufschichtenden Interaktionsprozesses, durch die ich jene für die Gruppe charakteristische Selektivität in der Behandlung des Themas herausarbeiten kann" (R. BOHNSACK, Sozialforschung 42).

Behandlung des Themas und damit [... den; C. S.] für die Behandlung des Themas ausschlaggebende[n] Rahmen"[41] sichtbar zu machen, und zwar, indem man Alternativen aus anderen Gruppen dagegenhält. „Die Orientierungsmuster [...] gewinnen ihre Konturen dadurch, dass sie an derartigen Gegenhorizonten festgemacht werden."[42] Kurz und prägnant auf den Punkt gebracht:

> „*Negative* und *positive Gegenhorizonte* sowie deren *Enaktierungspotentiale* sind wesentliche Komponenten des Erfahrungsraums einer Gruppe. Sie konstituieren den *Rahmen* dieses Erfahrungsraumes."[43] „Es wird ferner davon ausgegangen, daß sich innerhalb des Rahmens von Gegenhorizonten und möglichen Handlungsumsetzungen (‚Enaktierungspotential'), in Erlebnis- und Erfahrungsschilderungen eingebunden, eine immer wieder reproduzierte Orientierungsfigur als homologes Sinnmuster der Gruppe konstituiert."[44]

Der Orientierungsrahmen bzw. die Orientierungsfigur ist somit gewissermaßen aufgespannt zwischen den drei bereits mehrfach benannten Eckpunkten, was in grafischer Aufbereitung folgendermaßen aussieht:[45]

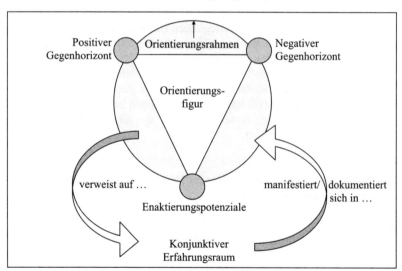

---

[41] Ebd. 34.
[42] Ebd. 136.
[43] Ebd. 136; vgl. R. BOHNSACK, Generation 27.
[44] F. NUSCHELER/K. GABRIEL/S. KELLER/M. TREBER, Dritte-Welt-Gruppen 129.
[45] Die Grundgrafik ist übernommen aus R. BOHNSACK, Generation 28 und entsprechend erweitert worden. Vgl. auch F. NUSCHELER/K. GABRIEL/S. KELLER/M. TREBER, Dritte-Welt-Gruppen 129.

Noch ein abschließendes Wort zur *alltagsexegetischen* Bedeutung des Orientierungsrahmens: Der Orientierungsrahmen kommt – so die theoretische Annahme – im Alltagshandeln immer wieder zum Vorschein und spiegelt die Zugehörigkeit zu bestimmten konjunktiven Erfahrungsräumen wider. Entsprechend prägt er alles, was eine Person tut, wie jemand mit Problemen, Herausforderungen – und eben auch mit Texten – umgeht. Entsprechend ist zu erwarten, dass dem Orientierungsrahmen mit Blick auf *Alltagsexegesen* eine wichtige Bedeutung zukommen wird – welche genau, stellt eine der Schlüsselfragen der späteren Überlegungen dar (vgl. Teil I 3.3; Teil II 2.*x*.3, wobei *x* als Platzhalter für die jeweilige Gruppennummer fungiert; Teil III 1.5).

2 Erneute Kooperation der Disziplinen zum Zwecke der Datenerhebung: Das Gruppendiskussionsverfahren sozialempirisch fundiert und exegetisch akzentuiert

Die bisherigen theoretischen Überlegungen haben gezeigt, dass sich Gruppen als geeignete Untersuchungssubjekte anbieten, sowohl aus exegetischer (Interesse: Alltagsexegese) als auch aus soziologischer Perspektive (Interesse: Orientierungsrahmen). Jetzt gilt es, die im Vorfeld der empirischen Erhebung maßgeblichen Kriterien und Parameter[1] für die Gruppenauswahl darzustellen, bevor die zwölf untersuchten Gruppen kurz in einer Übersicht präsentiert werden sollen. Anschließend ist die angewandte Datenerhebungsmethode zu konturieren.

2.1 Wer weiß, was er sucht, ist klar im Vorteil! – Ein Kriterienkatalog für die Gruppenauswahl

Die Entscheidung für Realgruppen, d. h auch im Alltag jenseits soziologischer Forschungen bestehender natürlicher Gruppen,[2] die über einen kon-

---

[1] Es soll unterschieden werden zwischen Kriterien, die alle Gruppen erfüllen müssen, damit sie in die Untersuchung einbeziehbar sind, und Parametern (bzw. Dimensionen), die entsprechend zu variieren sind (vgl. das folgende Kap.). Dabei ist zu beachten, dass die im Folgenden konkret angeführten Kriterien und Parameter nur für dieses Forschungsvorhaben in Anschlag zu bringen sind, d. h.: Einzelne Aspekte können je nach Forschungsinteresse und Fragestellung auch anders zugeordnet werden.

[2] Vgl. U. FLICK, Qualitative Sozialforschung 172. Vgl. die Darstellung der Diskussion bei P. LOOS/B. SCHÄFFER, Theoretische Grundlagen 43–45. Es ist bereits auf die zweite grundsätzliche Option hingewiesen worden: Gruppen können auch für den konkreten Untersuchungsbedarf neu und quasi spontan konstituiert werden.

junktiven Erfahrungsraum aufgrund gemeinsamen (Er-)Lebens und gemeinsam geteilter Erfahrungen verfügen, ist bereits getroffen worden (vgl. Teil I 1.2). Es wird somit dem *Prinzip der Naturalistizität*[3] der Vorrang gegeben, da man bei

"Realgruppen, also solchen Gruppen, die auch jenseits der Erhebungssituation bestehen, [...] davon ausgehen [kann; C. S.], daß diese über eine gemeinsame Erfahrungsbasis verfügen, denn diese ist ja eine der, wenn nicht sogar *die* Gemeinsamkeit, die die Gruppe zusammenhält, oder auf deren Grundlage sie sich konstituiert hat."[4]

Dabei ist eine Realgruppe bislang einfach als eine Gruppe verstanden worden, die unabhängig von den Forschungen als Gruppe besteht. M. Nießen, auf den sich wiederum S. Lamnek bezieht,[5] bringt neben der grundsätzlichen Forderung, mit Realgruppen zu arbeiten,[6] ein weiteres Kriterium ins Spiel: "*Als Realgruppen werden sie* [sc. die Gruppen; C. S.] *dadurch definiert, daß sie vom Gegenstand der Gruppendiskussion unabhängig von der Diskussion als in der Zusammensetzung identische Gruppe betroffen sind.*"[7] Nach M. Nießen ist es folglich notwendig, dass eine Eigenrelevanz des Themas/Untersuchungsgegenstandes vorliegt, um im Kontext des Gruppendiskussionsverfahrens überhaupt von einer Realgruppe sprechen zu können.

Diese von M. Nießen vorgenommene Anreicherung der Definition einer Realgruppe um das Element der *Eigenrelevanz* ist jedoch nicht zwingend

---

U. FLICK, Qualitative Sozialforschung 172 spricht in diesem Zusammenhang von „*künstlichen* Gruppe[n] (d. h. zu Forschungszwecken nach bestimmten Kriterien zusammengestellten)". Wichtig ist hierbei, dass die einzelnen Mitglieder – z. B. qua Milieu- oder Generationszugehörigkeit – in einem gemeinsamen konjunktiven Erfahrungsraum zu verorten sind. Diese Option wird im Fall des vorliegenden Forschungsprojektes bewusst nicht gewählt.

[3] Vgl. S. LAMNEK, Lehrbuch 434; S. LAMNEK, Gruppendiskussion 51.

[4] P. LOOS/B. SCHÄFFER, Theoretische Grundlagen 44.

[5] Vgl. S. LAMNEK, Lehrbuch 427 (Hervorhebung C. S.): Mit Blick auf die Rekonstruktion sozialer Konstitutionsprozesse ist es geradezu zur Voraussetzung zu erheben, „daß die Diskussionsgruppen Realgruppen sind, also schon vor der Erhebungssituation als Gruppen existieren *und* unabhängig von der Diskussion vom Diskussionsgegenstand betroffen sind." Vgl. auch U. FLICK, Qualitative Sozialforschung 172; P. LOOS/B. SCHÄFFER, Theoretische Grundlagen 25f.

[6] M. NIESSEN, Gruppendiskussion 64 (vgl. ebd. 166) spricht in diesem Zusammenhang von Mindestkriterien und qualifiziert es als unentbehrlich, auf Realgruppen zurückzugreifen: „Kriterium 1: *Die Diskussionsgruppen müssen auch unabhängig von der Diskussion als Realgruppen bestehen.*" Vgl. ebd. 69: „Da es um die Erhebung gruppenspezifischer Meinungen in schon bestehenden sozialen Einheiten geht, ist die nach Repräsentativitätsgesichtspunkten erfolgende Auswahl von Einzelpersonen [...] ausgeschlossen." Vgl. hierzu M. DREHER/E. DREHER, Gruppendiskussion 146; H. KROMREY, Gruppendiskussionen 133.

[7] M. NIESSEN, Gruppendiskussion 64 (vgl. ebd. 166). Vgl. insgesamt ebd. 66–68.

und so soll an dieser Stelle – auf der oben gelegten theoretischen Basis (vgl. Teil I 1.1 → K. Mannheim) – einer anderen theoretischen Option (vgl. W. Mangold und R. Bohnsack) gefolgt werden: *Eigen-* und *Fremdrelevanz* werden als zu variierende Parameter in die Überlegungen einbezogen (vgl. das folgende Kapitel).[8] Während es M. Nießen nämlich nicht um „Aussagen über kollektive Orientierungen im Sinne situationsunabhängiger gruppenspezifischer Orientierungen"[9] geht und er im Zuge der Anlage seiner Forschungen „dem Gruppendiskussionsverfahren letztendlich lediglich als Verfahren der Rekonstruktion *situationsgebundener* und *interaktionsbezogener* Aushandlungsprozesse Validität"[10] zuerkennt, zielt R. Bohnsack dezidiert auf die sich in konkreten Situationen dokumentierenden kollektiven Orientierungsrahmen als empirisch greifbare Manifestationen eines dahinterstehenden konjunktiven Erfahrungsraumes ab. Ergo liegt das Hauptaugenmerk auf dem *Wie* und nicht auf dem *Was*, sprich: Es gilt, die formale Ebene zu erreichen, nicht die inhaltliche. Orientierungsrahmen konstituieren (= dokumentieren) sich folglich in interaktiv-dynamischen Diskussionskontexten zuallererst, denn Prozesshaftigkeit darf auf keinen Fall mit Strukturlosigkeit gleichgesetzt werden. In der Konsequenz ist das Kriterium *Eigenrelevanz* nicht erforderlich, besagt doch die theoretische Annahme hinsichtlich konjunktiver Erfahrungsräume und zugehöriger Orientierungsrahmen gerade, dass sich diese in allen möglichen Situationen, sprich: in Diskursen/Diskussionen zu den unterschiedlichsten Gegenständen auswirken/zeigen. Auch wenn sich Orientierungsrahmen dort am deutlichsten manifestieren, wo einer Gruppe – natürlich auch in thematisch-inhaltlicher Hinsicht – am meisten Freiraum gelassen wird, so bedeutet die Vorgabe fremdrelevanter Themen auf keinen Fall, dass den vorherrschenden Orientierungen inklusive der dahinterstehenden konjunktiven Erfahrungsräume nicht auf die Spur gekommen werden könnte.

Exkurs: Im vorliegenden Fall tritt eine zusätzliche Verkomplizierung dahingehend auf, dass der Gegenstand des Forschungsvorhabens in zweifacher Weise bestimmt werden kann, womit sich die Frage nach Eigen-/Fremdrelevanz ebenso in zweierlei Hinsicht stellt: Es geht einerseits um biblische Texte, andererseits um Textverstehen (im Allgemeinen), wobei Letzteres mit Blick auf das einzelne Gruppenmitglied als solches stets als eigenrelevant vorausgesetzt wird.[11] Auf der Ebene der Gruppe – und

---

[8] Dies ist auch aufgrund des exegetischen Forschungsinteresses gefordert: Es stellt sich nämlich die Frage, ob entsprechend unterschiedlich geprägte und ausgerichtete Gruppierungen auch hinsichtlich des Bibeltextverstehens differieren bzw. welche Zusammenhänge sich an dieser Stelle zeigen.
[9] R. BOHNSACK, Sozialforschung 109.
[10] Ebd. 109.
[11] Es wird somit postuliert, dass jede/r schon einmal einen Text gelesen und zu verstehen gesucht hat – was für biblische Texte nicht so ohne Weiteres gilt –, ohne dass er/sie sich damit reflexiv auseinandergesetzt haben muss.

diese ist an dieser Stelle primär von Interesse – sind insgesamt folgende Fälle denkbar:

- Textverstehen:
  a) eigenrelevant (→ die Gruppe beschäftigt sich wenigstens hin und wieder mit Texten, die gelesen und diskutiert, sprich: ausgelegt werden);
  b) fremdrelevant (→ die Gruppe hat sich noch nie – als Gruppe – mit Texten auseinandergesetzt).

- Nur im Fall a) kann sinnvollerweise weiter differenziert werden mit Blick auf biblische Texte als Gegenstand:
  a_1) eigenrelevant (→ biblische Texte spielen eine Rolle);
  a_2) fremdrelevant (→ die Gruppe als Gruppe hat mit Bibel nichts zu tun).

Würde eine Eigenrelevanz in diesem zweifachen Sinne zum Kriterium erhoben, so kämen im Fall des vorliegenden Forschungsvorhabens nur Gruppen mit einem vorgängigen Eigenbezug zur Bibel als Untersuchungssubjekte in Frage, sprich: nur Gruppen, die sich auch sonst mit biblischen Texten beschäftigen. Man denke beispielsweise an Bibelgruppen oder Hauskreise. Folglich wäre die Gruppenauswahl stark eingeschränkt, ganz zu schweigen vom zu erwartenden Einseitigkeitsvorwurf, wenn nur biblisch interessierte Gruppen in die Überlegungen einbezogen werden, der Rest des bunten Spektrums aber ausgeblendet bleibt. Außerdem geht es bei der Analyse von *Alltagsexegesen* gar nicht – jedenfalls nicht in erster Linie – um ein gewachsenes und über Jahre hinweg ausgebildetes Bibel*verständnis* als Resultat,[12] sondern es soll versucht werden, den spontanen Verstehens- und Sinnkonstruktionsvorgängen auf die Spur zu kommen. Der Fokus liegt auf dem Bibel*verstehen* als Prozess – speziell natürlich bei der Auseinandersetzung mit biblischen Texten.
– Exkurs Ende –

Gruppen, die für die vorliegende Untersuchung in Frage kommen, müssen aber nicht nur Realgruppen sein, sondern darüber hinaus auch dem Freiwilligkeitsaspekt genügen und zur Teilnahme bereit sein. Ersteres betrifft die Gruppen selbst und hat grundlegend etwas mit deren Wesen/Charakter zu tun. Im Gegensatz zu sog. Zwangsgruppen (z. B. Schulklassen) kann mit Blick auf freiwillige Zusammenschlüsse (z. B. Sportvereinen) die Frage nach Motiven für Mitgliedschaft und Zugehörigkeit sinnvoll gestellt werden: Warum ist jemand Mitglied einer bestimmten Gruppe? Was verspricht man sich davon? Wie ist man dazu gekommen? Entsprechend dürfte diese Art der Gruppenzugehörigkeit für die Identität der einzelnen Mitglieder eine deutlich andere Rolle spielen, ohne dass damit in Abrede gestellt werden soll, dass auch die Mitgliedschaft in Zwangsgruppen einen prägenden Einfluss hat/haben kann. Es ist jedoch etwas ganz anderes, ob ich einer Gruppe angehören muss oder ob ich mich frei – unter mehreren Angeboten – dafür entscheide und damit u. U. auch eine bestimmte Haltung oder Einstellung zum Ausdruck bringen will – denn: In Freiwilligkeitsgruppen

---

[12] Vgl. zum Vorgehen: Es ist dezidiert keine Vorbereitung vonseiten der Gruppen erwünscht.

treffen Menschen aus freien Stücken mit (vermutlich) vergleichbaren Interessen und u. U. auch ähnlichen Meinungen zusammen.

Was die Frage nach Homogenität/Heterogenität[13] in der Zusammensetzung der Gruppe anbelangt, so lässt sich zwar auf theoretischer Ebene eine eindeutige Aussage machen, doch wird sich jeweils erst in der Praxis erweisen, ob man entsprechend fündig wird: Grundsätzlich sind natürlich die Gruppen ideal, deren „Teilnehmer im Hinblick auf die Fragestellung in den wesentlichen Dimensionen miteinander vergleichbar"[14] sind, wobei sich auch „in einer homogenen Gruppe [...] die einzelnen Teilnehmer hinsichtlich anderer [...] als nicht so relevant erachteter Dimensionen"[15] unterscheiden können. Ob dies in einer zu besuchenden Realgruppe der Fall ist, ist allerdings vorab kaum feststellbar und schon gar nicht zu beeinflussen.[16] Es ist jedoch zu erwarten ist, dass seit längerer Zeit bestehende Gruppen – in welcher Hinsicht auch immer – homogen sind,[17] sonst gäbe es sie vermutlich schon längst nicht mehr.

Die zuletzt geäußerte einschränkende Bemerkung, dass man sich mit den konkret vorliegenden Realgruppen arrangieren bzw. die jeweils vorgefundenen Gegebenheiten akzeptieren muss, gilt auch weitgehend hinsichtlich der Gruppengröße. „Allgemeingültige Faustregeln für die Gruppengröße sind in diesem Fall nicht mehr sinnvoll: Die Größe der Diskussionsgruppe

---

[13] Vgl. D. OSMER, Gruppendiskussionsmethode Anm. 41 zu S. 56, abgedruckt auf S. 129: „Der Begriff ‚homogen' wurde hier lediglich als ‚operational term' gebraucht. Er bezeichnet den Grad der zwischen den Angehörigen einer Gruppe bestehenden Übereinstimmung hinsichtlich soziologischer, statistischer und anderer Merkmale." Vgl. M. DREHER/E. DREHER, Gruppendiskussion 150: „Die Forderung der Homogenität der Teilnehmer richtet sich vor allem auf Merkmale soziokultureller Art"; vgl. F. POLLOCK, Gruppenexperiment 434f.; S. LAMNEK, Gruppendiskussion 104–107; H. KROMREY, Gruppendiskussionen 124f.
[14] U. FLICK, Qualitative Sozialforschung 173.
[15] Ebd. 173. Zwar nennt U. Flick als Vorteil heterogener Gruppen die zu erwartende (größere) Dynamik in der Diskussion wegen des Aufeinanderprallens differierender Standpunkte, doch ist die Gefahr nicht zu unterschätzen, „dass Gruppen, deren Mitglieder sich zu stark voneinander abheben, wenig Anknüpfungspunkte für eine gemeinsame Diskussion finden" (ebd. 173).
[16] Alles in allem ist das Kriterium *Homogenität/Heterogenität* somit hauptsächlich relevant, wenn man selbst für ein Forschungsvorhaben Gruppen aus einzelnen Personen zusammenstellt, da beim Rückgriff auf Realgruppen keinerlei Einwirkungsmöglichkeit gegeben ist.
[17] Ähnliches vermuten P. LOOS/B. SCHÄFFER, Theoretische Grundlagen 45: „Realgruppen [sind; C. S.] in den meisten Fällen hinsichtlich bestimmter Dimensionen ihres existentiellen Hintergrundes relativ homogen". Vgl. B. LIEBIG/I. NENTWIG-GESEMANN, Gruppendiskussion 146: Es gehört „zum Charakter von Realgruppen, dass sie hinsichtlich einzelner Milieudimensionen eine relativ große Homogenität aufweisen".

hat sich nach der analogen Alltagssituation zu richten"[18]. Nach U. Flick umfassen Gruppen „gewöhnlich fünf bis zehn Teilnehmer, wobei allerdings die Angaben über die sinnvollste Gruppengröße auseinander gehen."[19] Alles in allem gibt es keine theoretisch ideale Mitgliederanzahl, allerdings sollten schon aus Gründen der zu erwartenden Resultate sowie der praktischen Handhabbarkeit sowohl zu kleine als auch zu große Personengruppen nach Möglichkeit vermieden werden.[20] Dementsprechend kann es u. U. notwendig sein, sich für die konkrete Gesprächssituation auf einen *Ausschnitt* (Teil) einer an sich größeren Gruppe zu beschränken, z. B. nur zehn Mitglieder eines sonst 300-köpfigen Fanklubs in die Untersuchung einzubeziehen.

Weitere Kriterien, die allgemein für einen guten Informanten in Anschlag zu bringen und folglich auch mit Blick auf geeignete Gruppen im Hinterkopf zu behalten sind, sollen nur kurz aufzählend erwähnt werden:[21] notwendiges Wissen und notwendige Erfahrung (in Bezug auf Thema/Gegenstand); Fähigkeit zu Reflexion und Artikulation.[22]

Sind bisher ausschließlich Kriterien angeführt worden, die sich jeweils auf die einzelnen Gruppen als solche beziehen, so nimmt ein letzter Aspekt die Beispielfälle in einem gruppenübergreifenden Vergleichshorizont wahr. Letzten Endes wird es nämlich sowohl um die intensive Analyse der Einzelfälle gehen als auch auf dieser Grundlage um einen Vergleich der Fälle unter- und miteinander mit dem Ziel, grundlegende Lesestrategien zu erarbeiten (vgl. Teil I 4; Teil II 3; Teil III 1.4). Vor diesem Hintergrund ist als weiteres Kriterium Folgendes zu fordern – was auf den ersten Blick geradezu widersprüchlich wirken kann: Einerseits sollen die Fälle (möglichst) kontrastierend sein, u. a., um ein weites Spektrum abzudecken, andererseits ist hinsichtlich der methodischen Auswertbarkeit eine möglichst gute Basis an Vergleichs- und (vergleichbaren!) Gegenhorizonten anzustreben. Diese „gezielten minimalen und maximalen Kontrastierungen von Fällen"[23] stellen eine große Herausforderung dar, denn es geht nicht nur darum, „die

---

[18] H. KROMREY, Gruppendiskussionen 133.
[19] U. FLICK, Qualitative Sozialforschung 174. S. LAMNEK, Lehrbuch 435 schließt sich letzterer Einschätzung an. Vgl. auch S. LAMNEK, Gruppendiskussion 109–113; M. NIESSEN, Gruppendiskussion 52; M. DREHER/E. DREHER, Gruppendiskussion 150 (5–10 Personen); H. KROMREY, Gruppendiskussionen 124 (8–12 Personen); W. MANGOLD, Gruppendiskussionen 229 (6–10 Personen).
[20] Vgl. S. LAMNEK, Lehrbuch 435; W. MANGOLD, Gegenstand 114; ders., Gruppendiskussionen 247; D. OSMER, Gruppendiskussionsmethode 55; F. POLLOCK, Gruppenexperiment 38.
[21] Vgl. U. FLICK, Qualitative Sozialforschung 110.
[22] P. LOOS/B. SCHÄFFER, Theoretische Grundlagen 42 sprechen in diesem Zusammenhang von „ganz basale[n] Bedingungen, die erfüllt sein müssen": „So muß die Gruppe bspw. überhaupt in der Lage sein, aufzeichenbar zu diskutieren".
[23] U. FLICK, Qualitative Sozialforschung 108.

maximale Variation im Sample [... abzubilden; C. S.] – zwar wenige, aber möglichst unterschiedliche Fälle einzubeziehen, um darüber die Variationsbreite und Unterschiedlichkeit, die im Feld enthalten ist, zu erschließen"[24] –, sondern gleichzeitig soll eine optimale Vergleichbarkeit der Fälle untereinander sichergestellt werden, fußend auf entsprechenden Übereinstimmungen. D. h.: Hinsichtlich bestimmter Dimensionen sollen z. B. zwischen einzelnen Gruppen größtmögliche Kontraste bestehen, während dieselben Gruppen mit Blick auf andere Aspekte nahezu identisch miteinander sind – man spricht vom *Kontrast in der Gemeinsamkeit* bzw. von der *Gemeinsamkeit im Kontrast*. Dies soll je nach Gruppenkombination, sprich: der Wahl der Vergleichshorizonte bezüglich der unterschiedlichsten Parameter, jeweils aufs Neue gelingen.

2.2 Welcher Kontrast in welcher Gemeinsamkeit? – Parameter für die Gruppenauswahl

Das letzte Kriterium des gerade skizzierten Kriterienkatalogs vor Augen (vgl. Teil I 2.1), stellt sich natürlich die Frage, in Bezug worauf die Gruppen minimal und maximal kontrastiert werden sollen, sprich: welche zu variierenden Parameter (= Dimensionen) konkret zu beachten sind.

Als variable Parameter sind bereits die *Eigen-/Fremdrelevanz* in Bezug auf die Untersuchungsgegenstände *Textverstehen* und *Bibel/biblische Texte* erwähnt worden. Darüber hinaus ist die *Geschlechtszugehörigkeit* (männlich – weiblich) zu berücksichtigen. Entsprechend sind reine (bzw. entsprechend dominierte) Frauen- und Männergruppen neben gemischten in die Untersuchung einzubeziehen. Des Weiteren ist die Beachtung *geografischer Gesichtspunkte* sinnvoll und zwar sowohl die Lokalisierung in Gesamtdeutschland betreffend (z. B. Ost – West; Nord – Süd) als auch hinsichtlich der Verteilung zwischen Stadt und Land (mögliche Optionen: großstädtisch – mittelstädtisch – kleinstädtisch – ländlich/dörflich). Dadurch wird zum einen eine akzeptable Reichweite der Forschungsbemühungen sichergestellt und ausgeschlossen, dass eine einseitige Dominanz einer Region zu verzerrten Ergebnissen führt. Dass zum anderen zwischen dem Leben auf dem Land in dörflichen Strukturen und der (Groß-)Stadt extreme Unterschiede bzgl. Lebensalltag und damit hinsichtlich konjunktiver Erfahrungsräume und zugehöriger Orientierungsrahmen bestehen, das dürfte unbestritten sein.

Darüber hinaus stellen – gerade was das Bibelverstehen anbelangt – die *Konfessionszugehörigkeit/Konfessionalität* bzw. die *kirchliche Zugehörigkeit/Anbindung* Faktoren dar, die nicht übergangen werden dürfen. Hierbei

---

[24] Ebd. 109.

ist noch einmal zu differenzieren zwischen der Ebene der einzelnen Mitglieder und der Gruppe als solcher: Natürlich kann es spannend sein, ob die kirchliche und konfessionelle Ausrichtung des einzelnen Gesprächsteilnehmers Auswirkungen auf dessen Bibelverständnis zeitigt, doch geht es an dieser Stelle vorrangig um den diesbezüglichen Charakter der jeweiligen Gesamtgruppe, sprich: ob eine Gruppe von ihrem – heute u. U. nur noch historisch zu erklärenden – Selbstverständnis als konfessionell gebunden anzusehen und welchem Lager sie entsprechend zuzuordnen ist. Beispielsweise sind KSJ (Katholische Studierende Jugend) und CVJM (Christlicher Verein junger Menschen) von der konfessionellen Zugehörigkeit genau entgegengesetzt orientiert, was aber gleichzeitig auf keinen Fall bedeutet, dass sich die Gruppen jeweils nur aus Angehörigen der einen Seite zusammensetzen würden. Bei dem hier vorgestellten Parameter ist einzig und alleine die Gesamtgruppe im Blick. Die konfessionell-kirchliche Landschaft in Deutschland etwas vereinfachend, werden in dieser Hinsicht lediglich drei mögliche Optionen unterschieden (zusätzlich ist die Kirchennähe respektive -ferne der einzelnen Gruppen einzubeziehen):

– Katholisch;
– Evangelisch (darunter werden lutherisch und reformiert ohne weitere Differenzierung subsumiert);[25]
– Konfessionell ungebunden/neutral (bzw. antikonfessionell).[26]

Ein letztes zu beachtendes Parameterpaar ergibt sich, wenn man das Milieumodell von G. Schulze als potenzielle Orientierungsgröße mit ins Spiel bringt. G. Schulze[27] operiert nämlich primär mit den zwei Faktoren *Alter*

---

[25] Freikirchliche Gemeinschaften bleiben aus der Untersuchung ausgeklammert, wobei die Gruppe „CVJM" (vgl. Teil II 2.5) ansatzweise dieser Richtung zuzuordnen ist. Vgl. zu diesem konfessionell-kirchlichen Spektrum das von 2005–2008 an der Fachhochschule *Theologisches Seminar Elstal* des Bundes Evangelisch-Freikirchlicher Gemeinden in Deutschland (Baptisten) unter der Leitung von Dr. André Heinze laufende Forschungsprojekt „Rezeption biblischer Texte in Evangelisch-Freikirchlichen Gemeinden Deutschlands", siehe http://www.theologisches-seminar-elstal.de/index.php?id=262 [08.09.2007].

[26] Als Forschungsdesiderat bleibt hier ein die Religionsgrenzen überschreitendes Projekt anzudeuten, das den Sinn konstruierenden Umgang mit religiös normativen Texten in unterschiedlichen Religionen (z. B. mit Blick auf die Tora im Judentum oder den Koran im Islam) untersucht. Es ist an dieser Stelle allerdings einschränkend zu bedenken zu geben, dass ein *alltagsexegetisches* Lesen religiös normativer Schriften – dem vergleichbar, was im Rahmen dieser Arbeit bzgl. biblischer Texte analysiert wird – in anderen Religionen (bzw. Kulturen) u. U. gar nicht praktiziert wird, sprich: evtl. gerade nicht alltäglich ist.

[27] Vgl. grundsätzlich G. SCHULZE, Erlebnis-Gesellschaft. Speziell zu „Alter als Milieuzeichen" vgl. ebd. 188–190; zu „Bildung als Milieuzeichen" vgl. ebd. 191f. G. Schulze geht von der – erkenntnistheoretisch problematisierbaren – Grundregel

und *(Aus-)Bildungsniveau*, welche neben anderen als evidente und signifikante Zeichen für entsprechende Milieuzugehörigkeiten bestimmt werden. Auf dieser Grundlage arbeitet G. Schulze fünf Milieutypen[28] heraus, die folgendermaßen in einem Alter-Bildung-Koordinatensystem zu verorten sind:

Bildung	bis 40 Jahre	älter als 40 Jahre
hoch	Selbstverwirklichungs-milieu	Niveaumilieu
mittel		Integrationsmilieu
niedrig	Unterhaltungs-milieu	Harmoniemilieu
Alter		

Alter und *Bildung* sind als sinnvolle Parameter zu beachten, auch wenn die Analyse von *Alltagsexegesen* natürlich keine Milieustudie darstellt. Die Schulzesche Milieukonzeption bietet nur Schützenhilfe für die Gruppenauswahl. Entsprechend zeichnet eine gute – im Sinne von breite – Gruppenzusammenstellung aus, dass sich die einzelnen Fälle an unterschiedlichen Stellen in diesem Alter-Bildung-Raster verorten lassen.[29]

Dabei ist eine vollständige Abdeckung aller denkbaren Kombinationen dieser Parameter – u. a. von den verfügbaren Ressourcen her – weder möglich noch nötig. Statt theoretischer Sättigung oder gar statistischer Vollständigkeit im Sinne einer Vollerhebung stehen Einzelfallanalysen und ex-

---

„Alter sieht man, Bildung merkt man" (ebd. 185) aus und behauptet, dass bereits ein kurzes Gespräch genügt, um „ungefähr zu wissen, welchen Bildungsgrad der andere hat […]; für die Zuordnung zu groben Altersklassen ist nicht einmal dies erforderlich" (ebd. 188). Da man sich allerdings sowohl hinsichtlich des Alters als auch mit Blick auf das Bildungsniveau ziemlich verschätzen kann, soll in vorliegendem Forschungsprojekt ein statistischer Kurzfragebogen (vgl. Anhang 2) Sicher- und Klarheit schaffen.

[28] Vgl. G. SCHULZE, Erlebnis-Gesellschaft 277–333. Eine jeweils kurze Zusammenfassung der fünf Milieus findet sich bei H. GELLER, Liebe 35–42.

[29] Da der Rückgriff auf die Milieutheorie von G. Schulze nur vorbereitend erfolgte und die genannten Parameter nur als Orientierungshilfe bei der Gruppenauswahl und -suche dienten, sollen die Ausführungen zum Thema *Milieu* an dieser Stelle nicht (unnötig) vertieft werden. Vor diesem pragmatischen Hintergrund erklärt sich auch, dass andere Milieukonzeptionen/-untersuchungen (vgl. W. VÖGELE/H. BREMER/ M. VESTER, Soziale Milieus und Kirche; U. MATTHIESEN (Hrsg.), Räume – darin z. B. R. BOHNSACK, Konzeption; R. BOHNSACK, Milieubildung) nicht weiter zur Sprache kommen. Vgl. zusätzlich R. BOHNSACK, Milieuforschung 497–499.

emplarische Herausarbeitungen im Vordergrund, womit sich die Überlegungen als genuin *qualitativ* (im Unterschied zu quantitativ angelegten Vorhaben) erweisen.[30] Mit Blick auf die Anzahl der einzubeziehenden Gruppen ist somit U. Flick zu folgen, der über den (praktikablen) Umfang einer sozialempirischen Untersuchung grundsätzlich Folgendes aussagt:

> Die Anzahl der untersuchten Fälle „hängt einerseits von den Ressourcen ab (Wie viele Interviews können in der gegebenen Zeit durchgeführt, transkribiert und ausgewertet werden?), andererseits von den Zielen der Untersuchung (Wofür stehen die einzelnen Fälle oder die Gesamtheit der Fälle?)."[31] Vor diesem Hintergrund ist die Idee einer repräsentativen Gruppenauswahl von vorneherein zu verabschieden und stattdessen darauf zu achten, dass bei „der Auswahl der untersuchten Subjekte [...] deren Relevanz für das Thema statt Repräsentativität leitend"[32] ist. „Die entscheidende Frage ist hier eher ‚welche Fälle?' als ‚wie viele Fälle?' und vor allem: ‚wofür stehen die Fälle, oder wofür wurden sie ausgewählt?'"[33]

2.3 Der Zwölfer-Kreis *ist komplett – Die Gruppenzusammenstellung*

Die in der folgenden Übersicht kurz aufgelisteten zwölf[34] Gruppen,[35] die zum einen dem vorstehenden Kriterienkatalog genügen (vgl. Teil I 2.1), zum anderen hinsichtlich der relevanten Parameter variieren (vgl. Teil I 2.2), sind untersucht worden.

---

[30] Vgl. R. BOHNSACK, Sozialforschung 10.13–30; R. BOHNSACK, Grundbegriff 105; H. BLAUMEISER, Einführung 33.

[31] U. FLICK, Qualitative Sozialforschung 99. Vgl. zur Anzahl der durchzuführenden Gruppendiskussionen auch allgemein S. LAMNEK, Gruppendiskussion 117–119.

[32] U. FLICK, Qualitative Sozialforschung 69. Insgesamt greift bei qualitativer Forschung eher das Kriterium der *Repräsentanz* anstelle der *Repräsentativität* (vgl. H. ROOSE/G. BÜTTNER, Laienexegesen 61 und 61 Anm. 17).

[33] U. FLICK, Qualitative Sozialforschung 390. Vgl. P. LOOS/B. SCHÄFFER, Theoretische Grundlagen 23: „Bei der Auswahl bzw. Zusammenstellung von Diskussionsgruppen maß Mangold der Forderung nach statistischer Repräsentativität [...] keine hohe Bedeutung zu. Vielmehr versuchte er, ‚nach Maßgabe theoretischer Überlegungen' typische Gruppen auszuwählen und zusammenzustellen."

[34] Im Rahmen der Forschungen sind noch einige weitere Gruppen besucht worden. Teilweise war dies von vorneherein als Probe-/Übungsversuche (z. B. mit Blick auf das empirische Vorgehen) gedacht, teilweise stellte sich im Nachhinein heraus, dass die aufgezeichneten Gespräche aus unterschiedlichen Gründen (Wesen/Charakter der Gruppen; äußere Umstände des Gesprächs; inhaltliche Gesichtspunkte) für eine Ver-/Auswertung nicht in Frage kommen.

[35] Für ausführlichere Angaben – auch statistischer Art – vgl. die Einzelfallanalysen im Teil II, dort v. a. jeweils das erste Unterkapitel 2.*x*.1. Kurze Fallbeschreibung (der Platzhalter *x* steht für die jeweilige Gruppennummer).

Zur Erläuterung:
- Spalte 1: Codename.
- Spalte 2: Gruppengröße, sprich: Anzahl der Teilnehmer/Teilnehmerinnen (TN).
- Spalte 3: Geschlechtsmäßige Zusammensetzung (nur tendenziell): rein männlich/weiblich, überwiegend männlich/weiblich, gemischt.
- Spalte 4: Konfessionelle Ausrichtung der Gruppe (unabhängig von der konfess. Zugehörigkeit der einzelnen Mitglieder): kath., evang., neutral.
- Spalte 5: Altersstruktur (grob): jung, mittel, alt (und Kombinationen „... bis ...").
- Spalte 6: Bildungsniveau (ebenfalls sehr grob): (eher) niedrig[36], (eher) mittel, (eher) hoch, gemischt.
- Spalte 7: Geografische Einordnung: a) West-, Ostdeutschland, gegebenenfalls zusätzlich Süddeutschland; b) großstädt., mittelstädt., kleinstädt., ländl.
- Spalte 8: Eigen- bzw. Fremdrelevanz der Themen a) Textverstehen; b) Bibel/biblische Texte für die Gruppen; mögliche Kombinationen: eigen/eigen; eigen/fremd; fremd/fremd.
- Spalte 9: (Ungefähre) Dauer der geführten Diskussionen in Minuten.

Name	TN	Geschlecht	Konfession	Alter	Bildung	Geograf.	Relevanz	h
„Kultur"	12	gemischt ♂♀	neutral	alt	eher hoch	West ländl.	fremd/fremd	135
„Gewerkschaft"	7	rein ♂	neutral	mittel bis alt	mittel	West kleinstädt.	eigen/fremd	90
„KSJ"	18	überwiegend ♂	kath.	jung	hoch	West/Süd großstädt.	fremd/fremd	70
„Bibelkreis"	15	überwiegend ♂	neutral	mittel bis alt	eher hoch	West großstädt.	eigen/eigen	180
„CVJM"	6	rein ♂	evang.	jung	eher hoch	West großstädt.	eigen/eigen	45
„Hauskreis"	6	überwiegend ♀	evang.	mittel bis alt	mittel	West mittelstädt.	eigen/eigen	80
„SOLID"	7	überwiegend ♂	neutral	jung	hoch	Ost großstädt.	eigen/fremd	65
„Kirchenmänner"	4	rein ♂	kath.	mittel bis alt	hoch	West großstädt.	eigen/eigen	75

---

[36] Überblickt man die siebte Spalte der Tabelle (Bildung), so wird man feststellen, dass die überwiegende Mehrzahl der Gruppen der Kategorie *(eher) hoch* zugeordnet ist. Das Bildungsniveau *(eher) niedrig* kommt hingegen überhaupt nicht vor. Dies hat zwei Gründe: Zum einen hat es sich von Anfang an als ungleich schwieriger herausgestellt, Gruppen der letzteren Charakterisierung zur Mitarbeit zu gewinnen. Zum anderen sind die mit Gruppen niedrigerer Bildungsniveaus geführten Gespräche im Nachhinein den oben in Anm. 34 (Teil I 2) erwähnten Streichungen zum Opfer gefallen.

Name	TN	Geschlecht	Konfession	Alter	Bildung	Geograf.	Relevanz	h
„Posaunenchor"	6	gemischt ♀♂	evang.	jung	gemischt	West/Süd ländl.	fremd/fremd	60
„Montagskreis"	6	gemischt ♀♂	kath.	alt	hoch	West ländl.	eigen/eigen	110
„Theologinnen"	5	rein ♀	neutral	jung bis mittel	hoch	West großstädt.	eigen/eigen	100
„AI"	4	überwiegend ♂	neutral	mittel	hoch	West großstädt.	eigen/fremd	80

2.4 Reden ist Silber, Diskutieren ist Gold! – *Das Gruppendiskussionsverfahren als Datenerhebungsmethode in allgemeiner Theorie*

Zwölf Gruppen bilden den Untersuchungsgegenstand der vorliegenden Arbeit (vgl. Teil II) und werden unter die forschende Lupe genommen, genauer gesagt deren Bibelverstehen – und zwar das Textverstehen als solches wie auch in Abhängigkeit vom zugehörigen Orientierungsrahmen. Das hierfür benötigte empirische Material als Grundlage der Auswertungen ist mittels des Gruppendiskussionsverfahrens erhoben worden. Diese Methode ist nämlich zum einen dem zu untersuchenden Gegenstand sowie dem Untersuchungssubjekt angemessen[37]; zum anderen ist sie prädestiniert „für einen empirisch-methodischen Zugang zum kollektiven Habitus"[38].

→ *Datenerhebungsmethode: ermittelndes*[39] *Gruppendiskussionsverfahren (Offlinevariante)*[40]

---

[37] Vgl. S. LAMNEK, Lehrbuch 144. Angemessenheit wird hierbei wie folgt definiert: „Wissenschaftliche Begriffe, Theorien und Methoden sind dann als angemessen zu bezeichnen, wenn sie dem Erkenntnisziel des Forschers und den empirischen Gegebenheiten gerecht werden. Unter der Güte von sozialwissenschaftlichen Theorien, Methoden und Begriffen soll der Grad ihrer Angemessenheit an die empirische Realität und an das Erkenntnisziel des Forschers verstanden werden" (ebd. 145). Dieses Kriterium spielt auch bei der folgenden Datenauswertung (vgl. Teil I 3.) eine entscheidende Rolle. P. LOOS/B. SCHÄFFER, Theoretische Grundlagen 42 gehen von einer „wechselseitigen Beeinflussung von Forschungsgegenstand und Methode" aus.
[38] R. BOHNSACK, Grundbegriff 118.
[39] Die ermittelnde ist von der vermittelnden Variante zu unterscheiden, vgl. S. LAMNEK, Lehrbuch 413; S. LAMNEK, Gruppendiskussion 29–32. Vermittelnde Gruppendiskussionen finden z. B. im Rahmen der Personal- oder Organisationsentwicklung und der Unternehmensberatung als eine Art *Gruppentraining* Verwendung. Dem Forschungsvorhaben geht es – rein ermittelnd – darum, geeignetes Material zur

Ganz allgemein gesprochen ist eine Gruppendiskussion „ein Gespräch mehrerer Teilnehmer zu einem Thema, das der Diskussionsleiter benennt, und dient dazu, Informationen zu sammeln."[41] Dabei besteht gerade beim Rückgriff auf Realgruppen – wie im vorliegenden Fall – die begründete Hoffnung, die bei einer empirischen Erhebung normalerweise auftretende Laborsituation zugunsten einer Annäherung an alltäglich-gewöhnliche Kommunikationsbedingungen (→ lockere, entspannte Atmosphäre) überwinden[42] und „sich das alltäglich gewünschte Gespräch zunutze"[43] machen zu können. „Eine solche ‚alltagsnahe Kommunikation' wird in einer Grup-

---

Auswertung zu gewinnen, und es sollen keine Einstellungen verändert oder bestimmte Meinungen hervorgerufen werden.

[40] Vgl. insgesamt (in chronologischer Reihenfolge) D. OSMER, Gruppendiskussionsmethode; F. POLLOCK, Gruppenexperiment; W. MANGOLD, Gegenstand; W. MANGOLD, Gruppendiskussionen; W. MEINEFELD, Entwurf 130–140; M. NIESSEN, Gruppendiskussion; U. VOLMERG, Kritik; H. KRÜGER, Gruppendiskussionen; R. PEUKERT, Gesprächshermeneutik 15–26; H. KROMREY, Gruppendiskussionen; M. DREHER/ E. DREHER, Gruppendiskussion; M. DREHER/E. DREHER, Gruppendiskussionsverfahren; F. NUSCHELER/K. GABRIEL/S. KELLER/M. TREBER, Dritte-Welt-Gruppen 119–123; R. BOHNSACK, Neue Wege; R. BOHNSACK, Gruppendiskussion; H. BLAUMEISER, Einführung 42; R. BOHNSACK/B. SCHÄFFER, Gruppendiskussionsverfahren; P. LOOS/B. SCHÄFFER, Theoretische Grundlagen; A.-M. NOHL, Migration 48f.; R. BOHNSACK, Gruppendiskussionsverfahren; B. LIEBIG/I. NENTWIG-GESEMANN, Gruppendiskussion; U. FLICK, Qualitative Sozialforschung 170–180; R. BOHNSACK, Sozialforschung 105–120; B. SCHÄFFER, Art. Gruppendiskussion; R. BOHNSACK, Milieuforschung; S. LAMNEK, Lehrbuch 408–477; S. LAMNEK, Gruppendiskussion. Zu den Grenzen des Gruppendiskussionsverfahrens vgl. P. LOOS/B. SCHÄFFER, Theoretische Grundlagen 39–42; U. FLICK, Qualitative Sozialforschung 179f. Zur Weiterentwicklung des Gruppendiskussionsverfahrens als Teil einer Gruppenwerkstatt vgl. W. VÖGELE/H. BREMER/M. VESTER, Soziale Milieus und Kirche 139–143. In Zeiten des *World Wide Web* gibt es auch Überlegungen, das Medium *Chat* entsprechend zur internetbasierten Datenerhebung nutzbar zu machen und Gruppendiskussionen (im englischen Sprachraum bekannt unter der Bezeichnung *Focus Groups*) *online* durchzuführen, vgl. M. EPPLE/G. HAHN, Dialog; S. LAMNEK, Lehrbuch 463–471; S. LAMNEK, Gruppendiskussion 253–277; R. J. REZABEK, Online Focus Groups; B. SOLOMON, Internet focus group; G. THORNE, On-line focus groups. Einen Vergleich zwischen Online- und Offlinevariante führt G. ERDOGAN, Gruppendiskussion durch.

[41] S. LAMNEK, Lehrbuch 408.

[42] Vgl. H. KRÜGER, Gruppendiskussionen 93. Gegen S. LAMNEK, Lehrbuch 413, der eine Gruppendiskussion als „Gespräch einer Gruppe von Untersuchungspersonen zu einem bestimmten Thema unter Laborbedingungen" bezeichnet. Vgl. S. LAMNEK, Gruppendiskussion 26f., wo folgende Problematisierung zu finden ist: „Labor meint aber nur, dass in der Regel keine für die Diskussionsteilnehmer gewohnte, natürliche Umgebung vorliegt" (ebd. 27). Dies scheint aber nur sehr bedingt in Anschlag zu bringen zu sein, wenn man mit Realgruppen arbeitet und diese – wie im vorliegenden Forschungsprojekt geschehen – gewissermaßen zu Hause besucht.

[43] S. LAMNEK, Lehrbuch 421.

pendiskussion initiiert"[44] – was realitätsgerechtere und authentischere Daten erwarten lässt als beispielsweise standardisierte Interviews, die mit der Unterbindung kommunikativer Strukturen sowie mit einer oftmals anzutreffenden starken Künstlichkeit der Gesprächssituation zu kämpfen zu haben. Demgegenüber liegt die große Chance des Gruppendiskussionsverfahrens gerade darin, „dass mit dieser Methode realitätsgerechtere Daten zu gewinnen sind, weil die Diskussionssituation natürlicher ist."[45] „Gruppensituationen sind – weil alltagsnäher – eher geeignet, authentische Einstellungen und Meinungen zu produzieren."[46]

Vor diesem Hintergrund bietet sich das Gruppendiskussionsverfahren gerade unter soziologischer Perspektive an, wenn man kollektive Orientierungen herausarbeiten will – vorausgesetzt, der *Selbstläufigkeit* des Diskurses wird ausreichend Raum gegeben. Es ist „ein von den Interventionen der Diskussionsleiter möglichst unabhängiger Verlauf des Diskurses"[47] anzustreben. Die Gruppenmitglieder sollen *natürlich* miteinander kommunizieren, „wie sie das innerhalb ihrer Alltagskontexte auch tun"[48], ohne dass von außen, sprich: von Forscherseite, unnötig eingegriffen und entsprechend Einfluss ausgeübt wird. Den Gruppen soll ein größtmögliches Maß an Freiheit zugestanden, die Offenheit weitestgehend gewährleistet werden. Dies stellt optimale Bedingungen dafür dar, dass kollektive Orientierungsmuster in Erscheinung treten können: Diese sind nämlich Produkt wechselseitiger Steigerung.[49] Eingriffe sind jedoch dann unumgänglich, wenn Gruppendiskussionen die interessierende Thematik so weit verlassen, dass das erhobene Material hinsichtlich der Auswertung zu unergiebig wird: An dieser Stelle sind situative Kompetenz[50] und „ein großes Maß an Sensibilität für den konkreten Interviewverlauf und für den Interviewten

---

[44] W. VÖGELE/H. BREMER/M. VESTER, Soziale Milieus und Kirche 140; vgl. H. KROMREY, Gruppendiskussionen 110.
[45] S. LAMNEK, Lehrbuch 421.
[46] Ebd. 423.
[47] R. BOHNSACK, Generation 19.
[48] S. LAMNEK, Lehrbuch 431.
[49] Vgl. R. BOHNSACK, Sozialforschung 42: „Die Selbstläufigkeit des Diskurses, wie sie durch die wechselseitige Steigerung der Redebeiträge vorangetrieben wird, führt dazu, dass hier ein *kollektives Bedeutungsmuster* sich herauskristallisiert, welches von den einzelnen Beteiligten so nicht subjektiv intendiert war, sondern Produkt der wechselseitigen Steigerung ist [...]. Diese [...] vollzieht sich umso mehr, je mehr der Diskurs durch gemeinsames Erleben, durch gemeinsame Sozialisation, durch einen gemeinsamen sozialen Hintergrund getragen ist. Es ist also die wechselseitige Steigerung [...], in der Kollektives zum Ausdruck kommt".
[50] Vgl. U. FLICK, Qualitative Sozialforschung 124.

[... sowie; C. S.] an Überblick über das bereits Gesagte und seine Relevanz für die Fragestellung der Untersuchung"[51] von Nöten.
Alles in allem geht es bei Gruppendiskussionen nicht – bzw. nicht vorrangig – darum, durch das Interviewen mehrerer Personen an einem Ort zur gleichen Zeit kosten- und zeiteffizient vorzugehen und Ressourcen zu sparen (→ pragmatische Überlegungen),[52] sondern die Diskussionsgruppe wird als eigenständig bedeutsame Größe angesehen. Sie ist der Ort, an dem kollektive Orientierungen zur Sprache kommen, wo sich etwas findet, das mehr ist als die Summe der Teile, sprich: der Einzelmeinungen. Gruppenmeinungen „werden gleichsam arbeitsteilig vorgetragen [... und sind; C. S.] das Produkt kollektiver Interaktionen."[53] Gerade bei Diskussionen innerhalb von Realgruppen ergibt sich auf der Grundlage selbstläufiger Diskussionsprozesse somit ein Plus, das in sozialempirischer Hinsicht höchst bedeutsam ist:

> „Wenn Menschen, die einander gut kennen und auf gemeinsame oder gleichartige Erfahrungen zurückblicken können, in der Gruppe miteinander reden, steigern sie sich oft gegenseitig in der Bearbeitung des jeweiligen Themas. Der Diskurs wird metaphorisch und die Elemente impliziten Wissens nehmen zu. So vollziehen sich auch Gruppendiskussionen, allerdings werden diese – auf der Basis von Freiwilligkeit – vom Forschenden künstlich initiiert."[54] „Gruppendiskussionen eröffnen somit einen Zugang sowohl zu einer kollektiven Erlebnisschichtung in einem gemeinschaftlichen Lebensraum, als auch – und dies ist für den Erkenntnisgewinn von zentraler Bedeutung – zu ‚übergemeinschaftlichen' konjunktiven Entstehungszusammenhängen kollektiver Orientierungen."[55]

Das Gruppendiskussionsverfahren leistet, dass „[k]ollektive Orientierungen [...] sozusagen in statu nascendi herausgearbeitet bzw. an der kollektiven Bearbeitung von individuellen Orientierungen deren Einbettung in kollektive Zusammenhänge und evtl. Widerständigkeiten aufgezeigt werden"[56] können. Gruppendiskussionen stellen somit ein Instrument zur Eruierung

---

[51] U. FLICK, Qualitative Sozialforschung 144. Als Grundregel ist Folgendes zu beherzigen: „Der Forscher soll im Feld weniger selber reden, sondern möglichst viel zuhören" (ebd. 327).
[52] Es soll jedoch auch nicht bestritten werden, dass die günstige Kosten-Nutzen-Relation und die Möglichkeit, mit geringerem personellen, zeitlichen und finanziellen Aufwand forschen zu können, dem vorliegenden Projekt entgegengekommen ist. Dies gilt jedoch – genau und ehrlich betrachtet – nur für die Phase der Datenerhebung. Mit Blick auf die (schwierigen) Auswertungsbemühungen ist H. KRÜGER, Gruppendiskussionen 90 Recht zu geben: Gruppendiskussionen sind ein „personal- und zeitintensives Verfahren".
[53] W. MANGOLD, Gegenstand 49; vgl. W. MANGOLD, Gruppendiskussionen 251.
[54] A.-M. NOHL, Migration 48.
[55] B. LIEBIG/I. NENTWIG-GESEMANN, Gruppendiskussion 144.
[56] P. LOOS/B. SCHÄFFER, Theoretische Grundlagen 11.

(informeller) Gruppenmeinungen[57] dar und mittels dieser Erhebungsmethode kann man konjunktiven Erfahrungsräumen respektive den auf diese verweisenden Orientierungsrahmen auf die Spur kommen. Deswegen ist dieses Vorgehen für die vorliegende Arbeit aus soziologischer Perspektive höchst interessant. Es sollen in einer alltags-/realitätsnahen Meinungsbildungssituation und unter Ausnutzung des korrigierenden Einflusses der Gruppe auf (extreme) Einzelpositionen (situationsunabhängige) Gruppenmeinungen (als Konsens der Teilnehmenden) ermittelt werden; letzten Endes zielen die Überlegungen auf die existenziellen Hintergründe bzw. den dokumentarischen Sinn (K. Mannheim) im Geäußerten ab.[58]

Exkurs: In der Forschung besteht das folgende theoretische Problem bzw. folgende Meinungsverschiedenheit: Entsteht die Gruppenmeinung in der Gruppendiskussion spontan und gewissermaßen einzigartig (Emergenztheorie) oder spiegelt sich etwas wider, was auch außerhalb der konkreten Situation existiert und im Rahmen des Gesprächs (lediglich) aktualisiert wird (Repräsentationstheorie)?[59] Werden Gruppenmeinungen hervor- oder mitgebracht? Die Kontroverse zieht sich durch die einschlägige Literatur hindurch, doch wird im vorliegenden Fall für die zweite Variante Partei ergriffen. Zwar soll nicht bestritten werden, dass in jeder Gruppendiskussion immer wieder aufs Neue etwas ganz Aktuelles – und in diesem Sinne Einzigartiges – geschieht, doch ist mit der Theorie des konjunktiven Erfahrungsraumes im Hintergrund davon auszugehen, dass sich hierin (zumindest auch) etwas manifestiert/dokumentiert, was unabhängig von der je konkreten Diskussionssituation Relevanz besitzt bzw. vorhanden ist: „Die Meinungen, die in solchen Gruppen in der Diskussion allgemeine Billigung finden, können nicht als Produkt der Versuchsanordnung, nicht als Endresultat eines aktuellen Prozesses gegenseitiger Anpassung und Beeinflussung in der Diskussionssituation selbst verstanden werden. In ihnen schlagen sich vielmehr informelle Gruppenmeinungen nieder, die sich in der Realität unter den Mitgliedern des betreffenden Kollektivs bereits ausgebildet haben"[60], d. h. die „Orientierungsmuster emergieren im Diskurs nicht situativ, sondern werden, da sie tiefer liegende kollektive oder milieuspezifische Strukturen repräsentieren, im Diskurs immer wieder reproduziert."[61] – *Exkurs Ende* –

---

[57] Vgl. zu „Entstehung, Bedeutung und Geltungsbereich ‚informeller' Gruppenmeinungen" W. MANGOLD, Gegenstand 59–69; zur „Bedeutung informeller Gruppenmeinungen für den Ablauf sozialer Prozesse" vgl. ebd. 100–108.

[58] Die obige Darstellung ist etwas vereinfachend respektive zuspitzend, da mit einer Gruppendiskussion grundsätzlich sehr unterschiedliche Zielsetzungen verbunden sein können, vgl. U. FLICK, Qualitative Sozialforschung 171f.; S. LAMNEK, Lehrbuch 413.416.423–433.

[59] Vgl. P. LOOS/B. SCHÄFFER, Theoretische Grundlagen 100f.

[60] W. MANGOLD, Gruppendiskussionen 240.

[61] R. BOHNSACK, Gruppendiskussionsverfahren 310; vgl. R. BOHNSACK, Dokumentsinn 519: „Dort, wo die Kommunikationsbeteiligten Gemeinsamkeiten der Sozialisationsgeschichte [...] aufweisen, [...] wird ein gemeinsamer, ein interaktiver oder kollektiver Sinnzusammenhang nicht erst <u>hergestellt</u>, sondern ein bereits existierender und

Darüber hinaus sind ablaufende Aushandlungsprozesse, interaktive Strukturen und die Größe *Gruppendynamik* im Allgemeinen beobacht- und entsprechend analysierbar – und in diesem Zusammenhang meldet sich das exegetische Forschungsinteresse zu Wort: Unter diesem Blickwinkel erscheint die Gruppendiskussion als hervorragendes Instrument, Textverstehen und Sinnproduktion/-konstruktion als prozessuale Vorgänge zu untersuchen. Textauslegung muss zwar nicht, kann aber in Interaktion und gemeinsamen Anstrengungen geschehen und es sind vielversprechende Ergebnisse zu erwarten, wenn vertraute Realgruppen in alltagsähnlichen Kommunikationssituationen biblische Texte sinnvoll zu verstehen sich bemühen. Ergo ist die Entscheidung für die Gruppendiskussion als Datenerhebungsverfahren nicht nur aus soziologischer Perspektive gerechtfertigt, sondern auch in exegetischer Hinsicht spricht viel für dieses Vorgehen.[62]

2.5 Die Diskussion möge beginnen! – Das Gruppendiskussionsverfahren in konkreter Praxis

Nachdem das Verfahren *Gruppendiskussion* nun theoretisch beleuchtet worden ist, soll im Folgenden eine idealtypische Gestalt – konzipiert für das vorliegende Forschungsanliegen – skizziert werden. Dabei stößt man gleich zu Beginn auf eine kontrovers diskutierte Frage: Wie soll – im Be-

---

verinnerlichter kollektiver oder ‚konjunktiver Erfahrungsraum' […] kann <u>aktualisiert</u> werden."

[62] Das heißt ganz und gar nicht, dass man nicht auch anders arbeiten/forschen kann. S. A. Strube beispielsweise wählt als sozialempirisches Vorgehen die Methode des Leitfadeninterviews (→ Einzelpersonen; vgl. www.uni-tuebingen.de/gkbibel/k_strube.html [22.09.2006]). H. Bee-Schroedter greift auf halb standardisierte, problemzentrierte Interviews zurück (vgl. H. BEE-SCHROEDTER, Wundergeschichten 149f.). H. ROOSE/G. BÜTTNER, Laienexegesen sprechen mit Blick auf das methodische Vorgehen bei der Datenerhebung ihrer empirisch-rekonstruktiven Forschungen sowohl von Gruppengespräch (ebd. 60) bzw. Gespräch (ebd. 64) als auch – und zwar in der erläuternden Anm. zu ebd. 64 Anm. 41 – von Gruppendiskussionsverfahren. Abgesehen von terminologischen Unsicherheiten, sei in Abgrenzung zum vorliegenden Forschungsvorhaben auf eine zentrale Differenz hingewiesen: Die konkrete Praxis sieht bei H. Roose/G. Büttner deutlich anders aus, da vonseiten der Gesprächsführerin (vgl. ebd. 60.65; die Gesprächsführerin ist die Autorin H. Roose, vgl. ebd. 60 Anm. 13) starke konfrontative und impulsartige Eingriffe in den Diskussionsablauf erfolgen. Von der Gruppe erarbeitete und vorgetragene Deutungsversuche werden „durch Verweis auf widersprüchliche Verse in Frage" (ebd. 60; vgl. ebd. 65) gestellt. „Man hofft dadurch, „einen tieferen Einblick in die Interpretationsprozesse [zu erlangen; C. S.], da durch gezieltes Nachfragen bzw. durch das Einbringen widersprüchlicher Textpassagen ermittelt werden kann, welche Strategien warum und mit welcher Zähigkeit vertreten werden" (ebd. 64; vgl. hierzu S. LAMNEK, Lehrbuch 446f.). In diesem Punkt entscheidet sich die vorliegende Arbeit für eine andere Grundoption.

sonderen – der Einstieg in die Diskussion beschaffen sein (und wie ist – im Allgemeinen – die Rolle der Diskussionsleitung bzw. der forschenden Personen zu bestimmen)?[63] Die begegnende Problemstellung lässt sich gut mit der schlagwortartigen Gegenüberstellung *Offenheit*[64] vs. *Strukturierung* auf einen Nenner bringen. Klar ist, dass eine Diskussion zuallererst einmal in Gang gebracht werden muss, und unstrittig ist, dass der Selbstläufigkeit des Diskurses oberste Priorität zukommt. Auch herrscht darüber Konsens, dass der Anfangsimpuls bei allen Gruppen gleich bzw. zumindest vergleichbar gestaltet sein muss.[65] Doch bzgl. der Beschaffenheit des Diskussionsanreizes scheiden sich die Geister: möglichst offen und neutral oder vielleicht doch eher provokativ und herausfordernd? Während die erste Option den Gruppen selbst eine größtmögliche Gestaltungsfreiheit gewährt und die grundsätzlich zu fordernde Offenheit sicherstellt – es droht keine *Gefahr der Suggestion*[66] –, baut die zweite Position darauf, dass durch provokative Thesen die Diskussion besser in Schwung kommt und gerade dadurch die Selbstläufigkeit des Diskurses initiiert werden kann.[67]

Und mit Blick auf das generelle Verhalten der Forscherinnen während der Gruppendiskussionen begegnet die gerade skizzierte Problematik erneut. Einerseits leben Gruppendiskussionen davon, dass sie eigendynamisch ablaufen und auf Eingriffe und Lenkung weitestgehend verzichtet wird (→ Nondirektivität), andererseits können sie auch eine nicht immer

---

[63] Vgl. D. OSMER, Gruppendiskussionsmethode 60–63 sowie Anhang III („Anweisungen für die Leitung von Gruppendiskussionen"); F. POLLOCK, Gruppenexperiment 39.503–512; W. MANGOLD, Gegenstand 114–120; W. MANGOLD, Gruppendiskussionen 247–250; M. NIESSEN, Gruppendiskussion 98–108; R. BOHNSACK, Gruppendiskussion 380–382; U. FLICK, Qualitative Sozialforschung 174f.; R. BOHNSACK, Sozialforschung 207–212; S. LAMNEK, Lehrbuch 439–450; S. LAMNEK, Gruppendiskussion 141–157; M. DREHER/E. DREHER, Gruppendiskussion 150f.; H. KROMREY, Gruppendiskussionen 126f. und 135f.; R. BOHNSACK, Gruppendiskussionsverfahren 315–317.

[64] Vgl. S. LAMNEK, Gruppendiskussion 41–43.

[65] „Die Ausgangsfragestellung sollte ebenso wie auch die Darlegung des Erkenntnisinteresses für alle Diskussionen gleich bzw. vergleichbar formuliert sein" (R. BOHNSACK, Sozialforschung 140). Vgl. zum Grundreiz insgesamt D. OSMER, Gruppendiskussionsmethode 69–89; F. POLLOCK, Gruppenexperiment 41–50.

[66] Vgl. S. LAMNEK, Lehrbuch 441.

[67] Beispielsweise spricht U. FLICK, Qualitative Sozialforschung 176 (vgl. ebd. 174) davon, dass die „eigentliche Diskussion […] mit einem ‚Diskussionsanreiz' […] beginnt; C. S.], der in provokanten Thesen […] bestehen kann." Deutlicher bezieht S. LAMNEK, Lehrbuch 440f. Position: „Die Gruppendiskussion wird durch einen Grundreiz, ein provokantes oder umstrittenes Statement des Forschers […] in Gang gebracht. […] In der Einleitung umreißt also der Diskussionsleiter die konkrete Fragestellung, spricht das Thema der Diskussion an. Dies soll eher provokant, aggressiv oder auch ambivalent geschehen. […] Der Grundreiz (Stimulus) bringt die Diskussion in Schwung" (vgl. zu Letzterem S. LAMNEK, Gruppendiskussion 149–151).

vorteilhafte Eigendynamik dahingehend entwickeln, dass das (eigentliche) Thema völlig verlassen wird und man sich auf einem assoziativen Streifzug quer durch alle möglichen Thematiken befindet – dies lehrt schon die alltägliche Erfahrung mit Gesprächen in etwas größerer Runde. In diesem Fall nützt die Selbstläufigkeit des Gesprächs den Forschungen nichts – ganz im Gegenteil. Trotz bzw. gerade wegen der Eigenstrukturierung durch die Gruppe ist das erhobene Material u. U. wenig hilfreich und kaum aussagekräftig – jedenfalls in der interessierenden Hinsicht. Umgekehrt kann man den kollektiven Orientierungen der jeweiligen Gruppen aber gerade dann am besten auf die Spur kommen, wenn möglichst wenige – subjektiv geprägte – Interventionen von außen erfolgen, d. h. wenn die Diskussions*leitung* eher passiv-rezeptiv denn aktiv-agierend ist und sich nur im Notfall zu Wort meldet. Dies gilt auch mit Blick darauf, wer wann wie viel spricht, um „den Diskussionsteilnehmern Gelegenheit zu geben, die Allokation der Redebeiträge selbst zu organisieren."[68] Die Forschenden haben in erster Linie dafür zu sorgen, dass die für einen reibungslosen Ablauf der Diskussion unentbehrlichen äußeren Rahmenbedingungen herrschen und die Diskussion selbst am Laufen gehalten wird.[69]

Die Durchführung einer Gruppendiskussion ist somit insgesamt ein Balanceakt zwischen der Zulassung und Förderung von Eigendynamiken und einer non-direktiven Gesprächsführung auf der einen sowie gewissen steuernden Eingriffen auf der anderen Seite.[70] Denn möchte man – z. B. um der Vergleichbarkeit der Gruppen untereinander willen – in einer Diskussion bestimmte Aspekte eines Themas abgehandelt wissen, dann muss gegebenenfalls konkret nachgefragt bzw. impulsartig der entsprechende Punkt eingebracht werden, wenn die Gruppe nicht von alleine darauf zu sprechen kommt. Darüber hinaus kann es teilweise erforderlich sein, Gruppendiskussionen, die sich in der Weite der Assoziationen zu verlieren drohen, wieder zum eigentlichen (interessierenden!) Thema/Problem zurückzuführen.

---

[68] S. LAMNEK, Lehrbuch 448.
[69] „Der Forscher muss Fragen stellen, um überhaupt einen Diskurs [...] in Gang zu bekommen. Sobald und soweit dieser Diskurs jedoch selbstläufig wird, greift er nicht ein und stellt keine immanenten oder neuen Fragen. Diese folgen erst dann, wenn die Diskussion zu versiegen droht" (A.-M. NOHL, Migration 48). S. LAMNEK, Lehrbuch 441 führt als Möglichkeit an, dass die Forschenden (weitere) Reizargumente einstreuen sollten, wenn der „Grundreiz allein nicht aus[reicht; C. S.], um die Diskussion über einen genügend langen Zeitraum in Gang zu halten".
[70] Vgl. M. NIESSEN, Gruppendiskussion 52f., der mit Blick auf in der Forschungsliteratur begegnende Positionen folgenden *Mainstream* konstatiert: „Nicht-Direktivität in Bezug auf das Problem, Direktivität in Bezug auf die Form" (ebd. 52). Vgl. D. OSMER, Gruppendiskussionsmethode 60 (keine inhaltliche Steuerung, sondern lediglich formale Leitung).

Für die vorliegende Untersuchung ist neben dieser innersoziologischen Diskussion mit Blick auf Einstiegsimpuls/Grundreiz und Rolle der Diskussionsleitung zusätzlich das exegetische Forschungsinteresse zu berücksichtigen: Entsprechend haben die Gruppendiskussionen aus mehreren Einzelteilen zu bestehen und an die Impulse sind nicht nur qualitative, sondern auch thematische Anforderungen zu stellen. Ebenso ist die Rolle der Leitung während der entsprechenden Diskussionsteile jeweils unterschiedlich zu akzentuieren. Das Material soll nämlich nicht nur geeignet sein, Orientierungsrahmen zu rekonstruieren, sondern auch dem Prozess des Bibelverstehens auf die Spur zu kommen, weshalb zum einen eine Diskussionsphase allgemeinerer Art, zum anderen auslegende Gesprächspartien zu konkreten Bibeltexten notwendig sind. Dabei bietet es sich an, den ersten Teil am Thema *Bibel (allgemein)* zu orientieren, auch wenn hiermit für einige Gruppen eine Fremdrelevanz vorgegeben wird. Zwei Gründe sind für das gewählte Vorgehen ausschlaggebend: Erstens müssen sich die Diskussionen um der Vergleichbarkeit willen inhaltlich um Ähnliches drehen, zumal in der unterschiedlichen Bearbeitung der gleichen Thematik entscheidende Hinweise auf den je spezifischen Orientierungsrahmen zu finden sind.[71] Zweitens kommt es der exegetischen Fragestellung natürlich sehr entgegen, wenn über die Auslegung konkreter Texte hinaus noch zusätzlich die Begegnung *mit*, das Verständnis *von*, der Zugang *zu* und der Umgang *mit* Bibel (im Allgemeinen) diskutiert wird. Vor diesem Hintergrund wird mit Blick auf die Gestaltung der Impulse zu Beginn der Diskussionsabschnitte und das Verhalten der Forschenden während der Diskussion folgende Mischlösung praktiziert:

- Der Teil zur Bibel im Allgemeinen wird mittels eines möglichst neutralen, unaufdringlichen Impulses[72] eingeleitet, damit keine (argumentativen) Stellungnahmen zu *heißen* Thesen provoziert werden,[73] sondern den Gruppen innerhalb der vorgegebenen Thematik möglichst freie Hand gelassen wird. Es soll keine zu vehemente Richtungsvorgabe erfolgen, um der Entwicklung der Diskussion den nötigen Freiraum zu lassen. Im weiteren Verlauf dieses Diskussionsteils wird aber gegebenenfalls – in begrenztem Maße – nachgefragt, wenn für die Forschungen wesentliche Punkte überhaupt noch nicht thematisiert worden sind. Ziel ist, „dass alle für die Fragestellung relevanten Aspekte und Themen im Lauf [... der Dis-

---

[71] Es erscheint undurchführbar, für alle disparaten Gruppen einen gleichen eigenrelevanten Gegenstandsbereich zu finden.

[72] Grundformulierung: „Wenn Sie den Begriff ‚Bibel' hören, was fällt Ihnen spontan dazu ein, was assoziieren Sie damit?" T. GREINER, Jugendumfrage, der mittels einer Umfrage „die gegenwärtige ‚Bibellesekultur' der Teenager und Jugendlichen [...] repräsentativ für die baptistische Jugend in Bayern" (ebd. 323) zu ermitteln trachtet, lässt seinen Fragebogen mit einer ganz ähnlichen Formulierung beginnen: „1. Was fällt Dir ganz spontan zum Thema Bibel ein? Egal was!" (ebd. 353; vgl. ebd. 324).

[73] „Die Provokation argumentativer Stellungnahmen ist zu vermeiden" (S. LAMNEK, Lehrbuch 448).

kussion; C. S.] angesprochen werden."[74] Dabei dient ein Leitfaden der Orientierung und führt die in Frage kommenden Gesichtspunkte inklusive möglicher Impulsformulierungen an.[75] Hinsichtlich der Beschaffenheit gilt sowohl für den Grundreiz als auch für die weiteren Interventionen, dass sie „absichtlich vage gehalten werden [sollen; C. S.], damit die Teilnehmer ihre Beiträge so formulieren können, wie sie ihren Orientierungsrahmen entsprechen, sie sich gewissermaßen den thematischen und orientierungsbezogenen Aspekt an einer unscharf formulierten Frage heraussuchen können, der zu ihren Relevanzsetzungen und -systemen passt."[76]

- In den späteren Diskussionsteilen werden die Gruppen dann jeweils mit konkreten Texten aus der Bibel als Grundstimuli konfrontiert – was eine extremere Möglichkeit des Grundreizes darstellt[77] –, allerdings erfolgen anschließend keinerlei bzw. fast keine Nachfragen oder sonstige Eingriffe mehr. Die Texte werden vorgelegt und anschließend die Gruppen damit gewissermaßen in ihren Auslegungs- und Verstehensbemühungen alleine gelassen.

Berücksichtigt man noch, dass zu Beginn einer Gruppendiskussion immer erklärende Informationen gegeben, gewisse Vorstellungszeremonielle absolviert werden müssen und sich Gruppe und Forschungsteam erst einmal – wenigstens oberflächlich – kennen lernen wollen, dann ergibt sich als idealtypische Konzeption für die Diskussionen folgender Ablauf:[78]

Vorgeplänkel: Ankommen, Begrüßung, Vorstellung und Co.
Die äußeren Rahmenbedingungen sind weitgehend durch die Gruppen vorgegeben bzw. zu gestalten. Das Forschungsteam hat hierauf kaum Einfluss. Ganz in seiner Verantwortung liegt die technische Ausstattung. Zu Beginn gilt es, durch Begrüßung und eigene Vorstellung sowohl eine Beziehung zueinander aufzubauen als auch das Forschungsvorhaben noch einmal klar zu kommunizieren. In diesem Zusammenhang ist auf jeden Fall das geplante Vorgehen, die Fragestellung respektive das Frageinteresse sowie der ungefähre zeitliche Rahmen anzusprechen. Zentral wichtig ist, fol-

---

[74] U. FLICK, Qualitative Sozialforschung 120.
[75] Vgl. Anhang 1. Ähnlich wie bei Leitfaden-Interviews besteht auch im vorliegenden Fall die Erwartung, „dass in der relativ offenen Interviewsituation die Sichtweisen des befragten Subjekts eher zur Geltung kommen als in standardisierten Interviews oder Fragebögen" (ebd. 117).
[76] S. LAMNEK, Lehrbuch 448.
[77] Vgl. U. FLICK, Qualitative Sozialforschung 176: „Die eigentliche Diskussion beginnt mit einem ‚Diskussionsanreiz' […], der in […] der Verlesung eines Textes […] bestehen kann." Ebd. 174 wird die „Vorgabe von Texten" als weitere Option zur (zusätzlichen) Stimulierung der Diskussion erwähnt. Vgl. S. LAMNEK, Gruppendiskussion 149: „Dieser Grundreiz kann dabei beispielsweise aus […] dem Vorlesen eines Textes […] bestehen." M. DREHER/E. DREHER, Gruppendiskussion 151 sprechen von möglichen Vorgaben, die z. B. in der „Darbietung von Filmen, Texten oder Objekten" bestehen können.
[78] Vgl. grundsätzlich zu Ablauf und Durchführung von Gruppendiskussionen P. LOOS/B. SCHÄFFER, Theoretische Grundlagen 48–55; U. FLICK, Qualitative Sozialforschung 175f.; S. LAMNEK, Lehrbuch 439–450 (ein „idealtypischer Diskussionsverlauf in der Gruppensituation" findet sich ebd. 449f.).

gende grundsätzliche Erwartung an die Teilnehmenden mitzuteilen: Sie sollen miteinander reden wie sonst auch!

Anschließend wird es gewissermaßen ernst und das Aufzeichnungsgerät – im vorliegenden Fall ein MD-Rekorder[79] – in Betrieb genommen, natürlich nicht, ohne vorher die ausdrückliche Zustimmung der Betroffenen hierzu einzuholen. Die Zusicherung von Vertraulichkeit sowie der Hinweis auf die stattfindende Anonymisierung zur Gewährleistung von Diskretion können evtl. vorhandenen Ängsten oder Vorbehalten entgegenwirken und es empfiehlt sich auch, ein knappes Wort zur Führung der Rednerliste/des Ablaufprotokolls zu verlieren: Schließlich sollen die Diskussionsbeiträge im Nachhinein den anonymisierten Personen richtig zugeordnet werden können.[80]

Phase 1: Vorstellung[81]

a) Einzelvorstellung

Zunächst geht es um eine erste – von der Gruppe grundsätzlich frei gestaltbare – Runde aller Gruppenmitglieder nach dem Motto: „Könnten Sie sich bitte alle der Reihe nach kurz vorstellen?" Es liegt somit an der Gruppe selbst, was und wie viele

---

[79] Eine Dokumentation per Videocamera hätte zwar den Vorteil, Sprecherinnen eindeutig identifizieren und auch non-verbale Reaktionen (z. B. gelangweiltes Gähnen, unbehagliches Hin- und Herrutschen auf dem Stuhl, abschweifende Blicke etc.) festhalten zu können, ist aber mit U. FLICK, Qualitative Sozialforschung 245f. wegen des unverhältnismäßig größeren technischen Aufwands und der damit einhergehenden Beeinflussung der Gesprächssituation zugunsten der Aufzeichnung per Tonbandgerät (MD) abzulehnen: Es wird dem weniger auffälligen Gerät der Vorzug gegeben um der Natürlichkeit der Situation willen, und weil per Videocamera kein Mehr an relevanten (!) Daten erreicht würde. Entsprechend greift die „*Sparsamkeitsregel* der Aufzeichnung" (ebd. 250). Eine andere Präferenz findet sich bei S. LAMNEK, Lehrbuch 462: „Die Gruppendiskussion ist mindestens auf Tonband, besser auf Video aufzuzeichnen." Siehe aber ebd. 415, wo ein eventuell die Diskussion hemmender Effekt einer Videocamera angemerkt wird. Vgl. zur Datenaufzeichnung allgemein S. LAMNEK, Gruppendiskussion 169–173, der dies zwischen Datenerhebung (→ Gruppendiskussion) und Datenanalyse (→ Auswertung und Interpretation) unter der Bezeichnung *Datenerfassung* als eigene Etappe anführt.

[80] Vgl. S. LAMNEK, Lehrbuch 460: „Die Wortbeiträge müssen nachträglich den einzelnen Sprechern zugeordnet werden können. Dazu kann man z. B. Nummern an die Sprecher vergeben und sie bitten, vor ihrem Wortbeitrag diese Nummer zu nennen." Zusätzlich hält S. LAMNEK, Lehrbuch 460 einen Beobachter bzw. Assistenten für hilfreich, der, „ohne dass dies den Diskussionsteilnehmern bekannt sein muss, an einem Nebentisch oder hinter einer spanischen Wand sitzend, in groben Zügen den Diskussionsverlauf" mitnotiert. Das konkret praktizierte Vorgehen arbeitet auch mit Nummern für die einzelnen Personen, überträgt aber das Festhalten der Sprecherreihenfolge einzig und allein den beobachtenden Forschern. Dies kann zwar im Nachhinein zu kleineren Unsicherheiten in der Zuordnung führen, gewährleistet aber eine flüssige und v. a. natürliche Diskussion. Eine Geheimniskrämerei (→ versteckter Beobachter) scheint nicht angebracht, vielmehr will man mit offenen Karten forschen und die Teilnehmenden über das jeweils Getane vorweg aufklären, bevor Mutmaßungen aufkommen oder am Ende gar unlautere Absichten unterstellt werden.

[81] Vgl. S. LAMNEK, Gruppendiskussion 145–148.

Informationen hier zur Sprache kommen,[82] wobei die Erfahrung lehrt, dass die erste Person eine prägende Wirkung auf die gesamte Runde ausübt. Somit kommt jede und jeder zu Anfang einmal zu Wort und es können grundlegende Angaben (z. B. Alter, Bildung, Konfession etc.) mitgeteilt werden.[83]

b) Gruppenvorstellung
Im Anschluss daran sollen die Mitglieder ihre Gruppe vorstellen, wobei sich die anfängliche Vermutung, dass leitende Persönlichkeiten in der Gruppe hier als Wortführer auftreten werden, immer wieder deutlich bestätigt hat. Jetzt dreht sich die Diskussion hauptsächlich um das Gruppenselbstverständnis und den Charakter der Gruppierung als solcher und es besteht die Hoffnung, dass sich Aspekte des konjunktiven Erfahrungsraumes und Elemente des Orientierungsrahmens bereits hier dokumentieren. Gegebenenfalls können (exmanente) Nachfragen geeignet sein, die Informationsbasis über die Gruppe abzurunden.

Phase 2: Bibel allgemein
(Siehe vorstehende Ausführungen; dort findet sich auch ein Formulierungsvorschlag bzgl. des möglichst neutralen Grundreizes.)

Phase 3: Konkrete Bibelstellen
(Siehe nachfolgendes Kapitel Teil I 2.6.)

Nachbereitung
Abschließend wird durch die Gruppenmitglieder ein statistischer Kurzfragebogen[84] ausgefüllt, damit alle relevanten Daten für die Auswertung vorliegen – jenseits der Unsicherheit von Schätzungen oder Mutmaßungen vonseiten der Forschenden. Ein Postscriptum bzw. ein Dokumentationsbogen[85] hält darüber hinaus unmittelbar nach der Diskussion erste Eindrücke von der Kommunikation, von den Personen, von den Interviewern selbst inklusive des eigenen Verhaltens, von den äußeren Gegebenheiten (Raum etc.), von sonstigen Auffälligkeiten sowie die zugehörigen statistischen

---

[82] Von der Vorgabe einer gegenstandsrelevanten Vorstellungsrunde (vgl. S. LAMNEK, Lehrbuch 440) ist Abstand genommen worden, jedoch sind die Gruppenmitglieder von sich aus immer wieder gleich zu Beginn auf die Bibel, beispielsweise hinsichtlich ihres persönlichen Verhältnisses zu diesem Buch, zu sprechen gekommen.

[83] Allerdings ist man von Forscherseite bzgl. dieser statistischen Daten nicht auf die Einzelvorstellungsrunde angewiesen, da die Erhebung der notwendigen Informationen auf jeden Fall mittels eines (statistischen) Kurzfragebogens am Ende der Gesamtdiskussion erfolgt (s. u.; vgl. Anhang 2).

[84] Siehe Anhang 2. Vgl. D. OSMER, Gruppendiskussionsmethode 54 und ebd. Anhang V; W. MANGOLD, Gegenstand 10.122f.; B. LIEBIG/I. NENTWIG-GESEMANN, Gruppendiskussion 149: „Nach Abschluss der Diskussion sollte von den Interviewten ein Kurzfragebogen zu soziodemographischen Daten ausgefüllt werden."

[85] Zur Form des im vorliegenden Fall verwendeten Dokumentationsbogens siehe Anhang 3. Grundsätzlich gilt: „Die Informationen, die darin konkret enthalten sein sollen, ergeben sich einerseits aus der Anlage der Untersuchung – ob z. B. verschiedene Interviewer beteiligt waren oder Interviews an wechselnden Orten durchgeführt wurden, von denen ein Einfluss auf das Interview zu vermuten ist. Andererseits bestimmt die Fragestellung, was darin konkret vermerkt sein soll" (U. FLICK, Qualitative Sozialforschung 251; vgl. ebd. 138).

Angaben fest. Auf diesem Weg werden die erhobenen Daten gewissermaßen kontextuell angereichert.[86]

2.6 Wir haben Ihnen mitgebracht ... – *Zwei Bibeltexte in forschender Mission*

In der dritten Phase der Diskussion (vgl. das vorherige Kapitel) steht das Textverstehen im Zentrum der Aufmerksamkeit und diesem Phänomen wird sich ganz praktisch und empirisch genähert: Die Gruppen werden mit konkreten biblischen Texten konfrontiert und ohne weitere Interventionen damit sich selbst überlassen. Dieses Vorgehen hat auch eine plausible theoretische Begründungsbasis, denn „der beste Weg, über Hermeneutik und Interpretation zu reden, [...] besteht [darin; C. S.], *tatsächlich*, und wenn es geht, gemeinsam zu interpretieren."[87] Somit kann unmittelbar beobachtet und anschließend untersucht werden, wie mit biblischen Texten umgegangen wird, wie und welche Textverstehensprozesse ablaufen und wie Sinn konstruiert bzw. produziert wird. Dabei stellen sich hinsichtlich des konkreten Vorgehens drei Fragen:

a) Wie viele und v. a. welche biblischen Texte werden verwendet?
b) Welche Übersetzung wird gewählt? – oder allgemeiner gesagt: In welcher Form werden die Texte vorgelegt?
c) Auf welche Art und Weise erfolgt die Einspielung/Konfrontation?

Hinsichtlich der Anzahl der zu diskutierenden Bibelstellen (a) befindet man sich in einem Dilemma: Einerseits ist eine große Auswahl vorteilhaft, weil die verschiedensten Textgattungen Berücksichtigung finden können und ein breites Spektrum biblischer Traditionen (u. a. auch AT *und* NT) abgedeckt werden kann. Andererseits ist wohl sofort einsichtig, dass die Länge der Gruppendiskussionen mit der Zahl der eingebrachten Texte steigt und dass realistisch betrachtet keine Gruppe bereit sein wird, mehr als zwei Texte ernsthaft einzubeziehen innerhalb einer Diskussion, die bereits zwei Vorstellungsrunden (Einzelpersonen, Gruppe) sowie einen Teil über die Bibel im Allgemeinen umfasst. Ein einzelner Text ist sehr wenig, drei Texte dagegen sprengen den Rahmen des Möglichen, da bieten sich zwei als die goldene Mitte an, zumal die Praktikabilität gewährleistet ist – das haben alle geführten Gruppendiskussionen gezeigt.[88] Bleibt die Frage,

---

[86] Vgl. U. FLICK, Qualitative Sozialforschung 243–252.
[87] D. SCHÖNECKER, Textvergessenheit 162 Anm. 9.
[88] Auch H. Bee-Schroedter kommt im Laufe ihrer Pretests zur Zweizahl als optimaler Basis: „Entgegen meiner ursprünglichen Planung *einen* Bibeltext als Grundlage der Interviews zu wählen, erscheint es mir sinnvoll, *zwei* Wundererzählungen dem Gespräch zugrunde zu legen. Denn die Probanden verglichen selbständig, ohne aus-

welche Texte es sein sollen: AT und/oder NT? Angesichts der sowieso nur geringen Möglichkeiten (zwei Texte sind äußerst wenig mit Blick auf die gesamte Bibel) ist eine vorgängige Einschränkung unumgänglich: im vorliegenden Fall auf das Neue Testament.

Exkurs: Würde man einen alt- *und* einen neutestamentlichen Text heranziehen, so wäre eine sinnvolle Begründung der (innertestamentlichen) Auswahl noch schwieriger, als sie sich sowieso schon gestaltet. Allerdings bleibt als sicherlich ertragreiches Forschungsdesiderat die Aufgabe bestehen, mit je einem Text aus dem AT und dem NT im Gepäck Gruppendiskussionen zu führen und dabei besonders auf signifikante Unterschiede im Textverstehen mit Blick auf die Herkunft der beiden Texte zu achten. Die für dieses Forschungsprojekt als Materialgrundlage dienenden Gruppendiskussionen weisen nämlich fast durchweg darauf hin, dass im Bewusstsein der *Alltagsexegeten* eine deutliche Unterscheidung zwischen AT und NT – zumindest auf der theoretischen Ebene – erfolgt. Entsprechend wäre es spannend, zu überprüfen, ob dies auch in den konkreten Auslegungen praktische Konsequenzen zeitigt.

Darüber hinaus verheißen Forschungen mit biblischen Texten einerseits, *profanen* Texten andererseits weiterführende Resultate, denn auf diese Weise kann empirisch überprüft werden, ob sich signifikante Unterschiede bzgl. der Sinnkonstruktion bei der Auseinandersetzung mit Schriftstücken biblischer und außerbiblischer Provenienz feststellen lassen. Die durchgeführten Gruppendiskussionen sprechen dafür, dass die *Alltagsexegetinnen* grundsätzlich zwischen Texten biblischer und *profaner* Herkunft differenzieren. Ob sich dies allerdings im Prozess des Textverstehens konkret niederschlägt, müsste empirisch untersucht werden. In diesem Zusammenhang ist auf die Gruppe „Montagskreis" hinzuweisen, bei der sich diesbezüglich ein erstaunliches Gedankenexperiment findet: „Interessant wäre es ja, wenn es diese Geschichte als irgendeine Märchengeschichte gäbe, und damit wir nicht sofort auf die Idee kommen, wird statt ‚Prinz' oder sonst was gesagt: ‚Jesus'. Was ist da der Unterschied? Also da soll jetzt keine Diskussion, aber das ist so ein bisschen die Gefahr dabei. Wenn, wenn, wenn die uns eine Geschichte gegeben hätten, so ein bisschen im Jargon der Bibel aus irgendeinem Märchenbuch, und damit wir nicht sofort auf diesen Trichter verfallen, statt ‚König' oder sonst etwas dann ‚Jesus'. Da sind wir also sobald wir den Namen ‚Jesus' dann sehen, halten wir eine bestimmte Spur, und tja,

---

drückliche Aufforderung meinerseits die Texte untereinander; und es gelang ihnen offensichtlich durch die Möglichkeit des Vergleichs besser, ihre Eindrücke präziser zu beschreiben, ihre Rezeptionen zu profilieren. Doch andererseits wurde ebenfalls klar, daß *drei* Texte als Gesprächsgrundlage zu viel sind. Denn die Gespräche nahmen dadurch eine Länge von über einer Stunde in Anspruch; die Konzentration des Probanden und auch meine, nahmen in einem so ungewohnten, intensiv geführten Dialog zum Ende hin deutlich ab" (H. BEE-SCHROEDTER, Wundergeschichten 160f.). Eine weitere Möglichkeit wäre, den Gruppen eine größere Anzahl – beispielsweise fünf Texte – vorzulegen und aus diesem Pool jeweils zwei für die Diskussion auswählen zu lassen. Es ist bestimmt sehr spannend, die Wahlentscheidungen der Gruppen zu dokumentieren inklusive des (argumentativen) Weges dorthin, nur hat die Sache einen entscheidenden Haken: Um sinnvoll und Erfolg versprechend auswerten zu können, ist es erforderlich, dass alle Gruppen die *gleichen* Texte auslegen und diskutieren. Dies dürfte bei vorstehend skizziertem Verfahren kaum – und wenn, dann nur zufällig – gegeben sein.

dann können wir das, dann nennen wir das wie beim Märchen: ‚symbolische Erzählung aus alter Zeit' usw. Ich wollte nur sagen, das ist so ein bisschen diese Gefahr dabei, dass man das Ganze reduziert auf: Es ist ja egal, was damals passiert ist, das fiel ja auch das Wort."[89]

Hier wird die höchst bedenkenswerte Frage gestellt, ob nicht die Qualifizierung als *Bibeltext* – unabhängig vom konkret vorliegenden Text – bereits bestimmte Leseerwartungen auslöst und v. a. auch den praktizierten Umgang mit dem Text, der evtl. in Wirklichkeit außerbiblischer Provenienz ist, in eine ganz bestimmte Richtung beeinflusst. Mit S. A. Strube wäre anschließend weiter zu überlegen, inwieweit unterschiedliche *Settings* (= Leseumfelder) das Lesen und Verstehen biblischer Texte, sprich: die Sinnkonstruktion, entscheidend (vorher-)bestimmen: „Zugespitzt weitergedacht bedeutet dies, dass nicht nur das liturgische Setting eines Gottesdienstes oder einer Meditation mit nahezu jeder biblischen Textpassage zu einer spirituellen Erfahrung führen kann, sondern dass umgekehrt auch das kognitiv-wissenschaftliche Setting exegetischer Forschung dazu führen kann, hymnisch-poetische Texte als rein argumentative zu verkennen. Nicht nur im ersten Fall, sondern in beiden Fällen produziert das (liturgische bzw. universitäre) Leseumfeld beim Lesenden Erwartungshaltungen, die seine Aufmerksamkeit für bestimmte Aspekte des Textes schärfen, für andere dagegen verringern."[90] Diese Frage stellt sich ansatzweise auch die Gruppe „Bibelkreis", die darüber nachdenkt, „wie sehr der eigene Lebenskontext möglicherweise die eigenen Leseerwartungen so prägt"[91]. – *Exkurs Ende* –

Doch auch das NT alleine bietet eine schier unübersehbare Vielfalt: Evangelien – Apg – Briefliteratur – Offb; allgemein bekannte – eher unbekanntere Stücke; mythische – ethisch-moralische Texte; argumentative – narrative Passagen etc. Vor diesem Hintergrund werden zwei Texte favorisiert und entsprechend eingesetzt, die möglichst viele unterschiedliche Aspekte abdecken, dabei aber gleichzeitig beide nicht allzu *schwer* (wie z. B. eine Passage aus einem Paulusbrief) und unverständlich sind. Außerdem wird eine jeweils vergleichbare Textlänge angestrebt. Die Wahl fiel auf:[92]

– Mt 5,38–48 („Von der Vergeltung" und „Von der Feindesliebe"):
  Mit diesem Text ist ein Stück aus der Bergpredigt (MtEv) ausgewählt worden, das weitgehend bekannt ist. Besonders die Formulierungen „Wer dich auf die rechte Wange schlägt, dem halte auch die andere hin!" und „Liebt eure Feinde!" sind zu den geläufigeren biblischen Zitaten zu zählen. Es handelt sich insgesamt um einen zentralen Text des NT, der provokativ und herausfordernd ist: Haben diese Zeilen Sinn, Relevanz und Wert auch heutzutage? Ein ethisch-moralischer Impetus ist nicht zu leugnen und der Duktus des Textes ist argumentativ. Nicht zuletzt empfiehlt diesen Text auch ein Blick in die Wirkungs- und Auslegungsgeschichte, denn es haben sich immer wieder heftige Diskussionen daran – wie an der Berg-

---

[89] Gruppe „Montagskreis" S. 43, M$_5$. Zur Gruppe „Montagskreis" vgl. Teil II 2.10.
[90] S. A. STRUBE, Laien-Bibellektüre 105 Anm. 26.
[91] Gruppe „Bibelkreis" S. 13, M$_{15}$.
[92] Im Rahmen dieser Arbeit, besonders im Hauptteil (Teil II), werden der Einfachheit halber nur die Bezeichnungen *Mt 5* bzw. *Mk 5* verwendet. Damit ist immer konkret *Mt 5,38–48* bzw. *Mk 5,24b–34* gemeint, es sei denn, es ist ausdrücklich etwas anderes vermerkt.

predigt insgesamt, beispielsweise hinsichtlich der Brauchbar- bzw. Praktizierbarkeit – entzündet und vielfältiger Ge- wie Missbrauch sind zu finden.

– Mk 5,24b–34 („Die Heilung der blutflüssigen Frau"):
Dieser Text aus dem MkEv ist im Gegensatz zu Mt 5 eher unbekannter – diese Vermutung ist durch die Forschungen bestätigt worden – und gehört als Wundererzählung einer komplett anderen Gattung an. Jetzt hat man es mit einem narrativen Text zu tun, der darüber hinaus u. U. vor dem Hintergrund des modernen Weltbildes und -verständnisses anzufragen ist. Außerdem sind grundsätzlich mehrere verschiedene Auslegungsansätze möglich und Gewinn versprechend (z. B. historisch-kritisch, existenziell, psychologisch, narrativ-synchron), womit der Text den Gruppen viele Ansatzpunkte bietet – nicht zu vergessen die auftretenden Figuren, die zu Identifikation oder Abgrenzung einladen. Letzteres ist dergestalt bei Mt 5 nicht gegeben. Darüber hinaus spielt eine Frau eine entscheidende, zumindest aber eine wichtige Rolle, und dieser Aspekt ist relevant, da geschlechtsspezifische Auslegungen ebenso interessieren: Gehen z. B. rein männliche bzw. rein weibliche Gruppen jeweils anders mit diesem Frauentext um?

Die beiden Bibelstellen werden den Gruppen präsentiert und vorgelegt, und zwar als Texte in schriftlicher Form (b). Die Idee, einfach jeweils eine (beispielsweise aus dem liturgisch-kirchlichen Gebrauch) bekannte Fassung zu verwenden – sprich: für katholische Gruppen die Einheitsübersetzung (EÜ; 1980), für evangelische die revidierte Lutherübersetzung (1984), für den Rest eine der beiden Versionen –, ist aus theoretischen Gründen nicht akzeptabel, benötigt man doch wegen der Vergleichbarkeit möglichst identische Einstiegsimpulse für alle Gruppendiskussionen (vgl. Teil I 2.5). Jeder Gruppe muss der gleiche Text vorliegen, um die Textversion als Ursache von Unterschieden in der auslegenden Diskussion weitgehend ausschließen zu können.[93] Außerdem ist zu fragen, ob Wiedererkennungseffekte überhaupt positiv zu bewerten sind oder ob nicht vielmehr eine unbekannte Version (z. B. Elberfelder Übersetzung, Gute Nachricht) überrascht und entsprechend für den Text (neu) sensibilisiert. In diesem Zusammenhang ist auch eine eigene Übersetzung des Textes aus dem Griechischen zu erwägen, wobei allerdings auf jeden Fall ein gut und flüssig lesbarer deutscher Text am Ende herauskommen muss. Ein synoptischer Vergleich zwischen dem griechischen Text einerseits, den gebräuchlichen deutschen Bibelübersetzungen Einheitsübersetzung und revidierte Lutherübersetzung andererseits zeigt, dass mit Blick auf die interessierenden Stellen Mt 5,38–48 und Mk 5,24b–34 keine großen Differenzen vorliegen. Entsprechend wird mit einer am griechischen Text überprüften und auf dieser Basis leicht korrigierten deutschen Fassung gearbeitet, die weitgehend an die beiden

---

[93] In dieser Hinsicht stellt die Gruppe „CVJM" (vgl. hierzu Teil II 2.5) vor ein gewisses Problem, da diese Gruppe bzgl. Mt 5 von Anfang an eigene Bibelausgaben verwendet (vgl. Gruppe „CVJM" S. 9, M_3; S. 14, M_3; vgl. Teil II 2.5.2 A_{Mt}).

geläufigen deutschen Bibelübersetzungen erinnert.[94] Dabei beschränkt sich die Textvorlage auf den *reinen* Text: Weder irgendwelche Überschriften noch sonstige Angaben zum Herkunftskontext der Texte werden abgedruckt, auch Versangaben werden weggelassen.[95] Der Text wird minimal strukturiert als durchgehender Fließtext dargeboten – und zwar (abgesehen von der Schriftgröße) in folgendem *Outfit:*

Text 1: Mt 5,38–48

> Ihr habt gehört, dass gesagt worden ist: Auge um Auge und Zahn um Zahn. Ich aber sage euch: Widersteht dem Bösen nicht! Wer dich auf die rechte Wange schlägt, dem halte auch die andere hin. Und wer dich vor Gericht bringen und dir das Untergewand wegnehmen will, dem lass auch den Mantel. Und wer dich zu einer Meile zwingt, mit dem gehe zwei. Wer dich bittet, dem gib, und wer von dir borgen will, den weise nicht ab. Ihr habt gehört, dass gesagt worden ist: Liebe deinen Nächsten und hasse deinen Feind! Ich aber sage euch: Liebt eure Feinde und betet für die, die euch verfolgen, damit ihr Kinder eures Vaters in den Himmeln werdet. Denn seine Sonne lässt er aufgehen über Bösen und Guten und er lässt regnen über Gerechten und Ungerechten. Wenn ihr nämlich die liebt, die euch lieben, welchen Lohn habt ihr? Tun das nicht auch die Zöllner? Und wenn ihr nur eure Brüder grüßt, was tut ihr Besonderes? Tun das nicht auch die Völker? Seid also vollkommen, wie euer himmlischer Vater vollkommen ist.

---

[94] H. BEE-SCHROEDTER, Wundergeschichten 160 wählt als Übersetzung „die ökumenisch anerkannte Einheitsübersetzung, nicht zuletzt auch deshalb, weil sie sich bemüht, eine für heutige Leser verständliche Sprache zu benutzen." Vgl. zur Bedeutsamkeit der EÜ im katholischen Raum S. A. STRUBE, Laien-Bibellektüre 97 Anm. 19: „Der Text der EÜ verdient auch exegetische Beachtung, da in genau dieser und keiner anderen Form die biblische Botschaft seit nunmehr 26 Jahren im (katholischen) deutschen Sprachraum Wirkungsgeschichte schreibt".

[95] H. BEE-SCHROEDTER, Wundergeschichten 160 praktiziert dies auch mit einer nachvollziehbaren Begründung, die ich mir hier zu eigen machen möchte: „Doch deren übliches Layout erschien mir als Textvorlage ungeeignet: Versangaben im Text und besonders auch die von den Herausgebern gewählten Überschriften könnten die eigene Interpretation beeinflussen. [...] Ich druckte sie [sc. die entsprechenden Bibeltexte; C. S.] in großer, gut lesbarer Schrift, ohne Versangaben und Kapitelüberschriften auf ein DIN A4-Blatt." Dass Kapitelüberschriften einen großen Einfluss auf die Textwahrnehmung und auf die Sinnkonstruktion haben können, hat sich durch die vorliegenden empirischen Forschungen bestätigt, vgl. hierzu die Gruppe „CVJM" (vgl. Teil II 2.5.2 A_{Mt} und B_{Mt}).

Text 2: Mk 5,24b–34

> Und eine große Volksmenge folgte Jesus und sie drängten sich um ihn. Darunter war eine Frau, die zwölf Jahre an Blutfluss litt. Sie hatte viel erlitten von vielen Ärzten; und ihr ganzes Vermögen hatte sie ausgegeben, aber es hatte nichts genutzt, sondern ihr Zustand war immer schlimmer geworden. Sie hatte von Jesus gehört. Nun kam sie in der Menge von hinten heran und berührte sein Gewand. Denn sie sagte sich: Wenn ich auch nur seine Gewänder berühre, werde ich gerettet werden. Sofort hörte der Blutfluss auf, und sie spürte körperlich deutlich, dass sie von dem Leiden geheilt war. Und Jesus spürte sogleich an sich selbst, dass eine Kraft von ihm ausgegangen war, und er wandte sich in der Volksmenge um und sprach: Wer hat meine Gewänder berührt? Seine Jünger sprachen zu ihm: Du siehst doch, wie sich die Volksmenge um dich drängt, und da sprichst du: Wer hat mich berührt? Er blickte umher, um zu sehen, wer es getan hatte. Da kam die Frau, sich fürchtend und zitternd, weil sie wusste, was mit ihr geschehen war. Sie fiel vor ihm nieder und sagte ihm die ganze Wahrheit. Er aber sagte zu ihr: Tochter, dein Glaube hat dich gerettet. Geh in Frieden! Sei gesund von deinem Leiden!

Zu guter Letzt sind noch einige Gedanken zum konkreten Vorgehen der Einspielung anzustellen (c). Klar ist, dass vorstehende gedruckte Fassungen den Gruppen an die Hand gegeben werden müssen, doch wie soll das geschehen? Welcher begleitende Impuls wird gegeben? Soll um lautes Vorlesen des Textes gebeten werden (→ Freiwillige oder bestimmt?) – ist dies von Forscherseite vielleicht sogar selbst zu übernehmen? – oder genügt die stille Lektüre der Beteiligten? Welcher Arbeitsauftrag wird den Gruppen erteilt? Außerdem könnte die Einspielung zwischen den beiden Texten leicht unterschiedlich vonstattengehen, zumal eine deutliche Differenz im Bekanntheitsgrad vorauszusetzen ist: Beispielsweise ist es möglich, zunächst nur ein bekanntes Zitat aus Mt 5 („Wange") zu zitieren und den näheren Textkontext erst später einzubringen.

Berücksichtigt man, dass die Vorgabe eines Textes bereits einen sehr massiven Eingriff in den Diskursverlauf und eine starke thematische Beeinflussung darstellt, dann scheint es ratsam, möglichst wenige weitere Anforderungen (wie z. B. Vorlesen) zu formulieren. Den Gruppen wird nur der Text gegeben – verbunden mit der Bitte, diesen auszulegen respektive zu diskutieren. Überdies wird die Möglichkeit unterschiedlicher Präsentation der beiden Texte genutzt, womit die Phase drei der idealtypischen Diskussionskonzeption (vgl. das vorherige Kapitel) ihrerseits in drei Unterabschnitte zerfällt:

Phase 3: Konkrete Bibelstellen

a) Zitateinspielung (Teil von Mt 5,39)
„Nachdem wir bisher mehr allgemein über die Bibel gesprochen haben, soll es im Folgenden um zwei konkrete biblische Texte gehen. Wir möchten Ihnen somit zwei Bibelstellen an die Hand geben, Sie mit zwei Bibelstellen konfrontieren und hierzu die Gruppendiskussion fortsetzen. Ein zentrales Zitat aus der ersten Bibelstelle lautet: ‚Wer dich auf die rechte Wange schlägt, ... dem halte auch die andere hin.' Ist Ihnen diese Stelle bekannt? In welchen Zusammenhang ordnen Sie diese Stelle ein? Wie

legen Sie diese Stelle aus? Diskutieren Sie bitte diesen Text!" (Vorformulierung für den Einstiegsimpuls, der bei allen Gruppen in jeweils vergleichbarer Weise gegeben wurde).
Spezielles Interesse: Wie wird mit einem einzelnen – aus dem Kontext gerissenen – Bibelzitat umgegangen? Welche Gruppen lassen sich auf dieses Vorgehen überhaupt ein? Was wird angesprochen, welche Thematiken werden eingebracht?

b) Texteinspielung I (Mt 5,38–48)
Anschließend erfolgt in jedem Fall der Rückgriff auf die schriftliche Fassung, allerdings ist unter allen Umständen der Anschein einer korrigierend-besserwisserischen Absicht zu vermeiden. Die Austeilung der Textvorlage wird deshalb vom Hinweis auf den weiteren Textkontext und sich dadurch ergebende mögliche Veränderungen der Auslegung begleitet: „Wir haben Ihnen natürlich nicht nur ein kurzes Zitat mitgebracht, sondern diese Bibelstelle auch in schriftlicher Form im näheren Zusammenhang. Wenn Sie nun diesen Text lesen, verändert dies Ihre Auslegung und Ihr Verständnis der Stelle? Ergeben sich neue Gesichtspunkte etc.?" (Vorformulierung für den Einstiegsimpuls, der bei allen Gruppen in jeweils vergleichbarer Weise gegeben wurde).
Forschungsinteresse: Ergeben sich deutliche Veränderungen gegenüber Teil a)? Wie wird der Text insgesamt ausgelegt? Wie wird Sinn hergestellt?

c) Texteinspielung II (Mk 5,24b–34)
Hier wird sofort die schriftliche Fassung verteilt und möglichst offen und unbestimmt erneut um Diskussion – wie bisher erfolgt – gebeten: „Was halten Sie davon? Was sagt Ihnen dies? Was sagen Sie dazu?" (Vorformulierung für den Einstiegsimpuls, der bei allen Gruppen in jeweils vergleichbarer Weise gegeben wurde).
Allgemeines Interesse: Textauslegung und Sinnkonstruktion.

3 Das Prinzip des *Wiederkäuens* – Datenauswertung mal so, mal so

Nach der Datenerhebung mittels Gruppendiskussionsverfahren (vgl. Teil I 2.4) ist das nun in Form von auf MD aufgezeichneten Gesprächen vorliegende Material erstens aufzubereiten und zweitens auszuwerten, d. h. mittels Transkription (vgl. zum konkreten Vorgehen Teil II 1) ist die mündliche Kommunikation zunächst in einen Text zu verwandeln, welcher anschließend intensiven Analysen und Interpretationen zu unterziehen ist.

An dieser Stelle trennen sich die Wege soziologischer und exegetischer Auswertung – zumindest vorübergehend: Das vorliegende Material ist in zwei eigenständigen Arbeitsschritten zu analysieren, einmal unter soziologischem Blickwinkel mit Interesse an den jeweiligen Orientierungsrahmen, einmal in exegetischer Perspektive, vorrangig fokussiert auf die Textverstehens- und Sinnproduktionsprozesse. Beide Disziplinen stützen sich somit auf die gleichen Transkripte, gehen jedoch mit einem je spezifischen Interesse und entsprechend unterschiedlichen methodischen Instrumentarien an diese Datenbasis heran. Das Material wird gewissermaßen in zwei Durchgängen *wiedergekäut*. Während dabei für die soziologischen Bemühungen auf eine bereits existierende Methode zurückgegriffen werden kann (vgl. das folgende Kapitel), besteht ein wichtiger Forschungsbeitrag im exegetischen Bereich darin, eine eigene Auswertungsmethode zu entwickeln (vgl. Teil I 3.2) und anzuwenden (vgl. Teil II).

3.1 Da dokumentiert sich was! – *Die dokumentarische Methode der Interpretation auf soziologischer Seite*

Angesichts der bisher erfolgten Orientierung an der Theorie des konjunktiven Erfahrungsraumes (K. Mannheim und R. Bohnsack) liegt es nahe, methodisch in diesem Theoriefeld zu bleiben, wenn es um ein adäquates Auswertungsverfahren geht. Vor diesem Hintergrund drängt sich die dokumentarische Methode der Interpretation[1] geradezu auf. Nicht nur, weil es R. Bohnsack war, der sie aufgegriffen, ausgearbeitet und letztlich diesen Begriff entscheidend geprägt hat, sondern weil sie dezidiert zur Auswertung von Gruppendiskussionen mit Blick auf die Eruierung konjunktiver Erfahrungsräume respektive kollektiver Orientierungsrahmen entwickelt worden ist. „Für die Analyse eines […] miteinander geteilten Hintergrundwissens ist die dokumentarische Interpretation von Gruppendiskussionen prädestiniert."[2]

---

[1] R. BOHNSACK, Sozialforschung 130 favorisiert die Kombination von Gruppendiskussionsverfahren (Ergebnis: transkribierte Texte als O-Ton der Erforschten) und dokumentarischer Methode der Interpretation u. a., weil hierbei „eine *Trennung von ‚Daten' und Interpretation*, und damit die intersubjektive Überprüfbarkeit der Interpretationsleistung des Beobachters in einem Umfang gewährleistet [wird; C. S.], wie dies in der teilnehmenden Beobachtung nicht möglich ist." Vgl. M. NIESSEN, Gruppendiskussion 40–42, der bzgl. der Ursprünge dieses Auswertungsverfahrens sowie der konkreten Terminologie auf H. Garfinkel verweist; vgl. H. GARFINKEL, Studies 76–103 („Chapter three: Common sense knowledge of social structures: the documentary method of interpretation in lay and professional fact finding"), v. a. 77–79. Letzterer wiederum bezieht sich bzgl. der Terminologie und des methodischen Vorgehens auf K. Mannheim: „Karl Mannheim furnished an approximate description of one process. Mannheim called it ‚the documentary method of interpretation.' […] According to Mannheim, the documentary method […] consists of treating an actual appearance as ‚the document of,' as ‚pointing to,' as ‚standing on behalf of' a presupposed underlying pattern" (ebd. 78).

[2] R. BOHNSACK, Sozialforschung 112f. Die folgenden Ausführungen hierzu sind äußerst knapp gehalten, da das vorliegende Forschungsvorhaben das Material vorrangig hinsichtlich des Textverstehens auswertet. Entsprechend liegt der Hauptakzent auf der Entwicklung einer diesbezüglichen Methode. Die soziologischen Analysen sind von PD Dr. Dr. H. Geller und Dipl.-Theol. J. Erzberger MA vorgenommen worden, die ebenso wie ich selbst im DFG-Forschungsprojekt „Bibelverständnis in Deutschland" beschäftigt waren. Im Rahmen meiner eigenen Überlegungen werden die Orientierungsrahmen gegen Ende der Einzelfallanalysen (vgl. Teil II jeweils die Kapitel

Datenauswertung 73

→ *Datenauswertungsmethode in soziologischer Hinsicht: Dokumentarische Methode der Interpretation.*

Diese Methode stellt (nach R. Bohnsack) ein vierschrittiges Verfahren dar, welches sich in einer Kurzdarstellung wie folgt präsentiert:

	Dokumentarische Methode der Interpretation (R. Bohnsack)
1.)	*Formulierende (= reflexive) Interpretation* Zunächst erfolgt die Herausarbeitung des thematischen Verlaufs/der thematischen Struktur (ggf. unter Verwendung inhaltlicher Paraphrasierungen), dann die Durchführung einer detaillierten formulierenden Interpretation (i. e. S.), aus der eine thematische Feingliederung (Ober-, Unter-, Zwischenüberschriften) hervorgeht. Analyseeinstellung: – Enthaltsamkeit gegenüber der Unterstellung/Vermutung von Motiven und Intentionen (→ nichtintentionale Interpretation); – methodische Fremdheitshaltung; – Wahrung von Distanz durch Einklammerung des Geltungscharakters = Suspendierung der Geltungsansprüche (faktische Wahrheit/normative Richtigkeit). → Rekonstruktion des Themas, Markierung wichtiger Stellen (Fokussierungsmetaphern), Formulierung des zentralen Themas der Gruppe und Verdichtung in einem Motto-/Charakterisierungszitat. Zielpunkt: Immanenter Sinngehalt (Bezug auf den konjunktiven Erfahrungsraum).

2.*x*.3 a.; *x* steht als Platzhalter für die jeweilige Fallnummer) einbezogen und nach möglichen Zusammenhängen gefragt. Hierbei greife ich neben meinen eigenen Beobachtungen u. a. auch auf die Ergebnisse meiner Kollegen zurück, die in Kürze publiziert werden.

Bzgl. der Bohnsackschen Auswertungsmethode vgl. (Hinweis: Zunächst werden die einschlägigen Titel von Bohnsack selbst in chronologischer Reihenfolge, anschließend der Rest in alphabetischer Anordnung dargeboten) R. BOHNSACK, Alltagsinterpretation 9–70; R. BOHNSACK, Interpretation; R. BOHNSACK, Generation 343–350.369–386; R. BOHNSACK, Neue Wege; R. BOHNSACK, Methode (hierzu vgl. R. SCHMITT, Schwierigkeit [13]); R. BOHNSACK, Biographien; R. BOHNSACK, Gruppendiskussion 382f.; R. BOHNSACK, Theorie und Praxis; R. BOHNSACK/ I. NENTWIG-GESEMANN/A.-M. NOHL, Einleitung; R. BOHNSACK/B. SCHÄFFER, Gruppendiskussionsverfahren 333–337; R. BOHNSACK, Gruppendiskussionsverfahren 310–315.321–323; R. BOHNSACK, Sozialforschung 31–57.129–154; R. BOHNSACK, Art. Dokumentarische Methode; R. BOHNSACK, Milieuforschung 499f.; S. LAMNEK, Lehrbuch 450–459; S. LAMNEK, Gruppendiskussion 62–67.203–212; B. LIEBIG/ I. NENTWIG-GESEMANN, Gruppendiskussion 150–158; A.-M. NOHL, Migration 43–47; F. NUSCHELER/K. GABRIEL/S. KELLER/M. TREBER, Dritte-Welt-Gruppen 128–138; B. SCHÄFFER, Art. Gruppendiskussion 77–80.

2.)	*Reflektierende (= vergleichende) Interpretation* inkl. fallinternem Vergleich; inkl. fallübergreifendem Vergleich mit anderen Gruppen = komparative Analyse (Einbeziehung fallexterner Vergleichshorizonte); inkl. Rekonstruktion der (formalen) Diskursorganisation[3]/des Diskursverlaufs sowie der Dramaturgie. Leitprinzip: Kontrast in der Gemeinsamkeit/Gemeinsamkeit im Kontrast. → Rekonstruktion und (begriffliche) Explikation des Orientierungsrahmens (Orientierungsfiguren), Gesamtcharakteristik des Falles. Zielpunkt: Dokumentsinn.[4]
3.)	*Diskurs-/Fallbeschreibung/zusammenfassende Fallanalyse* → Vermittlung, Zusammenfassung, Verdichtung, Darstellung der Ergebnisse.
4.)	*Typenbildung (Typik/Typologie)*[5] Dabei lassen sich zwei Stufen unterscheiden: – Sinngenetische (praxeologisch fundierte) Typenbildung: • Abstraktion; • Spezifizierung. – Soziogenetische Typenbildung: • mehrdimensionale Analyse (Verortung in einer Typologie + Generalisierung); • soziogenetische Interpretation. → Ordnung und Beschreibung durch Gruppierung, Hypothesengenerierung/Theorieentwicklung.

Mittels der dokumentarischen Methode der Interpretation können die Orientierungsrahmen der einzelnen Gruppen herausgearbeitet und auf diesem Wege den dahinter stehenden konjunktiven Erfahrungsräumen etwas nähergekommen werden. Dabei müssen die Transkripte nicht vollständig gleichermaßen intensiv und detailliert ausgewertet werden, was oftmals wegen der Länge gar nicht zu leisten, geschweige denn in akzeptablem Rahmen darzustellen ist. Das Hauptaugenmerk gilt stattdessen besonders (dramaturgisch; interaktiv → engagierte Bezugnahme; dynamisch; meta-

---

[3] Die hier zu leistende Diskursbeschreibung als ein Analyseschritt im Rahmen der dokumentarischen Methode der Interpretation ist von der als eigenständig anzusehenden qualitativ-empirischen Methode der (kritischen) Diskursanalyse (vgl. einführend S. JÄGER, Diskurs- und Dispositivanalyse; M. SCHWAB-TRAPP, Art. Diskursanalyse; R. KELLER, Diskursanalyse) zu unterscheiden.

[4] Vgl. R. BOHNSACK, Dokumentsinn.

[5] Vgl. v. a. R. BOHNSACK, Typenbildung; R. BOHNSACK/I. NENTWIG-GESEMANN, Art. Typenbildung; I. NENTWIG-GESEMANN, Typenbildung. Vgl. des Weiteren U. GERHARDT, Typenbildung; U. KELLE/S. KLUGE, Einzelfall (v. a. ebd. 75–97: Kap. 5 Konstruktion empirisch begründeter Typen); S. KLUGE, Typenbildung.

phorisch → detaillierte Darstellungen; thematisch …) dichten Passagen, da sich in diesen sog. Fokussierungsmetaphern[6] (= dramaturgischen Höhepunkten = Erlebniszentren) die (Neu-)Konstruktion von (Gruppen-)Realität widerspiegelt:

> „Dramaturgische Höhepunkte dokumentieren sich in Passagen von besonderer metaphorischer und interaktiver Dichte, d. h. Passagen, die sich durch ein hohes Niveau wechselseitiger Steigerung sowie der Detaillierung und Bildhaftigkeit auszeichnen."[7] Diese Stellen im Gruppendiskussionsprozess „bilden den Fokus der Aufmerksamkeit der Gruppe und deshalb auch den Dreh- und Angelpunkt der dokumentarischen Interpretation einer Gruppendiskussion, da an den Fokussierungsmetaphern als den Zentren des Erlebens und der Aufmerksamkeit der jeweiligen Gruppe deren Orientierungsrahmen unmittelbar und empirisch valide erfassbar wird."[8]

3.2 Selbst ist der Mann! – *Entwicklung einer eigenen Auswertungsmethode auf exegetischer Seite*

Während die Auswertungen in soziologischer Hinsicht auf eine ausgearbeitete Methode zurückgreifen können, ist methodisch mit Blick auf das exegetische Forschungsinteresse eine relative Flaute zu konstatieren.[9] Man verfügt mit den vorliegenden Transkripten zu den Gruppendiskussionen, im Rahmen derer zwei biblische Texte ausgelegt worden sind, sprich: die als „Protokolle der Dialoge zwischen Text und BibelleserInnen, [als; C. S.] Dokumente von Lese- und Verstehensprozessen und Rezeptionen biblischer Texte"[10] verstanden werden können, somit zwar über brauchbares Material – das aus wissenschaftlich-universitärer Perspektive zugegebe-

---

[6] Vgl. R. BOHNSACK, Sozialforschung 33.137f.; R. BOHNSACK, Art. Fokussierungsmetapher; P. LOOS/B. SCHÄFFER, Theoretische Grundlagen 70f. Als recht zuverlässiger Indikator zur Identifizierung von Fokussierungsmetaphern wird ebd. 70 „engagierte Teilnahme" angeführt. F. NUSCHELER/K. GABRIEL/S. KELLER/M. TREBER, Dritte-Welt-Gruppen 130, sprechen von „dramatisch exponierten Stellen".

[7] R. BOHNSACK, Neue Wege 325.

[8] R. BOHNSACK/B. SCHÄFFER, Gruppendiskussionsverfahren 334; vgl. ebd. 314: „Derartige Passagen ermöglichen einen direkten und damit validen Zugang zu zentralen Orientierungsmustern."

[9] S. A. Strube verfolgt zwar ein sehr ähnliches Forschungsinteresse (vgl. EINBLICK 5), erhebt aber bereits die Daten auf andere Art und Weise (→ Leitfadeninterviews). Über das Vorgehen bei der Auswertung des Materials wird nichts weiter mitgeteilt (vgl. www.uni-tuebingen.de/gkbibel/k_strube.html [22.09.2006]). H. ROOSE/ G. BÜTTNER, Laienexegesen weisen ebenso eine ganz ähnliche Fragestellung auf, doch ist ihren Ausführungen kaum mehr als ein Hinweis auf das methodische Verfahren zur Auswertung des empirischen Materials zu entnehmen. Es ist nicht zu erkennen, wie konkret vorgegangen wurde, um auf Basis der durchgeführten Gruppendiskussion Textverstehensprozesse herauszuarbeiten.

[10] S. A. STRUBE, Diskussionsanstoß 244.

nermaßen auch ungewöhnlich erscheinen mag[11] –, um (alltäglichen) Textverstehens- und Sinnkonstruktionsprozessen auf die Spur kommen zu können, doch müssen adäquate Analyseschritte erst selbst entwickelt werden. Weder in der Exegese noch in der Soziologie sind nämlich (etablierte) Verfahren zu finden, die einfach übertrag- und anwendbar sind. Es gilt folglich, eine eigene Methode zu entwerfen. Hierbei scheint es – ähnlich wie bei sozialempirischer Forschung im Allgemeinen – gerade im Interesse der Gegenstandsangemessenheit der zu schaffenden Methode ratsam, sukzessive, gewissermaßen tastend und rekonstruktiv vorzugehen.[12] Außerdem lassen sich eine Wechselwirkung respektive eine wechselseitige Befruchtung zwischen konkreten Analysebemühungen einerseits und theoretischen Überlegungen andererseits beobachten. In der Theorie entworfene Auswertungsschritte bewähren sich nämlich nur z. T. in der Praxis, z. T. stellen sie sich auch als unpraktikabel oder nicht weiterführend heraus. Das wiederum, was funktioniert, wird durch die konkrete Anwendung verfeinert und als methodisches Instrumentarium elaboriert. Nicht zuletzt ergeben sich durch die Beschäftigung mit dem empirischen Material auch neue verheißungsvolle Analysegesichtspunkte und Ansatzmöglichkeiten. Die Fragestellung vor Augen, wie die Gruppendiskussionstranskripte derart ausgewertet werden können, dass intersubjektiv nachvollziehbare Aussagen bzgl. Textverstehen und Sinnkonstruktion möglich sind, ist folgendes Instrumentarium, insgesamt ein vierschrittiges Verfahren, erarbeitet worden:

Ausgehend von der (eigenen) universitär-exegetischen Praxis, in der vielfältige Auslegungsmethoden bei der Auseinandersetzung mit (Bibel-) Texten immer wieder eine wichtige Rolle spielen, wird in einem ersten Anlauf der methodische Zugriff der Gruppen auf den Text untersucht, sprich: methodisches Vorgehen in Begegnung und Auseinandersetzung mit der Textvorlage (schwerpunktmäßig) identifiziert (Schritt A). Davon (zunächst) unabhängig befasst sich ein zweiter Anlauf mit der Textwahrnehmung der Gruppen (Schritt B), denn die erste Begutachtung und Sichtung des vorhandenen Materials hat deutlich gezeigt, dass jede Gruppe andere

---

[11] Vgl. S. A. STRUBE, Diskussionsanstoß 244, die den Gedanken, die Bibel „nicht mehr allein als eine zuhandene Schriftensammlung zu erforschen, [...] sondern stattdessen etwa Menschen über ihr Verständnis eines biblischen Textes zu befragen und darin gar eine Realisation eben dieses Textes zu sehen", als für die wissenschaftliche Exegese „höchst gewöhnungsbedürftig" bezeichnet.

[12] Vgl. die Entstehung der dokumentarischen Methode der Interpretation. R. BOHNSACK, Sozialforschung 24–30 spricht diesbezüglich von „Rekonstruktion der Rekonstruktion" bzw. „rekonstruktiver Methodologie" und schließt sich folgendem Fazit an: „Eine Theorie ist ihrem Gegenstand nur angemessen, wenn sie aus ihm heraus entwickelt worden ist" (ebd. 30). Vgl. T. SÖDING, Wege 22, der mit Blick auf exegetische Methoden und die zugehörigen auszulegenden Texte eine ähnliche Grundüberzeugung formuliert: „Methoden müssen, um gut zu sein, aus den untersuchten Texten herausgearbeitet werden".

Passagen wahrnimmt, ausblendet, kombiniert etc. Jede Gruppe geht völlig anders mit der je gleichen Textvorlage um und die jeweiligen Auslegungen vollziehen sich gewissermaßen auf Basis eines *virtuellen* Textes[13], eines *Hypertextes*, der im Rahmen der Diskussion – in den Köpfen der Gruppenmitglieder – entsteht. Dieser Hypertext ist entsprechend zu analysieren und möglichst genau zu rekonstruieren (ebenfalls Schritt B). In diesem Zusammenhang kann beobachtet werden, dass eine Gruppe nicht nur ihren eigenen virtuellen (Hyper-)Text schafft, sondern sich auch *zu* diesem verhält und *in* diesem verortet. Diese Positionierung der jeweiligen Gruppe – inklusive Identifizierungen mit ... und Kritik an ... – ist entsprechend unter die Lupe zu nehmen (Schritt C), wobei dieser Auswertungsgesichtspunkt erneut unmittelbar aus der Beschäftigung mit den Transkripten gewonnen worden ist. Hat man auf diese Weise in drei (voneinander mehr oder weniger unabhängigen) Anläufen die Transkripte, genauer gesagt die Diskussionspassagen zu den biblischen Texten detailliert und methodisch kontrolliert analysiert, führt ein letzter Arbeitsgang die Resultate zusammen, wenn es darum geht, feststellbare Strategien der Sinnkonstruktion und des Textverstehens zu beschreiben (Schritt D). Jetzt wird ein Blick auf das Ganze geworfen, Zusammenhänge aufgespürt und das Zusammenspiel von methodischem Vorgehen (vgl. Schritt A), Textwahrnehmung und Hypertext(re)konstruktion (vgl. Schritt B) und eigener Positionierung (vgl. Schritt C) untersucht. Dabei kommt es entscheidend darauf an, Formalisierungen, Abstrahierungen bzw. Schematisierungen vorzunehmen.

→ *Datenauswertungsmethode in exegetischer Hinsicht: selbst entwickeltes vierschrittiges Verfahren.*

Alles in allem sind die entwickelten methodischen Auswertungsschritte somit geeignet, Textverstehensprozesse herauszuarbeiten und das Phänomen *Alltagsexegese* gründlich zu durchleuchten. Im Folgenden werden sie ausführlicher vorgestellt und weiter theoretisch fundiert.

Schritt A: Methodisches Vorgehen

Der Clou der Forschungskonzeption (Gruppendiskussionen mit biblischen Texten als Impulse) liegt darin, dass die Gruppen konkret mit biblischen Texten konfrontiert werden. Damit stehen sich gewissermaßen die Gruppe in ihren einzelnen Mitgliedern auf der einen Seite und der Text auf der anderen Seite gegenüber und es stellt sich die Frage, wie Annäherungen er-

---

[13] Vgl. zu dieser Begrifflichkeit – im Kontext der Hypertextdebatte – H. MÖCKEL-RIEKE, Text 71: „Da die Reihenfolge der einzelnen Textblöcke oder Lexia eines Hypertextes variabel ist, entsteht während des Leseprozesses eine Bahnung, ein ‚virtueller Text', dessen Ordnung, Anfang und Ende und damit auch dessen Sinn in einem viel höheren Maße als im gedruckten Text durch den Leser zu verantworten ist."

folgen, wie Begegnungen sich gestalten. Wie gehen die Gruppen – durch die gesamten Diskussionsteile hindurch – an den Text heran? Wie greifen sie auf diesen zu?

a) Zum Zusammenhang von Methoden und Wissenschaftlichkeit – oder: Warum ein Wissenschaftler als Erstes nach Methodischem sucht und wie er diesbezüglich überrascht werden kann

Dabei dürfte es für einen universitär arbeitenden/forschenden Exegeten ganz selbstverständlich sein, in einem ersten Anlauf nach Methodischem Ausschau zu halten bzw. vielleicht wird mit Blick auf *Alltagsexegesen* gerade das Fehlen desselben vorgängig vermutet – wird doch „method. Vorgehen als notwendige Bedingung der Wissenschaftlichkeit"[14] angesehen. „Wissenschaftlich ausgewiesene exegetische Arbeit ist methodisch transparente Arbeit"[15] – ergo wird (neutestamentliche) Exegese zumeist als *methodengeleitete*[16] respektive sogar als „methodisch reflektierte Auslegung"[17] bestimmt und Folgendes postuliert: „Im Bereich wissenschaftlicher Exegese sind Textinhalte nun einmal nicht abseits von methodisch regulierten Verfahrensweisen zugänglich."[18] Vor diesem Hintergrund ist das weit verbreitete Urteil zu verstehen, dass ohne die Beherrschung des über lange Jahre entwickelten, breit gefächerten methodischen Instrumentariums „verantwortete Exegese heute nicht mehr geleistet werden kann."[19] Auch Lexika ziehen im vorliegenden Zusammenhang methodisches Vorgehen gewissermaßen als Definitionskriterium heran: Der engere Gebrauch des Begriffs *Exegese* bezieht sich auf die „methodisch orientierte Auslegung"[20] biblischer Texte bzw. *Interpretation* i. e. S. meint die „Auslegung schriftlicher (theologischer, juristischer, historischer, literar.) Werke in methodisch reflektierter bzw. wissenschaftlich disziplinierter, nicht nur naiver Weise"[21]. D. h.: Will ich jenseits naiven Vorgehens *wissenschaftlich* exegetisch arbeiten, dann muss ich bestimmten methodischen Kriterien genügen, denn weder „wissenschaftliche Nachprüfbarkeit noch wissenschaftliche Kom-

---

[14] C. F. GETHMANN, Art. Methode/Methodologie 202.
[15] O. H. STECK, Leitfaden 5.
[16] Vgl. O. WISCHMEYER, Lehrbuch X. Dort wird des Weiteren ausgeführt: „Ein Verstehen der neutestamentlichen Texte an ihrer methodischen Auslegung vorbei ist ein nonsense und läßt sich allgemein wissenschaftlich und damit auch in der wissenschaftlichen Theologie nicht vertreten."
[17] H.-W. NEUDORFER/E. J. SCHNABEL, Interpretation 16.
[18] A. REICHERT, Fragen 993.
[19] F. W. HORN, Redaktionsgeschichte 214.
[20] Ch. DOHMEN, Art. Exegese 1087. Vgl. R. HUNING, Bibelwissenschaft 6: „In einem engeren Sinn versteht man darunter [sc. unter dem Begriff *Exegese*; C. S.] die methodisch vorgehende Auslegung biblischer Texte."
[21] H. H. HIEBEL, Art. Interpretation 297.

munikation ist ohne eine methodische Reflexion möglich."²² Durch „die Verwendung einer M. [sc. Methode; C. S.] ist der Weg zu den wiss. Ergebnissen für jedermann prinzipiell nachvollziehbar"²³, so die in diesem Zusammenhang geäußerte Überzeugung (bzw. Hoffnung). Dies schließt zwar ganz und gar nicht aus, dass auch *alltagsexegetisches* Tun grundsätzlich methodisch geprägt ist, doch liegt der (theoretisch unzulässige) Umkehrschluss relativ nahe: wissenschaftlich-exegetisch = methodisch (*per definitionem*) → alltagsexegetisch = unmethodisch – Letzteres wird zumindest mit Blick auf bestimmtes methodisches Vorgehen, z. B. historisch-kritischer Provenienz, oft postuliert. „Die wissenschaftliche Bibellektüre unterscheidet sich von der nichtwissenschaftlichen Lektüre [...] durch ihr methodisches und damit intersubjektiv nachprüfbares und durch ihr kritisches Vorgehen."²⁴

Explizite Aussagen/Behauptungen bzgl. des unmethodischen Charakters *alltagsexegetischer* Bemühungen finden sich nicht, zumal sich nur wenige wissenschaftlich-exegetische Abhandlungen mit diesem Phänomen überhaupt beschäftigen. In den in Frage kommenden Publikationen sind die diesbezüglichen Formulierungen sehr zurückhaltend, dennoch aber z. T. andeutungsweise in diese Richtung zu verstehen. Deutlicher fallen die Meinungsäußerungen dagegen mit Blick auf die Inanspruchnahme eines spezifischen methodischen Vorgehens (durchweg des historisch-kritischen) als Abgrenzungskriterium aus.

H. Roose und G. Büttner unterscheiden z. B. zwischen Laienexegese und wissenschaftlicher Vorgehensweise²⁵ und bestimmen eingangs die Differenz wie folgt: „Worin unterscheidet sich nun die wissenschaftliche von der Laienexegese? Für beide gilt, dass der Rezipient produktiv zum Verstehen beiträgt, indem er die sprachmateriale Vorlage aufgrund seines semantischen Wissens geregelt verarbeitet. Die wissenschaftliche Exegese fragt nun aber nach den Möglichkeiten des *historischen* Verstehens: Wie haben die ersten Rezipienten das Gleichnis verstanden? Da die Semantik sprachspezifisch, kultur- und zeitabhängig ist, besteht eine Hauptaufgabe der wissenschaftlichen Exegese darin, die historischen Faktoren des Verstehens möglichst genau offenzulegen."²⁶ Es wird zwar sowohl für die wissenschaftliche als auch für die Laienexegese ein geregeltes – und damit im Grunde methodisches – Vorgehen postuliert, das historische Frageinteresse (als eine Möglichkeit methodischer O-

---

²² W. RICHTER, Exegese 9. Wird methodische Reflexion zur unabdingbaren Voraussetzung für wissenschaftliches Arbeiten erhoben, so sind viele derzeit existierende Methodenlehrbücher kritisch zu beurteilen zu sein, denn: „Die Reflexion des eigenen Tuns beschränkt sich in den Methodenbüchern auf Andeutungen im Vorwort. Eine Wissenschaftsdiskussion fehlt, die Methoden an sich werden als Garanten für die Wissenschaftlichkeit gehalten" (O. WISCHMEYER, Selbstverständnis 17). Vgl. aber U. SCHNELLE, Einführung 5: „Dieses Buch möchte dazu beitragen, Studierende zu einem methodisch reflektierten Umgang mit den Texten des Neuen Testaments zu befähigen."
²³ C. F. GETHMANN, Art. Methode/Methodologie 202.
²⁴ R. HUNING, Bibelwissenschaft 7.
²⁵ Vgl. H. ROOSE/G. BÜTTNER, Laienexegesen 59.
²⁶ Ebd. 60.

rientierung) jedoch exklusiv für die wissenschaftliche Seite reserviert und zum unterscheidenden Merkmal erhoben. Dementsprechend wäre ein bestimmtes methodisches Vorgehen für wissenschaftliche Exegese im Unterschied zu laienhafter Bibelauslegung charakteristisch. Am Ende ihrer Untersuchung kommen die beiden Autoren zu folgendem Schluss: „Die wissenschaftliche Exegese unterscheidet sich von heutiger Laienexegese zum einen durch das Wissen um den historischen Ort einer Überlieferung samt den in ihr nachwirkenden Traditionen [...]. Sie zeichnet sich zum anderen durch die Anwendung methodischer Schritte aus, die Laien unbekannt sind (Formgeschichte) bzw. (zumindest spontan) nicht als hilfreich angesehen werden (Literarkritik)."[27] Auch wenn an dieser Stelle sehr vorsichtige Aussagen begegnen, so findet sich dennoch das Schlagwort *methodisch* im Kontext der Abgrenzung wissenschaftlicher von Laienexegese.

Eine ähnliche Differenzierung praktiziert auch S. A. Strube: wissenschaftliche/exegetische = (insbesondere) historisch-kritische Lesarten auf der einen, unexegetische/nicht exegetische/nichtwissenschaftliche = religiös-/existenzielle auf der anderen Seite.[28] Auch M. Meiser setzt wissenschaftlich gewissermaßen mit historisch-kritisch gleich, wobei die „wissenschaftliche Auslegungsmethode [...] nicht die einzige und auch gar nicht die früheste Methode der Textauslegung"[29] dárstellt.

Anhand der Schlagwörter *methodisch* – bzw. zumindest *historisch-kritisch* – vs. *unmethodisch* wird somit eine Grenzziehung vorgenommen und methodisches Vorgehen weitgehend als charakteristisch für die wissenschaftlich-universitäre Exegese angesehen. *Alltagsexegesen* erscheinen demgegenüber dann gerade dadurch gekennzeichnet, dass Methodisches lange und letzten Endes erfolglos zu suchen ist.

Vor diesem Hintergrund verdankt sich der erste Auswertungsschritt (Schritt A: Methodisches Vorgehen) mit Blick auf die Transkripte, die gewissermaßen *Alltagsexegesen* in konkreter Praxis abbilden, mehreren Beweggründen: Zum einen ist es für Untersuchungen mit universitärexegetischem Forschungsinteresse gewissermaßen typisch, dass gleich zu Beginn nach methodischem Vorgehen gefragt wird. Zum anderen fordert das gerade kurz Skizzierte dazu heraus, genau an dieser Stelle kritisch ein-

---

[27] Ebd. 67.
[28] Vgl. S. A. STRUBE, Diskussionsanstoß; S. A. STRUBE, Erforschung. Etwas aufgebrochen wird diese Kontrastierung, da gesagt wird, dass „Unterschiede zwischen beiden LesArten [...] gradueller und nicht prinzipieller Natur" (S. A. STRUBE, Diskussionsanstoß 244) sind. Dabei bleibt allerdings offen, wie sich die graduellen Unterschiede fassen lassen bzw. worin sie sich äußern. Zusätzlich zu – oder gar neben? – einem bestimmten methodischen Vorgehen scheint im Rahmen der Klassifizierung auch ganz stark die auslegende Person eine Rolle zu spielen, denn als „religiös-/existenzielle Alltagslektüren" werden „Alltagslektüren von Menschen, die keine ExegetInnen bzw. studierten TheologInnen sind" (S. A. STRUBE, Diskussionsanstoß 242 Anm. 4) bestimmt (vgl. Teil III 1.6).
[29] M. MEISER, Exegese 24. Vor diesem Hintergrund ist einzuordnen, dass er einen vorgängigen eigenen Methodenschritt *Außerexegetische Rezeption des Textes* vorsieht (vgl. ebd. 24.26–30; vgl. kritisch hierzu A. REICHERT, Fragen 997).

zuhaken und am empirischen Material konkret zu überprüfen, wie es sich mit methodischem (respektive historisch-kritischem) Vorgehen bei *alltagsexegetisch* auslegenden Gruppen verhält. Und drittens hat bereits eine erste Sichtung der Diskussionen eindeutig gezeigt: Die vorliegenden *Alltagsexegesen* weisen durchaus methodische Elemente auf, ohne dass für diese Feststellung eine genaue Definition dessen, was methodisch zu nennen ist, bereits vorhanden sein müsste.

b) Methodisches Vorgehen: Was ist das überhaupt – generell und hier speziell?

Es geht somit in einem ersten Anlauf um (erkennbares) methodisches Vorgehen der Gruppen bei der Begegnung mit dem Text. Dabei ist – ganz allgemein gesprochen – unter einer Methode „ein planmäßiges Verfahren zur Realisierung eines Zieles [...] ([...] méthodos, ‚Weg zu etwas hin')"[30] zu verstehen bzw. etwas spezifischer mit Blick auf Textauslegungen: „Methoden stellen den operationalisierten Ausdruck von Standardfragen an die Texte dar."[31] Methoden sind gewissermaßen Werkzeuge, mithilfe derer Texte angegangen und ausgelegt werden können. Es kann an dieser Stelle unterschieden werden zwischen Methode i. e. S., „wenn sie eine Folge von relativ scharf umrissenen Handlungen oder Entscheidungen ist, deren Ausführung evtl. unter genau angegebenen Bedingungen zur Realisierung relativ bestimmter vorgegebener Ziele empfohlen wird"[32], und Methode i. w. S., wenn sich die gerade genannten Aspekte mehr vage, unbestimmt und offen präsentieren. Wichtig ist auch zu beachten, dass sich die „Qualität einer M. [sc. Methode; C. S.] [...] nach dem Erfolg [bemisst; C. S.], welcher mit ihrer Anwendung verbunden ist."[33]

Diese ersten Definitionsansätze vor Augen, soll im Folgenden mit einem weiten Methodenbegriff operiert bzw. mit Blick auf die Gruppendiskussionen sehr wohlwollend methodisches Vorgehen aufgespürt werden: Alles, was auch nur annähernd mit etablierten, ausgearbeiteten Methoden wissenschaftlicher Exegese in Beziehung gesetzt werden kann, ist aufzunehmen und zu untersuchen – sprich: Es geht um methodische Schritte, die die

---

[30] Ch. BERG, Art. Methodologie 1187. Vgl. H. VORGRIMLER, Art. Methode 417: „ein bestimmtes Vorgehen, um ein angestrebtes Ziel zu erreichen"; vgl. T. HUG, Erhebung 11: Allgemein wird unter einer Methode „heute ein mehr oder weniger planmäßiges Verfahren, ein Weg oder eine bestimmte Handlungsweise zur Erreichung eines Zieles verstanden". Vgl. S. WINKO, Art. Methode 454: „allg. bezeichnet M. [sc. Methode; C. S.] ein planvoll eingesetztes Mittel zur Realisierung eines Ziels bzw. ein systematisches Verfahren zur Lösung einer gestellten Aufgabe."

[31] O. WISCHMEYER, Lehrbuch 96.

[32] A. MEHRTENS, Art. Methode/Methodologie 832.

[33] Ebd. 837.

Gruppen in den Diskussionen anwenden – unabhängig davon, ob sie sich selbst dieser Tatsache jeweils bewusst sind oder gar darüber reflektiert haben. Letzteres ist nicht erforderlich. Dass hierbei eine vorgängige Orientierung an wissenschaftlich bekannten und praktizierten Vorgehensweisen erfolgt, könnte als eine unstatthafte Reduktion erscheinen und ist auch in sozialempirischer Hinsicht etwas problematisch: Erstens scheint auf diese Weise der analytische Blick von Anfang an auf ein vorgegebenes Methodenrepertoire eingeengt zu sein[34] und zweitens werden – was in rekonstruktiver Sozialforschung möglichst zu vermeiden ist – Kategorien von außen an die Fälle herangetragen und nicht aus den Fällen selbst entwickelt (inkl. der Verwendung entsprechend in den Transkripten zu findender Begrifflichkeiten). Trotz dieser zu bedenkenden Problempunkte ist das hier gewählte Vorgehen nicht nur möglich, sondern gewissermaßen unumgänglich – und letztlich ist die erneute Abweichung (vgl. Teil I 2.5) von einem sozialempirisch-rekonstruktiven Grundtheorem mit den Forschungserfordernissen aus exegetisch-universitärer Perspektive zu begründen: Man braucht einen Anhaltspunkt, was als methodisch akzeptiert wird und was nicht, wo die Grenze zu ziehen ist und welche Kriterien in Anschlag gebracht werden. Sonst wäre man u. U. gezwungen, jedes Vorgehen jeder Gruppe für sich entsprechend als methodisch zu qualifizieren, weil jede Gruppe irgendwie – mehr oder weniger klar umrissen – mit dem Text hantiert. Auf dieser Basis wären ein Vergleich untereinander kaum möglich, der Methodenbegriff ob der Weite weitestgehend inhaltsleer und überdies eine Bezugnahme auf wissenschaftliches Treiben schwierig. Der Rückgriff auf die universitäre Forschung und Lehre sichert somit an dieser Stelle die Trennschärfe und Relevanz der Überlegungen, welche nur auf dieser Grundlage geeignet sind, einer mit Blick auf Alltagsexegesen evtl. anzutreffenden *ex-ante*-Unterstellung unmethodischen Vorgehens Paroli zu bieten.

---

[34] Diese kritisierbare (scheinbare) Einengung ist in der konkreten Forschungspraxis dadurch zu überwinden bzw. aufzubrechen, dass trotz der Ausrichtung am klassischen Methodenensemble die Auswertungen grundsätzlich offen gehalten werden für eigenes methodisches Vorgehen der Gruppen. Theoretisch ist nämlich durchaus denkbar, dass eine Gruppe eine bestimmte eigene Methode anwendet, was sich direkt im empirischen Material nachweisen bzw. aus diesem heraus rekonstruieren lässt. Dies ist beispielsweise dann der Fall, wenn immer wieder (klar) umrissene, zumindest benennbare Arbeitsschritte durchgeführt werden (Kriterium der Operationalisierbarkeit), um sich dem Text anzunähern, und man sich hierbei außerhalb des wissenschaftlich bekannten Vorgehens bewegt. Hier müssen die Forschungen so weit offen sein, dies wahrzunehmen, und auf diesem Wege könnte eine (methodische) Bereicherung der universitär-exegetischen Landschaft erfolgen. Leider hat sich dieser Fall auf Basis der hier zugrunde liegenden Diskussionen (praktisch) nicht ergeben.

c) Überlebensstrategie im *Methoden-Dschungel* – Konzentration auf das Wesentliche

Doch auch diese Orientierung an wissenschaftlich-exegetischen Methoden bringt zunächst keine wirklich handhabbare Vorgabe mit sich. Versucht man nämlich, die Fülle an Methodenbüchern im engeren und weiteren Sinne zu überblicken,[35] so ist auch die Investition von jeder Menge Zeit und Energie keine Garantie dafür, dass man nicht doch letzten Endes etwas frustriert und resignierend aufgeben muss. Es gibt einfach zu viel – und v. a. zu viel Verschiedenes. Entsprechendes gilt für das bunte Angebot an Methoden.[36] Auf dem Markt der (exegetischen) Möglichkeiten herrscht *geschäftiges Treiben*[37] bzw. ist eine „unüberschaubar gewordene[...] Fülle von Auslegungsweisen, die nicht nur für Laien fast einem Dschungel

---

[35] C. CLAUSSEN/R. ZIMMERMANN, Methodenbücher 290 sprechen beispielsweise davon, dass im „Kontrast zu den schwindenden Zahlen der Studienanfänger [...] die Anzahl der angebotenen Methodenbücher jährlich vermehrt" wird. Vgl. M. EBNER, Spannungsfeld 367, der eine „Flut von neuen Methodenbüchern" über den Markt hereinbrechen sieht. O. WISCHMEYER, Selbstverständnis 16 konstatiert, dass eine „verhältnismäßig große Menge" an Methodenbüchern existiert, und D. SÄNGER, Verlust 246 Anm. 11 hält fest: „Allein in der Bundesrepublik sind in den vergangenen 15 Jahren mehr als 10 exegetische Methodenbücher erschienen, die sich in ihrer Anlage, Durchführung und Zielsetzung teilweise erheblich unterscheiden."
Vgl. zu biblisch-exegetischen Methodenbüchern u. a. (in alphabetischer Reihenfolge) S. ALKIER/R. BRUCKER (Hrsg.), Methodendiskussion; H.-K. BERG, Wort; K. BERGER, Exegese; C. BUSSMANN/D. VAN DER SLUIS, Bibel; Ch. DOHMEN, Bibel; M. EBNER/B. HEININGER, Exegese; W. FENSKE, Arbeitsbuch (vgl. hierzu C. CLAUSSEN/ R. ZIMMERMANN, Methodenbücher 292f.); G. FISCHER, Wege; G. FOHRER u. a., Exegese; O. KAISER, Exegese; S. KREUZER/D. VIEWEGER, Exegese; W. G. KÜMMEL, Exegese; W. KIRCHSCHLÄGER, Einführung; W. LANGER, Handbuch; M. MEISER, Exegese (vgl. hierzu C. CLAUSSEN/R. ZIMMERMANN, Methodenbücher 295–297); T. MEURER, Einführung; H.-W. NEUDORFER/E. J. SCHNABEL (Hrsg.), Einführung (vgl. hierzu und zum folgenden Titel C. CLAUSSEN/R. ZIMMERMANN, Methodenbücher 293–295); H.-W. NEUDORFER/E. J. SCHNABEL (Hrsg.), Grundfragen; M. OEMING, Biblische Hermeneutik; W. RICHTER, Exegese; U. SCHNELLE, Einführung; J. SCHREINER (Hrsg.), Einführung; H. SCHWEIZER, Arbeitsbuch; T. SÖDING, Wege (vgl. hierzu C. CLAUSSEN/R. ZIMMERMANN, Methodenbücher 291f.); O. H. STECK, Leitfaden; W. STENGER, Methodenlehre; H. UTZSCHNEIDER/ S. A. NITSCHE, Arbeitsbuch; H. ZIMMERMANN, Methodenlehre. Vgl. überblicksmäßig C. CLAUSSEN/R. ZIMMERMANN, Methodenbücher; vgl. bzgl. offener Fragen A. REICHERT, Fragen.

[36] M.-T. Wacker sieht die christliche Bibelwissenschaft „vor einer Fülle unterschiedlicher methodischer Ansätze" stehen (M.-T. WACKER, Art. Bibelkritik 1474). D. SÄNGER, Verlust 246 spricht von *Methodenvielfalt* bzw. *Methodenwirrwarr*.

[37] Vgl. T. SÖDING, Wege 5.

gleicht"[38], versammelt – wir haben es mit einer (höchst) pluralen bzw. heterogenen Situation zu tun[39] und es „ist durchaus denkbar, daß die Zahl der Methoden beliebig groß sein kann."[40] Die Menge der methodischen Ansatzpunkte und Methodenschritte könnte „auf die Vielzahl der Aspekte, unter denen ein neutestamentlicher Text auch als theologisch relevanter Text befragt werden will"[41], verweisen. Darüber hinaus kommen terminologische Unklarheiten verkomplizierend hinzu, denn selbst „hinter den gleichen Begriffen verbergen sich z. T. unterschiedliche Methodenschritte."[42]

Es ist wohl kaum zu leugnen, dass „der Pluralismus der Auslegungsarten heute das Bild der Bibelauslegung entscheidend prägt und bestimmt"[43] bzw. dass die „Gegenwart [...] durch eine große exegetische Vielfalt gekennzeichnet"[44] ist. Entsprechend stellt man bei einem Blick auf die exegetische Landschaft fest, dass in „der jüngsten Vergangenheit [...] die Zahl der exegetischen Methoden stark zugenommen"[45] hat. Es herrscht Zank und Streit um die Bibel im Allgemeinen bzw. die methodische Auslegung biblischer Texte im Besonderen: Es „gibt viele verschiedene Auslegungsmethoden der Bibel. Je nachdem welchen Standpunkt man hat und welche Auslegungsmethode man wählt, kann man der Bibel ganz Verschiedenes entnehmen"[46]. Es ist zu konstatieren, dass „sich die Methoden im Fall der biblischen Exegese in eine für den Anfänger möglicherweise verwirrende Vielzahl von Einzelmethoden aufzusplittern scheinen, die dadurch noch verwirrender wird, daß es bisher trotz der Methodenreflexionen der letzten zwanzig Jahre noch nicht zu einer einheitlichen definitorischen Abgrenzung und Benennung der Methoden gekommen ist"[47] – ergo besteht nach wie vor dringender „Reflexionsbedarf hinsichtlich des gegenwärtigen Metho-

---

[38] G. FISCHER, Wege XI. Vgl. M. OEMING, Biblische Hermeneutik 175–184, der sein Resümee bezeichnenderweise mit „Sinnflut oder Sinnfülle?" überschreibt. Vgl. A. REICHERT, Fragen 994, die die vorliegende Literaturfülle angesichts eines größeren Nachholbedarfs grundsätzlich positiv einschätzt, kritisch allerdings die konkret vorliegenden Methodenbücher beurteilt. Vgl. O. WISCHMEYER, Wissenschaft 254: „Die Methodenvielfalt schlägt sich allerdings noch stärker in den zahlreichen Methodenbüchern nieder."

[39] Vgl. S. A. STRUBE, Diskussionsanstoß 242, die angesichts dieser Lage eine Selbstverständnisdiskussion für geboten hält: „Nicht zuletzt angesichts der praktizierten Methodenvielfalt stellt sich die exegetische Forschungslandschaft momentan so heterogen dar, daß sich eine Selbstverständnisdiskussion nahelegt" (vgl. ebd. 243).

[40] W. RICHTER, Exegese 19.

[41] M. MEISER, Herausforderungen 39.

[42] C. CLAUSSEN/R. ZIMMERMANN, Methodenbücher 299.

[43] Ch. DOHMEN, Bibel 84. Dohmen votiert angesichts dieser Situation selbst für einen relationalen Pluralismus (vgl. ebd. 106–109).

[44] T. SÖDING, Wege 68.

[45] H.-W. NEUDORFER/E. J. SCHNABEL, Interpretation 22.

[46] U. LUZ, Einleitung 7. Vor diesem Hintergrund versteht sich der Haupttitel des Sammelbandes: „Zankapfel Bibel".

[47] W. STENGER, Methodenlehre 15.

denpluralismus"[48]. Jeder Boom hat nun einmal auch seine Schattenseiten[49] und hinsichtlich der methodischen Entwicklungen in der wissenschaftlichen Exegese im letzten Jahrhundert ist abschließend festzuhalten: „Dem klar begrenzten Methodenkanon stand plötzlich eine kaum überschaubare Methodenvielfalt gegenüber. Die alten Methodenbücher hatten ausgedient. Kein Wunder, daß in den vergangenen Jahren eine ganze Flut von neuen Methodenbüchern auf den Markt kam, ohne daß eine Konvergenz hinsichtlich der Koordinierung der einzelnen Methoden sichtbar würde, von eindeutigen Definitionen ganz zu schweigen."[50]

Es ist somit im Blick auf etablierte exegetische Auslegungsmethoden nicht einfach respektive gar nicht möglich, eine abgeschlossene und v. a. allseits unstrittige Auflistung vorzulegen. Gerade deshalb werden sich die folgenden Forschungen auf einen überschaubaren und trotz herrschender Streitigkeiten weitgehend akzeptierten Grundbestand an methodischen Möglichkeiten (i. w. S.) konzentrieren,[51] wobei möglichst offene Formulierungen angestrebt sind. Letzteres gewährleistet, dass auch unterschiedlich akzentuierte Phänomene – *in natura* kommt selten Reines/Ideales vor – jeweils darunter subsumiert werden können.

d) Auf einen Blick – Eine knappe Übersicht als Orientierungshilfe in der Methodenvielfalt

Im Interesse der Übersichtlichkeit empfiehlt es sich, die ausgewählten methodischen Herangehensweisen geordnet darzustellen, sprich: eine gewisse Systematisierung vorzunehmen, zumal auf dieser Grundlage auch methodische Schwerpunktsetzungen der Gruppen bestimmt werden können.

Hierfür kann auf unterschiedliche Modelle mit vier, drei oder zwei Polen zurückgegriffen werden. M. Oeming verwendet z. B. im Rahmen einer *Phänomenologie des Verstehens* die *Theorie vom hermeneutischen Viereck* und strukturiert danach auch seine Darstellungen.[52] Entsprechend werden die einzelnen referierten methodi-

---

[48] C. CLAUSSEN/R. ZIMMERMANN, Methodenbücher 293.
[49] Vgl. M. EBNER, Spannungsfeld 367.
[50] Ebd. 367.
[51] Eine vergleichbare Option wählt O. H. STECK, Leitfaden 15, da sich sein vorgelegter Leitfaden „auf die grundlegenden, bewährten und methodisch ausgearbeiteten Fragestellungen" konzentriert. Allerdings beschränkt er sich hierbei auf textexterne Arbeitsschritte (vgl. zu dieser Terminologie unten). Mit Blick auf eine – auch hinsichtlich des Umfangs handhabbare – Zusammenstellung macht W. RICHTER, Exegese 19 Hoffnung: „Trotz theoretischer Unbegrenztheit in der Zahl der Methoden gestattet der heutige Forschungsstand die Erarbeitung einer überschaubaren Anzahl methodischer Schritte."
[52] Vgl. M. OEMING, Biblische Hermeneutik 5f. (dort findet sich auch eine grafischschematische Darstellung). Vgl. O. WISCHMEYER, Lehrbuch, die sich – wenn auch in leicht veränderter Reihenfolge – ebenfalls an diesen vier Polen orientiert und ihr Buch entsprechend gliedert.

schen/hermeneutischen Ansätze jeweils einem der vier Eckpunkte (Autor, Text, Leser, Sache) zugeordnet.

Daneben existiert gewissermaßen die dreieckige Grundform, die mit den Größen Text, Autor, Leser auskommt. Hinsichtlich der Ursprünge dieses Modells kann zunächst auf U. Eco verwiesen werden, der mit der Unterscheidung von *intentio auctoris*[53], *intentio lectoris* und *intentio operis* den (theoretischen) Grund gelegt hat,[54] auf den wiederum z. B. H. Utzschneider aufbaut. Letzterer spricht sich für eine „Trichtomie (sic!) von Text, Leser und Autor"[55] aus und hält fest, dass konkrete „Interpretationen auch biblischer Texte [...] dadurch charakterisiert sein [könnten; C. S.], welches Gewicht sie welcher der drei Intentionen jeweils beimessen und in welches Verhältnis sie die drei Elemente Text, Leser und Autor zueinander setzen."[56] Entsprechend könnte das hermeneutische Dreieck (Text, Leser, Autor) auch gute Dienste bei der Systematisierung methodischer Vorgehensweisen leisten.[57]

Last but not least begegnet im Rahmen wissenschaftlich-exegetischer Auslegungsbemühungen eine geradezu *klassisch* zu nennende Zweiteilung, eine bipolare Konzeption, die zwischen *synchron* und *diachron* unterscheidet. Ersterem werden meistens alle unmittelbar am (End-)*Text* orientierten Verfahren zugewiesen, letztere Klassifizierung wird vorwiegend für methodische Schritte der historisch-kritischen Exegese verwendet, die traditionell am *Autor* (und dessen Intention) interessiert ist.

Vor diesem Hintergrund lassen sich die gerade vorgestellten Modelle jeweils als aufeinander aufbauende Erweiterungen verstehen: synchron (Text) – diachron (Autor) → + Leser = hermeneutisches Dreieck → + Sache = hermeneutisches Viereck.

Im vorliegenden Fall ist die Entscheidung für eine zweipolige Systematisierung getroffen worden. Dabei werden als Pole die sachlich begründeten Termini *textintern* und *textextern* verwendet, die etwas vereinfacht gesagt den Bezeichnungen *synchron* und *diachron* entsprechen und tendenziell den Größen *Text* und *Autor* zuzuordnen sind.[58] Diese Art der Strukturie-

---

[53] Vgl. anfragend M. MEISER, Herausforderungen 47: „In der Literaturwissenschaft ist es gegenwärtig umstritten, ob man überhaupt nach einer intentio auctoris bei einem Text fragen darf."

[54] Vgl. U. ECO, Grenzen 35–39; vgl. ebd. 35: „Interpretation als Suche nach der *intentio auctoris*, Interpretation als Suche nach der *intentio operis* und Interpretation als Aufzwingen der *intentio lectoris*." Vgl. auch J. EBACH, Art. Bibel/Bibelauslegung 157f.

[55] H. UTZSCHNEIDER, Bestandsaufnahme 229.

[56] Ebd. 299.

[57] Vgl. zusätzlich H. UTZSCHNEIDER/S. A. NITSCHE, Arbeitsbuch 20f.

[58] Vgl. W. STENGER, Methodenlehre 15f., der sich angesichts der „möglicherweise verwirrenden Vielzahl von Einzelmethoden" ebenfalls dafür ausspricht, „sich dieser einfachen, aber grundlegenden Aufgliederung des exegetischen Instrumentariums in Methoden, die die sprachliche Gestalt der Texte beschreiben (,philologische'), und Methoden, die die Entstehungsbedingungen derselben untersuchen (,historische')" zu bedienen. Anschließend führt er die Begriffe *Synchronie* und *Diachronie* ein als „linguistische Terminologie, die das Gemeinte noch präziser erfaßt" (ebd. 16; vgl. ebd. 41–43). Dabei ist zu berücksichtigen, dass die Zuordnungen nicht unbedingt eindeutig bzw. unstrittig sind, vgl. C. CLAUSSEN/R. ZIMMERMANN, Methodenbücher 300, die die „Klassifikation der Methodenschritte (synchron – diachron [...])" zu den offenen Fragen zählen. Vgl. A. REICHERT, Fragen 999–1002.

rung ist relativ einfach und plausibel begründbar: Fast alle wirklich ausgearbeiteten und etablierten methodischen Arbeitsschritte, die zum Grundbestand des wissenschaftlich-exegetischen (Auslegungs-)Instrumentariums zu zählen sind, lassen sich einem dieser beiden Pole zuordnen, sprich: in einer entsprechenden Übersicht unterbringen.[59] Alles, was darüber hinaus auf dem exegetischen Markt zu finden ist, gehört entweder eher dem Bereich der Hermeneutik als dem der Methoden an,[60] kann aufgrund der Neuheit oder Singularität nicht als klassisch und anerkannt bezeichnet werden oder ist nicht so weit kriteriologisch operationalisierbar, dass ein eindeutiges Vorgehen ableitbar wäre.[61] Die Gruppendiskussionen werden im ersten Schritt A somit dahingehend untersucht, ob die Gruppen methodisch – wenigstens ansatzweise – auf Folgendes zurückgreifen:[62]

---

[59] Vgl. T. MEURER, Einführung 12: „Die wissenschaftlichen Methoden der Textauslegung lassen sich unter zwei Aspekten gruppieren. Die Exegese unterscheidet zwischen synchronen und diachronen Analyseverfahren." Zu kurzen Definitionen der beiden Pole vgl. ebd. 12f.

[60] Bei den von M. OEMING, Biblische Hermeneutik 89–139 unter der Größe *Leser* aufgezählten Bereichen (wirkungsgeschichtliche, tiefenpsychologische, symbolorientierte, befreiungstheologische, feministische Exegese, Bibliodrama) handelt es sich z. B. weitgehend um Hermeneutiken ohne (spezifisch) eigene methodische Instrumentarien. Hinzu kommt im Fall des Lesers außerdem, dass das lesende Subjekt auch bei allen text- oder autor-orientierten methodischen Vorgehensweisen als Größe mitspielt und entsprechend zu berücksichtigen ist. Es ist ja immer die auslegende Person, die die notwendigen Auswahlentscheidungen und Schwerpunktsetzungen trifft. Auch die Art und Weise, wie eine bestimmte Methode konkret angewandt wird, hängt vom Einzelnen ab. Entsprechend erscheint es auch theoretisch sinnvoll, die Größe Leser aus der Systematisierung der methodischen Schritte herauszunehmen und vielmehr als stets mitlaufende Konstante in die Überlegungen einzubeziehen. Im Rahmen der vorliegenden Forschungen kommt der Leser v. a. im Analyseschritt D (Strategien der Sinnkonstruktion und des Textverstehens) und beim Rekurs auf den Orientierungsrahmen (vgl. Teil I 3.2 Schritt D und 3.3) zum Tragen.

[61] Beispielsweise bereitet das weite Feld der Intertextualität in dieser Hinsicht einige Probleme. Es soll nicht bestritten werden, dass auch methodische/theoretische Grundlagenwerke bzgl. einer kanonischen, (inner-)biblischen Auslegung oder wie auch immer bezeichneten Auslegung existieren, doch kann noch ein weiterer Grund, speziell die vorliegenden Forschungen betreffend, angeführt werden, warum innerbiblische Bezugnahmen bewusst nicht im Analyseschritt A (Methodisches Vorgehen) behandelt werden: Alle Einspielungen von Texten zusätzlich zur schriftlichen Vorlage gehören in den Bereich des Hypertextes und sind deshalb unter B zu thematisieren – so auch innerbiblische Vergleiche/Verweise.

[62] Diese Auflistung verdankt sich intensiven Diskussionen in der Forschungsgruppe sowie der Sichtung der einschlägigen (Methoden-)Literatur (vgl. oben Anm. 35).

- (Literarischer) Textkontext (Abgrenzung/Einbeziehung)
- Semantische Beobachtungen/Analysen
- Textgliederung/-struktur
- Narratologische Erzählanalyse (u. a. Aktanten- und Interaktionsanalysen; textinterne Szenerie)
- Textlogik/Argumentation
- *Intentio operis*

|Textintern (→ Text)|

- Textkritische Überlegungen
- Literarkritische Überlegungen
- Zeit-/sozialgeschichtlicher Kontext; (histor.) Kommunikationssituation
- Traditions-/Motivkritik
- Textgattung
- Textpragmatik/Sitz im Leben
- Synoptischer Vergleich
- Ursprungssinn/*intentio auctoris*

|Textextern (→ Autor)|

Diese Zusammenstellung dient der (analytischen) Orientierung, um die Gruppendiskussionen hinsichtlich des methodischen Vorgehens genauer unter die Lupe nehmen zu können. Gerade angesichts des sozialempirisch-rekonstruktiven Charakters der Forschungen ist jedoch ein Hinweis unentbehrlich: Es kann nicht darum gehen, mittels dieser von außen an die Fälle herangetragenen Kategorien eine schubladenmäßige Einordnung vorzunehmen. Vielmehr muss jeweils der konkrete Einzelfall im Mittelpunkt stehen und die Verwirklichung obiger Stichworte ist höchstwahrscheinlich von Gruppe zu Gruppe verschieden, sodass die Liste nicht mehr als eine vorläufige Orientierungshilfe ist – aber auch nicht weniger. Im Werkzeug-Bild gesprochen: Die Auflistung ist verstehbar als Sammlung einzelner unterschiedlicher (Textauslegungs-)Werkzeuge (= Methoden), die in einem Werkzeugkasten enthalten sind respektive sein können. Mit Blick auf das Vorgehen der Gruppen ist jeweils zu prüfen, welche dieser Werkzeuge verwendet werden und wie der Einsatz erfolgt.[63]

Dabei ist klar, dass eine Gruppe nur auf das zurückgreifen wird/kann, was sie kennt. Da es sich bei Auslegungsmethoden allerdings – wie bereits erwähnt – um den „operationalisierten Ausdruck von Standardfragen an die Texte"[64] handelt und diese Fragen grundsätzlich jeder unabhängig von der exegetischen Vorbildung stellen kann, wird vorab pauschal vermutet bzw. angenommen, dass jeder Gruppe prinzipiell (fast) alle methodischen Werkzeuge zur Verfügung stehen. Sogar die historisch-kritische Paradefrage nach der *intentio auctoris* ist – zwar nicht unbedingt unter dieser Bezeichnung, aber vom Grundansatz her – jeder *alltagsexegetischen* Gruppe möglich: Es dürfte selbstverständlich sein, dass zu jedem Text ein wie auch immer zu bestimmender Autor gehört, und dass biblische Texte verhältnismäßig alt sind, dürfte auch

---

[63] M. EBNER/B. HEININGER, Exegese 1 ziehen das Bild des (exegetischen) Bestecks heran und führen diesbezüglich aus: „Methoden sind kein Selbstzweck, sondern ein Instrumentarium, eben ein Besteck, das dazu dient, für das Besondere an einem Text aufmerksam zu werden" (ebd. 19). Zu beachten ist in diesem Kontext, was T. MEURER, Einführung 8 über die Unterschiede zwischen exegetischen Methoden einerseits und Operationsinstrumenten andererseits anmerkt.

[64] O. WISCHMEYER, Lehrbuch 96.

allgemein bekannt sein. Vor diesem Hintergrund ist theoretisch für jede Gruppe denkbar, dass man nach einer ursprünglichen Aussageabsicht des Textes sucht/fragt – ob dies konkret praktiziert oder für hilfreich etc. angesehen wird, das steht auf einem ganz anderen Blatt. Auch fehlendes Wissen, beispielsweise um die historischen Hintergründe, ist in diesem Zusammenhang kein Hinderungsgrund, wie die Forschungen gezeigt haben (vgl. Gruppe „Gewerkschaft" Teil II 2.2.2).

e) Auf den Punkt gebracht: Analyseanliegen und Klassifizierungsraster

Das Anliegen des Analyseschrittes A ist somit insgesamt ein Zweifaches: Es geht zum einen rein auflistend darum, (klassisch-)methodisches Vorgehen im Rahmen der *Alltagsexegesen* zu identifizieren und festzuhalten. Zum anderen ist jedoch auch immer zu fragen: Wie und v. a. warum, sprich: mit welcher Intention, werden bestimmte methodische Vorgehensweisen eingesetzt? Was wird damit bezweckt?

Exkurs: An diesem Punkt kommt eine grundsätzliche Schwierigkeit mit Blick auf die Darstellung ins Spiel: Zwar können die Auswertungsschritte A, B und C in der Theorie unterschieden werden, doch die zugrunde liegenden Vorgänge/Operationen sind in der konkreten Praxis der auslegenden Diskussionen untrennbar miteinander verbunden und greifen ineinander. Beispielsweise dient methodisches Vorgehen z. T. dazu, einen bestimmten Hypertext (→ B) herzustellen, z. T. wird aber auch die eigene Positionierung (→ C) vorbereitet respektive argumentativ untermauert. Fragt man nach dem *Warum* der Anwendung bestimmter Methoden, so ist man in vielen Fällen auf den Orientierungsrahmen verwiesen. Entsprechend ist zu überlegen, ob der Auswertungsschritt *Methodisches Vorgehen* nicht besser an späterer Stelle, z. B. im Anschluss an die Rekonstruktion des Hypertextes oder auch ganz am Ende, abzuhandeln ist. Dann würden allerdings die einzelnen methodischen Arbeitsschritte zunächst verstreut beggenen und die abschließende Sammlung würde stark wiederholend wirken. Wie man es auch dreht und wendet, eine optimale Form der Darstellung scheint es nicht zu geben – vorausgesetzt, die zugehörigen Ausführungen sollen nicht ebenso komplex und damit u. a. verwirrend und unübersichtlich werden, wie die zugrunde liegenden Diskussionen selbst. Es stellt ja gerade die analysierende Forschungsleistung dar, etwas Ordnung und Übersicht in komplexe Prozesse und Vorgänge zu bringen. Im Zuge dessen ist auch immer wieder zu trennen, was in der Realität fast unscheidbar miteinander verflochten ist. Wohl wissend, dass eine ideale Lösung nicht möglich ist (ein permanentes Hin-und-Her-Springen trägt in meinen Augen nicht gerade zur Übersichtlichkeit bei), soll die bisher skizzierte Beschäftigung mit Methodischem an erster Stelle beibehalten werden.[65] In allen nachfolgenden Ausführungen (u. a. zu B, zu C) wird an den entsprechenden Stellen, an denen methodisches Vorgehen von Bedeutung ist, ein visueller Hinweis (✖) gesetzt und zurückverwiesen. – *Exkurs Ende* –

Die zu stellenden Fragen seien noch einmal kurz resümiert: Wie greifen *alltagsexegetisch* die Bibel auslegende Gruppen auf den Bibeltext zu? Gibt

---

[65] Dafür spricht nicht zuletzt, dass methodische Arbeitsschritte in den meisten Fällen m. E. auf die Hypertextbasis angewendet werden.

es hierbei methodisches Vorgehen im wissenschaftlich-universitären Sinne? Wenn ja, welches? Welche Schwerpunktsetzungen sind festzustellen? Wie werden die methodischen Schritte eingesetzt? Warum und zu welchem Zweck wird wie vorgegangen? Wie wird mit den Methoden umgegangen?[66] Nach Durchführung dieses Analyseschrittes[67] ist eine Klassifizierung der Gruppen möglich, denn auch wenn keine Schubladen auf- bzw. zugemacht werden sollen, so sind doch verschiedene Ebenen/Grade zu unterscheiden – alles in allem in methodischer Hinsicht vier:

- *Nicht methodisch nach dem angelegten Raster:* Es sind keine der etablierten Methoden zu erkennen.[68]

- *Methodisch orientiert:* Es wird grundsätzlich erkennbares methodisches Vorgehen praktiziert. Hier lassen sich graduelle Unterschiede (Ausmaß des Methodeneinsatzes) und entsprechende Schwerpunktsetzungen (textintern – textextern) als weitere Spezifizierungskriterien anführen.[69]

---

[66] An späterer Stelle (vgl. Teil III 1.5; 1.6 und AUSBLICK 1.) kann noch etwas weiter gefragt werden: Können Methoden vor diesem Hintergrund als Garanten für Objektivität ins Feld geführt werden bzw. kann sich wissenschaftliche Exegese hierauf als entscheidende Charakteristik des eigenen Tuns berufen (vgl. O. WISCHMEYER, Selbstverständnis 17: „Garanten für die Wissenschaftlichkeit") – in Abgrenzung von *Alltagsexegesen*?

[67] Im Rahmen dieses Analyseschrittes ist jeweils auch ein Blick auf die erste Annäherung der Gruppen an die impulsartig eingespielten Bibeltexte zu werfen. Dabei fällt auf, dass die meisten Gruppen die Vorgabe des Zitats problemlos als Diskussionsgrundlage akzeptieren und nach Austeilung der schriftlichen Version eine kurze stille Lesephase (meistens ca. 1½ Min.) folgt. Nur bei Gruppen, wo sich Abweichungen von diesem Grundschema finden lassen, wird dies eigens vermerkt und gegebenenfalls auch in die weiteren Überlegungen einbezogen – nämlich dann, wenn Auswirkungen auf die Sinnkonstruktion zu erkennen bzw. zu vermuten sind. Beispielsweise lassen sich die Gruppen „CVJM" (→ selbstinitiativer Rückgriff auf eigene Bibelausgaben), „Montagskreis" und „Theologinnen" (→ jeweils Einfordern der schriftlichen Textvorlage von der Forschergruppe) nicht auf eine Diskussion auf Basis eines einzelnen Zitats ein. Die Gruppe „SOLID" bekommt sofort den schriftlichen Text an die Hand (verhältnismäßig lange Lesepause bei Mt 5, gerade auch im Unterschied zu Mk 5), da die Stelle – wie biblische Texte im Allgemeinen – in der Gruppe weitgehend unbekannt ist. Bei der Gruppe „CVJM" findet sich darüber hinaus auch ein lautes Vorlesen (→ Mt 5), was ebenso beim „Bibelkreis" (→ Mk 5) und beim „Montagskreis" (→ Mt 5 und Mk 5) begegnet.

[68] Hier ist sehr wichtig, dass nicht von *unmethodisch* oder gar *methodenlos* gesprochen wird, nur weil die Gruppen keine der bekannten und etablierten exegetischen Methoden anwenden. Dies würde dem Tun der Gruppen auf keinen Fall gerecht.

[69] Anders als H. SCHWEIZER, Arbeitsbuch 8, der mit leicht negativer Bewertung davon spricht, dass es „ein irgendwie geartetes Verstehen aufgrund unreflektierter Methodik, aufgrund unbewusster Voraussetzungen, unreflektierten Zugangs geben" mag und vor diesem Hintergrund „Methodik als reflektierte[n] und damit kontrollierbare[n] Zugang zu den Texten" (ebd. 8) bestimmt, wird in vorliegender Arbeit unter-

- *Methodisch reflektiert:* Über den Einsatz methodischer Arbeitsschritte hinaus wird das methodische Tun auch noch auf einer Metaebene reflektiert, d. h. man ist sich bewusst, (methodisch) etwas Bestimmtes zu tun, denkt darüber nach und thematisiert respektive problematisiert dies explizit.

- *Methodologisch reflektiert:*[70] Hier befindet man sich gewissermaßen noch eine Reflexionsebene höher. Es wird grundsätzlich das Phänomen *Methoden/-einsatz* thematisiert, verschiedene Methoden in ihrer Funktionsweise und Leistungsfähigkeit diskutiert, sprich: Man beschäftigt sich mit einem „Gebiet, das M. [sc. Methoden; C. S.] zum Gegenstand hat"[71], man setzt sich mit der „Lehre von denjenigen M. [sc. Methoden; C. S.], die wiss. Erkenntnis anstreben"[72], auseinander. Dabei genügt es für die vorliegenden Forschungen bereits, wenn sich eine Gruppe bewusst ist, aus einem breiteren Methodeninstrumentarium (= *Werkzeugkasten*) auszuwählen/auswählen zu können. Wichtig: Methodologische Reflexionen müssen nicht mit entsprechender methodischer Orientierung einhergehen (vgl. Gruppe „Theologinnen" Teil II 2.11.2 A_{Mt} und A_{Mk}).

Schritt B: Textwahrnehmung und Hypertextrekonstruktion

Ein zweiter Anlauf zur Auswertung der Gruppendiskussionen ist unmittelbar aus der Beschäftigung mit den Transkripten erwachsen – sprich: Der Analyseschritt B, der zunächst unabhängig von A zu sehen ist, ist rekonstruktiv im Forschungsprozess entwickelt worden. Es kann nämlich auf den ersten Blick festgestellt werden, dass die Gruppen mit den konkret vorliegenden Textelementen sehr unterschiedlich umgehen. Von Gruppe zu Gruppe werden z. B. andere Passagen überhaupt wahrgenommen und auch die Reihenfolge der Bezugnahmen variiert deutlich. Aus diesen Beobachtungen lässt sich die Untersuchung der Textwahrnehmung[73] der Gruppen als lohnendes (Etappen-)Ziel ableiten und so sind im Folgenden potenziell an die Transkripte zu richtende Fragen aufzuführen und zu einem methodischen Auswertungsschritt zu operationalisieren.

Folgende Punkte erscheinen interessant: Wie bewegen sich die Gruppen innerhalb des Textes? Welche Textteile werden im Rahmen der Diskussion wahrgenommen und in welcher Reihenfolge? Womit beginnt eine Gruppe

---

halb der Stufe *methodisch reflektiert* auch das unbewusste und ohne weiteres Nachdenken angewandte methodische Vorgehen als *methodisch*, genauer gesagt als *methodisch orientiert*, qualifiziert. Es ist m. E. nicht nötig, methodisches Vorgehen (definitionsgemäß) an reflexive Bewusstheit desselben zu binden.

[70] Vgl. U. SCHNELLE, Einführung 171, der im Rahmen eines Hermeneutikkapitels davon spricht, dass die „Erfahrung des historischen Abstandes zu den ntl. Schriften" eine „methodologische[...] Reflexion der Textinterpretation" notwendig macht.

[71] A. MEHRTENS, Art. Methode/Methodologie 832.

[72] Ch. BERG, Art. Methodologie 1187.

[73] Vgl. die erste der drei Erkenntnis leitenden Fragen bei H. ROOSE/G. BÜTTNER, Laienexegesen 59: „Wie nehmen die RezipientInnen die materiale Textgrundlage auf?"

das Gespräch?⁷⁴ Geht eine Gruppe beispielsweise synchron-linear am vorliegenden Textkorpus entlang oder wird hin- und hergesprungen? Was wird wie miteinander kombiniert? Was wird ausgeblendet und ignoriert (überlesen)? Welche Passagen werden problematisiert, welche intensiv thematisiert? Wo setzt eine Gruppe den Schwerpunkt, wo liegen die Zentren der Diskussion? Was fällt den Mitgliedern am Text auf? Was erregt Anstoß oder auch Interesse? Wozu findet sich Zustimmung? Was wird dagegen zurückgewiesen und abgelehnt? Womit hat man Schwierigkeiten? Wie geht eine Gruppe mit derartigen problematischen Stellen um? Welche Lösung wird gefunden? Welche Leerstellen werden wahrgenommen? In welcher Absicht, was wird damit gemacht? Auch ist wichtig, welche Textdetails aus welchem Grund Berücksichtigung finden bzw. welche nicht und warum.⁷⁵ Wie weit geht eine Gruppe somit auf den konkreten Text ein, wie weit erfolgen Abstraktionen? Was wird herausgegriffen, was dagegen eher überlesen und weggelassen? Welche weiteren *Texte* (i. w. S.), z. B. biblischer Provenienz, aber auch sonstiger Herkunft, werden eingespielt, zurate gezogen und argumentativ eingebaut? §⁷⁶ Worauf greift eine Gruppe bei den Auslegungsbemühungen zurück? Was wird über den vorliegenden Text hinaus zusätzlich eingebracht? § Warum? Worin wird schlussendlich der *Clou* des jeweiligen Textes erblickt?

Es geht beim Analyseschritt B somit darum, detailliert zu untersuchen, was die Gruppen am konkreten Text wie wahrnehmen. Als mögliche Aktivitäten lassen sich schlagwortartig benennen: wahrnehmen, ausblenden⁷⁷, (neu)kombinieren, zusätzlich einspielen §. Für die Forschungen gilt in diesem Zusammenhang verstärkt der Grundsatz, dass die Fälle selbst möglichst rein zu Wort kommen sollen, und es wird eng am vorliegenden Material zu arbeiten sein. Der Analyseschritt B ist der bei Weitem aufwändigste und es ist zunächst minutiös dem jeweiligen Diskussionsverlauf zu folgen. Entsprechend umfangreich fallen die zugehörigen Erarbeitungen aus, doch welche Aspekte in der Darstellung dann in welcher Ausführlichkeit präsentiert werden, hängt von Erkenntnisgewinn und sinnvoller Fokussierung ab

---

[74] Vgl. H. ROOSE/G. BÜTTNER, Laienexegesen 64: Es „ist zunächst interessant, an welchem Punkt sie [sc. die Studierenden; C. S.] mit ihrer Auslegung ansetzen."
[75] Vgl. H. ROOSE/G. BÜTTNER, Laienexegesen 66: „Diese Strategie führt dazu, dass Einzelelemente der materialen Textgrundlage vollständig ausgeblendet werden."
[76] In den konkreten Auswertungen im Teil II werden alle eingespielten Texte, alle von den Gruppen vorgenommenen Verlinkungen mit dem Symbol § kenntlich gemacht.
[77] Gerade die Einbeziehung der Ausblendung und Ignorierung von Textelementen ist wichtig, zumal dies in der Forschung bisher weitgehend vernachlässigt worden ist, vgl. P. WRIGHT, Jump 147: „the current models of perception and attention find no need to address questions such as why readers choose to ignore information, either before or after reading it". Es existiert die Wahlentscheidung mit Blick auf einzelne Details/Elemente bzw. die Option: „not to read it at all" (ebd. 147).

– denn: „Nicht jede Erbse, die gezählt wurde, muss auch sofort schriftlich dokumentiert werden."[78]

Alles in allem ist für jede Gruppe der *Text* zu rekonstruieren, den diese auslegt. Diese Aussage mag verwirren, ist doch mit Blick auf die grundsätzliche Durchführung von Gruppendiskussionen (vgl. Teil I 2.5) stark betont worden, wie wichtig es ist, bei jeder Gruppe exakt den gleichen Text als Einstiegsimpuls zu verwenden. Das ist zweifelsohne richtig und bleibt nach wie vor gültig, jedoch hat die Forschungserfahrung schnell gezeigt, dass eine eingespielte identische Textfassung nicht dafür bürgt, dass alle Gruppen sich in der Diskussion auf den gleichen Text beziehen – ganz im Gegenteil: Jede Gruppe liest die schriftliche Vorlage anders, greift unterschiedliche Passagen heraus, variiert die Reihenfolge, kombiniert Elemente völlig neu, bringt weitere Texte und Zitate (biblisch oder auch außerbiblisch) ins Spiel, assoziiert locker und mehr oder weniger wild durcheinander und erstellt auf diese Weise ihren je eigenen Text – und dieser sieht eben von Gruppe zu Gruppe spezifisch anders aus.[79] Gewissermaßen im Kopf der Diskutierenden entsteht ein (virtueller) Text,[80] der von der vorliegenden schriftlichen Fassung deutlich abweicht. Dieser Text ist die Basis der Textauslegung bzw. die Produktion/Konstruktion[81] dieses Textes scheint ein entscheidender Vorgang im Rahmen des Textverstehens zu sein. „In jedem Leseakt ersteht der Text neu"[82]. Als Terminus soll an dieser Stelle ein Begriff aus der Computersprache, speziell dem Bereich Internet, eingeführt bzw. herangezogen werden, nämlich *Hypertext*.[83]

---

[78] M. EBNER/B. HEININGER, Exegese 19.

[79] Jede Gruppe arbeitet somit mit einem ganz eigenen, gewissermaßen mit einem virtuellen Text. Vgl. S. A. STRUBE, Laien-Bibellektüre 102, die in einem ähnlichen Kontext ausführt, dass „genau genommen [...] durch diese Leseweise eigentlich ein neuer Text" entstehe. Die Beobachtungen des vorliegenden Forschungsprojektes sprechen dafür, dass sich die in die Diskussionen eingebrachten schriftlichen Texte „in den empirischen Prozessen der Rezeption gleichsam ‚auflösen'" (C. ALTMAYER, Kultur 183). Dass C. Altmayer diesem empirischen Phänomen entgegentreten möchte und normativ einfordert, dass Texte nicht aufgelöst werden dürfen, sondern den *Widerstand eines deutlichen Gegenübers* (vgl. ebd. 183) leisten müssen, sei ihm unbenommen. An den grundsätzlichen empirischen Beobachtungen ändert dies allerdings nichts – und Letzteres ist auch nicht Sinn oder Ziel einer empirischen Untersuchung wie der vorliegenden.

[80] Vgl. H. BEE-SCHROEDTER, Wundergeschichten 139f.

[81] Vgl. M. SCHERNER, Sprache 233f., wo „die Auffassung vom Textverstehen als einer konstruktiven Leistung des Rezipienten, die nicht als mehr oder weniger passive *Entnahme* von Sinn aus einem ihn transportierenden Vehikel [...], sondern als kreatives *Erstellen* von Sinn auf der Basis der kognitiven Verarbeitung der materialen Textgestalt durch den jeweiligen Rezipienten zu begreifen ist", artikuliert wird.

[82] G. STEINS, Lesewesen 690.

[83] Bevor eine positive Näherbestimmung erfolgen soll, ist zunächst eine Abgrenzung erforderlich. Der Terminus *Hypertext* begegnet nämlich auch im Rahmen von Inter-

a) Annäherung an das Phänomen *Hypertext* – Eine kurze Skizze von Idee und Konzeption

Um diesem Terminus und dem damit Bezeichneten näherzukommen und besonders auch, um die Brauchbarkeit im vorliegenden Kontext aufzuweisen, ist ein Blick in die Geschichte dieses Phänomens bzw. auf die Ursprünge desselben hilfreich und erhellend. Mit dem Begriff *Hypertext*[84] verbinden sich Namen wie H. G. Wells[85] (1938) und V. Bush[86] (1890–1974), wobei Letzterer gewissermaßen als Hypertextvordenker *avant la lettre* bezeichnet werden kann. Er imaginierte bzw. visionierte – in Jules-Vernes-Manier – bereits 1945 ein Konzept, genauer gesagt ein *device* namens *Memex* (= *Memory Extender* = Gedächtnisverlängerer), eine Art Informationssystem, das auf Assoziation/Verknüpfung als grundlegender Tätigkeit des menschlichen Geistes aufbaut,[87] ja geradezu vom menschlichen Geist inspiriert sein und lernen soll – *science fiction* im wahrsten Sinne des Wortes:

---

textualitätstheorien, beispielsweise entscheidet sich G. STEINS, Bindung 100 in Anlehnung an G. Genette für das Paar Hypertext–Hypotext und entsprechend gegen eine Vielzahl an anderen Angeboten (vgl. ebd. 100 Anm. 68). Hypertext im vorliegenden Fall meint dagegen etwas dezidiert anderes, wie die folgenden Ausführungen deutlich machen werden. Vgl. S. FREISLER, Begriffsbestimmung 19 Anm. 1.

[84] Vgl. zu einer begrifflichen (linguistischen) Definition S. FREISLER, Begriffsbestimmung. Vgl. zum Thema *Hypertext* insgesamt (in alphabetischer Reihenfolge) E. BARRETT (Hrsg.), Text; E. BARRETT (Hrsg.), Society; J. CONKLIN, Survey; T. EIBL, Hypertext; H. L. GROB/F. BENSBERG/S. BIELETZKE, Hypertext; M. HOFMANN/L. SIMON, Problemlösung; R. KUHLEN, Hypertext; G. P. LANDOW, Hypertext; R. MCALEESE (Hrsg.), Hypertext; C. MCKNIGHT/A. DILLON/J. RICHARDSON (Hrsg.), Hypertext; J. NIELSEN, Multimedia; M. PASSARGE, Hypertext; P. SCHNUPP, Hypertext. Vgl. als kritische Stimme zu dem gesamten Themenkomplex *Hypertext* S. POROMBKA, Kritik.

[85] Vgl. H. G. WELLS, World Brain; H. G. WELLS, World-Mind.

[86] Vgl. T. EIBL, Hypertext 45–51; J. CONKLIN, Survey 10f.; N. BOLZ, Gutenberg-Galaxis 213–216; J. NIELSEN, Multimedia 33–36; H. IDENSEN, Netzwerk-Aktivität 99f.; kritisch dazu S. POROMBKA, Kritik 27–48.

[87] „Vannevar Bush (1945) specifically states that his prototype hypertext system, *Memex*, works the way the human mind does, and the particular psychology of mind he brings in to defend his design principle is *associationalism*, the concept that mind functions by means of associative leaps from one thing to another" (E. BARRETT, Thought XII). Vgl. T. NELSON, Dream Machines 32 („The Burning Bush"). Infolgedessen werden heutzutage Hypertext und assoziatives Denken meist in einem Atemzug genannt, vgl. P. A. CARLSON, Feedback 94: „,Hypertext' – a model based on the assumption that human idea processing occurs through association". Vgl. R. KUHLEN, Hypertext 101: Hypertext ist „der bisher konsequenteste Versuch, assoziativem Denken Rechnung zu tragen."

„The human mind [...] operates by association. With one item in its grasp, it snaps instantly to the next that is suggested by the association of thoughts, in accordance with some intricate web of trails carried by the cells of the brain. [...] Man cannot hope fully to duplicate this mental process artificially, but he certainly ought to be able to learn from it. [...] Consider a future device for individual use, which is a sort of mechanized private file and library. It needs a name, and, to coin one at random, ‚memex' will do. A memex is a device in which an individual stores all his books, records, and communications, and which is mechanized so that it may be consulted with exceeding speed and flexibility. It is an enlarged intimate supplement to his memory."[88] Der Kerngedanke besteht somit im: „associative indexing, the basic idea of which is a provision whereby any item may be caused at will to select immediately and automatically another. This is the essential feature of the memex. The process of tying two items together is the important thing. [...] It is exactly as though the physical items had been gathered together from widely separated sources and bound together to form a new book. It is more than this, for any item can be joined into numerous trails."[89] Wenn ein Benutzer mit seinem Memex arbeitet, ergibt sich als Clou: „Thus he builds a trail of his interest through the maze of materials available to him"[90], wobei zwischen *main trails* und *side trails* zu unterscheiden ist und die Möglichkeiten unbegrenzt sind. Das eigene Interesse gibt jeweils den Ausschlag.

Zwar handelt es sich hierbei um einen rein theoretisch entwickelten und niemals praktisch realisierten Entwurf, doch hat es dieser wissenschaftlichtechnische Utopismus dennoch – oder vielleicht gerade deshalb? – zu richtungsweisender und befruchtender Bedeutung gebracht. Ein Kerngedanke ist noch einmal resümierend festzuhalten: Es geht zentral um assoziative Verknüpfung(en) einzelner *items* und um die Schaffung individuellpersönlicher *trails* durch die Menge an vorliegendem Material, wobei *association* als Basistätigkeit des menschlichen Geistes bestimmt wird.

Eine weitere Größe auf dem Gebiet der Hypertext-Entwicklung ist in D. C. Engelbart[91] zu erblicken, der 1963 ein (hypertextähnliches) System namens *Augment* (= *Augmentation of Human Intellect*) entwickelte, doch der Begriff *Hypertext* als solcher geht (offensichtlich) auf den Gesellschaftswissenschaftler T. Nelson zurück, in dessen Lebenslauf zu lesen ist: „Discovered and named hypertext, 1965"[92] – und über den J. Conklin

---

[88] V. BUSH, As we may think 106f. S. FREISLER, Begriffsbestimmung 28 bezeichnet diesen lesenswerten Aufsatz von Bush als „Big bang des Hypertextes". Der Aufsatz ist übrigens auch abgedruckt in T. NELSON, Literary Machines 1/39–1/54, und auch im Internet ist er zu finden, vgl. Literaturverzeichnis.
[89] V. BUSH, As we may think 107.
[90] Ebd. 107.
[91] Vgl. T. EIBL, Hypertext 52–56; J. CONKLIN, Survey 11f.; J. NIELSEN, Multimedia 36–38; kritisch dazu S. POROMBKA, Kritik 49–68.
[92] T. NELSON, Computer Lib 1. Vgl. T. NELSON, Dream Machines 29: „*I first published the term ‚hypertext' in 1965*". Vgl. zu T. Nelson insgesamt T. EIBL, Hypertext 56–65; J. CONKLIN, Survey 12f.; N. BOLZ, Gutenberg-Galaxis 216–218; J. NIELSEN, Multimedia 38–40; kritisch dazu S. POROMBKA, Kritik 69–93.

schreibt: „It was Nelson who coined the term ‚hypertext', and his thinking and writing are the most extravagant of any of the early workers."[93] Nach seiner eigenen Aussage ging T. Nelson grundlegend von der nichtsequenziellen Struktur des menschlichen Denkens[94] aus und bestimmte Hypertext wie folgt:

> „Let me introduce the word ‚hypertext' to mean a body of written or pictorial material interconnected in such a complex way that it could not conveniently be presented or represented on paper."[95] „Well, by ‚hypertext' I mean *non-sequential writing* – text that branches and allows choices to the reader, best read at an interactive screen. As popularly conceived, this is a series of text chunks connected by links which offer the reader different pathways."[96] „‚Hypertext' means forms of writing which branch or perform on request; they are best presented on computer display screens."[97] „By ‚hypertext' I mean non-sequential writing. Ordinary writing is sequential [...]. But the *structures of ideas* are not sequential. They tie together every whichway."[98]

„Die Arbeiten von Ted Nelson – besser, seine Visionen – sind das Fundament heutiger Hypertextforschung und -begeisterung"[99], denn dieser ausgesprochen kreative, unkonventionelle und alternative Denker wie Forscher[100] setzte mit seiner Konzeption *Xanadu*[101] die Idee eines weltweit-universalen Systems zur Wissensverwaltung und -bereitstellung in die Tat um, auch wenn die Breitenwirkung desselben nach wie vor auf sich warten lässt und

---

[93] J. CONKLIN, Survey 12; vgl. E. BARRETT, Thought XII.
[94] Vgl. http://www.ics.uci.edu/~ejw/csr/nelson_pg.html [10.02.2006]: „nonsequential structure of thought".
[95] T. NELSON, File Structure 96; vgl. T. EIBL, Hypertext 109.
[96] T. NELSON, Literary Machines 0/2; vgl. ebd. 1/17; vgl. G. P. LANDOW, Hypertext 3.
[97] T. NELSON, Dream Machines 134.
[98] T. NELSON, Dream Machines 29; vgl. ebd. 30f.35. Zu Hypertexttypen vgl. ebd. 32. Auf Basis der grundlegenden Übereinstimmung zwischen der menschlichen Ideenstruktur einerseits und der Hypertextkonzeption andererseits behauptet T. Nelson: „we've been speaking *hypertext* all our lives and never known it" (ebd. 29). Es ist gleich an dieser Stelle darauf hinzuweisen, dass *hyper* nicht etwa mit *multi* verwechselt werden darf: „Das Präfix ‚Hyper-' steht also für eine bestimmte Art von Organisation. Diese [...] zeichnet sich aus durch Fragmentierung einzelner Einheiten einerseits und intelligente Vernetzung dieser Einheiten andererseits. [... Wichtig ist; C. S.] der Unterschied zwischen ‚Hyper-' und ‚Multi-'. Alles auf einmal serviert zu bekommen, führt lediglich zur Reizüberflutung. Entscheidend ist für den Rezipienten, alles so serviert zu bekommen, wie er es sich jeweils wünscht." (http://de.selfhtml.org/intro/hypertext/definitionen.htm [09.02.2006]).
[99] Http://de.selfhtml.org/intro/hypertext/geschichte.htm [09.02.2006].
[100] Nach N. BOLZ, Gutenberg-Galaxis 216 soll sich T. Nelson selbst als „computopian" charakterisiert haben.
[101] Vgl. T. NELSON, Dream Machines 41–45.141–148; T. NELSON, Literary Machines 0/5–0/11; 1/22–1/38; 3/2–3/7; 4/6–4/12. Siehe http://xanadu.com [09.02.2006]. Vgl. auch P. A. CARLSON, Feedback 105; J. M. SLATIN, Teaching 113; P. SCHNUPP, Hypertext 121–124.

stattdessen Tim Berners-Lee mit dem WWW (World Wide Web) der große Wurf gelungen zu sein scheint.

An dieser Stelle kann ein Schnitt gemacht und der Einblick in die Geschichte und die Anfänge des Hypertextes abgeschlossen werden.[102] Zweierlei ist für die folgenden Überlegungen im Hinterkopf zu behalten. Erstens eine kurze Definition von Hypertext – Hypertext als ein „*Medium der nicht-linearen Organisation* von Informationseinheiten"[103] – und zweitens die grundlegenden Konzeptionen und Ideen der Pioniere, die noch einmal wie folgt auf den Punkt gebracht werden können: Wells, Bush, Engelbart und Nelson sind Forscher, die sich über effektive Arten der Wissensspeicherung, Wissensverwaltung und Wissensvernetzung Gedanken gemacht haben. Grundlegendes Prinzip ist *association*, was zumeist als Grundoperation des menschlichen Gehirns/Geistes bestimmt wird. Dabei geht es den imaginierten Systemen (z. B. *Memex, Augment, Xanadu*) nicht nur darum, vorhandenes Wissen zu konservieren, sondern es geht um mehr: Durch die Verlinkung bieten sich Nutzungsmöglichkeiten individuellen Zuschnitts, wodurch gewissermaßen auch *neues* Wissen bzw. ein *Mehrwissen* entstehen kann. Das heutige Internet (WWW) stellt in diesem Zusammenhang *eine* technische Realisierungsmöglichkeit der Grundkonzeption *Hypertext* dar – eine unter mehreren möglichen wohlgemerkt. Die meisten neueren Arbeiten, die sich mit dem Phänomen *Hypertext* beschäftigen, konzentrieren sich auf das WWW sowie auf die technischen Realisierungen in einer Computerumwelt. Grundlagenreflexionen, den Pionierleistungen vergleichbar, finden sich heutzutage kaum.[104] Letztere sind aber als Grundlage für alles Folgende entscheidend, wenn es darum gehen wird, zunächst spezifisch ausgewählte Aspekte der – vorwiegend computerbasierten – Hypertextkonzeption etwas genauer zu betrachten und anschließend Schritt für

---

[102] Vgl. weiterführend R. KUHLEN, Hypertext 66–76; C. ALTMAYER, Kultur 255–257; H. L. GROB/ F. BENSBERG/S. BIELETZKE, Hypertext 5–7; P. SCHNUPP, Hypertext 55f. Vgl. zu „Geschichte, Formen und Konzeption" T. EIBL, Hypertext 37–14; J. NIELSEN, Multimedia 33–66 (ebd. 34 Tabelle 3.1 ist eine knappe tabellarische Übersicht über wichtige Entwicklungsetappen zu finden). Vgl. als knappen Einstieg R. MCALEESE, Preface VIf. Mit V. Bush, D. C. Engelbart und T. Nelson sind *die* drei Forscher/Denker einbezogen worden, „vor denen man sich, wo immer von der Geschichte des Hypertextes die Rede ist, ehrfurchtsvoll verneigt. Sie gelten als die drei ‚Heroen der Hyperkultur'" (S. POROMBKA, Kritik 21; hier mit leicht ironischkritischem Unterton).

[103] R. KUHLEN, Hypertext 27; vgl. J. NIELSEN, Multimedia 1: „Hypertext ist *nicht sequentiell*, d. h. es gibt nicht nur eine Reihenfolge, in welcher der Text gelesen wird". Vgl. M. KLEPPER/R. MAYER/E.-P. SCHNECK (Hrsg.), Hyperkultur 276f.

[104] Stattdessen widmet man sich beispielsweise dem Nutzungsverhalten (= Navigieren, wie z. B. *skip around*; Nutzung von *Links*) als auch den technischen Umsetzungsmöglichkeiten (*Links*; *Pop ups* und andere Darstellungsarten).

Schritt eine Übertragung auf den Themenbereich *Sinnkonstruktion* und *Textverstehen* vorzunehmen.[105]

b) Ein genauerer Blick auf das Phänomen *Hypertext* – Mit spezifischem Akzent

Hypertexte sind – gerade im Unterschied zu herkömmlichen schriftlichen Texten – dadurch ausgezeichnet, dass es sich um eine nicht lineare, nicht sequenzielle Organisation von Material handelt. Sie „schreiben sich quasi im Lesen, werden sie doch erst damit zu einer Einheit geführt"[106]. Ein traditionelles Buch wird klassischerweise Seite für Seite von vorne bis hinten durchgelesen, dagegen bietet ein Hypertext – grundlegend fußend auf der Idee assoziativen Denkens – die Möglichkeit des *skip around* bzw. lebt geradezu hiervon:

> „The traditional book is read from the beginning to the end, so the author can write each page knowing that the reader has just finished the previous page. Electronic documentation, however, is not read as much as referred to. The readers can skip around, and usually just look up one item and then another. [...] The new concepts of ‚hypertext' and ‚hypermedia' describe this new kind of material, which is not so much disorganized as multiply organized: there are many ways to read the material, and many orders in which the pages can be turned. Each reader can have different experiences with the same material and learn different things from it. There is a new opportunity to tailor text simultaneously for many readers."[107]

Ganz individuelle Lesewege sind somit nicht nur möglich, sondern nötig, denn abgesehen von *guided tours* (→ der *user* folgt vordefinierten *paths*) sind die Vorgaben und Vorstrukturierungen – je nach Anlage mehr oder weniger – minimal. „Hypertext bietet den Lesern mehrere Alternativen an,

---

[105] Vgl. C. ALTMAYER, Kultur, der den Hypertextbegriff im Rahmen der Kulturwissenschaften nutzbar zu machen versucht (vgl. v. a. ebd. 260–265). Die dort vertretene Grundposition kann analog auch auf die vorliegenden Forschungen übertragen werden: „Indem wir von diesem Begriff [sc. Hypertext; C. S.] Gebrauch machen, unterwerfen wir nicht etwa die Kulturwissenschaft den Gesetzen der Informationstechnologie, sondern nehmen einen ursprünglich informationstechnischen Begriff aus seinem genuinen Entstehungskontext heraus und transferieren ihn in einen gänzlich anderen, nämlich text- bzw. kulturwissenschaftlichen Bereich, d. h. wir passen den Begriff an die Anforderungen der Text- bzw. Kulturwissenschaft an" (ebd. 264).

[106] M. PASSARGE, Hypertext. Vgl. P. SCHNUPP, Hypertext 31: „Die Idee von Hypertext ist es, Texte nicht mehr als rein sequentielles Medium zu begreifen, sondern durch hierarchische und freie *Verknüpfungen* oder *Verweise* (*links*) zu komplexeren Strukturen aufzubereiten."

[107] E. BARRETT (Hrsg.), Text IX (Series Foreword); vgl. E. BARRETT, Introduction XV.XIX.XXI.

und jeder *einzelne* Leser bestimmt *beim* Lesen die Alternative, die er bevorzugt."[108]

Die gerade beschriebenen Charakteristika von Hypertexten mit Blick auf ihre (variable) Lesbarkeit setzen hinsichtlich konstitutiver Bestandteile ein Zweifaches voraus: (I) einzelne (überschaubare) Einheiten einerseits sowie (II) Verknüpfungen (*links*) zwischen diesen Einheiten andererseits – sprich: Hypertexte bestehen „aus vielen einzelnen, in sich selbständigen fragmentierten Einheiten, die untereinander verknüpft sind"[109]. Die (zu vermittelnden) Informationen werden somit zunächst in gut verdaubare (= in sich abgeschlossene und kohärente) *Häppchen* zerlegt bzw. in solchen Portionen organisiert, welche anschließend mittels *Links*, genauer gesagt *Hyperlinks*, miteinander verbunden werden.[110] Auf diese Weise entsteht Hypertext. Vorgehenstechnisch hat man es mit einem Zweischritt zu tun: Erst werden die Informationselemente dekontextualisiert, entlinearisiert und fragmentiert[111] und anschließend erfolgt die Rekombination und Relationierung anhand von Verknüpfungen,[112] wobei in letzterer Hinsicht eine plurale Vielfalt von Möglichkeiten entscheidend ist:

„One of the most interesting ideas has been the notion of hypertext – a form, of ‚nonsequential' writing. A hypertext system allows information to be divided into ‚chunks' and those chunks to be linked together in any way that serves a writer's purpose – or that of the audience. [...] Traditional books present a linear, twodimensional path through information. [...] A hypertext system provides the possibility of many paths through content, with the system user deciding the path."[113]

---

[108] J. NIELSEN, Multimedia 1.

[109] R. KUHLEN, Hypertext VIII – es handelt sich um eine „konstitutive *entlinearisierte* Darstellung von Wissen(sstrukturen)". Vgl. T. EIBL, Hypertext 17–20 und ebd. 111: „Die nicht-sequentielle, nicht-lineare Struktur kann als wichtigstes Merkmal von Hypertexten betrachtet werden." Vgl. P. SCHNUPP, Hypertext 15: „Hypertext ist die Verknüpfung von Textdokumenten durch hierarchische Relationen und/oder Verweisstrukturen." Vgl. M. HOFMANN/L. SIMON, Problemlösung 6–13; P. BAIRD/ M. PERCIVAL, Glasgow 64f.

[110] Es handelt sich um „Texteinheiten, die in sich abgeschlossen sind und jeweils einen kleinen ‚Informationshappen' anbieten. Durch die intelligente Vernetzung solcher Texteinheiten entsteht dann jener Informationsraum, den man als Hypertext bezeichnet" (http://de.selfhtml.org/intro/hypertext/begriffe.htm [09.02.2006]). Vgl. zu *Hypertext Nodes* J. CONKLIN, Survey 48–52.

[111] Vgl. R. KUHLEN, Hypertext 80: „Die Festlegung informationeller Einheiten beim Design der Hypertextbasis wird Segmentierung oder auch Fragmentierung genannt."

[112] Vgl. ebd. 124: „Fragmentierung und Verknüpfung sind wesentliche Kennzeichen von Hypertext."

[113] G. YOUNGGREN, Language 77f.; vgl. ebd. 80: „Each chunk can be linked in a variety of ways to any other piece of information in the system."

Es gilt somit: „users can create their own document"[114] bzw. „hypertext readers, who choose their own paths, each read different texts"[115], denn grundlegend ist zu arbeiten mit der Konzeption „of a flexible, customizable text, one that is open – and perhaps vulnerable – to the demands of each reader."[116] Ein Hypertext wird nicht wie ein traditionelles Buch Seite für Seite gelesen, vielmehr

> „springt der Leser (bei Hypertexten heißt er ‚user') aufgrund seines derzeitigen persönlichen Informationsbedürfnisses zwischen den Lemmata (informationellen Einheiten), die durch die Verweise (Kanten) verbunden sind, solange hin und her, bis dieses Bedürfnis aus irgendwelchen Gründen nicht mehr weiter befriedigt werden kann."[117]

(I) Wirft man nach diesem grundsätzlichen Einstieg einen etwas genaueren Blick auf den einen konstitutiven Bestandteil von Hypertexten, nämlich besagte *Informationshappen*, so begegnet eine Vielzahl möglicher Bezeichnungen, ohne dass größere konzeptionelle Unterschiede zu erkennen sind:[118] *item, informationelle Einheit = information unit, node, document, card, information block, chunk (of knowledge)* etc.[119] Hinsichtlich der potenziellen Größe bzw. des zu empfehlenden Umfangs dieser Einheiten lässt sich in der Theorie aus der *ex-ante*-Position kaum eine Aussage machen: Will man sich nicht auf ein rein formales Kriterium stützen und die maximale Länge beispielsweise auf eine PC-Bildschirmseite begrenzen – womit man sich als *Shark* im Gegensatz zu den *Holy Scrollers* geoutet hätte –,[120] dann bleibt als weiterer – ebenfalls formaler – Gesichtspunkt im Grunde nur die kohäsive Geschlossenheit.[121] Inhaltliche Aspekte sind nur schwierig in die Diskussion einbeziehbar und weder „in intensionaler noch extensionaler Sicht läßt sich dieser [sc. der Begriff der informationellen Einheit;

---

[114] P. A. CARLSON, Feedback 104.
[115] G. P. LANDOW, Critic 34.
[116] G. P. LANDOW, Hypertext 10. Vor diesem Hintergrund ist zu verstehen, dass P. WHALLEY, Rhetoric seine alternative Rhetorik bzgl. des Phänomens *Hypertext* am Gesichtspunkt *malleability* (= *Verformbarkeit/Formbarkeit*) anstelle des klassischen *non-linear* orientiert (vgl. ebd. 12f.).
[117] S. FREISLER, Begriffsbestimmung 20.
[118] Vgl. R. KUHLEN, Hypertext 80 Anm. 4; vgl. ebd. 79–98.333.
[119] Von einer durchgängigen terminologischen Klarheit kann keine Rede sein: Mit *chunk* kann z. B. sowohl ein einzelnes Element (= *item*) gemeint sein als auch eine Kombination mehrerer – bevorzugt bis zu sieben – *items* (vgl. ebd. 86f.).
[120] Vgl. http://de.selfhtml.org/intro/hypertext/begriffe.htm [09.02.2006]: „Sharks (Haie) nennt man jene, die dafür plädieren, dass eine Texteinheit immer auf einen Blick erfassbar sein sollte; Holy Scrollers sind jene, die dem Umfang einer Texteinheit keine bildschirmbedingten Grenzen aufzwingen wollen." Vgl. R. KUHLEN, Hypertext 84.
[121] Vgl. ebd. 87–89; vgl. ebd. 87: „Informationelle Einheiten müssen in kohäsiver Sicht autonom sein und sollten entsprechend autonom rezipiert werden können."

C. S.] exakt definieren."[122] Auf theoretischer Basis können somit „weder Umfang noch Inhalt einer informationellen Einheit zwingend festgelegt werden"[123]; entsprechend variiert die „mögliche Größe der Informationseinheiten [...] stark zwischen den einzelnen Systemen."[124] Die Grundmenge aller potenziellen Einheiten (inkl. der Verknüpfungsmöglichkeiten), aus denen der einzelne Nutzer (*user*) seinen konkreten Hypertext bzw. sein *virtual file*[125] schafft, wird übrigens als Hypertextbasis bezeichnet.[126]

(II) Hypertexte bestehen aus einzelnen Einheiten, die – und damit ist das zweite konstitutive Merkmal etwas genauer unter die Lupe zu nehmen – miteinander verlinkt/verknüpft sind.[127] Das Verlinken gehört untrennbar zum Phänomen *Hypertext* dazu, was auch Hypertextneulinge zumeist (intuitiv) richtig erkennen:

„Many who first encounter the notion of hypertext assume that linking does it all, and in an important sense they are correct: linking is the most important fact about hypertext, particularly as it contrasts to the world of print technology."[128] „The central notion of a hypertext system is of linking chunks of information together."[129]

„A link is a connector, designated by the user, between two particular entries"[130] bzw. „is simply a connection between parts of text or other material. It is put in by a human. Links are made by individuals as pathways for the reader's exploration; thus

---

[122] Ebd. 79; vgl. S. FREISLER, Begriffsbestimmung 34.

[123] R. KUHLEN, Hypertext 88; vgl. insgesamt T. EIBL, Hypertext 111–115.

[124] Ebd. 115; vgl. zu „Node Size" J. CONKLIN, Survey 49. Etwas anders sieht die Situation bei der Betrachtung *ex post* aus, denn hinsichtlich konkret realisierter Einheiten – klassischerweise ist an eine einzelne WWW-Internetseite zu denken – kann Folgendes festgehalten werden: „Im Unterschied zu linearen Texten sind die Informationseinheiten eines Hypertextes deutlich knapper gefasst und klar abgegrenzt" (T. EIBL, Hypertext 114f.).

[125] Vgl. http://xanadu.com/xuTheModel/index.html [10.02.2006].

[126] Vgl. R. KUHLEN, Hypertext 332: „Eine Hypertextbasis ist der materiale Teil eines Hypertextsystems, d. h. der Teil, in dem die Gegenstände des Objektbereichs in entsprechenden informationellen Einheiten dargestellt und über Verknüpfungen miteinander verbunden werden." Vgl. ebd. 17–23.

[127] Vgl. bzgl. des Phänomens *Verweise* T. EIBL, Hypertext 115–128; J. NIELSEN, Multimedia 138–145.

[128] G. P. LANDOW, Critic 6. Vgl. R. KUHLEN, Hypertext 99: „Verknüpfung (‚linking') ist die fundamentale Idee von Hypertext."

[129] R. MCALEESE, Navigation 6. Vielleicht stellt das Faktum der Verlinkung an sich inmitten einer unzureichenden bzw. etwas rückständigen Theoriediskussion sogar die einzige konsensfähige bzw. ansatzübergreifende Konstante im Kontext der Hypertextdebatte dar: „The recent explosion in the number of hypertext papers has fortunately not been accompanied by arguments about the nature of hypertext itself; all are agreed that the important aspects are the links between information nodes. Even if the agreement is hidden [...], it is there nevertheless" (C. MCKNIGHT/J. RICHARDSON/A. DILLON, Authoring 116).

[130] T. NELSON, File Structure 90.

they are parts of the actual document, part of the writing"[131] – so der bereits oben mehrfach zitierte Hypertext-Pionier T. Nelson.

„Verknüpfungen (,links') sind nichts anderes als Relationen, die einzelne Objekte, in Hypertext: informationelle Einheiten, zueinander in Beziehung setzen"[132], sie „verbinden die einzelnen Informationseinheiten untereinander, wobei sie von einem Quell- zu einem Zielanker führen."[133] Hypertexte bestehen aus verlinkten (Informations-)Einheiten und jeder Link wiederum aus einem Ausgangspunkt (*reference, link point*, Link-Indikator, *button, link icon, hotword* etc.)[134], an dem bei Klicken der Sprung ausgelöst wird, und einem Zielpunkt, an den man – hoffentlich – gelangt. Je nach Verortung des Letzteren können verschiedene Typen von Verknüpfungen unterschieden werden, z. B. intra- (→ Sprung innerhalb einer Einheit, z. B. vom Ende eines Abschnitts zurück zum Anfang), inter- (→ Sprung von Einheit zu Einheit innerhalb des gleichen Hypertextdokuments) und extrahypertextuelle (→ Sprung von einer Einheit eines Hypertextdokuments zu einer Einheit eines anderen):[135]

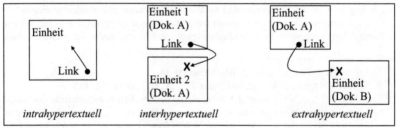

intrahypertextuell   *interhypertextuell*   *extrahypertextuell*

Außerdem ist zu differenzieren, ob *ein* Linkausgangs- zu *einem* Zielpunkt führt (→ *one-to-one-linking*) oder ob *ein* Ausgangspunkt mit *vielen* Ziel-

---

[131] T. NELSON, Literary Machines 2/23.
[132] R. KUHLEN, Hypertext 102; vgl. M. KLEPPER/R. MAYER/E.-P. SCHNECK (Hrsg.), Hyperkultur 279.
[133] T. EIBL, Hypertext 115; vgl. G. P. LANDOW, Hypertext 11–20; P. SCHNUPP, Hypertext 134–136; J. CONKLIN, Survey 39–47. Vgl. zu positiven wie negativen Konsequenzen R. KUHLEN, Hypertext 123: „Verknüpfungen sind wesentlich für die Mehrwerteffekte von Hypertext verantwortlich […], aber auch gleichzeitig dafür, daß die Navigation in Hypertextbasen in ein Chaos münden kann." Nachteile bzw. problematische Aspekte von Hypertext werden in diesem Zusammenhang oft unter dem Stichwort *kognitive Überlast* diskutiert.
[134] Vgl. T. EIBL, Hypertext 123f.: „Verweise sind des weiteren über ihre Quell- und Zielanker definiert. So können sowohl die Quelle als auch das Ziel Elemente einer Informationseinheit oder ihre Gesamtheit repräsentieren."
[135] Vgl. R. KUHLEN, Hypertext 107f. Zur folgenden Grafik vgl. ebd. 107 Abb. 2.2.3-1.

punkten verbunden ist (*one-to-many-linking*) oder ob *viele* Ausgangspunkte *einen* gemeinsamen Zielpunkt haben (→ *many-to-one-linking*):[136]

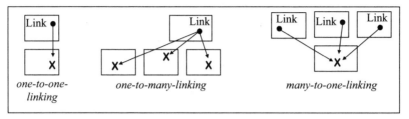

Links verfügen aber nicht nur über einen Ausgangs- und einen Zielpunkt, sondern werden – zumindest im Falle argumentativer Verknüpfungen – auch mit einem bestimmten Interesse gesetzt und spezifisch genutzt. Die Hypertexttheorie bietet hier insgesamt neun Möglichkeiten (= Arten von Verknüpfungen) an:[137]

- *reagieren auf (responds-to)*;
- *unterstützen (supports)*;
- *widersprechen (objects-to)*;
- *verallgemeinern (generalize)*;
- *spezialisieren (specialize)*;
- *in Frage stellen (question)*;
- *nahelegen (suggested-by)*;
- *ersetzen (replaces)*;
- *ergänzen um andere (other)*.

Mit einzelnen *Links* werden somit unterschiedliche Ziele verfolgt und *Link* ist nicht gleich *Link* – in vielerlei Hinsicht. Zu guter Letzt ist im Zusammenhang der Verknüpfungen noch darauf hinzuweisen, dass mehrere technische Anzeigevarianten möglich sind:[138] *Pop-Ups* öffnen sich als kleine, temporäre Fenster und bieten als eingebettete Anzeigen beispielsweise erläuternde Zusatzinformationen zu einem (Fach-)Begriff. Dabei geht es nur um „das kurze Einblenden, ohne ein eigenständiges Dokument zu öffnen"[139]. *Pop-ups* – teils bezeichnet als Annotationen[140] –

---

[136] Vgl. G. P. LANDOW, Hypertext 13–15.
[137] Vgl. R. KUHLEN, Hypertext 119f.; T. EIBL, Hypertext 119. Die Differenzierung unterschiedlicher *Linkarten* in obigem Sinne hat mit der technischen Realisierung nichts zu tun; hierbei handelt es sich vielmehr um inhaltlich-intentionale Qualifizierungen.
[138] Vgl. R. KUHLEN, Hypertext 16.
[139] T. EIBL, Hypertext 129. T. Eibl verweist auf die Nähe des *Pop-Up*-Textes zu Marginalien und Anmerkungen (Fußnoten) und rechnet diese Art zu den lokalen Verweisen – im Unterschied zu globalen. Vgl. mit zugehöriger Abb. R. KUHLEN, Hypertext 6 (Abb. 1.1-1.); vgl. H. L. GROB/F. BENSBERG/S. BIELETZKE, Hypertext 17.

„werden in Hypertexten gezielt eingesetzt, wenn die aktuelle Einheit nicht verlassen, dennoch aber Unterstützung bei möglicherweise vorhandenen, aber leicht zu schließenden Wissenslücken gegeben werden soll."[141]

Durch einen Link kann aber auch ein Extrafenster parallel (→ parallele Anzeige) zum Bestehenden aufgemacht oder aber das Bisherige dadurch komplett ersetzt werden (→ ersetzende Anzeige). Grafisch dargestellt lassen sich folgende Typen der Verknüpfungsanzeige unterscheiden:[142]

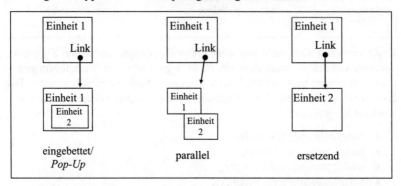

Im Informatikbereich werden entsprechende Studien angestellt, „um Aussagen über die kognitive Akzeptanz der beiden dominierenden Fenstertechniken – ersetzende Fenster und temporäre ‚pop-up'-Fenster – für den Hypertexteinsatz zu gewinnen. Die Ergebnisse sind noch nicht generalisierbar, legen jedoch nahe, daß ersetzende Fenster mehr Aufmerksamkeit und Gedächtnisleistung verlangen, also insgesamt kognitiv fordernder sind als ‚pop-up'-Fenster. Auswirkungen auf die Gesamtleistungen sind bisher nicht signifikant auszumachen."[143] „Two pieces of information may be the same number of clicks away from the current reading location but, for reasons not yet well understood, the psychological distance of a pop-up window and a replacement window may feel very different to readers"[144].

„Aufgrund der Ähnlichkeiten zwischen der Art und Weise, wie Fußnoten ‚funktionieren', wurde die Hypertexttechnologie bisweilen auch als ‚generalized footnote' bezeichnet" (S. FREISLER, Begriffsbestimmung 27 Anm. 17).

[140] Vgl. hierzu J. NIELSEN, Multimedia 143–145; vgl. ebd. 143: „Annotationen sind eine besondere Art von Hypertextverbindungen. Diese Verbindungen verweisen auf kurze zusätzliche Informationen."

[141] R. KUHLEN, Hypertext 115. Entsprechend unsicher ist, ob es sich hierbei um eigene Einheiten handelt oder nicht: „Annotationen sind Grenzfälle informationeller Einheiten, d. h. Annotationen müssen nicht als selbständige Hypertexteinheiten angesehen werden. Sie sind eher als Kommentare zu gerade aktuellen Einheiten zu verstehen und begründen ihre Kohärenz erst zusammen mit der annotierten Einheit" (ebd. 114).

[142] Die Grundgrafik ist übernommen aus R. KUHLEN, Hypertext 16 Abb. 1.2-1.

[143] Ebd. 82 Anm. 6.

[144] P. WRIGHT, Jump 148.

Die Anlage von Hypertexten (→ miteinander verknüpfte Einheiten) hat bzgl. des Umgangs damit eine wichtige Konsequenz, die zu Beginn dieses Teilkapitels bereits angedeutet worden ist: Hypertexte werden nicht gelesen im traditionellen Sinne, sondern der Benutzer navigiert sich durch das vorliegende Material.[145] Dabei wird die Unterscheidung *richtig – falsch* obsolet: There is „no one ‚right' way to use or access a hypertext. Users navigate the system by means of links [...], according to specific user need."[146] Zwei Möglichkeiten sind mit Blick auf die Hypertextfortbewegung denkbar: Entweder folgt der Nutzer vorgegebenen *trails = paths = Pfaden* oder die Wege werden „durch die Selektion vorgegebener, zuweilen auch erst in Lesezeit erstellter Verknüpfungen vom Benutzer selbst erzeugt"[147]. Letzterem gilt im Folgenden das Hauptaugenmerk. Ein optimaler Pfad ist nicht auszumachen, sondern alles ist nutzerspezifisch zu bewerten. Dieses Sichbewegen „beruht keineswegs, entgegen voreiliger Annahmen, auf willkürlichen Verknüpfungen irgendwelcher Einheiten, sondern ist in der Regel strukturiert"[148]. Es kann in diesem Zusammenhang natürlich vorkommen, dass ein eingeschlagener Pfad unterbrochen oder auch ganz verlassen wird. Internetkenner sprechen hierbei von (kreativen) Mitnahmeeffekten beim *Browsing*, wenn man unterwegs z. B. zusätzliche Informationen aufschnappt, an die man bisher (hinsichtlich ihrer Brauchbarkeit etc.) gar nicht gedacht hat, bzw. von *Serendipity*, wenn man sich in großem Stil ablenken lässt und das ursprüngliche Ziel vollständig aus den Augen verliert – aus den Augen aus dem Sinn. Als eine große Gefahr von Hypertext wird in diesem Zusammenhang immer wieder die *Linkitis* genannt,[149] denn wenn

„die Verweise nicht intelligent sind, keinen kontextuellen Zusammenhang herstellen, droht der Navigierende die Orientierung zu verlieren und in jenen Zustand zu gera-

---

[145] Vgl. R. KUHLEN, Hypertext 126f.; T. EIBL, Hypertext 134–142; R. MCALEESE, Navigation (besonders ebd. 8f., wo „Types of browsing" beschrieben werden, und ebd. 9–12, wo sich sogar „Browsing strategies" finden); A. DILLON/C. MCKNIGHT/J. RICHARDSON, Space; N. BOLZ, Gutenberg-Galaxis 210–212; J. NIELSEN, Multimedia 243–273.

[146] P. BAIRD/M. PERCIVAL, Glasgow 64. Vgl. T. NELSON, File Structure 92: „Remember that there is no correct way to use the system."

[147] R. KUHLEN, Hypertext 34. Im ersten Fall ist der Begriff *trail* synonym zur *guided tour* (= vorgegebene Kette von aneinandergereihten Hypertexteinheiten).

[148] Ebd. 34.

[149] Daneben ist das Stichwort *Overlinking* zu erwähnen (vgl. N. BOLZ, Gutenberg-Galaxis 209): Die Praxis, Verknüpfungen immer weiter miteinander zu verknüpfen, birgt die Gefahr, am Ende einer unbezwingbaren Unübersichtlichkeit gegenüberzustehen.

ten, den man in der Hypertextliteratur als Lost in Hyperspace – verloren im Hyperraum – bezeichnet."[150]

Sollte ein derartiger Orientierungsverlust à la *Lost in Hyperspace* einmal eingetreten sein, dann ist es gut, wenn man eine Spur zurückverfolgen kann (= *Backtracking*[151]). Bei der Navigation im Hyperraum ist es aber auch sehr empfehlenswert, an wichtigen, sprich: interessanten, relevanten etc. Seiten immer wieder ein *book mark*, ein *Lesezeichen*, zu setzen und die Seite auf diese Weise zu markieren. In der Folge kann man sehr schnell wieder darauf zurückgreifen bzw. dorthin zurückkehren,[152] unabhängig davon, wo man sich gerade befindet. Dies kann auch bei Orientierungsproblemen hilfreich sein. Was im traditionellen Buch die *Eselsohren*, das sind im Hypertext die *book marks*, verstehbar als *leserdefinierte Fixpunkte*.[153]

Mit vorstehenden Überlegungen ist das Phänomen *Hypertext* ausgiebig genug abgehandelt und es existiert nun eine ausreichende (Wissens-)Basis, damit die angekündigte Übertragung unternommen werden kann.[154]

c) Übertragung – *Hypertext* in neuen, sprich: exegetischen Kontexten

Ein kurzer Blick zurück: Der oben ausgeführte und auf die Transkripte anzuwendende Analyseschritt B fokussiert die Textwahrnehmung. Es ist die Beobachtung referiert worden, dass die Gruppen nach einer ersten linearen Lektüre des gesamten vorliegenden Textes beginnen, kreuz und quer durch das Material zu springen, neue Verknüpfungen herzustellen und auch weitere Texte, z. B. in Form biblischer Zitate, einzubringen. Es wird munter (neu-)kombiniert, selektiert, ausgeblendet, fokussiert, (Sinn) konstruiert etc. und ganz augenscheinlich lässt sich die Textwahrnehmung durch die vorgegebene schriftliche Gestalt des Textes auf dem verteilten Blatt weder (für alle Gruppen gleich) festlegen noch beschränken. Ganz im Gegenteil: Die Gruppen lösen sich hiervon sehr schnell, nahezu sofort, weshalb neben dem schriftlichen Text, der in allen Gruppen exakt identisch ist, für jede Gruppe zusätzlich ein virtueller Text anzunehmen ist, der im Prozess der Diskussion/Auslegung entsteht und von Fall zu Fall variiert – und zwar deutlich. Jede Gruppe sucht und findet somit ihren ganz eigenen Weg

---

[150] Http://de.selfhtml.org/intro/hypertext/begriffe.htm [09.02.2006]. Vgl. zum Vorhergehenden R. KUHLEN, Hypertext 124–160 (u. a. ebd. 127 Abb. 2.3.1-1.); J. CONKLIN, Survey 57f.
[151] Vgl. R. KUHLEN, Hypertext 156; J. NIELSEN, Multimedia 245–248.
[152] Vgl. ebd. 250; vgl. zu Lesezeichen insgesamt ebd. 250–254.
[153] Vgl. R. KUHLEN, Hypertext 158.
[154] Die bevorstehende Herausforderung wird nicht einfach zu bewältigen sein, zumal es zur *Natur des Hypertextes* gehört, *komplex und schwierig* zu sein (vgl. J. M. SLATIN, Teaching 115). Erschwerend kommt hinzu, dass Hypertext eine *machtvolle, jedoch gegenwärtig keine präzise Idee* ist (vgl. R. MCALEESE, Overview 3).

durch das gleiche Material; bei der Textwahrnehmung werden individuelle respektive gruppenspezifische Lesewege beschritten und von einem linearen Umgang mit dem Text kann keine Rede sein. Die Gruppen nutzen vielmehr die Möglichkeit des *skip around* und bewegen sich/navigieren sehr frei durch die Hypertextbasis, worunter im vorliegenden Fall – entgegen obiger Definition – einfach die schriftliche Textvorlage (= materiale Textgestalt/-grundlage)[155] als solche im Ganzen verstanden werden soll.

Exkurs: Würde man der in der Computerwelt gebräuchlichen Bestimmung folgen – die Hypertextbasis als Grundmenge an potenziellen Einheiten (inkl. der Verknüpfungsmöglichkeiten), aus denen der einzelne Nutzer (*user*) seinen konkreten Hypertext schafft –, dann hätte man mit Blick auf das Forschungsvorhaben mit einer erst *ex post* rekonstruierbaren hypothetischen Größe zu operieren, die noch dazu von Gruppe zu Gruppe variiert. Dies verwirrt mehr, als dass es erkenntnistheoretischen Nutzen bringt. Außerdem ist in diesem Modell ein entscheidender Punkt nicht erfassbar: Welche Teilelemente einer Hypertexteinheit – z. B. einzelne Informationen einer Website – ein Nutzer wirklich wahrnimmt, kann nicht erhoben werden, ja die Frage, „was in einem Abschnitt gelesen wurde"[156], wird für gewöhnlich nicht einmal in den Blick genommen. Es wird schlicht und ergreifend von den vorgegebenen Einheiten ausgegangen und maximal erforscht, welche Einheiten in welcher Reihenfolge angeklickt werden, „although evidence that a page has been displayed is not necessarily evidence that it has been read."[157] Mit Blick auf die Gruppendiskussionen sind durch das rekonstruktive Vorgehen viel genauere Resultate möglich: Als Elemente einer Einheit wird nur das bestimmt, was wirklich aufgegriffen und wahrgenommen worden ist. – *Exkurs Ende* –

Schon anhand dieser knappen Ausführungen dürften die frappierenden Überschneidungen zur oben umrissenen Hypertextkonzept erkennbar geworden sein.[158] Es liegen deutliche Parallelen respektive Analogien – nicht nur struktureller Art – vor, womit eine ausreichende argumentative Grundlage für die Übertragungsbemühungen gefunden wäre. Die Hypertextkonzeption ist folglich im Kontext der Textwahrnehmung anwendbar, und dass dies weiterführend und hilfreich ist, sollen die folgenden Ausführungen illustrieren. Auch bei den Diskussionen zu schriftlichen (Bibel-)Texten lässt sich beobachten, dass die Gruppen den durchgehenden linearen Text häppchenweise rezipieren, mit anderen Worten: eine Zerlegung/Fragmentierung in einzelne Elemente – in Anbetracht der Menge möglicher Be-

---

[155] Diese Begrifflichkeit verwenden H. ROOSE/G. BÜTTNER, Laienexegesen.
[156] K. BÖHLE/B. WINGERT/U. RIEHM, Zwischenbericht 30.
[157] P. WRIGHT, Jump 139.
[158] Das beobachtbare Vorgehen der Gruppen erinnert auch an die Lektüre eines Abenteuer-/Rollenspielbuchs, vgl. T. EIBL, Hypertext 110: „In einem solchen Abenteuer-Spielbuch sind die Informationseinheiten kurz gefasst und dem Leser steht am Ende einer solchen Einheit die Verzweigung offen. Das Lesen wird individualisiert, der Leser bestimmt aktiv den Verlauf der Geschichte."

zeichnungen möchte ich von (Hypertext-)Einheiten sprechen – vornehmen und diese gemäß eigener Präferenzen neu verknüpfen.[159]

(I) Dabei ist eine vorgängige Bestimmung bzw. Festlegung dieser Einheiten unmöglich, denn jede Gruppe bildet diesbezüglich andere, sprich: die schriftliche Vorlage wird zum einen jeweils unterschiedlich zerlegt/fragmentiert. Mal werden nur einzelne Wörter isoliert aufgenommen, manchmal dagegen ganze Textpassagen auf einmal aufgegriffen oder auch völlig neue Textkombinationen geleistet. Zum anderen ist die potenzielle Menge an möglichen Einheiten auch deshalb nahezu unendlich, weil alle von außen durch die Gruppen eingespielten Texte/Materialien zusätzlich dazukommen. Entsprechend sind die Hypertexteinheiten für jede Gruppe *ex post* und rekonstruktiv zu eruieren und zwar unmittelbar aus dem Diskussionsverlauf heraus. Es sind nämlich die Gruppen selbst, die ihre spezifischen Einheiten – und damit ihren eigenen Text – schaffen, was im Gespräch anhand von (Gliederungs-)Einschnitten abgelesen werden kann. Zur Orientierung dienen hierbei v. a. Themenwechsel, summarische Abschlüsse, (längere) Pausen mit anschließenden Neueinsätzen und dergleichen mehr. Hinsichtlich der Größe der Hypertexteinheiten sieht man sich somit einer ganz ähnlichen Ausgangssituation gegenüber, wie sie im Bereich des Computer-Hypertextes konstatiert worden ist.

(II) Die Gruppen lesen aber auch deshalb alle trotz identischer schriftlicher Vorlage unterschiedliche (Hyper-)Texte, weil jeweils eigene Verknüpfungen vorgenommen werden. Die Tätigkeit des Verlinkens begegnet somit auch bei Verstehens- und Sinnkonstruktionsprozessen mit Blick auf herkömmliche schriftliche Texte, womit eine grundsätzliche Vergleichbarkeit zwischen der Lektüre von Texten und von Hypertexten postuliert werden kann:

„If we are seriously to consider hypertext documents as navigable spaces there is no logical reason for denying paper texts the same status. There is evidence to suggest that from a reader's perspective at least, such a view is meaningful."[160]

Es werden Pfade durch das Material geschaffen, die von Gruppe zu Gruppe verschieden sind. Dabei kommt es nicht selten vor, dass Gruppen von Höcksken auf Stöcksken[161] bzw. vom Hundertsten ins Tausendste kommen

---

[159] Vgl. G. FISCHER, Wege 115, der ganz ähnlich die Tätigkeit des Deutens von Texten beschreibt und hierbei zwei Bewegungen unterscheidet: „Die eine Bewegung ‚zerlegt' Einzelelemente und Teile des Textes [...]. Die zweite Bewegung verläuft ihr entgegen [...]. Beide Richtungen ergänzen einander und sind gemeinsam für das Deuten erforderlich."

[160] A. DILLON/C. MCKNIGHT/J. RICHARDSON, Space 176. Entsprechend ist der „Übergang zwischen linearen Texten und Hypertexten [...] – abgesehen vom Medium – fließend" (S. FREISLER, Begriffsbestimmung 27).

[161] Vgl. Gruppe „Gewerkschaft" S. 13, M$_4$ (vgl. hierzu insgesamt Teil II 2.2): Die Diskussion läuft „so nach dem Motto: ‚Man kommt von Höcksken auf Stöcksken' und

und manchmal werden die assoziativen Ketten so lang, dass der Anfangspunkt, z. B. der vorliegende Text, völlig aus dem Blick gerät – *Verloren im eigenen Hypertext*. Dann ist es gut, wenn man einer Spur zurückfolgen kann (vgl. *Backtracking*), anderenfalls sind Abbruch und anschließender Neueinsatz erforderlich.[162] U. U. werden von der Gruppe auch *book marks* innerhalb der Textvorlage gesetzt, sprich: Es finden sich benutzerdefinierte Fixpunkte, wenn beispielsweise eine Gruppe an unterschiedlichen Stellen der Diskussion immer wieder zu ein und demselben Vers zurückkehrt. Vor diesem Hintergrund ist in den Transkripten zu untersuchen, welche Pfade die Gruppen jeweils einschlagen – und warum – und wie die Verlinkung beschaffen ist.

Dieses Analyseanliegen findet sich in ganz ähnlicher Ausprägung übrigens auch innerhalb des Computerkontextes, denn hier wird z. T. nach Link-Schemata gesucht, um Aufschluss über die Nutzung respektive Nutzungsgewohnheiten bestimmter Gruppen zu gewinnen: „Additionally, the ‚webs' or patterns of links established among the nodes provide researchers with a ‚trace' device for analyzing how individuals (or groups in a particular user community) use documentation."[163] Es wird Material gesammelt mit dem Ziel, herauszufinden, „which portions of the document are accessed most frequently over a given period of time, number of users, ‚paths' most frequently taken through the document, and the like."[164]

Des Weiteren ist interessant, dass im Zuge bzw. im Vorfeld der Entwicklung elektronischer Bücher und entsprechender Zeitschriften(datenbanken) Studien bzgl. der Nutzungsgewohnheiten mit Blick auf herkömmliche (Fach-)Bücher, Forschungsberichte, (Fach-)Zeitschriften etc. durchgeführt worden sind. K. Böhle, B. Wingert und U. Riehm entschließen sich angesichts der „unbefriedigenden Forschungslage" beispielsweise dazu, eine eigene Untersuchung mittels Fragebogen in Angriff zu nehmen. Die Resultate bleiben dabei eher bescheiden, was den Forschenden bewusst ist: Es wird nämlich darauf hingewiesen, „daß die Form der schriftlichen Befragung wichtige Aspekte des Lesens und der Berichtsnutzung nicht oder nur unzureichend erheben kann. Das gilt besonders für Prozessvariablen (Lesestrategien, [...] Verstehensprozesse) und Kontextvariablen [...]. Deshalb haben wir geplant, die Befragungsaktion durch Interviews zu ergänzen."[165] Eine Zielsetzung konnte per Fragebogen – wenigstens teilweise – erreicht werden: „die Selektivität des Lesens

---

jeder hat etwas zu erzählen"; vgl. ebd. S. 14, M₄: „man diskutiert von Höcksken aufs Stöksken, faszinierend."

[162] Dies gilt auch bei der Arbeit am PC, vgl. R. KUHLEN, Hypertext 125: „Der Informationsgehalt der Folgeeinheit läßt sich jedoch erst im nachhinein bestimmen, so daß nach jeder Abzweigung der Nutzen des jeweils eingeschlagenen Weges von neuem abzuschätzen und gegebenenfalls ein alternativer Weg zu ermitteln ist."

[163] P. A. CARLSON, Feedback 95. Vgl. J. NIELSEN, Multimedia 297–299, der von Projekten berichtet, im Rahmen derer Benutzerinteraktionen protokolliert und entsprechend ausgewertet werden.

[164] P. A. CARLSON, Feedback 102.

[165] K. BÖHLE/B. WINGERT/U. RIEHM, Zwischenbericht 22; vgl. insgesamt ebd. 21–33. Der verwendete Fragebogen findet sich (inklusive statistischer Auswertungsdaten) ebd. 31–33.

einschätzen zu können"[166]. Hier konnten brauchbare statistische Daten ermittelt werden, allerdings bleiben auch Fragen offen, wie z. B., „was in einem Abschnitt gelesen wurde, und unter welcher Fragestellung und welche Entscheidungen von einem zum anderen Abschnitt führten"[167]. Entsprechend ist ein weiteres Frageinteresse nicht abschließend gestillt worden: „Nutzertypen zu unterscheiden"[168].

Vor diesem Hintergrund könnte sich das vorliegende Forschungsvorhaben als weiterführend erweisen, denn mittels des angewandten sozialempirisch-rekonstruktiven Vorgehens können gerade Lesestrategien und Verstehensprozesse unter die Lupe genommen und die Selektivität des Lesens sehr detailliert untersucht werden. Man kommt somit den Nutzungsgewohnheiten – natürlich nur mit Blick auf einzelne biblische Texte – auf die Spur.

Kommen wir nach diesen grundsätzlichen Übertragungen zur konkreteren Anwendung: Versteht man die beobachtbaren Sprünge der Gruppen (innerhalb der vorliegenden Textvorlage sowie zu zusätzlichem Material) als Verknüpfungs-/Verweisungstätigkeit, so ergeben sich in der Folge interessante Fragen und Analysekriterien. Zunächst einmal ist genau zu untersuchen, wo der *Link* jeweils ansetzt. Ist z. B. ein einzelnes Wort wie *Glaube* verantwortlich oder bilden Situationsanalogien die Basis? Was ist der Ausgangspunkt? Dabei können von einem Ankerpunkt durchaus mehrere unterschiedliche Verknüpfungen ausgehen (→ *one-to-many-linking*) und auch der umgekehrte Fall ist denkbar: Würde eine Gruppe von diversen Textelementen immer wieder zum gleichen Zusatztext springen, dann läge ein Fall des *many-to-one-linking* vor. Weitere Unterscheidungen lassen sich mit Blick auf den Zielpunkt vornehmen, nämlich zwischen intra-, inter- und extratextuellen[169] Verknüpfungen, je nachdem, ob sich Gruppen sprunghaft innerhalb einer einzelnen Hypertexteinheit (→ intratextuell) oder innerhalb der schriftlichen Vorlage im Ganzen (= Hypertextbasis nach obiger Definition; → intertextuell) bewegen oder ob weiteres Material von außen eingebracht wird (→ extratextuell).[170] In letzterem Fall ist darüber

---

[166] Ebd. 23.
[167] Ebd. 30.
[168] Ebd. 23.
[169] Da im vorliegenden Fall der entstehende virtuelle Text als Ganzer als Hypertext bezeichnet wird und hierzu auch alle von außerhalb eingebrachten Texte und sonstigen Informationen gehören, wird nicht zwischen intra-, inter- und extra*hyper*textuell unterschieden wie bei R. Kuhlen (vgl. R. KUHLEN, Hypertext 107f.), sondern zwischen *intra-, inter-* und *extratextuell*. Vgl. zu Schwierigkeiten mit dem Textbegriff G. P. LANDOW, Hypertext 49–89 (v. a. 58f.) und E. J. AARSETH, Nonlinearity 53–59.
[170] Untersuchungen zum Nutzungsverhalten mit Blick auf computer-basierte Hypertexte widmen sich einem ähnlichen Anliegen. Folgendes wird unter die Lupe genommen: „readers' activities of seeking additional information while reading" (P. WRIGHT, Jump 138). Doch sind weiterführende Erkenntnisse kaum zu gewinnen: „generalisable conclusions are difficult to attain. […] Readers have strategies among which they select but the determinants of that selection are only slowly being uncovered" (ebd. 138).

hinaus zu fragen, ob diese Zusatztexte inner- und/oder außerbiblischer Provenienz sind.[171]

Auch die oben erwähnten Interessen, mit denen *Links* gesetzt werden können (reagieren auf, unterstützen, widersprechen, verallgemeinern, spezialisieren, in Frage stellen, nahelegen, ersetzen, ergänzen um andere), scheinen im Rahmen des Einspielverhaltens der Gruppen von Bedeutung zu sein und die von der Hypertexttheorie angebotenen Kategorisierungen sind mit Blick auf das, was die Gruppen empirisch greifbar und konkret tun, erhellend.[172] Es lassen sich nämlich unterschiedliche Zielsetzungen herausarbeiten, mit denen eine Gruppe auf zusätzliche Materialien (z. B. weitere biblische Stellen) rekurriert. In diesem Zusammenhang ist zu guter Letzt noch die jeweils vorliegende Art der Verknüpfungsanzeige zu beachten, denn die Unterscheidung zwischen *Pop-ups* (eingebettet), parallelen und ersetzenden Einspielungen ist auch im Rahmen von Sinnkonstruktionsprozessen weiterführend.

Summa: Die Gruppendiskussionen werden somit hinsichtlich der Textwahrnehmung analysiert (→ Schritt B) mit der Überlegung im Gepäck, dass aus dem schriftlich vorliegenden linearen Text (= Hypertextbasis) ein je eigener, gruppenspezifischer Hypertext geschaffen wird. Die Textvorlage wird – von den Gruppen wohlgemerkt! – in einzelne Einheiten fragmentiert und diese anschließend zu einem virtuellen Text (= Hypertext) neu zusammengesetzt. Die Operation *Verknüpfung* spielt in diesem Zusammenhang eine entscheidende Rolle, wobei nicht nur Sprünge innerhalb des vorliegenden Textes begegnen (intra- oder intertextuell), sondern auch weitere Elemente von außen eingebracht werden (extratextuell). Jede Gruppe beschreitet unter dem Strich einen je eigenen Pfad, dem es analysierend auf die Spur zu kommen gilt.

Exkurs: U. U. sind die gerade festgestellten frappierenden Analogien/Übereinstimmungen zwischen den Phänomenen *Textverstehen* und *Hypertext* alles andere als außergewöhnlich – vorausgesetzt, eine Grundannahme der Hypertextpioniere (vgl. Teil I 3.2 Schritt B a) stimmt: Wenn das *human mind* wirklich grundlegend per Assoziation arbeitet und die menschliche Ideenstruktur derart beschaffen ist, dann ist Hypertext nicht nur die angemessenste Organisations- und Darstellungsform (von Wissen) – wie beispielsweise von V. Bush und T. Nelson behauptet –, sondern dann muss sich dieses vernetzte Denken auch bei Lese- und Verstehensvorgängen als eminent kognitiven Prozessen niederschlagen.[173] Von daher wären die Übereinstim-

---

[171] Dabei spielt es nur eine untergeordnete Rolle, ob die als biblisch eingespielten Texte wirklich aus der Bibel stammen. Entscheidend ist das diesbezügliche Verständnis der Gruppen.

[172] Im Rahmen der Schlussauswertung (vgl. Teil III 1.2) wird zu resümieren sein, welche der möglichen Intentionen im empirischen Material tatsächlich aufgefunden werden können.

[173] Vgl. R. KUHLEN, Hypertext 172 Anm. 87, wo bzgl. des Leseverhaltens von Wissenschaftlern gesagt wird: „Zeitschriftenaufsätze werden offenbar kaum in serieller Rei-

mungen und Anknüpfungspunkte geradezu *natürlich*, doch ist dies *natürlich* nicht unstrittig.[174] Die Diskussion kann an dieser Stelle allerdings nicht weitergeführt werden.[175] – *Exkurs Ende* –

Schritt C: Positionierung (Identifikation/Kritik)

Ein dritter Anlauf zur Auswertung der Transkripte, der teilweise an das Vorangegangene anknüpft, ist erneut unmittelbar aus der Beschäftigung mit dem vorliegenden Material gewonnen worden – angeregt durch theoretische Überlegungen aus der Soziologie. Im Rahmen der Ausführungen zum Orientierungsrahmen (vgl. Teil I 1.3) ist davon gehandelt worden, dass dieser gewissermaßen aufgespannt ist zwischen positiven und negativen Gegenhorizonten. Jede Gruppe positioniert sich selbst, indem sie sich auf der einen Seite an positiv bewertete Vorbilder anlehnt und auf der anderen Seite von negativ beurteilten Kontrastbildern abgrenzt. Vergleichbares begegnet, wenn man die Transkripte unter die Lupe nimmt. Auch hier ist es so, dass die Gruppen Position beziehen und sich verhalten – und zwar zu ihrem je eigenen (konstruierten) Hypertext respektive zu einzelnen wahrgenommenen Figuren innerhalb desselben.[176] Die Gruppen gehen somit nicht nur (methodisch) auf den Text zu (→ Schritt A) und (kreativ-konstruktiv) mit

---

henfolge gelesen. In der Regel werden Techniken des ‚Browsing', typisch in der Einführung und im Diskussionsteil [...] gewählt." Vgl. P. WRIGHT, Jump 139: „Indeed studies of the readers of academic journals have shown that both kinds of reading [sc. quick skim through the text – detailed analysis and comparison; C. S.] may be combined in the same overall task as readers hop and skip around the publication."

[174] Gerade im Rahmen von Lern- und Lehrtheorien werden diese Zusammenhänge unter den Schlagwörtern *kognitive Plausibilität* und *Korrespondenzhypothese* kontrovers diskutiert, vgl. T. EIBL, Hypertext 200–203; R. KUHLEN, Hypertext 55f.99–102; S. FREISLER, Begriffsbestimmung 41–46. C. ALTMAYER, Kultur 260 kommt zu dem Resultat, „dass das Argument der ‚kognitiven Plausibilität' heute kaum noch ernsthaft vertreten wird und die anfänglich euphorische Einschätzung der vermeintlich unbegrenzten Lernmöglichkeiten, die sich mit Hypertexten bieten, heute einer deutlich nüchterneren und differenzierteren Beurteilung dieser Möglichkeiten gewichen ist." Vgl. H. L. GROB/F. BENSBERG/S. BIELETZKE, Hypertext 3; B. SHNEIDERMAN, Reflections 129.

[175] Vielleicht ist die Einbeziehung der Hypertextkonzeption auch deshalb angebracht, weil es dem vorliegenden Forschungsvorhaben dezidiert um das Verstehen *biblischer* Texte geht, vgl. G. P. LANDOW, Hypertext 51: „A hypertext presentation of the Bible is particularly appropriate, because its readers habitually handle it in terms of brief passages". Letzteres zumindest ist durch die durchgeführten Gruppendiskussionen (vgl. Teil II) bestätigt worden.

[176] Es sei noch einmal betont: Die Grundlage dieser Positionierung ist nicht der vorliegende schriftliche Text (inklusive dort begegnender Akteure), sondern die Gruppen greifen auf den selbst konstruierten Hypertext zurück, weshalb z. B. Charakterisierungen und Bewertungen von einzelnen Figuren spezifisch anders ausfallen können, als aufgrund der Vorlage zu erwarten gewesen wäre.

diesem um (→ Schritt B), sondern es werden auch (Be-)Wertungen vorgenommen: Man identifiziert sich mit einzelnen Figuren und übt Kritik an anderen. Letzteres ist unter dem Stichwort *Positionierung* (→ Schritt C) zu untersuchen und auf diese Weise kommt eine weitere Komponente hinzu, die für das Textverstehen und die Sinnkonstruktion bedeutsam ist.

Mit Blick auf die beiden Texte (Mt 5 und Mk 5) bedeutet dies jeweils konkret Folgendes: Bei Mt 5 ist zunächst zu fragen, ob überhaupt Figuren im Text wahrgenommen und aus den Textandeutungen heraus rekonstruiert werden – und wie? Auf welche Konstellationen bezieht sich die Gruppe: Macht- bzw. Gewaltausübender/davon Betroffener, Feind/Freund, Gute/Böse? Wird der interaktionelle Bruch zwischen Mt 5,39–41 und 5,42 (vgl. Teil I 5.1) und die damit verbundene unterschiedliche Gegenüberstellung bemerkt und in der Diskussion thematisiert? Wer wird als Sprecher/Sprecherin dieser Worte bestimmt, wem wird dies zugeschrieben? Welche Adressaten macht die Gruppe aus? Fühlt man sich selbst angesprochen und aufgefordert? An wen richtet sich der Text ganz grundsätzlich: an alle? Oder nur an die eine Seite der vorausgesetzten Interaktion? Stellen die Teilnehmenden der Diskussion im Text eine Verschiebung/Veränderung der Rollen fest? Mit welchen Figuren identifizieren sie sich schließlich? Wo verorten sie sich selbst? Werden Figuren kritisiert? Wenn ja, warum bzw. auf welcher argumentativen Basis?

Für die Wundergeschichte in Mk 5 sind vorweg durchgeführte Aktanten- und Interaktionsanalysen (vgl. Teil I 5.2) heranzuziehen und auf Grundlage dieser Vorarbeiten der Fokus darauf zu richten, welche Interaktionen in der Gruppendiskussion jeweils Berücksichtigung finden und v. a., welche Akteure von einer Gruppe wie wahrgenommen werden. Wer kommt vor: Jesus, die Frau, die Menge, die Jünger? In welcher wechselseitigen Konstellation? Wie konstruiert eine Gruppe die Szenerie? Welche Wertungen begegnen? Unter welchen Gesichtspunkten wird ein Akteur kritisiert bzw. als Identifikationsfigur stilisiert? Auch an dieser Stelle ist die alles entscheidende Frage: Wo positioniert sich die Gruppe selbst?

Bevor der vierte Schritt D (Gesamtstrategien des Textverstehens und der Sinnkonstruktion) vorgestellt wird, ist hinsichtlich des konkreten Vorgehens bei der Auswertung kurz anzumerken, dass die Untersuchungsschritte A–C für die zwei – respektive drei[177] – interessierenden Diskussionspassagen jeweils separat vorgenommen werden sollen. Es wird somit zwischen den Auslegungen der Gruppen zu Mt 5 und Mk 5 unterschieden. Dafür spricht erstens, dass die Gesamtdiskussionen aufgrund der entsprechenden Impulse des Forschungsteams in eben diese klar abgrenzbaren und verhältnismäßig selbstständigen Teile gewissermaßen zerfallen. Zwischen der

---

[177] Da der Text Mt 5 in zwei Etappen eingespielt wird (Zitat alleine – Textvorlage, vgl. Teil I 2.6), ist an dieser Stelle vielleicht eine weitere Differenzierung sinnvoll. Auf diese Weise kann u. U. unterschiedliches Vorgehen, das von der Präsentationsform abhängt, ausgemacht werden.

Auslegung von Mt 5 und Mk 5 liegt eine – von außen gesetzte – Zäsur im Gesprächsverlauf, weshalb es sich anbietet, auch die Auswertungen entsprechend zu strukturieren. Dies trägt zweitens zur Übersichtlichkeit und Nachvollziehbarkeit der Ausführungen bei. Drittens erscheint dieses Vorgehen auch unter analytischen Gesichtspunkten angebracht, da u. U. spezifische Unterschiede mit Blick auf das Tun der Gruppen herausgearbeitet werden können, die auf die verschiedenen Textgattungen zurückzuführen sind. Dies wird nur dann erkennbar, wenn sauber getrennt wird. Entsprechend finden sich folgende Unterteilungen: A_{Mt}, B_{Mt}, $C_{Mt} - A_{Mk}$, B_{Mk}, C_{Mk}. Fallinterne Vergleiche[178] (Mt 5/Mk 5) werden dabei gewissermaßen parallel angestellt, etwaige weiterführende Erkenntnisse bei den Überlegungen zu Mk 5 jeweils direkt im Anschluss an die Ausarbeitungen eingebracht.

Für den Analyseschritt D sieht die Sache dagegen etwas anders aus: Sollte die theoretische Grundlage stimmen – im Sinne von: die vorausgesetzte Theorie hat einen Anhaltspunkt in der konkreten Realität und wird den zu untersuchenden Phänomenen gerecht bzw. kann diese plausibel erklären –, dann müssten sich in dem auslegenden und um Textverstehen bemühenden Tun der Gruppen an mehreren Stellen vergleichbare Strukturen dokumentieren – zumindest z. T. unabhängig vom jeweils vorliegenden Text. Das (konkrete) *Was* tritt zugunsten eines (generelleren) *Wie* in den Hintergrund. Es geht ja nicht darum, eine Verstehensstrategie spezifisch für die Gruppe XY einmal mit Blick auf Mt 5,38–48, einmal bzgl. Mk 5,24b–34 herauszuarbeiten, denn was wäre damit an Erkenntnis gewonnen?! Vielmehr ist es das Ziel, Resultate zu erreichen, die wenigstens ansatzweise generalisierbar sind und weitergehende Aussagen/Hypothesen/Vermutungen zulassen. Deshalb ist es für den Auswertungsschritt D unerlässlich, dass die Diskussionspassagen zu Mt 5 und Mk 5 übergreifend und gemeinsam betrachtet werden. Entsprechend findet sich jeweils nur ein Kapitel D. Dabei stellen fallinterne komparative Überlegungen eine unentbehrliche argumentative Grundlage dar, ohne dass diese jeweils in aller Ausführlichkeit dargestellt werden sollen bzw. können.

Schritt D: Strategien der Sinnkonstruktion und des Textverstehens

Mit den Analyseschritten A–C sind gewissermaßen drei voneinander relativ unabhängige Probebohrungen durchgeführt worden, um methodisch kontrolliert Prozessen des Textverstehens und dem Phänomen der Sinnkonstruktion auf die Spur zu kommen. Die ermittelten (Einzel-)Erkenntnisse sind nun in einem vierten Schritt zu bündeln und es ist ein zusammenfassender Blick auf das Ganze zu werfen (Schritt D). Dabei soll eine Synthese aus dem bisher Erarbeiteten erfolgen und nach Gesamtstrategien der Sinnkonstruktion und des Textverstehens geforscht werden.[179] Es geht somit zum einen um eine Zusammenführung der Einzelbeobachtungen, zum anderen – und dies ist der Clou – um eine Formalisierung/Schematisierung

---

[178] Fallübergreifende Vergleiche werden unmittelbar an den Stellen eingefügt, an denen auf dieser Grundlage erhellende Erkenntnisse möglich sind.
[179] Vgl. hierzu die dritte der drei Erkenntnis leitenden Fragen bei H. ROOSE/G. BÜTTNER, Laienexegesen 59: „Welche Strategien wenden die RezipientInnen an, um einen kohärenten Sinn zu konstruieren?"

der konkreten Resultate aus den Schritten A–C respektive um eine Abstrahierung von diesen. Dabei gilt es, eine Reflexionsebene höher zu gelangen, vom konkreten *Was* der Einzelauslegungen abzusehen und auf dieser (zweiten[180]) Metaebene nach einem allgemeineren *Wie* zu fragen. Wie kommen die Gruppen von den schriftlich vorliegenden linearen Texten als von Fall zu Fall identischer Hypertextbasis auf der einen Seite zu ihrem je spezifischen Hypertext auf der anderen Seite, der gewissermaßen als *trail/path* durch das Material verstanden werden kann? Wie wird von einer Gruppe Sinn konstruiert? Wie erreichen die Gruppen ihr jeweiliges Ziel: den Text sinnvoll zu verstehen? Lassen sich dabei plausible Zusammenhänge zwischen Methodeneinsatz[181], Textwahrnehmung und -ausblendung, Hypertextkonstruktion, Positionierung inklusive Identifizierung und Kritisierung erkennen? Und wie gelingt es den Gruppen, den Text *heute* sinnvoll zu verstehen, sprich: Wie erfolgt der Brückenschlag in die eigene Gegenwart/Lebensrealität, den eigenen Alltag?

Im Gegensatz zu den vorhergehenden umfangreicheren und detaillierteren Analysen (A, B, C) ist jetzt ein knappes Fazit gefragt. Der zentrale Clou jeder Gruppe soll griffig auf den Punkt gebracht werden. Dabei stehen drei Anliegen im Mittelpunkt: Erstens sind erkennbare Textverstehensprozesse nachzuzeichnen und identifizierbare Operationen der Sinnkonstruktion herauszuarbeiten. Es geht um den (verstehenden) Nachvollzug dessen, was die Gruppen anwenden und unternehmen, um den Text sinnvoll zu verstehen – die Darstellung bewegt sich auf einer formalisierenden/abstrahierenden Ebene. In diesem Zusammenhang ist es unvermeidlich, dass einzelne Details unter den Tisch fallen, und insgesamt wird viel gröber vorgegangen. Schlagworte mögen an dieser Stelle entsprechend hilfreich sein. Zweitens sollen die jeweiligen Gesamtstrategien benannt werden und es ist das ausgesprochene Bestreben, anwendbare Begrifflichkeiten unmittelbar

---

[180] Wenn das Tun der Gruppen im Rahmen der Diskussionen, sprich: die konkreten Auslegungen, die Grundebene darstellen, dann finden die Analyseschritte A–C auf einer ersten Metaebene statt, da gewissermaßen von oben darauf geblickt wird, wie die Gruppen vorgehen. [Es sei angemerkt, dass einige Gruppen selbst sich auf dieser ersten Metaebene bewegen, da sie ansatzweise ihr eigenes Tun reflektieren (z. B. Gruppe „Montagskreis"; vgl. Teil II 2.10.2).] Mit dem Schritt D wird dann die nächste (= zweite) Abstraktions-/Metaebene erklommen, da noch stärker vom konkreten Tun abgesehen und nach übergreifenden Strukturen gesucht wird. Ausblickshaft sei darauf hingewiesen, dass die Erarbeitung grundlegender Lesestrategien (vgl. unten Teil I 4) noch eine weitere Abstraktionsleistung erfordert: Dann sind die (bereits abstrakt formulierten) Strategien der Gruppen miteinander zu vergleichen, Gemeinsamkeiten und Unterschiede aufzuspüren und auf dieser dritten Metaebene Lesestrategie zu eruieren.

[181] Hier ist gruppenübergreifend auch interessant, ob gleiche Ergebnisse bei unterschiedlicher Methodenwahl zustande kommen bzw. umgekehrt gleiche (ähnliche) Methoden zu unterschiedlichen Ergebnissen führen können.

aus den jeweiligen Gruppendiskussionen selbst zu gewinnen, sprich: Das strategische Vorgehen einer Gruppe soll mit deren eigenen Worten charakterisiert werden.

Zu guter Letzt ist drittens jeweils zu untersuchen, ob die Gruppen zum einen eine zeitliche Differenz zwischen ihrem eigenen Lebensalltag einerseits und dem biblischen Text – als Zeugnis einer ganz anderen Zeit und kulturellen Situation – andererseits wahrnehmen/in Rechnung stellen und wenn ja, wie sie zum anderen damit umgehen. Wie erfolgt der Brückenschlag in die eigene Gegenwart? Wie gelingt es den Gruppen, die vorgelegten Texte *heute* sinnvoll zu verstehen? Welche Techniken werden angewandt? Sollte bei einer Gruppe ein zu überbrückender zeitlicher Graben eine Rolle spielen, so scheinen vorweg mit Blick auf den zu leistenden Zeitsprung zwei grundsätzliche Optionen zur Verfügung zu stehen: Die Gruppen holen die Texte in ihren eigenen Lebensalltag hinein, indem sie sie paradigmatisch-prinzipiell auslegen und/oder per Analogiebildung. Mit Ersterem ist gemeint, dass eine Gruppe mit einer Art zeitlosem respektive überzeitlichem Kern operiert, dass die konkreten Aussagen z. B. auf eine prinzipielle Ebene gehoben werden und eine Gültigkeit damals (zu Zeiten Jesu/der jungen Kirche) wie heute (im Jahre 2005/2006) postuliert wird (→ v. a. Mt 5: z. B. Prinzip der Gewaltlosigkeit mit Vorbildcharakter) – entsprechend fühlt man sich auch heutzutage angesprochen und meist zu einer Stellungnahme herausgefordert –, oder dass eine textinterne Figur als Paradigma mit aktueller Relevanz verstanden wird (→ v. a. Mk 5: z. B. Frau als paradigmatisch Glaubende; Jesus als vorbildhaft in seinem Umgang mit Frauen). Letzteres (Analogiebildung) soll als Terminus für all diejenigen Aktionen Verwendung finden, wenn Gruppen aufgrund von Situations-, Konstellationsähnlichkeiten etc. Text und heutige Wirklichkeit gewissermaßen nebeneinanderlegen, Vergleiche anstellen, Verbindungslinien ziehen und auf diesem Wege Übertragungen vornehmen (bei Mt 5 z. B. Machtkonstellationen/Herrschaftsverhältnisse; bei Mk 5 z. B. Wunderheiler damals und heute).

Alles in allem können Gruppen sowohl auf die eine als auch auf die andere Weise mit dem (alten) Text heute umzugehen versuchen, beide Techniken schließen sich wechselseitig grundsätzlich nicht aus. Von daher ist die vorgestellte Unterscheidung in dieser Eindeutigkeit auch eher idealtypischer Natur. Auf jeden Fall ist jeweils genau darauf zu achten, wie die Gruppen konkret agieren und v. a., welche (Haupt-)Stoßrichtung der Überlegungen ausgemacht werden kann:

Text → Alltag oder umgekehrt Alltag → Text.

> Mit Lesestrategien beschäftigt sich auch P. Wright, allerdings ausschließlich in Bezug auf elektronische Texte. Sie will Folgendem auf die Spur kommen: „variety of reading strategies that people can adopt, coupled with a deeper understanding of the

factors that influence people's selection among these strategies"[182]. Dass sie sich ausschließlich auf den Kontext computer-unterstützter Hypertexte konzentriert, hat seinen Grund: „hypertexts offer a reading environment in which studying readers' strategic choices is easily done. So hypertexts have drawn attention to reading activities that have received relatively little study by researchers concerned with printed materials."[183] Drei Faktoren haben ihrer Meinung nach dazu beigetragen „to the relative lack of interest shown by researchers in the problems of reading strategies in spite of the sizeable research literature on the psychology of reading processes, [among others; C. S.] the logistic difficulty of unobtrusively monitoring reader's interaction with a printed text."[184] Mit Blick auf eben diese Problematik profiliert sie ihre eigenen Forschungen als adäquate Lösungsmöglichkeit: „studies based on electronic documents such as hypertexts"[185] – denn: Hypertexts „not only bring a spotlight to bear on the problems, they also offer a research tool for finding solutions."[186]

Auch das vorliegende Forschungsvorhaben stellt sich explizit dieser Herausforderung – nämlich die Interaktionen Leser-Text/Text-Leser zu untersuchen und auf dieser Basis Lese- und Verstehensstrategien zu erarbeiten – und weist mit dem soziologischen Instrument *Gruppendiskussion* (vgl. Teil I 2.4) eine handhabbare und Erfolg versprechende Datenerhebungsmethode auf. Hiermit können Textverstehensprozesse quasi *in natura* beobachtet und mittels einer entsprechenden Auswertungsmethode rekonstruiert werden. Im Rahmen dieser Überlegungen spielt der Begriff *Hypertext* – wenn auch in etwas anderer Bedeutung als bei P. Wright – ebenfalls eine wichtige Rolle. Es wird im folgenden Hauptteil dezidiert darum gehen, Strategien des Textverstehens und der Sinnkonstruktion herauszuarbeiten, womit implizit auch dem zweiten von P. Wright angeführten Faktor für das verhältnismäßig große Desinteresse der Forschung an Lesestrategien („the absence of strategy selection as a component in models of the reading process"[187]) Rechnung getragen wird.

3.3 Die Frage nach dem Warum – Ein Blick auf den Orientierungsrahmen

Halten wir den bisher erreichten Stand der Überlegungen noch einmal fest: Gruppendiskussionen zu biblischen Texten, genauer gesagt: die zugehörigen Transkripte, sind ausgewertet worden, einmal mithilfe der sozialempirisch-rekonstruktiven dokumentarischen Methode der Interpretation nach R. Bohnsack, einmal mit wissenschaftlich-exegetischem Interesse auf

---

[182] P. WRIGHT, Jump 137; vgl. ebd. 146, wo ausgeführt wird: „Little is known about the range of strategies that people will use, and even less about the factors influencing their selection among these strategies".

[183] Ebd. 137.

[184] Ebd. 138f.

[185] Ebd. 139; vgl. ebd. 145: „Nevertheless the findings from these studies illustrate that electronic documents not only offer ways of exploring readers' strategies but also increase the range of reading strategies that readers may need to develop when working with computer-based information, particularly hypertexts."

[186] Ebd. 149.

[187] Ebd. 139.

Grundlage selbst entworfener und eigens für diesen Zweck entwickelter methodischer Analyseschritte. Im ersten Fall erhält man für jede Gruppe einen Orientierungsrahmen, bestehend aus den drei Komponenten positive und negative Gegenhorizonte sowie Enaktierungspotenziale, der Rückschlüsse auf konjunktive Erfahrungsräume erlaubt und als Grundlage für eine Typenbildung fungieren kann. Im zweiten Fall lassen sich Fallcharakteristiken hinsichtlich der Prozesse von Textverstehen und Sinnkonstruktion erarbeiten und als Gesamtstrategien bündeln. Allerdings verbleiben letztere Auswertungen auf der Ebene von *Was* und *Wie* und die Frage nach dem *Warum* wird im Rahmen dieser Überlegungen (zunächst) nicht gestellt. Es lässt sich zwar detailliert aufzeigen, *wie* eine Gruppe die vorgelegten Texte (u. a. methodisch) angeht und letzten Endes versteht, *wie* ein Hypertext konstruiert und auf dieser Basis Textverstehen betrieben wird, *was* unternommen wird, um einen (kohärenten) Sinn herzustellen, *wie* der Brückenschlag in die Gegenwart erfolgt und dergleichen mehr, doch begründete Vermutungen oder gar argumentativ abgesicherte Aussagen, *warum* eine Gruppe dies genau so tut, wie sie es tut, sind nicht möglich. Diese spannenden Fragen harren noch einer Beantwortung: *Warum* legt die eine Gruppe den Schwerpunkt an genau diese Stelle, *warum* hat eine andere Gruppe wo ganz anders ein Problem? *Warum* findet sich so unterschiedliches Vorgehen in methodischer Hinsicht, sprich: *Warum* setzt fast jede Gruppe andere methodische Werkzeuge ein? *Warum* werden so divergierende Wertungen der Akteure vorgenommen bzw. *warum* positioniert sich jede Gruppe anders? *Womit* hängen die ermittelten Textverstehensstrategien zusammen bzw. *wovon* hängen diese ab?

Es sei in diesem Zusammenhang an die eingangs angestellte Überlegung (vgl. Teil I 1.1) erinnert: Textverstehen vollzieht sich nicht im luftleeren Raum, sondern findet wie nahezu jede Lebensäußerung – zumindest wenn man die von K. Mannheim gelegte theoretische Grundlage (vgl. Teil I 1.1) akzeptiert – innerhalb konjunktiver Erfahrungsräume statt bzw. Letztere prägen entscheidend das, was man tut in dem, wie man es tut. Entsprechend ist hier ein Beziehungsverhältnis zu vermuten, sprich: Textverstehen wird vermutlich von Erfahrungsraum zu Erfahrungsraum spezifisch variieren. Da konjunktive Erfahrungsräume selbst allerdings nicht direkt greifbar sind, ist ein kleiner Umweg notwendig: Ein Rückgriff auf die Orientierungsrahmen bleibt nicht erspart, denn der Orientierungsrahmen verweist auf den zugehörigen Erfahrungsraum und ist seinerseits durch soziologische Methoden eruierbar. Unter Einbeziehung der Orientierungsrahmen scheint es somit möglich, die Frage nach dem *Warum* anzugehen, mögliche Zusammenhänge erfragen und Vermutungen überprüfen zu können.

Praktisch bedeutet dies, dass im Rahmen der Fallauswertungen im Anschluss an den Analyseschritt D ein Kurzportrait des Orientierungsrahmens der jeweiligen Gruppe geboten wird, wobei ich mich hierbei u. a. auch auf die Analysen der Kollegen stütze.[188] Auf dieser Basis kann – immer noch auf der Ebene des Einzelfalls – grundsätzlich nach dem *Warum* des exegetisch ermittelten Um-/Zugangs und der zugehörigen Gesamtverstehensstrategien gefragt werden. Es ist zu eruieren, welche (potenziellen) Zusammenhänge und Abhängigkeiten sich plausibel herausarbeiten lassen. Da es sich hierbei um ein experimentelles Vorgehen handelt, müssen sich Praktikabilität und Erkenntnisgewinn in der konkreten Durchführung erst noch erweisen. Entsprechend können u. a. folgende Analysegesichtspunkte ins Feld geführt werden, ohne dass vorab sicher feststeht, welche davon bei welcher Gruppe in welcher Art und Weise fruchtbar sein werden:

- Lassen sich Verbindungslinien ziehen zwischen dem generell erhobenen Orientierungsrahmen und ...
  - ... dem methodischen Vorgehen, dem Methodeneinsatz, der Methodenwahl? (U. U. lässt sich die Beobachtung, dass gleiche Methoden zu unterschiedlichen Resultaten führen können bzw. dass ähnliche Ergebnisse trotz komplett differierender Methoden möglich sind, mithilfe der jeweiligen Orientierungsrahmen stimmig erklären.)
  - ... der Textwahrnehmung bzw. -ausblendung?
  - ... der Identifikation mit bestimmten Figuren bzw. der Kritisierung einzelner Akteure?
  - ... der Positionierung im Allgemeinen?
  - ... der Strategien der Sinnkonstruktion insgesamt?

- Kommen Gruppen mit gleichem/ähnlichem Hypertext zu unterschiedlichen oder gleichen/ähnlichen Ergebnissen? Warum?

- Inwiefern spielt die Kirchenbindung bzw. Opposition zur Kirche eine Rolle im Prozess des Textverstehens biblischer Texte?

- Welche Rolle spielt die Eigen- bzw. Fremdrelevanz der Bibel in diesem Zusammenhang?

- Welche Auswirkung auf den Auslegungsvorgang hat es, wenn der Bibel evtl. eine erhöhte Autorität zugesprochen wird bzw. wenn diese Autorität ihr nicht zuerkannt oder bewusst abgelehnt wird?

Vorstehende Fragen bieten eine erste Orientierungshilfe, welche potenziellen Zusammenhänge grundsätzlich vorliegen können, und sind als Fragenkatalog zu verstehen. In die Darstellung werden dann natürlich nur diejenigen Aspekte aufgenommen, die ertragreich sind und argumentativ abgesichert herausgearbeitet werden können.

---

[188] Die beiden zugehörigen Publikationen sind gerade im Entstehen begriffen. Der Rückgriff erfolgt jeweils in Kapitel 2.*x*.3 a. (*x* = Platzhalter für die jeweilige Fallnummer) im Teil II.

4 Was sich herauskristallisiert ... – Auf der Suche nach grundsätzlichen Lesestrategien

Nachdem 1.) alle Einzelfälle für sich unter exegetischen Gesichtspunkten analysiert und ausgearbeitet worden sind (Schritte A–C → erste Metaebene), 2.) auf einer zweiten Metaebene nach gruppenspezifischen Gesamtstrategien bzgl. Textverstehen und Sinnkonstruktion gesucht worden ist (Schritt D) und 3.) auch die zugehörigen Orientierungsrahmen in die Überlegungen einbezogen worden sind, bleibt die Herausforderung, die Einzelfallebene zu übersteigen und zu allgemeineren Aussagen und Resultaten zu gelangen. Dies könnte auf dem Wege der Typenbildung (Typologisierung) geschehen, beispielsweise mittels der empirisch begründeten Typenbildung nach S. Kluge (und U. Kelle).[1] Oder man bleibt in theoretischer wie methodischer Hinsicht bei R. Bohnsack und macht sich dessen zweischrittige (praxeologisch ausgerichtete) Konzeption – bestehend aus sinngenetischer und soziogenetischer Typenbildung – zu eigen.[2]

So gut diese Typologisierungen im Rahmen soziologischer Forschungen funktionieren, so groß sind jedoch die auftretenden Probleme beim Versuch einer einfachen Adaption in den exegetischen Kontext. Die vorgestellten Vorgehensweisen lassen sich nicht so ohne Weiteres übertragen, da sich die exegetisch ausgewerteten Fälle einem derartigen typisierenden Zugriff weitgehend entziehen. Trotz intensiver Bemühungen ist es nicht gelungen, eine dem Material angemessene, zufriedenstellende und v. a. die im Rahmen der exegetischen Auswertungen erarbeiteten Erkenntnisse umfassend integrierende Typologie zu erarbeiten.[3] Eine schubladenmäßige Klassifizierung würde – das hat sich deutlich gezeigt – dem vorliegenden Material nicht gerecht werden, und zwar v. a. mit Blick auf die interessierenden Thematiken *Textverstehen* und *Sinnkonstruktion*.

„Aber wenn man die Redeweise vom ‚Lesertyp' zugunsten der Redeweise von der ‚Lesestrategie' aufgibt"[4], dann eröffnet sich ein möglicher Weg, der sich nach ersten Versuchen als gangbar erwiesen hat und brauchbare Resultate verheißt. Die Idee dazu ergibt sich gewissermaßen aus dem empirischen Material selbst, sprich: mögliche Ansatzpunkte finden sich bei der Auseinandersetzung mit den Transkripten. Es fällt nämlich auf, dass – trotz aller Unterschiede im Detail – verschiedene Gruppen wenigstens ansatzweise ein ähnliches Vorgehen bei ihren Verstehensbemühungen an den Tag

---

[1] Vgl. S. KLUGE, Typenbildung; U. KELLE/S. KLUGE, Einzelfall (v. a. ebd. 75–97: Kap. 5 Konstruktion empirisch begründeter Typen).

[2] Vgl. z. B. R. BOHNSACK, Typenbildung; vgl. außerdem zur praxeologischen Typenbildung I. NENTWIG-GESEMANN, Typenbildung.

[3] Dies stellt eine Erkenntnis dar, die als Frucht der Forschungsbemühungen gelten kann.

[4] S. FREISLER, Begriffsbestimmung 41.

legen. Punktuell findet sich Vergleichbares und so scheint es weiterführend zu sein, mittels fortschreitender Abstrahierung mögliche *Lesestrategien* aus den Einzelfällen herauszudestillieren, d. h.: In der Zusammenschau aller Fälle werden ähnliche Vorgehensweisen identifiziert und schlagwortartig als anwendbare *Grundstrategien* festgehalten. Analog zum methodischen Inventar, dessen sich die Gruppen je nach Bedarf bedienen, erhält man somit am Ende eine Zusammenstellung der wichtigsten *Lesestrategien*, die in den Transkripten vorkommen. Dabei mag sich in der einen oder anderen Gruppe ein bestimmtes Vorgehen sehr rein wiederfinden, bei anderen Gruppen ist eine Mixtur der unterschiedlichsten Lesestrategien anzutreffen.

Diese Lesestrategien sind in einem ersten Anlauf zu identifizieren und zu benennen,[5] in einem zweiten Schritt steht eine genauere Charakterisierung an. Hierbei müssen die Aussagen zunehmend pauschaler und allgemeiner werden, womit sie natürlich kaum mehr in dieser Eindeutigkeit im empirischen Material direkt zu verifizieren sind. Dennoch erscheint es als lohnend, grundsätzliche Aussagen über die einzelnen *Lesestrategien* zu tätigen, z. B. hinsichtlich des jeweiligen präferierten Methodeneinsatzes, der Textwahrnehmung/Hypertextkonstruktion, der Positionierung. Die Herausforderung dieses Arbeitsschrittes besteht u. a. darin, von den Detailerkenntnissen der Einzelfälle so weit abzusehen und zu abstrahieren, dass grundlegende Resultate möglich werden. Anschließend kann auch auf dieser Abstraktionsebene nach potenziellen Zusammenhängen mit den Orientierungsrahmen gefragt werden.[6] Alles in allem ist ein Überblick über vorfindliche Lesestrategien zu erarbeiten (vgl. Teil II 3; Teil III 1.2).

<small>Vorausgreifend sei noch darauf hingewiesen, dass diese ermittelten Lesestrategien im Rahmen der Resultate erneut aufgenommen werden (vgl. Teil III 2.3), wenn in bibelpastoraler Hinsicht Anregungen als weitere Früchte der vorliegenden Forschungsarbeit gegeben werden sollen. Hier werden sich zum einen allgemeinere Hinweise finden, zum anderen Aussagen konkret mit Blick auf einzelne anzutreffende Lesestrategien getätigt werden. Gerade Letzteres scheint geeignet, die praktische/praktisch-theologische Relevanz der durchgeführten Forschungen deutlich vor Augen zu führen.</small>

---

[5] Wie schon mit Blick auf die Gesamtstrategien der Einzelfälle (vgl. Analyseschritt D) wird auch bei den grundsätzlichen Lesestrategien das Bemühen leitend sein, Begrifflichkeiten direkt aus dem empirischen Material zu verwenden.

[6] Eine soziogenetische Analyse à la R. Bohnsack ist allerdings nicht angestrebt.

5 Statt einer Überleitung: Einige exegetische Vor- bzw. Nachbereitungen

Bevor jedoch mit den konkreten Auswertungen, die im folgenden Hauptteil (vgl. Teil II) zu leisten sind, begonnen werden kann, steht als letztes Desiderat des methodisch-theoretischen Teils noch eine Aufbereitung der schriftlichen Bibeltextvorlagen, sprich: der zugrunde liegenden Hypertextbasis, an. Dies ist *vor*bereitend mit Blick auf das Kommende zu verstehen bzw. *nach*bereitend aus der Perspektive der durchgeführten Diskussionen. Dabei wird keine wissenschaftliche Exegese der Stellen geboten, schon gar keine Musterexegese. Es geht dem Forschungsvorhaben ja einzig und allein darum, wie alltagsweltliche Gruppen selbst biblische Texte auslegen und verstehen. Alles Folgende ist somit rein zweckdienlich zu sehen im Interesse des übergeordneten Untersuchungszieles. Zudem existiert die eine (allein) richtige Auslegung einer Bibelstelle nicht und vor diesem Hintergrund scheint es wenig sinnvoll zu sein, den bereits existierenden (unzähligen) wissenschaftlichen einerseits und den im Rahmen der vorliegenden Forschungen sozialempirisch erhobenen *alltagsexegetischen* Beiträgen zu Mt 5/Mk 5 andererseits einen weiteren eigenen beizugesellen.

Stattdessen sind einige Bemerkungen zu den biblischen Texten zu machen, etliche Bearbeitungen vorzunehmen, die mit Blick auf die Auswertungen der Gruppendiskussionen erforderlich sind. So ist beispielsweise eine strukturierte und segmentierte Textfassung schon allein deshalb notwendig, damit in den Ausführungen eindeutig und genau auf einzelne Versteile, die von den Gruppen zitiert oder aufgegriffen werden, Bezug genommen werden kann, ohne permanent den gemeinten Text komplett angeben zu müssen. Weitere Überlegungen sind anzustellen mit Blick auf textliche Details, Interaktionsstrukturen und Aktantenkonstellationen und die Texte sind insgesamt sehr genau durchzugehen – immer das leitende Interesse vor Augen, die Auslegungen der Gruppen präziser nachzeichnen zu können. Das *alltagsexegetische* Tun steht im Mittelpunkt und entsprechend kommt den folgenden Überlegungen nur eine Dienstfunktion zu. Dabei ist so weit wie möglich auf der vorgelegten Textoberfläche zu verbleiben und nur das einzubeziehen, was prinzipiell jede Leserin auf der Basis einer zugegebenermaßen sehr intensiven und detailgenauen Lektüre erkennen bzw. nachvollziehen kann.[1] So werden an dieser Stelle z. B. keinerlei zeit- oder sozialgeschichtliche Überlegungen angestellt.[2]

---

[1] Dass es sich bei diesem Anspruch nicht nur um eine bloße Behauptung handelt, wird im folgenden Hauptteil deutlich werden. Es wird sich zeigen, dass einzelne Gruppen ganz ähnliche Beobachtungen machen und entsprechend vergleichbar auslegen.

[2] Diese Aspekte kommen dafür sowohl mit Blick auf Mt 5 als auch hinsichtlich Mk 5 in einzelnen Diskussionsauswertungen zur Sprache, da tatsächlich mehrere Gruppen

Allerdings – und dies sei gerade in der vorliegenden Forschungsarbeit nicht verschwiegen – handelt es sich natürlich auch bei vorrangiger Konzentration auf die Textoberfläche dennoch um Auslegungen, die von einer konkreten Person mit eigenen Interessen und Überzeugungen und spezifischem Orientierungsrahmen in einer ganz bestimmten Situation verantwortet werden, nämlich von mir selbst. Es ist und bleibt illusionär bzw. geradezu unsinnig, vom „Ausleger die Ausschaltung seiner Subjektivität zu verlangen."[3] Entsprechend ist jedes Textverständnis „das seines jeweiligen Auslegers, weil es konkretes Verstehen nicht an sich, sondern nur als das eines besonderen und bestimmten Menschen gibt."[4] Der Anspruch des Folgenden besteht vor diesem Hintergrund rein in der intersubjektiven Nachvollziehbarkeit der Ausführungen auf Basis sehr gründlicher Lektüre.

5.1 Von Schlägen und von der Feindesliebe: Mt 5,38–48

Wenden wir uns nach diesen Vorbemerkungen zunächst Mt 5,38–48 zu.[5] Wie bereits angedeutet, ist zuallererst eine segmentierte Textfassung von Nöten, um einzelne Versteile präzise benennen zu können – als Textbasis wird selbstverständlich die den Gruppen vorgelegte Version verwendet:[6]

---

dieses methodische Werkzeug (✷) verwenden und auf den zeit-/sozialgeschichtlichen Kontext rekurrieren bzw. zumindest hin-/verweisen.

[3] O. KAISER, Exegese 21.
[4] Ebd. 21.
[5] Es wäre ein spannendes Forschungsunterfangen, wissenschaftlich-exegetische Literatur zu den beiden Stellen (Mt 5/Mk 5) entsprechend zu analysieren und mit den zu ermittelnden *Alltagsexegesen* zu vergleichen. Dies muss allerdings als Forschungsaufgabe zukünftigen Untersuchungen vorbehalten bleiben und kann im Rahmen dieser Arbeit nicht geleistet werden. Dennoch soll – in Auswahl – auf einige Publikationen speziell zu Mt 5,38–48 (nicht zur Bergpredigt im Allgemeinen) vergleichend hingewiesen werden, wobei die Beschäftigung damit deutlich zeigt, dass sich auch innerhalb der wissenschaftlichen Exegese gewissermaßen unterschiedliche Lese- und Auslegungsstrategien finden lassen; vgl. neben den einschlägigen neutestamentlichen Kommentaren (in alphabetischer Reihenfolge) H. D. BETZ, Sermon 274–328; W. BINDEMANN, Wirtschaftsleben; J. BLIGH, Sermon 102–114; M. EBNER, Feindesliebe; P. HOFFMANN, Tradition; R. A. HORSLEY, Ethics; A. M. HUNTER, Sermon 69–77; V. J. JAHNKE, Value; W. KLASSEN, Reflections; H.-W. KUHN, Liebesgebot; G. LOHFINK, Sitz im Leben; P. J. du PLESSIS, Love and Perfection; M. REISER, Love of Enemies; L. SCHOTTROFF, Gewaltverzicht; L. SCHOTTROFF, Bibelauslegung 40–46; J. STANDINGER, Bergpredigt 110–132; M. G. STEINHAUSER, Violence; G. THEISSEN, Gewaltverzicht; D. J. WEAVER, Lex Talionis; H. WEDER, Rede 127–152; W. WINK, Passivity (fast identisch damit W. WINK, Violence; vgl. hierzu R. A. HORSLEY, Response, und W. WINK, Counterresponse).
[6] Es versteht sich von selbst, dass die Strukturierung an einzelnen Stellen anders ausfallen müsste, wenn die griechische Textfassung zugrunde gelegt würde. Darauf wird an dieser Stelle aber bewusst verzichtet. Hauptanforderung an die Segmentierung ist dem Forschungsinteresse entsprechend, dass möglichst gut analysiert werden kann, was die Gruppen vom Text wahrnehmen und wie sie insgesamt mit der (Hyper-)

Text 1: Mt 5,38–48

³⁸ a Ihr habt gehört,
   b dass gesagt worden ist:
   c Auge um Auge
   d und Zahn um Zahn.

³⁹ a Ich aber sage euch:
   b Widersteht dem Bösen nicht!
   c Wer dich auf die rechte Wange schlägt,
   d dem halte auch die andere hin.

⁴⁰ a Und wer dich vor Gericht bringen
   b und dir das Untergewand wegnehmen will,
   c dem lass auch den Mantel.

⁴¹ a Und wer dich zu einer Meile zwingt,
   b mit dem gehe zwei.

⁴² a Wer dich bittet,
   b dem gib,
   c und wer von dir borgen will,
   d den weise nicht ab.

⁴³ a Ihr habt gehört,
   b dass gesagt worden ist:
   c Liebe deinen Nächsten
   d und hasse deinen Feind!

⁴⁴ a Ich aber sage euch:
   b Liebt eure Feinde
   c und betet für die,
   d die euch verfolgen,

⁴⁵ a damit ihr Kinder eures Vaters in den Himmeln werdet.
   b Denn seine Sonne lässt er aufgehen über Bösen und Guten
   c und er lässt regnen über Gerechten und Ungerechten.

⁴⁶ a Wenn ihr nämlich die liebt,
   b die euch lieben,
   c welchen Lohn habt ihr?
   d Tun das nicht auch die Zöllner?

⁴⁷ a Und wenn ihr nur eure Brüder grüßt,
   b was tut ihr Besonderes?
   c Tun das nicht auch die Völker?

⁴⁸ a Seid also vollkommen,
   b wie euer himmlischer Vater vollkommen ist.

Dieser Text – und hiermit bewege ich mich primär auf der Ebene textinterner Gliederungsüberlegungen – besteht grundsätzlich aus zwei Teilen:[7] V. 38–42 und V. 43–48, jeweils eingeleitet durch „Ihr habt gehört ...". Es fällt auf, dass beide Teile in vergleichbarer Art und Weise weiter untergliedert werden können: V. 38 bzw. 43 bezeichnet eine Art vorgegebene Tradition, die mündlich weitergegeben worden ist (vgl. „Ihr habt *gehört*, dass *gesagt* worden ist ..."), V. 39–42 bzw. 44–48 setzt dem etwas entgegen,

---

Textbasis umgehen. Deshalb ist es zwingend erforderlich, im Rahmen der Auswertungen die gleiche Textfassung zu verwenden wie in den Gruppendiskussionen selbst. Eine zu kleinteilige detaillierte Gliederung ist dagegen nicht notwendig, werden die Auswertungen dadurch doch nur unnötig verkompliziert.

[7] In der exegetischen Forschung spricht man diesbezüglich gerne von zwei Antithesen (diese Terminologie ist in der Gruppe „Montagskreis" bekannt, vgl. Gruppe „Montagskreis" S. 16, M₅: „jetzt von den Antithesen") und weist dem ersten Abschnitt das Schlagwort *Wiedervergeltung*, dem zweiten die *Feindesliebe* zu.

das ein *Ich* verantwortet: „Ich *aber* sage euch ..." Wird man noch eine Stufe genauer, so lassen sich im ersten Abschnitt drei durch Gewalt geprägte Beispiele unterscheiden – V. 39cd: Schlag auf rechte Wange; V. 40: Gerichtsszene mit Wegnehmen (Untergewand); V. 41: Zwangssituation (eine Meile) –, die jeweils aus zwei Elementen zusammengesetzt sind: 1.) Aktion eines Gegenübers (V. 39c.40ab.41a); 2.) Aufforderung zu einer bestimmten Reaktion (V. 39d.40c.41b). Letztere begegnet der Konfrontation jeweils auf überraschende Art und Weise, wird doch das Opfer, an das sich die Forderungen übrigens grundsätzlich und ausschließlich richten, nicht angewiesen, sich zu wehren – was vielleicht erwartet wird –, sondern ganz im Gegenteil: Man soll sich weiteren potenziellen Schlägen aussetzen (V. 39d → andere Wange hinhalten),[8] mehr als gefordert geben (V. 40c → Mantel) bzw. weiter mitgehen (V. 41b → zweite Meile). Alles in allem können diese Beispiele explizierend bzw. konkretisierend zu V. 39ab (Nichtwiderstandsforderung) gelesen werden. V. 42 fällt aus diesem Schema deutlich heraus: Zwar begegnen hier ebenfalls zweiteilige Interaktionen (Aktion: V. 42ac; angeordnete Reaktion: V. 42bd), doch geht es dabei weder um Zwang noch um Gewalt, sondern es scheint eher eine Art (solidarische) Hilfe auf freundschaftlicher Ebene angesprochen zu sein. Auf jeden Fall ist bzgl. der Interaktionspartner eine eindeutige Differenz zum Vorherigen auszumachen.

Auch der zweite Abschnitt lässt sich noch feiner unterteilen und zwar unter Einbeziehung der textimmanenten Argumentationslogik: Auf die grundsätzliche Aufforderung zu Feindesliebe und Gebet für die Verfolger in V. 44a–d folgt in V. 45a zunächst eine anzustrebende Konsequenz/Folge (*damit*), anschließend ein zweiteiliger begründender *denn*-Satz (V. 45bc). Danach werden zwei abgrenzende Gegenüberstellungen des gewöhnlichen – durch Zöllner (V. 46) und Völker (V. 47) praktizierten – Verhaltens geboten, bevor in V. 48 mit der Vollkommenheitsforderung ein gewisser Höhepunkt bzw. Abschluss erreicht wird. Der Sprecher/die Sprecherin der Worte, das *Ich* aus V. 39 respektive 44 ist aus dem vorliegenden Textstück nicht näher zu erschließen. Hinsichtlich der Adressaten ist zum einen ein Wechsel zwischen Plural (*ihr* in V. 38–39b und 43ab.44–48) und Singular (*du* in V. 39c–42d.43cd) festzuhalten. Zum anderen richtet sich der Text eindeutig an diejenigen, die einen Schlag abbekommen, die vor Gericht gebracht werden, die zu einer Meile gezwungen werden, die um etwas gebeten werden, von denen jemand etwas borgen will, die verfolgt werden, sprich: an die eine Seite der geschilderten Interaktionen – und nicht zuletzt an die, die das „Auge um Auge, Zahn um Zahn" bzw. „Liebe deinen Nächsten und hasse deinen Feind!" gehört haben. Welchen anderen Lehr-

---

[8] Mit der Gruppe „Bibelkreis" S. 18, M$_{15}$ könnte von einer „Überbietung, die dahintersteckt" gesprochen werden.

autoritäten letztere Grundmaximen zuzuschreiben sind, ist dem Text allerdings wiederum nicht zu entnehmen.

Neben diesen zahlreichen Aspekten, die der vorliegende Text gewissermaßen offenlässt, begegnen aber auch eine ganze Reihe interessanter textlicher Details und es wird bei jeder Gruppe zu untersuchen sein, was wie genau wahrgenommen und v. a. auch mit welcher Intention aufgegriffen wird. Folgende Auflistung dient hierbei als Anhaltspunkt und Orientierungshilfe und ist geeignet, einen schnellen Überblick über die Detailwahrnehmungen der Gruppen zu ermöglichen:

- Ihr habt *gehört*, dass *gesagt* worden ist ... (V. 38ab.43ab):
  → Es wird eine mündlich-verbale Kommunikationssituation beschrieben, wobei die Adressaten des Textes als Hörer der Worte präsentiert werden. Ein (direkter) Rekurs auf die *Schrift* erfolgt nicht.[9]

- Widersteht ... *nicht*! (V. 39b):
  → Diese Aufforderung mag (zunächst) überraschen, wird doch sonst in der Bibel meist gerade zum Widerstand gegen das Böse bzw. zum Besiegen des Bösen (z. B. durch das Gute, vgl. Röm 12,21), zur allgemeinen Wachsamkeit, ja geradezu zum Kampf aufgerufen nach dem Motto: „Verabscheuend das Böse, festhaltend am Guten" (vgl. Röm 12,9).

- *Rechte* Wange (V. 39c):
  → Wenn man sich den geschilderten Schlag technisch vorzustellen versucht, so ergibt sich folgende, vom Text vorausgesetzte Szenerie: Ein Gegenüber, das mich auf die *rechte* Wange schlägt, ist entweder Linkshänder[10] oder der Schlag wird mit dem Handrücken ausgeführt und dürfte dann nicht allzu heftig bzw. wuchtig ausfallen.

- Andere Wange *hinhalten* (V. 39d):
  → Es ist nicht damit getan, den Rückschlagreflex zu unterdrücken, sich selbst der Gegengewalt zu enthalten und beispielsweise wegzugehen (Passivität), sondern gefordert ist gewissermaßen eine aktive *Zuwendung* zum anderen.

- *Gericht*(ssituation) (V. 40a–b):
  → Es handelt sich eindeutig nicht um einen Raubüberfall[11], sondern um eine gerichtliche Auseinandersetzung (z. B. Verklagen/Pfänden).

---

[9] In letzterem Fall wäre die Wendung „Es ist/steht geschrieben ..." zu erwarten; vgl. Gruppe „Bibelkreis" S. 24, M_{15}: „Und insofern müsste man genau gucken, wer ist denn hier gemeint: Ihr habt gehört. Da steht ja nicht, es steht geschrieben".

[10] Davon geht E. DREWERMANN, Krieg 129 aus und postuliert in der Folge einen Unrechtsgedanken: „In der Bergpredigt lesen wir etwa: ‚Wer dich auf die rechte Wange schlägt, dem halte auch noch die linke hin' (Mt 5,38) (sic!). Dieser wunderbare Satz ist übrigens auch in der Zuordnung völlig richtig. Jesus setzt voraus, dass der erste Schlag mit der *linken* Hand durchgeführt wird, unbewusst offenbar, und er setzt voraus, der Schlag sei zu Unrecht erfolgt."

[11] Diese Szenerie eines Überfalls findet sich z. B. in der synoptischen Parallele Lk 6,29.

- *Untergewand wegnehmen/Mantel lassen* (V. 40bc):
  → Im Rahmen vorstehend erwähnter gerichtlicher Auseinandersetzung wird jemandem ein Kleidungsstück (gegen seinen Willen) weggenommen und die betroffene Person soll ein weiteres zusätzlich geben (vgl. oben: *andere Wange hinhalten*). Interessant ist die Abfolge *Untergewand* → *Mantel*, da zunächst das Untere, dann erst das Obere betroffen ist.[12]
- Zu *einer* Meile gezwungen/eine *zweite* mitgehen (V. 41):
  → Erneut begegnet gewissermaßen eine Mehrleistung: Man wird zu etwas gezwungen und tut freiwillig mehr.
- Vater *in den Himmeln* (V. 45a; vgl. 48b):
  → Es ist zu beachten, dass vom Text her das *in den Himmeln* auf den *Vater* zu beziehen ist: Dieser ist es, der *in den Himmeln* lokalisiert wird (vgl. V.48b, wo vom *himmlischen* Vater die Rede ist). Die angesprochenen Personen (*Ihr-Gruppe*) sollen etwas tun, *damit* sie Kinder dieses Vaters werden, doch nicht etwa in einem himmlisch-jenseitigen Bereich, sondern durchaus in dieser Welt und Zeit.
- *Er* lässt (seine) Sonne aufgehen/regnen (V. 45bc):
  → Gott bzw. der *Vater in den Himmeln* ist es, der diese alltäglichen und natürlichen Vorgänge steuert, lenkt, initiiert.

5.2 Jesus und die blutflüssige Frau: Mk 5,24b–34

Auch die zweite, den Gruppen vorgelegte biblische Perikope Mk 5,24b–34[13] ist entsprechend genauer unter die Lupe zu nehmen, sprich: zunächst einmal zu segmentieren:

---

[12] Vgl. vorhergehende Anm. Bei einem Raubüberfall ist nur die umgekehrte Reihenfolge plausibel: Ein Räuber entreißt mir den Mantel und ich lasse ihm auch das Untergewand – was sich folgerichtig in Lk 6,29 findet.
[13] Auch hierzu sei – neben den einschlägigen Kommentaren – auf spezielle Literatur hingewiesen: M. R. d'ANGELO, Gender; M. FANDER, Wunder 54–113; M. FANDER, Stellung 35–62.182–199; S. L. GRAHAM, Voices (vgl. v. a. 148–151); H. KINUKAWA, Story; O. KNOCH, Botschaft 195–207; W. SCHMITHALS, Wunder 83–91; M. J. SELVIDGE, Reaction; T. SÖDING, Glaube 414–421; P. TRUMMER, Frau 79–153.

Text 2: Mk 5,24b–34

²⁴ a ...
b Und eine große Volksmenge folgte Jesus
c und sie drängten sich um ihn.

²⁵ a Darunter war eine Frau,
b die zwölf Jahre an Blutfluss litt.

²⁶ a Sie hatte viel erlitten von vielen Ärzten;
b und ihr ganzes Vermögen hatte sie ausgegeben,
c aber es hatte nichts genutzt,
d sondern ihr Zustand war immer schlimmer geworden.

²⁷ a Sie hatte von Jesus gehört.
b Nun kam sie in der Menge von hinten heran
c und berührte sein Gewand.

²⁸ a Denn sie sagte sich:
b Wenn ich auch nur seine Gewänder berühre,
c werde ich gerettet werden.

²⁹ a Sofort hörte der Blutfluss auf,
b und sie spürte körperlich deutlich,
c dass sie von dem Leiden geheilt war.

³⁰ a Und Jesus spürte sogleich an sich selbst,
b dass eine Kraft von ihm ausgegangen war,
c und er wandte sich in der Volksmenge um
d und sprach:
e Wer hat meine Gewänder berührt?

³¹ a Seine Jünger sprachen zu ihm:
b Du siehst doch,
c wie sich die Volksmenge um dich drängt,
d und da sprichst du:
e Wer hat mich berührt?

³² a Er blickte umher,
b um zu sehen,
c wer es getan hatte.

³³ a Da kam die Frau,
b sich fürchtend und zitternd,
c weil sie wusste,
d was mit ihr geschehen war.
e Sie fiel vor ihm nieder
g[14] und sagte ihm die ganze Wahrheit.

³⁴ a Er aber sagte zu ihr:
b Tochter,
c dein Glaube hat dich gerettet.
d Geh in Frieden!
e Sei gesund von deinem Leiden!

Auf vorstehender Grundlage sind Textbezüge der Gruppen präzise benennbar. Dass sich dieser Text hinsichtlich der Art von Mt 5,38–48 deutlich unterscheidet, das dürfte ohne weitere Begründung einsichtig sein: Während Mt 5,38–48 durchgängig als (An-)Rede konzipiert ist und von den Angesprochenen ein bestimmtes Verhalten einfordert – (teilweise) argumentativ untermauert –, liegt in Mk 5,24b–34 eine Geschichte/eine Erzählung vor. Wir haben es, ganz unspezifisch gesagt, mit einem narrativen Text zu tun, innerhalb dessen auch einzelne Figuren zu Wort kommen. Vor diesem Hintergrund bieten sich zwei genauere Blicke auf den Text an, einmal bzgl.

---

[14] Die Bezeichnung „f" für einen Versteil wird bewusst vermieden, da die gleichzeitige Verwendung der Abkürzung „f." (mit Punkt! → u. a. ist ein Folgevers gemeint) zu Uneindeutigkeiten und Missverständnissen führen kann.

dessen, was genau geschieht und was wie abläuft (Dynamik/Interaktionen), zum Zweiten hinsichtlich der beteiligten Personen.[15] Zunächst zu den Interaktionen: Gehen wir die Geschichte Schritt für Schritt durch.

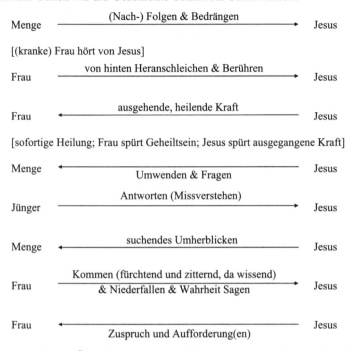

Die vorstehende Übersicht zeigt detailliert, was innerhalb der Geschichte passiert, und hält auch die Richtung der jeweiligen Interaktionen fest. Des Weiteren kann herausgearbeitet werden, welche Personen in der Erzählung vorkommen – nämlich vier (in der Reihenfolge des Auftretens): (Volks-) Menge, Jesus, Frau, Jünger. Diese vier Figuren der erzählten Welt (Akteure) lassen sich nach den Textaussagen in ihrem wechselseitigen Beziehungsverhältnis wie folgt charakterisieren, wobei die Zuordnung der Hauptrolle durchaus kontrovers diskutiert werden kann:

> Eine *große Volksmenge* ist von Anfang an präsent (V. 24b), ja die *Masse* drückt *Jesus* geradezu zusammen (V. 24c; vgl. V. 31c). Letzterer ist inmitten dieser *Menschenansammlung* auf dem Weg. Man darf sich wohl ein dichtes, enges Gedränge vorstellen, in dem vielfältiges Berühren und Berührtwerden an der Tagesordnung bzw. unumgänglich gewesen zu sein scheinen (vgl. V. 31). *Jesus* wird somit präsen-

---

[15] Ersteres wird im Rahmen wissenschaftlich-exegetischer Forschung mit dem Stichwort *Interaktionsanalyse* bezeichnet, Letzteres ist im universitären Kontext für gewöhnlich als *Aktantenanalyse* bekannt. Beides gehört zur Kategorie *narratologischer Untersuchungen*.

tiert mitten in der *breiten Öffentlichkeit* – gewissermaßen beim *Bad in der Menge*. Zwei *Elemente* dieser *Menge* werden im Rahmen der Erzählung genauer genannt und diese treten aktiv in Erscheinung – ganz im Gegensatz zur *Menge* selbst, die gewissermaßen nur der plastischen Ausgestaltung der Szenerie dient und zum *Setting* dazugehört: die *Frau* und die *Jünger*. Erstere ist krank und leidend (V. 25), hat von *Jesus* gehört (V. 27a) und kommt – im Schutz der *Menge* – von hinten an *Jesus* heran (V. 27b) und berührt ihn (V. 27c) unbemerkt-heimlich und mit heilender Folge (V. 29). Die Jünger reagieren auf die Frage *Jesu* (V. 31), die grundsätzlich nach dem Umdrehen in der *Menge* unspezifisch an alle Anwesenden gerichtet gewesen zu sein scheint (V. 30c–e). Ansonsten treten die *Jünger* nicht weiter in Erscheinung. Das suchende Nachforschen Jesu wiederum veranlasst die *Frau*, aus der *Menge* herauszutreten und sich gewissermaßen zu outen (V. 33).

Somit stellt sich die Konstellation in Mk 5,24b–34 grundsätzlich wie folgt dar:[16]

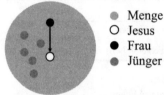

● Menge
○ Jesus
● Frau
● Jünger

Die bisher durchgeführten Analysen haben sich mit den ablaufenden Interaktionen sowie mit den Figuren der erzählten Welt beschäftigt. Mehr lässt sich zu Mk 5,24b–34 auf der Basis des vorliegenden Textes fast nicht sagen, einzig Gliederungsüberlegungen sind noch möglich: Z. B. könnte der Wechsel von Narration und direkter Rede als Anhaltspunkt verwendet werden oder man greift auf die grundsätzlichen Stationen des Plots zurück. In letzterem Fall ergibt sich grob gesprochen eine Dreiteilung: Exposition/Einleitung (Mk 5,24b–26), Aktion inklusive Heilung (Mk 5,27–29), Abschluss inklusive Dialogpartien (Mk 5,30–34); oder mehr inhaltlich orientiert: Jemand ist krank (1), kommt zu Jesus und wird geheilt (2) und abschließend wird die Heilung gewissermaßen noch demonstriert (3).

Dass es sich in gattungsmäßiger Hinsicht bei Mk 5,24b–34 um eine Wundergeschichte, genauer gesagt um ein Heilungswunder/eine Therapie handelt, ist allen Diskussionsgruppen wie selbstverständlich klar. Diese Gattung ist augenscheinlich weitgehend bekannt, sprich: Die Gruppen haben scheinbar ein virtuelles Gattungsmuster im Kopf. Allerdings lässt sich dies – streng genommen – aus einem einzelnen vorliegenden Text nicht ermitteln, denn die Bestimmung der Gattung setzt die Abstraktion vom konkreten Text und die Herausarbeitung gattungstypischer Elemente voraus. Letzteres wiederum ist angewiesen auf den Vergleich mit ähnlichen Texten.

---

[16] Dieses Bild wird nicht bei jeder Gruppenauswertung wiederholt, sondern nur in den Fällen aufgegriffen, in denen Abweichungen/Variationen vorliegen – dann natürlich in entsprechend angepasster Art und Weise, vgl. Gruppe „Gewerkschaft" (Teil II 2.2.2 C_{Mk}) und Gruppe „CVJM" (Teil II 2.5.2 C_{Mk}).

Zu guter Letzt ist auch für Mk 5,24b–34 ein Blick auf potenzielle Details des Textes zu werfen:

- kranke Person = *Frau* (V. 25a.33a.34b)
- *Blutfluss* als konkrete Krankheit (V. 25b)
- sie hatte von Jesus *gehört* (V. 27a)
- *sofortige* Heilung (V. 29a);
- *körperliches Spüren* der Frau (V. 29b);
- *Furcht/Zittern* (V. 33b);

- *zwölf Jahre* Krankheitszeit (V. 25b)
- *vermögende* Frau (V. 26b)
- sie kommt *in der Menge von hinten* an Jesus heran (V. 27b);
- *Spüren* Jesu (V. 30a);
- Anrede „*Tochter*" (V. 34b).

Alles in allem genügen vorstehende Überlegungen, um ausreichend vorbereitet die Auswertungen in Angriff nehmen zu können – und dies soll im folgenden Hauptteil (Teil II) auch geschehen.

TEIL II
ALLTAGSEXEGESEN KONKRET UNTER DIE LUPE GENOMMEN – EMPIRISCH-REKONSTRUKTIVE AUSWERTUNGEN MIT EXEGETISCHEM INTERESSE

1 Es werde Text! – Einleitende Anmerkungen zur Transkription

Das mittels Gruppendiskussionsverfahren (vgl. Teil I 2.4) erhobene und auf MD aufgezeichnete Material ist aufzubereiten, bevor die auswertenden, interpretativen Analysen in Angriff genommen werden können – und zwar sind die im Rahmen der Diskussionen gesprochenen verbalen Beiträge zu verschriftlichen, d. h., es ist ein Text herzustellen.[1] Hierbei werden die Wortmeldungen unter Rückgriff auf das während der Gespräche geführte Ablaufprotokoll (vgl. Teil I 2.5) den einzelnen Sprecherinnen zugeordnet – in anonymisierter Art und Weise: Jede Person hat eine fortlaufende Nummer und je nach Geschlecht werden die Buchstaben „M" für Männer und „F" für Frauen verwendet (z. B. M_1, M_2, F_3, M_4, F_5, F_6).[2] Die Forschenden selbst sind mit dem Buchstaben „Y" bezeichnet (Y_1, Y_2, Y_3). Auftretende Orts- und Personennamen sowie alle sonstigen Angaben, die eine Identifizierung oder Lokalisierung der Gruppe ermöglichen würden, werden durchgängig maskiert, z. B.: „N.", „[Ortsname]", „[Name]".

Grundsätzlich gilt, dass ein „Fetischismus, der in keinem begründbaren Verhältnis mehr zu Fragestellung und Ertrag der Forschung steht"[3], zu vermeiden ist, und es erscheint sinnvoller, „nur so viel und so genau zu transkribieren, wie die Fragestellung erfordert"[4]. „Als übergeordnetes Prinzip kann das der ‚demütigen Verschriftlichung von Details' formuliert wer-

---

[1] Vgl. als ersten Einblick in die Kunst der Transkription S. KOWAL/D. C. O'CONNELL, Transkription; S. LAMNEK, Gruppendiskussion 173–176; etwas ausführlicher R. PEUKERT, Gesprächshermeneutik 2–14; ganz kurz U. HUGL, Inhaltsanalyse 365; H. KNOLAUCH, Art. Transkription. Zu möglichen praktischen Vorgehensweisen und Regeln/Richtlinien vgl. R. BOHNSACK, Sozialforschung 235f.; U. FLICK, Qualitative Sozialforschung 252–254.
[2] An Stellen, an denen die Zuordnung beim besten Willen nicht mehr zuverlässig und sicher gelingt, wird mit „?" gearbeitet: „$M_?$" und „$F_?$" bzw. „?" alleine, wenn selbst das Geschlecht nicht mehr zweifelsfrei ermittelt werden kann.
[3] U. FLICK, Qualitative Sozialforschung 253.
[4] Ebd. 253; vgl. die folgende Begründung ebd. 253: „Erstens bindet eine zu genaue Transkription von Daten häufig Zeit und Energie, die sich sinnvoller in die ihrer Interpretation stecken lassen. Zweitens werden Aussage und Sinn des Transkribierten in der Differenziertheit der Transkription und der resultierenden Unübersichtlichkeit der erstellten Protokolle gelegentlich eher verstellt als zugänglich." P. LOOS/ B. SCHÄFFER, Theoretische Grundlagen 56 haben sich vor diesem Hintergrund z. B. für ein „mittleres Niveau der Detaillierung" entschieden.

den"[5], wobei folgende Kriterien zu beachten sind: Handhabbar-, Lesbar-[6], Interpretierbarkeit. Vor diesem Hintergrund wird in der vorliegenden Arbeit ein verhältnismäßig einfaches Transkriptionsverfahren gewählt: Die gesprochenen Beiträge werden, soweit es geht, wörtlich in schriftlichen Text umgesetzt, inklusive aller Wiederholungen und weitgehend unter Beachtung umgangssprachlicher Wendungen oder Dialektfärbungen.[7] Unverständliche Partien/unverständliche einzelne Wörter werden mittels „(?)" gekennzeichnet. Lautstärke, Betonungen, Intonation, nonverbales Verhalten etc. bleiben größtenteils ausgeblendet und es fließen situationsabhängig nur einzelne wichtige Elemente ein gemäß dem folgenden Grundsatz: Es wird all das aufgenommen und auf nachvollziehbare Weise notiert, was den Fortgang der Diskussion entscheidend beeinflusst und verändert. Hinsichtlich der potenziellen Parallelität mehrerer Sprecherinnen zur gleichen Zeit – was gerade bei der Erhebungsmethode *Gruppendiskussion* verstärkt auftritt – wird die Möglichkeit 2-, 3- bis n-spaltiger Darstellung genutzt. Anstatt das Gesagte in einzelne Fragmente zu zerlegen und in Zeilen *unter*einanderzuschreiben (→ Zeilenschreibweise), werden die einzelnen Gesprächsbeiträge am Stück wiedergeben und Gleichzeitigkeit durch *Neben*einanderstellung angezeigt.[8] Dabei markieren Sternchen „*" den Einsatzpunkt paralleler Äußerungen. Ein Beispiel soll das Gemeinte verdeutlichen (Gruppe „Kultur" S. 10):

F_2:	Das ist, das ist ein zeitgenössischer Künstler, aber auch * die klassische Moderne hat das ja gemacht und davor ja erst recht die Kunst im Mittelalter war ja eine kirchliche Kunst. Also da und die sagt uns auch heute noch was. * Wenn ich an den Isenheimer Altar denke, ne, z. B. – und wenn ein Künstler sich damit beschäftigt und das soll eine überzeugende Arbeit werden, dann setzt das ja voraus, dass er sich mit dem Inhalt innerlich auseinandersetzt, nich.	M_1: Aber der Bedeutendste, steht hier. M_{12}: Ja sehr viel, ne.

---

[5] B. LIEBIG/I. NENTWIG-GESEMANN, Gruppendiskussion 150.
[6] „In den meisten Transkriptionssystemen wird gute Lesbarkeit der Transkripte als Grundsatz gefordert" (S. KOWAL/D. C. O'CONNELL, Transkription 444). Es ist allerdings kritisch festzustellen, dass „die Lesbarkeit bisher in keinem Fall empirisch überprüft worden" (ebd. 444) ist.
[7] Der Verzicht auf eine Glättung der spontanen mündlichen Redebeiträge führt dazu, dass z. T. die flüssige Lesbarkeit etwas leidet, allerdings sollte von Forscherseite aus möglichst wenig in den zu erstellenden Transkripttext eingegriffen werden.
[8] Die im vorliegenden Fall gewählte Darstellungsform erinnert ansatzweise an die Partiturschreibweise, jedenfalls hinsichtlich der formalen Organisation mittels Spalten.

Nicht nur nach dem Buchstaben,
das muss er ja irgendwie erleben * M_{12}: Sogar mehr als Lesen, mein' ich
   da, wenn er sich damit befasst.
M_1: Ja.
F_3: Verinnerlichen.

– Zustimmung –

[F_2 äußert sich im Rahmen der Diskussion, wobei M_1 und M_{12} jeweils dazwischen sprechen (siehe * im linken Text). Am Ende folgen drei kurze Wortmeldungen direkt nacheinander, bevor die Gruppe allgemeine Zustimmung signalisiert.]

Die wörtliche Wiedergabe von Äußerungen bzw. die verweisende Bezugnahme auf Diskussionsbeiträge im Rahmen der Auswertungen erfolgt unter Angabe des Gruppennamens[9] und der Seitenzahl im zugehörigen Transkript; bei Einzelbeiträgen wird zudem noch der Sprecher festgehalten. Aus praktischen Gründen werden Anführungszeichen nur bei der Zitierung von Einzeläußerungen verwendet, längere Passagen mit wechselnden Sprecherinnen werden im Petit-Format dargeboten und sind durch die Präsentationsform eindeutig erkennbar. In letzterem Fall wird die Quellenangabe dem Textabschnitt jeweils vorangestellt. Über den reinen Text hinaus finden bei der Transkription noch folgende Zeichen bzw. Kommentare Verwendung:

– @: Lachen;
– (x): Gesprächspause von ca. x Sekunden Länge (x = 1, 2, 3, ... n);
– [M_3 steht auf und holt Bibeln]: Für den Fortgang der Diskussion entscheidende nonverbale Aktionen bzw. gesprächsexterne Ereignisse werden in eckigen Klammern kurz angegeben.

---

[9] Der Gruppenname wird innerhalb der Auswertungen der einzelnen Gruppen weggelassen, da sich dort alle Seitenangaben immer auf das gleiche Transkript beziehen und somit eindeutig sind.

2 Von Gruppe zu Gruppe verschieden – Detaillierte Einzelfallauswertungen

2.1 Gruppe „Kultur"

2.1.1 Kurze Fallbeschreibung: Ein Kunst- und Kulturkreis älteren Datums mit Lokalpatriotismus

♂ 6 (+1)*	–	–	–	2	3	1	4	
	0 –	20 –	30 –	40 –	50 –	60 –	70 – …	Alter (in Jahren)
♀ 4 (+1)*	–	–	1	2	3	4		
	ohne	Quali	Mittl.R	Lehre	Abi	Uni		(Aus-)Bildung
Σ 12*	8			–		2		Gruppe: neutral
	Rk		Evangel.		o.B.			Konfession

Gesprächsdauer: ca. 135 Min.; Westdeutschland/ländlich; Fremdrelevanz (*Bibel*)

* Bei der Diskussion anwesend sind insgesamt zwölf Personen, allerdings liegen nur zehn ausgefüllte Fragebögen vor. Deshalb beträgt die Summe bei den gesicherten Angaben zu Alter, (Aus-)Bildung und Konfession jeweils auch nur 10. Vermutung: Wahrscheinlich haben der auf Einladung der Gruppe anwesende Pfarrer (→ M_6) und die sich außerhalb der Vorstellungsrunde nicht weiter beteiligende Frau (→ F_9: „Ich wollt mich eigentlich aus dem Gespräch heute Abend bisschen ausklinken, aber trotzdem auch vorstellen. [… I]ch hör heute Abend mal zu." S. 2) keine Bögen abgegeben. Vgl. unterstützend hierzu die im Rahmen der Diskussion per Augenschein ermittelte Geschlechtsaufteilung: sieben Männer und fünf Frauen → jeweils (+1)! Sollte diese Mutmaßung stimmen, so wären wegen M_6 (= katholischer Priester) die Zahl der Universitätsabschlüsse auf fünf und die Zahl der römisch-katholischen Personen auf neun zu erhöhen.

Bei der Gruppe „Kultur" handelt es sich um einen Kunst- und Kulturkreis, der seit 1987 im ländlich-dörflichen Umfeld in Westdeutschland besteht (vgl. S. 2, M_{11}) und dessen im Schnitt ältere und tendenziell höher gebildete Mitglieder sich dem Kunstschaffen und/oder der Kulturpflege (→ Ortsvergangenheit) verschrieben haben. Um diese beiden Pole (Kunst/Kultur) kreist das eigene Engagement auf lokaler Ebene.[1] In inhaltlicher Hinsicht

---

[1] Es fällt auf, dass die Bereiche *Kunst* und *Kultur* anscheinend personell aufgeteilt sind: Während die Mehrzahl der anwesenden Mitglieder – dies steht in gewisser Spannung zur Selbstbeschreibung der Gruppe, die von einem nahezu paritätischen Verhältnis spricht (vgl. S. 3, M_{12}) – dem Bereich der *Kunst* zuzuordnen ist, betont gerade M_8 (vgl. M_{10}) den Aspekt der *Kultur*: „wir sind ja nicht nur Kunstkreis, sondern Kunst- und Kulturkreis. […] Ich hab mit Kunst wenig am Hut" (S. 2, M_8). Man fühlt sich teilweise sogar bildungsmäßig berufen, denn „nebenbei versuchen wir den

hebt die Gruppe besonders das Anliegen hervor, Altes und Neues/Modernes zu verbinden und zu integrieren (Paradigma der Collage). Geschlechtlich ist die Zusammensetzung nahezu paritätisch und es sticht hervor, dass viele mit Blick auf ihr Leben vor Ort als *alteingesessen* zu bezeichnen sind oder – als Zugereiste – zumindest auf eine (sehr) lange eigene lokale Vergangenheit zurückblicken können. In der Folge fühlt man sich dem Ort eng verbunden und engagiert sich, „um etwas Schönes für den Ort mitzugestalten" (S. 2, M_7; z. B. Malschule, Ausstellungen).

Konfessionell betrachtet ist die Gruppe als solche zwar als neutral zu qualifizieren, doch spricht sich in mehreren Beobachtungen eine enge Anbindung an die katholische Ortsgemeinde aus: Nicht nur, dass die deutliche Mehrzahl der Mitglieder katholisch ist, das Kunstschaffen des Kreises konzentriert sich überdies auf kirchlich-gemeindliche Kontexte (u. a. „Alte Kirche", Kreuzweg, Friedhofskapelle, Ambo, Kreuz, Gebetsstationen) und der Ortspfarrer (= M_6), der ob des Themas *Bibel* als Gruppenfremder von der Gruppe ausdrücklich zur Diskussion eingeladen worden ist,[2] scheint in diesem Zusammenhang eine prägende Rolle zu spielen. Allerdings wird von der Gruppe dezidiert darauf bestanden, dass Kunst nicht Missionszwecken dient (vgl. S. 6, M_1).

Angesichts der kirchlich-gemeindlichen Einbindung der Gruppe sowie der religiösen Sozialisation der einzelnen Mitglieder ist es nicht weiter verwunderlich, dass eine grundsätzliche Vertrautheit mit der Bibel vorliegt. Dennoch sind die beiden Themenkomplexe *Bibel* und *Textverstehen* für die Gruppe als solche als fremdrelevant einzustufen; die primäre Ausrichtung der Gruppe besteht in der künstlerisch-kulturellen Betätigung: Man beschäftigt sich für gewöhnlich weder in erster Linie mit Texten im Allgemeinen noch mit der Bibel im Besonderen. Die durchgeführte Gruppendiskussion, die am frühen Abend in einem abgetrennten Nebenraum einer Gaststätte am Ort stattfindet,[3] ist durch eine lebhafte und mitteilungsfreudige Gesprächsatmosphäre gekennzeichnet und stellt die zweitlängste Aufzeichnung dar. Dabei tritt M_{12} mehrfach als eine Art Hierarch der Gruppe

---

Künstlern natürlich Kultur beizubringen" (S. 2, M_8). – „Und wir euch 'n bisschen Kunst" (S. 2, ?). Dieser direkte Konter in Verbindung mit dem folgenden Gelächter macht deutlich, dass der Kunst- und Kulturkreis genau zwischen diesen beiden Polen existiert, was sich u. U. nicht immer ganz einfach gestaltet.

[2] Vgl. S. 2, M_6: „da kriegt ich die Einladung, kommen Sie doch dazu, wenn's um die Bibel geht."

[3] Dieser Nebenraum hat für die Gruppe „Kultur" eine besondere Bedeutung: Hier – in der „Kleinen Galerie [Name]" (S. 3, M_{12}) – werden in wechselnden Paarungen Ausstellungen gestaltet, jedoch handelt es sich nicht etwa um eine (offizielle) Verkaufsgalerie. Es „soll nur eine Galerie für uns sein, für unter uns, und dass wir auch Leute an die Kunst herantrei-, -gehen lassen" (S. 3, M_{12}). Man könnte von einer internprivaten Konzeption mit protreptischem Impetus sprechen.

in Erscheinung: Er ergreift als Erster das Wort, weist Redebeiträge gewissermaßen zu („So M_1, beginn du bitte." S. 1, M_{12}) und zeigt sich an vielen Stellen als leitende Persönlichkeit des Kreises, ohne jedoch negativ dominierend aufzufallen.

2.1.2 Auswertungen unter exegetischer Perspektive

(A_{Mt}) Methodisches Vorgehen bzgl. Mt 5

Bei der Gruppe „Kultur" fällt mit Blick auf die Auseinandersetzung mit Mt 5 insgesamt das weitgehende Fehlen angewandter methodischer Arbeitsschritte auf. Man sagt und diskutiert zwar durchaus viel und engagiert, doch methodisches Vorgehen spielt hierbei fast keine Rolle. Einzig folgende Passage ist ertragreich:

„Das ist so der Gegensatz zwischen dem Alten Testament und ‚Hasset deinen Feind!' und dem Neuen Testament ‚Ich aber sage euch: Liebet eure Feinde und betet für sie!' [...] Das ist so der Gegensatz zwischen dem Alten und dem Neuen Testament!" (S. 17, M_1).

An dieser Stelle wird zum einen ansatzweise auf die antithetische Kompositionsstruktur des Abschnittsbeginns abgehoben (→ textintern) und zum anderen – in Gegensätze profilierender Absicht – zwei Traditionen unterschieden und den (schriftlichen) Bezugsgrößen *AT* bzw. *NT* zugeordnet. Hinsichtlich des methodischen Vorgehens, das tendenziell als Traditionskritik (→ textextern) gedeutet werden kann, ist anzumerken, dass nicht die Herkunft einzelner neutestamentlicher Überlieferungen thematisiert wird, sondern die Bemühungen auf die Profilierung negativer Absetzungshorizonte hinauslaufen.

Summa: In Anbetracht dieses dürftigen Befunds ist das Vorgehen der Gruppe „Kultur" bzgl. Mt 5 als (überwiegend) *nicht methodisch orientiert* zu qualifizieren, wenn man nach klassischen und bekannten methodischen Arbeitsschritten Ausschau hält.

(B_{Mt}) Textwahrnehmung und Hypertextrekonstruktion bzgl. Mt 5

Das Zitat von der anderen Wange (Mt 5,39cd) ist augenscheinlich bekannt und wird nach Anzitierung der ersten Hälfte (vgl. S. 14, Y_2) zwar (leicht) fragend, aber völlig korrekt ergänzt (vgl. S. 14, M_4). Anschließend wird im Rahmen der ersten Hypertexteinheit das Hinhalten der zweiten Wange – wie dem Wortsinn nach gefordert – als „natürlich etwas schwierig" (S. 14, F_2) qualifiziert und unmittelbar danach *übersetzt*, allerdings den literalen Sinn deutlich verändernd (S. 14f.; Hervorhebungen C. S.):

F₂: [...] Aber ich *übersetz* das lieber dieses Problem, was daran liegt oder die Lösung, die darin versteckt ist. Den Kreis des Negativen zu durchbrechen, an einer Stelle, nich, also, wenn jetzt Menschen negativ aufeinander zugehen, streiten, nich, aber in böser Absicht, weil sie sich verletzt fühlen, und dann gehen die, die Emotionen durch, dann gibt es, und es gibt ja größere Probleme, wo das auch drauf zutrifft, dann gibt es eine Möglichkeit zu sagen, ich mach das jetzt nicht mehr mit, ich überwinde mich jetzt und fang an mit einem positiven Impuls. Nich, das, das könnt' ich sehr gut versteh'n. *Das ist nicht gleich die zweite Backe hinhalten*, aber, es, es ist *ganz verwandt im Denken*.

M₁₂: *Nach heutiger Zeit besser übersetzt*, würd' ich sagen.

Ausgangspunkt der Gruppendiskussion ist somit die in diesem Text wahrgenommene Problemkonstellation respektive die darin versteckte Lösung: Der Kreis des Negativen muss durchbrochen werden! Dabei werden von der Gruppe sowohl Grundsituation als auch Forderung spezifisch variiert und es wird überwiegend auf dieser Grundlage weiter diskutiert:

	Aktion	Reaktion
Vorgabe (Mt 5,39cd)	Wenn dich einer auf die rechte Backe schlägt, ...	... dann halte auch die andere hin!
Gruppe	Wenn jetzt Menschen negativ aufeinander zugehen, streiten, aber in böser Absicht, ...	... dann: Nicht mehr mitmachen! Überwinden! Anfangen mit positivem Impuls!

Nicht mehr die Rollen *Schlagender* und *Geschlagener* (wie in Mt 5,39cd impliziert) begegnen, sondern wir haben es gewissermaßen mit zwei (ebenbürtigen) Streithähnen zu tun, die in Zwistigkeiten miteinander verstrickt sind.[4] Hierbei stehen der Gruppe „Kultur" grundsätzlich eher durch Gewalt geprägte Auseinandersetzungen vor Augen – was auch die Wahl der Beispielhorizonte (vgl. unten) bestätigt –, denn es wird von der Wangenreihenfolge des Textes (Schlag auf rechts → Hinhalten der anderen Wange = der linken) in der Rezeption dezidiert abgewichen:

---

[4] Die Gruppe „Kultur" rechnet also mit (mindestens) zwei *ebenbürtigen* Gegenübern. Zu dieser Feststellung passt, dass der interaktionelle Bruch zwischen Mt 5,41 und 5,42 nur implizit, nicht aber explizit wahrgenommen wird (vgl. als Kontrastfolie u. a. die Gruppe „Gewerkschaft" Teil II 2.2.2 B_Mt). M₁ (vgl. S. 18) handelt nämlich die Beispiele in Mt 5,42.41.40.39 fast unterschiedslos in einer Reihe ab – aber eben auch nur *fast*. Mt 5,42 wird nicht als Aufforderung rezipiert, sondern als etwas, was im Grunde normal ist und dementsprechend für gewöhnlich getan wird, vgl. S. 18, M₁ (Hervorhebung C. S.): „Hier steht, dass man, wenn einer bittet, *dann gibt man ihm*, das ist natürlich ne, ne normale Tugend, die nicht nur christlich ist, sondern die auch ein Nichtchrist tut. Ist ganz was Normales. Sieht man doch."

	Aktion	Reaktion
Vorgabe (Mt 5,39cd)	Wenn dich einer auf die rechte Backe schlägt, ...	... dann halte auch die andere hin!
Gruppe	„Wenn *mir* einer auf die *linke* Backe schlägt. [...]	Dann halte ihm auch die *rechte* Wange hin" (S. 15, M₁; Hervorhebungen C. S.).

Zum einen wird die Forderung direkt auf einen selbst bezogen (*mir*), zum anderen vertauscht die Gruppe „Kultur" die beiden Seiten, was mehr ist als eine zu vernachlässigende Nebensächlichkeit.

> Dabei ist die Form der Einspielung an dieser Stelle (nur kurzes Zitat von Forscherseite, im Rahmen dessen die *rechte* Backe lediglich flüchtig Erwähnung findet; kein vorliegender Text) nicht verantwortlich zu machen. Auch nach Austeilung des Textes begegnet nämlich das gleiche Phänomen. Im Zusammenhang einer antithetischen Gegenüberstellung von alttestamentlichen Geboten/Forderungen und den neuen bzw. neutestamentlichen Weisungen (nicht als jesuanisch wahrgenommen!) wird erneut die Abfolge links-rechts expliziert: „Und im Alten Testament, wenn einer dir auf die *linke* Backe schlägt, dann schlag ihm auf die *rechte*" (S. 17, M₁; Hervorhebungen C. S.). Unabhängig davon, ob der Text als bloßes Zitat im Raum steht oder ob er in schriftlicher Form vorliegt und man nachlesen kann/könnte, welche Wange nach der Textaussage zuerst von einer schlagenden Gewaltaktion betroffen ist, jedes Mal begegnet die Vorstellung, dass der erste Schlag auf die linke Wange erfolgt. Die Reaktion bringt entsprechend die rechte ins Spiel.

Die Gruppe „Kultur" geht somit ausdrücklich von einem (Erst-)Schlag auf die *linke* Wange aus, was ein vom vorliegenden Text unterschiedliches Szenario impliziert – jeweils vorausgesetzt, dass ein Rechtshänder frontal gegenübersteht und von vorne zuschlägt: Der Schlag auf die *linke* Wange (→ Gruppe) wird mit der offenen Hand ausgeführt und könnte z. B. eine schallende Ohrfeige darstellen, wohingegen bei Betroffenheit der *rechten* Wange (→ Text) eine Aktion mit dem Handrücken vorauszusetzen ist, die u. U. weniger schmerzhaft ist bzw. auf *andere* Art und Weise weh tut.[5]

In dieser Situation besteht eine für die Gruppe „Kultur" verständliche Forderung darin, sich selbst einen Ruck zu geben und nicht mehr mitzumachen in der Spirale von Gewalt und Gegengewalt. Es darf nicht so weitergehen, dass *Methode gegen Methode* gesetzt wird (vgl. S. 15, M₁), sondern verblüffendes, weil unerwartetes Handeln ist gefragt: aussteigen aus diesem Kreislauf, ausharren und nicht gegenschlagen (vgl. S. 15, M₁₁) – dann werden auch die Erstschläge irgendwann enden. Ob sich dieses Verständnis allerdings aufs Ganze gesehen durchsetzen wird, darin ist man sich grup-

---

[5] Wem diese Andeutungen zu wenig sind, der möge bei den Auswertungen zur Gruppe „Bibelkreis" (vgl. Teil II 2.4.2 B_{Mt}) nachlesen.

penintern bis zum Schluss dieser ersten Hypertexteinheit nicht ganz einig und positive (streitende Kinder, Gandhi, Wiedervereinigung, Papst als Vorbild) wie negative (Israel-Palästina, Irak, Ende Zweiter Weltkrieg) Beispiele stehen neben- bzw. gegeneinander.

Dabei werden, ausgehend von der wahrgenommenen Problematik *Wiedervergeltung* als *Linkausgangspunkt*, zwei sprichwörtliche Redensarten mit entgegengesetztem Tenor („Wie du mir, so ich dir" §, vgl. S. 15, M_6; „Der Klügere gibt nach" §, vgl. S. 15, M_8) *pop-up*-mäßig eingespielt und jeweils in ihrer Anwendbarkeit bzw. Praktikabilität negiert: Ersteres *darf* sich nicht, Letzteres *wird* sich nicht durchsetzen – die argumentative Pattsituation begegnet erneut. Die Funktion dieser Verknüpfungen kann somit als *widersprechen* bzw. *in Frage stellen* charakterisiert werden. Vom Hinhalten der anderen Wange ist alles in allem keinerlei Rede mehr. Dass die praktizierte Auslegung somit nicht hundertprozentig mit Mt 5,39d übereinstimmt, ist der Gruppe explizit bewusst, doch stellt dies kein Problem dar – ganz im Gegenteil. Die konstatierte *Verwandtschaft im Denken* (vgl. S. 15, F_2) genügt voll und ganz bzw. letzten Endes ist in den Augen der Gruppe der Text auf diese Art und Weise „nach heutiger Zeit besser übersetzt" (S. 15, M_{12}) – und darauf kommt es bei der Auslegung schließlich an.

Zwischensumma: Die erste Hypertexteinheit konzentriert sich ganz auf Mt 5,39cd, wobei die Vertauschung der Seiten (rechts/links) auf ein vor Augen stehendes gewalttätiges Szenario hinweist. Vor diesem grundsätzlichen Hintergrund wird die Forderung in Mt 5,39d von der Gruppe „Kultur" in die heutige Zeit *übersetzt*, sprich: neu formuliert, und auf dieser Basis die Sinnhaftigkeit/der Erfolg eines derartigen Verhaltens kontrovers diskutiert. Dabei wird der Hypertext um zusätzliches extratextuelles, außerbiblisches Material angereichert: Zwei sprichwörtliche Redensarten werden mit jeweils *widersprechender/in Frage stellender* Intention eingespielt, wobei als Ausgangspunkt die Thematik *(Wider-)Vergeltung* fungiert. Die auf diese Weise verlinkten Elemente wirken wie *Pop-Ups*, die argumentativ ins Feld geführt werden, ohne aber den weiteren Fortgang der Diskussion maßgeblich zu bestimmen.

Nach Vorlage des gesamten Textstückes in schriftlicher Form setzt die Gruppe „Kultur" die Diskussion im Rahmen der nächsten Hypertexteinheit bei Mt 5,44 fort, wenn auf das geforderte Gebet rekurriert und diesem eine reinigende (= psychohygienische) Wirkung zugesprochen wird (S. 17; Hervorhebungen C. S.):

F₂: Also, ich würd', ich hätte etwas zu sagen zu dem, zu dem Passus „*Betet für die, die*" – wo steht denn das jetzt? Jetzt hab ich's nicht mehr! – *

F₂: *Ja, ja, ah ja, die euch verfolgen, na gut.* Also ich, ich mein', das ist eine einfache praktische Lebenserfahrung, dass es kommt ja immer mal so gelegentlich vor, dass man unheimlich böse auf jemanden ist, auch vielleicht beleidigt ist oder so in diese Richtung irgendwas, auch, vielleicht auch geschädigt worden ist, was auch immer, wenn man es fertig bringt, für diesen Menschen zu beten, ist man das Problem, dass man sich dauernd damit beschäftigen muss, los, dann ist es weg. Das Problem ist dann weg, für einen selber, dass das immer im Kopf rumgeht. Dann hat man die Basis gefunden, damit fertig zu werden. Und das ist vielleicht auch die Grundlage, mit diesen betreffenden Menschen – das ist ja alles im Kleinen, ne – irgendwann doch wieder auf eine ganz normale Beziehung zu kommen, oder in ein Gespräch oder was auch immer.

M₁: *Betet für eure Feinde!* Ich sage euch: *Liebt eure Feinde und betet für sie!*

M₁: **Das ist so der Gegensatz zwischen dem Alten Testament** und „Hasset deinen Feind!"[6] **und dem Neuen Testament.** „Ich aber sage euch: *Liebet eure Feinde und betet für sie!*" Und im Alten Testament, wenn einer dir auf die linke Backe schlägt, dann schlag ihm auf die rechte. Das ist eigentlich, ja so heißt das nicht wörtlich, aber sinngemäß. Und hier heißt das aber: „Ich aber sage euch: Liebt eure Feinde und betet für die, die euch verfolgen! Damit ihr Kinder eures Vaters in den Himmel, in den Himmeln werdet!" **Das ist so der Gegensatz zwischen dem Alten und dem Neuen Testament!**

Das *Beten für ...* wird in der vorliegenden Diskussionspassage intensiv thematisiert, allerdings nicht mit Blick auf den anderen, das *Objekt*, für das gebetet werden soll, sondern unter dem Aspekt, wie dieses Gebet auf einen selbst wirkt, der man als betendes *Subjekt* das Problem der dauernden Be-

---

[6] Die hier beobachtbare Numerus-Unstimmigkeit könnte u. U. als Mixtur aus Mt 5,43d („„Hasse deinen Feind!" → Sgl.) und Mt 5,44b („Liebt eure Feinde und betet ..." → Pl.) erklärt werden, scheint aber nicht weiter bedeutsam zu sein.

schäftigung mit Ärger etc. auf diese Weise aus dem eigenen Kopf hinausbefördert. Vorausgesetzt ist hierbei, dass die negativen Gefühle/Gedanken von einem selbst ausgehen bzw. einen selbst belasten: Man ist beispielsweise beleidigt oder (anderweitig) geschädigt oder stinksauer auf jemanden – und diese Person ist als Feind zu qualifizieren. Ergo bestimmen sich meine Feinde aufgrund meiner (aktuellen) Gefühlslage. Das Gebet im Verständnis der Gruppe „Kultur" dient nun 1. (und vorrangig) dazu, eine Basis dafür zu schaffen, dass man selbst damit fertig wird, und (nur bzw. erst) 2. kann dies *vielleicht auch* eine Grundlage für eine spätere, *irgendwann* einmal mögliche Wiederaufnahme von Gespräch und/oder Beziehung und/oder was auch immer mit der betreffenden Person darstellen. Die Aufforderung erscheint somit als Ratschlag, der das eigene Wohlbefinden befördern soll und der als eine Art Selbsthilfe noch dazu auf „einfache praktische Lebenserfahrung" (S. 17, F_2) zurückzuführen und damit insgesamt höchst sinnvoll und plausibel ist.

In diesem Zusammenhang ist interessant, wer nun genau als *Objekt* des Gebets identifiziert wird, für wen also gebetet werden soll. Zitiert F_2 anfangs nur das Beten an sich und sucht nach der zugehörigen Textstelle, so ist es M_1, der als Personengruppe – insgesamt dreimal – explizit die *Feinde* ins Spiel bringt (vgl. oben). Das sieht in der Textvorlage anders aus. Genau genommen spricht Mt 5,44b–d nämlich von zwei unterschiedlichen geforderten Handlungen mit jeweils eigenen Objekten: Während die Feinde zu lieben sind, gilt das Gebet denen, die einen selbst verfolgen. Die Sache mit dem *Verfolgen/Verfolgtwerden* fällt (F_2) zwar kurz auf, wird aber sofort übergangen. Im Folgenden spielt dies keine Rolle mehr und die korrekte und vollständige Textversion begegnet nur einmal, nämlich im Rahmen der wörtlichen Zitation der gesamten Passage Mt 5,44a–45a. Betrachtet man nun, welche Textelemente von der Gruppe „Kultur" ausdrücklich aufgegriffen und intensiver thematisiert werden und v. a. in welcher Kombination dies geschieht, dann macht man eine fruchtbare Entdeckung:

		Textvorlage (Mt 5,44b–d)	*Vorgehen der Gruppe „Kultur"*
1.	Mt 5,44b	a. Aufforderung: *Liebt!*	→ zwar im Vorübergehen zitiert, aber nicht weiter thematisiert
		b. Objekt: *eure Feinde*	→ intensiv und immer wieder aufgegriffen (und mit 2.a. verbunden!)
2.	Mt 5,44cd	a. Aufforderung: *Betet für!*	→ intensiv angesprochen (und mit 1.b. verbunden!)
		b. Objekt: *die, die euch verfolgen*	→ beiläufig erwähnt; fällt eher unter den Tisch

Dieser Befund erweckt den Anschein, dass die Gruppe „Kultur" mit zwei der insgesamt vier Elemente mehr anfangen kann als mit den anderen beiden, Erstere (→ 1.b. und 2.a.) entsprechend intensiv aufgreift und zwar in einer eigenen, neuen Kombination, die so vom Text nicht – zumindest nicht explizit – gedeckt ist, und Letztere eher geflissentlich übergeht/-sieht. Es liegt somit eine *intra*textuelle Neukombination vor.

Im Anschluss daran wird – immer noch im Rahmen der gleichen Hypertexteinheit, da keinerlei Einschnitt erkennbar ist – der Fokus auf den antithetischen Charakter der Kompositionsstruktur (✘) gelegt und ein (tiefer) Gegensatz (vgl. **inclusio** im obigen Text) zwischen AT und NT (nicht Jesus!)[7] konstatiert bzw. eine scharfe Trennungslinie gezogen (*traditionskritische* Überlegungen ✘ werden zur Unterstützung der eigenen Argumentation angestellt). Auffällig sind dabei drei Beobachtungen:

Erstens wird beim Aufgreifen der zweiten Antithese (Mt 5,43f.) das im Text angeführte alttestamentliche Gebot der *Nächstenliebe* (Mt 5,43c; vgl. u. a. Lev 19,18) komplett ausgeblendet, womit die alttestamentliche Überlieferung in einem negativeren Licht erscheint und der Kontrast zur folgenden neutestamentlichen Botschaft schärfer profiliert wird. Außerdem verschieben sich die Akzentsetzungen bzw. Stoßrichtungen: Während Mt 5,43f. die Opposition „Liebe *nur* zum Nächsten/Hass gegenüber Feinden" (→ Ihr habt gehört, dass gesagt worden ist) – „Liebe *sogar* bzw. *gerade* zu Feinden" (→ Ich aber sage euch) aufmacht und damit gewissermaßen eine Entgrenzung des Adressatenkreises der Liebe fordert, auf keinen Fall aber die alttestamentliche als reine Hass-Botschaft darstellen will, wirkt dies in der Rezeption der Gruppe „Kultur" etwas anders. Dem AT wird hier *nur* der *Hass gegenüber dem Feind* zugeordnet, das NT zeichnet demgegenüber dann die Liebes-, unmittelbar gefolgt von der Gebetsforderung aus. Dass gerade Letztere der Gruppe zentral wichtig ist, dürften obige Überlegungen deutlich gemacht haben. Die bisher vorgetragene These erfährt nun anhand der vorliegenden Beobachtungen eine weitere argumentative Stütze: Dadurch, dass Mt 5,43c weggelassen wird, begegnet das Stichwort *lieben* einmal weniger und die Wahrnehmung von Mt 5,44 kann sich problemlos auf das *Beten* konzentrieren. Der Liebes-Aspekt wird nur beiläufig gestreift.

Zweitens bringt die Gruppe – ebenfalls zur Illustrierung des Gegensatzes zwischen AT und NT – eine weitere Gegenüberstellung sehr eigenen Charakters ins Spiel, die gewissermaßen als Antithese *Marke Eigenbau* bezeichnet werden kann. Als neutestamentlicher Teil begegnet bereits Be-

---

[7] Die Gruppe „Kultur" bezieht sich insgesamt eindeutig auf schriftliche Größen (AT/NT) und hat keinerlei (mündliche) Gesprächssituation(en) vor Augen. Dies zeigt sich nicht zuletzt daran, dass Mt 5,38ab und 5,43ab (*gehört – gesagt*) nicht wahrgenommen werden.

kanntes: Mt 5,44–45a, diesmal vollständig und korrekt zitiert. Erstaunen erweckt wohl (zunächst) der eingebrachte alttestamentliche Gegenpart, denn bei diesem handelt es sich nicht nur nicht um Mt 5,43 – was zwar eine Wiederholung zum Vorherigen gewesen wäre, aber grundsätzlich dem Text entsprechend passen würde –, sondern es wird auch nicht auf die (bekannte) Wendung „Auge um Auge und Zahn um Zahn" (Mt 5,38cd), die als weitere alttestamentliche Folie vom Text her grundsätzlich angeboten wird, rekurriert. Stattdessen wird dem AT eine Rückschlagforderung unterstellt, die sich gerade in der genauen Formulierung (linke Wange → rechte Wange) als eine Ableitung aus der gruppenspezifischen Rezeption der ersten Antithese (Mt 5,39cd, aber Reihenfolge: links → rechts) entpuppt. Hat man den oben eruierten Umgang der Gruppe „Kultur" mit der Wangenforderung und die dezidierte Ablehnung des wörtlichen Sinnes vor Augen, dann ist es bezeichnend, dass an dieser Stelle nun diese problematische Antithese nur noch bzw. gerade in einer Negativformulierung durchschimmert und v. a. mit der positiven Forderung des zweiten Abschnitts (Liebe und Gebet) kombiniert wird. Jetzt ist die Hinhalteanweisung gewissermaßen *aus dem Spiel*. In diesem Zusammenhang ist auch auffällig, dass die Nichtwiderstandsforderung (Mt 5,39b) an keiner Stelle rezipiert, ja nicht einmal kritisch problematisiert wird. Dieser Aspekt wird schlicht und ergreifend nicht thematisiert.

Kommen wir zur dritten (kleineren) Beobachtung: Nur an dieser Stelle – im Unterschied zu einer vorherigen Bezugnahme *ohne* – wird das *aber* in der Redeeinleitung zitiert und zwar gleich zweimal kurz aufeinanderfolgend, ja es begegnet sogar im Gesprächsbeitrag selbst außerhalb der biblischen Bezugnahme: „Und hier heißt es dann aber ..." (S. 17, M₁; Hervorhebung C. S.). Im Zusammenhang mit der ausgesprochen betonten Rede von einem Gegensatz zwischen AT und NT könnte diese Beobachtung dahingehend ausgewertet werden, dass das *aber* erst vor diesem Hintergrund überhaupt wahrgenommen und mit einer ganz bestimmten Intention zitierend aufgegriffen wird, während es vorher das Schicksal des geflissentlichen Überlesenwerdens ereilt hat. Man nimmt gewissermaßen wahr, was man gerade brauchen kann, was passt![8]

Als Nächstes und Letztes wird Mt 5,41 in die Diskussion einbezogen, allerdings wieder in gruppenspezifischer Rezeption:

---

[8] Die zwischenzeitliche kurze Erwähnung der *Zöllner*, die „für Liebe Lohn verlangen" (S. 18, M₈; vgl. Mt 5,46), kann an dieser Stelle übergangen werden, da sie im Rahmen der Diskussion unverbunden und ohne erkennbare Bedeutung im Raum steht und somit für den Hypertext der Gruppe „Kultur" irrelevant ist.

„Ja ja, einiges kann man schon lernen, nich, in unsere Zeit. Auch jemanden, den man vielleicht gar nicht sympathisch findet, dennoch ein Stück zu begleiten, wenn er das möchte!" (S. 18, F_2).[9]

Es klingt schon etwas eigenwillig, wenn derjenige, der einen nach Aussage des Textes zu einer Meile *zwingt* – wobei Zwang (m. E.) grundsätzlich den Aspekt *gegen den eigenen Willen* impliziert –, als jemand charakterisiert wird, den man a) vielleicht gar nicht sympathisch findet und der b) etwas möchte. Diesem Wunsch zu entsprechen und trotz der vielleicht vorhandenen persönlichen Abneigung dennoch ein Stück mitzugehen – diese Quintessenz zieht die Gruppe „Kultur" für sich aus Mt 5,41. Kein Wort von einer zweiten Meile bzw. einem zweiten Stück (Weg), kein Wort vom Zwang. Es entsteht vielmehr der Eindruck, dass es um die Bereitschaft geht, auch (mir!) weniger sympathischen Mitmenschen wohlwollend und entgegenkommend zu begegnen.

Vergleicht man diesen Befund mit den obigen Ergebnissen bzgl. der Wahrnehmung der Wangenforderung, dann finden sich erstaunliche Parallelen: Hier (→ jemand, den man vielleicht nicht so sympathisch findet) wie dort (→ Feind = jemand, auf den ich unheimlich böse oder durch den ich beleidigt/geschädigt worden bin) sind für die Charakterisierung des anderen die diesem gegenüber gehegten eigenen Gefühle ausschlaggebend. Die Bestimmung des Gegenübers orientiert sich an meiner Befindlichkeit. In beiden Fällen wird außerdem der für die Gruppe akzeptable Clou in einer Art Selbstüberwindung[10] gesehen und die vom Text geforderte Überbietung (andere Wange/zweite Meile) fällt im Rahmen dessen entsprechend unter den Tisch bzw. wird explizit negiert.

Endsumma: Nach Austeilung der schriftlichen Textvorlage lässt sich erneut (vgl. Diskussion zum Zitat) nur eine Hypertexteinheit erkennen. Die Gruppe „Kultur" konzentriert sich zunächst auf die Feindesliebe sowie das Gebet für die Verfolger. Es fällt auf, dass eine *intra*textuelle Neukombination von Einzelelementen dahingehend erfolgt, dass am Ende das *Gebet* für *(meinen) Feind* im Mittelpunkt steht, wobei der Betende selbst als Nutznießer – dieser psychohygienischen Reinigungsaktion – erscheint. Ohne erkennbaren Einschnitt fokussiert die Gruppe anschließend die antithetische Kompositionsstruktur des Abschnitts und konstatiert einen (scharfen) Traditionsgegensatz zwischen AT und NT. Dabei greifen Ausblendung (alttestamentliches Gebot der Nächstenliebe) und Einführung einer Antithese *Marke Eigenbau* (Schlage zurück!) argumentativ ineinander. Die abschließende Rezeption der Meilenforderung weist erneut eine gruppenspezifische

---

[9] Mt 5,41 wird an späterer Stelle noch einmal komplett zitiert (vgl. S. 18, M_1), was aber nicht weiter thematisiert zu werden braucht.

[10] Vgl. S. 15, F_2: „dann gibt es eine Möglichkeit, zu sagen, ich mach das jetzt nicht mehr mit, ich überwinde mich jetzt und fang an mit einem positiven Impuls."

Färbung auf. Insgesamt bleiben große Partien des Textes ausgeblendet; extratextuelles Material findet sich nicht.

(C_{Mt}) Positionierung (Identifikation/Kritik) bzgl. Mt 5

Was die eigene Positionierung der Gruppe „Kultur" mit Blick auf Mt 5,38–48 anbelangt, fällt zunächst auf, dass kein Sprecher dieser Weisungen in den Blick kommt. Dem sprechenden *Ich* (vgl. Mt 5,39a.44a) an sich wird über die bloß zitierende Erwähnung hinaus keinerlei Beachtung geschenkt.

Dafür begegnen einige Überlegungen hinsichtlich potenzieller Adressaten. Die Wangenforderung (Mt 5,39cd) – in der eigenen Übersetzung versteht sich – könnte die Gruppe selbst unmittelbar ansprechen, womit das *dich* des Textes in der Rezeption durch die Gruppe zu einem *mich/mir* wird (vgl. S. 15, M_1). In der Folge entzündet sich eine kontroverse Diskussion über Praktikabilität bzw. Sinnhaftigkeit des Geforderten und im Rahmen dieser Überlegungen werden die verschiedensten Personen(gruppen) gewissermaßen in die vorliegende Konstellation eingesetzt, z. B. Terroristen vs. Bekämpfer (vgl. S. 15, M_1); Israelis vs. Palästinenser (vgl. S. 15, M_6); Nachbarn oder Eheleute, die in (heftigem) Streit miteinander liegen (vgl. S. 16, M_7); Länder oder Völker, die sich hasserfüllt begegnen (vgl. S. 16, M_7) – z. B. Franzosen vs. Deutsche nach dem Zweiten Weltkrieg (vgl. S. 16, M_1).

Auffallend ist hierbei, dass jeweils zwei gleichwertige/-rangige Personen respektive Gruppen einander gegenübergestellt werden und keine Seite (eindeutig) als Täter bzw. Opfer der Gewalt klassifiziert werden kann. Im Unterschied zum Bibeltext, der einerseits einen Schläger, andererseits einen Geschlagenen vor Augen hat – hier gewissermaßen eine klare Rollenzuweisung vornimmt – und sich ausschließlich an Letzteren mit der Erteilung von Verhaltens- bzw. Reaktionsratschlägen wendet, zeichnet die eingebrachten Beispiele der Gruppe „Kultur" durchweg eines aus: Ebenbürtigkeit. Man begegnet sich auf gleicher Augenhöhe. Beide Seiten können schlagen bzw. tun dies in der Realität auch, und wenn die Gruppe die Hauptintention der Forderung in der Unterbrechung dieser Gewaltspirale sieht, so versteht sie den Text eindeutig als an diese beiden Seiten gerichtet:[11] „Wenn einer, eine Gruppe, ja, mal aufhörte, das würd' den andern total verblüffen" (S. 15, M_6); „dass eine Seite einsieht, es hat so keinen Sinn mehr" (S. 15, M_{11}). Einer soll zwar aufhören, sprich: mit dem Aussteigen und Verblüffen anfangen, doch prinzipiell spricht die Weisung alle an. Mt 5,39cd wird somit im Kontext gewalttätiger Konflikte gelesen und aus-

---

[11] Die Gebetsforderung (vgl. Mt 5,44c) scheint dagegen nur *einseitig* relevant zu sein, vgl. im Folgenden.

gelegt und hieran sind meistens (mindestens) zwei beteiligt, die es beide gleichermaßen von diesem Tun abzubringen gilt.

Dabei kann man – wie eingangs bereits angedeutet – selbst auch betroffen sein, gewissermaßen eine Seite bilden und es ist durchaus offen, ob Schlagender oder Geschlagener bzw. diese Frage erübrigt sich weitgehend, da beide ebenbürtig und somit austauschbar sind. Dies lässt sich auch auf semantischer Ebene unmittelbar in der Diskussion belegen: Der andere, der einem selbst begegnet, kann sowohl *jemand* sein, der dem biblischen Text im Verhalten zu entsprechen versucht und in der Folge als potenzieller Streitpartner ausfällt (vgl. S. 17, M_7), als auch *jemand*, auf den man unheimlich böse ist (= Feind; vgl. S. 17, F_2), oder *jemand*, den man nicht sehr sympathisch findet und der einen (trotzdem) zu einer Wegbegleitung auffordert (vgl. S. 18, F_2). Einmal taucht man selbst somit als potenzieller Erstschläger auf der Bühne auf, einmal als Opfer.

Bleibt für die Gruppe „Kultur" in diesem Zusammenhang nur die insgesamt strittige Frage, wohin ein Mt 5,39cd gemäßes Verhalten führt bzw. was sich darin zeigt: Stärke oder Naivität/Opferrolle? (vgl. S. 18). Was ist, wenn das Befolgen der in Mt 5 überlieferten (vielleicht gut gemeinten, aber grundsätzlich gefährlichen) Ratschläge dazu führt, dass man als naives Opfer da steht?! Oder erfordert diese Haltung doch eine solche Stärke, eine solche positive Kraft, dass damit gerade unvereinbar ist, sich alles gefallen zu lassen?

So befinden wir uns mittendrin in Überlegungen zu Machtkonstellationsverhältnissen und innerhalb der Gruppe „Kultur" treffen kontroverse Meinungen aufeinander (S. 18; Hervorhebungen C. S.):

F_3: Aber ich denk', aber in der heutigen Gesellschaft *seh' ich* aber auch ganz klar 'ne *Gefahr* drin, dass man sich nicht in dieser Position sich alles bieten lässt und man ist das Opfer und man ist auch die Naive oder, ja, also ich sehe da auch 'ne Gefahr drin. * Ganz klar.

F_2: Das ist doch, das be-, das erfordert doch Stärke, wenn man * nein, nee, nee.

F_2: Also das seh' ich ganz anders. Ich denke, dass die Haltung, die man da einnimmt, ja auch eine sehr positive * Kraft, ja das ist ein guter Ausdruck – positive Kraft ist. Ich hab aber nicht gesagt, dass man sich alles ge-

F_2: Also das ist ...

F_3: Vor Gott, aber, aber nicht gegenüber deinen Feinden und ich finde auch wichtig heute auch, sich wehren zu können. Also das fehlt mir so ein bisschen.

F_3: Kraft.

	fallen lassen sollte *. Das ist ja eine ganz andere Sache.	F$_3$:	Nein.
	*	F$_3$:	Grad in der heutigen Gesellschaft.
F$_2$:	Das war sicher immer so. *		Ich mein, ich kann natürlich sagen: „O.K., ich spüre die Stärke, verhalt ich mich so." Aber drum herum, was machen die Menschen trotzdem mit einem weiter?! So die *Gefahr seh' ich*.

Für die Gruppe „Kultur" scheint die Problematik der Gefährdung zu überwiegen – diese Sichtweise behält im Gespräch auf jeden Fall das letzte Wort. Ausgangspunkt ist hierbei die gleichrangige und ebenbürtige Stellung der beiden Seiten, wie sie in der Diskussion postuliert und gerade in den gewählten Beispielen offenkundig wird. Man begegnet sich zuallererst auf gleicher Augenhöhe, Gewalt wie Gegengewalt stehen allen Beteiligten gleichermaßen zur Verfügung und das Befolgen der textlichen Verhaltensratschläge scheint in diesem Zusammenhang höchst gefährlich zu sein: Gefährdet wird nämlich gerade diese Ebenbürtigkeit, da jemand, der gemäß Mt 5 handelt, leicht zum naiven Opfer wird bzw. sich selbst dazu macht, indem er gewissermaßen seine Stellung aufs Spiel setzt. Wenn man sich immer alles bieten lässt und sich nie zur Wehr setzt, dann kann dies (auch?) sehr unliebsame Konsequenzen nach sich ziehen. Denn angesichts des Verhaltens der mich umgebenden Mitmenschen bringt mir die Stärke, die ich u. U. – tief in mir drinnen – verspüre, auch nicht wirklich viel.

Fallübergreifender Vergleich:[12] Eine alternative Auslegung praktiziert die Gruppe „Bibelkreis" (vgl. Teil II 2.4.2 B$_{Mt}$ und C$_{Mt}$). Ihrer Meinung nach geht es dem Text darum, einem unterlegenen Opfer für den Fall der Konfrontation – u. a. mit Gewalt – sinnvolle Reaktionsratschläge an die Hand zu geben. Hierfür sind andere Grundannahmen von Nöten, nämlich erstens, dass es sich beim Schlag auf die *rechte* Wange (= Schlag mit dem Handrücken) nicht um eine unspezifische Ohrfeige im herkömmlichen Sinne, sondern um eine öffentliche Demütigung durch einen Höhergestellten handelt. Vergleichbare Grundkonstellationen sind auch für Mt 5,40 (reicher Gläubiger/armer Schuldner) und Mt 5,41 (römischer Besatzungssoldat/Jude) vorauszusetzen, wobei zeit- und sozialgeschichtliche Überlegungen (✖) in diesem Zusammenhang eine wichtige Rolle spielen. Zweitens wenden sich die Aufforderungen in Mt 5,39d.40c.41b ausdrücklich an den unterlegenen, schwächeren Part – und nur an diesen –, da dieser gerade nicht mit gleichen Mitteln zurückschlagen kann. Das *Wie du mir, so ich dir* greift nicht, weil jemand z. B. vollständig macht- oder rechtlos ist.

---

[12] Mit den *fallübergreifenden Vergleichen* kommt von Anfang an ein komparatives Vorgehen zum Einsatz, womit dem sozialempirischen Grundsatz Tribut gezollt wird, dass Gegenhorizonte respektive Kontrastfolien aus anderen Fällen zu erarbeiten sind und nicht vonseiten der Forschenden eingebracht werden sollten. Dementsprechend werden sich in den folgenden Ausführungen des Hauptteils immer wieder – z. T. wechselweise – Seitenblicke auf andere Fälle finden.

In dieser Situation rät Mt 5 dazu, das einzig mögliche Mittel zu wählen, um Gewalt, Demütigung, Erniedrigung etc. reaktiv und provokativ zu begegnen: Man findet sich nicht stillschweigend damit ab – Zurückschlagen ist, wie gesagt, ausgeschlossen –, sondern tritt dem Gegenüber aktiv entgegen. Man entlarvt und deckt auf – auf drastische Art und Weise. Werden die Anweisungen befolgt, so lässt sich der betreffende Mensch gerade nicht in die unterste Schublade der gesellschaftlichen Hierarchie stecken und drängen, sondern er erhebt den Anspruch, als gleichrangiger Partner, als ebenbürtiges Gegenüber wahr- und ernst genommen zu werden. Auf diese Weise kann die eigene Würde bewahrt werden und es werden Handlungskompetenz und Initiativmöglichkeiten geschaffen, wo sonst nichts (mehr) zu machen wäre und ein ohnmächtiges Zuschauenmüssen letztendlich wohl zur Resignation führen würde. In der grafischen Übersicht sieht dies wie folgt aus:

„Kultur"	Chance	ebenbürtiges Gegenüber	durch Befolgung der Ratschläge	→ Beweis der eigenen Stärke/ positiven Kraft
	Gefahr	**ebenbürtiges Gegenüber**		→ **(unterlegenes) naives Opfer**
Alternativ	Chance	(unterlegenes) Opfer		→ ebenbürtiges Gegenüber

– *Vergleich Ende* –

So schwer man sich mit Blick auf die Wangenforderung tut, so einfach scheint dagegen die Sache mit der Gebetsforderung (vgl. Mt 5,44) zu sein. Hier begegnen weder Kritik noch negative Gegenbeispiele, sondern der praktische Wert steht unwidersprochen im Raum, was nicht zuletzt mit dem oben herausgearbeiteten Verständnis dieser Anweisung durch die Gruppe „Kultur" zu tun hat. Man betet nicht in erster Linie für den anderen – sprich: auf Basis der Neukombination den *Feind*, der sich als zugehöriges Gegenüber gewissermaßen von mir persönlich-subjektiv aus bestimmt (es ist z. B. jemand, auf den *ich* unheimlich böse bin, vgl. S. 17, F_2)[13] –, sondern vielmehr für sich selbst, um das beschäftigende und u. U. Schlaf raubende Problem aus dem Kopf zu bekommen (vgl. S. 17, F_2). Psychohygiene per Gebet klappt wunderbar, das lehrt schon die praktische Lebenserfahrung. Die Worte werden somit nicht wie Mt 5,39cd als direkte Verhaltensanweisung in einer Konfrontationssituation verstanden, sondern vielmehr als Tipp für danach, z. B. für zu Hause im stillen Kämmerlein. In diesem Zusammenhang fällt auf, dass die Gebets- im Unterschied zur Wangenforderung von der Gruppe nur als einseitig relevant aufgefasst wird – es kommen auf jeden Fall keine ihrerseits betenden Feinde in den Blick.

---

[13] Auch der, der mich u. U. zu einer Meile zwingt (vgl. Mt 5,41a), wird auf ähnliche Weise – von einem selbst ausgehend – qualifiziert, nämlich als jemand, „den man vielleicht gar nicht sympathisch findet" (S. 18, F_2).

Summa: Die Positionierung der Gruppe „Kultur" bzgl. Mt 5 hängt ganz entscheidend von der postulierten Ausgangskonstellation und v. a. vom zu erwartenden Nutzen ab; auf die (positiven/negativen) Konsequenzen kommt es an. Entsprechend hat die Gruppe mit der Gebetsforderung (für Feinde zur eigenen Psychohygiene) keinerlei Problem und sieht sich hier auch nur – gewissermaßen einseitig – selbst angesprochen. Bzgl. der Wangenforderung werden dagegen (mindestens) zwei ebenbürtige Gegenüber vorausgesetzt, an die sich das Wort gleichermaßen richtet. Die Gruppe selbst kann hier involviert sein, doch die Befolgung der Anweisung ist nicht unproblematisch: Angesichts der Gefahr des potenziellen Absturzes in die Rolle des (naiven) Opfers ist Vorsicht geboten.

(A_{Mk}) Methodisches Vorgehen bzgl. Mk 5

Bei der Diskussion der Gruppe „Kultur" zu Mk 5 lässt sich keinerlei methodisches Vorgehen im klassischen Sinne entdecken. Entsprechend ist die Gruppe als *nicht methodisch orientiert* zu bezeichnen.

Fallinterner Vergleich: Die Gruppe „Kultur" geht in methodischer Hinsicht mit Mt 5 und Mk 5 sehr ähnlich um. In beiden Fällen finden keine klassischen methodischen Arbeitsschritte Anwendung. Insofern kann die Gruppe „Kultur" insgesamt als *nicht methodisch orientiert* klassifiziert werden. *– Vergleich Ende –*

(B_{Mk}) Textwahrnehmung und Hypertextrekonstruktion bzgl. Mk 5

Die Gruppendiskussion zu Mk 5,24b–34 setzt mit der Wahrnehmung der wundersamen Heilung ein.[14] Stichworte wie *magische Kraft* (vgl. Mk 5,30b), *Handauflegen, Rettung vor Leiden* (vgl. evtl. Mk 5,28c.34c), *Glaube* (vgl. Mk 5,34c) fallen und es werden zwar die Leistungen der Schulmedizin grundsätzlich gewürdigt, Letztere wird aber insgesamt als Irrweg (dis-)qualifiziert. Stattdessen wird eine neue Renaissance der Heilpraktiker heraufbeschworen, wobei eine Aktion bzw. Kompetenz immer wieder als entscheidend betont wird: Handauflegung. Doch stehen irgendwelche Textwahrnehmungen im Hintergrund dieser streckenweise mehr allgemein gesundheitspolitisch anmutenden Diskussionspassage?

Letzteres ist zu bejahen, denn was auf den ersten Blick wie rein assoziative Überlegungen zu alternativer Medizin ohne irgendeine identifizierbare Beziehung zum biblischen Text anmutet, erweist sich auf den zweiten Blick als durchaus vom Text – genauer gesagt von der skizzierten Szenerie/Konstellation – angestoßen. Mk 5 erzählt nämlich die Geschichte einer

---

[14] Die ersten Überlegungen in diesem Abschnitt müssen sich auf handschriftliche Notizen und erinnernde Rekonstruktionen der Diskussion stützen, denn die Aufzeichnung weist an dieser Stelle wegen eines technischen Problems eine Lücke auf.

kranken Person (Frau), die viele Jahre hindurch leidet und ihr Glück – teuer und erfolglos! – bei den etablierten konventionellen Stellen, den Ärzten, versucht (vgl. Mk 5,26). Vor diesem Hintergrund erklärt sich, dass die Gruppe „Kultur" die Problematik *Krankheit* mit dem klassischen Lösungsangebot *Schulmedizin* thematisiert. Und dass die Schulmedizin mit ihren giftigen Mitteln in Form von Tabletten und Spritzen nicht immer weiterhilft (vgl. S. 19, M_{11}), das ist nicht nur eine (Lebens-)Erfahrung der heutigen Zeit, sondern davon könnte wohl auch die Frau aus Mk 5 ein Lied singen. Vor diesem Gegenhorizont zeichnen sich die Heilpraktiker gerade dadurch aus, dass sie andere, neue, eben alternative Wege beschreiten, entsprechend alternative Methoden anwenden und mittels dieser Heilung ermöglichen, wo das klassische (medizinische) Programm schon längst versagt und ein Schulmediziner bereits resignierend aufgegeben hätte. Und genau dieses Phänomen sieht die Gruppe „Kultur" im Rahmen der ersten Hypertexteinheit zunächst als Clou in Mk 5. Da wäre nämlich zum einen Jesus, der per Handauflegung (und ausgehender Kraft) heilt (dazu unten mehr), und da hätten wir zum anderen die Frau, die nicht (mehr) zu den Ärzten rennt, sondern sich auf eine Alternativbehandlung einlässt – jetzt endlich mit durchschlagendem (Heilungs-)Erfolg und das noch dazu zum Nulltarif!

Wie in diesem Zusammenhang das heilende Wirken Jesu (inkl. der ausgehenden Kraft) einerseits und der Glaube der Frau andererseits als Erfolgsfaktoren jeweils zu gewichten sind und zusammenwirken, wird anfangs kontrovers diskutiert, doch auf lange Sicht setzt sich eindeutig der Glaube durch (S. 19; Hervorhebungen C. S.):

M_{11}: ... i, was ja Handauflegen mehr oder weniger Handauflegen ist bis hin zu X. Wenn man daran glaubt, kann das in der Tat *

F_2: *Aber der Glaube alleine wird das nicht machen,* ne?!

M_{11}: Nein, äh nein, nein, nicht, das wollte ich auch – Entschuldigung, * Danke für den Hinweis. Ist nicht richtig ausgedrückt. Wenn man, wenn man mitgeht, wenn man innerlich mitgeht *bei dem, was da passiert* durch das Handauflegen, * dann kann das dazu führen, dass Blockaden freigesetzt werden. * Und dass das viel besser ist als die giftigste Medizin, die man in sich hineinschleudert über Tabletten oder Spritzen oder was auch immer. *

F_2: Ja ja, ja ja.

F_2: Hm.

F_2: Hm.

F_2: Da hab ich grade ...

M_{11}: Insofern, insofern ist der Text hier „*Dein Glaube hat dich gerettet*" ein *Teil* dieser Wahrheit *, *Glaube reicht nicht aus*, * man muss, genau

F_2: Ja klar
Die Kraft, die vom, von, die in diesem Fall von Jesus ausgeht. In diesem Fall.

M_{11}: Ja gut, aber *die reicht, die reicht nicht aus* *, es muss 'ne Überzeugung, * a) 'ne Überzeugung dazukommen, es muss auch die innerliche Blockade erst weg sein, dass man in der Tat daran denkt, jawohl es gibt Alternativen dazu. Und dann können Alternativen helfen.

F_2: Also ich hab ...
F_2: Ich hab ...

Aufschlussreich ist das Vorgehen der beiden beteiligten Personen (M_{11} und F_2) mit Blick auf die Textwahrnehmung: Beide greifen sich jeweils passende, einschlägige Verse zur argumentativen Untermauerung ihrer Position heraus und betonen damit unterschiedliche Aspekte des gleichen Textes. Während es M_{11} – orientiert an Mk 5,34c – zentral (und damit etwas einseitig) um den Glauben geht, stellt F_2 gerade Mk 5,30ab und die von Jesus ausgehende heilende Kraft in den Mittelpunkt. Als M_{11} auf ihren ersten diesbezüglichen Einwurf nicht erwartungsgemäß reagiert, wird *frau* deutlicher: Die von Jesus ausgehende Kraft (vgl. Mk 5,30b) hat entscheidenden Anteil an der erfolgten Heilung. In diesem Zusammenhang begegnet gleich zweimal die kurze, über den vorliegenden Text hinausgehende Wendung *in diesem Fall*, die Generalisierungstendenzen wehrt und das Augenmerk gezielt auf die vorliegende Geschichte lenkt: Auch wenn es bei anderen Heilungsgeschichten anders zugehen mag, hier ist es nun einmal so! Somit wird ein Vers aus dem Text bewusst wahrgenommen und eingesetzt und dabei gerade der konkrete Einzelfall stark gemacht (M_{11}s Ausführungen heben demgegenüber primär auf grundsätzliche Vorgänge bei Heilungen, z. B. per Handauflegung, ab).

Doch auch M_{11} hat (argumentativ) einiges zu bieten. Im Rahmen seines Gesprächsbeitrags fällt auf, dass die durchaus genauen Angaben des Textes über die Geschehnisse (Frau berührt Jesus → Blutfluss hört sofort auf/Heilung ereignet sich sogleich – real und nicht nur potenziell – und zwar durch die Kraft, die von Jesus ausgeht) durch die vage Formulierung „bei dem, was da passiert" (S. 19, M_{11}), gewissermaßen ausgeblendet werden, was sich kurz darauf im Rahmen derselben Hypertexteinheit in noch deutlicherer Art und Weise wiederholt:

„Und da ist also, *was weiß ich*, hier durch, *durch was, was auch immer*, durch Handauflegen oder nein, *ist irgendwie ist etwas passiert* und das Bluten zum Stillen gekommen" (S. 20, M_{11}; Hervorhebungen C. S.; vgl. S. 20, M_1: „Ist da was passiert.").

Der Heilungserfolg wird konstatiert (vgl. Mk 5,29a)[15], doch bleiben die Angaben hinsichtlich des Mittels/der Heilmethode/des Heilweges (bewusst?) unkonkret. Die von Jesus ausgehende Kraft wird auf diese Weise konsequent außen vor gelassen. Und auch wenn der Schlüsselsatz Mk 5,34c zwar mit einem einschränkenden Zusatz zitiert wird (vgl. oben)[16] – er macht *nur einen Teil* dieser Wahrheit aus –, so bleibt M_{11} doch den anderen Teil gewissermaßen schuldig, so wie übrigens auch den Aufzählungspunkt b). Insgesamt gesehen bleibt der Glaube – im Wettstreit mit der Kraft – Sieger auf ganzer Linie.

Daneben spielt das *Alternativparadigma* die entscheidende Rolle, sprich: Jesus heilt auf alternativen Wegen – per Handauflegung.[17] An dieser Stelle könnte man stutzen, sich noch einmal in der Textvorlage vergewissern und anschließend etwas irritiert zur Gruppendiskussion zurückkehren: Das steht da ja so gar nicht! Nicht Jesus berührt die Frau, sondern umgekehrt: Sie ist es, die initiativ tätig wird und die Gewänder Jesu – noch dazu heimlich – anfasst. Jesus merkt erst im Nachhinein etwas davon. Die Gruppe „Kultur" hat hier offensichtlich ein anderes Bild vor Augen: Handauflegung (z. B. im Rahmen einer naturheilkundlichen Behandlung; vgl. S. 20, F_2 und M_{11}) als die Heilung auslösende Berührung – vonseiten des Heilers versteht sich. Fragt man danach, wie die Gruppe „Kultur" zu dieser Auslegung gekommen sein könnte, so lassen sich (mutmaßend) mehrere Gesichtspunkte anführen, die wahrscheinlich in der Praxis zusammenspielen: Die erste Assoziation der Gruppe in Richtung heutiger Heilpraktiker, bei denen heilende Berührungen selbstverständlich zum Handwerkszeug gehören, scheint so grundlegenden Einfluss auf die weitere Diskussion zu haben, dass die im Detail auftretenden Differenzen zum vorliegenden Text keinerlei Rolle mehr spielen bzw. kein Problem darstellen. Jesus wird als Heilpraktiker wahrgenommen und auf dieser Grundlage konstruiert die Gruppe „Kultur" außerdem alle (Inter-)Aktionen konsequent aus seiner Perspektive bzw. von ihm ausgehend. Insgesamt ist nämlich zu beobachten, dass – mit einer einzigen Ausnahme – nur Interaktionen wahrgenommen werden, die Jesus

---

[15] Es erscheint nicht unwichtig, dass das kleine Wörtchen *sofort* in der Rezeption von Mk 5,29a nicht vorkommt: Damit ist grundsätzlich (zeitlicher) Raum geschaffen für die Lösung innerlicher Blockaden und sonstiger Vorgänge, was von M_{11} als heilungsrelevant/-ausschlaggebend favorisiert wird. Die Heilung selbst steht erst ganz am Ende.

[16] Die Redeeinleitung wird hierbei weggelassen und folglich wird dies nicht als Wort Jesu wahrgenommen. Dies begegnet an allen Stellen, an denen sich die Gruppe auf Mk 5,34c bezieht (vgl. S. 21, M_6; S. 22, M_{12} und M_1; S. 23, M_6 und M_8). Dadurch scheint die Möglichkeit eröffnet, dass jeder Mensch, beispielsweise auch ein Heilpraktiker oder man selbst diesen Satz anderen – oder auch sich selbst (vgl. unten) – zusprechen kann.

[17] Innerhalb der nächsten Hypertexteinheit kommt das *Zuhörenkönnen* als weitere heilmächtige Kompetenz Jesu dazu (vgl. unten).

zum Subjekt haben und von ihm getragen werden. Versucht man nun, die durch die Frau erfolgte Berührung der Gewänder Jesu (→ Text: Mk 5,27c) als Aktion Jesu umzudeuten, so muss man zwangsläufig dabei landen, dass Jesus der Berührende ist und angesichts heutiger naturheilkundlicher Praktiken – nicht zu vergessen aktuelle liturgische Gepflogenheiten wie z. B. bei Firmung, Weihe, Kindersegnung – ist eine Handauflegung (→ Gruppe „Kultur") nicht das am Fernsten Liegende.[18] Die Gruppe nimmt somit gewissermaßen eine Umperspektivierung[19] vor und erweist sich als nicht gerade zimperlich im Umgang mit dem Text. Dies zeigt sich auch sehr deutlich, wenn sich die Auslegung der *Heilung* – bisher herrschte ein Verständnis im körperlichen Sinne vor – im weiteren Verlauf der Diskussion markant verändert (S. 20f.; Hervorhebungen C. S.):

M_6: [...] Aber ich denke auch bei, selbst bei Schwerkranken, so, das erlebe ich, ich kann mich an einen 50-Jährigen, der hatte Bauchspeicheldrüsenkrebs, ist innerhalb von drei Wochen gestorben. *Und der sagte: „Ein Glück, dass ich solch einen Glauben habe!"* Der hat das ganz toll, die drei Wochen, hingekriegt aufgrund seines Glaubens. *Der ist jetzt nicht geheilt worden in dem Sinne, dass der Krebs weg war, aber er ist heil geworden an seiner Seele,* sodass er also auf diese Stunde zugehen konnte. Und das sind, und das seh ich also auch hier drin, nich. *Heil als jetzt nicht immer, das ist wieder weg, sondern mir wird etwas geschenkt, womit ich in dieser Situation fertig werde.* Und ich hab das sehr oft bei Krankensalbungen, wenn die, die Krankensalbung empfangen haben nicht als Sterbesakrament, wie es üblich ist (?), sondern wirklich rechtzeitig auch darum wünschen. [...] Ich, also noch mal gesagt, *Heil bedeutet auch an der Seele heil werden, schwere Stunden überstehen.* Ja, oder wenn jemand sagt immer, dass jemand, wenn er sehr Schweres durchgemacht hat, auch darin eine *neue Kraft* findet. Das kann man in der Situation schlecht, können sie das annehmen, nicht annehmen, aber oft bestätigen sie mir später, ich möchte das nicht noch mal erleben, aber ich möchte diese Situation in meinem Leben auch nicht missen, denn daraus hab ich so viel *Kraft* geschöpft, ja, dass ich mit *neuen Kräften* mein Leben gestalten kann. *Das Alte ist nicht ausgelöscht und darin seh ich auch Heil. Kraft* für einen weiteren Lebensweg. *„Dein Glaube hat dir geholfen"* seh ich also in diesem Sinne auch.

M_1: Dann muss der Glaube *nicht unbedingt eine Heilung bringen* *, *wohl eine seelische Heilung, aber nicht eine körperliche.* M_6: Ne!

M_6: Ja. [...].

---

[18] Und selbst das wäre vermutlich kein allzu großes Problem, denn schon mit Blick auf Mt 5 hat man sich davon in der Diskussion trotz expliziter Erkenntnis nicht weiter beirren lassen, vgl. S.15, M_1: „Und so ist das hier vielleicht zu verstehen, das ist aber etwas weit hergeholt." Dass das textliche Detail *Gewänder* in diesem Zusammenhang überhaupt nicht wahrgenommen wird, ist nur logisch und folgerichtig, da die Berührungsaktivität Jesus zugeschrieben wird.

[19] Argumentativ wird die These von der erfolgten *Umperspektivierung* dadurch gestützt, dass das gleiche Phänomen an späterer Stelle erneut begegnet, vgl. unten: *Zuhören können*.

Während der Text gerade den Aspekt der Körperlichkeit betont und herausstellt (→ Berührung der Gewänder; Frau spürt *körperlich* deutlich, dass sie von ihrem – ausgesprochen körperlichen – Leiden geheilt ist; Jesus spürt die ausgehende Kraft), erfolgt in der Gruppendiskussion die explizite Negierung desselben, verbunden mit einer (seelischen) Umdeutung der Heilung: Es geht jetzt um seelische Gesundung/Heilwerdung und innere Stärkung. Im Unterschied zu Mk 5,24–34 ist somit das körperliche Leiden nicht überwunden, sondern die Menschen werden heil an der Seele und können in der Folge mit der Krankheit besser um- bzw. auf die (Todes-)Stunde zugehen, werden mit der Situation eher fertig. Auch das ist ein Geschenk (Gottes)! Sollte die Krankheit nicht zum Tode führen, so kann aus den durchgemachten schweren Stunden (u. U.) eine *neue Kraft* erwachsen, die gestaltendes Potenzial auf dem weiteren Lebensweg entfaltet. Somit hat sich zum einen das Verständnis von Heilung tief gehend verändert, zum anderen scheint die Person Jesu völlig aus dem Spiel zu sein. Der Schwerkranke rühmt sich nämlich selbst seines Glaubens („Ein Glück, dass *ich* solch einen Glauben habe!" S. 21, M_6; Hervorhebung C. S.)[20], und zwar *vor* der (nicht erwarteten) Heilung, womit Mk 5,34c geradezu auf den Kopf gestellt wird: Hier ist es mit Jesus gerade das andere Gegenüber, das den rettenden/helfenden Glauben zuspricht, und zwar *nach* erfolgter Heilung. Des Weiteren könnte in der Redeweise von *Kraft/Kräften* ein Reflex auf Mk 5,30 zu entdecken sein, wobei bezeichnenderweise diese Kraft nicht von einem anderen (wie z. B. Jesus) ausgeht, sondern man schöpft sie selbst aus dem Durchgestandenen.

An dieser Stelle bringt die Gruppe „Kultur", am Stichwort *Glaube* (vgl. Mk 5,34c) als Verknüpfungsausgangspunkt ansetzend, extratextuelles Material innerbiblischer Provenienz § *pop-up*-mäßig ein. Die erkennbare Intention besteht jeweils darin, einzelne zu beachtende Aspekte des Glaubensbegriffs zu akzentuieren (→ *spezialisieren*) und dadurch die eigene Position zu *unterstützen*, beispielsweise die technisch nicht einholbare und schier unvorstellbare Wirkmächtigkeit des Glaubens:

> „Ja. Und wie der Glaube, der Berge versetzen kann – der ist ja auch in der Bibel – ja, so wer kann denn 'nen Berg versetzen, das ist doch gar nicht möglich – da kann ich noch so technisch versiert sein, krieg ich nicht hin! Ja, das wird durch meinen Glauben Unmögliches möglich" (S. 21, M_6).

Glaube kann das Unmögliche schaffen, z. B. einen Berg versetzen (vgl. Mt 17,20; 21,21; Mk 11,23; 1 Kor 13,2 §)[21], allerdings ist die Wahl der Beispiele gut zu bedenken, denn nicht jeder überraschende Erfolg ist (allei-

---

[20] Vgl. Anm. 16, wo bereits festgestellt worden ist, dass die Redeeinleitung Mk 5,34a, die Jesus als Sprecher der Worte ausweist, an keiner Stelle aufgegriffen wird. Damit wird die Möglichkeit eröffnet, andere Sprecher – z. B. sich selbst – einzuführen.

[21] Vgl. mit dem *Objekt* Maulbeerfeigenbaum Lk 17,6.

ne) auf Glauben zurückzuführen. Wo auch immer menschliche Leistung mit im Spiel ist, weist die Gruppe den Rekurs auf den Glauben als unangemessen zurück (S. 21):

M_{12}: Aber wir haben es ja bei den Griechen gesehen beim Fußball. Glaube kann Berge versetzen. Sie haben gewonnen. *
$F_?$: Ja.
M_1: Haben auch Leistung gebracht.
?: Das war harte Arbeit.
$M_?$: @

Während der Pfarrer (M_6) seine Verknüpfung somit erfolgreich einrichten kann, stößt M_{12} in der Gruppe auf Widerstand und letztendlich wird die gleiche Bezugnahme an dieser anderen Stelle zurückgewiesen – sprich: das *Pop-up*-Fenster als nicht hilfreich oder weiterführend unverrichteter Dinge wieder geschlossen. Es ist bereits darauf hingewiesen worden, dass Jesus im Rahmen der Diskussion mittlerweile kaum eine Rolle mehr spielt: Der Kranke spricht sich den Glauben selbst zu und die Kraft kommt aus dem eigenen Inneren nach dem Durchstehen schwerer Stunden. Stattdessen ist eine weitere Person – gewissermaßen als Ersatz/Stellvertretung für Jesus – mit von der Partie, was sich im Stichwort *Krankensalbung* andeutet und was in der folgenden Einspielung explizit zum Ausdruck gebracht wird. Hier liegt eine Art *Linkkette* vor, die vom *Glauben*, der ein anderes Zugehen auf die (Todes-)Stunde ermöglicht (vgl. S. 22, M_6), über die *Krankensalbung*, welche eine Festigung gerade dieses Glaubens bewirkt, hin zu Jak 5,14f. § führt, wobei letzterer Sprung ein neues Fenster öffnet (→ *ersetzen*):

„Wenn ich, wenn ich im Jakobusbrief, da heißt es ja: ‚Ist jemand krank unter euch, dann rufe er die Priester der Kirche zu sich, sie sollen ihn salben und das Gebet wird den Kranken aufrichten. Und wenn er Sünden begangen hat, werden sie ihm vergeben werden.' Darin wird mal deutlich, was, was Krankensalbung ist, nicht ein Sakrament des Todes, wie man früher sagte. [...] Ja, das war so, brutal ausgedrückt, aber das war wirklich das Sakrament, und jeder hatte da Angst davor, das Sakrament überhaupt noch zu empfangen. Ja, und jetzt erleb ich wirklich, dass Leute irgendwo in ihrem Glauben gefestigt werden und auf die Stunde anders zugehen, als wenn sie's nicht gehabt hätten" (S. 21f., M_6).

Exkurs: Die Zitierung von Jak 5,14f. durch M_6 ist im Vergleich zur Version der Einheitsübersetzung (im katholischen Raum gerade in liturgischen Kontexten am weitesten verbreitet und bekannt)[22] sehr interessant und aufschlussreich, gerade weil es sich bei M_6 um den Ortspfarrer handelt.

---

[22] Vgl. S. A. STRUBE, Laien-Bibellektüre 97 Anm. 19: „Der Text der EÜ verdient auch exegetische Beachtung, da in genau dieser und keiner anderen Form die biblische

Gruppe „Kultur" (S. 21f., M₆)	Jak 5,14f. (EÜ)
Wenn ich, wenn ich im Jakobusbrief, da heißt es ja: „Ist jemand krank unter euch, dann rufe er die **Priester der Kirche** zu sich, sie sollen ihn salben und das Gebet wird den Kranken aufrichten. Und wenn er Sünden begangen hat, werden sie ihm vergeben werden."	[14] Ist einer von euch krank? Dann rufe er die **Ältesten der Gemeinde** zu sich; sie sollen *Gebete über* ihn *sprechen und ihn im Namen des Herrn mit Öl* salben. [15] Das *gläubige* Gebet wird den Kranken *retten, und der Herr wird ihn* aufrichten; wenn er Sünden begangen hat, werden sie ihm vergeben.

Nur zwei auffällige Aspekte sollen kurz herausgegriffen werden: Aus den *Ältesten der Gemeinde (ekklesia)* werden die *Priester der Kirche*, zu denen auch M₆ zu zählen ist, und es ist (nur?!) deren priesterliches Gebet, das heilend = aufrichtend wirkt. Eine Beteiligung Gottes bleibt völlig ausgeblendet und auch die Salbung ist schon um den *Namen des Herrn* (und das Salbmittel *Öl*) ärmer geworden. Allerdings dürfen diese Überlegungen auf keinen Fall überbewertet werden, da es sich um ein Zitat aus dem Kopf handelt und kein Text schriftlich dazu vorliegt. Dennoch könnte sich hier ein Einblick in das priesterliche Selbstverständnis von M₆ bieten. – Exkurs Ende –

Die Priester der Kirche ersetzen (heute) somit gewissermaßen Jesus (damals) bzw. spielen ansatzweise dessen Rolle, da sie es sind, die die Salbung (und damit wohl auch eine Handauflegung respektive eine analoge Berührung) vornehmen. Diese Aktion festigt den Glauben der Kranken/Sterbenden, welche aufgrund dieser Ausstattung wiederum besser auf die (Todes-) Stunde zugehen können.

Zwischensumma: Im Rahmen der ersten Hypertexteinheit sind nicht nur intratextuelle Sprünge feststellbar, sondern es liegen auch mehrere extratextuelle Einspielungen (innerbiblisches Material, u. a. Berge versetzender Glaube) vor, die am Stichwort *Glaube* anknüpfen und in *unterstützender, spezialisierender* oder *ersetzender* Absicht vorgenommen werden. Ausgehend von der in Mk 5 durch die Gruppe „Kultur" identifizierten Grundkonstellation/-situation, wird – im Gegenüber zur Schulmedizin – das Phänomen *Heilpraktiker* thematisiert, wobei besonders auf den Aspekt (Heilung per) *Handauflegung* abgehoben wird. Hier könnte eine *Umperspektivierung* vorliegen, sprich: Die Interaktionen werden konsequent von Jesus ausgehend konstruiert, wobei der Einfluss des modernen Paradigmas *Heilpraktiker* entscheidend zu sein scheint. In diesem Zusammenhang spielt der Glaube (vgl. Mk 5,34c) – neben der Berührung (Handaufle-

---

Botschaft seit nunmehr 26 Jahren im (katholischen) deutschen Sprachraum Wirkungsgeschichte schreibt".

gung) – die ausschlaggebende Rolle, auch wenn anfangs noch die von Jesus ausgehende Kraft (vgl. Mk 5,30b) als *in diesem Fall* bedeutsam argumentativ gegen eine entsprechende Engführung aufgeboten wird. Allerdings fällt die Kraft durch eine (bewusst) vage-unkonkrete Redeweise mit Blick auf das Heilmittel/den Heilweg in der Folge unter den Tisch. Anschließend tritt an die Stelle der körperlichen Heilung aus Mk 5 eine seelische Gesundung (→ Heilwerden an der Seele) und Jesus verschwindet zunehmend von der Bildfläche: Der Kranke spricht sich den Glauben selbst zu und die Kraft erwächst aus dem eigenen Inneren. Letzten Endes nehmen dann die Priester der Kirche ansatzweise die Rolle Jesu ein, da sie mittels der Krankensalbung eben diesen Glauben, der ein anderes Zugehen auf die (Todes-)Stunde ermöglicht, festigen. Die *ersetzende* Einspielung von Jak 5,14f. ist in diesem Zusammenhang einschlägig.

Nach einer kurzen Unterbrechung zum Zwecke der Neuversorgung mit Getränken[23] wird die Diskussion fortgesetzt, wobei diese zweite kurze Hypertexteinheit mit Mk 5,30ab beginnt. Auf diese Weise wird zwar erneut die von Jesus ausgehende Kraft ins Spiel gebracht, doch anschließend erfolgt sofort der Rekurs auf die *Handauflegung* (heute) bzw. beides wird miteinander in Beziehung gesetzt. Zusätzlich – oder sogar alternativ zur Handauflegung – wird noch das *Zuhörenkönnen* als heilende Kompetenz (→ Jesu und grundsätzlich) thematisiert (S. 22):

M_1: Ja hier ist ja auch sehr deutlich ausgedrückt, dass „Jesus spürt zugleich an sich selbst, dass eine Kraft von ihm ausgegangen war." Das ist eine sehr realistische Darstellung dieses Vorgangs und ich glaube, es gibt heute auch Menschen, die die Hand auflegen können, und von denen geht eine Kraft aus.

M_{11}: Ja, o. k., dem kann ich zustimmen, da sind wir beim Thema „Zuhören". Zuhören oder Wahrnehmen. Das ist eines der größ-, großen Probleme, dass – jetzt sag ich leider man, aber – dass viele nicht mehr zuhören können. Wenn, wenn Leute zuhören könnten – Jesus konnte das offensichtlich und deswegen ist es zu diesem Heilungsprozess gekommen. Wenn Menschen heute zuhören können, wahrnehmen, richtig wahrnehmen können und zuhören können, dann sind solche Dinge aus meiner persönlichen Sicht durchaus denkbar.

Neben oder anstelle der Handauflegung wird somit eine weitere, über den vorliegenden schriftlichen Text hinausgehende Aktion Jesu – bzw. sogar eine ihm zugesprochene grundsätzliche Fähigkeit –, die für den Heilungserfolg verantwortlich zu machen ist, in den Mittelpunkt gerückt: *Zuhören/Wahrnehmen können*. Es scheint sich das gleiche Phänomen der Interaktionsumkehrung bzw. der Einnahme der Perspektive Jesu (Umperspektivierung) zu wiederholen (vgl. oben: Handauflegung). Auch

---

[23] Man befindet sich nach wie vor im Nebenraum einer Gaststätte (vgl. Teil II 2.1.1), weswegen in regelmäßigen Abständen eine Bedienung nach dem Rechten sieht und Getränkewünsche erfüllt.

wenn nämlich auf den ersten Blick vermutet werden könnte, die Gruppe bringe ein ihr wichtiges Thema um jeden Preis mit Jesus in Verbindung und der Text spiele hierbei nur eine untergeordnete bzw. gar keine Rolle, so zeigen sich bei genauem Hinsehen doch textliche Anknüpfungspunkte. Dabei fungiert als prägender Ausgangspunkt der Überlegungen allerdings erneut (vgl. oben: Heilpraktiker) die heutige Situation, die in den Augen der Gruppe „Kultur" gerade dadurch gekennzeichnet ist, dass es an richtigen Zuhörern mangelt.

In der Sichtweise der Gruppe „Kultur" nimmt Jesus wahr und hört zu – intensiv und aufmerksam. Ersteres (Wahrnehmen können) könnte aus Mk 5,30a–c und Mk 5,32 abgeleitet sein, denn nachdem sich die Frau heimlich, still und leise von hinten an Jesus herangeschlichen und zunächst völlig unbemerkt seine Gewänder berührt hat, so ist es anschließend Jesus, der nicht nur die ausgehende Kraft spürt, sondern auch die dafür verantwortliche Person inmitten der umgebenden Menge, in der sie quasi wieder untergetaucht ist, sucht – und letzten Endes auch findet. Der zweite Aspekt (Zuhören können) stellt nun – so die hier vertretene These – (erneut) eine Umperspektivierung einer im Text vorliegenden Interaktion dar mit dem Ziel, Jesus als handelndes Subjekt zu profilieren. Mk 5,33g berichtet von einem umfassenden Geständnis der Frau (vgl.: und sagte *ihm* → auf Jesus hin gerichtet als Empfänger der Worte), was logischerweise bedeutet, dass Jesus umgekehrt zuhört und die ganze Wahrheit der Frau zur Kenntnis nimmt. Diese Seite der Interaktion, die der Text nur beiläufig nennt (*ihm*), macht die Gruppe „Kultur" besonders stark und sieht somit das Geschehen mit Jesu Augen respektive hört alles mit seinen Ohren.

Zum Abschluss der Diskussion thematisiert die Gruppe „Kultur", angesprochen auf das unterschiedliche Vorgehen mit Blick auf Mk 5 im Unterschied zu Mt 5 (vgl. S. 22, Y_1), intensiv Mk 5,34c, „weil der letzte Satz die Lösung des angesprochenen Themas ist. Das ist eindeutig die Lösung der Probleme, die zuvor geschildert sind und [...] es gibt ja auch keine Alternativlösung" (S. 23, M_{11}). Unter dezidierter Ausblendung von Mk 5,34de wird Mk 5,34c als *letzter Satz* rezipiert und die Konzentration der Diskussion v. a. auf dieses Textelement zusätzlich damit begründet, dass man erstens viele positive Erfahrungen in diesem Zusammenhang gemacht hat (vgl. S. 23, M_6) und dass zweitens „dieser Ausspruch dahinten [...] auch heute viele Probleme löst, die wir haben" (S. 23, M_8).

Endsumma: Die letzte Hypertexteinheit setzt bei der von Jesus ausgehenden Kraft (vgl. Mk 5,30ab) an, bevor kurz die bereits intensiver thematisierte Handauflegung angesprochen und anschließend eine weitere bzw. alternative Heilkompetenz eingebracht wird: *Wahrnehmen/Zuhören können*. Hierbei könnte Mk 5,30a–c.32 implizit einbezogen worden sein (→ Wahrnehmen) sowie eine Umperspektivierung mit Blick auf Mk 5,33g vorliegen (→ Zuhören). Auf jeden Fall ist der prägende Einfluss der aktuellen, heutigen Situation auf diese Auslegungsaktion der Gruppe unverkennbar. Insgesamt betrachtet besteht der Hypertext der Gruppe „Kultur" zu Mk 5 aus zwei Einheiten. Dabei werden vom vorliegenden schriftlichen Text wörtlich nur die V. 30ab und 34c aufgegriffen, sprich: Von der Hypertextbasis wird ausgesprochen wenig wahrgenommen. Dafür finden sich mehrere extratextuelle, zumeist innerbiblische Verknüpfungen. Außerdem zeichnet sich die Textrezeption immer wieder durch Umperspektivierungen aus, die deutlich durch in diesem Zusammenhang von der Gruppe „Kultur" eingebrachte moderne Phänomene motiviert sind.

Fallinterner Vergleich: Betrachtet man die Textwahrnehmung und den entstehenden Hypertext der Gruppe „Kultur" bzgl. Mt 5 *und* Mk 5, so fällt zunächst einmal – in formaler Hinsicht – auf, dass in beiden Fällen jeweils *zwei* Hypertexteinheiten auszumachen sind und die Abgrenzung jeweils durch eine von außen gesetzte Zäsur (Einspielung der schriftlichen Textvorlage durch das Forschungsteam/Unterbrechung durch die Bedienung) erfolgt. Die Gruppe selbst diskutiert folglich gewissermaßen in einem Fluss, ohne dass wesentliche Untereinheiten erkennbar sind. Dabei konzentriert man sich meistens auf wenige Textelemente und nimmt wenig von der Hypertextbasis wahr. Zusätzliches extratextuelles Material wird an geeigneten Stellen problemlos eingebracht. Inhaltlich ist noch interessant, dass in beiden Diskussionspassagen unter dem Strich eine Auslegung herauskommt, die mit dem wörtlich vorliegenden Text dezidiert nicht mehr hundertprozentig übereinstimmt, was aber für die Gruppe „Kultur" augenscheinlich keinerlei Problem darstellt. – *Vergleich Ende* –

(C_{Mk}) Positionierung (Identifikation/Kritik) bzgl. Mk 5

Hinsichtlich der Personenwahrnehmung der Gruppe „Kultur" mit Blick auf Mk 5 lässt sich ein Gegenüber von Heilpraktiker(n) vs. Schulmedizin ausmachen, in der Terminologie von Mk 5 gesprochen: Jesus vs. Ärzte. Zwar wird Mk 5,26 an keiner Stelle zitiert, doch erscheint eine Identifizierung der Schulmedizin mit den Ärzten gerechtfertigt, weil die Konstellation – inklusive der Größenordnungsverhältnisse – vergleichbar ist: Ist es in der biblischen Erzählung der eine (Jesus), der auf alternativem Wege Heilung bringt und dem die vielen (erfolglose Ärzte) kontrastierend entgegengesetzt werden, so begegnen auch heute in den Augen der Gruppe „Kultur" nur wenige Menschen, die alternativ heilend wirken können – ganz im Gegensatz zur nicht mehr zählbaren Schar der Schulmediziner. Hier wird eine deutliche Grenze gezogen, wobei das kleine Wörtchen *alternativ* das entscheidende Kriterium ausmacht. Das entsprechende Pendant auf der anderen Seite wäre wohl mit *herkömmlich-konventionell* zu bezeichnen.

Die Gruppe nimmt somit eine spezifische Aktantenkonstellation im Text wahr bzw. fokussiert einen bestimmten Aspekt und positioniert sich vor diesem Hintergrund wie folgt: Es lässt sich eine deutliche Befürwortung alternativer Wege erkennen bei gleichzeitig ablehnender Skepsis gegenüber den herkömmlichen Methoden der Schulmedizin. Während durch Handauflegen und Zuhören Blockaden gelöst werden können und Heilung geschieht – ohne (gesundheitsschädigende/-gefährdende) Risiken und Nebenwirkungen –, wird die giftigste Medizin (vgl. S. 19, M_{11}) in Form von Tabletten oder Spritzen oder die Vornahme riskanter und letzten Endes unnötig-überflüssiger Operationen (vgl. S. 19, F_2) weitgehend zurückgewiesen. Hier findet sich deutliche Kritik, dagegen wird Jesus – gerade vor dieser Kontrastfolie – als (Wunder-)Heiler durch und durch positiv profiliert. Dieser ist dadurch ausgezeichnet, dass er die Hände auflegt (→ hierbei ist aber auch der Glaube und das innere Mitgehen des berührten Gegenübers entscheidend) und v. a., dass er zuhören und richtig wahrnehmen kann. Dies ist nicht selbstverständlich und geht den meisten Zeitgenossen heutzutage – leider – ab (vgl. S. 22, M_{11}). Jesus verfügt somit über Schlüsselkompetenzen im sozialen und zwischenmenschlichen Bereich und stellt deshalb auch bzw. gerade für uns heute ein Vorbild dar, wobei sich allerdings im Gespräch nicht erkennen lässt, dass sich die Gruppe mit Jesus direkt identifizieren würde.[24]

Die zweite Figur der Geschichte, die kranke und glaubende Frau wird insgesamt nur am Rande wahrgenommen, auch wenn das Phänomen des Glaubens durchaus intensiver diskutiert wird. Es kann allerdings an keiner Stelle eine Identifizierung der Gruppe mit dieser Frauengestalt festgestellt werden und auch eine Positionierung ihr gegenüber begegnet nicht. Auffällig ist nur, dass ähnlich wie im obigen Fall (Jesus/Ärzte) in der Diskussion die Rolle der Frau beispielhaft mit persönlich bekannten aktuellen Personen (Freundin, vgl. S. 19, F_2; Krebspatient, vgl. S. 20f., M_6) besetzt wird.

Sucht man mit Blick auf eine mögliche Identifizierung der Gruppe „Kultur" innerhalb von Mk 5 weiter, so stößt man zu guter Letzt auf die beiden verbleibenden Aktantengruppen *Jünger* und *Menge*, welche in der Diskussion explizit überhaupt nicht wahrgenommen werden. Aber angesichts der Tatsache, dass die Gruppe „Kultur" selbst – den Jüngern ähnlich – bei aktuellen (Wunder-)Heilungen interessiert und geradezu neugierig danebensteht (vgl. S. 19f.; S. 20f., M_6), und auf der argumentativen Grundlage folgenden Statements erscheint es am ehesten möglich, die Gruppe „Kultur" an dieser Stelle respektive in dieser Rolle zu verorten:

> „Ja, das ist ja das Schöne, dass die Jünger auch alle verschiedene Charaktere haben, genauso wie wir Menschen alle. Jeder hat andere ja Dinge, die er braucht zum Leben, ja oder, ne ist halt auch interessant und macht das Ganze, die ganze biblische Geschichte für uns auch nachvollziehbarer, weil der eine identifiziert sich mit dem oder mit dem, ist eigentlich schon, schon gut, schon gut so, ne" (S. 24, M_7).

---

[24] Letzten Endes übernehmen die Priester der Kirche die Rolle Jesu bzw. treten an seine Stelle, v. a. in der Spendung der Krankensalbung (vgl. oben). Hiermit scheint sich M_6 zu identifizieren.

Summa: Die Gruppe „Kultur" sympathisiert mit alternative Wege beschreitenden Heilpraktikern und sieht die Schulmedizin eher kritisch. Dabei identifiziert sie textinterne Akteure (Jesus/Ärzte) direkt mit heutigen Personen(gruppen). Vergleichbares begegnet auch mit Blick auf die Frau aus Mk 5. Selbst scheint man eher etwas außerhalb zu stehen und (vielleicht) die Rolle der Jünger in der Geschichte einzunehmen, zumal diese aufgrund ihrer verschiedenen Charaktere für eine Identifizierung prädestiniert sind. Jede und jeder kann etwas Passendes finden bzw. sich selbst wiederfinden.

Fallinterner Vergleich: Hinsichtlich der Positionierung erbringt der fallinterne Vergleich kaum verwertbare Resultate: Während sich die Gruppe „Kultur" mit Blick auf Mt 5 direkt angesprochen fühlt und unmittelbar involviert scheint, ist die Auseinandersetzung mit Mk 5 von einer eher distanzierten, *jünger-haften* Haltung geprägt. Festzuhalten ist allerdings, dass in beiden Fällen großer Wert auf Aktualität gelegt wird: Einmal tritt man selbst höchstpersönlich als Adressat in Erscheinung (bzgl. Mt 5), das andere Mal werden textinterne Figuren mit heutigen Personen(gruppen) identifiziert (bzgl. Mk 5). *– Vergleich Ende –*

(D) Strategien der Sinnkonstruktion und des Textverstehens

Überblickt man den Umgang der Gruppe „Kultur" mit Mt 5 und Mk 5 insgesamt, so kristallisieren sich einige Hauptaktionen heraus, die schlagwortartig wie folgt benannt werden können: Die Gruppe nimmt *Neufassungen* des Textes vor – und zwar explizit und unproblematisch –, wobei neben der direkten *Umschreibung* (vgl. Mt 5: Wangenforderung) auch die *Neukombination* vorliegender Elemente (vgl. Mt 5: Gebet für Feinde)[25] sowie *Umperspektivierungen/Interaktionsumkehrungen* (vgl. Mk 5: Handauflegung und Zuhören können) zu finden sind. Gerade in letzterem Fall tritt sehr deutlich hervor, dass als entscheidender Ausgangspunkt die zugrunde gelegten modernen Phänomene fungieren bzw. die Vorgänge im Rahmen des Textverstehens hierdurch motiviert sind.

Dabei spielen methodische Werkzeuge im klassischen Sinn keinerlei Rolle. Die Gruppe „Kultur" scheint vielmehr über ihr ganz eigenes Vorgehen zu verfügen, womit die Flaute bei der Suche nach herkömmlichen bzw. bekannten methodischen Arbeitsschritten erklärt wäre. Hierauf ist die Gruppe nämlich gar nicht angewiesen. Statt nach dem Autor oder der zeitgeschichtlichen Situation zu fragen und damit den Text in einer längst vergangenen Entstehungssituation zu verorten (→ textextern) oder sich in Textanalysen zu ergehen (→ textintern), wählt die Gruppe einen direkteren Weg: Sinn wird konstruiert, indem der Text *übersetzt* wird (→ Stichwort I:

---

[25] Die Gruppe zerlegt den Text in einzelne Einheiten, welche vorwiegend *intra-* und *inter*textuell rekombiniert werden. Innerhalb des Textes wird somit auf geschickte Weise mit den Elementen jongliert, sodass am Ende ein konsensfähiges und für die Gruppe höchst sinnvolles Resultat steht.

Übersetzung[26]) und zwar in die heutige Zeit. Dabei kommt es auf den genauen Wortlaut dezidiert nicht an, sprich: Die Übersetzung muss nicht unbedingt damit übereinstimmen. Wichtig ist vielmehr, dass das Ergebnis heute praktikabel und nachvollziehbar ist, mit der Lebenserfahrung in Einklang steht und ein aktuell akzeptables Problemlösungspotenzial aufweist. Diese Kriterien sind ausschlaggebend, sonst lassen sich keine weiteren operationalisierbaren Regeln für diesen Übersetzungsvorgang erkennen.[27]

Auf diesem Wege erarbeitet sich die Gruppe jeweils einen bestimmten Clou = Problem + Lösung, womit man einem Sinn auf die Spur zu kommen trachtet, der nach Meinung der Gruppe im bzw. hinter dem Text versteckt liegt (vgl. S. 14, F_2). Man muss den Dingen auf den Grund gehen und eine rein oberflächliche Lektüre genügt nicht, zumindest nicht immer. Im Rahmen der Auslegung wird dabei zum einen verhältnismäßig wenig von der Hypertextbasis wahrgenommen (→ gewisser *Eklektizismus*), zum anderen ist auch extratextuelles Material vereinzelt von Bedeutung, wobei offensichtlich kein (qualitativer) Unterschied zwischen Elementen innerbiblischer (→ Mk 5) und außerbiblischer (→ Mt 5; z. B. bekannte Sprichwörter aus dem kulturellen *Volksgut*) Herkunft gemacht wird. Alles in allem geht die Gruppe ziemlich frei mit den vorgelegten schriftlichen Texten um und konzentriert sich im Rahmen der Textwahrnehmung vorrangig auf wenige Verse. Bei all dem spielt die Eigenpositionierung nur eine untergeordnete Rolle, auch wenn man selbst selbstverständlich im Zentrum steht und auch als Maßstab für die Plausibilität der angebotenen Übersetzung dient (hiervon hängt ganz entscheidend die Akzeptanz ab).

Der Schritt vom Text in die gegenwärtige Lebensrealität stellt für die Gruppe „Kultur" kein Problem dar bzw. im Großen und Ganzen lässt sich eher ein Schritt vom Alltag in den Text beobachten. Zwei Vorgehensweisen begegnen: Entweder wird die durch die Diskussion erarbeitete Auslegung ohne erkennbare Zäsur unmittelbar in das heutige, eigene Leben projiziert bzw. das Textverstehen vollzieht sich so grundsätzlich im Heute, dass überhaupt kein zeitlich-geschichtlicher Abstand wahrgenommen wird, den es zu überbücken gilt, oder es werden direkt Analogien auf Basis von (Problem-/Konflikt-)Konstellationen gezogen.[28] Letzteres findet sich in ausgesprochen starkem Maße bei der Auseinandersetzung mit Mk 5, wobei die Übertragungen (Stichwort II: *Übertragung*[29]) tendenziell zunächst vom

---

[26] Diese Terminologie wählt die Gruppe selbst für ihr Tun, vgl. S. 14f., F_2; S.15, M_{12}; vgl. auch S. 14, F_2.

[27] Die Unmöglichkeit, das praktizierte Vorgehen von außen konkret nachvollziehen und fassen zu können, ist auch der Grund, warum dies nicht als neue, aus der Gruppendiskussion ableitbare *Methode* angeführt wird.

[28] Dies wird an mehreren Stellen explizit zum Ausdruck gebracht, vgl. z. B. S. 18, M_7: „Das ist heute noch so wie früher."

[29] Auch diese Begrifflichkeit begegnet im Rahmen der Diskussion, vgl. S. 20, M_{11}.

heutigen Alltag in den Text (→ Handauflegung/Zuhören können) – und anschließend erst *vice versa* – erfolgen. Bei der Parallelisierung mit modernen Phänomenen (z. B. Wunderheiler, Alternativmedizin, Krankensalbung) fungieren eindeutig diese als Ausgangspunkt.

Insgesamt kann für die Gruppe „Kultur" konstatiert werden, dass der Text ans eigene aktuelle Leben angepasst bzw. das eigene Leben in den Text gewissermaßen hineingeschrieben wird. Man könnte von einer *Überlagerung* (Alltag → Text) sprechen. Am Ende steht im Hypertext dezidiert etwas anderes, als in der schriftlichen Textvorlage (= Hypertextbasis). Die Gruppe ist sich dabei dieses Vorgehens explizit bewusst und sieht den eigenen Zugang als legitim bzw. unproblematisch an.

2.1.3 Die Frage nach dem Warum – Ein Blick auf den Orientierungsrahmen

a. Der Orientierungsrahmen im Kurzportrait: „die Bibel ist in der Tat das Ausgangswerk für ja fast alles" (S. 10, M_{11})

Möchte man den Orientierungsrahmen der Gruppe „Kultur" kurz auf den Punkt bringen, so ist neben vorstehendem Mottozitat auf jeden Fall das Stichwort *(irenischer) Kulturkatholizismus (Kulturchristentum)* zu nennen. Christentum/Bibel und Kultur werden nämlich als so tief gehend miteinander verbunden angesehen, dass eine Trennung nicht möglich, zumindest nicht sinnvoll ist. Bibel und Kultur werden wie selbstverständlich nahezu gleichgesetzt bzw. die Bibel stellt *das* Ausgangswerk und Fundament unserer gesamten Kultur dar. Die Kultur wird als christlich wahrgenommen, wobei das Christentum in der Alltagswelt so grundlegend verankert ist bzw. Letztere so fundamental auf Ersterem fußt, dass das Christliche aus der Kultur nicht (mehr) wegzudenken ist.[30] Im Bild gesprochen: Wir haben es mit einem einzigen großer Strom zu tun, in dem sich Religion (Christentum), Kultur und Kunst gewissermaßen vereinen. Es scheint eine Art symbiotische Beziehung zwischen Religion/Bibel/Christentum auf der einen, Kunst und Kultur auf der anderen Seite vorzuliegen. Außerdem ist von einer Kontinuität der Tradition(en) auszugehen. Alles ist im Fluss und auch andere Religionen haben in diesem Modell prinzipiell Platz.[31]

Dabei stellt zwar die sinkende Beschäftigung mit der Bibel bzw. die abnehmende Christlichkeit einen bedauerlichen Umstand dar, eine wirkliche

---

[30] Vgl. S. 9, F_2: „es ist ja nicht denkbar, dass sie [sc. die Bibel; C. S.] nicht da ist. Also sie ist da, ob wir da nun den Gebrauch davon machen, so gut es geht und so weit wie möglich, oder weniger – aber irgendwie auch in der Kultur ist ja von dieser Geschichte und von diesem Ursprung hier in unserem Bereich eine Menge vorhanden."

[31] Vgl. S. 9, F_4: „und dann hab ich im Koran gelesen, und ich kam mir vor, als läs ich in der Bibel." Entsprechend sind Muslime und Christen „alle eins" (S. 9, F_4).

Gefahr droht jedoch nicht: Die Durchtränkung von Kunst und Kultur mit Christlichem trägt nämlich ihren Teil dazu bei, dass „das Gedankengut auch zu Menschen kommt, die sich nicht so unbedingt dem Glauben zuwenden und zugehörig fühlen" (S. 9, F_2). Auf Schritt und Tritt wird man (bei uns) mit den zugehörigen Traditionen konfrontiert, zur Auseinandersetzung damit geradezu gezwungen und auf diesem Wege implizit auch durch christliche Werte geprägt. Entsprechend sieht die Gruppe die eigene Grundlage nicht als gefährdet an, Grenzziehungen und Abgrenzungen sind folglich nicht erforderlich. So weit der positive (Gegen-)Horizont.

Man selbst verortet sich auf einer lokalen Ebene, ist am eigenen Ort gewissermaßen gemeinwohl-orientiert und bringt sich gemäß der eigenen Möglichkeiten ein. Es erfolgt eine Differenzierung zwischen der großen Welt einerseits und dem eigenen sehr kleinen Leben andererseits – unterscheidender Gesichtspunkt: Handlungsmöglichkeit/Einwirkbarkeit.[32] Womit wir bei Enaktierungspotenzialen angelangt wären, denn als Kunstschaffende und Kulturtreibende gehören die Mitglieder der Gruppe „Kultur" selbst auch zum Tradentenkreis dieser christlich-biblischen Grundlage. Man will „etwas Schönes für den Ort mit[…]gestalten" (S. 2, M_7) und auf diesem Wege ist man Teil des großen kulturell-künstlerisch-religiösen Stromes bzw. trägt zu diesem etwas bei. Das eigene Wirken erschöpft sich somit nicht darin, schön anzusehende Kunstwerke herzustellen, um damit großes Aufsehen zu erregen (vgl. S. 6, M_1) oder gar reich zu werden.[33] Vielmehr fühlt man sich einem größeren Auftrag verpflichtet, das Stichwort *protreptisches Wirken* scheint in diesem Zusammenhang nicht verfehlt, da es darum geht, „auch Leute an die Kunst herantrei-, -gehen zu lassen" (S. 3, M_{12}).[34] Voraussetzung ist eine sehr intensive Auseinandersetzung mit dem Gegenstand, z. B. mit biblischen Texten, die in Kunst umgesetzt werden sollen.[35] Wichtig ist allerdings, dass hierbei keinerlei missionarische Absicht verfolgt wird – „Das ist nicht Kunst" (S. 6, M_1) –,

---

[32] Vgl. S. 16, F_2: „Wir können natürlich die, die große Welt betrachten und da können wir ja nicht eingreifen, aber wir können in unseren kleinen, ja daran gemessen natürlich sehr kleinen Leben eben damit anfangen, die Dinge zu verwirklichen".

[33] Vgl. mit Blick auf die eigene „Kleine Galerie [Name]" S. 3, M_{12}: „das soll nicht offiziell sein als Verkaufsgalerie, soll nur eine Galerie für uns sein, für unter uns".

[34] Dieses Anliegen scheint auch innerhalb der Gruppe selbst gewissermaßen zwischen den *künstlerischen* und den *kulturellen* Mitgliedern relevant zu sein, vgl. S. 2, M_8 und ? (vgl. Teil II 2.1.1 Anm. 1).

[35] Vgl. S. 10, F_2: „wenn ein Künstler sich damit beschäftigt und das soll eine überzeugende Arbeit werden, dann setzt das ja voraus, dass er sich mit dem Inhalt innerlich auseinandersetzt […]. Nicht nur nach dem Buchstaben, das muss er ja irgendwie erleben."; S. 10, M_{12}: „Sogar mehr als Lesen"; S. 10, F_3: „Verinnerlichen"; S. 12, F_2: „ich muss ja etwas herausfinden, was nicht einfach in dem Buchstaben so ohne weiteres enthalten ist."

womit ein entscheidender negativer Gegenhorizont benannt wäre.[36] In inhaltlicher Hinsicht ist das Bemühen zu erkennen, Altes und Neues miteinander zu verbinden, das eine ins andere zu integrieren, sprich: beispielsweise mittels einer Collage „praktisch modern mit alt" (S. 4, M_{12}) zu kombinieren.

b. Diverse Abhängigkeiten – Annäherungen an ein erklärendes Verstehen

Bezieht man die vorstehende Skizze des Orientierungsrahmens der Gruppe „Kultur" in die Überlegungen mit ein, so scheint die oben herausgearbeitete Gesamtstrategie des Textverstehens und der Sinnkonstruktion grundsätzlich erklärbar zu sein: Die gesamte Kultur wird als zutiefst christlich angesehen; die Bibel bildet *das* Fundament schlechthin. Entsprechend ist es möglich, die Bibel in die heutige, aktuelle Situation hineinzustellen und ohne weitere methodische Operationen direkt auszulegen. Die Gruppe „Kultur" setzt bei der Interpretation am Standpunkt des Lesers an, was für sie legitim ist: Die Kultur ja ist christlich. Die Gruppe liest die Texte heute und praktiziert einen sehr unmittelbaren Zugang, wobei es keinerlei Problem darstellt, wenn die eigene *Übersetzung* oder *Übertragung* am Ende mit dem Wortsinn der Textvorlage nicht (mehr) übereinstimmt. *Verwandtschaft im Denken* genügt vollkommen. Es ist ein Grundanliegen, sich innerlich mit dem Text auseinanderzusetzen, den Buchstaben gewissermaßen hinter sich zu lassen und zu einem tieferen Sinn vorzudringen. In diesem Zusammenhang ist es erstens erlaubt, das heutige (moderne) Leben geradezu in den (alten) Text hineinzuschreiben bzw. Letzteren durch Ersteres zu *überlagern* – diese Integrations-/Kombinationsleistung gehört zur Arbeit der Tradenten dazu. Zweitens kann extratextuelles Material – egal, welcher Provenienz (innerbiblisch/sprichwörtlich) – gleichermaßen verwendet werden, da wir es mit einem breiten Strom der Überlieferungen/Traditionen zu tun haben. Als Hauptkriterien für die eigene Sinnkonstruktion können u. a. benannt werden: Alltagstauglichkeit (→ Bewährung in der kleinen Welt), persönlicher Nutzen/Gewinn, Problemlösungs-/Lernpotenzial, Übereinstimmung mit der praktischen Lebenserfahrung. An diesen Gesichtspunkten orientiert sich die Gruppe „Kultur". Abschließend sei noch eine Einzelbeobachtung notiert: Es fällt auf, dass die Neukombination bzgl. Mt 5 (→ Gebet für meine Feinde) zu einem Auslegungsresultat führt, das sowohl der alltäglichen Lebenserfahrung entspricht als auch dem Kriterium *persönlicher Nutzen* genügt. Die Gruppe „Kultur" kann nämlich weder mit der Liebe zu den Feinden etwas anfangen noch mit einem Gebet für die Verfolger. Von Ersterem hat man selbst nämlich nichts, Letzteres scheint we-

---

[36] Vgl. S. 6, M_1: „Also Kunst entsteht ja nicht dadurch, dass die Betreffenden sagen: ‚So jetzt wollen wir mal hingehen und missionieren!' [...] Das ist nicht Kunst."

nig sinnvoll angesichts dessen, dass man aktuell selbst nicht verfolgt wird und dieses Gegenüber somit ausfällt. Vor diesem Hintergrund wirkt das Vorgehen der Gruppe äußerst geschickt, denn die brauchbaren Elemente werden so miteinander kombiniert, dass am Ende eine Übereinstimmung mit der „einfachen praktischen Lebenserfahrung" (vgl. S. 17, F_2) erreicht wird.

2.2 Gruppe „Gewerkschaft"

2.2.1 Kurze Fallbeschreibung: „Die DGB-Fahne hoch!" – Gemeinsam im DGB-Ortsverband gewerkschaftspolitisch aktiv

	–	–	1	2	1	2	1	
♂ 7	0 –	20 –	30 –	40 –	50 –	60 –	70 – ...	Alter (in Jahren)
	–	1	–	5	–	1		
♀ –	ohne	Quali	Mittl.R	Lehre	Abi	Uni		(Aus-)Bildung
	4		1		2*			Gruppe: neutral
Σ 7	Rk		Evangel.		o.B.			Konfession

Gesprächsdauer: ca. 90 Min.; Westdeutschland/kleinstädtisch;
Fremdrelevanz (*Bibel*)

* Die beiden *OBs* (ohne Bekenntnis) begründen den durchgeführten Schritt des Kirchenaustritts jeweils (u. a.) mit Problemen mit der institutionellen Kirche, vgl. S. 1, M_1: „bin mit meinem 16. Lebensjahr aus der Kirche ausgetreten, hab auch keine Beziehung zur Kirche mehr, das hängt auch mit Arbeitsgerichtsauseinandersetzungen zusammen"; S. 1, M_2: „bin auch wie mein Vorredner aus der Kirche ausgetreten, und die Zufriedenheit mit der Kirche an sich vom Glauben her, hat das damit nichts zu tun, sondern einfach die, die Institution Kirche."

In einer westdeutschen Kleinstadt ist das DGB-Ortskartell beheimatet, das sich mit einer Gruppendiskussion mittlerer Länge am Forschungsprojekt beteiligt. Hinter dem Kürzel „Gewerkschaft" verbirgt sich eine sieben Mann (→ rein männlich!) starke Gruppe, die sich aus einzelnen entsandten Gewerkschaftsmitgliedern zusammensetzt und in langer Tradition stehend (seit fast 1900) „ein bisschen Aktivitäten hier vor Ort" (S. 2, M_1) macht und die DGB-Fahne hochhält (vgl. S. 2, M_1). Altersmäßig ist zwischen 30 bis über 70 Jahre alles vertreten, wobei der durchschnittliche Schwerpunkt bei Mitte 50 liegt. Hinsichtlich des (Aus-)Bildungsniveaus kann eine Häufung im Mittelfeld festgestellt werden: Der Hauptteil der Anwesenden (5 Ps.) hat sich mittels einer Lehre beruflich qualifiziert und ist entsprechend als Arbeiter oder Angestellter tätig – es sei denn, die aktive berufliche Karriere ist mit der Rente bereits an ein Ende gelangt (3 Ps.) oder Arbeitslosigkeit ist das zu (er-)tragende Los (M₂). Konfessionell betrachtet ist die Gruppe „Gewerkschaft" als solche neutral und hat mit den Kirchen – abgesehen von sporadischen gemeinsamen Aktionen (vgl. S. 3, M₁) – nichts weiter zu tun. Bzgl. der einzelnen Mitglieder fällt insgesamt eine größere Distanz zu Kirche/Religion auf:

> Zwei Personen geben an entsprechender Stelle – im Fragebogen wie in der Vorstellungsrunde – hinsichtlich ihrer konfessionellen Zugehörigkeit *ohne Bekenntnis* an und führen begründend (u. a.) Probleme mit der (institutionellen) Kirche an (s. o. *).
> Drei weitere Personen gehören zwar einer der beiden großen Kirchen an, doch verstehen sich selbst mehr als zahlende Mitglieder denn als praktizierende Christen (vgl. S. 1, M₃, M₄ und M₇). Lediglich *ein* aktiver Christ findet sich in der Runde: „bin römisch-katholisch, auch noch aktiv, tu da noch etwas" (S. 1, M₆) – dieser muss jedoch die Diskussion vor dem Ende verlassen (vgl. S. 16; S. 21f., M₂).

Mit der Gruppe „Gewerkschaft" befinden wir uns an der „Basis vor Ort" (vgl. S. 2, M₁), wobei Ziele und Ausrichtung als gewerkschaftstypisch charakterisiert werden können: Angesichts schlechter gesellschaftlicher Rahmenbedingungen und mit Blick auf die zunehmende Rechtlosigkeit der unter Druck stehenden Arbeitnehmer (→ Arbeitsplatzverlust; vgl. S. 2, M₁) haben Gewerkschaften „die Aufgabe, die Lebens- und Arbeitsbedingungen der abhängig Beschäftigten zu verbessern im positiven Sinne" (S. 2, M₁). Dabei dienen (annähernd) regelmäßige Treffen (vgl. S. 2, M₁) als organisatorisches Grundgerüst – eine derartige Zusammenkunft gibt auch den Rahmen für die vorliegende Gruppendiskussion ab[1] –, je nach Kraft- und Zeitkapazitäten werden Projekte durchgeführt (vgl. S. 3, M₁) und mit dem Stichwort „Geschichte von unten" (S. 2, M₁) ist ein weiterer Aktionsschwerpunkt im Bereich der Ortsgeschichte (→ Geschichtspflege) benannt. Dass das praktizierte (gesellschafts-)politische Engagement nicht von jedermann begrüßt und die propagierte Meinung nicht von allen Mitmenschen geteilt wird, versteht sich von selbst: „Das führt natürlich auch zu Reibereien, dass sich andere mit Leserbriefen melden und sagen: also was nehmt ihr euch da eigentlich heraus?" (S. 3, M₁).

Vor dem Hintergrund dieser Gruppenaktivitäten dürfte es nicht weiter überraschend sein, dass die *Bibel* für die Gruppe grundsätzlich ein fremdrelevantes Thema darstellt (*Textverstehen* kann demgegenüber als eigenrelevant eingeschätzt werden), wobei: Aufmerksam geworden ist man auf die Gruppe „Gewerkschaft" durch deren Mitarbeit am Projekt *[Ort]-Bibel*, womit eine vorgängige Auseinandersetzung mit der Bibel gegeben wäre.[2] Das Gespräch selbst findet am späteren Vorabend in einem separaten Ne-

---

[1] Interessanterweise verbucht die Gruppe selbst die Beteiligung am Forschungsvorhaben gewissermaßen als *eigenes* Projekt: „wir machen hier grade *unser* Projekt ,Bibel'" (S. 1, M₁; Hervorhebung C. S.).

[2] Vgl. S. 1, M₆: „und gucke auch hin und wieder rein [sc. in die Bibel; C. S.]. Und ich finde, es ist so manches drin, was uns als Arbeitnehmer anspricht."

benraum einer örtlichen Gaststätte statt und verläuft durchweg in angenehmer Atmosphäre. Dabei ist M$_1$ bereits durch seinen Sitzplatz als Vorsitzender oder Chef der Gruppe zu erkennen und er ist es auch, der ganz alleine die gesamte Gruppenvorstellungsphase bestreitet (vgl. S. 2f.).

2.2.2 Auswertungen unter exegetischer Perspektive

(A$_{Mt}$) Methodisches Vorgehen bzgl. Mt 5

In methodischer Hinsicht finden bei der Begegnung der Gruppe „Gewerkschaft" mit Mt 5 sowohl textinterne als auch textexterne Arbeitsschritte Anwendung, wobei jeweils ansatzweise *methodische Reflektiertheit* begegnet. Neben einigen kleineren Fällen *methodischer Orientierung* – u. a.

- textpragmatische Überlegungen (vgl. S. 15, M$_2$: „Das ist ein Anstoß einfach, hat auch mit Frieden, bestimmt was mit Frieden, Ausgleich etwas zu tun."; S. 21, M$_2$: er hat „das auch so benutzt […], also um Leute zu berühren dann auch, um Frieden zu stiften dann auch im Grunde, ne, also dieser Weg, über dieses, diese Aussagen so zu gehen oder die Leute auch ziemlich wachzurütteln.")[3] → textextern;

- semantische Beobachtungen (vgl. S. 16, M$_3$: „vom Wortbau her"; S. 17, M$_5$: „Ja, aber jetzt nehmen wir mal nur die Worte, die da stehen") → textintern;

- Berücksichtigung zeitgeschichtlicher Gesichtspunkte (vgl. S. 15, M$_4$: „Das Auskommen war ja früher untereinander nicht besser wie heute auch."; S. 21, M$_2$: „Im Übrigen (?) muss es da eine ganz kriegerische Zeit gewesen sein, […] es ist ja auch bewiesen, dass da in der – ich sag mal – sehr viele Kriege waren"; S. 22, M$_7$: die Zöllner „waren ja damals, glaube ich, in der damaligen Zeit […] ja sehr korrupt […], kleine Herrgötter")[4] → textextern –

sind zwei methodische Hauptfelder auszumachen, nämlich die Einbeziehung des literarischen Kontextes (→ textintern) einerseits sowie die Frage/Suche nach der *intentio auctoris* in Verbindung mit einer zeitgeschichtlichen Verortung (→ textextern) andererseits. Beide Vorgehensweisen verfolgen dabei ein ganz ähnliches Ziel: Die rein wörtliche Bedeutung der jeweils fokussierten Textelemente – einmal die Wangen- (vgl. Mt 5,39cd), das andere Mal die Vollkommenheitsforderung (vgl. Mt 5,48) – wird angefragt bzw. die Unmöglichkeit einer adäquaten Auslegung aufgrund des Fehlens entsprechender Informationen konstatiert. Auf diese Weise wird jeder angebotenen Interpretation in gewisser Weise der Absolutheitscharakter genommen, alle Überlegungen stehen vielmehr unter einer Art Vorbe-

---

[3] In letzterem Fall dienen die textpragmatischen Überlegungen offensichtlich dazu, eine analoge Parallelisierung mit dem eigenen Tun vornehmen zu können: „Wir machen es ja auch mit Schlagworten und anderen Worten usw." (S. 21, M$_2$).

[4] Vgl. hierzu S. 22, M$_4$; S. 23, M$_3$.

halt. Jede aktuelle Auslegung kann auf dieser argumentativen methodischen Grundlage somit prinzipiell in Zweifel gezogen werden. In diesem Zusammenhang reflektiert die Gruppe eindeutig auf einer Metaebene über das jeweils favorisierte methodische Vorgehen, wobei diese Ausführungen offensichtlich durch die Mangelsituation – man kennt nämlich weder die ursprüngliche *intentio auctoris*/den zeitgeschichtlichen Hintergrund noch ist der nähere literarische Kontext bekannt – ausgelöst sind.[5] Letzteres bedingt auch, dass die Gruppe zwar reflexiv über das entsprechende Vorgehen nachdenkt, dieses aber nicht praktisch in die Tat umsetzen kann. Zunächst soll ein Blick auf die Suche nach der *intentio auctoris*, nach der (vermeintlichen) Aussageabsicht des (damaligen) Schreibers sowie die zugehörige zeitgeschichtliche Verortung geworfen werden:

„Das, das ist für mich so eine Passage, die insofern nicht erklärbar ist, […] weil ich gar nicht weiß, was der Schreiber damit ausdrücken will. […. Es; C. S.] fehlt mir auch in der Historie der Bezug, wofür das gut gewesen sein könnte, […] eigentlich fehlt mir der Bezug zu dem, was er einmal sagen wollte" (S. 16, M_3).

Der Gruppe ist daran gelegen, was der Schreiber ursprünglich einmal sagen wollte. Dies ist nicht bekannt und auch nicht eruierbar, ergo ist die Textstelle (hier im Speziellen Mt 5,39cd) nicht – zumindest nicht letztgültig – erklärbar. Dabei bewegt sich die Gruppe im textexternen Kontext auf der Ebene *methodischer Reflektiertheit*.

Fallübergreifender Vergleich: Im Fall der Gruppe „Gewerkschaft" wird die Rückfrage nach der *intentio auctoris* zwar nur von einer Person (→ M_3) gestellt und von den anderen Gruppenmitgliedern nicht weiter aufgegriffen, allerdings erfolgt auch kein Widerspruch bzw. Einwand gegen diesen methodischen Ansatzpunkt. Letzteres ist in der Gruppe „AI" (vgl. Teil II 2.12.2 A_{Mt}) beobachtbar, wenn an einer Stelle ganz dezidiert zwei methodische Optionen (*intentio auctoris*/ansatzweise textpragmatische Überlegungen) aufeinanderprallen: Während es M_1 (der Gruppe „AI"!) darum geht, „wie's dann wirklich ursprünglich gemeint war" (Gruppe „AI" S. 16, M_1), ist für M_2 (ebenfalls der Gruppe „AI"!) „die Frage gar nicht so, so zentral, wie es denn mal gemeint war. Ich würde es jetzt einfach wirklich als Anstoß nehmen" (Gruppe „AI" S. 16, M_2). Dies liegt mit Blick auf die Gruppe „Gewerkschaft" nicht vor, womit begründet vermutet werden kann, dass das Interesse an der historischen Rückfrage von der Gruppe (als Ganzer) geteilt wird. – *Vergleich Ende* –

---

[5] Zusätzlich ist die Rückfrage des Forschungsteams nach möglichem Vorgehen bei Verstehensschwierigkeiten zu erwähnen (vgl. S. 22, Y_2: „Wenn Sie jetzt in so einem Text so eine schwierige Stelle finden oder sagen würden, also das verstehe ich nicht oder da hätte ich gerne noch zusätzliche Informationen, gäbe es irgendwie so eine Stelle, eine Person, eine Institution oder wie würden Sie vorgehen, wenn Sie sagen, ich möchte das jetzt aber wissen irgendwie oder ich möchte das verstehen?"), da hierdurch die metatheoretischen Reflexionen zwar nicht (allein) ausgelöst, wohl aber deutlich verstärkt werden.

In ähnlicher Art und Weise wird – bei der Thematisierung von Mt 5,48 –
die Einbeziehung des literarischen Kontextes gefordert, was erneut mangels
Kenntnis nicht konkret praktiziert werden kann:

„Ich weiß ja nicht, ob das genauso niedergeschrieben ist, wie es hier geschrieben ist,
wenn es so sein sollte, dann fehlt mir immer noch der Anlass, der zu diesen, zu dieser
Aussage geführt hat, und mir fehlt immer noch das, das, was da nachwirkt [...]. Also
mir fehlt einmal das, was da vorgestellt ist, was dazu geführt hat, und mir fehlt einmal weiter, was danach noch kommt. Das kann einfach nun vom Lesen her ein Auszug aus irgendwas sein" (S. 21, M_3).

Exkurs: Ganz auf dieser Linie liegend elaboriert die Gruppe (auf Nachfrage) ihre
diesbezügliche methodische Option, wobei in diesem Zusammenhang geradezu eine
Theorie innerbiblischer Auslegung begegnet. Die Gruppe ist sich somit des eigenen
(gewünschten) Vorgehens augenscheinlich bewusst:
„Ja, ich glaube, dann müssten wir [...] vorher und nachher lesen, dass man das
dadurch versteht [...]. Also man muss schon die Bibel nicht nur, sagen (?) das lese
ich, und das will ich jetzt verstehen, das geht nicht, [...] man kann nicht einfach das
lesen wie ein Buch von vorne bis hinten, das funktioniert auch nicht, man muss mal
hier lesen, man muss mal da lesen, um die einzelnen Sachen zu verstehen, auch eventuell ins Alte Testament reingehen und da nachlesen, weil man dann vielleicht die
Sachen aus dem Neuen Testament besser versteht" (S. 23, M_3; vgl. S. 23, M_4: „müsste man die Seiten vorher und die Seiten nachher lesen").
„Ja, ich würde da auch wieder in der Bibel nachschlagen, ich merke immer mehr,
ich hatte das erst für ein Buch gehalten, das gar nicht so große Zusammenhänge hat,
aber es ist ein durchgehendes Buch, [...] die Bibel ist für mich dann ein Zusammenhang, also das Quelle ist in der Quelle dann auch, wäre dann also in der Bibel, die
Quelle in der Quelle dann auch, und die Zusammenhänge sind dann auch einfach da,
[...] als Quelle kann ich dann auch nur die Bibel sehen oder als Erklärung für manche Dinge" (S. 24f., M_2). – *Exkurs Ende* –

Auch mit Blick auf den textinternen Arbeitsschritt *literarischer Kontext*
kann die Gruppe „Gewerkschaft" somit als *methodisch reflektiert* qualifiziert werden.

Summa: Der Gruppe „Gewerkschaft" ist *methodische Reflektiertheit* zu
bescheinigen, und zwar sowohl in textinterner (→ literarischer Kontext) als
auch in textexterner (→ *intentio auctoris*/Ursprungssinn/zeitgeschichtlicher
Hintergrund) Hinsicht. Auslöser für die beobachtbaren Metareflexionen ist
in beiden Fällen eine Art Mangelsituation, da die favorisierten methodischen Operationen mangels entsprechender Kenntnisse gerade nicht praktisch durchgeführt werden können (*man müsste eigentlich, wenn ...*). Als
erkennbare Zielrichtung des methodischen Vorgehens ist jeweils die Infragestellung potenzieller, z. B. rein am wörtlichen Sinn orientierter Auslegungen zu identifizieren. Daneben geht die Gruppe „Gewerkschaft" in geringem Maße auch noch anderweitig *methodisch orientiert* vor
(z. B. textpragmatisch, semantisch, zeitgeschichtlich).

172   Teil II – Empirisch-rekonstruktive Auswertungen

(B_{Mt}) Textwahrnehmung und Hypertextrekonstruktion bzgl. Mt 5

Die Gruppe „Gewerkschaft" greift vom vorgegebenen Zitat im Rahmen der ersten Hypertexteinheit die geforderte Reaktion (Mt 5,39d) heraus und stellt diesem Element sofort – ohne expliziten Verweis auf eine bestimmte Bibelstelle – weitere innerbiblische Traditionen als extratextuelles Material zur Seite: Nächstenliebe (vgl. Lev 19,18; Mt 19,19; 23,39; Mk 12,31; Lk 10,27; Röm 13,9; Gal 5,14; Jak 2,8 §) und die Zehn Gebote (vgl. Ex 20,1–17; Dtn 5,5–21 §) „plus diese markanten Sachen" (S. 15, M_3 §). Als verbindender Gesichtspunkt und damit als Linkausgangspunkt fungieren jeweils die *allgemeine Bekanntheit* und die Zielperspektive *friedliches Miteinander*, wofür diese Weisungen als Grundvoraussetzungen (*wenn ..., dann ...*) angesehen werden:

> „Also ich finde, diese, diese Passagen, die so allgemein bekannt sind: ‚Dann halte auch die andere Wange hin!' oder ‚Liebe deinen Nächsten wie dich selbst!', das sind Grundvoraussetzungen für ein friedliches Miteinander. [... W]enn sich da jeder drum kümmern würde, wenn sich jeder dran halten würde, dann würde es der Menschheit wesentlich besser gehen, wir hätten weniger Not und Elend auf dieser Erde, und, ja, das, das wäre eigentlich ein friedliches Miteinander. Nur diese 10 Gebote plus diese markanten Sachen, wobei, wobei ja, ‚Liebe deinen Nächsten wie dich selbst!' und das, das spielt ja alles so mit da rein" (S. 14f., M_3).

Die *pop-up*-artigen Verknüpfungen erfolgen in *verallgemeinernder* Absicht und auf diesem Wege wird die konkrete Aussage von Mt 5,39d gewissermaßen überblendet. Zwar hält die Gruppe grundsätzlich am (Auf-)Forderungscharakter fest, jedoch wird die Stoßrichtung sehr allgemein-abstrakt dahingehend bestimmt, dass „die Menschen untereinander besser auskommen sollten" (S. 15, M_4). Zeitgeschichtliche Erörterungen bzgl. Konfliktzuständen in früheren Zeiten (✵) sichern in diesem Zusammenhang die analoge Übertragbarkeit und so kommt die Gruppe zunächst zu dem Schluss, „dass dieser Bibelspruch damit sagen will: ‚Die Menschheit soll sich untereinander besser verständigen und vertragen'" (S. 15, M_4).

> *Exkurs:* Die fleißige Einspielung extratextuellen, innerbiblischen Materials und die sich in diesem Faktum aussprechende Bibelkenntnis mag angesichts des säkularen Charakters der Gruppe sowie der kirchlich-religiösen Positionierung vieler Gruppenmitglieder (vgl. oben die kurze Gruppenbeschreibung Teil II 2.2.1) etwas überraschen, wenigstens findet M_2 dies eigenartig: „Es ist schon eigenartigerweise, dass es wird hier ständig aus der Bibel zitiert und es ist schon verwunderlich, erst, am Anfang wird sich dagegen gesperrt, aber wir benutzen immer wieder diese Weisheiten, das ist schon eigenartig" (S. 18, M_2). Ganz offensichtlich ist sich die Gruppe des eigenen Vorgehens mit Blick auf innerbiblische Verlinkungen bewusst, da dies auf einer Reflexionsebene thematisiert wird. Hier erweist sich erneut (vgl. Teil II 2.2.1 A_{Mt} *methodische Reflektiertheit* ✵) die Reflektiertheit der Gruppe. – *Exkurs Ende –*

Es geht entsprechend kaum mehr um das Hinhalten der anderen Wange, denn wer „würde sagen, wenn er geschlagen wird, und würd' sagen: ‚Komm, hau mir auch auf die andere Seite!'" (S. 15, M_4 → anfragend) bzw. konstatierend: „Kein Mensch würde sagen: [...] wenn mir einer eine haut, [...] dann halte ich auch noch die andere [...], weil das würde kein Mensch machen" (S. 15, M_2). Vielmehr zielt der Text in den Augen der Gruppe „Gewerkschaft" prinzipiell (u. a. textpragmatisch betrachtet ✶) auf besseres Auskommen untereinander/Umgehen miteinander respektive – noch unspezifischer – auf Frieden und Ausgleich: „also geht vernünftig miteinander um" (S. 15, M_2). Auf dieser Linie liegt auch die diese erste Hypertexteinheit abschließende Einbringung einer potenziell denkbaren anderen Version, die im Gefolge der Suche nach einer ursprünglichen *intentio auctoris* (✶) angeboten wird:

„Wenn er jetzt gesagt hätte: ‚Wenn sie dir auf die rechte Wange schlagen, so reibe dir die Backe, mache auf dem Absatz kehrt und gehe nach Hause!', dann würde ich sagen, ist das noch in Ordnung: Gehe jeder Gewalt aus dem Weg und ignoriere dein Gegenüber, aber zu sagen: ‚Ja, okay, jetzt hat es einmal weh getan, jetzt tu mir noch ein zweites Mal weh!', fehlt mir auch in der Historie der Bezug, wofür das gut gewesen sein könnte" (S. 16, M_3).

Die Gruppe bezieht – in der Art eines Gedankenexperiments gewissermaßen – eine umformulierte Fassung in die Diskussion ein, die nach ihrem Empfinden und Verständnis akzeptabel wäre, sich aber eben deutlich von Mt 5,39cd unterscheidet. Letzteres ist der Gruppe ausdrücklich bewusst; der vorliegende Textkorpus wird von der Eigenvariante klar getrennt:

Zitatfassung (Mt 5,39cd)	Wenn dich einer auf die rechte Wange schlägt, ...	... dann halte auch die andere hin! → Verständnis der Gruppe (Clou): Jetzt hat es einmal wehgetan, jetzt tu mir noch ein zweites Mal weh! → inakzeptabel!
Eigenes Formulierungsangebot	Wenn sie [Plural!] dir auf die rechte Wange schlagen, ...	... so reibe dir die Backe, mache auf dem Absatz kehrt und gehe nach Hause! → Verständnis der Gruppe (Clou): Gehe jeder Gewalt aus dem Weg und ignoriere dein Gegenüber! → noch in Ordnung!

Auch wenn auseinandergehalten wird, was das eingebrachte Zitat Mt 5,39cd aussagt und was nicht, bleibt man insgesamt doch dabei, dass ein wörtliches Verständnis nicht gemeint sein kann bzw. dass dies nicht

sinnvoll ist. Für die Gruppe „Gewerkschaft" steht als (positiv-akzeptabler) Clou die Schaffung von Frieden und Ausgleich bzw. die Unterbrechung des Kreislaufes von Gewalt und Gegengewalt fest.[6]
Anschließend wechselt gewissermaßen der Fokus, womit der Beginn der zweiten Hypertexteinheit markiert wäre. Jetzt wird Mt 5,39c in den Mittelpunkt gerückt und der Blick auf die schlagende Seite gerichtet bzw. eine mögliche Konstellation skizziert:

> „wer gibt dem anderen das Recht zuzuschlagen? Wenn es stimmt, dass wir alle nackt auf die Welt kommen und eigentlich erst mal alle gleich sind auch vor dem Gesetz, und alle Menschen haben (mit mir?) den gleichen Stellenwert, wer hebt einen hervor, der das Recht hat zu sagen: ich bin der, der zuschlagen darf. Und dann [@] diese, dieser schöne Hinweis, dann kannst du ja auch noch einmal die andere Seite hinhalten, dann kriegst du noch mal einen verbraten. […] oder will man bewusst sozusagen: es ist jemand so stark, und genau aus dieser Situation heraus wird der andere unterdrückt. Und weil er halt eben ja in seiner elenden Situation sich nicht wehren kann, denkt er sich: Es ist das Beste, ich halte jetzt auch noch die andere Backe hin, und dann habe ich vielleicht meine Ruhe" (S. 16f., M_1).

Dass der, der (*zuerst*) schlägt, im Unrecht ist, sich falsch verhält und gewissermaßen schuldig wird, ist in der Diskussion bereits punktuell angeklungen.[7] Dieser Aspekt wird ohne große Problematisierung in den Text eingetragen. Jetzt wird (erneut) die *Berechtigung* des anderen mit Blick auf die gewalttätige Aktion unter die Lupe genommen respektive zurückgewiesen. Die Gruppe „Gewerkschaft" spricht dem Schläger die Legitimität zum Schlagen ab bzw. bezieht sich sehr kritisch auf die in Mt 5,39cd vorausgesetzte Grundsituation und -konstellation. Es wird eine Art Unterdrückungsszenerie wahrgenommen:[8] Da ist einer, der sich so stark fühlt, dass er sich das Recht herausnimmt, andere zu schlagen, sprich: zu unterdrücken. Und da ist ein anderer, der geschlagen/unterdrückt wird, sich nicht wehren kann bzw. sich nicht wehren zu können glaubt und in der Folge die andere Wange hinhält – nur, um Ruhe zu haben. Gruppenintern reagiert man sehr sensibel auf diese (inakzeptable) Rollenverteilung (→ starker Unterdrücker

---

[6] Dies wird an etwas späterer Stelle wie folgt auf den Punkt gebracht: „Gewalt fördert Gegengewalt, ne, und das will dieser Bibelspruch sagen. Das hat mit der Wange nichts zu tun, dass du dich zurückschlagen lassen sollst, das hat nur, wenn ich Gewalt erfahre, ja, und wieder Gewalt gegen ausübe, das dann wieder, das nimmt kein Ende" (S. 17, M_5). In diesem Zusammenhang beruft sich die Gruppe auf die vorliegende Semantik (✷).

[7] Vgl. S. 15, M_6: „Dadurch wird dem, der zuerst geschlagen hat und sein Unrechtsbewusstsein gestärkt. Der muss doch einsehen: das war doch falsch, was ich gemacht habe. So muss man es sehen meiner Meinung nach"; S. 16, M_3 (unter Rückbezug auf M_6): „um den anderen noch mehr seine eigene Schuld oder sonstiges darzulegen, um das noch mal zu vertiefen, dass er gerade Unrecht getan hat."

[8] Dass in Mt 5,42 eine etwas anders gelagerte Konstellation begegnet, scheint wahrgenommen zu werden, vgl. S. 20, M_1; vgl. unten.

einerseits, elendes Gegenüber, das sich nicht wehren kann andererseits) und in der Folge wird – mit Blick auf die eigenen Kinder und unter Erziehungsgesichtspunkten – die Reaktionsforderung aus Mt 5,39d ausdrücklich umformuliert, jetzt in die genaue Gegenrichtung:

> „würde ich denen natürlich auch nicht sagen: ‚Geh' mal wieder auf die Straße und halt jetzt die andere Backe hin!', sondern würd' sagen: ‚Pass auf, hol dir den Knüppel und hau natürlich zurück!' [...] Also es gibt eine Grenze, die ist hier. Und wer mein Kind schlägt, dann sage ich meinem Kind: ‚Also schlag zurück!'" (S. 17, M_1).

Im Unterschied zur ersten Hypertexteinheit, die letzten Endes auf ein Meiden der Gewalt und den Verzicht auf Gegengewalt hinausgelaufen ist, wird jetzt ausdrücklich dazu aufgerufen, zurückzuschlagen: „dann sollst du dich wehren dagegen" (S. 18, M_4).[9]

Zwischensumma: Die erste Hypertexteinheit konzentriert sich auf Mt 5,39d, wobei mittels der *verallgemeinernden* Einspielung extratextuellen, innerbiblischen Materials (→ Nächstenliebe, Zehn Gebote) nicht nur der Hypertext angereichert, sondern auch der Übergang von der konkreten Aussage hin zu einer mehr allgemein-abstrakten und damit akzeptablen Zielperspektive (→ friedliches Miteinander) ermöglicht wird. In diesem Zusammenhang wird zwar eine mögliche Alternativfassung eingebracht, doch steht diese dezidiert nur als hypothetische Möglichkeit im Raum. Die Differenz zur Vorlage bleibt gewahrt. Im Rahmen der zweiten Hypertexteinheit wird dann Mt 5,39c, sprich: die schlagende Seite bzw. die in der Wangenforderung implizierte Konstellation (→ Unterdrückungssituation), in den Mittelpunkt der Aufmerksamkeit gerückt. Die Eintragung des Unrechtsgedankens bzw. die Bestreitung der Berechtigung zum Schlag stellen die Legitimität der geschilderten Interaktion grundsätzlich in Frage und bereiten die abschließende Formulierung einer Art Gegenbotschaft vor, die da lautet: Schlag zurück! Wehre dich! (vgl. auch S. 18, M_4).

Nach Austeilung der schriftlichen Textvorlage knüpft die Gruppe einerseits gedanklich an die bisher artikulierte Position an,[10] andererseits konzentriert man sich auf neue Verse und es sind mehrfach intratextuelle Sprünge (durch die Hypertextbasis) im Rahmen dieser – insgesamt gesehen dritten –

---

[9] Zu dieser Feststellung passt, dass die Seitenverhältnisse (rechts – links) nicht weiter wahrgenommen oder thematisiert werden. Es geht der Gruppe „Gewerkschaft" um einen Schlag an sich – egal, auf welche Wange! – und darum, ob sich jemand überhaupt das Recht hierzu herausnehmen darf. Dass in diesem Zusammenhang die Welt des kleinen Arbeiters bzw. die berufliche (Arbeitsmarkt-)Situation als aktuelles Beispiel-/Vergleichsreservoir – v. a. für die sich offenbarende Nutz- und Sinnlosigkeit des Geforderten – dient, sei an dieser Stelle nur kurz erwähnt (vgl. unten).

[10] Der erste Diskussionsbeitrag nach der Lesepause beginnt mit den an das Vorherige anschließenden und die Kontinuität betonenden Worten: „Ja, dazu zu sagen jetzt, würde ich sagen, das, was ich vorhin schon sagte" (S. 19, M_1).

Hypertexteinheit feststellbar. Zuerst wird Mt 5,48 einbezogen und als störendes Element kritisiert:

> „Nur das, was mich an dieser Sache an und für sich stört da drin: ‚Seid alle vollkommen, wie euer himmlischer Vater vollkommen ist!' Und es steht auch in der Bibel geschrieben: wir können gar nicht so vollkommen werden wie, wie gesagt, wie Gott ist, es ist nicht möglich, es ist nicht ... Und dann steht das hier drunter. Also da sage ich, da sagt dieser Schreiber hier schon, schon wieder was Falsches" (S. 19, M₁).

Ausgehend von dieser störenden Textwahrnehmung, wird ein innerbiblischer Widerspruch konstatiert und dem Schreiber[11] eine *erneute*[12] Falschaussage vorgeworfen. Argumentative Basis ist somit eine Art Schriftbeweis: Vom Linkausgangspunkt *vollkommen (sein/werden)* wird als *Pop-up* eine nicht näher konkretisierte – und wahrscheinlich auch nicht genauer konkretisierbare[13] – extratextuelle, innerbiblische Tradition mit der Quintessenz „wir können gar nicht so vollkommen werden wie, wie gesagt, wie Gott ist" (S. 19, M₁) § eingespielt und die damit verfolgte Intention ist klar: *widersprechen*. Es wird eine, dem vorliegenden Text (→ Vollkommenheitsforderung) entgegengesetzte Aussage eingebracht, wobei – in den Augen der Gruppe – auf die gleiche Autorität rekurriert werden kann, nämlich die Bibel. In diesem Zusammenhang ist eine kleine, aber wohl entscheidende textliche Variation zu beobachten: Während Mt 5,48a „Seid *also* vollkommen ..." lautet und damit ansatzweise einen resümierend-schlussfolgernden Charakter am Ende des gesamten Abschnitts aufweist, spricht M₁ von „Seid *alle* vollkommen ..." Auf diese Weise wird der Satz zu einer generellen Aufforderung, die sich schlicht und ergreifend an *alle* richtet und gerade auch in dieser Pauschalität zurückzuweisen ist.

Anschließend springt die Gruppe in starkem Maße intratextuell; am Ende kommt man jedoch erneut bei Mt 5,48 an: Von Mt 5,39b, 5,39cd und 5,38c, die in einem Atemzug genannt und als *nicht mehr machbar in der heutigen Gesellschaft* (vgl. S. 19, M₃) qualifiziert werden, über Mt 5,40, was wörtlich genommen „natürlich mit unserem Weltbild, unserem Verständnis im Augenblick ein bisschen schwierig" (S. 20, M₁)[14] zu vereinbaren ist, zu

---

[11] Vgl. S. 16, M₃: „weil ich gar nicht weiß, was der Schreiber damit ausdrücken will."
[12] Damit scheint die bisher diskutierte Wangenforderung Mt 5,39cd eine neue Bewertung erfahren zu haben: Das hier Überlieferte ist nicht nur unpraktikabel, inakzeptabel, sinn- und nutzlos, sondern auch noch falsch, was argumentativ von der Gruppe „Gewerkschaft" allerdings nicht weiter ausgeführt wird.
[13] Es konnte trotz intensiver Suche in der Bibel keine konkrete zugehörige biblische Stelle ausfindig gemacht werden, allerdings ist – wie im Methodenkapitel erwähnt (vgl. Teil I 3.2 Schritt B) – das Selbstverständnis der Gruppe bzgl. der eigenen Einspielungen entscheidend und nicht der (intersubjektiv nachprüfbare) Befund.
[14] Vgl. S. 20, M₁: „Da werde ich verklagt und dann soll ich dem sozusagen alles geben, denke ich mir, wird keiner machen". Es ist an dieser Stelle festzuhalten, dass sowohl

Mt 5,42. Letzteres funktioniert im Vergleich zum Vorhergehenden, jedenfalls „auf der Ebene des Alltagsgeschäftes“ (S. 20, M_1). Diese vorgenommene Differenzierung weist darauf hin, dass die Gruppe „Gewerkschaft“ den Wechsel in der Interaktionssituation zwischen Mt 5,39–41 einerseits und 5,42 andererseits – zumindest intuitiv – wahrnimmt. In der Folge trifft die bislang am Text geübte Kritik die Borgeregel nicht. Zu guter Letzt landet man erneut bei Mt 5,48 (diesmal vollständig korrekt zitiert) und an dieser Stelle findet sich nun eine etwas anders geartete Begründung, warum dieser Vers als so umtreibend und störend empfunden wird:

> „Was mich aber persönlich umtreibt, ist dann hier auch dieser letzte Satz: ‚Seid also vollkommen, wie euer himmlischer Vater vollkommen ist!‘ Ja, dann sage ich jetzt mal ganz einfach, wenn ich das bin, dann bin ich der himmlische Vater, weil dann bin ich ja vollkommen. Jetzt fängt für mich wieder die Frage an, warum erhöht sich da jemand und sagt: also ich bin, jetzt mal in Wertigkeiten gesprochen, oben bei 100% und du kommst da nicht hin. Wenn ich das hier so lese und sage, ja gut, ich bin so vollkommen, also kann der den Hocker räumen, bin ich jetzt der Chef hier“ (S. 20, M_1).

Nicht mehr ein innerbiblischer Widerspruch wird argumentativ ins Feld geführt, sondern eine Anfrage, die vertraut klingt (vgl. „jetzt fängt für mich *wieder* …“): „Warum erhöht sich da jemand?“ (S. 20, M_1). Wer macht sich selbst zum Chef, wer nimmt sich gewissermaßen das Recht heraus, eine hundertprozentige Vollkommenheit zu behaupten und sich damit über andere zu setzen? Wer nimmt als Vollkommener letzten Endes gewissermaßen die Position Gottes, den Chefsessel ein? Und noch ein drittes Mal thematisiert die Gruppe „Gewerkschaft“ Mt 5,48, womit diesem Vers der Status eines *book marks* zugesprochen werden kann: Immer wieder kehrt die Gruppe nämlich an unterschiedlichen Punkten der Diskussion zu diesem Vers zurück, immer wieder werden Schwierigkeiten damit artikuliert. Lesezeichen können somit nicht nur an für die jeweilige Gruppe besonders *schönen* Textstellen/-einheiten gesetzt werden, sondern auch problematische Passagen, an denen man sich reibt und abarbeiten muss, fungieren als leserdefinierte Fixpunkte. Bei der dritten und letzten Bezugnahme auf Mt 5,48 wird übrigens beklagt, dass der nähere literarische Kontext fehlt (⚒), denn „einfach nur als Satz kann ich mir nicht vorstellen, dass da stehen geblieben ist: ‚Seid also vollkommen, wie euer himmlischer Vater vollkommen ist!‘“ (S. 21, M_3).

Damit ist die Textwahrnehmung der Gruppe „Gewerkschaft“ jedoch noch nicht an ein Ende gelangt, der Hypertext entsprechend noch nicht ganz vollständig. Die letzte Hypertexteinheit bringt Mt 5,45bc (→ positiv rezipiert) und 5,46f. (→ als schwer verständlich problematisiert) ins Spiel,

---

Mt 5,39cd (Wange) als auch Mt 5,40 (Gericht) und Mt 5,42 (Borgen), nicht aber Mt 5,41 (Meile) wahrgenommen werden.

bevor eine *ersetzende* Einspielung gewissermaßen ein neues Fenster öffnet respektive ein neues Fass aufmacht. Doch immer der Reihe nach. Zunächst springt die Gruppe zu Mt 5,45bc. Die Aussage bzgl. Sonne und Regen wird positiv aufgenommen, ohne dabei auf die vorliegende Argumentationslogik (*damit* in Mt 5,45a; *denn* in Mt 5,45b) näher einzugehen. Einzig ein Clou wird herausgegriffen:

> „Ja, es sind natürlich auch ein paar schöne Sachen drin, also die Sonne und der Regen scheint oder regt oder regnet über Gerecht und Ungerecht, also so weit auch noch mal, also bekommen beide ihr Fett ab, ja, [@] je nachdem, auf welcher Seite man ist, hat das natürlich auch einen gewissen Charme, dass noch mal alle je nach Stand und Geschlecht und Funktion da gleich bedacht werden" (S. 22, M_1).

Im Unterschied zu den bisher im Text wahrgenommenen und kritisierten ungerechten Rollenverteilungen (einer schlägt – der andere wird geschlagen; einer verklagt – der andere wird verklagt; einer erhöht sich – der andere kommt da nicht ran) liest die Gruppe hier gewissermaßen als Kontrastbild eine andere Wirklichkeitsordnung heraus, in der alle unabhängig von „Stand und Geschlecht und Funktion da gleich bedacht werden" (S. 22, M_1). Dabei kommt Gott als handelndes Subjekt nicht in den Blick, es wird von (rein) natürlichen Abläufen gesprochen (die Sonne scheint; es regnet). Wichtig ist zu betonen, dass nicht Sonne und Regen an sich die wahrgenommenen schönen Sachen darstellen, sondern der positive Clou liegt gleichermaßen in der unterschiedslosen Ausgießung über alle – alle bekommen ihr Fett ab!

Anschließend bezieht die Gruppe Mt 5,46f. mit ein, wobei massive – und letztlich nicht lösbare – Verständnisprobleme auftreten: „also mit diesen beiden Sätzen komme ich nicht klar, [...] da komme ich absolut nicht klar" (S. 22, M_7). Auch die zeitgeschichtliche Qualifizierung der Zöllner als *korrupte kleine Herrgötter* (vgl. S. 22, M_7 und M_4; S. 23, M_3; ✷) hilft nicht wesentlich weiter und so hält sich die Gruppe an diesem Punkt nicht länger auf. Stattdessen wird eine letzte Verlinkung mit extratextuellem, innerbiblischem Material vorgenommen, ohne dass allerdings ein direkter Linkausgangspunkt erkennbar wäre. Dies ist im vorliegenden Fall auch nicht nötig, da die *ersetzende* Intention deutlich zutage tritt. Mit der Einspielung des Tempelprotestes (vgl. Mt 21,12–17; Mk 11,15–19; Lk 19,45–48; Joh 2,13–22) wird ohne große Anknüpfung an den vorliegenden Text ein neues Fenster aufgemacht und eine Weiterführung der Überlegungen auf der Grundlage eines anderen – und zwar *aktiven* – Jesusbildes angedeutet: Ich kann „das weiterführen, wie der Jesus da die Leute, die, die Händler oder wie auch immer da aus dem Tempel getrieben hat, [...] die Wechsler usw. [...] Also ich muss es schon kompakt sehen" (S. 22, M_2; vgl. S. 22, M_4). Jetzt hat die Gruppe die Hypertextbasis vollständig verlassen und statt des vorliegenden Textes, der so ganz und gar nicht von Gegenwehr spricht – ganz im Gegenteil! –, mit dem wehrhaften Jesus des Tempelprotestes etwas Neues und dezidiert anderes einbezogen.

Endsumma: Nach Austeilung der schriftlichen Textvorlage finden sich erneut zwei Hypertexteinheiten, womit bzgl. Mt 5 insgesamt vier herausgearbeitet werden können. Jetzt konzentriert sich die Gruppe „Gewerkschaft" zunächst auf Mt 5,48, wobei dieses Element als *book mark* qualifiziert werden kann. Dreimal thematisiert die Gruppe diesen Vers, dreimal setzt die Kritik auf einer anderen argumentativen Basis an: Zuerst wird extratextuelles, innerbiblisches Material in *widersprechender* Absicht eingespielt, dann die Berechtigung des anderen zur Selbsterhöhung angefragt. Zu guter Letzt wird der fehlende literarische Kontext ins Feld geführt. Daneben ist diese dritte Hypertexteinheit durch zahlreiche intratextuelle Sprünge (V. 39b → 39cd → 38c → 40 → 42) gekennzeichnet. Die vierte und letzte Hypertexteinheit vereint relativ disparates Material: erstens Mt 5,45bc (→ schöne Sachen), zweitens 5,46f. (→ absolut nicht verständlich), drittens und abschließend wird mit der Einspielung des Tempelprotestes (extratextuell, innerbiblisch) *ersetzend* ein neues Fenster aufgemacht und mit diesem *aktiven* Jesusbild eine mögliche Weiterführung der Überlegungen grundgelegt.

(C_{Mt}) Positionierung (Identifikation/Kritik) bzgl. Mt 5

Wie bereits im Rahmen der Analyse der Textwahrnehmung angedeutet: Die Gruppe „Gewerkschaft" nimmt in Mt 5,38–48 bzw. genauer gesagt in Mt 5,38–42 Rollenverteilungen und Machtkonstellationen sehr sensibel wahr. Verhältnismäßig rasch wendet man sich dabei von der geschlagenen Seite und der Diskussion, ob das z. B. in Mt 5,39d geforderte Reaktionsverhalten möglich und/oder sinnvoll ist, hin zum Schlagenden, dessen grundsätzliche Berechtigung kritisch angefragt wird: Wer glaubt der andere eigentlich, dass er ist? Warum nimmt sich jemand dieses Recht heraus? Darf der das eigentlich? (vgl. S. 16f., M_1). Die Antwort der Gruppe ist klar: natürlich nicht, denn der erste bzw. jeder Schlag ist Unrecht und falsch. Dabei ist zunächst scheinbar nicht eindeutig an jemand Bestimmtes gedacht, denn der, der *zuerst* schlägt, macht sich schuldig (vgl. S. 15, M_6; S. 16, M_3).

Doch im weiteren Verlauf der Diskussion findet zunehmend eine Konkretisierung und Identifizierung der beiden Parteien statt: Als Schläger kommen (ausbeuterische, lohnkürzende) Unternehmer (vgl. S. 17, M_1) in den Blick – darüber hinaus werden die USA in globaler Perspektive erwähnt (vgl. S. 17, M_1). Geschlagen werden dementsprechend u. a. die kleinen Arbeiter, die um ihren Arbeitsplatz bangen und im Gegensatz zur oberen Gesellschaft das Hinhalten der anderen Wange bereits zur Genüge praktizieren (vgl. S. 19, M_1) – ohne jeden Erfolg oder Nutzen! Allgemeiner gesprochen: Da ist auf der einen Seite jemand, der sich berechtigt fühlt, zuzuschlagen, sprich: Erhöhungen einzuführen und andere zu unterdrücken, und das zugehörige Pendant befindet sich in einer elenden Situation, in der Gegenwehr unmöglich/undenkbar ist – man will nur noch seine Ruhe haben. Oder mit Blick auf die Vollkommenheitsforderung gewendet: Die einen erhöhen sich selbst und beanspruchen den Chefsessel, den anderen wird gar keine Chance gelassen (vgl. S. 10, M_1).[15]

Vor diesem Hintergrund ist die Positionierung der Gruppe „Gewerkschaft" eindeutig. Man sieht sich selbst aufseiten der kleinen Arbeiter und Unterdrückten bzw. man identifiziert sich unmittelbar mit diesen, wie folgende Stellen belegen:

„Was geschieht heute in Deutschland? *Wir* halten die zweite Backe hin, *um den Arbeitsplatz zu behalten*, ändert es was? Nein!" (S. 18, M_4; Hervorhebungen C. S.).

„*man* praktiziert einen ganzen Teil, was hier drin ist, heute schon. Man lässt sich schlagen, hält auch die andere Wange hin in gewisser Weise, *um* anerkannt zu werden und *seinen Arbeitsplatz zu behalten*. […] Nur da sage ich immer: das wird heute in der Arbeitswelt schon praktiziert, von dem *kleinen Arbeiter*, nicht oben von der oben, von der oberen Gesellschaft, von dem *kleinen Arbeiter* wird das schon praktiziert" (S. 19, M_1; Hervorhebungen C. S.).

Wir, man oder der *kleine Arbeiter* – das Subjekt des Wangehinhaltens (mit dem Ziel, den eigenen Arbeitsplatz zu behalten) ist problemlos austauschbar. Entsprechend versteht es sich von selbst, dass die Gruppe „Gewerkschaft" Partei ergreift für die Kleinen/Unteren und gegen die Oberen, die unrechtmäßig zuschlagen. Letztere werden stark kritisiert bzw. die wahrgenommene Grundkonstellation massiv in Frage gestellt. Es kann sozusagen nicht angehen, dass einige meinen, gleicher zu sein als alle anderen – v. a. angesichts des grundsätzlich gleichen Stellenwerts aller Menschen –, und vor diesem Hintergrund ist die positive Wertschätzung von Mt 5,45bc zu verstehen: Hier ist eine ganz fundamentale Gleichbehandlung ins Wort gebracht. Jeder bekommt sein Fett ab – unabhängig von Stand, Geschlecht oder Funktion.

Exkurs: Allerdings ist die Positionierung der Gruppe auch nicht ganz eindeutig. Fühlt man sich zu Beginn des zugehörigen Diskussionsteils noch selbst unmittelbar vom Text als Geschlagener angesprochen und lehnt eine entsprechende Reaktion (→ andere Wange hinhalten) ab, so begegnet zwischenzeitlich sogar eine Verortung auf der schlagenden Gegenseite, der eben diese andere Wange entgegengehalten wird: „es ist dann überraschend auch, der Überraschungsmoment, wenn *mir* einer dann einer auch die andere Seite hinhält" (S. 16, M_2; Hervorhebung C. S.). – *Exkurs Ende –*

---

[15] Dass Mt 5,42 zum einen (in alltäglicher Hinsicht) funktionieren kann, zum anderen in die gerade ausgeführte Linie nicht ganz hineinpasst, ist der Gruppe bewusst und so postuliert sie den oben erwähnten Ebenenwechsel: Wir bewegen uns jetzt auf der *Ebene des Alltagsgeschäftes* (vgl. S. 20, M_1).

Auswertung – Gruppe „Gewerkschaft"

Summa: Die Gruppe „Gewerkschaft" nimmt zwei auf unterschiedlichen Ebenen angesiedelte (oben – unten) und an den geschilderten Interaktionen beteiligte Seiten wahr, identifiziert diese konkret in der aktuellen (Arbeitsmarkt-)Situation (Unternehmer – kleine Arbeiter) und ergreift selbst – sich selbst mit einer Seite identifizierend – Partei. Für wen ist klar – die Fronten sind eindeutig.

(A_{Mk}) Methodisches Vorgehen bzgl. Mk 5

Bei der Auseinandersetzung der Gruppe „Gewerkschaft" mit Mk 5 findet sind in methodischer Hinsicht nicht viel, einzig ein Konglomerat aus textpragmatischen und zeitgeschichtlichen Gesichtspunkten (→ beides textextern) fällt auf: Die Gruppe „Gewerkschaft" stellt nämlich Überlegungen zur Absicht an, die mit dem Erzählen dieser Geschichte verbunden worden sein könnte, und denkt darüber nach, was man damit bewirken wollte. Dabei wird der Text (rudimentär bzw. in sehr spezifischer Hinsicht) in seiner Zeit verortet:

> „da hat einer Werbung gemacht einfach, Werbung, [...] dass es einfach auch verkauft werden musste in der Zeit, ne, das wurde ja vorgetragen, die Leute konnten ja so nicht lesen wie wir heute, sondern es wurde auch so vorgetragen, vielleicht auch ungefähr mit diesen Worten, und es ist ja auch so, dass Jesus Jünger [...] um sich scharte, [...] die die Werbetrommel gerührt haben" (S. 28, M_2).

Die Geschichte in Mk 5 wird somit textpragmatisch betrachtet als Werbebotschaft verstanden und vor folgendem zeitgeschichtlichen Kontext profiliert: Mündlicher Vortrag tut not, da Lesen keine allgemein verbreitete Fähigkeit darstellte.[16] Auf diesem Wege gelingt es der Gruppe „Gewerkschaft", eine Parallelisierung mit dem modernen Paradigma *Werbung* sowie der eigenen Tätigkeit vorzunehmen[17] und die Basis für eine entsprechende (analoge) Übertragung zu schaffen.

Exkurs: Im Zusammenhang mit Werbung fallen auch die Stichworte *Zeitung* und *verkaufen* (vgl. S. 28, M_2), was an eine frühere Stelle in der Diskussion erinnert. Dort ist bereits der Vergleich Bibel – (Bild-)Zeitung bzw. Schriftgelehrte – Journalisten angestellt worden: „wenn ich dann so manche Zeitung sehe, auch die Bibel wird da oder die Leute, die die Bibel geschrieben haben, ich muss ja auch irgendwelche Seiten füllen, und ich glaube auch, dass diese Beispiele [...] da mit reingekommen sind, einfach um ja, um ein Blatt voll zu machen. [... U]nd dann sehe ich dieses andere so, dass es wirklich auch Füllmaterial in, auch in der Bibel gibt, [...] vielleicht in der damaligen Zeit war es dann auch, [...] wir könnten ruhig sagen, die Bildzeitung, was für Wunder die da machen oder alles reinschreiben verwunderliche Dinge [...]. Aber, so ist mein Verständnis, dass da die Leute, genau diese Schriftgelehrten wie sie auch

---

[16] Vgl. S. 14, M_5: „die Menschen konnten ja damals gar nicht lesen, das wurde ja nur erzählt, Geschichten erzählt und alles."

[17] Vgl. S. 28, M_2: „wie wir es dann teilweise auch, auch machen."

immer hießen da, genau wie in der heutigen Zeit die Journalisten da manchmal auch Dinge reingepackt haben, um das Buch auch unter die Leute zu bringen oder eben [...] um das einfach zu verkaufen" (S.9f., M$_2$). – *Exkurs Ende* –

Summa: Die Gruppe „Gewerkschaft" geht kaum *methodisch orientiert* mit dem Text Mk 5,24–34 um. Einzig die Sichtweise als Werbetext bringt methodisch auswertbare Überlegungen mit sich: Ein spezifischer textpragmatischer Aspekt wird hierbei betont und ein dazu passendes zeitgeschichtliches Detail profiliert. Beides verweist auf die textexterne Seite und scheint dazu zu dienen, eine analoge Übertragbarkeit (modernes Phänomen/eigenes Tun) zu fundieren.

Fallinterner Vergleich: Auf den ersten Blick fällt auf, dass die Gruppe „Gewerkschaft" Mt 5 viel methodischer bearbeitet als Mk 5. In ersterem Fall bewegt man sich außerdem vielfach auf einem Metareflexionsniveau, was sich im Diskussionsabschnitt zu Mk 5 ganz und gar nicht findet. Die methodischen Hauptpunkte bei Mt 5 (Textkontext/*intentio auctoris*) begegnen bei der Auseinandersetzung mit Mk 5 nicht. Dennoch sind gewisse Ähnlichkeiten zu erkennen: die Einbeziehung rudimentärer bzw. sehr punktueller zeitgeschichtlicher Gesichtspunkte einerseits, textpragmatische Überlegungen andererseits. Letztere dienen – und dies sticht deutlich ins Auge – in beiden Fällen dazu, eine (analoge) Parallelisierung mit dem eigenen gruppenspezifischen Tun vornehmen zu können. – *Vergleich Ende* –

(B$_{Mk}$) Textwahrnehmung und Hypertextrekonstruktion bzgl. Mk 5

Das Erste, was die Gruppe „Gewerkschaft" vom vorgelegten Text Mk 5 wahrnimmt, ist das Stichwort *(helfender) Glaube* (vgl. Mk 5,34c) in Verbindung mit der erfolgreichen Heilung (vgl. Mk 5,29). Probleme bereitet in diesem Zusammenhang die Deutung von Mk 5,30ab:

„Ja, da würde ich auch sagen, also wenn ich diese Geschichte lese, dass der Glaube viel bewirken kann. Und das sagt ja heute auch der moderne Arzt: wenn ich nicht glaube, dass ich gesund werde, werde ich auch nicht gesund werden, dann bleibe ich krank, dann kann der Arzt mit mir anstellen, was er will. Und so sehe ich den Text hier auch, dass der Glaube der Frau geholfen hat da dran. Das andere, weiß ich nicht, ob jetzt, weil da steht ja auch drin ‚Jesus hatte bemerkt, dass von ihm was ausging', nicht wahr, und hatte deswegen gefragt, wer ihn berührt hat. Das weiß ich so nicht zu deuten" (S. 25, M$_4$).

Vom Glauben, der viel bewirken kann, kommt man sofort auf den (modernen) Arzt zu sprechen, der – gewissermaßen an Jesu Stelle oder umgekehrt: Jesus als (moderner) Arzt – genau dies verkündet, allerdings in negativer Formulierung: *„wenn* ich *nicht glaube,* dass ich gesund werde, werde ich auch *nicht gesund* werden, *dann* bleibe ich krank, *dann* kann der Arzt mit mir anstellen, was er will" (S. 25, M$_4$; Hervorhebungen C. S.). Hier lohnt es sich, genau darauf zu achten, wie argumentiert und wie der Text im Rahmen dieser ersten Hypertexteinheit wahrgenommen wird: Wenn ich nicht an meine Heilung glaube, dann wird's damit auch nichts werden – egal, was der Arzt tut. Ergo lässt sich – positiv gewendet – eine erfolgreiche Behandlung zu einem Gutteil bzw. sogar hauptursächlich auf den zugrunde liegenden rechten Glauben – wohlgemerkt als Glaube an die Heilung verstanden! – zurückführen. Berücksichtigt man nun, dass nach Mk 5,26 die (lange) Krankengeschichte der Frau gerade davon geprägt ist, dass sie bisher viele Ärzte ohne jeden Nutzen und Gewinn aufgesucht hat, dann liegt vor dem gerade skizzierten Hintergrund die Vermutung nahe, dass bis zu diesem Zeitpunkt der fehlende Glaube an den gescheiterten Heilungsversuchen schuld ist. Noch einen Schritt weiter gedacht: Dass der Frau jetzt durch Jesus geholfen werden kann, ist dann – einzig und allein – auf ihren mittlerweile augenscheinlich vorhandenen Glauben zurückzuführen, was von der Gruppe „Gewerkschaft" aus der Geschichte als Clou herausgelesen wird (vermutlich unter Bezugnahme auf Mk 5,34c). D. h.: Der entscheidende Unterschied zwischen früher (→ keine Heilung) und jetzt (→ Heilung) ist im Glauben der Frau zu sehen und damit auf ihrer Seite zu verorten; Jesus erscheint dabei wie ein Arzt unter mehreren:

Früher (keine Heilung)	vs.	Jetzt (Heilung)	Grund/Unterschied
kein Glaube an Heilung		Glaube an Heilung	→ Einstellung der Frau

Exkurs und *fallübergreifender Vergleich:* Grundsätzlich kann an die Geschichte in Mk 5 die Frage gestellt werden, warum es jetzt (auf einmal) nach so vielen vergeblichen Anläufen mit der Heilung klappt, doch Antworten sind mehrere denkbar. Alternativmöglichkeiten wären z. B.:

Früher (keine Heilung)	vs.	Jetzt (Heilung)	Grund/Unterschied
1.) Ärzte (ohne Kraft)		Jesus (ausgehende Kraft)	→ heilende Person an sich inkl. Fähigkeiten/Kompetenzen
2.) mit Geld erwerben (Vermögen ausgeben)	vs.	umsonst/kostenlos (Glaube allein)	→ worauf man vertraut/baut (I) → außen; wovon man sich Heilung verspricht
3.) Schulmedizin (Ärzte)		Jesus als alternativer Heilpraktiker	→ Behandlungsmethode/heilende Person
4.) eigene Ressourcen (Vermögen ausgeben)		alles Eigene lassen	→ worauf man vertraut/baut (II) → innen; wovon man sich Heilung verspricht

Die erste Variante findet sich ansatzweise in der Gruppe „Kultur" (F_2, vgl. Teil II 2.1.2 B_{Mk} und C_{Mk}) und bei „AI" (F_4, vgl. Teil II 2.12.2 B_{Mk} und C_{Mk}), Nr. zwei ausgeprägt beim „Bibelkreis" (vgl. Teil II 2.4.2 B_{Mk} und C_{Mk}). Für die dritte Möglichkeit lässt sich die Gruppe „Kultur" (vgl. Teil II 2.1.2 B_{Mk} und C_{Mk}) anführen, für Nr. vier die „Kirchenmänner" (vgl. Teil II 2.8.2 B_{Mk} und C_{Mk}). – *Exkurs* und *Vergleich Ende* –

Es wird somit – an dieser Stelle der Diskussion – *eine* Antwort (→ Glaube der Frau als entscheidende Größe) von mehreren Möglichkeiten favorisiert, was sich auch in der weiteren Textwahrnehmung niederschlägt. Die Schuld an den vielen erfolglosen Behandlungsversuchen kann dann nämlich gewissermaßen aufseiten der Frau verortet werden (→ fehlender Glaube), die Rolle *Arzt* wird insgesamt positiv konnotiert aufgegriffen. Entsprechend interessiert die Gruppe an keiner Stelle der Diskussion, dass die Frau vermögend gewesen ist und viel Geld bei den Ärzten gelassen hat, auch der sich verschlimmernde Zustand bleibt außen vor. Eine Gegenüberstellung von Ärzten und Jesus erfolgt nicht, Jesus erscheint vielmehr – zunächst! – wie ein (moderner) Arzt. Vor diesem Hintergrund überrascht es dann auch nicht weiter, dass Mk 5,30ab(de) Probleme bereitet: Wenn der entscheidende, die Heilung auslösende Aspekt im Glauben der Frau zu sehen ist, dann ist die Rolle Jesu bei der Heilung („das andere") eher schwierig zu bestimmen und eine ausgehende Kraft hat überhaupt keinen Platz mehr. Folgerichtig bleibt die Kraft bereits in der Textrezeption ausgeblendet: „dass von ihm *was* ausging" (S. 25, M$_3$; Hervorhebung C. S.; vgl. unten).

Dass in diesem Zusammenhang in Form eines *Pop-ups* als extratextuelles, innerbiblisches Material – wahrscheinlich an die Thematik *(Wunder-) Heilung* anknüpfend und insgesamt die vorliegenden Überlegungen *unterstützend* – die „Geschichte von dem Lazarus" (S. 25, M$_2$; vermutlich ist Joh 11f. gemeint und nicht Lk 16,19–31) kurz anhand vorstehenden Titels eingebracht wird, sei im Vorübergehen erwähnt. Anschließend wird – immer noch im Rahmen der ersten Hypertexteinheit – das Phänomen der Heilung aufgrund des Glaubens erneut thematisiert, wobei sich jetzt einige kleinere, aber entscheidende Veränderungen feststellen lassen:

> „also da ist irgendetwas passiert, wenn man da rational rangeht, würde man erst mal sagen, also warum geht die dahin und nicht zum Arzt, kann man sagen: gut, die war schon bei allen Ärzten, und dann ist man aus meiner Sicht auch relativ schnell da, wo der [Name] ist, so Wunderheiler, also Scharlatane einmal, die so rumkreisen ‚Kaufe die Tablette oder die Pille oder komme in meine Wasserhöhle, dann geht es dir gut!', aber auch vielleicht so eine Quintessenz, du musst persönlich stark sein und daran glauben, dass du die Kraft aufbringen kannst, um gesund zu werden" (S. 26, M$_1$).

Es fällt als Allererstes auf, dass das im Text Mk 5 geschilderte Geschehen nur sehr vage angesprochen wird (*irgendetwas ist passiert*), womit es einen verschleierten, mysteriösen bzw. dubios-obskuren Charakter erhält. Jetzt wird auch eine explizite Gegenüberstellung praktiziert: Ausgehend von der Frage, warum sich die Frau an Jesus und nicht an einen (richtigen) Arzt wendet, in Verbindung mit Mk 5,26a – zugunsten der Ärzte abgemildert rezipiert als: „die war schon bei allen Ärzten" (S. 26, M$_1$) – kommt die Gruppe zu dem Schluss, dass die Frau mit Jesus auf eine Art Wunderheiler, sprich: Scharlatan, hereingefallen ist, der gewissermaßen unseriöse Heilungsangebote verkaufen (!) will und somit vorrangig auf seinen (finanziellen) Gewinn bedacht ist. Die durchweg positive Konnotation der Ärzte bleibt erhalten, dafür wird Jesus in eine zweifelhafte Ecke gestellt: Er wäre/ist zu den Wunderheilern und Scharlatanen zu zählen.

Nachdem Jesus somit in gewissem Sinne abgewertet worden ist, bringt die Gruppe, diese Hypertexteinheit abschließend, den Clou/die Quintessenz der Erzählung noch einmal auf den Punkt. In diesem Zusammenhang begegnet die Kraft (vgl. Mk 5,30b) zwar explizit, allerdings gerade nicht als von einem anderen (z. B. Jesus) ausgehend, sondern als ein heilungsentscheidender Gesichtspunkt, den ich *selbst* aufzubringen habe. Auf diese Weise sind die oben angesprochenen Probleme mit Mk 5,30ab obsolet geworden. Im Zuge dieser Überlegung verschiebt sich auch der Glaubensinhalt leicht: Man muss daran glauben, die notwendige Kraft selbst aufbringen zu können (um gesund zu werden), und nicht mehr an die Heilung an sich.

Damit wäre die erste Hypertexteinheit abgeschlossen, eine zweite – eingeschobene[18] – kann ausgemacht werden:

> „*Also beim Durchlesen* ist mir ganz spontan Adolf Hitler eingefallen. Also ich weiß nicht warum, aber eine große Volksmenge scharte sich um jemanden, es waren Leute dabei, die zwölf Jahre an Blutfluss, das kann auch Arbeitslosigkeit oder Elend oder sonstiges sein, ja, also da habe ich ans 3. Reich gedacht, ich weiß nicht warum, aber genauso gut auch, dass er sich dann umdreht und sagt: ‚Dein Glaube hat dich gerettet!' Damit hat er ja gesagt: ich habe gar nichts getan, das warst du selber, also du hast an mich geglaubt und das ist auch gut so, weil dein Glaube alleine hat dich jetzt auf diesen Weg gebracht, wo es dir besser geht, also ja, das hört sich so nach ja Adolf an, ich kann es nicht ändern. *So beim Durchlesen*" (S. 25, M₃; Hervorhebungen C. S.).

Im Rahmen dieser zweiten Hypertexteinheit werden – intratextuell springend – einzelne textliche Details herausgegriffen, miteinander kombiniert und auf diese Weise der Einfall *Adolf Hitler*[19] begründet, wobei im Zuge dieses Vorgehens natürlich auch einige Umakzentuierungen nicht ausbleiben. Herangezogen wird Folgendes:

- die Szenerie: eine große Menschenmenge, die sich um einen einzelnen Jemand drängt (vgl. Mk 5,24bc);
- darunter sind Leute, die lange Zeit leiden/gelitten haben (z. B. Elend, Arbeitslosigkeit) → aus der *einen* kranken Frau inmitten der Menge

---

[18] Die oben präsentierte erste Hypertexteinheit wird im Diskussionsverlauf durch einen einzelnen, in sich geschlossenen (vgl. Rahmung durch „beim Durchlesen") und ohne erkennbaren Bezug zum Vor- oder Nachherigen stehenden Gesprächsbeitrag gewissermaßen unterbrochen. Aus Letzterem wird nun die zweite Hypertexteinheit rekonstruiert. Die argumentative Grundlage für dieses Vorgehen würde wissenschaftlich-exegetisch wohl als literarkritisch klassifiziert werden.

[19] Adolf Hitler ist bereits in der Gruppenvorstellungsrunde einmal kurz erwähnt worden, vgl. S. 3, M₁.

(vgl. Mk 5,25) werden in der Rezeption *mehrere* Leute, die sich zwölf Jahre mit Blutfluss – im übertragenen Sinne – herumgeplagt haben (entsprechend wird die Frau auch nicht dezidiert *als Frau* wahrgenommen, sondern ihr wird ein stark exemplarischer Charakter zugesprochen);
- der Jemand dreht sich um und spricht von Rettung aufgrund des eigenen Glaubens.

Gerade letzteren Punkt lohnt es sich, genauer unter die Lupe zu nehmen. Wir haben es u. a. mit einer Neukombination zu tun: An Mk 5,30cd wird unmittelbar Mk 5,34c angeschlossen. Der Jemand (*er*) wendet sich um – ohne dass vorher scheinbar auch nur das Geringste geschehen wäre (im vorliegenden Text Mk 5 gehen die Berührung durch die Frau und das Spüren der fließenden Kraft durch Jesus voraus) – und spricht den entscheidenden Satz: „Dein Glaube hat dich gerettet!" Somit wird nicht nur das gesamte Heilungsgeschehen (vgl. Mk 5,27–29), sondern auch die sich an die Heilung anschließende Gesprächssituation (vgl. Mk 5,30e–33) komplett ausgeblendet. Dabei bleiben hinsichtlich des Sprechers, sprich: des handelnden Subjekts, die Angaben (zunächst) ziemlich vage. Der Name *Jesus* wird an keiner Stelle erwähnt, dafür begegnet *Adolf Hitler* explizit. Sonst wird nur von *jemand* bzw. *er* gesprochen, womit eine geschickte Identifizierung implizit vollzogen wird: Das Tun und Reden verweist auf den *Jesus* der Geschichte, genannt ist aber nur *Adolf*, dem ein analoges Verhalten zugeschrieben wird. Ergo ist man am Ende bei einer Jesus-Adolf-Mixtur angelangt. Noch ein entscheidender Punkt sei erwähnt: Während in der ersten Hypertexteinheit der Glaube als Glaube an die Heilung respektive die eigene Kraft näher bestimmt wird, handelt es sich hier nun um den Glauben an eine Person (*mich*), nämlich an besagten *Jemand* (= Jesus-Adolf).

Im folgenden Diskussionsverlauf wiederholt sich das vorstehende Phänomen erneut, denn im Rahmen der dritten und letzten Hypertexteinheit werden wieder einzelne Textelemente herausgegriffen, die spezifisch profiliert und intratextuell kombiniert werden mit dem Ziel, etwas Bestimmtes aus dem Text herauszuinterpretieren (S. 27):

M_3: Aber ich denke, man könnte auch rausinterpretieren, dass Jesus kein, kein weltoffener Mensch war, sondern dass man sich an ihn heranpirschen musste, so könnte man das auch eine Interpretation, weil sie ja heimlich von hinten das Gewand berührte, und als er sich dann umdrehte und zu ihr sprach, sie erschrak und sich ertappt fühlte, ne. Das ist ja eigentlich kein Zeichen dafür, dass man sich wohlfühlte [...].

M₁: Ja, ich mach das mal konkret. * So habe ich das auch hier an einer Stelle vielleicht gesehen: der ist so unnahbar, weil er die Volksmenge fragt: „Also wer hat mein Gewand berührt?" * Wenn ich die Volksmenge frage, dann stelle ich mir so eine Ansammlung vor, wird ja wahrscheinlich irgendjemand aus der Menge brüllen: „Das war sie!" * Ich meine, das geht aber weiter: „Seine Jünger sprachen zu ihm", also dieser erlesene Kreis, könnte man ja so verstehen: also die Volksmenge war so fern und traute sich nicht, ihn anzusprechen *, und die Jünger machen jetzt den Transmissionsriemen praktisch zu der Bevölkerung, könnte man ja mal so angehen, also dass da eine Riesendistanz a) zwischen dieser Person und b) dieser Volksmenge, die er eigentlich erreichen will, gegeben ist. *

M₅: Dann müsste in der neuen Bibel drinstehen, jetzt statt Jünger: Bodyguards, * dann würde das die Jugend heute verstehen. * Jesus hatte Bodyguards, in dieser Sprache müsste das dann so laufen […].

M₃: Ja.

M₃: Ja.

M₃: Mh.

M₃: Richtig.

M₃: Ja und Angst, weil sie zittert, als er nachfragt, ne, wer war das?

M₁: Ja.
M₁: Ja, genau.

Der entscheidende Clou wird gleich zu Beginn in den Raum gestellt: Jesus ist kein weltoffener Mensch – und Furcht einflößend obendrein. Um diese Auslegung zu erreichen, geht die Gruppe folgendermaßen vor: Zunächst wird mit Mk 5,27bc (ohne Versteil a!) ein bisher unberücksichtigtes Textelement aufgegriffen, mit eigener Terminologie zugespitzt (*heranpirschen* statt *herankommen*) sowie ein im Text (wahrscheinlich) implizierter Aspekt ausdrücklich betont: Die Frau berührt das Gewand *heimlich*. Dabei wird das textliche Detail, dass sich die Frau *von hinten* annähert, besonders in den Mittelpunkt gerückt, dafür das *Hören* als Motivation für das Kommen komplett ignoriert.[20] Dann lässt die Textwahrnehmung der Gruppe die Gedanken der Frau und das Heilungsgeschehen außen vor und man springt

---

[20] Dass Mk 5,27a ausgeblendet wird, erscheint folgerichtig: Der Gruppe geht es nicht darum, dass die Frau *zu Jesus* kommt, weil sie von ihm gehört hat – dies müsste dann ja irgendetwas Positives respektive Attraktives sein –, sondern für die Gruppe „Gewerkschaft" ist entscheidend, dass die Annäherung *von hinten* erfolgt. Dieses Detail wird hervorgehoben und gewissermaßen gegen Jesus verwendet.

intratextuell direkt Mk 5,30cd, wobei an dieser Stelle die Volksmenge noch ausgeblendet bleibt. Jesus dreht sich um und spricht *zu ihr*, womit dezidiert die Frau als Adressatin fungiert. Interessant ist, was sich nun anschließt: Während an anderen Stellen der Diskussion mit der zugehörigen Frage in Mk 5,30e weitergemacht (vgl. S. 25, M_4) oder Mk 5,30d mit Mk 5,34c (rettender Glaube) kombiniert worden ist (vgl. S. 25, M_3), wird nun das Erschrecken der Frau (vgl. Mk 5,33b) – erweitert um *sich ertappt fühlen* – eingebracht. Auf die Anrede Jesu reagiert die Frau somit sehr furchtsam, womit deutlich geworden sein dürfte: Sie kann sich in Jesu Nähe ganz und gar nicht wohl gefühlt haben und die Ausgangsbehauptung ist argumentativ untermauert.

Doch gibt sich die Gruppe „Gewerkschaft" damit gewissermaßen noch nicht zufrieden. Man kehrt nun – wieder intratextuell springend – zur Frage Jesu (vgl. Mk 5,30e) zurück, bezieht zusätzlich die Aktanten *Menge* und erstmalig die *Jünger* mit ein und profiliert vor diesem Hintergrund Jesus als unnahbaren Zeitgenossen, denn: Die Jünger antworten auf die Frage Jesu (vgl. Mk 5,31a), die doch eigentlich der Volksmenge insgesamt galt (→ jetzt wird die Volksmenge als Adressatin der Worte Jesu verstanden). Vor der kurz skizzierten Kontrastfolie – „dann stelle ich mir so eine Ansammlung vor, wird ja wahrscheinlich irgendjemand aus der Menge brüllen: „Das war sie!" (S. 27, M_1) – wirkt der in Mk 5 geschilderte Fortgang ungewöhnlich/merkwürdig, was nach einer Erklärung verlangt. Damit ist man schnell bei der Hand: Die Menge ist so *fern* und wagt gar nicht, Jesus anzusprechen, sodass es des erlesenen Kreises der Jünger bedarf, um 1.) als Transmissionsriemen die Riesendistanz von Jesus zur Menge (J → M) zu überbrücken und das Gesagte zu übertragen, bzw. sie können – umgekehrt betrachtet (M → J) – 2.) wie Bodyguards verstanden werden.[21] Dass mit dieser Deutung das Gedränge (vgl. Mk 5,24), das im Rahmen der zweiten Hypertexteinheit eine entscheidende Rolle gespielt hat,[22] unvereinbar ist, versteht sich von selbst und vor diesem Hintergrund ist es folgerichtig, dass die konkrete Antwort der Jünger (vgl. Mk 5,31b–e) entsprechend ausgeklammert bleibt.

Summa: Bzgl. des entstehenden Hypertextes der Gruppe „Gewerkschaft" mit Blick auf Mk 5 fällt auf, dass relativ disparate und weitgehend unverbundene einzelne Einheiten ausgemacht werden können, insgesamt drei. Eine durchgängige Linie lässt sich kaum erkennen. Extratextuelles Material begegnet – mit einer einzigen kleinen Ausnahme – nicht. Interessant ist,

---

[21] An späterer Stelle wird ein weiterer Vorschlag gemacht, welche Rolle die Jünger haben könnten: Abgeordnete, „die die Werbetrommel gerührt haben" (S. 28, M_2). In diesem Zusammenhang finden sich die einzigen in methodischer Hinsicht auswertbaren Beobachtungen zeitgeschichtlicher (✖) und textpragmatischer Provenienz (✖).

[22] Die Hitler-Assoziation (vgl. oben; vgl. S. 26, M_3) hat sich gerade auf dieses Faktum (Volksmenge, die sich um jemanden schart) gestützt.

dass immer wieder gleiche textliche Elemente einbezogen werden, doch jeweils unter einem neuen spezifischen Blickwinkel und mit je anderen Auslegungsintentionen, sprich: Es werden von Mal zu Mal andere Aspekte herausgearbeitet und in der Diskussion profiliert. Dabei spielen intratextuelle Sprünge und Neukombinationen eine entscheidende Rolle.

Im Rahmen der ersten Hypertexteinheit wird der Glaube als heilungsentscheidende Größe betont (vgl. Mk 5,34c), wobei in diesem Zusammenhang Mk 5,30 problematisch respektive schwierig deutbar erscheint. Unter Einbeziehung von Mk 5,26a und Abwertung von Jesus als Wunderheiler/Scharlatan kommt man letztlich zu dem Schluss, dass es um den Glauben daran geht, *selbst* (!) die Kraft zum Gesundwerden aufbringen zu können. Die zweite Einheit – präsentiert als spontaner Einfall – greift die Volksmenge (vgl. Mk 5,24), das jahrelange Leiden (vgl. Mk 5,25) und das Umdrehen Jesu (vgl. Mk 5,30cd) auf – Letzteres in direkter Kombination mit dem Zuspruch des rettenden Glaubens (vgl. Mk 5,34c; jetzt Glaube an *mich* = eine bestimmte andere Person). Auf diese Weise wird die Assoziation mit Adolf Hitler begründet. Zu guter Letzt konzentriert sich die Textwahrnehmung innerhalb der dritten Hypertexteinheit auf das Heranpirschen *von hinten* und die *heimliche* Berührung der Gewänder (vgl. Mk 5,27bc) sowie das Erschrecken/die Angst der Frau (vgl. Mk 5,33b), was diesmal direkt an Mk 5,30cd angeschlossen wird. Der ermittelte Clou lautet: Jesus ist kein weltoffener Mensch, vielmehr ein Furcht einflößender und unnahbarer Zeitgenosse, was argumentativ zusätzlich damit untermauert wird, dass auf die Frage Jesu an die Volksmenge (vgl. Mk 5,30c–e) seine Jünger antworten. Augenscheinlich ist dieser Transmissionsriemen zur weit entfernten, furchtsamen Menge von Nöten. Insgesamt scheinen alltagsweltliche Erfahrungsbeispiele den entstehenden Hypertext zu modellieren.

Fallinterner Vergleich: Im Vergleich der beiden Diskussionspassagen fällt zunächst auf, dass die Gruppe „Gewerkschaft" zu Mt 5 etwas mehr extratextuelles Material einspielt als bei der Auseinandersetzung mit Mk 5. Außerdem lässt sich mit Blick auf den ersten Text durchaus eine durchgängige Linie ausmachen, die bzgl. des zweiten weitgehend vermisst wird. Die Textwahrnehmung ist jedoch in beiden Fällen eher punktuell zu nennen, sprich: Es werden selektiv einzelne Textelemente herausgegriffen und in die Diskussion einbezogen. Sonst erbringt der fallinterne Vergleich in diesem Punkt keine weiterführenden Erkenntnisse.– *Vergleich Ende –*

(C_{Mk}) Positionierung (Identifikation/Kritik) bzgl. Mk 5

Zunächst einmal ist festzuhalten, dass die Gruppe „Gewerkschaft" insgesamt betrachtet alle Aktanten der Geschichte wahrnimmt, oftmals schillernd in unterschiedlichen Hinsichten – sprich: Es werden teils verschiedene Facetten ein und derselben Person(engruppe) profiliert. Vor diesem Hintergrund erfolgt dann auch die jeweilige Bewertung und Positionierung.

Am wenigsten kommt hierbei die Frau vor. Diese wird als kranke Person einbezogen, die glaubt (an Heilung bzw. an Adolf) und infolgedessen geheilt wird. An anderer Stelle werden das Anpirschen und das heimliche Berühren von hinten in Verbindung mit ihrem Erschrecken und ihrer Angst herausgestellt und gewissermaßen gegen Jesus verwendet. Nirgends wird dabei dezidiert auf die Frau *als Frau* eingegangen und auch das konkrete Krankheitsbild *Blutfluss* wird entweder gar nicht aufgegriffen oder sofort verallgemeinernd übertragen: „das kann auch Arbeitslosigkeit oder Elend oder sonstiges sein" (S. 25, M$_3$).[23] Die Namenlosigkeit wird nicht explizit thematisiert, doch scheint dies der Gruppe „Gewerkschaft" entgegenzukommen: Es lässt sich nämlich mit Blick auf die Frau stets eine generalisierend-abstrahierende Tendenz feststellen. Die Frau verkörpert exemplarisch a) jemanden, der an die eigene Heilung glaubt (vgl. S. 25, M$_4$); b) all diejenigen, die zu den Adolf-Jüngerinnen/-Jüngern zu zählen sind und leiden (vgl. S. 25, M$_3$; Plural: *Leute*); c) jemanden, der durch sein Verhalten (Anpirschen, Erschrecken) die Nicht-Weltoffenheit Jesu aufdeckt (vgl. S. 27, M$_3$: „*man* musste"). Die Frau wird somit in unterschiedlichen Hinsichten als exemplarisch verstanden und steht jeweils für eine potenzielle Vielzahl von Personen. Eine Positionierung der Gruppe zu dieser Figur ist eher weniger zu erkennen, nur die einzelnen Verkörperungen sind in den Augen der Gruppenmitglieder entsprechend positiv oder negativ konnotiert.

Nur sehr punktuell – analog gewissermaßen zu ihrem Vorkommen in Mk 5 – wird die Volksmenge wahrgenommen, und zwar als eine Art Mob, der jedoch für Überraschungen gut ist. Hierbei begegnen zwei diametral entgegengesetzte und letztlich nicht miteinander zu vereinbarende Vorstellungen. Zum einen wird an eine große Zahl an Menschen gedacht, die sich um Jesus scharen (wie um Adolf!) und inmitten derer sich Leidende befinden (vgl. S. 25, M$_3$). Es ist somit ein dichtes Gedränge vorausgesetzt und Ausgangspunkt für die Assoziation Jesus → Adolf ist die in Mk 5,24.31 geschilderte Szenerie. Zum anderen ist die Masse Adressatin der Frage Jesu, doch entgegen der Vorstellung der Gruppe „Gewerkschaft" (eine Ansammlung, wo wahrscheinlich einer brüllend auf die Frau hinweist) befindet sich die Menge offenbar in einer Riesendistanz zu Jesus und traut sich nicht, ihm zu antworten. Jetzt klafft gewissermaßen eine Lücke zwischen Jesus und der Menge und argumentationstechnisch wird folgende – andere! – Überlegung angestellt: Jesus fragt die Menge, doch die Antwort erfolgt durch die Jünger (vgl. Mk 5,30f.) – ergo muss als Szenerie eine ferne Menge angenommen werden, was mit Blick auf eine mögliche Charakterisierung Jesu als *nicht weltoffen* verwendet wird. In beiden Fällen kommt die Volksmenge als gesichtslose Masse in den Blick und wird als Mob eher kritischer gesehen.

---

[23] Auch das Vermögen findet keinerlei Erwähnung.

Stärker treten Jesus und die Jünger heraus, und zwar als individuelle Person bzw. spezifische Personengruppe. Hierbei kommt Jesus von Anfang an eher schlechter weg, was sich in der Diskussion noch verstärkt; die Jünger dagegen erscheinen zunehmend in einem positiven Licht. Wird Jesus zunächst noch in Verbindung gebracht mit einem modernen Arzt, der die Bedeutung des Glaubens für den Heilungserfolg herausstellt (vgl. S. 25, M_4), so bringen ihm die folgenden Assoziationen einen eher zweifelhaften Ruf ein: Adolf Hitler, der die Massen mobilisiert (vgl. S. 25, M_3), und Wunderheiler/Scharlatan, der Geschäfte auf Kosten des Geldbeutels der gutgläubigen Patienten machen will (vgl. S. 26, M_1). Zu guter Letzt wird Jesus noch als nicht weltoffen qualifiziert, als ein Mensch, der unnahbar ist und sogar Angst einflößt (vgl. S. 27, M_3 und M_1). Die Haltung der Gruppe „Gewerkschaft" der Person Jesu gegenüber kann somit als kritisch-skeptisch bzw. als negativ bezeichnet werden.

Anders verhält es sich da mit den Jüngern. Klingt die erste Erwähnung als *erlesener Kreis* (vgl. S. 27, M_1) eher etwas spöttisch-ironisch bzw. abgrenzend diesem tendenziell elitären Zirkel gegenüber, so verändert sich das Verhältnis im weiteren Verlauf der Diskussion grundlegend. Die Bezeichnung *Transmissionsriemen* wird bereits mit positiven Implikationen verwendet, denn die Jünger gewährleisten in dieser Funktion den Kommunikationsfluss zwischen Jesus und der Menge bzw. stellen den Kontakt überhaupt erst einmal her (vgl. S. 27, M_1). Jesus erreicht die Menge nur über seine Jünger, umgekehrt bedarf die Menge des Transmissionsriemens *Jünger*, um etwas von Jesus mitzubekommen und zu erfahren. Den Jüngern kommt somit eine entscheidende Vermittlerrolle auf einer mittleren Ebene zu, ohne die Jünger läuft nichts. Sie stehen gewissermaßen dazwischen: zwischen Jesus und der Masse/Volksmenge. Diese Positionierung der Jünger zwischen Jesus auf der einen und der Menge auf der anderen Seite hat auch die Bezeichnung als Bodyguards vor Augen (vgl. S. 27, M_5), doch mit leicht anderer Akzentsetzung. Während beim Transmissionsriemen der Schwerpunkt auf den Austausch bzw. Informations-/Verkündigungsfluss gelegt wird – hauptsächlich von Jesus zur Menge gedacht – und eine Distanz zwischen beiden Seiten vorauszusetzen ist, dienen Bodyguards der Abschirmung und des Schutzes. Letzteres setzt ein Gedränge voraus und die Richtung wird tendenziell eher von der Menge zu Jesus gesehen.[24] Ins Bild gebracht, sieht die von der Gruppe „Gewerkschaft" zuletzt konstruierte Konstellation wie folgt aus:

---

[24] Die Frau lässt die Jünger als Bodyguards eher schlecht aussehen, da sie nicht nur zu Jesus durchkommt, sondern ihn sogar berühren kann.

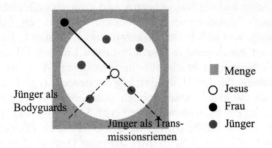

Ganz am Ende des Diskussionsteils kommt mit Blick auf die Gruppe der Jünger und unter textpragmatischer Hinsicht (✵) noch ein weiterer Gedanke dazu: Werbung. Die Jünger sind als Abgeordnete Jesu zu verstehen, die PR-Arbeit leisten und die Werbetrommel rühren:

„und es ist ja auch so, dass Jesus Jünger, seine Abgeordneten, da um sich scharte, wie würde man heute sagen, die dann auch einiges dafür getan haben auch, heute würde man sagen, die die Werbetrommel gerührt haben. [...] Ich glaube noch nicht mal, dass das was mit, irgendwie mit Rattenfängerei was zu tun hat oder irgendwie was, sondern wirklich einfach nur auch ja alles sehr, ein bisschen verschönt darzustellen, zu umschreiben" (S. 28f., M₂).

Die Jünger übernehmen somit gewissermaßen das Marketing von Jesus und in verschönigenden Darstellungen wird kein unlauterer Betrug vermutet, sondern ein gängiger zeitungstechnischer Trick gesehen. An dieser Stelle klingt explizit eine Identifizierung an. Das macht man selbst (*wir* = Gruppe „Gewerkschaft") nämlich auch:

„da hat einer Werbung gemacht einfach, Werbung, wie *wir* es dann teilweise auch, auch machen. Und *wir* legen teilweise, sag ich auch mal, beim Zählen, wie viele Leute waren denn heute da, ja geben *wir* mal zehn mehr an, dann macht sich das besser in der Zeitung oder so, rückt mal ein bisschen enger zusammen, dann sieht das aus, als wenn der Saal voll ist" (S. 28, M₂; Hervorhebungen C. S.).

Man vergleicht sich in der eigenen Praxis mit den Jüngern und stellt deutliche Ähnlichkeiten fest – mit den Jüngern im Sinne der Werbemannschaft Jesu wohlgemerkt.

Summa: Alle Aktanten der Geschichte werden wahrgenommen, und zwar jeweils unter verschiedenen Gesichtspunkten. Von daher werden je nach Schwerpunktsetzung unterschiedliche Facetten herausgearbeitet. Insgesamt werden die Frau und die Menge eher neutral, Jesus eher negativ (kritisch) und die Jünger eher positiv bewertet. Eine explizite Identifizierung deutet sich mit Blick auf die Jünger als Werbetrommelrührer an, bleibt aber im Weiteren unentfaltet.

Fallinterner Vergleich: Beim fallinternen Vergleich mit Blick auf die jeweils anzutreffenden Positionierungen wird deutlich, dass für die Gruppe „Gewerkschaft" das Wahrnehmen im Text implizierter Konstellationen – in Verbindung mit ziemlich unmittelbaren (analogen) Übertragungen in heutige Situationen – sehr wichtig ist (z. B. bei Mt 5: Überlegener – Unterlegener; bei Mk 5: Jesus als Adolf – Anhänger; Heilung Suchender – Scharlatan/Wunderheiler; ferne Menge – unnahbarer Jesus). In diesem Punkt ist man sehr sensibel und kritisch, wobei der Aspekt *Gerechtigkeit* als Kriterium hauptausschlaggebend ist. Während bei Mt 5 jedoch *eine* Hauptkonstellation das Gespräch dominiert, man sich selbst eindeutig positioniert und Partei ergreift und hier unter dem Gesichtspunkt *Gerechtigkeit/Legitimität* massiv Kritik geübt wird, wechselt die Perspektive bei Mk 5 mehrfach. In letzterem Fall deutet sich eine eigene Positionierung nur an und eine kritische Sichtweise fließt nur ansatzweise ein.
– Vergleich Ende –

(D) Strategien der Sinnkonstruktion und des Textverstehens

Bei der Suche nach einer Gesamtstrategie der Sinnkonstruktion begegnet bei der Gruppe „Gewerkschaft" zunächst das grundsätzliche Problem, dass größere Differenzen mit Blick auf den Umgang mit Mt 5 einerseits und Mk 5 andererseits zu konstatieren sind, was besonders in methodischer Hinsicht und bzgl. der Positionierung auffällt (vgl. die jeweiligen fallinternen Vergleiche). Dies scheint die Ermittlung eines übergreifenden strategischen Vorgehens zu erschweren, wenn nicht gar unmöglich zu machen. Bei genauerem Hinsehen findet sich jedoch trotz aller Unterschiede im Detail jeweils ein grundsätzlich vergleichbares Tun, was im Folgenden näher ausgeführt werden soll. Die festgestellten Differenzen können abschließend – nach Einbeziehung des Orientierungsrahmens (vgl. unten Teil II 2.2.3 b.) – plausibel erklärt werden.

Terminologisch kann die Sinnkonstruktionsstrategie der Gruppe „Gewerkschaft" mit den Worten eines Gruppenmitglieds folgendermaßen bezeichnet werden: „Also ich muss es schon kompakt sehen" (S. 22, M_2).[25] Diese *kompakte Sichtweise* schlägt sich im Rahmen des Textverstehensprozesses in einer Art Dreischritt nieder, wobei die (sensible) Wahrnehmung im Text implizierter (Figuren-)Konstellationen und der zugehörigen Beziehungsverhältnisse als Allererstes hervorzuheben ist. Hier setzt die Gruppe jeweils an und in dieselbe Richtung weisen auch die Textwahrnehmungen. Auf dieser Basis erfolgen anschließend zweitens analoge Übertragungen in die aktuelle Lebensumwelt der Gruppe (u. a. Arbeitsmarktsituation) bzw. die Gruppe identifiziert die ermittelten Figurenrollen mit heutigen Akteu-

---

[25] An dieser Stelle zeigt sich deutlich, dass der Versuch, Begrifflichkeiten aus den Gruppengesprächen selbst zu verwenden, einmal besser und einmal weniger gut gelingt. Während dies bei der Gruppe „Kultur" (vgl. Teil II 2.1.2 D) nämlich äußerst weiterführend ist, erweist es sich im vorliegenden Fall (Gruppe „Gewerkschaft") als eher schwierig und erläuterungsbedürftig.

ren.²⁶ Der Rückgriff auf Analogien ist somit als Hauptaktion auszumachen, was das Hineinholen des alten Textes in die heutige Zeit anbelangt bzw. hinsichtlich der Inbeziehungsetzung beider zueinander. Schlussendlich wird drittens Stellung bezogen und Partei ergriffen, wobei die Gruppe vorwiegend eine sehr kritische und anfragende Grundhaltung an den Tag legt. Eine Art Grundverdacht/Grundmisstrauen mit Blick auf den potenziellen Missbrauch und die Instrumentalisierung biblischer Texte, z. B. die Inanspruchnahme durch Höhere mit dem Ziel der Druckausübung/Einengung (vgl. S. 4, M_3), steht dabei immer im Hintergrund und mittels methodischem Vorgehen mit kritisierendem Impetus (z. B. Rückfragen nach *intentio auctoris*, nach dem literarischen Textkontext) und Einspielungen mit *widersprechender* Intention verschafft sich die Gruppe an dieser Stelle eine argumentativ tragfähige Grundlage. Es fällt auf, dass über die Kritik an den heutigen analogen Konstellationen – somit auf der Basis der eigenen alltäglichen Lebenserfahrung und daraus resultierender Einstellungen – der biblische Text einer sehr kritischen Sichtung und Beurteilung unterzogen wird.

Fallübergreifender Vergleich: Während bei der Gruppe „Gewerkschaft" eine Kritik am biblischen Text auf der Basis der alltäglichen Erfahrung erfolgt, verwendet die Gruppe „Bibelkreis" (vgl. Teil II 2.4) gerade den Text Mt 5, um an heutigen alltäglichen Zuständen Kritik zu üben. Hier ist die Stoßrichtung der angestellten Überlegungen gewissermaßen umgekehrt/entgegengesetzt. – *Vergleich Ende* –

Dabei zielt das eigene Tun letztendlich auf die zeitgemäße Umschreibung/Anpassung der Auslegung.²⁷ Womit wir bereits bei für die Gruppe „Gewerkschaft" ausschlaggebenden Kriterien und Maßstäben wären: Zeitgemäßheit (vgl. S. 5, M_4), Friede, Ausgleich und besseres Auskommen untereinander (vgl. S. 15f.), Gleichbehandlung (vgl. S. 22, M_1) und Gerechtigkeit. Gerade die letzten beiden Aspekte sind von zentraler Bedeutung und hier findet sich eine Spur für die beobachteten Unterschiede im Umgang mit Mt 5 und Mk 5 (vgl. unten Teil II 2.2.3 b.).

---

[26] Vgl. S. 17, M_1: „Das beziehe ich so ein bisschen auch auf berufliche Situationen"; S. 18, M_4: „Was geschieht heute in Deutschland? Wir halten die zweite Backe hin, um den Arbeitsplatz zu behalten, ändert es was? Nein!"; S. 19, M_1: „man praktiziert einen ganzen Teil, was hier drin ist, heute schon. Man lässt sich schlagen, hält auch die andere Wange hin in gewisser Weise, um anerkannt zu werden und seinen Arbeitsplatz zu behalten."

[27] Vgl. S. 5, M_4: „Deswegen bin ich der Meinung auch: sie müsste der heutigen Zeit angepasst werden, hauptsächlich die Auslegung, nicht jetzt das einzelne Wort, was geschrieben ist, aber die Auslegung. [...] Und die Auslegungssache, die müsste man heute zeitgemäß umschreiben, nicht die Bibel selber direkt, aber die Auslegung." Vgl. auch S. 6, M_4.

2.2.3 Die Frage nach dem Warum – Ein Blick auf den Orientierungsrahmen

a. Der Orientierungsrahmen im Kurzportrait: „was wir als Gewerkschaftler hier predigen: [...] dann sollst du dich wehren dagegen" (S. 18, M_4)

Mit vorstehendem Zitat ist die Predigt[28] der funktional auf gewerkschaftliche Aufgaben ausgerichteten Gruppe „Gewerkschaft" gut auf den Punkt gebracht: Ausgehend von der Grundüberzeugung, dass „wir alle nackt auf die Welt kommen und eigentlich erst mal alle gleich sind auch vor dem Gesetz und alle Menschen [...] den gleichen Stellenwert" (S. 16, M_1) haben, reagiert man äußerst sensibel auf jede Art der Macht-/Rechtsanmaßung und (unrechtmäßigen) Herrschaft von Menschen über Menschen. Jeder Form von Entrechtung, Unterdrückung, Ausbeutung und Missbrauch – z. B. heutzutage im Arbeitsalltag unter dem Druck des drohenden Arbeitsplatzverlustes – wird vehement entgegengetreten und entsprechend zur Gegenwehr aufgerufen. Dabei ist mit Blick auf den eigenen Orientierungsrahmen entscheidend – und eindeutig –, für wen man Partei ergreift, sprich: auf wessen Seite man steht. Die Gruppe selbst engagiert sich für die kleinen Arbeiter, und zwar vertritt sie deren Interessen u. a. gegenüber der oberen Gesellschaft, den Höheren, den Unternehmern. Mit Blick auf diese Gegenseite legt die Gruppe eine eher misstrauische und kritische Haltung an den Tag, wobei die Kirche, die vorrangig als Institution wahrgenommen wird, ebenso aufseiten der Mächtigen verortet wird. Dass dieser gewerkschaftlich-parteiische Einsatz nicht überall auf Gegenliebe stößt, versteht sich von selbst. Vielmehr führt die Arbeit der Gruppe „natürlich auch zu Reibereien, dass sich andere mit Leserbriefen melden und sagen: also was nehmt ihr euch da eigentlich heraus?" (S. 3, M_1).

Im Interesse des kleinen Arbeiters lässt man sich von derartigen Anfragen aber natürlich nicht abschrecken, wobei angesichts der heutigen Bedrohungssituation (im beruflichen Alltag) zwei Aspekte sehr wichtig sind: solidarischer Zusammenhalt und Harmonie nach innen[29] und auf dieser Grundlage ein geschlossenes Auftreten nach außen. Entscheidend ist die „Ausrichtung gewerkschaftspolitischer Art" (S. 3, M_1) als selbstverständliche und damit einende und verbindende Grundlage. Gegensätze in anderen

---

[28] Die zugehörige *Bibel* ist für die Gewerkschafter das BVG (Betriebsverfassungsgesetz), vgl. S. 8, M_7.

[29] Vgl. S. 2f., M_1: „was auch ganz gut ist, ich kann mich nicht erinnern, dass wir uns schon mal so richtig in der Wolle hatten, also: man kann sich zwar mal die Meinung geigen, das gehört auch dazu, aber so Konflikte, wie sie bei anderen Gruppierungen und Verbänden sind, gibt es hier, glaub ich, nicht, weil unsere Ausrichtung gewerkschaftspolitischer Art klar ist, und parteipolitisch kann natürlich jeder tun und machen, was er will im Privaten."

Bereichen spielen entsprechend normalerweise nur eine untergeordnete Rolle. Sie werden durch Nichtthematisierung neutralisiert. Für das Engagement der Gruppe ist des Weiteren Offenheit charakteristisch, was sowohl für die Gruppe als solche respektive die Beteiligungsmöglichkeiten als auch für die regelmäßig organisierten Veranstaltungen gilt.[30] Mit letzterem Stichwort (Veranstaltungen) wären wir bei möglichen Enaktierungspotenzialen angelangt, denn der bisher kurz skizzierte positive (Gegen-)Horizont wird mittels entsprechender öffentlichkeitswirksamer Aktionen und Projekte in die konkrete Praxis umzusetzen versucht. Man bringt die eigenen Positionen und Ideen so gut wie möglich in den gesellschaftlichen und politischen Diskurs ein, bezieht Stellung, redet konkret vor Ort mit und betreibt Bewusstseinsbildung bzw. wirbt für die eigenen Anliegen – z. B. durch Informationsstände, Schulungen, politische Erklärungen –, wobei in diesem Zusammenhang die ganz gut laufende Pressearbeit nicht vergessen werden darf. Nicht ohne Stolz wird die teilweise erzielte nennenswerte Resonanz erwähnt.[31]

Der negative Gegenhorizont ist bereits angeklungen: Höhere bzw. Mächtige der oberen Gesellschaft maßen sich das Recht an, die Unteren, sprich: die kleinen Arbeiter, auszubeuten und zu unterdrücken. Da in diesem Zusammenhang auch die Bibel immer wieder entsprechend missbraucht/instrumentalisiert werden kann, ist man ihr – genauer gesagt: den potenziellen Auslegungen – gegenüber ebenfalls kritisch eingestellt. Es ist nämlich zu berücksichtigen, dass die Bibel z. T. „von den Höheren – ich sag mal so – in Anspruch genommen [wird; C. S.], um uns einzuengen und in eine Richtung zu drücken" (S. 4, M_3). Entsprechend gilt es, vorsichtig zu sein, wenn Druck auszuüben oder zu verführen versucht wird, „weil ich dieses System nicht durchschaue, was andere an Manipulation mit mir persönlich betreiben, [...] weil ich also das nicht mehr selber kontrollieren kann" (S. 26f., M_1). In diesem Zusammenhang bringt die Gruppe die Metapher vom Text als runder „Kugel, wo ich also sehr unterschiedlich in diese Kugel reingucken kann und auch das sehr unterschiedlich interpretieren kann" (S. 27, M_1), ins Spiel, womit die Standpunktbedingtheit jeder Auslegung betont wird.[32] Auf dieser Grundlage sind auch die eigenen Bemühungen der Gruppe zu verstehen, die u. a. dafür plädiert, der Kirche das Auslegungsmonopol zu entziehen, sprich: „die Auslegung [zu; C. S.] ändern, die die Kirche uns vorbetet [...]. Die Bibel kann so bleiben, wie sie ist, nur die

---

[30] Vgl. S. 2, M_1: „wir sind auch insoweit offen: jeder, der mitmachen will, kann bei uns ja auch mitmachen und sich einbringen"; S. 3, M_1: „Wir legen die Veranstaltungen so an, dass die dann offen sind".

[31] Vgl. S. 3, M_1: „also war – würd ich mal sagen – für eine politische Veranstaltung doch eine gewisse Größenordnung."

[32] Die in der Folge begegnende Pluralität möglicher Deutungen wird als Beliebigkeit (ab-)gewertet.

Auslegung, die die Kirche macht und uns vorbetet, das muss auf die Neuzeit angepasst werden" (S. 6, M_4). Grundsätzlich ist man nämlich davon überzeugt, dass in der Bibel (auch) „so manches drin [ist; C. S.], was uns als Arbeitnehmer anspricht" (S. 1, M_6).

b. Diverse Abhängigkeiten – Annäherungen an ein erklärendes Verstehen

Berücksichtigt man die gewerkschaftliche Ausrichtung der Gruppe „Gewerkschaft", so wird die eruierte Textverstehensstrategie ansatzweise erklärbar. Es gehört nämlich zu den Grundaufgaben im Alltagsgeschäft der Gruppe, Über- und Unterordnungsverhältnisse und Ausbeutung sensibel wahrzunehmen und aufzudecken und im politischen, wirtschaftlichen, gesellschaftlichen Kontext Partei zu ergreifen: und zwar für die kleinen Arbeiter. Letztere sind sozusagen die Klientel, deren Interessen zu wahren und gegenüber den Mächtigen etc. zu vertreten/verteidigen sind. Die hauptsächliche Orientierung erfolgt dabei am Grundsatz der Gerechtigkeit. Vor diesem Hintergrund überrascht es nicht weiter, dass im Rahmen der *kompakten Sichtweise* ein Hauptaugenmerk auf der Identifizierung von Konstellationen etc. liegt und dass die Gruppe sich als für Beziehungsverhältnisse sehr sensibel präsentiert. Die analogen Übertragungen werden zudem meistens in das unmittelbare Lebens- und Wirkungsfeld der Gruppe (→ Arbeitsmarktsituation) vorgenommen. Auch die kritische Grundhaltung der Gruppe gegenüber den biblischen Texten bzw. gegenüber missbräuchlichen und instrumentalisierenden Auslegungen wird verständlich. Als argumentative Basis wählt die Gruppe hierbei u. a. den Rekurs auf die methodische Rückfrage nach der *intentio auctoris*, womit der originäre kritische Impetus der historisch-kritischen Methode zum Tragen gekommen wäre.

Angesichts der Kugel-Metapher (vgl. Teil II 2.2.3 a.) ist die eigene (zeitgemäße) Auslegung als eine Stimme in einem vielstimmigen Konzert zu verstehen. Je nachdem, wie man in die Kugel hineinblickt, kann man sehr unterschiedliche Dinge herausinterpretieren – so die Überzeugung der Gruppe (vgl. S. 27, M_1). Dies wird mit Blick auf Mk 5 auch praktiziert. Je nach wahrgenommenen Textelementen und zugehöriger Profilierung kommen ziemlich disparate Auslegungsergebnisse dabei heraus. Dass eine kritisch-begleitende Note nie fehlt, versteht sich von selbst. Allerdings wird der Text Mk 5 für die Hauptthematik der Gruppe, Gerechtigkeit/Gleichbehandlung, augenscheinlich als nicht so relevant eingestuft. Dementsprechend ist ein mehr spielerischer Umgang damit möglich, wobei die drei Grundschritte der *kompakten Sichtweise* (vgl. oben Teil II 2.2.2 D) auch hier zu erkennen sind. Eine eindeutige und konsequent durchgehaltene Positionierung scheint aber nicht von Nöten, sodass es durchaus funktioniert, von unterschiedlichen Seiten in die *Kugel* Mk 5 hineinzusehen. Methodisches Vorgehen spielt in diesem Zusammenhang keine Rolle.

Ganz anders sieht die Sache bei Mt 5 aus, was auf eine grundsätzlich andere Beurteilung dieses Textes durch die Gruppe zurückzuführen sein dürfte. Hier wittert die Gruppe von Anfang an ein Haupteinsatz-, um nicht zu sagen: Kampffeld. Die im Text implizierten Konstellationen sind nämlich als zutiefst ungerecht zu qualifizieren bzw. es findet sich eindeutig eine unterlegene, unterdrückte, ausgebeutete Seite. Zudem bietet sich der Text – besonders die Wangenforderung (vgl. Mt 5,39d) – für einen Missbrauch durch Höhere/Herrschende/Mächtige ja geradezu an. Angesichts dieses Befundes ist es für die Gruppe „Gewerkschaft" erstens keine Frage, wo man sich selbst positioniert: Dem eigenen Orientierungsrahmen gemäß, identifiziert man sich mit dem geschlagenen Part und ergreift Partei für diese Seite. Zweitens gilt es, sich zu engagieren, und so zieht man gegen die Gegenspieler ins Feld, übt Kritik und prangert die herrschenden Missstände an. Man hat somit selbst eine ganz bestimmte Positionierung und ist mit Blick auf Mt 5 nicht fähig und/oder willens, von dieser abzurücken. An dieser Stelle ist methodisches Vorgehen aus argumentativen Gründen angebracht, und auch wenn der Kugel-Charakter auch dieses Textes wohl grundsätzlich bejaht würde, ist klar: Die Gruppe „Gewerkschaft" kann nicht aus ihrer Haut und hinsichtlich der Sinnkonstruktion mit Blick auf Mt 5 sind keine Experimente möglich.

2.3 Gruppe „KSJ"

2.3.1 Kurze Fallbeschreibung: Eine Gruppe katholischer Jugendgruppenleiter – Aktiv im Dienst an den Gruppenkindern

♂ 16	13	4	–	1*	–	–	–	
	0 –	20 –	30 –	40 –	50 –	60 –	70 – ...	Alter (in Jahren)
♀ 2	–	–	–	–	15 (12)**	3 (6)**		
	ohne	Quali	Mittl.R	Lehre	Abi	Uni		(Aus-)Bildung
Σ 18		16		2		–		Gruppe: kath.
		Rk		Evangel.		o.B.		Konfession

Gesprächsdauer: ca. 70 Min.; Südwestdeutschland/großstädtisch;
Fremdrelevanz (*Bibel*)

* Der einzige Ausreißer in altersmäßiger Hinsicht ist der anwesende Pfarrer (= M_4), der als Schulseelsorger, Religionslehrer und geistlicher Leiter der KSJ tätig ist (vgl. S. 1, M_4). Dieser diente auch als Kontaktperson für das Forschungsteam. Über ihn wurde – nach Rücksprache mit der Gruppe versteht sich – die Beteiligung am Forschungsprojekt ausgemacht.

** Die Unterschiede bzgl. der Zahlen erklären sich wie folgt: Die ersten Zahlen (15 x Abi; 3 x Uni) spiegeln die Angaben auf den Kurzfragebögen wider. Hierbei scheinen sich einige bereits Studierende bei *Uni*, andere bei *Abi* eingeordnet zu haben. Die beiden Zahlen in Klammern (12 x Abi; 6 x Uni) ergeben sich aus der Auswertung der Einzelvorstellungsrunde (vgl. S. 1), wobei alle Studierenden der Option *Uni* zugeschlagen worden sind. Letzten Endes ist aber die genaue Einzelverteilung gar nicht so wichtig, da in jedem Fall ein hohes Bildungsniveau vorliegt.

Mit der Gruppe „KSJ" – die Abkürzung steht für *Katholische Studierende Jugend* (vgl. S. 1, M_9)[1] – begegnet uns eine junge (mit einer Ausnahme: M_4, s. o. *) Gruppierung, die auch hinsichtlich des (Aus-)Bildungsniveaus sehr homogen zusammengesetzt ist: Es herrscht ausnahmslos ein hoher Bildungsstand (Abi, Uni) vor (s. o. **). Die meisten der Anwesenden besuchen – mit dem Abitur als Ziel vor Augen – die Schule oder befinden sich in der Anfangsphase eines Studiums. Des Weiteren ist die Gruppe durch ein männliches (16:2) und ein katholisches (ebenfalls 16:2) Übergewicht gekennzeichnet, wobei Letzteres bereits darauf verweist, dass es sich vom Selbstverständnis her um eine katholische Gruppierung handelt (vgl. u. a. den Namen „KSJ"). Die vorstehend geschilderte weitgehende Einheitlichkeit in so vielerlei Hinsicht (Alter, Bildung, Geschlecht, Konfession) ist aber nicht weiter überraschend: Die Gruppe „KSJ" ist an einem Jungengymnasium in katholischer Trägerschaft (vgl. S. 4, M_{15}) angesiedelt – und zwar in einer Großstadt Südwestdeutschlands.

Doch handelt es sich nicht um eine KSJ-Einzelgruppe, sondern wir haben es mit der Leiterrunde eines größeren KSJ-Verbandes, bestehend aus den einzelnen Gruppenleitern, zu tun. Entsprechend sind normalerweise überwiegend organisatorische Dinge an der Tagesordnung – *thematische Themen* (vgl. S. 2, M_9) begegnen hier eher selten. Die eigene Schwerpunktsetzung im Bereich der Jugendarbeit („unsere Basis ist die Jugendarbeit, klar" S. 1, M_9) findet ihren Niederschlag darin, dass sich die Leiterrunde verantwortlich weiß für die Gestaltung und Durchführung von (wöchentlich stattfindenden) Gruppenstunden und man darüber hinaus auch befasst ist mit der Planung anderer Aktionen (z. B. Zeltlager) – alles für die Gruppenkinder. Dabei geht es vorwiegend um Spiel, Spaß und Action, doch kommen ebenso Meditationen – wenn auch deutlich untergeordnet – vor. Unter dem Motto *Erziehung zu mündigen Bürgern* (vgl. S. 2, M_{11}) scheint die Gruppe außerdem eine Art Erziehungsauftrag wahrzunehmen.

Zwar findet die Bibel im Rahmen dieser Jugendarbeit hin und wieder Verwendung und der Religionsunterricht scheint gerade an dieser Schule in katholischer Trägerschaft stark biblisch geprägt zu sein (vgl. S. 3f.; v. a.

---

[1] Vgl. zur ersten Information http://www.ksj.de [20.01.2007].

S. 4, M$_{15}$), trotzdem ist mit Blick auf die konkrete Runde von einer Fremdrelevanz des Themas *Bibel* auszugehen. Das Gleiche gilt im Übrigen für das *Textverstehen*, da im Rahmen der Gruppensitzungen keinerlei Texte gelesen und/oder diskutiert werden.

Die Diskussion, die am frühen Abend im KSJ-Gruppenraum im Kellertrakt der zugehörigen Schule stattfindet und die zu den kürzeren zu zählen ist, ist durch eine angenehme Atmosphäre gekennzeichnet. Da sich die Redebeiträge hauptsächlich auf wenige Schultern verteilen, ist der Gesprächsverlauf trotz der an sich großen Teilnehmendenzahl von 18 Personen überschau- und nachvollziehbar. Bzgl. der Gruppenhierarchie ist noch anzumerken, dass – gemäß der Selbstaussage (vgl. S. 1, M$_9$) – M$_9$ den Leiter der Runde darstellt, was sich nicht zuletzt darin konkret manifestiert, dass dieser bei der Gruppenvorstellung wie selbstverständlich das Wort ergreift und bis auf zwei ganz kurze Einwürfe (vgl. S. 2, M$_{11}$ und M$_{15}$) diesen zweiten Diskussionsteil auch alleine bestreitet.

2.3.2 Auswertungen unter exegetischer Perspektive

(A$_{Mt}$) Methodisches Vorgehen bzgl. Mt 5

Mit Blick auf den Umgang der Gruppe „KSJ" mit Mt 5 begegnen in methodischer Hinsicht einige auswertbare Beobachtungen, die zwei Schwerpunkte erkennen lassen: ein schwierig zu trennendes Konglomerat aus *intentio operis* und *intentio auctoris* in Verbindung mit textpragmatischen Gesichtspunkten sowie Überlegungen hinsichtlich Textgliederung/-struktur/Komposition. Zum Ersten: Die Gruppe „KSJ" macht sich an mehreren Stellen Gedanken darüber, was die *Intention des Textes* sein könnte bzw. „warum man das schreibt" (S. 11, M$_{15}$), wobei die Frage *Was soll damit bewirkt werden?* zumeist unmittelbar auf dem Fuß folgt.

> Es „ist die Frage, ob wirklich die Intention des Textes dahingeht, das unbedingt immer in der Richtung anzuwenden" (S. 11, M$_{13}$; vgl. S. 9, F$_1$). „Ich denk, das ist auch irgendwie 'ne Provokation aus, in der Bibel so bewusst geschrieben, dass man darüber nachdenkt. [... A]lso wenn das jeder lesen würd, dann, ja, könnt man sich vorstellen, warum man das schreibt. Aber das ist einfach auch 'ne Provokation, dass sich Leute wie wir jetzt, dass wir da drüber nachdenken" (S. 11, M$_{15}$; vgl. S. 13, M$_{15}$; vgl. S. 14, M$_6$).

Hier treten intentionale Überlegungen – wobei das Schwergewicht auf dem Text als Text (*intentio operis*) liegt und ein möglicher Autor (*intentio auctoris*) nur sehr blass angedeutet wird – Hand in Hand mit Fragen der Textpragmatik auf. Der praktizierte Methodeneinsatz, der bzgl. der Zuordnung textinterne und textexterne Elemente vereint, verfolgt dabei das Ziel, auf einer methodisch abgesicherten argumentativen Grundlage ein wörtliches Verständnis der Forderungen aus Mt 5 in Frage zu stellen und potenzielle

Umsetzungen des Literalsinns in konkrete Verhaltensanweisungen abzuwehren.

Der zweite methodische Akzent kreist stark um die Größe *Text* (→ textinterne Schwerpunktsetzung), da nicht nur die Argumentations-/Textlogik (vgl. S. 12, M_{11}: „Also ich find, da ist so 'n, so 'ne Folge drin") einbezogen wird, sondern sehr intensiv gliederungs- und kompositionstechnische Gesichtspunkte erörtert werden. Zweimal wird z. B. das Stück Mt 5,39–42 unter die Lupe genommen und gerade auf die Abfolge der einzelnen Beispiele zur Argumentation rekurriert (vgl. S. 13, M_{15}; S. 14, M_6). Auf diesem Wege gelangt die Gruppe von für sie schwierig-problematischen Aussagen zu leichter verdaulicher Kost (vgl. zum entsprechenden Zitat inkl. Auswertung unten unter B_{Mt}).

Daneben unterscheidet die Gruppe „KSJ" innerhalb des gesamten vorgelegten Textkorpus zwischen einem *oberen Teil/da oben* und *da unten* (vgl. S. 15 und 16, jeweils M_{11}) und in diesem Zusammenhang klingt etwas in Richtung literarkritischer Gedanken an, wenn gewissermaßen ein Bruch/eine Spannung innerhalb der Gesamtpassage konstatiert wird:

> „Ich find, also *der obere Teil* ist ja string-, ziemlich pragmatisch, [...] und *da unten* geht's dann mit, mit Gott los [...], das ist so abgehoben von dem, von dem, was eigentlich dann *da oben* steht, und hat meiner Meinung nach nicht so viel damit zu tun" (S. 15, M_{11}; Hervorhebungen C. S.).

Die Unterscheidung der beiden Textteile ermöglicht es der Gruppe, eine differenzierte Wertung vorzunehmen und die in der eigenen Auslegung beobachtbare Favorisierung der einen Texthälfte mittels textinterner Argumentation abzusichern. In beiden Fällen bedient sich die Gruppe „KSJ" der kompositionellen Gliederungsüberlegungen, um einzelne Teile des Gesamttextes gegeneinander zu stellen und in der eigenen Auslegung begründet eine gewisse Selektivität an den Tag zu legen.

Summa: Die Gruppe „KSJ" kann mit Blick auf Mt 5 als *methodisch orientiert* klassifiziert werden, wobei die jeweiligen Schwerpunkte vorwiegend auf die Größe *Text* verweisen (→ textintern). Dabei sind in diesem Fall besonders deutlich die Zusammenhänge zwischen Methodeneinsatz (Gliederung/Kompositionsstruktur) und entstehendem Hypertext bzw. eigener Argumentation im Rahmen der Sinnkonstruktion zu erkennen (vgl. hierzu das folgende Kapitel). Es geht nicht nur darum, ein wörtliches Verständnis der Forderungen aus Mt 5 argumentativ begründet in Frage zu stellen, sondern daneben auch einen eigenen favorisierten Hypertext methodisch abgesichert zu konstruieren.

(B_{Mt}) Textwahrnehmung und Hypertextrekonstruktion bzgl. Mt 5

Die kurz anzitierte Stelle aus der Bergpredigt ist bekannt, wird richtig ergänzt und es wird sofort über die Anwendbarkeit bzw. die Bewertung derselben diskutiert: Handelt es sich um eine Idealeinstellung, wenn „man auch eben dem seine andere Wange noch zudreht" (S. 9, M_{11}), oder liegt nicht doch vielmehr hoffnungslose Realitätsferne vor? Dabei bleibt die Gruppe insgesamt verhältnismäßig stark am vorgegebenen Text(ausschnitt) und bezieht sich mehrfach explizit auf das Beispiel *Schlagen* (vgl. S. 10, M_8; S. 12, M_9). In immer neuen Kontexten (v. a. schulisch-pädagogisch bzw. erzieherisch) wird das Hinhalten der anderen Wange thematisiert und meist kritisch beurteilt. In diesem Zusammenhang dienen die Rückfrage nach *intentio operis/auctoris* (✸) und textpragmatische Überlegungen (✸) dazu, den artikulierten Problemen mit der wörtlichen Textfassung eine argumentative Grundlage zu verleihen. Mit Blick auf die Textwahrnehmung fällt auf, dass der erste (erlittene) Schlag hinsichtlich der Wangenseite kaum näher spezifiziert wird, z. B. „ich werd geschlagen, halt die andere Wange hin" (S. 9, M_8); „Wenn dich einer schlägt, dann halt die andere Wange hin!" (S. 11, M_8).[2] An einer Stelle wird sogar explizit zum Ausdruck gebracht, dass die Reihenfolge egal bzw. von Fall zu Fall verschieden und damit austauschbar ist:

> „Jetzt hältste auch die rechte Schulter hin oder die linke Schulter – ich weiß nicht, *wie's in dem Fall war* – und er hat seinen Sohn dazu gezwungen, sie auf die andere Schulter dann auch noch zu schlagen" (S. 10, M_{15}; Hervorhebungen C. S.).

Letzten Endes geht es somit nur um einen Schlag – auf welche Wange spielt in diesem Zusammenhang keine Rolle – und das Geschehen wird insgesamt als durch Gewalt geprägt wahrgenommen.[3] Doch beschränkt sich die Gruppe „KSJ" keineswegs auf die bloße Zitatvorgabe, sondern die erste Hyperteinheit wird um ein extratextuelles, innerbiblisches Element erweitert: Die Feindesliebeforderung § wird *pop-up*-mäßig eingespielt.[4] Linkausgangspunkt ist der an der Wangenforderung wahrgenommene (textpragmatische → ✸) Aspekt *Provokation*[5] und die Absicht kann als *verallgemeinernd* klassifiziert werden:

---

[2] Vgl. auch S. 11, M_{15}: „dennoch würd ich jetzt selber nie meine andere Wange hinhalten, wenn mich jemand auf die eine schlagen würd."

[3] Vgl. hierzu die Gruppe „Kultur" (vgl. Teil II 2.1.2 B_{Mt}), wo die Seitenreihenfolge sogar explizit verändert wird.

[4] Die Feindesliebeforderung (Mt 5,44b) ist zwar grundsätzlich Teil der schriftlichen Textvorlage, doch bringt die Gruppe sie ins Spiel, noch bevor die Textblätter verteilt worden sind. Von daher ist sie an dieser Stelle als *extra*textuelle Verknüpfung zu werten, auch wenn sie an späterer Stelle im Rahmen eines *inter*textuellen Sprungs erneut auftauchen wird (vgl. unten).

[5] Vgl. auch S. 13, M_{15}, wo Mt 5,39 als *Aufreißer* bezeichnet wird.

„Ich denk', das ist auch irgendwie 'ne Provokation aus, in der Bibel so bewusst geschrieben, dass man darüber nachdenkt. Das ist, denk' ich, genau das Gleiche wie ‚Liebt eure Feinde!' und das ist auch was Schweres, was man nicht nachvollziehen kann, dennoch würd ich jetzt selber nie meine andere Wange hinhalten, wenn mich jemand auf die eine schlagen würde" (S. 11, M_{15}).

Mittels dieser Einspielung gelingt es der Gruppe „KSJ" von der konkreten Forderung, die andere Wange auch hinzuhalten, auf eine abstraktere, allgemeinere Ebene zu kommen. Jetzt geht es nicht mehr darum, in einem wörtlichen Sinne zu praktizieren, was in Mt 5,39cd geschrieben steht, sondern die für die Gruppe entscheidende Stoßrichtung wird mit der Wendung *zum Nachdenken bringen* charakterisiert. Letzteres ist sehr hilfreich, da die wörtliche Bedeutung von Mt 5,39cd durchweg als unpraktikabel zurückgewiesen wird. Damit ist ein Einschnitt in der Diskussion erreicht und die erste Hypertexteinheit somit abgeschlossen.

Fallübergreifender Vergleich: Interessant ist ein kurzer Seitenblick auf die Gruppe „Gewerkschaft" (vgl. Teil II 2.2.2 B_{Mt}): Auch diese Gruppe bringt nämlich bei der Diskussion über das Zitat weitere biblische Stellen (als *Pop-Ups*) in *verallgemeinernder* Absicht ein, doch geht die Stoßrichtung in eine dezidiert andere Richtung. Dort findet sich, anknüpfend an die allgemeine Bekanntheit derartiger Passagen, ein Rückgriff auf die *Nächsten*liebeforderung (hier bei „KSJ": *Feindes*liebe) und es besteht die Tendenz, diese Traditionen als Grundvoraussetzungen für ein friedliches Miteinander zu profilieren. Im Rahmen dieser Überlegungen wird die konkrete Forderung Mt 5,39cd zunehmend überblendet und dadurch gerade der provokative Aspekt daran gewissermaßen überwunden. Bei der Gruppe „KSJ" lässt sich genau Entgegengesetztes beobachten.– *Vergleich Ende* –

Nach Austeilung der schriftlichen Textvorlage setzt die Textwahrnehmung unmittelbar bei Mt 5,44b–45a als störendem Element an, es wird extratextuell eine sprichwörtliche Redensart (*Pop-Up*) § eingebracht und anschließend springt man intratextuell – alles ist innerhalb derselben Hypertexteinheit zu verorten – über Mt 5,46a–c zu Mt 5,48 (S. 12f.):

M_{11}: Also ich find, da ist so 'n, so 'ne Folge drin: „Liebt eure Feinde und betet für die, die euch verfolgen, damit ihr Kinder eures Vaters in den Himmeln werdet." Also da ist dann schon so 'ne, wie so 'n Lohn eigentlich schon in dem Text und dem muss ich eigentlich widersprechen. Ich würd das nicht machen, nur um dann in den Himmel zu kommen.

– Stille (4) –

M_8: Also es steht ja im Prinzip ein bisschen drin: „Ohne Mühe kein Lohn!" Denn wenn ich, hier steht ja: „Wenn ihr nämlich die liebt, die euch lieben, welchen Lohn habt ihr?" Denn jemand lieben, der einen liebt, ist ja nicht schwer, aber seinen Feind zu lieben, wie's hier drin steht, wiederum, ist sehr schwer.

M_6: Ist doch wie am Anfang, so 'n bisschen steht ja, seid ihr dann, seid also so vollkommen, vollkommen, wie 'euer himmlischer Vater, ist eher so: Wer das macht, ist eigentlich auf dem Weg zum idealen Menschen oder so was, zur Voll-, ja und das ist aufreibend, das ist schwer einfach, denn das kann nicht jeder Mensch für sich selbst nachvollziehen, so zu leben, und es kommt schon ein bisschen dem Idealbil-, dem idealen Menschen näher und ...

Das *damit* ... (vgl. Mt 5,45a) und der sich darin andeutende Lohngedanke als Motivierung des eigenen Handelns werden problematisiert, wobei der Lohn in spezifischer Weise verstanden wird: nämlich als *in den Himmel kommen*.[6] Ergo fordert der Text ein bestimmtes Verhalten, *damit* man in den Himmel kommt, womit eine Art Jenseitsgedanke in der Diskussion präsent ist. Daran entzündet sich der erste Widerspruch, doch wird diese negative bzw. kritische Sichtweise des Lohnes zunächst nicht weiterverfolgt, sondern erst an späterer Stelle wieder aufgegriffen.

Stattdessen wird das Sprichwort „Ohne Mühe kein Lohn!" § *unterstützend* zitiert, als Linkausgangspunkt fungiert das Stichwort *Lohn* und die offensichtliche Schwere dessen, was in Mt 5,46a–c gefordert wird. Die Redensart scheint als zugrunde liegendes Prinzip von Mt 5 verstanden zu werden und über diese *pop-up*-artige Einblendung gelingt es, die Verbindung von (schwer zu erfüllender!) Forderung einerseits und Aussicht auf Lohn andererseits plausibel und akzeptabel zu machen. Schlussendlich bringt der Sprung zu Mt 5,48 erweiternd ein, dass hier der Weg zum idealen Menschen skizziert sein könnte, somit ein Idealbild präsentiert wird. Ob man dieses Ideal a) überhaupt realisieren kann (vgl. S. 13, M_9); ob es b) absolut unmenschlich ist (vgl. S. 13, M_{13})[7]; oder ob es c) nur in einer utopischen, abgeschlossenen Gesellschaft, in der es weder Feinde noch Erstschläger gibt, funktioniert (vgl. S. 13, M_6) – das alles und noch einiges mehr wird in der Folge kontrovers diskutiert, allerdings lassen sich keine weiteren Textwahrnehmungen erkennen.

Die nächste Hypertexteinheit weist (überdurchschnittlich) viele intratextuelle Sprünge auf und an dieser Stelle ist besonders das Zusammenspiel von Textwahrnehmung und methodischem Vorgehen (Textgliederung/Kompositionsstruktur ✖) von Bedeutung. Es lässt sich nämlich herausarbeiten, wie beides Hand in Hand geht und wie methodische Arbeits-

---

[6] Davon spricht Mt 5 zwar nicht explizit, doch wird offensichtlich von der Gruppe „KSJ" die Wendung *damit ihr Kinder eueres Vaters in den Himmeln werdet* so ausgelegt, dass das *in den Himmeln* nicht als Attribuierung des Vaters, also Gottes, zu lesen ist – Gott, der in den Himmeln thront –, sondern sich vielmehr auf die Menschen bezieht, die zu *Kindern im Himmel* werden sollen.

[7] In seiner Argumentation greift M_{13} bezeichnenderweise das in diesem Kontext programmatische Wort *vollkommen* auf, doch geradezu in entgegengesetzter Stoßrichtung: „Also wenn man in irgendeiner Form angegriffen wird oder in seiner Position bedrängt wird, dann ist das *vollkommen natürlich und menschlich*, sich zu wehren und zu verteidigen. Natürlich nicht Auge um Auge, Zahn um Zahn, das ist ja klar, aber man hat andere Wege und Mittel, um dem beizukommen" (S. 13, M_{13}; Hervorhebungen C. S.). In diesem Zusammenhang wird Mt 5,38cd zitiert und *natürlich* – im wörtlichen Sinne wohlgemerkt – abgelehnt.

schritte eingesetzt werden, um einen bestimmten Hypertext zu erzielen respektive innerhalb des entstehenden Hypertextes Schwerpunktsetzungen vornehmen zu können. In Mt 5 wird eine schrittweise Entwicklung, gewissermaßen ein Fortschritt, festgestellt, und zwar vom (provokativen) Aufreißer Mt 5,39cd hin zum schwächeren Ende in Mt 5,42:

> „aber ich find zum Beispiel, dass dieses, dass dieser Satz einfach auch in diesem Text ein Aufreißer ist, ja, weil am Ende zum Beispiel, es wird ja immer schwächer. Es heißt erst die Backe, dann soll man das Gewand oder den Mantel abgeben, dann nur noch 'ne Meile mitgehen und am Schluss, wenn jemand was borgen will, den weis halt nicht ab, und ich find, das zielt auch ein bisschen darauf, dass man sich nicht so haben soll gegen was weiß ich, wenn man mal was Böses angetan bekommt, weil ich denk, das heißt jetzt hier ja sowieso nicht Auge um Auge. ‚Widersteht dem Bösen nicht!' ist natürlich ein bisschen stärker, aber ich find's einfach auch 'ne, ja, irgendwas, was immer schwächer wird am Ende" (S. 13, M_{15}).

Der vorliegende Text, genauer gesagt ein Teil davon (= die Antithese von der Wiedervergeltung), wird gegliedert (✖) und die feststellbare Kompositionsstruktur zum Ausgangspunkt der Überlegungen gemacht, die darauf hinauslaufen, dass ein *schwächeres* Ende einem (provokativen) *stärkeren* Anfang gegenübergestellt wird. Man geht schrittweise die einzelnen Beispiele durch und springt abschließend noch einmal ganz nach vorne und wieder zurück. Der Blick auf die Textstruktur hilft somit augenscheinlich, um einen Ausweg aus dem Dilemma der praktischen Unrealisierbarkeit (im Leben) der extrem-krassen Eingangsformulierung(en) finden zu können. Wird der Satz mit der Wange nämlich in diesem Kontext als provokanter Aufreißer gewertet, so kann durch die Reihe der weiteren Beispiele eine deutliche Abschwächung festgestellt werden. Hierbei werden die einzelnen Elemente allerdings nicht in ihren Details einbezogen, sondern nur schlagwortartig oder sogar entgegen dem wörtlichen Sinn eingebracht: Backe – Gewand *oder* Mantel abgeben (Text: Mantel zum Gewand dazu!) – nur *eine* Meile mitgehen (Text: zweite Meile gefordert!). Am Ende wird – gewissermaßen aufatmend – der Schlusssatz erreicht: „und am Schluss, wenn jemand was borgen will, den weis halt nicht ab" (S. 13, M_{15}). Gerade dieser letzte Clou kommt der Gruppe „KSJ" sehr gelegen:

> „Aber vielleicht grad das ist es, was das, wie das auf die Realität beziehen sollen. Also nicht, dass es immer gleich um Schläge geht, sondern dass es von mir aus auch ums Borgen einfach geht. Dass im Prinzip der Gedanke auch in dem Borgen drinsteht, dass, ja dass man einfach menschlich sein soll. Also, ja menschliche Ideen verfolgen" (S. 13f., M_9).

Jetzt sind Anfang und Schluss gewissermaßen direkt miteinander verknüpft, d. h. vom *Schlag* erfolgt unmittelbar ein intratextueller Sprung zum *Borgen/Teilen* und nur Letzterem wird ein Realitätsbezug attestiert. Diese Verknüpfung – unter Ausblendung bzw. Überspringen der weiteren Beispiele in Mt 5,40f. – wird von der Gruppe mehrfach praktiziert:

„Ja du darfst, du darfst nicht so genau, du darfst nicht so wörtlich nehmen. Du sollst ja nicht das, wenn einer dich schlägt, dann schlag nicht zurück, sondern einfach, wenn jemand was von dir will, dass du menschlich bist und es ihm, und ihm gibst, dass du solidarisch bist" (S. 14, M_9; vgl. S. 14, M_6, wo als Resümee festgehalten wird: an andere denken, mit anderen was teilen, vielleicht jemand anderem erst mal helfen).

Eine daraufhin erfolgende Infragestellung der geschaffenen Verknüpfung *Schlag → Borgen/Teilen* (vgl. S. 14, M_{13}) führt in der Gruppe zu einer erneuten Elaborierung des Textstrukturarguments, das diesmal detaillierter und pointierter entfaltet wird mit dem Ziel, die Verknüpfung aufrecht erhalten zu können bzw. neu herzustellen:

„Ja ich hab's ja nicht an diesem, an diesem Textbeispiel hier jetzt festge-, festgelegt, sondern eher bin ein bisschen weiter nach unten gegangen, aber grad wär's wenn jemand. Hier z. B.: Wer dich bittet, kommt dann ja die Frage, also es geht ja dann, also es wird ja immer schmäler, ja. Erst mal, wenn dich jemand schlägt, ja da fragst du gar nicht danach, du wirst also geschlagen. Hast nichts mitzubestimmen. Dann, dann zwingt dich jemand vor Gericht, da kannst du auch nicht viel sagen, und dann zwingt erst mal jemand ‚Geh mit mir 'ne Meile!' oder so, da kannst du immerhin noch Nein sagen, also, da passiert noch nichts Schlimmes und zum Schluss kommt dann das Bitten, also, da bittet dich jemand – und du kannst ohne, getrost Ja oder Nein sagen. Sodass der Mensch dann noch überlegen kann, also, nehm ich eher für mich, also, sag ich Nein und denk eher an mich, oder sag ich vielleicht doch Ja und denk vielleicht auch an andere" (S. 14, M_6).

Wieder erfolgt der argumentative Rekurs auf die Gliederung des Textes (✵) und implizit wird der kompositionelle Aufbau der Passage einbezogen. Es wird insgesamt auf einem Schwächer- bzw. Schmälerwerden insistiert und ausdrücklich expliziert, welche Kriterien für die Gruppe ausschlaggebend sind: Selbstbestimmungskompetenz, Widerstandsfähigkeit und Eigenverantwortung (→ Nein-Sagen-Können) – und diesbezüglich wird jeweils von oben nach unten ein zunehmendes Maß postuliert. Die Gruppe „KSJ" liest gewissermaßen über den interaktionellen Bruch in Mt 5,42 hinweg und *Backe*, *Mantel* und *Meile* werden nicht als *Exempla* der Nicht-Wiedervergeltungsregel verstanden, sondern vielmehr als eine Art Brücke von der unerfüllbaren Idealforderung (ähnlich der Vollkommenheitsforderung am Schluss) hin zur realitätsgerechten bzw. realisierbaren Borgeregel. *Backe*, *Mantel* und *Meile* werden nicht von V. 39b her verstanden, sondern stattdessen mit Blick auf V. 42 (näher hin V. 42cd) gelesen.

Eine weitere abschließende Hypertexteinheit verknüpft nun die beiden vorstehend ausgeführten Diskussionsgänge (Lohnfrage, Borgeregel als Clou) miteinander und es ist erneut M_{11}, der eine kritische Komponente mit Blick auf den Lohn ins Spiel bringt (vgl. S. 15). Diesmal ist ihm jedoch mit seinem Anliegen in der Diskussion gewissermaßen mehr Erfolg beschieden und interessanterweise bedient er sich an dieser Stelle nun auch einer textstrukturellen/kompositionellen Argumentation (✵):

„Ich find, also der *obere Teil* ist ja string-, ziemlich pragmatisch, also wer dich bittet, dem gib und so weiter, und *da unten* geht's dann mit, mit Gott los und was dann eigentlich der Lohn dafür ist, und ich find, jetzt, [...] das ist eigentlich das, was mich am meisten an der Bibel stört. Da gibt's viele gute Sachen, die man pragmatisch auf sein Leben anwenden kann, wie das hier, oder auch eben nicht, wenn man sich nicht damit, weil man nicht damit zufrieden ist, was da steht, weil dann dieses, dieser Lohn, der dann immer steht mit dem Himmel und so weiter, und der stört mich, weil ich find, das ist so abgehoben von dem, von dem, was eigentlich dann da oben steht, und hat meiner Meinung nach nicht so viel damit zu tun" (S. 15, M_{11}; Hervorhebungen C. S.).

Es wird somit zwischen einem oberen Teil und *da unten* differenziert. Ersteres, sprich: die erste Antithese, ist bereits mittels gliedernder Überlegungen (✶) auf den Kernsatz „Wer dich bittet, dem gib!" (vgl. Mt 5,42ab; vgl. 3. Hypertexteinheit) zugespitzt worden, was dem oberen Teil den Ruf des Pragmatischen einbringt. Der untere Teil hingegen gerät in Misskredit, da es da mit Gott losgeht (vgl. Mt 5,45a.48b) und ein Lohn (vgl. Mt 5,45a.46c) für das Verhalten angesprochen wird. Das wird als störend empfunden bzw. sogar als in Spannung zum Vorhergehenden stehend. Es ist abgehoben und scheint nicht viel mit dem anderen zu tun zu haben – ein Bruch wird wahrgenommen.

Anschließend erfolgen Sprünge zu Mt 5,45a und Mt 5,45c und es wird zu beiden (problematischen) Passagen extratextuelles, innerbiblisches Material eingespielt, als *Pop-Ups* mit eindeutiger Funktion: *in Frage stellen* bzw. *widersprechen* (S. 15; Hervorhebung C. S.):

M_4: Wobei hier ja steht: „Damit ihr Kinder eures Vaters in den Himmeln werdet!" Da ist ja dann die Frage, wodurch werd ich sein Kind?

M_{13}: Aber sind wir das nicht alle schon, ohne dass wir das tun? * Also zumindest wird das vorher irgendwo an 'ner anderen Stelle genannt. M_4: Eben, ja.

M_{15}: Na gut, an 'ner anderen Bibelstelle wird auch genannt, dass die Armen und die Gerechten in den Himmel kommen und die Ungerechten in, die die nicht dorthin kommen. Und, oder dass das Reich Gottes nicht für die *aufgeht*. Und ist ja, hier steht das ja auch anders, hier steht das ja auch „Er lässt's regnen über Gerechten und Ungerechten." Hier steht's jetzt (?), das ist ja auch wieder so 'ne Unlogischkeit der Bibel, zum Beispiel.

Anknüpfend einmal an „Kind Gottes *werden*", einmal an die „*Gleich*behandlung von Gerechten und Ungerechten" (Regen) wird sehr vage auf andere (Bibel-)Stellen § § verwiesen, die genau die gegenteilige Aussage zum Inhalt haben: Wir *sind* bereits alle miteinander Kinder Gottes bzw. den Ungerechten wird von Gott her eine dezidiert *andere* Zukunft zuteilwerden.[8] In diesem Zusammenhang wird ausdrücklich darauf Bezug genommen, dass es Gott ist, der es über alle Menschen gleichermaßen regnen lässt, denn gerade hierin ist eine typische *Unlogischkeit* der Bibel zu sehen. Vor diesem Hintergrund versteht sich das den Diskussionsteil beschließende Schlussfazit:

> „Nee ich find, die Bibel schwächt sich halt dadurch immer wieder ab, dass sie dann noch diesen, diesen Lohn dann halt schreibt wie da unten und weil, normalerweise wär das ja, wenn man's einfach so lesen würde, würd man sagen: O. k., das ist ganz gut, das kann man mal machen" (S. 16, M_{11}).

Exkurs: Die Gruppe „KSJ" scheint sich mit Blick auf das Vorgehen bei der Hypertextrekonstruktion (Wahrnehmung und Ausblendung) des eigenen Tuns ansatzweise reflexiv bewusst zu sein: „Ja, da kann sich ja jeder raussuchen, worauf er hören will, sag ich mal. Ich sag mal, die Bibel ist halt so allround, ja, also, jeder kann sein Teil raussuchen und wie seine Intentionen sind und wem das nicht gefällt, der muss es ja nicht lesen, der kann dann eben das andere lesen und ich sag, das ist ja alles richtig" (S. 15, M_{14}). – *Exkurs Ende* –

Summa: Die Gruppe „KSJ" hat zwei größere Probleme mit Mt 5: zum einen mit der (radikal-provokativen) Wangenforderung im ersten Teil, zum anderen mit dem Lohngedanken im zweiten Teil. An diesen Punkten arbeitet man sich ab und die Textverstehensbemühungen setzen hier an. Zunächst weist man – auf der Basis des eingespielten Zitats (→ 1. Hypertexteinheit) – die Wangenforderung als sinnvoll-praktikable Verhaltensanweisung zurück, wobei die Seitenreihenfolge dezidiert nicht wahrgenommen wird. Außerdem werden methodisches Vorgehen (Rückfrage nach *intentiones*) in anfragender Absicht eingesetzt sowie innerbiblisches Material mit *verallgemeinernder* Intention eingespielt. Letzteres dient dazu, von der konkreten Forderung auf eine allgemeinere Ebene zu gelangen und auf diesem Wege die zweite Wange gewissermaßen hinter sich zu lassen.

Nach Austeilung der schriftlichen Textvorlage wird die Diskussion von der Gruppe fortgesetzt und im Rahmen der Hypertextkonstruktion sind drei Einheiten erkennbar. Zuerst werden nur Teile der zweiten Antithese aufgegriffen (Mt 5,44b–45a.46a–c.48), der im Text zum Ausdruck gebrachte Lohngedanke problematisiert und extratextuelles, außerbiblisches Material (Sprichwort „Ohne Mühe kein Lohn!") *unterstützend* eingespielt (→ 2. Hypertexteinheit). Anschließend (→ 3. Hypertexteinheit) konzentriert sich die Gruppe ganz auf die erste vorgelegte Antithese (Mt 5,39–42). Mittels gliederungstechnischer Überlegungen und unter argumentativer Einbeziehung der ermittelten Kompositionsstruktur wird von der Gruppe

---

[8] Interessant ist, dass vom *Aufgehen* des Reiches Gottes gesprochen wird, das somit scheinbar an die Stelle der Sonne (vgl. Mt 5,45b) getreten ist. Diese wird übrigens im Verlauf der Diskussion überhaupt nicht wahrgenommen.

eine intratextuelle Verknüpfung von großer Bedeutung etabliert: Während man in einem ersten Anlauf über die einzelnen Beispiele von Mt 5,39cd zu Mt 5,42 fortschreitet, wird in einem zweiten Schritt die Wangenforderung (Mt 5,39cd) unmittelbar mit der Borgeregel (Mt 5,42) verbunden. Für die Gruppe „KSJ" ist ganz klar: Dem *schwächeren* Ende kommt die größere Relevanz zu, da sich hier Realistischeres findet, das sich im Alltag als praktikabel erweist.

Bliebe als letzter Problempunkt noch die Sache mit dem Lohn(gedanken). Dieser wird in der vierten und letzten Einheit angegangen. Jetzt wird auf die zweiteilige Kompositionsstruktur des Gesamtabschnitts abgehoben und die erste Antithese (mit der Borgeregel als letztendlichem Clou → positiver Horizont) der zweiten (→ Lohngedanke erneut problematisiert) – gewissermaßen als Kontrastfolie – entgegengestellt. Im Rahmen dieser Überlegungen werden einige *Unlogischkeiten* der Bibel aufgedeckt und es wird zweimal extratextuelles, innerbiblisches Material *widersprechend* bzw. *in Frage stellend* eingespielt.

(C_{Mt}) Positionierung (Identifikation/Kritik) bzgl. Mt 5

Hinsichtlich des Textes Mt 5 fällt auf, dass von der Gruppe „KSJ" kaum Figuren wahrgenommen werden und auch ein Sprecher der Worte nicht in den Blick kommt. Dafür wird der Text als direkt an einen selbst gerichtet verstanden und entsprechend diskutiert, inwieweit die unterschiedlichen Elemente als Lebens-, Erziehungs- bzw. allgemeiner gesprochen Verhaltensregeln praktisch Anwendung finden können. Dabei fühlt man sich bzgl. der Wangenforderung als Angesprochener durchaus nicht jedem x-beliebigen anderen Menschen gegenüber zu einem derartigen Verhalten verpflichtet[9] bzw. eine Befolgung der Wangenforderung im wörtlichen Sinne wird unter dem Strich abgelehnt. Letzten Endes findet sich deutliche Kritik an der Weisung, die andere Wange auch noch hinzuhalten. Gleiches gilt für den im Text wahrgenommenen Lohngedanken, der als extrinsische Motivation beanstandet und in der Folge zurückgewiesen wird.

Interessant ist, wie die im Text implizierten Beziehungsverhältnisse von der Gruppe wahrgenommen und rezipiert werden. Während die drei Beispiele in Mt 5,39c-41 durchgängig eine asymmetrische Grundkonstellation voraussetzen (Schläger – Geschlagener; Kläger – Verklagter; Zwingender – Gezwungener), wobei immer eine Seite unter der geschilderten Situation leidet, und erst Mt 5,42 in der Art eines Bruchs einen Wechsel in den Inter-

---

[9] Wenn, dann braucht es ein verständiges und v. a. bibelkundiges Gegenüber. Die andere Wange hinzuhalten bringt nämlich nur dann etwas, wenn der/die andere (biblisch) Bescheid weiß und die richtigen Konsequenzen zieht (vgl. S. 11f., M_{14}; vgl. auch S. 10, M_9).

aktionsverhältnissen beinhaltet (→ jetzt partnerschaftliche, gleichrangige Ebene), sieht die Gruppe die Handlungsmöglichkeiten gewissermaßen linear steigend: Es wird ein (im Text von oben nach unten) zunehmendes Potenzial an Entscheidungsfreiheit, Mitbestimmungs- und Widerstandsmöglichkeiten herausgearbeitet, bis dahin, dass man auf eine Bitte (Mt 5,42) getrost mit Ja oder Nein antworten kann und völlig selbstbestimmt und überlegt die Aktivität kontrolliert (vgl. S. 13, M_{15}; S. 14, M_6). Hier scheint für die Gruppe „KSJ" der entscheidende und v. a. zustimmungsfähige Clou erreicht zu sein und an dieser Stelle deutet sich am ehesten eine Identifizierung an. Sonst ist keine Positionierung i. e. S. zu erkennen.

Summa: Die Gruppe diskutiert die Forderungen aus Mt 5 mit Blick auf sich selbst als potenzielle Adressaten und sieht die eigenen Handlungsmöglichkeiten von Mt 5,39 bis V. 42 als stetig steigend an. Vor diesem Hintergrund werden die Wangenforderung und der Lohngedanke stark kritisiert und abgelehnt; der Borgeregel ist eine positive Würdigung beschieden. Letztere Verhaltensanweisung kann auch für das eigene Leben Relevanz besitzen. Eine Positionierung im engeren Sinne findet sich nicht.

(A_{Mk}) Methodisches Vorgehen bzgl. Mk 5

Untersucht man die Diskussionspassage der Gruppe „KSJ" zu Mk 5, so fällt auf den ersten Blick auf, dass methodisch betrachtet weniger (als bei Mt 5) vorkommt. Einzig die immer wieder auftauchenden Elemente, die in Richtung gattungskritischer Überlegungen (in Verbindung mit einer rudimentären Interaktions- und Aktantenanalyse) gedeutet werden können, sind in methodischer Hinsicht ertragreich, womit wir uns im textexternen Spektrum bewegen. Bereits der erste Diskussionsbeitrag spricht beispielsweise von „so 'ner Geschichte" (vgl. S. 16, M_9), auch wenn dies als Gattungsbezeichnung natürlich äußerst dürftig ist. Nimmt man jedoch den weiteren Diskussionsverlauf hinzu, dann stellt man fest, dass die Gruppe „KSJ" mit einer Art Gattung *(typisch) biblische Geschichte* (= Märchen?) operiert und damit letztlich die Kategorie *Heilungswunder* meint, ohne diese Bezeichnung allerdings explizit zu gebrauchen. Einschlägig ist folgende Passage (S. 17):

M_{15}: Ich finde, das ist wieder so 'ne schöne typische Bibelgeschichte, mit jemandem geht's schlecht, er kommt zu Jesus * und Jesus heilt denjenigen und sagt: Dein Glaube hat dich gerettet. Bitte schön. *
Find ich wie so viele andere Bibelgeschichten.

M_{11}: Und sagt (?)

@ mehrere (v. a. F_2?)

M₄: So, wie du's sagt, klingt's für mich eher so, so wie, so wie'n Märchen oder *

M₁₅: Ja, das ist so. Also ich hab das Gefühl, dass es die, dass ich die Geschichte jetzt vielleicht nicht ganz so, aber bestimmt noch 20-mal in der Bibel wiederfinden würd […].

Die vorliegende Geschichte aus Mk 5 wird somit mit anderen bekannten Heilungserzählungen innerbiblisch verglichen (vgl. S. 17, M₁₅) und dementsprechend gattungsmäßig eingeordnet. Ohne die Gattung eindeutig zu benennen, werden die wesentlichen Elemente (z. B. Hauptaktanten und Kerngeschehen: kranke Person, Jesus, Heilung) aufgeführt und eine gattungsmäßige Abstraktion (vom konkreten Einzelfall) vollzogen, z. B. auch mit Blick auf die vorliegende Krankheit/das Leiden. Das Ziel des Methodeneinsatzes ist somit die Abstraktion und eine gewisse (schubladenförmige) Klassifizierung.

Summa: Die Gruppe „KSJ" weist bzgl. Mk 5 eine schwache *methodische Orientierung* auf. Es werden unter Beiziehung weiterer innerbiblischer Stellen gattungskritische Überlegungen angestellt, welche dem textexternen Bereich zugehören und der Abstraktion bzw. der grundsätzlichen Einordnung dienen.

Exkurs: Die Diskussion (zu Mk 5 bzw. insgesamt) wird beschlossen mit einer Rückfrage des Forschungsteams nach dem hypothetischen Vorgehen der Gruppe „KSJ" (mit Blick auf den vorgelegten Bibeltext), wenn dies im Rahmen des Deutschunterrichtes angesiedelt gewesen wäre. Damit wird gewissermaßen an die in der Diskussion bereits besprochene Thematik *Unterschiede zwischen Religions- und Deutschunterricht* (vgl. S. 3–5) angeknüpft und eine Art Metareflexion initiiert. Interessanterweise wird in der Selbstwahrnehmung die Hauptdifferenz mit dem Schlagwort *methodisch* bezeichnet: (S. 20; Hervorhebung C. S.)

Y₂: Wenn Sie an den Text rangegangen wären wie im Deutschunterricht, wie wären Sie dann vorgegangen?

M₁₃: *Methodisch.* *

M₁₃: Ganz konkret jetzt? *

M₁₃: Einfach, mit 'nem Stift bewaffnet und sich erst mal die wichtigsten Dinge überhaupt visuell ange-, angestrichen. * Genau, gedanklich gliedern oder auch schriftlich gliedern.

– Stille (11) –

M₁₅: Besondere Art des Textes. Ich würd jetzt keine erkennen, aber

Y₂: Und wie?

Y₂: Mh.

M₁₅: Gliederung

vielleicht erkennt ja irgendeiner,
dass es * aufgebaut ist. Irgend-   M₁₃: Erzählung.
wie besonders. Irgendwelche
wichtigen Absätze oder, weil's
immer vier Zeilen sind. Stilmittel rausfinden, ja. Und vielleicht
nicht so auf's Inhaltliche gucken.

– Stille (10) –

In diesem Zusammenhang begegnet die oben bereits umschriebene Gattungsbestimmung (Erzählung) erneut und es wird ganz klar das *methodische* Vorgehen an sich als Charakteristikum des Deutschunterrichts und unterscheidend zum eigenen, gerade praktizierten Umgang mit Mk 5 genannt. Dies hat sich mit Blick auf Mk 5 auch bewahrheitet, allerdings kommen bei Mt 5 mit den gliederungstechnischen Überlegungen gerade aus dem Deutschunterricht vertraute methodische Schritte zum Einsatz und werden als entscheidende Argumentationsgrößen ins Feld geführt. – *Exkurs Ende* –

Fallinterner Vergleich: Wie am Ende des vorstehenden Exkurses bereits erwähnt: Mit der typischen Bibelgeschichte Mk 5 geht die Gruppe „KSJ" weitgehend nicht methodisch um, was mit der diesbezüglichen Selbsteinschätzung sehr gut korrespondiert. Mit Blick auf Mt 5 findet sich dagegen ein relativ elaborierter Methodeneinsatz, der einen Schwerpunkt im textinternen Bereich aufweist. V. a. Überlegungen hinsichtlich Gliederung und Komposition sind anzutreffen und diese werden argumentativ eingesetzt. Vor diesem Hintergrund lässt sich vermuten, dass die Gruppe „KSJ" bzgl. der (Be-)Wertung der beiden Texte (unbewusst/implizit) zwischen Mt 5 einerseits und Mk 5 andererseits differenziert. – *Vergleich Ende* –

(B_{Mk}) Textwahrnehmung und Hypertextrekonstruktion bzgl. Mk 5

Die Textwahrnehmung der Gruppe „KSJ" in Bezug auf Mk 5 setzt beim Stichwort *Glaube* (vgl. Mk 5,34c) ein und von diesem ausgehend wird im Rahmen der ersten Hypertexteinheit als *Pop-Up* extratextuelles (außerbiblisches)[10] Material eingespielt: der *Berge versetzende Glaube* § (vgl. S. 16, M₈). Die Intention kann als *unterstützend* näher bestimmt werden, denn mithilfe der zusätzlich eingebrachten Tradition wird die in Mk 5 erzählte Kombination *kranke Person – Glaube – Heilung* plausibel gemacht. Den Realitätsgehalt belegen auch viele Beispiele und sogar „wissenschaftliche Untersuchungen" (vgl. S. 16, M₈). Allerdings wird von der Gruppe die potenziell zu erwartende Wirksamkeit des Glaubens deutlich eingeschränkt:

---

[10] Der Glaube, der Berge versetzen kann, stammt aus der Bibel (vgl. zu den Stellenbelegen oben bei der Gruppe „Kultur" Teil II 2.1.2 B_{Mk}). Allerdings scheint die Gruppe „KSJ" diese Tradition nicht als biblisch wahrzunehmen, sondern als allgemein gebräuchliche Redensart einzuführen: „Also man sagt ja immer ‚Der Glaube versetzt Berge!', sagt man so schön." (S. 16, M₈). Folglich ist dies dem Selbstverständnis entsprechend im Rahmen der Analyse wie außerbiblisches Material zu behandeln.

Wer glaubt, schafft es *eher*, die Krankheit zu überwinden, bzw. Glaubende haben *in den meisten Fällen* viel bessere Chancen (vgl. S. 17, M$_8$). Des Weiteren fällt auf, dass Glaube zum einen mit *festem Willen* identifiziert wird, dass zum anderen eine Opposition aufgebaut wird zwischen denen, die sich selbst aufgeben, und denen, die an *sich* glauben. Hier trägt die Gruppe einen Aspekt ein, der vom Text zwar nicht ausgeschlossen, aber auch nicht nahe gelegt wird. Der Glaube hat somit nur etwas mit einem selbst zu tun.[11]

Anschließend springt die Gruppe „KSJ" intratextuell von vorne bis hinten durch die gesamte Erzählung und die nächste (zweite) Hypertexteinheit vereint zentrale Stationen der Geschichte – in sehr grober bzw. abstrahierter Form. Zusätzlich werden einige extratextuelle innerbiblische Elemente § eingebracht mit einer deutlichen Absicht: *Verallgemeinerung* (S. 17):

„[...] Also ich hab das Gefühl, dass es die, dass ich die Geschichte jetzt vielleicht nicht ganz so, aber bestimmt noch 20-mal in der Bibel wiederfinden würd, vielleicht ist es dann, dass ein, dass einer lahm ist – das kennen wir ja auch alle –, oder es ist einer blind und der wird dann geheilt, weil er den Jesus zum Beispiel berührt. Oder dass Jesus sagt: Du bist geheilt. Und das ist aber nur – und das ist das Lustige –, weil die Person, der's schlecht geht, dann entweder von Jesus gehört hat, dass der heilt und ihm dann sozusagen folgt. Und dadurch wird sie geheilt" (S. 17, M$_{15}$).

Die Textwahrnehmung bewegt sich zunächst sprunghaft von Mk 5,25f. über Mk 5,27b und Mk 5,29 zu Mk 5,34c. Es werden somit genau die Elemente herausgegriffen und zusammengestellt, die für die Gruppe „KSJ" gattungsmäßig (✷) zu einer schönen typischen Bibelgeschichte dazugehören respektive diese ausmachen. Dann werden – erneut *pop-up*-mäßig – verhältnismäßig vage andere biblische Traditionen § eingespielt und auf diese Weise u. a. die konkrete Füllung der abstrakt benannten Bestandteile variiert: jemandem geht's schlecht → z. B. lahm oder blind; Jesus heilt denjenigen → z. B. aufgrund von einer Berührung oder durch ein Wort (folglich betreibt die Gruppe Gattungskritik ✷). Dabei kommen die konkreten Details der vorliegenden Geschichte in Mk 5 (z. B. Frau, Blutfluss) überhaupt nicht mehr vor. Die Gruppe „KSJ" abstrahiert vielmehr davon, was explizit bewusst ist: Man wird die Geschichte noch sehr oft in der Bibel wiederfinden, auch wenn „jetzt vielleicht nicht ganz so" (S. 17, M$_{15}$). Es geht (nur) um ein Grundgerüst, um ein typisches Setting und einen typischen Plot; die konkreten Einzelelemente können problemlos verändert und ausgetauscht werden.

Interessant ist, dass die Gruppe eine im Text identifizierbare Leerstelle gewissermaßen *en passant* füllt: Mk 5,27a spricht davon, dass die Frau von

---

[11] Das Ende dieser ersten Hypertexteinheit wird im Gespräch durch die Konklusion „Dann ist Glaube so'ne Art Placebo." (S. 17, M$_{11}$), gefolgt von der Verifizierung „Mag sein, aber es hilft." (S. 17, M$_9$) deutlich markiert.

Jesus gehört hat – was genau, wird nicht weiter ausgeführt.[12] In der Rezeption durch die Gruppe ist klar, dass es Jesu heilendes Wirken war, das der Person, der es schlecht geht, zu Ohren gekommen ist. Außerdem sticht hervor, dass die Gruppe als letztendlich heilend an dieser Stelle gewissermaßen die Bereitschaft zur Nachfolge sieht. Alles in allem führt diese zweite Hypertexteinheit, deren Ende durch eine längere Gesprächspause (vgl. S. 18) angezeigt ist, somit vom konkret vorliegenden Text fort, da per Abstraktion und *verallgemeinernden* Einspielungen eine übergeordnete (Gattungs-)Ebene betreten wird.

Im Rahmen der dritten Hypertexteinheit kehrt die Gruppe dann mittels einzelner Detailwahrnehmungen wieder dezidiert zur schriftlichen Vorlage zurück, jedenfalls ansatzweise. Man bleibt zwar hinsichtlich der Krankheit selbst äußerst unkonkret (vgl. S. 18, M_{13}: „irgendein Gebrechen"), doch wird die lange Krankheitsdauer (vgl. Mk 5,25) – allerdings ohne detailliert auf den genauen Zeitraum einzugehen: „so 'ne lange Zeit" (S. 18, M_{13}) – zum Ausgangspunkt genommen, eine entscheidende Frage an die Geschichte zu stellen: „Warum kommt die denn jetzt erst zum Jesus hin?" (S. 18, M_{13}). Warum hat die Frau bloß so lange gewartet respektive was hat sie die Zeit vorher getan? Hier gibt für die Gruppe „KSJ" der Text Auskunft und besonders Mk 5,26bc hilft der Gruppe weiter:

> „Für mich stellt sich die Frage: Warum kommt denn diese Frau, die jetzt so 'ne lange Zeit irgendein Gebrechen hatte, warum kommt die denn jetzt erst zum Jesus hin? Vielleicht, weil der grad zufällig in der Region ist oder so, aber für mich erscheint das eher so, das ist der allerletzte Notanker, den sie versucht, zu erreichen. Das gesamte Vermögen ausgegeben, ja, da mal was gehört von irgendnem Heiler und da mal was gehört, ja, da mal hingefahren und das probiert, in das Krankenhaus gegangen und so weiter. Und alles hat nichts genutzt, ja und jetzt ist das praktisch die, die allerletzte Chance, die sie noch hat und es klappt" (S. 18, M_{13}).

An dieser Stelle kann hervorragend beobachtet werden, wie Detailwahrnehmung respektive -ausblendung zielgerichtet eingesetzt wird: In Mk 5,25 wird von einer Frau berichtet, die *zwölf Jahre lang* an *Blutfluss* litt. Von diesen beiden konkreten Angaben wird die eine aufgegriffen („so 'ne lange Zeit"), die andere dagegen geradezu ignoriert („irgendein Gebrechen"). Warum? Weil es im Folgenden völlig egal ist, welches Leiden jemanden plagt, bzw. ein derart spezifisches Frauenleiden wäre mit Blick auf eine Verallgemeinerung eher hinderlich. Wichtig ist nur, dass man selbst lange Zeit alles nur erdenklich Mögliche dagegen unternimmt (→ damit wäre die lange Zeitdauer gewissermaßen mit dem Engagement der Frau, das in Mk 5,26ab berichtet wird, verbunden), auch wenn dies letzten Endes nutzlos bleiben sollte. Das Erklärungsangebot *Zufall* wird in diesem Zusam-

---

[12] Vgl. Gruppe „Montagskreis" (vgl. Teil II 2.10.2 B_{Mk}): Dort wird diese Leerstelle wahrgenommen und explizit thematisiert.

menhang nahezu sofort ausgeschlossen[13] und vorrangig auf das Ausgeben des gesamten Vermögens (vgl. Mk 5,26b) abgestellt. Im Zuge dieser Überlegungen werden die weiteren in Mk 5 überlieferten Aktivitäten der Frau gewissermaßen auf die zwölfjährige Leidenszeit ausgeweitet, ja zurückextrapoliert: Sie hatte mal hier, mal dort etwas gehört (→ Mk 5,27a) – womit Jesus natürlich implizit als ein Heiler von vielen erscheint –, sie war mal hier hingefahren (→ Mk 5,27b) oder hatte dort etwas probiert. Insgesamt hat sie ein beachtens- und anerkennenswertes Engagement an den Tag gelegt, auch wenn sie unter dem Strich nicht erfolgreich gewesen ist (vgl. Mk 5,26c). Vor diesem Hintergrund sieht die Frau nun ihre allerletzte Chance, ihren Notanker, in Jesus, der ihr abschließend einen rettenden Glauben zuspricht (vgl. Mk 5,34c). Ausgehend von diesem Zuspruch Jesu, wird von der Gruppe „KSJ" logisch zurückgeschlossen, dass sie mit einer entsprechenden Motivation die Berührung vorgenommen haben muss/müsste, womit Mk 5,28 in die Überlegungen einbezogen wäre (vgl. S. 18, F$_1$).

Doch Vorsicht: Eine Gefahr wird von der Gruppe „KSJ" noch explizit angesprochen. Man darf es sich mit dem Glauben gewissermaßen auch nicht zu einfach machen. Es ist nicht statthaft, Mk 5,26b zu überspringen bzw. auszublenden:

„Das ist halt die Gefahr, dass, wenn man so was liest, dann sich den ganzen Kram, wie sein Vermögen auszugeben, spart und dann nur auf den Glauben hofft, weil das mit dem Vermögen-Ausgeben und so weiter, das ist natürlich schon ziemlich unbequem [@] [...]. Und ich glaub nur deshalb, weil sie ja schon davor alles Mögliche versucht hat, klappt's dann auch mit dem Glauben. Wenn, wenn sie davor gesagt hätte: O. k., kein Problem, ich glaub jetzt mal kurz und dann geht's!, dann wär's nicht gegangen. Also man darf nicht, wenn man so was liest, dann sofort in Glauben verfallen, also eigentlich dem Glauben verfallen, sondern halt schon alles Menschliche auskosten oder alles Menschliche ausprobieren, um dann am Ende halt ganz verzweifelt zu sein und dann nur hoffen zu können" (S. 19, M$_{11}$).

Hier wird deutlich, was die Wendung *sein ganzes Vermögen ausgeben* für die Gruppe „KSJ" grundsätzlich bedeutet: alles Mögliche versuchen, alles Menschliche auskosten/-probieren. Erst ganz am Ende (der Fahnenstange) ist Verzweiflung erlaubt und nur (!) dann kann das mit dem Glauben auch funktionieren, wie das Beispiel der Frau aus Mk 5 belegt. Deshalb wird so vehement auf die lange Krankheitsphase der Frau und ihren unermüdlichen Einsatz hingewiesen bzw. gerade diese Elemente als Grundlage einer Hypertexteinheit gewählt. Entsprechend ist es – damals wie heute – für viele

---

[13] An späterer Stelle wird ins Spiel gebracht, dass die Frau vielleicht erst jetzt von Jesus hört und vorher gar nichts von diesem Heiler wusste (vgl. S. 19, M$_4$). Entsprechend kann sie nicht früher zu ihm kommen. Auch diese Möglichkeit wird zugunsten des zu leistenden Engagements umgehend zurückgewiesen.

Leute normal, „erst mal die klassische Schulmedizin[14]" (S. 19, M_{13}) aufzusuchen und erst später auf die Idee mit dem Glauben zu kommen, denn „jeder versucht erst mal materiell und ja physisch zu helfen" (S. 19, M_{13}). Alleine zu Hause sitzen zu bleiben und auf die Hilfe Gottes zu warten, kann verheerende Folgen zeitigen: „dann geht man zugrunde" (S. 19, M_{11}). Der Clou lautet somit für die Gruppe „KSJ" auf den Punkt gebracht: „Also man sollte schon auf seine eigene Stärke eben vertrauen. Man sollte auf sich selbst vertrauen" (S. 19, M_{11}).

Hat die Gruppe auf diese Weise das Engagement der Frau positiv gewürdigt,[15] so wird in der letzten hier zu behandelnden Hypertexteinheit ein weiterer Aspekt des Glaubens in den Mittelpunkt gestellt: Glaube kommt von innen aus einem selbst heraus, wobei in diesem Zusammenhang die Jünger Erwähnung finden, allerdings nur als Negativbeispiele.

„Ja also, was so schön ist an der Sache mit dem Glauben halt, *dass es aus einem selbst rauskommt*. Ich meine, wenn man jetzt was hat und dann kommen halt immer die Leute und sagen: Nimm die Medizin oder das hat mir mal geholfen oder mach dies mal. Und, aber der Glaube, *der kommt wirklich aus einem selbst raus*, es kommt meist keiner zu dir und sagt: Hej, da hängt ein Kreuz in deinem Zimmer. Denk doch vielleicht mal an Gott oder so! Sondern *da muss man halt wirklich von selbst drauf kommen* und nur dann kann's auch was bringen. Und dann ist's auch völlig egal, was die andren denken. Das sieht man ja auch hier wieder bei diesem, bei den Jüngern, die da wieder wie kleine Kinder dargestellt werden, weil die wieder nichts verstehn, und Gott, Jesus belehrt sie dann. Das ist ja sehr oft in der Bibel so und so find ich, kann man das halt wieder mal übertragen, dass dieser Glaube *ja immer aus dem Innersten rauskommt* und auch nur so wirken kann – sag ich mal. Und ich glaub, dann wird man auch nicht enttäuscht, wenn *man von selbst auf die Idee kommt* [...]. Und das ist halt eben dieser Gegensatz zu diesen herkömmlichen Mitteln, die halt auch von außen an einen herangetragen werden" (S. 19f., M_{14}; Hervorhebungen C. S.).

Ähnlich wie die Kraft in Mk 5,30b muss auch der Glaube aus dem Inneren herauskommen, doch ist bezeichnenderweise kein anderer an diesem Vorgang beteiligt, sondern nur man selbst. Dies liegt ganz auf einer Linie mit dem bereits Ausgeführten. Zusätzlich kommt hinzu, dass auch keinerlei gut gemeinte Ratschläge von außen in Frage kommen, denn auf die Idee mit dem Glauben muss man ebenso selbst kommen. Nur dann ist ein Erfolg möglich, womit ein weiteres Funktionskriterium eruiert wäre: Glaube kann nur dann eine heilende Wirkung entfalten, wenn 1.) vorher alles Men-

---

[14] Interessanterweise spricht die Gruppe „Kultur" auch mehrfach die *Schulmedizin* an, allerdings mit negativer Konnotation (vgl. Teil II 2.1.2 B_{Mk} und C_{Mk}). Demgegenüber werden alternative Heilpraktiker und Wunderheiler, wie z. B. Jesus, sehr positiv profiliert. Bei der Gruppe „KSJ" erscheint die *Schulmedizin* nun als das „Menschenmögliche", was bis zum Letzten auszureizen ist, bevor ein Gang zu Jesus überhaupt Sinn macht.

[15] Vgl. als Kontrastfolie die Gruppe „CVJM", wo eine durch und durch andere Sichtweise des Engagements der Frau begegnet (vgl. Teil II 2.5.2 B_{Mk}).

schenmögliche ausgeschöpft worden ist (vgl. oben); und wenn 2.) man selbst höchstpersönlich diesen Weg ohne Beeinflussung durch andere, sprich: selbstbestimmt, eingeschlagen hat.[16] Somit erweist sich diese Hypertexteinheit gewissermaßen als Fortsetzung und Erweiterung der vorangegangenen, denn nicht nur dem Verhalten (= Engagement) vor dem Glauben kommt entscheidende Bedeutung zu, sondern auch dem Ursprung desselben. Gerade an Letzterem wird die Opposition zu den herkömmlichen Mitteln festgemacht: Diese werden *von außen* an einen herangetragen, der Glaube dagegen stammt (zwingend!) *aus dem Inneren*, ja sogar *aus dem Innersten*.

In diesem Zusammenhang werden auch kurz die Jünger einbezogen und damit wird ansatzweise Mk 5,31 wahrgenommen. Vor dem Hintergrund, dass Glauben eine sehr persönliche und innerliche Sache ist und damit von Außenstehenden nur schwer respektive gar nicht nachvollzogen werden kann, werden die Jünger gewissermaßen exemplarisch ins Blickfeld gerückt. Sie begegnen an dieser Stelle erstmals und einmalig als eine Art Gegenhorizont, doch interessiert ihre Antwort oder allgemeiner gesprochen das in Mk 5,31 berichtete Verhalten nicht im Detail. Es wird (lediglich) generalisierend ein (grundsätzlich anzutreffendes) Missverstehen vonseiten der Jünger festgehalten und die Situation darauf zugespitzt, dass „die da wieder wie kleine Kinder dargestellt werden, weil die wieder nichts verstehn, und Gott, Jesus belehrt sie dann" (S. 19, M_{14}). Eine abgrenzende Absetzung findet sich deutlich ausgedrückt und im Gegenüber von *Frau* und *Jüngern* werden positive und negative Horizonte eindeutig profiliert (vgl. unten C_{Mk}).

Summa: Der Hypertext der Gruppe „KSJ" bzgl. Mk 5 lässt eine durchgängige Linie erkennen; es ist ein gedanklicher Fortschritt feststellbar. In Absetzung vom allerersten Statement der Gruppe (→ Mk 5 als rein fiktive Geschichte, der man keinerlei Glauben schenken kann, vgl. S. 16, M_9) beziehen sich die ersten beiden Hypertexteinheiten mehr allgemein auf die (Heilungs-)Erzählung insgesamt bzw. auf den groben Plot inklusive wichtiger Stationen. Es werden extratextuelle (innerbiblische) Verweise („Der Glaube versetzt Berge" → *unterstützend*; Bezug auf diverse biblische Heilungsgeschichten → *verallgemeinernd*) vorgenommen und die Geschichte als Heilungserzählung ansatzweise plausibel gemacht. Anschließend werden in zwei weiteren Einheiten spezielle Aspekte der Erzählung bzw. Funktionskriterien für den Glauben erörtert. Zum einen werden vom Text ausgehend und unter Fokussierung der langen Krankheitsdauer – bei gleichzeitiger Ausblendung des Details *Blutfluss* (!) – sowie des Ausgebens

---

[16] In diesem Kontext scheint es nur konsequent, auszublenden, dass die Frau von Jesus vorher gehört hat (vgl. Mk 5,27a) und ihre Entscheidung, sich an diesen Heiler zu wenden, somit durchaus von Außenstehenden initiiert worden sein kann.

des gesamten Vermögens Rückschlüsse auf die für ein Funktionieren notwendigen Voraussetzungen gezogen: Für den Heilungserfolg grundlegend ist der vorangegangene eigene Einsatz; es kommt darauf an, alles nur Menschenmögliche versucht zu haben. Zum anderen wird das Spezifikum des Glaubens, dass er notwendigerweise von innen herauskommt, diskutiert. Letzteres scheint seinerseits dafür verantwortlich zu sein, dass abschließend Mk 5,31 – die unverständigen Jünger – wahrgenommen wird.[17]

> *Fallinterner Vergleich:* Neben der formalen Ähnlichkeit, dass sowohl mit Blick auf Mt 5 als auch hinsichtlich Mk 5 jeweils vier Hypertexteinheiten herausgearbeitet werden können, fällt auf, dass in beiden Fällen Verknüpfungen in unterstützender und in verallgemeinernder Absicht vorgenommen werden. Interessanterweise sind sogar die Quellen identisch: unterstützend → sprichwörtliche Redensart; verallgemeinernd → biblisch. Darüber hinaus ist als Unterschied zu konstatieren, dass bei Mk 5 stärker einzelne Textdetails in die Diskussion einbezogen werden, als dies mit Blick auf Mt 5 geschieht. – *Vergleich Ende* –

(C_{Mk}) Positionierung (Identifikation/Kritik) bzgl. Mk 5

Mit Blick auf die Positionierung der Gruppe „KSJ" fällt zunächst auf, dass die Person Jesu ausgesprochen wenig vorkommt, er als Wundertäter nur mehr beiläufig am Rand Erwähnung findet. Die Menge wird überhaupt nicht wahrgenommen.

Dafür konzentriert sich die Diskussion auf die Frau als die aktiv Handelnde, um die es für die Gruppe „KSJ" in dieser Geschichte zentral geht. Unter Absehung von Geschlecht und konkretem Leiden wird sie zu einer paradigmatischen kranken Person stilisiert, die genau den richtigen Weg wählt: Sie setzt zunächst auf ihre eigenen Fähigkeiten, Mittel und Möglichkeiten und probiert alles ihr zur Verfügung Stehende aus, um das Leiden selbst zu mindern/heilen und die Gesundheit (wieder) zu erlangen. Dies ist umso beachtlicher und lobenswerter, als sie sehr lange Zeit durchhält und nicht aufgibt. Erst als alles nicht fruchtet, ihr Vermögen – in vielerlei Hinsicht – erschöpft und sie völlig verzweifelt ist, wendet sie sich an Jesus und greift damit nach dem letzten Strohhalm bzw. Notanker. So ist es richtig – in den Augen der Gruppe „KSJ" –, denn ohne vorgängig alle möglichen materiellen und physischen Ressourcen zu aktivieren und gewissermaßen auf Selbstheilungskompetenzen zu setzen, wäre (am Ende) kein richtiger Glaube vorhanden und Heilung entsprechend kaum zu erwarten. Wer es

---

[17] Zur Ergänzung: Ganz am Ende dieser Diskussionspassage werden auch die Gewänder (Mantel; vgl. Mk 5,27c.28b) noch kurz angesprochen (vgl. S. 20, M_{15} und M_6). Anknüpfend an die Beobachtung, dass nur etwas Peripheres von Jesus/Gott berührt wird, wird geschlussfolgert, „dass man vielleicht nur ein bisschen dran glauben muss, um am Ende ja trotzdem froh zu sein" (S. 20, M_{15}; vgl. S. 18, M_{13}, wo von einem „winzigen Teil/Funke" gesprochen wird, der für die Heilung ausreicht).

sich spart, das eigene Vermögen auszugeben, und stattdessen auf die billige *Ich-glaub-mal-eben-Variante* setzt, der kann nicht auf ein heiles Resultat hoffen. Dabei braucht der Glaube gar nicht riesengroß zu sein, u. U. genügt ein winziger Teil/Funke. Schließlich ist es ja ausreichend, etwas Peripheres von Jesus/Gott zu erlangen. Was aber nicht vergessen werden darf: Der Glaube muss aus dem Innersten, aus einem selbst herauskommen und auch in dieser Hinsicht steht uns die Frau als Vorbild vor Augen. Es war nämlich ihre eigene Idee und nach eigener Entscheidung hat sie den Versuch mit Jesus gewagt und wurde dafür belohnt. So braucht sie sich am Ende auch vor niemandem zu verstecken oder sich gar zu fürchten – die entsprechenden Textelemente kommen in der Wahrnehmung der Gruppe schlicht und ergreifend nicht vor. Die Gruppe identifiziert sich selbst sehr stark mit der Frau bzw. profiliert diese als positives Beispiel, das den rechten Weg weist und ein anzustrebendes Verhalten vorlebt.

Dieser positiven Inszenierung der Frau steht als negativer Gegenhorizont die Gruppe der Jünger in der Wahrnehmung und Rezeption der Gruppe „KSJ" gegenüber. Diese ähneln nämlich kleinen Kindern, die nichts verstehen und belehrt werden müssen – und so möchte man doch auf gar keinen Fall sein/enden, oder?!

Summa: Die Frau in der spezifischen Wahrnehmung der Gruppe „KSJ" steht als positive Identifikationsmöglichkeit vor Augen. Sie lebt vorbildlich ein selbstverantwortliches, mündiges Leben, das erst nach Einsatz aller eigenen Ressourcen auf Fremdhilfe zurückgreift. Negativ abzugrenzen hat man sich dagegen von den Jüngern, da diese wie unmündige kleine Kinder nichts begreifen und dementsprechend belehrt werden müssen.

Fallinterner Vergleich: Während bei Mt 5 keine Positionierung i. e. S. zu erkennen ist, sieht dies mit Blick auf Mk 5 deutlich anders aus. Hier nimmt die Gruppe „KSJ" im Text vorkommende Personen(gruppen) wahr und schafft sich eine pointierte Identifikationsfigur (→ Frau) nebst einem negativen Gegenhorizont (→ Jünger). Dabei ist das Stichwort *selbstverantwortliches Handeln* auf der Basis eigener Entscheidung von zentraler Bedeutung, was gewisse Ähnlichkeiten zur Haltung bzgl. Mt 5 erkennen lässt: Dort findet sich Kritik an der Wangenforderung einerseits, eine positive Rezeption der Borgeregel andererseits, wobei die Wertschätzung Letzterer auf das vorhandene Maß an eigener Handlungskompetenz zurückzuführen ist. – *Vergleich Ende –*

(D) Strategien der Sinnkonstruktion und des Textverstehens

Bei der übergreifenden Analyse des Vorgehens der Gruppe „KSJ" sticht ins Auge, dass der Umgang mit Mt 5 einerseits und Mk 5 andererseits auf den ersten Blick verhältnismäßig stark differiert, sowohl was die eingesetzten Methoden anbelangt als auch hinsichtlich der Positionierung. Dennoch lässt sich eine verbindende Strategie eruieren, die mit dem – von der Gruppe selbst mehrfach verwendeten – Stichwort *(für sich selbst) Raussuchen/Rausfinden* terminologisch gefasst werden soll:

> „Also ich denk', jeder muss für sich selbst so ein bisschen den Sinn oder die Intention dieser Geschichten, wie es eben hieß, für sich selbst ein bisschen rausfinden, also, sich das durchlesen und was für einen selbst dann die wichtige, die Kernaussage, dieser Geschichte ist – das kann ja für jeden was anderes sein" (S. 2f., M_8). „Ja, da kann sich ja jeder raussuchen, worauf er hören will, sag ich mal [...], jeder halt sich sein Teil raussuchen und wie seine Intentionen sind" (S. 15, M_{14}).

Die Gruppe „KSJ" erweist sich insgesamt als relativ stark auf den vorgelegten Text bezogen, von dem allerdings jeweils nur ganz bestimmte Elemente in ganz bestimmter Zuspitzung wahrgenommen werden: Man *sucht sich raus* – und zwar das, was einem gefällt. Die Rezeption konzentriert sich folglich auf die als positiv qualifizierten Gesichtspunkte und das Instrument *Ausblendung* wird explizit eingesetzt. Entscheidend ist, dass dies für jeden etwas anderes sein kann/wird. Kriteriologisch sind die Aspekte *Alltagstauglichkeit* und v. a. *Selbstbestimmung/Mündigkeit* ins Feld zu führen. Hieran ist der Gruppe im Prozess des Textverstehens zentral gelegen. Bei der Konstruktion des eigenen Hypertextes kann methodisches Vorgehen eine Rolle spielen (vgl. Mt 5), muss dies aber nicht unbedingt (vgl. Mk 5). Der Umgang in methodischer Hinsicht mit einem vorgelegten Text hängt ganz offensichtlich von der vorhergehenden Klassifizierung dieses Textes durch die Gruppe ab: Handelt es sich – wie bei Mk 5 – um eine typische Bibelgeschichte, dann stehen methodische Arbeitsschritte eher nicht auf dem Programm. Geht es allerdings um einen ethisch-provokativen und argumentativen Text (vgl. Mt 5), dann können Überlegungen methodischer Art (z. B. textintern) nicht schaden.

Die heutige Bedeutsamkeit des alten Textes sichert die Gruppe vorwiegend – abgesehen von der Andeutung einer analogen Übertragung (vgl. S. 19, M_{13}: „Also damals wie heute.") – mittels paradigmatisch-typologischer Überlegungen, da den Anweisungen in Mt 5 ein prinzipieller Charakter zugesprochen wird und die Frau aus Mk 5 (im Gegenüber zu den Jüngern) gewissermaßen als positiver Typos profiliert wird.

2.3.3 Die Frage nach dem Warum – Ein Blick auf den Orientierungsrahmen

a. Der Orientierungsrahmen im Kurzportrait: „die Kinder zu mündigen Bürgern eben auch miterziehen können" (S. 2, M_{11})

Möchte man den Orientierungsrahmen der Gruppe „KSJ" zusammenfassend auf den Punkt bringen, so ist ganz zentral der Gedanke der Erziehung zu nennen. Nicht nur, dass die aktuelle Lebenswelt der Gruppe stark durch entsprechende Erziehungsanstalten (Schule, Uni) geprägt ist, die Diskussion insgesamt weist auch immer wieder einen geradezu pädagogisierenden Zug auf. Und, wie vorstehendes Zitat belegt, dreht sich auch ein entscheidendes Gruppenziel um diese Dimension. Dabei ist allerdings differenzierend zu beachten, dass nicht jede Art der Erziehung gleichermaßen gut ist und entsprechend gutgeheißen wird: Als Zielperspektive steht der Einzelne als *mündiger Bürger* vor Augen, der u. a. in Auseinandersetzung mit verschiedenen Autoritäten lernen muss, seinen eigenen Standpunkt zu finden, diesen einzunehmen und auch gegen Widerstände zu vertreten. Eine Erziehung ist folglich nur dann akzeptabel, wenn sie der Ich-Entwicklung dient, wozu Formung, Weiterentwicklung und Fortschritt (unmittelbarer negativer Gegenhorizont: Stillstand; vgl. S. 13, M_{13} und M_8) gehören. Es gilt, durch Erziehung den einzelnen Menschen zu befähigen, seinen Platz in der Gesellschaft einzunehmen und sich (wenigstens ansatzweise) unabhängig von der Meinung anderer bzw. der Bestätigung durch andere zu machen: „dann ist's auch völlig egal, was die andren denken" (S. 19, M_{14}). Im Sinne eines Angebotes können fremde Meinungen zwar bereichernd und impulsgebend sein, doch der mündige Bürger prüft und entscheidet selbstbestimmt[18] – die eigene Person zum Maßstab nehmend. Erzieherische Aktivitäten und Bemühungen haben somit auf das eigene Ich bezogen zu sein, das gestärkt werden muss. Es liegt eine ausgesprochen individualisierte Konzeption vor. In vorstehendem Sinne engagiert sich die Gruppe „KSJ" im Rahmen der verbandseigenen Jugendarbeit für die jeweiligen Gruppenkinder und versucht, ihrem diesbezüglichen Erziehungsauftrag gerecht zu werden. Damit ist ein wichtiges Enaktierungspotenzial benannt. So weit der positive (Gegen-)Horizont.

Alle anderen (Erziehungs-)Bemühungen, die vorstehenden Kriterien nicht genügen, verbleiben auf der Ebene der Belehrung, der Bevormundung, der Gängelung (→ negative Gegenhorizonte) und sind abzulehnen – jedenfalls dort, wo dies biografisch nicht mehr am Platz ist. An dieser Stelle ist eine altersspezifische Differenzierung entscheidend: Während (jüngere) Kinder – aber wirklich nur (jüngere) Kinder![19] – u. U. noch einer stärkeren Führung und (An-)Leitung bedürfen (z. B. Hinlenken auf eine bestimmte Aussage im Rahmen eines Kindergottesdienstes, vgl. S. 5, M_6 und M_{11}), muss es das ausgesprochene Ziel der Erziehung sein, diesen Zu-

---

[18] Vgl. mit Blick auf mögliche Bibelauslegungen S. 6, M_{11}: „man sollte sich nur den kirchlichen Standpunkt als Anhaltspunkt nehmen und dann für sich denken: Ist es jetzt das, was für mich zutrifft oder nicht?!"

[19] Vgl. S. 5f., M_{14}: Hier wird eine Grenzziehung anhand der 10. Klasse – plus minus – vorgenommen. Vgl. S. 10, M_{13}, wo mit dem 18./20. Lebensjahr ein Einschnitt angesetzt wird. Mit letzterer Altersoption wären die meisten der anwesenden Mitglieder der Gruppe „KSJ" noch zur Kategorie *Kind* zu zählen und folglich zu komplexerem Denken nicht fähig. Vor diesem Hintergrund ist wohl das Lachen mehrerer (vgl. S. 10) zu deuten.

stand auf das Mündigsein hin zu überwinden. Ergo kann es zu einem späteren Zeitpunkt nicht mehr angehen, dass man (nach wie vor) wie ein kleines Kind behandelt und nicht ernst genommen wird. Vor diesem Hintergrund ist es nicht weiter verwunderlich, dass voreingenommene und gewissermaßen gesprächsunfähige Religionslehrer, die nur zu ihrer eigenen Meinung bekehren wollen (vgl. S. 6, M_{13}) und sich ernsthaften Diskussionen gegenüber verweigern, nicht gerade begeistert aufgenommen werden – ganz im Gegenteil. Wer bei kritischen Anfragen „in den meisten Fällen einfach nur ab[...]blockt" (S. 6, M_8), keinerlei Interesse für das (an sich mündige!) Gegenüber zeigt und nicht auf den anderen eingeht, muss sich nicht wundern, wenn es ihm ähnlich ergeht: So „hatte ich im Prinzip, was das Thema angeht, größtenteils halt einfach nur abgeblockt im Religionsunterricht, weil man halt irgendwann einfach resigniert" (S. 8, M_{13}). Letzteres kann als weiteres Enaktierungspotenzial verstanden werden, diesmal gewissermaßen Enaktierung per Verweigerung.[20]

Erziehung hat somit den primären Auftrag, der Entwicklung zum mündigen Bürger zu dienen – als unmittelbarer negativer Gegenhorizont steht der Duckmäuser vor Augen: „Wenn ein kleines Kind so aufgewachsen ist mit diesem Grundsatz [konkret gemeint ist Mt 5,39cd; C. S.], [...] also das wird später, das wird ein Duckmäuser, der wird sich alles gefallen lassen" (S. 10, M_8; vgl. S. 11, M_8). Letzteres ist unter allen Umständen zu vermeiden, u. a. durch eine richtige Erziehung. Dabei ist es insgesamt stimmig und folgerichtig, dass Lohndenken (→ weiterer Gegenhorizont) ebenso abgelehnt wird wie eine extrinsische Motivierung (→ Außensteuerung) und Heteronomität. Der Mensch soll nicht nur gut handeln, um z. B. in den Himmel zu kommen oder einen sonstigen Lohn zu erhalten, sondern aus sich selbst heraus sollte er sich eigenverantwortlich, z. B. für ein besseres Zusammenleben in dieser Welt, engagieren. In diesem Zusammenhang sind auch Vorschriften respektive Zwang von außen sehr kritisch zu beurteilen, da die eigene Entscheidungskompetenz und Selbstbestimmtheit grundsätzlich gewahrt bleiben müssen.[21] Der Fokus liegt eindeutig auf intrinsischen Anstößen und es wird der Aspekt der Diesseitigkeit betont.

---

[20] Es gibt jedoch auch Grund zur Hoffnung: Wenn ein Religionslehrer wirklich für den Standpunkt der Schüler aufgeschlossen und zu Diskussionen bereit ist, dann machen sich auch die Schüler u. U. wieder ernsthafte Gedanken und beschäftigen sich wieder mit dem Thema, kurz: neuer Lehrer, neue Enaktierung! (vgl. S. 8, M_{13} und M_8).

[21] Vgl. S. 11, M_{11}: „Also man sollte vor allem nicht voraussetzen, dass andere Leute nach dem Grundsatz [gemeint ist konkret Mt 5,39cd; C. S.] leben sollen [...]. Dass jetzt der Schulleiter sagt: O. k., du musst jetzt auch so leben!, sondern das kann man nur für sich selbst entscheiden, dass man jetzt danach lebt, und man soll's keinem anderen aufzwingen, weil dann verstößt man nämlich auch dagegen." Ehe man sich versieht, hat man eine „absolute Falschinterpretation" (S. 9, F_1) vorgenommen, und

Hinzu kommt, dass Entwicklung für die Gruppe „KSJ" auch immer etwas mit Selbstverwirklichung und einem eigenen Weg (vgl. „von selbst drauf kommen", „es selbst herausfinden") zu tun hat und es ganz entscheidend ist, die eigenen Ressourcen, Möglichkeiten, Fähigkeiten und Potenziale auszuschöpfen. Selbst ist der Mann/die Frau und man sollte vorrangig immer auf die eigene Stärke vertrauen. Nur wenn gar nichts mehr (weiter) geht, dann tut Hilfe (von außen) not. Solange eigene Handlungsoptionen gegeben sind, wäre es geradezu eine Schande, sich wie ein kleines Kind an der Hand nehmen und führen zu lassen – jedenfalls ab einem bestimmten Alter.

b. Diverse Abhängigkeiten – Annäherungen an ein erklärendes Verstehen

Die Einbeziehung des Orientierungsrahmens in die Überlegungen erklärt bei der Gruppe „KSJ" sehr schön die eigene Wertung bestimmter Textelemente sowie die vorgenommene Positionierung: Bei Mt 5 wird u. a. der Lohngedanke (als extrinsische Motivation) kritisiert und darauf insistiert, gutes Handeln müsse um seiner selbst bzw. um einer besseren Welt willen praktiziert werden. Von einem Lohn im jenseitigen Himmelreich will man nichts wissen. Gleichzeitig stößt die Borgeregel als Abschluss der ersten Antithese deshalb auf große Zustimmung, weil hier eine eigene Entscheidungskompetenz vorausgesetzt wird und man selbst Ja oder Nein sagen kann. Vor dem Hintergrund des eruierten Orientierungsrahmens, für den Selbstbestimmung und Mündigkeit die entscheidende Rolle spielen, wird dieser Umgang mit Mt 5 mehr als verständlich. Analoges gilt mit Blick auf Mk 5: Nicht nur die pointierte Rollencharakteristik (Frau/Jünger), sondern auch die eigene Identifizierung und Abgrenzung sind in diesem Zusammenhang gewissermaßen logisch. Der Aspekt der Gesamtstrategie, jeder Einzelne muss für sich selbst etwas rausfinden/raussuchen, ist in gleicher Weise im Orientierungsrahmen verwurzelt, da es der Gruppe um das je persönliche Beschreiten eines individuellen Weges geht.

Zu guter Letzt scheint auch der unterschiedliche methodische Umgang mit den beiden Texten nachvollziehbar zu sein: Mk 5 ist auf den ersten Blick für die Gruppe nicht so relevant bzw. brisant, da es sich ja (nur) um eine typische Bibelgeschichte handelt. Ganz anders sieht es da mit Mt 5 aus: Hier werden Verhaltensanweisungen und Aufforderungen an die Gruppe gerichtet, die im Namen der Entwicklung zum mündigen Bürger anzufragen, ja zu kritisieren sind. Und da sich der Text selbst in einer argumentativen sprachlichen Gestalt präsentiert, ist dem auch etwas Ebenbürtiges entgegenzusetzen. Es kommt entsprechend nicht von ungefähr, dass

---

auf diese Weise – so die Moral des persönlichen Beispiels – ist das „dann auch wieder von den, von Pädagogen absolut falsch angewendet" (S. 9, F_1) worden.

die Gruppe Mt 5 bzgl. der Argumentationslogik, der Gliederung und der Komposition sehr genau untersucht und auf dieser Basis diskutiert. Dieses beobachtbare methodische Vorgehen weist übrigens auf den Bildungsstand der Gruppe hin, da das aus dem gymnasialen Deutschunterricht bekannte Instrumentarium zur Textuntersuchung herangezogen wird.

2.4 Gruppe „Bibelkreis"

2.4.1 Kurze Fallbeschreibung: Akademisch geprägter, Bibel lesender Reflexionskreis mit Praxisorientierung

	–	–	1	1	5	7	–	
♂ 14	0 –	20 –	30 –	40 –	50 –	60 –	70 – …	Alter (in Jahren)
	–	3	–	3	–	8**		
♀ 2	ohne	Quali	Mittl.R	Lehre	Abi	Uni		(Aus-)Bildung
	9		4***		1			Gruppe: neutral
Σ 16*	Rk		Evangel.		o.B.			Konfession
Gesprächsdauer: ca. 180 Min.; Westdeutschland/großstädtisch; Eigenrelevanz (Bibel)								

* M_{15} kommt etwas später während der Gruppenvorstellungsrunde dazu (vgl. S. 5f.), M_{16} erst gegen Ende der Gesamtdiskussion (vgl. S. 32). Letzterer beteiligt sich überhaupt nicht am Gespräch. Offensichtlich haben zwei (männliche!) Personen keinen ausgefüllten Fragebogen abgegeben, da nur 14 Exemplare (vgl. statistische Daten zu Alter, Bildung, Konfession) vorliegen.

** Unter 16 anwesenden Personen sind acht Akademiker, sprich: genau die Hälfte. Allerdings liegen für die Gruppe „Bibelkreis" nur 14 statistische Kurzfragebögen vor (s. o. *). Sollte die Vermutung stimmen, dass M_{15} und M_{16} sich an dieser Umfrage nicht beteiligt haben, so würde die Zahl der universitär Gebildeten sogar auf zehn steigen: M_{15} ist nämlich ein Lehrer an einer berufsbildenden Schule (vgl. S. 6, M_{15}); bei M_{16} handelt es sich um einen Priester.

*** Zwei der anwesenden Protestanten betonen im Rahmen ihrer Einzelvorstellung die eigene *ökumenische* Ausrichtung, vgl. S. 2, M_5: „bin allerdings Protestant von zu Hause, aber doch sehr stark ökumenisch geprägt"; S. 2, M_{11}: „bin evangelisch, für mich ist die Sache ökumenisch für mich auch ganz groß".

In statistischer Hinsicht stellt die Gruppe „Bibelkreis" eine überwiegend männliche, im Schnitt eher ältere Runde (um die 60) mit katholischem Übergewicht dar. Die Gruppe als solche ist als neutral zu qualifizieren, auch wenn eine gewisse Kirchen-/Gemeindeanbindung nicht geleugnet werden kann – man betrachte nur den Tagungsort: Die sehr engagierte Gruppendiskussion, die übrigens die mit Abstand Längste gewesen ist, fand an einem Sonntagnachmittag im Rahmen eines normalen, regelmäßigen Gruppentreffens im Pfarrsaal einer katholischen Innenstadtgemeinde in einer westdeutschen Großstadt statt. Dies ist mit Blick auf die Gruppengeschichte folgendermaßen erklärbar: Von 1976 bis 1983/84 (vgl. S. 1 und 4, jeweils M_2) war die Gruppe als Lateinamerika-Kreis im Kontext der VHS angesiedelt und beschäftigte sich „schwerpunktmäßig [mit; C. S.] Marxismus im Zusammenhang mit der Befreiungstheologie in Lateinamerika" (S. 4, M_2), bevor u. a. unter dem prägenden Einfluss einzelner katholischer Geistlicher ein Umzug zunächst in ein Arbeitslosenzentrum erfolgte, wo der Kreis „die längste Zeit seiner Existenz" (S. 5, M_7) beheimatet war. Schließlich landete man in besagter Innenstadtgemeinde.

Auch wenn – vorwiegend aus vergangenen Tagen – zahlreiche Aktionen zu erwähnen sind (z. B. Infostände, Podiumsdiskussionen, Anbringung von Transparenten, Blockaden von Zufahrtsstraßen), definiert die Gruppe sich selbst (heute) grundsätzlich als „Reflexionskreis, praxisorientiert" (S. 5, M_7) bzw. als „Bibelkreis", der „sich nie im engsten Sinn als Aktionskreis verstanden [hat; C. S.], sondern eben eher mehr als Reflexionskreis" (S. 3, M_7). Es handelt sich um eine „besondere Art des Bibelkreises" (S. 5, M_7), u. a. da materialistische Bibellektüre betrieben (vgl. S. 1, M_2) und die Berücksichtigung des gesellschaftspolitischen Zusammenhangs (vgl. S. 3, M_7) groß geschrieben wird. Es findet sich eine ausgesprochen soziale und gesellschaftspolitische Ausrichtung, wobei die Lektüre und die Auslegung biblischer Texte in diesem Zusammenhang eine entscheidende Rolle spielen bzw. die Grundlage bilden.[1] Folglich liegt hinsichtlich der Themenkomplexe *Textverstehen* und *Bibel* jeweils Eigenrelevanz vor.

Mit Blick auf das Bildungsniveau ist eine Konzentration im oberen Bereich auszumachen. Mindestens die Hälfte (s. o. **) verfügt über einen akademischen Hochschulabschluss – diese Personen prägen das Gespräch entscheidend, wobei M_7 eine organisatorische Leitungsrolle beansprucht –, daneben sind je dreimal die Berufsqualifikation *Lehre* und *Quali* vertreten. Tendenziell ist die Gruppe „Bibelkreis" somit einem höheren Bildungsniveau zuzurechnen. Da die Gruppe im Vorfeld als Arbeitslosengruppe angekündigt worden ist – dieser Aspekt des Selbstverständnisses klingt auch in der Vorstellungsrunde vereinzelt an[2] –, überrascht zum einen das hohe Bil-

---

[1] Vgl. S. 5, M_2: „Und da haben wir immer parallel gemacht, also einmal so gesellschaftliche Situation herausgehoben und gleichzeitig dann wieder ein paar Wochen später oder ein paar Monate später ... Bibel wieder zugrunde gelegt und zu diesen religiösen Fragen. Ja, das ist jetzt eigentlich so bis heute."

[2] Der Kreis tagte lange Jahre in einem Arbeitslosenzentrum und „im Zusammenhang mit dieser Arbeitslosengruppe [Name] gab's natürlich sehr viele politische Aktionen" (S. 5, M_7). Auch aktuell scheinen Arbeitslose innerhalb der Gruppe von Bedeutung zu sein, vgl. S. 2, M_7: „wir machen immer zuerst eine aktuelle Runde, indem die arbeitslosen Sozialhilfeempfänger sagen, was sie von der Politik halten, und dann stei-

dungsniveau, zum anderen erscheint die personelle Zusammensetzung vor diesem Hintergrund sehr untypisch: Von 16 teilnehmenden Personen sind nur zwei persönlich von Arbeitslosigkeit betroffen gewesen und dies liegt bereits einige Zeit zurück (vgl. S. 2, M_9 → ehemaliger Langzeitarbeitsloser; S. 9, F_{12} → zwei Jahre lang arbeitslos). Aktuell sind alle Gruppenmitglieder entweder schon in Rente oder aber in Brot und Arbeit. Es scheint, als beschäftige sich der „Bibelkreis" zwar u. a. intensiv mit dem Thema *Arbeitslosigkeit*, doch gewissermaßen von einer Art Außenperspektive.

Abschließend ist noch darauf hinzuweisen, dass der Kreis besonderen Wert auf die (finanzielle) Unabhängigkeit und die Solidarität als ureigenste Ressource legt:

> Der Kreis kann auf eine „lange segensreiche Tradition" zurückblicken und besteht „seit 1976 ohne Mittel, ohne staatliche und erst recht auch ohne kirchliche Förderung, nur mit der Solidarität, also der eigensten Ressource, die wir haben der hier Sitzenden und ihrer Vorgängerinnen und derjenigen, die schon tot sind, wie [Name], ausgestattet, haben wir gezeigt, dass man das machen kann, wenn man es nur will und wenn man eine Kraftquelle hat, aus der heraus man lebt" (S. 7, M_{15}).

2.4.2 Auswertungen unter exegetischer Perspektive

(A$_{Mt}$) Methodisches Vorgehen bzgl. Mt 5

In methodischer Hinsicht fällt bei der Auseinandersetzung der Gruppe „Bibelkreis" mit Mt 5 insgesamt ein starker Schwerpunkt auf der Beachtung des literarischen Kontextes (→ textintern) einerseits und auf zeit- bzw. sozialgeschichtlichen Überlegungen (→ textextern) andererseits auf. Bereits in der Diskussionspassage zum Zitat alleine sind weite Teile der Passage Mt 5,38–41 präsent (Wange, Rock/Mantel, Meile; vgl. S. 17 und 19, jeweils M_7; Nichtwiderstandsforderung, vgl. S. 18, M_{15}) und auch die Feindesliebe (vgl. Mt 5,44b) wird anzitiert (vgl. S. 16, M_{11}), sprich: Man greift sofort und wie selbstverständlich auf den näheren biblischen Kontext zurück. Hierin kommt zum Ausdruck, dass ein Gespräch über einen einzelnen aus dem Zusammenhang gerissenen Bibelvers alleine für die Gruppe nicht in Frage kommt, und es wird deutlich, dass zur Sinnkonstruktion die Kenntnis und die Berücksichtigung des literarischen Umfeldes für nötig erachtet werden. Nachdem die schriftliche Textvorlage verteilt worden ist, wird die Passage zunächst in den größeren literarischen Zusammenhang (→ Matthäusevangelium → Bergpredigt; vgl. S. 21, M_7 und M_{15}) eingeordnet und auch der unmittelbar folgende *nächste Satz* (= Mt 6,1; vgl. S. 24, M_7) findet in diesem Zusammenhang Beachtung. Dabei ist man sich des eigenen Vorgehens – zumindest stellenweise – reflexiv bewusst

---

gen wir in die Bibel ein." Allerdings sieht die Zusammensetzung bei der durchgeführten Diskussion etwas anders aus.

(z. B. S. 21, M₇: „Ja, also dann identifizieren wir mal den Text"). Somit haben wir zum einen eine ausgeprägte textinterne *methodische Orientierung* vorliegen, stellenweise ist diesbezüglich *methodische Reflektiertheit* erkennbar.

Zum anderen können als zweiter methodischer Hauptpunkt zeit- und sozialgeschichtliche Überlegungen angeführt werden, da nicht nur die Bedeutung des (besonderen) Schlags auf die *rechte* Wange (Mt 5,39c) im Kontext der Zeit Jesu erörtert (vgl. S. 18, M₁₅), sondern auch die „Situation mit 'ner fremden Besatzungsmacht" (S. 19, M₇; vgl. S. 25, M₇) als Hintergrundfolie für die Auslegung herangezogen wird. Des Weiteren wird auf die antike Arbeitswelt in Palästina (vgl. S. 19, M₃) und eine dort nach Meinung der Gruppe „Bibelkreis" herrschende Schlagpraxis Bezug genommen und im Rahmen dieser Ausführungen erneut die Funktion der Schläge thematisiert:

> „in der antiken Arbeitswelt in Palästina [wurde; C. S.] geschlagen [...] während der Arbeit, und zwar alltäglich, gewöhnlich, also nicht als besondere Aktion, sondern als Antrieb für kleine Verweigerungen, für kleine Dinge, die nicht so gelaufen, völlig selbstverständlich diese Schläge" (S. 19, M₃).

Mithilfe dieses methodischen Vorgehens möchte die Gruppe „Bibelkreis" jenseits eines rein wörtlichen Verständnisses der Wangenforderung gewissermaßen einen tieferen Sinn dieses Textes herausarbeiten – es kann nicht darum gehen, einfach wortlos Schläge einzustecken (vgl. S. 17, M₇; S. 18, M₁₅) –, was zugleich die Basis für nachfolgende analoge Übertragungen in die heutige Zeit bildet. Mit Blick auf diese zeit-/sozialgeschichtlichen Überlegungen finden sich z. T. Metareflexionen der Gruppe bzgl. des eigenen Tuns, wenn beispielsweise die Beachtung des sozialen Kontextes als entscheidende Aktion qualifiziert wird. Entsprechend ist ansatzweise *methodische Reflektiertheit* zu konstatieren: „[D]er Kontext ist klar, [...] der soziale Kontext ist entscheidend: Was lege ich offen mit dieser Haltung der Bergpredigt, ne" (S. 27, M₁₅).

Exkurs: In diesem Zusammenhang ist noch auf eine Passage im Diskussionsteil zur Bibel allgemein hinzuweisen, wo man sich bereits kurzzeitig auf einer derartigen Metaebene bewegt: „Und entscheidend ist, dass wir in der Bibel noch die gesellschaftliche Verflechtung von Glauben und Leben haben, die in der modernen Gesellschaft differenziert ist. [... D]as musste jetzt auch Frank Crüsemann noch mal sehr deutlich herausstellen, wenn man Theologie betreibt mit diesen biblischen Büchern, dass man zunächst mal den sozialgeschichtlichen Untergrund sehr genau erarbeiten muss" (S. 8, M₇). – *Exkurs Ende* –

Abschließend sind als kleinerer methodischer Aspekt noch semantische Beobachtungen (→ textintern) zu erwähnen, die an einzelnen Wörtern bzw. Wendungen ansetzen und entweder die vorliegende Fassung in der konkreten Form betonen (vgl. S. 24, M₁₅: „Und insofern müsste man genau gucken, wer ist denn hier gemeint: Ihr habt gehört. Da steht ja nicht, es steht geschrieben"), Übersetzungsvarianten anfragen (vgl. S. 24, M$_7$: „Ich habe im Moment sehr gestaunt, nicht nur, dass teläus mit dem vollkommen übersetzt wird")³ oder alternative Terminologien ins Spiel bringen, z. B. *Mitleid* statt *Liebe* (vgl. Mt 5,44b; vgl. S. 23, M$_6$ und M$_7$; S. 25, M$_7$ und M$_{15}$), *Heiden* statt *Völker* (vgl. Mt 5,47c; vgl. S. 23, M$_7$ → vorgestellt als „schöne fromme Übersetzung"), *gerecht* statt *vollkommen* (vgl. Mt 5,48a; vgl. S. 28, M$_9$ wahrscheinlich unter Rückbezug auf S. 24, M$_7$). Es scheint, als überwiege in diesem Zusammenhang eine kritisch-überprüfende Stoßrichtung, da es u. a. darum geht, *solche Irrtümer* aufzudecken (vgl. S. 24, M$_7$)⁴ und falsche Interpretationen zu entlarven:

> „Ne, sondern auch wirklich die Frage, dass, dass dieses falsch, falsch interpretiert wird, die Worte kann man ja immer, man kann jedes Wort kann ich so und so nehmen" (S. 27, M$_9$).

Summa: Die Gruppe „Bibelkreis" geht insgesamt betrachtet bzgl. Mt 5 stark *methodisch orientiert* vor; zusätzlich finden sich metareflexive Überlegungen, die von *methodischer Reflektiertheit* zeugen. Dabei liegen sowohl textinterne (Einbeziehung des literarischen Kontextes, semantische Beobachtungen) als auch textexterne (zeit- und sozialgeschichtliche Überlegungen) Schwerpunktsetzungen vor. Alles in allem scheint immer wieder ein kritisch-überprüfendes Interesse leitend für den festgestellten Methodenseinsatz zu sein. Man möchte nicht über einen einzelnen Vers alleine diskutieren (→ Blick auf den näheren Kontext) und ein rein wörtliches Verständnis der Wangenforderung kommt auch nicht in Frage (→ Blick auf die Zeit-/Sozialgeschichte). Daneben wird der vorliegende Text in seiner konkreten Form bzw. Formulierung stellenweise kritisch angefragt (→ Blick auf die Semantik).

(B$_{Mt}$) Textwahrnehmung und Hypertextrekonstruktion bzgl. Mt 5

Das vorgelegte Zitatfragment wird sofort richtig ergänzt und von der Gruppe „Bibelkreis" als Diskussionsimpuls bereitwillig aufgegriffen, innerhalb der ersten Hypertexteinheit allerdings durchweg in einer gewissermaßen individualisiert-personalisierten Variation: „wenn *mich* einer ..." (vgl.

---

[3] Eine vergleichbare Anfrage wird unmittelbar danach an den *nächsten Vers*, sprich: Mt 6,1, gerichtet, scheinbar in der Karrer-Übersetzung vorliegend: „im nächsten Satz geht die Bibel weiter, der Matthäus weiter und spricht von Gerechtigkeit, das taucht im Deutschen gar nicht auf. Der nächste Satz heißt: Habt Acht, euer frommes Tun nicht vor die Menschen zu tragen. Also ich meine, solche Irrtümer würden wir hier mal genau achten. Soll ich den nächsten vorlesen: In 6: prosechete tän dikaiosünän. So. So weit zum Text" (S. 24, M$_7$).

[4] Vgl. S. 9, M$_7$, wo „die Fehlauslegung des Gleichnisses mit den Talenten" (vgl. v. a. Lk 19,12–27; eher weniger die matthäische Version Mt 25,14–30) angeprangert wird (vgl. zusätzlich S. 29, M$_7$ und S. 34f., M$_7$).

S. 16, M_{11}, M_{10} und M_8; S. 17, M_9). Dabei taucht die *rechte* Wange zwar teilweise ausdrücklich auf (vgl. S. 16, M_{11} und M_8), doch scheint dieses Detail an dieser Stelle keine wichtige Rolle zu spielen. Neben der expliziten Zitierung wird es nämlich z. T. auch gar nicht erwähnt (vgl. S. 17, M_6 und M_9), bzw. es entsteht insgesamt der Eindruck, dass die konkrete Wange egal ist: „Da bin ich vom Lehrer so kurz geschlagen worden auf die rechte Seite oder auf die linke, weiß ich heut nimmer" (S. 16, M_{10}). Es geht somit nur um einen Schlag an sich bzw. letzten Endes nicht einmal unbedingt um einen Schlag: Es werden nämlich sowohl das feindliche Verhalten als auch die in Frage kommende Reaktionsweise neu, und zwar Letztere dezidiert anders bestimmt:

> „Ja, wenn mich einer auf die rechte Wange schlägt, das ist so eine Sache. Wenn irgendwie, wenn einer mich ganz doof anmacht und so weiter, dann gehe ich weg. Auf der anderen Seite bin ich nicht streitsüchtig, aber wenn einer mich, dann wehre ich mich auch, dann wehre ich mich auch irgendwie körperlich, das mache ich irgendwie, also da kann man nicht einfach sagen: das ist genau wie wenn einer parallel sagt: diese Feindesliebe und so weiter. Ich kann wo Feinde lieben, wenn mich die andere Seite auch als Feind liebt, dann ist es [*undeutlich*] gibt es keine Feinde mehr, dann gibt es Freunde. Das ist jetzt etwas allgemein gesagt" (S. 16, M_{11}).

In der tabellarischen Veranschaulichung wird deutlich, welche Akzentverschiebungen in welcher Art und Weise vorgenommen werden:

Mt 5,39cd[5]	Wenn dich einer auf die rechte Wange schlägt, ...	... dann halte auch die andere hin.
M_{11}	Ia) Wenn *mich* einer auf die rechte Wange schlägt, ...	Ib) ... das ist so eine Sache.
	IIa) Wenn irgendwie, wenn einer *mich* ganz doof anmacht und so weiter, ...	IIb) ... dann gehe *ich* weg.
	IIIa) Wenn einer *mich*, ...	IIIb) ... dann wehre *ich mich* auch, ... dann wehre *ich mich* auch irgendwie körperlich. Das mache *ich* irgendwie.

Der Textausschnitt wird nicht nur unmittelbar auf einen selbst bezogen (I, II, III), auch begegnet die Aktion des Gegenübers nach einer ersten wörtlichen Zitierung (Ia) sofort in einer aktualisierten und verallgemeinerten Formulierung (IIa), bevor eine Art (sprachliche) Reduktion (IIa → IIIa) erfolgt: Im dritten Anlauf (IIIa) wird nur mehr angedeutet, worum es geht. Interessant ist auch die Verschiebung aufseiten der eigenen Reaktion: Nach einer Wendung, die die vorliegende Problematik artikuliert (Ib), wird die

---

[5] Hierbei handelt es sich um die vom Forschungsteam anfangs eingespielte Zitation (vgl. S. 16, Y_3, ergänzt ebd. durch M_9), die von der textlichen Fassung der schriftlichen Vorlage leicht abweicht.

Konfrontation mit der Gewalt damit beantwortet, dass man sich selbst zurückzieht (IIb).[6] Abschließend wird sogar die Gegenwehr stark gemacht (IIIb). Hier findet sich nun umgekehrt eine Art (sprachliche) Erweiterung, die den Aspekt der Körperlichkeit zusätzlich einbringt. Unterm Strich ist keinerlei Rede mehr davon, die andere Wange auch hinzuhalten – ganz im Gegenteil.

Anschließend wird extratextuell – es liegt bisher nur das Zitat Mt 5,39cd als solches vor – und innerbiblisch die Feindesliebe (vgl. Mt 5,44b §) eingespielt, und zwar in der Art eines *parallelen Fensters* neben dem Bestehenden. Bei der Suche nach dem Linkausgangspunkt stößt man auf folgende Aspekte, die in den Augen der Gruppe die Parallelität der Wangen- mit der Feindesliebeforderung ausmachen: Beide Traditionen stammen aus der Bibel, beidesmal handelt es sich um Verhaltensanweisungen und beide werden von der Gruppe „Bibelkreis" um den Gesichtspunkt der Reziprozität gewissermaßen bereichert respektive anhand dieses Leitkriteriums umformuliert, z. B.: „Wenn mich einer ..., dann wehre ich mich auch!" Ganz auf dieser Linie wird nämlich auch der Feindesliebeforderung eine bedingende Wenn-(dann-)Klausel zur Seite gestellt, die die eigene Reaktion vom Verhalten des Gegenübers abhängig macht (S. 16, M_{11}):

Ich kann nur Feinde lieben, wenn ...	... mich die andere Seite auch als Feind liebt,
dann ...	... gibt es keine Feinde mehr,
dann ...	... gibt es Freunde.

Wie du mir, so ich dir – könnte man sagen und dieses Grundprinzip wird sowohl für die Wangenforderung als auch mit Blick auf die Feindesliebe in Anschlag gebracht. Eindeutig ist somit die Absicht der gesetzten Verknüpfung: *unterstützen* (vgl. S. 16, M_{11}: „das ist genau wie wenn einer parallel sagt") und *verallgemeinern* (vgl. S. 16, M_{11}: „das ist jetzt etwas allgemein gesagt").

Exkurs: Im folgenden Verlauf der Diskussion fällt auf, dass weitere (analoge) Wenn-dann-Konstruktionen begegnen, die jetzt allerdings *nach* dem (ersten) Schlag ansetzen und die Reaktionsweise von der eigenen Verfassung/Konstitution bedingt sein lassen. Auf diesem Wege gelangt man von der reflexartigen Gegenwehr zu einer alternativen Handlungsstrategie, wobei gewissermaßen eine zusätzliche Bedingung (wenn) eingebaut wird (S. 17):

M_6: Ja also aus Reflex würde ich mich wahrscheinlich wehren, aber wenn ich darüber nachdenke, meistens derjenige, der schlägt, hat erst mal 'ne Schwäche zu verbergen.

F_{12}: Darum geht's doch.

M_6: Und wenn ich mich dann im Griff habe, versuch ich dann mit ihm zu diskutieren. Also, wie gesagt, es sind also zwei Dinge, aus dem Reflex heraus wehre

---

[6] Genau das gleiche Verhalten schwebt M_8 vor: „Wenn mich einer auf die rechte Wange schlägt, dann hau ich ab" (S. 16, M_8; vgl. S. 16, M_9).

ich mich, wenn ich schnell genug das Gehirn einschalte, dann kann ich überlegen.

Wehren aus Reflex, ...	... aber *wenn* ich darüber nachdenke ...
Wenn ich mich im Griff habe, ...	... versuch ich *dann* mit ihm zu diskutieren.
Wenn ich schnell genug das Gehirn einschalte, ...	... *dann* kann ich überlegen.

Zwei Beobachtungen sind zu machen: Zum einen wird die Wenn-dann-Beziehung, welche grundsätzlich in Mt 5,39cd zu finden ist, gewissermaßen verdoppelt und auf einer persönlich-innerlichen Ebene wiederholt, womit eine zusätzliche Bedingung für die entsprechende Reaktion eingebracht wäre. Nicht mehr „Wenn mich einer schlägt, dann ...", sondern „Wenn mich einer schlägt *und* wenn ich ..., dann ..." Zum anderen hat man sich mittlerweile von der Verhaltensforderung Mt 5,39d weit entfernt, denn es geht schon lange nicht mehr um das Hinhalten der anderen Wange: (Direkte) Gegenwehr vs. Diskussion/Überlegen stehen jetzt zur Wahl. – *Exkurs Ende –*

Im Folgenden verlässt die Diskussion die bisher eingeschlagene Richtung (→ die Thematisierung der Wangenforderung in einer individualisiertpersonalisierten Pointierung), wobei dieser Einschnitt explizit verbalisiert wird: „Der Text verführt natürlich zu 'ner rein individualistischen Denkweise. [...] Aber schon ..." (S. 17, M$_7$). Entsprechend ist eine neue Hypertexteinheit auszumachen. Diese ist durch dreierlei gekennzeichnet: Erstens wird von Mt 5,39cd gerade ein Detail, das bisher keine Rolle gespielt hat, herausgegriffen und betont: die *rechte* Wange. Bzgl. Letzterem, aber auch darüber hinaus finden sich zweitens reichhaltige zeit- und sozialgeschichtliche Überlegungen (✷), die die Auslegung auf eine völlig neue Grundlage stellen. Und drittens wird der unmittelbare literarische Kontext (der ersten Antithese ✷ §) Schritt für Schritt fast komplett eingespielt[7] – bezeichnenderweise mit Ausnahme von Mt 5,42[8] – und das vorliegende Zitat somit um vielfältige Elemente angereichert (S. 18):

M$_{15}$: [...] Es geht auch gar nicht um Schlägereien zwischen Jugendlichen oder was weiß ich, die vor der Kneipe angemacht werden und sagen: oh, wie schön, ne, hauen wir auch noch links hin, damit der Kopf wieder ins richtige Lot kommt, sondern, also, zur Zeit Jesu war ein Schlag auf die rechte Wange ein Schlag mit dem Handrücken, der war also jetzt vom Boxen her gesehen nicht so besonders gewaltig, aber eine öffentliche Beleidigung eben [...].

---

[7] Im Verlauf dieser Einheit wird auch Mt 5,41 § eingebracht und zeitgeschichtlich (✷) vor dem Hintergrund der römischen Besatzung (in Palästina) verortet (vgl. S. 19, M$_7$). Allerdings scheint dies zum Hauptstrang nichts Wesentliches beizutragen, weshalb auf eine ausführlichere Thematisierung in den folgenden Ausführungen verzichtet werden soll.

[8] Dies könnte die Folge des interaktionellen Bruchs zwischen Mt 5,41 und 5,42 sein, den die Gruppe „Bibelkreis" augenscheinlich wahrnimmt. An späterer Stelle werden diese unterschiedlichen Konstellationen explizit zum Ausdruck gebracht (vgl. S. 26, M$_{15}$; vgl. unten).

[…]

M_{15}: Aber, die Frage ist, die hier gestellt wird, nicht, also wie verhalte ich mich, wenn ich in eine Schlägerei gerate, ne.

[…]

M_{15}: […] sondern wie gehe ich mit öffentlichen Beleidigungen durch einen Menschen um, der möglicherweise quasi höher gestellt ist als ich. Und dann sage ich: wenn du mich schon demütigen willst, […] dann zieh mich doch gleich ganz aus, ne. Und wenn ihr uns in dieser Weise fertigmachen wollt, dann tötet uns doch gleich. So müsste man das lesen. Dann würde ich, dann ist nämlich diese Überbietung, die dahintersteckt, sichtbar gemacht. Es geht nicht um 'ne Handreichung für Schlägereien. […] So ist es nicht, sondern die Dechiffrierung der öffentlichen Beleidigung durch einen Höhergestellten gegenüber einem, der ihm unterstellt ist, ja. Ich glaub, das ist ein gutes Beispiel, wo man sagt, ich kann den ja gar nicht fertigmachen mit seinen Mitteln, widerstehe nicht dem Bösen, nicht, ich habe nicht die Macht.

Ausgangspunkt der Überlegungen ist die Detailwahrnehmung, dass der (erste) Schlag auf die *rechte* Wange und – wenn man sich dies technisch vorstellt (vgl. S. 17, M_{15}) – dementsprechend mit dem Handrücken erfolgt.[9] Letzteres impliziert, dass keine übermäßig brutale bzw. gewaltsame Aktion vorliegt, weshalb Mt 5,39cd u. a. nicht für die Situation einer Schlägerei (= eine Art Gegenhorizont) gedacht zu sein scheint. Hilfreich ist an dieser Stelle für die Gruppe „Bibelkreis" die Verortung in der Zeit Jesu (⚒) bzw. der Blick auf die antike Arbeitswelt in Palästina (vgl. S. 19, M_3 ⚒). In diesem Kontext betrachtet, bedeutet der Schlag auf die *rechte* Wange, ausgeführt mit dem *Handrücken*, eine öffentliche Beleidigung/Demütigung – und zwar genauer hin durch einen Höhergestellten:

> „diese Schläge waren in erster Linie Demütigungen, also die Funktion, mehr zu zeigen, wie die Hierarchie ist, als dass man jetzt konkret jemand da besiegen oder verletzen wollte" (S. 19, M_3).

In diesem Zusammenhang – und *nur* in diesem! – macht für die Gruppe „Bibelkreis" die Verhaltensforderung aus Mt 5,39d, auch die andere Wange zusätzlich hinzuhalten, Sinn, denn an eine Gegenwehr mit den gleichen Mitteln ist sowieso nicht zu denken.[10] Die hierarchischen Abhängigkeits- und Herrschaftsverhältnisse bzw. die eigene Machtlosigkeit stehen letzterer Reaktion eindeutig entgegen und dieser Aspekt wird als Ausgangspunkt für die *pop-up*-mäßige Einblendung von Mt 5,39b § mit *unterstützender* In-

---

[9] Dabei ist vorausgesetzt, dass die schlagende Person frontal vor der geschlagenen steht. Die Möglichkeit, dass Erstere Linkshänder ist, wird zwar erwähnt (vgl. S. 18, M_9), doch im Weiteren stillschweigend ausgeblendet.

[10] Vgl. S. 20, M_9: „Aber ich denk mal, das zeigt aber trotzdem auch noch dieser Text, also, dass man mit den gleichen Mitteln sowieso nichts erreichen kann".

tention verwendet. Was aber für den Unterstellten möglich ist: eine Dechiffrierung der öffentlichen Beleidigung per Überbietung.[11]

Auf diesen Clou wird die Wangenforderung zugespitzt, wobei Detailwahrnehmung (*rechte* Wange) einerseits und die Berücksichtigung sozialgeschichtlicher Gesichtspunkte (✖) andererseits zusammenspielen und erst in der entsprechenden Kombination die argumentative Grundlage bilden. Von diesem Clou als *Linkanker* ausgehend, wird auch Mt 5,40bc § *pop-up*-mäßig eingebracht, geht es hier doch – in der Pointierung durch die Gruppe – gewissermaßen ums Gleiche: Überbietung. Es fällt an dieser Stelle auf, dass – im Unterschied zu einer kurzen vorherigen Erwähnung[12] – allerdings nicht auf die biblische Fassung an sich Bezug genommen, sondern stattdessen der Überbietungsgesichtspunkt explizit und direkt ins Wort gebracht wird: „dann zieht mich doch gleich aus" (S. 18, M$_{15}$). Dieses Vorgehen verstärkt die *unterstützende* Tendenz der Verlinkung.

Vor dem Hintergrund, dass es sich bei der Wangenforderung nicht um einen Verhaltensratschlag für Schlägereien handelt, sondern vielmehr eine (hierarchisch) asymmetrische Konstellation mit Höhergestelltem und Untergebenem vorauszusetzen ist, wird ein zweiter plausibler Clou dieser Anweisung ermittelt:

> „Wenn man jemand das Gesicht zeigt, da geht es also offenbar um so 'ne demonstrative Aktion auch, und dann ist man sehr nahe dabei, zu fragen, wie sieht denn Widerstand aus, den ich leiste. Es ist ja nicht dieses Hinhalten des Gesichtes, ja, erfordert einiges, ne, und die Haltung, die dahintersteckt, das ist wichtig […]. [U]nd dann wäre man schon sehr nahe dabei, die, auch die andere Wange noch hinzuhalten, indem man vielleicht einige Dinge noch deutlicher macht, als sie es schon sind" (S. 19, M$_3$).

Das Hinhalten der (anderen) Wange bzw. des Gesichtes wird im Sinne einer demonstrativen Aktion des Widerstands verstanden und auf diesem Wege kommt die Gruppe zur konkreten Forderung von Mt 5,39d zurück, die abgesehen von der ersten Ergänzung des angebotenen Zitatfragments (vgl. S. 16, M$_9$) bisher so gut wie nicht begegnet ist. Hierbei ist zu beobachten, dass die Nichtwiderstandsforderung (vgl. Mt 5,39b), die oben bzgl. des ersten Clous *unterstützend* eingebracht worden ist, an dieser Stelle natürlich nicht aufgegriffen wird. Denn angesichts der angebotenen Auslegung wäre dies auch äußerst ungeschickt respektive kontraproduktiv.

---

[11] Auch an dieser Stelle begegnen mehrere Wenn-dann-Formulierungen (vgl. S. 18f., M$_{15}$). Die Alternative, nämlich sich still zu verhalten oder gar lautlos zu verschwinden, wird von der Gruppe an späterer Stelle thematisiert und dezidiert abgelehnt (vgl. S. 19, M$_7$).

[12] Vgl. S. 17, M$_7$: „Aber schon Rock und Mantel bedeutet natürlich: Wie ist diese Auseinandersetzung, ja, die wir ja noch näher besprechen, zu verstehen […]? Da wird mal wieder dem einen der Rock genommen und soll noch den Mantel dazugeben". Vgl. außerdem S. 19, M$_7$, wo sich eine weitere Erwähnung findet.

Zwischensumma: Der Hypertext der Gruppe „Bibelkreis" weist auf der Grundlage des vorgelegten Zitats zwei Einheiten auf. Während in einem ersten Anlauf eine personalisiert-individualisierte Variante des Zitats diskutiert wird (→ wenn *mich* einer schlägt) und sich in der Rezeption schrittweise Verschiebungen feststellen lassen (→ Aktualisierung und Verallgemeinerung, anschließend Reduktion) – parallel und unterstützend wird die Feindesliebeforderung eingespielt –, finden sich im Rahmen der zweiten Hypertexteinheit zahlreiche Bezugnahmen auf den literarischen Kontext. Ausgehend von der Detailwahrnehmung, dass der Schlag auf die *rechte* Wange erfolgt, werden auf der Basis zeit-/sozialgeschichtlicher Überlegungen zwei Clous herausgearbeitet, die akzeptabel und für die Gruppe sinnvoll sind: das Hinhalten der anderen Wange zur Überbietung bzw. als demonstrative Aktion.

Nach Austeilung der schriftlichen Textfassung, die zunächst innerbiblisch lokalisiert und in den zugehörigen Kontext eingeordnet wird (vgl. S. 21 ✖), wird als Erstes im Rahmen der nächsten Hypertexteinheit der letzte Satz Mt 5,48 wahrgenommen und in diesem Zusammenhang unmittelbar extratextuell und innerbiblisch Jesaja § *pop-up*-mäßig eingespielt:

> „Am meisten aufgefallen ist mir der letzte Satz: Seid also vollkommen, wie euer himmlischer Vater vollkommen ist, wie gesagt, das hier ist kein Einzelfall. Wir haben Jesaja gelesen, und bei Jesaja steht, das ist mir hier aufgegangen: Gott ist heilig, weil er gerecht ist. Das heißt alles, was wir mit religiösen zentralen, mit dogmatisch zentralen Begriffen in Verbindung bringen, bringt die Bibel in Zusammenhang mit der Gerechtigkeit, mit ihrer großen Idee Gerechtigkeit zwischen Gott und den Menschen und unter den Menschen. Und damit wir uns da überhaupt nicht vertun, was das Ziel angeht, ja, heißt für mich der letzte Satz: Seid also vollkommen, ja, entwickelt euch, aber eben wie euer himmlischer Vater vollkommen ist, aber in welcher Richtung, nicht in Richtung von, was weiß ich, gesellschaftsabstraktem Beten, sondern in Richtung einer gesellschaftskonkreten Gerechtigkeit. Und das ist für mich der entscheidende Punkt, auf den das Ganze hinausläuft. Und das belege ich mit Jesaja, Jesaja" (S. 21, M₇).

Als Linkausgangspunkt fungiert die Vollkommenheit Gottes aus Mt 5,48b, die dem Menschen als nachahmungswürdige Zielperspektive vor Augen gestellt wird, und unter impliziter Gleichsetzung von *vollkommen = heilig* wird die extratextuelle Wendung *Gott ist heilig, weil er gerecht ist* § ins Spiel gebracht.[13] Auf dieser Basis wird dann geschlussfolgert, dass der Mensch, der der Vollkommenheit Gottes nachzueifern trachtet, sprich: Mt 5,48 erfüllen möchte, sich entsprechend *gerecht* zu verhalten habe. Die

---

[13] Diese Wendung wird von M₇ dem Propheten Jesaja (→ innerbiblisch) zugeschrieben. Es könnte dabei z. B. Jes 5,16 („Doch der Herr der Heere ist erhaben, wenn er Gericht hält, durch seine Gerechtigkeit erweist der heilige Gott sich als heilig.") vor Augen stehen.

Bedeutsamkeit einer gesellschaftskonkreten Gerechtigkeit wird betont und Letztere einem gesellschaftsabstrakten Beten konträr entgegengestellt. Vor diesem Hintergrund verwundert es nicht weiter, dass Mt 5,44cd (Gebet für Verfolger) an keiner Stelle der Diskussion aufgegriffen wird. Als mögliche Absicht der Verlinkung lässt sich Folgendes ausmachen: Gemäß der Argumentation von M_7 handelt es sich um eine *spezialisierende* und *unterstützende* Einspielung, da die Vollkommenheitsforderung gewissermaßen inhaltlich konkretisiert wird und M_7 seine eigenen Überlegungen durch die Zitierung von Jesaja belegt sieht.[14] Somit steht am Ende dieser Hypertexteinheit die große biblische „Idee Gerechtigkeit zwischen Gott und den Menschen und unter den Menschen" (S. 21, M_7) als Clou im Mittelpunkt.[15]

In der folgenden Hypertexteinheit springt die Gruppe „Gewerkschaft" intratextuell durch große Teile der Hypertextbasis und es wird verhältnismäßig viel vom vorgelegten Text wahrgenommen. Eine streng konsistente Argumentation ist hierbei zwar nicht zu erkennen, allerdings kristallisieren sich einige relevante Hauptaspekte heraus. Vom letzten Satz des Textes (Mt 5,48), der in der vorhergehenden Hypertexteinheit im Zentrum stand, über den vorvorletzten Satz (Mt 5,47; vgl. S. 21, M_9 → Schlussfolgerung: man soll über den eigenen Tellerrand hinausschauen; vgl. S. 23, M_6)[16] gelangt die Gruppe „Bibelkreis" zunächst an den Beginn der zweiten Antithese (Mt 45,43–44b), der intensiv unter mehrerlei Gesichtspunkten diskutiert wird. Zum einen wird auf semantischer Ebene (✖) eine alternative Wortwahl ins Spiel gebracht: „Ein Absatz: Ihr habt gehört, dass, dass gesagt worden ist, Liebe deinen Nächsten, hasse deinen Feind. Ich sage, hab Mitleid mit dem Feind. Wär besser. Mitleid mit dem Feind" (S. 23, M_6).

Mt 5,43 wird komplett in der vorliegenden Fassung zitiert, Mt 5,44 dagegen direkt im eigenen Formulierungsangebot. Hierbei ersetzt die Rede vom Mitleid gewissermaßen die Liebe bzw. ein sehr spezifisches Verständnis der Feindesliebe wird artikuliert: Habe Mitleid mit deinem Feind! Man kann sich ansatzweise an das oben beschriebene Vorgehen mit Blick auf Vollkommenheit → Gerechtigkeit erinnert fühlen. Allerdings findet sich an dieser Stelle nun keine ausgeführte Argumentation. Dafür wird kurz darauf ein weiteres Verständnisangebot für die Feindesliebe eingebracht

---

[14] Diese Eigensicht kann aber angefragt werden: Vielleicht liegt auch eine schlichte *Ersetzung* vor, da anstelle der Vollkommenheit die Gerechtigkeit eingespielt wird.
[15] Daran knüpft ein späterer Diskussionsbeitrag gegen Ende dieses Diskussionsteils wieder an, vgl. S. 28, M_9: „wie du es eben sagtest hier, vollkommen ist mit gerecht zu übersetzen."
[16] Die argumentative Bezugnahme von M_6 auf Mt 5,47 – besonders auf Versteil c – bleibt relativ unklar. Auch die Gruppenmitglieder selbst haben an dieser Stelle Verständnisschwierigkeiten, wie folgende Nachfrage belegt: „Kannst du das noch mal langsam, ich habe es nicht verstanden" (S. 23, M_7).

und dezidiert im Gegenüber zur Mitleidsvariante zur Diskussion gestellt (S. 25):

M₇: Liebet eure Feinde bedeutet natürlich auch mit allem Materiellen. Liebe deinen, liebe deine Feinde und liebe deinen Nächsten bedeutet nicht wie im Christentum irgendwas Emotionales oder auch ein hilfreiches Wort, sondern bedeutet in dieser Tradition: Du musst ihn unterstützen. [...] Und ob das Mitleid ausreicht, das würden wir diskutieren. Was sagst du, M₁₅? Liebet eure Feinde und der M₆ sagt, hier steht, habt Mitleid mit euren Feinden, ne, habe ich dich so verstanden.

M₁₅: M₆ seine Meinung, die * was soll ich dazu sagen? [...]
M₇: Ja näh, ich wollte mal deine dazu hören, ich wollte deine dazu hören, Mitleid? Ich würde sagen; unterstütze ihn mit allen deinen Mitteln, die dir zur Verfügung stehen, meine Meinung.[17]

M₁₅: Näh, ich würde dem M₆ Recht geben im Sinne der Begrifflichkeit, die unser teurer Freund und Meister Johann Baptist Metz also so schätzt, nämlich compassion, [...] was der M₆ sagt, das finde ich hervorragend getroffen, also Mit-, im Sinne des compassion, ne, Mitleid nicht jetzt im Sinne: Ach, der arme Scheißer da, so ein armer Ausbeuter, ne, so nicht, sondern zu sagen, also was ist in dem wohl vorgegangen, dass er so ein Schwein geworden ist?

In der Folge liegen zwei Möglichkeiten vor, die Feindesliebe zu verstehen: a) Mitleid, spezifiziert im Sinne der *compassion*; b) materielle Unterstützung. An dieser Stelle findet sich kein abschließender Gruppenkonsens bzgl. der Präferenzen, doch bleibt festzuhalten, dass in beiden Varianten der Begriff der Liebe dezidiert verabschiedet wird.

Zum anderen wird Mt 5,43 bzgl. seiner inhaltlichen Richtigkeit genau unter die Lupe genommen und es wird festgestellt, dass dieses (vermeintliche) Zitat aus dem AT/der hebräischen Bibel in dieser Form nicht existiert: „da steht der nämlich nicht" (S. 24, M₁₅).[18] Ausgehend vom detaillierten Blick auf die einleitende Wendung *Ihr habt gehört* (Mt 5,43a),[19] wird anschließend unter Einspielung zahlreicher extratextueller, innerbiblischer Elemente ✄ viel vom vorliegenden Text wahrgenommen. Das Ziel der Verlinkungen besteht u. a. darin, die jeweiligen Textteile zeit- und sozialgeschichtlich zu verorten (✖) und zu eruieren, „wie das Wort in der Regel

---

[17] Vgl. S. 26, M₇: „Unterstütze deinen Feind, ja, unterstütze Leute, die dir nicht gut wollen, aber auch eben mit materiellen Bedingungen". An dieser Stelle ist auch interessant, wie der Terminus *dein Feind* näher bestimmt wird: dein Feind = Leute, die dir nicht gut wollen.

[18] Vgl. S. 24, M₁₅: „Es steht aber nicht da im Deuteronomium, dass man den Feind hassen soll."

[19] „Und da steht ja auch nur: Ihr habt gehört" (S. 24, M₁₅). „Und insofern müsste man genau gucken, wer ist denn hier gemeint: Ihr habt gehört. Da steht ja nicht, es steht geschrieben" (S. 24, M₁₅).

verstanden wird und was gemeint ist" (S. 24, M₇). Doch lassen sich auch weitere Intentionen herausarbeiten:

1.) Mt 5,38: extratextuell und innerbiblisch verlinkt mit den deuteronomischen Sozialgesetzen im Allgemeinen (vgl. S. 24, M₇ §) bzw. einer konkreten Formulierung im Besonderen („wer seinen Sklaven übertrieben behandelt und schlägt ihm ein Auge aus, der muss dafür aufkommen" S. 24, M₇ §; vgl. v. a. Ex 21,26; vgl. des Weiteren Ex 21,18–20) mit dem Auslegungsresultat, dass kein Rachakt, sondern ein (fairer) Täter-Opfer-Ausgleich gemeint ist (→ *unterstützende, pop-up-mäßige Einspielung*);

2.) Mt 5,39ab: intratextuell mit Mt 5,48 verbunden und extratextuell und innerbiblisch wird der nächste Satz, sprich: Mt 6,1 § eingespielt: „Im nächsten Satz, ich hatte von Gerechtigkeit gesprochen, im nächsten Satz geht die Bibel weiter, der Matthäus weiter und spricht von Gerechtigkeit, das taucht im Deutschen gar nicht auf" (S. 24, M₇). Das Ziel ist klar: Erneut wird die Idee der Gerechtigkeit ins Spiel gebracht. Diesmal wird durch die *pop-up*-mäßige Einspielung aber definitiv *ein neues Fenster geöffnet*;

3.) Mt 5,40: extratextuell, innerbiblisch, *pop-up*-mäßig mit den Spr verlinkt („Wenn ein armer Bauer vor Gericht sich durchkämpft durch alle Instanzen, bis er seine Unschuld nachgewiesen hat, in der Zeit ist er bankrott." S. 25, M₇ §)[20], um den zugehörigen Erfahrungshintergrund zu skizzieren, bevor zeitgeschichtliche Überlegungen mit Blick auf die Besatzungssituation (✘) angestellt werden.

Die letzte Stelle Mt 5,40 wird anschließend im Rahmen derselben Hyperteinheit noch einmal extratextuell, innerbiblisch in der Art eines *Popups* mit der Sozialgesetzgebung der Tora § verlinkt und vor dem skizzierten zeit-/sozialgeschichtlichen Hintergrund (✘) die Sinnspitze der Forderung wie folgt bestimmt:

„Die Sache mit dem Mantel zum Beispiel wissen wir aus der Sozialgesetzgebung der Tora, der Mann, der hier also das Hemd genommen bekommt, sagt: Da nimm doch gleich den Mantel, und wenn er das tut, dann hat er sich in der Öffentlichkeit als nicht toragläubiger Jude dechiffriert, denn es steht in der Tora, der Mantel darf nicht als Pfand genommen werden oder er muss bis zum Abend zurückgegeben werden. Und wenn einer sagt, ich nehme dir auch den Mantel weg, dann ist ganz klar: Du bist kein gläubiger Jude, du verstößt gegen die Tora. Das soll sichtbar gemacht werden, nicht hier so 'ne Stillhalteethik, ne, die ich also zum Kotzen finde, die natürlich von den Herrschenden immer rausgelesen worden ist. Und wer von dir borgen will, das ist nicht, wenn der, wenn der Clement kommt und sagt: Hör mal Junge, du sollst auf deinen Lohn verzichten, sondern wenn mein Kumpel, der in der Scheiße steht, sagt, kannst du mir nicht mal ein Wochenende helfen, da sag nicht, kannst du denn das auch zurückgeben, sondern gib ihm das, wenn du so viel hast, dass du teilen kannst" (S. 26, M₁₅).

---

[20] Eine konkrete zugehörige Bibelstelle konnte nicht ermittelt werden.

Die Einspielung der Grundregel bzgl. des Umgangs mit Pfändern (vgl. Ex 22,25f.; Dtn 24,12–14 §) dient dazu, *unterstützend* die sinnhafte Pointe der Forderung aus Mt 5,40, nämlich den aufdeckend-offenbarenden Charakter dieser Anweisung deutlich zu machen. Es geht somit in den Augen der Gruppe „Bibelkreis" ausdrücklich nicht um eine Stillhalteethik, die scharf abgelehnt wird, sondern um eine dechiffrierende Grundhaltung. Abschließend springt die Gruppe noch zu Mt 5,42, wobei der interaktionelle Unterschied zu den vorhergehenden Versen eindeutig wahrgenommen wird. Während bisher ein hierarchisches Gefälle vorauszusetzen ist, begegnen sich nun Kumpel auf gleicher Augenhöhe und die zwischenmenschliche Solidarität ist gefragt. Dabei ist die begegnende Rezeption erneut sehr aufschlussreich:

Mt 5,42	Wer dich bittet, ... und wer von dir borgen will, ...	... dem gib, ... den weise nicht ab.
M$_{15}$	Wenn *mein Kumpel, der in der Scheiße steht,* sagt, kannst du mir nicht mal ein Wochenende helfen, ...	... da sag nicht, kannst du denn das auch zurückgeben, sondern gib ihm das, *wenn du so viel hast, dass du teilen kannst.*

Zum einen wird die bittende Person sehr persönlich konkretisiert und entsprechend spezifiziert, zum anderen wird – ähnlich wie beim Umgang mit der Wangenforderung – eine zusätzliche Voraussetzung, dieses Mal auf der gebenden Seite, eingeführt: Wenn du so viel hast, dass ..., dann ... Erneut wird nicht für eine bedingungslose Befolgung einer Forderung plädiert, sondern eine bestimmte Grundsituation zur Voraussetzung gemacht. An dieser Stelle kommen die Beobachtungen bzgl. der Textwahrnehmung der Gruppe „Bibelkreis" an ein Ende und der Hypertext ist vollständig erfasst.

Endsumma: Nach Austeilung der schriftlichen Textvorlage lassen sich zwei Hypertexteinheiten herausarbeiten. In einem ersten Anlauf wird die Vollkommenheitsforderung (Mt 5,48) in den Mittelpunkt gerückt, wobei die extratextuell-innerbiblische Einspielung einer Jesajastelle den Aspekt der Gerechtigkeit *spezialisierend* bzw. *ersetzend* ins Spiel bringt: Wenn man der göttlichen Vollkommenheit nachzueifern trachtet, so ist ein *gerechtes* – gesellschaftskonkret zugespitzt verstanden! – Verhalten gefordert. Gesellschaftsabstraktes Beten wird demgegenüber abgelehnt und entsprechend Mt 5,44cd komplett ausgeblendet. Anschließend springt die Gruppe intratextuell quer durch die gesamte Hypertextbasis, zunächst wird die zweite Antithese durcheilt: von der Vollkommenheitsforderung über die grüßenden Brüder (Mt 5,47) zum antithetischen Beginn. Während mit Blick auf Mt 5,44 die geforderte *Liebe* durch *Mitleid* im Sinne der *compassion* ersetzt (→ Habe Mitleid mit deinem Feind!) oder alternativ als Anweisung zur materiellen Unterstützung verstanden wird, wird Mt 5,43 hinsichtlich der inhaltlichen Richtigkeit (→ vermeintliches Zitat aus dem AT) kritisch angefragt. Anschließend setzt die Gruppe ihren sprunghaften Streifzug durch die Hypertextbasis fort: Vom *Auge um Auge* über die Nichtwiderstandsaufforderung und die Gerichtsszenerie bis zur Borgeregel. Hierbei finden sich zahlreiche innerbiblische, extratextuelle Einspielungen (v. a. aus der Sozialgesetzgebung der Tora), welche vorwiegend *unterstützend* dazu dienen, verarbeitete Traditionen vor Augen zu führen und ein zugehöriges zeit-/sozialgeschichtliches Szenario zu entwerfen. Vor diesem Hintergrund gelingt es der Gruppe, die in Mt 5 begegnenden Forderungen sinnvoll zu verstehen. Folgender Clou wird herausgearbeitet: Das jeweils geforderte Verhalten dient dazu, Unrecht und Gewalt aufzudecken, zu entlarven, zu dechiffrieren.

(C_{Mt}) Positionierung (Identifikation/Kritik) bzgl. Mt 5

Bzgl. der Wahrnehmung vorausgesetzter Machtkonstellationen und implizierter Beziehungsverhältnisse in Mt 5 erweist sich die Gruppe „Bibelkreis" als äußerst sensibel und vielfältig aktiv. Sogar die unterschiedlichen Interaktionssituationen in Mt 5,39–41 einerseits und Mt 5,42 andererseits werden in den Überlegungen berücksichtigt.

Der Gruppe „Bibelkreis" steht dezidiert vor Augen, dass die in Mt 5,39–41 geschilderten Interaktionsszenarien zum einen einen überlegenen Part, zum anderen ein unterlegenes Gegenüber voraussetzen. Dementsprechend ist weitgehend selbstverständlich, dass es der Wangenforderung „nicht um 'ne Handreichung für Schlägereien" (S. 18, M_{15}) geht, sondern darum, die öffentliche Demütigung und Beleidigung durch einen Höhergestellten (Schlag mit dem Handrücken auf die *rechte* Wange) zu dechiffrieren, indem hierauf provokativ-aktiv reagiert wird – nämlich mit dem Hinhalten der anderen Wange. Dem Chef, der den Angestellten klein halten und unterbuttern will, soll dieser Erfolg nicht gegönnt werden (vgl. S. 22, F_{12}). Ähnliches gilt für Rock und Mantel, da hier das Gegenüber – im zeitgeschichtlichen Kontext beleuchtet – als nicht toratreu enttarnt wird (vgl. S. 26, M_{15}). Mt 5,40 gibt somit eine Anweisung an die Hand, mittels derer Gläubiger, die finanzielle Notlagen gnadenlos auszunutzen gewohnt sind, als solche entlarvt werden können. Ganz allgemein gesprochen hat man es auf der einen Seite mit Herrschenden zu tun, die ihre Macht ausspielen wollen bzw. sich als mächtig zu produzieren versuchen. In diesen Situationen rät Mt 5 in den Augen der Gruppe „Bibelkreis" der anderen Seite, den kleinen Leuten, die einzig mögliche Verhaltensoption zu wählen und mittels Überbietung einen konfrontativen Weg einzuschlagen gemäß dem drastischen Motto: „wenn du mich schon demütigen willst, [...] dann zieh mich doch gleich ganz aus, ne. Und wenn ihr uns in dieser Weise fertigmachen wollt, dann tötet uns doch gleich" (S. 18, M_{15}).[21]

Den Leidtragenden dieser Interaktionen, die also geschlagen, vor Gericht gezerrt oder sonst wie gezwungen werden, bleibt zwar kaum etwas anderes übrig, da ein Einsatz vergleichbarer Macht- und Gewaltmittel aufgrund der eigenen Position ausgeschlossen ist – „ich kann den ja gar nicht fertigmachen mit seinen Mitteln" (S. 18, M_{15}) –, doch ganz ohne Wahlmöglichkeiten sind diese kleinen Leute eben auch nicht: Man kann sich nämlich entweder still und ruhig in sein Schicksal fügen und den Herrschenden damit einen großen Gefallen erweisen[22] oder aber man tritt der Demütigung bzw. der angetanen Gewalt selbstbewusst und aktiv entgegen. Zu Letzterem fordert Mt 5 in den Augen der Gruppe „Bibelkreis" auf und die dort (an-)gebotenen Verhaltensanweisungen wollen den kleinen Leuten den letzten Rest an Handlungskompetenz erhalten.[23]

Dabei ist für die Gruppe „Bibelkreis" ganz klar, wo man sich selbst positioniert: aufseiten der Unterstellten, Unterdrückten, kleinen Leute – konkretisierbar z. B. in Gestalt von Arbeitslosen oder Hartz-IV-Empfängern. Man solidarisiert sich mit denen, die geschlagen werden, was nicht nur in der personalisierten Rezeption von Mt 5,39cd („wenn *mich* einer auf die rechte Wange schlägt" S. 16, M_{11}; Hervorhebung C. S.) zum Ausdruck kommt. Die Identifikation wird v. a. explizit deutlich, da ein gleitender Übergang vom Gegenüber Du–Ich zum Ihr–Wir erfolgt (vgl. Zitat oben; vgl. S. 18, M_{15}). Als Gegenbild erscheinen die Höhergestellten/Herrschenden, gegen die man sich zur Wehr setzen muss und die auch nicht selten biblische Texte in eigenem Interesse zu missbrauchen versuchen (vgl. S. 26, M_{15}; vgl. zusätzlich S. 14, M_7).

Ganz im Unterschied dazu stehen mit Blick auf Mt 5,42 zwei gleichrangige Personen, zwei Freunde oder Kumpel, vor Augen, wobei einer der beiden dringend Hilfe benötigt. Hier heißt es nicht lange fragen und nicht geizig sein, vorausgesetzt, die eigenen Möglichkeiten geben dies her (vgl. S. 26, M_{15}). Es geht Mt 5,42 somit um Solidarität und gegenseitige Hilfe, wobei es sich – der obigen Positionierung entsprechend – um *meinen* Kumpel handelt, der Hilfe benötigt und bei *mir* um Letzteres bittet.

Summa: Die Gruppe „Bibelkreis" ist für die Machtkonstellationen in Mt 5 sehr sensibel. Im Gegenüber von Höhergestellten/Herrschenden und Untergebenen/kleinen Leuten identifiziert man sich selbst mit Letzteren bzw. positioniert sich auf deren Seite. In diesem Zusammenhang werden

---

[21] Vgl. S. 18, M_{15}: „Also, dann macht uns doch gleich ganz fertig, dann, dann nehmt uns die ganze Existenz und nicht nur die halbe."

[22] Vgl. S. 19, M_7: „Schau, die Herrschenden möchten gerade, dass du lautlos verschwindest, das ist der beste Weg, der größte Gefallen, den du ihnen tun kannst."

[23] Vgl. hierzu den *fallübergreifenden Vergleich* unter Teil II 2.1.2 C_{Mt}. Die Gruppe „Kultur" stellt einen dezidierten Gegenhorizont zu dieser Sichtweise dar.

die Forderungen aus Mt 5,39–41 positiv rezipiert als Weisungen, die die erlebte Gewalt mittels einer provokativen Überbietung entlarven. Die andersartige Interaktionssituation in Mt 5,42 wird wahrgenommen und die positive Rezeption mit Blick auf die solidarische Hilfe für *meinen Kumpel* bestätigt die erarbeitete Positionierung.

(A_{Mk}) Methodisches Vorgehen bzgl. Mk 5

Während sich die Gruppe „Bibelkreis" Mt 5 annähert wie die meisten anderen Gruppen auch (stille Lektüre), ist in dieser Hinsicht bzgl. Mk 5 eine Besonderheit festzuhalten: Jetzt besinnt sich die Gruppe auf ihre eigene Tradition, was bedeutet, dass der Text in Ruhe laut vorgelesen wird.[24] In methodischer Hinsicht lassen sich bei der Auseinandersetzung der Gruppe „Bibelkreis" mit Mk 5 zwei Schwerpunktsetzungen ermitteln: Zum einen wird auf den literarischen Kontext großen Wert gelegt (→ textintern), zum anderen spielen zeit- und sozialgeschichtliche Überlegungen (→ textextern) eine bedeutsame Rolle. Auf jeden Fall geht die Gruppe mit dem vorgelegten Text *methodisch orientiert* um, ansatzweise ist *methodische Reflektiertheit* zu erkennen.

Direkt nach Einspielung der schriftlichen Textvorlage wird – auf einer metareflexiven Ebene – das gewöhnliche Vorgehen der Gruppe expliziert, das zwingend die Verortung eines biblischen Textes in seinem näheren literarischen Kontext beinhaltet. An dieser Stelle wird eine logische Verbindung zur Rückfrage nach dem zeit- und sozialgeschichtlichen Umfeld artikuliert, denn „wenn man den, den Autor und die Gemeinde im, im Hintergrund haben soll, dann muss man wissen, wo der Text steht" (S. 29, M_7). Von daher bilden für die Gruppe „Bibelkreis" – zumindest an dieser Stelle – textinterne methodische Schritte die Voraussetzung für textexterne Überlegungen, sprich: Die Einbeziehung des Kontextes liefert notwendige Informationen mit Blick auf die zeitgeschichtliche Situierung. Entsprechend ist es wichtig, zu berücksichtigen, „an welcher Stelle des Evangelisten steht der Text" (S. 29, M_7): „Ja, den Kontext gucken wir uns immer an, ne" (S. 30, M_{15}). Doch spricht die Gruppe nicht nur über die Einbeziehung des literarischen Kontextes, sondern tut dies auch konkret (vgl. S. 30, M_{15}: MkEv, Kapitel 5 → Heilung des Besessenen, Tochter des Jairus, Unglaube in Nazaret; S. 31f., M_8; S. 33, M_{15}), womit methodische Reflektiertheit inkl. entsprechender Orientierung vorliegt. In diesem Zusammenhang kommen auch kompositorische Aspekte mit Blick auf das *Sandwich-Agreement* Heilung der blutflüssigen Frau/Tochter des Jairus zur Sprache: „das ist ja reingeschoben in die Jairusgeschichte hier bei Markus, [...] die

---

[24] „Und dann ist bei uns die Tradition, dass der Text mal in Ruhe vorgelesen wird, ich denk', das sollten wir jetzt auch machen" (S. 29f., M_7).

Frau kommt ja dazwischen" (S. 31, M_8).[25] Die Zielperspektive dieses methodischen Vorgehens liegt in der umfassenden Verortung eines einzelnen Textes innerhalb eines größeren Ganzen, denn „wir diskutieren nicht im Wolkenkuckucksheim Buchstaben oder Worte oder so was" (S. 29, M_7). Es geht der Gruppe „Bibelkreis" augenscheinlich darum, eine breitere (textliche/argumentative) Basis zu haben, um die Erzählung in Mk 5 zu diskutieren. Letztere wird übrigens ansatzweise bzgl. ihrer Gattung näher bestimmt, und zwar als eine der Wundergeschichten (vgl. S. 30, M_{15}; S. 31, M_7; S. 34, M_{15}; S. 39, M_7).

Darüber hinaus wird der zeit- und sozialgeschichtliche Hintergrund, der für die in Mk 5 vorliegende Erzählung relevant ist, in die Diskussion einbezogen. Die textexterne Argumentation konzentriert sich v. a. auf den Aspekt der kultischen Unreinheit der blutflüssigen Frau, die aufgrund ihrer Krankheit aus der Gemeinde ausgeschlossen war (vgl. S. 30, ? und M_{15}): „Blutfluss, Ausschluss aus der Kultgemeinschaft, chronisch krank, das bedeutet, die Frau ist nicht nur krank, sie ist also auch noch sonst geächtet, nicht, und ist damit schon mal ausgeschlossen" (S. 31, M_4). Vor diesem Hintergrund ist die Berührungsaktion der Frau nicht ganz ungefährlich für sie selbst, denn dies könnte – im zeitgeschichtlichen Kontext betrachtet – „natürlich wieder Steinigung bedeuten, ja, vor allen Dingen, wenn ich ausgeschlossen bin" (S. 32, M_{15}). Auch wird auf die *herrschende Theologie der Juden* verwiesen, im Rahmen derer

> „eine enge Parallelität gesehen [wird; C. S.] zwischen körperlicher Versehrtheit, Unversehrtheit und Glaube, Sünde, ja, sogar bis hin zum Reichtum. Also wir haben hier unterströmig eine jüdische Theologie, die sehr stark das Materielle mit dem Glauben parallelisiert" (S. 32, M_7).

Mit diesem textexternen methodischen Vorgehen bezweckt die Gruppe „Bibelkreis" die Verortung im zeit- und sozialgeschichtlichen Kontext, wobei auf dieser Grundlage analoge Übertragungen in die heutige Zeit vorgenommen werden.

Summa: Die Gruppe „Bibelkreis" geht mit Mk 5 *methodisch orientiert* um und lässt auch *methodische Reflektiertheit* erkennen. Dabei finden sich Arbeitsschritte sowohl textinterner (Einbeziehung des literarischen Kontextes, Blick auf die Komposition) als auch textexterner (Gattungsbestimmung, zeit-/sozialgeschichtliche Überlegungen) Provenienz. Die Gruppe ist augenscheinlich nicht bereit, über eine einzelne, aus dem zugehörigen Kontext gerissene Geschichte zu diskutieren, und erarbeitet sich Letzteren somit in zweierlei Hinsicht: literarisch und zeit-/sozialgeschichtlich.

---

[25] Vgl. S. 33, M_{15}: „dass das ja die Geschichte unterbrochen wird, ne und dann weitergeht".

Fallinterner Vergleich: Betrachtet man das methodische Vorgehen der Gruppe „Bibelkreis" mit Blick auf Mt 5 einerseits und Mk 5 andererseits, dann fallen sehr deutliche Parallelen ins Auge. In beiden Fällen liegen methodische Orientiert- und Reflektiertheit vor, und zwar mit identischen Schwerpunktsetzungen: Einbeziehung des literarischen Kontextes (→ textintern) und Überlegungen bzgl. des zeit- und sozialgeschichtlichen Kontextes (→ textextern). Beide Male schafft sich die Gruppe „Bibelkreis" den zugehörigen Zusammenhang sowohl in literarischem als auch in zeitgeschichtlichem Sinne, nachdem die vorgelegte Form (Zitat alleine bzw. schriftliche Fassung einer einzelnen Passage) dies nicht leistet. Man ist bemüht, die jeweils auszulegende Passage umfassend zu verorten, und auf dieser Basis werden analoge Übertragungen vorgenommen. – *Vergleich Ende* –

(B_{Mk}) Textwahrnehmung und Hypertextrekonstruktion bzgl. Mk 5

Die Gruppe „Bibelkreis" beginnt ihre auslegende Diskussion zu Mk 5 damit, dass der komplette Text einmal laut vorgelesen und anschließend in den innerbiblischen Kontext, im Speziellen ins fünfte Kapitel des MkEv, eingeordnet wird (vgl. S. 30 → Einbeziehung des literarischen Kontextes ✖). Von daher steht ganz zu Beginn der vollständige Text im Raum, zusätzlich werden folgende biblische Erzählungen schlagwortartig anhand ihrer Überschriften eingespielt (vgl. S. 30, M_{15} und M_5): Heilung des Besessenen (vgl. Mk 5,1–20 §), Auferweckung der Tochter des Jairus (vgl. Mk 5,21–24.35–43 §), Unglaube der Einwohner von Nazaret (vgl. Mk 6,1–6 §). Die Verlinkungen erfolgen *pop-up*-mäßig, ohne dass jedoch eine klare damit verbundene Intention erkannt werden kann.

Nach diesem ersten Einstieg, der nicht als erste Hypertexteinheit zu verstehen ist, und nach einer kurzen Pause, die einen Einschnitt in der Diskussion markiert, setzt die Textwahrnehmung i. e. S. bei Mk 5,26ab an. Ausgehend von der Feststellung, dass die Frau viel erlitten hat und ihr ganzes Vermögen ausgeben musste (vgl. S. 30, M_{15} und M_9), und unter Einbeziehung des modernen Kontextes *Gesundheitsreform* wird ein für die Gruppe problematischer Aspekt thematisiert:

„kann die FDP gebrauchen, guck mal, die hat richtig Eigenverantwortung gemacht, die Frau, die ist überall rumgelaufen und wollte selbst dafür sorgen, dass sie noch 'n Kind kriegen konnte, ne, der Blutfluss wegging, ne" (S. 30, M_8).

Die Gruppe „Bibelkreis" sieht es augenscheinlich als schwierig an, dass sich aus dem Text ein enormes Eigenengagement der Frau ableiten lässt, deren Heilung gewissermaßen auf ihre eigene Initiative zurückgeführt werden kann. Diese Aussage kann nämlich leicht für bestimmte Argumentationen instrumentalisiert bzw. missbraucht werden. An dieser Stelle hilft der Gruppe zweierlei weiter: die Einbeziehung eines textlichen Details, das in eine spezifische Richtung gedeutet wird, sowie der Rekurs auf den zeitgeschichtlichen Kontext (✖). Zum einen greift die Gruppe Mk 5,25 auf, bezieht die Zeitangabe ausschließlich auf die Krankheitsdauer – und nicht etwa auch auf die Zeit des erfolglosen Eigenengagements der Frau[26] – und schlussfolgert daraus, dass die Frau „chronische Leiden" (S. 30, M_8) hatte, dass sie „chronisch krank" (S. 31, M_4) war. Ergo wird in Mk 5 „am Modell eines chronischen Leidens offenbar was durchgespielt und durchbuchstabiert" (S. 30f., M_8), es geht nicht einfach um eine normale Krankheit – und v. a. nicht primär darum, dass eine Person aufgrund ihres Eigenengagements geheilt worden ist. Letzteres sieht die Gruppe argumentativ dadurch unterstützt, dass die kultische Unreinheit der Frau – im zeit- und sozialgeschichtlichen Kontext betrachtet (✖) – einen Ausschluss aus der (Kult-)Gemeinde nach sich zieht, wobei in diesem Fall die Eigenverantwortung als Lösungsangebot nicht greift:

„Blutfluss, Ausschluss aus der Kultgemeinschaft, chronisch krank, das bedeutet, die Frau ist nicht nur krank, sie ist also auch noch sonst geächtet, nicht, und ist damit schon mal ausgeschlossen. Vorbelastet, nicht, also was nicht mit Eigenverantwortung alleine erklärt werden und gelöst werden kann" (S. 31, M_4).

Mit dem Ende der ersten Hypertexteinheit ist das Problem, dass Mk 5 ein Plädoyer für Eigeninitiative und Selbstverantwortung beinhalten könnte, gewissermaßen gelöst.

Doch die nächste Schwierigkeit lässt nicht lange auf sich warten. Die zweite Hypertexteinheit beginnt mit der Wahrnehmung von der Verse Mk 5,27bc.30b, wobei besonders folgende Aspekte herausgegriffen werden: 1.) Die Frau berührt Jesus „quasi unbemerkt" (S. 31, M_7); und es geht 2.) eine Kraft von Jesus aus und auf die Frau über. Das Schwierige an dieser Stelle für die Gruppe „Bibelkreis" ist Folgendes: Diese Schilderung „verführt zu einer bestimmten Deutung" (S. 31, M_7), die mit den Schlagwörtern „Magie fast, Zauberei" (S. 31, M_4) auf den Punkt gebracht werden kann. In der Folge sucht die Gruppe einen Weg, mit dieser Problematik verstehend fertig zu werden und einen akzeptablen Sinn zu konstruieren. Verschiedene Möglichkeiten werden diskutiert. Zunächst wird eine extratextuelle, innerbiblische Einspielung § vorgenommen, deren Intention *ersetzen (durch eine akzeptable Alternative)* explizit ins Wort gebracht wird:

„Dann fragt man sich schon nach einer Alternative. Die Alternative wär für mich Lk 4, wo Jesus den Jesaja zitiert, und es geht um ein bestimmtes Vorgehen, er hat eine Botschaft, da geht es nicht um was Unbewusstes, wo mal, so mal was rüberkommt, der Text ist ja klar, ich bin zu den Armen gesandt, ich werde die Schuldknechte befreien, ich werde eine Perspektive eröffnen und ich verkünde ein Sabbatjahr, d. h. einen sozialen Ausgleich. [...] Und insofern sollten wir nicht vergessen, dass Jesus auftritt mit einer Botschaft und dass er bewusst etwas macht, und nicht dass die Leute von ihm unbemerkt oder halb bemerkt oder unbewusst etwas abrufen. Diese Deutung kann völlig nebendranliegen. Und die Alternative muss jetzt mal kurz so benannt werden" (S. 31, M_7).

---

[26] Deutlich anders findet sich dies bei der Gruppe „KSJ" (vgl. Teil II 2.3.2 B_{Mk}).

Exkurs: Die Synopse der entsprechenden Texte ist aufschlussreich:

Jes 61,1f. (EÜ)	Lk 4,18f. (EÜ; beinhaltet Zitat Jes 61,1f.)	S. 31, M₇ (Zitat aus dem Kopf)
¹ Der Geist Gottes, des Herrn, ruht auf mir;	¹⁸ Der Geist des Herrn ruht auf mir;	
denn der Herr hat mich gesalbt.	denn der Herr hat mich gesalbt.	
Er hat mich gesandt,	Er hat mich gesandt,	ich bin *zu den Armen* gesandt,
damit ich den Armen eine frohe Botschaft bringe	damit ich den Armen eine gute Nachricht bringe;	
und alle heile, deren Herz zerbrochen ist,		
damit ich den Gefangenen die Entlassung verkünde	damit ich den Gefangenen die Entlassung verkünde	
	und den Blinden das Augenlicht;	
und den Gefesselten die Befreiung,	damit ich die Zerschlagenen in Freiheit setze	ich werde die *Schuldknechte* befreien,
		ich werde eine Perspektive eröffnen
² damit ich ein Gnadenjahr des Herrn ausrufe, einen Tag der Vergeltung unseres Gottes,	¹⁹ und ein Gnadenjahr des Herrn ausrufe.	und ich verkünde ein Sabbatjahr, *d. h. einen sozialen Ausgleich.*
damit ich alle Trauernden tröste.		

Während der Text von Jes bzw. Lk von einer Sendung Jesu spricht, die u. a. eine bestimmte Botschaft für die Armen beinhaltet, grundsätzlich aber mehrere Gruppen von Menschen (u. a. die Gefangenen, die Zerschlagenen) im Blick sind, ist Jesus in der Zitation durch M₇ ausschließlich zu den Armen gesandt. Entsprechend werden die anderen Gruppen nicht weiter erwähnt und anstatt von Gefesselten/Zerschlagenen wird von *Schuldknechten* gesprochen. Diese können gewissermaßen als die Ärmsten der Armen angesehen werden, da es sich bei ihnen um diejenigen handelt, die finanziell ruiniert und in z. T. fatale Abhängigkeiten geraten sind. Die Wendung *eine Perspektive eröffnen* mutet sehr modern formuliert an und passt wunderbar in das erkennbare Gesamtkonzept: Diesen armen Menschen soll Zukunft ermöglicht und ein Weg aufgezeigt werden, wie es weitergehen kann (vgl. auch S. 19f., M₇). Auch die Näherbestimmung des Sabbatjahres als *sozialer Ausgleich* ist in diesem Kontext zu verstehen. – *Exkurs Ende* –

Die Einspielung von Lk 4,18f. § respektive Jes 61,1f. (in Lk 4,18f. von Jesus zitiert) öffnet ein neues, ersetzendes Fenster und bietet eine Alternative – im Sinne einer alternativen Sichtweise mit Blick auf Jesus – an, die ohne unbewusste Vorgänge und ohne überspringende Kräfte auskommt. Folglich können auf diesem Wege die problematischen Gesichtspunkte überwunden werden. Dabei ist sich die Gruppe ihres eigenen, weitere Texte einspielenden Vorgehens im Rahmen der Hypertextkonstruktion durchaus auf einer Metaebene reflexiv bewusst, wie die folgende Aussage eindeutig belegt: „Also man kann aus der Bibel auswählen, ja, und kann dann an einem bestimmten Punkt hängen" (S. 31, M_7). Es wird somit bei der Person Jesu angesetzt und mittels vorstehend beschriebener Verlinkung der Fokus auf die bewusste Botschaft Jesu gelenkt. Auf diese Weise gelingt es, die unbewussten Geschehnisse gewissermaßen auszublenden.

So weit, so gut, doch stößt diese Einspielung nicht bei allen Gruppenmitgliedern auf Zustimmung: „Muss dir trotzdem ein bisschen widersprechen" (S. 31, M_8).[27] Das von M_7 geöffnete Fenster findet in der folgenden Diskussion keine größere Zustimmung bzw. wird nicht weiter aufgegriffen und stattdessen wird der nähere literarische Kontext (⚒) in die Überlegungen einbezogen.[28] Innerbiblisch extratextuell wird jetzt – gewissermaßen anstelle des Jes-Zitats – eine Verlinkung mit der Erzählung von der Heilung der Tochter des Jairus (Mk 5,21–24.35–43 §) vorgenommen, wobei neben der literarischen Nähe und der geschachtelten Kompositionsstruktur (vgl. S. 31f., M_8 ⚒) in der Folge auch weitere Detailbeobachtungen argumentativ ins Feld geführt werden:

- Zum einen wird der Schrecken der Frau (vgl. Mk 5,33b), der auf die an sich unerlaubte Annäherung der Frau, die mehr von Jesus erkennt als die übrigen Anwesenden, zurückzuführen ist und der sich letzten Endes als heilend erweist,[29] mit dem Schrecken derer, die der *seltsamen* Heilung der Tochter des Jairus beiwohnen (vgl. Mk 5,42), parallelisiert (vgl. S. 31f., M_8).
- Zum anderen wird die Angabe der zwölf Jahre (vgl. Mk 5,25 und 5,42), die in beiden Erzählungen vorkommt, ins Zentrum der Aufmerksamkeit gerückt: „Der, der Kontext ist ja mit den zwölf Jahren auch interessant, ne, das Mädchen, das ist auch zwölf […] und sie hat zwölf Jahre sozusagen unter Ausschluss gelebt" (S. 32, M_{15}; vgl. S. 32, $M_{6?}$).

---

[27] Vgl. S. 32, M_8: „wäre ich ein bisschen vorsichtig mit, mit Jesaja".

[28] Kurz darauf versucht M_7 erneut, eine Verlinkung vorzunehmen, diesmal will er die Erzählung von der syrophönizischen Frau (vgl. Mk 7,24–30 §) einspielen (vgl. S. 32, M_7). Als Ansatzpunkt fungiert Mk 5,34a–c. Auch in diesem Fall ist ihm mit seinem Ansinnen kein bleibender Erfolg beschieden.

[29] Es sei an dieser Stelle nur kurz angemerkt, dass in Mk 5 der Schrecken (= Furcht und Zittern) zeitlich und logisch nach der Heilung verortet werden, sprich: auf die Heilung folgen. In der Rezeption von M_8 scheint dies etwas anders konzipiert zu sein.

- Drittens findet sich für die Gruppe „Bibelkreis" in beiden Erzählungen der Clou, dass Jesus einer Person, die gewissermaßen nicht („und sie [sc. die blutflüssige Frau; C. S.] hat zwölf Jahre unter Ausschluss gelebt, also nicht gelebt." S. 32, M_{15}; zeitgeschichtliche Argumentation ✵) bzw. noch nicht („Und das Mädchen hätte auch nicht gelebt, wenn es vor der Geschlechtsreife und der Heiratsfähigkeit gestorben wäre, ne." S. 32, M_{15}; ansatzweise zeitgeschichtliche Argumentation ✵) gelebt hat, das Leben (wieder-)schenkt: „Und das ist auch, die Geschichte in dieser Hinsicht ist die sehr eindeutig, ne: Den anderen das Leben zurückgeben" (S. 32, M_{15}).

- Viertens wird betont, dass beide Personen (die blutflüssige Frau und die Tochter des Jairus) geheilt werden und dass diese Heilung jedes Mal durch eine körperliche Berührung geschieht (vgl. Mk 5,27c und 5,41): „Den anderen das Leben zurückgeben, und das fängt, das fängt durch körperliche Berührung an, ne, das hat gar nicht so 'ne geistige Übertragungskraft da, [...] sondern dass die Körper sich berühren ist wichtig" (S. 32, M_{15}).

→ Noch einmal resümiert: „und beidesmal auf die zwölf Jahre, der körperliche Kontakt, die Heilung, das Wiedergeben des Lebens" (S. 33, M_{15}).

Die Gruppe „Bibelkreis" weist dezidiert auf die Bedeutsamkeit der körperlichen Berührung hin und stellt Letztere oppositionell einer *geistigen Übertragungskraft* (vgl. S. 32, M_{15}) entgegen. In diesem Zusammenhang wird zusätzlich zeitgeschichtlich (✵) argumentiert und auf das Risiko verwiesen, das die Frau mit der Berührung auf sich nimmt (→ drohende Steinigung; vgl. S. 32, M_{15}), wodurch der Wert bzw. die Bedeutsamkeit der körperlichen Berührung noch einmal gesteigert wird. Es geht somit ganz zentral um eine Berührung, auch wenn sie noch so klein und flüchtig sein mag: „aber nur sein Gewand, das reicht schon" (S. 32, M_{15}) – womit ein weiteres textliches Detail (vgl. Mk 5,27c.28b) in die Überlegungen einbezogen wäre. Unter dem Strich hebt die Gruppe primär auf folgende Pointe der Geschichte ab: „Aber diese sozusagen, die, die Sehnsucht nach diesem Kontakt und zwar dem körperlichen Kontakt, das ist doch was ganz Wunderbares" (S. 32, M_{15}).

In der Folge werden im Rahmen derselben Hypertexteinheit die vorstehend skizzierten Überlegungen ausgebaut, wobei in diesem Zusammenhang weitere textliche Einzelheiten wahrgenommen werden. Intratextuell springt die Gruppe nun zu Mk 5,30de.32a und es wird betont, dass Jesus *anders* ist als viele seiner Zeitgenossen, da er anders handelt:

> „dass eben halt Jesus anders ist als normalem Denken, also die Frau mit ihrer, mit ihrer Unreinheit wurde ja nicht wahrgenommen. Du hast ja selbst gesagt, der körperliche Kontakt ist ja nicht nur der körperliche Kontakt, überhaupt die Wahrnehmung des anderen, die wurde ja nicht wahrgenommen, und Jesus sagt: wer hat mich berührt, und das heißt, wer war das, denn jetzt endlich, er wollte wissen. Er reagiert ganz anders als irgendein anderer, der, ach ja, da hat mich jemand berührt, ist egal, interessiert mich nicht, ja, sondern er will es wissen, er guckt genau hin und lässt sich da nicht damit ab, das ist 'ne Menge um ihn herum und da könnte es einer gewesen

sein, sondern er stellt fest, da ist jemand, der wird sonst nicht wahrgenommen und der hat mich jetzt berührt, also weise ich die ganze andere Menge darauf hin, da ist jemand, im Prinzip, dadurch, dass ich so, mich so verhalte. Ich sage, da ist doch noch jemand anderes" (S. 33, M_9).

Angesichts der Unreinheit der Frau (→ sozialgeschichtliche Argumentation ✖) wäre es als normal anzusehen, dass diese Frau von ihrer Umwelt weitgehend ignoriert und vom gesellschaftlich-sozialen Leben ausgeschlossen wird. Vor diesem Hintergrund erweist sich das Verhalten Jesu als ungewöhnlich, da er nicht nur den körperlichen Kontakt gewissermaßen akzeptiert, sondern darüber hinaus die andere Person auch wahrnimmt. Beide Aspekte können miteinander kombiniert werden: Jesus zeichnet eine „Sensibilität der Wahrnehmung des anderen in seiner Körperlichkeit" (S. 33, M_{15}) aus.[30] Jesus geht nicht einfach über die geschehene Berührung hinweg, ihm ist die andere Person nicht egal – hierauf spitzt die Gruppe „Bibelkreis" die Rezeption der Verse Mk 5,30de (→ Nachfrage) und Mk 5,32a (→ genaues Hinsehen) zu, wobei in diesem Zusammenhang die umgebende Volksmenge aufgegriffen wird. Das vorauszusetzende Szenario (vgl. Mk 5,24bc) unterstreicht nämlich einmal mehr die besondere Sensibilität Jesu, der sich mit einem billigen Hinweis auf die sich drängenden Massen nicht abspeisen lässt („und lässt sich nicht damit ab, das ist 'ne Menge um ihn herum und da könnte es einer gewesen sein." S. 33, M_9 → vgl. Mk 5,31). Er handelt anders.

Doch ist die Gruppe „Bibelkreis" an dieser Stelle noch lange nicht am Ende dieser Hypertexteinheit angekommen. Ein intratextueller Sprung zu Mk 5,30ab schließt sich an. Jetzt wird die anfangs wegen des Magieverdachts problematisierte Passage in die bisher erarbeitete Auslegung einbezogen, im Zuge dessen in eine neue Richtung pointiert und damit gewissermaßen *entschärft:*

„das Berühren mit einer Frau, da geht schon eine Kraft von einem aus, wenn eine Frau einen berührt, ne, und kommt möglicherweise auch zurück. Das sollte man einfach mal zulassen, dass das da steht, ne, und was, was der Jesus gemerkt hat, was weiß ich, er hat jedenfalls was gemerkt" (S. 33, M_{15}).

Fallübergreifender Vergleich: Die Gruppe „Bibelkreis" spricht in diesem Kontext betont von „ganz bestimmte[n;], also auch sexuell verklemmte[n] Klerikern" (S. 33, M_{15}), die sich an eine derartige Erzählung nicht so gerne dranwagen – gerade wegen der körperlichen Komponente. Interessant ist nun, dass der Ortspfarrer, der in der Gruppe „Kultur" (vgl. Teil II 2.1.2 B_{Mk}) anwesend ist (→ M_6), gerade die körperliche Seite komplett ausblendet und die Geschichte gewissermaßen auf eine geistig-seelische Ebene bringt.

---

[30] Erneut (vgl. oben; vgl. S. 32, M_{15}) begegnet in diesem Zusammenhang die Qualifizierung *wunderbar*, vgl. S. 33, M_{15}: „Ich finde, an dem Text ist auch noch mal so wunderbar".

Außerdem wird die Möglichkeit eingebracht, dass die ausgehende Kraft auf einen selbst zurückwirkt. Diesbezüglich ist ein Vergleich mit der Gruppe „Kirchenmänner" (vgl. Teil II 2.8.2 B_{Mk}) aufschlussreich, da sich hier eine ähnliche Idee ausgedrückt findet. Allerdings fällt auch bei den „Kirchenmännern" die körperliche Berührung weitgehend unter den Tisch. – *Vergleich Ende –*

Auf dieser Grundlage wird noch einmal positiv hervorgehoben, dass Jesus sich berühren lässt bzw. nicht unberührt bleibt und dies

„die Grundlage der Heilung ist, dass ich, das Wort vom M_6, Mitleid, ne, dass ich berührt werde, von dem, was denen passiert, ne, und dann compassion [...], und dann kann man sagen, dein Glaube hat dich geheilt, nicht meine magischen Kräfte oder meine Trickkiste, die ich da aufgemacht habe, ne" (S. 33f., M_{15}). „Aber ich kann dem anderen nicht helfen, wenn ich nicht im wahrsten Sinne des Wortes berührt werde von ihm" (S. 34, M_{15}).[31]

Jede mögliche magische Deutung wird von der Gruppe „Bibelkreis" dezidiert zurückgewiesen,[32] wobei hier die in der Geschichte vorausgesetzte Reihenfolge *Berührung → Heilung → Zuspruch des Glaubens* exakt wahrgenommen und für die eigene Argumentation genutzt wird. Konsequenterweise wird die ausgehende Kraft nur einmal kurz angesprochen, mit Blick auf das Spüren Jesu aber sofort wieder ausgeblendet und stattdessen sehr vage formuliert: „[W]as der Jesus gemerkt hat, was weiß ich, er hat jedenfalls was gemerkt" (S. 33, M_{15}). Dies ist ein weiterer Beleg für die Andersheit Jesu.[33]

Die sich anschließende dritte Hypertexteinheit fokussiert dann den Aspekt des Glaubens (vgl. Mk 5,34c), wobei zunächst eine größere Zahl an extratextuellen, z. T. innerbiblischen Elementen § *pop-up*-mäßig eingespielt wird. Als *Linkausgangspunkt* fungiert jeweils eindeutig das Schlagwort *Glaube*, womit Letzterer zur verbindenden Größe wird. Konkret greif- und beobachtbar ist die Etablierung eines *Links* per *Linkanker* anhand der ersten Verlinkung:

---

[31] Vgl. außerdem S. 34, M_{15}: „Ja, das ist das Entscheidende bei den Wundergeschichten des Markus, nicht er hat was getan, sondern der andere." Vgl. hierzu auch die Gruppe „Gewerkschaft" (vgl. Teil II 2.2.2 B_{Mk}).

[32] Die im Rahmen der ersten Hypertexteinheit problematisierte mögliche Deutung von Mk 5 in Richtung von eigenverantwortlichem Engagement wird hier nun auch kurz aufgegriffen (in einer aktualisierten Fassung) und erneut dezidiert zurückgewiesen: „Und das ist was ganz anderes als die Verantwortung nach Hartz und Konsorten" (S. 34, M_{15}).

[33] Interessant ist festzuhalten, dass mit der Rede von Mitleid bzw. compassion der Brückenschlag zur Diskussion bzgl. Mt 5 gelungen ist, wo diese Begriffe für die Gruppe „Bibelkreis" ebenfalls zentral gewesen sind (vgl. oben B_{Mt}). Zu compassion vgl. auch S. 38, M_1.

Mk 5,34a–c: Jesus   spricht   zu Frau   bzgl. Glauben.
„Ja, also der Paulus, der spricht *auch* zu den Galatern *auch* über den Glauben"
(S. 35, F$_{12}$; Hervorhebungen C. S.).

Die vorgefundene Parallelität wird genutzt, um innerbiblisch Gal 3,26–29 § (komplett auswendig zitiert, vgl. S. 35, F$_{12}$) einzuspielen mit folgendem Clou: „Also, das ist die Befreiung vom Gesetz durch Christus. Also wir sollten auch mehr glauben" (S. 35, F$_{12}$). Von daher ist die Intention der Verlinkung als *spezialisierend* bzw. ansatzweise als *ersetzend* zu qualifizieren. Unmittelbar anschließend wird – ebenfalls innerbiblisch – auf Ps 91,1.13.6 § (in dieser Reihenfolge!, vgl. S. 35, F$_{12}$) rekurriert und auf dieser Grundlage geschlussfolgert: „[D]urch die Stärke, die man dann gewinnt, hat man eben die Stärke und diesen Glauben, und dann kann man viel auch Krankheiten überwinden, man hat die Kraft dazu" (S. 35, F$_{12}$). Ob wie in Mk 5 Jesus hierbei als Quelle der Kraft im Hintergrund steht, ist eher fraglich, womit der problematische Aspekt der Kraft aus Mk 5,30b, nämlich, dass sie als Folge einer Berührung von Jesus ausgeht, geschickt ausgeblendet wäre.[34] Wichtig ist der Gruppe „Bibelkreis", dass es sich nicht etwa um einen *dummen Glauben* handelt, sondern dass es um einen *überzeugten Glauben* geht: „D. h., ich arbeite ja daran" (S. 35, F$_{12}$).

Im Rahmen dieser Hypertexteinheit ist es einmal mehr M$_7$, der den Aspekt der Gerechtigkeit ins Spiel bringt (vgl. oben; vgl. S. 31, M$_7$). Er betont – auf der Basis einer *unterstützenden* Einspielung eines extratextuellen, außerbiblischen Elementes, nämlich folgenden Wortes von Bloch: „docta spes, gelehrte Hoffnung" (S. 36, M$_7$ §) – die Wichtigkeit eines *erfahrenen Glaubens* und versucht erneut, eine innerbiblische Verlinkung mit Lk 4,18f. § zu etablieren:

„also das heißt, gerechtes Tun kann nicht in diesem Zusammenhang vergessen werden, auch wenn wir eine Geschichte lesen. Der Text kann [...] führen hin zur Illusion, hin zu dieser gesellschaftsabstrakten Denkweise.[35] Und deshalb hab, ist mir sofort Lk 4 eingefallen, ne, wo ein Prophet auftritt und der sagt: So geht es weiter. Propheten haben die Richtung gewiesen in der Geschichte: Die Schuldsklaven müssen weg, wir brauchen ein, so, dieser Glaube hat dich gerechtfertigt" (S. 36, M$_7$).

Ob M$_7$ hier nun erfolgreicher ist als beim ersten Anlauf, lässt sich nicht sicher entscheiden, doch wird die von ihm vorgeschlagene Richtung auch an dieser Stelle von der Gruppe nicht weiter verfolgt. Stattdessen wird zusätzlich zum Glauben (vgl. Mk 5,34c) die Furcht (vgl. Mk 5,33b) als textliches Detail wahrgenommen und *unterstützend* innerbiblisch, extratextuell ein Teil von Mk 5,36 § eingespielt:

---

[34] Vgl. hierzu die Gruppe „Kultur" (vgl. Teil II 2.1.2 B$_{Mk}$), wo eine ähnliche (Um-)Interpretation der Kraft begegnet.

[35] Hier findet sich erneut eine gewisse Brücke zur Auslegung von Mt 5, da dort ein *gesellschaftsabstraktes Beten* (vgl. oben B$_{Mt}$; vgl. S. 21, M$_7$) abgelehnt worden ist.

„Aber entscheidend ist auch, dass wir das Gegensatzpaar wahrnehmen, das da aufgebaut ist. Der Gegensatz zu Glaube ist nicht Unglaube, sondern Furcht, und zwar zweimal im Text. Fürchte dich nicht, sondern glaube. Und die Frau hat ihre Furcht überwunden, nämlich auch ihre Furcht vor den Ausschlussmechanismen dieser Gesellschaft, vor den Machthabern, vor denen, die einen für unrein erklären, und das ist eigentlich die Rettung, [...] dass sie also die Furcht vor diesem System verloren hat. Und das Gleiche steht auch, hat ja Jesus auch dem Vater des Mädchens, also dem Jairus, gesagt, ne, fürchte dich nicht, glaube nur, ne. Das ist ja, das ist das Gegensatzpaar, das uns auch erschließt, was Glaube an der Stelle ist. Nicht das Fürwahrhalten ganz bestimmter Lehrsätze, sondern eine praktische Haltung, die also die Furcht hinter sich lässt und tätig wird, ne" (S. 36, M_{15}).

Die Furcht wird als Oppositionsbegriff zum Glauben stark gemacht (→ ansatzweise semantische Argumentation ✶), wofür die *pop-up*-mäßige Verlinkung mit der Jairus-Geschichte § *unterstützend* ins Feld geführt wird. Vor diesem Hintergrund kann Glaube als Überwinden der Furcht (vor den Ausschlussmechanismen etc. → teils zeitgeschichtlich argumentiert ✶) verstanden werden – „und da geschehen Wunder" (S. 36, M_{15}). Es sei nur kurz angemerkt, dass in diesem Zusammenhang erneut eine Zurückweisung sowohl der Selbstverantwortlichkeitsdeutung als auch des magischen Verständnisses erfolgt, vgl. S. 36, M_{15}: „nicht, dass sie also als Arbeitskraftunternehmerin plötzlich 'ne Ich-AG aufgemacht hat"; S. 36, M_{12}: „Es geht auch nicht um Zauberei." Erneut werden die zwei möglichen, bisher immer wieder thematisierten, für die Gruppe „Bibelkreis" problematischen Auslegungsansätze dezidiert zurückgewiesen und diesen ein eigenes Angebot entgegengestellt.

Doch ist diese dritte Hypertexteinheit noch nicht an ein Ende gelangt, denn anschließend an das Schlagwort *(strukturierender) Gegensatz* (→ kompositionelle Überlegungen ✶) und unter intratextuellem Sprung zu Mk 5,26b wird eine weitere Pointe der Erzählung in Mk 5 erarbeitet. In diesem Zusammenhang wird auch der Aspekt der Berührung (vgl. Mk 5,27c) stark gemacht. Dabei findet sich erneut eine innerbiblische Einspielung § in *unterstützender* Absicht:

„Und da ist der Gegensatz dann eben das ganze Vermögen, das ausgegeben wird, und zu diesem ganzen Vermögen gehört ja offenbar irgendeine Form von medizinischer Versorgung, die über Geld läuft, über Nachfrage läuft, die natürlich dann diejenigen, die dieses Geld nicht haben, zu dem sie keinen Zugang haben. Und demgegenüber steht das, wenn ich das mal mit der Brotvermehrungsgeschichte lesen würde, die ja auch kurz danach kommt, was habt ihr denn unter euch schon an Mitteln zusammen. Und dann kommt eben die Kraft der Berührung, dann kommt der Glaube, den diese einfachen Leute haben können, die sozusagen kostenlos sind, aber die man aber auch in die Hände nehmen muss und entwickeln muss. Und dann, denke ich, ist das 'ne Geschichte, die ganz ähnlich läuft wie die Brotvermehrungsgeschichte. Leute hungern, was machen wir, vermittelt über den Brotmarkt oder vermittelt über das, was wir schon haben, und was das Teilen beim Brot ist, ist eben das

Berühren bei den Körpern. Da muss man ja nicht teilen, sondern Kommunikation über Körper ist eben die Berührung" (S. 36, M$_3$).

Zwei Möglichkeiten, Gesundheit zu bewirken, werden einander gegenübergestellt: Möglichkeit 1 → auf der Basis von Geld (Vermögen) und Nachfrage (= marktwirtschaftlicher Mechanismus) über medizinische Versorgung, wobei hierzu nicht alle Zugang haben; oder Möglichkeit 2 → auf der Basis der eigenen Mittel und Möglichkeiten, z. B. Kraft der Berührung und aufgrund des Glaubens, „den diese einfachen Leute haben können, [... der; C. S.] sozusagen kostenlos" (S. 36, M$_3$) ist. Angesichts des vorliegenden Textes Mk 5 wirkt diese Argumentation auf den ersten Blick vielleicht etwas überraschend, wobei die Einspielung der Brotvermehrungsgeschichte (vgl. Mk 6,30–44 §)[36] in der Form eines *Pop-ups* an dieser Stelle eine wichtige *unterstützende* argumentative Funktion hat:

	Ausgangs-problem	Lösungsmög-lichkeit 1	*Lösungsmöglichkeit 2*	
Brotvermehrungsgeschichte (Mk 6,33–40)	„Leute hungern" (S. 36, M$_3$)	„was machen wir, vermittelt über den Brotmarkt" (S. 36, M$_3$; vgl. S. 36, M$_7$)	„oder vermittelt über das, was wir schon haben" (S. 36, M$_3$)[37] → Teilen	„und was das Teilen beim Brot ist, ist eben das Berühren bei den Körpern" (S. 36, M$_3$)
Heilung der blutflüssigen Frau (Mk 5,24–34)	Krankheit (Blutfluss)	Geld, Nachfrage, medizinische Versorgung (vgl. S. 36, M$_3$)	Kraft der Berührung und Glaube	
Clou		→ marktwirtschaftlich gedacht; Ausschluss möglich	→ kostenlos und gerade für die *einfachen Leute* möglich[38] → Solidarität[39] als wichtigste Ressource für jeden, „der so materiell nicht die Macht hat" (S. 37, M$_9$)	

---

[36] Da davon gesprochen wird, dass die Brotvermehrungsgeschichte „ja auch kurz danach kommt" (S. 36, M$_3$), scheint eher die Speisung der Fünftausend (vgl. Mk 6,30–44) im Blick zu sein als die Speisung der Viertausend (vgl. Mk 8,1–10).
[37] Vgl. S. 39, M$_7$: „was können wir zusammenbringen [= Möglichkeit 2; C. S.], ohne es in den nächsten Dörfern einkaufen [= Möglichkeit 1; C. S.], dass dann quasi so etwas wie ein Wunder geschieht, d. h. es reicht, damit alle satt werden." „Es bleibt noch etwas übrig sogar" (S. 39, M$_{15}$; vgl. S. M$_7$).
[38] Mit Blick auf die Brotvermehrungsgeschichte in der Version bei Joh wird betont, dass es gerade ein kleiner Junge ist, der die notwendige materielle Basis für die Speisung (fünf Brote und zwei Fische) bereitstellt (vgl. Joh 6,9 §; vgl. S. 39, M$_5$ und M$_?$). Berücksichtigt man nun, dass „die Kinder nicht so viel gelten, sonst, nichts" (S. 39f., M$_5$), so bekommt der kleine Junge aus Joh 6,9 eine wichtige Funktion in den Überlegungen: Er ermöglicht den Rekurs auf die „kleinen Leute" (S. 40, M$_4$), der im vorliegenden Kontext vorgenommen wird.

Aufgrund der vorgenommenen Verlinkung und mittels der skizzierten Kontrastierung kann die Gruppe „Bibelkreis" die Geschichte Mk 5 auf eine Pointe zuspitzen, die außer ihr keine andere Gruppe in dieser Form wahrnimmt. Letzten Endes wird somit die Frau aus Mk 5 gewissermaßen bekehrt: vom Glauben an den Markt und die Machbarkeit mit Geld (Angebot/Nachfrage) hin zum Glauben an die Kraft der Berührung[40] und zum Vertrauen auf die Solidarität. Vor diesem Hintergrund erscheint es nur konsequent, dass die Frau an keiner Stelle als besonders wohlhabend wahrgenommen wird. Das Ausgeben des ganzen Vermögens (vgl. Mk 5,26b) kommt zwar stellenweise zur Sprache, doch wird dies in eine andere Richtung ausgelegt.

Abschließend sei noch angemerkt, dass im Rahmen der dritten Hypertexteinheit ein weiteres Problem der Gruppe „Bibelkreis" mit Mk 5 im Besonderen bzw. mit Wundergeschichten im Allgemeinen (→ ansatzweise Gattungskritik ✱) gewissermaßen *en passant* gelöst wird: Erzählungen wie die Rettung Israels am Schilfmeer (vgl. Ex 13,17–31), „dass ein ganzes Volk befreit wird und durch dieses Schilfmeer marschieren kann" (S. 39, M_7), oder auch Geschichten von Jesus als Heiler leisten einer Sichtweise Vorschub, die die Gruppe „Bibelkreis" nicht teilen kann, nämlich: „Wunder als das Aufheben der Naturgesetze" (S. 39, M_7). An dieser Stelle gehen die eigenen Überlegungen der Gruppe in eine ganz andere Richtung. Die eigene Auslegung zielt primär auf Solidarität und gegenseitige Hilfe ab, wodurch *Quasi-Wunder* (vgl. S. 39, M_7) möglich werden.

Kommen wir zur vierten und letzten Hypertexteinheit, im Rahmen derer auch die Jünger wahrgenommen werden und u. a. Mk 5,31 in die Diskussion einbezogen wird. Dabei ist für die Gruppe „Bibelkreis"

„sehr auffällig, dass die Jünger, ja, die ja sicher in der damaligen Gesellschaft, in den damaligen Gemeinden erst mal 'ne hohe Autorität hatten, ganz schlecht wegkommen, ja, die kriegen ja nichts mit, ja, die fragen dann ja hinterher noch, ne, Jesus muss gegen sie da über alle hin und her blicken, ne, und diese Frau, die schon auf der Flucht war, ne, die kommt dann, und die kommt an ihn ran, ja. Es ist verrückt. Also, man sieht hier, er spürt ja, dass die Kraft ausgegangen ist, ja, und wandte sich in der Volksmenge um und [*wird undeutlich*] und seine Jünger sprachen zu ihm: Du siehst doch, wie sich die Volksmenge um dich drängt, und da sprichst du, wer hat mich berührt, ja" (S. 41, M_{14}).

---

[39] Vgl. S. 7, M_{15}: Die Gruppe selbst besteht „nur mit der Solidarität, also der eigensten Ressource, die wir haben".

[40] Auf diesen Aspekt wird im vorliegenden Kontext noch einmal eigens hingewiesen und auf die Bedeutsamkeit desselben insistiert: „Also, die Berührung in der Geschichte, die find ich ja besonders wichtig" (S. 37, M_{15}). In der Folge wird die Krankheit unserer heutigen Zeit und Gesellschaft (vgl. S. 38, M_{15} und M_{12}) darin gesehen, dass man 1.) den anderen nicht berühren will (vgl. S. 38, M_{15}); und dass man 2.) vom anderen nicht berührt (vgl. S. 38, $M_{4?}$) bzw. von dessen Schicksal nicht angerührt (vgl. S. 38, M_{15}) werden will.

Die Jünger werden somit nicht sonderlich schmeichelhaft konturiert, ja ihnen wird sogar eine störende Rolle zugesprochen: „Jesus muss gegen sie da über alle hin und her blicken" (S. 41, M_{14}). Mk 5,32a spricht zwar von einem Umherblicken Jesu, dass seine Jünger dabei aber gewissermaßen im Weg stehen bzw. ihn auf andere Weise hindern wollen, wird nicht erwähnt. Dies scheint für die Gruppe „Bibelkreis" vorauszusetzen zu sein und diese Interpretationsrichtung wird mittels innerbiblischer, extratextueller Einspielungen § argumentativ *unterstützt* (S. 42):

M_9: Die Frage ist, ist ja, also die Jünger, die kommen ja sowieso in den ganzen Evangelien nicht besonders gut weg, ja, also ich meine so viele Stellen: da lassen sie die Kinder nicht zu Jesus, da lassen sie die Frau da nicht zu, also die sind da schon immer, die versuchen immer so irgendwie vorzuselektieren, wer darf denn jetzt, ne.
M_5: Oder sie verstecken sich.
M_9: Ne, oder verstecken sich, genau, ne, machen die Türen zu, verbarrikadieren sich, und wer geht zu Jesus hin, ne, die Frauen gehen dahin, ne. Also das ist ja schon, also ist ja auch bei Markus, ne. Und das zeigt ja doch ganz deutlich, dass, dass, eigentlich heißt es ja, dass diejenigen, die meinen, sie tun das Richtige, dann doch nicht das Richtige tun, ne, und dass diejenigen, die es unbewusst tun, die einfach ihrer, ihrer Lebensphilosophie folgen, dann doch das Richtige tun, obwohl sie gar nicht wissen, wieso es richtig ist, sondern einfach, sie tun es, sie machen es, sie leben ihr Leben und sie tun es und machen das Richtige. Und die anderen, die denken groß drüber nach und dies, und konstruieren sich irgendwelche Weltbilder oder sonst etwas und sagen, das ist das Richtige, und die tun es dann nicht.

Pop-up-mäßig wird auf die Erzählung von der Segnung der Kinder durch Jesus (vgl. u. a. Mk 10,13–15 §) hingewiesen und die Rolle der Jünger in diesem Zusammenhang herausgegriffen: Sie wollen die Kinder nicht zu Jesus lassen. Ein ähnlich hinderliches bzw. vorselektierendes Verhalten wird ihnen in der Folge auch mit Blick auf die blutflüssige Frau unterstellt: „da lassen sie die Frau da nicht zu" (S. 42, M_9).[41] Doch damit nicht genug: Hinzu kommt, dass sich die Jünger verstecken, die „machen die Türen zu, verbarrikadieren sich" (S. 42, M_9; vgl. S. 42, M_5; vgl. evtl. Joh 20,19 §).[42] Auch als Apostel hat man es folglich nicht immer ganz einfach bzw. das Apostelsein ist keinerlei Garantie dafür, dass man immer richtig liegt

---

[41] Mit dieser Andeutung könnte auch eine eigene biblische Geschichte gemeint sein, allerdings findet sich in den Evangelien keine derartige Erzählung. Am ehesten könnte auf Mt 26,6–13 verwiesen werden, wobei hier jedoch das unwillige Murren der Jünger (vgl. Mt 26,8) *nach* der geschehenen Annäherung erfolgt.
Die Gruppe „Gewerkschaft" weist den Jüngern eine Doppelfunktion zu: Transmissionsriemen und Bodyguards (vgl. Teil II 2.2.2 C_{MK}). Letztere Rollenbeschreibung zielt ansatzweise in eine ähnliche Richtung wie das, was bei der Gruppe „Bibelkreis" herausgearbeitet werden kann.
[42] Und nach dem Begräbnis Jesu sind es an erster Stelle die Frauen, die sich auf den Weg zum Grab machen (vgl. u. a. Mk 16,1f. §).

(vgl. S. 41, M_{14}). Die Geschichte von der Heilung der Tochter des Jairus § wird in diesem Kontext auch noch einmal bemüht, wobei jetzt darauf abgehoben wird, dass die Jünger bei dieser Wundertat dabei sind, aber im Grunde – trotz ihrer bevorzugten Stellung – nichts begreifen: „Und da zittern die ja auch hinterher und wollen keinem erzählen, was sie da alle" (S. 41, M_{14}).[43] Mit diesen Überlegungen kommt die Textwahrnehmung der Gruppe „Bibelkreis" an ein Ende und der zu rekonstruierende Hypertext ist abgeschlossen.

Summa: Bei der Diskussion der Gruppe „Bibelkreis" zu Mk 5 lassen sich insgesamt vier Hypertexteinheiten herausarbeiten, wobei auffällt, dass sich die Gruppe im Rahmen ihrer auslegenden Bemühungen an verschiedenen Problempunkten gewissermaßen abarbeitet: Mk 5 als Plädoyer für Selbstverantwortung/Eigenengagement (→ 1. Einheit; siehe auch 3. Einheit); magisches Verständnis der Heilung (→ 2. Einheit; siehe auch 3. Einheit); Wunder als Geschehnisse wider die Naturgesetze (→ 3. Einheit). Daneben wird der Aspekt des Glaubens intensiver diskutiert (→ 3. Einheit) sowie eine kritische bzw. negative Sichtweise der Jünger profiliert (→ 4. Einheit). Zunächst konzentriert sich die Gruppe auf das Ausgeben des ganzen Vermögens und wehrt unter Einbeziehung der langen Krankheitsdauer (→ chronisches Leiden) sowie dem Rekurs auf die zeitgeschichtlich fundierte Unreinheit der Frau (→ Ausschluss aus der Kultgemeinde) eine mögliche Lesart in Richtung Eigenverantwortlichkeit ab. Man profiliert die Frau als chronisch Kranke, die aus der Gesellschaft ausgeschlossen ist – in dieser Situation hilft Eigenengagement als Lösungsansatz nichts. Doch kann die Geschichte wegen der heimlichen Berührung und der überspringenden Kraft auch magisch missverstanden werden: An dieser Stelle versucht die *ersetzende* Einspielung von Lk 4 (Botschaft des Gottesknechtes) eine alternative Deutung zu propagieren, was allerdings gruppenintern nicht widerspruchslos akzeptiert wird. Stattdessen parallelisiert die Gruppe unter Einbeziehung des literarischen Kontextes die blutflüssige Frau mit der Tochter des Jairus und betont die Bedeutsamkeit der körperlichen Berührung. Anschließend wird der Aspekt *Glaube* intensiver diskutiert. Die umfangreichen Einspielungen extratextuellen, zumeist innerbiblischen Materials (u. a. Gal 3,26–29; Ps 91.1.13.6) sind teils als *unterstützend* zu qualifizieren; einige *ersetzende* Ansätze (z. B. erneut Lk 4,28f.) scheinen keinen Erfolg zu haben. Am bedeutsamsten an dieser Stelle ist der Verweis der Gruppe auf die Brotvermehrungsgeschichte, denn durch die Parallelisierung mit der Heilungserzählung wird ein solidarischer Alternativweg (Be-

---

[43] Dass in diesem Zusammenhang noch Mk 5,28.34 einbezogen wird, wobei Mk 5,34 als *Zurechtweisung* und *Belehrung* qualifiziert wird (vgl. S. 41, M_{14}), sei nur der Vollständigkeit halber kurz erwähnt. Für den Hypertext der Gruppe „Bibelkreis" scheint dies nicht weiter von Bedeutung zu sein.

rührung bzw. Teilen) einem kapitalistisch-marktwirtschaftlichen Lösungsweg (Geld, Nachfrage, medizinische Versorgung bzw. Brotmarkt) gegenübergestellt. Alles in allem ist ein enges Zusammenspiel von Textwahrnehmung, Verlinkung und methodischem Vorgehen (z. B. zeit-/sozialgeschichtliche Argumentation) zu beobachten. Abschließend greift die Gruppe noch Mk 5,31 auf, wobei die negative Wertung der Jünger durch *unterstützende* Einspielungen (Hinderung bei Kindersegnung; Verstecken nach Auferstehung Jesu; Unverständnis) argumentativ untermauert bzw. verstärkt wird.

Fallinterner Vergleich: In beiden Diskussionsteilen der Gruppe „Bibelkreis" zu den biblischen Texten lassen sich vier Hypertexteinheiten herausarbeiten. Außerdem begegnen jeweils zahlreiche Einspielungen, vorwiegend innerbiblischer Provenienz, die überdies zumeist in *unterstützender* Absicht vorgenommen werden. Darüber hinaus wird sowohl mit Blick auf Mt 5 als auch bzgl. Mk 5 die Idee der Gerechtigkeit ins Spiel gebracht, wobei diese *ersetzende* Verlinkung mal besser, mal weniger gut gelingt. Auffällig ist des Weiteren, dass die Aspekte *Mitleid* und *compassion* beide Male für die Gruppe eine wichtige Rolle spielen – gewissermaßen unabhängig vom konkret vorliegenden Text bzw. hinsichtlich jedes der beiden Texte. Unter dem Strich kann jeweils festgestellt werden, dass die Gruppe „Bibelkreis" für sie problematische Auslegungsmöglichkeiten bewusst thematisiert und sich in der Diskussion bemüht, diese einer akzeptablen Lösung zuzuführen. Hierzu werden sehr gezielt vielfältige Verlinkungen vorgenommen. – *Vergleich Ende –*

(C_{Mk}) Positionierung (Identifikation/Kritik) bzgl. Mk 5

Es ist festzuhalten, dass sich die Diskussion der Gruppe „Bibelkreis" insgesamt sehr stark auf die Frau konzentriert, die in gewissem Sinne als Identifikationsfigur konturiert wird – in gewissem Sinne, da zwei mögliche problematische Sichtweisen zunächst abgewehrt werden müssen: Es gilt, sowohl einem magischen (Miss-)Verständnis vorzubeugen als auch der Profilierung der Frau als eigenverantwortlich handelnder Arbeitskraftunternehmerin entgegenzuwirken. Darin sieht die Gruppe „Bibelkreis" potenzielle Gefahren des vorliegenden Textes bzw. entsprechender Auslegungen. Die Gruppe selbst macht dagegen stark, dass es sich bei der zwölf Jahre lang an Blutfluss leidenden Frau um eine chronisch kranke Person handelt (vgl. S. 30f., M_8; S. 31, M_4), die insgesamt viel zu leiden hat: Nicht nur, dass sie ihr ganzes Vermögen ausgibt (vgl. Mk 5,26a), auch ist sie aufgrund ihrer (kultischen) Unreinheit aus der Gemeinschaft ausgeschlossen (vgl. S. 30, M_{15}). Wichtig ist der Gruppe, dass Mk 5 „kein individueller Text" (S. 31, M_4), „kein Individualtext" (S. 31, M_4) ist. Hier wird nicht das Schicksal einer konkreten bestimmten Frau berichtet, sondern es geht vielmehr darum, dass

„am Modell eines chronischen Leidens offenbar was durchgespielt und durchbuchstabiert [wird; C. S.], und heute ist es ja auch so, dass viele sagen, vor allem die chronisch Kranken sind von den negativen Auswirkungen der Gesundheitsreform am schlimmsten betroffen" (S. 30f., M_8; vgl. S. 31, M_6; zum Kontext *Gesundheitsreform* vgl. auch S. 30, M_{15}).

Die Frau wird somit exemplarisch verstanden und die aktualisierende Übertragung unmittelbar vorgenommen. Sie steht zum einen für all diejenigen, „die vielleicht am meisten unter bestimmten Strukturen leiden" (S. 31, M_3), da sie „zwölf Jahre sozusagen unter Ausschluss gelebt, also nicht gelebt" (S. 32, M_{15}) hat. Zum anderen verkörpert sie gewissermaßen die Opfer der „Machthaber[...], [...] die einen für unrein erklären" (S. 36, M_{15}) und in der Folge ausschließen, bzw. anonymer formuliert: Sie repräsentiert die Opfer der „Ausschlussmechanismen dieser Gesellschaft" (S. 36, M_{15}), die geächtet sind (vgl. S. 31, M_4). In dieser Rolle ist ihr – normalerweise – das Schicksal beschieden, nicht wahrgenommen zu werden, wie beispielsweise ein Arbeitsloser inmitten einer großen Menge (vgl. S. 33, M_9). Vor diesem Hintergrund sympathisiert die Gruppe „Bibelkreis" eindeutig mit der Frau und somit mit all jenen, für die sie steht, bzw. hier lässt sich eine Identifizierung ansatzweise erkennen.

Doch lädt die Frau in den Augen der Gruppe „Bibelkreis" auch positiv als Handlungsvorbild zur Identifikation ein. Nicht deshalb, weil sie überall herumläuft und Eigenverantwortung und Engagement an den Tag legt (vgl. S. 30, M_8), wohl aber, weil sie im entscheidenden Punkt richtig handelt: Auch wenn sie vielleicht früher auf ihr Vermögen (= Geld) vertraut und Heilung durch „irgendeine Form von medizinischer Versorgung, die über Geld läuft, über Nachfrage läuft" (S. 36, M_3), erwartet haben mag, so hat sie am Schluss doch dazugelernt: Im Gegensatz zu denen, die auf Geld und das dazugehörige System (→ Markt, der versagt; vgl. S. 36f., M_7) setzen (→ negativer Horizont),[44] wird sie letzten Endes geheilt auf der Grundlage der „Kraft der Berührung" (S. 36, M_3) sowie einem (überzeugten/erfahrenen) Glauben, „den diese einfachen Leute haben können, [... der; C. S.] sozusagen kostenlos" (S. 36, M_3) ist. In diesem Sinne stellt sie ein Beispiel dar für all diejenigen, die „so materiell nicht die Macht" (S. 37, M_9) haben und entsprechend auf die Solidarität als die wichtigste Ressource angewiesen sind. Hiermit kann sich die Gruppe selbst zweifels-

---

[44] An dieser Stelle ist die Verlinkung mit der Brotvermehrungsgeschichte von zentraler Bedeutung, da auf diesem Wege die Gegenüberstellung von denen, die auf den (Brot-)Markt vertrauen, und denen, die auf die Solidarität (z. B. Teilen) setzen, argumentativ fundiert wird. Zusätzlich können Letztere als *kleine Leute* profiliert werden, da es in der johanneischen Fassung dieser Wundergeschichte gerade ein kleiner Junge ist, der eine wichtige Rolle spielt (vgl. oben B_{Mk}).

frei identifizieren, wie ein Blick in die Gruppenvorstellung belegt (vgl. S. 7, M_{15}).

Fallübergreifender Vergleich: Die Gruppe „Bibelkreis" hat offensichtlich ein Problem damit, dass aus Mk 5 die Übernahme einer großen Eigenverantwortung durch die Frau herausgelesen werden kann – verbunden mit einer entsprechenden Verhaltenserwartung gegenüber heutigen Zeitgenossen. Vor diesem Hintergrund werden Gegenargumentationen in Anschlag gebracht. Der Vergleich mit der Gruppe „KSJ" (vgl. Teil II 2.3.2 B_{Mk} und C_{Mk}) zeigt dort ein exakt entgegengesetztes Bild: Von der Gruppe „KSJ" wird das langjährige Eigenengagement der Frau höchst positiv gewertet und gewürdigt und die Frau in diesem Sinne als vorbildhafte mündige Bürgerin verstanden. Ihr gilt es – in den Augen der Gruppe „KSJ" –, in dieser Hinsicht nachzueifern. – *Vergleich Ende* –

Außerdem zeigt das Beispiel der Frau erstens, wie wichtig die körperliche Berührung ist, denn „das Berühren mit einer Frau, da geht schon eine Kraft von einem aus, wenn eine Frau einen berührt, ne, und kommt möglicherweise auch zurück" (S. 33, M_{15}). Sie respektive ihre Berührung ist es, die die Kräfte in Jesus auslöst. Und Aufstand beginnt immer damit, „dass ich den anderen berühre und mitnehme. Und die Frau hat gesagt, ich muss den berühren dürfen" (S. 32, M_{15}). Sie ist gerade durch die „Sehnsucht nach diesem Kontakt, und zwar dem körperlichen Kontakt" (S. 32, M_{15}), ausgezeichnet. Diesbezüglich krankt unsere heutige Gesellschaft, da man weithin nach dem Grundsatz lebt: „berühre ja nicht den anderen" (S. 38, M_{15}). Da ist es nicht weiter erstaunlich, dass sich kaum Wunder ereignen, dass kaum jemandem das Leben zurückgegeben wird (vgl. S. 32, M_{15}). Insofern können wir von der Frau eine Menge lernen, u. a., „dass wir erst mal sozialen Kontakt aufnehmen, statt denen also große, auch politische Predigten zu halten" (S. 33, M_{15}). Zweitens wird an ihr exemplarisch deutlich, dass sich Heilung/Heilwerdung bzw. Rettung genau dann ereignen, wenn man die eigene Furcht überwindet und in der Folge befreit tätig wird. Auch in diesem Sinne steht uns die Frau als nachahmungswürdiges Vorbild vor Augen:

„Und die Frau hat ihre Furcht überwunden, nämlich auch ihre Furcht vor den Ausschlussmechanismen dieser Gesellschaft, vor den Machthabern, vor denen, die einen für unrein erklären, und das ist eigentlich die Rettung, [...] dass sie also die Furcht vor diesem System verloren hat. [... Es geht um; C. S.] eine praktische Haltung, die also die Furcht hinter sich lässt und tätig wird, ne. [...] Handeln besteht darin, dass man die Furcht verliert und sagt, jetzt, jetzt ist Schluss, ne, jetzt tun wir was" (S. 36, M_{15}; vgl. S. 36, M_7).

Zur Frau gehört als ebenfalls positiv konturiertes Gegenüber Jesus, der von der Gruppe „Bibelkreis" nicht in erster Linie als Wunderheiler profiliert wird, von dem heilende Kräfte ausgehen. Dies könnte nämlich zu magischen Missverständnissen Anlass geben. Mit Blick auf Jesus kommt es der Gruppe vielmehr darauf an, dass er sehr sensibel die Berührung wahrnimmt und in der Folge sein Interesse auf die berührende Person richtet. Es ist ihm nicht egal, wer da ist, wer ihn berührt hat, „sondern er will es wissen, er guckt genau hin" (S. 33, M$_9$). Dabei lässt er sich auch von *dummen Kommentaren* seiner Jünger nicht entmutigen. In diesem Sinne reagiert er ganz anders als die meisten seiner Zeitgenossen, er passt sich nicht dem normalen Denken und Verhalten an. Jesus „stellt fest, da ist jemand, der wird sonst nicht wahrgenommen, und der hat mich jetzt berührt, also weise ich die ganze andere Menge darauf hin" (S. 33, M$_9$). Gerade in der „Sensibilität der Wahrnehmung des anderen in seiner Körperlichkeit" (S. 33, M$_{15}$) hebt sich Jesus positiv von der Masse ab und steht uns als Vorbild vor Augen. Er lässt sich berühren, er lässt sich anrühren (vom Schicksal des anderen Menschen) und in diesem Sinne kann bzw. muss er für uns heute zum wegweisenden Paradigma werden. Als negativer Gegenhorizont begegnen an dieser Stelle die Angehörigen der herrschenden Klasse, die nichts merken, „weil sie unberührt bleiben von dem Elend der Menschen" (S. 33, M$_{15}$). Das für die Gruppe „Bibelkreis" entscheidende Stichwort in diesem Zusammenhang lautet *compassion*.

Fallübergreifender Vergleich: Neben der Gruppe „Bibelkreis" gibt es noch zwei weitere Gruppen, die als Clou der Erzählung in Mk 5 betonen, dass Jesus anders ist bzw. sich anders verhält: die Gruppe „Hauskreis" (vgl. Teil II 2.6.2 B$_{Mk}$ und C$_{Mk}$) und der „Montagskreis" (vgl. Teil II 2.10.2 B$_{Mk}$ und C$_{Mk}$). Instruktiv ist ein Blick darauf, welche Personen als Gegenüber angeführt werden: „Hauskreis" → andere Männer; „Montagskreis" → Gesellschaft im Allgemeinen; hier: „Bibelkreis" → „die meisten der herrschenden Klasse merken nichts, ne, weil sie unberührt bleiben von dem Elend der Menschen" (S. 33, M$_{15}$). – *Vergleich Ende* –

Zu guter Letzt wird auch noch die Gruppe der Jünger in den Blick genommen, die insgesamt ziemlich negativ beurteilt werden. Auch wenn diese nämlich „in der damaligen Gesellschaft, in den damaligen Gemeinden erst mal 'ne hohe Autorität hatten" (S. 41, M$_{14}$), bekommen sie nichts mit – wie die herrschende Klasse, die nichts merkt! –, müssen nachfragen und stehen Jesus gewissermaßen im Weg (vgl. S. 41, M$_{14}$). Hieran zeigt sich, dass auch ein Apostel „nicht immer richtig liegt" (S. 41, M$_{14}$). Den Jüngern kann zum Vorwurf gemacht werden, dass sie teils hinderlich sind, sich teils nicht gerade sehr vorbildlich verhalten (verstecken/verbarrikadieren) und „immer so irgendwie vorzuselektieren" (S. 42, M$_9$) versuchen.

Summa: Die Gruppe „Bibelkreis" nimmt alle im Text vorkommenden Personen wahr, und zwar meistens im Gegenüber von positiven Identifikationsfiguren auf der einen, negativen Abgrenzungshorizonten auf der anderen Seite. Dabei stammen die Gegengrößen z. T. nicht unmittelbar aus dem vorliegenden Text selbst, sondern werden – z. B. auf der argumentativen Grundlage von Einspielungen – selbst konstruiert. Eigene Identifizierungspotenziale sieht man teils bei der Frau, teils bei Jesus. Die Frau verkörpert exemplarisch diejenigen, die unter Ausschlussmechanismen oder allgemeiner gesagt: den herrschenden Strukturen leiden und auf die Solidarität, den Glauben und die Kraft der körperlichen Berührung – und nicht auf Geld und Markt! – bauen. Jesus lässt sich vorbildlich be- bzw. anrühren und zeigt *compassion*, womit er mit der herrschenden Klasse kontrastiert werden kann. In vorstehendem Sinne weisen sowohl die Frau als auch Jesus uns heute die Richtung, in die es gehen sollte. Die Menge wird nur ansatzweise in die Überlegungen einbezogen; die Jünger kommen unter dem Strich sehr schlecht weg.

Fallinterner Vergleich: Vergleicht man die Positionierung der Gruppe „Bibelkreis" bzgl. Mt 5 und Mk 5, so fällt sofort eine deutliche Ähnlichkeit ins Auge: Die Gruppe arbeitet in beiden Fällen mit hierarchischen Konstellationen, die ungleiche Gegenüber aufweisen. Im Fall von Mt 5 handelt es sich um die Unteren, die z. B. geschlagen werden, auf der einen, die Mächtigen/Höhergestellten, die schlagen, auf der anderen Seite. Mit Blick auf Mk 5 werden die Frau als Repräsentantin eben jener *kleinen Leute*, die unter bestimmten Systemen leiden, und Jesus im Gegenüber zur herrschenden Klasse profiliert. Auch hier hat man es mit Gegenüberstellungen zu tun, wobei die beteiligten Seiten dezidiert an unterschiedlichen Positionen der gesellschaftlichen Hierarchie zu verorten sind. Dabei ist für die Gruppe selbst jeweils eindeutig klar, mit wem man sympathisiert, auf wessen Seite man steht bzw. mit wem man sich identifiziert. Es ist des Weiteren zu konstatieren, dass meist sofort aktualisierende Übertragungen in heutige Kontexte erfolgen und die wahrgenommenen Personen somit in der Jetztzeit lokalisiert werden. – *Vergleich Ende* –

(D) Strategien der Sinnkonstruktion und des Textverstehens

Mit Blick auf das Sinn konstruierende Vorgehen der Gruppe „Bibelkreis" sind verschiedene Einzelbeobachtungen zu machen, die sich zu einer Gesamtstrategie verbinden lassen. Es geht der Gruppe um „die Lektüre der Bibel auch natürlich in einer ganz bestimmten Richtung" (S. 6, M_{15}). Insgesamt ist ein zweistufiges Vorgehen feststellbar, das nach der Eigenterminologie der Gruppe als *materialistisch(es) Bibellesen* bezeichnet werden kann (vgl. S. 1, M_2; S. 15 und 41, jeweils M_{14}).

In einem ersten Schritt wird der Text bzw. richtiger gesagt: einzelne Aussagen des Bibeltextes (→ Teile bleiben auch bewusst ausgeblendet) zeit- und sozialgeschichtlich verortet und in diesem Kontext eine entsprechende Sinnspitze konturiert. Wegen der „gesellschaftliche[n] Verflechtung von Glauben und Leben [... muss man nämlich; C. S.] zunächst mal den zeitgeschichtlichen Untergrund sehr genau erarbeiten" (S. 8, M_7). In diesem Zusammenhang spielen extratextuelle Einspielungen eine wichtige Rolle. Anschließend erfolgt sofort sowohl per Analogiebildung[45] („diese Paralle-

---

[45] Z. B. Mt 5,40 (Rock und Mantel) und Mt 5,39cd (Schlag auf Wange) → Hartz IV, vgl. S. 17, M_7 und S. 19, M_3 (Hartz IV = „Schläge für die kleinen Leute"); Mk 5,26ab (viel erlitten und ganzes Vermögen ausgegeben) → Kontext der Gesundheitsreform, vgl. S. 30, M_{15}; Mk 5,30c–e32a (Jesus fragt und sucht nach der Person,

len, diese gesellschaftlichen Parallelen muss man heute suchen" S. 26, M_7) als auch mittels exemplarisch-paradigmatischer Lektüre (v. a. mit Blick auf die Frau und Jesus) die Übertragung in die heutige Zeit – „manches, was da steht, das können wir auf heute übertragen" (S. 8, M_9) – mit einem eindeutigen Ziel: Herrschafts-, Gesellschafts- und Systemkritik bzw. *Entideologisierung*, wenn man erneut die Gruppe selbst fragt (vgl. S. 11, M_7).[46]

Der Gruppe gelingt es auf diesem Wege, zum einen den vorgelegten Texten selbst einen für sie akzeptablen Sinn abzuringen, wobei in diesem Zusammenhang in methodischer Hinsicht zeit- und sozialgeschichtliche Verortungen sowie die Einbeziehung des literarischen Kontextes eine entscheidende Rolle spielen. Hinzu kommt die vielfältige Verlinkungstätigkeit auf der Ebene der Hypertextkonstruktion. Zum anderen erarbeitet sich die Gruppe so ein Instrumentarium, das kritisch gegen die heutige Zeit und Gesellschaft, gegen aktuelle Missstände und Ungerechtigkeit gewendet werden kann. Die Gruppe nimmt somit auf der Grundlage der Auslegungsresultate eine Art kritisch-prophetische Aufgabe wahr, wobei positive Impulse für eine gelingende Zukunft nicht fehlen.

Den gesamten Auslegungsprozess begleitet eine große Sensibilität für Herrschaftsverhältnisse und asymmetrische, hierarchische Konstellationen. Für die Gruppe ist dabei ganz klar, auf welcher Seite sie steht und mit wem sie sich identifiziert, und diese Eigenpositionierung inkl. der zugehörigen Parteinahme bildet die Basis für die an den Tag gelegte kritische Grundhaltung. Als Zielperspektiven begegnen neben der Entideologisierung die Dechiffrierung von Unterdrückung und Gewalt (vgl. S. 18 und 26, jeweils M_{15}) und man möchte Mut und Kraft (vgl. S. 7, M_{15}; S. 9, M_{12}; S. 12, M_{11}) – auch zum Widerstand – bekommen. Entsprechend verwehrt man sich gegen eine Stillhalteethik (vgl. S. 26, M_{15}; S. 25, M_{15}) und grenzt sich auch von einer Art Herrschaftsexegese ab (vgl. S. 27, M_{15}). Bzgl. anzusetzender Kriterien und Maßstäbe ist zweierlei festzuhalten: Zum einen ist die Grundüberzeugung leitend, „dass jeder die Möglichkeit hat [bzw. haben soll/muss; C. S.], so zu leben, wie er will" (S. 11, M_9). Zum anderen stellt die eigene Lebenspraxis, das alltägliche Leben die notwendige Erdung dar und garantiert die erforderliche Authentizität (vgl. S. 3, M_7: „Lebensansatz"; S. 11, M_7: hinter dem eigenen Denken und Tun „steckt eine Lebenspraxis, also eine materielle Basis").

---

die ihn berührt hat, ja weist die Menge geradezu auf diese Person hin) → „Das wäre genauso, als wenn ich jetzt sagen würde in irgendeiner Menge, da, da, guck mal, da ist einer, der ist arbeitslos. Seht ihr, dass der arbeitslos ist?"

[46] Dieser Zweischritt kommt – in einer größeren zeitlichen Erstreckung – auch in folgendem Zitat zum Ausdruck: „Und da haben wir immer parallel gemacht, also einmal so gesellschaftliche Situation herausgehoben und gleichzeitig dann wieder ein paar Wochen später oder ein paar Monate später ... Bibel wieder zugrunde gelegt und zu diesen religiösen Fragen. Ja, das ist jetzt eigentlich so bis heute" (S. 5, M_2).

2.4.3 Die Frage nach dem Warum – Ein Blick auf den Orientierungsrahmen

a. Der Orientierungsrahmen im Kurzportrait: „sich gegen die herrschende Mafia zur Wehr [...] setzen und da mit unserem Herrn Jesus so einige subversive Strategien an[...]wenden" (S. 13, M_{15})

Die Gruppe „Bibelkreis" ist durch eine deutliche Ablehnung der gegenwärtigen Machtverhältnisse ausgezeichnet, da diese im Widerspruch zu ihren eigenen – biblisch fundierten – Vorstellungen von Gerechtigkeit stehen. Umwelt und Gesellschaft werden überwiegend als feindlich und ungerecht wahrgenommen (→ scharfes Konfliktweltbild) und in der Folge wird diesen gegenüber eine sehr kritische und misstrauische Haltung an den Tag gelegt. Eine artikulierte Grundüberzeugung lautet: „Menschen, selbst die mächtigsten Menschen, sind ja nicht mächtiger als Gott, sondern weit da drunter, ne. Ihre Macht vergeht" (S. 10, M_9). Vor diesem Hintergrund obliegt es z. T. der Gruppe selbst, mit Blick auf ungerechte Macht- und Herrschaftsverhältnisse/-systeme etwas nachzuhelfen, auf die Welt respektive die Gesellschaft einzuwirken und ideologische Türme zum Einsturz zu bringen, wobei man als soziales Korrektiv ansatzweise in der Tradition biblischer Propheten steht: „die sagen nicht, das ist meine Gerechtigkeit, sondern das ist Gottes Gerechtigkeit" (S. 12, M_7). Die (soziale) Gerechtigkeit Gottes ist *das* leitende Paradigma, für das die Gruppe eintritt. Entsprechend setzt man sich „von einem ganz bestimmten politischen Standpunkt aus mit der Herrschaft des Kapitals auseinander[...]" (S. 6, M_{15}) und bestimmt die beiden entscheidenden Gegengrößen folgendermaßen: Mammon auf der einen, Reich Gottes auf der anderen Seite. Diese beiden Antagonisten stehen gewissermaßen im Widerstreit miteinander und es gilt, sich zu entscheiden, denn: „Niemand kann zwei Herren dienen, ne, dem Gott oder dem Mammon" (S. 10, M_9; vgl. S. 11, M_6).

Dabei ist die Eigenpositionierung der Gruppe eindeutig: Man strebt nach der göttlich-biblischen Gerechtigkeit und hat entsprechend gegen jede Form von Ungerechtigkeit zu kämpfen. „Das Entscheidende, ein Ziel ist die Entideologisierung" (S. 11, M_7), wobei wichtig ist, dass „hinter so einem Versuch der Entideologisierung und auch des Umdenkens [...] eine Lebenspraxis, also eine materielle Basis" (S. 11, M_7), zu stehen hat. Eine gerechte Gesellschaft, möglichst auf der ganzen Welt – so sieht die große Vision der Gruppe „Bibelkreis" aus (vgl. u. a. S. 28, M_9). Angesichts der Fixierung unserer gegenwärtigen Zeit im Allgemeinen auf Geld und Macht, sprich: auf den Mammon (vgl. S. 10f., M_9), ist in dieser Hinsicht noch jede Menge zu tun.

Das wäre in groben Strichen der positive (Gegen-)Horizont der Gruppe „Bibelkreis". Man strebt danach, die ideologischen Türme zum Einsturz zu bringen (vgl. S. 28, M_9), was durch Protest und passiven Widerstand als Möglichkeiten der Enaktierung per Aktion in Angriff genommen werden kann, wirkungsvoller scheint allerdings die Enaktierung per Reflexion zu sein. Man gewinnt den Kampf gegen ungerechte Systeme, wenn „das Denken, was dahintersteht, nicht mehr existiert" (S. 28, M_9). In diesem Zusammenhang spielt die Bibel als „Lehrbuch der Tat" (S. 42, M_4) eine ganz entscheidende Rolle, ist doch „die Lektüre der Bibel auch natürlich in einer ganz bestimmten Richtung sehr hilfreich, weil man also die Gegensätze zwischen Mammonsdienst und Reich-Gottes-Dienst" (S. 6, M_{15}) deutlich machen kann. „Die Bibel sagt uns, wofür wir leben sollen, was unser Ziel und Zweck sein soll" (S. 11, M_9). Dabei ist vorauszusetzen, dass die Bibel „nicht ein Buch der herrschenden Klasse und der Kirchenfürsten ist, sondern ein Buch sozusagen der Unterdrückten" (S. 12, M_{15}). In der Bibel steckt ein großer (gesellschaftspolitischer) Sprengstoff, den die Mächtigen zutiefst fürchten (vgl. S. 13, M_{15}), denn bei der – materialistischen! – Bibellektüre findet sich viel, „was den Herrschenden Kummer macht, und umgekehrt wenig […], was einen selbst vernebelt oder als Opium verabreicht wird" (S. 13f., M_{15}). Die Bibel ist somit eine Kraftquelle für das eigene Leben (vgl. S. 9, F_{12}; S. 12, M_{11}). Vor diesem Hintergrund erklärt sich der enorme Stellenwert, den die Bibel im Rahmen des reflektierenden Gruppenengagements einnimmt, und „deswegen sitzen wir hier und lesen solche Texte, nicht weil wir also stillgehalten werden wollen, sondern weil wir Mut zum Widerstand bekommen wollen" (S. 25, M_{15}).

Auffällig ist, dass scharfe und z. T. ressentimentgeladene Abgrenzungen von anderen ein wesentliches Element der Selbstdefinition der Gruppe sind. Diese Absetzungen geschehen ab und an in einem prophetisch-polemischen Stil, wobei zu diesen negativen Gegenhorizonten u. a. Folgendes zählt: die negativ konnotierte Trias Macht – Geld – Mammon; die Mächtigen und die herrschende Klasse, die „unberührt bleiben von dem Elend der Menschen" (S. 33, M_{15}); Ausbeuter; „Hartz und Konsorten" (S. 34, M_{15}); die das Volk verdummende Klerisei (vgl. S. 13, M_{15}); die, die „hinter den zugezogenen Vorhängen" (S. 13, M_{15}) stehen; die (Groß-)Banken; der Neoliberalismus; die kapitalistische Gesellschaftsordnung im Allgemeinen. Schlagwortartig kann der Vorwurf wie folgt auf den Punkt gebracht werden: Hier findet der „Tanz um das Goldene Kalb" (S. 11, M_9) statt, hier wird dem Mammon gehuldigt, ihm Tempel und Paläste gebaut, hier wird das ungerechte System gestützt und intrigiert – u. a. gegen die Bibel oder auch biblische Texte missbrauchend mit der Bibel –, hier werden Komplotte geschmiedet. Angesichts der eigenen Bibellektürepraxis (vgl. S. 7, M_{15}) kommt letzten Endes auch eine Art Herrschaftsexegese hauptamtlicher Ausleger (vgl. S. 27, M_{15}) als negativer Gegenhorizont in den Blick. Alles in allem legt die Gruppe selbst ein sehr elitäres Bewusstsein an den Tag – in Verbindung mit dem Selbstverständnis als Minderheit.

b. Diverse Abhängigkeiten – Annäherungen an ein erklärendes Verstehen

Die für die Gruppe „Bibelkreis" eruierte Positionierung erklärt sich von selbst, wenn der Orientierungsrahmen in die Überlegungen einbezogen wird. Die Gruppe positioniert sich, so wie geschehen, weil sie eine ganz bestimmte, gesellschafts- und herrschaftskritische Ausrichtung hat. Man verfolgt mit dem eigenen Engagement, ebenso wie mit der praktizierten Bibellektüre, ein dezidiertes Ziel und setzt in diesem Zusammenhang v. a. innerbiblische Verlinkungen und interessanterweise in großem Umfang zeit- und sozialgeschichtliche Argumentationen ein. Es ist der Gruppe augenscheinlich daran gelegen, andere Auslegungsangebote kritisch zu prüfen und gegebenenfalls widersprechend einzuschreiten. Auf dieser Basis steht eine befreiende Bibellektüre auf dem Programm.

Dabei ist der Gruppe selbst die eigene Prägung durchaus bewusst. Man gibt unumwunden zu, dass man sich „von einem ganz bestimmten politischen Standpunkt aus mit der Herrschaft des Kapitals auseinandergesetzt" (S. 6, M_{15}) hat und in der Folge eine ganz bestimmte Art der Bibelauslegung praktiziert, denn unter diesen Umständen ist „die Lektüre der Bibel auch natürlich in einer ganz bestimmten Richtung sehr hilfreich" (S. 6, M_{15}). Im Klartext: Man hat an einem bestimmten Punkt „begonnen mit der materialistischen Bibellektüre" (S. 1, M_2) bzw. man hat eine Entwicklung durchlaufen und ist schlussendlich „zu dieser Auslegung der Bibel gekommen" (S. 4, M_2). Die Gruppe hat eine dezidierte Positionierung und deren Einfluss auf die eigenen Auslegungen steht – zumindest ansatzweise – reflexiv vor Augen: „also wir sind natürlich dann auch bereit für unsere Seite Rede und Antwort zu stehen und klar zu machen, von wo aus wir die Bibel lesen" (S. 7, M_{15}). Es ist immer zu berücksichtigen, „wie sehr der eigene Lebenskontext möglicherweise die eigenen Leseerwartungen so prägt" (S. 13, M_{15}) – und nicht nur die Leseerwartungen. Auch der Leseprozess selbst und v. a. der Verstehensvorgang werden hiervon maßgeblich beeinflusst, denn „irgendwo kommst du doch her, jeder kommt irgendwo her, wir kommen halt da her" (S. 15, M_{14}). Sogar der eigene Urteilsrahmen kommt zur Sprache:

> „Also man kann aus der Bibel auswählen, ja, und kann dann an einem bestimmten Punkt hängen, zu dieser Gruppe würde gehören, dass wir einen Urteilsrahmen haben und den einordnen und jetzt ging's mal darum, auch die Alternative oder auch den Urteilsrahmen zu benennen" (S. 31, M_7).

Entsprechend gibt es Auslegungen, da „passt die Tradition des Kreises dazu" (S. 17, M_7), andere sind eher als oppositionell zur eigenen Position zu klassifizieren. Erstere finden Zustimmung und Akzeptanz, mit Letzteren tut sich die Gruppe offensichtlich schwer und arbeitet sich in der Diskussion daran ab.

2.5 Gruppe „CVJM"

2.5.1 Kurze Fallbeschreibung: Knocking on Heaven's Door – *Junge Leiterrunde eines christl.-evangel. Jugendvereins mitten in der Szene*

♂ 6		6	–	–	–	–	–	–
	0	– 20	– 30	– 40	– 50	– 60	– 70 –...	Alter (in Jahren)
♀ –		–	1	2	–	3	–	
	ohne	Quali	Mittl.R	Lehre	Abi		Uni	(Aus-)Bildung
		–		6			–	Gruppe: evang.
Σ 6		Rk		Evangel.			o.B.	Konfession

Gesprächsdauer: ca. 45 Min.; Westdeutschland/großstädtisch; Eigenrelevanz (*Bibel*)

Bei der Gruppe „CVJM" handelt es sich um eine sehr junge Gruppe, tendenziell mittlerer bis höherer Bildung, rein männlich und rein evangelisch, wobei Letzteres für eine CVJM-Ortsgruppe – die Abkürzung „CVJM" steht übrigens für „Christlicher Verein junger Menschen"[1] – nicht weiter verwunderlich ist. Auch die Gruppe als solche ist als evangelisch zu klassifizieren. Die Beziehung zur (heimatlichen) Ortsgemeinde wird nur am Rande thematisiert und die Verhältnisbestimmung bleibt unscharf – positiv besetzt wirken Erinnerungen an die religiöse Sozialisation im Kindesalter im Rahmen einer Kinderstunde (vgl. S. 5f., M_3; S. 3, M_3). Gerade aus letzterem Kontext sind biblische Texte weitgehend bekannt und bzgl. der Gruppe insgesamt können sowohl dem Thema *Bibel* als auch dem Komplex *Textverstehen* jeweils eine eindeutige Eigenrelevanz zugesprochen werden.

Die zur Diskussion bereiten jungen Erwachsenen haben die Leitung der CVJM-Ortsgruppe inne bzw. übernehmen – allgemeiner gesprochen – Verantwortung in der Jugendarbeit vor Ort und engagieren sich, beispielsweise als Jungscharleiter (= Gruppenleiter) oder im eigenen jugendgerechten Gottesdienst mit Namen *Heaven's Door*.[2] Dabei geht es für die Gruppenmitglieder in erster Linie darum, „von Jesus die message rüberzubringen" (S. 1, M_3; vgl. Teil II 2.5.3 a.). Letzteres scheint gerade im sozialen Lebensumfeld des westdeutschen Großstadtviertels, in dem diese CVJM-Gruppe beheimatet ist, nicht ganz einfach zu sein, wird doch der äußere Kontext in der Vorstellungsrunde eigens und ganz am Anfang betont angesprochen: Man weiß sich „ganz schön in der Szene" (S. 1, M_5; vgl. S. 11,

---

[1] Vgl. zur ersten Information http://www.cvjm-online.de/typo3/ [22.04.2006].
[2] Vgl. zu Aufbau und Inhalt dieser Gottesdienste/Andachten S. 1, M_5; S. 1f., M_3; S. 2, M_5: u. a. ansprechende Atmosphäre; rockige, fetzige Musik; Glaubenszeugnisse; Andachtszeiten; ruhigere Lobpreisteile; Gesprächsrunden.

M₃) und betrachtet die angrenzende Gesamtschule als primäres Einzugsgebiet (vgl. S. 3, M₃). Schon alleine aufgrund dieser räumlichen Ausrichtung sowie mit Blick auf die altersmäßige Zusammensetzung des Zielpublikums wird eine mögliche Konkurrenz zur angrenzenden Gospelgemeinde – auf gezielte Nachfrage des Forschungsteams (vgl. S. 2, Y₂) – vehement zurückgewiesen.[3]

Mit einer Dauer von knapp 45 Min. ist die Diskussion der Gruppe „CVJM" die mit Abstand kürzeste des Forschungsprojektes, die Gesprächsatmosphäre kann als sehr angenehm charakterisiert werden. Das Zusammentreffen erfolgt zu einem gesonderten Termin am Abend und zwar im Bistro des CVJM-Jugendzentrums (vgl. zum Bistro S. 1, M₁). M₅ stellt dabei die eine Hälfte der zweiköpfigen Gesamtleitung dar (vgl. S. 1, M₅; s. o. **), was sich aber im Gespräch nicht weiter niederschlägt: Eine dominierende Stellung eines einzelnen Gruppenmitglieds ist nicht zu erkennen. Die Diskussion wird fast ausschließlich von der Dreiergruppe M₁, M₃ und M₅ getragen; M₂ und M₄ melden sich kaum zu Wort; M₆ kommt erst gegen Ende zur Diskussion dazu und beteiligt sich nicht am Gespräch (vgl. S. 17).

2.5.2 Auswertungen unter exegetischer Perspektive

(A_Mt) Methodisches Vorgehen bzgl. Mt 5

Im Fall der Gruppe „CVJM" sind die ersten Annäherungen an Mt 5 von daher interessant, da die Gruppe diesbezüglich in mehrfacher Hinsicht untypisch genannt werden kann: Das einzelne Zitat wird als Diskussionsgrundlage offensichtlich für nicht ausreichend befunden und man greift ganz selbstverständlich,[4] selbstinitiativ und ohne ausdrückliche Thematisierung des Tuns auf eigene[5] Bibeln zurück (vgl. S. 9). Die relevanten Textpassagen werden des Weiteren laut vorgelesen (vgl. S. 9 und 14, jeweils M₃). Dies hat auch mit Blick auf die Textwahrnehmung zu beachtende Fol-

---

[3] Vgl. S. 2f., M₅; S. 3, M₃; S. 4, M₅: „ich fand ‚Konkurrenz' da komplett falsches Wort".
[4] An späterer Stelle wird von der Gruppe explizit ausgesprochen, dass dieses Vorgehen *klar* ist (vgl. S. 13, M₅) – zumindest „klar für uns" (vgl. S. 13, M₁).
[5] Es handelt sich um vor Ort vorhandene Bibelexemplare. Dass dies nicht wirklich die *eigenen* Bibeln, in die man sich beim Lesen auch Notizen macht (vgl. S. 5, M₃), sind, wird an späterer Stelle ausdrücklich betont (vgl. S. 14, M₃). Bei Einspielung von Mk 5 wird das Textblatt (etwas abwertend?) als Arbeitsblatt (vgl. S. 14, M₁ und M₅) tituliert und nichtsdestotrotz eben jene Bibelausgaben unterstützend zurate gezogen (vgl. S. 14): Man stellt die unterschiedliche Übersetzung explizit fest (vgl. S.14, M₅).

gen: Der Gruppe liegt eine etwas andere Textgrundlage[6] vor – inklusive Überschriften.[7] Außerdem entfällt die Zweiteilung der Diskussionspassage zu Mt 5 (Zitat/Text). Methodisch betrachtet lassen sich zunächst zwei miteinander in Beziehung stehende Schwerpunktsetzungen ausmachen: Zum einen werden implizierte (biblische) Traditionsschichten wahrgenommen, benannt als *Altes Testament* (vgl. S. 9, M_3), *alte Gesetze* (vgl. S. 13, M_3) oder *Mose-Sprüche* (vgl. S. 13, M_3) bzw. mit Blick auf Herkunft und Quelle begegnet die Rede von *Mose/Gesetzbücher* (vgl. S. 10, M_3) und *Mosebücher* (vgl. S. 14, M_3).[8] Es lässt sich somit ein Rekurs auf einbezogene Traditionen feststellen und man kann ansatzweise von traditionskritischen/ -geschichtlichen Überlegungen (→ textextern) sprechen. Zum anderen begegnet immer wieder das Bemühen, eine im Text implizit vorausgesetzte oder historisch anzunehmende – hier bliebt eine letzte Uneindeutigkeit – Kommunikationssituation zu rekonstruieren:

> „Also das ist ja eigentlich die Stelle, wo Jesus auf das Alte Testament wieder angesprochen wird" (S. 9, M_3); „und da wollt Jesus ja eigentlich, also der reagiert da ja auf 'ne Frage [...] und da hat Jesus gesagt" (S. 10, M_3).

Die Gruppe (bzw. erneut zumindest M_3) macht sich somit Gedanken über den kommunikativen Rahmen bzw. über den Anlass/Auslöser für die vorliegende Rede/Predigt Jesu, wobei dies sowohl zeitgeschichtlich-historisch gemeint sein kann als auch mit Blick auf die textintern vorauszusetzende Szenerie. Eine eindeutige Lösung ist an dieser Stelle nicht möglich. Als Zielperspektive dieser beiden zumeist gemeinsam auftretenden methodischen Arbeitsschritte lässt sich ausmachen, die Botschaft Jesu – vor möglichen Gegenhorizonten – als etwas ganz Besonderes zu profilieren und einen kommunikativen Rahmen für dieses Geschehen anzugeben.

---

[6] Als Übersetzung lässt sich die Version *Hoffnung für alle* (HOF) ausmachen. An drei Stellen scheinen die textlichen Unterschiede bedeutsam: Erstens spricht der vorgelesene Text nicht speziell von einem Schlag auf die *rechte* Wange, sondern nur unspezifisch von einer Ohrfeige ohne nähere Seitenangabe (vgl. Mt 5,39cd; vgl. S. 9, M_3). Zweitens ist Mt 5,46d erweitert, wenn die Zolleinnehmer näher qualifiziert werden als die, „die sonst nur auf ihren Vorteil aus sind" (vgl. S. 14, M_3). Und drittens findet sich in Mt 5,47c statt der *Völker* die Terminologie „die, die von Gott nichts wissen" (vgl. S. 14, M_3; aufgegriffen wird dies S. 12, M_5).

[7] Die Abschnittsüberschrift „Vergeltung durch Liebe" (vgl. S. 9, M_3) scheint größeren Einfluss auf die Wahrnehmung des folgenden Textes zu haben, wird doch bzgl. des Clous der Passage zweimal genau auf diesen Titel rekurriert bzw. die Hauptaussage des Textes mit seiner Hilfe (kulminationsartig) auf den Punkt gebracht: „Genau und die Überschrift ist ja schon ‚Vergeltung durch Liebe'" (S. 9, M_3); „grade der Abschnitt jetzt ‚Vergeltung durch Liebe'" (S. 13, M_3).

[8] Es fällt auf, dass dieser methodisch relevante Aspekt immer durch die gleiche Person (M_3) eingebracht wird.

Als weiteres methodisches Vorgehen seien zeitgeschichtliche Überlegungen (→ textextern) genannt, da der Textabschnitt nicht nur hinsichtlich der kommunikativen Situation näher bestimmt, sondern auch in der Zeit der römischen Besatzung Palästinas verortet wird:

> „ja grad zu der Zeit, da die Römer in Palästina da geherrscht haben und die, die Israeliten eigentlich die ganze Zeit unterdrückt wurden, da die Juden" (S. 13, M$_3$).

Hier wird zeitgeschichtliches Wissen zum Verständnis des Textes eingebracht und der Text bzw. genauer gesagt das dem Text zugrunde liegende Geschehen in seiner (vermuteten) historisch-zeitgeschichtlichen Situiertheit thematisiert. Ziel ist es in ähnlicher Weise wie oben, den provozierenden Charakter der Botschaft Jesu zu profilieren und diese herauszuheben.

Außerdem fällt auf, dass die Gruppe von Anfang an eigene Bibeln verwendet und damit über das vorgegebene Zitat(fragment) hinaus sofort den näheren literarischen Kontext mit einbezieht (→ textintern), was auch explizit angesprochen wird. Einschlägig sind in diesem Zusammenhang Wendungen wie: „steht ja auch da weiter" (S. 11, M$_5$) oder „das steht hier hinten auch noch drin" (S. 11, M$_3$). Die Gruppe blickt über den einzelnen Vers bzw. die Teilperikope hinaus und nimmt den umliegenden Kontext zur Kenntnis. Dabei begegnet man z. B. mehreren vergleichbaren Stellen respektive Abschnitten, die alle Teil der *Bergpredigt* sind (vgl. S. 13, M$_3$), und es wird – ansatzweise und rudimentär – die Textgliederung dieser Großkomposition einbezogen: „und das sind ja mehrere Abschnitte" (S. 13, M$_3$). Darüber hinaus liegen Überlegungen gattungsmäßiger Art vor (→ textextern):

> „meistens ist ja ein Gleichnis da, aber hier ist eigentlich direkt hart auf hart, wie man reagieren soll. Und nicht mit irgendeinem Beispiel, 'ner Geschichte" (S. 13, M$_5$).

In Abgrenzung von den Alternativmöglichkeiten *Gleichnis, Beispiel* oder *Geschichte* (vgl. zu Mk 5!) wird betont, dass es bei Mt 5 *hart auf hart* um Verhaltens- bzw. besser gesagt Reaktionsregeln geht, womit erneut das Herausfordernd-Provokative des Textes Mt 5 besonders in den Blick genommen wäre.

Summa: Die Gruppe „CVJM" weist in methodischer Hinsicht ein vielfältiges Spektrum auf und kann als *methodisch orientiert* bezeichnet werden. Dabei finden sowohl (methodische) Werkzeuge textinterner (z. B. Textkontext, Textgliederung) als auch textexterner (z. B. zeitgeschichtliche, traditionskritische, gattungsmäßige Überlegungen) Provenienz Anwendung, ohne dass eine eindeutige Schwerpunktsetzung erkennbar wäre. Als Zielperspektive des praktizierten Methodeneinsatzes kristallisiert sich insgesamt Folgendes heraus: Die Gruppe „CVJM" will die Predigt bzw. Botschaft Jesu – in Abgrenzung von anderen Angeboten – gerade in ihrer

Besonderheit, Härte und Krassheit profilieren und ausdrücklich als herausfordernde Provokation konturieren.

(B_{Mt}) Textwahrnehmung und Hypertextrekonstruktion bzgl. Mt 5

Bzgl. der Textwahrnehmung zu Mt 5 fällt als Erstes auf, dass zwar gleich zu Beginn der gesamte Abschnitt Mt 5,38–42 laut vorgelesen wird und damit hörbar im Raum steht – inklusive der Überschrift „Vergeltung durch Liebe" –, doch dass im weiteren Verlauf der Diskussion nur noch eine Konzentration auf die ersten beiden Verse (V. 38f.) erfolgt. Die restlichen Elemente kommen überhaupt nicht vor, sprich: Die V. 40–42 werden an keiner weiteren Stelle in die Diskussion einbezogen oder thematisiert. Dieser Befund mag angesichts der breiten textlichen Basis überraschen – dies umso mehr, da der Gruppe „CVJM" selbst an der Verwendung der Bibeln gelegen war.

Fallübergreifender Vergleich: Die Gruppe „KSJ" nutzt gerade den gegliederten Aufbau von Mt 5,38–42, um von den extremen Anfangsformulierungen zur sinnvollen und (alltags-)praktikablen Schlusspassage zu gelangen (vgl. Teil II 2.3.2 A_{Mt} und B_{Mt}). Der Schwerpunkt wird eindeutig auf Mt 5,42 gelegt. Die Gruppe „CVJM" dagegen bleibt ausschließlich bei den *krassen* Forderungen im oberen Teil und nimmt das Weitere überhaupt nicht mehr wahr. – *Vergleich Ende –*

Entsprechend setzt sich der Hypertext der Gruppe aus nur wenigen Elementen der schriftlichen (Hyper-)Textbasis zusammen, angereichert durch extratextuelles Material. Begonnen wird die erste Hypertexteinheit mit Mt 5,38cd, an dieser Stelle gewissermaßen präsentiert als (alttestamentlicher) Ausspruch Gottes – zumindest der Volksmeinung nach – und zitiert als Negativfolie zur jesuanischen Botschaft und Lehre (→ ansatzweise traditionskritische Überlegungen ✴ sowie Verortung in einer Kommunikationssituation ✴). Letztere wird demgegenüber positiv profiliert:

„und Gott hat doch gesagt: schlagt einander @ nach dem Motto: Auge um Auge, Zahn um Zahn. Und ja, da ist halt Jesus nicht so für. Genau und die Überschrift ist ja schon ‚Vergeltung durch Liebe'" (S. 9, M_3).

Es wird deutlich, dass die Überschrift, die die Bibelausgabe der Gruppe „CVJM" bietet, eine gewisse (Vor-)Prägung (des Textverständnisses) bewirkt, die Hauptaussage kulminationsartig zusammenfasst bzw. als *pars pro toto* auch für den gesamten Abschnitt stehen kann (vgl. zu Letzterem S. 13, M_3). Außerdem ist auf diese Weise von Anfang an die Liebe präsent, die (eigentlich) erst ab Mt 5,43 eine Rolle spielt, da der vorliegende Titel „Vergeltung durch Liebe" beide Antithesen gewissermaßen zusammenbindet. Anschließend wird als Vergleichstext eine krasse Geschichte aus der Reihe „What would Jesus do?" § eingebracht. Als *Linkausgangspunkt* fungiert hierbei die Krassheit beider Texte sowie der Liebesgedanke

(Mt 5/Geschichte) und die Intention ist eindeutig als *unterstützend* und *spezialisierend* zu qualifizieren:

„Und ich denk mal, da gibt's ja diese Reihe hier: ‚Was würde Jesus zu ...', ‚What, what would Jesus do?' – und ja da gibt's krasse [...] Sachen hier, krasse Geschichte hier wie, wie dieser Christ, der gefoltert wird, und dann sagt der, der Folterknecht, der sagt: ‚Ja du bist, was ist mit deinem Gott hier, du bist, du bist, ich kann dich töten, ich hab die Macht, dich zu töten, und du kannst gar nichts!' Und dann sagt der Christ: ‚Ja, du hast die Macht, mich zu töten, aber ich hab die Macht, dich jetzt zu lieben.' Ja und das sind halt so Sachen. Also ich, für mich heißt das ganz klar, dass die Liebe da stärker ist als die Gegenwehr, die mit Gewalt, steht ja hier, ne?! ‚Leistet keine Gegenwehr, wenn man euch Böses tut!'" (S. 10, M₅).

Extratextuelles, außerbiblisches Material § wird somit *unterstützend* in Form eines *Pop-Ups* eingebracht, um (*spezialisierend*) einen bestimmten Aspekt des vorliegenden Textes zu betonen: Hier wie dort geht es um *krasse* Sachen – und darum, dass die Liebe letztendlich stärker ist als die Gegenwehr. Entsprechend folgerichtig ist der intratextuelle Sprung zu Mt 5,39b, bevor die Textwahrnehmung erneut zu Mt 5,38cd (diesmal vorgestellt als aus den Gesetzbüchern des Mose stammend) zurückkehrt und die andersartige Botschaft Jesu vor diesem Hintergrund explizit genau auf gerade erwähnten Clou zuspitzt: „und da hat Jesus gesagt: Ne, die Liebe muss stärker sein" (S. 10, M₃; die Kommunikationssituation wird beleuchtet ✭).⁹ Vor diesem Hintergrund wird Mt 5,39cd kurz einbezogen (vgl. S. 10, M₅; vgl. zusätzlich S. 11, M₃)¹⁰ und anschließend mittels einer weiteren *pop-up*-mäßigen Verknüpfung eine *Verallgemeinerung* des entscheidenden Grundsatzes erreicht (S. 11):

M₃: Ja, es gibt ja 1000 solcher Sprüche auch, * nicht aus der Bibel so, der Gewaltlose ist immer stärker. So, von irgendwelchen andern Philosophen [...].

M₅: Ja.

Erneut findet sich extratextuelles, außerbiblisches Material §, das die Gruppe mit einer spezifischen Intention heranzieht. Der Gewaltlose ist immer stärker bzw. mit den Worten Jesu, die dieser in den Augen der Gruppe „CVJM" immer wieder kundgetan hat: „es ist immer bei diesen ganzen Sachen, die Jesus sagt, immer, dass die Liebe stärker ist" (S. 12, M₃). Ein drit-

---

[9] In diesem Kontext werden die Jünger Jesu – ohne jeden textlichen Anhaltspunkt – kurz eingebracht: „wahrscheinlich hatten die Jünger da irgendwie gedacht, wenn mich einer anmacht, dann geb ich ihm hart, so wie's in der Bibel steht" (S. 10, M₃). Interessanterweise werden diese demgegenüber bei Mk 5, wo sie eindeutig als Aktanten auftreten, überhaupt nicht wahrgenommen.

[10] Dass die Gruppe „CVJM" hierbei einmal von einem zusätzlichen Hinhalten der *rechten* Wange, einmal von der *anderen* Wange spricht, ist mit der vorliegenden eigenen Textversion erklärbar: Hier wird nur von einer Ohrfeige ohne nähere Spezifizierung der Wangenseite gesprochen.

tes Mal wird in diesem Zusammenhang auf Mt 5,38cd rekurriert, womit diese Versteile angesichts dieses häufigen Vorkommens als *book mark* qualifiziert werden können. Und wieder dient der Rückgriff der Gegenüberstellung mit der Botschaft Jesu: „so ist ja auch der Spruch ‚Auge um Auge, Zahn um Zahn'. Aber sagt Jesus halt: Geht nicht" (S. 12, M_3).

Zu bemerken ist mit Blick auf diese erste Hypertexteinheit, dass die Gruppe „CVJM" einzelne aufgegriffene Textelemente (u. a. den Schlag) gewissermaßen von Anfang an anreichert, zwar nur um einige wenige Worte, aber mit entscheidender Bedeutungs(um)akzentuierung. Die Rede ist von dem Wort *Unrecht* bzw. der Wendung *ohne Grund*, denn ab Beginn der Diskussionspassage ist für die Gruppe wie selbstverständlich klar, dass die Gewalt, die einem widerfährt, als unrechtmäßig zu qualifizieren ist, was im Verlauf des Gesprächs immer wieder beiläufig einfließt:

> „Also haup-, hauptsächlich geht's ja hier um, um wie man reagieren soll, wenn, wenn einem *Unrecht* geschieht" (S. 10, M_5; Hervorhebung C. S.); „aber es geht ja nicht um den Augenblick, wo man geschlagen wird von irgendwelchen Leuten, sondern eigentlich um dieses *Unrecht*, was einem widerfährt, allgemein. […] Jetzt ist berechtigt, zurückgeschlagen, wenn dich, wenn dich einer schlägt, *ohne, ohne 'nen Grund*, aber dadurch, dass du ihn dann wieder schlägst und er dich dann wieder schlägt und das dann irgendwann eskaliert, rutscht man ja automatisch ins *Unrecht* rein. Also schon mit dem zweiten Schlag, dem man zurücktut, rutscht man ins *Unrecht* rein" (S. 11, M_3; Hervorhebungen C. S.); „wenn man im *Unrecht* grade, wenn man, wenn einem *Unrecht* geschieht" (S. 12, M_3; Hervorhebungen C. S.); „konnten die vielleicht auch viele damit gar nicht so umgehen, weil die halt gesehen haben: Die unterdrücken uns doch die ganze Zeit und das *zu Unrecht* und warum dürfen wir uns nicht wehren?!" (S. 13, M_3; Hervorhebungen C. S. → hier begegnet die Rede vom Unrecht sogar im Rahmen zeitgeschichtlicher Überlegungen ✖).

Entsprechend wird der Gedanke des erlittenen Unrechts eingetragen und vor diesem Hintergrund die *krasse* Forderung Jesu noch einmal speziell betont. Wie es sich für eine krasse Reaktionsmaßregel gehört, ist das geforderte Verhalten natürlich nicht leicht und von diesem Gedanken ausgehend wird die Feindesliebeforderung (vgl. Mt 5,44b) in die Diskussion einbezogen (S. 11f.):

M_5: [...] Das heißt aber auch nicht, [...] dass das einfach ist, na ja, halt deine andre Wange hin oder „Liebt eure Feinde!" [...], ne, also das heißt auf keinen Fall – klar, man soll das so tun – aber das heißt nicht, dass es einfach ist, das zu tun.

M_3: Ja, * das steht hier hinter auch noch drin, * dass man – wollt ihr dafür belohnt werden, dass ihr die Menschen liebt, die euch lieben. Das ist ja einfach. Schwieriger ist das andere *. [...]

M_5: Das find ich irgendwie wichtig.
* Ja.

[...]

M_5: Genau.

M_5: Genau, wenn ihr, wenn ihr euren Freunden irgendwie liebevoll begegnet, ist das was Besonderes, ne? Wird ja einfach nur so auch in den Raum gestellt.

– (9) –

M₅: Genau, und das ist auch wie hier der Satz: „Das tun die, die von Gott sonst nichts wissen", [...] also, die nichts von Gott wissen, die lieben andere deswegen [...].

Während bei den anderen Gruppen die zweite Antithese bereits mit dem ausgeteilten Text vorgelegen hat, bezieht sich die Gruppe „CVJM" zunächst selbstständig[11] auf diesen näheren literarischen Kontext (✖) – als verbindendes Charakteristikum dient die anspruchsvolle Schwere dieser jeweils von Jesus stammenden Aufforderungen. In diesem Zusammenhang springt die Gruppe zu den Versen 46a–c und 47, weitet hierdurch den wahrgenommenen Kontext aus und betont auf diesem Wege ausdrücklich das Unterscheidende bzw. v. a. das Herausfordernde des angemahnten Verhaltens: Das eine ist einfach und gewöhnlich (→ die Menschen zu lieben, die einen selbst lieben), das andere dagegen schwierig und in der Folge gewissermaßen wertvoll (→ Feindesliebe). Und zu Letzterem fühlt man sich selbst verpflichtet. Auffällig ist, dass als Gegengruppe nur „die, die von Gott sonst nichts wissen" (vgl. Mt 5,47c HOF), nicht aber die „Zolleinnehmer, die sonst nur auf ihren Vorteil aus sind" (vgl. Mt 5,46d HOF), Erwähnung finden, obwohl doch grundsätzlich beide Verse einbezogen werden. Mt 5,46d bleibt scheinbar bewusst ausgeblendet.

Summa: Der Hypertext der Gruppe „CVJM" besteht aus verhältnismäßig wenigen Textelementen (beispielsweise bleibt der Abschnitt V. 40–42 komplett ausgeblendet). Insgesamt liegt nur eine Hypertexteinheit vor; ein Einschnitt ist nicht erkennbar. Die Gruppe konzentriert sich zunächst auf das *Auge um Auge*, das entsprechend als *book mark* zu qualifizieren ist, und profiliert vor dieser Kontrastfolie die Lehre/Botschaft Jesu positiv. Dabei wird stark auf die in den eigenen Bibeln angegebene Überschrift „Vergeltung durch Liebe" Bezug genommen und die *message* Jesu mit dem Slogan „Die Liebe muss stärker sein!" auf den Punkt gebracht. Extratextuelles, außerbiblisches Material wird jeweils *pop-up*-mäßig zielgerichtet eingespielt, und zwar *unterstützend-spezialisierend* („What would Jesus do?") sowie *verallgemeinernd* („Der Gewaltlose ist immer stärker"). Darüber hinaus trägt die Gruppe in den Text den Gedanken ein, dass man Unrecht – evtl. noch dazu ohne Grund – erleidet, wodurch die Konturierung der jesuanischen Weisungen verstärkt wird. Anschließend werden spezifische Teile der zweiten Antithese herausgegriffen: die beiden „wenn ihr nämlich nur ..."-Passagen (Mt 5,46f.). Hierbei sticht besonders hervor, dass die zweite Abgrenzungsgruppe in Mt 5,47c dezidiert aufgegriffen wird, wohingegen das Pendant in Mt 5,46d ignoriert wird.

---

[11] Erst zu einem etwas späteren Zeitpunkt wird auf einen Impuls des Forscherteams hin die komplette zweite Antithese vorgelesen (vgl. S. 13f.), allerdings endet die Diskussion unmittelbar danach. Von daher ist es umso interessanter, dass die Gruppe „CVJM" von diesem Textteil bereits jetzt verhältnismäßig viel wahrnimmt und einbringt – rein quantitativ betrachtet sogar mehr als von der ersten Antithese!

Auswertung – Gruppe „CVJM" 273

(C_{Mt}) Positionierung (Identifikation/Kritik) bzgl. Mt 5

Die Gruppe „CVJM" liest und versteht Mt 5 eindeutig als Rede Jesu und entsprechend wird das Ich des Textes direkt und durchgängig mit Jesus identifiziert. Jesus verkündet seine Botschaft – und zwar in Absetzung von alttestamentlichen Traditionen – und versucht, seine Lehre an den Mann (und an die Frau) zu bringen, wobei sich mit Blick auf die angesprochenen Adressaten ein Aspekt weitgehend durchhält: Die jesuanischen Weisungen stoßen weitgehend auf Unverständnis bzw. zumindest auf fragende Gesichter. Dabei geht die Gruppe „CVJM" zumeist historisch-zeitgeschichtlich vor: Man hat z. B. die Leute vor Augen, die eine große Diskrepanz zwischen dem *Auge um Auge, Zahn um Zahn* und den Worten Jesu ausmachen (vgl. S. 9, M_3); oder die Jünger, die an Rückschlag und Gegenwehr *gedacht* und sich dabei biblisch zu verhalten geglaubt haben (vgl. S. 10, M_3); oder die Israeliten/Juden (→ Volk Gottes), zu denen historisch betrachtet Jesus primär gesprochen hat und die angesichts der unrechtmäßigen Unterdrückung durch die Römer wahrscheinlich *gedacht* haben: „warum dürfen wir uns nicht wehren?! Und wie soll die Liebe stärker sein?!" (S. 13, M_3).

Die Gruppe „CVJM" versteht somit den historischen Adressatenkreis (Juden, die in Palästina unter der römischen Oberherrschaft leiden) als unterdrückt respektive unterlegen und man sieht gerade diese Macht- und Herrschaftskonstellation durch das Hinhalten der anderen Wange revolutionär auf den Kopf gestellt:

„und wenn man so reagiert und dem jetzt die rechte Wange auch noch hinhält, dann ist es meistens so, dass man damit eigentlich schon gewonnen hat, weil der Typ, der, der den, der dich geschlagen hat – isch! – oder der irgendwas gesagt hat und du sagst dem nichts oder hältst einfach die andere Wange hin, dann weiß der Typ auch nicht, wie er reagieren soll. Dann weiß, dann hast du in dem Augenblick auch schon gewonnen, der ist dir dann schon unterlegen, der andere, der dich angegriffen hat, irgendwie, in irgendeiner Art und Weise" (S. 10f., M_5).

Der Angreifer, sprich: der hierarchisch Überlegene, wird mit einem unerwarteten und überraschenden Verhalten konfrontiert, weiß nicht darauf zu reagieren und findet sich – mit einem Mal! – selbst in der unterlegenen Position wieder! Der Angegangene dagegen hat gewonnen und zwar mithilfe der Weisung Jesu.

Dabei ist nahezu selbstverständlich, dass es nicht einfach ist, die *krassen Forderungen Jesu* zu befolgen (vgl. S. 11, M_5). Vielmehr betont die Gruppe wiederholt, dass ein entsprechendes Verhalten schwer – und nur deshalb wertvoll (vgl. S. 11f., M_3) – ist, doch richten sich die Worte nicht einfach durchweg an alle: In erster Linie betrifft Mt 5 *Christen*, die zu derartig außergewöhnlichen Reaktionen berufen sind, ganz im Unterschied zu denen, *die von Gott sonst nichts wissen* und entsprechend das Einfache tun (vgl. S. 11f.). Auffällig ist, dass die *Zolleinnehmer, die sonst nur auf ihren*

Gewinn aus sind (= *Zöllner* in der EÜ), als weiterer vom Text angebotener Gegenhorizont an dieser Stelle mit keinem Wort erwähnt werden. Da es sich bei Mt 5 um eine „christliche Vorgabe von Gott" (S. 12, M_5) handelt, sind in den Augen der Gruppe „CVJM" in erster Linie auch *Christen* angesprochen. Die Selbstpositionierung ist dabei so klar und eindeutig, dass der Übergang vom *die* zum *wir* wie nebenbei und fast unbemerkt geschieht:

> „Genau, und das ist auch wie hier der Satz: ,Das tun die, die von Gott sonst nichts wissen.' Ja, und das ist ganz klar an Christen, das sind Christen, die so handeln sollen, also klar sollen alle so handeln, nur es ist die christliche Vorgabe von Gott und das sind halt nur die, und die, die, die nicht so tun, also, die nichts von Gott wissen, die lieben andere deswegen und *die, wir,* wir wissen Gott, wir kennen Gott und wir sollen so handeln" (S. 12, M_5; Hervorhebungen C. S.).

Die Gruppe identifiziert sich zweifelsohne mit den Adressaten der Bergpredigt bzw. sieht sich selbst als *Christen* direkt angesprochen – in Abgrenzung und Unterscheidung von den anderen.[12] Letztere erfahren in diesem Zusammenhang allerdings kaum Kritik. Es hat fast den Anschein, als könne man ihnen nicht einmal ein Zuwiderhandeln gegen diese Aufforderungen Jesu zum Vorwurf machen, da es sich ja dezidiert um *christliche* Vorgaben handelt.

Summa: Für die Gruppe „CVJM" ist klar: Der Text ist als christliche Vorgabe vorrangig an Christen adressiert, wobei man sich selbst eindeutig zu dieser Gruppierung rechnet. Auf der anderen Seite stehen *die, die von Gott sonst nichts wissen,* doch Kritik wird an diesen nicht geübt.

(A_{Mk}) Methodisches Vorgehen bzgl. Mk 5

Mit Blick auf methodisches Vorgehen der Gruppe „CVJM" bei der Diskussion zu Mk 5 fällt gleich zu Beginn auf, dass für den Text eine Gattungsbestimmung (→ textextern) vorgenommen wird: Es handelt sich um eine *story*, eine *Geschichte*, und zwar um eine *gute Geschichte* (vgl. S. 15, M_5). Dabei wird der Gegensatz zum ersten Text, der ja als *hart auf hart* charakterisiert worden ist und gerade nicht zu den Geschichten zu zählen ist (vgl. S. 13, M_5), explizit zum Ausdruck gebracht:

> „Ja, story, ne. Ist erst mal ne story, die Geschichte, einfach nur 'ne Geschichte. Und, nicht knallhart wie grade eben hier, von wegen die ganzen, wie man sich verhalten soll" (S. 15, M_5).

An späterer Stelle erwähnt die Gruppe des Weiteren, dass Mk 5 „irgendwie ein Wunder" (S. 16, M_5) darstellt, was ebenfalls zu Gattungsüberlegungen

---

[12] Während dieser Aspekt im Rahmen der Diskussion vorrangig thematisiert wird, werden sonst kaum Figuren in Mt 5 wahrgenommen. Weder wird die Gegenüberstellung Freund/Feind näher einbezogen noch die Kategorien Gut/Böse oder Gerecht/Ungerecht angesprochen.

zu zählen ist. Die Gruppe ordnet den Text somit gattungsmäßig ein, und zwar in dezidierter Abgrenzung von Mt 5. Dieses methodische Vorgehen dient folglich dazu, beide Texte ansatzweise in eine Relation zueinander zu bringen respektive voneinander abzusetzen und Mk 5 einem bestimmten Typos zuzuordnen.

Außerdem finden sich Ausführungen zu Textgliederung/-struktur in Verbindung mit einer vergröbernden Interaktionsanalyse (→ textintern; vgl. S. 15, M_5; die zugehörige Passage des Transkripts wird im folgenden Analyseschritt B_{Mk} komplett abgedruckt, vgl. unten). Der Text wird gegliedert und in der Interaktionsanalyse werden insgesamt vier Etappen der Erzählung ausgemacht. An dieser Stelle steht das methodische Vorgehen ganz im Dienste der verallgemeinernden, exemplarisch-paradigmatischen Überlegungen, da von der konkreten Geschichte abgesehen und ein abstrahierendes Grobmodell in der Diskussion fokussiert wird.

Fallübergreifender Vergleich: Die Gruppe „KSJ" gliedert den Text Mt 5, wendet diesen methodischen Schritt aber gerade nicht bei Mk 5 an (vgl. Teil II 2.3.2 A_{Mt} und B_{Mt} und den fallinternen Vergleich unter A_{Mk}). In diesem Punkt lässt sich bei der Gruppe „CVJM" genau das entgegengesetzte Vorgehen beobachten, da für Mk 5 Gliederungsüberlegungen angestellt werden, nicht aber mit Blick auf Mt 5. *– Vergleich Ende –*

Summa: Die Gruppe „CVJM" geht bzgl. Mk 5 *methodisch orientiert* vor; eine Schwerpunktsetzung lässt sich auf der *textinternen* Seite erkennen, da Gliederungsüberlegungen und Interaktionsanalysen größeren Raum einnehmen als die Gattungsbestimmung (story/Geschichte). Während per Gattungsbestimmung Mk 5 als andersartiger Text – im Vergleich zu Mt 5 – profiliert wird, dienen die angewandten textinternen Werkzeuge vorwiegend einer paradigmatischen Verallgemeinerung.

Fallinterner Vergleich: Die Gruppe „CVJM" nutzt mit Blick auf beide Texte das methodische Vorgehen der Gattungskritik/-analyse, um eine erste Klassifizierung vorzunehmen. Auffälligerweise geschieht dies bzgl. Mk 5 in dezidierter Abgrenzung von Mt 5. In der Folge finden unterschiedliche methodische Werkzeuge Anwendung auf die beiden unterschiedlichen Texte: Mt 5 wird traditionskritisch (→ textextern) angegangen unter Berücksichtigung einer möglichen zugehörigen Kommunikationssituation; bei der Diskussion zu Mk 5 begegnen vorwiegend textinterne methodische Arbeitsschritte. Alles in allem ist die *methodische Orientiertheit* bei der Auslegung von Mt 5 stärker ausgeprägt. *– Vergleich Ende –*

(B_{Mk}) Textwahrnehmung und Hypertextrekonstruktion bzgl. Mk 5

Die Gruppe „CVJM" bestimmt Mk 5 zu Beginn im Ganzen als eine Geschichte (→ Gattungskritik/-analyse ✵), die sich aus vier Teilen zusammensetzt (→ Gliederungsüberlegungen/Interaktionsanalysen ✵). Entsprechend werden diese einzelnen Elemente grob identifiziert und man springt gewissermaßen intratextuell durch die komplette Textvorlage (= Hypertextbasis), was die zugehörige Hyperteksteinheit kennzeichnet (S. 15):

M₅: […] Also erst mal, ich denk mal, das sind so mehrere Teile. […] Das ist so, erster Teil: Mensch – geht nicht gut. Mensch hat hier in dem Fall Blutfuß. […] Blutfluss. (?) Blutung. Und zweiter Teil: Mensch probiert alles dagegen anzusteuern, versucht, dass es einem besser geht. Dritter Teil: – es sind eigentlich vier Teile @ – nee, dritter Teil: Irgendwie hat sie wahrscheinlich dann von Jesus gehört – der Mensch im Augenblick – und denkt: wenn ich nur ein bisschen was von ihm krieg, dann, dann hört, dann werd ich vielleicht gerettet, ne. Ja und dann trifft sie Jesus, berührt ihn und also Heilung ist da. Durch Jesus. Also das sind so die, die grobe, die grobe Sache.

M₃: Ja, das ist auch dieses […], dieses Symbol. Also es gibt ein Lied, das spielen wir auch manchmal, das heißt: „Nur einen Saum deines Gewandes berührn genau in einem Augenblick" und das ist ja die Textstelle, die dazu passt eigentlich. Dass man, dass dadurch Heilung ausgeht, das ist ja auch so symbolisch, das Gewand zu berühren, ja.

M₅: Genau und hier, der vierte Teil ist vielleicht dann dieser Aha-Effekt, weil sie hat erst gehört und dann wird sie geheilt und dann: „Aha! Doch! Wirklich!" Jesus ist der Herr und red dann und Jesus redet dann ja auch zu ihr, blickt zu ihr hin und, und sagt: „Geh in Frieden, sei gesund und für dein Leiden. Und dein Glaube hat dich gerettet!"

Vier Akte macht die Gruppe „CVJM" aus:

- 1. Akt: Einem Menschen geht es nicht gut (vgl. Mk 5,25).
- 2. Akt: Dieser Mensch versucht selbst alles Mögliche, um gesund zu werden (vgl. Mk 5,26ab).
- 3. Akt: Von Jesus gehört (vgl. Mk 5,27a) – Denken (vgl. Mk 5,28) – Treffen und Berühren (vgl. Mk 5,27bc) → Heilung (vgl. Mk 5,29ac).
- 4. Akt: Erst gehört (vgl. Mk 5,27a), dann geheilt (vgl. Mk 5,29ac), dann Aha-Effekt; abschließend redet Jesus (vgl. Mk 5,34).

Diese vier Teile bilden zusammen die erste (und einzige) Hyperteksteinheit, wobei die Gruppe „CVJM" in späteren Passagen der Diskussion z. T. auf einzelne Aspekte zurückkommt. Der Übersichtlichkeit wegen wird dies jeweils vorgezogen und an Ort und Stelle abgehandelt. Deutlich dürfte geworden sein, dass die Gruppe intratextuell durch den Text springt, und es werden zusätzlich Textelemente untereinander in eine neue Reihenfolge gebracht – z. B. wird V. 28 (Gedanken der Frau) zwischen V. 27a (Hören von Jesus) und V. 27bc (Aktion: Annäherung und Berührung) eingebaut und unmittelbar daran V. 29ac (Heilung) angeschlossen, was dem logischen Geschehensfortgang wohl eher entspricht als die etwas nachgeschobene Stellung von V. 28 in der schriftlichen Textvorlage. Die grobe Gesamtlinie, sprich: die grundlegende Dynamik, der Geschichte wird jedoch beibehalten.

Dabei finden sich bei der Textwahrnehmung einige Auffälligkeiten: Beispielsweise wird die Frau dezidiert nicht als Frau wahrgenommen, ganz im Gegenteil. Mittels der Abstrahierung *Mensch* wird nämlich eine Generalisierung vollzogen, sodass von der (konkreten) Frau dieser Erzählung abgesehen werden kann bzw. sogar muss. Entsprechend wird die (zufällige?) Verwendung des Personalpronomens *sie* in der Hitze des Gefechts gewissermaßen sofort korrigiert: „irgendwie hat sie [...] – der Mensch im Augenblick" (S. 15, M_5). An späterer Stelle wird ganz in diesem Sinne als textliche Leerstelle der fehlende Name der Frau konstatiert und dies argumentativ entsprechend ausgeschlachtet: „das ist ja 'ne Geschichte, die du jetzt nicht nur über diese Frau handelt, sonst würd da ja ein Name stehen" (S. 17f., M_3). In Mk 5 findet sich kein Name der Frau – ergo geht es um den Menschen an sich im Allgemeinen respektive um jeden Menschen für sich und nicht um eine bestimmte Frau (oder überhaupt um eine Frau) im Speziellen. Ebenfalls abstrahiert wird von der konkreten Krankheit Blutfluss, da im Mittelpunkt ein Mensch steht, dem es nicht gut geht – der *hier in dem Fall*[13] unter Blutfluss leidet. Letzteres verweist zwar auf die konkrete Erzählung in ihren Details, doch aufgrund der Wendung *in dem Fall* wird dies deutlich als exemplarisch und damit letztlich austauschbar präsentiert. *In dem Fall* hier stellt sich die Situation so dar, andere Fälle mit anderen Szenerien sind ausdrücklich denkbar. Vor diesem Hintergrund ist es konsequent, dass im Folgenden ausschließlich der Mensch, dem es schlecht geht, thematisiert wird (vgl. S. 15 und 16, jeweils M_3).

Des Weiteren werden die konkreten Angaben aus Mk 5,26ab zunächst nicht aufgegriffen, sondern nur etwas unspezifisch und ausweitend davon gesprochen, dass der „Mensch alles probiert" hat (vgl. S. 15, M_5). Hier wird jeder Engführung auf ein rein materielles Bemühen von Anfang an vorgebeugt und unterstrichen, dass sich der Mensch der Suche nach Gesundung quasi zweihundertprozentig widmet und wirklich alle zur Verfügung stehenden Mittel, Möglichkeiten, Fähigkeiten ... – einfach *alles* – einsetzt. Allerdings ist in den Augen der Gruppe höchst fraglich, ob dieses Engagement als richtig zu qualifizieren ist, denn an späterer Stelle wird Mk 5,26ab(c) noch einmal aufgegriffen und die Gruppe expliziert ihr diesbezügliches Verständnis ausdrücklich – inklusive Übertragungsmöglichkeiten. Dabei erscheint die Vergangenheit der Frau eher in einem düsteren, zweifelhaften Licht (S. 17f.):

---

[13] Vgl. hierzu die Gruppe „Kultur" (vgl. S. 19, F_2; vgl. Teil II 2.1.2 B_{Mk}), wo die Wendung *in diesem Fall* in ganz ähnlichem Kontext eingebracht wird. Dort besteht das Interesse darin, Verallgemeinerungstendenzen zu wehren und den in Mk 5 beschriebenen konkreten Einzelfall stark zu machen.

M₅: [...] Also wichtig ist auch: Der erste Teil hier, das soll ja nicht nur heißen, dass sie ihr Geld für ausgegeben hat, dass sie, dass sie geheilt wird von irgendwelchen Ärzten, sondern das soll auch heißen, dass sie vielleicht in ihrem Leben voll falsch woher geirrt ist, in die falsche Richtung gelaufen ist und nicht zu Gott, zu Jesu, sondern komplett in die falsche Richtung. [...] *
Ist ja nicht nur materiell, genau!
[...]

M₃: Und das ganze Vermögen ist ja auch eigentlich so für *
genau, für, für das ganze Verlangen.
[...]
Und dann da auch ihr Vermögen, also ihr Streben und ihren, ihre Kraft eigentlich so reinsetzen und dann merken, dass das irgendwie nichts wird.

Vor diesem Hintergrund und angesichts weiterer konkretisierender Beispiele, die die Gruppe anführt und die durchgängig eine negative Konnotation aufweisen (satanistische Sachen, okkulte Sachen, Yoga, Vegetarier werden, Horoskope lesen, Wahrsagerinnen befragen, *9 Live* anrufen), dürfte auch die Nichtwahrnehmung der langen Zeitdauer dieser Phase vor der heilenden Begegnung mit Jesus (zwölf Jahre gemäß Mk 5,25b) entsprechend (negativ) zu bewerten sein.

Fallübergreifender Vergleich: Hier besteht erneut ein deutlicher Unterschied zur Gruppe „KSJ", da für diese das vorgängige Eigenengagement der Frau wichtig ist und gerade die lange Zeitdauer (zwölf Jahre) in diesem Kontext Bedeutung gewinnt (vgl. Teil II 2.3.2 B$_{Mk}$). Die Gruppe „CVJM" dagegen sieht die Dinge an dieser Stelle deutlich anders und in diesem Zusammenhang lässt sich die beobachtete Ausblendung interpretieren. – *Vergleich Ende* –

Entsprechend konstruiert die Gruppe „CVJM" keine Opposition zwischen Jesus und den Ärzten (Schulmedizin) – wie beispielsweise bei der Gruppe „Kultur" (vgl. Teil II 2.1.2 B$_{Mk}$ und C$_{Mk}$) beobachtet –, sondern der Heilungserfolg ist auf die Umkehr der Frau und ihre jetzt richtige Entscheidung, nämlich für Jesus, zurückzuführen. Dass dann keine Furcht und kein Zittern mehr am Platz sind, überrascht nicht weiter, womit auch die Ausblendung von Mk 5,33 erklärbar wäre.

Im dritten Akt werden einige Textdetails – durchaus zitierend – wahrgenommen, allerdings ebenfalls mit kleinen, aber wohl entscheidenden Verschiebungen bzw. spezifischen Akzentuierungen. Es wird der Jesus vorauseilende Ruf aufgegriffen und das Hören der Frau als Ausgangspunkt ihres Annäherungsversuches zur Kenntnis genommen. Was jedoch in Mk 5,27a klar formuliert als Faktum begegnet ("Sie hatte von Jesus gehört"), wird in der Gruppendiskussion relativiert bzw. *verwahrscheinlicht: wahrscheinlich hat sie von Jesus gehört* – womit durchaus noch andere Initiationsimpulse für ihr Verhalten möglich und denkbar sind. Bedeutsam ist darüber hinaus zum einen, dass die Gruppe „CVJM" die Begegnung der Frau mit Jesus als Treffen bestimmt. Im Gegensatz zum vorliegenden schriftlichen Text, der die Frau in der Menge gewissermaßen aufgehen lässt und davon spricht, dass sie *von hinten* an Jesus herankommt, scheint sich der Vorgang für die Gruppe „CVJM" etwas anders darzustellen. Die Menge wird überhaupt nicht wahrgenommen, wobei das gleiche Schicksal im Übrigen auch die Jünger ereilt. Alle Überlegungen konzentrieren sich auf Jesus und die Frau bzw. den Menschen, die beide fokussiert im Zentrum stehen. Während es mit Blick auf Mk 5,28 wohl nicht verfehlt ist, ein Heranschleichen vor Augen zu haben, und das Bemühen der Frau deutlich wird, möglichst unbemerkt, unauffällig und unentdeckt zu bleiben, so setzt die Rede vom *Treffen* eine andersartige Szenerie voraus. Dieser Gesichtspunkt erfährt im weiteren Diskussionsverlauf sogar noch eine Verstärkung, wenn davon gesprochen wird, dass die Frau *auf Jesus zugerannt* ist (vgl. S. 15, M_3). Keine Spur von einem heimlichen (und vorsichtigen) Herantasten von hinten.

Zum anderen trägt die Gruppe beiläufig und fast unbemerkt in die dem Handeln vorausgehenden bzw. dieses begleitenden Gedanken der Frau einen kleinen Zweifel ein in Gestalt eines *vielleicht*. Spricht Mk 5,28 nämlich von einer festen Überzeugung oder zumindest von einer vertrauensvollen Hoffnung auf Rettung, so hat sich hier in der Zitierung durch M_5 eine klitzekleine Unsicherheit eingeschlichen: „dann werd ich *vielleicht* gerettet" (S. 15, M_5; Hervorhebung C. S.) – vielleicht ja, vielleicht aber eben auch nicht! Dieser Gedanke des Zweifels wird im Folgenden aufgegriffen und näher entfaltet:

> „Und da ist halt auch immer der Aspekt, dass, dass man ruhig zweifeln kann, vielleicht wie die Frau, weil es einem mo- schlecht geht und ob es wirklich jetzt so richtig ist mit Jesus, aber wie die Frau rennt man halt trotzdem auf Jesus zu und probiert's halt trotzdem aus" (S. 16, M_3).

Der Zweifel, das wird ganz deutlich, spielt in den Überlegungen der Gruppe eine wichtige Rolle und es lässt sich hervorragend beobachten, wie dieser Zweifel in die Erzählung Mk 5 gewissermaßen eingetragen wird. Das Berühren des Gewandes wird zwar zunächst mit der Formulierung *nur ein bisschen was von ihm kriegen* (vgl. S. 15, M_5) umschrieben,[14] doch unmittelbar danach auch ausdrücklich eingebracht. An dieser Stelle setzt eine Verlinkung mit extratextuellem, außerbiblischem Material an: Ein Liedtext wird eingespielt, wobei der Anfang „Nur einen Saum deines Gewandes be-

---

[14] Vgl. Gruppe „KSJ" (vgl. S. 20, M_{15}; vgl. Teil II 2.3.2 B_{Mk}), wo der Gedanke begegnet, dass evtl. ein peripherer Kontakt mit Jesus genügt.

rühr'n genau in einem Augenblick"[15] § wohl den gesamten zugehörigen Strophentext evoziert und gewissermaßen als *pars pro toto* steht. Als *Linkausgangspunkt* fungiert die Aktion der Berührung bzw. die grundsätzliche Zusammengehörigkeit von Lied und Bibelstelle Mk 5 (Abhängigkeit: Bibelstelle passt zum Lied, nicht etwa umgekehrt!). Die Intention der Einspielung lässt sich (zunächst) etwas allgemein als *unterstützend* qualifizieren und die vorliegende Form erinnert an ein *Pop-Up*.

Zwei letzte Detailbeobachtungen sollen die Überlegungen zum Hypertext der Gruppe „CVJM" abrunden: Im vierten *Akt* wird von einem *Aha-Effekt* gesprochen und am Ende auf die finale Interaktion Jesu mit der Frau Bezug genommen. Hierbei begegnet vor dem an die Frau gerichteten Wort erstens ein in Mk 5 so nicht zu findender *Blick* Jesu, der sich einem Zusammenspiel von eingespieltem Liedtext und Textwahrnehmung verdanken könnte: Heißt es im Lied „Nur den Saum deines Gewandes" in der ersten Strophe „Nur ein Blick aus deinen Augen, nur ein Wort aus deinem Mund und die Heilungsströme fließen, meine Seele wird gesund"[16], was in die Diskussion unterschwellig-unbewusst eingeflossen sein könnte – in diesem Fall wäre die Einspielung des Weiteren als *ergänzend* zu bestimmen –, so kommt ebenso bzw. zusätzlich in Betracht, dass das suchende Umherblicken Jesu aus Mk 5,32a einbezogen wird, allerdings zugespitzt bzw. fokussiert auf die Frau: Jesus blickt nicht einfach irgendwie umher, sondern er blickt dezidiert die Frau an. Angesichts der Ausblendung der Menge erscheint dies als logische Konsequenz, denn wo keine Menge vorhanden ist, da kann Jesus diese auch nicht suchend mustern. Zweitens fällt bzgl. des Zuspruchs Jesu an die Frau eine veränderte Reihenfolge der einzelnen Bestandteile auf:

Mk 5,34	„CVJM" (S. 15, M₅)
b Tochter!	---
c Dein Glaube hat dich gerettet.	
d Geh in Frieden!	Geh in Frieden!
e Sei gesund von deinem Leiden!	Sei gesund und für dein Leiden!
	Und dein Glaube hat dich gerettet.

---

[15] Die erste Strophe dieses Liedes von Albert Frey (genauer Titel: „Jesus, berühre mich. Nur den Saum deines Gewandes") lautet: „Nur den Saum deines Gewandes einen Augenblick berühr'n und die Kraft, die von dir ausgeht, tief in meinem Innen spür'n. Nur ein Blick aus deinen Augen, nur ein Wort aus deinem Mund und die Heilungsströme fließen, meine Seele wird gesund" (zitiert nach: Feiert Jesus Bd. 2, Holzgerlingen ³2001, Nr. 172).

[16] Zitiert nach: Feiert Jesus Bd. 2, Holzgerlingen ³2001, Nr. 172.

Die Verbalisierung des rettenden Charakters des Glaubens rückt vom Anfang ans Ende dieser Dialogpassage und erfährt somit eine betonte Hervorhebung: Im Rahmen des Hypertextes der Gruppe „CVJM" schließt genau diese Aussage die Einheit ab und bildet damit den dezidierten End- (und Höhe-)punkt. Dazu passt hervorragend, dass bei der zweiten und letzten Einbeziehung der Worte Jesu im Zusammenhang mit einer analogen Übertragung auf das eigene (heutige) Leben nur noch dieser eine Satz zitiert wird (diesmal mit dem bekannteren und wohl vertrauteren Verb *helfen* statt *retten*; vgl. S. 16, M$_3$). Hier ist nun keine Rede mehr vom Zuspruch der Heilung oder der Entlassung in Frieden, alles ist auf den Glauben konzentriert, der eindeutig als Sinnpointe/-spitze der Perikope in den Mittelpunkt gestellt wird. Dass in diesem Zusammenhang auch die Anrede *Tochter!* entfällt, überrascht angesichts der durchgängig vorzufindenden abstrahierenden Redeweise vom *Menschen* nicht weiter.

Summa: Der Hypertext der Gruppe „CVJM" setzt sich, intratextuell durch die gesamte Hypertextbasis springend, aus spezifisch ausgewählten Elementen zusammen, wobei sich insgesamt nur eine Hypertexteinheit findet. Die Gruppe bestimmt vier Akte des Heilungs- bzw. Konversionsdramas. Für die Gruppe handelt die Erzählung von einem kranken Menschen, der nach vielen erfolglosen und irrigen Eigenversuchen schlussendlich doch zu Jesus findet und aufgrund der Heilung einen *Aha-Effekt* erlebt, womit die Bekehrung vollzogen wäre. Entsprechend findet sich eine deutliche Tendenz zu Generalisierung/Verallgemeinerung in der Rezeption (Mensch, Krankheit, eigener Einsatz); auch wird die Namenlosigkeit der Frau in die Argumentation einbezogen. Durch gezielte Erweiterung um das Wörtchen *vielleicht* wird ein Zweifel in die vorgängige Motivation der Frau eingetragen und die Gruppe akzentuiert die gesamte Szenerie (in Richtung einer *Glaubensentscheidung*) um: Man spricht von einem *Treffen* zwischen Jesus und der Frau bzw. davon, dass die Frau *auf Jesus zugerannt* sei, konzentriert sich ausschließlich auf diese beiden Figuren und blendet sowohl die Menge als auch die Jünger aus. Extratextuelles, außerbiblisches Material (Lied *Nur einen Saum ...*) *unterstützt* die eigenen Überlegungen und könnte auch für die Einfügung einer Aktion Jesu (→ Blick) verantwortlich sein. Das zwölfjährige Engagement der Frau wird eher skeptisch beurteilt und zu guter Letzt ordnet die Gruppe die Teilverse V. 34c–e dergestalt neu, dass der rettende Glaube betont am Ende zu stehen kommt (V. 34dec).[17]

---

[17] Im Interesse der Vollständigkeit sei abschließend noch erwähnt, dass auch Mk 5,29a einmal kurz in die Diskussion einbezogen wird (vgl. S. 16, M$_5$), zugespitzt auf die Aspekte Unmittelbarkeit und Augenblicklichkeit der Heilung. Der Gruppe geht es an dieser Stelle primär um den wunderhaften Charakter des Geschehens, was aber für den Hypertext insgesamt nicht weiter relevant ist.

Fallinterner Vergleich: Mit Blick auf den Hypertext der Gruppe „CVJM" zu Mt 5 einerseits und Mk 5 andererseits fällt auf, dass jeweils nur eine Hypertexteinheit zu erkennen ist, sprich: Die Gruppe diskutiert jeweils durchgängig um einen für sie zentralen Punkt und es lassen sich keine relevanten Einschnitte ausmachen. Dabei werden gezielt einzelne Elemente der Hypertextvorlagen wahrgenommen, anderes bleibt – wahrscheinlich ebenso bewusst – ausgeblendet. Es liegen einige intratextuelle Sprünge vor. In beiden Fällen werden argumentativ zumeist mit unterstützender Intention extratextuelle, außerbiblische Einspielungen (Mt 5: „What would Jesus do?!"; Mk 5: „Nur einen Saum deines Gewandes ...") vorgenommen. – *Vergleich Ende* –

(C_{Mk}) Positionierung (Identifikation/Kritik) bzgl. Mk 5

Da die Gruppe „CVJM" bzgl. Mk 5 von vier möglichen Akteuren (Jesus, Frau, Menge, Jünger) nur zwei wahrnimmt, nämlich Jesus und die Frau – Letztere darüber hinaus (nur) verallgemeinert als *Mensch* –, ist mit Blick auf eine Eigenpositionierung kein allzu großer Spielraum gegeben. Während der Bibeltext nämlich eine große Szene in der Öffentlichkeit vor Augen hat, gewissermaßen mit einem Heer von Statisten und verschiedenen agierenden Gruppen, fokussiert die Gruppe „CVJM" einzig und allein auf die Begegnung zwischen der Frau und Jesus – das *Treffen* dieser beiden Figuren steht exklusiv im Zentrum der Aufmerksamkeit. Alles andere außen herum wird ausgeblendet:

Jesus Frau (= Mensch)

Dabei ist Jesus eindeutig der passivere Part von beiden. Er ist einfach da, kann berührt werden und heilend wirken, doch Letzteres funktioniert eben nur, wenn jemand kommt und ihn berührt. Und an dieser Stelle tritt die Frau respektive der (kranke/leidende) *Mensch* auf den Plan. Diesem geht's nicht gut, und nachdem alle Versuche und eigenen Anstrengungen mit Blick auf eine Heilung nicht gefruchtet haben, setzt er seine (letzte) Hoffnung gewissermaßen auf ein Gerücht. Auf bloßes Hörensagen hin entwickelt er einen mehr oder weniger (*vielleicht* gerettet) vertrauenden Glauben inklusive Berührungsplan und wird am Ende für das eingegangene Wagnis belohnt: „und also Heilung ist da" (S. 15, M_5). Der Mensch hat es geschafft, hat zu Jesus gefunden und es kommt gewissermaßen noch besser: Nicht nur, dass er von seiner Krankheit erlöst ist, sondern Jesus blickt ihn auch noch an, spricht zu ihm und sagt ihm diesen ausschlaggebenden (rettenden/helfenden) Glauben zu.

In diesem Sinne kann die Frau (als Mensch an sich) ein Abbild des eigenen Lebens, genauer gesagt: des eigenen Weges hin zu einer Glaubensentscheidung, darstellen. *Wie die Frau* – diese Formulierung begegnet im Verlauf des Diskussionsteiles einige Male, verbunden mit einem (unpersönlichen) *man*, das den exemplarischen Charakter der geschilderten Geschichte zusätzlich betont. Man kann und darf ruhig zweifeln „vielleicht *wie die Frau*, [...] ob es wirklich jetzt so richtig ist mit Jesus, aber *wie die Frau* rennt man halt trotzdem auf Jesus zu und probiert's halt trotzdem aus" (S. 16, M_3; Hervorhebungen C. S.). Und dann gibt es einen *Aha-Effekt* – für die Frau der Geschichte ebenso wie für jemanden heute, der sich auf Jesus einlässt (vgl. S. 15, M_5; S. 16, M_3). Die Frau ist somit ein positives Beispiel oder Vorbild für einen selbst, denn trotz aller Zweifel, Vorbehalte und Bedenken ist Jesus einen Versuch wert – man wird schon sehen, was man davon hat, bzw. man wird auf jeden Fall etwas finden. Und wenn man den Schritt (auf Jesus zu und zu ihm hin) erst einmal gewagt hat, dann ist ein Rückschritt im Grunde gar nicht mehr möglich, alle Zweifel sind ausgeräumt, alle Haken beseitigt. Die Gruppenmitglieder scheinen sich mit der Frau *danach* zu identifizieren: *Wie die Frau* sind sie trotz allem Entgegenstehenden auf Jesus zugerannt, haben sich für eine Zugehörigkeit zu ihm entschieden, haben den *Aha-Effekt* erlebt und verfügen nun über alles, was nötig ist: „Dein Glaube hat dich gerettet!" Und in dieser Position ist es nun an ihnen, anderen von Jesus zu erzählen und die Zweifelnden ernst zu nehmen:

> „Und ich sag auch immer den Leuten, die, die von Gott noch nichts gehört haben, so: Zweifeln ist richtig, auf jeden Fall; also ich sag: Zweifelt ruhig an Gott! Hakt da überall nach!" (S. 16, M_5).

Die *Leute, die von Gott noch nichts gehört haben* (→ entsprechen gewissermaßen der Frau zeitlich vor Mk 5,27a), kommen als Ansprechpartner für die Gruppe „CVJM" ins Spiel und erneut (vgl. den folgenden fallinternen Vergleich) begegnet ein nahezu unbemerkt vonstattengehender Übergang, der Identifizierung und Abgrenzung deutlich macht. War es im Fall von Mt 5 der Wechsel vom *die* (→ die, die von Gott sonst nichts wissen) zum *wir* (→ wir, die glauben) (vgl. S. 12, M_5), so vollzieht sich hier nun die genau entgegengesetzte Bewegung mit nahezu identischem Vokabular: „und ich denk mal, *wir* Menschen *wir* suchen *die* Gott nicht kennen und nicht an Gott glauben, *die* sagen ..." (S. 16, M_5; Hervorhebungen C. S.). Im ersten Fall (Mt 5) bringt man sich selbst auf diese Weise geschickt ins Spiel bzw. nimmt eine Selbstidentifikation vor, in letzterer Variante (Mk 5) schleicht man sich gewissermaßen heimlich, still und leise hinaus bzw. stiehlt sich aus der Affäre: Zu dieser Gruppe (von Menschen) gehören wir nicht, vielleicht nicht mehr?

Entsprechend muss wohl im Sinne der Gruppe „CVJM" deutlich unterschieden werden zwischen dem Menschen vor der Begegnung mit Jesus und dem Menschen danach, denn augenscheinlich lässt dieses Treffen (inklusive Heilung) nicht unberührt und v. a. nicht unverändert. Denn während sich die Gruppenmitglieder ganz eindeutig mit dem *Menschen danach* identifizieren, herrscht gegenüber dem vorigen Zustand eine ebenso deutliche Distanzierung vor. Man darf zwar (ruhig) zweifeln und überall nachhaken, aber dies tun eben nur „die, die von Gott noch nichts gehört haben" (S. 16, M_3), die, die Gott nicht kennen, die Feuersäule fordern und Wundertaten sehen wollen. Über diese Phase ist man selbst (offensichtlich) längst hinaus. Außerdem kennzeichnet es den *Menschen davor*, dass er sein ganzes Vermögen/Geld ausgegeben hat, sprich: alles Mögliche probiert und versucht hat. Das ist zwar grundsätzlich und an sich nicht negativ, ganz im Gegenteil: Wie die Frau sollte man sein ganzes Verlangen und Streben, die ganze Sehnsucht und Kraft dafür einsetzen, *gesund* zu werden (vgl. S. 17f., M_3). Doch bleibt ein schaler ambivalenter Beigeschmack, denn dies kann ja auch bedeuten, dass man sich auf satanisch-okkult-esoterischen Ab- und Irrwegen getummelt hat, statt (gleich) auf Jesus zu bauen. Statt zu Jesus als der Quelle von Heilung und Heil zu eilen, besucht man lieber Wahrsagerinnen, liest Horoskope, verrenkt sich in Yoga-Clubs oder schaut gar am Ende *9 Live*. Davor möge einen Gott bewahren bzw. Gott sei Dank, wenn man den richtigen Weg (zu Jesus) gefunden hat.

Summa: Der Gruppe „CVJM" geht es rein um die Begegnung, das Treffen zwischen Jesus und der Frau/dem Menschen. Alle anderen Aktanten (Jünger, Menge) bleiben ausgeblendet. Dabei wird gewissermaßen zwischen der *Frau davor* und der *Frau danach* unterschieden: Während die Situation vorher durch Irrwege und Zweifel eher negativ konnotiert ist, hat die anschließende richtige Entscheidung, sprich: das Ausprobieren mit Jesus, zur Heilung geführt. Entsprechend identifiziert man sich mit dem Menschen *danach* und kann nun auf Basis dieses *Aha-Effekts* als Ansprechpartner zur Verfügung stehen für die, die von Gott noch nichts gehört haben.

Fallinterner Vergleich: Die Gruppe „CVJM" liest beide Texte als *christliche* Texte und identifiziert sich entsprechend mit den Adressaten. Als gewisse Gegengrößen begegnen in beiden Fällen die, die von Gott sonst nichts wissen (→ Mt 5), bzw. die, die Gott nicht kennen und nicht an Gott glauben (→ Mk 5). Dabei ist auffällig, dass zweimal ein fast unmerklicher Übergang vorliegt: Ist es bei Mt 5 der Wechsel vom *die* (→ die, die von Gott sonst nichts wissen) zum *wir* (→ wir, die glauben) (vgl. S. 12, M_5), so begegnet bei Mk 5 eine entgegengesetzte Bewegung: „und ich denk mal, *wir* Menschen *wir* suchen *die* Gott nicht kennen und nicht an Gott glauben, *die* sagen ..." (S. 16, M_5; Hervorhebungen C. S.). Einmal nimmt man eine Selbstidentifikation vor, das andere Mal grenzt man sich geschickt ab. Die Gegenüberstellungen sind sowohl mit Blick auf Mt 5 als auch hinsichtlich Mk 5 identisch, ebenso wie die bereits angesprochene Eigenpositionierung. Dabei könnte die blutflüssige Frau, allgemeiner gesagt: der Mensch, dem es nicht gut geht, gewissermaßen als eine Art Bindeglied fungieren: Hier vollzieht sich exemplarisch der Schritt vom *Davor* (→ kennt Gott nicht, weiß nichts von Jesus) zum *Danach* (→ glaubt).
– Vergleich Ende –

(D) Strategien der Sinnkonstruktion und des Textverstehens

Blickt man auf die Gruppe „CVJM" im Gesamten und v. a. ihren Umgang mit den beiden vorgelegten Texten (Mt 5/Mk 5), so fällt zunächst einmal auf, dass beide Texte dezidiert als *christliche* Texte, ja sogar als „christliche Vorgabe von Gott" (S. 12, M$_5$) gelesen und verstanden werden. Auf Basis dieser Grundentscheidung vollzieht sich die auslegende Diskussion. Dabei ist selbstverständlich und fraglos, dass die Gruppenmitglieder selbst als Christen zu den (primären) Adressaten gehören und dementsprechend abzugrenzen sind von denen, die Gott nicht kennen, nichts von Gott wissen und nicht glauben. Dies ist das Grundraster der Positionierung, das die Sinnkonstruktionsstrategie der Gruppe „CVJM" maßgeblich bestimmt.

Vor diesem Hintergrund lässt sich das Vorgehen im Rahmen des Textverstehens mit zwei Eigenterminologien der Gruppe folgendermaßen bezeichnen: *immer mal wieder anders benutzen* (vgl. S. 4, M$_3$) und hauptsächlich *Antworten suchen und finden*.[18] Dies ist das Bemühen der Gruppe und diese Begrifflichkeiten treffen gut das beobachtbare Tun der Gruppe, welches wie folgt zu skizzieren ist: Man greift sich sehr gezielt einzelne Textelemente heraus (bei Mt 5 z. B. nur die krassen Aussagen aus Mt 5,39), kombiniert auch Bestandteile neu (z. B. bei Mk 5,34 mit dem Ziel, dass der Glaube betont am Ende zu stehen kommt). Große Partien des Textes bleiben ausgeblendet (z. B. Mt 5,42), auch wenn aufgrund der lauten (bzw. leisen) Lektüre der gesamte Textkomplex im Raum steht. Insgesamt geht es der Gruppe jeweils um einen Hauptclou des Textes, der unmittelbar (und ohne erkennbare Zwischenschritte) auf heute und das je eigene Leben übertragen wird.[19] Dabei finden sich sowohl analoge Übertragungen als auch exemplarisch-paradigmatische Ansatzpunkte. Der Text soll Antworten geben, die im heutigen Leben weiterhelfen, und er tut dies auch – nach diesem Grundsatz funktioniert zumindest die Sinnkonstruktion der Gruppe „CVJM". Die Gruppe sucht nach Antworten und findet diese auch. Dabei leisten schlagwortartige Verdichtungen und Verallgemeinerungen gute Dienste.

---

[18] Vgl. zu Letzterem S. 6, M$_5$: „Findet man meistens schon irgendwie 'ne richtige Antwort, also das wollt ich auch grad noch sagen: Ne Antwort, ne, also Bibel ist nicht nur das Buch, wo man aufschlägt und liest, sondern ist auch das Buch, wo man nach Antworten sucht und auf jeden Fall auch findet"; S. 7, M$_1$: „Antworten finden auf Sachen im Leben, die mir schwer fallen"; S. 8, M$_1$ und M$_3$.

[19] Bei Mt 5: die *neue*, *besondere* und *krasse* Lehre/Botschaft Jesu (Hauptaussage: „Die Liebe ist stärker bzw. muss stärker sein!"; vgl. S. 10, 12 und 13, jeweils M$_3$), die primär an Christen adressiert ist und damit die Gruppe selbst zutiefst betrifft – im Unterschied zu denen, „die von Gott sonst nichts wissen".
Bei Mk 5: exemplarische Bekehrungsgeschichte.

Bei alledem ist immer die bereits erwähnte Differenzierung zwischen Christen und denen, die Gott nicht kennen, wichtig und auch das methodische Vorgehen und die vorgenommenen Verlinkungen sind in diesem Zusammenhang zielführend. Die Gruppe unterscheidet genau zwischen den beiden Texten mit Blick auf ihre Art/Gattung (Mt 5: hart auf hart; Mk 5: story/Geschichte) und *benutzt* entsprechend beide Texte *anders:* Bei Mt 5 finden sich in methodischer Hinsicht vorwiegend Überlegungen zu Traditionskritik und Kommunikationssituation (→ textextern), um die *krasse* Botschaft Jesu zu profilieren; Mk 5 dagegen wird vorrangig mit Blick auf Gliederung und Interaktionen (→ textintern) angegangen und auf diesem Wege eine verallgemeinernde Abstrahierung erreicht. Bei alledem werden extratextuelle, außerbiblische Elemente gezielt zu Argumentationszwecken eingespielt. Das für die Gruppe „CVJM" entscheidende Kriterium kann schlussendlich mit dem Schlagwort *christliche, krasse, außergewöhnliche Botschaft Jesu* kurz auf den Punkt gebracht werden.

2.5.3 Die Frage nach dem Warum – Ein Blick auf den Orientierungsrahmen

a. Der Orientierungsrahmen im Kurzportrait: „Wir versuchen halt [...], den Leuten was von Gott nahezubringen" (S. 1, M_5)

Der zentrale Aspekt des (grundsätzlich als vorgegeben und nicht verhandelbar angesehenen) Orientierungsrahmens der Gruppe „CVJM" kann auf folgende Kurzformel gebracht werden: missionarische Verkündigung im Auftrag des Herrn (Jesus) → missionarisches Selbstverständnis. Hierum kreist das gesamte Engagement der Gruppe, die sich selbst explizit als „missionarischer Verein" (S. 1, M_5) versteht und entsprechend ihre Zielperspektive folgendermaßen umreißt:

„[W]ir wollen ganz klar die Jugendlichen ansprechen" (S. 1, M_5). „[W]ir versuchen [...] die Jugendlichen zu erreichen" (S. 1, M_5; vgl. S. 2, M_3). „Und, ja, dass wir die irgendwie versuchen zu erreichen und denen auch irgendwie von, von Jesus die message[20] rüberzubringen" (S. 1, M_3).

Die begegnenden Wendungen, die den positiven (Gegen-)Horizont klar zum Ausdruck bringen, sind sowohl von der Formulierung als auch v. a. inhaltlich durch hohe Konstanz und Invariabilität ausgezeichnet und durchziehen die Gruppenvorstellungsphase leitmotivisch. Es geht der Gruppe primär darum, etwas rüberzubringen, sprich: die Botschaft Gottes respekti-

---

[20] Zur Rede von der *message* vgl. S. 3, M_3. Diese *message* findet sich übrigens in der Bibel, die das Buch ist, „wo Gott halt seine message rüberbringt" (S. 4, M_3). Der Gruppe „CVJM" wiederum obliegt es, diese *message* an andere Menschen weiterzuvermitteln.

ve Jesu – hier liegt eine stillschweigend-implizite Ineinssetzung vor – gerade jungen Menschen weiterzusagen und u. a. mittels ansprechender Jugendarbeit (z. B. in geschlechtsmäßig getrennten Jungschargruppen) und auf der Basis einer guten Gemeinschaft mit Erfolg verkündigend tätig zu sein. Unter diesen Vorzeichen steht auch der eigene Gottesdienst *Heaven's Door*, wird hier doch versucht, „diese Atmosphäre halt zu schaffen, den Leuten was von Gott nahezubringen, die da sind" (S. 1, M_5). Entsprechend finden sich interaktive und auflockernde Elemente (Aktionen/Spielchen), „sodass die Leute wirklich interaktiv das fassen können" (S. 2, M_3). Atmosphäre und Gemeinschaft dienen der missionarischen Arbeit. Als negativer Gegenhorizont kommt an dieser Stelle herkömmliche Liturgie in den Blick, die durch Passivität der Teilnehmenden – teils in Verbindung mit Gleichgültigkeit gegenüber den Inhalten – gekennzeichnet und deshalb nicht in der Lage ist, Menschen anzusprechen, geschweige denn von der *message* Gottes zu begeistern. Insgesamt lässt sich in der spezifisch profilierten, aktiven Jugendarbeit ein entscheidendes Enaktierungspotenzial ausmachen, da auf diesem Wege die Umsetzung der eigenen Orientierung in Alltagshandeln unternommen wird.

Alles in allem liegt eine auffällige Entscheidungsbetontheit vor; das Zeugnisgeben spielt in diesem Zusammenhang eine ausschlaggebende Rolle. Es gilt auf der einen Seite, von der *message* Gottes/Jesu – überzeugt und überzeugend – Zeugnis zu geben, auf der anderen Seite ist die (richtige) Entscheidung gefordert. Auch wenn anfängliche (Glaubens-)Zweifel hierbei gewissermaßen erlaubt, ja geradezu natürlich und menschlich sind, so steht man doch irgendwann unweigerlich vor der alles entscheidenden Frage: „Möchte ich jetzt zu Jesus gehören oder nicht?!" (S. 16, M_3). Hier ist eine persönliche Stellungnahme vonnöten, wobei die Gruppe „CVJM" selbst diese Schwelle bereits überschritten hat – wie die Entscheidung ausgefallen ist, dürfte klar sein.

Daneben sind Abgrenzung und Unterscheidung (u. a. auch zwischen Christen und Nichtchristen) für die Gruppenidentität augenscheinlich sehr wichtig, was sich in der ausdrücklichen Gegenüberstellung negativer Gegenhorizonte und eigener positiver Orientierungen äußert:

> „wir wollen nicht so 'ne reine Kuschelrunde hier machen, sondern wir wollen schon den Leuten was von Gott erzählen" (S. 1, M_5); „jetzt nicht nur so 'ne nette Spielgruppe, sondern halt auch die Grundsteine zu legen für den Glauben, [...] also nicht nur Friede, Freude, Eierkuchen, sondern – also auch schon mit message" (S. 3, M_3).

In vorstehendem Sinn betreibt man somit zwar *offene Arbeit* (vgl. S. 1, M_5) mit Blick auf potenzielle Adressaten, aber auf keinen Fall bzgl. der inhaltlichen Ausrichtung:

> „also es ist schon nicht wirklich ‚offene Arbeit' wie jetzt: wir stellen ein paar Spielchen hin und die Leute kommen hier hin und wir gucken denen zu und unterhalten

uns ein bisschen mit denen – sondern, also wir bieten auch schon Programm an und dass wir die Leute auch direkt ansprechen" (S. 1, M₃).

Offenheit im Sinne von Beliebigkeit, Unverbindlichkeit, Harmlosigkeit, mangelnder Ernsthaftigkeit und fehlender inhaltlicher Profilierung werden dezidiert abgelehnt bzw. als mögliche negative Gegenhorizonte benannt. Man versteht sich vor diesem Hintergrund selbst als ausgegrenzt, herausgehoben, unterschieden und elitär, gewissermaßen als eine Art überlegene Minderheit.

Mit anderen christlichen Gruppierungen der näheren Umgebung steht man – zumindest der Selbstwahrnehmung/-einschätzung nach – in keinerlei Konkurrenzverhältnis, da ja alle im Weinberg des gleichen Herrn tätig sind.[21] Vielmehr ist man stets auf der Suche nach ähnlich gepolten Gesinnungsgenossen, da diese der Selbstbestätigung und -vergewisserung dahingehend dienen, „dass es nicht nur 'n paar Verrückte gibt, sondern auch ein bisschen mehr" (S. 4, M₃).

b. Diverse Abhängigkeiten – Annäherungen an ein erklärendes Verstehen

Berücksichtigt man den vorstehend kurz skizzierten Orientierungsrahmen der Gruppe „CVJM" und betrachtet unter diesen Vorzeichen das Vorgehen im Rahmen der Sinnkonstruktion erneut, so wird einiges klarer, nachvollziehbarer und v. a. erklärbarer: Die durch die auslegende Diskussion jeweils erarbeiteten Hauptclous der Texte Mt 5 und Mk 5 sind vor dem Hintergrund zu verstehen, dass es sich bei der Gruppe „CVJM" um einen missionarischen Verein handelt, dessen Selbstverständnis dezidiert auf die Weitergabe der christlichen Botschaft zielt. In diesem Sinne betont man ausdrücklich die neue, besondere, außergewöhnliche und krasse Lehre/Botschaft Jesu, die es weiterzusagen gilt. Letzteres ist auch von daher begründet, dass als negativer Gegenhorizont verharmlosende, inhaltlich schwach profilierte Angebote, die an Plauder- oder Kuschelrunden erinnern, vor Augen stehen. Dementsprechend ist die eigene Textwahrnehmung gerade dadurch ausgezeichnet, dass die krassen und provokativen Elemente herausgegriffen und betont werden.

Bei der Rezeption von Mk 5 begegnet zum einen ein zentraler Gesichtspunkt des eigenen Wirkens, wenn die Heilung der blutflüssigen Frau als Bekehrungsstory gelesen wird. Hierum kreist das enaktierende Wirken der Gruppe und dementsprechend ist es nicht weiter verwunderlich, dass Mk 5 verallgemeinernd-abstrahierend interpretiert wird. Die Frau wird zum *Menschen an sich* und letzten Endes steht sie paradigmatisch-exemplarisch für

---

[21] Vgl. S. 4, M₅: „wenn die 'ne gute Arbeit machen, warum soll da 'ne Konkurrenz sein? Wenn die Leuten von Gott erzählen, warum nicht? Ist doch super, ne! Kann doch nicht besser sein! Wenn die viel Leute haben, super!"

jemanden, der zu Jesus findet. Zum anderen könnte sich im praktizierten Verständnis von Mk 5 die eigene (Gruppen- bzw. Individual-)Geschichte widerspiegeln: Wie die Frau ist man zunächst herumgeirrt, hat irgendwann einmal von Jesus gehört, hat gezweifelt, es aber dennoch probiert und ist auf der Basis eines *Aha-Effektes* zum Glauben gekommen. Von daher könnte sich die Gruppe tief gehend in dieser Geschichte wiederfinden, zumal die Frau die Entscheidung für Jesus geradezu prototypisch verkörpert.

Zu guter Letzt ist die auffällige Entgegensetzung von Christen auf der einen und denen, die von Gott nichts wissen, auf der anderen Seite – was bei der Diskussion von Mt 5 wie auch bzgl. Mk 5 begegnet – verstehbar, da Abgrenzung und Unterscheidung für den Orientierungsrahmen der Gruppe „CVJM" von entscheidender Bedeutung sind. Die konturierten Gegengruppen sind somit z. T. im vorliegenden Text impliziert, z. T. aber auch vom Orientierungsrahmen der Gruppe her bestimmt. Letzteres scheint auch für die eingespielten extratextuellen, außerbiblischen Elemente zu gelten.

2.6 Gruppe „Hauskreis"

2.6.1 Kurze Fallbeschreibung: Alle 14 Tage Treffpunkt Bibellektüre – Ein evangelischer Hauskreis älteren Datums

	–	–	–	2	–	3	1	
♂ 1	0 –	20 –	30 –	40 –	50 –	60 –	70 – ...	Alter (in Jahren)
	–	1	2	3	–	–		
♀ 5	ohne	Quali	Mittl.R	Lehre	Abi	Uni		(Aus-)Bildung
	–		6		–			Gruppe: evang.
Σ 6	Rk		Evangel.		o.B.			Konfession

Gesprächsdauer: ca. 80 Min.; Westdeutschland/mittelstädtisch;
Eigenrelevanz (*Bibel*)

Mit der Gruppe „Hauskreis" steht als Nächstes ein Bibel lesender Hauskreis einer westdeutschen mittelgroßen Stadt auf dem Programm: „Wir treffen uns alle 14 Tage und wollen gemeinsam Bibeltexte lesen und versuchen, uns den Text ein bisschen klarer zu machen" (S. 1, F_1). Die Gruppe ist rein evangelischer Provenienz mit eher lockerer Gemeindeanbindung (vgl. S. 2, F_1). Man trifft sich privat – seit mittlerweile über zehn Jahren bei F_1 zu Hause –, liest in einem spirituell-geistlichen Rahmen biblische Texte und tritt darüber in ein Gespräch bzw. einen persönlichen Austausch ein. Auch die hier zu analysierende Diskussion mittlerer Länge findet an einem Abend in eben diesem Kontext statt. Das Thema *Bibel* hat folglich hohe Eigenrelevanz, ebenso wie die Thematik *Textverstehen*.

Bzgl. der Gründung klingt an, dass Glaubensseminare mit einem charismatischen Leiter[1] für viel Wirbel in der Gemeinde und im Glaubensleben vieler Gemeindemitglieder gesorgt haben und in der Folge sind dann mehrere Hauskreise entstanden (vgl. S. 8) – die Gruppe „Hauskreis" stellt eines der letzten noch existierenden Exemplare vor Ort dar. *Asylsuchende* aus sich auflösenden Gruppen sind entsprechend jederzeit herzlich willkommen, wie z. B. F_5 (vgl. S. 1, F_5). Es fällt auf, dass die Dauer der Gruppenzugehörigkeit große Relevanz besitzt, bezeichnet sich doch F_6 (49 Jahre alt; vgl. F_5: 47 Jahre alt, sechs Jahre dabei) auf genau dieser Grundlage (→ nur drei Jahre dabei) unwidersprochen als jüngstes Mitglied.

Die einzelnen Gruppenmitglieder sind tendenziell eher älteren Datums – drei sind bereits im Ruhestand –, mittlerer Bildung, überwiegend weiblichen Geschlechts und durchweg evangelisch, wie auch die Gruppe als solche. Aufgrund der z. T. langen gemeinsamen Vergangenheit ist ein *sehr persönlicher Kontakt* (vgl. S. 1, F_1) gewachsen und man ist auch bemüht, sich z. B. bei Kummer gegenseitig „ein bisschen aufzufangen und [...] zu stützen" (S. 1, F_1). Insgesamt ist der besuchte „Hauskreis" durch hohe Vertrautheit innerhalb der Gruppe gekennzeichnet.

2.6.2 Auswertungen unter exegetischer Perspektive

(A_{Mt}) Methodisches Vorgehen bzgl. Mt 5

Die erste Annäherung der Gruppe „Hauskreis" an Zitat und Text unterscheidet sich zwar nicht vom Vorgehen der meisten anderen Gruppen und damit vom grundsätzlich festgestellten Schema (Diskussion über Zitat, vgl. S. 10f.; stille Lektüre der Textvorlage, vgl. S. 13)[2], trotzdem ist an dieser Stelle Interessantes zu beobachten: Zum einen wird die Einspielung des einzelnen Zitats durchaus angefragt, doch gewissermaßen von der Gruppe selbst beantwortet (S. 10f.):

F_1: Sollen wir schon, sollen wir schon
gleich loslegen? Ich dachte, ach wir @
kriegten hier noch 'n * Text.   Mehrere: Nein, nein.

Man geht daraufhin unmittelbar zur Diskussion über.[3] Zum anderen widerspricht die praktizierte stille Lektüre nach Austeilung der schriftlichen

---

[1] Vgl. S. 7f., F_5: „das ist aber auch ein Mann wie ein Rattenfänger. Ganz banal gesagt, er ist einer mit einer unheimlichen Ausstrahlung."
[2] Letzteres gilt auch mit Blick auf Mk 5, vgl. S. 20.
[3] Anders gestaltet sich dies z. B. bei der Gruppe „Theologinnen" (vgl. Teil II 2.11.2 A_{Mt}): Hier wird das geplante Vorgehen nicht nur kritisch angefragt, sondern die Gruppe gibt sich mit dem bloßen Zitat auf keinen Fall zufrieden.

Textvorlage deutlich der sonstigen Gruppengewohnheit spezifisch mit Blick auf Bibeltexte (S. 3):

F$_2$: Ja, wir lesen die Bibel laut.   Mehrere: Ja.
                                                F$_3$: Ist doch klar.
[...]
F$_3$: Wir lesen immer Absätze, und jeder kommt mal dran, wir lesen sie laut vor hier, damit man das auch hört.

Die Gruppe „Hauskreis" agiert in der Gruppendiskussion augenscheinlich nicht so, wie es im Rahmen der Treffen sonst üblich ist.[4] Was methodisches Vorgehen anbelangt, ist mit Blick auf Mt 5 bei der Gruppe „Hauskreis" nichts zu finden, was mit bekannten Arbeitsschritten in Beziehung gesetzt werden kann.

Summa: Nach dem angewandten Schema ist das Vorgehen der Gruppe „Hauskreis" bzgl. Mt 5 als *nicht methodisch* zu qualifizieren.

(B$_{Mt}$) Textwahrnehmung und Hypertextrekonstruktion bzgl. Mt 5

Als die erste Hälfte des Zitats (vgl. Mt 5,39c) eingespielt wird, ergänzt es die Gruppe „Hauskreis" unmittelbar, allerdings nicht – wie bei anderen Gruppen zu beobachten – den reinen Text, sondern es wird direkt eine persönliche Stellungnahme eingebaut, die ablehnend ausfällt (S. 10f.):

Y$_3$: Wenn dich einer auf die rechte Wange schlägt, ...
F$_6$: Halte ich bestimmt nicht die andere hin.
F$_2$: Also ich hätte da meine Schwierigkeiten mit, ich würde mich nicht auch noch auf die linke Wange hauen lassen.
F$_6$: Kann ich dich nur unterstützen, muss ich sagen, würd ich auch spontan nicht tun.

Vom Text wird somit in der ersten Hypertexteinheit die Forderung aus Mt 5,39d grundsätzlich wahrgenommen, aber ein Handeln derselben gemäß zunächst strikt abgelehnt. Die folgende Diskussion dreht sich ganz um diesen für die Gruppe sehr schwierigen Punkt und es begegnen nacheinander drei Lösungsangebote, die schlagwortartig folgendermaßen umschrieben werden können: a) Heute anders als früher I – die Unterbrechung des Teufelskreises der Gewalt will durch (Lebens-)Erfahrung gelernt sein (vgl. S. 11, F$_3$ und F$_5$); b) Zusammen wider die Gewalttäter – es fehlt nur die *Führernatur* (vgl. S. 11f., F$_6$); c) Heute anders als früher II – die Frage, warum man geschlagen worden ist (vgl. S. 12, F$_2$).

Mit Blick auf den Hypertext ist an dieser Stelle einzig der erste Lösungsansatz a) von Bedeutung, da hier zum einen fast unbemerkt eine Verschie-

---

[4] Gegenbeispiel in dieser Hinsicht ist die Gruppe „CVJM" (vgl. Teil II 2.5.2 A$_{Mt}$): Hier werden ganz selbstverständlich die eigenen Bibelausgaben geholt und die Textpassage(n) laut vorgelesen – wie es wohl der normalen Praxis der Gruppe entspricht.

bung in der Verhaltensforderung erfolgt, zum anderen wird extratextuelles, außerbiblisches Material § eingespielt (S. 11):

F₃: Ja, ja, ja. Hab ich früher gedacht, heute nicht mehr. Heute denk ich 'n bisschen anders darüber, weil derjenige, der geschlagen hat, der ärgert sich oder, ja, wie soll ich das ausdrücken, der ärgert sich vielleicht, weil ich nicht zurückschlage, weil ich vielleicht von mir aus sage: Wenn ich jetzt zurückschlage, dann gibt's Krieg, dann schlagen wir beide, und wenn ich aber zurücktrete und versuche zu sagen, ach nein, lass es, es gibt so viel Unglück dadurch, wenn ich jetzt zurücktrete und meine Hand nicht nach ihm ausstrecke, dann ist vielleicht Ruhe. Ich muss das natürlich schlucken können.

[...]

F₃: Das lernt man erst, glaube ich, erst wenn man ein bisschen älter ist. Früher da hab ich auch, oah, dann hab, und am, ich, manchmal konnt' ich nicht mich so zeigen, wie ich das gerne wollte und habe dann vor mich hingebrüllt und gemacht * und, dem zeige ich's aber oder so *. Aber das tue ich heute nicht mehr.

?: Ich hätt zurückgetreten.
?: @ Ehrlich?
[...]
F₃: Aber du stehst größer vor dem, wenn du dich umdrehst und weggehst.

[...]
F₃: Ist auch ein wahres Sprichwort: Der Klügere gibt nach. ... später denk ich, bist du doch klüger vielleicht, wenn du jetzt nachgibst und nicht gleich zurück.

Es wird zwischen früherem und heutigem Verhalten unterschieden, wobei man zwischenzeitlich ein wenig älter geworden ist und gewissermaßen etwas dazugelernt hat. Dabei fällt auf, dass keine Rede mehr ist vom Hinhalten der anderen Wange. Es geht nur mehr darum, dass man nicht *zurück*schlägt, nicht die Hand gegen den anderen ausstreckt, sondern sich umdreht und weggeht, sprich: *zurück*tritt. Letzteres ist in diesem Kontext in folgender Bedeutung gemeint: sich vom Gegenüber distanzieren.[5] Somit ist der Übergang von *die andere Wange hinhalten* zu *nicht zurückschlagen* ohne großes Aufsehen vollzogen und quasi im Vorübergehen verschiebt sich ein zentraler Gesichtspunkt. Die Gruppe „Hauskreis" tendiert an dieser Stelle dazu, auf Distanz zu gehen[6] und die Gegengewalt – jedenfalls erst einmal (vgl. S. 11, F₃; Hervorhebung C. S.: „und nicht *gleich* zurück") – zu unter-

---

[5] Interessanterweise sind die gewählten Begrifflichkeiten *zurücktreten* und *nicht die Hand ausstrecken* in entscheidender Hinsicht zweideutig: *Zurücktreten* kann sowohl bedeuten, sich rückwärts zu entfernen, als auch mit den Füßen Gewalt anzuwenden (in diesem Sinne zu finden S. 11, ?: „Ich *hätt* zurückgetreten"; Hervorhebung C. S.). Von der ausgestreckten Hand wiederum kann nicht nur ein Rückschlag ausgehen, sondern dieselbe könnte auch zur Versöhnung angeboten werden.

[6] Vgl. zu dieser distanziert/distanzierenden Auslegung die Gruppe „Montagskreis" (vgl. Teil II 2.10.2 B_Mt).

lassen, um den Teufelskreis der Gewalt zu durchbrechen (vgl. S. 11, F₅). *Unterstützend* wird hier in der Art eines *Pop-Ups* das Sprichwort „Der Klügere gibt nach!" § und damit extratextuelles, außerbibliches Material eingebracht.⁷

Zum Abschluss dieser ersten Hypertexteinheit kommt die Gruppe noch einmal konkret auf die Verhaltensforderung *die andere Wange hinhalten* zu sprechen und diesmal begegnet neben der persönlichen Zurückweisung gewissermaßen eine Zuordnung dieser Reaktionsweise zu den Kategorien *früher, alte Israeliten* und *Altes Testament* (S. 13):

F₁: Aber auch da würd es mir schwerfallen, wenn mir also einer da so weh tut, auch noch auf die andere Seite, Wange hinzuhalten und mich noch mal verletzen zu lassen. Ich glaube, ich würde vorher wörtlich einschreiten.

F₅: Also man * sagt ja, man sagt ja   F₁: Ich würde mir das nicht gefallen
auch eigentlich   lassen.

also, wenn ich die rechte Wange hinhalte, ich kriege eine gescheuert, mal so ganz banal ausgedrückt, halte ich also die andere hin, um das, um den alten Zustand wieder herzustellen. Ich glaube, so war das ja früher irgendwo beim alten, bei den alten Israeliten so, und was für mich persönlich ja immer schwer verständlich ist. Heute geht man ja so nicht miteinander um, ne, dass ich also ...

F₁: Das ist wieder das Alte Testament

F₅: Ja, das stimmt. Ja genau.

Die andere Wange hinzuhalten lehnt die Gruppe „Hauskreis" somit nicht nur für sich selbst als mögliche Verhaltensmaßgabe ab, sondern sie weist dies ganz grundsätzlich einer *früheren* und damit vergangenen Zeit zu. Ähnlich wie man *früher* zurückgeschlagen hätte, *heute* aber eher zurücktritt (vgl. oben), so war es *früher*, sprich: bei den alten Israeliten, an der Tagesordnung, die andere Wange hinzuhalten. Dies tut man *heute* ebenso nicht mehr, denn das gehört in den Bereich des Alten Testaments (und damit zu einem herrschenden, strengen, strafenden und fordernden Gott; vgl. S. 5). Angesichts dieser Zuordnung der Wangenforderung zum Alten Testament ist es folgerichtig, dass die antithetische Grundkomposition des Abschnitts an keiner Stelle der Diskussion (auch nicht nach Austeilung der Textvorlage) wahrgenommen wird, bildet hier Mt 5,39cd doch gerade die entgegengesetzte Seite zu dem, was man bisher (*früher*) gehört hat („Ich *aber* sage euch ..."). Bezeichnenderweise wird darüber hinaus die Wangenforderung in der Art des „Auge um Auge, Zahn um Zahn" – was ebenfalls überhaupt nicht aufgegriffen wird – verstanden, wenn es in den Augen der Gruppe „Hauskreis" hierbei darum geht, durch das Hinhalten der anderen Wange einen alten Zustand (ausgleichend) wiederherzustellen.

---

⁷ Die Gruppe „Kultur" verlinkt ihren Hypertext an vergleichbarer Stelle ebenfalls mit dieser Redensart, allerdings dort mit anderer Absicht/Pointe: Dies setzt sich doch nirgendwo durch! (vgl. Gruppe „Kultur" S. 15, M₈; vgl. Teil II 2.1.2 B_{Mt}).

Zwischensumma: Die Diskussion zum Zitat alleine weist eine Hypertexteinheit auf, welche aus äußerst wenigen Elementen besteht. Die Gruppe bezieht vorwiegend persönlich Position zur Wangenforderungen – und zwar negativ-ablehnend. Fast unmerklich geht dabei die Diskussion vom *Hinhalten der anderen Wange* zum *Nichtzurückschlagen* über und es wird extratextuelles, außerbiblisches Material *unterstützend* eingespielt: „Der Klügere gibt nach!" Abschließend findet die Gruppe in der Zuweisung der Wangenforderung zum Alten Testament (= *früher*) gewissermaßen eine Begründung für die eigene ablehnende Haltung: Das war *früher* so, *heute* geht man natürlich anders miteinander um.

Nach Austeilung der schriftlichen Textvorlage konzentriert sich die Textwahrnehmung der Gruppe „Hauskreis" – so viel sei vorweggenommen – ausschließlich auf Teile der zweiten Antithese (Mt 5,43–48), von Mt 5,38–42 wird kein einziges Element mehr in die Diskussion einbezogen. Erster Ansatzpunkt ist der letzte Vers Mt 5,48, der chorartig aufgegriffen wird (S. 14):

F_1: Oh, seid aber * vollkommen, wie euer himmlischer Vater vollkommen ist.	F_3: … vollkommen, wie euer himmlischer Vater vollkommen ist. F_3: @ Unmöglich. @	F_5: … vollkommen, wie euer himmlischer Vater vollkommen. Das ist also eine Anstrengung *, glaube ich.

Fast einstimmig bezieht sich die Gruppe eingangs auf die Vollkommenheitsforderung, was eine hohe interaktive Dichte spüren lässt, und ebenso einig ist man sich darüber, dass dies unmöglich zu schaffen ist. Einen Versuch mag es zwar wert sein, aber mit Erfolg (in durchschlagendem Sinne) ist nicht zu rechnen. Der Vers wird somit einbezogen und sofort mit einer Bewertung versehen. Womit diese Hypertexteinheit bereits wieder abgeschlossen wäre, denn anschließend springt die Gruppe intertextuell weiter, und zwar zu Mt 5,44b:

„Und es fällt einem ja verdammt schwer, meinen Feind zu lieben, obwohl, ich probiere ja immer, Leute, die ich nicht so gerne mag, so zu akzeptieren, wie sie sind. Aber ich muss ganz ehrlich sagen: ich schweife da immer von meinem guten Vorhaben ab, obwohl ich neulich mal so 'n schlauen Spruch irgendwie gelesen hab, da hat ein alter Grieche gesagt: Nur im Angesicht seines Feindes kann man auch das Positive sehen oder lernen oder irgendwie so in der Richtung, da hab ich gesagt, was hat denn der da wohl damit gemeint. Ich meine, wenn ich jemanden sehe, der mich nun wirklich total ablehnt, was soll ich da eigentlich lernen? Ich weiß es nicht, was, was soll ich da Positives draus ziehen?" (S. 14, F_6).

Auch hier findet sich eine Beurteilung unmittelbar bei der ersten Begegnung mit dem Text, denn die Feindesliebeforderung wird direkt als *verdammt schwer* qualifiziert. Dabei vollzieht sich der Übergang von einer unpersönlicheren Rezeption der Forderung („es fällt *einem* ja …") zu einer unmittelbaren persönlichen Betroffenheit („*mein* Feind") wieder einmal fast unmerklich im Vorübergehen. Höchst aufschlussreich sind die angebotenen Paraphrasierungen bzw. Näherbestimmungen:

Und es fällt einem ja verdammt schwer,	meinen Feind	zu lieben,
obwohl ich probiere ja immer,	Leute, die *ich* nicht so gerne mag,	so zu akzeptieren[8], wie sie sind.

Man kann gewissermaßen von einer egozentrischen Definition des eigenen Feindes sprechen, da *mein Feind* gleichgesetzt wird mit jemandem, den *ich* nicht so gerne mag. Auch mit Blick auf die Liebesforderung ist eine deutliche Akzentverschiebung zu beobachten (lieben → akzeptieren, wie sie sind)[9], welche mit der oben herausgearbeiteten Tendenz der Gruppe (Distanz statt offensive Begegnung) gut vereinbar scheint. In diesem Kontext wird der schlaue Spruch eines alten Griechen „Nur im Angesicht seines Feindes kann man auch das Positive sehen/lernen" § *pop-up*-mäßig als extratextuelles, außerbiblisches Material eingebracht, wobei der *Feind* und die eigene Situierung diesem gegenüber als Linkausgangspunkte fungieren. Die Intention kann zunächst als *ergänzen um andere* näher bestimmt werden, denn auf diesem Wege kommt ein neuer Gedanke ins Spiel, der allerdings in seiner Plausibilität sofort kritisch angefragt wird: Positives sehen/lernen im Angesicht des Feindes → „was soll ich da Positives draus ziehen?" (S. 14, F$_6$), sprich: Welchen Gewinn habe ich selbst davon, wenn ich jemanden *sehe* (!), der mich nun wirklich total ablehnt? Was nützt mir dies? In diesem Zusammenhang wird der *Feind* neu definiert und die Beziehungsrichtung im Gegensatz zu oben umgekehrt: Feind = „jemand, der mich nun wirklich total ablehnt". Allerdings ist überhaupt keine Rede mehr von *lieben*, nicht einmal von *akzeptieren*. Die Gruppe stellt aufs reine *Sehen* ab, womit die Einspielung (im Angesicht des Feindes das Positive sehen §) in gewisser Weise auch *ersetzend* wirksam geworden wäre.

Exkurs: An etwas späterer Stelle der Diskussion greift die Gruppe erneut und dieses Mal explizit die *Liebes*forderung auf, schränkt allerdings die Reichweite dezidiert ein („*nicht alle* seine Feinde"). Mit Blick auf das eigene Verhalten entfernt sich die Gruppe dabei im Verlauf des Gesprächs gewissermaßen noch weiter vom *Lieben*, denn auch das *Akzeptieren* wird deutlich in Frage gestellt (S. 15):

F$_1$: Ich denke auch fast, dass das menschlich ist, wenn man seine, nicht alle seine Feinde lieben kann. Ich kann zum Beispiel den Osama Bin Laden

---

[8] Vgl. aber S. 15, F$_1$ und F$_2$; vgl. unten.
[9] Vgl. hierzu die Gruppe „Montagskreis" (vgl. Teil II 2.10.2 B$_{Mt}$).

296 Teil II – Empirisch-rekonstruktive Auswertungen

	nicht * lieben, und die Islamisten kann ich auch nicht lieben. * Oder jetzt die die Nazis, da dreht sich mir also alles um * und ich möchte da also eher zwischenhauen *, als die zu lieben. Aber andere.	F_2: F_2: F_2: F_2:	Nein, nein, nein. Nein, nein, nein, nein. Ja. Ja. Ja. Ja. Ja.
F_5:	Ja, das ist überhaupt schwierig, mit Menschen auszukommen, die sehr extrem sind, die sehr in eine Richtung tendieren, * die Extremisten allgemein.	F_2:	Ja.
F_1:	Ja, das ist richtig, also die kann ich nicht lieben, die kann ich bestenfalls, also die kann ich auch nicht tolerieren *.	F_2:	Nein, und auch nicht achten.

Hier begegnet eine neue Feinddefinition: Extremisten allgemein, exemplarisch konkretisiert in Osama Bin Laden, Terroristen, Nazis – die Reihung schreitet von sehr fern bis näher voran. Es fällt auf, dass entgegen einer anderslautenden Einleitung (*seine* Feinde) bei den angeführten Gruppen kaum von persönlichen Feinden gesprochen werden kann. Mit Blick auf diese Personen ist nicht nur die Sache mit dem Lieben schwierig respektive unmöglich – was als menschlich bezeichnet wird mit Blick auf so manches Gegenüber –, sondern auch mit Toleranz[10] und Achtung scheint es nicht mehr weit her zu sein. Selbst dies ist nicht praktikabel, womit die Gruppe Mt 5,44b gewissermaßen endgültig hinter sich gelassen hätte. – *Exkurs Ende* –

Im Folgenden werden kurz die Zehn Gebote (→ extratextuell, innerbiblisch §) erwähnt (vgl. S. 14, M_4) und anschließend findet die Gruppe unter Einbeziehung des Hasses (vgl. Mt 5,43d) in einer weiteren, der insgesamt dritten Hypertexteinheit doch zu einem persönlichen Nutzen, den Mt 5 abwerfen kann. Allerdings sind dabei weitere Verschiebungen unumgänglich (S. 14f.):

F_3: [...] ich habe auch schon gehasst, und das tut einem selber weh, also mir jedenfalls, ich kann das nicht gut. Aber mich zu überwinden, zu dem dann hinzugehen und sagen, ach komm, wir wollen das vergessen, und das ist ganz schön schwer.
F_5: Man hat ja immer die, man, man hat, geht ja immer die Gefahr, zurück-, zurückgewiesen zu werden.
[...]
F_1: Aber ich denke auch, wenn man es geschafft hat, zu demjenigen hinzugehen oder auch nur, ihn anzurufen und zu sagen: das und das war, ich hab das nicht so gemeint, entschuldige, das tut mir leid, dann fühlt man sich selbst besser.

---

[10] Der in eine positive Richtung weisende Ansatz mit *bestenfalls* wird mitten im Satz abgebrochen und umformuliert: „auch nicht" (vgl. S. 15, F_1).

F₂: Ja.
F₃: Ja, ja, da hast du * recht. Das stimmt, da hast du recht.
F₃: Da hast du recht.
?:   Ja, * stimmt.

?:   Und man braucht manches Mal eine Weile dazu.

F₆: Ja.
F₂: Egal, ob der andere die Entschuldigung annimmt oder nicht.
F₂: Ich habe dann sozusagen mein Päckchen abgegeben.
F₃: Ja, ja, da hast du recht. Das ist immer besser, so was, aber es ist sehr schwer.

Der Hass (vgl. Mt 5,43d) auf den anderen kommt somit vorrangig angesichts potenzieller negativer Wirkungen auf die eigene Person in den Blick: Dies tut einem selbst weh und belastet. Vor diesem Hintergrund und nur vor diesem geht die Gruppe „Hauskreis" nicht auf Distanz zum Gegenüber, sondern schlägt eine Annäherung vor, die allerdings mit *Lieben* oder *Akzeptieren* ganz und gar nichts mehr zu tun hat: Es geht nur mehr darum, sich selbst zu überwinden, zum anderen hinzugehen – oder zumindest anzurufen – und sich gewissermaßen zu versöhnen. Der eigene Gewinn folgt auf dem Fuße: „dann fühlt man sich selbst besser" (S. 15, F₁) – und hieran ist der Gruppe „Hauskreis" primär gelegen. Bei dieser Bewegung auf den anderen zu wird allerdings die drohende Gefahr des *Zurück*gewiesenwerdens gesehen, wobei der Erfolg dadurch nicht gefährdet scheint: Unabhängig von der Reaktion des Gegenübers hat man selbst sein *Päckchen abgegeben* – das genügt, denn das eigene Wohlbefinden, das unter der praktizierten Hass gelitten hat, ist wieder hergestellt.[11] Damit ist der Hypertext der Gruppe „Hauskreis" an ein Ende gekommen. Die Diskussion geht in diesem Abschnitt zwar noch ein ganzes Stück weiter (vgl. S. 16–19), allerdings begegnen keinerlei Textwahrnehmungen mehr.

Endsumma: Die Gruppe „Hauskreis" nimmt nach Austeilung der Textvorlage nur Elemente der zweiten Antithese auf. Nach einer sehr kurzen Hypertexteinheit, in der chorartig die Vollkommenheitsforderung (Mt 5,48) aufgegriffen und sofort als *unmöglich* abgestempelt wird, konzentriert sich die Diskussion im nächsten Anlauf (= 2. Hypertexteinheit) auf die Feindesliebeforderung, welche als *verdammt schwer* qualifiziert wird. In der Folge werden von der Gruppe Schritt für Schritt entscheidende Verschiebungen vorgenommen, sowohl mit Blick auf die Füllung des Begriffs *Feind* als auch hinsichtlich des Verständnisses von *lieben*. Geht es zunächst noch – mit einem positiven Clou – darum, Leute, die man nicht so gern mag (= Feinde I), so zu akzeptieren, wie sie sind (= lieben I), stellt die Gruppe schlussendlich in Frage, welchen Sinn das *Sehen* (= lieben II) eines Men-

---

[11] Diese Art der Auslegung findet sich in ähnlicher Weise bei der Gruppe „Kultur", hier allerdings mit Bezug auf das Gebet für den anderen (vgl. Teil II 2.1.2 B_{Mt}).

schen, der einen selbst total ablehnt (= Feinde II), überhaupt haben kann. Hier begegnet eine Verlinkung mit extratextuellem, außerbiblischem Material (Spruch eines Griechen), was *ergänzend* (evtl. auch *ersetzend*) eingebracht wird. Die letzte Hypertexteinheit bezieht den Hass (vgl. Mt 5,43d) mit ein und im Interesse eines persönlichen Gewinns des eigenen Verhaltens kommt jetzt für die Gruppe „Hauskreis" doch noch eine Bewegung auf das Gegenüber zu in Frage, allerdings mit ganz spezifischer Absicht: Man will das eigene belastende Päckchen abgeben. Alles dreht sich somit um das eigene Wohlbefinden.[12]

(C_{Mt}) Positionierung (Identifikation/Kritik) bzgl. Mt 5

Die Gruppe „Hauskreis" fühlt sich vom Text Mt 5, genauer gesagt von der Wangen- und der Feindesliebeforderung, die einzig wahrgenommen werden, selbst direkt angesprochen, lehnt aber eine Befolgung weitgehend ab bzw. ein Handeln nach diesen Worten kommt für sie nur in deutlich abgeändertem Sinne in Betracht. Dabei steht ein Sprecher dieser Worte nicht vor Augen, die Wangenforderung wird gewissermaßen dem Alten Testament zugeschrieben (vgl. S. 13, F_5 und F_1). Figuren des Textes bzw. Personenkonstellationen werden kaum wahrgenommen und bzgl. einer Selbstpositionierung der Gruppe lässt sich nur sagen, dass man sich auf einer Seite verortet – anderen gegenüber. Letztere werden unterschiedlich (vgl. folgenden Exkurs) und durchweg negativ bestimmt und es findet sich eine kritisierende Absetzung.[13] Gerade mit Blick auf *Extremisten (allgemein)* fällt nicht nur die geforderte Liebe schwer, sondern sogar die Anerkennung, „dass das Gottes Kinder sind" (S. 15, F_1) – wahrscheinlich mit der zusätzlichen Implikation: wie man selbst auch.

Exkurs: Interessant ist die Bestimmung des jeweiligen Gegenübers: Im Fall von Mt 5,39cd geht die Gruppe durchgängig von einer schlagenden Person aus, die sich über den ausbleibenden Rückschlag u. U. ärgert (vgl. S. 11, F_3), und die scheinbar in der Manier eines Einzelkämpfers ziemlich alleine dasteht: „gegen diesen *einen* Schläger" (S. 11, F_6; Hervorhebung C. S.). Entsprechend könnte es eine sinnvolle Gegenstrategie darstellen, sich Hilfe zu besorgen und z. B. zu zweit gegen diesen einen anzugehen (vgl. S. 11, F_6), denn „in der Gemeinschaft ist man stärker" (S. 12, F_6). Allerdings fehlt hierzu nach Aussage der Gruppe eine *Führernatur*, die etwas

---

[12] Zur Ergänzung: An einer Stelle nimmt die Gruppe noch kurz auf die Nächstenliebeforderung (vgl. Mt 5,43c) Bezug (vgl. S. 18, F_1) und ganz am Ende dieses Diskussionsteils wird extratextuell und innerbiblisch das Grundprinzip *Den Nächsten lieben wie sich selbst* eingespielt (vgl. S. 19, F_1 §). Beides trägt mit Blick auf den gruppenspezifischen Hypertext nichts Entscheidendes bei.

[13] Angesichts der praktizierten gruppenspezifischen Abgrenzung wird verständlich, dass die Verse Mt 5,46f. (mit den angebotenen Größen *Zöllner* und *Völker*) im Rahmen der Textwahrnehmung (vgl. oben B_{Mt}) nicht vorkommen.

ausstrahlt (vgl. S. 12, F$_6$) und dem von der Gruppe geforderten Zusammenschluss den Weg bereitet.

Hinsichtlich Mt 5,44b begegnen im Verlauf der Diskussion unterschiedliche Feindbestimmungen, die größtenteils eines gemeinsam haben: Sie gehen zumeist (→ a, b) von einem selbst als Definitionsanhaltspunkt aus – z. B.: Feind(e) = a) „Leute, die *ich* nicht so gerne mag" (S. 14, F$_6$; Hervorhebung C. S.); b) jemand, „der *mich* nun wirklich total ablehnt" (S. 14, F$_6$; Hervorhebung C. S.); c) Osama Bin Laden, Terroristen, Nazis, Extremisten allgemein. – *Exkurs Ende* –

Summa: Eine deutliche Selbstpositionierung der Gruppe „Hauskreis" mit einhergehender Identifizierung findet sich nicht. Dafür sind Kritik und Abgrenzung klar: *Schläger* oder wie auch immer näher zu bestimmende *Feinde* können doch eigentlich gar keine Kinder Gottes sein – wie wir –, oder?!

(A$_{Mk}$) Methodisches Vorgehen bzgl. Mk 5

Bzgl. des Textes Mk 5 findet sich bei der Gruppe „Hauskreis" in methodischer Hinsicht eine eindeutige und durchgängige Schwerpunktsetzung: Zeit-/sozialgeschichtliche Überlegungen (→ textextern) bestimmen das methodische Vorgehen bzw. machen dieses aus.

Als Erstes erörtert die Gruppe, dass „Jesus mit den Frauen normal redet wie mit Seinesgleichen, und nicht, dass er sie abtut, wie alle anderen das tun. In der damaligen Zeit ist das was Besonderes" (S. 20, F$_5$). Entsprechend war Jesus „ein ganz toller Mann für seine Zeit" (S. 21, F$_5$) und seine praktizierte Gleichbehandlung von Frauen „ist ja das Revolutionäre zu der damaligen Zeit gewesen" (S. 21, F$_5$), denn grundsätzlich galt das Prinzip: „Ja, da ist wieder die, die gesamte Männergesellschaft, zu der Zeit, da waren die Frauen ja auch nicht so wichtig" (S. 21, F$_1$). Die Gruppe verortet somit das Verhalten Jesu in seiner Zeit mit einer deutlichen Zielsetzung: Es gilt, das Besondere an Jesus bzw. an seinem Handeln zu betonen. Dies gelingt vor dem skizzierten sozialgeschichtlichen Hintergrund hervorragend.

Auch mit Blick auf die Krankheit der Frau wird zeitgeschichtlich angehaucht gefragt, „was zu der Zeit ein Blutfluss bedeutete, da kannst du auch dran sterben" (S. 22, F$_1$), und zu guter Letzt wird die Berührung der Frau einerseits, Jesu sie anredende Reaktion andererseits sozialgeschichtlich beleuchtet: Die erfolgte Berührung muss unstatthaft genannt werden, „weil, ich denke mal, Frauen durften das auch gar nicht, ne" (S. 22, F$_1$), die „durften sich auch nicht so weit nähern, ne, ihm jedenfalls oder überhaupt" (S. 22, F$_5$). Vor diesem Hintergrund bedeutet die Reaktion Jesu in den Augen der Gruppe „Hauskreis" für die Frau eine *Aufwertung* (vgl. S. 23, F$_1$ und F$_3$) bzw. es ist etwas ganz Besonderes, wie Jesus mit ihr umgeht – noch dazu, da sie (sozial/gesellschaftlich) eine Ausgestoßene ist. Auf diese Weise wird erneut das Besondere an Jesu Verhalten hervorgehoben (S. 23):

300 Teil II – Empirisch-rekonstruktive Auswertungen

F₁: So die Frauen in der Zeit, da muss es für
diese Frau doch etwas ganz Besonderes
gewesen sein, ne, denn gerade mit solch
einer Krankheit ist sie ja * das Allerletzte   ?:   Wahrscheinlich gar nichts.
* und, ja in gewisser Weise ausgestoßen.   F₅: ... eine Ausgestoßene.

Summa: Die Gruppe „Hauskreis" geht bei der Diskussion zu Mk 5 *methodisch orientiert* vor mit klarer Schwerpunktsetzung auf der *textexternen* Seite, da ausschließlich zeit-/sozialgeschichtliche Überlegungen begegnen. Insgesamt fällt auf, dass die Gruppe stets bemüht ist, das Besondere an Jesu Verhalten zu betonen. Vor dem skizzierten zeit-/sozialgeschichtlichen Hintergrund werden Jesus und sein Tun herausgehoben.

Fallinterner Vergleich: Es fällt auf, dass die Gruppe „Hauskreis" in methodischer Hinsicht mit den beiden vorgelegten Texten unterschiedlich umgeht. Während sich bei der Diskussion zu Mt 5 keinerlei methodische Arbeitsschritte finden, der Text vielmehr unmittelbar ins eigene Leben übertragen wird, dienen zeit-/sozialgeschichtliche Überlegungen mit Blick auf Mk 5 dazu, die Besonderheit des Verhaltens Jesu zu betonen. *– Vergleich Ende –*

(B$_{Mk}$) Textwahrnehmung und Hypertextrekonstruktion bzgl. Mk 5

Einen Einstieg in die Diskussion zu Mk 5 unternimmt die Gruppe mit Mk 5,30ab, womit – ähnlich wie bei Mt 5 – mit einer für die Gruppe schwierigen Passage begonnen wird (S. 20):

F₁: Was mir aufgefallen oder aufgestoßen ist, und Jesus spürte sogleich an sich selbst, dass eine Kraft von ihm ausgegangen sei, sei, war. Hat das mit Bewusstsein schon mal so gelesen?
F₅: Nein.   F₁: Also irgendwie hat mich das etwas
F₃: Nein.   ver * wundert.
F₃: Ja.
F₆: Aber es gibt andere Bibelstellen auch, wo ihm auffällt, dass von ihm eine Kraft ausgeht.
F₁: Das heißt ja, dass er das gar nicht gewusst hat.
F₆: Ich weiß nicht, ich glaub, doch, ich glaub schon, dass der von Anfang an wusste, dass er der Sohn Gottes ist und dass er doch dazu berufen ist, irgendwie wohltätig zu sein, zu helfen, doch, glaube ich, ja.

Die ausgehende Kraft fällt bzw. stößt auf, zumindest ist man darüber verwundert. Es wird folglich ein Textelement wahrgenommen und sofort erfolgt eine Stellungnahme dazu respektive das Rezipierte wird problematisiert. In diesem Zusammenhang wird *unterstützend* und sehr vage auf *andere Bibelstellen* verwiesen (*Pop-up §*), die Ähnliches berichten sollen. Die Anstößigkeit liegt für die Gruppe „Hauskreis" übrigens darin, dass gemäß der Darstellung von Mk 5 die Heilung – die selbst weitestgehend ausgeblendet bleibt – ohne Jesu Wissen, geschweige denn seinen Willen, geschehen ist.[14] Die diesbezügliche Meinung der Gruppe ist jedoch eindeutig: Jesus als Sohn Gottes wusste von Anfang an Bescheid. Punkt und Ende dieser ersten Hypertexteinheit – zumal dies „ja auch gar nicht wichtig" (S. 20, F_6) ist.

Womit wir bereits bei der zweiten Hypertexteinheit wären, denn die Gruppe springt anschließend sofort zu einer für sie wichtigeren Stelle, nämlich zu Mk 5,34c, bezieht das Faktum der Heilung ansatzweise mit ein und konzentriert sich nun auf den Glauben als entscheidende Größe (S. 20):

[...]
F_3: Nee.
F_3: Die, der Glaube. Der Glaube der Frau, ja.

F_3: Hm.

F_6: Ich find, die Stelle ist ja auch gar nicht wichtig *, wichtig ist einfach, * dass der Glaube dieser Frau, dass der Glaube dieser Frau geholfen hat. Wenn die Seele gesundet, dann gesundet auch der Körper. Wenn die Seele,* wenn man keine Angst mehr hat, keine Ängste, und, und Leiden, seelische Leiden hat, dann kann auch der Körper gesunden.

In dezidierter Rückbezugnahme auf die erste Hypertexteinheit und die dort problematisierte Passage Mk 5,30ab (→ *nicht wichtig*) wird der Akzent nun auf Mk 5,34c, genauer gesagt einen spezifischen Aspekt daraus, gelegt: Es ist der *Glaube*, der der Frau geholfen hat (→ *wichtig*). Aufschlussreich ist ein Blick auf die jeweils vorausgesetzte Reihenfolge:

Text Mk 5	*Wahrnehmung der Gruppe „Hauskreis"*
1.) körperliches Leiden (Blutfluss; vgl. V. 25) Körper wird geheilt (vgl. V. 29)	1.) Angst/seelische Leiden Seele gesundet, d. h. Angst und seelische Leiden sind weg
2.) Furcht/Angst in der Folge (vgl. V. 33a–d), am Ende beseitigt (vgl. V. 33eg.34)	2.) Körper gesundet

Für die Gruppe „Hauskreis" ist augenscheinlich die Beseitigung seelischer Leiden/Ängste vorgängig zum körperlichen Gesichtspunkt, wobei dieser Befund beispielsweise dahingehend interpretiert werden kann, dass die Gruppe den Text gewissermaßen umgedreht wahrnimmt, sprich: von hinten her liest.[15] Eine Auffälligkeit bleibt zu erwähnen: Es begegnen hier weder die Vokabeln *heilen* noch *retten* (vgl. Mk 5,34c), sondern es wird durchgängig von *gesunden* gesprochen. Dadurch wird der Eindruck erweckt, als handle es sich um eine Art selbstläufigen Prozess, der von innen initiiert

---

[14] Entsprechend hat die Gruppe ein analoges Problem mit Mk 5,30e und der Frage Jesu nach der Person, die ihn berührt hat; vgl. S. 22, F_5 und F_1. Dies hat bei der Lektüre für *Verblüffung* gesorgt.

[15] Vgl. in ganz ähnlicher Art und Weise die Gruppe „Kultur" (vgl. Teil II 2.1.2 B_{Mk}).

werden kann (→ Glaube) und keiner äußeren Hilfe (z. B. der von Jesus ausgehenden Kraft) bedarf.[16] Auch diese zweite Hypertexteinheit ist ausgesprochen kurz, da anschließend von der Gruppe ein weiterer, für sie wichtiger Aspekt des Textes in die Diskussion einbezogen wird, womit eine neue Einheit markiert ist.

Neben dem Glauben, auf den die Gruppe übrigens an weiteren Stellen der Diskussion punktuell zurückkommt[17] und der deswegen als *book mark* bezeichnet werden kann, ist nämlich ein anderer *wichtiger* Gesichtspunkt aus Mk 5 für die Gruppe entscheidend: der Umgang Jesu mit Frauen. Damit nimmt die Gruppe die Frau dezidiert als Frau wahr, u. a. im Gegenüber zu Jesus als Mann und zu anderen Männern. Die Heilung an sich bleibt dabei weitgehend außen vor, dafür sind die Interaktionen Jesu und die zugehörigen Dialogpassagen relevant. Diese nächste Hypertexteinheit setzt von der Textwahrnehmung her bei Mk 5,34a an und bezieht extratextuelles, innerbiblisches Material § mit ein (S. 20f.):

F_5: Und was für mich immer wichtig ist bei Jesus, dass Jesus mit den Frauen normal redet wie mit Seinesgleichen, und nicht, dass er sie abtut, wie alle anderen das tun. In der damaligen Zeit ist das was Besonderes. Ich meine, das kommt immer wieder bei seinen Wundern oder seinen Wohltaten oder seinen Hilfen, die er Frauen angedeihen lässt, das ist bei der kanaanäischen Frau so, das ist hier so: Er, Frauen sind für ihn etwas ganz Normales, Maria Magdalena ist, die sind unter, als er gekreuzigt wird, sind die Frauen dabei, nicht die Männer, das finde ich schon immer sehr besonders.

---

[16] Vgl. oben: Bereits im Rahmen der ersten Hypertexteinheit ist die Heilung als solche komplett ausgeblendet, die von Jesus ausgehende Kraft dagegen aufgegriffen und problematisiert (!) worden.

[17] Beispielsweise wird etwas unvermittelt und überraschend mitten in andersartigen Überlegungen erwähnt, „dass eben, wenn du daran glaubst, dann geht es dir wieder gut" (S. 21, F_1). Anschließend wird an das Stichwort *Glaube* anknüpfend extratextuell und innerbiblisch der *Berge versetzende Glaube* eingespielt (vgl. S. 21, F_2 §) – mit *unterstützender* Intention. Kurz danach wird der feste Glaube der Frau hervorgehoben (vgl. S. 22, F_3) und die gesamte Diskussion abschließend wird unter Einbeziehung von Mk 5,25.26bc und 5,28bc ebenfalls auf diesen Gesichtspunkt abgehoben (S. 23):

F_3: Ja, aber sie hat fest daran geglaubt, dass er ihr helfen kann, dass er die letzte Station ist für sie, wenn sie schon viele Jahre und viel Geld für, dafür ausgegeben hat, und niemand konnte ihr helfen, sie hat fest daran geglaubt, dass er ihr helfen kann.

F_2: Ja, sie hat daran geglaubt, wenn sie die Gewänder berührt, wird sie gerettet, und hat's auch ausgeführt.

Gerade Letzteres sieht z. B. die Gruppe „CVJM" dezidiert etwas anders (→ *Zweifel*; vgl. Teil II 2.5.2 B_{Mk}).

?:	Und bei der Auferstehung sehen die Frauen ihn.		
		F₅:	Frauen, genau, sie salben ihn, genau, die Herren haben sich wohlweislich wieder verzogen, aus Angst, aus Feigheit und wer weiß, warum. Ja, ich weiß, das ist wieder etwas feministisch * Aber ich, er war sowieso ein ganz toller Mann für seine Zeit. Er hat, * er hat gezeigt: Alle Menschen sind gleich, und dass, auch die Frauen sind, richtig, genau *. Und ich denke, das ist ja das Revolutionäre zu der damaligen Zeit * überhaupt gewesen.
?:	Ja. @		
?:	Ja, stimmt.		
?:	Richtig		
?:	Das ist für mich auch.		

?: Ja, ich denke ...

Jesus redet normal mit Frauen – wie beispielsweise mit der blutflüssigen Frau in Mk 5,34. Er geht ganz normal mit Frauen um, behandelt sie grundsätzlich gleich,[18] was *verallgemeinernd* unter Verlinkung mit weiteren biblischen Traditionen *unterstützt* wird. Als Linkausgangspunkt fungiert die Konstellation Jesus/Frauen, wobei sich die Akzentsetzung im Verlauf der Argumentation unmerklich verschiebt: Geht es anfangs (und erneut gegen Ende des Beitrags) stark um das normale, gleichberechtigende Verhalten Jesu gegenüber Frauen (z. B. bei Wundern, Wohltaten, Hilfen, vgl. die kanaanäische Frau in Mt 15,21–28 §; vgl. die Beziehung zu Maria Magdalena §) – weshalb Jesus in der damaligen Männergesellschaft (→ ansatzweise zeitgeschichtliche Überlegungen ✘) etwas *Besonderes* ist respektive tut –, so wird anschließend die *Besonderheit* aufseiten der Frauen (im Kontrast zu deren männlichen Zeitgenossen) verortet. Beispielsweise werden die Frauen unter dem Kreuz (vgl. z. B. Mk 15,40f.; Mt 27,55f. §) erwähnt mit der Qualifizierung „das finde ich schon immer sehr besonders" (S. 20, F₅) und die Abwesenheit der Männer in dieser Situation eigens betont. Darüber hinaus sind es gerade die Frauen, die (erste) Zeuginnen der Auferstehung sind, nicht zuletzt, da sie sich aufmachen, den Leichnam Jesu zu salben (vgl. u. a. Mk 16,1–8 §). Ihre männlichen Gegenüber kommen in der Beurteilung der Gruppe nicht sonderlich gut weg: „die Herren haben sich

---

[18] Vgl. zu diesem Aspekt die Gruppe „Montagskreis" (vgl. Teil II 2.10.2 C$_{Mk}$).

wohlweislich *wieder* verzogen, aus Angst, aus Feigheit und wer weiß, warum" (S. 21, F$_5$; Hervorhebung C. S.). Ganz deutlich wird die Verschiebung an etwas späterer Stelle. Dort wird der feste Glaube der Frau aus Mk 5 hervorgehoben und der Clou der Erzählung darin gesehen, dass sie sich nicht hat beirren lassen. Es wird erneut die Kanaanäerin (vgl. oben §) *pop-up*-mäßig *unterstützend* eingespielt, doch mit ganz anderer Stoßrichtung (S. 22):

F$_3$:	Sie hatte aber doch einen festen Glauben und hat sich nicht irritieren lassen, sie ist dahin gegangen, ne, und siehe da: durch ihren festen Glauben wurde sie * geheilt.	F$_2$:	War das die Kanaanäerin, die, die immer hinter ihm hergegangen ist *, [unverständlich] gesagt hat und die Männer *: hau ab? Ja. War ja auch so, dass sie sich nicht hat abweisen lassen.
F$_5$:	Die mit der Tochter, ja.		
F$_5$:	Ja. Ja		?: Ja.

Diesmal fungiert nicht das Verhalten Jesu gegenüber Frauen als Linkausgangspunkt und es wird auch nicht auf Jesu besonderen, sprich: gleichberechtigenden, Umgang mit Frauen abgehoben, sondern die Gruppe postuliert eine feste, unbeirrbare Haltung der Frau in Mk 5 und verwendet dies als Basis. Diese Akzentsetzung *unterstützend* (vgl. „war ja *auch* so") wird erneut die Geschichte von der Kanaanäerin § eingespielt, womit das Phänomen des *many-to-one-linking* (→ unterschiedliche Ausgangspunkte, gleicher Zielpunkt) vorliegt. Jetzt dient dieser Link dazu, eine Frau zu zeichnen, die sich von männlichen Abweisungsversuchen nicht einschüchtern oder gar aufhalten lässt, sondern hartnäckig ihren Weg geht. Dass hierbei die Erzählung von der Kanaanäerin etwas anders wahrgenommen und einbezogen wird, als in der biblischen Überlieferung belegbar,[19] scheint mehr als nur unsichere Textkenntnis zu sein: Vor dem Hintergrund, dass Jesus im Gegenüber zur damaligen Männergesellschaft (→ zeitgeschichtliche Argumentation ✖) als *ganz toller Mann* profiliert wird, ist es nur zu verständlich, die abweisende Reaktion auf die Bitte/Annäherung einer Frau (vgl. Mt 15) nicht ihm anzulasten, sondern pauschal und unspezifisch Män-

---

[19] In Mt 15,21–28 sind es nicht irgendwelche Männer, die die Frau abweisen wollen, sondern sie muss sich quasi gegen Jesus selbst (argumentativ) durchsetzen – und zwar, weil sie keine Jüdin ist. In der Erzählung geht es somit nicht um einen Antagonismus Frau/Männer und als Gegenspieler ist Jesus selbst auszumachen. Die ebenfalls anwesenden Jünger Jesu unterstützen die Frau in ihrem Anliegen gewissermaßen sogar, da sie Jesus wegen des Geschreis der Frau zum Handeln zu bewegen versuchen (Mt 15,23).

ner dafür verantwortlich zu machen. Zusätzlich legt die Gruppe einzig Wert auf das Durchhaltevermögen der Frau; das Verhalten Jesu ihr gegenüber spielt in diesem Fall keinerlei Rolle.

Wir haben es somit in der Textwahrnehmung der Gruppe „Hauskreis" mit zwei ineinander verschränkten Entgegensetzungen zu tun: Da wäre zum einen Jesus, der sich als Mann (!) von der damaligen Männergesellschaft, in der Frauen grundsätzlich nicht so wichtig sind (vgl. S. 21, F_1), positiv abhebt, da wären zum anderen die Frauen – verkörpert in der einen Frau aus Mk 5^{20} –, die ebenfalls zu den Männern ihrer Umgebung in Kontrast gesetzt werden. Letzteres geht u. a. so weit, dass Frauen im Vergleich mit Männern als *eher um Hilfe bittend* qualifiziert werden (vgl. S. 21, F_5; S. 22, F_2), womit die Gruppe „Hauskreis" entweder eine zusätzliche Aktion (→ Bitte um Hilfe) in Mk 5 eingetragen hätte oder – was wahrscheinlicher ist – die Diskussion die konkrete Textgrundlage verlassen hat (vgl. S. 21f.).

Die (vor-)letzte[21] Hypertexteinheit bleibt auf einer ähnlichen Linie wie die vorhergehende, kommt auf die Heilung an sich überhaupt nicht mehr zu sprechen, sondern schreitet von der Frage Jesu (vgl. Mk 5,30de) über die ausweichende Reaktion der Jünger (vgl. Mk 5,31) bis hin zur Anrede *Tochter* (vgl. Mk 5,34b) intratextuell fort (S. 22f.):

F_5: Also er fragt ja hier auch: Wer hat mich berührt? [...]
F_5: Eigentlich hätten die Jünger das auch wissen müssen: Du siehst doch, wie sich das Volk sich um dich drängt, ja, sind sie wieder ausgewichen.
F_3: Na ja, wenn so 'ne Menschenmenge um einen herum ist, die alle etwas von Jesus wollen, dann, und dann so eine Frau, die doch, so wie sie beschrieben wird, auch sehr ängstlich ist und
F_3: [wird undeutlich]
F_2: Ja.
[...]

F_1: Ja, die hatte auch berührt und sich ganz schnell wieder * zurückgezogen, weil, ich denke mal, Frauen durften das auch gar nicht, ne.

[...]

F_2: Vielleicht wollte er ihr auch Mut machen, dass sie sich auch zu ihrer Tat bekennt, dass sie ihn berührt hat. *
F_2: Dass sie, dass sie ihre Angst überwindet und eben, ja, vor allen eingesteht, dass sie's gemacht hat, denn es haben *

F_1: Ja, dein Glaube hat dich gerettet.

F_1: er erfährt dadurch ja auch noch 'ne ganz besondere Aufwertung * und etwas ganz Besonderes, denn er sagt

---

[20] Dass die Frau in Mk 5 keinen Namen hat, könnte der Gruppe angesichts der verallgemeinernden Tendenz entgegenkommen, wird aber nicht explizit einbezogen.

[21] Die wirklich letzte Hypertexteinheit, im Rahmen derer noch einmal der feste Glaube in Verbindung mit der Wahrnehmung einzelner Textelemente aufgegriffen wird (z. B. Mk 5,25.26bc28bc), ist aus gegebenem Anlass bereits angesprochen und zitiert worden, vgl. oben Anm. 17 (gleiches Kap.).

[Mehrfach Zustimmung]
F₂: Ja. Ja.

F₃: Ja, eine große Aufwertung.
[...]
F₁: [...] Und da ist also jemand, der sagt: Tochter zu ihr, und dann dieser jemand, hinter dem alle herrennen und von dem alle etwas wollen, und sie bekommt es eigentlich, ohne gefragt zu haben oder mit ihm wörtlich in Kontakt getreten zu sein.

ja. Du bist,
gehe hin in Frieden *, also, sei gesund von deinem Leiden
F₂: Und auch die Anrede: Tochter

Ausgehend von der ersten (verbalen) Äußerung Jesu (Mk 5,30de) – die Frage verblüfft die Gruppe übrigens zunächst und wird quasi als rhetorisch und damit letztlich überflüssig angesehen –, springt die Gruppe zur Antwort der Jünger in Mk 5,31bc, die in den Augen des „Hauskreises" *wieder* ausgewichen sind, obwohl bzw. da sie es eigentlich besser hätten wissen können/müssen.[22] Erneut kommen die Männer in Jesu Umgebung verhältnismäßig schlecht weg. Dann wird der Fokus – unter Wahrnehmung der umgebenden Menge – auf die Frau gerichtet, der offensichtlich eine Art grundsätzlicher Ängstlichkeit (vgl. Mk 5,33b) zugeschrieben wird. Vor diesem Hintergrund liegt der Hauptakzent für die Gruppe an dieser Stelle auf der anredenden Interaktion Jesu, der der Frau a) Mut machen will (→ Bekenntnis zur Tat/Eingeständnis; Überwindung der Angst, die sozialgeschichtlich begründet sein kann ✵); und ihr b) eine ganz besondere Aufwertung zuteilwerden lässt – Mk 5,34 ist erreicht. Hier sind ebenfalls zeitgeschichtliche Überlegungen (✵) hilfreich. Interessant ist, dass der rettende Glaube (Mk 5,34c) als Erstes eingebracht wird,[23] es folgen Mk 5,34d und e. Höhepunkt ist für die Gruppe die Anrede Jesu an die Frau: „Tochter!" (Mk 5,34b), welche die Frau umso mehr aufwertet, als Jesus dieser besondere *Jemand* ist, „hinter dem alle herrennen und von dem alle etwas wollen" (S. 23, F₁). Jesus ist nicht irgendwer und die Zuwendung, die die Frau gewissermaßen ohne Fragen etc. erfährt, zeichnet sie deutlich aus.

Summa: Der Hypertext bzgl. Mk 5 setzt sich aus mehreren Einheiten zusammen und es werden verhältnismäßig viele Elemente der schriftlichen Hypertextbasis wahrgenommen. Auffälligerweise wird dabei die Heilung als solche jedoch nur am Rande erwähnt (Mk 5,29 kommt z. B. überhaupt nicht vor). Die erste Einheit problematisiert die von Jesus ausgehende Kraft

---

[22] Vgl. Gruppe „KSJ" S. 19f., M₁₄ (vgl. Teil II 2.3.2 B_Mk).
[23] Die Gruppe „CVJM" (vgl. S. 15, M₅; vgl. Teil II 2.5.2 B_Mk) gruppiert die Versteile von Mk 5,34 ebenfalls um, stellt aber in betonend-hervorhebender Absicht den Glauben an die Endposition.

(Mk 5,30ab) – dabei wird *unterstützend* auf weitere Bibelstellen hingewiesen –, bevor im Rahmen der zweiten Einheit (→ Thema *Glaube*, vgl. Mk 5,34c) der Schwerpunkt auf die seelische Gesundung, der die körperliche (nur) folgt, verlagert wird. Der Glaube der Frau wird als die entscheidende Größe bestimmt und die im Text vorfindliche Reihenfolge *Leiden – Heilung – Angst der Frau* umgedreht: Für die Gruppe „Hauskreis" steht die Angst (= seelische Leiden am Anfang); die körperliche Gesundung (!) – man spricht nie von Heilung oder Rettung – gelingt, nachdem die Angst überwunden ist. Auf den Glauben kommt die Gruppe übrigens mehrfach zu sprechen – wir haben es mit einem *book mark* zu tun. Große Bedeutung haben für die Gruppe „Hauskreis" außerdem die verbalen Interaktionen Jesu mit der Frau, seine Hinwendung zu ihr, der Umgang beider miteinander, wobei in dieser dritten Hypertexteinheit extratextuell *verallgemeinernd* und *unterstützend* zahlreiche biblische Traditionen (kanaanäische Frau; Maria Magdalena; Frauen unter dem Kreuz und am Grab) eingespielt werden. Hervorzuheben ist hierbei die Kanaanäerin, da dies zweimal mit jeweils anderer Stoßrichtung in der Art des *many-to-one-linking* von unterschiedlichen Ankerpunkten aus eingebracht wird: Wird zunächst anhand dieser Verlinkung das besondere Verhalten Jesu betont, liegt der Fokus anschließend auf dem Handeln der Frau, die sich – von Männern wie den Jüngern beispielsweise – nicht beirren oder gar aufhalten lässt. Einerseits nimmt die Gruppe somit das Verhalten Jesu gegenüber der Frau respektive Frauen im Allgemeinen wahr, andererseits wird – durch die Einspielungen forciert – der Fokus auf die Frauen selbst gerichtet. Den Abschluss (4. Hypertexteinheit) bildet für die Gruppe ein intratextueller Durchgang durch den Text ab der ersten Äußerung Jesu (vgl. Mk 5,30de), wobei die Anrede *Tochter* (vgl. Mk 5,34b) gezielt ans Ende gestellt wird.

Fallinterner Vergleich: Die Hypertextkonstruktionen der Gruppe „Hauskreis" bzgl. Mt 5 einerseits und Mk 5 andererseits weisen einige Unterschiede auf. Während bei Mt 5 insgesamt verhältnismäßig wenig von der Hypertextbasis wahrgenommen wird und Verlinkungen vorrangig mit außerbiblischen Elementen erfolgen, werden von Mk 5 ausgesprochen viele Bestandteile in die Diskussion einbezogen. Hier finden sich darüber hinaus zahlreiche Einspielungen extratextueller Materialien und zwar vorwiegend innerbiblischer Provenienz. Dennoch ist eine wichtige Gemeinsamkeit im jeweiligen Vorgehen der Gruppe zu erkennen: Bei der Sinnkonstruktion der Gruppe spielen (fast unmerkliche) Verschiebungen und Umakzentuierungen eine entscheidende Rolle; sei es mit Blick auf Feinddefinitionen oder das Verständnis von *lieben*, sei es bzgl. seelischer und/oder körperlicher Gesundung oder der Zuschreibung eines besonderen Verhaltens zu bestimmten Personen. Immer wieder passt die Gruppe den vorliegenden Text Schritt für Schritt bzw. manchmal wie im Vorübergehen an die eigenen Bedürfnisse an, was letztlich zum gruppenspezifischen Hypertext führt. – *Vergleich Ende* –

(C_{Mk}) Positionierung (Identifikation/Kritik) bzgl. Mk 5

Die Gruppe „Hauskreis" nimmt von Mk 5 nicht nur relativ viele textliche Einzelelemente wahr, sondern es werden unter dem Strich auch alle auftretenden Akteure aufgegriffen, zumindest einmal kurz erwähnt – wie z. B. die (Volks-)Menge (vgl. S. 22, F_5 und F_3). Der Hauptfokus liegt aber eindeutig auf Jesus und der Frau, wobei hier noch einmal im Besonderen das Beziehungsgeschehen akzentuiert wird; die Heilung bleibt weitgehend außen vor. Es scheint der Gruppe allerdings nicht primär um Jesus im Speziellen oder die konkrete Frau der Geschichte im Besonderen zu gehen, sondern u. a. vermittels entsprechender Verlinkungen erfolgen generalisierende Ausweitungen über die vorliegende Geschichte hinaus, wodurch sowohl Jesus als auch die Frau typenhafte Züge erhalten. Beide verkörpern sozusagen bestimmte Typen im Allgemeinen, welche durch Abgrenzung von Gegengrößen profiliert werden, und zwar beide Male im Gegenüber zu Männern. Zu Letzteren sind beispielsweise auch die Jünger zu zählen, die punktuell und beiläufig mit negativen Implikationen einbezogen werden (vgl. S. 22, F_5).

Die Frau selbst ist dadurch ausgezeichnet, dass sie aktiv wird und ihr eigener (fester) Glaube ihr hilft. Zweifel kennt sie nicht. Wenn es sein muss, werden auch einmal mutig Grenzen, z. B. gesellschaftlicher Art, überschritten (vgl. unerlaubte Berührung). Sie lässt sich nicht beirren und ist somit einzureihen in eine Gruppe starker (biblischer) Frauen, die wissen, was sie wollen, die ihren Weg gehen und sich nicht entmutigen oder gar von Männern einschüchtern respektive zurück-/abweisen lassen („Hau ab!") – wie z. B. auch die Kanaanäerin. Darüber hinaus findet sich bei den Frauen neben dem festen Glauben auch eine *besonders* erwähnenswerte Treue und Loyalität, z. B. zu Jesus unter dem Kreuz, und in diesem Zusammenhang rekurriert die Gruppe u. a. auf die Frauen als erste Auferstehungszeuginnen und ganz generell auf die vielen Frauen in der Jesus begleitenden Schar. Es gibt sie, auch wenn sie von den biblischen Überlieferungen gerne verschwiegen werden – man muss nur genau hinsehen. Dabei ist in den Augen der Gruppe „Hauskreis" für Frauen des Weiteren generell charakteristisch, dass sie sich leichter damit tun, auch einmal um Hilfe zu bitten – leichter als Männer, welche wieder einmal als Kontrastfolie dienen.

Es wird somit ein bestimmter Typos *Frau* als Ideal vor Augen gestellt und gerade im Gegenüber zu den Männern profiliert. Letztere sind es nämlich, die zum einen nur äußerst ungern und widerstrebend um Hilfe bitten: Da muss ein Mann schon wirklich krank sein, damit dies geschieht. Eine Schwäche will man(n) nicht gerne eingestehen. Zum anderen sind Männer bei Weitem nicht so treu und zuverlässig, was sich beredt darin dokumentiert, dass sie vor dem Kreuz fliehen und unter demselben nicht zu finden sind. Sie haben sich wohlweislich *wieder* verzogen – Angst und Feigheit werden als vermutbare Motivationen angeführt. Außerdem treten Männer z. T. sogar hinderlich in Erscheinung, wenn sie Frauen auf dem Weg zu Jesus zurückweisen und von der Begegnung mit ihm abhalten wollen (vgl. S. 22, F_2).

Doch bilden die Männer nicht nur das (unverzichtbare) Gegenüber zu den Frauen, sondern auch zu Jesus, der zwar ein Mann ist, trotz allem aber etwas Besonderes darstellt und sich von den anderen Männern (seiner Zeit) abhebt. Dies manifestiert sich vorrangig darin, dass er sich Frauen gegenüber ganz anders verhält, als man(n) dies für gewöhnlich damals praktiziert. Er redet normal mit ihnen, behandelt sie wie Seinesgleichen, tut sie nicht ab – vielfach belegt in den Wundern/Wohltaten/Hilfen, die er Frauen angedeihen lässt. Auch Maria Magdalena könnte hierzu als Zeugin befragt werden. Von daher ist Jesus ein *ganz toller Mann*, geradezu eine Ausnahmeerscheinung, da er gezeigt und gelebt hat: „Alle Menschen sind gleich, und dass, auch die Frauen sind, richtig, genau" (S. 21, F_5). Jesus weist Frauen nicht ab, begegnet ihnen gewissermaßen auf gleicher Augenhöhe und wertet sie grundsätzlich auf – gerade auch die, die ausgestoßen und das *Allerletzte* (vgl. S. 23, F_1) sind. Angesichts einer Männergesellschaft, in der Frauen nicht so wichtig sind, fällt Jesus durch eine revolutionäre Praxis auf und quasi heraus. Jesus verkörpert folglich in Anlehnung an die ideale Frau und im Gegenüber zu den gewöhnlichen Männern den Typos des idealen Mannes und ist selbst etwas *Besonderes*, da er Frauen *normal* behandelt. Letzteres – so der etwas paradox klingende Clou – ist eben ganz und gar nicht *normal*, sondern verdient angesichts der sonstigen *normalen* Praxis das Prädikat *besonders*.

In diesen Gegenüberstellungen kommen die Sympathien der Gruppe „Hauskreis" und eine damit verbundene Positionierung deutlich zum Ausdruck: Frauen im Allgemeinen – die Frau aus Mk 5 verkörpert dies konkret – und Jesus als Typos des neuen/ganz tollen Mannes werden sehr positiv gezeichnet, Männer im Allgemeinen begegnen dagegen als negative Kontrastfolie. Letztere werden dementsprechend kritisiert. Eine eindeutige Identifizierung lässt sich allerdings an keiner Stelle erkennen, auch wenn zu einem früheren Zeitpunkt der Diskussion diesbezüglich gewissermaßen eine Art Grundprinzip formuliert worden ist:

> „Und ich glaube auch ganz ehrlich, in der Bibel gibt es einfach Personen, wo sich jeder ganz besonders mit einer identifiziert oder sagen wir mal, wo eine Person ist, die einen richtig anspricht, wo man sagt: Halt, das ist vergleichbar mit mir, sei es nun Frauen oder sei es auch eine männliche Person" (S. 4, F_6).

Summa: Für die Gruppe „Hauskreis" verkörpert die blutflüssige Frau den Idealtypos *Frau an sich* – im Gegensatz zu den Männern – und Jesus stellt den idealen Mann dar, ebenfalls im Gegenüber zu den Männern, die entsprechend zu kritisieren sind. In Jesus und der blutflüssigen Frau treffen somit zwei Ideale aufeinander, wobei gerade Jesu (normales) Verhalten gegenüber der Frau respektive Frauen generell das Besondere an ihm ausmachen. Dabei sind die Sympathien und die Positionierung der Gruppe selbst klar: Den Idealen gilt es nachzueifern. Eine deutliche Identifizierung der Gruppe ist allerdings nicht eruierbar.

Fallinterner Vergleich: Die Gruppe „Hauskreis" weist in beiden Fällen keine klare Identifizierung auf. Dafür werden jeweils unterschiedliche Figuren in Absetzung von zugehörigen Gegenhorizonten profiliert. Letztere dienen eindeutig der Abgrenzung und erfahren entsprechend Kritik. Sonst ist zu konstatieren, dass mit Blick auf Mk 5 die Wahrnehmung von Personen deutlich ausgeprägter ausfällt. – *Vergleich Ende* –

(D) Strategien der Sinnkonstruktion und des Textverstehens

Hinsichtlich einer Gesamtstrategie der Sinnkonstruktion für die Gruppe „Hauskreis" fällt auf, dass sie ihr ganz zu Beginn der Gruppenvorstellung kurz erwähntes Vorgehen bei der Auseinandersetzung mit Mt 5 und Mk 5 in die Tat umsetzt, womit eine brauchbare Eigenterminologie gefunden wäre. Der Gruppe geht es darum, „den Text in unser eigenes Leben zu projizieren" (S. 1, F_1) – man kann nämlich „sehr viele Rückschlüsse ziehen auf das heutige Leben" (S. 4, F_2) –, „und wir sprechen das auch in unsere Zeit hinein" (S. 2, F_3). Somit lässt sich das Tun der Gruppe „Hauskreis" mit deren eigenen Worten zum einen als *Hineinprojizieren* (in das eigene Leben), zum anderen als *Hineinsprechen* (in die heutige Zeit) begrifflich fassen. Es fällt auf, dass Ersteres besser auf die Auseinandersetzung mit Mt 5 passt, während Zweiteres wunderbar den Umgang der Gruppe mit Mk 5 charakterisiert.

Die Gruppe „Hauskreis" fühlt sich von Mt 5 heute unmittelbar angesprochen. Ohne erkennbare Zwischenschritte wird der Text direkt ins eigene Leben projiziert, wobei methodisches Vorgehen im klassischen Sinne augenscheinlich keinerlei Rolle spielt. Es finden sich in diese Richtung keine auswertbaren Beobachtungen. Dafür gehen Textwahrnehmungen sehr oft mit einer Art persönlicher Stellungnahme/Bewertung einher, z. T. spiegeln sich Zustimmung oder Ablehnung sogar direkt in der Textrezeption wider (vgl. die erste Ergänzung des Wangenzitats). Außerdem besteht ein entscheidender Faktor der Sinnkonstruktion darin, mehr oder weniger starke Verschiebungen und Akzentverlagerungen vorzunehmen, was stets beiläufig und weitgehend unbemerkt geschieht. Auf diesem Wege schafft die Gruppe implizite Neufassungen des Textes. Die Textwahrnehmung ist äußerst selektiv und punktuell. Zusätzliches Material wird nur teilweise eingebracht. Die Gruppe greift für sie problematische Passagen heraus und passt den Text an die eigenen Bedürfnisse an. Das Wahrgenommene wird ins eigene Leben hineinprojiziert, wobei man selbst Ausgangs- und Zielpunkt ist sowie den letzten Bewertungsmaßstab darstellt. Entsprechend diskutiert die Gruppe hauptsächlich die Plausibilität und Praktikabilität der Forderungen aus Mt 5 mit Blick auf das je eigene heutige Leben und es begegnen weder analoge Übertragungen noch paradigmatische Leseansätze: Derlei hat die Gruppe an dieser Stelle gewissermaßen gar nicht nötig. Außerdem geht es primär um den Gewinn für einen selbst. Weitergehende Identifizierungen finden nicht statt, was vermutlich darauf zurückzuführen ist, dass man sich in erster Linie als Adressat des Textes versteht und nicht eine Positionierung innerhalb der vorliegenden Konstellationen vornimmt.

Das Vorgehen der Gruppe bei der Auseinandersetzung mit Mk 5 ist zwar grundsätzlich ähnlich, allerdings in einigen Punkten doch leicht anders akzentuiert. Dies lässt sich terminologisch dergestalt fassen, dass Mt 5 *ins eigene Leben* hineinprojiziert, Mk 5 dagegen *in die heutige Zeit* hineingesprochen wird. Konkret bedeutet dies mit Blick auf die Textverstehensbemühungen bzgl. Mk 5 Folgendes: Hier findet sich eine umfangreiche Wahrnehmung der Hypertextbasis, wobei u. a. auch schwirige Stellen problematisiert werden. Alles in allem scheint der Gruppe daran gelegen zu sein, eine bestimmte Hauptszenerie herauszuarbeiten. In methodischer Hinsicht begegnen in diesem Zusammenhang zeit-/sozialgeschichtliche Überlegungen, die einer Konturierung eben erwähnter Grundsituation per historisch-zeitgeschichtlicher Kontextualisierung dienen: Es geht zum einen um den idealen, tollen Mann – verkörpert in Jesus –, zum anderen um den Idealtypos *Frau*. Darüber hinaus steht entsprechend gleichberechtigendes, würdigendes intergeschlechtliches Verhalten im Mittelpunkt des Interesses. Die Gruppe konstruiert Idealtypen, abstrahiert im Zuge dessen stark von der konkret vorliegenden Erzählung und generalisiert/verallgemeinert. Letzteres geschieht vorrangig durch entsprechende Einspielungen. Im Dienste dieser Sinnkonstruktion steht auch das methodische Vorgehen, da die erkennbaren zeit-/sozialgeschichtlichen Überlegungen fast ausschließlich das Verhältnis und die Beziehung Mann/Frau betreffen und gezielt eingesetzt werden, um das *Besondere* an Jesus bzw. seinem Verhalten Frauen gegenüber zu profilieren. Die Gruppe „Hauskreis" liest Mk 5 somit vorrangig paradigmatisch-exemplarisch und auch wenn dies an keiner Stelle explizit ausgesagt wird, so wird implizit doch immer wieder spürbar, dass Jesus als der ideale tolle Mann und die Frau als Idealtypos auch für die heutige Zeit leitend sind bzw. sein sollten.

Als Maßstab dienen dabei in beiden Fällen das eigene Leben und die eigenen alltäglichen Erfahrungen. Daneben spielen der persönliche Nutzen/Gewinn sowie Machbarkeit und das Vorhandensein eines Lösungspotenzials eine wesentliche Rolle.

2.6.3 Die Frage nach dem Warum – Ein Blick auf den Orientierungsrahmen

a. Der Orientierungsrahmen im Kurzportrait: „wir sind [...] in diese neue Zeit hineinkatapultiert worden. Und wir haben den Wandel vollzogen." (S. 18, F_2)

Die Gruppe „Hauskreis" nimmt die Welt als normativ geordnet wahr, wobei die Bibel z. T. Richtlinien für das eigene Leben vorgibt: „Richtlinien, nach denen ich leben kann, wenn ich möchte, ich kann's aber auch sein lassen" (S. 2, F_6; vgl. S. 14, F_6). Dementsprechend hat die Bibel als Leitfaden/roter Faden eine hohe Bedeutung, und zwar für das alltägliche Leben heute. Die Kirche bildet in dieser normativen Ordnung einen Teil der Obrigkeit; ihren Vertretern – es handelt sich hierbei ja überwiegend, wenn nicht gar ausschließlich um Männer – wird gerade von den älteren Gruppenmitgliedern respektvoll begegnet. Man lebt mit Vorgaben, denen man sich im Interesse des allgemeinen Friedens zu fügen hat. Bei potenziellen Störungen dieser normativen Ordnung, u. a. im religiösen Kontext, sind Strafen und Sanktionen zu erwarten – zumindest war dies *früher* so. *Heute* sieht die Sache ein wenig anders aus bzw. die Gruppe „Hauskreis" sieht die Sache ein wenig anders.

Für den positiven (Gegen-)Horizont ist nämlich des Weiteren der Aspekt *Wechsel/Wandel* (vgl. hierzu das Zitat in der Überschrift) entscheidend. Es ist für die Gruppe „Hauskreis" eine Veränderung der Einstellung und Haltung zu konstatieren, ein Umdenken hat stattgefunden, vgl. S. 11, F_3: „Hab ich früher gedacht, heute nicht mehr. Heute denk ich 'n bisschen anders darüber". Während früher die religiöse Ordnung als von außen gesetzt angesehen wurde, eine Akzeptanz derselben unabhängig von einem Verständnis der Vorgaben gefordert war und v. a. Gott als herrschendes, strenges, brutales, Leistung forderndes, unnahbares, richtendes und strafendes Überwesen drohend über den Menschen, besonders mit Blick auf die Normeneinhaltung, wachte – „unser Herrgott stand so wie so ein mächtiger Fürst über dem Ganzen" (S. 9, F_2) –, ist heute eine verinnerlichte Ordnung zentral und Gott kommt als partnerschaftliches Gegenüber ins Spiel. Früher dominierte das – gemäß der Gruppe „Hauskreis" vorwiegend alttestamentlich inspirierte – Kletterleitermodell („Kletterleiter, ne, jeden Tag eine gute Tat [...]. Und wehe, wenn ich das nicht tue, dann folgen Strafen." S. 5, F_1; vgl. S. 9, F_2) und man musste sich „hochdienen" (S. 9, F_3). Heutzutage dagegen braucht niemand mehr „vor Ehrfurcht [zu; C. S.] erstarren und vor Angst" (S. 9, F_6) und sich nach oben zu arbeiten, sondern Gott „kommt zu uns runter auf der Leiter" (S. 9, F_2), sodass wir mit Gott „auf Augenhöhe sprechen können. Und er will ja auch mit uns auf Augenhöhe sprechen und nicht von oben herab" (S. 9, F_6). Entsprechend erfolgt die Bibellektüre heute aus freien Stücken und nicht wegen institutioneller Zwänge (z. B. Konfirmandenunterricht).

Dieser Gottesbildwechsel – man kann fast von einer Bekehrung bzw. einer Erweckung sprechen – wurde zentral durch die eingangs bereits erwähnten Glaubensseminare und v. a. durch deren charismatischen Leiter (vgl. oben Teil II 2.6.1) ausgelöst, hat dieser doch „Gott runtergeholt zu uns" (S. 9, F_2). Jetzt ist Gott charakterisiert als liebend, sorgend, milde, und statt einer hierarchischen Oben-unten-Beziehung herrscht ein partnerschaftliches Miteinander auf gleicher Augenhöhe vor. Und man ist mehr als froh, dass es so gekommen ist: „Dass das inzwischen anders ist, das ist doch sehr beruhigend und wohltuend für die Seele" (S. 5, F_1). Man ist gewissermaßen aus dem Mittelalter in die Moderne hineinkatapultiert worden, hat eine Zeitenwende mitgemacht, was nach dem Zweiten Weltkrieg u. a. auch darin spürbar wurde, dass solidarische Nachbarschaftshilfe über Konfessionsgrenzen hinweg geübt wurde.

Doch sind auch im Jahre 2006 noch nicht alle Menschen weltweit in dieser neuen Zeit angekommen, nicht alle haben den Wandel mitvollzogen. Entsprechend lässt sich als negativer Gegenhorizont genau das frühere Denken bestimmen, das nach Meinung der Gruppe „Hauskreis" auch heutzutage bei konservativen Juden und Muslimen (vgl. S. 18, F_2) anzutreffen ist, da diese „noch im Mittelalter" (S. 18, F_2) stecken. Hiervon grenzt man sich dezidiert ab, ebenso wie von Extremisten jeder Art (z. B. Islamisten), die einen weiteren negativen Gegenhorizont bilden: „Ja, das ist überhaupt schwierig, mit Menschen auszukommen, die sehr extrem sind, die sehr in eine Richtung tendieren, die Extremisten allgemein" (S. 15, F_5). Auf dieser Grundlage erklärt sich ein Misstrauen gegenüber der Umwelt, das an einzelnen Stellen zu erkennen ist. Außerdem herrscht ein starkes Gefühl des Bedrohtwerdens vor – v. a. eben durch Extremisten.

Vor dem Hintergrund der bisher skizzierten positiven wie negativen (Gegen-)Horizonte ist noch nach möglichen Enaktierungspotenzialen zu fragen. Hier begegnet eine Art Verkündigungstätigkeit der Gruppe „Hauskreis", die unabhängig von der Reaktion des Gegenübers den selbst erlebten Wandel anderen weiterzusagen sich berufen fühlt: „dass wir das vielleicht auch weitergeben, auch wenn einige das herzhaft belächeln" (S. 9, F_6). Man ist bemüht, die eigenen Erfahrungen mit anderen zu teilen und sich besonders auch für die Durchsetzung des neuen Gottesbildes, das man selbst als derart befreiend erlebt hat, zu engagieren.

b. Diverse Abhängigkeiten – Annäherungen an ein erklärendes Verstehen

Der Orientierungsrahmen der Gruppe „Hauskreis" erhellt deren Sinn konstruierendes Vorgehen sowohl mit Blick auf einzelne Punkte als auch hinsichtlich der anzutreffenden Gesamtstrategie. Zum einen werden einzelne inhaltliche Aspekte verständlich, u. a. warum bei der Auslegung von Mt 5 zweimal eine dezidierte Unterscheidung zwischen einem *früheren* und einem *heutigen, anderen* (!) Verständnis vorgenommen wird: Während man früher die Wangenforderung schlichtweg abgelehnt hat, wird sie heute *anders* beurteilt und in ihrer den Teufelskreis der Gewalt durchbrechenden Intention und Wirkung positiv gewürdigt.[24] Oder während man *früher* einen Schlag nicht als so schmerzhaft empfunden hat, wird *heute* die Frage nach dem Grund der Gewalt gestellt („Warum hat der mich geschlagen?" S. 12, F_2), was teils zu größerem Schmerz über dieselbe führt. Ganz augenscheinlich ist das heutige Verständnis des Textes durch einen Wandel geprägt, durch den es von einem früheren abgegrenzt ist. Das Verständnis hat einen Wandel erfahren, wobei der Wandel selbst als wichtiges Charakteristikum des heutigen Verständnisses in der auslegenden Diskussion explizit genannt wird. Dies ist angesichts des vorliegenden Orientierungsrahmens mehr als verständlich.

Zum anderen ist für den Orientierungsrahmen der Gruppe „Hauskreis" entscheidend, dass man selbst in einer neuen Zeit (= Moderne) lebt, was sich nicht zuletzt in der Gesamtstrategie *den Text in die heutige Zeit hineinsprechen* niederschlägt. In Abgrenzung vom Früher betont man den durchlaufenen Wandel und die jetzige Situierung in einer neuen Zeit und dementsprechend geht man auch mit den alten biblischen Texten um: Sie werden hineingesprochen ins Heute. Darauf kommt es der Gruppe „Hauskreis" ganz zentral an.

Zum Dritten ist der den Orientierungsrahmen prägende Wandel inhaltlich mit Blick auf das Gottesbild zu füllen: Im Gegensatz zu *früher* hat man es *heute* nicht mehr mit einem strafenden Gott, der Leistung fordert und weit über einem selbst steht, zu tun, sondern Gott begegnet als partnerschaftliches, liebendes Gegenüber auf Augenhöhe. Folglich kann Gott einen selbst nicht mit unerfüllbar schweren Anweisungen (wie z. B. der Wangenforderung) überfordern wollen, ein persönlicher Nutzen als Clou kommt da schon eher in Betracht (z. B. die eigene psychische Entlastung). Außerdem ist in diesem Kontext die Auslegung von Mk 5 höchst aufschlussreich: Jesus wird hier konturiert als der neue, tolle, ideale Mann, der im Vergleich zur sonstigen Männergesellschaft einen deutlichen Wandel markiert. Die Gruppe „Hauskreis" sieht Jesus und sein Verhalten gegenüber Frauen als vorbildlich an, er verkörpert ein neues Paradigma. Jesus kommuniziert mit Frauen auf Augenhöhe, er nimmt sie als gleichberechtigte Gegenüber wahr. In diesem Sinne erweist er sich wahrhaft als Gottes Sohn, nämlich als Sohn des Gottes, der jedem Menschen auf Augenhöhe begegnet. Entsprechend fokussiert die Gruppe „Hauskreis" die eigene

---

[24] Vgl. S. 11, F_3: „Hab ich früher gedacht, heute nicht mehr. Heute denk ich 'n bisschen anders darüber".

Textwahrnehmung u. a. auf die Anrede „Tochter" in Mk 5,34b, wodurch der Frau eine enorme Aufwertung zuteilwird. Inwieweit sich eine Erfahrung mit dem charismatischen Prediger im Rahmen der Glaubensseminare als idealem Mann, der die Wende im eigenen Glaubensleben bewirkt hat, in dieser spezifischen Textrezeption wiederfindet, lässt sich nur mutmaßend erörtern. Noch spekulativer wird es, wenn man diesen Idealmann in dem einen anwesenden Mann (= M_4) gewissermaßen substituiert sieht, wozu die Gruppenzusammensetzung (ein Mann inmitten von fünf Frauen) verleiten könnte. Auf jeden Fall ist für die Gruppe wichtig, dass das neue Gottesbild einen Verlust der Angst mit sich bringt und auch ein Erstarren vor Ehrfurcht nicht mehr an der Tagesordnung ist. Dies scheint die Wahrnehmung von Mk 5 entscheidend zu prägen, da eine Gesundung der Seele (→ keine Angst mehr) als Voraussetzung für die körperliche Heilung postuliert wird.

2.7 Gruppe „SOLID"

2.7.1 Kurze Fallbeschreibung: Politischer Jugendverband aus dem Osten der Republik links von ...

	1	5	1	–	–	–	–	
♂ 6	0 –	20 –	30 –	40 –	50 –	60 –	70 – ...	Alter (in Jahren)
	–	–	–	1	3	3		
♀ 1*	ohne	Quali	Mittl.R	Lehre	Abi	Uni		(Aus-)Bildung
		–		–		7		Gruppe: neutral
Σ 7		Rk		Evangel.		o.B.		Konfession
Gesprächsdauer: ca. 65 Min.; Ostdeutschland/großstädtisch; Fremdrelevanz (*Bibel*)								

* Diese Einzelkämpfer*in*position von F_1 als einziger Frau in der Gruppe wird ganz am Anfang der Vorstellungsrunde explizit thematisiert (vgl. S. 1, $M_?$: „Als einzige Frau! @"; ebd. F_1: „Als einzige Frau, genau!"). F_1 muss übrigens – wie bereits vor dem Gespräch angekündigt – relativ frühzeitig die Gruppe verlassen und einer anderen terminlichen Verpflichtung nachkommen.

„Ja, Solid, das heißt ‚Sozialistisch-linksdemokratisch', die sozialistische Jugend [...]. Ja, Solid beschäftigt sich hauptsächlich mit linker Politik, also teilweise links von der S-, PDS" (S. 2, M_3).[1] Damit ist nicht nur das Namenskürzel aufgelöst, sondern auch das eigene Profil als – der PDS (= Die Linkspartei) als Hauptsponsor nahestehendem, aber dem Selbstverständnis

---

[1] Vgl. zur ersten Einführung http://www.solid-web.de/index.php [20.01.2007].

nach betont eigenständig und unabhängig agierendem[2] – politischem, „sehr demokratische[m] Jugendverband" (S. 3, M_3) benannt, ebenso wie die politische Ausrichtung am linken äußeren Rand des Spektrums: Man betreibt linke Politik, was nach der Selbstcharakterisierung bedeutet, „sich kritisch mit dem System auseinander[zu; C. S.]setzen, meinetwegen auch Verbesserungsvorschläge zu unterbreiten, sich an Protestaktionen zu beteiligen" (S. 4, M_3). Exemplarisch werden antifaschistische Arbeit, System-/Kapitalismuskritik, Ökologie, soziale Gerechtigkeit, Drogenpolitik, Ausbau der demokratischen Mitbestimmung in Schulen bzw. in der Gesellschaft als Arbeitsschwerpunkte aufgezählt (vgl. S. 2, M_3; S. 4, M_7).

Gegründet wurde die Gruppe 1998 und „SOLID" ist geografisch betrachtet im Rahmen der Untersuchung gewissermaßen einmalig: Es ist die einzige Gruppe aus dem Osten Deutschlands (angesiedelt in einer Großstadt). Interessant ist noch, dass mit Blick auf die Informationsbeschaffung von der Gruppe die eigene Belesenheit betont und auf die sehr leseroffene Struktur des Verbands verwiesen wird (vgl. S. 3, F_1).

Insgesamt gesehen kann die Gruppe „SOLID" als ziemlich jung bezeichnet werden, mit einem deutlichen männlichen Übergewicht (s. o. *) und einem hohen Bildungsgrad. Die Gruppe an sich ist in konfessioneller Hinsicht *neutral*, die einzelnen Mitglieder charakterisieren sich selbst durchweg als *ohne Bekenntnis*. Man steht (konfessionell gebundener) Religion fern – weist entsprechend keinerlei Kirchenanbindung auf – und der Bibel kommt eine eindeutige und starke Fremdrelevanz zu. Biblische Texte sind so gut wie nicht bekannt, die Bibel zählt nicht zur normalen Lektüre der Gruppe.[3] Die Thematik *Textverstehen* dagegen ist vertraut, stellt doch die Auseinandersetzung mit mannigfaltigen Texten – u. a. mit politischen Programmen und Zeitschriften – eine wichtige Gruppenaktivität dar.

Die Diskussion findet am Abend in den normalen Räumlichkeiten der Gruppe statt und zählt mit einer Länge von einer guten Stunde zu den kürzeren des Projekts. Das Gespräch verläuft durchweg in sehr angenehmer Atmosphäre, wobei die gruppeninterne Amtsstruktur (M_2 und M_5 sind die

---

[2] Vgl. S. 2, M_3: „es ist keine direkte PDS-Organisation, sondern eigentlich ein unabhängiger Verein, der PDS nahe ist, also die Gelder kommen größtenteils von der PDS, aber es gibt doch noch eine gewisse Abschottung." Dies ermöglicht u. a. Handlungs- und Beeinflussungsspielraum mit kritischer Grundtendenz der Mutterpartei gegenüber (vgl. S. 4, M_3).

[3] Am Anfang des Diskussionsteils zur Bibel allgemein wird vielfach betont darauf hingewiesen, dass man die Bibel nicht gelesen hat (vgl. S. 5, M_3, M_4, M_7, M_6; vgl. S. 9, M_7). Dies erscheint gewissermaßen wie ein normativer Anspruch. Die weitgehende Unkenntnis biblischer Traditionen ist auch der Grund, warum eine Diskussion zum Zitat Mt 5,39cd alleine fast nicht möglich ist und von Forscherseite sofort die schriftliche Textvorlage eingebracht wird (vgl. S. 11; vgl. Teil II 2.7.2 A_{Mt}).

Ortssprecher der Gruppe, M_6 der Schatzmeister) keinen erkennbaren Einfluss auf den Verlauf des Gesprächs hat.[4]

2.7.2 Auswertungen unter exegetischer Perspektive

(A_{Mt}) Methodisches Vorgehen bzgl. Mt 5

Abweichend von der sonstigen Praxis des Forschungsteams, wird im Fall der Gruppe „SOLID" die schriftliche Textvorlage zu Mt 5 relativ schnell von Forscherseite eingebracht, da für die Gruppenmitglieder biblische Texte weitgehend unbekannt sind und eine Diskussion zum Zitat alleine offenkundig wenig ertragreich ist (vgl. S. 11). Es fällt auf, dass die stille Lesepause nach Austeilung des Textes im Vergleich mit anderen Gruppen mit 3½ Min. verhältnismäßig lang ist (vgl. S. 11).[5]

In methodischer Hinsicht lässt sich nur vereinzelt Kleineres beobachten: Z. B. ist der Begriff *Zöllner* (vgl. Mt 5,46d) unbekannt und wird angefragt (vgl. S. 12, M_6 und M_7), was in Richtung semantischer Überlegungen (→ textintern) interpretiert werden kann. Die daraufhin von Forscherseite angebotene Begriffserklärung und die folgenden zeit- und sozialgeschichtlich geprägten Informationen (vgl. S. 12, Y_1 und Y_2) stellen die Gruppe zufrieden, doch ist Letzteres nicht als methodisches Vorgehen der Gruppe zu qualifizieren. Dafür finden sich an zwei Stellen deutlichere Gedanken zur Textpragmatik (→ textextern), wobei hier gewissermaßen entgegengesetzte Grundtendenzen begegnen:

„Ich finde irgendwie so, das soll die Leute erst mal ruhig halten" (S. 14, M_6).

„Ich denke mal, das ist eher so ein bisschen Schocken, so ein bisschen Aufwecken, vielleicht auch Hochklingen, so unantastbar, und zum Nachdenken dann anregen" (S. 17, M_2).

In beiden Situationen wird über die Wirkung des Textes auf die Lesenden nachgedacht, doch sind die diesbezüglich geäußerten Vermutungen der Gruppe jeweils sehr unterschiedlich. Der Gruppe ist auf jeden Fall daran gelegen, was ein Text bei den Lesenden (möglicherweise) auslöst und wie dieser in der Folge eingesetzt – u. U. instrumentalisiert/missbraucht – wer-

---

[4] Die Gruppenvorstellung erfolgt beispielsweise gerade nicht durch die offiziellen Leitungspersonen, sondern in dieser Diskussionsphase melden sich fast ausschließlich M_3, F_1 und M_7 zu Wort (dezidiert anders gestaltet sich dies z. B. bei der Gruppe „KSJ": vgl. dort S. 1f., wo von zwei kleinen Ausnahmen abgesehen im Rahmen der Gruppenvorstellung nur M_9 spricht; vgl. Teil II 2.3.1).

[5] Bei Mk 5 ist dies trotz vergleichbarer Textlänge anders: Mit etwa 1½ Min. unterscheidet sich „SOLID" in diesem Fall nicht von der überwiegenden Mehrheit der Gruppen. Somit ist die Dauer der ersten Lektüre mit Blick auf Mt 5 auch auf der Basis eines fallinternen Vergleichs auffällig lang.

den kann. Vor diesem Hintergrund ist die Zielperspektive des praktizierten methodischen Vorgehens grundsätzlich als aufdeckend und in der Folge als kritisierend zu charakterisieren.

Zu guter Letzt ist der Gruppe selbst am *Kontext* gelegen, zu dem Informationen von Forscherseite erbeten werden.[6] Diesem Anliegen kommen Y_1 und Y_2 nach, doch ob das sich in der Antwort (→ Bergpredigt, MtEv) widerspiegelnde Verständnis im Sinne des *literarischen* Kontextes mit der Intention der Gruppe deckt, lässt sich nicht mit Sicherheit bestimmen.

Summa: Insgesamt kann konstatiert werden, dass die Gruppe „SOLID" bzgl. Mt 5 nur wenig *methodisch orientiert* vorgeht. Ansatzweise ist eine Akzentsetzung auf *textexterner* Seite zu erkennen, da textpragmatische Überlegungen das einzige deutlicher qualifizierbare methodische Vorgehen darstellen. Es geht der Gruppe hierbei darum, mögliche Wirkungen des Textes offenzulegen, v. a., um missbräuchliche Instrumentalisierungen aufdecken und in der Folge kritisieren zu können.

(B_{Mt}) Textwahrnehmung und Hypertextrekonstruktion bzgl. Mt 5

Die erste Hypertexteinheit der Gruppe „SOLID" beschäftigt sich mit der Aufforderung aus Mt 5,39d, als Reaktion auf einen erlittenen Schlag auch die andere Wange hinzuhalten. Das eingespielte Zitatfragment wird zum einen entsprechend ergänzt, zum anderen wird nach Austeilung der schriftlichen Textvorlage genau dieser Versteil aufgegriffen – gewissermaßen in einer personalisierten Variation (*meine* Wange; S. 11f.):

Y_2: [...] der erste Text ist der, in dem ein Zitat vorkommt, das beginnt mit: „Wenn dich einer auf die rechte Wange schlägt, ..." Ist das bekannt?
*

M_2: Gehört habe ich das schon mal irgendwie, ja.

?: Dann die andere auch hinhalten! *

Genau! *

Da habe ich auch was drüber gehört, dass es allein widersprüchlich ist in der Bibel selbst, weil Jesus (betont), als er nämlich, als er nämlich gehauen wurde, also da steht ja drin: „Halte die andere Wange auch hin!", allerdings als er dann irgendwie (...?) oder es nicht getan hat, selber wider die Bibel gehandelt hat, aber das habe ich mich nicht (...?).

[...]
[Austeilen der schriftlichen Textvorlage; C. S.]

---

[6] Vgl. S. 16, M_7: „Könnt ihr was zum Kontext sagen des Textes oder ist das nicht?!"

M₆: So, ich find-, finde das ganz gut, so sinnig, weil es stellt für mich ein, ein schönes Ideal dar und, aber das ist halt auch eigentlich eine Methode, um, um einen Frieden zu erreichen, und ich musste aber auch, während ich das gelesen habe, dann an den kategorischen Imperativ denken von Kant, und daran, dass das auch halt nur ein Ideal ist. Also ich würde ja ganz gerne auch dem Nazi meine andere Wange hinhalten, aber er wird das nicht für mich tun. Daran scheitert das leider so ein bisschen. [...].

Dabei lässt sich alles in allem eine kritische Grundtendenz ausmachen und es wird zweimal *pop-up*-mäßig extratextuelles Material eingespielt. Zunächst fungiert die Aufforderung als solche als Linkausgangspunkt und die Gruppe bringt in eindeutig *widersprechender* bzw. *in Frage stellender* Absicht sehr vage und unkonkret (→ Hörensagen) folgende biblische Tradition ein: Als Jesus geschlagen wird, hält er die andere Wange (auch) nicht hin (vgl. Joh 18,22f. §)⁷ – ergo hat er selbst „wider die Bibel gehandelt" (S. 11, ?). Die Verlinkung verfolgt somit das Ziel, einen innerbiblischen Widerspruch aufzudecken respektive die vorliegende Forderung Mt 5,39d als unpraktizierbar und quasi als sinnlos zu erweisen, da schon Jesus selbst dies nicht befolgt hat.

Anschließend wird dem Text, der als *schönes Ideal* umschrieben wird, von dieser Charakterisierung als Linkausgangspunkt ausgehend der kategorische Imperativ von Kant⁸ § als extratextuelles, außerbiblisches Element zur Seite gestellt, wobei dies *unterstützend* geschieht: Die eigene (kritische) Meinung, „dass das auch halt *nur* ein Ideal ist" (S. 12, M₆; Hervorhebung C. S.), wird argumentativ untermauert. Wahrscheinlich verbindet auch die in diesem Zusammenhang für ein Gelingen als unentbehrlich eingeschätzte Bedingung der Reziprozität beide (Verhaltens-)Ideale: Ein Scheitern ist unabdingbar, wenn sich *mein* Gegenüber nicht entsprechend ebenso verhält (vgl. S. 16 und 17, jeweils M₅). Mt 5,39d wird somit im Rahmen der ersten Hypertexteinheit wahrgenommen, bzgl. der Brauchbarkeit jedoch äußerst kritisch angefragt.⁹

Die nächste Hypertexteinheit ist erneut tendenziell als kritischwidersprechend zu charakterisieren, denn es werden intratextuell springend unterschiedliche Elemente der Hypertextbasis wahrgenommen, in bestimm-

---

[7] Jesus kontert vielmehr schlagfertig mit Worten, vgl. Joh 18,23.
[8] Dabei wird der kategorische Imperativ nur dem Namen nach eingespielt, nicht aber konkret zitiert.
[9] Im Folgenden springt die Gruppe intertextuell zu Mt 5,46. Der Vers wird komplett zitiert, wobei der Begriff *Zöllner* hinsichtlich seiner Bedeutung Probleme bereitet (vgl. S. 12, M₆ und M₇; es begegnen ansatzweise semantische Beobachtungen ✶). Für den Hypertext ist dies allerdings nicht weiter bedeutsam. Es schließt sich ein längerer Beitrag von M₂ an (vgl. S. 12–14), im Rahmen dessen wiederholt von *vollkommen/Vollkommenheit* gesprochen wird. Ob hier eine Textwahrnehmung mit Blick auf Mt 5,48 vorliegt, lässt sich nicht sicher entscheiden – dies scheint aber eher unwahrscheinlich zu sein.

ter Absicht spezifisch miteinander kombiniert und abschließend das Resultat hinsichtlich Plausibilität/Praktikabilität in Frage gestellt. Ausgangspunkt ist für die Gruppe „SOLID" die Existenz des Bösen, was auf Mt 5,39b, evtl. inklusive der folgenden Beispiele durch Gewalt geprägter Aggressionen (vgl. Mt 5,40f.), verweisen dürfte:

> „Und dieser Text jetzt, zumindest dieser Abschnitt, der hat bei mir so, so ja das Gefühl so: Ja, na ja, es gibt Böses, aber na ja, nimm es erst mal so hin, weil das gehört mit zu Gottes großem Plan und irg-, also das, was du hier so erlebst und wofür du so bestraft wirst und wo du so leidest, dafür wirst du irgendwann entlohnt. Das kann man jetzt zwar nicht beweisen, aber wir haben ja die Bibel und Gott gibt es ja und irgendwann wirst du dafür entlohnt" (S. 14, M_6).

Es gibt *das Böse* respektive *Böses* an sich (→ Singular wie in Mt 5,39b!) und der vorgelegte Text – im Besonderen scheint nach wie vor Mt 5,39b im Mittelpunkt der Aufmerksamkeit zu stehen – fordert in den Augen der Gruppe „SOLID" diesbezüglich zu einer hinnehmenden Haltung auf, wofür (irgendwann am Ende) der verdiente Lohn winkt. Mit Letzterem ist ansatzweise Mt 5,46c in die Diskussion einbezogen und die vorgenommene Kombination der drei Elemente (Böses + Hinnehmen → Lohn = 5,39b* + 5,39b → 5,46c*) führt zur textpragmatischen Einschätzung (✘), dass das „die Leute erst mal ruhig halten" (S. 14, M_6) soll. Selbstverständlich sind Mt 5,38cd und 5,43d im Interesse eines friedlichen Zusammenlebens zu vergessen, doch der folgende intratextuelle Sprung offenbart, an welcher Stelle für die Gruppe „SOLID" das Hauptproblem liegt: Mt 5,48 (Vollkommenheit) – verstanden als Clou der gesamten Passage:

> „aber letztendlich, was mir so aufgestoßen ist, ist wieder der letzte Satz wie: ,Seid also vollkom-, vollkommen, wie euer himmlischer Vater vollkommen ist!' Das heißt ja, diese, diese beiden Lebensregeln, die einem da […] aufgezeigt worden, sprechen für Vollkommenheit, und diese Vollkommenheit, das ist quasi, weil der Vater, Gott, ist auch vollkommen, und der würde so handeln. Ja, das tut er ja nicht, also, von daher finde ich es echt widersprüchlich. Also ich meine, Gott hat auch gestraft, hat Leu-, hat seine Engel in die Hölle gestoßen und alles Mögliche. Und auch dieser Spruch: ,Widersteht dem Bösen nicht!' Also Gott muss ja dem Bösen widerstehen, weil Gott ist ja unfehlbar. Und wieso soll, wieso hat das denn was mit Vollkommenheit zu tun, wenn man dem Bösen nicht widersteht, also sich dem Bösen gegenüber ergibt?" (S. 14, M_6).

Die Gruppe ist somit beim letzten Vers des Textes angelangt, bezieht diesen auf den gesamten Textabschnitt zurück[10] und liest somit Mt 5 insgesamt unter dem programmatischen Schlagwort *Vollkommenheit*. Der an

---

[10] Was von der Gruppe mit den *beiden Lebensregeln*, die nach dem Text für Vollkommenheit sprechen sollen, genau gemeint ist, lässt sich nicht zweifelsfrei bestimmen. Wahrscheinlich ist Mt 5,39b mit von der Partie. Des Weiteren kommen Mt 5,39cd sowie Mt 5,44b (dieser Vers wird allerdings erst an späterer Stelle explizit wahrgenommen) in Frage. Eine genaue Entscheidung ist an dieser Stelle nicht möglich.

dieser Stelle sofort erfolgende Widerspruch setzt an zwei Fronten an: Zum einen wird Gott gewissermaßen ein (selbst-)widersprüchliches Verhalten zum Vorwurf gemacht, da Gott den eigenen Verhaltensforderungen nicht gerecht wird – und folglich den Vollkommenheitsvoraussetzungen nicht genügt bzw. umgekehrt argumentiert: Da Gott vollkommen ist, aber selbst nicht gemäß Mt 5 handelt, ist es äußerst problematisch, die Forderungen des Textes mit Vollkommenheit in Verbindung zu bringen. Dabei spielt die Gruppe zur Untermauerung in der Art eines *Pop-ups* extratextuelles Material ein und bezieht sich auf den strafenden Gott im Allgemeinen § sowie auf den Engelsturz im Besonderen §.[11] Ansatzpunkt für die Verlinkung ist die hergestellte direkte Verbindung *aufgezeigte Lebensregeln* → *Vollkommenheit* und die Intention ist eindeutig als *widersprechend* zu klassifizieren.[12] Zum anderen wird eben jene Verknüpfung von Mt 5,48 mit Mt 5,39b massiv angefragt: Erstens muss Gott gewissermaßen anders vorgehen (Argument: Unfehlbarkeit) und zweitens hat Vollkommen mit Nicht-Widerstand (= Ergeben) in den Augen der Gruppe „SOLID" ganz und gar nichts zu tun. Die Fragwürdigkeit von Mt 5,39b erscheint in der Rezeption dieses Verses durch die Gruppe gegenüber der vorliegenden Textfassung sogar noch etwas verschärft, da ein kleines, aber wohl entscheidendes Wörtchen eingetragen wird: „Und warum sollst du dem nicht widerstehen *können*?" (S. 14, M_7; Hervorhebung C. S.). Dies ist kaum plausibel bzw. nur schwierig begründbar; man hat es vielleicht wirklich mit (inakzeptablem) Fatalismus zu tun (vgl. S. 14, M_7).

Auch die letzte identifizierbare Hypertexteinheit weist eine kritisch-skeptische Grundtendenz auf, wobei am Ende erneut Mt 5,48 im Fokus steht. Vor diesem Hintergrund kann dieser Vers als *book mark* qualifiziert werden, doch dieses Mal werden andere Elemente des vorhergehenden Textes in diesem Zusammenhang herausgegriffen, nämlich Mt 5,45a und 5,44b. Diese beiden Verse werden zunächst einzeln angesprochen und für sich angefragt (Mt 5,45a mit Blick auf eine vermutbare Autorenperspektive (✷) und Mt 5,44b als gefühlsmäßig *total verkehrt*[13]), bevor eine Zusammenschau erfolgt und Mt 5,45a gerade in seinem Folgecharakter (→ *damit*;

---

[11] Ob dies als *inner-* (vgl. bzgl. des Engelsturzes 2 Petr 2,4; Jud 6 und Offb 12,7-9 §) oder *außerbiblisch* (§) verstanden wird, lässt sich nicht feststellen bzw. der Bezugspunkt für die von der Gruppe aufgestellten (Tatsachen-) Behauptungen ist nicht klar zu eruieren. Die Quelle, auf die die Gruppe diesbezüglich rekurriert, bleibt im Dunkeln.

[12] Vgl. S. 11, ? (vgl. oben), wo ebenfalls explizit die Widersprüchlichkeit (der Bibel) ins Feld geführt worden ist.

[13] Vgl. S. 17, M_2, wo davon gesprochen wird, dass sich der Satz (= Mt 5,44b) irgendwie auflöst, „wenn man das so mit dem normalen Verständnis liest". Im Rahmen der Argumentation findet sich eine detailliertere Einzelbetrachtung der drei Bausteine (1) *Liebe/liebt*; (2) *Feinde*; und (3) *eure*.

in der Textwahrnehmung der Gruppe wird dieser Aspekt durch die Einfügung des Wörtchens *nur* zugespitzt: *nur damit* ...) der Kritik unterzogen wird (S. 16; Hervorhebung C. S.):

?: Ja, ja aber dieses: „Ihr Kinder eures Vaters in den Himmeln werdet, nee, in den Himmeln" vor allen Dingen (...?), das ist interessant. Da fragt, man fragt sich immer so ein bisschen, aus welcher Sicht das so geschrieben ist.
[...]
(8)
M_2: Was ich so interessant finde, ist: „Liebt eure Feinde!", ja, also das ist, ja, das ist im Prinzip genau das, das Gegenteil, was man erst mal gefühlsmäßig vom Bauch her heutzutage fühlen würde, an, an der Stelle. Wenn man jetzt den Satz liest, dann denkt man, das ist ja total verkehrt so. [...]
(8)
M_6: Es ist aber die Frage (?), warum man jetzt die Feinde lieben soll, *nur* damit man danach Kinder des Vaters im Himmel wird, also schon im Himmel, (...?) da in alle Ewigkeit glückselig wird. Aber das gibt keinen, also hier zumindest ist es so in diesem (?) Abschnitt wird kein richtiger Grund genannt, warum man das auch auf Erden tun soll, also oder, also ohne diesen Druckpunkt so: Hej, irgendwann stehst du vor dem Tor und Gott wird bewerten, ob du gut oder schlecht gehandelt hast! Ohne den bringen diese Regeln alles nichts. Du musst quasi all das nur tun, um Gott gefällig zu sein, um Gott nachzuahmen.

Die Gruppe bezieht die Verortung *in den Himmeln/im Himmel* eindeutig auf die Menschen, die zu einem derartigen Verhalten (→ Feindesliebe) aufgefordert werden, und macht auf dieser Basis eine Art Leerstelle in Mt 5 aus: Für ein entsprechendes Handeln *auf Erden* findet sich nämlich kein plausibler Grund. Durchaus unterschreibbar und unproblematisch ist dagegen Mt 5,42cd, wohin die Gruppe intratextuell weiterspringt (vgl. S. 16, M_7). Abschließend wird zweimal Mt 5,48 als Gipfelpunkt der Textpassage einbezogen:

„Es läuft darauf hinaus, dass man die Vollkommenheit des Vaters nachahmen soll" (S. 16, M_6).

„Seid also vollkommen, wie euer himmlischer Vater vollkommen ist! (14) Ich muss sagen, ich lege immer sehr viel Wert in diese Worte, wenn ich so was lese" (S. 17, M_3).

Die Diskussion der Gruppe „SOLID" endet folglich bei Mt 5,48, der Vollkommenheitsforderung, womit man grundsätzlich einverstanden ist. Die Forderung nach Vollkommenheit an sich ist in Ordnung. Nur mit den vorstehenden konkreten Verhaltensanweisungen hat man seine liebe Not, sprich: einige Probleme. Für die Gruppe „SOLID" taugen Wangenforderung und Co. gerade nicht dazu, den Weg zur Vollkommenheit zu weisen. Entsprechend werden die einzelnen Forderungen der Kritik unterzogen.

Summa: Der Hypertext der Gruppe „SOLID" besteht aus insgesamt drei Einheiten. Zunächst wird die Wangenforderung – in einer personalisierten Version – diskutiert und die zweimalige Anreicherung um extratextuelles Material verfolgt das eine Mal eine *widersprechende*, das andere Mal eine *unterstützende* Intention: Schon Jesus hat nicht die andere Wange hingehalten (→ innerbiblisch; widersprechend) und Mt 5 ist insgesamt nur ein schönes Ideal – wie der kategorische Imperativ von Kant (→ außerbiblisch; unterstützend). Anschließend kombiniert die Gruppe einzelne Elemente der Hypertextbasis miteinander (z. B. Lohngedanke, grundsätzliche Existenz des Bösen, Hinnehmen des Bösen, Vollkommenheitsforderung) und zweifelt die Plausibilität des derart konstruierten Textes an: Mit Vollkommenheit haben die konkreteren Forderungen doch herzlich wenig zu tun! In diesem Zusammenhang wird unter Einspielung vom strafenden Gott diesem ein (selbst-)widersprüchliches Verhalten zum Vorwurf gemacht bzw. umgekehrt ein Zusammenhang von Vollkommenheits- und Nichtwiderstandsforderung grundlegend bestritten. Auch die letzte Hypertexteinheit endet bei der Vollkommenheitsforderung, die entsprechend als *book mark* qualifiziert werden kann.

(C_{Mt}) Positionierung (Identifikation/Kritik) bzgl. Mt 5

Hinsichtlich der Wahrnehmung von Figuren(verhältnissen) innerhalb des Textes Mt 5 fällt auf, dass die unterschiedlichen (Macht-)Konstellationen in Mt 5,39–41 im Gegenüber zu 5,42 nicht explizit thematisiert werden. Implizit könnte allerdings eine Art Gespür hierfür vorliegen, da 5,39 – die Verse 5,40f. werden überhaupt nicht aufgegriffen – Widerspruch hervorruft, während V. 42(cd) als akzeptabel qualifiziert wird.

Interessanterweise nimmt die Gruppe dafür im Verlauf der Diskussion zwei Größen etwas intensiver in den Blick, die bei den anderen Gruppen kaum eine Rolle gespielt haben: die Zöllner aus Mt 5,46d und den himmlischen Vater (vgl. Mt 5,45a.48). Erstere verursachen zunächst ein Verständnisproblem und werden anschließend auf der Basis der vom Forschungsteam angebotenen (sozial- und zeitgeschichtlichen) Erklärungen zu Negativcharakteren stilisiert, aber bezeichnenderweise als *Exempla* eines *kapitalistischen* Verhaltens (S. 12):

M_7: Zöllner, was ist Zöllner? Da habe ich ein Fragezeichen dahinter gemacht. *

Ach so, im Mittelalter, das ist gemeint! *
[...]

Y_2: Das System lief so, dass jemand praktisch die Steuern für eine be-

Y_1: Zöllner waren die, die die Steuern eingetrieben haben.

Y_2: Nein, im römischen Reich.
[...]

stimmte Region gezahlt hat an den
römischen Staat und dafür das
Recht hatte, die dann wieder einzu-
treiben. * Und das hat man natür-   ?:   Mh.
lich dann, oder der, der das getan
hat, hat das so getan, dass er * ein   M$_4$:   Mit Aufschlag!
bisschen mehr eingetrieben, genau!
Das war der Trick dabei. *   M$_4$:   Kapitalismus!
Exakt. Deswegen waren die Herren
nicht so besonders beliebt.
[...]
M$_2$: Vielleicht zu der Zeit, wie die Zöllner da schon so angefangen haben, da wurde das schon alles kaputt gemacht. [...].

Die Gruppierung der Zöllner erscheint somit alles in allem in einem ziemlich negativen Licht und wird kritisiert – mit spezifischer Akzentuierung.

Der himmlische Vater wird als Vorbild in Sachen *Vollkommenheit* einbezogen, wobei sich in diesem Kontext Widerspruch gegen den Text Mt 5 regt – argumentativ unterstützt durch eben diesen Rekurs auf Gott (Vater). Die Gruppe „SOLID" führt nämlich die Person *Gott* und dieser (unfehlbaren) Figur zuzuschreibendes Verhalten (strafen, Widerstand gegen das Böse) argumentativ ins Feld, um die Verhaltensanweisungen aus Mt 5 in Frage zu stellen: Gott (Vater) selbst hat anders gehandelt, ergo ist fragwürdig, ob nach Vollkommenheit strebende Menschen sich an Mt 5 halten sollten.[14]

Dabei versteht sich die Gruppe „SOLID" selbst ansatzweise als vom Text angesprochen und entsprechend zum Nichtwiderstand aufgefordert. An diesen Stellen der Diskussion wird als Gegenpart (*Schläger*) eine aktuelle Gruppierung eingebracht: der *(böse) Nazi* (vgl. S. 12, M$_6$; S. 17, M$_5$). Allerdings ist für die Gruppe ein an Mt 5,39cd orientiertes Verhalten nur dann sinnvoll und praktikabel, wenn dem Grundprinzip der Reziprozität folgend auch das Gegenüber analog agiert; anderenfalls „scheitert das leider so ein bisschen" (S. 12, M$_6$) – bzw. wenn sich alle als potenzielle Bibelleser an die Weisungen halten würden, dann käme es überhaupt nicht zu irgendwelchen gewalttätigen Konfrontationen:

„Ja, vielleicht geht die Bibel ja davon aus, dass nämlich alle das lesen sollen, nämlich auch der böse Nazi, der mich hauen will, und der, im Idealfall wird der mich dann ja gar nicht hauen, weil er hat ja auch die Bibel gelesen, und dann macht man es ja nicht" (S. 16, M$_5$).

Insgesamt überwiegt mit Blick auf eine Positionierung der Gruppe „SOLID" der Eindruck, dass der Text aus einer gewissen Distanz heraus gelesen wird. Eine eigene Identifizierung lässt sich nicht ausmachen.

---

[14] Analoges gilt im Übrigen auch für Jesus, der auch nicht die andere Wange hingehalten und damit „selber wider die Bibel gehandelt hat" (S. 11, ?).

Summa: Die Gruppe „SOLID" bleibt Mt 5 gegenüber durchweg etwas distanziert. Eine Identifizierung ist nicht feststellbar. Kritisch gesehen werden die *kapitalistischen* Zöllner, argumentativ *unterstützend* bezieht die Gruppe Gott Vater ein. Wenn man sich selbst als Adressat der Forderungen sieht, dann kommt als Gegenüber der *(böse) Nazi* in den Blick, der grundsätzlich auch als Bibelleser in Betracht kommt. Nur in letzterem Fall kann Mt 5,39cd funktionieren (→ Reziprozität).

(A_{Mk}) Methodisches Vorgehen bzgl. Mk 5

Betrachtet man die Diskussionspassage der Gruppe „SOLID" zu Mk 5 in methodischer Hinsicht, so fällt das weitgehende Fehlen entsprechend auswertbarer Arbeitsschritte auf. Einzig ganz am Anfang begegnen einige Gedanken, die die Gattung des Textes zu betreffen scheinen. Mk 5 wird als „nette Geschichte" (S. 18, M_6)[15] und als „Märchen" (S. 18, M_2) näher bestimmt. Hierbei geht mit dem methodischen Vorgehen unmittelbar eine gewisse abwertende Qualifizierung des Textes einher. Sonst sind keine weiteren Beobachtungen zu machen.

Summa: Mit Blick auf Mk 5 geht die Gruppe „SOLID" weitgehend *nicht methodisch orientiert* vor. Das einzige diesbezügliche Resultat verweist auf die *textexterne* Seite. Die vorgenommene Gattungsbestimmung ist von einer abwertenden Grundtendenz geprägt.

Fallinterner Vergleich: Bei der Gruppe „SOLID" finden sich nur sehr wenige in methodischer Hinsicht auswertbare Beobachtungen. Die Gruppe geht somit unterm Strich eher *nicht methodisch orientiert* mit den vorgelegten biblischen Texten um. Es fällt auf, dass einzig bzgl. Mt 5 mittels textpragmatischer Überlegungen eine Art methodische Annäherung an den Text erfolgt. Dieser methodische Zugang wird von der Gruppe für Mk 5 augenscheinlich als nicht sinnvoll, vielleicht auch als nicht notwendig erachtet. – *Vergleich Ende* –

(B_{Mk}) Textwahrnehmung und Hypertextrekonstruktion bzgl. Mk 5

Der Hypertext der Gruppe „SOLID" bzgl. Mk 5 – das ist auf den ersten Blick zu bemerken – besteht aus verhältnismäßig wenigen Teilen der Hypertextvorlage. Meistens werden ausgewählte Einzelelemente herausgegriffen und von dort ausgehend assoziativ weitergedacht. Extratextuelles Material wird an keiner Stelle eingebracht.

Die erste Hypertexteinheit setzt beim *Glauben* (vgl. Mk 5,34c) und dem Faktum der Heilung (vgl. Mk 5,29c) an, bringt das Stichwort *Placebo* ins Spiel (vgl. S. 18, M_6) und anschließend wird kritisch-skeptisch die mögliche Wirksamkeit des Glaubens erörtert respektive letzten Endes in Frage gestellt. Dabei werden gezielt weitere Textdetails einbezogen, jeweils in

---

[15] Vgl. S. 18, M_5: „@ Mein Gott, das ist eine Geschichte!"

der Absicht, die Unglaubwürdigkeit der *netten Geschichte* (Gattungsbestimmung ✗) – realistisch und rational betrachtet – zu erweisen. Zum einen wird auf das Leiden der Frau Bezug genommen (vgl. Mk 5,25b), das gerade als Körperliches nicht durch Glauben (allein) geheilt werden kann. Dass hierbei anfangs ein Missverständnis vorliegt (Blut*fuß* – Blut*fluss*), stört nicht weiter. Entscheidend ist der Aspekt der Körperlichkeit, was durch die abschließende Bemerkung zur *Warze am Fuß* belegt ist. Im Grunde ist die konkrete Krankheit somit austauschbar, solange es nur ein körperliches Leiden bleibt (S. 18):

M_6: O. k., also Willen und, Willenskraft und Glaube kann auf jeden Fall einiges bewirken, aber nicht einen Blutfuß wegmachen! *

M_4: Ein blutiger Fuß, oder? *

Ach, Fluss, ah! @

?: Ach so, ach so!
M_6: Ah, Blutfluss.
M_5: Na ja, mein Gott, oder vielleicht eine Warze am Fuß! @

M_5: Was soll das denn sein?
?: Was ist das?
@ mehrere
?: Blutfluss!
Y_2: Blutfluss!

?: Fluss!
?: Fluss!
Y_2: Eine nicht endende Menstruation sozusagen.

Dem Glauben ist zwar viel zuzutrauen (z. B. in Gestalt eines Placebo-Effekts; vgl. S. 18, M_6), doch eine wirklich körperliche und damit materiell manifeste Heilung wird zurückgewiesen.[16] In diesem Zusammenhang wird das Detail *Blutfluss* aus Mk 5,25b herangezogen, allerdings nicht als konkretes Krankheitsbild, sondern nur hinsichtlich des Aspektes *Körperlichkeit*. Auf genau dieser Grundlage erfolgt der argumentativ begründete Widerspruch.

Zum anderen fokussiert die Gruppe die Wahrnehmung auf die lange Krankheitsdauer von zwölf Jahren – ebenfalls in Mk 5,25b zu finden. Auch an dieser Stelle scheint eine kritisch-skeptische Intention leitend zu sein:

M_7: Zwölf Jahre Blutfluss?! Muss ja verblutet sein!
M_5: @ Mein Gott, das ist eine Geschichte! * […]
(8)
M_3: Wahrscheinlich waren es in Wirklichkeit zwölf Tage und durch die Übersetzung.

Die Unglaubwürdigkeit der Erzählung in Mk 5 bzw. die Realitätsferne des Geschilderten werden durch die Gruppe „SOLID" betont, indem die zwölf-

---

[16] Es überrascht vor diesem Hintergrund nicht weiter, dass Mk 5,29b, wo die Körperlichkeit der Heilung ausgesprochen betont wird, nicht wahrgenommen wird.

jährige Krankheitsdauer aufgegriffen und sofort hinsichtlich der Plausibilität in Frage gestellt wird. In diesem Zusammenhang werden argumentativ auch mögliche Übersetzungsfehler ins Feld geführt.

Zum Dritten wird kurz danach noch die Aktion der Berührung aus Mk 5,27c angesprochen, wobei ein Funktionieren unmittelbar ausgeschlossen wird:[17] „Ich kann es mir aber auch nicht vorstellen, dass allein durch Berühren einer Person, allein, [...] dass das funktionieren kann" (S. 19, M_7).[18] Die Gruppe „SOLID" widerspricht somit im Rahmen der ersten Hyperteinheit der Geschichte in Mk 5 in vielen Punkten, wobei gezielt einzelne – für die Gruppe unplausible – Textdetails herausgegriffen und entsprechend in Frage gestellt werden.

Anschließend legt die Gruppe den Hauptakzent auf die Frau und ihre Begegnung mit Jesus. Erneut werden spezifische Aspekte des Textes pointiert ins Zentrum dieser zweiten Hyperteinheit gestellt und es wird auf diesem Wege ein für die Gruppe „SOLID" ansatzweise akzeptabler Clou herausgearbeitet:

> „Wahrscheinlich hat sie eh nur Depressionen gehabt, sie wollte unbedingt mal Jesus treffen und war deswegen die ganze Zeit fertig, dann hat sie ihn endlich mal gesehen, hat, dann war sie glücklich. War nur was, was sie sich eingeredet hat! Sie hat sich nur eingeredet, dass sie krank ist!" (S. 19, M_6)

> „Ich würde sagen, das ist der damalige Popstar. Es war ein riesen, (...?) die hat einen unglaublichen Weg gemacht, um den mal zu sehen, und sie hat gelitten, dass sie ihn so, (...?) weil sie ihn so, und dann war sie ihm da mal ganz nah und war sie vollkommen glücklich und von allen Leiden erlöst @" (S. 19, M_4).

Jetzt geht es schwerpunktmäßig um die Frau, die Jesus unbedingt einmal *treffen* möchte.[19] Ihre Krankheit wird als Einbildung qualifiziert (→ wahrscheinlich nur Depressionen) – Jesus fungiert hierbei gewissermaßen als Krankheiterreger, da das Verlangen, ihm zu begegnen, richtig fertigmacht – und entsprechend ereignet sich Heilung durch bloßes Sehen respektive

---

[17] Vgl. S. 21, M_7, wo diesbezüglich von einer *Glaubensfrage* gesprochen wird: „Das ist ja so eine reine, ja, Glaubensfrage hier, ob das geht oder nicht geht, wenn mich jemand anfasst, dass da irgendwas passiert". Selbst ein ehemaliger Mitbewohner, der Arzt und orthodoxer Christ ist, „der würde das garantiert auch verneinen, dass das geht, obwohl er orthodox ist" (S. 21, M_7). Hier ist interessant zu bemerken, dass zum einen eine Berührung durch eine andere Person an einem selbst vorausgesetzt wird. Zum anderen werden die auf die Berührung hin erfolgenden Geschehnisse bewusst vage beschrieben und damit gewissermaßen in ein obskures Licht gestellt: dass da *irgendwas* passiert.

[18] Direkt im Anschluss an diesen Diskussionsbeitrag springt die Gruppe zu Mk 5,34ac und schlussfolgert, dass Jesus am Ende gar nicht selbst die Heilung bewirkt hat – dies aber nur als Nebenbemerkung der Vollständigkeit halber.

[19] Zur Pointierung der Begegnung Jesus/Frau als *Treffen* vgl. die Gruppe „CVJM" (vgl. Teil II 2.5.2 B_{Mk}).

Ganz-nahe-Kommen, womit die in ihrer Funktionsfähigkeit gerade noch in Frage gestellte Berührung (vgl. Mk 5,27c) komplett unter den Tisch gefallen wäre. Zur argumentativen Untermauerung wird das Kommen der Frau (vgl. Mk 5,27b) mit dieser ganz spezifischen Zielperspektive gewissermaßen dramatisierend gesteigert (→ „die hat einen unglaublichen Weg gemacht, um den mal zu sehen" S. 20, M_4) und auch auf das vorgängige Leiden (vgl. Mk 5,26a) hingewiesen, allerdings unter Absehung von den Ärzten, die in Mk 5,26a gewissermaßen als Verursacher der Leiden der Frau angeführt werden. In der Textwahrnehmung der Gruppe „SOLID" kommen diese überhaupt nicht vor, was vor dem gerade skizzierten Hintergrund verständlich ist: Die Frau ist nur eingebildet krank, leidet unter Depressionen, weil sie unbedingt einmal Jesus treffen möchte – ergo geht sie erstens nicht zu irgendwelchen Ärzten und zweitens ist ihr *Leiden* letzten Endes selbst verursacht, ohne dass Ärzte hieran beteiligt wären.[20] So genügt es auch, dass sie Jesus *mal ganz nah* ist, damit „sie vollkommen glücklich und von allen Leiden erlöst" (S. 19, M_4) ist.

Summa: Der Hypertext der Gruppe „SOLID" mit Blick auf Mk 5 besteht aus zwei Einheiten, wobei jeweils spezifische einzelne Aspekte der Hypertextbasis herausgegriffen und zusammengestellt werden. In einem ersten Anlauf konzentriert sich die Gruppe auf den Glaubensaspekt – interpretiert als Placeboeffekt –, die zwölfjährige Krankheitsdauer sowie die körperliche Berührung und stellt die Möglichkeit einer körperlichen Heilung, von welchem Leiden (Blutfluss – Blutfuß) auch immer, grundsätzlich in Frage. In diesem Zusammenhang dient gerade der Rückgriff auf die zwölf Jahre dazu, die Unglaubwürdigkeit der Erzählung zu belegen. Ein zweiter Anlauf rückt die Frau und ihre Begegnung mit Jesus ins Zentrum und es wird ein für die Gruppe nachvollziehbarer und akzeptabler Clou profiliert: Ein weiblicher Fan des damaligen Popstars Jesus leidet wegen der Ferne zu ihrem Idol an Depressionen und ist vollkommen glücklich und erlöst, nachdem es endlich zu dem lang ersehnten Treffen gekommen ist. In diesem Kontext spielen die Ärzte natürlich keinerlei Rolle und sowohl Krankheit als auch Heilung werden auf einer rein innerlichen Ebene angesiedelt.[21]

Fallinterner Vergleich: Während die Gruppe „SOLID" mit Blick auf die angebrachte Kritik an Mt 5 gerade mittels extratextueller Einspielungen sowohl inner- als auch außerbiblischer Provenienz argumentiert und somit den eigenen Hypertext diesbe-

---

[20] Auch das Vermögen der Frau (vgl. Mk 5,26b) hat in diesem Zusammenhang keinen Platz.
[21] An einer Stelle kommt man kurz auf Jesu Heilungskräfte (vgl. Mk 5,30b) und die Gewänder (vgl. Mk 5,27c.28b) zu sprechen (vgl. S. 19, M_2), allerdings hat dies mit Blick auf den Hypertext der Gruppe „SOLID" keine Bedeutung. Ebenfalls nicht relevant in dieser Hinsicht ist der Schlussabschnitt der Diskussion (vgl. S. 20f.), wo die Gruppe über eigene Glaubenserfahrungen spricht, auch wenn in diesem Kontext Mk 5,34a–c komplett zitiert wird.

züglich entsprechend anreichert, bleibt man hinsichtlich Mk 5 rein innerhalb der vorgelegten Hypertextbasis. Ähnlich wie beim methodischen Vorgehen zeigen sich leicht unterschiedliche Akzentuierungen im Umgang mit den beiden Texten. Verbindend ist im Rahmen der Hypertextkonstruktion eine kritisch-kritisierende Grundtendenz auszumachen, welche hinsichtlich Mk 5 allerdings ohne weitere argumentative Untermauerung auskommt. Auch findet sich in beiden Fällen letzten Endes ein mehr oder weniger akzeptabler Clou: Mt 5 → Vollkommenheitsforderung an sich (ohne die konkreten Anweisungen); Mk 5 → depressive Frau, die ihren Star trifft und sich wieder gesund fühlt. – *Vergleich Ende* –

(C_{Mk}) Positionierung (Identifikation/Kritik) bzgl. Mk 5

Mit Blick auf die Positionierung der Gruppe „SOLID" bzgl. Mk 5 kann eingangs festgehalten werden, dass die Jünger an keiner Stelle wahrgenommen werden. Dafür konstruiert die Gruppe zwei unterschiedlich akzentuierte Konstellationen Jesus/Frau, die ansatzweise den beiden oben (vgl. B_{Mk}) herausgearbeiteten Hypertexteinheiten zugeordnet werden können. In diesem Zusammenhang scheinen sowohl Jesus als auch die Frau jeweils primär prototypisch eine bestimmte Rolle respektive einen speziellen Typos zu verkörpern und nicht als konkrete Einzelpersonen einbezogen zu werden.

Im ersten Anlauf liegt der Schwerpunkt auf Jesus in seiner Rolle als Wunderheiler und an dieser Stelle ist die Bewertung durch die Gruppe nicht gerade schmeichelhaft. Nicht nur, dass diese Scharlatane teilweise bestimmte Krankheitsverläufe zum eigenen Vorteil ausgenutzt haben, unter Umständen ist sogar (finanzielle) Abzockerei im Spiel, wie der Rekurs auf das aktuelle Beispiel *Lourdes* unterstützend belegt:

> Es wurden „solche Patienten [→ Multiple Sklerose; C. S.] dann vielleicht damals, als die überraschend blind geworden sind, zu Wunderheilern gebracht […], und die wurden dann ein paar Tage später wieder, also diese, die Entzündung geht zurück, und dann kommt das Augenlicht teilweise wieder. Und aufgrund dieser medizinischen Funktion sagen der, dass es solche Wunderheiler damals irgendwie ausgenutzt haben, diese Krankheit, um zu sagen, sie können wunderheilen" (S. 18, M_7).

> Eine Bekannte berichtet bzgl. Lourdes, „dass auch zu diesem Ausnutzen da, dass der ganze Ort davon lebt, irgendwelche Dinge an Touristen zu verkaufen, und dass selbst die irgendwie Lahmen dann in irgendwelche Becken dort getaucht werden in der Hoffnung, dass sie dann wieder laufen können später und dann irgendwelche Wasser, Wässerchen da verkauft werden für teuer Geld, im Grunde alles, die gesamte Stadt da irgend so eine Industrie aufgebaut hat, um diese Quelle zu vermarkten, um da irgendwie was rauszuschlagen für sich, aber war vielleicht hier auch schon" (S. 19, M_7).

Die Rolle, die Jesus in diesem Kontext spielt, erfährt somit massive Kritik, da Ausnutzen und persönliche Bereicherung unterstellt werden. Der Gruppe „SOLID" geht es augenscheinlich nicht um Jesus konkret – sein Name wird auch ausgesprochen selten aufgegriffen –, sondern um den Typos des Wunderheilers an sich. Analog dazu kommt die Frau als konkreter Gegenpart nicht in den Blick, nur implizit bzw. andeutungsweise als Repräsentantin derjenigen, die ausgenutzt werden und ihr Geld entsprechend ausgeben,[22] sprich: sich ausnehmen lassen. Interessanterweise wird im Gegensatz zu Mk 5,27b, wo von einem aktiven Kommen der Frau die Rede ist, mit Blick auf die Ausgenutzten zweimal passivisch formuliert: Man *hat* die Patienten *gebracht*; die Lahmen *werden getaucht*.

Der zweite Anlauf rückt die Frau in den Mittelpunkt des Interesses, wobei diese erneut paradigmatisch einen bestimmten Typos verkörpert: nämlich eine Art besessenen Fan. Sie verlangt so sehr danach, ihr Idol einmal zu sehen und hautnah zu erleben, dass sie richtig fertig ist und unter Depressionen leidet – eine eingebildete Kranke par excellence. Um dem Ziel ihrer Wünsche, Sehnsüchte und Träume näherkommen zu können, nimmt sie eine Menge in Kauf und ruht nicht eher, bis sie ihn sieht: nämlich Jesus. Als es endlich geschafft ist und sie Jesus nicht nur trifft, sondern ihm ganz nahekommt, ja ihn sogar berührt, fällt alles von ihr ab: Sie ist „vollkommen glücklich und von allen Leiden erlöst" (S. 19, M_4). Der korrespondierende und zugehörige Gegenpart, den Jesus repräsentiert, lässt sich mit dem Stichwort *damaliger Popstar* (vgl. S. 19, M_4), zu dem die Menschen in Massen strömen,[23] schlagwortartig benennen. Mit Blick auf diese Konstellationskonstruktion lässt sich vonseiten der Gruppe keine direkte Kritik erkennen – auch die Popstar-Titulierung scheint nicht weiter konnotiert zu sein –, eine Identifizierung liegt aber ebenfalls in keinem Fall vor.

Doch steht die Frau in den Augen der Gruppe „SOLID" noch für einen dritten Typos, wobei in diesem Zusammenhang Jesus nun keine (tragende) Rolle mehr spielt: Sie stellt eine Person dar, die an *etwas* glaubt, Selbstheilungskräfte auf Basis eines inneren Willens aktiviert und auf diesem Wege die Heilung quasi selbst macht. In diesem Fall hat Jesus keine Funktion mehr, was auch der Gruppe dezidiert auffällt: „Also war es er selber nicht" (S. 19, M_7). Das Interessante an dieser Deutung: Im Gegensatz zur sonst weitgehend distanzierten Haltung und Positionierung der Gruppe, die bisher maximal Kritik geäußert hat, begegnet hier erstmals eine (explizite)

---

[22] Zwar könnte hier ein vager Reflex auf Mk 5,26b vorliegen, doch sind die Hinweise zu schwach, um von einer Textwahrnehmung sprechen zu können.

[23] In diesem Zusammenhang scheint die Menge (vgl. u. a. Mk 5,24) wahrgenommen worden zu sein, was sich jedoch aufgrund einer unverständlichen Diskussionspassage nicht zweifelsfrei belegen lässt. Direkt im Anschluss an die Qualifizierung Jesu als *damaliger Popstar* wird nämlich gesagt, dass da „ein riesen (…?)" war, womit „ein riesen Aufstand/Getümmel/Treiben/Trubel/etc." gemeint sein könnte. In diesem Fall wäre die Volksmenge mit von der Partie und die Szenerie eines richtigen Menschenauflaufs rund um Jesus im Blick. Angesichts der Rede vom *Popstar* ist diese Deutung wahrscheinlich.

Selbstidentifizierung: „Tja, ich habe auch einen Glauben, ich bin ja auch schon oft gerettet. Hier steht: ‚Er sagt aber: Tochter, dein Glaube hat dich gerettet!'" (S. 19, M_2).[24]

Noch überraschender dürfte das Ergebnis sein, wenn man das auf intervenierende Nachfrage des Forschungsteams ganz am Ende der Gesamtdiskussion geäußerte Statement „Das ist ja so eine reine, ja, Glaubensfrage hier, ob das geht oder nicht geht, wenn mich jemand anfasst, dass da irgendwas passiert" (S. 21, M_7) in die Überlegungen mit einbezieht. Angesichts dieser Äußerung ist zu erwägen, ob nicht sogar ansatzweise eine Identifizierung mit Jesus vorliegt. Jesus wird von der blutflüssigen Frau berührt, die in der Folge Heilung erfährt. Analog diskutiert die Gruppe darüber, ob etwas passiert, „wenn *mich* jemand anfasst" (S. 21, M_7; Hervorhebung C. S.). Alles in allem bleibt die Gruppe „SOLID" – entgegen dem ersten Anschein – somit nicht völlig unbeteiligt und letzten Endes liegt eine positive Identifizierung mit der (an Rettung) glaubenden Frau, vielleicht sogar zusätzlich mit Jesus selbst, vor.

Summa: Die Gruppe „SOLID" konstruiert zwei Konstellationen Jesus/Frau, wobei beide Figuren jeweils exemplarisch bestimmte Typen verkörpern: a) Wunderheiler/Scharlatan, der ausnutzt und abzockt (→ Kritik!) – Patient/(gutgläubiges) Opfer; b) Popstar – besessener Fan. Identifizierungen lassen sich an dieser Stelle nicht erkennen. Darüber hinaus verkörpert die Frau eine Person, die durch ihren Glauben Rettung bewirkt, und hiermit findet – etwas überraschend[25] – gegen Ende der Diskussion ansatzweise eine Identifizierung statt. U. U. ist sogar eine Identifizierung mit Jesus auszumachen, wobei als Hauptansatzpunkt das Faktum des Berührtwerdens in den Blick kommt.

Fallinterner Vergleich: In beiden Fällen ist die Gruppe „SOLID" hinsichtlich der Positionierung überwiegend als distanziert zu charakterisieren. Man steht den Texten im Großen und Ganzen eher mit größerem Abstand gegenüber. Kritische Sichtweisen einzelner Figuren finden sich sowohl mit Blick auf Mt 5 (kapitalistische Zöllner) als auch bei der Diskussion zu Mk 5 (abzockend-ausnutzende Scharlatane/Wunderheiler). Auffällig ist, dass die Kritik in beiden Fällen gewissermaßen aufgrund finanzieller Unsauberkeiten geübt wird. Die am Ende bzgl. Mk 5 erkennbare(n) Identifizierung(en) (→ auf jeden Fall mit der Frau, vielleicht sogar mit Jesus) überrascht/überraschen vor dem sonstigen Hintergrund. – *Vergleich Ende* –

---

[24] M_2 ist mit seiner Haltung nicht alleine: M_6 outet sich gewissermaßen auch und äußert eine vergleichbare Einstellung (vgl. S. 20, M_6).
[25] Auch einzelne Gruppenmitglieder scheinen von der Entwicklung der Diskussion überrascht zu sein, vgl. die Rückfrage von M_5 auf das Statement von M_2 (vgl. oben): „Und was glaubst du, dass dich gerettet hat?" (S. 19, M_5). Vgl. die Reaktionen auf die Äußerung von M_6 auf S. 20.

(D) Strategien der Sinnkonstruktion und des Textverstehens

Mit Blick auf eine mögliche Gesamtstrategie der Gruppe „SOLID" hinsichtlich Mt 5 und Mk 5 fällt zunächst eine durchweg kritische/kritisierende/widersprechende Grundtendenz auf. Die Gruppe greift für sie problematische Textelemente aus der Hypertextbasis heraus, doch findet man sich nicht (fatalistisch) damit ab. Stattdessen wird Kritik geübt. Mit den eigenen Worten der Gruppe lässt sich die Gesamtstrategie somit folgendermaßen benennen: „sich kritisch [...] auseinandersetzen" (S. 4, M_3). Dabei geht die Gruppe eindeutig vom Heute aus und kritisiert auf dieser Basis die vorgelegten biblischen Texte, u. U. wird über die Kritik am Text auch Kritik an heutigen Zuständen (vgl. unten: Lourdes) laut. Die *kritische Auseinandersetzung* prägt das Vorgehen der Gruppe und findet sich sowohl hinsichtlich Mt 5 als auch mit Blick auf Mk 5. Die Unterschiede im Detail sind damit zu erklären, dass der zu kritisierende Hintergrund von der Gruppe für die beiden Texte jeweils unterschiedlich bestimmt wird.

In Gestalt von Mt 5 hat man sich mit einem argumentativen Text kritisch auseinanderzusetzen, der ethische Anweisungen erteilt und Forderungen an das Verhalten der Menschen stellt. Entsprechend sind argumentativ begründeter Missbrauch und entsprechende Instrumentalisierungen denkbar. Vor diesem Hintergrund versteht sich das Vorgehen der Gruppe, deren Überlegungen in methodischer Hinsicht in eine textpragmatische Richtung weisen und die – ganz allgemein gesagt – ausgesprochen argumentativ geprägt sind. Beispielsweise wird extratextuelles Material mit *widersprechender* Intention eingespielt. Dabei rekurriert man (bewusst?) auf die gleiche Autorität, nämlich die Bibel, und begründet den eigenen Widerspruch gegen Einzelelemente aus Mt 5 mittels des aufgewiesenen innerbiblischen Widerspruchs. Darüber hinaus begegnen spezifische Kombinationen, nie fehlt jedoch eine kritische Würdigung des Resultats. Letztere wird aber an keiner Stelle einfach als bloße Meinung oder persönliches Gefühl präsentiert, sondern es liegen argumentative Bemühungen vor und stets sind die eigenen Ausführungen begründet. Eine distanziertere Haltung scheint in diesem Zusammenhang die optimale Positionierung zu sein und Personenkonstellationen (mit entsprechender Kritik) spielen keine Hauptrolle. Die Übertragung in die heutige Zeit erfolgt entweder direkt oder per Analogiebildung (vgl. S. 12, M_7: „Dann sind ja heute die Leute gleich!").

Mk 5 dagegen wird gleich eingangs als nette Geschichte bzw. als Märchen qualifiziert. Bei der Auseinandersetzung mit diesem Text findet sich entsprechend keinerlei methodisches Vorgehen und insgesamt braucht es keine derart umfassende argumentative Grundlage wie bzgl. Mt 5. Dennoch setzt sich die Gruppe „SOLID" auch hiermit kritisch auseinander. Die Grundstrategie bleibt somit dieselbe, nur die konkrete Ausgestaltung variiert. Jetzt werden spezifisch ausgewählte Elemente/Details der Hypertextbasis herausgegriffen und die Gruppe widerspricht – auf der Grundlage von Alltagswissen und praktischer Lebenserfahrung und ohne weitere Begründung – der Plausibilität von Mk 5 insgesamt. Dabei spielt die Konstruktion einer entsprechenden Personenkonstellation eine ausschlaggebende Rolle (vgl. Ausnutzen, Abzocken) und ruft starke Kritik hervor. In diesem Fall strahlt der artikulierte Widerspruch per analoger Übertragung (→ Lourdes) unmittelbar ins Heute hinein.

Kriteriologisch lässt sich für die Gruppe „SOLID" zum einen die alltägliche, praktische Lebenserfahrung anführen sowie ein materialistisches Weltbild (vgl. S. 19, M_7 und S. 20, M_2). An diesen Gesichtspunkten ist das strategische Vorgehen der Gruppe ausgerichtet.

2.7.3 Die Frage nach dem Warum *– Ein Blick auf den Orientierungsrahmen*

a. Der Orientierungsrahmen im Kurzportrait: „Ja, sich kritisch mit dem System auseinandersetzen, meinetwegen auch Verbesserungsvorschläge zu unterbreiten" (S. 4, M_3)

Mit vorstehendem Zitat ist der positive (Gegen-)Horizont der Gruppe „SOLID" gut auf den zentralen Punkt gebracht: Diese politische Jugendgruppe ist deutlich durch eine kritische Haltung allem Bestehenden und v. a. den diversen Systemen, Strukturen und Hierarchien gegenüber gekennzeichnet. Dabei steht die Informationsbeschaffung im Dienst dieser Kritik. Sowohl Staat und Gesellschaft als Ganze als auch Kirche, Wirtschaft und Kapitalismus als auch Faschismus oder Drogenkonsum sind im Fokus, womit dezidierte negative Gegenhorizonte benannt wären. Auch der Mutterpartei (PDS/Die Linkspartei) wird immer wieder gesagt, wo etwas im Argen liegt. Passend zu dieser jugendlichen Absetzung wird auf der Beachtung der eigentlichen Werte insistiert und z. T. begegnet die Einstellung, man selbst sei genau das, was die PDS sein müsste bzw. zu sein habe.

Mit diesem positiven (Gegen-)Horizont geht entsprechendes politisches und gesellschaftliches Engagement als Enaktierungspotenzial einher, wobei ein kritisch-konstruktiver Impetus leitend ist. Kritische Auseinandersetzung auf der einen und konstruktive Verbesserungsvorschläge auf der anderen Seite gehören zusammen, zumindest werden sie in einem Atemzug genannt. Dabei ist für die Gruppe „SOLID" v. a. eine plausible intrinsische Motivation entscheidend. Entsprechend fragt man, „warum man das auch auf Erden tun soll" (S. 16, M_6). Als explizite negative Gegenhorizonte kommen an dieser Stelle zum einen Fatalismus/Passivität, zum anderen die Dominanz extrinsischer Motivation in den Blick.

Der Gruppe ist viel an einem rechten/guten Leben als positiver Zielperspektive gelegen, wofür es „ein paar vernünftige Grundpfeiler, worauf rechtes Leben basiert" (S. 7, M_2), braucht. Letztere haben mehrere Kriterien zu erfüllen: Sie müssen vernünftig, einsichtig, verständlich, zukunftsorientiert – damit unter dem Strich sinnvoll – und v. a. allgemeingültig, unabhängig sowie unparteilich sein. Das wäre ein „Leitfaden, der dann auch in die Zukunft blickend: Wie könnte mein Leben aussehen?" (S. 7, M_2) Verwirklicht sieht die Gruppe dies – zumindest ansatzweise – in den Pioniergesetzen (vgl. S. 7, M_2), doch auch die Bibel ist in diesem Zusammenhang in positivem Sinne zu berücksichtigen: Auch hierin sind gute Ideen und Ideale enthalten – einzig die Wirkungs- und Rezeptionsgeschichte gibt Anlass zur Kritik. Letztere wird nämlich überwiegend als durch interessengeleiteten Missbrauch biblischer Texte durch die Kirche respektive kirchliche Würdenträger geprägt angesehen (vgl. v. a. S. 6, M_6), womit ein weiterer negativer Gegenhorizont auf den Punkt gebracht wäre. Entsprechend gilt es, zu intervenieren, ebenso wie beim Gewahrwerden möglicher Ausbeutung und Unterdrückung. Systeme scheinen im Allgemeinen zu Missbrauch, Ausnutzung und Druckausübung zu tendieren und von daher ist Systemkritik zumeist mit entsprechender Aufdeckung und Infragestellung verbunden. Ein entlarvender Auftrag ist besonders dann zu erfüllen, wenn zu vermuten ist, dass eine im Kern sehr gute Idee z. B. aus machtpolitischen Interessenerwägungen korrumpiert worden sein sollte.

Die Bibel kann in den Augen der Gruppe „SOLID" somit durchaus hilfreiche Anregungen für ein gutes Leben geben, denn wenn sie selbst als Maßstab auch nicht taugt, so steckt in ihr doch viel Brauchbares (Lebensregeln/Moralknigge). Dies muss unter allen Umständen vor Perversion, interessengeleiteter (Be-)Nutzung, Instrumentalisierung und abzockender Ausnutzung bewahrt werden. Entscheidend ist, dass das dem guten Leben Dienliche vernünftig einsehbar und allgemein ist und der Mensch in dieser Angelegenheit grundsätzlich über Handlungskompetenz verfügt: Der Mensch kann gutes Leben machen. Dafür bedarf es allerdings einer ausreichenden materiellen Basis (u. a. Wohnraum, Lebensmittel und Arbeit). Daneben können gute Ideen – wie z. B. Nächsten-/Menschenliebe – hilfreich sein, doch sind alle Ideen ob der potenziellen Missbrauchbarkeit mit Vorsicht zu genießen. Ein gewisser Grundverdacht scheint nicht verkehrt und wenn er sich erhärtet oder gar bewahrheitet, dann ist Kritik die oberste (Bürger-)Pflicht.

Was das Weltbild anbelangt, begegnet eine – vordergründig und in der Selbstwahrnehmung – klare Eigenpositionierung, die einen weiteren Baustein des positiven (Gegen-)Horizonts ausmacht: Ein materialistisches und wissenschaftlich bestimmtes Wirklichkeitsverständnis herrscht (als normativer Rahmen) vor und scheint die Gruppe als Ganze zu prägen. Auf dieser Basis wird gedacht, argumentiert und gehandelt und dieses Weltbild dient auch als Kriterium bzw. Maßstab für das, was geht und was nicht geht. Alles, was hiermit nicht in Einklang zu bringen ist, hat es von vornherein sehr schwer, auf Akzeptanz zu stoßen. (Christlicher) Glaube, Bibel und Religion haben für die Gruppe „SOLID" ganz offensichtlich keine Eigenrelevanz und begegnen nicht einmal in Form eines Gegenhorizontes. Es scheint nicht notwendig, sich damit auseinanderzusetzen, geschweige denn, sich davon abzusetzen.

b. Diverse Abhängigkeiten – Annäherungen an ein erklärendes Verstehen

Im Fall der Gruppe „SOLID" kann die ermittelte Gesamtstrategie *sich kritisch auseinandersetzen* unmittelbar aus dem erarbeiteten Orientierungsrahmen abgeleitet werden. Das Vorgehen im Rahmen der Sinnkonstruktion entspricht dem allgemeinen Grundanliegen der Gruppe bzw. Letzteres schlägt sich direkt greifbar im Textverstehensvorgang nieder. Aus diesem Grund ist auch die zur Bezeichnung der Gesamtstrategie gewählte Eigenterminologie mit dem Hauptschlagwort der Kurzskizze des Orientierungsrahmens identisch. In diesem Zusammenhang kann noch auf die kriteriologische Basis hingewiesen werden, denn für die Gruppe ist die in Mk 5 berichtete Heilung u. a. deshalb nicht als plausibel akzeptierbar, weil man sich grundsätzlich nicht vorstellen kann, „dass allein durch Berühren einer Person, allein, von meinem materialistischen Weltbild her, dass das funktionieren kann" (S. 19, M_7). Auch die inhaltliche Füllung des eigenen Glaubens kommt in diesem Zusammenhang zur Sprache: „Ja, dass ich an Sachen glaube, die halt dazupassen, zu meinem Weltbild" (S. 20, M_2). Das materialistische Weltbild, das ein wesentliches Element des Orientierungsrahmens ausmacht, spielt somit auch im Rahmen der Sinnkonstruktion eine entscheidende Rolle.[26]

---

[26] Es ist anzumerken, dass an einzelnen Stellen ansatzweise ein pragmatischer Überstieg in transzendente Dimensionen erfolgt (vgl. eigener rettender Glaube; Kerzen anzünden mit Intention), worüber sich die Gruppe selbst wundert. Augenscheinlich kommt im Rahmen der Diskussion etwas zum Vorschein, was der Gruppe selbst weder bekannt noch ganz geheuer ist.

2.8 Gruppe „Kirchenmänner"

2.8.1 Kurze Fallbeschreibung: Miteinander essen, miteinander reden – Kleriker mittags unter sich, aber kein fester Kreis

♂ 4	–	–	–	2	–	1	1	
	0 –	20 –	30 –	40 –	50 –	60 –	70 –…	Alter (in Jahren)
♀ –	–	–	–	–	–	4		
	ohne	Quali	Mittl.R	Lehre	Abi	Uni		(Aus-)Bildung
Σ 4*		4		–		–		Gruppe: kath.
		Rk		Evangel.		o.B.		Konfession

Gesprächsdauer: ca. 75 Min.; Westdeutschland/großstädtisch;
Eigenrelevanz (*Bibel*)

* Mit Blick auf die (normale) Gruppengröße wird eingangs geäußert, dass der Kreis „sonst noch etwas größer [ist; C. S.] als nur wir vier" (S. 1, M_1).

Die Gruppe „Kirchenmänner" kann gewissermaßen als klerikaler Mittagessenskreis bezeichnet werden, denn es handelt sich um eine lockere Runde, die zu eben diesem Zweck zusammenkommt: „Wir treffen uns hier regelmäßig zum Mittagessen, das ist erst mal ein wichtiger Punkt" (S. 1, M_1). Beim anschließenden Kaffee oder Tee bieten darüber hinaus inhaltliche Berührungspunkte unterschiedlichster Art (vgl. S. 1, M_1) – wie z. B. Priesterseminar, Priesterfortbildung, Fragen des Bistums, Fragen der Seelsorge, Domkirche – ausreichend Gesprächsstoff, um im Gespräch miteinander zu bleiben, und auch wenn man sich selbst nicht als festen Kreis bezeichnen würde (vgl. S. 1, M_1), so wird doch betont, dass man sich sehr häufig sieht (vgl. S. 1, M_1 und zweimal $M_?$).

Die einzelnen Mitglieder, die alle mehr oder weniger leitende Funktionen im entsprechenden westdeutschen Bistum, sprich: hohe kirchliche Positionen, innehaben und somit einen Teil der katholisch-kirchlichen Hierarchie bilden, erfüllen in statistisch-formaler Hinsicht weitgehend geläufige Vorabwartungen an eine Gruppe katholischer Priester: Es sind ausschließlich Männer versammelt, die durchweg ein theologisches Hochschulstudium absolviert haben und damit hinsichtlich der Auslegung biblischer Texte gewissermaßen als Profis (vgl. S. 10, M_4, wo der Terminus *Fachleute* begegnet) angesehen werden können. Alle vier gehören der römisch-katholischen Kirche an. Altersmäßig begegnet eine recht ausgewogene Mischung im oberen Bereich, der Schnitt liegt zwischen 50 und 60. Die Bibel spielt zwar innerhalb dieser regelmäßigen Treffen keine (vorrangige) Rolle, doch da sie für die einzelnen Mitglieder einen sehr hohen Stellenwert – z. B. als Arbeitsbuch (vgl. S. 6, M_1; S. 7, M_4; S. 2, M_4) oder als

Buch für die Betrachtung (vgl. S. 7, M₁) – hat, kommt dem Thema *Bibel* Eigenrelevanz zu, ebenso wie dem Bereich *Textverstehen*.

Die mittellange Diskussion findet in Räumlichkeiten des Ordinariats (großstädtischer Kontext) bei Kaffee und Tee statt – im Anschluss an ein gemeinsames Mittagessen, zu dem auch das Forschungsteam eingeladen war. Das Gespräch ist durch eine sehr angenehme Atmosphäre gekennzeichnet, hierarchische Strukturen sind innerhalb der Gruppe nicht zu erkennen.

2.8.2 Auswertungen unter exegetischer Perspektive

(A_{Mt}) Methodisches Vorgehen bzgl. Mt 5

In methodischer Hinsicht lassen sich bzgl. Mt 5 bei der Gruppe „Kirchenmänner" einige kleinere Beobachtungen machen, die vorwiegend zur *textinternen* Seite zu zählen sind. Beispielsweise wird das angebotene Zitat nach der Einspielung sofort innerbiblisch verortet („Bergpredigt, Matthäus" S. 9, M₄) und auf diesem Wege der (nähere) literarische Kontext zumindest erwähnt – von einer Einbeziehung zu sprechen, scheint an dieser Stelle nicht ganz gerechtfertigt zu sein. Des Weiteren begegnen ansatzweise semantische Überlegungen, da die Übersetzung von Mt 5,39b *irritiert* und man über die vorliegende Formulierung *stolpert* (vgl. S. 13, M₁). Auch wird die Textstruktur einmal kurz aufgegriffen, wenn auf den *zweiten Absatz* verwiesen wird (vgl. S. 13, M₂). Etwas intensiver thematisiert die Gruppe die textinterne Szenerie und Kommunikationssituation, die – primär mit Blick auf Mt 5,39cd – wie folgt näher bestimmt wird:

> „Mir fällt auf, [...] da stehen sich gewissermaßen zwei Menschen gegenüber, ich sehe, ich sehe also die Situation von zwei Menschen" (S. 13, M₂). Man hat es „mit zwei Menschen zu tun [...], die da angesprochen sind" (S. 13, M₂; vgl. S. 14, M₂).

Die Gruppe „Kirchenmänner" macht sich allerdings nicht nur Gedanken über die Konstellation, die textintern vorauszusetzen ist, sondern es finden sich auch Ausführungen, die einer zeit-/sozialgeschichtlichen Verortung vergleichbar sind (→ textextern). Hierbei wird der Text „aus dem Kontext Jesus Christus" (S. 14, M₁) herausgenommen und „in die junge Gemeinde, in die matthäische Gemeinde" (S. 14, M₁) gestellt: Man bringt die dort anzunehmende *Verfolgungssituation* (vgl. S. 14, M₁) ins Spiel.

Summa: Alles in allem geht die Gruppe „Kirchenmänner" somit nur ansatzweise *methodisch orientiert* vor bei der Auseinandersetzung mit Mt 5, mit klarer erkennbarer Schwerpunktsetzung bei *textinternen* methodischen Arbeitsschritten. Eine deutliche Intention des praktizierten methodischen Vorgehens lässt sich nicht ausmachen.

(B_{Mt}) Textwahrnehmung und Hypertextrekonstruktion bzgl. Mt 5

Die anfänglichen Textwahrnehmungen der Gruppe „Kirchenmänner" setzen bei der Verhaltensforderung Mt 5,39d an und greifen diese auf, doch werden in der Rezeption stillschweigend und wie im Vorübergehen kleinere, aber dennoch bedeutsame Veränderungen vorgenommen. Dies prägt die vorliegende erste Hypertexteinheit. In einem ersten Anlauf wird eine „Art Strategie [...] in diesem Wort" (S. 9, M_1) vermutet bzw. vorausgesetzt, im Zuge dieser Überlegungen Mt 5,39d gewissermaßen mit einem neuen Vorspann versehen und der Vers selbst um ein kleines Wörtchen erweitert: „Entwaffne den anderen, indem du ihm auch noch die andere Wange hinhältst!" (S. 9, M_1). Der Forderung wird somit von der Gruppe eine intentionale Ausrichtung zugesprochen, was sich unmittelbar in der Textwahrnehmung niederschlägt: Die vermutete Zielperspektive wird direkt eingetragen und der Forderung vorangestellt und die Sinnhaftigkeit sowie die logische Verknüpfung werden durch ein *indem* kenntlich gemacht.

Anschließend wird der in diesem Vers anklingende Aspekt der Wehrlosigkeit herausgegriffen und hieran anknüpfend extratextuell[1] und innerbiblisch in *unterstützender* Absicht die Feindesliebe (vgl. Mt 5,44b §) eingespielt – es begegnet ein erstes *Pop-up* im Rahmen der Diskussion. Dieser nächste Anlauf ist dadurch gekennzeichnet, dass das Hinhalten der anderen Wange unter den Tisch fällt und die Gruppendiskussion sich in diesem Punkt entscheidend verschiebt: Jetzt wird erörtert, ob es verhaltenstechnisch Sinn macht, nicht zurückzuschlagen (vgl. S. 10, M_2). Dies bejaht die Gruppe und verlinkt in eindeutig *unterstützender* Intention extratextuell und innerbiblisch mit dem „Beispiel Jesu Christi" (S. 10, M_2 §), das als *Pop-up* ohne konkreten Bezug auf eine bestimmte biblische Stelle argumentativ ins Feld geführt wird:

„Und wenn wir bei der, bei der Heiligen Schrift bleiben, ist natürlich nahe liegend, zu schauen in das Beispiel Jesu Christi hinein: kommt es denn da vor? Nicht, und dann ist man natürlich bei dem, bei dem Weg seines, seiner Ergebenheit in das Leiden hinein" (S. 10, M_2).

Fallübergreifender Vergleich: Die Gruppe „SOLID" (vgl. Teil II 2.7.2 B_{M1}) bezieht sich ebenfalls auf das Beispiel Jesu, jedoch in dezidiert anderer Absicht. Dieser Gruppe ist daran gelegen, einen innerbiblischen Widerspruch aufzudecken und somit letzten Endes die Verhaltensforderung aus Mt 5,39d als sinnlos/obsolet/unpraktikabel zu erweisen. Aus diesem Grund findet sich dort ein Rückgriff auf Joh 18,22f. und es wird gerade betont, dass Jesus nicht gemäß der Wangenforderung reagiert hat.
– *Vergleich Ende* –

Die Gruppe „Kirchenmänner" blickt somit auf Jesus als jemanden, der sich in das Leiden hinein ergeben hat, was als unterstützendes Beispiel dient. Allerdings kehrt die Textwahrnehmung anschließend wieder zum Hinhal-

---

[1] Die schriftliche Textvorlage ist zu diesem Zeitpunkt noch nicht eingespielt.

ten der anderen Wange zurück und problematisiert dies im Kontext der Kindererziehung. Man ringt augenscheinlich um eine Art Mittelweg zwischen den Optionen *die andere Wange auch hinhalten* und *zurückschlagen:*

> „Wenn ich so an die Kinder im Kindergarten denke oder an die Eltern, da gibt es immer Eltern, die darüber klagen, dass ihre Kinder sich nicht wehren, dass die untergebuttert werden, und dann werden sie geschlagen und dann halten die tatsächlich noch die andere Wange hin. Und das ist verkehrt und falsch: Die müssen ein gutes Verhältnis finden, sich zu wehren, die müssen da eh-, die brauchen nicht gleich zurückschlagen, aber die müssen irgendwie einen Weg finden, mit dem Konflikt umzugehen, und zur Not kann das auch mal wirklich sein, dass man sagt: ‚Dann wehr dich doch!' Das finde ich also auch ganz wichtig. Auch das gehört zu einer Erziehung dazu, also nicht alles einstecken, sondern sich zu wehren" (S. 10, M$_4$).

Das Wehren wird als (manchmal) legitime Reaktion profiliert und schließlich sogar dezidiert resümiert, dass Mt 5,39d nicht immer als Verhalten in Frage kommen kann: „aber es gibt auch bestimmte Situationen und Momente, wo man eben klar Tisch machen muss jetzt, wo man eben nicht die Wange hinhalten muss" (S. 11, M$_4$). An diesem Punkt treffen innerhalb der Gruppe allerdings unterschiedliche Positionen aufeinander und ein wirklicher Konsens diesbezüglich ist nicht feststellbar. Einerseits wird das Hinhalten der anderen Wange, sprich: Mt 5,39d, massiv angefragt und letzten Endes zurückgewiesen – u. a., weil „es eben sehr schnell instrumentalisiert wird" (S. 11, M$_4$) –, andererseits der provokative Charakter der Forderung betont (vgl. S. 10f, M$_1$) und die Passage als „Stachel im Fleisch" (S. 11, M$_1$; vgl. ebenfalls M$_1$ S. 11 oben, S. 11 unten, S. 12) positiv bewertet. In letzterem Zusammenhang wird erneut auf den Lebensweg Jesu (vgl. S. 12, M$_1$ §) *unterstützend* verwiesen, zusätzlich noch extratextuell und außerbiblisch zwei Worte Martin Luther Kings § § *pop-up*-mäßig eingebracht:

> „und nur zwei Worte daraus: einmal ‚Du darfst erst aktiv werden, wenn du deinen Gegner liebst!', und das andere: ‚Es wird Blut fließen, aber es darf nicht das Blut des anderen sein!' Und das kommt genau dem entge, dem entspricht das: dass *ich* gefordert bin, nicht der andere, ja, in diesem Wort auch. Und ich muss damit rechnen, ja das geht, dass ich das Leben verliere, nicht dahin kann es in solchen Situationen führen" (S. 12, M$_3$).

Die vorliegende Verknüpfung, die die erste Hypertexteinheit abschließt, ist als *ergänzend* zu bestimmen, denn es kommt ein neuer Aspekt ins Spiel: *Ich bin gefordert, nicht der andere!*

Zwischensumma: Die erste Hypertexteinheit der Gruppe „Kirchenmänner" fokussiert die Forderung aus Mt 5,39d, die andere Wange auch noch hinzuhalten. In mehreren Anläufen versucht die Gruppe, einen akzeptablen Sinn zu konstruieren, wobei unter dem Strich kein konsensfähiges Resultat erzielt wird. Bei der Reduzierung auf die Pointe *nicht zurückschlagen* bleibt man nämlich zum einen nicht stehen, und zum anderen können weder das strategische Verständnis (→ den anderen entwaffnen) noch das He-

340 Teil II – Empirisch-rekonstruktive Auswertungen

rausgreifen des Wehrlosigkeitsgedankens noch die Qualifizierung als provokativer Stachel im Fleisch alle Gruppenmitglieder (v. a. M₄) überzeugen. Daran ändern auch die vielfältigen *unterstützenden* (Feindesliebe, Beispiel bzw. Lebensweg Jesu) und *ergänzenden* Verlinkungen (Worte Martin Luther Kings) nichts.

Nach Austeilung der schriftlichen Textvorlage wird als Allererstes Mt 5,39b wahrgenommen, und zwar stolpert die Gruppe über die konkrete Formulierung (semantisch-linguistische Beobachtung ✖), die als irritierend qualifiziert wird (S. 13):

M₁: Ich bin etwas irritiert über die Übersetzung: „Widersteht dem Bösen * nicht."

M?: Ja.
Y₁: Das steht auch so in der Einheitsübersetzung.
Y₂: Also

M₁: Ja gut, ich war gerade gestolpert.
M₂: „Und hasse deinen Feind!" *
[...]
M₃: [...] aber dieses „Widersteht dem Bösen nicht!", so wie es da steht, ist sehr, ja miss-, könnte missverständlich sein, weil ja dieses „Widerstehen dem Bösen" genau dann dem entspricht, was ja hier gesagt wird * oder werden soll, das Behalten, das ist ein „dem Bösen Widerstehen", vielleicht so ähnlich, wie es im Römerbrief heißt, ja, „Überwindet das Böse durch das Gute!" * [...].

Y₂: Ja, gut, das

M?: Ach so.

M?: Mh.

Die *Nicht*widerstandsforderung erregt zuerst Irritationen und ruft dann Widerspruch hervor, wobei in der ersten Rezeption interessanterweise der bestätigend-unterstützende Einwurf *Ja* (vgl. S. 13, M?) genau das Wort *nicht*, an dem sich die Probleme grundsätzlich entzünden, abtrennt. Für die Gruppe „Kirchenmänner" ist es nämlich augenscheinlich keine Frage, dass es darum gehen muss, dem Bösen zu widerstehen. Das *nicht* ist somit fehl am Platz. Von dieser Basis ausgehend, wird entsprechend eine extratextuelle, innerbiblische Verlinkung vorgenommen, und zwar wird *pop-up*-mäßig Röm 12,21 § eingebracht.[2] Die Intention ist je nach Perspektive entgegengesetzt zu bestimmen: *unterstützend* mit Blick auf das von der Gruppe pro-

---

[2] Vgl. zu diesem Vorgehen S. 10, M₁, wo mit Blick auf den Einzeltext ausgesagt wird: „Natürlich muss ich ihn in den Kontext zu anderen biblischen Texten auch stellen."

pagierte Widerstandsgebot, *widersprechend* hinsichtlich der Nichtwiderstandsforderung aus Mt 5,39b.

Es fällt in diesem Zusammenhang auf, dass auch Mt 5,43d kurz anzitiert und in die Diskussion geworfen wird (vgl. S. 13, M$_2$). Dies könnte folgendermaßen auszuwerten sein: Mit Mt 5,39b und 5,43d stehen zwei Imperative des Textes im Raum, die jeweils bei der Gruppe keine Akzeptanz finden, vonseiten der Gruppe keine Zustimmung erfahren. Dass beide Elemente innerhalb des Textes aus dezidiert unterschiedlichen Passagen stammen (Mt 5,39b gehört zum „Ich aber sage euch …"; Mt 5,43d dagegen steht unter dem Vorzeichen „Ihr habt gehört, dass gesagt worden ist …") wird in diesem Zusammenhang ausgeblendet.[3] Entsprechend kommt nicht in den Blick, dass der Nichtwiderstand vom Text propagiert und gefordert wird, während der Feindeshass – im Rahmen der antithetischen Strukturierung betrachtet – abzulehnen und zurückzuweisen ist. Es scheint, als sähe die Gruppe „Kirchenmänner" beides gewissermaßen auf einer Ebene, was letzten Endes implizit die eigene Haltung bestärkt: Die Nichtwiderstandsforderung ist inakzeptabel, was genauso offensichtlich und klar ist wie hinsichtlich des „Hasse deinen Feind!"

Anschließend springt die Textwahrnehmung ganz ans Ende des Textes zu Mt 5,48 und innerhalb der nächsten Hypertexteinheit werden spezifische Textelemente miteinander kombiniert. Dies ist vor dem Hintergrund zu betrachten, dass die Gruppe selbst durch die ausgeteilte schriftliche Textvorlage eine Ausweitung und Vertiefung (ihres Textverständnisses?) bewirkt sieht (S. 13):

M$_3$: Im Ganzen habe ich den Eindruck: der Text weitet alles noch mal aus und vertieft es, […] eine Vertiefung, eine Ausweitung, also: ohne Unterschied. Ja, das letzte Wort: „Seid also vollkommen, wie euer himmlischer Vater …", keine Ausnahme machen, nichts einschränken von der Haltung, aber …

M$_2$: Mir fällt auf, dass der Satz „Wer dich auf die rechte Backe schlägt, dem halte auch die andere hin!", da stehen sich gewissermaßen zwei Menschen gegenüber, ich sehe, ich sehe also die Situation von zwei Menschen. Der, der ganze Text weitet das aus, weil im zweiten Aufsatz, im zweiten Absatz auf einmal der Vater im Himmel eingeführt wird, und offensichtlich sind wir, sollen wir zu Kindern dieses Vaters im Himmel werden und dieser Vater hat eine ganz merkwürdige Eigenschaft, wenn ich das mal so sagen darf, denn er ist so großherzig und großzügig, dass er seine Sonne sowohl über Bösen wie über Guten aufgehen lässt und dass er seinen Regen spendet den Gerechten und den Ungerechten. Da kommt also auf, da kommt ein, ein Vaterbild Gottes ins Spiel, mit ihm und, und in seiner Nähe dürfen alle leben, die Gerechten und die Ungerechten, die, die Gerechten und die

---

[3] Es ist an dieser Stelle zu erwähnen, dass die antithetische Strukturierung des Textes von der Gruppe „Kirchenmänner" an keiner Stelle wahrgenommen wird. Mt 5,38 bleibt völlig unbeachtet und Mt 5,43 wird mit Ausnahme gerade erwähnter Zitierung auch nicht weiter einbezogen.

Feinde, die Bösen und die Guten. Dieses Vaterbild kommt, wird da also ganz deutlich beschrieben.

(7) Sodass ich es also nicht mehr nur mit, mit, mit zwei Menschen zu tun habe, die da angesprochen sind, sondern unter dem Horizont dieses väterlichen Gottes wird das Ganze noch mal gesehen.

Die Ausweitung/Vertiefung besteht in den Augen der Gruppe „Kirchenmänner" grundlegend darin, dass durch den zweiten Absatz eine zusätzliche Größe ins Spiel gebracht wird: nämlich der Vater im Himmel, der für uns als nachahmungswürdiges Vorbild bedeutsam ist. Entsprechend wird Mt 5,39cd (→ Situation: zwei Menschen stehen sich gegenüber; Überlegungen bzgl. der Kommunikationssituation ✶)[4] direkt mit Mt 5,45a verbunden, womit neben den beiden Kontrahenten nun ein Dritter mit im Bunde wäre: Das Ganze ist „unter dem Horizont dieses väterlichen Gottes" (S. 13, M$_2$) zu sehen. Das Vaterbild Gottes spielt in der Folge im Rahmen der weiteren Sinnkonstruktion die entscheidende Rolle, wobei unter Einbeziehung von Mt 5,45bc eine Zuspitzung auf eine ganz merkwürdige Eigenschaft Gottes erfolgt: Gott legt eine unglaubliche Großherzig-/Großzügigkeit an den Tag; in seiner Nähe dürfen alle leben. Gott macht gewissermaßen keinen Unterschied, keine Ausnahme (vgl. S. 13, M$_3$).

Exkurs: Am Anfang der Gesamtdiskussion ist zur Sprache gekommen, dass zwei Gruppenmitglieder (M$_2$ und M$_4$) im Rahmen ihrer seelsorglichen Arbeit verstärkt mit Frauen zu tun haben. M$_2$ ist (wenigstens sporadisch) in der Arbeitsgruppe *Frau und Liturgie* aktiv (vgl. S. 2, M$_2$), mit M$_4$ haben wir den Diözesanfrauenseelsorger vor uns (vgl. S. 1, M$_4$). Beide berichten von den Auswirkungen dieser Tätigkeit auf ihre eigene Bibellektüre (z. B. begegnet man frauenspezifischen Lesarten/Zugangsweisen und man selbst wird sensibel für das Interesse von Frauen und lernt ansatzweise, „mit *ihren* Augen die Heilige Schrift zu lesen", S. 2, M$_2$), wobei in diesem Zusammenhang auch die männliche Gottesanrede thematisiert wird: „und dann immer wieder die, die Gottesanrede auch, die immer männlich einfach, wir haben ja nun unsere Artikel weiblich, männlich, sachlich und die natürlich ganz stark männlich geprägt ist, und da wird drauf reagiert, und da wird auch viel drüber gesprochen" (S. 2f., M$_4$).

Angesichts dieser Überlegungen sticht ins Auge, dass im Rahmen der Auslegung von Mt 5, wo die männliche Gottesanrede konkret begegnet, dies überhaupt nicht problematisiert wird. Ganz im Gegenteil: In keiner anderen Gruppe findet sich eine derart ausgeprägte (und selbstverständliche) Betonung des *Vater*bildes Gottes wie bei den „Kirchenmännern". Es scheint, als sei das von M$_1$ gezogene Resümee auch mit Blick auf die Gruppe „Kirchenmänner" selbst zutreffend: „Ansonsten habe ich den Eindruck, dass in der Priesterausbildung und auch in der Fortbildung diese Frage [sc. Sicht von Frauen/frauenspezifischer Zugang zur Bibel; C. S.] nicht so beherrschend ist. Ich glaube, das wird registriert, das wird wahrgenommen, ich glaube, die Sensibilität ist da, aber das sind nicht so die Fragen, die die Priesteramtskandidaten oder die

---

[4] Mt 5,39cd konnte im ersten Anlauf (vgl. oben) kein konsensfähiger Sinn zugeschrieben werden. Dies ändert sich nun.

Priester so stark bewegen, dass sie sie zu ihrer eigenen machen" (S. 3, M$_1$). – *Exkurs Ende* –

Fallübergreifender Vergleich: Dies stellt sich bei der Gruppe „Theologinnen" (vgl. Teil II 2.11.2 B$_{Mt}$) gewissermaßen genau entgegengesetzt dar: Hier wird nicht allgemein über die Gottesanrede reflektiert, dafür aber in der konkreten Begegnung mit dem Text Mt 5 an der männlich dominierten Sprache (u. a. Gott als Vater; Brüder) Anstoß genommen und entsprechend Widerspruch erhoben. – *Vergleich Ende* –

Es versteht sich von selbst, dass im Zuge dieser Argumentation Gott als Subjekt von Mt 5,45bc dezidiert wahrgenommen wird. Anschließend werden mit Mt 5,44b–d die Feindesliebe und das Gebet für die Verfolger einbezogen (vgl. S. 14, M$_4$; verortet in der zeitgeschichtlichen Situation der jungen Gemeinde ✖), doch nahezu sofort kommt die Gruppe auf *Sonne* und *Regen* zurück und setzt als Synonym für diese Gaben Gottes[5] das Theologumenon *Gnade*. Interessanterweise begegnet in diesem Zusammenhang als Gegenüber der (persönliche) *Feind*, womit die Feindesliebeforderung von einem deutlich anders akzentuierten *großen Anspruch* abgelöst worden zu sein scheint:

> „Also hier ist es ja so schön real gesagt, nicht, die Sonne, die scheint, oder der Regen, der herabregnet auf Gerechte und Ungerechte und allen zukommt, wenn wir als Theologen sprechen, würden wir ja wahrscheinlich als Gaben Gottes schlicht das theologische Wort ‚Gnade' setzen, [...] aber der andere, dem ich nicht verzeihe, der wird, so wie ich selbst, auch getroffen von der Gnade Gottes, das ist doch dieser große Anspruch, der da drinliegt, nicht, wenn, wenn ich statt Sonne und Regen jetzt einmal den theologischen Begriff von der Gnade einsetze, d. h. also auch mein, mein Feind wird von der Gnade Gottes ergriffen" (S. 14, M$_2$).

Besagter großer Anspruch besteht nicht mehr darin, den (eigenen) Feind zu lieben (vgl. Mt 5,44b), sondern zu akzeptieren, dass auch dem anderen die Wohltat der Gnade Gottes zugutekommt. Erneut spielt somit das Vaterbild Gottes respektive das Agieren Gottes für die Gruppe „Kirchenmänner" im Rahmen der Sinnkonstruktion eine wichtige Rolle und anstelle der Feindesliebeforderung findet sich eine sehr spezifische andere Herausforderung, der sich die Gruppe zu stellen hat.

Auch für die nächsten und letzten intratextuellen Sprünge lässt sich unter dem Strich Vergleichbares festhalten: Zunächst wird der Fokus auf Mt 5,41 gerichtet und eine gegenüberstellende Kombination mit dem harmloseren Mt 5,45c vorgenommen (vgl. S. 14f., M$_4$). Auf diesem Wege wird zwar das Extreme/Provokative/Entsetzliche (vgl. S. 15, M$_4$) des Textes in Erinnerung gerufen, doch schon im nächsten Schritt springt die Wahrnehmung zu Mt 5,48 (= „Perspektive, da bleiben wir hinter zurück" S. 15, M$_1$) zurück

---

[5] Damit ist Gott weiterhin als Subjekt impliziert, auch wenn die Formulierung an dieser Stelle nun unpersönlich ist und Gott als Verursacher nicht mehr explizit genannt wird.

und gewissermaßen als Schlussfazit resümiert die Gruppe ganz im Sinne der bisher verfolgten Linie:

> „Also es steht auch in der Spannung, [...] dass auch dieser ganze Text von Gott erzählt, wie er mit dem Menschen umgeht oder auf ihn bezogen ist, das steht erst mal fest, da ist auch das ganze Bemühen und Unvermögen, das ich dann erkenne, so zu handeln, auch wieder darin geborgen" (S. 15, M_3).

Endsumma: Die Gruppe „Kirchenmänner" setzt sich nach Austeilung der schriftlichen Textvorlage zunächst mit der Nichtwiderstandsforderung (vgl. Mt 5,39b) auseinander, die irritiert und Widerstand hervorruft. In dieser Hypertexteinheit leistet die extratextuelle, innerbiblische Einspielung von Röm 12,21 argumentativ wichtige Dienste: Das *Überwinden des Bösen durch das Gute* wird gegen das *Widersteht nicht ...* gestellt bzw. Ersteres verdrängt Letzteres im Rahmen des Hypertextes der Gruppe. Die zweite und bereits letzte Hypertexteinheit ist dann davon geprägt, dass ausweitend/vertiefend das Vaterbild Gottes einbezogen wird, wobei sich in diesem Zusammenhang Mt 5,45bc (Sonne/Regen → Gnade) und Mt 5,48 als die zentralen Schwerpunkte ausmachen lassen. Immer wieder kommt die Gruppe auf dieses Gottesbild zurück und bringt ihren eigenen Clou bzgl. des Textverstehens abschließend und zugespitzt dahingehend auf den Punkt, „dass auch dieser ganze Text von Gott erzählt, wie er mit dem Menschen umgeht oder auf ihn bezogen ist" (S. 15, M_3).

(C_{Mt}) Positionierung (Identifikation/Kritik) bzgl. Mt 5

Die Gruppe „Kirchenmänner" nimmt im Text Mt 5, der übrigens nirgends als Rede – z. B. Jesu – in den Blick kommt, keine hierarchischen Machtkonstellationen oder dergleichen wahr, sondern geht dezidiert von folgender Szenerie aus: „da stehen sich gewissermaßen zwei Menschen gegenüber, ich sehe, ich sehe also die Situation von zwei Menschen" (S. 13, M_2). Beide Konfliktparteien sind somit auf der gleichen Ebene zu verorten und beide sind in einer feindlichen Konfrontation mit-/gegeneinander befasst bzw. gehen unversöhnt auseinander (vgl. S. 14, M_2). Doch bleiben die beiden nicht in trauter Zweisamkeit, sondern höchst bedeutsam für die Gruppe „Kirchenmänner" ist, dass durch den Gesamttext eine *Ausweitung* erfolgt und eine weitere – letztlich entscheidende – Größe auf der Bühne erscheint:

> „Sodass ich es also nicht mehr nur mit, mit, mit zwei Menschen zu tun habe, die da angesprochen sind, sondern unter dem Horizont dieses väterlichen Gottes wird das Ganze noch mal gesehen" (S. 13, M_2).

Die Gruppe bezieht somit den Vater im Himmel als Dritten im Bunde mit ein und auf diese Weise kommt eine Art *situationstranszendente* Dimension ins Spiel.[6] Das Vaterbild Gottes wird im Verlauf der Diskussion immer wieder ausgesprochen betont und dezidiert thematisiert und letzten Endes sagt Mt 5 in den Augen der Gruppe „Kirchenmänner" primär etwas über Gott und seine Beziehung zum Menschen aus (vgl. S. 15, M_3). Gott ist dabei zum einen „anders und größer und weiter" (S. 10, M_4), zum anderen ist er durch eine „ganz merkwürdige Eigenschaft" (S. 13, M_2) gekennzeichnet: nämlich unterschiedslose, ausnahmslose, uneingeschränkte (vgl. S. 13, M_3) und grenzenlose Großherzig-/Großzügigkeit (vgl. S. 13, M_2). Gott gießt seine Gnade über alle aus, so wie er es über Gerechten wie Ungerechten regnen bzw. über Bösen und Guten die Sonne aufgehen lässt (vgl. Mt 5,45bc; vgl. S. 14, M_2). Der Mensch seinerseits ist gefordert, nachahmend aktiv zu werden und dem Vorbild Gottes zu folgen, doch bleibt der Mensch meist hinter den Anforderungen zurück und muss das eigene Unvermögen schlussendlich einsehen (vgl. S. 15, M_1 und M_3). Kritik findet sich in diesem Zusammenhang kaum, für den scheiternden Menschen ist es wichtig und gut, die herausfordernden Worte immer wieder zu hören und wahrzunehmen (vgl. S. 15, M_1).

Doch wo positioniert sich die Gruppe „Kirchenmänner" selbst? Es wird im Rahmen der Diskussion deutlich, dass man sich auf jeden Fall vom Text angesprochen und auch herausgefordert fühlt. Dabei finden sich ansatzweise Identifikationen, z. B.: *Wir* sollen „zu Kindern dieses Vaters im Himmel werden" (S. 13, M_2); „wenn *ich* der Feind wäre" (S. 10 M_3; Hervorhebung C. S.); *ich* bin der, der dem anderen nicht verzeihen kann (vgl. S. 14, M_2); *ich* bleibe dahinter zurück (vgl. S. 15, M_1). Man steht somit einerseits unter dem Anspruch des Textes. Andererseits scheint jedoch die Hauptpositionierung der Gruppe „Kirchenmänner" gewissermaßen außerhalb der oben beschriebenen Konstellation zu suchen zu sein: Unmittelbar nach der Skizzierung der von der Gruppe favorisierten Dreierbeziehung (zwei Menschen + väterlicher Gott als alles umfassender Horizont) werden nämlich erstens die Verkündigungs- und zweitens die Beichtstuhlsituation angesprochen. In beiden Fällen hat man es u. a. mit Menschen zu tun, die die eine Seite eines derartigen konfrontativen Verhältnisses ausmachen, denn nicht wenige Menschen haben Feinde, leben in Trennung und Scheidung oder dergleichen mehr. Dabei ist in jedem Fall Gott als übergeordnete Instanz mit im Spiel und die Rolle, die die Mitglieder der Gruppe „Kirchenmänner" als Verkündiger (im Gottesdienst) oder als Beichtväter einnehmen, ist in ähnlicher Weise *außerhalb* angesiedelt. Man kommt selbst – ähnlich wie Gott – von außen als zusätzliche Größe dazu, womit gewissermaßen eine Rollenanalogie zwischen Gott und der Gruppe „Kirchenmänner" vorliegt. An die-

---

[6] Vielleicht wird genau aus diesem Grund nicht von vertikal-hierarchischen Beziehungen zwischen den beiden Menschen, die sich gegenüberstehen, ausgegangen. Diese Vermutung muss allerdings hypothetisch bleiben.

ser Stelle von einer Identifizierung mit Gott zu sprechen, scheint den Befund etwas überzustrapazieren. Alles in allem liegt somit eine Art Doppelidentifikation bzw. -positionierung vor: Die Mitglieder der Gruppe „Kirchenmänner" sollen als selbst vom Wort Gottes Betroffene die Perspektive Gottes quasi übernehmen, um selbst in weiteren zwischenmenschlichen Interaktionen eine rollenanaloge Position wie Gott einnehmen zu können.

Summa: Der Gruppe „Kirchenmänner" steht mit Blick auf Mt 5 eine (menschliche) Zweierkonstellation vor Augen, die unter dem Horizont des väterlichen Gottes zu sehen ist, sprich: Gott kommt als dritte und entscheidende Größe dazu. Man selbst steht einerseits ebenso unter dem Anspruch des Wortes Gottes, andererseits positioniert man sich analog zu Gott ein Stück außerhalb: Als Verkündiger/Beichtvater nimmt man somit eine rollenanaloge Position wie Gott ein. Insgesamt begegnet eine Art Doppelidentifizierung/Doppelpositionierung.

(A_{Mk}) Methodisches Vorgehen bzgl. Mk 5

Hinsichtlich Mk 5 geht die Gruppe „Kirchenmänner" kaum methodisch orientiert vor. Zum einen finden sich ansatzweise gattungsmäßige Überlegungen (→ textextern), wenn der Text nicht nur als *spannende Erzählung* (vgl. S. 17, M_3) und als *Heilungsgeschichte* (vgl. S. 19, M_4 und M_2) bezeichnet, sondern auch noch mit entsprechenden anderen biblischen Überlieferungen verglichen wird (vgl. S. 17, M_2; S. 19, M_2; S. 20, M_4). Es liegt eine Art Kontrastbildung vor, wobei die Geschichte in Mk 5 auf diesem Wege in ihren konkreten Details profiliert wird. Hierin ist die Intention des eingesetzten methodischen Vorgehens zu sehen. Zum anderen macht man sich kurz Gedanken über die *intentio auctoris*, evtl. in Verbindung mit textpragmatischen Gesichtspunkten: „Was ich noch, wo ich einfach mal stehen bleibe, ist, das, warum die, der Evangelist dieses aufgeschrieben hat" (S. 18, M_4).

Summa: Man kann wirklich nur ansatzweise von *methodischer Orientierung* sprechen, wenn man das Vorgehen der Gruppe „Kirchenmänner" bzgl. Mk 5 analysiert. Dabei sind die wenigen begegnenden Arbeitsschritte durchgängig *textexterner* Provenienz. Die gattungskritischen Überlegungen dienen eindeutig der Profilierung der vorliegenden Erzählung in ihren konkreten Details.

Fallinterner Vergleich: Die Gruppe „Kirchenmänner" geht sowohl mit Mt 5 als auch mit Mk 5 kaum *methodisch orientiert* um bzw. eine *methodische Orientierung* ist jeweils nur ansatzweise vorhanden. Interessant ist, dass die dennoch erkennbaren Schwerpunkte genau entgegengesetzt sind: Mt 5 → textintern; Mk 5 → textextern.
– *Vergleich Ende* –

(B$_{Mk}$) Textwahrnehmung und Hypertextrekonstruktion bzgl. Mk 5

Mit Blick auf Mk 5 beginnt die Gruppe „Kirchenmänner" mit Mk 5,26b und dem Ausgeben des Vermögens. Dabei wird innerhalb der ersten Hypertexteinheit eine ganz bestimmte Richtung verfolgt, weswegen beispielsweise die Ärzte in diesem Zusammenhang zwar kurz erwähnt, aber gewissermaßen sofort etwas beiseitegeschoben werden (S. 16f.):

> „Mich fasziniert immer so dieses, dass sie, sie hat ihr ganzes Vermögen ausgegeben [...] bei Ärzten und, [...] aber eben auch so das eigene Vermögen, was man so hat, das vermag ich nicht und das vermag ich, also all das, was sie selber so kann, das war immer so: alles, was sie selber konnte, hat sie eingesetzt, ihre ganzen Gaben und Fähigkeiten und alles, was sie entwickeln konnte, und, ja, und wenn sie zwölf Jahre lang so Ärzte bezahlen konnte, und, dann muss sie auch schon was gehabt haben, das heißt, sie wird eine vermögende Frau gewesen sein, eine vielleicht auch angesehene, wie auch immer, und sie hat jetzt, sie hat vielleicht vorher immer alles gekonnt, und jetzt kann sie nichts mehr. Und an dem, in dem Augenblick, wo sie alles, wo sie ihr, ihr Vermögen lässt, das, was sie vermag, wo sie das lässt und dann heißt es: „und sie hatte von Jesus gehört", und sie, sie alles von Christus erwartet, sie, wo sie, in dem Augenblick, wo sie alles von Christus erwartet und nicht von ihrem Vermögen, da fängt der Weg des Heiles an, da beginnt Heilung. Das ist immer so" (S. 16f., M$_4$).

Die Ärzte (vgl. Mk 5,26a) werden durch M$_3$ einwerfend ins Spiel gebracht und von M$_1$ zwar kurz aufgegriffen, doch kommt es an dieser Stelle auf einen anderen Aspekt an. Dieser wird mit einleitendem *aber* herausgestellt: Die Frau setzt zum einen das *eigene* Vermögen (= das, was sie vermag) ein. Damit wäre ein spezieller Gesichtspunkt aus Mk 5,26b einbezogen und sehr dezidiert profiliert: Es handelt sich um *ihr* Vermögen. Zum anderen erfährt ein weiteres Detail dieses Verses große Aufmerksamkeit: Die Frau hat ihr *ganzes* Vermögen ausgegeben. Dies wird von der Gruppe „Kirchenmänner" explizit wahrgenommen und im Rahmen der Diskussion gewissermaßen verstärkt, da an dieser Stelle tendenziell eine ausweitend-generalisierende und quasi totalitäre Redeweise begegnet, z. B.: *all* das, was sie selber so kann; *alles*, was sie selber konnte; ihre *ganzen* Gaben und Fähigkeiten und *alles*, was sie entwickeln konnte. Dass im Zuge dieser Überlegungen das Vermögen (vgl. Mk 5,26b) kaum materielle (oder finanzielle) Bedeutung hat, sondern vorrangig im Sinne persönlicher Gaben und Fähigkeiten verstanden wird, sei nur am Rande erwähnt. In diesem Zusammenhang wird ein weiteres Textelement gezielt einbezogen, nämlich die zwölfjährige Krankheitszeit aus Mk 5,25. Zu beachten ist an dieser Stelle die vorgenommene direkte Verknüpfung mit Mk 5,26(a)b. Es geht der Gruppe nämlich bezeichnenderweise nicht um die lange Dauer der Krankheit, sondern darum, dass die Frau viele Jahre hindurch Ärzte bezahlen konnte – ergo ist die Frau (wahrscheinlich) wohlhabend gewesen. Auf diese Weise wird die Einsatzfreudigkeit der Frau zusätzlich unterstrichen, denn es handelt sich nicht um eine arme Schluckerin, sondern um eine vermögende Frau, „die auch schon was gehabt haben" (S. 16, M₄) muss. Und *all* dies verwendet sie. Doch nicht nur mit Blick auf den Umfang des eingesetzten Vermögens (→ ganz/alles), auch in zeitlicher Perspektive lässt sich im Hypertext der Gruppe eine gewisse Ausweitung und Generalisierung feststellen (vgl.: das war *immer* so) bzw. dies begegnet sogar in Kombination: „sie hat vielleicht vorher *immer alles* gekonnt" (S. 16, M₄; Hervorhebungen C. S.).

Und „*jetzt* kann sie *nichts* mehr" (S. 16, M₄; Hervorhebungen C. S.). Für die Gruppe „Kirchenmänner" kommt es nun entscheidend auf diesen Wendepunkt, auf diesen Augenblick an, in dem sie *alles*, sprich: ihr Vermögen (= das, was sie vermag), lässt und *alles* von Christus erwartet, von dem sie gehört hat und den die Gruppe per intratextuellem Sprung zu Mk 5,27a ins Spiel bringt. Die Entscheidung der Frau ist in den Augen der Gruppe rundum richtig, beginnt doch auf diesem Weg das Heil respektive Heilung. Letzteres wird ebenso als generelle und allgemeingültige Wahrheit präsentiert („Das *ist immer* so." S. 17, M₄; Hervorhebungen C. S.), wie die Tatsache, dass der Mensch zunächst felsenfest auf seine eigenen Kräfte vertraut („das *war immer* so" S. 16, M₄; Hervorhebungen C. S.). Dass in diesem Zusammenhang von Mk 5,26b direkt zu 5,27a gesprungen wird und Mk 5,26cd dabei stillschweigend unter den Tisch fällt, scheint kein Zufall zu sein: Der Gruppe „Kirchenmänner" geht es nicht darum, dass die Frau ihr komplettes Vermögen nutz- und ergebnislos aufgebraucht hat und es deshalb mit Jesus versucht,[7] sondern es wird die Entscheidung der Frau betont, ihr Vermögen zu lassen und stattdessen auf Jesus zu bauen. Dies ist der Hauptclou der ersten Hypertexteinheit.

In einem nächsten Schritt nimmt die Gruppe den Glauben als entscheidende Größe in den Blick. Dabei wird die Gesamtszenerie mit der sich um Jesus drängenden Menschenmenge (vgl. Mk 5,24c.31c) einbezogen, da ihn nämlich zwar viele Menschen berühren, aber nur die eine Frau geheilt wird. Warum? Was unterscheidet sie von der Masse? – Mk 5,28 in direkter Kombination mit 5,34c:

> „Hier fällt ja auf: dieses Gedränge, also da stoßen sich viele sicher an Jesus und sind irgendwie bewusst, unbewusst in Kontakt mit ihm. Und bei ihr wird der Glaube herausgestellt, diese eine wird geheilt, [...] aber das Entscheidende: ,Wenn ich auch nur seine Gewänder berühre, werde ich gerettet werden', und das wird nachher herausgestellt: ,Dein Glaube hat dich gerettet!'" (S. 17, M₃).

Fallübergreifender Vergleich: Die Gruppe „Theologinnen" (vgl. Teil II 2.10.2 B$_{Mk}$) nimmt auch Bezug auf das große Gedränge und die vielfältig stattfindenden Berührungen, jedoch gewissermaßen aus der Perspektive der Frau: Diese kommt in Kontakt mit vielen anderen Menschen. Während die „Kirchenmänner" auf die vielen

---

[7] Dies wird erst etwas später einbezogen und dort hinsichtlich seiner Triftigkeit bzw. seiner argumentativen Bedeutsamkeit dezidiert zurückgewiesen, vgl. S. 17, M₂.

Menschen blicken, die Jesus berühren, aber nicht geheilt werden, und in der Folge den Glauben als entscheidend betonen, argumentieren die „Theologinnen" mithilfe der vielfachen Berührungen durch die Frau: In ihren Augen kann es in Mk 5 nicht um das Thema *Unreinheit* als Pointe gehen, weil ja alle von der Frau berührten Personen unrein würden/werden – nicht nur Jesus. Da hierauf aber an keiner Stelle der Geschichte auch nur andeutungsweise eingegangen wird, ist dies als springender Punkt für die Gruppe „Theologinnen" ausgeschlossen. – *Vergleich Ende* –

Als zentral wird der Glaube der Frau erachtet, der durch die Verbindung von Mk 5,34c mit Mk 5,28 gewissermaßen zurückprojiziert wird in die Gedanken und das berührende Handeln der Frau. Dass die Not und das Hören von Jesus (vgl. Mk 5,27a) natürlich auch ihren Teil dazu beigetragen haben, dass die Frau zu Jesus gekommen ist, wird zugestanden (vgl. S. 17, M_3), doch hauptursächlich – besonders mit Blick auf die Heilung – ist und bleibt der Glaube.

Nun könnte man umgekehrt fragen, was die vielen anderen, die nicht geheilt werden, gewissermaßen falsch machen, und die Gruppe „Kirchenmänner" ist mit einer Antwort sogleich zur Stelle: Hier fehlt der Glaube als das entscheidende Etwas respektive trotz oder gerade wegen eines dauernden Umgangs mit Jesus kann der Glaube verloren gehen und belebt/heilt in der Folge nicht mehr. Letzteren Aspekt bringt die Gruppe *unterstützend* bzw. *ergänzend* mithilfe einer extratextuellen, außerbiblischen Verlinkung ein: Ein Wort eines Abtes („Die größte Versuchung des Mönches ist der Atheismus" S. 17, M_3 §) wird eingespielt.[8] Interessanterweise wird dies als (ein möglicher) Clou der Erzählung konstatiert: „So, das kommt mir hier bei dieser an sich spannenden Erzählung [...] sehr griffig, ja da(nn?) noch mal zum Ausdruck" (S. 17, M_3). Doch damit nicht genug zum Thema *Glauben:*

> „Ich überlege noch, was, was das für ein Glaube ist, der, der nicht, sagen wir, auf ein, ein Segenswort wartet, wenn, wenn Christus zu mir sprechen würde, dann würde, dann würde ich gerettet, und wenn er mir die Hand auflegen würde, dann würde ich geheilt, sondern dass eine Frau sagt: ‚Wenn ich nur seine Gewänder berühre, dann werde ich gerettet werden.' Ist das ein, ein besonders großer Glaube oder ist das der Glaube der letzten Verzweiflung: so, sie hatte alles ausgegeben, ihr ganzes Vermögen, wie wir gehört haben, jetzt bleibt nur noch eine Möglichkeit, die durch Jesus gegeben ist, von dem sie gehört hat. Ich neige aber dazu, zu, zu der Interpretation, das ist nicht ein Kleinglaube, sondern das ist ein besonders entschiedener Glaube, der, der nicht auf ein Wort setzt, nicht auf eine Handauflegung, sondern einfach nur in die Nähe zu kommen, die Gewänder sind ja nahe bei Jesus, nur in die Nähe zu kommen, und das würde schon helfen, damit ich gerettet werde, also ich würde diese Entscheidung dieser Frau in die Nähe eines, eines großen, besonders großen Zutrauens und besonders großen Vertrauens setzen" (S. 17, M_2).

---

[8] Vgl. S. 17, M_1, wo dieses Wort noch einmal aufgegriffen wird.

Die Gruppe problematisiert somit die Qualität (Größe) des Glaubens, wobei in einer Art Kontrastbildung eine interessante Alternativmöglichkeit zur konkret vorliegenden Erzählung Mk 5 in den Raum gestellt wird. Genauer gesagt wird gewissermaßen Mk 5,28b hypothetisch variiert:

Mk 5,28bc	Wenn ich auch nur seine Gewänder berühre, …	… (dann) werde ich gerettet werden.
Alternative	Wenn Christus zu mir sprechen würde, … *und* wenn Christus mir die Hand auflegen würde, …	… dann würde ich gerettet … dann würde ich geheilt.

Statt der bloßen Berührung vonseiten der Frau bringt die Gruppe „Kirchenmänner" eine zweiteilige Alternative, bestehend aus a) Segenswort und b) Handauflegung[9], ins Spiel. Entscheidend scheint, dass 1.) in beiden Fällen Jesus und nicht die Frau das Subjekt der Handlungen ist, und dass 2.) Rettung und Heilung gewissermaßen getrennt werden. Während Erstere auf Basis eines von Jesus gesprochenen Segenswortes geschieht, ist die Heilung auf die handauflegende Berührung – vonseiten Jesu wohlgemerkt – zurückzuführen. Dieser denkbaren Variante wird die vorliegende Fassung von Mk 5,28 gegenübergestellt und nach dem dahinterstehenden Glauben gefragt: Haben wir es mit einem besonders großen Glauben oder mit dem (Klein-)Glauben der letzten Verzweiflung zu tun? Dass in diesem Zusammenhang erneut zu Mk 5,26b[10] und 5,27a gesprungen, dies aber hinsichtlich der argumentativen Triftigkeit jeweils zurückgewiesen wird, ist bereits kurz erwähnt worden. Für die Gruppe „Kirchenmänner" jedenfalls steht fest: Im Handeln der Frau spricht sich ein „besonders entschiedener Glaube" = „besonders großes Zu- bzw. Vertrauen" (S. 17, M_2; vgl. S. 17, M_1) aus, da sie nur in die *Nähe* Jesu zu kommen verlangt.

Fallübergreifender Vergleich: Die Gruppe „KSJ" (vgl. Teil II 2.3.2 B_{Mk}) greift das textliche Detail, dass die Frau (nur) die Gewänder Jesu berührt (vgl. Mk 5,27c.28b), ebenfalls auf. Da es sich für die Gruppe hierbei aber nur um etwas Peripheres von Jesus handelt, schlussfolgert man daraus, dass evtl. schon ein kleines bisschen Glaube genügt. Die Gruppe „Kirchenmänner" argumentiert an dieser Stelle genau entgegengesetzt: Die Gewänder sind nahe an/bei Jesus, womit das Verlangen der Frau auf die Nähe Jesu gerichtet zu sein scheint. Ihr Glaube ist in diesem Zusammenhang besonders groß zu nennen, da ihr dieses Nahekommen alleine bereits genügt. – *Vergleich Ende –*

---

[9] Vgl. zur Handauflegung die Gruppe „Kultur" (vgl. Teil II 2.1.2 B_{Mk}), wo eine entsprechende Aktion in der Diskussion eine wichtige Rolle spielt.

[10] Erneut geht es um das Ausgeben des *ganzen* Vermögens, was in diesem Fall aber darauf zugespitzt wird, dass die Frau in der Folge nichts mehr hat und entsprechend u. U. neben Jesus (Christus) gar keine andere Wahl mehr hat. Dies allerdings würde die Entscheidung der Frau stark relativieren, wenn nicht gar aufheben.

Anschließend richtet die Gruppe im Rahmen der dritten Hypertexteinheit den Fokus auf einen bisher noch nicht thematisierten Vers: Mk 5,30. Man problematisiert,

> „dass Jesus an sich selbst merkt, dass er, ja, das ist, ich sage jetzt mal, es ist interessant, dass er das, was ist, was soll das: an sich selbst, dass eine Kraft ausgegangen war, und dann wandte er sich um und sprach, das ist aber schon aber, weil ich, gibt es noch wo anders eine Stelle, wo Jesus sagt, dass eine Kraft von ihm ausgegangen ist bei einer Heilungsgeschichte?" (S. 18f., M₄) [In diesem Zusammenhang wird auch danach gefragt, „warum die, der Evangelist dieses aufgeschrieben hat?" S. 18, M₄ → *intentio auctoris* ✘.]

Es fällt auf, dass in der Rezeption durch die Gruppe die Worte Jesu aus Mk 5,30e ausgeklammert bleiben, ihm dafür aber etwas anderes in den Mund gelegt wird: Jetzt spricht Jesus explizit aus, dass eine Kraft von ihm ausgegangen ist – d. h. Mk 5,30d wird unmittelbar mit Mk 5,30b kombiniert (vgl. zusätzlich S. 19, M₃: „So, dass er das selber sagt."). Hier wird deutlich, dass für die Gruppe „Kirchenmänner" der Hauptakzent auf dieser etwas merkwürdigen Kraft liegt,[11] wobei in diesem Zusammenhang folgende Details des Textes speziell herausgegriffen werden: Erstens wird Jesus angefasst (vgl. Mk 5,27c), sprich: er selbst ist passiv (vgl. S. 19, M₄). Zweitens kommt die Frau von hinten heran (vgl. Mk 5,27b) – ergo sieht Jesus die Frau gar nicht (vgl. S. 19, M₁). Und drittens berührt die Frau Jesus nur (vgl. Mk 5,27c), woraufhin die Kraft gewissermaßen automatisch fließt (vgl. Mk 5,30b), ob Jesus dies nun will oder nicht (vgl. S. 19, M₁). Alles in allem nimmt die Gruppe in Mk 5 somit ein *eigenartiges Bild* wahr,

> „als wenn da eine Person aufgeladen ist, gewissermaßen wie eine Batterie voller Kraft, wenn ich die jetzt anfasse, dann geht ein Strom auf mich über, und derjenige merkt diesen Fluss des Stromes auf den anderen" (S. 19, M₃).

Dies sieht die Gruppe „Kirchenmänner" als problematisch an, doch ist man um ein zweiteiliges Lösungsangebot nicht verlegen: Zum einen wird die potenzielle Plausibilität des geschilderten Vorgangs mittels einer analogen Übertragung (→ auch heutzutage können Kraftkommunikationen – u. a. mitten im Gedränge – stattfinden, bei denen Kraft ausgeht, wenn andere intensiv zuhören, z. B. in der Predigtsituation; vgl. S. 19, M₃) argumentativ abgesichert, zum anderen erneut auf den Glauben als entscheidende Voraussetzung jeglichen Geschehens verwiesen (vgl. S. 19f., M₂). Es sei an dieser Stelle nur kurz angedeutet, dass die aktualisierende Einbeziehung der Kommunikations-/Predigtsituation in zweifacher Hinsicht bedeutsam scheint: Erstens wird die Berührung durch das Zuhören ersetzt ...

---

[11] Auf die Frage nach einer vergleichbaren Parallelstelle wird zwar kurz auf Lk 6,19 verwiesen („Eine Kraft ging von ihm aus und heilte alle." S. 19, M₃ §), jedoch zugleich das Unterscheidende betont: Bei Mk 5 liegt ein definitiv etwas anderer Fall vor.

Fallübergeifender Vergleich: Die Gruppe „Bibelkreis" (vgl. Teil II 2.4.2 B$_{Mk}$) betont gerade die Berührung als solche und die Tatsache, dass von einem Mann durchaus viel Kraft ausgehen kann, wenn er von einer Frau berührt wird. In diesem Zusammenhang wird auch darauf hingewiesen, dass sich so mancher verklemmte Kleriker an eine derart pikante Angelegenheit (Berührung durch eine Frau) nicht so gerne dranwagt (vgl. Gruppe „Bibelkreis" S. 33, M$_{15}$). – *Vergleich Ende* –

... und zweitens liegt eine wechselseitige Erhellung und Befruchtung von Mk 5 einerseits und Predigt andererseits vor. Der Rekurs auf die Predigt ermöglicht nämlich nicht nur, dem schwierigen Textelement *ausgehende Kraft* eine akzeptable Bedeutung zuschreiben zu können, sondern gleichzeitig wird auch das Geschehen bei der Predigttätigkeit (→ auch hierbei geht etwas aus) von der biblischen Geschichte her erhellt.

Exkurs: Ein vergleichbarer Vorgang begegnet im Diskussionsverlauf etwas später erneut, wobei auffälligerweise wieder Mk 5,30ab als Aufhänger fungiert (vgl. S. 20f., M$_3$). Dieses Mal wird jedoch nicht primär auf die Passivität Jesu und das automatische Fließen der Kraft jenseits von Jesu Willen aufgrund bloßer Berührung abgehoben, sondern darauf, dass Jesus „keine Zauberworte spricht" (S. 20, M$_3$). Das, was kurz zuvor noch etwas Kopfzerbrechen bereitet hat, nämlich dass nichts gesprochen wird (z. B. auch kein Segenswort, vgl. S. 17, M$_2$), sondern die Kraft einfach fließt (vgl. S. 18f.), wird nun mit der Eucharistiefeier in Beziehung gesetzt und wie folgt übertragen: Auch die Kommunion ist ein personaler Vorgang, sodass Jesus „in sich davon auch heute berührt sein muss" (S. 20, M$_3$). Eine rein sachliche Betrachtung der Kommunion (→ Brotausteilung) greift somit eindeutig zu kurz, denn „es ist ja immer personale Begegnung, also es geht was auch von ihm aus, also er muss das geben, er spürt da was" (S. 21, M$_3$). Die Erzählung aus Mk 5, genauer gesagt ein einzelner Aspekt (Mk 5,30ab) daraus, hilft der Gruppe „Kirchenmänner" augenscheinlich, ein tieferes theologisches Problem aus dem Kontext der Eucharistiefeier in Worte zu fassen und in Ansätzen einer Lösung zuzuführen: Bei der Kommunion handelt es sich ebenso um eine personale Begegnung. – *Exkurs Ende* –

Abschließend können noch drei kleinere Hypertexteinheiten der Gruppe „Kirchenmänner" ausgemacht werden, die jeweils einen einzelnen Gesichtspunkt des Textes in den Mittelpunkt rücken und beleuchten.

Zunächst begegnet ein altbekannter Vers: Mk 5,27a. In diesem Zusammenhang wird nun auf das Hören an sich besonderer Wert gelegt, denn dieses allein – zwar zunächst durchaus in Verbindung mit der daraufhin erfolgten Berührung, welche allerdings im Verlauf dieser Einheit weitgehend unter den Tisch fällt (vgl. oben: Zuhören statt Berühren!) – genügt voll und ganz:

„Und, das reicht völlig aus, von Jesus zu hören, mehr war da nicht: Jesus hat nicht mit ihr gesprochen, er hat sich nicht um sie gekümmert, gar nix, sondern irgendwie hatte sie von Jesus gehört, und das kann solche Konsequenzen haben" (S. 20, M$_4$).

In der Folge werden die eigene Position *unterstützend* andere biblische Traditionen § § § als Kontrastbeispiele eingebracht,[12] um zu profilieren, wie *wenig* die Frau (und auch Jesus) letzten Endes wirklich getan haben: Es kommt einzig und alleine auf das Hören an. Der Clou lässt sich somit zugespitzt folgendermaßen formulieren: „Also auch die Weisen des Wirkens Jesu, also Jesus wirkt auch so, dass es, dass man von ihm hört, also die Eigendynamik des Wortes" (S. 20, M_4), womit die Berührung und die ausgehende Kraft komplett ausgeblendet wären. In diesem Zusammenhang darf natürlich ein Hinweis auf die (vielen) Leute, die von Jesus gehört haben und dies weitererzählen, nicht fehlen (vgl. S. 20, M_4 und M_3), denn die Frau „hört es ja von anderen Leuten" (S. 20, M_3).

Anschließend springt die Gruppe intertextuell zu Mk 5,33g und thematisiert im Rahmen der nächsten kurzen Hypertexteinheit,

„dass sie die ganze Wahrheit sagen kann, ich weiß nicht, was das für eine Frau bedeutet, das einem Mann dann zu sagen, ja, alles, was sie getan hat, was in ihr sich vollzogen hat, und, aber sie kann ganz sie selber sein, auch mit den ganzen Verwundungen oder dem Elend. Das ist ja auch etwas Befreiendes" (S. 20, M_3).

Es fällt auf, dass das Gespräch der Frau mit Jesus in den Blick genommen wird, und zwar unter betontem Hinweis auf die Unterschiede im Geschlecht: Die Frau spricht zu Jesus und damit zu einem Mann.

Fallübergreifender Vergleich: Auch andere Gruppen beziehen diesen geschlechtlichen Unterschied zwischen Jesus und der Frau dezidiert in ihre Überlegungen mit ein, allerdings jeweils mit anderer Akzentsetzung. Für die Gruppe „Hauskreis" (vgl. Teil II 2.6.2 B_{Mk} und C_{Mk}) ist beispielsweise höchst bedeutsam, dass Jesus als Mann mit Frauen ganz normal umgeht, sie nicht abtut oder zurückweist. In diesem Punkt unterscheidet er sich somit deutlich von der damaligen Männergesellschaft, ja er verkörpert eine Art Ideal: einen besonderen tollen Mann. Die Gruppe „Montagskreis" (vgl. Teil II 2.10.2 B_{Mk} und C_{Mk}) hingegen fokussiert den Gesichtspunkt, dass die Berührung durch die Frau unstatthaft, wenn nicht gar unerlaubt, gewesen ist – und zwar, weil eine fremde Frau einen fremden Mann nicht einfach berühren darf (zusätzlich wird auf den Faktor *Unreinheit* verwiesen). – *Vergleich Ende* –

Es wird somit herausgestellt, dass die Frau *als Frau* Jesus *als Mann* die ganze Wahrheit sagen *kann* (in Mk 5,33g tut sie es einfach faktisch), wobei die *ganze Wahrheit* sowohl das vorherige Tun (vgl. Mk 5,27bc) als auch die inneren Vorgänge (vgl. Mk 5,29) umfasst. Dies befreit, wobei auf den Einwand hin, dass die Frau ja vorher schon gesund geworden ist (vgl. S. 20, M_4), eine Art Korrektur erfolgt: Angesichts der durch den Text

---

[12] Vgl. S. 20, M_4: Bartimäus, der wie verrückt um Erbarmen schreit und sogar noch einen Dialog mit Jesus hat (vgl. Mk 10,46–52 §); Jesus muss Brei mit Speichel machen (vgl. Joh 9,6f. §; vgl. außerdem Mk 7,32–35 und Mk 8,22–25 als Beispiele für Wundergeschichten, in denen Jesus zur Heilung auf seinen Speichel zurückgreift). Vgl. S. 20, M_2: Zachäus auf dem Baum (vgl. Lk 19,1–10 §).

vorgegebenen Reihenfolge ist das *Offen-reden-Können* gewissermaßen als „Ausdruck des Gesundseins" (S. 20, M_3) zu verstehen. Zu guter Letzt wird Mk 5,34c–e aufgegriffen, und zwar unter dem (für M_1 besonders sympathischen) Hauptgesichtspunkt,

„dass zum Schluss schlicht und einfach nur die Gabe genannt wird, nicht, ‚Dein Glaube hat dich gerettet, gehe in Frieden, sei gesund von deinem Leiden!', ohne sofort ein Auftrag oder eine Forderung oder Ähnliches. Es wird also einfach nur die Gabe als solche noch mal ausdrücklich ins Wort gefasst" (S. 21, M_1).

Welche Gabe der Gruppe genau vor Augen steht, lässt sich nicht zweifelsfrei bestimmen, vielleicht ist damit das „Du darfst leben jetzt" (S. 21, M_3) gemeint. Auf jeden Fall wird darauf abgehoben, dass *kein Vorsatz* (vgl. S. 21, M_3), *keine Bedingung* (vgl. S. 21, M_2) vorliegt, kein „Erzähl das oder mach das oder tu das oder so" (S. 21, M_1). Dass die eigene Praxis in diesem Punkt deutlich anders aussieht, wird explizit bemerkt („Das machen wir anders"; S. 21, M_4 – gefolgt von Lachen von mehreren Seiten), doch anschließend kommt die Gruppe ohne weitere Thematisierung dieser Abweichung noch einmal speziell auf Mk 5,34d zu sprechen: „Und auch dieses: ‚Geh!' Also nicht: ‚Bleib hier!', also noch mal zum Jüngerkreis dazu oder so was, sondern einfach dieses Loslassen" (S. 21, M_4). Erneut wird mithilfe einer grundsätzlich denkbaren Gegenalternative das Besondere der vorliegenden Erzählung betont und in diesem Punkt findet sich die Gruppe „Kirchenmänner" nun wieder:

„Das hatte [Name], Domkapitular auch hier, in einer Predigt mal sehr schön gesagt, dass wir immer gucken sollen, dass ja die Leute in die Kirche gehen sollen, aber er sagt, wir müssen genauso auch darauf achten, dass sie wieder weggehen. Also deshalb nach, nach jeder Messe: ‚Geht in Frieden!'" (S. 21, M_4).

Anknüpfend an Mk 5,34d wird *pop-up*-mäßig die Messentlassformel § als extratextuelles und außerbiblisches Material eingespielt, und zwar in *unterstützender* (respektive *vergleichend-identifizierender*) Absicht.

Summa: Der Hypertext der Gruppe „Kirchenmänner" bzgl. Mk 5 besteht aus insgesamt sechs Einheiten und es wird alles in allem verhältnismäßig viel von der Hypertextbasis wahrgenommen. Angesichts dieses umfassenden Blicks auf den Text fällt umso mehr auf, dass Mk 5,31.32.33a–e und damit u. a. die Jünger überhaupt nicht einbezogen werden. Während die ersten drei Hypertexteinheiten jeweils zwar einen Hauptaspekt fokussieren (Ausgeben des *ganzen eigenen* Vermögens; besonders entschiedener Glaube als Grundlage der Heilung; ausgehende Kraft), aber unterstützend passende weitere Elemente der schriftlichen Textvorlage aufgreifen, sind die letzten Drei dadurch gekennzeichnet, dass jeweils ein einzelner Vers(teil) alleine in den Mittelpunkt gestellt wird (Mk 5,27a; 5,33g; 5,34c–e). Anschließend springt die Gruppe jeweils intertextuell weiter und eine neue

Hypertexteinheit beginnt. Extratextuelles Material findet sich z. T. und zwar sowohl innerbiblischer als auch außerbiblischer Herkunft.

Inhaltlich entsteht – in etwa – folgende Geschichte im Rahmen des Hypertextes der Gruppe „Kirchenmänner": Es geht um eine Frau, die zunächst alles von ihrem eigenen Vermögen erwartet, schließlich aber eine Wende durchmacht und voll und ganz auf Jesus setzt. Dabei legt sie einen besonders großen und überzeugten Glauben an den Tag, zumal sie nur aufgrund des Hörensagens zu Jesus kommt. Sie – als Frau – sagt Jesus, somit einem Mann, die ganze Wahrheit und letzten Endes wird sie – ohne Auftrag oder sonstige Forderung! – in Frieden entlassen.

Fallinterner Vergleich: Im Vergleich fällt auf, dass der Hypertext der Gruppe „Kirchenmänner" bzgl. Mk 5 deutlich kleinteiliger ist als bei Mt 5. In beiden Fällen liegen allerdings argumentativ entscheidende Verlinkungen vor, und zwar sowohl inner- als auch außerbiblischer Provenienz. Sonst treten keine größeren Ähnlichkeiten hervor. *– Vergleich Ende –*

(C_{Mk}) Positionierung (Identifikation/Kritik) bzgl. Mk 5

Es ist bereits kurz erwähnt worden, dass die Jünger (vgl. Mk 5,31) überhaupt nicht wahrgenommen werden, weshalb diese mit Blick auf die Positionierung der Gruppe „Kirchenmänner" irrelevant sind. Eine Identifizierung mit den Jüngern erfolgt augenscheinlich nicht. Die Menge dagegen kommt explizit vor und zwar wird von „Gedränge" (S. 17, M_3) bzw. „Gewusel" (S. 20, M_4) um Jesus herum gesprochen. In diesem Zusammenhang wird der Aspekt fokussiert, dass zwar viele Menschen Jesus berühren, aber nur die eine Frau geheilt wird, denn nur sie verfügt über den belebenden und heilenden Glauben. Für die vielen anderen Menschen gilt, was teilweise auch für heutige Personen in Anschlag gebracht werden kann:

> „viele tragen vielleicht ein Kreuz oder so oder ich weiß nicht was, ja, christliche Symbole oder sind da um Jesus herum, irgendwie in Berührung mit ihm, [...] also man geht immer mit Jesus um, ja, hat alle Formen und hängt in den Seilen der religiösen Ordnung und der Glaube geht dahin, ja, so, dann belebt der nicht mehr, heilt nicht mehr" (S. 17, M_3).

Die, „die so im religiösen Dunstkreis sitzen" (S. 17, M_1), werden folglich hinsichtlich des vorliegenden Glaubens kritisch begutachtet und im Zuge dieser Überlegungen wird eine textinterne Größe (→ Menge) gewissermaßen in die Jetztzeit übertragen.[13] Eine klare Identifizierung lässt sich an dieser Stelle nicht erkennen.

---

[13] Vielleicht erklärt dies, dass die Jünger überhaupt nicht wahrgenommen werden: Letzten Endes gehören diese auch zu denen, „die so im religiösen Dunstkreis sitzen" (S. 17, M_1), die ständig mit Jesus umgehen, aber deren Glaube nichtsdestotrotz bzw.

Ein besonderes Augenmerk legt die Gruppe „Kirchenmänner" natürlich auf die Frau, die im Unterschied zu den vielen anderen Menschen um Jesus herum richtig glaubt und infolgedessen bzw. auf Basis dieses Glaubens Rettung und Heilung findet. Dabei ist sie durchaus nicht von allem Anfang an auf dem richtigen Weg: Zunächst sucht sie – als wohlhabende und angesehene Frau – ihr Heil ganz in ihrem eigenen Vermögen („das war immer so"; S. 16, M_4), bevor der entscheidende Augenblick kommt, der ihr Leben verändert (und rettet): Sie lässt alles (Eigene) und erwartet dafür alles von Christus – „da fängt der Weg des Heiles an, da beginnt Heilung. Das ist immer so" (S. 17, M_4). Somit steht die Frau exemplarisch und paradigmatisch für all diejenigen, die ihr Ver-/Zutrauen voll und ganz auf Jesus Christus setzen – damals wie heute –, bzw. sie ist ein Vorbild für all diejenigen, die noch nicht so weit sind und somit noch vom eigenen Vermögen alles erwarten. Dabei wird der Frau von der Gruppe „Kirchenmänner" ein „besonders entschiedener Glaube" (S. 17, M_2) zugesprochen, da es ihr genügt, nur in die Nähe Jesu zu kommen (ohne Segenswort, ohne Handauflegung).

Während das Geschlecht der Frau in diesem Zusammenhang keine besondere Rolle spielt, wird die Frau als Frau von der Gruppe „Kirchenmänner" jedoch dezidiert mit Blick auf einen anderen Aspekt einbezogen: Sie sagt Jesus – und damit einem *Mann* – die ganze Wahrheit (vgl. Mk 5,33g). Was das wohl für sie *als Frau* bedeutet? (vgl. S. 20, M_3). Dass in diesem Zusammenhang die geschlechtliche Zuordnung der Frau keinerlei Problem für die (rein männliche!) Gruppe „Kirchenmänner" darstellt (als Gegenbsp. vgl. den folgenden fallübergreifenden Vergleich), ist wohl damit zu erklären, dass eine Identifizierung ebenfalls nicht, allenfalls nur ansatzweise, vorgenommen wird.[14]

Fallübergreifender Vergleich: Die Gruppe „Montagskreis" (vgl. Teil II 2.10.2) kommt auch dezidiert auf das Geschlecht der Frau zu sprechen. Doch stört sich M_5 stark daran bzw. er fordert eine Abstrahierung davon, damit auch für ihn als Mann eine Identifikationsmöglichkeit gegeben ist (vgl. Gruppe „Montagskreis" S. 41, M_5). Derlei Probleme haben die „Kirchenmänner" offensichtlich nicht. – *Vergleich Ende* –

Bisher sind alle wahrgenommenen Personen(gruppen) (Menge, Frau) jeweils ins Heute übertragen worden, eine klare Identifizierung ist dabei allerdings noch nicht begegnet. Bleibt als letzte Figur in Mk 5 noch Jesus (Christus). Dieser ist es, vom dem man – zu Recht – Rettung und Heilung

---

gerade wegen dieser Ausgangssituation kritisch zu beleuchten ist. Dies muss aber eine Vermutung bleiben.

[14] Im Rahmen der Gruppenvorstellung expliziert die Gruppe „Kirchenmänner" genau diese intergeschlechtliche Übertragungsproblematik, allerdings in genau entgegengesetzter Richtung, vgl. S. 2, M_2: „Und die Frage ist ja immer: Ist das übertragbar, das, was also als männliches Erlebnis vorgestellt wird durch den biblischen Text, in welcher Weise ist das übertragbar für die Frauen, können sie das auf ihr Leben beziehen: ja oder nein?"

erwarten darf; dieser ist es auch, von dem eine (heilende) Kraft ausgeht. Letztere bereitet der Gruppe „Kirchenmänner" wie gesehen (vgl. oben) einige Probleme, scheint doch eine Art Batterievorstellung mit quasi-automatischem Stromfluss/Kraftfluss bei Berührung (vgl. S. 19, M_3 und M_1) vorzuliegen. An dieser Stelle löst die Gruppe ihre Schwierigkeiten mittels einer Analogiebildung und in diesem Zusammenhang findet sich eine – vielleicht überraschende – Selbstidentifizierung:

„Aber wenn [...] andere auch intensiv zuhören, dann spüre ich das ja auch, dann werde ich auch belebt, und es geht etwas mehr von mir aus, als ich sonst sagen würde, ja, vielleicht auch in Worten und, die ich mir gar nicht zurechtgelegt hätte oder habe vorher. Und das, so was Ähnliches, ob da nicht auch so etwas ist, wenn ich, dass ich spüre, ja da ist einer, der sehr intensiv dabei ist, es geht, dann ist das ja auch eine Kraftkommunikation oder eine Wahrnehmung von etwas anderem, und wo ich selber noch vielleicht auch wie zu einer Quelle im Sprechen werden kann, was mir vorher nicht so, was ich mir nicht zurechtgelegt hatte vorher, also irgendwie das Wahrnehmen einer, einer tiefen Kommunikation, auch mitten im Gedränge. Gut, vielleicht beim, beim Predigen merkt man, dass sicher der eine oder der andere sehr intensiv zuhört, aber da sieht man das ja" (S. 19, M_3).

Folgendes Szenario wird gezeichnet: Man selbst redet, z. B. im Rahmen einer Predigt, andere hören intensiv zu. Dabei passiert nun einiges, was so nicht selbstverständlich zu erwarten ist. Erinnert die Belebung, die man erfährt, noch ansatzweise an die Frau, deren Glaube im Unterschied zu dem der anderen belebend ist (vgl. S. 17, M_3), so ist ein Vergleich mit der Rolle Jesu höchst aufschlussreich: Wie Jesus spürt man etwas (vgl. Mk 5,30a) und es geht etwas von einem aus (vgl. Mk 5,30b) – man wird gewissermaßen zu einer „Quelle im Sprechen" (S. 19, M_3). Die (oberflächliche) Berührung (der Gewänder) ist ersetzt durch das (intensive) Zuhören, wobei diese tiefe Kommunikation auch *mitten im Gedränge* (vgl. Gesamtszenerie in Mk 5; vgl. S. 17, M_3, wo die gleiche Vokabel *Gedränge* mit Blick auf die textinterne Situation verwendet wird) stattfinden kann. Die Übereinstimmungen sind so frappierend, dass über eine Rollenanalogie hinaus von einer Identifizierung der Gruppe „Kirchenmänner" mit Jesus gesprochen werden kann. Die Gruppe selbst nimmt eine Position ein, wie sie innerhalb von Mk 5 Jesus zukommt.

Diese Identifizierung mit Jesus findet sich zum Abschluss der Diskussion noch einmal deutlich bestätigt. Hier wird auf Mk 5,34c–e rekurriert und die entlassenden Worte Jesu zitiert, wobei die Gruppe unmittelbar einen Vergleich mit der eigenen Praxis anstellt. Diesbezüglich ist zunächst eine Abweichung zu konstatieren, denn das Ende der Geschichte ohne Auftrag/Forderung/Bedingung (vgl. S. 21, M_1) bildet einen Kontrast zu dem, was die Gruppe selbst praktiziert: „Das machen wir anders" (S. 21, M_4). Blickt man jedoch auf das *Geh (in Frieden)!* aus Mk 5,34d, so nimmt die Gruppe erneut deutlich die Position Jesu ein: Der (priesterliche) Entlassruf

„Geht in Frieden!" stimmt fast wörtlich mit den Worten Jesu überein (vgl. S. 21, M$_4$).[15]
Summa: Die Gruppe „Kirchenmänner" nimmt bis auf die Jünger alle auftretenden Personen wahr. Dabei wird die Menge hinsichtlich des vorhandenen Glaubens kritisch beurteilt, die Frau – zumindest nach dem Wendepunkt – dagegen als positives Vorbild profiliert. Man selbst identifiziert sich am ehesten mit Jesus: Man spürt, dass etwas von einem selbst ausgeht – auch mitten im Gedränge –, und man spricht (am Ende der Gottesdienstfeier) die gleichen Worte wie Jesus in Mk 5,34d.

Fallinterner Vergleich: Die Gruppe „Kirchenmänner" – das fällt beim fallinternen Vergleich sofort auf – positioniert sich selbst vorrangig aufseiten Gottes. Während bei Mt 5 die Positionierung über eine Rollenanalogie gelingt, eine eindeutige Identifizierung aber noch unterlassen wird, ist es bzgl. Mk 5 gewissermaßen so weit: Hier wird die Identifizierung mit Jesus ausdrücklich praktiziert, was anhand zweier Beobachtungen (ausgehende Kraft; Geh in Frieden!) belegt werden kann.
– Vergleich Ende –

(D) Strategien der Sinnkonstruktion und des Textverstehens

Wenn man nach einer griffigen Bezeichnung für die Gesamtstrategie der Gruppe „Kirchenmänner" sucht, so wird man innerhalb der Diskussion selbst fündig: Mit Blick darauf, welche Auswirkungen die Austeilung der schriftlichen Textvorlage auf das Textverständnis hat, spricht die Gruppe von *Ausweitung* und *Vertiefung* (vgl. S. 13, M$_3$ und M$_2$). Diese Eigenterminologie scheint gut geeignet, das Vorgehen der Gruppe zu charakterisieren, wobei im Interesse einer näheren Spezifizierung noch das Attribut *theologisierend* anzufügen ist.

Im Rahmen dieser Strategie spielt methodisches Vorgehen im klassischen Sinne nur eine untergeordnete Rolle. Dafür ist der Gruppe daran gelegen, Gott respektive ein bestimmtes Gottesbild in den Mittelpunkt zu stellen. Es erfolgt somit erstens eine *(theologisierende) Ausweitung*, indem nämlich zusätzlich zur menschlichen Ebene (z. B. eine konfliktgeladene Zweierkonstellation) eine in gewissem Sinne transzendente Größe ins Spiel gebracht wird: Gott. Alles ist unter dem Horizont des väterlichen Gottes zu sehen, der als Vorbild nachzuahmen ist. Dabei kann das Gottesbild aus dem Text erhoben werden, indem bestimmte Aspekte in einer bestimmten Richtung aufgegriffen werden. An dieser Stelle findet sich auch ansatzweise die Eigenpositionierung der Gruppe, da man sich selbst *rollenanalog* zu Gott verortet, bzw. z. T. begegnet eine eindeutige Identifizierung mit Jesus. Es fällt auf, dass sich die Gruppe „Kirchenmänner" bzgl. Mt 5 und Mk 5 sehr

---

[15] Es sei nur am Rande erwähnt, dass als Vergleichsbild in diesem Kontext eine Mutter, die ihr verletztes Kind tröstet, eingebracht wird. Nach einer gewissen Zeit muss die Mutter auch sagen: „Jetzt ist es mal gut, jetzt geh wieder spielen!" (S. 21, M$_4$).

ähnlich positioniert. Die Fokussierung auf das Gottesbild geht so weit, dass letzten Endes ein gesamter Text wie z. B. Mt 5 in diesem Sinne verstanden wird als ein Text, der etwas über Gott und dessen Beziehung zum Menschen (Umgang/Bezogenheit) – prinzipiell gesprochen (vgl. Sgl.!) – aussagt (vgl. S. 15, M_3).

Womit wir bereits beim zweiten Aspekt wären: der (ebenfalls *theologisierenden*) *Vertiefung*. Diese ist zum einen darin zu sehen, dass sehr grundsätzlich (über Gott und Mensch) gehandelt wird. Die Gruppe diskutiert vermittels des (vorliegenden) Textes verhältnismäßig fundamentale Gesichtspunkte des menschlichen Wesens (z. B. Bemühen und Unvermögen) sowie des Verhältnisses Mensch/Gott bzw. Gott/Mensch. Auch die Frau aus Mk 5 wird zu einem allgemeinen Paradigma generalisiert. Zum anderen schlägt sich dies in der Einführung *theologischer Begriffe* nieder, die anstelle textlicher Elemente eingesetzt werden: z. B. *Gnade* für *Sonne/Regen*. Bei Mk 5 ist es in diesem Sinne bezeichnend, dass relativ ausführlich der Glaube thematisiert wird, sowie dass Übertragungen auf liturgische Vollzüge erfolgen. Alles in allem ist es folglich legitim, von einer gewissen *Theologisierung* zu sprechen.

Sollte die *theologisierende Vertiefung* nicht mithilfe der vorliegenden Hypertextbasis alleine sinnvoll zu bewerkstelligen sein, bedient sich die Gruppe extratextuellen, inner- wie außerbiblischen Materials, um die entsprechenden Aspekte zu profilieren (vgl. z. B. Nichtwiderstandsforderung und Röm 12,21). Die aktuelle Bedeutsamkeit des Textes sichert die Gruppe erstens durch analoge Übertragungen (z. B. Situation von zwei Menschen in Mt 5 → Trennung/Scheidung bzw. Beichtstuhl), zweitens per paradigmatisch-exemplarischer Lektüre (Frau als Paradigma). Weitergehende Kriterien liegen nicht vor. Für die Gruppe ist charakteristisch, die biblischen Texte vor dem Hintergrund der eigenen Praxis zu lesen bzw. die eigene Praxis angesichts der gelesenen Texte zu bedenken.

2.8.3 Die Frage nach dem Warum – Ein Blick auf den Orientierungsrahmen

a. Der Orientierungsrahmen im Kurzportrait: „Und so in dieser, ja, in dieser Spannung zu leben, und wir nehmen es ja nicht zurück." (S. 14, M_4)

Für den Orientierungsrahmen der Gruppe „Kirchenmänner" spielt die priesterliche Existenz der Gruppenmitglieder eine ausschlaggebende Rolle, da das anzutreffende Selbstverständnis als Priester augenscheinlich einen prägenden Einfluss auf so gut wie alle Lebensbereiche hat. Der positive (Gegen-)Horizont ist vom Wort Gottes bestimmt, das einen enormen Stellenwert im Leben der Gruppenmitglieder einnimmt. Entsprechend werden biblische Texte grundsätzlich sehr ernst genommen und die Bibel ist „das

Buch Nummer eins mit dem ich arbeite, das Wort Gottes, Grundlage meiner ganzen Arbeit" (S. 2, M_4). Dabei ist folgende Überzeugung respektive Sichtweise entscheidend: Das Wort Gottes ist etwas, „was von außen kommt" (S. 14, M_4), sprich: Der „Externität des Wortes" (S. 14, M_4) ist Rechnung zu tragen. Das Motto lautet dementsprechend: „Die Bibel kommt [...], sie kommt auf die Leute zu" (S. 5, M_1), denn das Wort Gottes entzieht sich der willkürlich-beliebigen Verfügbarkeit, es ist nicht je nach Bedürfnis, Stimmung, Laune oder Bedarf auswählbar, sondern steht den Menschen fordernd und herausfordernd gegenüber. Es bricht ins eigene Leben ein, ob es einem selbst gerade passt oder nicht. Nicht selten bildet es einen „Stachel im Fleisch" (S. 11, M_1) und stellt einen selbst in Frage. Die „Eigendynamik des Wortes" (S. 20, M_4) ist nicht zu kontrollieren, das Wort kann nicht vom Menschen domestiziert werden. Doch will das Wort Gottes den Menschen nicht äußerlich bleiben, sondern als *lebendiges Wort* (vgl. S. 5, M_1) fordert es zur Beschäftigung mit sich heraus, sodass „die Heilige Schrift weiter geschrieben [wird; C. S.] in das Leben der Menschen hinein" (S. 5, M_1).

Mit diesem Anspruch insgesamt sieht sich die Gruppe „Kirchenmänner" zum einen selbst konfrontiert, die einzelnen Mitglieder selbst haben immer wieder mit dieser Herausforderung zu ringen. Vor diesem Hintergrund ist auch zu verstehen, dass die Bibel(lektüre) nicht immer nur Freude bereitet und Kraft schenkt, sondern teilweise „ist die Bibel auch viel trockenes Brot" (S. 7, M_4). Zum anderen ist man aber gleichzeitig geradezu verpflichtet bzw. spürt einen entsprechenden Zwang, dem priesterlichen Verkündigungsauftrag nachzukommen. Es gehört zu den priesterlichen Aufgaben untrennbar dazu, verkündigend tätig zu sein, womit das entscheidende Enaktierungspotenzial des bisher skizzierten positiven (Gegen-)Horizontes benannt wäre. Die normale existenzielle Problemdefinition ist die Vermittlung des Wortes Gottes in die heutige Wirklichkeit hinein. Das ganze Tun der Gruppe ist auf diese Vermittlung ausgerichtet. Die Welt ist zu bearbeiten mit dem Ziel, dass das Wort Gottes sowohl die Kultur als auch das alltägliche Leben durchdringt und prägt. Das Indienstgenommensein für das Wort Gottes ist charakteristisch für alle eigenen Tätigkeiten, u. a. Predigt, Verkündigung allgemein, Beichte, Eucharistie. Der Gruppe „Kirchenmänner" obliegt es somit, *das* Wort Gottes, mit dem man z. T. selbst nur schwer zurechtkommt, weiterzugeben/-sagen, und dabei erweist man sich nicht selten als ebenso gnadenlos wie das Wort selbst:

> Wir kommen „gnadenlos doch immer wieder auf diese Worte zurück[...] in der Kirche, und wenn wir auch alle möglichen Texte streichen, diese Texte oder diese Worte bleiben. Wir verkündigen auch nicht, indem wir vorher fragen: ‚Könnt ihr das alle ertragen, seid ihr gestimmt für dieses Wort?', sondern wir verkündigen" (S. 14, M_4).

Dies macht die Spannung aus, in der die Gruppe zu leben hat (vgl. Zitat in der Überschrift), an der man fast zerbricht und die einen wesentlichen Baustein des positiven (Gegen-)Horizonts darstellt. Man befindet sich selbst in einer Art Doppelrolle, steht man doch einerseits unter dem Wort Gottes, andererseits als dessen Verkünder anderen Menschen gegenüber. Auch das Wort Gottes selbst trägt seinen Teil zur auszuhaltenden Spannung bei, denn es kann nicht nur als spirituelle Kraftquelle sprudeln, sondern auch Kräfte aufzehren – die Erfahrung des trockenen Brotes scheint immer wieder durch. Und trotz all dem nimmt man von der eigenen Verkündigung nichts zurück, so schwer dies auch fallen mag. Man muss die Spannung aufrechterhalten, schon alleine, um dem Wort gerecht zu werden. Als negativer Gegenhorizont deutet sich an dieser Stelle eine verharmlosende und entsprechend schwierige Texte ausblendende Verkündigung an. Mit Blick auf die Auswahl der gottesdienstlichen Lesungen grenzt man sich dezidiert von denen ab, die Geschichtchen anstelle der entsprechenden Bibeltexte verwenden:

> „Also, ich schätze uns alle mal so ein, dass keiner von uns eine Lesung ersetzen würde mit einem Geschichtchen im Gottesdienst, so würde ich uns einschätzen[16] [...], das ist jetzt keine Feindlichkeit gegenüber Geschichten, aber es, es verdrängt nicht biblische Verkündigung oder einen biblischen Text, so würde ich uns einschätzen" (S. 8, M_1).[17]

Der Bibel gebührt auf jeden Fall der Vorrang, an dieser Autorität kommt man nicht (einfach so) vorbei. Der oben skizzierten Sichtweise der Bibel korrespondiert ein entsprechendes Gottesbild der Gruppe „Kirchenmänner", das abschließend zum Orientierungsrahmen noch kurz erwähnt werden soll. Folgende Überzeugung wird zum Ausdruck gebracht: „Gott ist anders, er ist einfach anders, auch mit seinem Anspruch an uns, und er ist da auch nicht wieder zu erklären und zu verstehen. [...] Gott ist anders und größer und weiter" (S. 10, M_4; vgl. S. 14, M_4).

b. Diverse Abhängigkeiten – Annäherungen an ein erklärendes Verstehen

Berücksichtigt man die priesterliche Prägung der Gruppe „Kirchenmänner" als existenziellen Hintergrund, dann wird der Gesamtrahmen der Diskussion einleuchtend: Nicht nur, dass mit Blick auf Mt 5 vielfach auf eine Verkündigungs-/Predigtsituation Bezug genommen (→ man diskutiert vorrangig bei der Verkündigung der entsprechenden Texte aus Mt 5 möglicherweise auftretende Probleme) und die Beichtstuhlsituation thematisiert wird, auch die Rekurse bei der Auslegung von Mk 5 erneut auf die

---

[16] Für diese Proposition bekommt M_1 starke validierende Zustimmung von M_3 (vgl. S. 8, M_3).
[17] Auch M_2 stimmt abschließend überzeugt zu: „So ist es" (S. 8, M_2).

Predigt sowie auf die Eucharistiefeier/Kommunion können eingeordnet werden. Die priesterliche Existenz bestimmt den Orientierungsrahmen so stark, dass die gesamten Sinnkonstruktionsbemühungen durch diesen Kontext bestimmt sind. Auch wirft die Einbeziehung des Orientierungsrahmens ein neues Licht auf die erarbeiteten Positionierungen/Identifizierungen: Hat man vor Augen, dass es sich bei der Gruppe „Kirchenmänner" ausschließlich um Priester mit einem entsprechenden Selbstverständnis handelt, so bekommen die rollenanaloge Positionierung zu Gott bzw. die Identifizierung mit Jesus eine neue Qualität. Hier scheint das eigene priesterliche Selbstbild zum Ausdruck zu kommen.

Bei der Diskussion zu Mt 5 sieht man sich selbst u. a. im Beichtstuhl sitzen, konfrontiert mit Menschen, die einen Schlag auf die Wange bekommen oder selbst einen ausgeteilt haben. Und man handelt im Auftrag des Gottes, der – wie in Mt 5,45bc ausgesagt – allen Sonne und Regen – gleichsetzbar in den Augen der Gruppe „Kirchenmänner" mit Gnade – zuteilwerden lässt. Dies macht gewissermaßen die eine Seite der priesterlichen Arbeit aus. Die andere Seite umfasst eine teils gnadenlose, weil ungefragte, provozierende und mit Schwerem konfrontierende Verkündigungstätigkeit. In diesem Zusammenhang kann Mt 5 im Allgemeinen bzw. Mt 5,39 im Besonderen einen möglichen Inhalt bilden. Mit Blick auf Mk 5 sieht sich die Gruppe „Kirchenmänner" unmittelbar in der Rolle Jesu: Wenn man predigt und jemand hört sehr intensiv zu, dann gehen ungeahnte Kräfte von einem aus. Die Auslegung von Mk 5 kann aber auch helfen, das eigene Eucharistieverständnis in Absetzung von der Option *magischer Zaubertrick* zu profilieren. Alles in allem bestimmt das Priestersein sehr zentral die Sinnkonstruktion der Gruppe „Kirchenmänner".

Zu guter Letzt ist interessant, wie stark das eigene Ringen mit den beiden Texten im Rahmen der Gesamtstrategie *Ausweitung/Vertiefung* ausfällt. Dies scheint in der Externität des Wortes begründet zu sein, das von außen kommt, eine Eigendynamik entfaltet und gnadenlos ins eigene Leben einbricht. Das, was die Gruppenmitglieder in der Verkündigung anderen *antun* (Predigt ohne vorherige Frage, ob die Zuhörer die Botschaft ertragen können), trifft ganz augenscheinlich auch sie selbst. Zumindest legt die erarbeitete Textverstehensstrategie diesen Schluss nahe. Die theologisierende Grundtendenz ist ebenso in diesem Zusammenhang zu verstehen, überraschend bleibt, dass so gut wie kein methodisches Vorgehen begegnet. Dies ist der Gruppe „Kirchenmänner" augenscheinlich nicht so wichtig – zumindest in der zugrunde liegenden Gesprächssituation. Dass das Gottesbild *Vater* in der Diskussion ausgesprochen stark betont wird und keinerlei Sensibilität für feministische Anfragen zu erkennen ist, scheint nach der (Selbst-)Charakterisierung (mit Blick auf heutige Priester) fast typisch genannt werden zu können:

„Ansonsten habe ich den Eindruck, dass in der Priesterausbildung und auch in der Fortbildung diese Frage [sc. Sicht von Frauen/frauenspezifischer Zugang zur Bibel; C. S.] nicht so beherrschend ist. Ich glaube, das wird registriert, das wird wahrgenommen, ich glaube, die Sensibilität ist da, aber das sind nicht so die Fragen, die die Priesteramtskandidaten oder die Priester so stark bewegen, dass sie sie zu ihrer eigenen machen" (S. 3, M_1; vgl. oben).

2.9 Gruppe „Posaunenchor"

2.9.1 Kurze Fallbeschreibung: Musizieren in Kirche und Dorf – Ein evangelischer Posaunenchor in süddeutschen Landen

	1	1	3	–	–	1	–	
♂ 2	0 –	20 –	30 –	40 –	50 –	60 –	70 – ...	Alter (in Jahren)
	1	1	1	–	2	1		
♀ 4*	ohne	Quali	Mittl.R	Lehre	Abi	Uni		(Aus-)Bildung
	–		6		–			Gruppe: evang.
Σ 6**	Rk		Evangel.		o.B.			Konfession

Gesprächsdauer: ca. 60 Min.; Südwestdeutschland/ländlich;
Fremdrelevanz (*Bibel*)

* Die geschlechtsmäßige Zusammensetzung der Gruppe mit einem deutlichen weiblichen Übergewicht mag auf den ersten Blick etwas überraschen, haben wir es doch mit einem Posaunenchor zu tun, womit wir uns in einer klassischen Männerdomäne (vgl. S. 5, M_1) bewegen. In der Tat sind Mädchen respektive Frauen noch nicht so lange mit von der Partie, was von der Gruppe selbst thematisiert wird. Allerdings haben die weiblichen Mitglieder mittlerweile die Überzahl (vgl. S. 5, M1) errungen, was ebenfalls angemerkt und mit Lachen quittiert wird (S. 5):

M_1: [...] in der Zeit 76 war das, 75/76, da sind dann viele junge Leute dazugekommen, sodass wir da auch schon mal über 20 waren zu der Zeit und zum ersten Mal waren auch junge Frauen oder Mädchen – das waren eigentlich Mädchen zu der Zeit – dabei. Vorher war das eine reine Männerdomäne, dieser Posaunenchor, und jetzt – sehen Sie ja, wenn Sie in die Runde schauen *,
wer die Überzahl hat * [...].

F_5: Ich glaub: Mehr Frauen!
@ mehrere
M_3: Passt schon so!

** Hinsichtlich der Gruppengröße wird von der Gruppe selbst eingebracht, dass normalerweise über 20 Personen zum Chor dazugehören. Die zur Diskussion versammelte Schar erinnert größentechnisch an die Zeit des Wiederaufbaus nach dem

Zweiten Weltkrieg: „1947 ging's wieder los und dann hat man so mit 5, 6, 7 Leuten halt wieder angefangen – heut Abend sind wir ja 6, sind wir heut Abend, fast so viel als es damals waren. Wir sind in der Glanzzeit aber dann auch schon 27, 28 Personen gewesen im Chor und momentan ja, sind es jetzt nicht ganz so viele. Wenn alle da sind, sind's auch über 20, aber das ist äußerst selten der Fall. Ein paar fehlen immer irgendwann" (S. 3, M_1).

Die Gruppe „Posaunenchor" ist hinsichtlich des Alters eher jünger[1], geschlechtlich gemischt mit weiblichem Übergewicht (s. o. *) und mit Blick auf das (Aus-)Bildungsniveau sind querbeet fast alle möglichen Optionen vertreten. Die einzelnen Mitglieder sind alle evangelisch, was angesichts des Charakters der Gruppe nicht weiter überrascht: Wir haben es mit einem (evangelischen) Posaunenchor (gegründet 1925; ursprünglich pietistisch-evangelikale Richtung, später Aufnahme in die evangelische Landeskirche; vgl. S. 3, M_1) einer evangelischen Gemeinde im dörflich-ländlichen Milieu Süddeutschlands zu tun. Die Gruppe ist gut in die Ortsgemeinde integriert und in konfessioneller Hinsicht ist gegenüber dem Katholizismus keinerlei Abgrenzungs-/Profilierungsbedürfnis zu erkennen.[2]

Es versteht sich von selbst, dass die Hauptaktivität der Gruppe „Posaunenchor" im Musizieren besteht, und dem Thema *Bibel* kommt somit ganz klar eine Fremdrelevanz zu, ebenso wie der Thematik *Textverstehen*. Man verortet sich zwischen den Polen *Kirche/Kirchengemeinde* einerseits und *kulturell-gesellschaftlichem Leben am/im Ort* andererseits: „Also wir sind auch kultureller Teil der Gemeinde, sagen wir einmal, nicht bloß in der Kirche, sondern auch, wir zählen schon ein bisschen auch zur Kultur, würd' ich meinen" (S. 4, M_1). Entsprechend ist man musikalisch aktiv sowohl im Rahmen des (traditionellen) kirchlich-gemeindlichen Engagements (u. a. kirchliche Feste; vgl. S. 3f., M_1) als auch auf profanem Gebiet (u. a. Volkslieder und Märsche; vgl. S. 4, M_1)[3] – sei es in kultureller Hinsicht (z. B. Heimat-/Dorfabend, Volkstrauertag, öffentliche Auftritte), sei es mehr gesellschaftlich-geselliger Art (Vereins-/Weihnachtsfeiern; Geburtstagsständchen). In letzterem Kontext scheint der Posaunenchor allerdings zunehmend an Beliebtheit zu verlieren, was als Zeiterscheinung/Entwicklung eingestuft wird (vgl. S. 4, M_1). Interessant ist in diesem Zusammenhang noch das artikulierte Selbstverständnis hinsichtlich der Ziel- und Aufgabensetzung: „Ja, unsere Aufgabe ist eigentlich einmal

---

[1] Nur M_1 stellt in dieser Hinsicht eine deutliche Ausnahme dar.
[2] Vgl. z. B. mit Blick auf Lese-/Perikopenordnungen S. 10, M_1: „Ansonsten, für die Gottesdienste sind die Reihen ja vorgelegt, alle sechs Jahre der gleiche Text, ne, also zumindest in der evangelischen Kirche, wie's in der katholischen Kirche ist, weiß ich nicht so genau, wird's ähnlich sein, das ist ja, ist nicht so weit auseinander."
[3] Das Verhältnis zwischen kirchlichen und weltlichen Liedern bei eigenen Konzerten wird wir folgt bestimmt: „Zwei Drittel kirchlich, ein Drittel normal" (S. 6, M_3).

volksmissionarischer Art, das heißt, der Chor bläst ja in erster Linie Choräle oder christliches Liedgut" (S. 3f., M_1).
Zur Diskussion ist ein Teil des an sich größeren Chores bereit (s. o. **) und es wird gewissermaßen eine Probe geopfert. Treffpunkt ist der normale Probenraum am Abend zur Probenzeit. Das Gespräch selbst kommt phasenweise nur stockend und zögerlich in Gang, wie an einer Stelle von der Gruppe selbst expliziert wird: „Tja, das scheint schwierig zu werden, hier ein großes Gespräch zu führen" (S. 16, M_1). Entsprechend überrascht es nicht weiter, dass die vorliegende Diskussion zu den kürzeren des Projektes zählt. Die Atmosphäre kann durchweg als angenehm bestimmt werden.

2.9.2 Auswertungen unter exegetischer Perspektive

(A_{Mt}) Methodisches Vorgehen bzgl. Mt 5

In methodischer Hinsicht lassen sich bei der Auseinandersetzung der Gruppe „Posaunenchor" mit Mt 5 zwei kleinere relevante Beobachtungen machen. Zum einen begegnen Überlegungen, die für Mt 5,38f. eine historische Kommunikationssituation skizzieren und dabei auf Jesus Christus als Protagonisten einer *Gegenpartei* rekurrieren. Es wird somit ansatzweise ein zeitgeschichtlicher (Diskussions-)Kontext (re-)konstruiert (→ textextern):

> „Also für mich ist's eigentlich so der Fall, dass ich finde oder wie, zu der Überzeugung gekommen bin, dass dieses ‚Auge um Auge, Zahn um Zahn' eigentlich ein Gesetz ist oder aufgeschrieben wurde und dass dann eben der, die Gegenpartei – ich denk' einmal, das ist durch Jesu Christi gekommen – dass der eben gesagt hat" (S. 17, M_3).

Zum anderen finden sich traditionsgeschichtlich angehauchte Ausführungen, die den Spruch „Auge um Auge, Zahn um Zahn" dem Alten Testament zuschreiben („Das ist irgendwo aus dem Alten Testament" S. 18, F_6; vgl. S. 18, M_1).[4] In diesem Zusammenhang wird auch die antithetische Kompositionsstruktur der Verse 38f. wahrgenommen, was allerdings weitgehend implizit bleibt. Das methodische Vorgehen insgesamt dient der absetzenden Profilierung der Botschaft und Verkündigung Jesu.

Summa: Die Gruppe „Posaunenchor" kann bzgl. Mt 5 ansatzweise als *methodisch orientiert* bezeichnet werden, wobei eine Schwerpunktsetzung im *textexternen* Bereich vorliegt. Dabei verfolgen sowohl die Skizzierung des zeitgeschichtlichen Diskussionskontextes als auch die traditionsgeschichtlichen Überlegungen das Ziel, die neue, besondere, andere Botschaft Jesu zu profilieren.

---

[4] Dabei ist der Gruppe eine genauere Angabe der Herkunftsstelle nicht möglich: „Das weiß ich nicht […]. So bibelfest bin ich jetzt auch nicht. @" (S. 18, M_1); „Ja, so habe ich mich mit dem Alten Testament nicht so mit sich beschäftigt" (S. 18, F_2).

(B_Mt) Textwahrnehmung und Hypertextrekonstruktion bzgl. Mt 5

Die Textwahrnehmung der Gruppe „Posaunenchor" mit Blick auf Mt 5 konzentriert sich im Rahmen der ersten Hypertexteinheit ganz auf die Forderung Mt 5,39d, die spontan zurückgewiesen wird: „Also ich halt' sie keine zweite hin" (S. 16, M_3).[5] Für die Gruppe ist dementsprechend klar, dass dies nicht so wörtlich gemeint sein kann (vgl. S. 16, M_1), „weil es gibt ja keinen, der wo zwei Backen hinhält" (S. 17, M_3). „Du kannst es ja nicht so genau machen, wie's da drin steht" (S. 18, M_3). Entsprechend vollzieht sich in der Rezeption sofort eine gewisse Verschiebung und man kommt zur akzeptablen Bedeutung *nicht zurückschlagen*. Dies kann jedoch in zweifachem Sinne verstanden werden und in diesem Punkt findet sich innerhalb der Gruppendiskussion nun kein Konsens.

Eine erste Auslegungslinie bringt (unterschwellig) eine (weitere) spezifische Akzentuierung mit ins Spiel:

> Es „ist eben so gedacht, dass man *nicht gleich* zurückschlagen soll, ne, also mal ganz grob. […] Ob ich jetzt unbedingt die zweite Wange auch hinhalten muss" (S. 16, M_1; Hervorhebungen C. S.). „Ich soll *nicht immer gleich* der Aktive sein, dass ich sag: ,Der kriegt jetzt eine auf die Backe drauf!', […] das ist die eine Wange, das nächste Mal mach ich's *noch mal*, halt' ich die zweite Wange hin und *dann* werd' ich *erst* reagieren!" (S. 16f., M_3; Hervorhebungen C. S.). Ich glaube, „dass der [sc. Jesus Christus; C. S.] eben gesagt hat, dass es eben nicht so ist, dass man *jedes* vergeltet, sondern dass man *erst mal* die passive Art wählen soll, *bevor* man in die aktive übergeht. Dass man *erst* den weichen Weg gehen soll, *bevor* man – nur den weichen Weg gehen soll nach seiner Meinung, *nicht sofort* den aggressiven Vergeltungsweg" (S. 17, M_3 Hervorhebungen C. S.).

Die Gruppe versteht Mt 5,39d somit z. T. als Aufforderung, *nicht gleich* zurückzuschlagen, *nicht immer gleich* bzw. mit Blick auf *alles* und *jedes* Vergeltung zu üben, *nicht sofort* aggressiv zu reagieren, sondern *erst mal* passiv zu bleiben und dem weichen Weg zu folgen, *bevor* man aktiv wird und den aggressiven Vergeltungsweg betritt. Dabei steht wahrscheinlich folgende Textbeobachtung und Überlegung im Hintergrund: Mt 5,39cd spricht von einem ersten Schlag (vgl. auch S. 16, M_3), woraufhin man die andere Wange hinhalten soll – ergo setzt man sich dem Risiko aus, auch einen zweiten Schlag abzubekommen. Doch von einem dritten Mal ist keine Rede mehr. Diesen Gesichtspunkt profiliert die Gruppe, womit es gemäß Mt 5,39cd in ihren Augen darum geht, die Vergeltung *erst einmal* zurückzustellen/zu unterdrücken.

In diesem Zusammenhang wird zweimal auf Mt 5,38c(d) als antithetische Gegenoption Bezug genommen (vgl. S. 16 und 17, jeweils M_3), wobei dies im ersten Fall (→ Mt 5,38c) vor Austeilung der schriftlichen Textvor-

---

[5] Vgl. hierzu die Gruppe „Hauskreis" S. 10, F_6 (vgl. Teil II 2.6.2 B_{Mt}), wo das Zitat gewissermaßen mit einer sofortigen persönlichen Stellungnahme ergänzt wird.

lage *pop-up*-mäßig in der Art einer extratextuellen und innerbiblischen Einspielung geschieht (vgl. S. 16, M_3 §). Das „Auge um Auge/(Zahn um Zahn)“ wird in beiden Fällen als „Gegenspruch“ (S. 16, F_2) bzw. als Gegensatz zum matthäischen Text präsentiert (vgl. traditionsgeschichtliche Überlegungen ⚒), da es ja gewissermaßen eine sofortige Vergeltung in gleichem Umfang vorsieht. Vor diesem Hintergrund ist der Gruppe an einer Profilierung der jesuanischen Botschaft gelegen. Ein Problem bleibt bestehen: Sowohl Mt 5,39cd als auch 5,38cd respektive in letzterem Fall die darin implizierte Tradition stammen aus der Bibel, sprich: sind biblischer Herkunft. Wir haben es folglich mit zwei biblischen Weisungen zu tun, die gewissermaßen Entgegengesetztes fordern:

		M_3:	[…] „Auge um Auge“ steht ja auch in der Bibel?! Steht beides in der Bibel, denk ich einmal.
F_2:	Ja, aber nicht als, als Anleitung. * Ja.	M_1:	Das hat aber nicht Christus gesagt, denk ich einmal. *
F_6:	Das ist irgendwo * aus dem Alten Testament. *	M_1:	Eben. Das ist aus dem Alten Testament, und so heißt’s hier ja auch: „Ihr habt gehört, dass gesagt ist: Auge um Auge, Zahn um Zahn!“ Also, kommt aus dem Alten Testament, aber hier Christus sagt ja das Gegenteil von dem.

Die Lösung der Gruppe erfolgt gewissermaßen auf traditionsgeschichtlichem Wege (⚒), indem die Zugehörigkeit zu unterschiedlichen Bereichen (AT – Jesus Christus) deutlich gemacht wird. Hierfür wird argumentativ auch dezidiert die Einleitung Mt 5,38ab ins Feld geführt. Entsprechend gelingt es der Gruppe, die Botschaft Jesu vor dem skizzierten Gegenhorizont zu profilieren.

Die zweite Auslegungslinie, die sich in dem oben zitierten Beitrag von M_3 in einer kleinen Korrektur ansatzweise andeutet („Dass man erst den weichen Weg gehen soll, bevor man – *nur den weichen Weg gehen soll nach seiner Meinung*, nicht sofort den aggressiven Vergeltungsweg“, S. 17, M_3; Hervorhebungen C. S.), versteht die Wangenforderung dahingehend, dass ein völliger Verzicht auf Gegenwehr oder Vergeltung gemeint ist (S. 17):

M_1: Das kann aber auch heißen, dass ich überhaupt nicht reagieren will.

F_2:	Ja, so versteh’ ich den Text * eigentlich, dass man * , dass man ihm damit praktisch den Wind aus den Segeln nimmt. *	F_5:	Ja.
		M_1:	Überhaupt nicht reagieren werde! Genau.

Dies verlangt aber übermenschliche (vgl. S. 17, F$_2$) Überwindung (vgl. S. 16, F$_2$), auch wenn eine gewisse alltagspraktische Plausibilität (→ dem anderen den Wind aus den Segeln nehmen) zugestanden wird. Vorstehend skizzierte zwei Auslegungslinien bestehen in der Diskussion nebeneinander, wobei die Erste gewissermaßen das letzte Wort behält. Allerdings ist auf der argumentativen Ebene kein Sieger auszumachen.

Anschließend setzt die Gruppe „Posaunenchor" lediglich an zwei weiteren Stellen der Hypertextbasis an und die dazugehörigen Hypertexteinheiten sind ausgesprochen kurz, womit der entstehende Hypertext alles in allem ziemlich überschaubar wäre. Zunächst greift die Gruppe Mt 5,44b und 5,43c heraus, wobei beide Verse auf einer Ebene angesiedelt werden (S. 17f.):

M$_1$: Tja, ich denk' einmal, das ist ja eigentlich das, was Christus immer und überall gesagt hat, was hier steht. Das ist ein Grundtenor, würd' ich mal sagen: „Liebt eure Feinde!" Nächstenliebe und all diese Dinge. Das ist ja hier ja ganz geballt enthalten da drinnen und ja, wir sollen halt auch so tun. [...] Jetzt hier, das noch mal wörtlich auszulegen, es geht immer ums Gleiche im Prinzip, also, Nächstenliebe oder „Liebe deinen Nächsten wie dich selbst!", das kann ja eigentlich hier der Grundtenor von dem allen sein, was hier steht.

F$_2$: Dass man eben mit der, mit der Liebe das Böse besiegen soll. [...]

Die Feindesliebe (vgl. Mt 5,44b) wird mit der Nächstenliebe (vgl. Mt 5,43c) eingangs gewissermaßen in einen Topf geworfen und zusammen mit *all diesen Dingen* bildet dies *einen* Grundtenor der Botschaft Christi. Hierbei begegnet eine sehr generalisierende und verallgemeinernde Sprache (u. a. immer und überall). Auffällig sind die kleinen Veränderungen innerhalb des Diskussionsbeitrags. Kommen am Anfang Feindesliebe, Nächstenliebe und *all diese Dinge* zur Sprache, so ist am Ende nur mehr von der Nächstenliebe die Rede. Die Feindesliebe ist stillschweigend ausgeblendet worden. An dieser Stelle wird in der Art eines *Pop-ups unterstützend* und *verallgemeinernd* extratextuelles und innerbiblisches Material eingespielt: „Liebe deinen Nächsten wie dich selbst!" (vgl. Lev 19,18; Mt 19,19; 22,39; Mk 12,31; Lk 10,27; Röm 13,9; Gal 5,14; Jak 2,8 §).[6] Und während eingangs das, „was hier steht" (→ Mt 5), (eigentlich) als *ein* Grundtenor *der immer und überall verkündigten Botschaft Christi* bezeichnet wird, wird am Ende das Nächstenliebegebot (eigentlich) als *der* Grundtenor *von dem allen,* „was hier steht", klassifiziert. Nahezu unmerklich hat man somit eine bedeutsame und etwas eigenwillige Pointierung vorgenommen: Die Nächstenliebe ist *der* Grundtenor von Mt 5, was wiederum *einen* Grundtenor christlicher Ethik insgesamt darstellt. Folglich ist man

---

[6] Die Gruppe „Gewerkschaft" verlinkt in *verallgemeinernder* Absicht ebenfalls mit dieser biblischen Tradition (vgl. Gruppe „Gewerkschaft" S. 14f., M$_3$; vgl. Teil II 2.2.2 B$_{Mt}$).

vom konkreten Text Mt 5 mit seinen z. T. sehr extremen Forderungen zu einer abstrakt-allgemeinen Ebene fortgeschritten und unter dem Strich kommt nur die Nächstenliebe als Orientierungsgröße heraus, was für die Gruppe „Posaunenchor" wohl grundsätzlich legitim ist, denn „es geht immer ums Gleiche im Prinzip" (S. 18, M_1).

An das Stichwort *Liebe* anknüpfend, wird im Rahmen derselben Hypertexteinheit anschließend zum Kampf (und Sieg) mit dieser Waffe gegen (über) das Böse aufgerufen, doch ob sich die Gruppe hiermit auf Röm 12,21 (hier fungiert das Gute als Waffe) bezieht und entsprechend *pop-up*-mäßig eine extratextuelle, innerbiblische Tradition einbringt, lässt sich nicht zweifelsfrei bestimmen. Es scheint eher als allgemeiner Grundsatz im Raum zu stehen, ohne dass auf den biblischen Ursprung überhaupt geachtet, geschweige denn eingegangen, wird. Dass hierzu Mt 5,39b in gewissem Sinne im Widerspruch steht, wird im Rahmen der Diskussion offensichtlich nicht thematisiert, u. U. auch nicht wahrgenommen.[7]

Die zweite Bezugnahme fokussiert Mt 5,42cd und im Rahmen dieser letzten Hypertexteinheit markiert die Gruppe „Posaunenchor" ihre eigene (Toleranz-)Grenze (S. 18f.; Hervorhebung C. S.):

F_5: Also ich bin ein sehr gutmütiger Mensch im Allgemeinen, aber manchmal *, wenn einfach, wo die Grenze ist, dann – ja gut – dann, würd' ich dem andern nichts *mehr* leihen oder es ist irgendwas, ja, also von jedem *

M_3: Manchmal langt's!

F_6: Es ist auch nicht gut, wenn man ihnen was leiht! @

Ja, aber wie gesagt, so kann jeder von mir was borgen oder, aber irgendwann ist die Grenze mal da und bei manchen geht's dann einfach nicht mehr. Und ich denk', das muss eben jeder für sich entscheiden, inwiefern, dass er da danach leben kann.

Die Aufforderung aus Mt 5,42cd wird somit zwar aufgegriffen, doch bzgl. einer generellen Gültigkeit zurückgewiesen: Es gibt Situationen, in denen nicht gemäß dieser Weisung gehandelt werden sollte, bzw. man selbst kommt u. U. an einen Punkt, ab dem man den/m anderen nichts *mehr* leiht.

---

[7] Die Gruppe „Kirchenmänner" setzt bei Mt 5,39b an, verlinkt in *widersprechender* Absicht ausdrücklich mit Röm 12,21 und hält letzteren Clou dezidiert gegen Mt 5,39b fest (vgl. Gruppe „Kirchenmänner" S. 13, M_3; vgl. Teil II 2.8.2 B_{Mt}).

Summa: Insgesamt nimmt die Gruppe „Posaunenchor" von der Hypertextbasis verhältnismäßig wenige Elemente wahr;[8] ihr Hypertext besteht aus drei Einheiten. Alles in allem ist geradezu Paradoxes zu beobachten: Einerseits ist der Gruppe im Rahmen der zweiten Hypertexteinheit daran gelegen, den konkreten Text Mt 5 verallgemeinernd zu verlassen und auf eine prinzipielle Ebene zu gelangen (→ „immer und überall" S. 17, M_1), wobei hier die Nächstenliebe als entscheidender Grundtenor postuliert wird. Eine *verallgemeinernde* Einspielung (extratextuell, innerbiblisch) unterstützt dieses Anliegen. Andererseits ist in der ersten und dritten Einheit das Bemühen zu erkennen, die generelle und uneingeschränkte Gültigkeit der textlichen Forderungen gerade zurückzuweisen: Die Wangenforderung wird in der Art eines Puffers/Vergeltungsaufschubs verstanden, nämlich als nicht *gleich/sofort* zurückzuschlagen, sondern *erst einmal* ... (→ erste Auslegungslinie); und die Borgeregel wird mit einer (Toleranz-)Grenze versehen: Wenn diese überschritten ist, dann wird nichts *mehr* geliehen. Es sind somit im Rahmen der Hypertextkonstruktion gewissermaßen zwei gegenläufige Tendenzen zu beobachten, die aber beide ein gemeinsames Ziel verfolgen, nämlich zum vorliegenden Text Mt 5 in seiner konkreten Gestalt etwas auf Distanz zu gehen.

Folgender *Text* entsteht in den Köpfen der Gruppenmitglieder: Zunächst wird die Wangenforderung herausgegriffen und sofort als praktikable Verhaltensmaßregel abgelehnt. In der Folge spielt die Gruppe eine Variation als Alternativmöglichkeit durch: nicht zurückschlagen bzw. nicht *(immer) gleich* zurückschlagen. Der Sprung zur Feindesliebe in Verbindung mit der Einspielung der Nächstenliebe (→ Grundtenor) führt die Gruppe auf eine allgemein-abstrakte Ebene, bevor zum Schluss die Borgeregel wahrgenommen und sofort hinsichtlich der Gültigkeit eingeschränkt wird: Nicht immer ist es gut, anderen etwas zu leihen.

(C_{Mt}) Positionierung (Identifikation/Kritik) bzgl. Mt 5

Als Sprecher der Worte wird (Jesus) Christus gewissermaßen als *Leader* der Gegenpartei (vgl. S. 17, M_3) identifiziert (vgl. S. 17 und 18, jeweils M_1), wobei für die Gruppe „Posaunenchor" wichtig ist, zu unterscheiden,

---

[8] Ganz am Ende der Diskussion wird vom Forschungsteam ein Vergleich der beiden Texte (Mt 5/Mk 5), insbesondere mit Blick auf deren Wirkung auf die Gruppe, initiiert (vgl. S. 23, Y_2). Im Rahmen dieses Abschlussteils greift die Gruppe „Posaunenchor" von Mt 5 den bisher noch überhaupt nicht thematisierten V. 48 auf. Hier fällt auf, dass die Gruppe dies direkt auf sich selbst bezieht: „*Wir* sollen so vollkommen sein, wie *unser* himmlischer Vater auch vollkommen ist in dem Fall hier" (S. 24, M_1; Hervorhebungen C. S.). Außerdem begegnet eine zweifache Relativierung: Mt 5,48 wird als *Empfehlung* (vgl. S. 24, M_1) qualifiziert und durch die Wendung *in diesem Fall* hinsichtlich der generellen Ausweitbarkeit deutlich eingeschränkt.

was genau von Christus stammt und was nicht. Auf diese Weise wird die Gruppe dem Problem, dass sowohl Mt 5,38c(d) respektive die darin sich aussprechende Überlieferung als auch Mt 5,39cd Teil der Bibel sind, Herr: Die Zuweisung zu unterschiedlichen Traditionsbereichen (AT – Jesus Christus) wird dezidiert durchgeführt und argumentativ entsprechend verwertet (vgl. S. 18). Sonst werden im Text keinerlei Figuren wahrgenommen: weder Freund noch Feind, weder Guter noch Böser, weder Gerechter noch Ungerechter. Auch auf Machtkonstellationen oder sonstige Beziehungsverhältnisse geht die Gruppe „Posaunenchor" mit keinem Wort ein. Kritik (an Personen) wird dementsprechend nicht geübt.

Der Text Mt 5 wird als prinzipielle Aufforderung Jesu Christi gelesen. Als Adressaten kommen dabei zwar grundsätzlich alle Menschen in Frage, doch es versteht sich gewissermaßen von selbst, dass in besonderer Weise Christen angesprochen sind – und hierzu zählt sich die Gruppe selbst. Letzteres wird durch einen stillschweigenden Übergang im entsprechenden Diskussionsbeitrag augenscheinlich deutlich:

> „und ja, *wir* sollen halt auch so tun. Ob *wir*'s immer tun ist die Frage, manchmal fällt's schwer. Aber im Großen und Ganzen würd' ich sagen, werden sich *Christen* schon bemühen, zumindest bemühen, einigermaßen danach zu leben. Ob *sie*'s immer schaffen, das ist die große Frage. Aber wenn *sie*'s, wenn *sie* sich schon nicht bemühen würden, dann ist das ja alles umsonst, was in unserer Bibel steht" (S. 17f., M_1; Hervorhebungen C. S.).

Vom *wir* erfolgt ein nahtloser und nicht weiter auffallender Wechsel zum *sie* (= *Christen*), womit sowohl das Zielpublikum als auch die eigene Positionierung/Identifizierung klar sind.

Fallübergreifender Vergleich: Bei der Gruppe „CVJM" (vgl. Teil II 2.5.2 C_{Mt}) ist ein vergleichbarer Vorgang zu beobachten. Hier findet ebenfalls ein Wechsel unmittelbar im Satz statt und es lässt sich eine ähnliche Identifizierung erkennen. Auch mit Blick auf die Adressaten des Textes finden sich deutliche Übereinstimmungen mit der Gruppe „Posaunenchor": Der Text richtet sich auch in den Augen der Gruppe „CVJM" vorrangig an Christen. – *Vergleich Ende –*

Zu guter Letzt kann noch erwähnt werden, dass die Gruppe „Posaunenchor" zwar keine Machtkonstellationen im Text wahrnimmt, dafür aber Benachteiligung und Übervorteilung für denjenigen befürchtet, der wirklich gemäß Mt 5 handelt (vgl. S. 19, F_6 und M_1).

Summa: Die Gruppe „Posaunenchor" nimmt in Mt 5 so gut wie keine Personen wahr; Kritik findet sich nicht. Dass Christus der Sprecher der überlieferten Worte ist, ist für die Gruppe eindeutig – ebenso wie die primäre Adressatenschaft: Christen. Zu Letzteren zählt man sich selbst, womit eine (implizite) Positionierung respektive Identifizierung herausgearbeitet wäre.

(A_Mk) **Methodisches Vorgehen bzgl. Mk 5**

Den Text Mk 5 geht die Gruppe „Posaunenchor" so gut wie *nicht methodisch orientiert* an – sucht man nach Werkzeugen des klassischen Methodenkanons. Eine einzige Bemerkung lässt sich diesbezüglich auswerten, und zwar in Richtung gattungskritischer Überlegungen: „das ist eine Erzählung [...] von einem Wunder" (S. 22f., M_3). Es wird auf den narrativen Charakter des Textes und den Aspekt *Wunderheilung* Bezug genommen. Daneben findet sich kein weiteres methodisches Vorgehen in diesem Diskussionsteil.

Summa: Mit Blick auf Mk 5 ist die Gruppe „Posaunenchor" als *nicht methodisch orientiert* zu qualifizieren.

Fallinterner Vergleich: Die Gruppe „Posaunenchor" geht bei der Auslegung beider Texte kaum methodisch orientiert vor. Mit Blick auf Mt 5 finden sich einige wenige auswertbare Beobachtungen, bei Mk 5 begegnet diesbezüglich nichts. Insgesamt gehören methodische Arbeitsschritte somit nicht zentral zur Sinnkonstruktionsstrategie der Gruppe. – *Vergleich Ende* –

(B_Mk) **Textwahrnehmung und Hypertextrekonstruktion bzgl. Mk 5**

Die Textwahrnehmung der Gruppe „Posaunenchor" mit Blick auf Mk 5 fokussiert in einem ersten Schritt die geschehene (Wunder-)Heilung (vgl. Mk 5,29c), die als historisch und als ein exemplarisches Beispiel des jesuanischen Wirkens aufgefasst wird. Interessanterweise wird jetzt ausdrücklich von *Jesus* gesprochen, wohingegen mit Blick auf Mt 5 durchgängig von (Jesus) Christus die Rede gewesen ist. Eine aktualisierende Übertragung schließt sich unmittelbar an und bringt das Phänomen *Wunderheiler heute* ins Spiel:

> „Tja, also als Erstes würd' ich mal meinen, das ist eines von mehreren oder von vielen Wundern, die Jesus eigentlich hier auf Erden getan hat. [...] Es gibt auch heute noch so Art Wunderheiler manchmal, [...] zumindest gehen viele Leute zu solchen, die ein bisschen na ja, eben nicht Schulmedizin an-, lehren oder nach Schulmedizin behandeln, sondern – [...] so ein Naturheil-, also Heilpraktiker oder was, tja. Rennen die Leute auch hin massenweise und, aber das hier ist natürlich ganz was anderes gewesen, so würd' ich's mal sehen. Ob es jemals noch mal einen Menschen gegeben hat – ich denke nicht, sonst wär' Jesus ja nicht Gottes Sohn –, der so heilen konnte, wie das hier eben hier geschehen ist" (S. 22, M_1).

Ob sich in den *vielen Leuten*, die zu heutigen Wunderheilern gehen bzw. die *massenweise* da hinrennen, ein Reflex auf die Volksmenge aus Mk 5 (vgl. Mk 5,24b.30c.31c) findet, muss hypothetisch bleiben, scheint aber eher unwahrscheinlich zu sein. Es sticht ins Auge, dass die Formulierung mit Blick auf die aktuellen Heilergestalten, die als Naturheilkundler respektive Heilpraktiker näher bestimmt und ansatzweise der Schulmedizin gegenübergestellt werden, sehr zurückhaltend respektive relativierend ausfällt: „*so Art* Wunderheiler *manchmal*" (S. 22, M₁; Hervorhebungen C. S.). Darin deutet sich bereits an, dass die Gruppe „Posaunenchor" trotz möglicher Vergleich-/Übertragbarkeit Jesus als einzigartig betrachtet, was auch explizit unter Hinweis auf die Gottessohnschaft Jesu ausgesagt wird: „aber das hier ist natürlich ganz was anderes gewesen" (S. 22, M₁).

Exkurs: Dies ist vor dem Hintergrund zu verstehen, dass Wunderheiler in den Augen der Gruppe „Posaunenchor" nicht wirklich positiv konnotiert sind, wie an etwas späterer Stelle in der Diskussion deutlich wird. Unter Einbeziehung von Mk 5,26b wird den Wunderheilern nämlich eine Abkassiermentalität ohne jeglichen Heilungserfolg vorgeworfen: „Wenn ich Leiden habe und mir kein Arzt mehr hilft, wie's hier steht ja auch, schon das ganze Vermögen ausgegeben hab', wie das oft passiert, weil wenn manche zu irgendwelchen Wunderheilern noch rennen, die dann auch nichts mehr ausrichten können, aber das Geld kassieren sie noch ab" (S. 24, M₁). Interessanterweise wird Mk 5,26b hier direkt mit den Wunderheilern in Verbindung gebracht und diesen gewissermaßen die Schuld an der finanziellen Flaute gegeben.
– Exkurs Ende –

Anschließend ist ein Schnitt innerhalb der Diskussion feststellbar (vgl. S. 22: Gesprächspause von 15 Sek. Länge) und die nächste Hypertexteinheit fokussiert den Glauben der Frau. Ausgangs-, Dreh- und Angelpunkt ist hierbei Mt 5,34a–c, wobei bezeichnenderweise die Versteile d und e ausgeblendet bleiben: „Aussagekräftig ist das eine, was er zu ‚Er aber sagte zu ihr: Tochter, dein Glaube hat dich gerettet!', ja" (S. 23, M₁). Auf diese Weise wird nicht nur der Glaube ans Ende gestellt und gezielt betont, sondern auch der Rückverweis auf die schwer nachvollziehbare Wunderheilung (vgl. Mk 5,34e; vgl. S. 23, F₂) fällt – nebenbei bemerkt – unter den Tisch.⁹

Fallübergreifender Vergleich: Der Gruppe „CVJM" (vgl. Teil II 2.5.2 B_{Mk}) ist auch an einer Betonung des Glaubens gelegen, was darin zum Ausdruck kommt, dass der Glaube als Letztes/Höhepunkt genannt wird. Doch wird hier vorgehenstechnisch die Umstellung der Versteile ohne Ignorierung einzelner Elemente gewählt, wohingegen die Gruppe „Posaunenchor" mit Ausblendung agiert. *– Vergleich Ende –*

Für die Gruppe „Posaunenchor" scheint es weitgehend klar zu sein, „dass es vielleicht nicht mal so sehr drum geht, was da passiert ist, dass es nicht um das Wunder an sich geht, sondern mehr eben um das Vertrauen, das die Frau gehabt hat" (S. 23, F₂) – sprich: um den „Glauben zu Gott" (S. 23, F₅).

---

[9] Ganz zum Schluss der Diskussion begegnet das gleiche Phänomen erneut, vgl. S. 24, M₁: „Und, hier heißt's eigentlich als Schlusssatz: ‚Er sagte zu ihr: Tochter, dein Glaube hat dich gerettet!'" (S. 24, M₁). Unter Absehung von Mk 5,34de wird Mk 5,34a–c als *Schlusssatz* qualifiziert.

Infolgedessen sind die konkreten Details der Erzählung in Mk 5 auch nicht so wichtig:[10]

„Dass eben gar nicht so mal auf das eigentliche, ob das jetzt berührt hat oder sie das Gewand berührt hat oder eben so, ne, oder Hand aufgelegt hat oder sonst irgendsolche Sachen, sondern einfach der Glaube zu Gott eben dadurch, dass die Heilung, ja, nicht so wortwörtlich, @, wie's halt da drinsteht, ne, aber eben, dass der Glaube eben zur Heilung verhilft, verhilft, verhelfen soll, verhelfen kann" (S. 23, F_5).

Die Gruppe „Posaunenchor" konzentriert sich somit auf einen allgemeineren Clou der Geschichte (→ Glaube/Vertrauen) und abstrahiert im Zuge dieser Überlegungen explizit von den in Mk 5 vorliegenden Einzelheiten, weshalb Berührung des Gewandes (durch die Frau) (vgl. Mk 5,27c) oder Handauflegung[11] (wahrscheinlich durch Jesus) oder sonst irgendsolche Sachen gewissermaßen austauschbar sind – hier liegt nicht der eigentliche Kern der Erzählung. Der Beispielcharakter von Erzählung/Frau wird in diesem Zusammenhang auch explizit erwähnt. In diesem Zusammenhang wird zwar an der Heilung (vgl. Mk 5,29c) grundsätzlich festgehalten, doch ein wortwörtliches Verständnis eindeutig abgelehnt.

Womit wir bereits bei der dritten und letzten Hypertexteinheit angelangt wären. Erneut markiert u. a. eine längere Pause (vgl. S. 23: 11 Sek. Länge) einen deutlichen Einschnitt.[12] Jetzt springt die Gruppe intratextuell von Mk 5,27b (vorher → Negativfolie) zu Mk 5,33ag (nachher → positiver Horizont) und arbeitet auf diesem Weg eine – ergänzende oder ersetzende oder den heilenden Charakter näher bestimmende?! – Wirkung des Glaubens heraus:

„Ja, und vielleicht auch, dass der Glaube frei macht, offen zu sein, zu dem zu stehen, was ist und was gewesen ist, so wie die dann eben: erst hat sie sich da so mehr oder weniger rangeschlichen und rangetastet und dann kommt sie von sich aus und, und sagt alles. Dass, dass man dann sagt: O. k., jetzt kann ich zu allem stehen und kann offen drüber reden. Ich hab', brauch' jetzt nichts mehr verbergen" (S. 23, F_2).

Die Gruppe „Posaunenchor" nimmt in Mk 5 wahr, dass die Frau zweimal zu Jesus kommt, was in Mk 5,27b und 5,33a (jeweils *kam*) ausgesagt ist. Während allerdings im ersten Fall die Gruppe die im Text genannten konkreten Umstände des Kommens (in der Menge von hinten) aufgreift und betont (→ rangeschlichen und rangetastet), fallen im zweiten Fall deutliche Umakzentuierungen auf: Mk 5,33b (Furcht/Zittern) wird ignoriert, dafür

---

[10] Insgesamt werden von der Gruppe „Posaunenchor" so gut wie keine Details aus Mk 5 (z. B. Frau als Frau; Namenlosigkeit; zwölf Jahre; Blutfluss; vermögend; von Jesus gehört; sofortige Heilung; körperliches Spüren Frau/Jesus) wahrgenommen.
[11] Interessanterweise findet sich bei der Gruppe „Kultur" ebenfalls die Rede von der Handauflegung, allerdings wesentlich stärker ausgebaut (vgl. Teil II 2.1.2 B_{Mk}).
[12] Das Ende dieser Hypertexteinheit ist ebenfalls klar angezeigt: eine 33-sekündige Pause, gefolgt von einem abschließenden Impuls des Forschungsteams (vgl. S. 23).

gewissermaßen ein Freiwilligkeitsaspekt eingetragen, da die Frau in den Augen der Gruppe *von sich aus* (= Ergänzung) gekommen ist. Dazu passt, dass der gesamte Komplex Mk 5,28–32 ausgeblendet wird, womit zum einen die beiden Annäherungen unmittelbar aufeinanderfolgen und zum anderen die körperliche Heilung, die Aktivität Jesu, seine Nachfrage, die Antwort der Jünger und das suchende Umherblicken Jesu – was zusammen auf der Textebene das zweite Kommen der Frau auslöst (vgl. Mk 5,33a: *da* → in der Rezeption der Gruppe: *dann*) – unter den Tisch fallen. Zwischen dem ersten und dem zweiten Kommen verortet die Gruppe „Posaunenchor" dafür etwas anderes: den Glauben – denn dieser macht frei, offen zu dem stehen zu können, was war und was ist. Ergo ist im Umkehrschluss in Mk 5,27b noch kein Glaube vorhanden, denn hier begegnen Heimlichkeit und Heranschleichen, wohingegen in Mk 5,33ag nichts mehr verborgen werden muss.

Fallübergreifender Vergleich: Einige andere Gruppen, u. a. die „Kirchenmänner" (vgl. Teil II 2.8.2 B$_{Mk}$), legen den Hauptakzent gerade darauf, dass der Glaube von Anfang an das Handeln der Frau trägt. Deshalb findet sich hier eine Art Extrapolation nach vorne: Aus Mk 5,34c wird der Glaubensaspekt gewissermaßen vorprojiziert und in Mk 5,27f. bereits vorausgesetzt. – *Vergleich Ende* –

Unsicher bleibt abschließend die Verhältnisbestimmung dieser Glaubenswirkung zum Vorhergehenden, wo weiterhin von Heilung gesprochen, ein wortwörtliches Verständnis von Mk 5 allerdings ausgeschlossen worden ist (vgl. S. 23, F$_5$; vgl. oben). Der Clou, der die vorliegende Hypertexteinheit prägt (Glaube macht frei …), kann sich hier in dreifacher Weise anschließen: entweder *ergänzend* (d. h. Glaube heilt *und* macht frei …) oder *ersetzend* (Glaube macht frei … *statt* heil/gesund) oder *näher bestimmend* (Glaube heilt, *indem* er frei macht …). An dieser Stelle ist auf Basis des vorliegenden Materials kein abschließendes Urteil möglich, allerdings scheint die *ergänzende* Variante am wahrscheinlichsten.[13]

Summa: Der Hypertext der Gruppe „Posaunenchor" bzgl. Mk 5 setzt sich aus drei Einheiten zusammen, die deutlich anhand von Gesprächspausen abgegrenzt werden können. Es liegen keinerlei extratextuellen Einspielungen vor und große Teile der Hypertextbasis werden nicht wahrgenommen. Insgesamt fällt auf, dass nur wenige Details in die Diskussion einbezogen werden. Während die erste Einheit noch sehr allgemein um die Wunder heilenden Fähigkeiten Jesu kreist und das Phänomen *heutige Wunderheiler* einbezogen wird, konzentriert sich die Gruppe anschließend auf die Frau und ihren Glauben als Hauptclou. Dementsprechend wird von den Worten

---

[13] Argumentativ lässt sich auf die Einleitung des entsprechenden Redebeitrags („Ja, und vielleicht auch"; S. 23, F$_2$) verweisen sowie auf die Tatsache, dass die Gruppe in der Schlusspassage der Diskussion, die hier nicht weiter einbezogen werden soll, mehrfach auf Krankheit und Heilung/Rettung zu sprechen kommt (vgl. S. 23f., M$_1$).

Jesu an die Frau am Ende der Erzählung auch nur selektiv der Zuspruch des rettenden Glaubens herausgegriffen. Hierbei wird von der konkreten Geschichte z. T. bewusst abstrahiert (z. B. mit Blick auf die Berührung des Gewandes, Mk 5,27c), außerdem werden gezielt Textelemente ausgeblendet (u. a. Mk 5,34de; Mk 5,28–32; Mk 5,33b). In der dritten Hypertexteinheit steht der Glaube als freimachende Größe im Mittelpunkt, der der Frau nach dem heimlichen Heranschleichen von hinten zu guter Letzt doch ein offenes Kommen (von vorne) inkl. eines offenherzigen Geständnisses ermöglicht.

Fallinterner Vergleich: Beim Vergleich der entstehenden Hypertexte zu Mt 5 und Mk 5 fällt auf, dass in beiden Fällen drei Hypertexteinheiten vorliegen. Außerdem nimmt die Gruppe jeweils verhältnismäßig wenig von der Hypertextbasis wahr; extratextuelle Einspielungen kommen auch fast nicht vor (bei Mt 5 wenig, bei Mk 5 nichts). Der Gruppe genügt zum Verständnis der Rückgriff auf ausgewählte Textbestandteile. Zusätzlich lässt der Umgang mit beiden Texten erkennen, dass der Gruppe an einer gewissen Anpassung des Textes gelegen ist. – *Vergleich Ende –*

(C_{Mk}) Positionierung (Identifikation/Kritik) bzgl. Mk 5

Da im Rahmen der Textwahrnehmung (vgl. oben B_{Mk}) Mk 5,31 überhaupt nicht aufgegriffen wird, kommen die Jünger in der Diskussion der Gruppe „Posaunenchor" nicht vor. Auch die Menge bleibt unberücksichtigt – die Beobachtungen, die andeutungsweise für eine Bezugnahme der Gruppe auf diese Textgröße sprechen könnten (vgl. S. 22, M_1), sind zu schwach und unsicher, als dass hieraus Entsprechendes zu schlussfolgern ist. Das Hauptaugenmerk liegt somit auf Jesus und der Frau.

Ersterer wird als historische Person verstanden und als Gottes Sohn profiliert, der viele Wunder auf Erden getan hat (vgl. S. 22, M_1). Dabei wird Jesus zwar in Beziehung zu heutigen Wunderheilern und Heilpraktikern, die „nicht Schulmedizin anlehren oder nach Schulmedizin behandeln" (S. 22, M_1), gesetzt, doch sofort von diesen deutlich abgegrenzt und unterschieden: „aber das hier ist natürlich ganz was anderes gewesen" (S. 22, M_1). Jesu heilendes Wirken ist einzigartig bzw. muss dies gewesen sein, „sonst wär' Jesus ja nicht Gottes Sohn" (S. 22, M_1). Die Gruppe „Posaunenchor" spricht Jesus somit eine exzeptionelle Position zu, mit heutigen Wunderheilern hat er ganz und gar nichts zu tun. Dies könnte daran liegen, dass für die Gruppe „Posaunenchor" Wunderheiler ganz im Gegensatz zu Jesus nicht positiv konnotiert sind, wie folgende Aussage belegt:

„Wenn ich Leiden habe und mir kein Arzt mehr hilft, wie's hier steht ja auch, schon das ganze Vermögen ausgegeben hab', wie das oft passiert, weil wenn manche zu irgendwelchen Wunderheilern noch rennen, die dann auch nichts mehr ausrichten können, aber das Geld kassieren sie noch ab" (S. 24, M_1).

Wenn die Kunst der Ärzte (= Schulmedizin) versagt, dann kassieren so manche Wunderheiler (= nicht Schulmedizin) ohne irgendeine Aussicht auf Heilungserfolge dennoch ab – damals wie heute. Dabei gibt es massenweise (vgl. S. 22, M_1) bzw. manche (vgl. S. 24, M_1) Dumme, die trotz allem da hinrennen. Diesen gegenüber wird eine kritische Haltung der Gruppe „Posaunenchor" spürbar, ebenso wie mit Blick auf die dubiosen Wunderheiler selbst. Die Kontrastierung lautet folglich nicht *Jesus = Wunderheiler* vs. *Ärzte = Schulmedizin* (vgl. folgenden Vergleich), sondern *Jesus* vs. *Wunderheiler* (nicht Schulmedizin) und *Ärzte* (Schulmedizin).

Fallübergreifender Vergleich: Die Berührungspunkte mit der Gruppe „Kultur" (vgl. Teil II 2.1.2 C_{Mk}) sind an dieser Stelle insgesamt betrachtet sehr groß. Hier wie dort werden mit Blick auf den Jesus aus Mk 5 heutige Wunderheiler vergleichend ins Spiel gebracht, die als naturheilkundlich arbeitende Heilpraktiker gezeichnet werden. In beiden Fällen tritt überdies die Schulmedizin als gewisse Gegengröße in Erscheinung. Des Weiteren fällt auf, dass der „Posaunenchor" ähnlich wie die Gruppe „Kultur" von Handauflegung spricht.

Angesichts dieser frappierenden Ähnlichkeiten stechen die dennoch vorhandenen Differenzen umso deutlicher hervor: Während für den „Posaunenchor" selbstverständlich ist, dass Jesus gewissermaßen einzigartig ist und die Sache bei ihm natürlich ganz anders war als bei heutigen Heilpraktikern, stellt die Gruppe „Kultur" Jesus ebenso selbstverständlich mit den aktuellen Beispielen auf die gleiche Stufe. Die Gruppe „Kultur" betrachtet Jesus folglich als Beispiel eines Wunderheilers (= Heilpraktikers) und kontrastiert ihn mit den Ärzten (= Schulmedizin), wohingegen bei der Gruppe „Posaunenchor" Jesus auf der einen Seite verortet wird, Wunderheiler (= Heilpraktiker) *und* Ärzte (= Schulmedizin) dagegen auf der anderen Seite zu stehen kommen.

Der Vorwurf, den die Gruppe „Posaunenchor" in Richtung Wunderheiler formuliert, nämlich – ohne wirklich heilungsmäßig etwas ausrichten zu können – abzukassieren, findet sich vergleichbar bei den Gruppen „SOLID" (vgl. Teil II 2.7.2 C_{Mk}) und „Gewerkschaft" (vgl. Teil II 2.2.2 C_{Mk}). Dort wird von Scharlatanen gesprochen, die bestimmte Krankheitsverläufe ausnutzen, um sich selbst zu bereichern. Die Gruppe „SOLID" nimmt jedoch im Gegensatz zum „Posaunenchor" Jesus hierbei nicht aus, sondern ihre Kritik schließt diesen implizit mit ein.

In gewisser Weise steht die Gruppe „Posaunenchor" somit zwischen „Kultur" und „SOLID":
- „Kultur": Wunderheiler/Heilpraktiker als positiver Gegenhorizont → Jesus hier dabei; negativer Gegenhorizont: Schulmedizin/Ärzte;
- „Posaunenchor": Jesus als positiver Gegenhorizont; negativer Gegenhorizont: Wunderheiler/Heilpraktiker (→ Jesus nicht dabei) und Ärzte/Schulmedizin;
- „SOLID": [kein positiver Gegenhorizont an dieser Stelle zu erkennen]; negativer Gegenhorizont: Wunderheiler/Scharlatane → Jesus hier dabei.

– *Vergleich Ende* –

Neben Jesus kommt als Zweites noch die Frau intensiver in den Blick, und zwar als eine Person, die durch Glaube = Vertrauen ausgezeichnet ist und auf dieser Grundlage geheilt wird (vgl. S. 23, F_5). Letzten Endes kann sie offen zu allem stehen, braucht nichts mehr zu verbergen und ist quasi befreit (vgl. S. 23, F₂). Die Gruppe „Posaunenchor" stellt die Frau insgesamt als *Beispiel* (vgl. S. 23, F₂) vor; eine eigene Identifizierung lässt sich allerdings nicht erkennen.

Summa: Die Gruppe „Posaunenchor" konzentriert sich auf Jesus und die Frau; weitere Figuren werden nicht wahrgenommen. Dabei wird Jesus als Sohn Gottes in seiner heilenden Tätigkeit auf Erden als einzigartig und deutlich unterschieden von Ärzten oder (heutigen) Wunderheilern profiliert. Letztere erfahren eine sehr kritische Beurteilung, da sie als Abkassierer gebrandmarkt werden. Ebenso kritisch sind die Leute zu betrachten, die zu derartigen Geschäftemachern hinrennen. Demgegenüber sieht die Gruppe die Frau sehr positiv, nämlich als Beispiel für heilenden Glauben bzw. helfendes Vertrauen. Eine Identifizierung ist allerdings nicht erkennbar.

Fallinterner Vergleich: Für die Gruppe „Posaunenchor" lässt sich konstatieren, dass keine allzu ausgeprägte Wahrnehmung von Personen(konstellationen) an den Tag gelegt wird. Auch eigene Identifizierungen sind nur schwerlich auszumachen. Dafür konzentriert man sich gewissermaßen auf die göttliche Seite: Jesus Christus als Sprecher der Worte von Mt 5 und als Wunder heilender Sohn Gottes (Mk 5). Es fällt auf, dass in ersterem Fall vorwiegend die Rede von (Jesus) *Christus* begegnet, während sich mit Blick auf Mk 5 ausschließlich die Benennung *Jesus* findet.
– Vergleich Ende –

(D) Strategien der Sinnkonstruktion und des Textverstehens

Die Gruppe „Posaunenchor" weist – dies wird auf den ersten Blick deutlich – kaum methodisches Vorgehen auf. Dafür werden die beiden vorgelegten biblischen Texte weitgehend historisierend verstanden, indem zum einen bzgl. Mt 5 auf eine (historische) Kommunikationssituation, in der Jesus Christus diese Worte gesprochen haben soll, hingewiesen wird, und indem zum anderen Jesu Wunder heilendes Tun als historisches (und einmaliges!) Faktum profiliert wird. Dies stellt die grundsätzliche Basis für das weitere Textverstehen dar.

Anschließend strebt die Gruppe insgesamt vorwiegend danach, in eine gewisse Distanz zu den konkret vorliegenden Texten zu kommen und eine eher prinzipielle Ebene zu betreten. Verallgemeinerungen und Abstraktionen spielen hierbei eine wesentliche Rolle. Beispielsweise wird dies mit Blick auf die Forderungen in Mt 5 praktiziert, wenn schlussendlich die Nächstenliebe als *Grundtenor* der christlichen Botschaft stark gemacht wird. Auch die Frau in Mk 5 wird nicht als konkret individuelle Frau, sondern vielmehr als Beispiel/Paradigma wahrgenommen. Hier steht der Glaube im Mittelpunkt des Interesses. Es fällt auf, dass jeweils ausgesprochen wenig von der Hypertextbasis einbezogen wird, weshalb sich die Eigenterminologie *Raussuchen/Ausklauben* für den ersten Bestandteil der Gesamtstrategie wunderbar eignet.[14] Die Gruppe nimmt nicht den kompletten vorgelegten Text wahr und dies stellt gewissermaßen einen Baustein ihrer Sinnkonstruktionsstrategie dar. Man sucht sich selektiv etwas aus, greift einzelne Teile heraus und der angewandte Maßstab wird explizit zum Ausdruck gebracht: Man konzentriert sich auf diejenigen Elemente, die ins tägliche Leben passen, denn „die kann man jeden Tag irgendwie mit einbinden oder kann man was für sich rausholen" (S. 9, M_1).[15] Es geht darum, situationsabhängig das herauszuarbeiten, „was da irgendwie passt" (S. 10, M_1), bzw. das zu finden, womit man selbst etwas anfangen kann (vgl. S. 9, M_1). Alltagskompatibilität, Alltagstauglichkeit und alltägliche Verständlichkeit lassen sich als die zentralen Kriterien ausmachen. Das wird aus dem Text herausgeholt, was prinzipiell ins eigene alltägliche Leben passt.

Doch bleibt die Gruppe „Posaunenchor" nicht dabei stehen, Passendes aus der Hypertextbasis herauszusuchen, sondern dieses erfährt im Rahmen der Verstehensbemühungen eine entsprechende Bearbeitung: sei es – wie bereits erwähnt – durch Generalisierungen, sei es durch kleinere Verschiebungen. Terminologisch möchte ich dies als *Hindeuten* (vgl. S. 16, M_3) fassen, womit erneut ein Begriff, den die Gruppe selbst für ihr eigenes Tun gebraucht, Anwendung gefunden hätte. Das Gesagte muss nicht in der konkreten Ausformulierung oder in allen Details wahrgenommen werden, sondern es steht z. B. exemplarisch für einen Grundtenor. Auch werden geschickte Kombinationen einzelner Textelemente, Umakzentuierungen oder Ausblendungen in diesem Zusammenhang zielgerichtet eingesetzt. Textliche Neufassungen (z. B. mit Blick auf die Wangenforderung) begegnen ebenso.

Der Schritt vom alten Text, der ja aufgrund der Historisierung dezidiert als solcher wahrgenommen wird, in die heutige Zeit erfolgt – dies dürfte angesichts der bisherigen Ausführungen nicht weiter überraschen – größtenteils per prinzipiell-paradigmatischer Leseweise (v. a. bzgl. Mt 5). Ansatzweise finden sich auch analoge Übertragungen, wenn z. B. bei der Diskussion zu Mk 5 das Phänomen *heutige Wunderheiler*, zu denen viele Leute hinrennen, thematisiert wird.

---

[14] Vgl. S. 10, M_1: „dann hab' ich da gar nichts davon […], wenn ich das Buch nur von A bis Z durchlese und mir da nichts weiter draus ausklaube"; S. 10, M_1: „dann sucht man sich halt was raus"; S. 13, M_1.

[15] Die obige Aussage wird konkret mit Blick auf die Psalmen und die Sprüche getätigt, lässt sich aber problemlos für die Gruppe „Posaunenchor" als allgemeines Kriterium verallgemeinern. Eine Vorliebe für die Sprüche findet sich auch an weiteren Stellen, vgl. S. 8, F_2: „Die Sprüche, die sind wie aus dem Leben gegriffen".

2.9.3 Die Frage nach dem Warum – Ein Blick auf den Orientierungsrahmen

a. Der Orientierungsrahmen im Kurzportrait: Die Bibel ist das Buch, auf dem „unser ganzer Kulturkreis aufbaut, auch. Daraus leitet sich ja praktisch alles ab." (S. 14, F_6)

Die Gruppe „Posaunenchor" sieht – und das macht entscheidend den eigenen Orientierungsrahmen aus – Kultur und Kirche/Glaube/Bibel in einer sehr engen Verknüpfung. Der positive (Gegen-)Horizont ist von dieser nahezu untrennbaren Verquickung geprägt, welche auch im Zitat in der Überschrift zum Ausdruck gebracht wird. Der Bibel (v. a. NT) kommt dabei als Grundlage von fast allem eine Ausnahmestellung zu. Ihre Autorität steht außer Frage, der Vergleich mit anderen Büchern ist im Grunde gar nicht möglich: „Die Bibel als das Buch der Bücher, muss ich sagen, hat einen Stellenwert, den wo man eigentlich mit anderen Büchern nicht vergleichen kann" (S. 13, M_3).[16] Die Bibel hat eine prägende Bedeutung für unsere Kultur und auch „unser Wertesystem gründet zum größten Teil da drauf." (S. 14, F_6). Zum friedlichen, gedeihlichen Zusammenleben der Menschen braucht es gewisse ethische und moralische Vorgaben und diesbezüglich verweist die Gruppe „Posaunenchor" fundamental auf die Bibel. Das christliche Abendland, in dem wir leben, basiert somit auf der christlichen Religion und auf der Bibel, es baut auf den christlichen Grundwerten und einem entsprechenden Wertekodex (vgl. S. 20, F_6) auf. Hier findet sich die entscheidende Orientierung; das macht den positiven (Gegen-)Horizont der Gruppe „Posaunenchor" aus.

Doch wird diese für die Gruppe „Posaunenchor" so selbstverständliche Grundlage heute als in Frage gestellt und bedroht wahrgenommen. Die Gruppe muss erleben, dass die christliche Prägung zurückgeht, dass die christliche Religion an Einfluss verliert, dass frühere Selbstverständlichkeiten im Wandel begriffen sind – und zwar im Großen wie im Kleinen: Zum einen haben wir in Deutschland heutzutage eine Krise der Werte,

> „das ist ja auch ein Problem in unserem Land oder allgemein vielleicht, also dass eben grad die christlichen Werte, die einst sehr viel gegolten haben und sehr, dass die eben immer weniger an Bedeutung, oder immer mehr an Bedeutung verlieren und immer weniger an Bedeutung haben. Das ist leider so in unserer Gesellschaft, das sehen wir ja, wie es ist" (S. 20, M_1).

---

[16] Auf die Nachfrage, ob die Bibel für die Gruppe „Posaunenchor" eine andere Autorität hat als andere Bücher, antwortet M_1: „Tja, ich würde mal sagen: Ja. Auf jeden Fall. Als jedes andere eigentlich im Prinzip" (S. 13, M_1). F_2 unterstützt diese Meinung (vgl. S. 13, F_2).

Zum anderen sieht sich die Gruppe „Posaunenchor" selbst – im Kleinen betrachtet – mit sinkender Beliebtheit des eigenen Tuns konfrontiert, beispielsweise mit Blick auf die traditionellen Geburtstagsständchen:

> „Viele Leute, die wollen das nimmer, vielleicht ist das auch so schon ein wenig so eine Zeiterscheinung, ich weiß nicht. Also früher, da haben's die Leute immer noch gern gehabt, wenn der Posaunenchor gekommen ist [...], vorher war das eigentlich eine Selbstverständlichkeit [...] und jetzt, ja, wollen's viele nicht oder das ist so Entwicklung" (S. 4, M_1).

Die eigenen Grundfesten sind erschüttert und mit diesem Wandel bzw. diesem Aufbrechen von etwas Neuem, mit diesen Zeiterscheinungen respektive Entwicklungen sind dezidierte negative Gegenhorizonte benannt. Die christliche Basis ist gefährdet, wobei dies auch innere Ursachen hat. An dieser Stelle geht die Gruppe „Posaunenchor" kritisch mit der Institution Kirche ins Gericht, die – „als Organisation, als Machtapparat" (S. 22, F_6) – „an vielen Stellen auch unglaubwürdig" (S. 22, F_2) ist.[17] Doch auch von außen drohen Gefahren, verkörpert beispielsweise in der steigenden Zahl an Kirchenaustritten, an Atheisten sowie an Muslimen in unserem Land. Letzteres verweist auf den negativen Gegenhorizont des Kulturfremden, von dem man sich verhältnismäßig scharf abgrenzt: „Kreuzzüge ja, aber heut' haben wir ja fast den Gegenkreuzzug der Muslime Richtung christliches Abendland" (S. 14, M_1). Unsere Welt und Gesellschaft sind im Wandel, und zwar in den Augen der Gruppe „Posaunenchor" nicht wirklich zum Guten.

In dieser Situation erfährt man sich selbst vorwiegend als hilflos,[18] zur Absicherung der bedrohten christlichen Basis lässt sich nur wenig tun. Man ist mit diesen Gefahren konfrontiert, eine adäquate Reaktionsmöglichkeit ist allerdings kaum in Sicht. Eines aber ist möglich – nämlich kontinuierlich-stete Erinnerung und Bewusstmachung – und hier liegt das entscheidende Enaktierungspotenzial der Gruppe „Posaunenchor": „Aber ich denk', dass wir zumindest, dass es nichts schadet, da immer wieder mal so was zu lesen oder mal wieder sich dran zu erinnern" (S. 19, F_2), denn im „Prinzip weiß man's, aber man macht's sich nicht bewusst normalerweise" (S. 19, F_2). Trotz bzw. gerade angesichts der heute herrschenden Zu- und Umstände „muss das immer wieder gesagt werden" (S. 20, M_1), „und man, ja, man muss es immer wieder neu hören, lesen" (S. 20, F_5). In diesem Sinne ist

---

[17] Als konkretes Beispiel für eine derartige Unglaubwürdigkeit wird die rückwirkende Eintreibung von Kirchensteuern durch die evangelische Kirche diskutiert (vgl. S. 21f.) und ironisch angemerkt: „Damit macht sich die Kirche Freunde!" (S. 22, F_2).

[18] Die eigene Hilflosigkeit drückt sich u. a. in konjunktivischen Formulierungen aus, die einem erstrebenswerten Ideal eine anders geartete Realität gegenüberstellen, z. B.: „Es wär' schön, wenn, wenn's funktionieren würde, aber wenn man sich da ein wenig so umschaut" (S. 19, F_5; vgl. S. 19, M_3 und F_2; S. 19f., M_1; S. 20, M_3).

(wahrscheinlich) die Aufgabe *volksmissionarischer Art* (vgl. S. 3f., M_1; vgl. oben Teil II 2.9.1) zu verstehen und in diesem Auftrag wird die Gruppe selbst aktiv, denn „der Chor bläst ja in erster Linie Choräle oder christliches Liedgut" (S. 3f., M_1).[19] Es gilt, das, was grundsätzlich vorhanden ist, immer wieder neu ins Bewusstsein und wachzurufen. In ihrer eigenen Praxis erweist sich die Gruppe „Posaunenchor" dabei als stark institutionell angebunden, was sich beispielsweise in der Bibellektüre dahingehend niederschlägt, dass das Lesen anhand bestimmter Vorgaben (z. B. Losungen, Bibelleseplan – inkl. Erläuterungen; vgl. Perikopenordnung in der Liturgie) gegenüber der freien Auswahl deutlich präferiert wird. Der positive Haupt(gegen)horizont der Gruppe „Posaunenchor" lässt sich somit wie folgt auf den Punkt bringen: Wir haben es in Deutschland mit einer (von innen wie von außen) bedrohten, in sich ruhenden und in sich geschlossenen, vorwiegend auf der Bibel basierenden christlichen Kultur zu tun, zu deren Erhaltung grundsätzlich nichts getan werden muss bzw. kann. Man könnte mit Blick auf die konfessionelle Ausrichtung der Gruppe von einer protestantischen Leitkultur sprechen. Diese wird zusätzlich fundamental als eine Laienkultur angesehen, die sich gewissermaßen selbst genügt und nur an bestimmten Stellen Profis/Experten (z. B. Theologen; vgl. S. 10, M_1; S. 12, M_1) benötigt. Die Gruppe „Posaunenchor" stellt Normalverbraucher (vgl. S. 9, M_1) und Expertenkompetenz einander gegenüber, der Theologie wird nur eine kleine Dienstfunktion bzw. eine dienende Rolle am Rande zugewiesen. Kirche/Bibel und Kultur/Welt werden alles in allem nicht als getrennt oder grundsätzlich unterscheidbar wahrgenommen.

b. Diverse Abhängigkeiten – Annäherungen an ein erklärendes Verstehen

Die eruierte Gesamtstrategie der Gruppe „Posaunenchor", terminologisch fassbar als *Raussuchen/Hindeuten*, kann insgesamt damit erklärt werden, dass die Gruppe die Kultur auf der einen, Christentum/christliche Religion und Bibel auf der anderen Seite gewissermaßen gleichsetzt. Beides geht ineinander über, hängt eng zusammen bzw. die Bibel bildet das unverzichtbare Fundament, auf dem alles andere aufbaut. Von daher spielt methodisches Vorgehen bei der Auseinandersetzung mit biblischen Texten nur eine untergeordnete Rolle. Der Gruppe geht es vielmehr darum, die Texte per paradigmatischer Lektüre oder durch analoge Übertragungen unmittelbar in die Jetztzeit zu holen. Dabei fungiert der eigene Alltag als kriteriologischer Maßstab.

Die generalisierend-verallgemeinernde Auslegungstendenz gerade mit Blick auf Mt 5 ist vor dem Hintergrund zu verstehen, dass die biblischen

---

[19] Vor diesem Hintergrund bekommt die Tatsache, dass die Konzerte des Chores sehr gut besucht sind (vgl. S. 4f., M_1), noch einmal eine neue Bedeutungsdimension.

Überlieferungen in den Augen der Gruppe „Posaunenchor" gerade auch das Fundament für den dringend nötigen Wertekodex bilden. Es handelt sich somit bei (ethischen) Weisungen der Bibel nicht um Vergangenes, sondern eine heutige Relevanz ist immer mitzudenken, was nach einer Generalisierung geradezu ruft. Allerdings ist die Alltagsplausibilität zu berücksichtigen, weshalb nur bestimmte Passagen selektiv wahrgenommen ($\rightarrow$ raussuchen) und gegebenenfalls entsprechend interpretiert ($\rightarrow$ hindeuten) werden (es finden sich deutliche Vergleichsmomente mit der Gruppe „Kultur").

2.10 Gruppe „Montagskreis"

2.10.1 Kurze Fallbeschreibung: Montagabend im Gemeindesaal – Christsein praktisch und Kirchenzugehörigkeit mal anders

	–	–	–	–	1	4	1	
♂ 2	0 –	20 –	30 –	40 –	50 –	60 –	70 – …	Alter (in Jahren)
	–	–	–	1	1	4		
♀ 4	ohne	Quali	Mittl.R	Lehre	Abi	Uni		(Aus-)Bildung
	6			–		–		Gruppe: kath.
Σ 6	Rk			Evangel.		o.B.		Konfession

Gesprächsdauer: ca. 110 Min.; Westdeutschland/ländlich;
Eigenrelevanz (*Bibel*)

Der im Rahmen des Forschungsprojektes besuchte „Montagskreis"[1] setzt sich aus sechs im Schnitt älteren (Durchschnitt zwischen 60 und 70 Jahren) und höher gebildeten Personen zusammen, wobei ein weibliches Übergewicht vorliegt. Fast alle Gruppenmitglieder sind „außerhalb dieser Gruppe auch noch im Rahmen der Pfarrgemeinde engagiert auf den unterschiedlichsten Ebenen, die wir haben" (S. 3, M$_4$; vgl. S. 1, F$_3$ und M$_4$), und gehören der römisch-katholischen Kirche an.

Mit Blick auf die Gründungsumstände wird ein theologisches Grundseminar vor ungefähr 15/16 Jahren erwähnt (vgl. S. 2, F$_3$ und F$_6$), infolgedessen die Beschäftigung mit theologischen bzw. allgemein kirchlichen Themen in Eigenregie (vgl. 2, F$_3$: „wir meinten, wir könnten das auch alleine, uns treffen") fortgeführt wurde. Die spätere Beteiligung am Kirchenvolksbegehren brachte für die Gruppe einige Schwierigkeiten mit sich, „wir wurden da sehr angefeindet" (S. 2, F$_3$) – ja man musste sogar in eine benachbarte Kirchengemeinde ins Exil gehen bzw. dorthin ausweichen

---

[1] Hierbei handelt es sich um eine Selbstbezeichnung (vgl. S. 2, F$_2$). Die Namensetymologie ist leicht erklärt: Die Gruppe trifft sich immer montagabends.

(vgl. S. 4, M_5). Aber „diese Art von Vorbehalten, die gibt es nicht mehr" (S. 4, M_5), jetzt wird man nicht mehr vonseiten anderer Gemeindemitglieder oder -gruppen „kritisch und misstrauisch beäugt" (S. 2, F_3). Heute ist der „Montagskreis" ein akzeptierter Teil der örtlichen, im ländlichen Kontext Westdeutschlands angesiedelten Kirchengemeinde und steht mit dieser in enger Verbindung. Obwohl die Gruppe selbst somit als katholisch qualifiziert werden kann und auch alle Mitglieder katholisch sind, deutet sich in der Vorstellungsphase ein ökumenisches Selbstverständnis an: „Also, wir verstehen uns auch ökumenisch, selbstverständlich" (S. 4, $F_?$).[2]

Doch was wird montagabends im Gemeindesaal, in dem auch die vorliegende Diskussion (→ diese zählt zu den Längeren und ist durch eine sehr lebhafte und engagierte Atmosphäre gekennzeichnet) stattfindet, genau getan? „Also, wir lesen Texte, beschäftigen uns hier mit der Bibel, wenn wir also da also speziell Texte raussuchen und miteinander diskutieren, und wir beschäftigen uns mit Fragen, die hier in der Gemeinde anliegen" (S. 2, F_2). Vor diesem Hintergrund ist sowohl für das Thema *Bibel* als auch mit Blick auf *Textverstehen* von einer Eigenrelevanz für die Gruppe „Montagskreis" auszugehen, wobei die Gruppe dezidiert darauf insistiert, kein Bibelkreis zu sein (vgl. S. 8, F_6).[3] Grundsätzlich sind alle diese Abende offen und gewissermaßen öffentlich: „Der Interessierte könnte ohne Weiteres dazukommen und mitmachen" (S. 4, M_5)[4], was auch hinsichtlich der vorliegenden Diskussionsrunde gilt.[5]

Allerdings macht die Gruppe die Erfahrung, dass dies „in der heutigen Zeit recht wenig genutzt" (S. 3, F_1) wird. Dementsprechend ist zum Gespräch die „Harte-Kern-Gruppe" (vgl. S. 3, F_1) versammelt,[6] für die charakteristisch ist, dass im Verlauf der Jahre „was ganz Persönliches gewachsen" (S.1, F_1) ist – teilweise dient die Gruppe auch als Stütze und Hilfe in persönlichen Krisenzeiten (z. B. Scheidung; vgl. S. 3, F_1). Alles in allem schätzt man an der eigenen Runde, dass „der christliche Gedanke hier einfach praktisch wird" (S. 1, F_1), dass man „in vielen Dingen einer Auffassung [ist; C. S.], in Bezug auf, auf christliche Dinge, kirchliche Dinge" (S. 1, F_3), und dass man miteinander „so vertraut [ist; C. S.], dass man auch ins Unreine reden kann, ohne dass man Hemmungen haben muss" (S. 1, M_4). „Das ist eine andere Art, Kirchenzugehörigkeit zu spüren" (S. 3, F_1).

---

[2] M_5 unterstreicht dieses Statement: „Ja, das ist überhaupt kein Problem" (S. 4, M_5).
[3] Außerdem wird darauf hingewiesen, dass man sich nicht bei jedem Treffen (zwingend und ausschließlich) mit der Bibel beschäftigt (vgl. S. 8, M_4).
[4] Auf diese Weise ist F_1 zur Gruppe dazugekommen (vgl. S. 3, F_1).
[5] „Also offiziell ist das so, dass auch der heutige Abend als offener Abend angeboten [… und; C. S.] angekündigt worden ist" (S. 4, M_4).
[6] Letzteres könnte auch daran liegen, dass die Gruppe u. U. doch nicht ganz so offen ist: „[D]a wir nun schon so lange zusammen sind, ist die Gruppe, ist es sehr schwer, hier reinzukommen als Außenstehender" (S. 4, F_3).

Daneben ist man liturgisch-pastoral aktiv, gestaltet z. B. Andachten (vgl. S. 3, F_6), lädt Referenten zu Themenabenden ein (vgl. S. 3, F_2) oder organisiert viermal im Jahr einen thematisch ausgerichteten *Sabbat* (vgl. S. 3, F_2). Letzteres Angebot hat sich richtig „stabilisiert und in-, ist so zur Institution geworden" (S. 3, F_2).

2.10.2 Auswertungen unter exegetischer Perspektive

(A_{Mt}) Methodisches Vorgehen bzgl. Mt 5

Die erste Annäherung der Gruppe „Montagskreis" an Mt 5 weicht vom sonstigen Vorgehen der meisten Gruppen in einigen Punkten deutlich ab. Nach der Zitateinspielung wird nämlich zunächst nach dem zweiten Text und einer Wahlmöglichkeit gefragt[7] und das Fehlen Letzterer mit Gelächter (@) und folgender Bemerkung kommentiert: „Nicht so, dass du dir wie üblich die Rosinen rauspickst! @" (S. 13, M_4). Doch lässt man sich auf keinen Fall mit dem Zitat alleine abspeisen und fordert eine schriftliche Textfassung unmittelbar ein: „Ja, gibt es den oder? Zum Lesen?" (S. 13, F_1). Es entspricht nämlich der gewöhnlichen Gruppenpraxis, „dass wir den Text erst mal vorliegen hatten" (S. 14, F_2). Infolgedessen entfällt der Diskussionsabschnitt zum Zitat alleine. Der ausgeteilte schriftliche Text wird von der Gruppe „Montagskreis" als allererstes komplett laut vorgelesen (vgl. S. 14, F_6).

In methodischer Hinsicht begegnen bei der Auseinandersetzung der Gruppe „Montagskreis" mit Mk 5 zum einen einige Überlegungen bzgl. der Komposition/Gliederung (→ textintern), wenn beispielsweise die antithetische Struktur des Textes wahrgenommen (vgl. S. 16, M_5) oder immer wieder von einem *ersten Abschnitt* gesprochen wird (vgl. S. 16, F_6; S. 22, 23 und 24, jeweils M_4). Letztere Differenzierung ist für die Gruppe von daher wichtig, da gerade mit Blick auf diesen *ersten Abschnitt* größere Auslegungsprobleme auftreten und man dieser Passage gewissermaßen eine Sonderbehandlung angedeihen lassen möchte (vgl. unten). Zum anderen klingt an einer Stelle ansatzweise die Eruierung einer *intentio auctoris* (→ textextern) an, ohne dass eine hiermit verbundene Intention festgestellt werden kann:

> „Das, also ich gehe mal davon aus, wenn Jesus so was sagt oder zumindest der, der es erzählt, ihm unterstellt, dass er das so gesagt hat, also sinngemäß irgendwo mal so richtig ist, was soll denn diese Aussage sein?" (S. 21, M_4)

Daneben liegen drei hauptsächliche Schwerpunktsetzungen des beobachtbaren Methodeneinsatzes vor: Erstens wird die Einbeziehung des literari-

---

[7] Vgl. S. 13, F_2: „Und was war der zweite Text? [...] Es gibt keine Wahlmöglichkeit?"

schen Kontextes (→ textintern) zwar nicht praktiziert, wohl aber auf einer Metaebene reflektierend thematisiert: „[W]as mir in allem fehlt, ist das, was du anmahnst, man soll den Zusammenhang sehen, also: Das was vorher gewesen ist, das was nachher" (S. 16, M_5). Das Fehlen des näheren Kontextes wird konstatiert und aufgrund dieser Mangelsituation entfällt das an sich wünschenswerte methodische Vorgehen in der konkreten Praxis. Dennoch bzw. vielleicht gerade deshalb macht sich die Gruppe diesbezüglich auf einer Metaebene Gedanken darüber, weshalb an dieser Stelle von *methodischer Reflektiertheit* (ohne entsprechend damit einhergehende Orientiertheit) gesprochen werden kann. Die Zielperspektive dieses methodischen Arbeitsschrittes kann als kritisch-überprüfend qualifiziert werden, da man sich mit einer isolierten Einzelperikope alleine eigentlich nicht abspeisen lassen will.

Exkurs: Die *methodische Reflektiertheit* der Gruppe „Montagskreis" mit Blick auf die Einbeziehung des literarischen Kontextes kann argumentativ untermauert werden, wenn man Passagen aus dem Diskussionsteil zur Bibel allgemein mit einbezieht. Dort wird zum einen explizitert, wie man bei entsprechendem Interesse mit einem biblischen Einzeltext umgeht: „Da kommt schon auch vor, wenn wir, wenn man eine Stelle hat, da will man Näheres dazu erfahren, da guckt man, was davor ist und was dahinter ist, um die Zusammen-, Zusammenhänge besser zu erfahren" (S. 9, F_3).

Zum anderen wird ausdrücklich betont, wie wichtig der Blick über eine isolierte Einzelperikope hinaus sein kann – besonders, wenn die Sonntagslesung sinnentstellende Stückelungen aufweist: „Wenn ich am Sonntag einen Text höre, dann […] gehe ich nach Hause, lese aber dann nicht nur diesen Text, sondern dann finde ich es ganz wichtig für mich, das Stück davor zu lesen und auch noch ein Stück dahinter zu lesen, um so mehr die Zusammenhänge zu kriegen. […] Und so ist das auch für mich wichtig, dass ich also dann gucke, was ist der Stelle, die verlesen worden ist, vorausgegangen und was kommt dann noch hinterher. Dann rundet sich das Bild für mich mehr, ich versteh das besser, was da so gemeint ist, und manchmal wird es dann für mich ärgerlich, weil ich dann feststelle: Das, was da vorgelesen worden ist, finde ich so, sagen wir mal, im Neuen Testament überhaupt gar nicht wieder, weil für die Sonntagslesung ist das so ein bisschen gestückelt worden, so schön, wie das so zusammenpasst, wird das dann verlesen, und das, was, was ich dann im Text wiederfinde, ist für mich oft ganz wichtig, dass das mit vorkommt auch und dass das da steht. Und frage ich mich schon manchmal, warum ist das einfach, weil es so schön harmonisch aneinanderpasst, sind die anderen Dinge so weggelassen worden" (S. 11, M_4).[8] *– Exkurs Ende –*

Zweitens finden sich etliche Gedanken hinsichtlich der Argumentationsstruktur/Textlogik (→ textintern), da die begegnenden logischen Verknüpfungen sehr genau registriert und unter die Lupe genommen werden:

„Da steht nämlich genau: ,wer, der', wer das tut, der hat Anspruch darauf. ,Wenn du also deine Feinde liebst, dann wirst du Kind des Vaters im Himmel!' […] Und dann

---

[8] Auf obigen Gesprächsbeitrag könnte übrigens die Bemerkung „was du anmahnst" (S. 16, M_5) zurückverweisen.

steht da ja: ‚denn'. [...] Hm? Also das, dieses ‚denn', das verstehe ich nicht!" (S. 18f., M₄). „Ja, und das wird ja auch hier begründet: Denn seine Sonne geht auf über denen" (S. 25f., M₄).

Der argumentative Aufbau des Textes gemäß dem Prinzip *Voraussetzung (wenn)* → *Folge (dann)* + *Begründung (denn)* wird nicht nur aufgegriffen, sondern auch im Rahmen der eigenen Sinnkonstruktionsbemühungen verwendet. Man setzt sich sehr intensiv mit den im Text vorliegenden Argumentationsstrukturen auseinander.

Zu guter Letzt werden drittens auch traditionsgeschichtliche Gesichtspunkte (→ textextern) einbezogen und die Herkunft der antithetischen Gegenpole (vgl. Mt 5,38cd.43cd) als alttestamentlich bestimmt (vgl. S. 24f.). Interessanterweise dient dieses methodische Vorgehen an dieser Stelle nicht – wie bei anderen Gruppen anzutreffen – dazu, die jesuanische Botschaft von Gegenhorizonten abzugrenzen und auf diesem Wege zu profilieren, vielmehr macht es den Anschein, als würde per Traditionsgeschichte ein positiver akzeptabler Clou neben (oder vielleicht anstelle) der Wangenforderung konstruiert werden (vgl. unten).

Summa: Die Gruppe „Montagskreis" erweist sich mit Blick auf Mk 5 in vielfältiger Weise als *methodisch orientiert*, wobei sowohl textinterne als auch textexterne Arbeitsschritte begegnen. Zum einen liegen Überlegungen bzgl. Komposition/Gliederung sowie hinsichtlich der Argumentationsstruktur/Textlogik vor, zum anderen finden sich Gedanken zur *intentio auctoris* sowie ansatzweise Traditionskritik. Was den literarischen Kontext anbelangt, wird eine Einbeziehung desselben zwar mangels Vorliegen nicht praktiziert, wohl aber eine Thematisierung dieses methodischen Vorgehens auf einer reflexiven Metaebene vorgenommen. Somit ist in diesem Punkt von *methodischer Reflektiertheit* (ohne entsprechend Orientierung) zu sprechen. Insgesamt ist der Gruppe eine kritisch-überprüfende Grundintention zu bescheinigen.

(B_{Mt}) Textwahrnehmung und Hypertextrekonstruktion bzgl. Mt 5

Die erste Textwahrnehmung der Gruppe „Montagskreis" rückt Mt 5,39b in den Mittelpunkt und unter Vermutung einer doppelten Verneinung (vgl. S. 14, F_1) wird der Satz „Widersteht dem Bösen nicht!" als schwierig und unverständlich qualifiziert. Die gesamte erste (sehr kurze) Hypertexteinheit ist diesen Verständnisproblemen gewidmet, die unter Einbeziehung von Mt 5,38c schlussendlich beseitigt werden können.

Anschließend werden im Rahmen der zweiten Hypertexteinheit die in Mt 5 begegnenden Verhaltensanweisungen (Wangenforderung, Feindesliebe, Gebet für Verfolger, Borgeregel, Vollkommenheitsforderung) thematisiert und kritisch unter die Lupe genommen. Die Diskussion ist jetzt richtig in Fahrt gekommen und es lassen sich keinerlei Einschnitte im Gesprächsverlauf ausmachen, weshalb aus diesem gesamten restlichen Diskussionsabschnitt eine einzige große Hypertexteinheit zu rekonstruieren ist. Diese ist überdies von zahlreichen intratextuellen Sprüngen geprägt und weist auch einige extratextuelle Einspielungen auf.

Die Gruppe „Montagskreis" setzt bei Mt 5,44b–d (Feindesliebe und Gebet für die Verfolger) an und beklagt, dass das, „was dann dadurch geschieht, das fehlt eigentlich drin, [...] ja, was passiert denn, wenn ich das tue?!" (S. 15, F_1). Unmittelbar danach wird die Wangenforderung (vgl. Mt 5,39cd) ins Spiel gebracht, womit die drei problematischsten Weisungen auf dem Tisch wären. Vorrangig an diesen drei Textbestandteilen arbeitet man sich in der Folge ab. Abgesehen davon, „dass sich Gott so verhält" (S. 15, F_1) – dieser Hinweis ist mit einem intratextuellen Sprung zu Mt 5,45b verbunden –, mangelt es dem Text Mt 5 in den Augen der Gruppe an der Explizierung potenzieller konkreter positiver Konsequenzen und hier „kann man anfangen zu interpretieren und zu überlegen" (S. 15, F_1). Als ein mögliches nachvollziehbares (!) Angebot mit Blick auf die Wangenforderung wird die Unterbrechung des Gewaltkreislaufes propagiert (vgl. S.15, F_1), doch bleibt eine Schwierigkeit bestehen: Sollte Letzteres gemeint sein, dann hätte dies aber dezidiert anders formuliert werden müssen. An dieser Stelle findet sich eine ausdrückliche Umformulierung durch die Gruppe, wobei die Differenz zur vorliegenden schriftlichen Textfassung stets deutlich vor Augen steht und gewahrt wird:

„Das ist ja noch nachvollziehbar, dass man auf diese Art und Weise, wenn es anders formuliert wäre, den Kreislauf der Gewalt unterbricht. Dann würde ich aber, wenn ich es hätte formulieren müssen, anders: ‚Wer dich auf die rechte Wange schlägt ...', ich soll dem ja auch noch die andere gewissermaßen schlagrichtig[9] hinhalten, ‚Wer dich auf die rechte Wange schlägt, den schlage nicht zurück,[10] und dann sieh zu, dass du Land gewinnst!' oder was, auf jeden Fall ‚Setz dich nicht der Versuchung aus, deinen, deine Aggressionen au-, ausleben zu wollen!'" (S. 15f., M_5).

Im Rahmen dieser Umformulierung wird der erste Teil der matthäischen Formulierung (Mt 5,39c) somit übernommen, allerdings eine deutlich anders akzentuierte Reaktion vorgeschlagen. Während der Text Mt 5,39cd ein offensiv-provokatives Zugehen auf den anderen, nämlich den (schlagenden) Feind/Gegner, anrät und man ihm (ihr) gewissermaßen mit der anderen Wange vorausbegegnen und entgegentreten soll, weist der Handlungsimpuls der Gruppe „Montagskreis" genau in die entgegengesetzte

---

[9] In der Formulierung *schlagrichtig* mit Blick auf die hinzuhaltende *linke* Wange könnte sich ausdrücken, dass der erste Schlag auf die *rechte* mit einigen praktischen Schwierigkeiten verbunden ist bzw. meistens mit dem Handrücken ausgeführt werden muss (Rechtshänder als Gegenüber). Es lässt sich allerdings nicht klären, ob dies im Bewusstsein der Gruppe steht und ob die Vokabel *schlagrichtig* entsprechend in diese Richtung mit einer spezifischen Interpretation beladen werden darf.

[10] Vgl. S. 22, M_5: „Dann schlage nicht zurück, damit wären wir einverstanden."

Richtung: weg von der Aggressions- und Gewaltquelle; keine Flucht nach vorne, vielmehr eine Flucht nach hinten. Man geht auf Distanz zum Gegenüber und weicht dem anderen aus bzw. meidet ihn/sie. Alles andere wäre eine *absolute Überforderung* (vgl. S. 16, M_5), was durch die Einbeziehung von Mt 5,48 argumentativ untermauert wird:[11]

> „Also das finde ich auch, das ist für mich der schwierigste Satz hier: ‚Vollkommen wie der himmlische Vater vollkommen ist!', also das werde ich ja nie erreichen, also ist das von vorneherein eine Überforderung, die ich also feststelle" (S.16, M_4).

Da hilft auch die Wahrnehmung der antithetischen Kompositionsstruktur (vgl. S. 16, M_5 ✖) oder die Mahnung, den literarischen Kontext mitzuberücksichtigen (vgl. S. 16, M_5 ✖), nichts, zumal Letzterer nicht bekannt ist und auch nicht vorliegt. So bleibt der Gruppe nichts anderes übrig, als weiter an einem für sie akzeptablen Verständnis zu arbeiten, wobei man sich zunächst nach wie vor auf die Wangenforderung konzentriert. Die bisher artikulierten Schwierigkeiten mit diesem Vers werden gewissermaßen noch gesteigert, da davon gesprochen wird, dass die Lektüre dieses Satzes richtiggehend Aggressionen auslöst (vgl. S. 16, F_6). Unter dem Strich bleibt die Gruppe „Montagskreis" somit dabei: Verständlich (und sinnvoll) akzeptabel ist nur die Eigenformulierung (z. B. „Schlag nicht zurück und dann such, such das Weite!" S. 16, F_3), „das ist für mich in Ordnung" (S. 16, F_6). Darüber lässt sich reden, darauf scheint sich die Gruppe „Montagskreis" verständigen zu können. Die vorliegende Forderung in ihrer biblischen Fassung hat demgegenüber keine Chance.

Doch fühlt sich die Gruppe „Montagskreis" mit ihrer eigenen Formulierung durchaus auch argumentativ auf sicherem Boden. Etwas später wird nämlich diese Auslegungsrichtung durch eine extratextuelle, innerbiblische Einspielung *unterstützt*. Mittels eines sehr vagen *pop-up*-mäßigen Hinweises § wird *ex negativo* bzw. per *argumentum e silentio* argumentiert, dass „an anderer Stelle auch nicht [steht; C. S.], dass ich so, so saft- und kraftlos bin, […] dass ich mich nicht aufrege, dass ich, dass ich die andere Backe hinhalte, dass – ich glaube nicht, dass das, dass das Gottes Wille ist, dass wir so sind" (S. 20, F_6). Folgende Gleichung wird aufgemacht: nicht aufregen = die andere Backe hinhalten = saft- und kraftlos sein → das kann nicht gefordert sein bzw. schärfer gesagt: „ich glaube nicht, dass das, dass das Gottes Wille ist, dass wir so sind" (S. 20, F_6). Wohlgemerkt: Die (wörtliche) Erfüllung von Mt 5,39d, das Hinhalten der anderen Wange, wird letzten Endes als nicht dem Willen Gottes entsprechend (ab-)qualifiziert.

Hierzu passt, dass bei der Rückfrage nach der Herkunft von Mt 5,43 (und 5,38) traditionsgeschichtlich (✖) auf das Alte Testament verwiesen

---

[11] Bereits am Anfang dieses Diskussionsteils ist von der Gruppe „Montagskreis" ein kurzer Blick auf Mt 5,48 geworfen und diesbezüglich Unverständnis artikuliert worden: „Was ich nur nicht verstehe, ist, wie ihr so vollkommen sein kann" (S. 14, M_4).

(vgl. S. 24) und das *Auge um Auge, Zahn um Zahn* entwicklungsgeschichtlich gegenüber einer unbegrenzten Rache als „Fortschritt innerhalb der Rechtskultur" (S. 24, M₅) verstanden wird. Alles in allem wird dies als frohe Botschaft festgehalten (vgl. S. 25, M₄), die jesuanische Alternativbotschaft (*Ich aber sage euch* ...) mit der Wangenforderung kommt überhaupt nicht mehr in den Blick.

Eine weitere extratextuelle, innerbiblische Einspielung in Form eines *Pop-ups* sorgt schließlich dafür, dass auch das Vorbild und Beispiel Jesu im Sinne der Gruppe eingebracht wird – die eigene Auslegung *unterstützend* und gleichzeitig der Wangenforderung *widersprechend*. Die Gruppe bezieht sich hierbei auf die Austreibung der Händler aus dem Tempel § [12] als (gewalttätige) Aktion Jesu:

> „Wenn man an die Austreibung der Händler aus dem Tempel sich erinnert, dann könnte man ja sagen, also daran hat er sich in diesem Fall auch nicht gehalten. Die haben ihn auf die rechte Wange geschlagen, ja, das Haus meines Vaters und wie es da heißt, wenn es so wirklich so gewesen ist, da hat er die re-, die linke Wange, Wange nicht hingehalten, sondern er hat die Peitsche genommen und sie rausgetrieben" (S. 21, M₅; vgl. auch S. 22f., F₁; S. 23, F₃).

Die das Haus Gottes entwürdigende Präsenz der Händler im Tempel und die Entehrung dieses heiligen Ortes durch derart profane Geschäfte vergleicht die Gruppe „Montagskreis" in allegorisierender Art und Weise mit dem (ersten) Schlag auf die rechte Wange, doch die Reaktion/das Verhalten Jesu kann unter keinen Umständen als *Hinhalten der anderen Wange* interpretiert werden, ganz im Gegenteil. Jesus selbst hat Gewalt angewandt („der hat auch zurückgeschlagen, wie die Händler da im Tempel verkauft haben"; S. 22, F₁) und die Meute aus dem Tempel hinausgeworfen.[13] Jetzt hat die Gruppe sogar die bisher akzeptierte Weisung *nicht zurückschlagen* hinter sich gelassen, wobei die Wortwahl mit Blick auf das Tun Jesu im Kontext des Tempelprotestes sehr interessant ist: Man spricht konsequent von *zurück*schlagen (vgl. S. 22, F₁; S. 23, M₅). Doch geht die Gruppe gewissermaßen noch einen Schritt weiter: Unter Hinweis darauf, dass Jesus bei der Tempelreinigung keine Feinde geschlagen hat, sondern Freunde,[14] nimmt die Gruppe eine Kombination mit der (Feindes-)Liebeforderung (vgl. Mt 5,44b) vor und sieht Letztere gerade im (Zurück-)Schlagen erfüllt:

---

[12] Vgl. wegen der Wortwahl und der Vorstellung der Gruppe (Haus meines Vaters; Peitsche) primär Joh 2,13–22 §.

[13] Mit Blick auf den hinauswerfenden Charakter des Tuns Jesu wird zusätzlich extratextuell, innerbiblisch und *unterstützend* das „Gleichnis vom königlichen Hochzeitsmahl" (vgl. Mt 22,1–14 §) als *Pop-up* eingespielt (vgl. S. 21, F₆) und zwar zugespitzt auf den Schluss, wo es einen Hochzeitsgast ohne angemessenes Festgewand entsprechend bitter trifft (vgl. Mt 22,11–14).

[14] Vgl. S. 22f., F₁: „Das waren aber mit Sicherheit nicht Feinde, wenn man so will"; S. 23, M₅: „Ja, dann hat er seine Freunde zurückgeschlagen."

„Das ist aber ein Riesenunterschied, wenn ich jemanden liebe und ihn, sagen wir mal ein bisschen zurechtrücke, ist das was anderes, als wenn jemand mir wirklich Feind ist" (S. 23, F$_1$). Jetzt ist man quasi im Auftrag der Liebe zu entsprechender Gewaltanwendung ermächtigt bzw. verpflichtet. Die Wangenforderung als solche ist in ganz weite Ferne gerückt.

In der Folge geht die Gruppe die weiteren Weisungen aus Mt 5 durch und bewertet sie unmittelbar mit Blick auf Praktikabilität und Akzeptanz:

„Hier in dem ersten, in dem ersten Abschnitt ist für mich der, der beste Satz: ‚Wer dich bittet, dem gib, und wer von dir borgen will, den weise nicht ab!' Das ist nachvollziehbar und, aber das andere nicht! ‚Und wer dich vor Gericht ... und dir das Untergewand wegnehmen will, dem lasse auch den Mantel!' Das, das kann und will ich nicht, wenn es, wenn es so, wirklich so gemeint ist, wie es da steht" (S. 16f., F$_6$).

Mt 5,42 wird zum *besten Satz* (des ersten Abschnitts → die Kompositionsstruktur wird berücksichtigt ✷) gekürt, da das hier Geschilderte nachvollziehbar ist; Mt 5,40 dagegen fällt – ähnlich wie Mt 5,39cd – gewissermaßen durch. An dieser Stelle findet sich nun keine plausible Alternativformulierung, die Weisung wird schlicht und ergreifend abgelehnt. Mt 5,41 stößt – zusammen mit Mt 5,42 – auf (verhaltene) Zustimmung („Das geht ja noch!" S. 17, F$_6$), doch als zweiter Hauptproblempunkt neben der Wangenforderung kristallisiert sich schnell Mt 5,44–45a heraus:

„Ich bin schon die ganze Zeit dabei, zu gucken, was könnte ich da, was sagt mir zu und was muss ich absolut ablehnen, da fiel mir eigentlich nur so, ja, ‚Wer dich zu einer Meile zwingt, mit dem gehe zwei!', das könnte ich auch, könnte ich noch bejahen, und ‚Wer dich bittet, dem ...' was du eben sagtest, F$_6$, ‚dem gib, und wer von dir borgen will, den weise nicht ab!', das ist etwas, das kann ich auch unterstreichen. Aber, also ich habe schon sehr große Probleme mit diesem Satz: ‚Liebet eure Feinde und betet für die, die euch verfolgen, damit ihr Kinder eures Vaters in dem Himmel werdet!' Also das finde ich ungeheuer schwer, wenn man wirklich einen Feind hat. Und ein Feind, das ist für mich einer, der mich bis in die tiefste Seele, in die tiefsten Tiefen meiner Seele beleidigt hat oder verletzt hat, und den kann ich nicht lieben, und den will ich auch nicht lieben" (S. 17f., F$_2$).

Die Gruppe setzt sich mit Mt 5,44b und Mt 5,44cd jeweils eigens auseinander. In einem ersten Schritt soll der Hypertext konstruierende Umgang mit der Feindesliebeforderung näher betrachtet werden. Auf Basis der Definition des (persönlichen) Feindes als eines Menschen, „der mich bis in die tiefste Seele, in die tiefsten Tiefen meiner Seele beleidigt oder verletzt hat" (S. 18, F$_2$),[15] wird die Liebesforderung diesem Menschen gegenüber radikal abgelehnt, sowohl vom Können als auch vom Wollen her: „[D]en kann ich

---

[15] Die Bösen und Guten aus Mt 5,45b werden ebenfalls in einer persönlichen Wendung näher bestimmt: „Denn seine Sonne geht auf über denen, die dir lieb sind, und auch über denen, die dir nicht so lieb sind" (S. 26, M$_4$).

nicht lieben, und den will ich auch nicht lieben" (S. 18, F$_2$).[16] „Ich will nicht meinen Feind lieben, der mich verletzt hat bis in die tiefsten Fasern meines Lebens, den will ich nicht lieben" (S. 21, F$_6$). Einen Feind zu lieben im klassischen Verständnis des Wortes, kommt für die Gruppe „Montagskreis" unter keinen Umständen in Frage. Entsprechend wird die Feindesliebeforderung von der Gruppe stellenweise einfach zurückgewiesen, teils finden sich aber auch Alternativformulierungen. Insgesamt ist sich die Gruppe nicht einig, ob man die eigenen Alternativen als *lieben* definieren kann bzw. sollte oder nicht.

Das Äußerste, was annehmbar erscheint, ist, diesen Menschen (= Feind) zu meiden, ihm aus dem Weg zu gehen, keine Berührung mehr mit ihm zu haben: „Ja, dem würde ich allenfalls aus dem Weg gehen!" (S. 18, F$_3$). Mehr kann – in Übereinstimmung mit dem gesunden Menschenverstand – nicht verlangt werden, und wenn man die vorliegende Situation mit den Augen der Gruppe „Montagskreis" betrachtet, dann kann genau dieses Verhalten u. U. als *Lieben* bezeichnet werden:

> „Das wäre für mich dann schon eigentlich Liebe, dass ich ihm aus dem Weg gehe und keine Berührung mehr mit ihm habe und, aber nicht, was man sonst so unter Liebe versteht" (S. 18, F$_2$). „Das ist Liebe" (S. 18, F$_?$). „Also ich würde auch sagen: Meine Liebe würde sich darin erstrecken, dass ich, dass ich sage: Ich lasse euch in Ruhe, ich tue oder ich, ich tue euch nichts! Und damit müsst ihr zufrieden sein" (S. 18, F$_2$).

Die Gruppe „Montagskreis" zielt somit darauf ab, die Feindesliebe sich darin erschöpfen zu lassen, den Feind zu meiden und/oder in Ruhe zu lassen. In diesem Zusammenhang wird die vorliegende Argumentationslogik (✗) detailliert unter die Lupe genommen und unter Bezugnahme auf die in Mt 5,45bc gebotene Begründung mittels des vorbildhaften Tuns Gottes darauf hingewiesen, dass die Feindesliebe vom Text als eine Voraussetzung für Mt 5,45a und damit für die Gotteskindschaft präsentiert wird. Hierbei wird Mt 5,44cd geflissentlich ausgeblendet: „Da steht nämlich genau: ‚wer, der', wer das tut, der hat Anspruch darauf. ‚Wenn du also deine Feinde liebst, dann wirst du Kind des Vaters im Himmel!' […] Und dann steht da ja: ‚denn'" (S. 18f., M$_4$).

> *Exkurs:* Mt 5,45bc wird an dieser Stelle mehrfach einbezogen und es wird auch auf die Vollkommenheit Gottes (vgl. Mt 5,48) verwiesen. Für die Gruppe „Montagskreis" liegt der Clou darin, dass Gott keinen ausnimmt, sondern nach dem Gießkannenprinzip verfährt und über allen Sonne bzw. im Bild wohl v. a. Regen ausgießt (vgl. S. 19, F$_2$): „Gott macht den Unterschied offensichtlich nicht" (S. 19, F$_{6?}$). In diesem Zusammenhang wird extratextuell und *pop-up*-mäßig in eindeutig *widersprechender* bzw. *in Frage stellender* Absicht die (biblische) Tradition vom Jüngsten Ge-

---

[16] Hier führt auch die Frage nach der *intentio auctoris* (vgl. S. 21, M$_4$ ✗) nicht weiter.

richt[17] § eingespielt: „Andererseits, wie geht das dann damit zusammen: Und beim Jüngsten Gericht, da macht er den Unterschied doch?" (S. 19, $F_{6?}$). Die gleiche Stoßrichtung hat auch die Verlinkung mit dem Gleichnis vom Unkraut unter dem Weizen (vgl. Mt 13,24-30; Deutung: Mt 13,36-43 §)[18]: „Gut, ich meine, das ist bei dem Gleichnis [...] von der Saat, wo also Unkraut und Weizen aufschlägt, und erst bei der Ernte, da kommt es, was du eben auch gesagt hast mit dem Jüngsten Gericht, da kommt es dann doch zur Scheidung des Ganzen" (S. 26, M_5).

Für die Gruppe „Montagskreis" scheint sich folgendes Fazit zu ergeben: Hier auf Erden während des irdischen Daseins hat alles seine Berechtigung und kann sich gleichermaßen an den (guten) Gaben Gottes erfreuen, doch am Ende wird ein Unterschied gemacht – daran ist (mit den entsprechenden Bibelstellen im Hinterkopf) festzuhalten. – *Exkurs Ende* –

Ein offener Widerspruch gegen die Feindesliebeforderung könnte einen selbst somit von der Gotteskindschaft gewissermaßen ausschließen bzw. man würde sich selbst um diese heilvolle Gabe bringen, es sei denn, man definiert *Lieben* in obigem Sinne bzw. setzt eine adäquate Alternative an seine Stelle:

„Also wir sollen sie dann auch in Ruhe lassen, wir müssen denen ja nichts Gutes tun" (S. 19, F_2). „Das ist, ja, ist in Ordnung, die sollen ja leben, aber ich muss sie ja nicht lieben!" (S. 19, F_2). „Also ich meine, Liebe, so wie wir sie jetzt vielleicht verstehen, ist da, ist da auch gar nicht mit gemeint. Für mich ist der Text eigentlich so ein, ja, so gemeint in dem Sinne: Wie kann man Gewalt unterbrechen, Gewalt und Böses? [... D]a wäre für mich Liebe so verstanden, dass, dass eine Seite sagt: Ich schlage jetzt nicht mit den Mitteln, mit denen er mich geschlagen hat, zurück, sondern ich versuche, mit demjenigen zu sprechen" (S. 21f., F_6). Deswegen „muss ich ihn, deswegen muss ich ihn, so wie man, wie man das heute so sagt, deswegen muss ich ihn nicht lieben. Ich kann sagen: O. k., ich lasse ihn in Ruhe, aber er muss nicht mein Freund oder Freundin werden in dem Sinne. Aber ich achte ihn als, als Menschen, er ist anders als ich, aber ich muss nicht, ich, ich muss, ich muss ihn nicht, nicht, nicht verehren oder lieben oder sonst was. Ich muss ihn als Menschen, als Menschen achten und muss akzeptieren lernen, dass er einfach anders ist als ich" (S. 25, F_6).

Ob man nun die Terminologie *lieben* wählt oder dezidiert nicht, unterm Strich laufen alle Verstehensbemühungen der Gruppe „Montagskreis" darauf hinaus, die Gotteskindschaft für sich selbst zu sichern und gleichzeitig die Feindesliebe im herkömmlichen Sinne umzuinterpretieren. Es ist nämlich schon schwer genug,

„dass man im Grunde genommen die Menschen, die man gern hat, denen man nahesteht, dass man die auch jeden Tag liebt. Sogar mich selber jeden Tag zu lieben, finde ich schwer genug. Wenn ich [...] meine Feinde noch lieben sollte, dann brauche

---

[17] In ganz ähnlichem Kontext und mit vergleichbarer Intention verweist auch die Gruppe „SOLID" (vgl. S. 14, M_6; vgl. Teil II 2.7.2 B_{Mt}) auf das Gerichtshandeln Gottes.
[18] Vielleicht handelt es sich bei diesem Text ja um ein *verständliches Gleichnis*, das „man eher nachvollziehen kann, aus der Alltagswelt" und das „als viel angemessener jedenfalls für mich" (beide Zitate S. 27, M_5) erachtet wird.

ich dazu wirklich viele Gedanken, also, wie mir dieser Text erscheint, soll man gar nicht viel nachdenken, sondern man sollte eigentlich die Aggression, das, was einen von der Liebe wegbringt, versuchen zu vermeiden, also man kann nur in der Liebe bleiben, wenn man Aggressionen meidet oder sie sogar zurückschraubt, und das wäre der einzige Punkt, den ich hier drin als positive Botschaft sehe" (S. 21, F_1).

Immer wieder arbeitet sich die Gruppe somit an Mt 5,44b ab, wobei zu beobachten ist, dass stellenweise eine Verknüpfung mit der Wangenforderung (im Sinne der Gruppe verstanden als *nicht zurückschlagen*) erfolgt. Auch die Feindesliebeforderung wird somit explizit umformuliert, interessanterweise findet sich ähnlich wie mit Blick auf die Wangenforderung eine Distanzierung vom Gegenüber. Statt dem (gewalttätigen) Gegenüber entschlossen entgegenzutreten, herrscht bei der Gruppe „Montagskreis" eher das Paradigma *Meiden* vor und auch die gruppenspezifische Auslegung der Feindesliebeforderung beinhaltet zentral das Element *Distanzierung*.

Man geht sich aus dem Weg – und legt nur (vielleicht) aus der Ferne und Distanz für den anderen Fürsprache bei Gott mittels eines Gebetes ein. In diesem Kontext erfährt das Gebet für die Verfolger (vgl. Mt 5,44cd) eine gewisse Wertschätzung, denn es wird als durchaus nachvollziehbar angesehen, dass man den (bösen) Verfolgern Einsicht und Besserung wünscht und göttlich initiierte Erleuchtung angedeihen lassen will: „,Und betet für die, die euch verfolgen!', das kann ich auch noch nachvollziehen, dass man, dass man sagt: Schick denen Einsicht, dass sie irgendwo vielleicht falsch liegen" (S. 18, F_6), damit „sie mich nicht mehr verfolgen!" (S. 18, F_2). Derjenige, der mich verfolgt, macht etwas verkehrt, liegt gewissermaßen falsch und in dieser Situation kann es helfen, für das Gegenüber zu beten: „,Und bete für ihn!', wenn du auch merkst, der ist auf dem falschen Dampfer" (S. 24, M_4).[19] Es wird eine ganz klare Zielperspektive des eigenen Betens eingetragen, die zentral das eigene Ergehen im Blick hat. Zwar wird gruppenintern massiv angefragt, ob der Text in diesem Sinne gemeint ist bzw. dies sein kann (vgl. S. 18, M_5 und F_7), doch bleibt die vorgestellte Auslegung konkurrenzlos und setzt sich insgesamt gesehen durch. In der Übersicht betrachtet ergibt sich für die Auslegung von Mt 5 durch die Gruppe „Montagskreis" somit folgendes Bild:

---

[19] Vgl. S. 25, F_6: „Das und, und wenn ich denke, da könnte er aber wirklich, da, da ist er wirklich falsch oder da liegt er falsch, dann, dann könnte ich ja auch noch für ihn beten."

Forderung (Text Mt 5)	Umformulierung/Auslegung (Gruppe „Montagskreis")
andere Backe hinhalten (Mt 5,39d)	– nicht zurückschlagen (evtl. mit gleichen Mitteln) [unter Einbeziehung der Tempelreinigung gehen die Überlegungen noch weiter: zurückschlagen ist legitim, ja hierin erweist sich geradezu die Liebe zu den Freunden] – Land gewinnen/das Weite suchen – in Ruhe lassen – Nichts tun (weder Schlechtes noch Gutes) – den anderen als Menschen achten und akzeptieren, dass er anders ist → Distanz
Feinde lieben (Mt 5,44b)	– aus dem Weg gehen – keine Berührung haben – in Ruhe lassen – Nichts tun → Distanz
beten für Verfolger (Mt 5,44,c-d)	[aus der Distanz] mit einer Bedingung: wenn der andere falsch liegt bzw. auf falschem Dampfer ist und mit einer klaren Zielperspektive: … damit Einsicht in die falsche Position entsteht … damit sie mit Verfolgen aufhören

Die Gruppe „Montagskreis" geht somit insgesamt eher auf Distanz, sowohl zum schlagenden Gegenüber/Feind als auch zum Text in seiner vorliegenden Form als solchem und versieht Letzteren an einigen Stellen mit eigenen Formulierungen.

Doch ist die Gruppe noch nicht ganz am Ende ihres Hypertextes angelangt. Unter starker Abstrahierung von den konkret vorliegenden Forderungen und auf der Grundlage des bisher skizzierten Hypertextes reduziert die Gruppe Mt 5 abschließend auf einen Hauptclou:

„Also ich finde, eigentlich, wenn man das ganz, wenn ich ganz weit von diesem Text wegrücke, kann ich eigentlich daraus nur nehmen: Werde aktiv für die gute Sache! Und eben, wie das hier ausgedrückt ist, ist es für uns schwer, das so wörtlich zu nehmen. Aber hier steht z. B. ‚Liebt eure Feinde und betet für die!', also tut was. Ja, und das wäre für mich das, was ich da aus diesem Text rausnehmen kann. So: Werde aktiv! Und das würde sich auch decken mit dem, was du sagst, M_5, Gott ist aktiv geworden oder Jesus ist aktiv geworden in dem, in dem Tempel und hat sich für die gute Sache oder gerechte Sache eingesetzt" (S. 23, F_3). Vielleicht „soll dieser Text eben sagen: Werde aktiv, auch wenn es schwer ist!" (S. 23, F_2). Das „steht sogar im ersten Absatz so ein bisschen schon drin: ‚Dann gib ihm den Mantel, und wenn er dich bittet, dann gib!' Da, da ist ja auch die Aufforderung, aktiv zu werden" (S. 24, M_4).

Der Clou des Ganzen: „Werde aktiv für die gute Sache!"		
Forderung (Text Mt 5)		*Auslegung (Gruppe „Montagskreis")*
~~andere Backe hinhalten (Mt 5,39d)~~	←	Tempelaustreibung → Gott/Jesus wird aktiv (zurückschlagen) und setzt sich für die gute respektive gerechte Sache ein
Feinde lieben (Mt 5,44b)	→	Etwas tun, aktiv werden!
beten für Verfolger (bzw. Feinde) (Mt 5,44cd)	→	

Exkurs: Der metareflexive Einwand von M₅ an dieser Stelle, der äußerst scharfsichtig und treffsicher das Sinn konstruierende Vorgehen der Gruppe besonders mit Blick auf den unterschiedlichen Umgang (wörtlich nehmen – ausklammern/streichen; ausschlaggebendes Unterscheidungskriterium: *in Birne reingehen/frohe Botschaft*) mit verschiedenartigen biblischen Texten aufdeckt und entlarvt, bleibt weitgehend unkommentiert im Raum stehen bzw. wird kaum beachtet: „Aber wir machen jetzt genau das, was uns liegt, nämlich das, was in unsere Birne reingeht[20], das lassen wir rein und den Rest klammern wir aus, das nehmen wir nicht ganz so wörtlich. Auf der anderen Seite sind wir sehr bereit, sehr wörtlich zu nehmen: ,Und Gott wird jede Träne abwischen und es wird nur noch, keine Trauer mehr sein!' usw. Das nehmen wir ganz, ganz wörtlich. Da wird nichts gestrichen, weil das nämlich auf den ersten Blick schon die frohe Botschaft ist, ist klar, wenn mir jemand zusagt: Ich" (S. 23, M₅). Dieser Beitrag ist von daher höchst interessant, weil hier eine reflexive Bewusstheit der eigenen Hypertextkonstruktion zum Ausdruck kommt. – *Exkurs Ende* –

Nach dem Verständnis der Gruppe „Montagskreis" lässt sich Mt 5 insgesamt als Aufforderung lesen, aktiv zu werden. Dass es hierbei darum geht, u. U. auch etwas mehr zu tun, ist klar – zumindest nach dem intratextuellen Sprung zu Mt 5,46a–c.47ab, wo sich das Einfache beschrieben findet. Auffälligerweise bleiben die Gegengruppen (Zöllner/Völker) an dieser Stelle ausgeblendet.[21]

Diesen Diskussionsteil und die umfangreiche zweite Hypertexteinheit abschließend springt die Gruppe intratextuell erneut zu Mt 5,48 und diskutiert über Möglich- respektive Unmöglichkeit bzw. Erreichbar- vs. Unerreichbarkeit der Vollkommenheitsforderung (vgl. S. 27). Alles in allem ist der Gruppe „Montagskreis" weitgehend ausdrücklich bewusst, dass ihr entstehender Hypertext an wichtigen Stellen von der vorliegenden schriftlichen Hypertextbasis abweicht (sehr oft begegnet z. B. die Wendung *Das steht da nicht!*, vgl. S. 15, F₁; S. 20, F₁; S. 22, M₅ (3x); S. 26, M₄; S. 28, M₅). Dies stellt jedoch kein Problem dar, denn die Gruppe fühlt sich angesichts unhaltbarer wörtlicher Verständnismöglichkeiten berechtigt, an die-

---

[20] Vgl. S. 42, M₅.
[21] M₅ bingt die Zöllner zwar kurz danach ins Spiel und betont den andersartigen Umgang Jesu (→ Hochschätzung) mit dieser sonst recht schlecht angesehenen Berufsgruppe (vgl. S. 24, M₅), doch bleibt dies ein für den Hypertext irrelevanter Exkurs.

ser Stelle interpretierend tätig zu werden: „Ich nehme mir die Freiheit. Ich nehme mir die Freiheit" (S. 28, F_6). „Ich muss das so sehen!" (S. 28, F_6)

Summa: Der Hypertext der Gruppe „Montagskreis" besteht insgesamt aus zwei Einheiten, wobei die erste ausgesprochen kurz ist: Zunächst wird nur die Nichtwiderstandsforderung aus Mt 5,39b als schwierig und unverständlich problematisiert. Die zweite Einheit ist demgegenüber außerordentlich lang und umfangreich. Ohne erkennbaren Einschnitt diskutiert die Gruppe über den Text und hierbei werden relativ viele Textelemente wahrgenommen. Der Umgang damit ist jedoch sehr unterschiedlich – je nachdem, ob etwas *in die Birne reingeht* oder nicht. Positiv aufgegriffen werden Mt 5,41 (Meile) und v. a. Mt 5,42 (Borgeregel als *bester Satz*), ohne weiteren Kommentar direkt abgelehnt wird Mt 5,40 (Mantel/Gericht). Größere interpretatorische Anstrengungen begegnen dagegen gerade mit Blick auf die Verse Mt 5,39cd (Wangenforderung) und Mt 5,44 (Feindesliebeforderung und Gebet für die Verfolger). Hieran arbeitet sich die Gruppe ab. Die Wangenforderung wird zurückgewiesen und umformuliert (→ auf Distanz gehen, um den Gewaltkreislauf zu unterbrechen), was schlussendlich mittels extratextueller innerbiblischer Einspielungen (u. a. Tempelreinigung) argumentativ fundiert wird. Die Feindesliebeforderung erfährt ein ganz ähnliches Schicksal (Ablehnung und Alternativvorschläge bzw. Umdefinitionen → Distanz); das Gebet für die Verfolger wird mit einer bestimmten Intention (Einsicht bei den Verfolgern bewirken und auf diese Weise ein Ende der Verfolgung bewirken) angereichert. Unter dem Strich trifft das Stichwort *Distanzierung* das Hypertext konstruierende Tun der Gruppe sehr gut. Daneben begegnet zum Schluss das Bemühen, Mt 5 insgesamt auf folgenden Hauptclou zu reduzieren/zuzuspitzen: *Werde aktiv (für die gute Sache)!*

(C_{Mt}) Positionierung (Identifikation/Kritik) bzgl. Mt 5

Die Gruppe „Montagskreis" versteht sich selbst als mögliche Adressatengruppe der in Mt 5 überlieferten Aufforderungen. Die Anweisungen werden fast ausnahmslos direkt in Bezug gesetzt zur eigenen Lebens- und Verhaltenspraxis: sei es z. B. die Weisung zum Nichtwiderstand (vgl. Mt 5,39b), die sofort singularisch auf das persönlich angesprochene Du (bzw. Ich) gewendet wird (vgl. S. 14, M_4), sei es die Vollkommenheitsforderung (vgl. Mt 5,48), von der man sich selbst überfordert weiß: „Was ich nur nicht verstehe, ist, wie ich so vollkommen sein kann" (S. 14, M_4; vgl. S. 16, M_5 und M_5; vgl. S. 27).

Gerade auch mit Blick auf die im Text jeweils angesprochenen oder zumindest implizierten Gegenspieler der geschilderten Interaktionen – die Bösen, die Feinde und die Ungerechten – wird die Selbstpositionierung der

Gruppe auf der einen Seite der textlich erwähnten Zweierkonstellationen deutlich:

a) „also das Böse ist: Jemand nimmt *mir* das Auge" (S. 14, M$_4$; Hervorhebung C. S.) bzw. ich werde von einem anderen geschlagen und stehe vor der Wahl, zurückzuschlagen oder nicht;

b) „Und ein Feind, das ist für mich einer, der *mich* bis in die tiefste Seele, in die tiefsten Tiefen *meiner* Seele beleidigt hat oder verletzt hat" (S. 18, F$_2$; Hervorhebungen C. S.), „der *mich* verletzt hat bis in die tiefsten Fasern *meines* Lebens" (S. 21, F$_6$; Hervorhebungen C. S.);[22]

c) „Denn seine Sonne geht auf über denen, *die dir lieb sind*, und auch über denen, *die dir nicht so lieb sind*" (S. 26, M$_4$; Hervorhebungen C. S.);

d) „Damit sie *mich* nicht mehr verfolgen!" (S.18, F$_2$; Hervorhebung C. S.);

e) „Ja, aber wenn ich diesen Satz nehme, dann könnte ich das Ganze so verstehen: Reg dich nicht darüber auf, dass es böse Menschen gibt, die gehören dazu, und da musst du sehen, wie du damit fertig wirst" (S. 19, M$_4$).

All die angeführten Beispiele implizieren dabei wie selbstverständlich, dass sich die Gruppenmitglieder selbst zu den Guten, den Freunden und den Gerechten zählen, was M$_5$ auch explizit als Anfrage hinsichtlich eines modernen *Pharisäertums* (von M$_4$) – allerdings ohne großen Erfolg – formuliert (vgl. S. 19f.). Hinsichtlich dieser Selbstpositionierung der Gruppe „Montagskreis" ist erwähnenswert, dass hierbei keinerlei hierarchische Machtkonstellationen (Über-/Unterordnung) wahrgenommen werden, sondern allein auf die Gegenüberstellungen Freund/Feind, Guter/Böser, Gerechter/Ungerechter abgehoben wird.

Interessanterweise beschäftigt sich die Gruppe „Montagskreis" darüber hinaus noch mit weiteren – mehr oder weniger im Text verankerten – Personenrollen, die in den Gruppendiskussionen bisher kaum größere Beachtung gefunden haben, jedenfalls nicht in den vorliegenden spezifischen Akzentuierungen. Da wären erstens Jesus, zweitens Gott. Jesus steht – dies ist auffällig – nicht primär als Sprecher der Worte im Zentrum, sondern es wird betont, dass er um das Menschenmögliche weiß (vgl. S. 27, M$_4$). Außerdem ist in ihm ein Verhaltensvorbild zu erkennen, doch nicht etwas mit Blick auf die Forderungen aus Mt 5 – ganz im Gegenteil: Der aktive Jesus der Tempelreinigung wird von der Gruppe „Montagskreis" zur Identifikationsgröße stilisiert. Zusätzlich wird sein Umgang mit Zöllnern fokussiert, wobei die integrierende und einbindende Praxis Jesu positiv hervorgehoben wird. Jesus widersetzt sich gängigen Ausgrenzungen und redet gesellschaftlichen Abklassifizierungen nicht das Wort.

---

[22] Natürlich werden auch die im Text begegnenden positiven Mitgruppierungen persönlich näher bestimmt: *die, die euch lieben* (vgl. Mt 5,46a) → „Für meine Kinder kann ich das leichter" (S. 24, M$_4$).

In dieser Hinsicht passen Jesus und Gott hervorragend zusammen, denn der Vater im Himmel glänzt nicht nur durch (für Menschen nahezu unerreichbare) Vollkommenheit (vgl. S. 16, M_5 und M_4; S. 19, F_3 und M_4; S. 27), sondern zeichnet sich auch durch eine unterschiedslose Zuteilung der guten, lebensnotwendigen Gaben aus.[23] Ohne Ansehen der Person wird nach dem Gießkannenprinzip verteilt (vgl. S.19, F_2 und $F_{6?}$). Mit Jesus und Gott scheint die Gruppe „Montagskreis" somit zwei Vorbilder vor Augen zu haben, denen im alltäglichen Verhalten gefolgt werden kann, und sie selbst sehen sich als direkt von den Weisungen angesprochen und bis zu einem gewissen Punkt herausgefordert – so weit, wie die gruppenspezifische Auslegung trägt.

Summa: Die Gruppe „Montagskreis" fühlt sich von Mt 5 direkt angesprochen. In den wahrgenommenen Zweierkonstellationen Freund/Feind, Gerechter/Ungerechter, Guter/Böser verortet man sich selbst jeweils auf der *guten* Seite im Gegenüber zu den anderen. Jesus als aktiver Kämpfer, der auch Zöllner integriert, und Gott Vater als unterschiedslos gute Gaben zuteilender Herr finden sich als vorbildhafte Größen, die zur Nachahmung einladen.

(A_{Mk}) Methodisches Vorgehen bzgl. Mk 5

Auch Mk 5 wird zunächst laut vorgelesen (vgl. S. 29f., M_5) und in methodischer Hinsicht finden sich einige interessante Beobachtungen, die durchweg textexterner Provenienz sind. Zum einen nimmt die Gruppe gleich zu Beginn eine Art synoptischen Vergleich vor und bestimmt Mk 5 als *nicht von Lukas stammend*, denn dieser kennt die Wendung *sie hatte viel erlitten von vielen Ärzten* (vgl. Mk 5,26a) nicht (vgl. S. 29, M_5).[24] Ein weitergehender argumentativer Nutzen dieses methodischen Vorgehens lässt sich allerdings nicht erkennen.

Zum anderen begegnen ansatzweise gattungskritische Näherbestimmungen des Textes als *Geschichte* (vgl. u. a. S. 30, F_1; S. 38, M_4 und F_2; S. 41, M_4), als *Erzählung* (vgl. S. 41, F_1) bzw. als *Wundergeschichte* (vgl. S. 31, F_6). An einer Stelle werden ansatzweise textkritische Überlegungen auf der Basis einer semantischen Beobachtung angestellt, wenn gefragt wird, „ob das im Urtext auch so heißt: ‚gerettet'. Das ist ja ungewöhnlich [...], man würde erwarten: ‚werde ich geheilt werden'" (S. 36, M_5).

Abgesehen von diesen kleineren methodischen Ansatzpunkten, finden sich bei der Auseinandersetzung der Gruppe „Montagskreis" mit Mk 5 in

---

[23] In diesem Zusammenhang wird besonders betont, dass Sonne und Regen von Gott kommen, Gott somit Urheber derselben ist.

[24] An späterer Stelle wird die Autoren-Problematik noch einmal diskutiert und erst ein informierendes Wort des Forschungsteams schafft in diesem Punkt Klarheit (vgl. S. 35).

methodischer Hinsicht jedoch zwei hauptsächliche Schwerpunkte: die Rückfrage nach der *intentio auctoris* im Verbund mit textpragmatischen Überlegungen sowie zeit-/sozialgeschichtliche Argumentationen. Ausgehend von der expliziten Feststellung, dass er noch nie im Heiligen Land gewesen ist und dementsprechend auch keine wie von F_6 vorgeschlagene allegorisch-übertragende Lektüre[25] praktizieren kann (will), wählt M_4 dezidiert einen andersartigen methodischen Zugang:

> „Ich bin da ja noch nie gewesen, deswegen sehe ich, gehe ich da so ganz anders ran. Ich, wenn ich so was lese, dann ist so mein erster Gedanke: Was will der Evangelist, wenn er so was erzählt, was will er damit bewirken? Warum erzählt der so eine Geschichte? Was, was hat der dabei im Hinterkopf? Er erzählt das ja für andere Leute, nicht für uns, das war ja gar nicht, (...?) es hat sich ja erst herausgestellt, dass wir solche Dinge dann später für uns auch für wichtig halten, aber er hat das ja erzählt, um anderen etwas von Jesus zu berichten" (S. 32, M_4).

Hier werden textpragmatische Aspekte ins Spiel gebracht und mit Überlegungen hinsichtlich einer möglichen *intentio auctoris* verbunden. Dabei ist für M_4 klar, dass die *intentio auctoris* darin besteht, etwas von Jesus zu verkünden (vgl. u. a. S. 33, M_4: „hier erzählt ja der Evangelist etwas über Jesus, so empfinde ich diese Stelle"). Die derart skizzierte (methodische) Position bekräftigt M_4 immer wieder im Verlauf der Diskussion, wobei er hierzu zweimal von weiblicher Seite Contra geboten und Desinteresse (*egal*) signalisiert bekommt (vgl. S. 38, M_4 und F_2; S. 41, M_4 und F_3). Doch bleibt er bei seiner methodischen Option (Textpragmatik und *intentio auctoris*) und behält damit gewissermaßen das letzte Wort (vgl. S. 45, M_4). Es liegt somit in diesem Punkt *methodische Orientiertheit* vor, ansatzweise blitzt *methodische* respektive sogar *methodologische Reflektiertheit* auf: „Ich bin da ja noch nie gewesen, deswegen [...] gehe ich da so ganz anders ran" (S. 32, M_4). Hier begegnen nicht nur Überlegungen hinsichtlich unterschiedlicher Herangehensweisen, sprich: methodischer Optionen, sondern es wird sogar über implizierte Voraussetzungen nachgedacht. Das Ziel des praktizierten Methodeneinsatzes besteht augenscheinlich darin, gewissermaßen vorgängig eine bestimmte Auslegungstendenz zu propagieren: In Texten der Evangelien geht es in erster Linie um Jesus, über den etwas ausgesagt werden soll. Ergo ist ein entsprechender Clou auch in Mk 5 zu suchen und zu finden. Der Rekurs auf die *intentio auctoris* in Kombination mit textpragmatischen Gesichtspunkten dient somit dazu, Lektüre und Interpretation des Textes von Anfang an entsprechend zu eichen.

---

[25] „Wenn man diese Landschaft in sich aufnimmt und an diese Geschichten denkt, dann, dann ist das so, wie wenn man sein Gewand berührt und von ihm eine Kraft ausgeht. Ich habe das schon gespürt, dass, als ich da in Galiläa oder hinterher auch in Jerusalem gegangen bin [...]. Das, das ist wirklich so was, [...] davon geht eine Kraft aus, das habe ich wirklich gemerkt" (S. 31f., F_6).

Darüber hinaus stellt die Gruppe „Montagskreis" zeit- und sozialgeschichtliche Überlegungen an, womit erneut textexterne *methodische Orientiertheit* vorliegt. Man versucht, die Geschichte „aus der Zeit heraus zu verstehen" (S. 34, F$_1$). Hierbei wird zum einen die Berührung eines (fremden) Mannes durch eine (fremde) Frau an sich, inklusive der möglichen sich anschließenden *schlechten Interpretationen*, vom Volk thematisiert (vgl. S. 34, F$_1$), zum anderen das Faktum der aus dem Blutfluss resultierenden Unreinheit und die damit verbundene Ausgeschlossenheit (Verstoßung → *Ausgesetzte*) aus der Gesellschaft angesprochen. Die Problematik der Berührungsaktion wird hierdurch gewissermaßen verschärft:

„Ja, gut, ein ganz wichtiger Aspekt ist, dass diese Frau, weil sie an Blutfluss litt, unrein war und dass also für den Juden [...] es ja ganz undenkbar war, dass ein solch unreiner Mensch jetzt einen anderen berührt. [...] Ich glaube, die Leute, die da gegen dieses Gebot verstoßen haben, die wurden nach dem Gesetz ziemlich hart bestraft [...]. Und Jesus wusste dann, dass sie an Blutfluss litt, dass sie also sozusagen praktisch so eine [...] Ausgesetzte war" (S. 38f., M$_4$; vgl. S. 45, M$_4$).

Die Frau repräsentiert – sozialgeschichtlich betrachtet – einen Menschen, „der von der Gesellschaft ausgeschlossen ist aufgrund seines, seiner Gebrechen" (S. 39, M$_4$), „der von der Gesellschaft aufgrund seiner Geschichte völlig ausgeschlossen war" (S. 40, M$_4$). In diesem Fall nutzt die Gruppe „Montagskreis" die methodische Orientierung, um einen spezifischen Aspekt der vorliegenden Erzählung zu profilieren.

Summa: Die Gruppe „Montagskreis" weist im Umgang mit Mk 5 *methodische Orientiertheit* auf, und zwar mit eindeutiger textexterner Schwerpunktsetzung. Neben textkritischen und gattungskritischen Überlegungen sowie einem synoptischen Vergleich begegnen zwei methodische Hauptfelder: Die Rückfrage nach der *intentio auctoris* im Verbund mit textpragmatischen Gesichtspunkten bringt eine vorgängige Tendenz in die Lektüre und die Auslegung (→ jeder Text aus den Evangelien erzählt in erster Linie etwas von Jesus); zeit- und sozialgeschichtliche Aspekte werden geschickt zur Profilierung eines spezifischen Clous (→ unreine Frau, die ausgeschlossen ist) genutzt. Mit Blick auf ersteres methodisches Vorgehen liegt ansatzweise sogar *methodische* bzw. *methodologische* Reflektiertheit vor.

Fallinterner Vergleich: Die Gruppe „Montagskreis" geht mit beiden Texten verhältnismäßig stark methodisch orientiert um. Während sich allerdings bei Mt 5 zahlreiche textinterne Werkzeuge finden, liegen mit Blick auf Mk 5 ausschließlich Arbeitsschritte textexterner Provenienz vor. Die Gruppe erweist sich in beiden Fällen auch als (methodisch bzw. sogar ansatzweise methodologisch) reflektiert, wobei bei Mk 5 die Reflektiertheit mit einer entsprechenden Orientiertheit (*intentio auctoris*/Textpragmatik) einhergeht. Dies sieht bei Mt 5 (literarischer Kontext) etwas anders aus. – *Vergleich Ende –*

(B$_{Mk}$) Textwahrnehmung und Hypertextrekonstruktion bzgl. Mk 5

Die Auseinandersetzung der Gruppe „Montagskreis" mit Mk 5 beginnt, nachdem im Rahmen eines synoptischen Vergleichs (✯) Mk 5,25.26a wahrgenommen und als Indiz gegen eine lukanische Verfasserschaft ins Feld geführt (vgl. S. 29, M$_5$) und anschließend der komplette Text laut vorgelesen worden ist (vgl. S. 29, M$_5$), mit einer Problematisierung von Mk 5,30ab. Die Schilderung des Spürens Jesu ruft Erstaunen hervor: „Er hat das ja nicht selber berichtet. Und warum, warum wird dann das so intensiv geschrieben" (S. 30, F$_1$)? Die Gruppe rückt die Berührung und die ausgehende heilende Kraft in den Mittelpunkt der Aufmerksamkeit und ringt um eine angemessene Interpretation der geschilderten (Heilungs-) Handlung i. e. S. Zunächst wird ein verhältnismäßig wörtlich-historisches Verständnis der Heilung präsentiert (vgl. S. 30, F$_1$), dem jedoch unmittelbar widersprochen wird:

> „So sehe ich die Wunder eigentlich alle nicht, die von Je-, die von Jesus erzählen so direkt so, dass ich, dass ich das jetzt hier: Ich, ich fasse den, den Saum seines Gewandes an und ich, ich bin geheilt. Ich würde eher für mich sagen: Die Frau hat so viel von diesem Menschen gehört, dass sie, dass sie glaubt: Ich muss nur sein Gewand berühren, dann hilft, dann hilft er mir, dann, dann lass ich, sie lässt sich von ihm dire-, eigentlich berühren. Sie, sie berührt ihn und, und, und wird von, von ihm und von ihm geht was aus, das, das, das kann ich ja nicht so direkt sagen, ich, hier, hier ich berühre dein Gewand und, und dann ist alles o. k., jetzt direkt, sondern die, die, ich denke mal, die, die, das war ihr, vielleicht ihre, ihre letzte Hilfe, die hat, hat sich ja schon, wie da oben steht, an ganz viele Ärzte gewandt und, und keiner konnte ihr helfen, da hat die gedacht: Vielleicht ist, ist das ein ganz außergewöhnlicher Mensch, so wie man ja wohl auch von ihm berichtet hat, vielleicht kann er mir helfen. Und dieser, dieser Glaube an, an diesen Jesus, der war wohl ausschlaggebend, dass, dass, dass sie ihre, ihre Krankheit, ich würde nicht mal sagen, dass es, es muss ja auch nicht unbedingt eine direkte Krankheit gewesen sein in dem, in dem Sinne, eine körperliche Krankheit, und wenn es nur so gewesen ist, dass, dass sie eben durch diese, diesen sogenannten Blutfluss, dass sie, dass sie mit dieser Krankheit vielleicht besser umgehen konnte, dass sie, dass sie das jetzt nicht mehr so, dass das nicht ihr Le-, ihr ganzes Leben beeinträchtigt hat" (S. 30f., F$_6$).

Unter ausdrücklichem Widerspruch zu Mk 5,29a (sofortige Heilung nach erfolgter Berührung) sucht die Gruppe nach alternativen Auslegungsmöglichkeiten, wobei im Rahmen dieser ersten (und einzigen!) Hypertexteinheit insgesamt drei Wege angedeutet werden: Zum einen erfolgt eine Fokussierung auf Mk 5,27a (Hören) und eine Betonung des Glaubens[26] als

---

[26] *Glaube* und *Vertrauen* werden sowohl implizit (S. 34, M$_4$: „So, […] dass hier da ja steht: ‚Dein Glaube hat dir geholfen!', dein Vertrauen hat dir geholfen"; S. 40, M$_4$: „Ja, Glaube und Vertrauen") als auch explizit (S. 40, M$_4$: „Glaube ist für mich immer Vertrauen, wenn das da so steht"; S. 45f., M$_4$: „Also ich habe lange, im, wenn ich so was gelesen habe, immer gedacht: Was können die geglaubt haben?! Und dann ir-

heilungsausschlaggebend, zum anderen werden die Berührungsverhältnisse gezielt verwischt: Die Frau *berührt* Jesus bzw. *wird* von ihm *berührt* bzw. sie *berührt* ihn und von ihm geht etwas aus. Es wird in der Rezeption durch die Gruppe „Montagskreis" zunehmend unklarer, wer wen mit welchem Erfolg berührt. Zum Dritten setzt die Interpretationsarbeit am Krankheitsbild *Blutfluss* an (vgl. Mk 5,25) und der Charakter als *körperliche* Krankheit wird in Frage gestellt.[27] Entsprechend wäre auch nicht an eine Heilung im körperlichen Sinne zu denken, sondern es kommt (nur) eine Art psychischer Kräftigung in Frage: Nach der Berührung kann die Frau besser mit ihrer Krankheit umgehen.

Es geht der Gruppe „Montagskreis" explizit um ein übertragenes Verständnis von Mk 5 bzw. ganz allgemein gesprochen von biblischen Wundergeschichten insgesamt (vgl. S. 31, F_6), denn auf diese Weise „kann ich besser da-, damit umgehen" (S. 31, F_6). In diesem Zusammenhang wird an das Stichwort *Wunder(geschichte)* anknüpfend extratextuell, innerbiblisch Material eingespielt mit *verallgemeinernder* und *unterstützender* Intention: Ohne Rekurs auf eine konkrete Stelle wird auf die Heilung Tauber § und Blinder § Bezug genommen und kurze *Pop-ups* gesetzt. Anhand dieser Beispiele wird der Übertragungsvorgang illustriert:

> „Ich kann, ich kann taub sein, ohne dass ich wirklich taub bin. Ich kann, kann blind sein, weil ich vor bestimmten Dingen, die mir unangenehm sind, die Augen verschließe. Und da kann ich einfach, wenn ich mich, ja, mit diesem Jesus beschäftige und gucke, was er, was er so sagt, dann kann, kann davon schon noch was ausgehen, dass ich, dass ich sehend werde oder, oder hörend oder, ja, mit mir selbst im Reinen" (S. 31, F_6).

Interessant ist, dass heimlich, still und leise die Berührung unter den Tisch gefallen ist. Jetzt wird nur noch davon gesprochen, dass man sich mit Jesus beschäftigt bzw. auf seine Worte hört (die Frau hat *von* Jesus gehört und ihn auf dieser Basis glaubend berührt) – und in der Folge *kann etwas* davon ausgehen. Auch die Kraft aus Mk 5,30b ist somit in der Wahrnehmung verschwunden. Heutzutage ist es schließlich auch nicht mehr möglich, Jesu Gewand – im wörtlichen Sinne – zu berühren, ergo finden sich im Rahmen der ersten Hypertexteinheit Alternativmöglichkeiten: u. a. Beschäftigung mit Jesus, Hören auf Jesu Worte oder eine Reise ins Heilige Land. Dabei wird die Kraft entweder ausgeblendet oder sie wird entsprechend analog übertragen:

---

gendwo ist mir mal dann über den Weg gelaufen, anstatt ‚Glauben' ‚Vertrauen' zu sagen. Dann werden mir die Dinge viel klarer. Also Vertrauen, dass das, was sie gehört hat, ihr auch geschehen wird. Das ist doch verständlich für mich!") gleichgesetzt bzw. dem Begriff *Vertrauen* wird sogar leicht der Vorzug gegeben.

[27] Ein widersprechender Einwurf, der gerade das Detail *Blutfluss* argumentativ heranzieht (vgl. S. 31, F_3: „Mit dem Blutfluss ist das doch ein bisschen anders!"), verhallt ungehört.

„Wenn man diese Landschaft in sich aufnimmt und an diese Geschichten denkt, dann, dann ist das so, wie wenn man sein Gewand berührt und von ihm eine Kraft ausgeht. Ich habe das schon gespürt [...]. Das, das ist wirklich so was, dav-, davon geht eine Kraft aus, das habe ich wirklich gemerkt" (S. 31f., F_6; vgl. S. 36, F_3).

Zwar wird die angebotene allegorisch-übertragende Deutung unter Hinweis auf die *intentio auctoris* (✖) in Kombination mit textpragmatischen Gesichtspunkten (✖) angefragt (vgl. S. 32, M_4), doch bleibt die Gruppe bei der eingeschlagenen Richtung:

„Die Aussage wäre für mich, dass, dass von ihm eine Kraft ausgeht, und die, diese Frau hat, hat, ja, versucht, ganz nah an, an ihn ranzukommen, und ich denke, wenn, wenn ich mich mehr noch mit ihm, ganz intensiv mit, mit Jesus befasse, dann, dann kann ich vielleicht immer besser verstehen, was er uns hat vermitteln wollen. Und, und davon geht einfach eine Kraft aus für mein Leben" (S. 32f., F_2).

Anschließend wird über die Frau und ihre verzweifelte Lage, ihre erfolglosen (Rettungs-)Versuche und die Rolle Jesu als *letztem Strohhalm* (vgl. S. 33, F_3) – durchaus kontrovers (vgl. S. 33, F_1) – diskutiert, außerdem das Hören der Frau (vgl. Mk 5,27a) erneut thematisiert: „Was hat die denn gehört, dass sie geglaubt hat?" (S. 33, M_4). „Was hat diese Frau gehört?" (S. 34, M_4). Die Gruppe spielt an dieser Stelle *pop-up*-mäßig *verallgemeinernd* die „Menge Wunderheilungen" (S. 33, F_3 §) ein und verweist auf den Ruf Jesu als Wundertäter. In der Folge springt die Gruppe intratextuell zu Mk 5,33b–d, bezieht die Furcht der Frau, ihr Zittern in die Überlegungen mit ein und versucht, auch dieses textliche Detail in die Gesamtdeutung einzubauen. Wieder einmal werden zunächst unterschiedliche Interpretationsmöglichkeiten angeboten: Furcht und Zittern ...

a) ... als Beweis für die Unverstehbarkeit des weiblichen Geschlechts (vgl. S. 34, M_5): Der Frau geschieht das, woran sie glaubt. Doch statt in (zumindest stillen) Jubel auszubrechen, fürchtet sie sich;
b) ... als negative Aussage über Jesus: „Was ist das für ein Mensch, dass sich jemand, von ihm geheilt, fürchtet" (S. 34, M_5);[28]
c) ... „als Zeichen der menschlichen Reaktion auf etwas völlig Unbegreifliches" (S. 34, M_5), womit an die Rede vom *Fascinosum et tremendum* oder an den Begriff Ehr*furcht* gedacht werden könnte;
d) ... als verständliche und nachvollziehbare Reaktion angesichts dessen, dass Jesus „gemerkt hat, da hat, wer hat mich angepackt?!" (S. 34, M_4).

Letztere Spur wird von der Gruppe weiterverfolgt, wobei an dieser Stelle zeit- und sozialgeschichtliche Überlegungen (✖) bedeutsam sind. Die Gruppe spricht sich nämlich dafür aus, das „ja auch aus der Zeit heraus zu verstehen, weil damals denn, wenn irgendeine fremde Frau einen fremden

---

[28] Vgl. Gruppe „Gewerkschaft" (vgl. S. 27, M_3; vgl. Teil II 2.2.2 B_{Mk} und C_{Mk}).

Mann angefasst hat, das wurde ja vielleicht schon schlecht interpretiert vom Volk" (S. 34, F$_1$). Zum einen wird die Menge/das Volk einbezogen, zum anderen auf die Berührungsaktion unter besonderer Berücksichtigung der geschlechtlichen Rollenverteilung (Frau → Mann; und zwar *fremde Frau → fremder* Mann) das Augenmerk gelegt. Hier kommt erstmals das geschlechtliche Gegenüber von Jesus als (fremdem) Mann und der Frau als (fremder) Frau zur Sprache und die Berührungsaktion wird in diesem Kontext problematisiert – ohne jegliche Bezugnahme auf die *Krankheit*. Es geht einzig und alleine um die Tatsache, dass sich eine (fremde) Frau erdreistet, einen (fremden) Mann – unerlaubt! – zu berühren. Allerdings ist es bezeichnenderweise nicht Jesus selbst, der damit vielleicht Probleme haben könnte, sondern das Volk. Es fällt auf, dass die Überlegungen der Gruppe „Montagskreis" ausgesprochen vage bleiben: Diese Berührung durch eine fremde Frau wurde *vielleicht irgendwie schlecht interpretiert*. Doch erklärt dies die Furcht der Frau ausreichend?

In diesem Zusammenhang wird problematisiert, dass an sich ja niemand außer der Frau und Jesus etwas von der Berührung mitbekommen hat (S. 34, M$_5$), folglich die Frau keine Furcht – vor dem Volk! – haben müsste, wobei ein intratextueller Sprung zu Mk 5,30c–e hier entscheidend weiterführt: Die Frage Jesu – ob jetzt an die Menge im Allgemeinen oder die Frau im Besonderen gerichtet (vgl. S. 34) – bringt die Frau inklusive ihres Tuns ins Licht der Öffentlichkeit. Da hilft auch die Antwort der Jünger (vgl. Mk 5,31a–c), die von der Gruppe kurz erwähnt wird, nichts. Jesus zwingt die Frau dazu, sich zu outen, und der Clou seines abschließenden Zuspruchs zu ihr (vgl. Mk 5,34) kann in einem Zweifachen gesehen werden: Zum einen macht Jesus darauf aufmerksam, „dass es da jemanden gibt, der so fest glaubt" (S. 35, F$_2$)[29], zum anderen spricht Mk 5,34de die Gruppe auch heute noch an. In diesem Kontext wird die konkrete Krankheit – auf einer ähnlichen Linie liegend wie vorhin – bewusst ausgeblendet und abstrahierend verallgemeinert: „egal, welches, welch, welches Leiden das ist" (S. 35, F$_3$). „Ja, ich, ich meine, es gibt Leiden und Leiden" (S. 37, F$_3$; vgl. S. 37f., F$_3$ → Plural: von dei*nen* Leiden).

Doch ist die Gruppe noch nicht am Ende ihrer Hypertextkonstruktionen angelangt, allerdings lassen sich keinerlei Einschnitte in der Diskussion erkennen. Von daher bewegen wir uns nach wie vor im Rahmen der ersten (und einzigen) Einheit. Man problematisiert – semantisch beobachtend (✖) und textkritisch fragend (✖) – die Vokabel *gerettet* (vgl. Mk 5,28c.34c) und zerbricht sich den Kopf über eine aktuelle, plausible und sinnvolle

---

[29] In diesem Zusammenhang wird pointiert die Anrede *Tochter* (vgl. Mk 5,34b) herausgegriffen und darauf hingewiesen, dass hier eine aktuelle Relevanz des Textes zu sehen ist: „Im letzten Satz: ‚Tochter', das hat sich pastoral erhalten, jedenfalls bis in die letzten 50er-Jahre: ‚meine Tochter oder mein Sohn'" (S. 35, M$_5$).

Übersetzung von Mk 5,34e: „'Sei gesund von deinem Leiden!', was ist denn damit gemeint?" (S. 36, M$_5$). „Was heißt das denn? Wie würdest du das auf Hochdeutsch übersetzen?" (S. 37, M$_5$). Hier werden verschiedene Möglichkeiten diskutiert, wobei in diesem Zusammenhang das textliche Detail der zwölfjährigen Leidenszeit (vgl. Mk 5,25b) gezielt einbezogen wird (vgl. S. 37, F$_?$).

Anschließend begegnet eine gewisse Wiederholung des bisher Gesagten, allerdings mit leichten Verschiebungen. Entscheidend ist die Einbringung einer sozialgeschichtlichen Detailinformation (✖), nämlich, dass eine an Blutfluss leidende Frau unrein und damit aus der Gesellschaft ausgeschlossen ist:

> „Ja, gut, ein ganz wichtiger Aspekt ist, dass diese Frau, weil sie an Blutfluss litt, unrein war und dass also für den Juden – ich dach- – es ja ganz undenkbar war, dass ein solch unreiner Mensch jetzt einen anderen berührt. Und Jesus als Mann schon erst recht nicht, und von daher wird mir das dann auch zunächst mal verständlich, warum die Angst hat, wenn der also jetzt sagt: ,Wer hat mich angerührt?!' Und sie stellt fest, also dann musste sie ja zunächst mal, denke ich, vermuten, also jetzt wird ein großes gewaltiges Donnerwetter über mich reinbrechen. Ich glaube, die Leute, die da gegen dieses Gebot verstoßen haben, die wurden nach dem Gesetz ziemlich hart bestraft, musste sie mit rechnen" (S. 38, M$_4$).

In der Folge beginnt eine Art zweiter Anlauf, wobei für die Gruppe „Montagskreis" einiges, was im ersten Durchgang etwas vage und unbestimmt blieb, nun klar und verständlich wird. Während bisher die Krankheit der Frau mit keinem Wort erwähnt und einzig auf die Berührung (fremde Frau → fremder Mann) als solche abgehoben worden ist, wird jetzt explizit das Leiden in seiner konkreten Form (Blutfluss) einbezogen, und zwar unter dem kultisch wie gesellschaftlich relevanten Gesichtspunkt der Unreinheit. Die Frau ist unrein und von daher bekommt die Berührungsaktion eine völlig neue Pointe und Brisanz, was in den Augen der Gruppe noch einmal dadurch verschärft wird, dass Jesus ein Mann ist. Was im ersten Anlauf nur andeutend im Raum gestanden ist, gewinnt jetzt zunehmend Gestalt und eine deutlichere Kontur. Die ängstliche Reaktion der Frau, zunächst Quelle größeren Kopfschüttelns (vgl. S. 34, M$_5$), wird ebenfalls erklärbar und verständlich vor dem (zeit- und sozialgeschichtlichen) Hintergrund, dass ihr ein *großes, gewaltiges Donnerwetter* droht respektive sie mit einer *ziemlich harten Strafe nach dem Gesetz* rechnen musste. Dies vor Augen, könnte wiederum das Verhalten der Jünger einen völlig neuen bzw. überhaupt einen Sinn bekommen,[30] wenn überlegt wird, den Jüngern eine mögliche Beschützerrolle zuzuweisen und die Antwort als Schutzbehauptung zugunsten

---

[30] Bei der ersten Erwähnung von Mk 5,31 (vgl. S. 35, F$_3$; vgl. oben) steht dieser Vers relativ unverbunden und ohne weitere Verankerung in der Diskussion und es wird weder klar, welchen Sinn der Vers als solcher in der markinischen Geschichte hat, noch warum er in das Gespräch eingeworfen wird.

der Frau auszulegen: „Und vielleicht wollten deswegen die Jünger sie ja in Schutz nehmen: ‚Du siehst doch, wie sich die Volksmenge um dich drängt'" (S. 38f., F$_6$).

Die Gruppe „Montagskreis" fokussiert in der Folge Mk 5,33eg und betont, dass spätestens ab diesem Zeitpunkt auch Jesus im Bilde ist. Entsprechend weiß er, „dass sie also sozusagen praktisch so eine Aus-, Ausgesetzte war" (S. 39, M$_4$), dass Jesus es mit einem Menschen zu tun hat,

> „der von der Gesellschaft ausgeschlossen ist aufgrund seines, seiner Gebrechen, die er hat, und der sich an einen anderen Menschen wendet, was er eigentlich nicht tun durfte, und dieser Mensch macht da keinen, stört sich da überhaupt nicht dran, nimmt das zur Kenntnis und wendet sich dem zu und hilft dem" (S. 39, M$_4$).

Das Besondere an Jesu Reaktion ist, dass er sich durch die Berührung nicht gestört fühlt und kein großes Donnerwetter über die Frau loslässt, sondern sich ihr zuwendet und hilft. Er hat „sich doch mit dieser Frau eingelassen und hat der Mut zugesprochen und gesagt: ‚Du bist jetzt gesund, du bist nicht, gehörst nicht mehr zu diesen Unreinen!' [...] Jesus macht keine Unterschiede. [...] Und er unterscheidet nicht und er steht für, für jeden Menschen da" (S. 39, M$_4$). In diesem Kontext wird *unterstützend* in der Art eines *Pop-ups* extratextuell und innerbiblisch Mt 5,45b § eingespielt.

Dabei geht es der Gruppe gar nicht in erster Linie darum, dass die Frau durch Jesus körperlich geheilt wird und damit die Basis für eine Reintegration geschaffen ist, denn die Heilung an sich wird kaum erwähnt. Vielmehr wird das Handeln Jesu direkt als Wiederaufnahme verstanden, einfach dadurch, dass dieser sich helfend zuwendet, wo andere Zeitgenossen wegschauen bzw. einen großen Bogen machen würden. Jesus beendet die Unreinheitsphase dieser Frau und mit diesem Punkt ist für die Gruppe die frohe Botschaft dieser Geschichte (vgl. S. 39, M$_5$) erarbeitet. Es ist schon „wirklich etwas ganz Gewaltiges, was Jesus hier den Menschen vorführt" (S. 40, M$_4$). Noch einmal (vgl. oben) wird nun die Frage diskutiert, wer in der Geschichte wie aktiv wird und welche Rolle Jesus und die Frau im Berührungsgeschehen jeweils einnehmen. Die Gesprächsbeiträge folgen Schlag auf Schlag (hohe dramatische Dichte) und man kann den Meinungsbildungsprozess in der Gruppe nahezu mit Händen greifen (vgl. S. 40):

	F$_3$: Wichtig an der Geschichte ist, ist ja doch auch, dass die Frau zunächst aktiv geworden ist.
M$_4$: Na gut! *	Sie hat ihn berührt und er hat sich berühren lassen.
Er hat sich nicht berühren lassen, sie hat ihn berührt! *	Sie hat ihn berührt, aber er hat es zugelassen!

M₄: Er hat es auch nicht zugelassen, er hat, er hat erst hinterher gemerkt, dass was passiert ist, das steht hier. *
M₄: Hm? *
M₅: Er konnte es nicht verhindern! *
F₃: Er hat es aber im Nachhinein auch nicht verurteilt, da haben wir ja gerade eben drüber gesprochen *

M₅: Er konnte es nicht verhindern!
F₂: Was sagst du, M₅? @
M₄: Er konnte es nicht (...?), ja! Und das dann
M₄: Nein, eben * das ist das Entscheidende, denke ich für mich an dieser Geschichte. Er hat das nicht verurteilt und er hat sich also schützend und, und helfend hier gezeigt einem Menschen gegenüber, der von der Gesellschaft aufgrund seiner Geschichte völlig ausgeschlossen war.

Also für mich, für mich ist eigentlich eher wichtig, dass, dass, dass da eine, eine Frau ja praktisch auf Tuchfühlung zu ihm geht, so nahe an ihn rankommt, dass sie ihn berühren kann [...].

Zwei unterschiedliche Clous der Erzählung werden festgehalten, je nachdem, ob Jesus oder die Frau als Hauptperson gesehen wird: Entweder steht Jesus im Mittelpunkt und stellt ein Vorbild dahingehend dar, dass er sich vorbildhaft helfend und schützend gegenüber einem von der Gesellschaft ausgeschlossenen Menschen verhält. Dementsprechend ist die Frau „Mittel zum Zweck" (S. 45, M₄) bzw. die „Geschichte dieser Frau soll beleuchten, was Jesus in dieser Situation macht" (S. 45, M₄). Dies ist die Sinnspitze, die die Männer der Gruppe „Montagskreis" unter Argumentation mit der *intentio auctoris* (✵) und mit textpragmatischen Gesichtspunkten (✵) stark machen. Hier wird die Abstrahierung vom Geschlecht der Frau ausdrücklich eingefordert: „Ja, nun mal eines nach dem anderen. Jetzt sagen wir nicht ‚Frau', eine ‚Person' auf ihn zugeht. Ich meine, sonst wären wir ja ausgeschlossen" (S. 41, M₅).

Oder Mk 5 dreht sich in erster Linie um die Frau, die aktiv wird, an Jesus herankommt, ihn berührt und damit das gesamte Geschehen überhaupt erst auslöst. Diese Position vertreten die weiblichen Gruppenmitglieder und legen Wert darauf, dass die Frau „aus Eigeninitiative sich in diese Menge mischt und eben eine besondere Sache macht" (S. 41, F₁). *Unterstützend* wird als *Pop-up* extratextuell und innerbiblisch die Erzählung von Zachäus (vgl. Lk 19,1–10 §) eingespielt. Als Linkausgangspunkt dient die Wahrnehmung, dass bei beiden Geschichten das *Erleben* ähnlich ist (vgl. S. 41, F₁), und es wird in erster Linie auf die jeweils an den Tag gelegte Eigeninitiative (Zachäus will Jesus sehen; die Frau will Jesus berühren) abgehoben. Diesbezüglich findet sich kein abschließender Gruppenkonsens und so endet der Hypertext der Gruppe „Montagskreis" gewissermaßen offen mit zwei möglichen Alternativangeboten.

Summa: Bei der Auseinandersetzung der Gruppe „Montagskreis" mit Mk 5 lässt sich nur eine einzige Hypertexteinheit herausarbeiten. Ohne erkennbare Zäsur diskutiert die Gruppe in einem Fluss. Es wird verhältnismäßig viel – auch einzelne Details – von der Hypertextbasis wahrgenommen. Extratextuelle Einspielungen innerbiblischen Materials finden sich in zumeist *unterstützender* Absicht. Es fällt auf, dass die Gruppe immer wieder mehrere Deutungsmöglichkeiten (z. B. mit Blick auf das Verständnis der Wunderheilung; hinsichtlich der Furcht der Frau) nebeneinanderstellt, im weiteren Verlauf der Diskussion aber eine bestimmte Linie hauptsächlich verfolgt. Wo man sich bis zum Ende nicht einig wird, ist die Frage nach der Hauptperson (Jesus/Frau). Alles in allem nimmt die Gruppe im Rahmen der Hypertextkonstruktion stellenweise Verschiebungen vor und interpretiert einzelne Elemente um. Man ringt zunächst um ein akzeptables Verständnis der Wunderheilung an sich. Dann nähert man sich in zwei Anläufen dem Konglomerat *Berührung – Furcht der Frau – Reaktion Jesu – Antwort der Jünger,* wobei im zweiten Durchgang die sozialgeschichtliche Detailinformation *Blutfluss → Unreinheit* eine entscheidende Bereicherung der Gruppendiskussion mit sich bringt. Es läuft auf folgenden Clou hinaus: Jesus reintegriert eine von der Gesellschaft ausgeschlossene Person.

Folgender *Text* steht den Gruppenmitgliedern vor Augen: Zunächst werden die Aktion der Berührung sowie die daraufhin von Jesus ausgehende Kraft in den Mittelpunkt gerückt und alternative Deutungsmöglichkeiten erörtert: Zum einen werden der Glaube und das Hören als Voraussetzungen der Heilung betont, zum anderen werden die Berührungsverhältnisse (Jesus ⇆ Frau) verunklart. Zum Dritten wird die Heilung in ihrer körperlichen Dimension in Richtung auf eine seelische Stärkung uminterpretiert. Ingesamt ist der Gruppe an einer übertragenen Deutung der Erzählung gelegen, was durch Hinweise auf andere Heilungsgeschichten *unterstützt* wird. Dabei fällt die Berührung unter den Tisch, stattdessen wird die Beschäftigung mit den Worten Jesu bzw. das Hören auf dieselben ins Spiel gebracht. Für die – an sich unverständliche – Furcht der Frau nach der erfolgreichen Heilung (!) werden anschließend verschiedene Interpretationsmöglichkeiten diskutiert, wobei schlussendlich unter Rekurs auf das zeitgeschichtliche Faktum *Unreinheit* und den damit verbundenen Ausschluss aus der Gesellschaft Jesu Verhalten der Frau gegenüber als besonders betont wird. Hier wird gewissermaßen eine *Geächtete* wieder in funktionierende soziale Strukturen integriert.

Fallinterner Vergleich: Die Gruppe „Montagskreis" geht mit den beiden Hypertextbasen Mt 5 und Mk 5 sehr ähnlich um. In beiden Fällen wird verhältnismäßig viel von der schriftlichen Vorlage wahrgenommen. Extratextuelle Einspielungen innerbiblischen Materials erfolgen zielgerichtet. Außerdem diskutiert die Gruppe ohne erkennbare Einschnitte, weshalb jeweils lange und umfangreiche Einheiten vorliegen, deren es aber ausgesprochen wenige gibt (Mt 5: insgesamt zwei, eine kurze und eine lange; Mk 5: eine). Stößt die Gruppe auf problematische Textbestandteile, dann werden große interpretatorische Anstrengungen unternommen, um diesen Herr zu werden, was unter dem Strich auch meistens gelingt. – *Vergleich Ende* –

(C_{Mk}) Positionierung (Identifikation/Kritik) bzgl. Mk 5

Zuallererst ist festzuhalten, dass die Gruppe „Montagskreis" im Verlauf des Gesprächs alle Aktanten, die in Mk 5 begegnen, wahrnimmt, und es lassen sich sowohl hinsichtlich der Wahrnehmung als solcher als auch mit Blick auf die Rollenzuschreibung(en) und die damit verbundenen (Be-)Wertungen, deutlich zwei Phasen unterscheiden. In diesem Zusammenhang kann ein richtiggehender Wandel konstatiert werden.

Am Anfang der Diskussion bleibt die Gruppe sehr stark bzw. ausschließlich auf die Konstellation *Jesus – Frau* konzentriert/fixiert und es werden darüber hinaus keine weiteren Personen(gruppen) einbezogen. Hier erscheint die Frau als kranke Person und Jesus ist der Wunderheiler, von dem eine (heilende) Kraft ausgeht. In diesem Sinne kann er vielleicht mit (heutigen) Schamanen verglichen werden (vgl. S. 30 und S. 45, jeweils F_1). Was die Aktivitäts- und Rollenverteilung angeht, ist man sich gruppenintern ganz und gar nicht einig und die diesbezügliche Kontroverse kommt an verschiedenen Stellen zum Ausdruck: Ist die Frau nun a) eine eigeninitiativ handelnde und aktiv werdende Person; oder b) „Mittel zum Zweck" (S. 45, M_4) im Dienste einer Jesus-Geschichte, die etwas über den Menschen (Mann) aus Nazaret aussagen soll? Wo liegt die Hauptaktivität bzw. wem gilt das vorrangige Erzählinteresse? Hier erzielt die Gruppe keinen Konsens. Doch unabhängig davon wird klar, dass eine Selbstidentifizierung mit der Frau erfolgt, in deren Lage und Rolle man sich hineinzuversetzen versucht. Ähnlich wie die Frau kann man auch heute noch – im übertragenen Sinne (z. B. Reise nach Israel, vgl. S. 31f., F_6; Beschäftigung mit der Person und Lehre Jesu, vgl. S. 31, F_6; S. 32f., F_2) versteht sich – das Gewand Jesu berühren und eine davon ausgehende Kraft spüren – das ist tröstlich und ermutigend.

Daneben kann innerhalb der Gruppendiskussion die Wahrnehmung einer gesellschaftlich-soziologischen Dimension der Erzählung festgestellt werden, was damit einhergeht, dass zum einen weitere Personengruppen (Menge, Jünger) aufgegriffen werden, zum anderen verändert sich die Sichtweise bezüglich Jesus und der Frau stark. Diese zweite Phase ist wiederum in zwei Abschnitte untergliederbar (erster und zweiter Anlauf).

Im ersten Anlauf bleiben die Überlegungen noch ziemlich vage und unbestimmt und die Szenerie stellt sich wie folgt dar: Die Frau als fremde Frau fasst Jesus als fremden Mann an, was unter Umständen schlechte Interpretationen beim Volk hervorrufen könnte (vgl. S. 34 F_1). Die Krankheit kommt dabei überhaupt nicht in den Blick, es wird einzig auf die Berührung abgezielt. Hier wird erstmals die Menge als Volk in den Blick genommen, und zwar mit einer leicht negativen Implikation: Die Menge ist es, die das Verhalten der Frau missbilligen könnte und somit als potenzieller Angstverursacher in Frage kommt. Die Jünger inklusive ihres einmaligen Gesprächsbeitrags werden zwar erwähnt, allerdings nicht weiter in die Überlegungen einbezogen (vgl. S. 35, F_3). Die Frau wird sehr stark als Frau wahrgenommen, nämlich als eine, die berührt; Jesus entsprechend als Mann, der berührt wird. Außerdem ist Jesus derjenige, der nachfragt und die Frau zur öffentlichen Stellungnahme bzw. zum In-Erscheinung-Treten veranlasst/zwingt.

Der zweite Anlauf wird gewissermaßen dadurch ausgelöst und bereichert, dass die sozialgeschichtliche Information *Blutfluss = Unreinheit* → *Ausschluss aus der Gesellschaft* eingebracht wird (vgl. S. 38, M_4). Auf dieser Grundlage kann nun die Krankheit der Frau in die Diskussion einbezogen werden, und zwar in ihrer soziologisch-gesellschaftlichen Dimension. Die Frau ist jetzt nicht mehr nur irgendeine Kranke, sondern sie ist eine Ausgesetzte, eine von der Gesellschaft Ausgeschlossene, eine, die außerhalb der normalen sozialen Beziehungen steht. Als solche ist die getätigte Berührung geradezu ein Vergehen und es sind harte Strafen und drakonische Sanktionen zu befürchten. Erneut begegnet in diesem Zusammenhang die Menge in der Wahrnehmung, doch ist eine deutlich negativere Sicht und Bewertung festzustellen: Es geht nicht mehr nur darum, dass das Volk etwas schlecht interpretieren könnte, sondern die Menge ist die Größe, die die Frau ausgegrenzt und somit dem sozialen Tod überantwortet hat, und genau von dieser Seite sind Repressionen, gerichtliches Vorgehen und eine Verurteilung zu erwarten. Vor diesem Hintergrund wird die Angst der Frau voll und ganz verständlich. Umgekehrt kommen auch die Jünger wieder in den Blick, denen in der neu profilierten Szenerie eine sehr positive Rolle zufällt oder besser gesagt zufallen könnte: Evtl. sind sie bemüht, die Frau in Schutz zu nehmen und Schlimmeres zu verhindern.

Jesus selbst ist in diesem Zusammenhang nicht mehr vorrangig als Heiler zu sehen, jedenfalls nicht in konkret körperlichem Sinne. Er heilt die Frau vielmehr im übertragenen Sinne und in sozialer Hinsicht, da er nicht das vielleicht erwartete große, gewaltige Donnerwetter losbrechen lässt, sondern sie nicht verurteilt, sich auf die Frau einlässt, ihr Mut zuspricht, sich ihr zuwendet und hilft. Damit widerspricht er gängigen Konventionen und Praktiken und durchbricht gesellschaftliche Verhaltensmuster. Er holt die Frau aus der Schar der ausgestoßenen Unreinen zurück in die Gemeinschaft und diese Aktion ist umso höher zu bewerten, da Jesus als Rabbi durch die Berührung selbst unrein geworden sein könnte. Jesus geht somit gewissermaßen ein Risiko ein, doch kümmert ihn das nicht weiter. Er ignoriert dies und stellt sich vorbehaltlos auf die Seite derjenigen, die sonst keinerlei Zuspruch erwarten kann. Abstrakter gesagt: Jesus ist einer, der keine Unterschiede macht, der vielmehr für jeden Menschen da ist. Jesus verurteilt nicht – wie der Rest der Gesellschaft (Menge) –, sondern er zeigt sich helfend und schützend.

Mit der Identifizierung gibt es an dieser Stelle allerdings einige Probleme. Muss ich selbst in irgendeiner Hinsicht aus der Gesellschaft ausgeschlossen sein, damit mir die Geschichte etwas sagt, damit ich mich also mit der Frau identifizieren kann? (vgl. S. 40, M_5). Und bringt die betonte Rede von einer *Frau* nicht zwingend mit sich, dass sich männliche Leser nicht wirklich angesprochen fühlen können? Vor diesem Hintergrund wird von männlicher Seite (vgl. S. 41, M_5) eine Abstrahierung und Entkonkretisierung *Frau* → *Person* gefordert, damit die Identifizierung auch wirklich für alle Gruppenmitglieder gelingen kann.

Summa: Alles in allem verortet sich die Gruppe „Montagskreis" immer aufseiten der Frau – an dieser Stelle ist eine verallgemeinernde Abstrahierung für die männlichen Gruppenmitglieder unentbehrlich, damit auch *mann* sich angesprochen fühlen kann – und buchstabiert jeweils in Abhängigkeit von der im Hintergrund stehenden Auslegung durch, was dies konkret bedeuten kann: 1.) Frau als kranke Person; Jesus entsprechend als Wunderheiler (Schamane); 2.) Frau als (wegen Unreinheit) ausgeschlossene Person, die berührt; Jesus entsprechend als Berührter, der die Frau nicht abweist, sondern vielmehr reintegriert. Dabei wandelt sich entsprechend auch die Rolle Jesu, der – von wenigen kleineren Ausnahmen abgesehen (Jesus als möglicher Auslöser der Angst; Frau befürchtet Donnerwetter) – durchweg positiv konnotiert ist. Daneben kommen auch die Menge und die Jüngerschar in den Blick, wobei Erstere von der Gruppe im Verlauf des Gesprächs zunehmend negativer gewertet wird (→ angsteinflößend und ausschließend); für Zweitere dagegen gilt: Tendenz positiv (→ wollen Frau in Schutz nehmen)!

Fallinterner Vergleich: Beim fallinternen Vergleich fällt auf, dass die Gruppe „Montagskreis" immer relativ eindeutig auf einer Seite steht: Bei Mt 5 sind es die Guten, mit denen man sich gleichsetzt, hinsichtlich Mk 5 dient die Frau als Identifikationsgröße. Die Identifizierung fällt allerdings in letzterem Fall deutlich ausgeprägter aus. Noch etwas sticht ins Auge: Der Gruppe kommt es jeweils auf den Aspekt an, dass Personen integriert und keine Unterschiede gemacht werden. Bei Mt 5 wird Jesus als derjenige betont, der auch Zöllner integriert, und Gott Vater kommt vorwiegend als Herr in den Blick, der unterschiedslos seine guten Gaben an alle Menschen verteilt respektive über ihnen ausschüttet. Der Jesus aus Mk 5 wird gerade dahingehend profiliert, dass er keine Unterschiede macht, niemanden ausgrenzt, sondern die von der Gesellschaft und aus dieser ausgeschlossene Frau annimmt. Er wendet sich ihr zu

und hilft. Dieser Hauptclou (Integration/keine Unterschiede machen) bestimmt die Positionierung der Gruppe sowohl bzgl. Mt 5 als auch hinsichtlich Mk 5.
– *Vergleich Ende* –

(D) Strategien der Sinnkonstruktion und des Textverstehens

Insgesamt gesehen geht die Gruppe „Montagskreis" verhältnismäßig frei mit der Hypertextvorlage um, von der ausgesprochen viel wahrgenommen wird. Man greift viele Textelemente auf und arbeitet sich an störenden Punkten ab. Hierbei werden Umformulierungen und Umakzentuierungen vorgenommen und eigene Auslegungsangebote unterbreitet, die allerdings stark problematisiert werden. Man ist sich der Differenz zum vorliegenden Text augenscheinlich bewusst. Dennoch ist der Gruppe an einer Anpassung des Textes an den eigenen Lebensalltag gelegen. Von daher ist die Gesamtstrategie zum einen mit dem von der Gruppe selbst verwendeten Stichwort *Übersetzen auf heute* zu bezeichnen (vgl. S. 9, F_3). Dabei geht es nach der Selbstaussage darum, zu „gucken, was, welcher Satz trifft mich jetzt, plötzlich […], was mir im Augenblick, worüber sich nachzudenken lohnt oder was mir im Augenblick hilft in bestimmten Situationen. Das ist manchmal nur ein Wort" (S. 9, F_3). Nach diesen Worten sucht die Gruppe im Rahmen ihrer Übersetzungsstrategie, überträgt das Gefundene für gewöhnlich unmittelbar in die Jetztzeit und stößt sie bei diesen Bemühungen auf schwierige, problematische Passagen, dann kommt zum Einsatz, was zum anderen mit dem Schlagwort *Entschärfen* betitelt werden kann: „Deswegen würde ich gerne diesen ersten Absatz so ein bisschen entschärfen, das nicht so wörtlich nehmen, was da steht" (S. 22, M_4; vgl. S. 23, M_4). Der wörtliche Sinn wird u. U. dezidiert zurückgewiesen (z. B. mit Blick auf die Wangenforderung oder hinsichtlich einer sofortigen Heilung rein auf Basis einer Berührung) und das Ziel des Vorgehens ist offenkundig: Die gruppenspezifische Auslegung des Textes, die im Unterschied zur wörtlichen Fassung nachvollziehbar, verstehbar und im Alltag praktikabel ist, soll profiliert werden – darauf kommt es der Gruppe „Montagskreis" an, jedenfalls, wenn der Text eine aktuelle Relevanz haben soll. Je nachdem, ob ein Textelement „in unsere Birne reingeht" (S. 23, M_5) oder nicht, wird es direkt auf heute übersetzt oder zuallererst einmal entschärft. In letzterem Fall werden oftmals explizite Neuformulierungen oder auch Umdefinitionen (z. B. mit Blick auf das *Lieben*) vorgenommen.

Im Rahmen dieser Sinnkonstruktionsstrategie haben extratextuelle Einspielungen, vorwiegend innerbiblischer Provenienz, ihren argumentativen Platz und auch methodisches Vorgehen beggenet. Der Gruppe „Montagskreis" ist dabei insgesamt daran gelegen, die *frohe Botschaft*, die – quasi *per definitionem* – in jedem biblischen Text enthalten ist, aufzuspüren, wobei die frohe Botschaft manchmal ziemlich mühsam durch Auslegungsbemühungen erarbeitet werden muss.[31] Entsprechend lautet eine Grundfrage im Rahmen der Textverstehensstrategie: „Wo ist denn hier ein Moment der Frohbotschaft?" (S. 16, M_5; vgl. S. 23, M_5; S. 24f.); „was ist die frohe Botschaft dieser, dieser Geschichte" (S. 39, M_5)? Die Gruppe verlangt es somit nach einem *euangelion* im wahrsten Sinne des Wortes und danach, dass der Text etwas mit ihnen selbst und ihrer heutigen Zeit und Situation zu tun hat. Dafür strengt man sich an, denn man möchte mit biblischen Texten auf jeden Fall etwas anfangen können.

Mehrere Kriterien, die eng miteinander in Beziehung stehen, sind in den Augen der Gruppe somit ausschlaggebend: Nachvollzieh-/Verstehbarkeit, alltagstaugliche Praktikabilität, Realisierbarkeit, der Charakter einer frohen Botschaft, Beziehung zum Heute. Der Transfer in die aktuelle Zeit und das eigene Leben erfolgt dabei zumeist per analoger Übertragung (vorwiegend bei Mk 5), wenn man sich nicht sowieso vom Text unmittelbar angesprochen fühlt (v. a. bei Mt 5). Die hauptsächlichen Diskussionsbemühungen werden darauf verwendet, eine angemessene, nachvollziehbare und damit letzten Endes verständliche Auslegung zu erreichen, wobei hinsichtlich der Relevanz immer entscheidend ist, dass dies der Gruppe heute etwas mitzugeben in der Lage sein muss: „Wir fragen ja immer: Was, was kann das für mich bedeuten?!" (S. 35, M_5). Oder gewissermaßen als Probe aufs Exempel formuliert: „Kannst du das dann für dich mitnehmen jetzt heute Abend und morgen damit was Schöneres leben?" (S. 35f., F_1; vgl. S.42f., M_4) – auf eine positive Antwort kommt es in diesem Zusammenhang an bzw. davon hängt alles ab. Die Gruppe „Montagskreis" müht sich darum, die frohe Botschaft aus dem Text heraus- (→ Übersetzen auf heute) oder auch in den Text hineinzulesen (→ Entschärfen).

2.10.3 Die Frage nach dem Warum *– Ein Blick auf den Orientierungsrahmen*

a. Der Orientierungsrahmen im Kurzportrait: „Das ist so, so mein persönliches Ziel auch, dass so jeder seine Berechtigung hat innerhalb einer Gemeinde." (S. 4, F_3)

Die Gruppe „Montagskreis" hatte es in ihrer Anfangszeit in ihrer Gemeinde nicht leicht – wie bereits in der kurzen Gruppencharakteristik (vgl. Teil II 2.10.1) angedeutet worden ist: Zunächst wurde man „sehr angefeindet" (S. 2, F_3; vgl. S. 2, F_2), „kritisch und misstrauisch beäugt" (S. 2, F_2) und musste zeitweise sogar mangels Akzeptanz in eine Nachbargemeinde

---

[31] Vgl. S. 7, M_5: Es geht um „das Frohmachen der Botschaft. Das ist ja ein Evangelium. Das versucht er immer wieder herauszuarbeiten, und sei es nur ein kleiner Funke, manchmal ist es also sehr schwer."

ausweichen. Diese Erfahrungen haben die Gruppe zum einen „irgendwo auch zusammengeschweißt" (S. 2, F$_3$) und profilierend gewirkt, zum anderen schmerzten sie. Insgesamt haben sie einen deutlich prägenden Einfluss auf den Orientierungsrahmen der Gruppe bis heute.

Dabei scheint für die erlebte Ablehnung und Ausgrenzung und den Widerstand vonseiten der Ortsgemeinde die grundsätzliche Ausrichtung der Gruppe verantwortlich zu sein, die mit folgenden beiden Schlagworten auf den Punkt gebracht werden kann: Der „Montagskreis" ist *basisdemokratisch* und *kirchenkritisch*. Ersteres schlägt sich nicht zuletzt in der Beteiligung am Kirchenvolksbegehren nieder, Letzteres zeichnet (u. a.) die Gesprächsabende aus: „darüber gesprochen, auch Kritisches zu, in Sachen ‚Kirche'" (S. 2, F$_3$). In diesen Enaktierungspotenzialen versucht die Gruppe, ihre Grundhaltung in praktisches Handeln umzusetzen. Alles in allem kann die Gruppe als etwas unbequem bezeichnet werden, Unangepasstheit wird zum Markenzeichen. Man möchte – dem eigenen Selbstverständnis gemäß – eine „Plattform [...] sein für, für Christen, die, die vielleicht nicht so ganz angepasst sind" (S. 4, F$_3$). Für Letztere wiederum bietet sich montagabends im Gemeindesaal ein „Schonraum" (S. 1, F$_3$), weil man bzgl. der entscheidenden Themen und Fragen weitgehend einer Auffassung ist (→ harmonisches Zusammensein), so „dass man auch ins Unreine reden kann, ohne dass man Hemmungen haben muss" (S. 1, M$_4$).

Zwar ist – mit Blick auf die eigene Gruppe – die schwierige Anfangszeit vorbei, dennoch beherrscht auch heute die Integrationsproblematik den positiven (Gegen-)Horizont. Der Gruppe geht es darum, „dass so jeder seine Berechtigung hat innerhalb einer Gemeinde" (S. 4, F$_3$) – wie in der Überschrift bereits zitiert. Dabei soll das ganze Spektrum, beispielsweise kirchlich-gemeindlicher Gruppierungen, gleichermaßen zum Zuge kommen können, vom einen Ende der Skala (z. B. Rosenkranzgruppe) bis zum anderen. Man selbst bildet hierbei klar einen möglichen Extrempol:

> „Aber sonst, ansonsten sind wir in unserer Pfarrgemeinde inzwischen sehr akzeptiert, wir hören, gehören genauso dazu wie meinetwegen eine Gruppe, die jeden, jeden Donnerstagmorgen hier Rosenkranz betet, so, das sind so die beiden Pole, ja, und das finden wir eigentlich ganz schön" (S. 4, F$_3$).

In ein und denselben Räumlichkeiten treffen sich zu unterschiedlichen Zeiten (z. B. montagabends vs. donnerstagmorgens) die unterschiedlichsten Gruppierungen und alle finden ihren Raum. Wohlgemerkt: jede zu ihrer Zeit. Es geht nicht darum, sich gemeinsam an einen Tisch zu setzen – man muss sich nicht gegenseitig lieben –, sondern der Gruppe „Montagskreis" ist an einer grundsätzlichen Akzeptanz und wechselseitigen Toleranz gelegen. Die Gruppe „Montagskreis" toleriert die anderen Gemeindegruppen, will aber mit ihnen nichts weiter zu tun haben. Sie will diese in Ruhe lassen, aber entsprechend möchte sie auch in Ruhe gelassen werden. Jeder soll seine Berechtigung haben – so muss es gemäß der Gruppe sein. Man selbst bezeichnet sich – wenigstens zum Teil – als offen für neue Mitglieder (vgl. S. 3, F_1) und angesichts dieses Enaktierungspotenzials kann die Ortsgemeinde in Sachen Toleranz und Offenheit u. U. vom „Montagskreis" noch einiges lernen: „[A]lso diese Offenheit zumindest würde der Pfarrgemeinde sicher gut tun" (S. 3, F_1). Für die Gruppe selbst wird die Anerkennung in der Gemeinde u. a. durch die Aufnahme ins *Publicandum* (= Ankündigungsblatt der Gemeinde; vgl. S. 4, M_5) oder durch eine positivlobende Erwähnung im Rahmen einer Predigt greifbar:

> „dieser ‚Montagskreis' [...] fand also neulich immerhin Eingang in die Predigt des Kaplans, dass das doch also eine wünschenswerte und gute Sache sei, dass es uns gäbe. Das hat uns also sehr gutgetan" (S. 2, F_2).

Die Gruppengeschichte lehrt, dass es ein schwerer und harter Weg sein kann, bis die erwünschte Akzeptanz erreicht ist: „Das mussten wir uns erkämpfen, ja!" (S. 4, F_3). Doch wenn man dies einmal durchgestanden hat, dann ist man ein integrierter Teil der Ortsgemeinde, hat (s)einen Platz bekommen und gehört dazu, wie die vielen anderen Gruppierungen auch. Die existierende plurale Vielfalt soll somit die angemessene und wünschenswerte Legitimität finden und entsprechend ist der negative Gegenhorizont mit den Schlagworten *Ausgrenzung, Ablehnung, Intoleranz*, ... zu umreißen. Dabei will die Gruppe nicht die Normalitätserwartungen ihrer Umwelt erfüllen oder sich um der erstrebten Akzeptanz willen anpassen – ganz im Gegenteil. Man ist augenscheinlich stolz darauf, ein unterscheidbares Element im Ganzen zu sein und gewissermaßen eine Exotenrolle einzunehmen. Man möchte akzeptiert werden, wie man ist.

b. Diverse Abhängigkeiten – Annäherungen an ein erklärendes Verstehen

Bei der Gruppe „Montagskreis" lässt sich gut zeigen, wie der Orientierungsrahmen konkrete Auslegungsergebnisse beeinflussen kann (auf der Ebene der gesamten Gruppe) sowie welche Zusammenhänge zwischen einem bestimmten angewandten Vorgehen und dem sonstigen Leben bestehen können (auf der Ebene einer Einzelperson).

Bzgl. der Feindesliebeforderung kommt die Gruppe zu einem etwas eigenwilligen Liebesverständnis, das letzten Endes wie eine Art Umdefinition anmutet: *Lieben* wird mit *Akzeptieren* gleichgesetzt. Man will und kann den (eigenen) Feind nicht lieben, maximal die Akzeptanz als anderer Mensch erscheint möglich – und Letzteres kann dann als Lieben bezeichnet werden. Dieses Verständnis korrespondiert wunderbar mit der Haltung der Gruppe „Montagskreis" zur innergemeindlichen Vielfalt: Der Gruppe ist nicht daran gelegen, sich mit anderen anzufreunden, sondern das Ziel besteht in wechselseitiger Akzeptanz gemäß dem Motto: *Leben und leben lassen*. Alles soll seine Berechtigung haben. Dazu passt des Weiteren, dass an Gott Vater besonders seine keine Unterschiede machende, zuteilende Zuwendung zu allen Menschen betont wird.

Jesus wiederum kommt als jemand in den Blick, der nicht nur Zöllner annimmt und integriert, sondern auch mit der blutflüssigen Frau gewissermaßen unzeitgemäß umgeht. Die Frau ist unrein und von daher aus der Gesellschaft ausgeschlossen. Für gewöhnlich wird so ein Mensch kaum beachtet, auf jeden Fall kann sie normalerweise nicht mit positiver Zuwendung rechnen. An dieser Stelle durchbricht Jesus gängige Konventionen: Er stört sich nicht an der Berührung, sondern nimmt sie an und hilft ihr. Er reintegriert die Ausgesetzte/Ausgestoßene. Die Wahrnehmung und Profilierung Jesu durch die Gruppe „Montagskreis" spiegelt nahezu eins zu eins deren positiven (Gegen-)Horizont wieder. Außerdem scheint sich im Schicksal der Frau die eigene Gruppengeschichte abzubilden: Wie die Frau war man ausgeschlossen – die Gruppe musste ins Exil in eine Nachbargemeinde gehen – und hat die Wiederaufnahme dementsprechend als befreiend und heilend erlebt. Die Gruppe findet sich augenscheinlich in den eigenen Auslegungen wieder bzw. die konkreten Auslegungen werden vor dem Hintergrund des eruierten Orientierungsrahmens als spezifische des „Montagskreises" verständlich.

Zum Abschluss soll noch ein Blick auf M_4 geworfen werden. Dieses Gruppenmitglied praktiziert nach eigener Aussage eine umfassende Einbeziehung des näheren literarischen Textkontextes (→ textinternes methodisches Vorgehen) und führt dies auf die eigene berufliche Prägung zurück:

> Ich „lese aber dann nicht nur diesen Text, sondern dann finde ich es ganz wichtig für mich, das Stück davor zu lesen und auch noch ein Stück dahinter zu lesen, um so mehr die Zusammenhänge zu kriegen. Vielleicht hat das ein bisschen was mit meinem Beruf zu tun, ich war mal Verwaltungsbeamter und so zu meiner Ausbildung gehörte, im Gesetzestext nie nur die Stelle, die ich gerade anwende, lesen, sondern immer auch zu gucken, was steht davor und was steht danach, weil das immer was, meistens was miteinander zu tun hat, damit das dann auch richtig wird. Und so ist das auch für mich wichtig, dass ich also dann gucke, was ist der Stelle, die verlesen worden ist, vorausgegangen und was kommt dann noch hinterher. Dann rundet sich das Bild für mich mehr, ich versteh das besser, was da so gemeint ist" (S. 11, M_4).

Die berufliche Vergangenheit motiviert ihn noch zu weiterem textinternen methodischen Arbeiten, da der Blick auf die Argumentationslogik hierdurch gewissermaßen vorgegeben zu sein scheint: „Ja, ja, so meine Verwaltungserfahrung sagt da ja was anderes. Da steht nämlich genau ‚wer, der', wer das tut, der hat Anspruch darauf" (S. 18, M_4). Das Beispiel von M_4 macht somit deutlich, inwiefern methodische Wahlentscheidungen durch das eigene Leben, u. a. den beruflichen Alltag, mitbestimmt sein können.

2.11 Gruppe „Theologinnen"

2.11.1 Kurze Fallbeschreibung: Fünf Frauen – Ein Spontanzusammenschluss mit feministischem Interesse auf hohem Level

		1	2	1	1	–	–	
♂ –	0 –	20 –	30 –	40 –	50 –	60 –	70 –…	Alter (in Jahren)
	–	–	–	–	–	5		
♀ 5	ohne	Quali	Mittl.R	Lehre	Abi	Uni		(Aus-)Bildung
		4		1		–		Gruppe: neutral
Σ 5		Rk		Evangel.		o.B.		Konfession
Gesprächsdauer: ca. 100 Min.; Westdeutschland/großstädtisch; Eigenrelevanz (*Bibel*)								

Fünf Frauen, altersmäßig zwischen 20 und 60 Jahre alt, alle universitär gebildet, nämlich theologisch, z. T. speziell exegetisch, ausgerichtet und beruflich im akademischen Bereich zu Hause, deutliches Übergewicht der katholischen Fraktion (s. o. *), wobei die Gruppe selbst konfessionell betrachtet neutral ist – das ist die Gruppe „Theologinnen" auf einen statistischen Punkt gebracht. Wir haben es somit mit Blick auf das Thema *Bibel/biblische Texte* mit Profis zu tun, und auch wenn die (berufliche) Beschäftigung mit der Bibel je unterschiedlich beurteilt respektive gewichtet wird, kann diesbezüglich eindeutig von einer Eigenrelevanz gesprochen werden, was entsprechend auch für die Thematik *Textverstehen* im Allgemeinen gilt. Die Gruppe an sich weist zwar keinerlei formale Kirchenanbindung auf, doch sind die einzelnen Mitglieder gewissermaßen von Berufs wegen, sprich: von Haus aus, eng mit den jeweiligen Institutionen verbunden, was sich nicht zuletzt auch darin äußert, dass man um die Bibel nicht herumkommt: „wir haben ja keine Alternative, sozusagen, wenn du dich noch irgendwie in der christlichen Kirche aufhalten willst" (S. 13, F_4).

Nach der Selbstaussage der Gruppe stellt sie einen „Kreis theologische Forschung von Frauen" (S. 1, F_1), einen „Spontanzusammenschluss von Frauen, die alle hier um diesen Hochschulort herumwohnen und die alle einer bestimmten europäischen Gesellschaft für theologische Forschung von Frauen zugehören" (S. 2, F_1), dar mit einem verbindenden gemeinsamen Horizont/einer gemeinsamen Basis: „[f]eministisches Interesse" (S. 1, F_1; vgl. S. 2, F_1). Regelmäßige Treffen (→ Lektüre, Diskussion) seit ungefähr einem Jahr – die *Gründung* liegt zwar etwas länger zurück (fünf/sechs Jahre), doch pausierte man zwischenzeitlich – mit den Zielperspektiven *Fortbildung* (vgl. S. 3, F_4), *persönlicher Austausch* (vgl. S. 3, F_4 und F_1) und *Kontaktpflege* (vgl. S. 3, F_1) bilden die Hauptaktivitäten, wobei hinsichtlich der Themen eine größere Offenheit und Spontaneität vorherrschen:

„[U]nd was die Themen sind, das hängt auch, das entscheidet sich praktisch von Mal zu Mal. Also, keine festen Themen in dem Sinne, außer dass wir uns eher so im Bereich wissenschaftlich feministische theologische, aber nicht notwendigerweise theologische Forschung interessieren und deswegen eher diskutieren" (S. 2, F_3). Themen werden u. a. spontan bestimmt, je nachdem, „was grad so eine macht" (S. 3, F_1). Man beschäftigt sich mit dem, „was uns gerade interessiert im Prinzip" (S. 3, F_2).

Alles in allem scheinen die Gruppenmitglieder sehr froh über die Existenz der Gruppe zu sein, denn es ist gar nicht so einfach, „Gesprächspartnerinnen [zu; C. S.] finden, die auf einem ähnlichen Level sind und sich mit ähnlichen Themen" (S. 3, F_2) beschäftigen. Hier klingt an, dass sowohl das eigene Bildungsniveau (ähnlicher Level) als auch das verbindende (feministische) Interesse (ähnliche Themen) als Abgrenzungskriterien fungieren und die Gruppenzugehörigkeit wesentlich bestimmen. Es kann nicht einfach jede Frau dazukommen und mitmachen, vielmehr ist eine (mehr oder weniger offizielle) Aufnahme notwendig (vgl. S. 3, F_1).

Beheimatet ist die Gruppe „Theologinnen" in einer westdeutschen Großstadt, einer Universitätsstadt, wie bereits erwähnt, und die Treffen finden gegen Abend abwechselnd bei einzelnen Gruppenmitgliedern privat zu Hause statt (vgl. S. 2, F_3) – so auch die vorliegende Diskussion, die tendenziell zu den längeren zählt. Die Gesprächsatmosphäre kann als gut beschrieben werden, auch wenn sich die Gruppe offensichtlich immer wieder schwertut, die Rolle der Untersuchten einzunehmen. Hierarchien oder sonstige Dominanzen treten nicht weiter hervor, obwohl mit F_1 die Chefin von F_2 anwesend ist (vgl. S. 4, F_2).

2.11.2 Auswertungen unter exegetischer Perspektive

(A_{Mt}) Methodisches Vorgehen bzgl. Mt 5

Mit Blick auf die erste Annäherung an Mt 5 (Zitat) fällt die Gruppe „Theologinnen" aus dem gewöhnlichen Schema heraus. Man begnügt sich nämlich nicht mit dem Zitat alleine, sondern fragt diese Einspielungsvariante etwas erstaunt an (S. 14):

F_1: Ja, das war jetzt alles?
Y_1: Das war's jetzt.
F_2: Wie?
F_5: Das ist nicht ganz, was ich mir unter @
     biblischem Text vorstelle, das kann
     ich mal gleich sagen [...].
Y_2: Das heißt, du hättest lieber den Text?
F_5: Das weiß ich nicht.

F$_1$: Ein bisschen mehr Zusammenhang als
diesen einen Vers.   F$_5$: Ja, vor allem, es war ja noch nicht
einmal der ganze Vers.

In der Folge bekommt die Gruppe die schriftliche Textvorlage gleich an die Hand,[1] da „ein bisschen mehr Zusammenhang" gewünscht ist, womit wir auch schon mitten in der Analyse des methodischen Vorgehens wären.

Die Gruppe „Theologinnen" fordert nämlich nicht nur ganz zu Beginn den näheren literarischen Kontext des Textes vom Forschungsteam ein, sondern rekurriert auf diesen auch im Rahmen der auslegenden Diskussion: „Na ja, aber das steht doch auch im Zusammenhang mit dem vorher" (S. 20, F$_5$). Zusätzlich wird auf die Bergpredigt als zugehörigen Großkomplex verwiesen (vgl. S. 14, F$_1$). Man will sich ganz augenscheinlich nicht mit einer einzelnen Stelle oder gar mit einem einzelnen Vers zufriedengeben. Daneben finden sich als weitere textinterne Arbeitsschritte zum einen Überlegungen hinsichtlich der Komposition des Abschnitts, wenn von „diesen tausend Beispielen" (S. 15, F$_4$) gesprochen wird bzw. herausgestellt wird, dass „das auch so viele Beispiele sind. Man könnt ja über ein Beispiel jetzt schon die ganze Zeit sich Gedanken machen" (S. 17, F$_4$). In eben diese Richtung weist folgende Vermutung der Gruppe: „Also der mit der Backe, der ist da wahrscheinlich die erste Konkretion" (S. 21, F$_1$).[2] Zum anderen beschäftigt sich die Gruppe intensiv mit der Argumentationslogik, die in Mt 5 verborgen ist und der man auf die Spur zu kommen trachtet. Dabei werden sowohl das *denn* (vgl. Mt 5,45b) als auch das *damit* (vgl. Mt 5,45a) mit Aufmerksamkeit bedacht:

„Das ist aber doch ‚denn', ne? Das ist doch die Begründung für das, was vorher steht" (S. 18, F$_1$); „Also ich versuch die ganze Zeit hier die Logik [...]" (S. 18, F$_1$); „Also, ich hab, äh, kann ich das deutlich machen, wie meine Logik ist" (S. 18, F$_5$); „Ich hab's versucht, so vorzulesen, dass die Logik deutlich wird" (S. 19, F$_5$); „Also, mh, die Logik, die ich darin verstanden hab" (S. 19, F$_5$); „Ich, mh, finde dieses ‚damit' so, so merkwürdig" (S. 20, F$_3$); „Mh. Aber dieses ‚Damit ihr werdet' klingt [...]" (S. 20, F$_3$).

In diesem Zusammenhang liegt neben der *methodischen Orientiertheit* auch *methodische Reflektiertheit* vor, da sich die Gruppe „Theologinnen" reflexiv bewusst ist, was sie tut, nämlich, dass man sich um die Logik (des Textes/der Argumentation) bemüht. An dieser Stelle wird deutlich, wie die Gruppe „Theologinnen" mit problematischen Aspekten des Textes umgeht und sich auf methodischem Wege bemüht, dieser Herr zu werden. Der An-

---

[1] F$_5$ wird zwar von F$_2$ zum (lauten) Vorlesen aufgefordert, lehnt dies aber ab (vgl. S. 14). In der Folge wird der Text – ebenso wie bei Mk 5 (vgl. S. 23f.) – als Erstes per stiller Einzellektüre wahrgenommen.
[2] Vgl. auch S. 19, F$_3$: „was dazwischen steht".

satzpunkt mit der Analyse der Argumentationsstruktur erweist sich dabei als nur mäßig erfolgreich.

Des Weiteren wird auch die *intentio operis* einmal kurz thematisiert (vgl. S. 20, F_1: „wenn du den Text als Text nimmst") und es werden vielfach semantische Beobachtungen angestellt, beispielsweise mit Blick auf „diese ganze Terminologie mit himmlischer Vater und [...] Brüder [...], also diese ganze männliche Sprache, die das hier durchzieht" (S. 17, F_4), „das Wort Sonne" (S. 18, F_4) und „die Völker" (S. 21, F_4), die entsprechend näher bestimmt werden (vgl. S. 21, F_1). Hier nutzt die Gruppe die detaillierten Blicke auf den Text, mithilfe derer einzelne Elemente fokussiert werden, um einerseits Missfallen (z. B. angesichts der männlichen Sprache), andererseits positive Wertschätzung (z. B. hinsichtlich der Sonne) zu artikulieren. Daneben werden die im Text auftretenden Numerus-Wechsel sehr aufmerksam registriert und an dieser Stelle begegnen – u. a. mit Blick auf potenziell mögliches historisch-kritisches Vorgehen,[3] das aber bezeichnenderweise nicht wirklich praktiziert wird – Ausführungen, die als *methodologisch reflektiert* qualifiziert werden können. Die Gruppe „Theologinnen" blickt nämlich gewissermaßen von einer (Meta-)Metaebene darauf, was grundsätzlich methodisch möglich ist. Dabei werden auch Voraussetzungen (z. B. entsprechendes Wissen) für den Einsatz bestimmter methodischer Schritte erörtert. Zu guter Letzt wird hinsichtlich des konkret praktizierten Umgangs mit dem Text der Kontext als ausschlaggebend ins Feld geführt (S. 22; Hervorhebungen C. S.):

F_4: [...] Ja, wieso steht jetzt hier Plural zum Beispiel und dann kommt da Singular, ne, so was. Solche Fragen.
[...]
F_1: *Aber das müssen wir jetzt nicht machen.*
F_4: *Ne, müssen wir nicht.* @
Können wir auch gar nicht, es sei denn, du weißt das alles. F_1: Nein, ich weiß es nicht. Ich fürchte nur, was jetzt kommt.
F_4: Ne, aber das würde mich jetzt mal interessieren, ja, wenn jetzt so Exegetinnen das analysiert haben, was da zum Beispiel jetzt übrig bleibt, oder was da von wem dazugefügt wurde, oder was weiß ich.
F_5: *Du meinst, mit der historisch-kritischen Methode, was man da rausfinden kann.*
F_1: *Du musst ja nicht historisch-kritisch lesen.*
F_5: Genau. @
@
F_4: Ne, *muss man nicht, darf man ja,* das würd mich jetzt interessieren. [...]

---

[3] Damit kommt der Bereich textexterner methodischer Schritte in den Blick, allerdings nur auf der Ebene der Reflexion, nicht der Praxis.

F₃: Aber ich glaube, *das liegt auch am Kontext*. Also, als wir vorhin, also, oder was ich vorhin schon gesagt habe, mit welchem *Ziel* ich das lese.[4] Wenn ich, wenn ich jetzt den Text von jemandem vorgelesen bekommen hätte, meditier drüber und ich setz dich irgendwo hin, *da würd ich da ganz anders mit umgehen als jetzt*. Und das macht natürlich auch die Schwierigkeit aus, und *jetzt bin ich auf der Metaebene, wie wir hier jetzt damit umgehen, ne. Also, beschäftigen wir uns jetzt mit Plural oder Singular oder schenken wir uns das?* [...]

Die Gruppe „Theologinnen" bewegt sich nach der Selbsteinschätzung auf einer Metaebene[5], denkt darüber nach, „wie wir jetzt damit umgehen" – sprich: reflektiert über grundsätzlich möglichen Methodeneinsatz. Es steht der Gruppe somit eine größere Auswahl an methodischen Werkzeugen vor Augen und damit zur Verfügung und die Diskussion dreht sich an dieser Stelle um den konkreten Rückgriff auf dieses Methodenarsenal. Dabei wird eine kontextuell-situative Komponente als entscheidend für den jeweiligen Umgang angeführt, der auch grundsätzlich anders beschaffen sein könnte, wenn denn die Situation und/oder das Ziel anders wären. Folglich liegt – auf textexternem Gebiet – *methodologische Reflektiertheit* vor, die jedoch nicht mit einer entsprechenden *methodischen Orientiertheit* einhergeht: Die auf der (Meta-)Metaebene thematisierten methodischen Möglichkeiten (vorwiegend historisch-kritisches Vorgehen) werden nämlich bezeichnenderweise gerade nicht konkret praktiziert, sondern es wird nur darüber nachgedacht, dass man entsprechend vorgehen *könnte*. Man tut dies aber nicht.

Exkurs: Bereits ganz zu Beginn dieses Diskussionsabschnitts hat sich die Gruppe „Theologinnen" zweimal auf eine Metaebene begeben. Direkt zum Einstieg – an der Stelle, an der die meisten anderen Gruppen das angebotene Zitatfragment ergänzt haben, was die „Theologinnen" überhaupt nicht tun – wird nämlich zum einen die Auswahl des Textes thematisiert[6] (vgl. S. 13, F₁: „Ja. Da weiß ich auch, warum der ausgesucht worden ist."), zum anderen problematisiert die Gruppe selbst eine eigene, möglicherweise vorliegende Verweigerungshaltung: „Also, wir verweigern uns jetzt gerade dem Text, wir müssen mal so kurz auf die Metaebene" (S. 15, F₂). – *Exkurs Ende –*

---

[4] Vgl. S. 10, F₃: „Also, ich glaube, bei mir hängt's davon ab, mit welchem Ziel ich lese." Als mögliche Ziele werden das Kennenlernen biblischer Geschichten (→ runterlesen wie Goethe), das Meditieren über biblische Texte (→ meditatives Lesen dieses besonderen Buches) sowie das Predigen darüber (→ analytisch) genannt.

[5] Vgl. zusätzlich S. 23, F₂: „Aber, ich bin ja, isses, auch auf Metaebene ist es irgendwie komisch."

[6] Exakt das gleiche Vorgehen findet sich zu Beginn des Diskussionsabschnitts bzgl. Mk 5. Die Gruppe spricht explizit die Auswahl des Textes an und äußert in diesem Zusammenhang eine vorgängige eigene Vermutung (→ Gleichnis mit den Talenten, vgl. S. 24, F₅) mit folgender (Meta-)Begründung: „Wegen verschiedener Milieus, was die daraus machen, aus den Talenten. @" (S. 24, F₅). Diese (Vor-)Erwartung der „Theologinnen" hat sich folglich nicht bestätigt.

Doch sind die in methodischer Hinsicht relevanten Beobachtungen immer noch nicht erschöpft, denn auch aus den Reihen der *textexternen* Methodenschritte findet sich das eine oder andere bei der Gruppe „Theologinnen". Erstens werden noch die Textgattung – in negativer Wendung (→ keine Geschichte) – eingebracht und auf diesem Wege erneut gewisse Schwierigkeiten mit dem vorgelegten Text artikuliert,[7] zweitens wird die Textpragmatik – besonders mit Blick auf Mt 5,45f. – wie folgt bestimmt: „Also, macht was Besonderes aus euch" (S. 19, F_5). Daneben begegnen ansatzweise traditionskritische/-geschichtliche Gedanken, wenn der Text dem Matthäus(-Evangelium) zugeordnet und festgehalten wird, dass Matthäus „halt 'ne andere Theologie [hat; C. S.] als die, die du gerne möchtest" (S. 20, F_1). An dieser Stelle sticht allerdings hervor, dass die traditionsgeschichtliche Argumentationsebene sofort wieder verlassen und der gleiche Grundgedanke auch textintern unter Verweis auf die *intentio operis* festgemacht wird: „[W]enn du den Text als Text nimmst, dann hast du das so" (S. 20, F_1). Es entsteht der Eindruck, als würde das *textinterne* Vorgehen – soweit dies möglich ist – dem *textexternen* gegenüber bevorzugt. Wie dem auch sei: Der Rekurs entweder auf traditionsgeschichtliche Gesichtspunkte oder auf die *intentio operis* dient auf jeden Fall dazu, eine plausible Begründung für die eigenen Probleme mit bestimmten Aspekten des Textes zu liefern, dem eigenen Widerspruch gewissermaßen eine argumentative Basis zu verschaffen.

Die Möglichkeit einer historisch-kritischen Lektüre/Auslegung ist auf der Metaebene grundsätzlich bekannt, wird aber nicht konkret angewandt. In diesem Zusammenhang wird von der Gruppe besonders ein Aspekt der vielfältigen historisch-kritischen Analysemöglichkeiten herausgegriffen: die Zerlegung des vorliegenden Textes – wahrscheinlich anhand literarkritischer, traditionskritischer, redaktionskritischer Analysen. Ersteres blitzt im Rahmen der Diskussion selbst kurz auf, wenn – ohne dass dies allerdings weiter beachtet würde – eingeworfen wird: „„... passt ja sowieso alles nicht zusammen ..." (S. 21, $F_?$). Des Weiteren könnte die oben genannte intensive Thematisierung der Numerus-Wechsel in eine entsprechende Richtung zu deuten sein. Ansonsten wird dieses textexterne Instrumentarium allerdings von der Gruppe nicht praktiziert.

Summa: Die Länge der vorstehenden Ausführungen macht bereits deutlich, dass die Gruppe „Theologinnen" in einem hohen Maße *methodisch orientiert* vorgeht. Darüber hinaus liegen *methodische* und sogar *methodologische Reflektiertheit* (→ dann allerdings ohne damit einhergehende *me-*

---

[7] Vgl. S. 15, F_1: „Jedenfalls hätte das Projekt mehr Chancen bei uns, glaub ich, wenn's 'ne Geschichte wäre." Folglich scheint Mk 5 eine deutlich günstigere Ausgangsposition zu haben, was dort auch explizit angemerkt wird: „Jedenfalls hab ich hier nicht so Widerstände wie beim anderen" (S. 24, F_2).

thodische Orientierung) vor. Man bewegt sich gerne und viel auf einer Meta-, wenn nicht gar auf einer Meta-Metaebene und die Gruppe „Theologinnen" stellt in methodischer Hinsicht eine Gruppe dar, die sehr elaboriert arbeitet; zumeist mit einer kritischen Intention. Dabei lässt sich bzgl. der Zuordnung der angewandten methodischen Schritte Interessantes ermitteln: *Methodologisch reflektiert* ist die Gruppe mit Blick auf *textexternes* Vorgehen (→ historisch-kritisch) – was nicht angewandt wird –, bzgl. der *methodischen Orientierung* (inkl. Reflektiertheit) ist dagegen ein deutlicher Schwerpunkt im *textinternen* Spektrum (u. a. Einbeziehung des Textkontextes, Komposition/Struktur, semantische Beobachtungen, Argumentationslogik) auszumachen. Letzteres offenbart u. a. ein Vergleich hinsichtlich Zahl und Umfang der entsprechenden methodischen Bemühungen und einschlägig ist in diesem Zusammenhang auch die unmittelbare Fortsetzung traditionsgeschichtlicher Überlegungen (→ textextern) mit einem textinternen Methodenschritt (→ *intentio operis*).

(B_{Mt}) Textwahrnehmung und Hypertextrekonstruktion bzgl. Mt 5

Die Rekonstruktion des Hypertextes der Gruppe „Theologinnen" bzgl. Mt 5 erweist sich als schwierig. Zwar wird unter dem Strich sehr viel von der Hypertextbasis wahrgenommen, doch ein wirklicher (zusammenhängender) Hypertext ist – zumindest zunächst – kaum zu erkennen. Vielmehr springt die Gruppe stark durch den Text, greift jeweils einzelne Aspekte heraus und setzt immer wieder neu an. Dabei ist die Abgrenzung einzelner Hypertexteinheiten verhältnismäßig unsicher, da klare Einschnitte eine Seltenheit sind.

Einen Einstieg unternimmt die Gruppe mit Mt 5,38cd.39a, wobei die begleitenden Gefühlsäußerungen nicht erbaulich klingen: „Ach, ich hab schon keine Lust, wenn ich das hier lese: Auge um Auge, Zahn um Zahn. Ich aber sage euch" (S. 14, F_5). Nach einer längeren Diskussionspassage ohne jede Textwahrnehmung erfolgt ein intratextueller Sprung zu Mt 5,42cd: Die Gruppe findet dies „nicht so einfach" (S. 16, F_1) bzw. dieser Vers zählt zu dem, was „total stört" (S. 16, F_3). Doch ohne sich lange aufzuhalten, springt die Gruppe erneut weiter, diesmal zu Mt 5,46a–c in direkter Verbindung mit Mt 5,48, womit alle störenden Elemente gewissermaßen versammelt wären (S. 16):

F_3: Dann find ich noch mehr, was mich stört, und dann: Wenn ihr nämlich die liebt, die euch lieben, welchen Lohn habt ihr? Und seid also vollkommen, wie euer himmlischer Vater vollkommen ist. Also, ich weiß jetzt alles, was mich stört. Und dann geht sofort das ab, kch, und wie könnte man das so interpretieren, dass das aber ein schöner und fruchtbarer Text für mich ist und das geht auch ratzfatz. Seid also vollkommen, wie euer himmlischer Vater vollkommen ist. Ja, das ist in uns Menschen angelegt, weil wir von Gott geliebt sind, und das ist großartig und wir sind also dazu aufgerufen, mhmh, und das ist im Grunde nur die Formulierung des Soll-Zustandes und lalala. Also, irgendwie merk ich, wenn ich wollte, wär ich jetzt schon fertig mit dem Text.

F_3: Aber wär ja nicht in eurem Sinne, oder? @
F_4: Ja, aber ich muss sagen, mir geht's genauso.
F_2: Mir geht's auch ähnlich, ja.

Die Gruppe „Theologinnen" ist somit in einem ersten Anlauf durch den kompletten Text geeilt – von Mt 5,38 bis 5,48 –, wobei sich vier Haltepunkte ausmachen lassen. Dabei sind ausnahmslos Elemente aufgegriffen worden, die als *störend* qualifiziert werden, einzig für Mt 5,48 ließe sich auch eine schöne und fruchtbare Interpretation finden (vgl. S. 16, F_3). Wenn man wollte, wäre man bereits fertig mit dem Text – an dieser Stelle findet sich eine konsensmäßige Übereinkunft der Gruppenmitglieder.

Doch wäre dies in der Tat nicht im Interesse des Forschungsprojektes und so kommt es der Untersuchung entgegen, dass die Gruppe anschließend Mt 5,44 einbezieht, einen Vers, dem gegenüber eine „ganz superstarke Ambivalenz" (S. 16, F_5) geäußert wird. In der Folge greift die Gruppe erstmals Mt 5,39d in einem Atemzug mit Mt 5,42b auf[8] und es wird erneut (vgl. S. 16, F_1 und F_3) Widerspruch gegen diese praktischen Handlungsanweisungen eingelegt:

„Ich mein, feministisch gesehen kannste sagen, viel zu lange haste schon die, äh, die rechte Backe hinge-, oder die linke auch noch hingehalten, und alles das, hier gemacht, ne. Jetzt wär, war ja auch und is auch manchmal angesagt, eben mal zu sagen, nee, oder bei dir eben vielleicht ... zu sagen, ne, ich gebe jetzt kein Geld, ne. [...] Ich will nicht die Backe hinhalten, ja, weil, das hab ich schon zu lange und zu oft gemacht. [...] Oder hier. Alles weggegeben, oder so. Ich sollte lieber mal das gerade nicht machen, ja. [...] Dann stört mich natürlich auch diese ganze Terminologie mit himmlischer Vater und, und: Wenn ihr eure Brüder grüßt, und so weiter, also diese ganze männliche Sprache, die das hier durchzieht" (S. 17, F_4).

Ob mit der Wendung *alles weggegeben* wieder auf Mt 5,42b Bezug genommen oder vielleicht auf Mt 5,40 angespielt wird, lässt sich nicht sicher entscheiden. Es fällt auf jeden Fall auf, dass die Gruppe im Zuge dieser Überlegungen wieder durch den Text springt: Weitere störende Details werden in Gestalt des himmlischen Vaters (vgl. Mt 5,48b; 5,45a) und der Brüder (vgl. Mt 5,47a) identifiziert, wobei dies gewissermaßen exemplarisch für *diese ganze männliche Sprache* (und Terminologie → semantische Beobachtungen ✖) steht. Alles in allem ist die erste Hypertexteinheit somit

---

[8] Der Richtigkeit halber sei erwähnt, dass vor dieser Textwahrnehmung noch kurz die erste Hälfte von Mt 5,45b als etwas *Schönes* eingebracht wird (vgl. S. 17, F_2). Allerdings soll dies erst an späterer Stelle, genauer gesagt im Rahmen der nächsten Hypertexteinheit, behandelt werden (vgl. unten), da hier der erste Vorbote einer neuen Diskussionslinie zu erkennen ist.

durch starke intratextuelle Sprünge gekennzeichnet, wobei fast ausschließlich störende bzw. Widerspruch erweckende Teile Beachtung finden.[9] Dies ändert sich im Rahmen der nächsten Hypertexteinheit, denn jetzt sucht die Gruppe „Theologinnen" nach etwas *Schönem:*

„Und dann dacht ich so: Ja, aber, aber ich such dann auch direkt so. Was ist denn jetzt so Schönes, ja. Und dann: Denn seine Sonne lässt er aufgehen" (S. 17, F_2).[10]
„Also, was mich eigentlich da so am meisten interessiert, jetzt an dem Text, im Moment, wär genau dieser Satz, den du auch schon gesagt hast: Denn seine Sonne lässt er aufgehen über Bösen und Guten" (S. 17, F_4).

Als Erstes erweckt Mt 5,45b Interesse bzw. ganz genau betrachtet ist „das einzige Wort, was mich da echt richtig anspricht, [...] das Wort Sonne, in dem ganzen Text" (S. 18, F_4). Allerdings ist in Mt 5,45bc auch ein bestimmtes Gottesbild impliziert und dieses bereitet Probleme: „Egal, ob böse oder gut, egal, ob böse oder ungerecht, über allen scheint die Sonne, und lässt er regnen" (S. 18, F_4). Es sei darauf hingewiesen, dass an dieser Stelle Gott explizit als Subjekt – zumindest des Regens – wahrgenommen wird. Die Gruppe greift in einem ersten Schritt somit die in Mt 5,45bc ausgesagte Gleichbehandlung von Bösen und Guten, von Gerechten und Ungerechten auf – und ringt in der Folge um einen für sie plausiblen Sinn dieser egalitären Vorstellung.

Fallübergreifender Vergleich: Bei der Gruppe „Montagskreis" (vgl. Teil II 2.10.2 B_{Mt} und C_{Mt}) wird dagegen gerade diese Gleichbehandlung durch Gott, der eben keinen Unterschied macht, positiv gewürdigt und argumentativ verwertet. Für die „Kirchenmänner" (vgl. Teil II 2.8.2 B_{Mt} und C_{Mt}) ist ebenfalls das in Mt 5 implizierte Gottesbild – mit durch und durch positiven Konnotationen – sehr wichtig, doch gewissermaßen auf einer theologischen Ebene: Sie setzen statt Sonne/Regen den Begriff *Gnade* ein: Gott ist dadurch charakterisiert, dass Gottes Gnade allen Menschen zuteilwird/-werden kann. – *Vergleich Ende* –

Im Rahmen der sich anschließenden Diskussion werden besagte Verse (in unterschiedlicher Ausführlichkeit[11] und mit variierenden Betonungen) immer wieder zitiert. Zum einen findet das *denn* aus Mt 5,45b verstärkte Aufmerksamkeit, da hierdurch eine Begründung des Vorhergehenden angezeigt ist (vgl. S. 18, F_1), und die Gruppe versucht, die implizierte Logik (Analyse der Argumentationslogik ✖) herausarbeiten. Letzten Endes landet man bei folgendem Clou (S. 19):

---

[9] Die Gruppe „SOLID" geht ähnlich vor. Dort werden auch zunächst alle störenden und Anstoß erregenden Elemente zusammengetragen (vgl. Teil II 2.7.2 B_{Mt}).

[10] Dieser Einstieg in die zweite Hypertexteinheit steht gewissermaßen etwas vorgelagert (vgl. im gleichen Kap. Anm. 8). Der Rückbezug an späterer Stelle (vgl. S. 17, F_4: „dieser Satz, den du auch schon gesagt hast") ist aber eindeutig: Erneut wird Mt 5,45b zitiert, diesmal vollständig.

[11] Vgl. S. 18, F_1 → Mt 5,44b–d.45ab; S. 18, F_5 → Mt 5,44–46a–c.

F₅: Also, mh, die Logik, die ich darin verstanden hab, war, äh, also, ich sage euch, was ihr tun sollt, nämlich, oder, also, ne, ich sage euch, was, äh, wie ihr Kinder eures Vaters im Himmel werdet. Denn ihr seid das, denn die Sonne lässt er über allen aufgehen, und er lässt es auch über allen regnen, denn wenn ihr nur die liebt, die euch sowieso lieben, welchen Lohn habt ihr? Also, macht was Besonderes aus euch, also, so hab ich das verstanden.

F₅: Seid nicht nur einfach die, über denen
die Sonne auf-, auf- und untergeht
Ja. So hab ich das verstanden.   F₂: Das Besondere ist „Kinder eures Vaters".
F?: Ja, genau.

Die Gruppe „Theologinnen" hebt somit auf den textpragmatischen Aspekt (✖) *Macht was Besonderes aus euch!* ab und in diesem Zusammenhang wird Mt 5,45bc als der „Lauf der Welt" (S. 19, F₅) qualifiziert bzw.

„das, was zwischen ‚Damit ihr Kinder eures Vaters im Himmel werdet' und ‚Seid also vollkommen', das, was dazwischen steht [= Mt 5,45bc–47; C. S.], beschreibt eigentlich den normalen Lauf der Dinge. Und, mh, dadrunter steht im Grunde das, wie man sich da raushebt, nämlich, Kind des Vaters im Himmel wird" (S. 19, F₃).

Es geht folglich darum, Kinder Gottes zu werden und diese „grüßen alle und die lieben alle. Und zwar vollkommen" (S. 19, F₃). Doch ist damit immer noch kein letztlich zufriedenstellender Sinn konstruiert. Die Gruppe „Theologinnen" bleibt bei der Argumentationslogik (✖) und jetzt wird das *damit* aus Mt 5,45a kritisch unter die Lupe genommen:

„[I]ch da drüber mit diesem ‚Damit ihr Kinder eures Vaters im Himmel werdet', gedacht habe, hier, was ist denn das? Ich dacht, ich bin schon Kind Gottes, also, muss ich mich jetzt erst noch quasi" (S. 19f., F₃); „erstmal bin ich doch das Kind. Erstmal bin ich doch geliebt. Punkt" (S. 20, F₃). „Ich, mh, finde dieses ‚damit' so, so merkwürdig. Also, weil ich liebe nicht alle meine Feinde, und ich bete nicht für alle, die mich verfolgen. Das, finde ich, ist wirklich 'n sehr sehr sehr hoher Anspruch. […] Und trotzdem möchte ich Kind Gottes sein" (S. 20, F₃).

Fallübergreifender Vergleich: Auch für die Gruppe „KSJ" (vgl. Teil II 2.3.2 B_{Mt}) ist relativ klar, dass wir alle schon Kinder Gottes sind. Allerdings wird dies dort ohne konkrete Stellenangabe als biblische Tradition eingespielt und eine extratextuelle, innerbiblische Verlinkung mit *widersprechender/in Frage stellender* Intention vorgenommen. Letzten Endes argumentiert die „KSJ" folglich mit einem innerbiblischen Widerspruch. – *Vergleich Ende –*

Man tut sich mit dem *damit* und dem sich darin aussprechenden Gedanken, gewissermaßen eine Leistung für das Kind-Gottes-Werden erbringen zu müssen (Argumentationslogik ✖), offensichtlich schwer. Da hilft auch der Rückverweis auf Mt 5,43 nichts (vgl. S. 20, F₅; Einbeziehung des Textkontextes ✖). Das Problem ist folgendermaßen auf den Punkt zu bringen: Gemäß Mt 5,44f. sind Feindesliebe und Gebet für die Verfolger Bedingung/Voraussetzung (*damit*) für das Kind-Gottes-Werden. Nun liebt man selbst aber nicht *alle* seine Feinde und betet auch nicht für *alle*, die einen verfolgen, und trotzdem möchte man den Kind-Gottes-Status für sich beanspruchen können. Hier liegt eine Spannung vor, der interpretierend nicht beizukommen ist, weshalb die Gruppe „Theologinnen" abschließend auf die matthäische Theologie (traditionsgeschichtliche Überlegungen ✖) bzw. auf eine entsprechend zu bestimmende *intentio operis* (✖) verweist:

> Matthäus „hat halt 'ne andere Theologie als die, die du gerne möchtest. Da musst du dann Evangelienharmonie betreiben, wenn das rauskommt, was du willst" (S. 20, F_1). „Ja, ich denke schon, also wenn du den Text als Text nimmst, dann hast du das so. Du musst was tun, damit du Kind Gottes wirst. Ist dir nicht einfach geschenkt" (S. 20, F_1).

Die Gruppe „Theologinnen" ist somit im Rahmen der zweiten Hypertexteinheit bei etwas *Schönem* gestartet, am Ende jedoch erneut bei schwierig-problematischen Aspekten gelandet. Der Schluss dieser Hypertexteinheit ist – was eine Ausnahme darstellt – durch eine Pause deutlich markiert (vgl. S. 21).

Im weiteren Verlauf der Diskussion finden sich noch zwei kleinere Hypertexteinheiten, die nun das Hauptaugenmerk auf einzelne Verse/Versteile legen, ganz im Unterschied zu den ersten beiden Einheiten, die durch starke intratextuelle Sprünge charakterisiert sind und viele Elemente der Hypertextbasis aufgenommen haben. Zunächst werden mit Mt 5,46d und 5,47c zwei Textteile wahrgenommen, die bisher ausgeblendet worden sind. Erneut begegnet eine negative Bewertung – in diesem Fall erregt der *elitäre Touch* des Textes Unmut (S. 21):

F_1: Es hat schon auch so'n bisschen so'n elitären Touch in diesem Text. Das kann ich überhaupt nicht leiden, wenn da steht: „Tun das nicht auch die Zöllner, tun das nicht auch?"
$F_?$: Mh.
F_4: Ja, es stimmt. Warum heißt'n das „Tun das nicht auch die Völker?" Was heißt'n das „Die Völker"?
F_1: Die, die Gott nicht anrufen. F_2: die ...
Ja. Die nicht, die nicht im Bund stehen, und erst recht nicht die, die jetzt einen F_4: Ach so, ja.
neueren Bund oder einen neuen Bund schließen.

Anschließend wird zu guter Letzt noch Mt 5,39b in den Mittelpunkt gerückt, wobei die Qualifizierung als *merkwürdig* an das problematische *damit* aus Mt 5,45a erinnert (vgl. S. 20, F_3):

> „Mh, dieser Satz da oben, ‚Widersteht dem Bösen nicht.' Was bedeutet das? Setzt euch dem aus, weil ihr seid stärker? Also, ich find den merkwürdig, ich hab, also, beim ersten Durchlesen gemerkt, dass ich den so gar nicht kenne" (S. 21, F_3).

In der Folge wird Mt 5,39cd – als „erste Konkretion" (S. 21, F_1) – einbezogen und die Aspekte *Verblüffen* (eines aggressiven Angreifers; vgl. S. 21, F_1) und *Durchbrechen* (des Teufelskreises; vgl. S. 21, F_2) herausgestellt. In diesem Kontext findet sich die erste und insgesamt einzige extratextuelle Einspielung der Gruppe „Theologinnen"[12], und zwar außerbiblischer Provenienz: Es wird *unterstützend* in der Art eines *Pop-ups* die Kampfsportweisheit *Geh mit der Energie!* eingebracht (vgl. S. 21, F_4, zweimal), und zwar mit folgender Stoßrichtung: „Du weichst eben zurück, und dadurch geht der andere ins Leere, ja. So. Das ist so ungefähr die Idee" (S. 21, F_4). Dass dieser Verständnisvorschlag bzgl. Mt 5,39b aber dezidiert nicht zu Mt 5,39d passt, wird ausdrücklich festgehalten (vgl. S. 21, F_5), denn „das geht noch weiter, […] also, nicht nur zurückweichen, sondern, also, sich aussetzen im Grunde. Darum. Es geht noch diesen einen Schritt weiter" (S. 21f., F_3) – ergo ist es eben „doch 'ne Art von Widerstand" (S. 22, F_1).

Somit liegen zwei mögliche Optionen vor: Entweder man entscheidet sich für Mt 5,39b in der gerade skizzierten Auslegung (→ Geh mit der Energie), womit dann Mt 5,39d ausgeklammert bleiben muss, oder man legt den Akzent auf Mt 5,39d. In letzterem Fall besteht die Pointe darin, dass es hier doch in gewissem Sinne um Widerstand geht, was natürlich mit Mt 5,39b schwierig zu vereinen ist. Wie man es auch dreht und wendet, eine stimmige durchgängige Linie wird von der Gruppe „Theologinnen" an dieser Stelle nicht gefunden, was aber vielleicht auch gar nicht verwunderlich ist. Vielmehr könnte dies am Text selbst liegen, denn das „passt ja sowieso alles nicht zusammen" (S. 21, $F_?$). Vor diesem Hintergrund ist es bezeichnend, dass die Gruppe zum Abschluss dieses Diskussionsteils auf die Numeruswechsel in Mt 5 zu sprechen kommt (vgl. S. 22, u. a. F_4: „Ja, ,Widersteht dem Bösen nicht', ist ja Plural."), potenziell mögliches historischkritisches Vorgehen (→ Zerlegung in Schichten ✄), das aber nicht konkret praktiziert wird, thematisiert und das Gespräch somit auf einer (Meta-)Metaebene fortsetzt respektive zu einem Ende führt.

Summa: Hinsichtlich des Hypertextes zu Mt 5 lassen sich für die Gruppe „Theologinnen" trotz einiger Abgrenzungsunsicherheiten insgesamt vier Einheiten herausarbeiten, wobei die ersten zwei sehr umfangreich, die letzten beiden dagegen ziemlich knapp sind. Zunächst springt die Gruppe intratextuell durch die komplette Textvorlage, greift einzelne Punkte heraus und sammelt auf diese Weise all das, was als störend empfunden wird: Auge um Auge, Zahn um Zahn; pauschale Borgeregel; elitär klingendes *Wenn ihr nur die liebt, die euch lieben …*; Vollkommenheitsforderung; Feindesliebeforderung; himmlischer Vater und Brüder (= männliche Sprache). Anschließend wird die zweite Antithese *Feindesliebe und Co.* – genauer gesagt Mt 5,44–46 – unter die Lupe genommen und die im Text implizierte

---

[12] Auch bei der Diskussion zu Mk 5 wird keinerlei zusätzliches Material eingebracht.

Logik (*denn/damit*) inklusive daraus erwachsender Konsequenzen genau analysiert: Wann bin ich Kind Gottes bzw. wie ist das nun mit den Bedingungen? Dabei betont die Gruppe, dass die *Sonne* ein schönes Element des Textes darstellt, mit dem Bedingungsgefüge dagegen hat man seine liebe Not: Kind Gottes will man sein, auch wenn man nicht alle seine Feinde liebt und nicht für alle, die einen verfolgen, betet. Hier konstruiert die Gruppe aus den vorhandenen Elementen einen spezifisch eigenen Hypertext. Zum Abschluss werden die Abhebung von Zöllnern und Völkern (vgl. Mt 5,46d.47c) sowie die Nichtwiderstandsforderung (vgl. Mt 5,39b) problematisiert. Im ersten Fall stört der elitäre Touch, im zweiten stehen schlussendlich zwei grundsätzliche Optionen im Raum: Entweder man favorisiert Mt 5,39d, verstanden als eine Aufforderung zum Widerstand, oder man entscheidet sich für Mt 5,39b mit dem Clou, dem Angriff gewissermaßen auszuweichen und den anderen ins Leere laufen zu lassen (→ Verblüffen, Durchbrechen). „Geh mit der Energie!" lautet bzgl. Letzterem das *unterstützend* eingespielte Programmwort. Zu guter Letzt endet die Gruppe dort, wo sie auch begonnen hat: auf einer (Meta-)Metaebene. Insgesamt fällt auf, dass die Gruppe zum einen sehr stark (intratextuell) durch die Hypertextbasis, von der sehr viel wahrgenommen wird, springt, dass zum anderen von der schriftlichen Textvorlage fast ausnahmslos *störende*, sprich: problematische, Elemente thematisiert werden. Des Weiteren wird fast kein außertextuelles Material in die Überlegungen einbezogen.

(C_{Mt}) Positionierung (Identifikation/Kritik) bzgl. Mt 5

Die Gruppe „Theologinnen" thematisiert an keiner Stelle den potenziellen Sprecher/die mögliche Sprecherin der Worte aus Mt 5. Auch die Machtkonstellationen werden nicht wahrgenommen, ebenso wenig wie die veränderte Grundsituation in Mt 5,42 im Vergleich zu Mt 5,41 – ganz im Gegenteil: Die Wangenforderung und die Borgeregel werden gewissermaßen in einem Atemzug genannt (vgl. S. 17, F_4).

Die Passage wird insgesamt gelesen als ein „Text, der relativ viele praktische Handlungsanweisungen enthält, ne. Davon sind ja manche durchaus auch mal aktuell" (S. 16, F_1). Gemäß diesem Grundverständnis sieht sich die Gruppe selbst unmittelbar als angesprochen, überträgt die Weisungen ins eigene Leben und bezieht jeweils kritisch Stellung zu den Forderungen: Z. B. wird die Borgeregel in ihrer Sinnhaftigkeit (in jeder Situation) angefragt (vgl. S. 16, F_1 und F_3) oder es werden die in Mt 5,44 genannten Bedingungen für die Gotteskindschaft problematisiert (vgl. S. 20). Auffällig sind in diesem Zusammenhang die vielen begegnenden Gefühlsäußerungen, da sich die „Theologinnen" selbst auf diese Weise gegenüber dem Text positionieren: Neben wenigen Elementen, die als *gut* respektive *schön* qualifiziert werden (vgl. S. 17, F_2), werden vorrangig die Verse/Versteile herausgegriffen, die als *störend* (vgl. S. 14, F_5; S. 16, F_3 und F_5; S. 17, F_4; S. 18, F_4; S. 21, F_1), *merkwürdig* (vgl. S. 20 und 21, jeweils F_3) oder zumindest *ambivalent* (vgl. S. 16, F_5) empfunden werden. Die Gruppe verhält sich somit sehr ausdrücklich zum Text, doch gewissermaßen gefühlsbetont respektive auf Basis einer persönlichen Einschätzung. Eine Argumentation (z. B. gegen einzelne Textaussagen) findet sich hierbei nicht, die eigene Meinung genügt augenscheinlich.

Fallübergreifender Vergleich: Dies wird von der Gruppe „SOLID" (vgl. Teil II 2.7.2 B_{Mt} und C_{Mt}) geradezu entgegengesetzt praktiziert: Hier finden sich kaum Äußerungen einer persönlichen Meinung/Einstellung, dafür ist die Gruppe um eine Art *objektive* Argumentation bemüht. Aus diesem Grund ist die Textverstehensstrategie der Gruppe „SOLID" u. a. als *argumentativ* qualifiziert worden. – *Vergleich Ende –*

Ein weiterer wichtiger Punkt ist mit dem Schlagwort *Kontextualisierung* zu bezeichnen, denn die eigene Positionierung ist gewissermaßen kontextabhängig: Zum einen wird als Problem der fehlende (situative) Kontext herausgestellt, sprich angefragt, in welcher (aktuellen) Situation dieser Text gelesen wird (vgl. S. 17, F_4). Zum anderen nimmt die Gruppe „Theologinnen" primär eine Verortung mit Blick auf Frauen/-gruppen vor, wobei vor diesem Hintergrund die Weisungen erneut kritisch anzufragen sind: Viel zu lange haben Frauen schon die andere Wange hingehalten, jetzt gilt es, dies gerade nicht mehr zu tun (vgl. S. 17, F_4; S. 23, F_2), sondern eine „Ich-Stärkung" (S. 17, F_4) in Angriff zu nehmen. Zu guter Letzt wird auch die Rolle Gottes wahrgenommen und das im Text implizierte Gottesbild thematisiert – hier wird ansatzweise Kritik an einer möglichen *Egal-Mentalität* laut.

Summa: Die Gruppe „Theologinnen" fühlt sich vom Text persönlich angesprochen und problematisiert auf dieser Grundlage die Forderungen aus Mt 5. Man identifiziert sich somit mit dem *Du/Ihr* des Textes. Dabei wird an textinternen Figuren kaum Kritik geübt; einzig ein Gott, dem alles egal wäre, wird kritisch beurteilt. Auffällig ist insgesamt die gefühlsbetonte Positionierung sowie die in diesem Zusammenhang begegnende Kontextabhängigkeit: Mt 5 wird besonders mit Blick auf die Situation von Frauen/-gruppen diskutiert.

(A_{Mk}) Methodisches Vorgehen bzgl. Mk 5

Bzgl. Mk 5 finden sich bei der Gruppe „Theologinnen" erneut zahlreiche methodische Arbeitsschritte, allerdings wirkt der Befund auf den ersten Blick etwas weniger reichhaltig als bei Mt 5. Zunächst wird ansatzweise die Gattung (→ textextern) des Textes bestimmt und zwar wird Mk 5 als „super Geschichte" (S. 24, F_4; vgl. S. 24, F_1; S. 25, F_1; S. 26, F_1 und F_4), genauer spezifizierend als „Heilungsgeschichte" (S. 25, F_5) klassifiziert. Die damit einhergehende Beurteilung ist sehr positiv und der Geschichte wird mit einem grundsätzlichen Wohlwollen begegnet. Außerdem stellt die Gruppe Überlegungen in Richtung einer Interaktions-/Aktantenanalyse (→ narratologische Erzählanalyse, textintern) an, wird doch die Hauptrolle dezidiert an die Frau vergeben, und man „sieht Jesus gar nicht so besonders im Mittelpunkt" (S. 24, F_4) – „die Frau ist doch hier die Hauptperson" (S. 24, F_4). Bzgl. der Konstellation arbeitet die Gruppe somit heraus, dass Mk 5 „die Frau als Subjekt, die Frau im Mittelpunkt" (S. 27, F_1) präsentiert. Auch wird besonders auf die Verteilung der (Inter-) Aktionen geachtet (vgl. S. 24, F_4) und u. a. das späte erstmalige Aktivwerden Jesu betont (vgl. S. 25, F_5). Ergo ist in interaktioneller Hinsicht Folgendes zu konstatieren: „eigentlich die Aktion übernimmt die Frau" (S. 25, F_5), „die Frau ist diejenige, die aktiv ist" (S. 27, F_1). Das Ziel dieses methodischen Vorgehens ist relativ klar darin zu sehen, die Bedeutsamkeit der Frau herauszustellen. Vorstehende Ausführungen lassen das Urteil zu, dass die Gruppe „Theologinnen" *methodisch orientiert* vorgeht, wobei hier eine textinterne Schwerpunktsetzung erkennbar ist.

Mit Blick auf (weitere) textexterne Arbeitsschritte begegnet Interessantes (und von Mt 5 bereits Vertrautes): Zum einen werden aufkommende textexterne Argumentationen kaum zugelassen und durch textinterne Beobachtungen gewissermaßen überboten, zum anderen liegt in *textexterner* Hinsicht *methodologische Reflektiertheit* vor, ohne dass sich dies in der konkreten Praxis niederschlagen würde. Zum ersten Punkt: Die ansatzweise zeit-/sozialgeschichtlichen Bemerkungen (→ textextern) hinsichtlich einer möglichen Unreinheit der Frau und dem in der Folge durch die Berührung verursachten „fetten Tabubruch" (S. 25, F_5) werden sofort in Zweifel gezogen und letzten Endes textintern unter Rekurs auf die Geschichte (inkl. Erzähllogik) zurückgewiesen: „Und die Geschichte hebt nicht darauf ab, dass sie unrein ist, sondern dass sie krank ist" (S. 25, F_1).[13]

Zweitens wird auf einer Meta-Metaebene an zwei Stellen von historisch-kritischen Arbeitsschritten als grundsätzlich zur Verfügung stehendem methodischen Vorgehen gesprochen, praktiziert wird dies jedoch nicht:

„Also ist das 'ne Geschichte, die ich, die ich entmythologisieren muss, wie das die historische Kritik getan hätte, oder ist das eine, die ich interkulturell stehen lassen kann?" (S. 26, F_1). „Wahrscheinlich würd man historisch-kritisch wieder Schichten draus machen, aber wir haben ja jetzt 'ne schöne zusammenhängende Geschichte" (S. 27, F_1).

Im ersten Fall wird sehr deutlich die Wahlmöglichkeit zwischen verschiedenen (methodischen) Optionen genannt, im zweiten wird unter Hinweis

---

[13] Vgl. bei Mt 5 Teil II 2.11.2 A_{Mt}: Die dort anzutreffenden traditionsgeschichtlichen Überlegungen gehen unmittelbar in Ausführungen zur *intentio operis* über. Dort zielen beide Argumentationen allerdings in die gleiche Richtung und es liegt keine widersprechende Intention vor.

auf die Synchronität der *schönen zusammenhängenden Geschichte* ausdrücklich klargemacht, dass das angedeutete methodische Verfahren für die Gruppe selbst (→ *wir*) nicht in Frage kommt, auch wenn es zur Abtrennung des letzten Satzes (vgl. Mk 5,34e) wunderbare Dienste leisten würde (vgl. unten; vgl. S. 27, F_1 und F_4). Die Gruppe macht sich somit mehrfach metatheoretische Gedanken über mögliche (methodische) Umgangsweisen mit dem Text (vgl. S. 26, F_1: „Wie geht man mit so'nem Text um?"), wobei die in diesen Zusammenhängen angeführten textexternen Werkzeuge in der Auslegungspraxis nicht zum Einsatz gebracht werden. Es liegt somit *methodologische Reflektiertheit* ohne entsprechende *methodische Orientierung* vor.[14]

Summa: Die Gruppe „Theologinnen" ist bzgl. Mk 5 *methodisch orientiert* mit eindeutigem textinternen Schwerpunkt, da die durchgeführten Interaktions- und Aktantenanalysen die erfolgende Gattungsbestimmung quantitativ wie qualitativ übersteigen. Die Intention des methodischen Vorgehens ist darin zu erblicken, die Frau als Hauptperson herauszustellen. Ansatzweise begegnende zeit-/sozialgeschichtliche Überlegungen werden zudem gewissermaßen textintern (→ *intentio operis*) überboten. *Methodologische Reflektiertheit* begegnet dagegen mit Blick auf textexterne Arbeitsschritte historisch-kritischer Provenienz (→ Zerlegung in Schichten), die bezeichnenderweise jedoch nicht in die Praxis umgesetzt werden.

Fallinterner Vergleich: Das methodische Vorgehen der Gruppe „Theologinnen" ist sowohl mit Blick auf Mt 5 als auch hinsichtlich Mk 5 verhältnismäßig elaboriert, wobei bei Mt 5 eindeutig mehr methodische Schritte zur Anwendung kommen. Interessant sind die gattungsmäßigen Bestimmungen der beiden Texte, da diese gewissermaßen in wechselseitiger Abgrenzung vorgenommen werden: Bei Mt 5 handelt es sich nicht um eine Geschichte (vgl. S. 15, F_1), wohingegen mit Mk 5 gerade eine solche vorliegt. Die beiden zu diskutierenden Texte verkörpern somit für die Gruppe „Theologinnen" zwei entgegengesetzte Textarten. Dementsprechend sind auch die eingesetzten methodischen Werkzeuge jeweils leicht unterschiedlich, auch wenn die textinterne Schwerpunktsetzung in beiden Fällen identisch ist: Mt 5 als argumentativer Text wird vorrangig hinsichtlich der Komposition und der Argumentationslogik bearbeitet und semantische Beobachtungen (→ Störpotenzial) angestellt; bei Mk 5 als narrativer Geschichte finden dagegen überwiegend Aktanten- und Interaktionsanalysen Anwendung.

Eine auffällige Gemeinsamkeit bzgl. des Methodeneinsatzes scheint für die Gruppe charakteristisch zu sein: Die begegnende methodische Orientierung weist in beiden Fällen einen klaren textinternen Schwerpunkt auf. Daneben finden sich jeweils methodologische Reflexionen mit Blick auf textexterne Werkzeuge, welche in der

---

[14] Vgl. bei Mt 5 Teil II 2.11.2 A_{Mt}: Dort findet sich das gleiche Phänomen: Die Gruppe hat mit Textelementen ein Problem und deutet mögliches, zur *Lösung* des Problems geeignetes historisch-kritisches Vorgehen (→ Zerlegung in Schichten) an – allerdings praktiziert die Gruppe an keiner Stelle konkret, was sie auf der Metaebene thematisiert.

konkreten Praxis allerdings keine Umsetzung erfahren. Z. T. werden textexterne Überlegungen durch textinterne abgelöst bzw. sogar (widersprechend) überboten. Die Gruppe „Theologinnen" verfügt somit augenscheinlich über ein reichhaltiges methodisches Instrumentarium, das aber sehr bewusst nur ausschnitthaft zum Einsatz kommt. – *Vergleich Ende* –

(B_{Mk}) Textwahrnehmung und Hypertextrekonstruktion bzgl. Mk 5

Die Textwahrnehmung der Gruppe „Theologinnen" hinsichtlich Mk 5 nimmt zunächst die Beziehung Jesus – Frau in den Blick und die erste Hypertexteinheit fokussiert Mk 5,30ab, sprich: die von Jesus ausgegangene Kraft, die heilende Wirkung entfaltet. Die Gruppe problematisiert, wer die Hauptrolle in dieser Geschichte spielt (→ Aktanten-/Interaktionsanalysen ✱), und die Antwort ist für die Gruppenmitglieder eindeutig und klar: „diese Frau, die sich da einsetzt" (S. 24, F₄). Dabei wird die Frau wie selbstverständlich als Frau wahrgenommen, ohne dass dies jedoch explizit thematisiert würde. In diesem Zusammenhang bereitet jedoch gerade Mk 5,30ab gewisse Probleme, da Jesus nun einmal die Quelle der heilenden Kraft ist und somit nicht so einfach auf eine Nebenrolle reduziert werden kann, *aber* ... – folgenden Lösungsweg, der direkt die Textrezeption betrifft, bietet die Gruppe an (S. 24f.; Hervorhebungen C. S.):

F₄: Also, ich meine, er, von ihm geht natürlich die Kraft aus, *aber* von ihr geht die Aktion aus. Und somit geht sie auch von ihr aus, würde ich sagen. Ich find das gut.

F₅: Also ich finde auch immer wieder faszinierend an dieser Geschichte, dass eben, also dass es 'ne Heilungsgeschichte ist, und dennoch ist sozusagen das Erste, wo Jesus aktiv auftritt, Jesus spürt an sich was. *Aber*, das, was eigentlich also heilend ist, gut, die Kraft, die von ihm ausgegangen war, *aber* eigentlich die Aktion übernimmt die Frau, das find ich faszinierend.

Der Gruppe ist augenscheinlich daran gelegen, die Aktivität der Frau zu betonen und ihre Rolle im Rahmen der Geschichte hervorzuheben, und aus diesem Grund findet folgende Aufteilung statt: Jesus → Kraft, aber Frau → Aktion, ergo geht *sie* (vermutlich ist die Kraft – evtl. konzipiert als Selbstheilungskraft – gemeint) auch von ihr aus. Somit geht sowohl etwas von Jesus aus (→ Kraft) als auch von der Frau (→ Aktion), wobei die Aktion der Frau logisch wie zeitlich vorgeordnet ist und den Kraftfluss erst auslöst. In der Folge kann scheinbar auch die ausgehende Kraft – evtl. im Sinne einer Selbstheilungskraft – der Frau (mit-)zugesprochen werden. In diesem Kontext wird argumentativ darauf zurückgegriffen, dass das erste aktive Auftreten Jesu in Mk 5,30a begegnet und es sich hierbei noch dazu nur um ein *Spüren* handelt. Die Frau ist es dagegen, die eindeutig die (initiierende) Aktion übernimmt, wobei festzuhalten ist, dass an dieser Stelle das Tun/Handeln der Frau von der Gruppe nicht näher konkretisiert wird.

Letzteres ändert sich in der nächsten Hyperteinheit, wenn die Gruppe nach einer Pause (→ Zäsur; vgl. S. 25) speziell die Berührung durch die Frau (vgl. Mk 5,27c; vgl. S. 25, F_5) thematisiert. Diese Hyperteinheit kreist um einen neuen Problem- respektive Streitpunkt: Begeht die menstruierende[15] Frau durch die Berührung „'n fetten Tabubruch" (S. 25, F_5; vgl. S. 25, F_1; sozialgeschichtliche Überlegungen ✵), weil sie das Gegenüber dadurch unrein macht, oder nicht? Geht es der Erzählung somit primär um Unreinheit oder um etwas anderes? Die Gruppe zieht in der Folge Mk 5,24c und 26a–c heran und legt den Hauptakzent auf den Aspekt *Krankheit* (S. 25):

F_1: [...] Und das Problem ist doch die, die ist doch mitten in der Menge. So, ne. Sie müsste dann ja dutzendweise die Menschen unrein gemacht * haben und die stör'n die sich doch da alle gar nicht dran, ne. Obwohl die doch wahrscheinlich bekannt ist. Also, ich, ich hab auch so meine Zweifel, ob das wirklich 'n Problem von Tabubruch ist. *

F_5: Das stimmt natürlich.

F_5: Und sie drängten sich um ihn, ja, das ist richtig.

F_1: Mh.
F_1: Die ist krank, ne. [...]
F_5: Ja.
F_1: Die Geschichte sagt, die hat unendlich viel Geld ausgegeben für Ärzte. *

F_5: Ja, genau.

F_1: Ne. Und die Geschichte. *

F_5: Und das hat nichts genutzt, ja.

F_1: Und die Geschichte hebt nicht darauf ab, dass sie unrein ist, sondern dass sie krank ist. Und das, genau, das ändert sich. Und zwar durch ihre Initiative.
F_5: Mh.
F_4: Ich mein, das find ich ja auch super aktuell, ne, sie hatte viel erlitten von vielen Ärzten, ja, also davon gibt's doch x.

Zum einen wird die Jesus und folglich auch die Frau umgebende bzw. umdrängende Menge (vgl. Mk 5,24c) wahrgenommen und darauf abgehoben, dass die Frau (!) noch viele andere Personen berührt, die daran keinerlei Anstoß nehmen – ergo können Unreinheit und Tabubruch nicht der zentrale Clou von Mk 5 sein. Dass in diesem Zusammenhang die (wahrscheinliche) *Bekanntheit* der Frau über die reine Textaussage hinaus eingetragen wird, sei kurz erwähnt, versteht sich vor der skizzierten Argumentation aber von selbst: Anderenfalls wären die im Text nicht erwähnten und somit in den Augen der Gruppe „Theologinnen" ausbleibenden Reaktionen der Empö-

---

[15] Das konkrete Krankheitsbild *Blutfluss* (vgl. Mk 5,25b) ist direkt zu Beginn dieses Diskussionsabschnitts kurz erwähnt worden, da der Geschichte die Überschrift „Die blutflüssige Frau" (S. 24, F_3) gegeben wird.

rung etc. vonseiten der anderen durch die Frau Berührten argumentativ nicht in vorstehendem Sinne verwertbar. Dazu ist nämlich vorauszusetzen, dass die Frau inkl. ihrer Krankheit gewissermaßen *stadtbekannt* ist.

Fallübergreifender Vergleich: Andere Gruppen, wie z. B. die „Kirchenmänner" (vgl. Teil II 2.8.2 B$_{Mk}$), nehmen auch die Menge und das dichte Gedränge um Jesus und die Frau herum wahr, jedoch kommt es ihnen auf einen ganz anderen Gesichtspunkt an: Neben der Frau berühren noch viele andere Menschen Jesus, aber nur die eine Frau wird geheilt. Fragt man, warum dies so ist, so ist man u. a. auf den Glauben der Frau (vgl. Mk 5,34c) verwiesen. – *Vergleich Ende* –

Zum anderen werden betont die Ärzte (vgl. Mk 5,26a–c) ins Spiel gebracht, um zusätzlich zu untermauern, dass es der Geschichte in Mk 5 nicht primär um eine unreine, sondern um eine *kranke* Frau geht. Vor diesem Hintergrund ist wohl auch zu interpretieren, dass die Gruppe „Theologinnen" die Furcht der Frau (vgl. Mk 5,33b) überhaupt nicht aufgreift.

Fallübergreifender Vergleich: Die Gruppe „Montagskreis" (vgl. Teil II 2.10.2 B$_{Mk}$) blendet dagegen z. B. den Aspekt *Krankheit* fast völlig aus und konzentriert sich ausschließlich auf die Unreinheit und den damit verbundenen Ausschluss der Frau vom gesellschaftlichen Leben. Dort werden die Furcht und das Zittern der Frau sehr bewusst wahrgenommen und zum Ausgangspunkt eines ganzen Diskussionsstrangs gemacht. In diesem Kontext kommt die Menge als eine Größe in den Blick, die das Tun der Frau sehr stört und die ein gewisses bedrohendes Potenzial aufweist.
– *Vergleich Ende* –

Nachdem in den ersten beiden Hypertexteinheiten der Fokus eindeutig auf die Frau gelegt worden ist, wendet sich die Gruppe „Theologinnen" im Folgenden zunächst speziell der Rolle Jesu zu, der von Mk 5 als Schamane (vgl. S. 25, F$_1$; S. 26, F$_4$) bzw. als Wunderheiler (vgl. S. 26, F$_1$ und F$_4$) präsentiert wird. Dabei diskutiert die Gruppe weitgehend auf einer Metaebene, thematisiert verschiedene mögliche – auch methodische (✖) – Zugangsweisen und setzt sich mit dem Problem einer interkulturellen Übertragbarkeit/Plausibilität (vgl. S. 26, F$_1$) auseinander. Doch erfolgt sofort der Rückschwenk auf die Frau, wenn vom Text das Faktum der Heilung an sich (vgl. Mk 5,29c; vgl. S. 26, F$_4$: „Ist doch o. k. Die Frau wird doch geheilt. Ist doch super.") als Beleg für die Sinnhaftigkeit der Aktion der Frau (vgl. S. 26, F$_1$: „Die, die tut wirklich, was in ihrem Denken und in ihrer Kultur effektiv ist, und das ist, ist in sich logisch und konsistent.") aufgegriffen wird.[16] Zum Abschluss dieser Einheit (siehe Pause als Zäsur S. 27)

---

[16] Daneben begegnet erneut Mk 5,26b betont in Verbindung mit den Ärzten aus Mk 5,26a: „Weil, du siehst ja, dass sie schon viel Geld bei Ärzten ausgegeben hat, ne. Das heißt offensichtlich gibt's da auch dieses und das, ja" (S. 26, F$_4$). Daraus wird geschlussfolgert, dass in der erzählten Welt von Mk 5 „unterschiedliche medizinische Ansätze" (S. 26, F$_1$) existieren.

wird dann rein auf das Engagement der Frau abgehoben, wobei Jesus dabei völlig unter den Tisch fällt:

> Wichtig an Mk 5 ist für die Gruppe, „dass sie [sc. die Frau; C. S.] nicht resigniert, sondern, dass sie sich 'ne Hoffnung bewahrt auf 'n Leben, was mehr ist als das, was sie jetzt hat. [...] Und dass sie was sucht, was ihr *anscheinend* hilft, *was auch immer das ist*, und *das kann immer verschieden aussehen*, glaub ich, aber, dass sie weitersucht" (S. 27, F₂; Hervorhebungen C. S.).

Bemerkenswert ist die einschränkend-vorsichtige Redeweise (*anscheinend*) sowie die explizite Abstraktion von der konkreten Aktion der Frau, womit die Gestalt Jesu vollständig ausgeblendet wäre.

Im Anschluss daran springt die Gruppe intertextuell ganz ans Ende des Textes und zu guter Letzt wird noch einmal die Rollenverteilung zwischen Jesus und der Frau problematisiert – diesmal besonders mit Blick auf die abschließenden Worte Jesu in Mk 5,34. Es fällt auf, dass Mk 5,30b in diesem Zusammenhang keinerlei Schwierigkeiten mehr mit sich bringt, da konsequenterweise – auf obiger Linie liegend – die Frau als der aktive Part vorgestellt wird, was sich nun auch direkt in der konkreten Wortwahl niederschlägt (→ *abzapfen*; vgl. das folgende Zitat).[17] Jedoch bereitet jetzt der letzte Vers, genauer gesagt Mk 5,34e, Probleme (S. 27):

F₁: [...] Also, das eine ist, es wird etwas abgezapft, die Frau ist diejenige, die aktiv ist, und am Schluss muss er noch mal 'n Stempel draufsetzen, ne. Sie ist ja jetzt gesund und er sagt dann noch mal, sei gesund, oder du bist gesund, oder du bist gesund und so, ne. Also irgendwie. [...] Da ist, da ist noch so 'ne, die ... darum: Was rettet denn jetzt? Der Glaube, das Wort oder die Berührung oder was auch immer.

F₃: Aber andererseits wär ich auch nicht ganz zufrieden, wenn die Geschichte enden würde bei „Sagte ihm die ganze Wahrheit". Also wenn quasi der Stempel fehlen würde. Weil, also, mh, weil da passiert ja was zwischen den beiden, also zwischen Jesus und der Frau. Und wenn Jesus nicht am Schluss sagen würde, dein Glaube hat dich gerettet, geh in Frieden, also, fänd ich das total unbefriedigend. Dieses, sei gesund von deinen Leiden, das, das, worauf du anspracht, das, ja, das ist merkwürdig, das kommt so hinterher. Weil, gesund ist sie schon, das brauchte er ihr nicht mehr sagen. Es sei denn, es geht darum, also, weiterhin quasi auf diesem Weg zu bleiben. Aber, wenn er nix mehr zu ihr sagen würde, fänd ich das total unbefriedigend.

F₁: Also, wenn der letzte Satz *, ne, sei gesund von deinem Leiden, wenn der fehlte, dann * ...
dann wär die vollkommen die Geschichte, dann wär die perfekt. * Der Satz ist irgendwie zu viel.

F₄: Weil? Ne, nicht, wenn der fehlte, wenn
Ja ja, ja genau.

Der Satz ist zu viel, ja.

---

[17] Vgl. S. 25, F?: „Sie nimmt sich was. Sie nimmt sich was."

Die Gruppe identifiziert eine gewisse Spannung im Text, da nach Mk 5,34e Jesus der Frau die Heilung zuspricht – diese vielleicht sogar durch sein Wort bewirkt –, wohingegen sie nach Mk 5,29c bereis längst geschehen und einzig bzw. vorrangig auf die Aktion der Frau zurückzuführen ist. Es wird in diesem Zusammenhang von einem Stempel gesprochen, der daruntergesetzt wird und der in der Gruppe Anstoß erregt. Zwar würde auch ein Ende mit Mk 5,33g nicht zufriedenstellen und dementsprechend wäre es „total unbefriedigend" (S. 27, F_2), wenn Mk 5,34cd fehlen würde (die *Tochter* aus Mk 5,34b bleibt insgesamt ausgeblendet), doch Mk 5,34e ist und bleibt *merkwürdig* (vgl. S. 27, F_2)[18], weil „gesund ist sie schon" (S. 27, F_2). Vor diesem Hintergrund qualifiziert die Gruppe „Theologinnen" Mk 5,34e als *zu viel* und resümiert abschließend, dass die Geschichte perfekt und vollkommen wäre, wenn dieser letzte Satz fehlen würde.

Exkurs: An früherer Stelle, nämlich in der Diskussion zur Bibel allgemein, hat die Gruppe „Theologinnen" bereits einmal thematisiert, dass unliebsame Versteile begegnen können – und zwar können diese beim analytischen Lesen in der Vorbereitung auf eine Predigt auffallen: „Also, was stört mich und was versteh ich nicht und was will ich aber verstehen und was möchte ich, was da nicht drinsteht, damit ich's besser verkaufen kann" (S. 10, F_3). Kurz danach betont die Gruppe, dass sie grundsätzlich fähig ist, das, was nicht passt (z. B. ein anstößiges Ende!), *auszuschalten* bzw. *wegzulassen:* „Ich kann das nämlich super ausschalten, wenn am Ende von so'nem Vers was mit ‚Und er schlägt den Nächsten' vorkommt. Also, ich kann mich darüber aufregen, aber ich kann mir auch sagen, das ist mir jetzt wurscht. Ich will diesen Teil da nicht meditieren, das ist mir ganz egal, das mach ich auch nicht" (S. 12, F_3); „das muss ich jetzt auch weglassen, zum Beispiel, auch wenn mir der erste Teil gefällt oder so" (S. 12, F_5). Das Ausblenden eines problematischen Endes scheint selbst nicht weiter problematisch, wird aber mit Blick auf Mk 5,34e gerade nicht praktiziert, sondern nur angedeutet. – *Exkurs Ende* –

Summa: In der Diskussion der Gruppe „Theologinnen" zu Mk 5 lassen sich insgesamt vier Hypertexteinheiten ausmachen. Es fällt auf, dass keinerlei extratextuelles Material eingespielt wird, und von der vorliegenden Hypertextbasis wird – gerade im Vergleich zu Mt 5 – verhältnismäßig wenig wahrgenommen. Die Gruppe konzentriert sich auf einzelne Aspekte, intratextuelle Sprünge begegnen kaum.

Die Textwahrnehmung problematisiert dabei u. a. die von Jesus ausgehende Kraft (vgl. Mk 5,30ab), wobei in diesem Zusammenhang auf die vorgängige Aktivität/Aktion der Frau (als Frau!) hingewiesen wird, die *sich was nimmt* bzw. von Jesus aktiv etwas *abzapft* (→ 1. Hypertexteinheit). Im Zuge dieser Überlegungen verschwindet Jesus ganz von der Bildfläche,

---

[18] Im Verlauf der Diskussion zu Mt 5 sind von F_3 bereits zwei andere für die Gruppe schwierige respektive störende Textelemente als *merkwürdig* qualifiziert worden: das *damit* aus Mt 5,45a (vgl. S. 20, F_3) und die Nichtwiderstandsforderung (Mt 5,39b; vgl. S. 21, F_3).

wenn an späterer Stelle davon gesprochen wird, dass die Frau „was sucht, was ihr anscheinend hilft, was auch immer das ist, und das kann immer verschieden aussehen" (S. 27, F_2). Daneben nimmt die Gruppe aber auch die Berührung als solche (vgl. Mk 5,27c) in den Blick, diskutiert über Unreinheit und Tabubruch und kommt v. a. unter Bezugnahme auf die umdrängende Menge (vgl. Mk 5,24c) und die Ärzte aus Mk 5,26ab(c) zu dem Schluss, dass der Hauptclou in Mk 5 darin besteht, dass die Frau erstens krank ist und zweitens durch eigene Initiative daran etwas ändert (→ 2. Hypertexteinheit). Die Rolle Jesu (Schamane/Wunderheiler) wird nur ganz kurz thematisiert (→ 3. Hypertexteinheit), bevor das Hauptaugenmerk auf Mk 5,34e gerichtet wird (→ 4. Hypertexteinheit). Dieser abschließende Stempel (Jesu) bereitet Schwierigkeiten und es wäre in den Augen der „Theologinnen" für die Geschichte insgesamt wesentlich besser, wenn dieser letzte Satz nicht da stände – an dieser Stelle bricht die Diskussion jedoch ab, ohne dass eine wirkliche Lösung erreicht ist.

Interessant ist noch, dass ausschließlich Interaktionen wahrgenommen werden, an denen die Frau beteiligt ist, bzw. hauptsächlich konzentriert man sich auf die Interaktionen, die von der Frau selbst ausgehen. Dies führt sogar dazu, dass die Frau – neben Jesus – als Quelle der Kraft angesehen wird, bzw. die Gruppe betont in diesem Zusammenhang den aktiven Anteil der Frau (nehmen, abzapfen). Bezeichnenderweise werden jedoch auch nicht alle Interaktionen der Frau aufgegriffen, beispielsweise das Heranschleichen von hinten, das Kommen – unter Furcht und Zittern – und das Niederfallen bleiben außen vor (außerdem wird kein Wort über das Hören und das Spüren der Frau verloren). Argumentativ bedeutsam ist für die „Theologinnen" des Weiteren, dass die erste Aktivität Jesu (Spüren) in der Geschichte erst verhältnismäßig spät begegnet.

Fallinterner Vergleich: Es fällt auf, dass der Hypertext der Gruppe „Theologinnen" zu Mt 5 und Mk 5 etwas unterschiedlich ausfällt, auch wenn in beiden Fällen vier Einheiten herausgearbeitet werden können und jeweils so gut wie keine extratextuellen Einspielungen begegnen. Während bei Mt 5 nämlich ausgesprochen viel – und zwar im Speziellen viel Störendes – von der Hypertextbasis wahrgenommen wird und der Hypertext durch zahlreiche intratextuelle Sprünge gekennzeichnet ist, wird von der Textvorlage zu Mk 5 verhältnismäßig wenig aufgenommen. Dafür lässt der Hypertext in letzterem Fall eher eine durchgängige Linie erkennen, was bei den Überlegungen zu Mt 5 kaum der Fall ist. – *Vergleich Ende* –

(C_{Mk}) Positionierung (Identifikation/Kritik) bzgl. Mk 5

Wie bereits im Rahmen der Textwahrnehmung erkennbar, beschäftigt sich die Gruppe „Theologinnen" vorrangig mit Jesus und der Frau – daran ändert auch eine kurze Einbeziehung der Menge (vgl. S. 25) nichts. Die Jünger werden mit keinem Wort erwähnt.

Innerhalb der Konstellation *Jesus/Frau* ist die Rollenaufteilung für die Gruppe klar: „und ich seh da Jesus gar nicht so besonders im Mittelpunkt, muss ich echt sagen. [...] Also, es ist ja hier nicht der tolle Jesus, sondern eigentlich die Frau, die Frau ist doch hier die Hauptperson" (S. 24, F$_4$).

Fallübergreifender Vergleich: Für die Gruppe „Hauskreis" (vgl. Teil II 2.6.2 C$_{Mk}$) ist im direkten Gegensatz dazu entscheidend, dass Jesus ein *neuer* und *ganz toller Mann* ist, was sich in seinem Verhalten Frauen gegenüber manifestiert. In diesem Sinne stellt Jesus etwas Besonderes dar. Bei der Gruppe „Montagskreis" (vgl. Teil II 2.10.2 B$_{Mk}$ und C$_{Mk}$) findet sich ein Ringen um die Frage, wer inwiefern die Hauptrolle spielt und ob Mk 5 primär eine Jesusgeschichte ist oder ob es nicht vielmehr in erster Linie um die Frau geht. – *Vergleich Ende* –

Jesus kommt nur verhältnismäßig kurz in seiner (Neben-)Rolle als Schamane/Wunderheiler bzw. als derjenige, der am Ende seinen Stempel druntersetzen muss (vgl. S. 27, F$_1$), vor, den Schwerpunkt legt die Gruppe eindeutig auf die Frau – und zwar auf die Frau als Frau. Sie ist es, die „eigentlich die Aktion übernimmt" (S. 25, F$_5$), die sich nimmt, was sie braucht (vgl. S. 25, F$_?$), die von Jesus die Kraft abzapft (vgl. S. 27, F$_1$). Diese Frau ist in erster Linie krank (nicht unrein; vgl. S. 25), ergreift die Initiative und wird aktiv – zur Verbesserung ihres Zustands/ihrer Situation. Was im Rahmen der Geschichte für diese Grundthese spricht (Frau ist am Anfang alleine aktiv, erste Aktivität Jesu verhältnismäßig spät) wird betont herausgestellt, was dem auch nur ansatzweise widerspricht bzw. dies in Zweifel stellt (von Jesus ausgehende Kraft, letzter Satz Mk 5,34) wird problematisiert und z. T. umakzentuiert. Bezeichnenderweise tritt uns gegen Ende der Diskussion die Frau dann als die Hauptprotagonistin entgegen, die „nicht resigniert, sondern [...] sich ne Hoffnung bewahrt auf 'n Leben, was mehr ist als das, was sie jetzt hat" (S. 27, F$_2$). In diesem Sinne steht sie als großes und nachahmungswürdiges Vorbild vor Augen, denn sie macht sich auf die Suche nach etwas, „was ihr anscheinend hilft, was auch immer das ist, und das kann immer verschieden aussehen" (S. 27, F$_2$). Keine Spur mehr von Jesus, den diese Frau schon lange gewissermaßen aus dem Mittelpunkt verdrängt hat.

Der Clou liegt somit darin, dass „die Frau als Subjekt, die Frau im Mittelpunkt" (S. 27, F$_1$) dargestellt wird, „die Frau ist diejenige, die aktiv ist" (S. 27, F$_1$) – unabhängig davon, dass in Mk 5 eine „theologische Gemengelage" (S. 27, F$_1$) drin ist und (unterschiedliche) Stimmen im Text darum streiten, „was sie über Jesus sagen wollen" (S. 27, F$_1$). Es kommt der Gruppe „Theologinnen" offensichtlich auf die Frau als den aktiven bzw. deutlich aktiveren Part an und es deutet sich eine Identifizierung mit der Frau an, auch wenn direkte Aussagen diesbezüglich weitgehend fehlen. An einer Stelle wird jedoch erkennbar, dass die Gruppenmitglieder sich selbst mit der Frau in Beziehung setzen und vergleichen: „[D]ie weiß ja genau, was ihr hilft, ja. Das unterscheidet sie doch schon mal erheblich von mir in manchen Situationen. Das ist doch schon mal sehr was Besonderes, finde ich" (S. 25, F_4). Die Frau aus Mk 5 ist gewissermaßen einen Schritt weiter – zumindest in manchen Situationen. Sie ist eine besondere Frau, da sie um das, was ihr hilft, weiß. Dabei ist das Verhalten der Frau keineswegs irrational oder gar verrückt, sondern sie „tut wirklich, was in ihrem Denken und in ihrer Kultur effektiv ist und [...] in sich logisch und konsistent" (S. 26, F_1) – vor dem zugehörigen kulturellen Hintergrund betrachtet.

Summa: Der Hauptfokus der Gruppe „Theologinnen" liegt auf der Frau, der als Hauptperson auch die Hauptrolle zugesprochen wird. Sie ist eigeninitiativ, wird zuerst aktiv, weiß, was ihr hilft, und sucht ausdauernd und voller Hoffnung danach. Mit dieser Person kann man sich identifizieren bzw. diesem Vorbild kann man nacheifern, auch wenn man teilweise noch nicht so weit sein sollte. Jesus wird entsprechend auf eine Nebenrolle verwiesen und von einem *tollen Jesus* kann mit Blick auf Mk 5 ganz und gar keine Rede sein – jedenfalls, wenn man die „Theologinnen" fragt.

Fallinterner Vergleich: Die Positionierung der Gruppe „Theologinnen" bzgl. Mt 5 einerseits und Mk 5 andererseits lässt sich kaum vergleichen. Es fallen auf den ersten Blick weder bedeutsame Gemeinsamkeiten noch relevante Unterschiede auf. Bei einem genaueren Blick zeigt sich jedoch ein gemeinsamer Ansatzpunkt: Bei Mt 5 werden bevorzugt die Situationen von Frauen(gruppen) einbezogen und bei Mk 5 konzentriert sich die Diskussion wie selbstverständlich auf die Frau als Frau. Darüber hinaus sticht nichts weiter hervor. – *Vergleich Ende* –

(D) Strategien der Sinnkonstruktion und des Textverstehens

Die Gruppe „Theologinnen" bewegt sich im Rahmen der Sinnkonstruktion und des Textverstehens auffällig oft auf einer Metaebene, spielt verschiedene methodische Zugangsweisen durch und probiert unterschiedliche Sichtweisen aus. Aus diesem Grund ist es auch nicht immer ganz einfach, einen wirklich zusammenhängenden Hypertext für die Gruppe zu ermitteln. Es geht der Gruppe primär darum, mit verschiedenen Zugängen zu spielen und das von der Gruppe in diesem Zusammenhang selbst verwendete Stichwort lautet: *immer wieder neu* (vgl. S. 5, F_3). Man will „so einen Text neu für mich und andere" (S. 5, F_3) auslegen und freut sich, wenn es gelingt, „auch selber was Neues zu entdecken und auch selber eine neue Deutung zu entdecken" (S. 5, F_3) bzw. „wirklich dem Text neu auf die Spur zu kommen" (S. 5, F_3). Dabei können unterschiedliche methodische Ansatzpunkte helfen, die aus einem reichhaltigen Arsenal zielgerichtet und bewusst ausgewählt werden. Kennzeichnend für den Umgang der Gruppe „Theologinnen" mit den Texten in methodischer Hinsicht ist, dass eine Konzentration auf textinterne Arbeitsschritte erfolgt, wohingegen textexterne auf der Ebene der methodologischen Reflexion zwar thematisiert, nicht aber konkret angewandt werden.

Alles in allem scheint das Bild vom Kaleidoskop, das die Gruppe selbst erwähnt (vgl. S. 23, F_2), als Metapher für das Vorgehen der Gruppe „Theologinnen" wunderbar zu passen. Wie man an einem Kaleidoskop drehen kann und in der Folge unterschiedliche Bilder sieht – ohne dass man hierbei den eigenen Standort verändert! –, so ist auch ein Umgang mit biblischen Texten möglich, der mit verschiedenen Zugängen spielt. Es ist nämlich so, dass in Texten „völlig verschiedene Sachen, die sich auch widersprechen, drin sind" (S. 23, F_2). Diesen gilt es, auf die Spur zu kommen, und insgesamt beschäftigt die Gruppe „Theologinnen" die – als hermeneutisch zu bezeichnende – Frage: „[W]ie geht man mit so'nem Text um?" (S. 26, F_1). Dazu gehört auch, dass diverse (hermeneutische) Brillen aufgesetzt werden und man entsprechend präpariert auf den Text blickt.

Dabei ist die Gruppe „Theologinnen" nicht nur durch eine kritisch-kritisierende Haltung und eine widersprechende Grundtendenz, sondern auch durch eine vorwiegend gefühlsmäßige Positionierung und Bewertung einzelner Textelemente ausgezeichnet, die weitgehend ohne argumentative Absicherung bleiben.[19] Darüber hinaus ist das Schlagwort *Kontextualisierung* zu erwähnen, da nicht nur der Text selbst im Rahmen der auslegenden Diskussion immer wieder in verschiedene (situative) Kontexte eingeordnet wird, sondern auch der eigene Umgang mit den Texten als kontextabhängig qualifiziert wird (vgl. S. 22, F_3). Es kommt entscheidend darauf an, in welchen Kontext und/oder mit welchem Ziel ein biblischer Text gelesen wird (vgl. S. 10 und 22, jeweils F_3).

Der Maßstab, der im Rahmen der Gesamtstrategie Anwendung findet bzw. der dieser zugrunde liegt, ist mit folgenden Schlagwörtern zu klassifizieren: Die Berücksichtigung des jeweiligen situativen Kontextes ist entscheidend sowie die Einbeziehung des verfolgten Zieles/Interesses (u. a. Verwertungsmöglichkeit, Lustfaktor). Unter dem Strich kommt es darauf an, „dass das aber ein schöner und fruchtbarer Text für mich ist" (S. 16, F_3) bzw. wird. Dabei geschieht die Übertragung in die Jetztzeit nahezu ausschließlich per paradigmatischer Lektüre: Die Weisungen aus Mt 5 werden als prinzipielle Aufforderungen verstanden, mit denen man sich auch heutzutage auseinandersetzen muss und die überwiegend negativ-ablehnende Gefühle auslösen. Die Frau aus Mk 5 spielt in der Erzählung die Hauptrolle und steht als paradigmatisches Vorbild vor Augen.

---

[19] Dies ist bei der Gruppe „SOLID" (vgl. Teil II 2.7.2 B_{Mt} und D) deutlich anders, da dort ausgesprochen viel Wert auf eine argumentative Fundierung der formulierten Kritik und des ausgedrückten Widerspruchs gelegt wird.

2.11.3 Die Frage nach dem Warum – Ein Blick auf den Orientierungsrahmen

a. Der Orientierungsrahmen im Kurzportrait: „hab ich wieder neu die Bibel mit anderen Augen sehen können" (S. 6, F$_4$)

Was bereits im Rahmen der exegetischen Auswertungen (vgl. oben Teil II 2.11.2) deutlich geworden sein dürfte: Die Gruppe „Theologinnen" bewegt sich bei der Auslegung biblischer Texte auf mehreren verschiedenen Ebenen, zwischen denen sie je nach Kontext und Situation beliebig wechseln kann. Neben der Diskussion der vorgelegten biblischen Texte selbst wird nämlich immer wieder eine Metaperspektive eingenommen, sprich: das Gespräch auf einer Metaebene fortgesetzt. Teils geschieht dies implizit und nahezu übergangslos, teils wird der Ebenenwechsel ausdrücklich thematisiert, wie beispielsweise in den folgenden Fällen: „wir müssen mal so kurz auf die Metaebene" (S. 15, F$_2$); „jetzt bin ich auf der Metaebene" (S. 22, F$_3$; vgl. S. 23, F$_2$). Die Gruppe setzt sich somit zwar durchaus mit den vorgelegten Texten auseinander, doch praktiziert sie dies unter dezidierter Einbeziehung einer Metaperspektive. Hierin ist ein erstes Enaktierungspotenzial des zugehörigen Orientierungsrahmens zu erkennen.

Ein Zweites kommt hinzu: Nicht nur zwischen konkreter Auslegung einerseits und metatheoretischer Reflexion über das eigene Tun andererseits wird hin und her gesprungen, sondern es findet sich ein ähnliches Wechselspiel auch mit Blick auf die angebotenen Textauslegungen selbst. Abhängig von Ziel, Interesse, Perspektive, Standpunkt, Kontext, Situation … kann ein und derselbe Text immer wieder neu, immer wieder anders gelesen und interpretiert werden. Je nach aufgesetzter *Brille* sieht man einen Text immer wieder mit neuen Augen[20] – wie in der Überschrift angedeutet. Dieser konkrete an den Tag gelegte Umgang mit den biblischen Texten verweist als weiteres Enaktierungspotenzial auf den grundlegenden positiven (Gegen-)Horizont, der in einem sehr weiten und unspezifischen Sinn als *postmodern* bezeichnet werden kann.

Für die Gruppe „Theologinnen" ist entscheidend, dass Sinn immer durch ein rezipierendes Subjekt konstituiert/konstruiert wird – infolgedessen situations- und v. a. kontextspezifisch variiert. Der Sinn wird zum Konstrukt der Leserin, und zwar in einer bestimmten Situation. Auf den je eigenen Standpunkt kommt es an, wobei durchaus fremde Positionen eingenommen werden können: „[I]ch kann jetzt denken wie Ratzinger, weil ich lese jetzt

---

[20] Vgl. auch S. 5, F$_2$; S. 5, F$_3$: „aber mit diesem Zweck, so einen Text neu für mich und andere auszulegen, ist das super. Also auch, auch selber was Neues zu entdecken und auch selber eine neue Deutung zu entdecken […], […] wirklich dem Text neu auf die Spur zu kommen".

die Bibel wie Ratzinger" (S. 3, F_1). Die „Theologinnen" sind in der Lage, sich in fremde Rollen hineinzuversetzen und vor diesem Hintergrund versteht sich, dass die Bibelauslegungen der Gruppe phasenweise wie ein Spiel anmuten. Die Gruppe spielt mit den Texten, probiert verschiedene Kontexte/Standpunkte gewissermaßen aus und wählt bezeichnenderweise als Metapher für ihre eigene Art der Bibellektüre das Bild vom Kaleidoskop, in dem sich je nach Drehung Unterschiedliches zeigt: „Oder ich seh so alles wie so'n Kaleidoskop, was das so auffächert, was da alles so, völlig verschiedene Sachen, die sich auch widersprechen, drin sind, so, ne, von den Zugängen her" (S. 23, F_2). Es ist nicht zu bestreiten, „dass man die Bibel so und so lesen kann" (S. 4, F_4). Die konkret anzutreffende Lesart liegt letzten Endes am lesenden Subjekt selbst – ebenso wie die praktizierte Herangehensweise, denn: „Jede Gruppe ist anders" (S. 14, $F_?$).

Dies macht den positiven (Gegen-)Horizont der Gruppe „Theologinnen" aus. Als negative Gegenhorizonte kommen der mögliche Missbrauch der Bibel u. a. zuungunsten von Frauen (vgl. S. 3, F_1; S. 4, F_4), die Anwendung einer erreichten Entwicklungsstufe inadäquater Zugangswege (vgl. S. 4, F_2: „das finde ich ganz seltsam, also, das würde ich heute nie mehr machen"; das klassische Bibelteilen geht total auf den Zeiger, vgl. S. 23, F_2) sowie die Kontextlosigkeit einer Auslegung in situativer Hinsicht in den Blick. Für letzteren negativen Gegenhorizont ist folgende Aussage einschlägig: „Das Problem ist für mich auch wieder, dass es jetzt ohne Kontext kommt. […] Fehlt der Kontext" (S. 17, F_4).

Insgesamt ist die Gruppe stark hermeneutisch orientiert und nimmt Texte immer nur gebrochen, sprich: durch unterschiedliche *Brillen*, wahr. Dabei ist die Zielausrichtung der eigenen Lektüre für das Resultat entscheidend, wie man explizit betont: „Also, ich glaube, bei mir hängt's davon ab, mit welchem Ziel ich lese" (S. 10, F_3; vgl. S. 22, F_3). Die Gruppe, die sich selbst u. a. mittels der programmatischen Schlagwörter *feministisches Interesse* (vgl. S. 1, F_1; vgl. S. 1, F_5; S. 2, F_3) und *Hermeneutik des Verdachts* (vgl. S. 13, F_4) charakterisiert, erweist sich folglich zwar als sehr flexibel, was die Einnahme möglicher Standpunkte angeht, dennoch schlägt sich das spezifisch eigene, nämlich *feministische* Interesse an einigen Stellen deutlich nieder.

Man ringt zum einen mit der respektive um die Autorität der biblischen Schriften (vgl. S. 11–13),[21] wobei letzten Endes entscheidend ist, „was hat denn jetzt für mich welche Autorität, wem sprech ich auch was, welche Autorität zu?" (S. 12, F_2) Analog zum Sinnkonstruktionsverständnis ist für die Gruppe „Theologinnen" auch die Autorität nicht eine Eigenschaft des Textes, die erkannt werden muss, sondern entscheidend ein Konstrukt der

---

[21] Vgl. S. 12, F_2: „Aber noch mal zu der Autorität auch, das ist halt 'ne Frage, womit wir uns ständig rumschlagen als feministische Theologinnen."

Leserin: „Das ist wirklich auf den Punkt noch mal gebracht die Sache, dass die Autorität der Bibel, [...] gibt's so gesehen gar nicht mehr" (S. 13, F$_4$). Zum anderen wird der kritische Impetus des eigenen Vorgehens hervorgehoben: „[D]iese Fragen stellen zu dürfen, zu können, und damit sich, oder ich mich daran weiter abarbeiten [...], woran ich mich auch kritisch abarbeiten kann immer wieder neu" (S. 12f., F$_5$). Außerdem wird möglicher Missbrauch der Bibel fokussiert (vgl. S. 3, F$_1$; S. 4, F$_4$) sowie – *feministisch gesehen* (vgl. S. 17, F$_4$) – der besondere (Auslegungs-)Kontext „als Frau in 'ner bestimmten Situation" (S. 17, F$_4$; vgl. S. 23, F$_2$) stark gemacht.

b. Diverse Abhängigkeiten – Annäherungen an ein erklärendes Verstehen

Bei der Gruppe „Theologinnen" lässt sich kaum zwischen Gesamtstrategie und Orientierungsrahmen differenzieren – dies dürfte der Vergleich zwischen den Ausführungen bzgl. dieser beiden Größen schnell einsichtig machen. Da ein Hauptanliegen und ein bevorzugtes Betätigungsfeld der Gruppe in der Lektüre und Auslegung biblischer Texte bestehen, schlägt sich der eigene *postmoderne* (im obigen Sinne verstanden!) Orientierungsrahmen hier nahezu eins zu eins nieder. Dementsprechend sind in der Beschreibung von Gesamtstrategie einerseits und Orientierungsrahmen andererseits auch jeweils die gleichen Schlagworte verwendet worden: *immer wieder neu, Kaleidoskop, Spiel* (mit Methoden, Lesebrillen, Zugängen). Auch die kritisch-kritisierende Grundtendenz ist aus dem Charakter der Gruppe, die u. a. eine Hermeneutik des Verdachts favorisiert, zu verstehen. Alles in allem geht die Gruppe „Theologinnen" somit mit den biblischen Texten um, wie sie selbst ist – um es auf den Punkt zu bringen.

Es ist einfach so, dass der alltägliche Umgang mit Texten sich auch in der Interpretation biblischer Stellen wiederfindet, wie die Gruppe selbst ausdrücklich betont: „Hat das nicht auch damit zu tun, wie man überhaupt mit Texten umgeht. [...] Und ich glaube, am generellen Leseverhalten hängt noch mal unheimlich viel" (S. 11, F$_1$). Diese Feststellung, die einen Bezug zwischen allgemeinem Leseverhalten (und damit auch allgemeinen Sinnkonstruktionsstrategien) und der Auseinandersetzung mit biblischen Texten im Besonderen herstellt, erweist sich als wahr, wenn man die grundsätzliche Deckungsgleichheit von Gesamtstrategie und Orientierungsrahmen bei der Gruppe „Theologinnen" in Anschlag bringt. Auch betont die Gruppe ausdrücklich, dass an den Tag gelegte Interessen, der eigene Beruf, der jeweilige Kontext sowie das (Lektüre-)Ziel entscheidend für die ablaufenden Sinnkonstruktionen sind. Diese Faktoren prägen den Umgang mit dem Text, wobei die Gruppe „Theologinnen" dies überwiegend auf einer Metaebene (man könnte so und so vorgehen, muss dies aber nicht) thematisiert, ohne sich selbst zwingend auf eine bestimmte Interpretation festzulegen. Die Grundüberzeugung, dass das lesende Subjekt den Sinn des gelesenen Textes höchstpersönlich konstruiert, bildet einen zentralen Aspekt des Orientierungsrahmens der Gruppe und zugleich die theoretische Basis für die im Rahmen der vorliegenden Forschungsarbeit angewandten Auswertungsschritte. Angesichts dessen, dass die „Theologinnen" sich dieses konstruierenden Charakters der eigenen Auslegungsbemühungen bewusst sind und damit gewissermaßen spielen, erklärt sich, dass Verstehensstrategie und Orientierungsrahmen fast in eins fallen. Die Gruppe arbeitet folglich auf der gleichen reflexiven Metaebene wie die vorliegende Arbeit, weshalb eine interpretative Analyse der Gruppendiskussion zwar möglich, aber hinsichtlich der Ergebnisse gewissermaßen exzeptionell ist.

2.12 Gruppe „AI"

2.12.1 Kurze Fallbeschreibung: Menschenrechtsarbeitsgruppe – International-weltumspannend aktiv (und eigentlich nur was für Studierte)

	–	–	2	2	–	–	–	
♂ 3	0 –	20 –	30 –	40 –	50 –	60 –	70 – …	Alter (in Jahren)
	–	–	–	–	–	4***		
♀ 1*	ohne	Quali	Mittl.R	Lehre	Abi	Uni		(Aus-)Bildung
	3		1		–			Gruppe: neutral
Σ 4**	Rk		Evangel.		o.B.			Konfession

Gesprächsdauer: ca. 80 Min.; Westdeutschland/großstädtisch;
Fremdrelevanz (*Bibel*)

* Die eine anwesende Frau (F_4; Ehefrau von M_2; vgl. S. 1, M_2 und F_4) fällt in gewissem Sinne (mit ihrer Meinung) immer wieder etwas aus der (männlichen) Restgruppe heraus. Dies thematisiert sie selbst an einer Stelle ausdrücklich: „Auch wenn ich jetzt hier nicht reinpasse" (S. 20, F_4). Besonders sticht diese Abweichung bei der Schlussfrage („Welcher Text würde Ihnen mehr sagen, der erste oder der zweite?" S. 22, Y_3) ins Auge, da sie sich als einzige für Mk 5 als Favorit entscheidet, und zwar mit folgender Begründung: „Also ganz spontan der zweite, weil mich immer Geschichten mehr ansprechen" (S. 22, F_4).

Fallübergreifender Vergleich: Auffälligerweise wird eine ganz ähnliche Position von der Gruppe „Theologinnen" (vgl. Teil II 2.11) eingenommen. Diese reine Frauengruppe äußert explizit, dass sie Geschichten grundsätzlich bevorzugt (vgl. Gruppe „Theologinnen" S. 15, F_1). – *Vergleich Ende* –

** Die zur Diskussion versammelte vierköpfige Gruppe stellt nur einen Teil der AI-Ortsgruppe dar. Letztere besteht grundsätzlich aus mehr Personen, was explizit angemerkt wird: „Unsere Gruppe ist an sich größer, also wir sind die, die eben an dem Projekt mitarbeiten wollten. Wir sind eigentlich noch, also doppelt so viele, die mehr oder weniger regelmäßig mitarbeiten" (S. 2, F_4).

*** Das Bildungsniveau in der Gruppe ist sehr hoch, was in der Vorstellungsrunde ausdrücklich festgestellt wird: „Also sehr ausgewählte Gruppe @ heute Abend mit nur Promovierten oder Promovierenden" (S. 1, M_3; vgl. S. 2, M_2). Hierbei lässt sich eine Konzentration im naturwissenschaftlich-technischen Bereich feststellen (M_1: Physik; M_2: Chemie; M_3: Raumplanung; F_4: Medizin).

Hinter dem Kürzel „AI" verbirgt sich eine Amnesty-International-Ortsgruppe in einer westdeutschen Großstadt respektive der zur Mitarbeit am Forschungsprojekt bereite Teil (s. o. **). Von „der Altersstruktur her ist unsere Gruppe so ziemlich mittel aufgestellt, so um 30, 40" (S. 2, M_2), und es besteht ein männliches (s. o. *) und ein katholisches Übergewicht. Die Gruppe selbst ist konfessionell betrachtet neutral ohne jegliche Kirchenanbindung.

Insgesamt herrscht ein sehr hohes Bildungsniveau vor, was der Gruppe selbst bewusst ist (s. o. ***) und kein Zufall zu sein scheint – für die Gruppe ist nämlich klar,

„dass wir uns in vielen Fällen mit den doch ziemlich abstrakten Zielen und abstrakten Sachen, die, mit denen wir uns da so befassen, da also eben in, in einer Klientel, die sehr bodenständig[1] ist und, und so, häufig nicht landen können, also mit der Thematik" (S. 2, M_2).

Womit wir bereits mitten in der Zielausrichtung und den Gruppenaktivitäten wären, die sich natürlich vorrangig um das Thema *Menschenrechte* drehen:

„Also das Ziel ist die, die Förderung der Einhaltung der Menschenrechte. Es gibt die ‚Allgemeine Erklärung der Menschenrechte' der Vereinten Nationen und das ist also das wichtigste Schreiben, das wichtigste Gesetz, das für uns gilt und das, was dort dringeschrieben ist, das ist so die Grundmaxime, nach der wir uns richten, und so versuchen wir, die Haltung der Menschenrechte zu fördern" (S. 2, M_3).

In vorstehender Mission ist die Gruppe „AI" – im Rahmen langfristiger Projekte oder kurzfristigerer Kampagnen (vgl. S. 3, M_2) – tätig, u. a. mittels Appellbriefen an Regierungsvertreter respektive andere verantwortliche Stellen, Informationsständen vor Ort und Geldsammelaktionen, „weil diese Menschenrechtsarbeit kostet sehr viel Geld" (S. 2, M_3). Dabei ist man selbst immer wieder erstaunt und beeindruckt, dass „mit diesen begrenzten Mitteln es durchaus möglich ist, Leuten zu helfen, die in anderen Ländern bedroht werden" (S. 5, M_2), womit der internationale, weltumspannende Gedanke (vgl. S. 5, M_2) der Amnesty-Arbeit bereits andeutungsweise zur Sprache gekommen wäre. Es gilt nämlich das Grundprinzip, dass man gerade nicht – jedenfalls nicht primär – im eigenen Land tätig wird, sondern grenzübergreifend je nach Interesse (vgl. S. 4, M_1; S. 3, M_2) seine Aktivi-

---

[1] Vgl. S. 2, M_2: „[D]as muss man schon ganz klar sagen, dass wir also selten Leute haben, die wirklich bodenständig Arbeiter oder so sind."

tätsschwerpunkte auswählt (vgl. S. 5, M_2), und dass somit „international darauf geguckt wird." (S. 5, M_2). Angesichts dieser Gesamtausrichtung der Gruppe ist für das Thema *Bibel* somit eine Fremdrelevanz zu konstatieren, dem *Textverstehen* kommt Eigenrelevanz zu, da im Rahmen der Menschenrechtsarbeit nicht nur die *Allgemeine Erklärung der Menschenrechte* als Text eine wichtige Rolle spielt.

Die Diskussion mittlerer Länge findet gegen Abend bei M_2 und F_4 (= Ehepaar) zu Hause, also in privaten Räumlichkeiten, statt, wo die Gruppe auch sonst beheimatet ist (vgl. S. 1, F_4). Bereits die Gruppenvorstellung zeichnet sich durch hohe Gleichberechtigung und Beteiligung aller Mitglieder aus: Alle tragen etwas bei und stellen die Gruppe gemeinsam vor.

2.12.2 Auswertungen unter exegetischer Perspektive

(A_{Mt}) Methodisches Vorgehen bzgl. Mt 5

In methodischer Hinsicht sind bei der Auseinandersetzung der Gruppe „AI" mit Mt 5 zwar nicht viele, dafür aber einige interessante Beobachtungen zu machen. Es fällt auf, dass mit Blick auf Mt 5,39cd wiederholt nach einer möglichen *intentio auctoris*, nach einem potenziellen Ursprungssinn, gefragt wird – mit deutlicher Absicht: Ein einfaches, sprich: wortwörtliches, Verständnis der Wangenforderung wird auf diesem Wege vehement in Zweifel gezogen. Ausgehend von der Feststellung, dass grundsätzlich viele unterschiedliche Interpretationen dieser Weisung in der heutigen Zeit denkbar sind, wird als korrigierender bzw. letztgültiger Maßstab ins Feld geführt, „wie's dann wirklich ursprünglich gemeint war" (S. 16, M_1). Jede moderne Auslegung muss sich somit – u. a. hinsichtlich ihrer Legitimität – am ursprünglichen Sinn messen lassen:

> „Es wird halt vorgeschlagen, die andere Wange hinzuhalten, das ist das die Frage, *wie das genau gemeint ist*. Und da kann man, gibt's wahrscheinlich echt viele Interpretationen von dieser Stelle, da kann's man auf unterschiedliche Arten und Weisen verstehen. Und es ist halt wahrscheinlich schwer zu sagen, *wie's dann wirklich ursprünglich gemeint war*. […] Könnte man z. B. so verstehen, *aber ob's so gemeint war*, das ist natürlich eine andere Frage" (S. 15f., M_1; Hervorhebungen C. S.). „Die Frage ist, *ob das halt so allgemein gemeint war*, dass das immer gilt, wenn jemand einen andern schlägt […] und so kann ich mir nicht vorstellen, *dass es gemeint war*, ehrlich gesagt" (S. 16, M_1; Hervorhebungen C. S.).

Auch wenn von der Gruppe an der Schwierigkeit respektive Unmöglichkeit, den wirklichen Ursprungssinn (zweifelsfrei) eruieren zu können, grundsätzlich festgehalten wird, argumentiert man dennoch mithilfe der vermuteten *intentio auctoris* gegen eine situationsunabhängige, allgemeingenerelle Gültigkeit der Wangenforderung, da dies als unwahrscheinlich/unvorstellbar qualifiziert wird. Es liegt somit *methodische Orientierung* (→ textextern) vor, deren Zielperspektive eindeutig ist.

Berücksichtigt man zusätzlich, dass im Diskussionsteil zur Bibel allgemein genau dieses methodische Vorgehen bereits auf einer Metaebene theoretisch thematisiert worden ist, dann kann die Gruppe „AI" in dieser Hinsicht (*intentio auctoris*/zeitgeschichtliche Überlegungen) sogar ansatzweise als *methodisch reflektiert* eingestuft werden:

> „[U]nd ich denke [...], dass es halt viel Arbeit ist, weil man halt sich die historischen Zusammenhänge, die es damals gegeben hat, in denen man ja diese ganzen Sachen einordnen muss, und heute sind die halt nicht mehr da und man muss sich halt wirklich anstrengen, um da wieder ein bisschen zu verstehen, wie's genau gemeint war, was die damals gesagt haben" (S. 9, M_1).

Man ist sich über das eigene Vorgehen augenscheinlich reflektierend im Klaren – ob die Suche nach der *intentio auctoris* allerdings als *die* zentrale Frage anzusehen ist, ist innerhalb der Gruppe selbst nicht unstrittig. Es findet sich nämlich ein gewisser Widerspruch gegen die Bedeutsamkeit dieses methodischen Vorgehens, stattdessen wird eine Art textpragmatische Richtung vorgeschlagen:

> „Für mich wäre jetzt die, die Frage gar nicht so, so zentral, wie es denn mal gemeint war. Ich würde es jetzt einfach wirklich als Anstoß nehmen" (S. 16, M_2).

Auch an dieser Stelle tritt das Reflexionsniveau der Gruppe „AI" deutlich zutage. Angesichts dessen, dass die Gruppe sich nicht nur bewusst darüber ist, was sie methodisch betrachtet tut, sprich: welche Fragen an den Text gestellt werden,[2] sondern auch alternative Zugänge explizit als solche angeboten werden und somit in gewissem Sinne aus einem breiteren methodischen Arsenal ausgewählt wird, kann sogar ansatzweise von *methodologischer Reflektiertheit* gesprochen werden.

Summa: Die Gruppe „AI" geht mit Blick auf Mt 5 textextern *methodisch orientiert* vor und fragt – wenigstens teilweise – nach der *intentio auctoris*, dem Ursprungssinn. Da sich neben dem konkreten Tun diesbezüglich auch theoretische Überlegungen auf einer Metaebene finden, liegt darüber hinaus *methodische*, ansatzweise sogar *methodologische Reflektiertheit* vor. Zum einen wird beim methodisch interessierten Blick auf die Gruppe „AI" deutlich, dass das Ziel des Methodeneinsatzes darin liegen kann, heutzutage denkbare, aber u. U. problematische/anstößige Interpretationen unter Hinweis auf den wirklichen ursprünglichen Sinn in Zweifel zu ziehen, anzufragen bzw. letzten Endes zurückzuweisen. Zum anderen zeigt sich, dass methodische Präferenzen von Person zu Person verschieden sein können bzw. dass das Stellen einer Frage an einen Text, sprich: die Anwendung

---

[2] Methodische Arbeitsschritte zur Textauslegung können als operationalisierte, standardisierte Fragen an Texte angesehen werden.

einer Methode, grundsätzlich davon abhängt, als wie zentral – also u. a. als wie bedeutsam, leistungsfähig, interessant, aussagekräftig – dieses Vorgehen eingeschätzt wird.[3]

(B_{Mt}) Textwahrnehmung und Hypertextrekonstruktion bzgl. Mt 5

Die Gruppe „AI" ergänzt das angebotene Zitatfragment (vgl. Mt 5,39c) korrekt (vgl. S. 13, M_2) und spielt unmittelbar danach zwei extratextuelle Elemente § § ein, in der Absicht, Mt 5,39cd als positiv konnotierten Endpunkt einer Art Entwicklungslinie darzustellen. Dementsprechend *ersetzt* jedes Element das jeweils Vorhergehende und mit der Wangenforderung ist ein gewisser Höhepunkt erreicht:

> „[A]lso dass es da geschichtlich, also diese tolle Entwicklung ist von irgendwie, wie war's zuerst? Wenn einer stirbt, dann sollen 1000, wenn einer von meinen Leuten stirbt, sollen 1000 von deinen Leuten sterben und dann zu: ‚Auge um Auge, Zahn um Zahn' und dann um die, der nächste Schritt dann: ‚Wenn einer dir auf die rechte Wange schlägt, halte auch die linke hin!' Also insofern, ja also, wie schon gesagt, dieser Fortschrittsgedanke im Miteinander, natürlich auch sehr selbstaufgebend" (S. 13, M_3).

Es bleibt unklar, ob die Gruppe das eingebrachte Material als innerbiblisch versteht oder nicht.[4] Auf jeden Fall wird gewissermaßen ein Blick in/auf die Vorgeschichte von Mt 5,39cd geworfen, die Wangenforderung somit entwicklungsgeschichtlich eingeordnet und auf diesem Wege eine Annäherung unternommen, wobei sich bereits an dieser Stelle ein leichter Zweifel hinsichtlich der Sinnhaftigkeit des geforderten Verhaltens andeutet (→ selbstaufgebend). Anschließend wird – immer noch im Rahmen der ersten Hypertexteinheit – die konkrete Forderung verallgemeinernd-abstrahierend auf eine prinzipielle Ebene hin transzendiert. Die dabei beiläufig stattfindende Verschiebung mit Blick auf das konkret gebotene Verhalten fällt der Gruppe zunächst gar nicht weiter auf:

---

[3] Warum diese Einschätzung im einen Fall so, im anderen so ausfällt, lässt sich rein auf der exegetischen Auswertungsebene nicht feststellen. U. U. erbringt aber die Einbeziehung soziologischer Erkenntnisse weiterführende Hinweise, vgl. Teil II 2.12.3.

[4] Die maßlose bzw. maßlos gesteigerte Rache/(Wider-)Vergeltung erinnert – allerdings nur sehr entfernt – an die Redeweise Lamechs in Gen 4,23f. Das „Auge um Auge ..." ist u. a. in Mt 5,38cd zu finden, jedoch lässt die Gruppe „AI" nicht erkennen, dass sie dieses extratextuelle Material explizit als innerbiblisch verstehen würde, auch wenn der Religionsunterricht als grundsätzliche Quelle dieses Wissens angegeben wird.

„Für mich ist's das Prinzip der Gewaltlosigkeit.⁵ [...] Aber für mich ist es immer noch eigentlich das Prinzip, was unter Menschen anzustreben ist: Gewaltlosigkeit. Wirklich nicht zurückschlagen, das ist die wahre Stärke, finde ich" (S. 13f., F₄).

Der Übergang von *die andere Wange hinhalten* (vgl. Mt 5,39d) zu *nicht zurückschlagen* als Reaktion vollzieht sich *en passant* und am Ende dieser Hypertexteinheit scheint die Wangenforderung – in der umakzentuierten Fassung wohlgemerkt – grundsätzlich akzeptabel.

Dies ändert sich jedoch – nach einer kurzen Pause (vgl. S. 14) – Schritt für Schritt innerhalb der zweiten Hypertexteinheit, wobei als Ausgangspunkt der oben angedeutete Zweifel aufgegriffen wird (→ Selbstaufgabe; vgl. S. 14, M₂). Jetzt wird im Zuge der Rezeption durch die Gruppe die konfrontativ-gewalttätige Aktion des (schlagenden) Gegenübers (vgl. Mt 5,39c) gewissermaßen dramatisierend ausgebaut. Während Mt 5,39c nämlich *nur* – ohne weitere Angaben zu machen – davon spricht, dass ein anderer mir auf die rechte Wange schlägt, hat die Gruppe „AI" einen leicht anders akzentuierten Aggressor vor Augen:

„Und jetzt einfach denjenigen gewähren zu lassen, der andere drangsaliert, der, ja, alle Macht, allen Reichtum anhäuft, ja, und alle anderen würden zugucken und sich das einfach gefallen lassen, das wäre für mich nicht die Lösung" (S. 14, M₂). „[I]n dem Moment, wo jemand komplett andere tyrannisiert und deren Rechte ihnen, ihnen wegnimmt, den, den andern wegnimmt, da ist für mich Schluss" (S. 15, M₂).

Man hat es augenscheinlich nicht mehr in jedem Fall nur mit einem einfachen Schlag zu tun und in diesem Zusammenhang wird die bisher akzeptable Maxime *nicht zurückschlagen* problematisch, da dieses Verhalten für die Gruppe gleichbedeutend ist mit *den anderen einfach gewähren lassen* bzw. *zugucken und sich das einfach gefallen lassen* (vgl. S. 14, M₂). Man stößt in jeder Hinsicht an seine Grenzen (vgl. S. 15, M₂) und vor diesem Hintergrund erklären sich die weiteren Einschränkungen, die mit Blick auf die favorisierte Reaktionsweise vorgenommen werden:

„[D]ass nicht *jeder* Angriff, [...] dass man da, da gleich-, also *gleichermaßen*⁶ zurückhauen müsste [...], *vielleicht auch mal am Anfang* einen Schritt zurückzugehen" (S. 15, M₂; Hervorhebungen C. S.).

Von einer generellen Gültigkeit der Verhaltensmaßregel in jedem Fall kann keine Rede mehr sein, u. U. ist sogar nur noch an einen temporären Vergeltungsaufschub gedacht. Anschließend fokussiert die Gruppe erneut Mt 5,39d, und in Gegenüberstellung zur bisher diskutierten Forderung *nicht*

---

⁵ Dieses (positive) Prinzip der Gewaltlosigkeit hat gewissermaßen ein (negatives) Gegenüber: das Prinzip der Rache (unter Menschen) (vgl. S. 17, F₄).
⁶ Vgl. auch S. 17, F₄: „Vielleicht wollte Christus auch einfach sagen: Dieses Prinzip der Rache unter Menschen, das ist schlecht. Gebt das auf, nur Gleiches mit Gleichem zurückzahlen zu müssen."

zurückschlagen wird die konkret vorliegende Formulierung hervorgehoben, wodurch sich die Auslegungsproblematik gewissermaßen verschärft:

> „Das Zitat an sich finde ich ziemlich komplex, weil es eigentlich zwei Sachen drinstecken, nämlich einmal, dass man nicht zurückschlägt ist das eine, aber dass man halt die andere Wange auch hinhalten soll, ist ja das andere, @, also eigentlich das, das Friedfertige könnte ja auch bedeuten, ich fliehe dann, wenn er mich schlägt, wenn er mir Gewalt antut, oder ich versuche, dem auszuweichen, oder versuche, mit ihm zu reden, das wird da gar nicht erwähnt, dass man das … Es wird halt vorgeschlagen, die andere Wange hinzuhalten" (S. 15, M_1; vgl. S. 16, M_1: „weder fliehe noch, noch selber mich auf die Stufe begebe und gewalttätig werde").

In der Folge versucht die Gruppe zum einen, auf methodischem Wege (→ Frage nach *intentio auctoris*/ursprünglichem Sinn ✖) den Schwierigkeiten mit einem wörtlichen Verständnis Herr zu werden, zum anderen werden zwei für den Hypertext der Gruppe höchst bedeutsame Operationen vorgenommen. Erstens wird Mt 5,39c gewissermaßen konnotativ aufgeladen (→ Eintragung des Unrechtsgedankens: „wenn jemand gegen die Regeln verstößt und mir Unrecht antut" S. 16, M_1)[7] – die schlagende Seite setzt sich somit in den Augen der Gruppe „AI" durch die gewalttätige Aktion eindeutig ins Unrecht –, zweitens wird bzgl. Mt 5,39d das Postulat der Situationsabhängigkeit eingeführt:

> „Ja, das käme also etwas für mich auf die Situation an. Also wer jetzt wen schlägt" (S. 16, M_1; in diesem Zusammenhang fragt die Gruppe u. a. erneut nach dem ursprünglichen Sinn ✖). „Ja und ich glaube mittlerweile sogar, das wäre auch falsch […]: Ja, es gibt wirklich solche Situationen, die sind so prekär, dass auch dann, ja, Gewalt gerechtfertigt ist und dass man dann also auch zurückschlagen darf" (S. 16f., M_3).[8]

Der Gruppe „AI" ist es offensichtlich sehr wichtig, dass die eigene Reaktion von der jeweiligen Situation abhängt, und dementsprechend kann auch Mt 5,39d keine bedingungslose (vgl. S. 16, M_2), allgemein-generelle Gültigkeit beanspruchen. Es gilt somit, die Situationen genau zu unterscheiden, und u. U. ist ein entgegengesetztes Verhalten zu Mt 5,39d erlaubt bzw. sogar gefordert.

Zwischensumma: Die Wangenforderung (Mt 5,39cd) wird in einem ersten Zugriff unter Einspielung extratextuellen Materials (wenn einer stirbt, dann sollen 1000 sterben; Auge um Auge) am Ende einer (Fort-)Entwicklungslinie verortet, bevor unter dem (abstrahierenden) Vorzeichen *Prinzip*

---

[7] Vgl. S. 15, M_2: „Untaten"; S. 15, F_4: „ungerecht behandelt"; S. 17f., M_1: „der einem mal Unrecht getan hat, […] was einem an Unrecht getan wird".

[8] Interessanterweise geht M_3 – zumindest verbal – nicht ganz so weit, wie die von ihm zitierten Gesprächspartner aus Guatemala, die schärfer formulieren: „Es gibt einen Punkt, an dem ist die Gewalt so schwierig und es ist die Unterdrückung so stark, dass man zurückschlagen *muss*" (S. 17, M_3; Hervorhebung C. S.).

der Gewaltlosigkeit eine positive Rezeption der umakzentuierten Fassung *nicht zurückschlagen* erfolgt. Die zweite Hypertexteinheit problematisiert dann die Weisung – u. a. auch in der konkret vorliegenden Formulierung, sprich: unter dezidierter Einbeziehung von Mt 5,39d – in ihrer generell-allgemeinen Gültigkeit. Dabei erfolgt die Eintragung des Unrechtsgedankens sowie eine gewisse verschärfende Ausgestaltung der erlittenen Gewalt auf der einen (→ Mt 5,39c), (situationsabhängige) Einschränkungen der Reaktionsforderung auf der anderen Seite (→ Mt 5,39d). Am Ende findet sich eine dezidierte Zurückweisung des in Mt 5,39d angeratenen Verhaltens unter Hinweis auf entsprechende Situationen, in denen Gegengewalt geradezu gefordert ist.

Nach Austeilung der schriftlichen Textvorlage werden in zwei weiteren Hypertexteinheiten, die durch eine längere Pause (vgl. S. 18) voneinander abgesetzt sind, einzelne Teilelemente der Hypertextbasis herausgegriffen. Zunächst findet in gewissem Sinne eine teilweise Neuauflage der vorhergehenden Einheit statt, da unter impliziter Bezugnahme auf Mt 5,39d (evtl. sind Mt 5,40.41.42 auch im Blick) betont wird, „dass es *wirklich* um die extremere Form geht, nicht nur das ‚Nicht Zurückschlagen', sondern *wirklich* auch sich noch unterwürfig verhalten" (S. 17, M$_3$; Hervorhebungen C. S.). Es scheint, als habe sich die Gruppe anhand des ausgeteilten Textes diesbezüglich Gewissheit verschafft, und vor diesem Hintergrund spricht einiges dafür, dass neben der Wangenforderung zumindest auch die folgenden beiden Beispiele Mt 5,40 und Mt 5,41 von der Gruppe wahrgenommen worden sind. Dieses Mal wird in der Folge jedoch keine Situationskomponente eingeführt (vgl. oben), dafür aber – ebenfalls mehr implizit als explizit – Mt 5,46f. eingebracht: Mt 5 wird nämlich als Aufforderung verstanden,

> „nicht nur dann nett zu andern zu sein, wenn die auch nett zu mir sind, wenn ich dann selber was davon habe, dass praktisch so eine Gegenseitigkeit ist, sondern halt auch dann nett zu sein, wenn ich offensichtlich nichts davon habe. Und, ja weil, wenn, wenn jeder jedem, der einem mal Unrecht getan hat, weniger nett, weniger höflich begegnet, dann endet das irgendwann garantiert mal in – keine Ahnung –, dass gar keiner nett oder höflich ist" (S. 17, M$_1$).

Die Überlegungen zielen somit darauf ab, dass durch Mt 5 der Gedanke der Reziprozität, der lebenspraktisch sonst meist eine wichtige Rolle spielt,[9] gewissermaßen (bewusst) unterlaufen wird, um drohende unheilvolle Konsequenzen zu verhindern. Zweierlei ist in diesem Zusammenhang interessant zu erwähnen: Zum einen wird erneut und wie selbstverständlich der

---

[9] An früherer Stelle hat M$_2$ darauf hingewiesen, dass Mt 5,39cd als Idealvorstellung nur dann funktionieren kann, „wenn sie allgemein umgesetzt wäre" (S. 14, M$_2$). Das praktische Scheitern im eigenen Lebensalltag liegt folglich darin begründet, „dass es eben nicht unter allen verwirklicht ist" (S. 14, M$_2$).

Unrechtsaspekt eingetragen, zum anderen scheinen Mt 5,46f. in der Rezeption sehr spezifisch aufgegriffen zu werden: *nett sein zu anderen* → Mt 5,46 (*lieben*); *höflich begegnen* → Mt 5,47 (*grüßen*).

Anschließend springt die Gruppe nach einer längeren Pause intertextuell zu Mt 5,45a und problematisiert angesichts dieses Versteils, dass in Mt 5 „da ein gewisses Versprechen noch da […] mit drin" (S. 18, M_2) steckt. Dabei konzentrieren sich die Textwahrnehmung und dementsprechend auch die kritischen Anfragen auf zwei Punkte: Erstens scheint für die Gruppe über die Formulierung *in den Himmeln* ein Schwierigkeiten bereitender Jenseitsgedanke ins Spiel zu kommen, zweitens wird mit dem *Vater* Gott eingebracht, womit das eigene Verhältnis zu Gott im Raum steht. Beides ist für die Gruppe im vorliegenden Zusammenhang nicht von zentraler Bedeutung. Es wird vielmehr betont, dass mit Mt 5,39cd grundsätzlich „ausgesprochen diesseitig" (S. 18, M_2) umgegangen wird und mit Blick auf die Zuordnung *Verhaltensweisungen* (u. a. Mt 5,39cd) ⇌ *Himmelreich/Erlösungshoffnung* (vgl. Mt 5,45a) begegnen zwei gewissermaßen aufeinander aufbauende bzw. einander ergänzende Vorschläge: Erstens wird (a) das Himmelreich ebenfalls innerweltlich-diesseitig verstanden und zweitens (b) die Verbindung zwischen Wangenforderung und jenseitiger „Hoffnung auf Erlösung" (S. 18, M_2)[10] ausdrücklich getrennt:

> (a) „[S]o verstehe ich eigentlich eher dieses Versprechen da vom Himmelreich, von dem, was später kommen wird, eher so als etwas, was auf der, auf der Erde erreichbar ist, wenn man sich halt so verhält, wie, wie das da gepredigt wird. Ich verstand immer Himmelreich in der Bibel als dasjenige, als die Welt, die angestrebt wird, ja, wenn sich die Menschen eines … so verhalten, wie es halt da gepredigt wird. Also ich verstand das halt nicht als Versprechung, dass irgendwie nach dem Tod irgendwas kommt, sondern, ja, was, was auf dieser Welt kommen könnte, wenn, wenn die Menschen sich bemühen würden" (S. 18, M_1).

> (b) „Also für mich gibt's den anderen Aspekt sehr wohl, also die, die Hoffnung auf Erlösung, wobei die jetzt nicht unmittelbar an diese Handlungsanweisung geknüpft werde, also ‚Wer dich auf die rechte Backe schlägt, dem halte auch die andere hin!', das fände ich nicht, nicht zwingend, um, also zum Thema ‚Erlösung'" (S. 18, M_2)

In jedem Fall wird unterm Strich eine Forderung wie Mt 5,39cd als „Motivation zu einer Lebenshaltung im Diesseits" (S. 18, M_3) profiliert. Abschließend springt die Gruppe noch kurz intratextuell zu Mt 5,48 (inkl. Rückverweis auf die Feindesliebe Mt 5,44b) und problematisiert den

---

[10] Folgende *Erlösungshoffnung* wird artikuliert: „[D]ass ich mit der Unzulänglichkeit, mit der ich irgendwie mein, mein Leben am Ende führe, bei allen Bemühungen, doch auf, doch darauf vertraue, dass, dass ich da trotzdem Gnade finde. Dass es also nicht eins zu eins abgerechnet wird, sondern dass, dass ich mit meiner Unzulänglichkeit am Ende irgendwie vor Gott treten kann und trotzdem akzeptiert werde" (S. 18, M_2).

menschlicherseits unerfüllbaren, unglaublichen Anspruch, der in diesem Text kommuniziert wird.

Endsumma: Ausgehend von Mt 5,39d (und evtl. auch Mt 5,40f.) stellt die erste Hypertexteinheit nach Einspielung der schriftlichen Textvorlage, sprich: die dritte insgesamt, die extremere Form der Forderung in den Mittelpunkt und es wird unter impliziter Einbeziehung von Mt 5,46f. und unter Eintragung des Unrechtsgedankens der bewusste, idealistische Verzicht auf Gegenseitigkeit als möglicher Clou herausgearbeitet. Ziel wäre es, einen unheilvollen Teufelskreis zu verhindern. Im Rahmen der letzten (= vierten) Einheit betont die Gruppe „AI" – Mt 5,45a problematisierend – dann den eigenen, ausgesprochen diesseitigen Umgang mit Mt 5. Dabei wird das Himmelreich als dezidiert innerweltliche Größe verstanden bzw. eine (jenseitige) Erlösungshoffnung explizit von Mt 5,39cd getrennt. Mt 5 ist und bleibt eine Motivation zu einer entsprechenden Lebenshaltung im Hier und Jetzt, auch wenn in Mt 5,48 ein unerreichbares Ideal/Optimum ausgesprochen sein könnte. Alles in allem wird verhältnismäßig wenig von der Hypertextbasis wahrgenommen; extratextuelle Einspielungen liegen – abgesehen von den beiden oben erwähnten – nicht vor.

(C_{Mt}) Positionierung (Identifikation/Kritik) bzgl. Mt 5

Die Gruppe „AI" liest den Text Mt 5 (u. a.) als Verhaltensanweisung, als Aufforderung respektive Anstoß und man fühlt sich entsprechend als potenzieller Adressat angesprochen und zur Stellungnahme herausgefordert. Dabei verortet sich die Gruppe selbst tendenziell eher auf der Seite der geschlagenen Partei und denkt über die Sinnhaftigkeit einer Mt 5,39d gemäßen Reaktion nach – eine eindeutige Identifizierung ist allerdings nicht auszumachen.

Dafür finden sich deutliche Bewertungen mit Blick auf die schlagende Seite: Wer schlägt, tut Unrecht, zumal es bei Schlägen alleine – im wörtlichen Sinn – in den Augen der Gruppe „AI" offensichtlich nicht bleibt. Es geht um mehr als bloße körperliche Gewalt: Da werden Menschen drangsaliert, komplett tyrannisiert, aller Rechte beraubt. „Es gibt eben men-, menschliche Gewalt, die steht da noch nicht mal drin" (S. 19, F_4). Entsprechend gibt es die Peiniger, die anderen – in umfassendem Sinne – Unrecht antun und gegen die Regeln verstoßen, die alle Macht, allen Reichtum anhäufen. Auch wenn somit Machtkonstellationen der Art *Über-/Unterlegener* mit Blick auf den konkreten Text nicht ausdrücklich thematisiert werden, so sind sie doch implizit im Rahmen der Diskussion präsent, einfach dadurch, wie der Aggressor gezeichnet wird. Ganz klar: Derartigen Menschen gegenüber findet sich eine ausgesprochen kritische Haltung der Gruppe „AI". In diesem Zusammenhang fällt noch auf, dass die Feinde oder die Verfolger mit (fast) keinem Wort erwähnt werden.

Die geschlagene Gegenseite, die bereit ist, auch noch die andere Wange hinzuhalten, erscheint dagegen in einem ambivalenten Licht. Grundsätzlich stimmt die Gruppe „AI" dem Prinzip der Gewaltlosigkeit zu und befürwortet eine friedfertige Haltung. Es ist prinzipiell gut, sich nicht auf die Stufe des anderen zu begeben und selbst gewalttätig zu reagieren, nicht Gleiches mit Gleichem zu vergelten. Dies zeugt von einer wahren, beeindruckenden Stärke, auf diesem Wege werden Gräben überwunden und der Teufelskreis der Gewalt im Keim erstickt. Eine idealistische Lebenseinstellung spricht sich darin aus – oder vielleicht doch eher Unterwürfigkeit? Angesichts der Tatsache, dass diese Idealvorstellung nicht generell umgesetzt, nicht unter allen verwirklicht ist, heißt *die andere Wange hinhalten* nämlich zugleich: den anderen einfach gewähren lassen und (tatenlos) zugucken, sich einfach alles gefallen lassen – bis hin zur Selbstaufgabe. Insgesamt ist dies somit eine zwiespältige Sache. Irgendwann ist Schluss und so ist Mt 5,39d für die Gruppe „AI" auch keine Handlungsanweisung, die bedingungslos in jeder Situation zu befolgen ist. Diejenigen, die nie aufmucken und alles mit sich machen lassen, werden dementsprechend ebenfalls mit einem kritischen Blick begutachtet. Ehe man sich nämlich versieht, ist man gnadenlos ausgenutzt – dazu kann blindes *Nettsein*/Kooperieren führen.

Summa: Eine Identifizierung der Gruppe „AI" ist nicht zu erkennen, dafür eine deutliche Positionierung. Die schlagende Seite wird sehr kritisch respektive negativ beurteilt und diejenigen, die die andere Wange hinhalten – sprich: sich einfach alles gefallen lassen –, werden ambivalent gesehen.

(A_{Mk}) Methodisches Vorgehen bzgl. Mk 5

Mit Blick auf Mk 5 legt die Gruppe „AI" nur wenig methodisches Vorgehen an den Tag. Die Gattungsbestimmung des Textes als „Wunderheilung" (S. 19, M_3 und M_2; vgl. S. 20, M_1) bzw. als „Wundergeschichte" (S. 19, M_1; S. 21, F_4) bleibt rudimentär und dient vorwiegend dazu, die Probleme, die man von Anfang (der Auslegung) an grundsätzlich mit dem Text hat, programmatisch auf den Punkt zu bringen respektive zu begründen:[11] „Ja, ist mir sehr fremd, so ein Text von Wunderheilung" (S. 19, M_2 → erster Wortbeitrag in diesem Diskussionsteil!) – dies nicht zuletzt, weil man sich für etwas Derartiges als „zu rational" (S. 19, M_3) einschätzt. Vor diesem Hintergrund ist bezeichnend, dass das, was der Gruppe in Mk 5 u. a. auch heute akzeptabel/plausibel erscheint (→ helfendes Vertrauen), „unabhängig von dieser Wunderheilung [ist; C. S.], ist was schon noch was anderes" (S. 19, M_2). In diesem Zusammenhang wird auch – allerdings sehr grob –

---

[11] Die einzige Ausnahme in dieser Hinsicht stellt F_4 dar. Vgl. auch Teil II 2.12.1 (s. o. *), wo die spezielle (Sonder-)Rolle/Position von F_4 innerhalb der Gruppe – u. a. mit Blick auf ihre Haltung zu Mk 5 – kurz thematisiert worden ist.

die Textgliederung einbezogen und ein Unterschied konstatiert zwischen „diesen Anfangszeilen, dem Wunder" (S. 19, M₃), womit man(n) nichts anfangen kann, und dem Ende der Geschichte, denn „dieser letzte Schluss" (S. 19, M₃) ist zumindest diskutabel.

Wunderheilungen bereiten der Gruppe – mit besagter Ausnahme (F₄) – offensichtlich einige Probleme und an dieser Stelle hilft ein anderer methodischer Schritt etwas weiter, der bereits bei der Auseinandersetzung mit Mt 5 Anwendung gefunden hat: Es wird auf eine mögliche *intentio auctoris* in Verbindung mit zeitgeschichtlichen Hintergründen rekurriert.[12] Wundergeschichten können nämlich gelesen und verstanden werden als

> „Stilmittel, die die Autoren benutzt haben, um zu beschreiben, Situationen, die passiert sind, die möglich sind dadurch, dass die Leute an sie geglaubt haben [...]. Und das halt, und das als Wunder beschrieben wurde, um den Leuten halt das besser deutlich zu machen. Und so verstehe ich die, diese ganzen Wundererzähler. In dem Zusammenhang könnte, würde ich eben auch diese Wunderheilungen erklären können" (S. 19f., M₁).

Somit dient der Hinweis auf eine mögliche Autorenabsicht dazu, eine grundsätzliche Möglichkeit zu eröffnen, den Text einer Wunderheilung – was Mk 5 nun einmal ist – auch heute ansatzweise sinnvoll auslegen zu können. An Wunder im Sinne von naturwissenschaftlich nicht erklärbaren Geschehnissen glaubt man(n) nämlich dezidiert nicht (vgl. S. 20, M₁; Ausnahme F₄).

Summa: Mit Mk 5 geht die Gruppe „AI" nur wenig *methodisch orientiert* um, dabei finden hauptsächlich textexterne Werkzeuge Anwendung. Die Gattungsbestimmung als *Wundergeschichte/Wunderheilung* markiert von Anfang an ein Problem der Gruppe mit dem Text, wobei die eingebrachte mögliche *intentio auctoris* (→ Wunder als Stilmittel, um etwas Bestimmtes zu verdeutlichen/vermitteln) an dieser Stelle etwas weiterhilft.

Fallinterner Vergleich: Die Gruppe „AI" erweist sich insgesamt als nicht ausgesprochen *methodisch orientiert*. Es ist fast ausschließlich M₁, der textexternes methodisches Vorgehen an den Tag legt, indem er nämlich immer wieder die Frage nach der *intentio auctoris*/dem Ursprungssinn stellt. Dem Rest der Gruppe geht es eher um textpragmatische Aspekte bzw. man betont vorrangig die Wirkung auf einen persönlich, was nicht als methodisch i. e. S. zu qualifizieren ist. – *Vergleich Ende* –

(B$_{Mk}$) Textwahrnehmung und Hypertextrekonstruktion bzgl. Mk 5

Nachdem der erste Problemhorizont der Gruppe „AI" bzgl. Mk 5 mit dem (Gattungs-) Stichwort „Wunderheilung" (✖) angezeigt ist, setzt die Textwahrnehmung im Rahmen der ersten (und einzigen) Hypertexteinheit bei

---

[12] Erneut ist es M₁, der dies einbringt, allerdings findet sich diesmal kein dieses spezifische methodische Vorgehen relativierender Wider-/Einspruch.

Mk 5,34a–c an, was unter dezidierter Ausblendung von Mk 5,34de als *letzter Satz* (vgl. S. 19, M_2) bezeichnet wird. Man arbeitet einen Clou, der „unabhängig von dieser Wunderheilung" (S. 19, M_1) ist, heraus und kommt mittels weiterer intratextueller Sprünge zu folgender Hauptaussage:

> „Also diese Frau hat dafür ihre Hoffnung und ihren Glauben in, in Jesus gesetzt und, und ist geheilt worden. Also daraus spricht eine enorme Kraft für mich, die also von, von Jesus da ausgeht, also alleine sein Gewand zu berühren, reichte schon aus, um das, wo alle menschliche, menschliches Wissen offenbar schon längst gescheitert ist, um das also zu lösen, das Problem. Also das steckt für mich da drin. (Pause 11 Sek.) Diese Frau hat vertraut in die Kraft und ist nicht enttäuscht worden" (S. 19, M_2).

Die Gruppe bezieht Mk 5,28 (Hoffnung/Glaube), 5,29 (Heilung), 5,30ab (enorme Kraft) und schließlich auch 5,26 (offenbares Scheitern menschlichen Wissens) mit ein und gewinnt dem Text auf diesem Wege eine zunächst akzeptable Pointe ab. In diesem Zusammenhang wird das Faktum, dass alleine die Berührung der Gewänder zur Heilung genügt, dahingehend ausgelegt, dass die von Jesus ausgehende Kraft wirklich enorm gewesen sein muss. Als Clou steht somit im Raum: „Diese Frau hat vertraut in die Kraft und ist nicht enttäuscht worden" (S. 19, M_2) → das Problem ist gelöst durch die Berührung der Gewänder Jesu.

Anschließend erfolgt – alles im Rahmen derselben Hypertexteinheit – eine Problematisierung des Glaubensaspektes. Die Gruppe ringt augenscheinlich mit dem Text Mk 5, wobei sich als verbindendes Element der Aspekt der Problemlösung durchzieht.[13] Unter *unterstützender, pop-up-mäßiger* Einspielung des Berge versetzenden Glaubens § (extratextuell)[14] wird zunächst in kritischer Absicht darauf abgehoben, dass Glaube gewissermaßen mit Reinsteigern gleichgesetzt werden kann: „Also wenn man an was wirklich glaubt, sich da reinsteigert, dann wird einem das auch schon helfen" (S. 19, M_3). In diesem Sinne wäre Mk 5 als „Text gegen den Glauben" (S. 19, M_3) zu beurteilen.

Doch ist dies nicht die einzige mögliche Sichtweise. Wenn man nach der *intentio auctoris* (✶) fragt und die Wundergeschichten als „Stilmittel, die die Autoren benutzt haben, um zu beschreiben, Situationen, die passiert sind, die möglich sind dadurch, dass die Leute an sie geglaubt haben" (S. 19, M_1), versteht, dann werden durch Wundererzählungen ganz bestimmte Erfahrungen tradiert, die auch heute noch Relevanz beanspruchen können – nämlich dass „Sachen, die eigentlich nicht für möglich gehalten

---

[13] Diese Konzentration auf die Problemlösungskapazität mag etwas überraschen, da dieser Gedanke mit Blick auf die Lektüre biblischer Texte an früherer Stelle explizit zurückgewiesen worden ist: „auch nicht damit, mit dem Ansatz, dass ich jetzt darin eine, eine Lösung für ein Problem oder so was unmittelbar finden würde" (S. 8, M_2).

[14] Es lässt sich nicht erkennen, ob die Gruppe dieses Element als inner- oder als außerbiblisch (z. B. allgemeine Redensart/Volksweisheit) versteht.

worden wären, die aber dadurch, dass die Leute das trotzdem probiert haben, trotzdem dran geglaubt haben, das irgendwie den lösen können, hat dann doch funktioniert" (S. 19f., M$_1$). Erneut geht es darum, dass ein bestehendes Problem gelöst wird, und zwar trotz nahezu aussichtsloser Ausgangssituation. Allerdings kommen an dieser Stelle kein Jesus, keine Gewänder oder dergleichen mehr in den Blick, sondern es wird einzig und alleine darauf abgehoben, dass die Menschen allem realistischen Pessimismus zum Trotz geglaubt und es in der Folge mit Jesus probiert haben und ihr Einsatz mit einem unvorhersehbaren Erfolg belohnt wird. Beispielsweise werden der solidarische Zusammenhalt und das Teilen (vgl. zusätzlich S. 21, M$_1$ und M$_3$) angeführt, denn auf dieser Basis sind Wunder möglich. Ob mit Letzterem eine extratextuelle, innerbiblische Anspielung in der Art eines *Pop-ups* auf eine der Brotvermehrungsgeschichten § vorliegt,[15] lässt sich nicht sicher entscheiden. Auf jeden Fall geht es der Gruppe darum, dass Menschen ein bestimmtes Engagement an den Tag legen und in der Folge schwerwiegende Probleme gelöst werden. Auch Wunderheilungen können in diesem Zusammenhang entsprechend verstanden werden, wobei die begegnenden Formulierungen auf eine sehr vorsichtig-zurückhaltende Rezeption durch die Gruppe „AI" hinweisen: „Dass halt, wenn die Leute nicht alleine gelassen werden, wenn dran geglaubt wird, dass sie *vielleicht* noch gesund werden können, wenn die Hoffnung nicht *völlig* aufgegeben wird, dass es schon *manchmal* möglich ist, dass da noch was passiert" (S. 20, M$_1$; Hervorhebungen C. S.).[16] Man ist sich (mit Ausnahme von F$_4$, vgl. folgenden Exkurs) einig:

> „Und daran, dass halt wirklich naturwissenschaftlich Wunder geschehen sind, also irgendwas, was ich rein naturwissenschaftlich nicht erkläre, ist, da glaube ich halt nicht dran" (S. 20, M$_1$). „Also für mich sind diese Geschichten Bilder und stehen für irgendwas. Also diese un-, an das unmittelbare, diese unmittelbare Heilung oder so was, glaube ich nicht" (S. 20, M$_2$).[17]
>
> *Exkurs:* Deutlich anders ist die Sichtweise, die F$_4$ propagiert, womit sie sich von den restlichen Gruppenmitgliedern unterscheidet. Letzteres ist ihr ausdrücklich bewusst, da sie ihren Gesprächsbeitrag folgendermaßen einleitet: „Auch wenn ich jetzt hier nicht reinpasse" (S. 20, F$_4$). F$_4$ glaubt an die Wunder wirkende Tätigkeit Jesu in ei-

---

[15] Bei der Gruppe „Bibelkreis" ist diese Verlinkung explizit und ausdrücklich gesetzt (vgl. Gruppe „Bibelkreis" S. 36, M$_3$; S. 39, M$_7$; vgl. Teil II 2.4.2 B$_{Mk}$).
[16] In diesem Zusammenhang wird exkursartig Mk 5,30ab als merkwürdiges untypisches Element in den Mittelpunkt gerückt. Unter *widersprechender*, *pop-up*-mäßiger Einspielung extratextueller, innerbiblischer Traditionen §, die davon sprechen, „dass die Kraft und so was von Gott kommt und nie, [...] dass es von ihm kommt, die Kraft" (S. 20, M$_1$), wird Mk 5,30ab und die von Jesus ausgehende Kraft problematisiert, was allerdings für den Hypertext der Gruppe „AI" im Großen und Ganzen nicht weiter von Bedeutung ist.
[17] Mit letzterem Statement ist Mk 5,29a explizit die Glaubwürdigkeit abgesprochen.

nem historischen Sinne: „[D]as hat mal stattgefunden" (S. 21, F₄). Jesus selbst ist es, der „so einen verzweifelten Fall lösen" (S. 20, F₄) konnte. Erneut geht es um Problemlösung, wobei diese nun ausschließlich Jesus zugewiesen wird. In diesem Kontext werden *unterstützende* Verlinkungen vorgenommen: „Er hat das gekonnt mit den Broten und dem Wein, er hat das Kind, das Töchterlein des Jairus hat er wieder auferweckt, er hat den Lazarus gesund gemacht." In der Art von *Pop-ups* wird extratextuelles, innerbiblisches Material eingebracht: Brote (wahrscheinlich ist eine der Brotvermehrungsgeschichten gemeint, z. B. Mk 6,30–44 oder Mk 8,1–10 §), Wein (vermutlich ist an das Weinwunder auf der Hochzeit von Kana zu denken, vgl. Joh 2,1–12 §), Auferweckung der Tochter des Jairus (vgl. Mk 5,21–24.35–43 §), Auferweckung des Lazarus (vgl. Joh 11,17–44 §). Für F₄ ist eindeutig klar: „Das sind all die, also da glaube ich dran, muss ich sagen" (S. 20, F₄) – womit ihr grundsätzliches Fazit der Positionierung der restlichen (männlichen!) Gruppe exakt entgegengesetzt wäre. In den gewirkten Wundern bzw. in dieser Kraft erweist sich die Göttlichkeit Jesu (vgl. S. 21, F₄) und F₄ schöpft daraus Hoffnung: „Also es gibt mir Hoffnung. Jesus als Arzt hat den Menschen wirklich geheilt. Das gibt mit Hoffnung" (S. 22, F₄). Dass die drei männlichen Gruppenmitglieder dieses Verständnis ganz und gar nicht teilen können, dürfte durch die bisherigen Ausführungen bereits klar geworden sein. *– Exkurs Ende –*

Auf der Basis der obigen Grundüberzeugung arbeitet die Gruppe – zumindest der männliche Teil derselben – am eigenen Wunderverständnis weiter. Wunder werden nun in gewissem Sinne als *Wegweiser* profiliert und die Notwendigkeit der eigenen Aktivität (in Abgrenzung zu einer sonstigen möglichen Sichtweise der Wunder) betont. In diesem Zusammenhang wird gerade Mk 5,34c positiv herausgegriffen, besagt dieser Vers doch, dass wenigstens Glaube erforderlich ist, womit die erfahrene Heilung kein rein passiv empfangenes Geschenk wäre:[18]

„Ja, in dem Sinne würde ich die Wunder halt auch verstehen. Also in dem Sinne, in welche Richtung es gehen soll. Dass es keine Krankheiten mehr gibt, dass alle genug zu essen haben und so. Klar ist halt, also für mich halt eher die Aufforderung oder praktisch die Aussage, dass, dass die Probleme im Prinzip lösbar sind, dass man sie halt angehen muss. Und eigentlich ein bisschen im Widerspruch zu dem, wie so Wunder allgemein verstanden werden eigentlich. Nämlich dass man halt, dass es eigentlich keine Chance gibt und es wird einem dann halt praktisch geschenkt, ohne dass man selber was dafür tut. Wobei das natürlich in dem Text, also, hier steht ja immerhin drin, dass der Glaube dafür notwendig war, dass was passiert ist. D. h., dass man im Prinzip schon aktiv noch irgendwas machen muss und nicht einfach alles auf sich zukommen lassen und insofern würde ich es halt schon auch verstehen" (S. 21, M₁).

Jetzt ist ein brauchbares Grundverständnis erreicht: Wunder als überraschende Problemlösungen, die auf dem Engagement von Menschen beruhen. Wundergeschichten werden entsprechend gelesen als Aufforderungen

---

[18] Es überrascht an dieser Stelle etwas, dass das sonstige Engagement der Frau (vgl. z. B. Mk 5,26f.) mit keinem Wort erwähnt und als weiterer Beleg für ihre Eigeninitiative eingebracht wird.

zu einem ebensolchen Engagement, die den Weg in eine heilvolle Zukunft weisen. Ob vor diesem Hintergrund Mk 5 nun positiv gewürdigt werden kann (Glaube ist immerhin notwendig) oder ob Mk 5 ein „Anti-Text" (S. 21, M$_3$) ist und bleibt (vgl. auch S. 19, M$_3$), diese Frage wird bis zum Ende der Diskussion nicht konsensmäßig gelöst.

Summa: Der Hypertext der Gruppe „AI" bzgl. Mk 5 weist nur eine einzige Einheit auf und es wird verhältnismäßig wenig von der Hypertextbasis wahrgenommen. Die gesamte Diskussion dreht sich um die Wunderheilung an sich und ein akzeptables Verständnis des zugrunde liegenden Glaubens. Mit Ausnahme von F$_4$, die eine dezidiert andere Sichtweise vertritt, ringt die Gruppe um einen brauchbaren Clou. Ist Glaube mit Reinsteigern gleichzusetzen und Mk 5 dementsprechend als *Anti-Text* zu lesen? Oder tradieren Wundergeschichten nicht doch vielmehr die Erfahrung einer überraschenden Problemlösung? In letzterem Fall ist der Gruppe sehr wichtig, dass ein Eigenengagement unverzichtbar ist, denn das *allgemeine Wunderverständnis* (Wunder als Geschenk; man selbst tut nichts) wird dezidiert abgelehnt. Wundergeschichten weisen somit den Weg in eine gute Zukunft und halten fest, dass die Probleme prinzipiell lösbar sind.

Fallinterner Vergleich: Es fällt auf, dass die Gruppe „AI" mit den beiden vorgelegten Texten vergleichbar umgeht. In beiden Fällen wird verhältnismäßig wenig von der Hypertextbasis wahrgenommen, in beiden Fällen liegen dezidierte persönliche Stellungnahmen vor, die die Ablehnung eines Textbestandteils (u. a. Wangenforderung; Glaube an plötzliche Heilung) zum Inhalt haben. Die Gruppe ringt jeweils mit den Texten und arbeitet sich an einzelnen Aspekten (z. B. Gewaltverzicht/Gewaltlosigkeit; Glaube) ab. Dabei tut man sich mit Mk 5 noch etwas schwerer: Als Wundergeschichte stößt dieser Text bei der Gruppe – zumindest bei den drei männlichen Gruppenmitgliedern – von Anfang an auf große Vorbehalte. – *Vergleich Ende –*

(C$_{Mk}$) Positionierung (Identifikation/Kritik) bzgl. Mk 5

Bei der Auseinandersetzung mit Mk 5 nimmt die Gruppe „AI" kaum Figuren wahr, sogar Jesus und die Frau werden nur äußerst rudimentär einbezogen (Ausnahme: F$_4$). Entsprechend liegt keine Identifizierung vor und auch mit der Eruierung einer Positionierung tut man sich schwer.

Ansatzweise positiv beurteilt wird die Frau, die glaubt und vertraut und nicht enttäuscht wird. Hierbei ist für die Gruppe hauptausschlaggebend, dass der an den Tag gelegte Glaube als Eigenengagement der Frau zu werten ist. Doch schwankt die Beurteilung deutlich: Vielleicht ist der Glaube auch als Hineinsteigern zu verstehen und entsprechend zu kritisieren. Etwas aus dem sonstigen Rahmen fällt F$_4$, die an eine Wunder wirkende Kraft Jesu glaubt und damit ansatzweise eine Identifizierung mit der Frau aus Mk 5 erkennen lässt.

Summa: Da die Gruppe „AI" bzgl. Mk 5 so gut wie keine Figuren näher thematisiert oder auch nur wahrnimmt, kann weder eine Identifizierung noch eine klare Positionierung herausgearbeitet werden. Eine Ausnahme stellt (erneut) F_4 dar, die sich ansatzweise mit der geheilten Frau aus Mk 5 identifiziert, da sie Jesus ein vergleichbares Vertrauen in dessen Wunder wirkende Fähigkeiten entgegenbringt.

Fallinterner Vergleich: Die Gruppe „AI" verhält sich sowohl zu Mt 5 als auch zu Mk 5 verhältnismäßig distanziert. Eine Identifizierung ist in beiden Fällen nicht zu erkennen. Dafür begegnen ansatzweise wertende Positionierungen, die auffälligerweise jeweils ambivalent (z. B. geschlagener Part, der die andere Wange noch hinhält; glaubende Frau) ausfallen. – *Vergleich Ende –*

(D) Strategien der Sinnkonstruktion und des Textverstehens

Die Gruppe „AI" weist insgesamt einen sehr selektiven Umgang mit den vorgelegten Texten auf: Von den Hypertextbasen wird jeweils verhältnismäßig wenig wahrgenommen. Man konzentriert sich vielmehr auf einzelne, für einen selbst problematische, relevante oder interessante Hauptaspekte, arbeitet sich an diesen ab und ringt um ein akzeptables Verständnis. Dabei ist entscheidend, dass sich der konstruierte Sinn im heutigen aktuellen Leben bewähren muss. Methodisches Vorgehen spielt in diesem Zusammenhang nur eine untergeordnete Rolle und ist nicht zwingend erforderlich.[19] Mit den Worten der Gruppe selbst lässt sich diese kurz skizzierte Gesamtstrategie mit folgendem Dreischritt benennen: *Anschauen – Hinterfragen – Überlegen, was dahinter steckt* (vgl. S. 9, M_3). Nach einem grundsätzlichen Blick über die gesamte Textvorlage werden nämlich sehr gezielt einzelne Elemente herausgegriffen und kritisch angefragt, beispielsweise hinsichtlich ihrer Plausibilität oder auch ihrer Praktikabilität. Schlussendlich sucht die Gruppe nach einem dahinterstehenden Sinn, dem man zustimmen kann, und bzgl. dieses dritten Schrittes lässt sich eine weitere Eigenterminologie spezifizierend ins Feld führen: Eine biblische Textstelle bekommt erst dann Bedeutung für einen selbst, wenn „es also für mich heute plastisch und greifbar wird und verständlich" (S. 10, M_2). Es geht um „die Bedeutung für mich im Leben" (S. 21, F_4).

Das letztere Ziel verfolgen die Sinnkonstruktionsbemühungen der Gruppe „AI" eindeutig und vor diesem Hintergrund erklärt sich auch, dass die beiden vorgelegten Texte ohne weitere gedankliche Zwischenschritte unmittelbar in die Jetztzeit übertragen werden. Im Rahmen der eigenen Über-

---

[19] Dass die Rückfrage nach einer möglichen *intentio auctoris* an dieser Stelle etwas aus dem Rahmen fällt, ist konstatierend festzuhalten. Dieses methodische Vorgehen scheint aber in gewisser Weise typisch für M_1 zu sein (vgl. Teil II 2.12.3 b.), nicht aber unbedingt die grundsätzliche methodische Orientierung der Gruppe „AI" widerzuspiegeln.

legungen werden explizite Bewertungen vorgenommen und auch deutliche Ablehnung formuliert, wenn Textelemente nicht zustimmungsfähig sind. Alles in allem versucht die Gruppe, einen für sie selbst heute akzeptablen Clou zu ermitteln, wobei der Aspekt *Problemlösung(skapazität)* eine entscheidende Rolle spielt. Als Kriterium oder letzter Bewertungsmaßstab wird ausdrücklich erwähnt, „dass alle gleichermaßen friedlich und mit Würde leben können" (S. 14, M_2) sollen.

2.12.3 Die Frage nach dem Warum – Ein Blick auf den Orientierungsrahmen

a. Der Orientierungsrahmen im Kurzportrait: „immer dranbleiben an der Sache, in der Hoffnung, irgendetwas zu bewirken" (S. 3, M_2)

Die Gruppe „AI" stellt – wie bereits in der Kurzcharakteristik (vgl. Teil II 2.12.1) beschrieben – eine Aktionsgruppe dar, die sich mit dem Ziel, die Einhaltung der Menschenrechte zu befördern (vgl. S. 2, M_3), engagiert: Die Durchsetzung der Menschenrechte ist eindeutig die wichtigste Aufgabe der Gruppe. Man zeigt Einsatz für die Menschenrechtsarbeit, welche z. B. mit Blick auf Ziele und Aktionen als verhältnismäßig abstrakt (vgl. S. 2, M_2) – und damit als entsprechend intellektuell anspruchsvoll – qualifiziert wird. Die Menschenrechte im Allgemeinen bzw. die *Allgemeine Erklärung der Menschenrechte* (als Dokument der Vereinten Nationen) im Besonderen sind somit als wesentlicher Bestandteil bzw. Bezugsrahmen des positiven (Gegen-)Horizonts auszumachen.[20] Der universale/universalistische Geltungsanspruch dieser Grundurkunde steht für die Gruppe „AI" außer Frage und das eigene Engagement ist dezidiert international und weltumspannend ausgerichtet. Für die Menschenrechtsarbeit gilt nämlich der Grundsatz, „dass wir nicht im eigenen Land arbeiten, [...] sondern dass eben gerade das von, davon lebt, dass international darauf geguckt wird" (S. 5, M_2).

Dabei führt die Gruppe selbst verschiedene Möglichkeiten an, wie Enaktierungspotenziale in der konkreten Praxis aussehen können, beispielsweise Informationsarbeit oder Geldsammelaktionen vor Ort. Besonders ausführlich wird das Schreiben von Protest- respektive Appell-Briefen thematisiert und in diesem Zusammenhang wird ausdrücklich hervorgehoben, dass mit derart „begrenzten Mitteln es durchaus möglich ist, Leuten zu helfen, die in anderen Ländern bedroht werden" (S. 5, M_2).

---

[20] Vor diesem Hintergrund verwundert es nicht, dass bereits der zweite Diskussionsbeitrag zur Bibel im Allgemeinen auf diesen positiven (Gegen-)Horizont abhebt: „Im Rahmen der Menschenrechtsarbeit ist natürlich auch immer wieder die Bibel ..." (S. 8, M_3).

Dieser messbare Erfolg (vgl. S. 5, M_2) ist erstaunlich und auf den ersten Blick vielleicht überraschend, doch für den positiven (Gegen-)Horizont der Gruppe entscheidend wichtig: Man ist nämlich von der Grundüberzeugung durchdrungen, dass die Welt gestalt- und veränderbar ist – zum Guten (wie natürlich auch zum Schlechten). Dazu muss auf die Welt eingewirkt werden,[21] notfalls gemäß dem Motto: „Steter Tropfen höhlt den Stein!" (S. 3, M_2). Sollte es nötig sein, so ist man selbst hartnäckig und gewissermaßen penetrant, getragen von der „Hoffnung, irgendetwas zu bewirken" (S. 3, M_2; vgl. die Überschrift dieses Kapitels). Dieses Einwirken wiederum hinterlässt im optimalen Fall, sprich: dann, wenn die eigene Aktivität von Erfolg gekrönt ist, einen Eindruck, es beeindruckt.[22] Nicht von ungefähr werden diese Aspekte am eigenen Tätigsein (→ Wirkung erzielen/wirkungsvoll sein; Eindruck machen/beeindrucken) immer wieder betont: „[D]as ist eine sehr wirkungsvolle Sache. […] Das ist, das ist hochwirksam, denn das macht einfach Eindruck, […] genau das macht den Eindruck" (S. 5, F_4). Man möchte Aufmerksamkeit erzielen (vgl. S. 6, F_4) und schafft dies auch mit Erfolg. Für die Gruppe „AI" kommt es darauf an, „dass die Probleme im Prinzip lösbar sind, dass man sie halt angehen muss" (S. 21, M_1). Es gilt, aktiv zu werden.

Vor diesem positiven (Gegen-)Horizont ist der negative Gegenhorizont wie folgt zu skizzieren: Eine mehr oder weniger fatalistische Grundhaltung, die Unrecht, Unterdrückung, Menschenrechtsverletzungen etc. einfach nur hinnimmt, wird dezidiert abgelehnt, ebenso wie die Tendenz zur Selbstaufgabe (vgl. S. 13, M_3; S. 14, M_2) und zur Unterwürfigkeit (vgl. S. 17, M_3). Es kann nicht angehen, „denjenigen gewähren zu lassen, der andere drangsaliert, der, ja, alle Macht, allen Reichtum anhäuft, ja, und alle anderen würden zugucken und sich das einfach gefallen lassen" (S. 14, M_2). Man darf nicht wegsehen, aber natürlich auch nicht tatenlos zusehen, wenn „jemand komplett andere tyrannisiert und deren Rechte ihnen, ihnen wegnimmt, den, den andern wegnimmt, da ist für mich Schluss" (S. 15, M_2). Ebenso werden als negative Gegenhorizonte angedeutet die reine Predigt von Idealismus ohne entsprechende aktive Umsetzung (vgl. S. 16, M_1) sowie das normale Wunderverständnis, dass es „einem dann halt praktisch geschenkt [wird; C. S.], ohne dass man selber was dafür tut" (S. 21, M_1). Auch „blindes Nettsein und Kooperieren" (S. 17, M_3) werden zurückgewiesen, da dies über kurz oder lang zum Ausgenutztwerden führt.

---

[21] Bezeichnenderweise thematisiert der erste Diskussionsbeitrag zur Bibel im Allgemeinen genau diesen Gesichtspunkt mit Blick auf die Bibel. Auf die Frage „Wenn Sie das Wort ‚Bibel' hören, was würden Sie so damit assoziieren?" (S. 8, Y_3), wird als Erstes ins Feld geführt: „[d]as Buch mit der größten Wirkung weltweit" (S. 8, M_2). Hier kommt auch die universale, weltumspannende Dimension zur Sprache.

[22] Im Rahmen der Diskussion zu Mt 5 werden Gandhi und die Leute um ihn herum erwähnt, und zwar als Personen, die wirklich *beeindruckt* haben (vgl. S. 14, F_4).

Die Gruppe „AI" will Veränderung aktiv durch eigenes Einwirken schaffen, will sich zur Wehr setzen, wo Menschlichkeit bedroht und gefährdet ist, und die Zielrichtung dieses Engagements wird zum Ausdruck gebracht in Absetzung von einem weiteren negativen Gegenhorizont: „Am Ende käme dabei was raus, was, was nicht dazu angetan wäre, dass alle gleichermaßen friedlich und mit Würde leben könnten" (S. 14, M_2). Ergo ist der positive (Gegen-)Horizont wie folgt zu bestimmen: Man baut an einer Welt mit, die ein friedliches und würdiges Leben für alle Menschen bietet – inklusive der Garantie grundsätzlicher Menschenrechte. Dafür setzt man sich im Hier und Jetzt ausgesprochen diesseitsorientiert ein und will gerade die Menschen unterstützen, deren (Menschen-)Rechte mit Füßen getreten werden. Ihnen soll ein Leben in Würde ermöglicht werden. Der eigene Beitrag, der geleistet werden kann, ist zwar bescheiden und verhältnismäßig klein, zieht teils aber doch eine erstaunlich beeindruckende und große Wirkung nach sich.

b. Diverse Abhängigkeiten – Annäherungen an ein erklärendes Verstehen

Die Gruppe „AI" geht mit den beiden biblischen Texten um wie mit Büchern im Allgemeinen. Nicht ohne Grund stammt die zur Bezeichnung der Gesamtstrategie gewählte dreischrittige Terminologie (vgl. oben) aus einem Gesprächsbeitrag, der genau diesen Aspekt betont: Man nähert sich *jedem Buch* auf diese Weise (vgl. S. 9, M_3). Der eigene Orientierungsrahmen schlägt sich dabei am deutlichsten in der Wahl des kriteriologischen Maßstabs sowie in den vorgenommenen Bewertungen nieder: Die eigene Menschenrechtsarbeit mit dem Ziel, ein friedliches und (menschen-)würdiges Leben für alle zu schaffen, getragen von der Grundüberzeugung, dass alle Menschen gleichermaßen wertvoll sind, bestimmt grundlegend die beurteilenden Stellungnahmen der Gruppe „AI" zu den vorgelegten Texten. Auch die akzeptablen Sinnkonstruktionsresultate werden hieran gemessen. Sonst lassen sich in diesem Fall keine tiefer gehenden Abhängigkeiten zwischen Orientierungsrahmen und Gesamtstrategie ermitteln.

Die Gruppe „AI" ist sich selbst der Möglichkeit bewusst, dass unterschiedliche Auslegungen, abhängig von der jeweiligen *Präferenz*, zustande kommen können. Mit Blick auf die Predigten im Gottesdienst wird nämlich formuliert,

„dass man jedes Mal, wenn man hingeht, den gleichen Text hört, aber jedes Mal unterschiedliche Sachen dazu gesagt wird und ich weiß, wie viel, wie viel verschiedene Sachen da drinstecken, wie viel man da rausholen kann, je nach Präferenz desjenigen, der da gerade gepredigt hat" (S. 10, M_1).

Es gibt eben „sehr viel mehr Interpretationsmöglichkeiten" (S. 11, M_3) als nur eine und das Phänomen, dass „an ein und demselben Text ganz munter herumargumentiert wird" (S. 12, M_2), ist der Gruppe wohl bekannt. Entsprechend gilt auch für Mt 5: „Und da kann man, gibt's wahrscheinlich echt viele Interpretationen von dieser Stelle, da kann's man auf unterschiedliche Arten und Weisen verstehen" (S. 16, M_1).

Ob an dieser Stelle der Rekurs auf den ursprünglichen Sinn als Maßstab und Kontrollinstanz weiterhilft, wird von den einzelnen Gruppenmitgliedern unterschiedlich beurteilt. Es ist nämlich mit M_1 immer die gleiche Person, die sowohl im Teil zur Bibel allgemein (vgl. S. 9, M_1) als auch bzgl. Mt 5 (vgl. S. 15f., M_1) als auch hinsichtlich Mk 5 (vgl. S. 19f., M_1) zumindest ansatzweise nach einer *intentio auctoris* fragt. Dieses Anliegen wird von den restlichen Gruppenmitgliedern offensichtlich nicht geteilt, ja an einer Stelle wird der Relevanz dieser methodischen Frage ausdrücklich widersprochen (vgl. S. 16, M_2). Interessant ist nun, dass M_1 nach der Selbstcharakterisierung derjenige innerhalb der Gruppe „AI" ist, der am stärksten eine christliche Sozialisation durchlaufen hat, sich anschließend aber dezidiert vom christlichen Glauben distanziert hat:

> „[W]eil ich als Kind ziemlich viel mit Kirche zu tun hatte und ziemlich viel, ja, mich mit solchen Themen beschäftigt habe, auch viel dran gelesen habe und darüber diskutiert und, na ja, hat sich im Laufe der Zeit hat sich bei mir, haben sich sehr viele Einstellungen geändert" (S. 8, M_1).

Genau diese Person bringt nun immer wieder die *intentio auctoris* mit einer kritischen Grundtendenz ins Spiel, nicht zuletzt, um die Legitimität potenzieller aktueller Auslegungen anzufragen bzw. zurückzuweisen. Es würde die Möglichkeiten der vorliegenden Arbeit deutlich übersteigen, hier weitergehende Zusammenhänge zu unterstellen, erwähnenswert sind die Beobachtungen aber auf jeden Fall. Zu guter Letzt ist in diesem Kontext auch noch einmal auf F_4 hinzuweisen, die (in ihrer Rolle als Frau?!) innerhalb der Gruppe „AI" eine gewisse Sonderrolle spielt, was sich auch in der Auslegung der biblischen Texte und besonders in der Favorisierung von Mk 5 gegenüber Mt 5 (vgl. S. 22, F_4) niederschlägt.

3 Was sich herauskristallisiert ... – Auf der Suche nach grundsätzlichen Lesestrategien

Wenn man sich die vorstehenden detaillierten Auswertungen der zwölf Einzelgruppen vor Augen hält, so wird eines schnell deutlich: Jede Gruppe ist in vielerlei Hinsicht ein Fall für sich. Möchte man nun über die Einzelfälle hinausgehende bzw. diese übergreifende Typen erarbeiten, so steht man vor der Frage, wie mit den divergenten und schwierig vergleichbaren Einzelerkenntnissen umgegangen werden soll. Auf welchem Wege soll eine Abstrahierung erfolgen?

Angesetzt werden könnte z. B. in methodischer Hinsicht: Im Rahmen der Auswertungen ist nämlich eine gewisse Typisierung bereits dahingehend erfolgt, dass zwischen *nicht methodisch orientiert, methodisch orientiert* (zwei mögliche Schwerpunktsetzungen: textintern/textextern), *methodisch reflektiert* und *methodologisch reflektiert* unterschieden worden ist. In dieses Klassifizierungssystem können die untersuchten Gruppen gewissermaßen eingeordnet werden. Allerdings ist damit nicht viel gewonnen, denn die weiteren Erkenntnisse der Analysen, beispielsweise hinsichtlich der Hypertextkonstruktion oder der Positionierung, bleiben dann ausgeblendet. Auch die erarbeiteten Gesamtstrategien der einzelnen Gruppen (vgl. jeweils Unterpunkt D) kommen in dieser Typisierung anhand des methodischen Vorgehens nicht vor, was in meinen Augen unvertretbar ist. Denn gerade um diese Sinnkonstruktionsstrategien kreist ja zentral das Forschungsinteresse der gesamten Arbeit, weshalb diese in abstrahierend-generalisierenden Überlegungen auf jeden Fall Berücksichtigung finden müssen.

Eine abschließende Typenbildung/Typisierung, die im Kontext soziologischer Forschungen meistens recht überzeugend gelingt, scheint mit Blick auf die Forschungsgegenstände *Sinnkonstruktion* und *Textverstehen* an eine Grenze zu stoßen, die trotz intensiver Bemühungen bisher nicht überwunden werden konnte. Zu verschieden nehmen sich die Einzelfälle aus, zu unterschiedlich sind die eruierten Gesamtstrategien. Das Material sperrt sich in meinen Augen dagegen, Typen zu bilden und die Einzelfälle auf diesem Wege gewissermaßen in Schubladen einzuordnen. „Aber wenn man die Redeweise vom ‚Lesertyp' zugunsten der Redeweise von der ‚Lesestrategie' aufgibt"[1], dann eröffnet sich ein gangbarer Weg. Der Blick wird frei für einen letzten Analyseschritt, der auf das vorliegende Material gewinnbringend angewandt werden kann: Es gilt in der Zusammenschau aller Fälle, grundlegende Lesestrategien aus den Einzelfällen herauszukristallisieren.[2] Obwohl die Einzelfälle für sich betrachtet ein je spezifisches und in diesem Sinne individuelles Vorgehen aufweisen, fällt bei einem genauen Blick durchaus Vergleichbares ins Auge: Es begegnen – zumindest ansatzweise – verwandte Lesestrategien, die von verschiedenen Gruppen eingesetzt werden, natürlich in unterschiedlicher Ausprägung im Detail.

Um diesen Lesestrategien auf die Spur zu kommen, soll im Folgenden zunächst ein knapper Überblick über die jeweiligen Gesamtstrategien (Analyseschritt D) der zwölf Einzelfälle gegeben werden, vorrangig anhand

---

[1] S. FREISLER, Begriffsbestimmung 41.
[2] Es sei nur kurz angemerkt, dass sich die Suche nach Lesestrategien und eine Typenbildung nicht grundsätzlich ausschließen. In meinem Fall hat allerdings der Versuch, eine überzeugende Typologie zu entwickeln, den Blick auf den weiterführenden Weg der Lesestrategien zunächst gewissermaßen verstellt. Das vorliegende empirische Material erlaubt es in meinen Augen, grundlegende Lesestrategien zu ermitteln; verallgemeinerungsfähige Typen konnten dagegen nicht gefunden werden.

der gewählten gruppeneigenen Schlagwörter. Bereits hier mögen sich erste Verbindungslinien zwischen einzelnen Gruppen finden lassen. Zusätzlich sollen auch stichwortartig die Erkenntnisse der Schritte A (methodisches Vorgehen), B (Hypertext und Co.) und C (Positionierung) zusammengetragen werden, wobei besonders mit Blick auf den Untersuchungsschritt B pragmatisch bedingte Pointierungen unumgänglich sind. Ein knappes Resümee aller Gruppen steht auf dem Programm. Anschließend geht es darum, mögliche übergreifende Lesestrategien zu benennen, diese genauer zu charakterisieren und u. U. jeweils noch einmal zu differenzieren. Hierbei werden – soweit möglich – sowohl methodisches Vorgehen als auch der Umgang mit der Hypertextbasis, die Hypertextkonstruktion, das Einspielverhalten sowie die eigene Positionierung/Identifizierung zu berücksichtigen sein. Auch der jeweils beschrittene Weg der Aktualisierung bzw. der Überwindung der Distanz zwischen den alten Texten und dem heutigen Leben wird nach Möglichkeit einbezogen werden.

Vorab sei noch darauf hingewiesen, dass sich nur selten eine bestimmte Lesestrategie rein bei einer einzelnen Gruppe findet. Z. T. ist es so, dass eine Gruppe bzgl. des einen Textes die eine, bzgl. des anderen Textes wieder eine andere Strategie anwendet. Das Konzept *Lesestrategie* ist somit in gewissem Sinne ähnlich dem methodischen Werkzeugkasten zu verstehen, aus dem je nach Bedarf, Kenntnis/Wissen, Vorliebe, Text etc. ausgewählt werden kann. Die folgenden Ausführungen abstrahieren somit notwendigerweise weitgehend von den Einzelgruppen und entsprechend stellt das, was als charakteristisch für eine bestimmte Lesestrategie angeführt wird, nicht selten die Profilierung einer erkennbaren Tendenz (z. B. mit Blick auf favorisiertes methodisches Vorgehen) dar. Zunächst wie angekündigt eine kurze Übersicht über die analysierten Gruppen:

Name	Gesamtstrategie (D)	Method. Vorgehen (A)	Hypertext und Co. (B)	Positionierung (C)
„Kultur"	Übersetzung Übertragung Überlagerung Alltag → Bibel	insgesamt nicht methodisch orientiert	Neufassungen unproblemat.), wenig wahrgenommen, Einspielungen (bibl./außerbibl.)	direkte Identifizierung textlicher Figuren mit heutigen Akteuren
„Gewerkschaft"	kompakte Sichtweise Kritik Alltag → Bibel	methodisch reflektiert (textintern/ textextern)	Einspielungen (widersprechend, innerbibl.), Neukombinationen, selektive Wahrnehmung	Sensibilität für hierarch. Konstellationen, unmittelbare Übertragungen, Partei für die „Unteren"

Grundsätzliche Lesestrategien

Name	Gesamtstrategie (D)	Method. Vorgehen (A)	Hypertext und Co. (B)	Positionierung (C)
„KSJ"	raussuchen rausfinden	methodisch orientiert (textintern)	Ausblendungen, Einspielungen (widersprechend, verallgemeinernd, unterstützend), analoge Übertragungen	betroffen, Identifikation mit der Frau
„Bibelkreis"	materialistische Bibellektüre Kritik Bibel → Alltag/Gesell.	methodisch reflektiert (textintern/ textextern)	Kontext, Einspielungen (spezialisierend, ersetzend), Abarbeiten an Problempunkten	Sensibilität für Machtkonstellationen, aktualisierende Übertragungen, Partei für die „Kleinen"
„CVJM"	immer mal wieder anders benutzen Antworten suchen/finden Bibel → Alltag	methodisch orientiert (textintern/ textextern)	wenig wahrgenommen, Einspielungen (unterstützend, verallgemeinernd), Neuordnung, Generalisierungen	Christen als Adressaten (in Absetzung von denen, die nichts von Gott wissen)
„Hauskreis"	hineinprojizieren hineinsprechen	nicht methodisch orientiert	unmerkliche Verschiebungen (unproblemat.), wenig wahrgenommen, Einspielungen (ergänzend, ersetzend), Akzentverlagerungen	Kritik an Schlägern, Idealtypenbildung
„SOLID"	sich kritisch auseinandersetzen mit ... Kritik Alltag → Bibel	nicht methodisch orientiert	Einspielungen (widersprechend), selektives Herausgreifen einzelner Aspekte	distanzierte Haltung
„Kirchenmänner"	Ausweitung Vertiefung (theologisierend)	nicht methodisch orientiert	Einspielungen (unterstützend, ergänzend, widersprechend), viel wahrgenommen	Rollenanalogie zu Gott und Identifizierung mit Jesus

Name	Gesamtstrategie (D)	Method. Vorgehen (A)	Hypertext und Co. (B)	Positionierung (C)
„Posaunenchor"	raussuchen ausklauben hindeuten	nicht methodisch orientiert	wenig wahrgenommen, Abstraktionen, Anpassungen, Ausblendungen, Generalisierungen	Christen als Adressaten, Jesus als Sohn Gottes
„Montagskreis"	übersetzen auf heute entschärfen Alltag → Bibel	methodisch orientiert (textintern/textextern), methodisch/methodologisch reflektiert	Umformulierungen (problematisiert), Einspielungen (unterstützend, widersprechend), Verschiebungen	Zweierkonstellationen (man selbst: gute Seite), Identifizierung mit der Frau
„Theologinnen"	immer wieder neu (Kaleidoskop) Kontextualisierungen	methodisch orientiert (textintern), methodologisch reflektiert (textextern)	selektive Thematisierung störender Textelemente, intratextuelle Sprünge, keine Verlinkungen	betroffen, gefühlsbetonte Positionierung
„AI"	anschauen/hinterfragen/überlegen heute plastisch und greifbar und verständl.	methodisch orientiert (textextern)	Umakzentuierungen, Eintragungen	distanzierte Haltung, persönl. Stellungnahmen

Überblickt man die vorstehende Auflistung, abstrahiert weiter von den konkret vorliegenden Einzelfällen und versucht, auf einer generellen Ebene Lesestrategien zu identifizieren, so lassen sich drei mögliche Schwerpunktsetzungen ermitteln, die mit folgenden Schlagwörtern bezeichnet werden sollen:

a) *Übersetzen* (vgl. u. a. „Kultur", „Hauskreis", „Kirchenmänner", „Posaunenchor", „CVJM", „Montagskreis");
b) *Kritisieren* (vgl. u. a. „Gewerkschaft", „AI", „SOLID", „Bibelkreis");
c) *Selektieren* (vgl. u. a. „KSJ", „Theologinnen").[3]

---

[3] Wenn man betrachtet, welche Strategien sich bei welchen Gruppen hauptsächlich finden, so fällt auf, dass sich die drei aus Profis zusammensetzenden Gruppen („Bibelkreis", „Kirchenmänner" und „Theologinnen") gewissermaßen auf die drei Grundstrategien aufteilen (vgl. Teil III 1.8).

Diese drei Grundstrategien finden sich, wenn man vom jeweils anzutreffenden konkreten Vorgehen Schritt für Schritt abstrahiert und nach dahinterstehenden grundsätzlichen Operationen sucht. Die drei Strategien können in sich weiter differenziert und jeweils zweipolig aufgegliedert werden:

a) *Übersetzen*:
   a_1 implizit-selbstverständliches Übersetzen (vgl. u. a. „Kultur", „Hauskreis", „Kirchenmänner", „CVJM", „Posaunenchor");
   a_2 problematisierendes Übersetzen (vgl. „Montagskreis").

b) *Kritisieren:*
   b_1 Kritisieren von Welt/Alltag/Gesellschaft mithilfe des Bibeltextes (Kritik: Bibel → Alltag) (vgl. „Bibelkreis");
   b_2 Kritisieren des Bibeltextes, ausgehend von der heutigen Welt bzw. dem eigenen Alltag (Kritik: Alltag → Bibel) (vgl. „Gewerkschaft", „SOLID", „AI").

c) *Selektieren:*
   c_1 Konzentration auf die positiven Elemente (vgl. „KSJ");
   c_2 Auswahl der negativen, störenden Gesichtspunkte (vgl. „Theologinnen").

Diese nun insgesamt sechs möglichen Strategien sind das Resultat der Auswertungen und lassen sich aus dem vorliegenden empirischen Material ermitteln. Dabei fällt auf, dass – einige Vereinfachungen in Kauf nehmend – bevorzugte methodische Tendenzen auszumachen sind, je nach Strategie verschieden. Auch bzgl. des Einspielverhaltens etc. können verallgemeinernde Aussagen gemacht werden. Vor diesem Hintergrund sollen die drei Grundstrategien inkl. der jeweiligen Unterdifferenzierungen im Folgenden kurz skizziert werden. Dabei sei darauf hingewiesen, dass es sich hierbei gewissermaßen um idealisierte Konzeptionen handelt.

Die Lesestrategie *a) Übersetzen* ist durch weitgehend nicht methodisches Vorgehen ausgezeichnet. Methodische Arbeitsschritte im klassischen Sinne finden hier kaum Anwendung. Dieser Strategie geht es primär um die unmittelbare Projektion biblischer Texte ins eigene Leben hinein, weshalb Methoden i. e. S. nicht praktiziert werden. Analoge Übertragungen und paradigmatische Lektüren finden zwar teilweise statt, doch wird der Abstand zwischen altem Text und aktuellem Leben auch gerne unmittelbar übersprungen. Verlinkungen beggnen – zumeist in *unterstützender* Absicht –, wobei Material inner- wie auch außerbiblischer Provenienz zum Einsatz kommen kann. Es wird nicht weiter zwischen den Quellen differenziert. Von der Hypertextbasis wird ausgesprochen wenig wahrgenommen und der Text wird ans eigene Leben angepasst. Zur Sinnkonstruktion werden Neukombinationen und v. a. Neuformulierungen vorgenommen und an dieser Stelle ist eine feinere Differenzierung möglich, je nachdem, wie Letztere charakterisiert sind. Es fällt nämlich auf, dass die Verschiebungen, Umakzentuierungen und Neufassungen teils implizit, fast unmerklich, vonstattengehen und von einigen Gruppen als legitim und unproblematisch angesehen werden (a_1). Andere Gruppen wiederum halten die Differenz zwischen der vorliegenden Hypertextbasis einerseits und dem eigenen konstruierten Hypertext andererseits ausdrücklich präsent und problematisieren das eigene Vorgehen tief gehend (a_2; in diesem Zusammenhang kann u. a. die Wendung „Das steht da aber nicht!" eine wichtige Rolle spielen).

Bei der Lesestrategie *b) Kritisieren* ist textexternes methodisches Arbeiten von Belang. Besonders die Frage nach der *intentio auctoris* spielt eine wichtige Rolle. Mittels dieses methodischen Vorgehens gelingt es nämlich, heutige Auslegungsangebote in Frage stellen oder zurückweisen zu können. Verlinkungen werden vorgenommen, wobei eine durchweg *widersprechende/kritisierende* Grundtendenz kennzeichnend ist. Von der Hypertextbasis werden verhältnismäßig selektiv einzelne Elemente herausgegriffen. Gerne wird versucht, eine argumentative Basis für die eigene Kritik zu schaffen. Dabei finden sich zwei Stoßrichtungen der Kritik: Entweder wird am biblischen Text angesetzt und auf dieser Grundlage die heutige Zeit/Gesellschaft (z. B. Herrschaftssysteme) kritisiert (b_1) oder die heutige alltägliche Plausibilität wird zum Ausgangspunkt genommen und dementsprechend Kritik am biblischen Text geübt (b_2). Gerade in letzterem Fall können Einspielungen innerbiblischen Materials wichtige Dienste leisten, da mittels der gleichen Autorität (Bibel) argumentiert wird. In beiden Fällen (Kritik: Bibel → Alltag; Alltag → Bibel) wird der Sprung vom Text in die Jetztzeit und *vice versa* überwiegend mittels analoger Übertragungen vollzogen: Entsprechende Konstellationen werden im Text bzw. im alltäglichen Leben identifiziert und entsprechend übertragen. Besonders wichtig ist im Rahmen dieser Strategie eine Sensibilität für (hierarchische) Beziehungskonstellationen und (asymmetrische) Verhältnisse. In diesem Kontext verortet sich die Gruppe selbst meist auf der Seite der Unteren, Schwachen, Unterdrückten und bringt die eigene Solidarität zum Ausdruck.

Die dritte begegnende Strategie *c) Selektieren* ist dadurch gekennzeichnet, dass eine ausgesprochene Konzentration auf einzelne Textbestandteile erfolgt. Dabei liegt das Hauptaugenmerk auf dem Text als Text. Entsprechend werden textinterne methodische Arbeitsschritte favorisiert. Verlinkungen spielen meistens keine Hauptrolle, dafür intratextuelle Sprünge sowie gezielt eingesetzte Ausblendungen. Je nachdem, worauf eine Gruppe ihr Schwergewicht setzt, sind zwei Optionen unterscheidbar: Entweder werden vorwiegend als positiv bewertete Textelemente herausgegriffen und diese *schönen* Bestandteile thematisiert (c_1) oder eine Gruppe arbeitet sich hauptsächlich an den negativ beurteilten Passagen ab und problematisiert all das Störende (c_2). In jedem Fall macht das gezielte Herausgreifen einzelner Textelemente grundlegend die dritte und letzte Strategie aus.

TEIL III
DAS HABEN WIR NUN DAVON! – ERKENNTNISSE UND RESULTATE

Nachdem im Hauptteil im Rahmen der Einzelfallauswertungen viele detaillierte Beobachtungen zusammengetragen worden sind, steht nun gegen Ende der Arbeit ein überblickendes Resümee an:[1] Was haben wir letztendlich von den umfangreichen Forschungsbemühungen? Es gilt, einen Schlussstrich zu ziehen und den Ertrag zu erheben. Dies soll in drei Anläufen geschehen: Zunächst sind die Erkenntnisse mit Blick auf das Phänomen *Alltagsexegesen* auf den Punkt zu bringen, sprich: Welche Ernte kann von diesen etwas ungewöhnlichen hermeneutischen Beobachtungsfeldern eingebracht werden? (→ 1). Anschließend ist danach zu fragen, welche Rezepturen die wissenschaftlich-universitäre Exegese selbst für sich mit Blick auf die eigene Zukunftsfähigkeit aus diesen hermeneutischen Labors mitnehmen kann (→ 2). Und zu guter Letzt soll ein weiterführender Ausblick (→ AusBlick) erfolgen unter dem Vorzeichen, dass *Alltagsexegesen* den universitären *Profiauslegern* in gewissem Sinne einen Spiegel des eigenen Tuns vorhalten.

1 Abgeerntet – Das hermeneutische Beobachtungsfeld Alltagsexegesen

1.1 Eine Rekonstruktion eigener Prägung – Dem konkreten, empirischen Leser von heute auf der Spur

Die vorliegende Arbeit zu *Alltagsexegesen* dürfte eines sehr deutlich gezeigt haben: Es gibt sie! *Alltagsexegesen* existieren und können – auf einer entsprechend ausgearbeiteten theoretischen Basis – methodisch kontrolliert untersucht und für die exegetische Forschung und Lehre fruchtbar gemacht werden. Im Rahmen dieser Überlegungen sind Leserinnen gewissermaßen

---

[1] „Eine solche detailorientierte Arbeitsweise erscheint rückblickend sinnvoll, ermöglicht sie doch so inhaltlich gehaltvolle Ergebnisse, die m. E. gerade durch ihre Konkretion auch teilweise provokant wirken können und Anlaß zur Diskussion bieten. Zu allgemein gehaltene, systematisierende Überblicke und abstrakt theoretische Überlegungen sind dazu nicht in der Lage" (H. BEE-SCHROEDTER, Wundergeschichten 457). Vorstehendem Statement schließe ich mich mit Blick auf die erste Hälfte an. Gerade der genaue Blick auf die Einzelfälle und entsprechende auswertende Bemühungen in aller gebotenen Ausführlichkeit sind unerlässlich. Jedoch sollte man sich in meinen Augen mit diesem Argument nicht von resümierenden und damit gewissermaßen notwendigerweise systematisierenden und abstrahierenden Überlegungen dispensiert fühlen. In diesem Sinne versteht sich gerade der Teil III der vorliegenden Untersuchung.

rekonstruiert worden, was grundsätzlich auch die historisch-kritisch ausgerichtete Exegese sowie dem *Readers-Response* verpflichtete Ansätze unternehmen. Doch während Erstere den Fokus auf potenzielle *historische Leser*, auf die *Erstadressatinnen*, legt, und Letztere sich überwiegend mit dem *impliziten, idealen Leser* beschäftigen,[2] hat die vorliegende Arbeit einen neuen Weg eingeschlagen: Jenseits aller historischen oder idealisierten (Re-)Konstruktionen ist auf empirischem Wege den *wirklichen, konkreten, greifbaren, heutigen* Leserinnen nachgespürt worden.[3] Keine abstrakten hypothetischen Gebilde sind produziert worden, die in einer längst vergangenen Zeit einmal – vielleicht/vermutlich/wahrscheinlich – gelebt und biblische Texte in einer spezifischen Art und Weise verstanden haben oder die den Texten immanent sind, sozusagen nur auf dem Papier existieren, stattdessen ist der aktuelle *ordinary reader*, der alltägliche Bibelkonsument, ins Rampenlicht gerückt worden. Damit ist der – nach U. Luz – durch Exegetinnen leider viel zu selten erfolgende „Überstieg von textimmanten zu wirklichen Lesern"[4] gewagt und ein Phänomen fokussiert worden, das so alt ist wie die Bibel selbst, das exegetischerseits bisher aber kaum wahrgenommen worden ist, geschweige denn die ihm gebührende Aufmerksamkeit und Wertschätzung gefunden hätte. Alltagsweltlichen Gruppen ist beim Lesen und Verstehen biblischer Texte über die Schulter geschaut worden und die *in natura* beobachtbaren Sinnkonstruktionsvorgänge sind *wissenschaftlich*, sprich: methodisch kontrolliert und reflektiert, unter die Lupe genommen worden.

---

[2] S. D. MOORE, Confessions 37 spricht von unterschiedlichen *ceremonial masks*, hinter denen sich wissenschaftliche Exegeten unterschiedlicher Provenienz beim auslegenden Tun gerne verstecken: „wether those masks bear the blurred features of a hypothetical ‚original' reader or hearer of the texts (what historical critics like to hide behind), or the highly stylized, heavily made up features of an ‚implied' reader of the texts (what most literary critics like to hide behind)". J. L. Staley hat sich offensichtlich auch derartiger Versteckmechanismen bedient: „My interest has not been with real readers, but with a textually encoded or implied reader" (J. L. STALEY, Autobiographical Acts 125). Doch die selbstkritische Anfrage folgt auf dem Fuß: „So what if those readers that I and others have been discovering in the biblical text and writing about for the past ten years were, as some critics have been saying, just our own selves disguised by the critical language of academic discourse?" (ebd. 126). Vor diesem Hintergrund wagt er sich an ein autobiografisch inspiriertes Projekt: „I tried to come out from behind my well-wrought mask of implied and encoded readers" (ebd. 158). J. Kügler hält fest, dass es „bei entsprechenden Textanalysen nicht um die außertextlich existierenden realen Lesenden" (J. KÜGLER, Pluralitätsfähigkeit 154) geht, was „gerade im Kontext von Theologie und Kirche ein enormes Defizit" (ebd. 155) darstellt.

[3] Vgl. D. FRICKENSCHMIDT, Empfänger 58, der für eine Sprachkultur des Verstehens plädiert, „das statt nur an Texten oder impliziten Lesern auch erkennbar an den expliziten aktuellen Empfängern interessiert ist."

[4] U. LUZ, Was hast du, das du nicht empfangen hast? 303.

Dies stellt ein *Novum* dar: Der *ordinary reader* ist bislang *unbekannt verzogen*[5] gewesen und kaum ein Exeget hat sich die Mühe gemacht, ihn wieder aufzuspüren und einen *Hausbesuch* abzustatten. Das Lesen biblischer Texte in alltäglichen Kontexten ist als Forschungsgegenstand der wissenschaftlichen Exegese bisher weitgehend verschlossen geblieben, zumal ein rein wissenschaftlich-exegetisches Vorgehen hier nicht genügt. Für die Erforschung *alltagsexegetischer* Vorgänge findet sich innerexegetisch kein adäquates Instrumentarium; an dieser Stelle ist interdisziplinäre Zusammenarbeit dringend gefordert. Die praktizierte Verbindung soziologisch-sozialempirischer Methoden mit exegetischen Fragestellungen und Interessen hat es ermöglicht, einen fundierten und theoretisch wie methodisch abgesicherten Zugang zum Phänomen *Alltagsexegesen* zu erschließen (vgl. das entsprechend akzentuierte *Gruppendiskussionsverfahren* als Methode der Datenerhebung; vgl. für die Auswertungen in exegetischer Hinsicht die selbst entwickelte vierschrittige Methodik).

1.2 Virtuelle Hypertext-Konstruktionen und eine Handvoll grundsätzlicher Lesestrategien – Theoriebaustein-Sammlung

Bei der empirisch-rekonstruktiven Auseinandersetzung mit dem vorliegenden Material sind neben konkreten Detailerkenntnissen auch einige Resultate grundsätzlicher Art erzielt worden. U. a. konnte eine modellhafte Konzeption des Textverstehens erarbeitet werden, die mit dem Begriff des *Hypertextes* operiert. Es lässt sich nämlich auf den ersten Blick feststellen, dass trotz identischer schriftlicher Textvorlage jede Diskussionsgruppe im Grunde einen anderen, eigenen Text auslegt und diskutiert. Dieser *virtuelle* Text entsteht gewissermaßen im Kopf der Gruppenmitglieder, vergleichbar einem Internet-Hypertext, der von jedem *user* in spezifischer Weise mittels *Klicken* (*Links*) aus den vorhandenen Elementen konstruiert wird.

Das empirisch rekonstruierte Tun der Gruppen lässt sich somit theoretisch folgendermaßen beschreiben: Die ausgeteilten schriftlichen Texte bilden die *Hypertextbasis*, die von den Gruppen in einem ersten Schritt in einzelne Bestandteile (= Informationseinheiten) zerlegt wird. In einem zweiten Schritt erfolgen dann die Reorganisation des Materials und die erneute Verknüpfung zu einem je spezifischen virtuellen Hypertext, wobei hier auch vielfältige *Links* zu extratextuellen Elementen gesetzt werden können. Auf diese Weise *baut* sich jede Gruppe ihren eigenen Text. Dies ist als der entscheidende Prozess im Rahmen der Sinnkonstruktion und des Textverstehens anzusehen. Folgende grundsätzliche Operationen beim Umgang der

---

[5] Vgl. D. FRICKENSCHMIDT, Empfänger.

Gruppen mit der Hypertextbasis sind im Rahmen der Hypertextkonstruktion zu unterscheiden:

a) *Textwahrnehmung:* Hierbei ist zwischen wörtlich-expliziter Zitierung einerseits und impliziter Bezugnahme andererseits zu differenzieren. Als konkrete Spielarten lassen sich *Thematisierung* (positiv/neutral) und *Problematisierung* (negativ/anstößig) ausmachen.
b) *Ausblendung/Ignorierung:* Das, was geflissentlich überlesen/-sehen bzw. weggelassen wird, sagt z. T. mehr über die entsprechende Gruppe aus, als das, was einbezogen wird.
c) *Umformulierungen/Neufassungen:* Manchmal weicht der virtuelle Hypertext dem wörtlichen Sinn nach dezidiert von der Hypertextbasis ab.
d) *Neukombinationen/Umstellungen:* Die Auflösung der linearen Struktur der Textvorlage bringt es mit sich, dass einzelne Textelemente bewusst umgestellt, teils strategisch geschickt neu miteinander kombiniert werden. Diese Phänomene fallen in die Kategorien *intra-* und *intertextuelle Sprünge*.
e) *Verlinkung/Einspielung zusätzlichen Materials:* Diese *extratextuellen Sprünge* bereichern den entstehenden Hypertext um Elemente über die Hypertextbasis hinaus. Dabei lassen sich die gesetzten *Links* zum einen mittels Ausgangs- und Zielpunkt qualifizieren. Zum anderen ist die Analyse der Anzeigeart weiterführend: Handelt es sich um ein *Pop-up* oder liegt ein *ersetzendes Fenster* vor? Auch eine Untersuchung der mit der Verlinkung verbundenen Intention erbringt aufschlussreiche Resultate; folgende fünf Optionen sind in diesem Zusammenhang einschlägig:

- *unterstützen (supports)* = positiv bestärken/untermauern;
- *widersprechen (objects-to)* bzw. *in Frage stellen (question)* = kritisieren/anfragen;
- *verallgemeinern (generalize)* = ausweiten/übertragen;
- *spezialisieren (specialize)* = auf einen Teilaspekt zuspitzen;
- *ersetzen (replaces)* bzw. *ergänzen um andere (other)* = etwas (völlig) Neues einbringen.

Vorstehende Grundaktionen finden sich im empirischen Material, wobei die Gruppen – je nach Bedarf – zur Sinnkonstruktion auf das eine und/oder andere zurückgreifen. Interessanterweise ist bei einigen Gruppen mit Blick auf die Konstruktion des Hypertextes (Wahrnehmung und Ausblendung) eine reflexive Bewusstheit der eigenen Praxis anzutreffen. Hier wird deutlich, dass den Gruppen z. T. explizit vor Augen steht, wie sie im Rahmen des Textverstehensprozesses vorgehen:

„Aber wir machen jetzt genau das, was uns liegt, nämlich das, was in unsere Birne reingeht, das lassen wir rein und den Rest klammern wir aus"[6].

„Ja, da kann sich ja jeder raussuchen, worauf er hören will, sag ich mal. Ich sag mal, die Bibel ist halt so allround, ja, also, jeder halt sich sein Teil raussuchen und wie seine Intentionen sind, und wem das nicht gefällt, der muss es ja nicht lesen, der kann dann eben das andere lesen und ich sag, das ist ja alles richtig."[7]

Die Gruppen schaffen sich ihren je eigenen virtuellen Hypertext, u. a., „weil jedes Lesen neue Textbezüge hervorbringt und Bezüge zwischen dem Text und den unterschiedlichen Erfahrungswelten knüpft."[8] Zu diesem Hypertext bzw. innerhalb desselben positionieren sich die Gruppen; sie verhalten sich dazu. Teils finden Identifizierungen mit einzelnen Figuren statt; teils solidarisiert sich eine Gruppe mit einer bestimmten Seite; teils wird Kritik geübt und einzelne Akteure anklagend an den Pranger gestellt. Diese – teilweise auch emotional motivierten – Positionierungen der Gruppen haben sich als wichtiger Motor des Textverstehens entpuppt, da hierdurch die Richtung der Sinkonstruktion maßgeblich mitbeeinflusst wird.

Zu guter Letzt haben die empirischen Forschungen gezeigt, dass sich auf einer von den konkreten Details abstrahierenden Ebene in formalisierend-schematisierender Weise durchaus übergreifende Strukturen herausarbeiten lassen: Die Gruppen gehen strategisch vor. In der Folge können grundsätzliche *Lesestrategien*[9] extrahiert werden und im Folgenden ist das Arsenal zu skizzieren, aus dem sich die Gruppen je nach Bedarf bedienen.

Die Lesestrategie *Übersetzen* (a) verwendet kaum methodische Arbeitsschritte. Dafür wird der Text unmittelbar ins eigene Leben hineinprojiziert respektive an Letzteres angepasst. Entsprechend spielt der Abstand zwischen altem Text einerseits und aktuellem Alltag andererseits für gewöhnlich keine Rolle. Von der Hypertextbasis wird relativ wenig wahrgenommen und im Rahmen der Sinnkonstruktion sind Neukombinationen und v. a. Neuformulierungen von entscheidender Bedeutung. Je nachdem, ob die vorgenommenen Verschiebungen, Umakzentuierungen und Neufassungen unmerklich vor sich gehen (implizit) und keine Probleme bereiten oder ob die Differenz zum vorliegenden Text ausdrücklich gewahrt wird und

---

[6] Gruppe „Montagskreis" S. 23, M$_5$.
[7] Gruppe „KSJ" S. 15, M$_{14}$; vgl. Gruppe „Bibelkreis" S. 31, M$_7$: „Also man kann aus der Bibel auswählen".
[8] G. STEINS, Lesewesen 696.
[9] Zur Erinnerung: Unter einer Lesestrategie ist die von jedem Einzelfall abstrahierte und damit idealisierte Konzeptionalisierung einer konkreten Vorgehensweise zu verstehen, wobei darauf geachtet wurde, dass die verwendeten Terminologien weitgehend unmittelbar aus dem empirischen Material selbst stammen. Anstatt eine kaum durchführbare Typenbildung vorzunehmen und damit einem Schubladendenken Vorschub zu leisten, sollen die hauptsächlich anzutreffenden Lesestrategien herausgearbeitet werden (vgl. ausführlicher Teil II 3).

eine Problematisierung des eigenen Tuns erfolgt, liegt Variante eins (a_1 implizit-unproblematisch) oder zwei (a_2 problematisierend) vor.

Textexternes methodisches Arbeiten (v. a. die Frage/Suche nach der *intentio auctoris*) ist bei der Lesestrategie *Kritisieren* (b) von Belang, ebenso wie Verlinkungen in *widersprechender* Absicht. Von der Hypertextbasis werden selektiv einzelne Bestandteile herausgegriffen. Dabei kann die argumentative Stoßrichtung der Kritik von der Bibel ausgehend auf die heutige Gesellschaft inkl. (ungerechter) Herrschaftssysteme etc. gerichtet sein (Variante eins: b_1) oder eine Gruppe unterzieht vor dem Horizont ihrer alltäglichen Lebenserfahrung den Bibeltext einer kritischen Relecture (Variante zwei: b_2). Der Schritt vom Text in die Jetztzeit wird vorwiegend mittels analoger Übertragungen vollzogen, wobei eine grundsätzliche Sensibilität für (hierarchisch-asymmetrische) Konstellationen mit Blick auf die eigenen Positionierungen offensichtlich von großer Bedeutung ist.

Wird der Text als Text in den Mittelpunkt der Aufmerksamkeit gerückt und vorwiegend textintern methodisch angegangen, dann könnte die dritte Lesestrategie *Selektieren* (c) vorliegen. Hierbei erfolgt eine sehr bewusste Konzentration auf einzelne Textbestandteile, andere bleiben – ebenso bewusst – ausgeblendet. Je nach Wahrnehmungspräferenz können die *schönen*, positiv bewerteten Elemente thematisiert (Variante eins: c_1) oder die störenden, als negativ beurteilten Passagen problematisiert (Variante zwei: c_2) werden.

1.3 Auf die Orientierung kommt es an! – Sinnkonstruktion vor/während/nach bzw. jenseits der Lektüre

Auch die Frage nach dem *Warum* einer spezifischen Sinnkonstruktion gerade angesichts der vielfältigen unterschiedlichen Praktiken der einzelnen Gruppen[10] ist im Rahmen der Arbeit gestellt worden: Wie kommt es, dass identische biblische Texte derart verschieden gelesen und verstanden werden? In diesem Zusammenhang erbringt der Blick auf das auslegende Subjekt, im vorliegenden Fall die jeweilige Diskussionsgruppe, weiterführende Erkenntnisse. Lesen und Verstehen stellen nämlich auf keinen Fall rein passiv-rezeptive Vorgänge dar und es ist als Verdienst der rezeptionsästhetischen Forschung anzusehen, die aktiv-produktive Mitwirkung der Leserin

---

[10] Dies halten auch G. FOHRER u. a., Exegese 10 fest bzw. sie postulieren dies grundsätzlich ohne weitere Beweisführung (speziell mit Blick auf religiöse Gruppen und das AT): „So unterschiedlich nun aber die religiösen Gruppen und so verschieden die einzelnen Menschen sind, die mit dem Alten Testament interpretierend umgehen, so vielfältig sind die Ergebnisse ihrer Auslegung." Das vorliegende Forschungsprojekt hat für die Richtigkeit dieser Behauptung den empirischen Nachweis erbringen können.

bei der Sinnkonstruktion besonders hervorgehoben zu haben. Jedes Textverständnis ist und bleibt „das seines jeweiligen Auslegers, weil es konkretes Verstehen nicht an sich, sondern nur als das eines besonderen und bestimmten Menschen gibt"[11]. Entsprechend verweist die Frage nach dem *Warum* auf die jeweilige Gruppe als Trägerin der konkreten Auslegung und eine Antwort wird unter Rekurs auf die sozialempirisch-rekonstruktiv ermittelten Orientierungsrahmen, die dahinterstehende konjunktive Erfahrungsräume repräsentieren, möglich – womit die Seinsverbundenheit und Standortgebundenheit jeglicher Interpretation nicht nur theoretisch postuliert, sondern auch sozialempirisch rekonstruiert und konkret nachvollziehbar gemacht wäre.

Jenseits von Detailerkenntnissen – diesbezüglich sei auf die entsprechenden Auswertungen im Hauptteil (vgl. Teil II jeweils Kap. 2.x^{12}.3 b.) verwiesen – lässt sich als Gesamturteil Folgendes konstatieren: Noch bevor ein Text gelesen und zu verstehen gesucht wird, sind bereits gewisse prägende Einflüsse vorhanden, die die Auslegung maßgeblich bestimmen. Diese Einflüsse treten in den jeweils konkret praktizierten Auslegungen immer wieder deutlich zutage. Der Orientierungsrahmen einer Gruppe hat u. a. entscheidenden Einfluss darauf, was von einem vorgelegten Text wahrgenommen wird und was dagegen ausgeblendet bleibt. Dies ist auch den Gruppen selbst stellenweise reflexiv bewusst:

> „Also man kann aus der Bibel auswählen, ja, und kann dann an einem bestimmten Punkt hängen, zu dieser Gruppe würde gehören, dass wir einen Urteilsrahmen haben und den einordnen und jetzt ging's mal darum, auch die Alternative oder auch den Urteilsrahmen zu benennen."[13]

Auch die eigene Positionierung hängt zu einem großen Teil vom Orientierungsrahmen ab (vgl. als besonders anschauliche Beispiele die Gruppen „Bibelkreis" und „Gewerkschaft") sowie das angewandte methodische Vorgehen, wobei bzgl. Letzterem im Einzelfall sogar detaillierte Zusammenhänge nachgewiesen werden konnten bzw. von Gruppenmitgliedern zur Sprache gebracht wurden:

> Ich „lese aber dann nicht nur diesen Text, sondern dann finde ich es ganz wichtig für mich, das Stück davor zu lesen und auch noch ein Stück dahinter zu lesen, um so mehr die Zusammenhänge zu kriegen. Vielleicht hat das ein bisschen was mit meinem Beruf zu tun, ich war mal Verwaltungsbeamter und so zu meiner Ausbildung gehörte, im Gesetzestext nie nur die Stelle, die ich gerade anwende, zu lesen, sondern immer auch zu gucken, was steht davor und was steht danach, weil das immer was, meistens was miteinander zu tun hat, damit das dann auch richtig wird. Und so ist

---

[11] O. KAISER, Exegese 21.

[12] Der Platzhalter *x* steht für die jeweilige Gruppennummer.

[13] Gruppe „Bibelkreis" S. 31, M$_7$.

das auch für mich wichtig, dass ich also dann gucke, was ist der Stelle, die verlesen worden ist, vorausgegangen und was kommt dann noch hinterher."[14]

Auslegung/Interpretation geschieht somit *vor*, *während* und *nach* der Lektüre bzw. z. T. auch *jenseits* davon. Prognostische Aussagen sind allerdings in diesem Zusammenhang nicht möglich,[15] zumal ein durchgängiges Abhängigkeitsverhältnis, etwa im Sinne einer einfachen Gleichung,[16] nicht auffindbar gewesen ist. Zu vielfältig sind die Beziehungen, zu unterschiedlich und komplex die beobachteten Zusammenhänge. Es macht den Eindruck, als sei eine Gesamtkonzeption bzgl. der genauen Beziehung Orientierungsrahmen ⇆ Textauslegung nicht eruierbar – wie im Bereich der *cultural exegesis* (vgl. AusBlick 1.1) unverwunden eingestanden wird:

> „Context, however, does not have a causal relationship with thought; a researcher cannot prove that certain locations cause certain kinds of thinking about biblical texts. [...] No, it is not a predictive crystal ball; one cannot identify a particular culture [or *Orientierungsrahmen*; C. S.] and then predict what meaning a person from that culture [or with this *Orientierungsrahmen*; C. S.] will develop as he/she reads a biblical text. Nonetheless, it is causative; one *can* say that the influence of a reader's culture [or *Orientierungsrahmen*; C. S.] on his/her act of reading is so powerful that it causes him/her to read differently than someone from another culture [or with another *Orientierungsrahmen*; C. S.]. While we cannot predict exactly what his/her reading conclusion will be, we can predict that it will be culturally [or on the basis of the *Orientierungsrahmen*; C. S.] determined."[17]

Alles in allem konnte der entscheidende Einfluss des Orientierungsrahmens auf Textverstehen und Sinnkonstruktion empirisch nachgewiesen und weitergehend herausgearbeitet werden.

1.4 Statt gelehrter Terminologie – Hermeneutische Beobachtungen hautnah

Es mag vielleicht etwas überraschen, dass in einer wissenschaftlichen Forschungsarbeit zum Themenbereich *(Text-)Verstehen* das sonst in diesem

---

[14] Gruppe „Montagskreis" S. 11, M₄; vgl. ebd. S. 18, M₄.
[15] Vgl. auch J. C. ANDERSON/J. L. STALEY, Introduction 11, wo mit Blick auf den Einfluss von *social markers* zugestanden wird: „But this does not mean that others who foreground the same markers will read the text in exactly the same way." Vgl. R. L. ROHRBAUGH, Social Location 114: „Social locations are heuristic constructs, not explanatory ones."
[16] Vgl. R. L. ROHRBAUGH, Social Location 119 Anm. 39: „Nothing like simple straightline connections can be drawn between particular ideas and particular settings simply because we never know enough about either the setting or the individuals who express themselves to draw connections that finely."
[17] B. K. BLOUNT, Cultural Exegesis 78f.

Kontext oft gebrauchte Zauberwort *Hermeneutik* so überaus selten verwendet wird. Dies hat seinen guten Grund: Anstatt theoretisch über das Verstehen, seine Voraussetzungen und Bedingungen etc. nachzudenken, ging es darum, die konkrete Praxis des Lesens sowie der Sinnkonstruktion gewissermaßen *in natura* und im Vollzug unter die Lupe zu nehmen. Die Rekonstruktion dessen, was von den Gruppen im Rahmen ihrer Verstehensversuche unternommen wird, stand auf dem Programm und dabei stören derart (theorie-)beladene und voraussetzungsreiche Vokabeln wie Hermeneutik nicht selten mehr, als dass sie weiterhelfen.[18] Das empirisch erhobene Material sollte rekonstruktiv und interpretativ analysiert werden[19] und für diese Auswertungen hätte eine vorhergehende Auseinandersetzung mit dem Begriff der Hermeneutik, seiner Bedeutung, Verwendungsweise, Geschichte sowie mit aktuellen Positionen und Diskussionen keinen weiterführenden Beitrag geleistet. Stattdessen haben sich die Überlegungen auf eine der Praxis abgelesene Hermeneutik konzentriert. Das Anliegen dieser Arbeit ist vom Charakter her ein zutiefst hermeneutisches, dennoch – oder vielleicht gerade deshalb – kommt man sehr gut ohne diesen teils ebenso schillernden wie inhaltlich schwer zu füllenden Begriff aus.

1.5 Ein prall gefüllter Werkzeugkasten, der fleißig und gezielt genutzt wird – Überraschende Endeckungen in methodischer Hinsicht

Hermeneutisch relevante Beobachtungen sind *live* und hautnah gemacht worden und hierbei haben besonders die Analysen des methodischen Vorgehens der Gruppen (vgl. Analyseschritt A) überraschende Entdeckungen ermöglicht. Die weit verbreitete Vorannahme, *Alltagsexegesen* würden – gerade im Unterschied zur wissenschaftlichen Bibelauslegung – ausschließlich unmethodisch mit Texten umgehen, ist eindeutig empirisch widerlegt worden: Der methodische Werkzeugkasten *alltagsexegetischer* Gruppen ist prall gefüllt; (graduelle) Unterschiede von Gruppe zu Gruppe sind selbstverständlich. Dabei kommt nahezu das gesamte klassische Methodeninven-

---

[18] H. Weder bringt die mit dem Begriff *Hermeneutik* verbundene grundsätzliche Problematik folgendermaßen treffend auf den Punkt: „Wörter wie ‚Hermeneutik' oder ‚hermeneutisch' werden im gegenwärtigen theologischen Schrifttum sehr häufig gebraucht. Die Häufigkeit des Gebrauchs scheint allerdings der Klarheit dieser Begriffe nicht unbedingt förderlich zu sein. Für manche hat das Adjektiv hermeneutisch nahezu magische Qualität; es wird an allen möglichen und unmöglichen Orten eingefügt, um der theologischen Rede eine ganz besondere Würde zu verleihen" (H. WEDER, Hermeneutik 12).

[19] Dabei bin ich mir bewusst, dass jede in Teil II geleistete Interpretation von mir als konkreter Person zu verantworten ist, sprich: Der prägende Einfluss meines eigenen Orientierungsrahmens steht mir stets vor Augen.

tar zum Einsatz, sowohl textinterne als auch textexterne Werkzeuge finden Anwendung. In diesem Zusammenhang wird deutlich, dass mangelndes Wissen nicht daran hindert, die entsprechenden Fragen an einen Text zu stellen (z. B. nach der *intentio auctoris*/dem Ursprungssinn zu forschen), und dass die Kenntnis entsprechender Fachterminologien keine Voraussetzung dafür ist, das hinter den jeweiligen Begriffen stehende Vorgehen konkret praktizieren zu können.

Doch wenden die Gruppen methodisches Vorgehen nicht nur konkret an (= methodische Orientiertheit), sondern teilweise wird auch auf einer Metaebene über den eigenen Methodeneinsatz nachgedacht (= methodische Reflektiertheit).[20] Stellenweise ist sogar Bewusstheit dafür zu spüren, dass Methoden wie Werkzeuge in einem Werkzeugkasten bereitliegen und dass aus diesem Angebot entsprechend ausgewählt werden kann (= methodologische Reflektiertheit).[21]

Allen *alltagsexegetischen* Gruppen ist gemeinsam, dass Wahlentscheidungen getroffen und Methoden bewusst eingesetzt werden – abhängig u. a. von Zielsetzung, (persönlichem) Interesse[22], Relevanzzuschreibung, vermuteter Leistungsfähigkeit oder dergleichen mehr und auch mit Blick auf den konkret vorliegenden Text.[23] Darüber hinaus können persönliche Gesichtspunkte eine Rolle spielen.[24] Gerade die zielgerichtete Anwendung methodischen Vorgehens zur Erreichung bestimmter (Sinnkonstruktions-) Ziele lässt sich an den Gruppendiskussionen wunderbar studieren. Z. T. geht methodisches Vorgehen Hand in Hand mit der Textwahrnehmung; an einzelnen Stellen dienen methodische Schritte (z. B. Textgliederung, Aktanten-/Interaktionsanalysen, text- oder literarkritische Operationen) aber auch dazu, einen bestimmten Hypertext herzustellen/zu erreichen. Die Gruppen sind weit davon entfernt, ihr gesamtes methodisches Potenzial jeweils voll auszuschöpfen. Es findet vielmehr eine sehr bewusste Praxis einzelner, ausgesuchter methodischer Operationen statt, wobei sich die damit verbundenen Intentionen jeweils bestimmen lassen: Will man z. B. eine

---

[20] Zur Näherbestimmung dieser methodischen Grade (*methodisch orientiert, methodisch reflektiert, methodologisch reflektiert*) vgl. Teil I 3.2 Schritt A.

[21] Was diese Erkenntnisse in methodischer Hinsicht mit Blick auf die (definitorische) Differenzierung zwischen *Alltagsexegese* und wissenschaftlicher Exegese bedeutet, wird im nächsten Kapitel zu reflektieren sein.

[22] Explizit bringt dies die Gruppe „AI" im Kontext *methodologischer Reflexionen* zur Sprache: „Für mich wäre jetzt die, die Frage gar nicht so, so zentral, wie es denn mal gemeint war" (Gruppe „AI" S. 16, M_2; vgl. Teil II 2.12.2 A_{Mt}).

[23] Gerade der Blick auf die Gruppen „Gewerkschaft" oder „KSJ" zeigt, welche Konsequenzen die unterschiedliche Qualifizierung von Mt 5 und Mk 5 für den jeweils praktizierten Methodeneinsatz haben kann.

[24] Vgl. in diesem Zusammenhang die oben unter 1.3 bereits angeführte Aussage eines Gruppenmitglieds der Gruppe „Montagskreis", der seine methodischen Präferenzen auf seine berufliche Praxis zurückführt (vgl. Gruppe „Montagskreis" S. 11, M_4).

kritisierte Auslegungstradition mittels Rückfrage nach dem historischen Sinn in Frage stellen oder per Gliederungsbemühungen unliebsame Textelemente loswerden? In diesem Punkt erweisen sich die Gruppen als höchst kreativ und der grundlegende Sinn von Methoden als „Wege zu einem bestimmten Ziel hin" kommt im Rahmen der *Alltagsexegesen* voll zur Geltung. „Auch die Methoden sind also letztlich nur Hilfsmittel, die jeder Leser in individueller Weise einsetzen muß und in seiner Begegnung mit dem Text anwenden kann."[25]

1.6 Nomen est omen – Eine terminologische Zwischenreflexion

Im Rahmen der vorliegenden Arbeit ist bisher ohne große Problematisierung von *Alltagsexegese* auf der einen, wissenschaftlicher bzw. wissenschaftlich-universitärer Exegese auf der anderen Seite gesprochen worden. Damit ist die Differenzierung zunächst einmal anhand eines formalen Gesichtspunkts vorgenommen: Der Auslegungskontext wird kriteriologisch verwendet, sprich: *Alltagsexegese* = Bibelauslegung in alltäglichen Kontexten. Entsprechend kann wissenschaftliche Exegese (fürs Erste) als Interpretation biblischer Texte in universitären Zusammenhängen verstanden werden.

Exkurs: Grundsätzlich können Differenzierungen anhand formaler Gesichtspunkte oder/und durch Rückgriff auf qualitative Anforderungen vorgenommen werden. Während im ersten Fall eine Zuordnung relativ schnell, gewissermaßen auf den ersten Blick erfolgen kann (→ *ex ante*), ist für die Klassifizierung gemäß qualitativer Aspekte eine Betrachtung *ex post* zwingend erforderlich, d. h.: Will ich wissenschaftliche Exegese beispielsweise als *methodengeleitete Textauslegung* definieren (→ qualitatives Kriterium), dann kann die Zuordnung einer vorgelegten Interpretation zu dieser Kategorie erst nach einer intensiven Analyse derselben, eben *ex post*, erfolgen. Ob das Kriterium erfüllt ist, lässt sich nämlich erst nach einer Auseinandersetzung mit den auslegenden Bemühungen entscheiden. *Ex ante* dagegen können nur rein formale Kriterien zur Klassifizierung in Anschlag gebracht werden, die gewissermaßen unabhängig von der Qualität der konkreten Auslegung sind, u. a. formaler Auslegungskontext, auszulegender Gegenstand/Objekt oder auslegendes Subjekt. In der konkreten Praxis findet sich zumeist eine Kombination formaler und qualitativer Kriterien. – *Exkurs Ende –*

An dieser Stelle ist eine Zwischenreflexion einzuschieben, erstens über die verwendete Terminologie – gerade auch im Vergleich mit alternativen Angeboten – und zweitens über mögliche weitere Definitionsaspekte, die es ermöglichen, zwischen *Alltagsexegese* und wissenschaftlicher Bibelauslegung zu unterscheiden.

---

[25] T. MEURER, Einführung 6. Die Lehre aus dieser Zielgerichtetheit des Methodeneinsatzes mit Blick auf die wissenschaftliche Exegese wird im AusBlick (1) gezogen.

Obwohl die Zahl theologischer und im Speziellen exegetischer Werke, die sich mit einem ähnlichen Gegenstand beschäftigen wie die vorliegende Arbeit, überschaubar ist, finden sich dennoch eine Reihe alternativer Begrifflichkeiten. S. A. Strube beispielsweise verwendet die Paarung *wissenschaftliche/exegetische* – *unexegetische/nicht exegetische/nichtwissenschaftliche*[26] = *religiös-/existenzielle* Lesarten und bestimmt Letztere als „Alltagslektüren von Menschen, die keine ExegetInnen bzw. studierten TheologInnen sind und biblische Texte somit nicht exegetisch lesen"[27]. Damit ist in formaler Hinsicht das auslegende Subjekt zum Ausgangspunkt genommen.[28] Ähnliches gilt auch für H. Roose und G. Büttner, die den Begriff *Laien-* (→ Schüler, Gemeinde, Studienanfänger) im Unterschied zur (wissenschaftlichen) *Expertenexegese* (→ Lehrer, Pfarrer, Wissenschaftler) favorisieren.[29]

Neben dieser formalen Orientierung an der Person, die sich mit einem Bibeltext auseinandersetzt, werden kombiniert damit und ergänzend qualitative Kriterien ins Feld geführt. S. A. Strube bestimmt die wissenschaftliche/exegetische Lesart genauer hin als *historisch-kritische*,[30] womit – zusätzlich zur personellen Qualifizierung – ein bestimmtes methodisches Vorgehen (in Verbindung mit spezifischen Frageinteressen und Zielperspektiven) zum Differenzierungskriterium erhoben wäre.[31] H. Roose und G. Büttner argumentieren ähnlich und fragen zu Beginn ihrer Studie:

---

[26] Zur Problematik dieser Terminologie, die eine negative Bewertung impliziert bzw. implizieren kann, vgl. R. HUNING, Bibelwissenschaft 7.

[27] S. A. STRUBE, Diskussionsanstoß 242 Anm. 4. Vgl. S. A. STRUBE, Laien-Bibellektüre 106, wo sie folgende Terminologie wählt: „‚nicht-wissenschaftliches‘, ‚unexegetisches‘ gemeinschaftliches Bibellesen unter so genannten exegetischen ‚Laien'".

[28] Dazu passt, dass S. A. Strube durch den gesamten Beitrag hindurch von „(universitär arbeitenden) ExegetInnen/Experten" (vgl. S. A. STRUBE, Diskussionsanstoß 242f.) auf der einen und „nicht studierten Bibellesern" bzw. „Normal-Gläubigen/normalen BibelleserInnen" bzw. „nicht-theologischen, religiös interessierten, heutigen LeserInnen" auf der anderen Seite handelt (vgl. zu allen drei voranstehenden Begrifflichkeiten ebd. 243). Dass dennoch zusätzlich qualitative Kriterien ins Feld geführt werden (→ methodisches Arbeiten mit historisch-kritischem Interesse), soll an dieser Stelle allerdings auch nicht unterschlagen werden (vgl. dazu das Folgende). R. HUNING, Bibelwissenschaft 6 spricht von *nichtwissenschaftlichen Bibellesern*.

[29] Vgl. H. ROOSE/G. BÜTTNER, Laienexegesen. Zu den Näherbestimmungen der Laien und der Experten vgl. ebd. 67. Auch bei S. A. Strube findet sich die Terminologie *Laien*, vgl. S. A. STRUBE, Laien-Bibellektüre 106 (vgl. außerdem den Titel des Beitrags!).

[30] Vgl. S. A. STRUBE, Diskussionsanstoß 242; S. A. STRUBE, Erforschung 329.

[31] Dass damit relativ optimistisch und pauschal allen studierten TheologInnen wissenschaftlich-exegetische Kompetenzen/Fähigkeiten zugesprochen werden, sei an dieser Stelle nur kurz erwähnt. Anfragbar ist außerdem die Engführung (Reduktion) wissenschaftlicher Exegese auf historisch-kritische Bibelauslegung – gerade angesichts der heutigen pluralen Situation in diesem Bereich.

„Worin unterscheidet sich nun die wissenschaftliche von der Laienexegese? Für beide gilt, dass der Rezipient produktiv zum Verstehen beiträgt, indem er die sprachmateriale Vorlage aufgrund seines semantischen Wissens geregelt verarbeitet. Die wissenschaftliche Exegese fragt nun aber nach den Möglichkeiten des *historischen Verstehens*: Wie haben die ersten Rezipienten das Gleichnis verstanden? Da die Semantik sprachspezifisch, kultur- und zeitabhängig ist, besteht eine Hauptaufgabe der wissenschaftlichen Exegese darin, die historischen Faktoren des Verstehens möglichst genau offenzulegen."[32]

Nach Konstatierung einer Verwandtschaft der beiden Exegesearten – wobei auch grundsätzlich in beiden Fällen methodisches Vorgehen vorausgesetzt wird (vgl. *geregelt*)[33] – wird ein ebenso grundlegender Unterschied postuliert: Das Interesse wissenschaftlicher Bibelauslegung richte sich vorwiegend auf historisches Verstehen, womit die Differenzierung in ähnlicher Weise wie bei S. A. Strube erfolgt wäre.[34] Es liegt somit in beiden Fällen eine Kombination des formalen Kriteriums *auslegende Person*, angereichert um den qualitativen Aspekt *historisch/historisch-kritische Orientierung*, vor.

Zwar können Festlegungskriterien fast beliebig gewählt werden, doch erscheint es mir weder sinnvoll, sich zur Definition in formaler Hinsicht auf die auslegende Person zu stützen, noch ist in qualitativer Hinsicht das Interesse am historischen Verständnis einschlägig. Der empirische Befund spricht in dieser Hinsicht nämlich eine klare Sprache: Es konnten zum einen keinerlei auffällige Gemeinsamkeiten zwischen den drei aus *Profis* bestehenden Gruppen „Bibelkreis", „Theologinnen" und „Kirchenmänner", zum anderen keine signifikanten Unterschiede zum Rest, den *Laien*, ausfindig gemacht werden. Eine Lesestrategie *Profiexegese* ist im Rahmen der vorliegenden Studie nicht begegnet und das Subjekt der Auslegung ist somit als formales Unterscheidungskriterium abzulehnen.[35]

Exkurs: Nur der Vollständigkeit halber soll noch auf den dritten potenziellen formalen Gesichtspunkt (vgl. den vorherigen Exkurs) eingegangen werden: eine Unterscheidung auf der Basis des auszulegenden Gegenstandes. Die diesbezüglichen Ausführungen lassen sich kurz halten: Sowohl *Alltags-* als auch wissenschaftliche Exegesen beschäftigen sich grundsätzlich mit biblischen Texten, womit der Auslegungsgegenstand identisch wäre. Eine Unterscheidung könnte allerdings anhand der

---

[32] H. ROOSE/G. BÜTTNER, Laienexegesen 60.
[33] Vgl. auch ebd. 59: „Wir gehen also davon aus, dass auch die ‚Laienexegese' regelgeleitet ist".
[34] Angesichts der methodischen Funde in den *Alltagsexegesen* (vgl. Teil III 1.5) wird auf das mögliche Definitionskriterium *Methodisches Vorgehen* an sich an dieser Stelle nicht weiter eingegangen. Es dürfte klar geworden sein, dass methodisches Arbeiten kein Privileg wissenschaftlicher Exegese darstellt.
[35] Vgl. Teil II 3: Die drei aus Profis bestehenden Gruppen verteilen sich gewissermaßen auf die drei Grundstrategien (*Übersetzen* → „Kirchenmänner"; *Kritisieren* → „Bibelkreis"; *Selektieren* → „Theologinnen").

verwendeten Textfassungen vorgenommen werden, beispielsweise nach dem Motto: wissenschaftliche Exegese → Urtext (griechisch und/oder hebräisch); *Alltagsexegese* → deutsche Übersetzung.[36] Nun lehrt sowohl die Universitäts- als auch die Forschungserfahrung, dass diese Differenzierung nicht in allen Fällen wirklich greift: Nicht alle im Rahmen der universitären Ausbildung und Forschung erstellten Bibelauslegungen arbeiten zwingend und ausschließlich mit einem griechischen/hebräischen Originaltext, umgekehrt hat z. B. die Gruppe „Bibelkreis" im Rahmen der durchgeführten Gruppendiskussion – überraschenderweise – auf den griechischen Bibeltext zurückgegriffen[37] und auch die „Theologinnen" erwähnen die griechische Textfassung.[38] Von daher scheint der auszulegende Gegenstand als Definitionskriterium ebenfalls auszuscheiden. – *Exkurs Ende –*

Und das gewählte qualitative Kriterium ist auch in mehrfacher Hinsicht hinterfragbar: Erstens verfolgen nicht alle wissenschaftlich praktizierten exegetischen Ansätze gleichermaßen streng ein historisches Interesse, ohne dass ihnen deswegen von vorneherein der wissenschaftliche Status abgesprochen werden kann/darf. Umgekehrt haben die empirischen Untersuchungen zweitens ergeben, dass auch *alltagsexegetische* Gruppen durchaus eine – zumindest ansatzweise – historisch-kritische Fragestellung an den Tag legen können. Historisches Interesse ist somit keineswegs ausschließlich auf wissenschaftliche Exegesen beschränkt, genauso wie die Suche nach einer Auslegung, die eine aktuelle Relevanz beanspruchen will, nicht *Alltagsexegesen* allein vorbehalten bleibt. Entsprechend funktioniert die ausgeführte Unterscheidung nicht, jedenfalls nicht hundertprozentig trennscharf. Vor diesem Hintergrund ist es bezeichnend, dass H. Roose/G. Büttner nach Durchführung ihrer empirischen Untersuchung zu folgendem Resümee kommen, das vom Anfangsstatement (vgl. oben) entscheidend abweicht. Man hat gewissermaßen dazugelernt:

> „Die wissenschaftliche Exegese unterscheidet sich von heutiger Laienexegese zum einen durch das Wissen um den historischen Ort einer Überlieferung samt den in ihr nachwirkenden Traditionen [...]. Sie zeichnet sich zum anderen durch die Anwendung methodischer Schritte aus, die Laien unbekannt sind (Formgeschichte) bzw. (zumindest spontan) nicht als hilfreich angesehen werden (Literarkritik)."[39] „Die

---

[36] Vgl. S. A. STRUBE, Erforschung 334, wo als Unterschied wissenschaftlichen Bibellesens im Vergleich mit nichtwissenschaftlichen Lektüren festgehalten wird, dass wissenschaftliche Exegetinnen „systematischer und detailreicher beobachten, noch dazu am fremdsprachigen Urtext."

[37] Vgl. Gruppe „Bibelkreis" S. 24f., M$_7$. Vgl. ebd. S. 24, M$_1$, wo gleich zweimal (etwas ironisch?) angemerkt wird: „Wir haben doch den griechischen Text. Da kann doch nichts schiefgehen."

[38] Vgl. Gruppe „Theologinnen" S. 14, F$_3$: „Gut, dass wir nicht den griechischen bekommen haben."

[39] H. ROOSE/G. BÜTTNER, Laienexegesen 67. Auch S. A. STRUBE, Diskussionsanstoß 244 macht eine einschränkende Bemerkung und spricht davon, dass die „Unterschiede zwischen beiden LesArten [...] gradueller und nicht prinzipieller Natur" sind. Da-

Laienexegeten versuchen, aus dem *gesamten* Text [...] einen kohärenten Sinn zu bilden."[40] „Laien haben [...] die Tendenz, beim konstruktiven Sinnbildungsprozess stärker als Experten eigene Erwartungen und Erfahrungen zu aktivieren."[41]

Als Hauptunterschied wird an dieser Stelle festgehalten: Ein *Wissensvorsprung* der wissenschaftlichen Exegese hinsichtlich des historischen Ortes; die Formulierungen mit Blick auf methodisches Vorgehen fallen sehr vorsichtig aus. Auch bzgl. charakteristischer Merkmale von Laienexegesen ist man zurückhaltend: Es wird von einer Tendenz gesprochen, *stärker* eigene Erfahrungen/Erwartungen einzubringen – im Verhältnis zur Profiauslegung betrachtet. „Abgesehen von diesen Unterschieden weisen die Experten- und die Laienexegese jedoch beachtliche Gemeinsamkeiten auf"[42].

Vor diesem Hintergrund und auf der Basis der Erkenntnisse des durchgeführten Forschungsprojektes plädiere ich – in Absetzung von allen bisherigen Angeboten (u. a. Laienexegese, wilde Exegese, nichtwissenschaftliche Bibellektüre) – für die Termini *Alltagsexegese* im Unterschied zur *wissenschaftlichen Exegese*.[43] Dabei ist zunächst als formales Differenzierungskriterium der Auslegungskontext[44] festzuhalten. Die „Theologinnen" brin-

---

bei bleibt allerdings vollkommen offen, wie sich diese graduellen Unterschiede fassen lassen bzw. worin sie bestehen.

[40] H. ROOSE/G. BÜTTNER, Laienexegesen 66.

[41] Ebd. 67.

[42] Ebd. 67. Deutlich steiler und damit in meinen Augen etwas übers Ziel hinausschießend formuliert S. A. STRUBE, Diskussionsanstoß 244: Sie sieht wissenschaftliche „Exegesen selbst nur noch als einige unter verschiedenen Stimmen innerhalb eines vielstimmigen Konzerts der Bibellektüren. ‚Auf Augenhöhe' kommen Exegesen und Alltags-Lektüren ins Gespräch miteinander, für das neue Maßstäbe zwar notwendig, aber erst noch gemeinsam zu finden sind."

[43] R. HUNING, Bibelwissenschaft 7 unterscheidet zwischen wissenschaftlichen und nichtwissenschaftlichen Bibellektüren bzw. spricht sich mit Blick auf Letztere für die Terminologie *populare Lektüren* aus. „Damit soll eine vorgängig negative Bewertung, die Begriffe wie *nichtwissenschaftlich* oder *einfach* implizieren, vermieden werden" (ebd. 7).

[44] Es wäre zu überlegen, ob neben *alltäglich* und *wissenschaftlich-universitär* weitere Auslegungskontexte, wie z. B. Liturgie, Schule, sinnvoll einbezogen werden können. Vgl. G. STEINS, Lesewesen 693, der „unterschiedliche Lektürekontexte (z. B. Gottesdienst, Suche nach Orientierung in Alltagsproblemen, Ökumene)" nennt. Vgl. insgesamt S. A. STRUBE, Laien-Bibellektüre 105 Anm. 26, die zwischen zwei *Settings* bzw. Leseumfeldern unterscheidet (liturgisch, kognitiv-wissenschaftlich = universitär) und andeutet, dass diese jeweils bestimmte Erwartungshaltungen produzieren und entsprechend die Textrezeption sowie die Sinnkonstruktion entscheidend (vorher-)bestimmen können: „Zugespitzt weitergedacht bedeutet dies, dass nicht nur das liturgische Setting eines Gottesdienstes oder einer Meditation mit nahezu jeder biblischen Textpassage zu einer spirituellen Erfahrung führen kann, sondern dass umgekehrt auch das kognitiv-wissenschaftliche Setting exegetischer Forschung dazu führen kann, hymnisch-poetische Texte als rein argumentative zu verkennen. Nicht nur

gen es explizit auf den Punkt: „[I]ch glaube, das liegt auch am Kontext. [... D]a würd ich da ganz anders mit umgehen."[45] Wissenschaftlich versierte Exegeten können somit durchaus auch *alltagsexegetisch* die Bibel lesen, wenn sie sich in diesem Kontext mit biblischen Texten auseinandersetzen. Es geht jedoch nicht um die Lokalität, an der eine Auslegung entsteht[46], und ergänzend zum formalen Gesichtspunkt *Kontext* sind somit folgende qualitative Aspekte zusätzlich in Anschlag zu bringen:

a) der mit der Auslegung erhobene Anspruch;
b) ein reflektierter Methodengebrauch;
c) ein Wissensvorsprung (Wissen, Kenntnis, Erfahrung).[47]

Zu a) Erstens stellt der jeweils mit einer Auslegung verbundene sowie der an eine Auslegung entsprechend zu richtende *Anspruch* einen wichtigen Unterschied zwischen *Alltagsexegesen* und wissenschaftlich-universitären Bibelauslegungen dar. Eine wissenschaftliche Exegese wird nämlich mit dem Anspruch vorgetragen, mehr als eine einzelne individuelle Privatmeinung zu sein und eine weiterreichende Relevanz beanspruchen zu können. In der Folge können an jene Auslegung auch bestimmte Ansprüche gestellt werden.

An dieser Stelle sind die Überlegungen von O. Wischmeyer hilfreich, die – was ich allerdings terminologisch etwas unglücklich finde, da in meinen Augen jeder Interpret/Exeget zuallererst auch Leser ist[48] – zwischen *Interpret* und *Leser* unterscheidet. Abgesehen von der Begrifflichkeit kommt sachlich zum Tragen, was mit der Rede von unterschiedlichen erhobenen Ansprüchen mit Blick auf *Alltagsexegesen* einerseits und wissenschaftlichen Exegesen andererseits zum Ausdruck gebracht werden soll: „Wenn der Leser das *Neue Testament* liest, tut er das, was jeder Leser bei jeder Lektüre tut. Er erbringt je nach seinen persönlichen Möglichkeiten die Arbeit der ‚Bedeutungsgenerierung' [...]. Auch der Textinterpret vollzieht selbstverständlich alle diese Leistungen. Er bleibt aber nicht dabei stehen. Er will nicht nur lesen und das Gelesene verstehen, sondern er will den gelesenen Text interpretieren, d. h. anderen

---

im ersten Fall, sondern in beiden Fällen produziert das (liturgische bzw. universitäre) Leseumfeld beim Lesenden Erwartungshaltungen, die seine Aufmerksamkeit für bestimmte Aspekte des Textes schärfen, für andere dagegen verringern."
[45] Gruppe „Theologinnen" S. 22, F₃.
[46] Mit der Unterscheidung anhand des Auslegungskontextes ist nicht gemeint, dass jeder Bibelausleger, der sich zu Hause in seinem Wohnzimmer an die Interpretation macht, *Alltagsexegese* betreiben würde, wohingegen das gleiche Tun im Lesesaal der Universitätsbibliothek zur wissenschaftlichen Exegese zu zählen ist. Die reine Lokalität ist nicht entscheidend.
[47] Für J. KÜGLER, Gegenwart 28 ergibt aus dem „Wissensvorsprung in Bezug auf die biblischen Texte und ihre Umwelt" eine grundsätzliche Lehrfunktion der exegetischen Wissenschaft, was allerdings auf keinen Fall in Machtgewinn umgesetzt werden darf (ganz abgesehen davon, dass dieses Projekt wohl zum Scheitern verurteilt wäre); vgl. ders., Zeichen 213f.
[48] Vgl. unterstützend M. WOLTER, Exeget 102.

Lesern durch seine Interpretation das verstehende Lesen neutestamentlicher Texte ermöglichen. Diese Interpretationsleistung, die an andere Leser gerichtet ist, unterscheidet den Interpreten grundsätzlich vom Leser. Der Leser bleibt mit dem Text allein. Der Interpret trägt mit seiner Interpretation den Text zu anderen Lesern. [... Die Interpreten; C. S.] beschränken sich nicht auf das Lesen und das entsprechende [...][49] Verstehen des gelesenen Textes, sondern sie lesen und verstehen im Hinblick auf Andere"[50].

Alltagsexegesen dagegen beanspruchen – für gewöhnlich – nicht, als Auslegungsangebote über das eigene Leben oder einen kleineren Kreis (z. B. Bibelkreis, Lesegruppe) hinaus Relevanz zu haben. In dieser Hinsicht sind *Alltagsexegesen* ausgesprochen bescheiden. Mit wissenschaftlichen Auslegungen verhält sich dies grundlegend anders. Dies dokumentiert sich u. a. darin, dass sie publiziert, in Umlauf gebracht und zur Diskussion gestellt werden. Gerade in letzterem Kontext sind Anfragen, Kritik und Verteidigung an der Tagesordnung, wobei ein bestimmtes Niveau gewahrt werden sollte. Während *Alltagsexegesen* nicht unbedingt gegen kritische Einwände verteidigt werden müssen und entsprechende Diskussionen nicht zwingend auf die sachliche Ebene beschränkt bleiben, sind an wissenschaftliche Exegesen, die sich mit einem bestimmten Anspruch präsentieren, auch entsprechende Ansprüche zu stellen: u. a. methodisches Vorgehen, intersubjektive Nachvollziehbarkeit des eigenen Tuns, argumentative Begründung der eigenen Auslegung, Rechenschaftsablage bei Einwänden oder Kritik, Reflexivität mit Blick auf das eigene Vorgehen.[51] *Alltagsexegesen können* vorstehende Aspekte erfüllen, wissenschaftliche Exegesen *müssen* dies. Nur Letzteren gegenüber können entsprechende Ansprüche erhoben werden, wohingegen *Alltagsexegesen* hiervon weitgehend suspendiert sind, es sei denn, sie lassen sich selbst darauf ein.[52]

Zu b) Womit auch bereits der zweite Aspekt angeklungen wäre: Wissenschaftliche Bibelauslegungen sind durch einen reflektierten Methodengebrauch ausgezeichnet, was u. a. mit Blick auf die intersubjektive Nachvollziehbarkeit der Resultate unentbehrlich ist. Dass methodisches Arbeiten an sich kein Privileg der universitären Exegese darstellt, das ist in dieser Arbeit bereits mehrfach zum Ausdruck gebracht worden; auch *Alltagsexegesen* gehen methodisch vor. Doch reflexives Bewusstsein der eigenen Ar-

---

[49] An dieser Stelle steht im Original die Näherbestimmung *individuell passive*. Meiner Meinung nach ist jeder Lese- und Verstehensprozess jedoch ein zutiefst aktives Tun.

[50] O. WISCHMEYER, Lehrbuch 118f.

[51] Vgl. O. FUCHS, Hermeneutik 390, wo der „Anspruch einer methodisch verfolgbaren Nachweisbarkeit und damit regelgeleiteten intersubjektiven Nachprüfbarkeit ihrer Ergebnisse" erwähnt wird.

[52] Vgl. ebd. 392: „Im Gegensatz zur Gruppe der exegetischen Fachleute ist beim bibelorientierten Glaubensgespräch nicht methodische Nachprüfbarkeit ausschlaggebend".

beitsweise ist im *alltagsexegetischen* Kontext eher die seltene Ausnahme denn die Regel. Dies sieht im wissenschaftlichen Bereich deutlich anders aus.

Zu c) Zu guter Letzt haben wissenschaftliche Exegesen den *Alltagsexegesen* gegenüber nicht nur mit Blick auf das Reflexionsniveau methodischen Arbeitens einiges voraus, sondern auch hinsichtlich des Kenntnisstandes – teils basierend auf jahrelanger Beschäftigung mit biblischen Texten und daraus resultierender Erfahrung (dieser Aspekt ist bei H. Roose/G. Büttner bereits angeklungen). Eine Bibelauslegung im wissenschaftlichen Kontext zeichnet sich durch einen Wissensvorsprung aus, der von *Alltagsexegesen* für gewöhnlich nicht eingeholt wird. Ob dieses Wissen allerdings immer gewinnbringend eingesetzt wird, das ist eine ganz andere Frage.

2 Und die Moral von der Geschicht' – Vorschläge für eine Sanierung der wissenschaftlichen Exegese

Die wissenschaftliche Exegese steckt dahingehend in einer Krise, dass ihre Ergebnisse und Erkenntnisse kaum mehr nachgefragt werden bzw. diesen gegenwärtig kaum mehr Relevanz zuerkannt wird (vgl. EinBlick 1 und 2). Universitäre exegetische Forschung und Lehre scheinen größtenteils nicht mehr anzukommen – weder bei den theologischen Nachbardisziplinen noch bei anderen Wissenschaften und schon gar nicht beim gewöhnlichen Bibelleser/beim *ordinary reader*. Besonders Letzteres kann fatale Konsequenzen nach sich ziehen, denn die Rechtfertigung wissenschaftlicher Exegese als universitärer Disziplin hängt u. a. entscheidend davon ab, inwiefern eine kirchliche, gesamtgesellschaftliche, politische etc. Bedeutung des eigenen Treibens plausibel gemacht werden kann.

Angesichts dieses Problemszenarios ist die Beschäftigung mit *Alltagsexegesen* als möglicher Ausweg aus der einbahnstraßenförmigen Sackgasse vorgeschlagen worden. Nach Durchführung eines entsprechenden empirischen Projekts und umfangreicher Auswertungen soll nun gefragt werden, inwiefern sich diese Lösung als weiterführend erwiesen hat und was die wissenschaftliche Exegese mit Blick auf ihre eigene Zukunftsfähigkeit daraus für Gewinn ziehen kann. Welche Sanierungsvorschläge ergeben sich auf der Grundlage der vorgelegten Forschungen? Drei Aspekte sollen näher ausgeführt werden: die Notwendigkeit, auf der Grundlage eines erweiterten Selbstverständnisses den universitären Elfenbeinturm zu verlassen (→ 2.1); die Herausforderung, Brücken zu bauen und die Anschlussfähig- respektive Brauchbarkeit wissenschaftlicher Exegese auch in alltäglichen Kontexten zu vermitteln, sprich: sich selbst auf dem alltäglichen Laufsteg ansprechend und werbend zu präsentieren (→ 2.2); sowie die Beherzigung folgender grundsätzlicher Maxime in bibelpastoralen Kontexten: Die Menschen sind dort abzuholen und ernst zu nehmen, wo sie lesen und verstehen (→ 2.3).[1]

2.1 Verlasst den universitären Elfenbeinturm! – Mit einem erweiterten Selbstverständnis im Gepäck

Viel zu oft bleiben wissenschaftlich arbeitende Exegetinnen „im Elfenbeinturm der universitären Akademie"[2] stecken; der „Überstieg [...] zu wirklichen Lesern"[3] wird selten gewagt. Schade, kann man angesichts der Erfahrungen der vorliegenden Forschungsarbeit vor dem Hintergrund dieser Feststellungen nur sagen: Es hat sich nämlich gezeigt, dass es für die wissenschaftliche Exegese möglich, fruchtbar und weiterführend ist, nicht nur in der eigenen Studierstube sitzend griechische und/oder hebräische Texte zu zerlegen und detailliert zu analysieren – dies braucht es natürlich auch, keine Frage –, sondern den forschenden Blick auch immer wieder über den eigenen Tellerrand hinaus, sprich: auf aktuelle Bibellesarten, zu richten und auf diese Weise die potenziellen Empfängerinnen des eigenen wissenschaftlichen Bemühens *in natura* zu Wort kommen zu lassen.[4]

Die teilweise herrschende flächendeckende Verstehensstörung (vgl. EinBlick 2) kann überwunden werden – so die begründete Hoffnung –, wenn man vonseiten der exegetischen Wissenschaft (aufrichtiges) Interesse am alltagsweltlichen Gegenüber an den Tag legt, verbunden mit einer Wertschätzung dessen, was alltäglich an Bibelauslegung geschieht. In der Folge ist man bzgl. relevanter Fragen und Probleme näher dran am Puls der Zeit, was der Gefahr entgegenwirkt, dass wissenschaftliche Exegetinnen vorwiegend Fragen beantworten, die (aktuell oder auch generell) niemanden außerhalb der eigenen Fachkreise interessieren. Und umgekehrt kann die Herausforderung, kompetente und ernst zu nehmende Gesprächspartner im Hier und Heute zu sein, überhaupt nur dann anzunehmen versucht werden, wenn bekannt ist, was alltagsweltlich unter den Nägeln brennt. Vor diesem

---

[1] Für die folgenden Überlegungen gilt teilweise, was K. Rahner seinen Ausführungen *„An die Exegeten: Ein Wort des Dogmatikers"* voranstellt: „Wenn ich ein wenig in Pauschalurteilen rede, so nehmt mir das nicht übel. Wer sachlich nicht betroffen ist, braucht sich hier nicht betroffen fühlen" (K. RAHNER, Exegese 85).

[2] U. LUZ, Was hast du, das du nicht empfangen hast? 303.

[3] Ebd. 303.

[4] Vgl. H. BEE-SCHROEDTER, Wundergeschichten 458, wo im Rückblick auf die durchgeführte Studie mit Kindern und Jugendlichen ein ganz ähnliches Anliegen festgehalten wird: „Es lag mir daran, Kindern und Jugendlichen die Gelegenheit zu geben, einmal *selbst* zu Wort zu kommen, *ihre eigene* Meinung zu biblischen Texten zu äußern". Vor diesem Hintergrund wird dafür plädiert, „stärker als bisher üblich auf die Adressaten der Vermittlungsbemühungen tatsächlich zu hören, statt nur zu *vermuten*, wie sie wohl denken" (ebd. 458).

Hintergrund ist wissenschaftlich-universitäre Exegese heute – wahrscheinlich mehr denn je – „darauf angewiesen, zu den Anliegen und offenen Fragen der sich ihr rapide entfremdenden Empfänger zurückzukehren"[5], und nur wenn sie sich „ernsthaft an der bewegten Lebenswelt heutiger Empfänger interessiert zeigt, könnte [sie; C. S.] sich als hilfreiche christliche Begleiterin der Menschen erweisen."[6] Entsprechend gilt es, „‚dem Volk' im Blick auf die von ihm wirklich gestellten Fragen nicht nur ‚aufs Maul' (Luther), sondern – so weit das überhaupt möglich ist – durch Gespräch und Nachfrage auch in den Kopf und das Herz zu schauen."[7] Dies setzt allerdings voraus, dass man den eigenen (sicheren) Elfenbeinturm verlässt und in den Schulen des Lebens sowie auf den Straßen dieser Welt Forschung und Studien betreibt. Sollte man sich auf dieses Wagnis eingelassen haben, so wird dies gerade von den Zielpersonen explizit honoriert – wie folgendes Statement der Gruppe „Bibelkreis" (mit Blick auf das konkrete Forschungsprojekt) belegt:

> „Wir brauchen keine Universitäten, wir brauchen also die Schulen des, des Lebens, das sind die Straßen dieser Welt, wo die Leute merken, wie die Widersprüche aussehen. Umgekehrt ist natürlich die Kooperation mit Leuten, die an der Uni arbeiten, besonders schön, wenn sie sich diesen Dingen aufschließen und nicht im Elfenbeinturm versauern und nicht merken, was in der Welt draußen vorgeht."[8]

Vor diesem Hintergrund lautet ein erster Sanierungsvorschlag mit Blick auf die Zukunftsfähigkeit der universitären Exegese: *Raus aus dem exegetisch-universitären Elfenbeinturm, rein ins (pralle Alltags-)Leben!* „Die Exegese ist [...] herausgefordert, sich anderen kirchlichen [und außerkirchlichen; C. S.] Orten zu öffnen [...]. Die Grenzüberschreitung zu außeruniversitären Orten [...] darf nicht mehr die Ausnahme sein, sondern muss die Regel werden."[9] Diese Herausforderung sollte in Angriff genommen werden, auch wenn bzw. gerade weil sich wissenschaftlich-exegetische Forschung – gemäß dem klassischen Selbstverständnis (vgl. EinBlick 1) – eigentlich nicht mit *Alltagsexegesen* beschäftigt. Wenn ein wissenschaftlicher Exeget mit dem *ordinary reader* in Berührung kommt, dann tut er dies als (ange-

---

[5] D. FRICKENSCHMIDT, Empfänger 62; vgl. ebd. 57: Die wissenschaftliche Exegese „muß die Perspektiven und offenen Fragen der Empfänger neu in den Blick nehmen". Vgl. E.-M. BECKER, Person 232: „Die neutestamentliche Exegese und Hermeneutik können [respektive sollten/müssten/müssen; C. S.] in ihre Auswahl der Forschungsaufgaben verstärkt solche Themen aufnehmen, die den allgemeinen geisteswissenschaftlichen, kirchlichen oder gesellschaftlichen Diskurs bestimmen. Dadurch kann die neutestamentliche Wissenschaft nicht nur ihre Anschlussfähigkeit unter Beweis stellen. Vielmehr kann sie aktiv Einfluß" nehmen.

[6] D. FRICKENSCHMIDT, Empfänger 62.

[7] Ebd. 52f.

[8] Gruppe „Bibelkreis" S. 7, M_{15}.

[9] J. KÜGLER, Gegenwart 22.

fragter) Sachverständiger oder Referent, sprich: als redende Person. Dies genügt nicht – Zuhören[10] tut not, was hinsichtlich des eigenen Selbstverständnisses nicht ohne weitreichende Konsequenzen bleiben kann: Mit S. A. Strube möchte ich deshalb für ein erweitertes Selbstverständnis der wissenschaftlichen Exegese plädieren.[11] Exegese als Wissenschaft sollte *Alltagsexegesen* als einen möglichen Gegenstand ihrer eigenen Forschungen wahrnehmen und anerkennen.[12]

In der Folge eröffnen sich auch bis jetzt kaum wahrgenommene Aufgabenfelder für die wissenschaftliche Exegese, die

„nämlich nicht dazu da [ist; C. S.], aus irgendeinem Elfenbeinturm heraus verlauten zu lassen, wie dieser oder jener biblische Text gefälligst zu verstehen sei; ihre Aufgabe ist es vielmehr, den Prozeß zwischen Text und Leser sowohl zu analysieren als auch beständig neu anzustoßen und Leser immer begabter zu machen"[13].

„Die weiterführende Aufgabe der Experten besteht [...] darin, den Prozess des Verstehens bei Laien im Gespräch möglichst transparent zu machen [...]. Dabei geht es nicht um eine einseitige Korrektur der falschen durch die historisch richtige Auslegung, sondern um eine Ausweitung, Bereicherung und evtl. Infragestellung der Laienauslegungen. Die Laien können so besser erkennen, wie sie zu ihrer Auslegung gekommen sind und welche Vorkenntnisse – vielleicht auch Vorurteile – sie dabei aktiviert haben."[14]

Es wird darauf ankommen, „Nichtfachleute in ihrer Lese-Kompetenz zu stärken. Es geht also nicht mehr nur darum, wissenschaftliche Ergebnisse zu popularisieren – das auch! –, gefordert ist vielmehr ein völliges Umdenken: Nicht nur das kommunizieren, was wir erarbeiten, sondern Strategien entwickeln, Nichtfachleute kompetent zu machen, sie zum eigenen und eigenständigen Lesen zu befähigen."[15] Aufgabe der Exegese ist es dementsprechend, „Impulse zu geben, zu kritisieren und zu korrigieren. Ihre Lehrfunktion wird Dienstleistung sein und Angebotscharakter haben müssen: Wir werden weniger unsere eigene Gelehrsamkeit dokumentieren als auf Hin-

---

[10] Ebd. 31 wird das „Hören auf [...] die Fragen und Nöte der Menschen, die heute versuchen, Christ oder Christin zu sein", als etwas qualifiziert, „was wir sicher neu lernen müssen".

[11] Vgl. S. A. STRUBE, Diskussionsanstoß.

[12] Mit dieser Forderung möchte ich die von O. FUCHS, Hermeneutik 40 angeführte Aufgabenbeschreibung der wissenschaftliche Exegese um eine Dimension erweitern, die dieser als „[s]pezifische Aufgabe[...] der Verkündigungstheologie" bestimmt hat: die Analyse des Rezeptionsprozesses bzw. gegenwärtiger Sinnkonstruktionsbemühungen. Ich denke, an dieser Stelle ist auch die Exegese selbst gefordert. Bedenkenswert erscheint die Überlegung von O. Fuchs, dass gerade das ehrliche Interesse für Alltagsexegesen auch zu Kritik an diesen berechtigt, „wo sie exegetischen Erkenntnissen zuwiderlaufen bzw. als wenig hilfreich einzustufen sind" (ebd. 405).

[13] T. MEURER, Einführung 5. Damit wird der *wissenschaftliche* Auftrag der Exegese keineswegs *verraten* – ganz im Gegenteil –, wie J. KÜGLER, Gegenwart 22f. betont.

[14] H. ROOSE/G. BÜTTNER, Laienexegesen 68.

[15] J. KÜGLER, Gegenwart 28.

tergrundinformationen verweisen, historisches Wissen und Textbeobachtungen bereitstellen, welche die Textlektüre erleichtern und verbessern können."[16]

Wissenschaftliche Exegese hat somit mit Blick auf *Alltagsexegesen* eine wichtige und heutzutage bedeutsame Aufgabe zu erfüllen. Man könnte von einer Art *kritischer (Lektüre-)Begleitung*, einer „Hilfestellung zum besseren Lesen"[17] auf der Grundlage einer herrschaftsfreien Kommunikation in dialogischer Art und Weise, einer „Kompetenzstärkung der Lesenden"[18] – statt autoritärer, besserwisserischer Belehrung – sprechen. Entsprechend könnte sich der Exeget selbst als „Vor-Leser, der aufgrund seiner Studien Hilfen zum eigenen Lesen anbieten möchte"[19], bzw. als „biblischer Reiseführer"[20] verstehen.

Alltagsexegesen sollten aber auch deshalb in den Mittelpunkt des Interesses gerückt werden, um die Verankerung wissenschaftlicher Exegese in der heutigen Zeit und Welt sicherzustellen, zumal die Exegese „damit ihren Forschungsgegenstand umfassender und vollständiger als bisher in den Blick"[21] nähme. Es erscheint elementar wichtig, dass sich universitär arbeitende und forschende Exegetinnen mit alltäglichen Textverstehens- und Sinnkonstruktionsprozessen befassen, diese genau unter die Lupe nehmen und u. a. auf diesem Wege die Anschlussfähigkeit der wissenschaftlichen Exegese an heutige Bibellektüren gewährleisten.[22]

Vorstehendes Plädoyer schließt in meinen Augen neben dem neuen *Selbst*verständnis auch die Forderung nach einem neuen Verständnis der *Alltagsexegesen* auf wissenschaftlicher Seite zwingend mit ein. Es gilt, das, was an Bibelauslegung in alltäglichen Kontexten betrieben wird, nicht nur wahr-, sondern auch ernst zu nehmen und dementsprechend wertzuschätzen und zu würdigen.[23] Von daher sind Terminologien wie *Laienexegese* (H. Roose/G. Büttner) oder *un-/nichtexegetische Lesarten* (S. A. Strube) oder auch *wilde Exegese* (U. Luz) in meinen Augen problematisch, da damit

---

[16] Ebd. 29; vgl. ebd. 33 (eigenständiger, kreativer Umgang soll ermöglicht werden, „ohne die Tradition zu vergessen und ohne die Zeitgenossenschaft zu verraten"); vgl. J. KÜGLER, Kontrast 110; ders., Pluralitätsfähigkeit 154.
[17] J. KÜGLER, Gegenwart 27 (im Original kursiviert).
[18] J. KÜGLER, Kontrast 111 (im Original kursiviert). Vgl. O. FUCHS, Hermeneutik 59, der als pastorale Zielperspektive von der „Bibelmündigkeit der Christen" spricht.
[19] H. FRANKEMÖLLE, Matthäus 36.
[20] E. CHARPENTIER, Führer 7.
[21] S. A. STRUBE, Diskussionsanstoß 244 = S. A. STRUBE, Erforschung 336.
[22] Vgl. E.-M. BECKER, Person 214f.: „Zugleich muß die neutestamentliche Exegese aber ihrerseits den Anspruch auf Institutionalität dadurch legitimieren, dass sie selbst auf die Gesellschaft bezogen ist und sich für sie verantwortlich weiß. […] Die Exegese kann dies gesellschaftliche Engagement da aufbringen, wo sie selbst an den aktuellen gesellschaftlichen Diskurs sinnvoll anschließt."
[23] Vgl. R. HUNING, Bibelwissenschaft 7, der *Respekt* und *Interesse* als angemessene Haltungen wissenschaftlicher Exegetinnen den *Alltagsexegeten* – in seiner Terminologie: populären Lektüren – gegenüber fordert.

teilweise eine implizite Abwertung alleine durch die gewählten Bezeichnungen einhergehen kann.[24]

Zu guter Letzt wäre es sehr Chancen vergebend, ein derart breites und interessantes Forschungsfeld unbestellt zu lassen.[25] Hier gibt es noch einiges zu entdecken, zu untersuchen und aufzuklären.

2.2 Brückenbauer gesucht! – Die ansprechend-verständliche Präsentation wissenschaftlicher Exegese auf dem alltäglichen Laufsteg

Doch ist es in meinen Augen nicht damit getan, den universitären Elfenbeinturm vorübergehend verlassen und gewissermaßen einen Kurzausflug in die andere (und oftmals sehr fremde) Welt der *Alltagsexegesen* unternommen zu haben, wenn man danach unverändert mit der eigenen wissenschaftlich-exegetischen Arbeit fortfährt wie bisher. Kehrt man nämlich nur in den wissenschaftlichen Elfenbeinturm zurück und schert sich in der Folge herzlich wenig um die *Welt da draußen*, dann ist die Begegnung mit *Alltagsexegeten* nahezu fruchtlos gewesen. In meinen Augen muss die forschende Beschäftigung mit *Alltagsexegesen* Auswirkungen auf das eigene exegetische Tun, besonders das Publizieren, haben.

Es gilt, verstärkt an die Öffentlichkeit zu gehen und mit Blick auf einen breiteren Adressatenkreis aktiv zu werden. Auch wenn kaum zu bestreiten ist, dass der universitär-exegetische und der *alltagsexegetische* Kontext zwei deutlich unterschiedliche Welten darstellen,[26] so sollten sie doch nicht unverbunden nebeneinanderstehen und aneinander vorbei existieren, zumal eine verbindende Gemeinsamkeit vorhanden ist: die Bibel als Gegenstand der Auslegung. Es ist somit entscheidend, einander kennen zu lernen, auf dieser Basis mögliche Anknüpfungspunkte zu identifizieren und die – zu-

---

[24] Vgl. ebd. 7, der zwischen wissenschaftlichen und nichtwissenschaftlichen Bibellektüren unterscheidet bzw. mit Blick auf Letztere für die Terminologie *populare Lektüren* plädiert. Seine Begründung lautet wie folgt: „Damit soll eine vorgängig negative Bewertung, die Begriffe wie *nichtwissenschaftlich* oder *einfach* implizieren, vermieden werden. [...] Zugleich soll die Verwendung eines Fremdwortes die Leser dazu einladen, den eigenen Vorstellungen, was ein *einfaches Bibellesen* kennzeichnet, zu misstrauen. Die vorliegende Arbeit möchte dazu einladen, sich der *populären Lektüre* als etwas Fremdem mit Respekt und Interesse zu nähern" (ebd. 7).

[25] G. STEINS, Lesewesen 691 fragt mit Blick auf Lektüren im liturgischen Kontext provozierend und etwas suggestiv – an: „Kann es sich die so oft als praxisfern empfundene wissenschaftliche Exegese noch länger leisten, diese 2000-jährigen liturgischen Leseerfahrungen aus ihrer Grundlagenreflexion auszublenden?" Vgl. J. KÜGLER, Gegenwart 31.

[26] Manchmal entsteht geradezu der „Eindruck, als läsen ExegetInnen einerseits und ‚normale' BibelleserInnen andererseits in zwei verschiedenen Büchern, wenn sie die Bibel aufschlagen" (S. A. STRUBE, Diskussionsanstoß 243).

gegebenermaßen nicht immer einfache – Herausforderung des Brückenschlags anzunehmen. Mein zweiter Sanierungsvorschlag lautet folglich: *Baut Brücken!*
Damit möchte ich in erster Linie wissenschaftliche Exegeten ansprechen, doch ist die Mitarbeit beider Seiten für ein Gelingen des Projekts unentbehrlich. Um einen Brückenschlag erfolgreich bewältigen zu können, sind mindestens zwei Partner von Nöten, „weil eine Brücke es mit zwei Ufern zu tun hat"[27]. Doch sollte eine Seite mit dem Bau beginnen, und hier wende ich mich als Wissenschaftler zunächst gewissermaßen an die eigene Zunft. Und in dieser Hinsicht machen die vorliegenden empirischen Ergebnisse Mut: An vielen Stellen der geführten Gespräche kommt deutlich zum Ausdruck, dass *Alltagsexegeten* grundsätzlich an einem Dialog mit der exegetischen Wissenschaft interessiert sind bzw. sich sogar entsprechend informierende, weiterhelfende, antwortende Beiträge von universitärer Seite wünschen. Teils wird religiös-exegetische Literatur sogar der Bibel selbst vorgezogen:

> „Abgesehen davon interessier' ich mich auch für Literatur und vor allen Dingen auch für, aus dem religiösen Bereich eigentlich mehr Sekundärliteratur. Die Bibel, das ist das, was wir aus den Evangelien kennen. Natürlich guck ich auch mal rein. Aber es ist nicht so intensiv wie das, was ich aus zweiter Hand les'."[28]

Es ist immer wieder eine grundsätzliche Offenheit und Rezeptionsbereitschaft anzutreffen: „Natürlich freu' ich mich und bin auch wirklich sehr froh, wenn ich von anderer Seite, ja die, die Auslegung auch mal serviert kriege, nich"[29] – wenn da nicht ein ebenso grundsätzliches Problem wäre: Man versteht sich oftmals schlicht und ergreifend wechselseitig nicht.
In diesem Zusammenhang ist als Erstes die Kenntnis der anderen Seite zu fordern, weshalb die Erforschung des Phänomens *Alltagsexegesen* einen wichtigen Schritt darstellt. Damit wird die Grundlage geschaffen, Antworten auf außerhalb des wissenschaftlich-universitären Kontextes wirklich gestellte Fragen geben zu können und eben gerade nicht an den Bedürfnissen und Problemen heutiger *Alltagsexegetinnen* vorbei zu forschen[30] und zu reden. Sodann ist der universitären Exegese in meinen Augen aufgegeben, eine ansprechende und v. a. allgemein verständliche Sprache für die Präsentation der eigenen Erkenntnisse und Inhalte zu finden, eine Sprache und

---

[27] K. RAHNER, Exegese 87; vgl. zum geforderten *Brückenschlag* ebd. 94.
[28] Gruppe „Kultur" S. 1, F_2 (vgl. ebd. S. 9, F_2).
[29] Gruppe „Kultur" S. 10, F_2.
[30] Vgl. S. A. STRUBE, Diskussionsanstoß 243: „Es scheint, als forsche die Exegese an den Bedürfnissen derjenigen BibelleserInnen vorbei, die die Bibel als Glaubens- und Lebensbuch lesen (wollen)."

Form, mit denen *Alltagsexegeten* erreicht werden.[31] Was nämlich nützen die tollsten Resultate, wenn sie – wegen der gewählten Ausdrucks- und Darstellungsweise – außer den wenigen Fachkolleginnen niemand versteht? Damit sollen nicht die Erforderlichkeit und der Wert innerexegetischer Diskurse auf einem entsprechenden wissenschaftlichen Niveau in Frage gestellt, wohl aber auf der Notwendigkeit einer verstärkten Sensibilität für ein breiteres Zielpublikum insistiert werden. Es darf meiner Meinung nach nicht sein bzw. so bleiben, „daß die Art der Vermittlung der Lebenswelt und den Lebensperspektiven der Empfänger nicht genügend Aufmerksamkeit schenkt"[32]. An dieser Stelle ist dringend Abhilfe zu schaffen und entsprechend Brücken bauend tätig zu werden.

Für die wissenschaftliche Exegese bedeutet dies – zunächst auf einer abstrakt-grundsätzlichen Ebene betrachtet – ganz zentral, der Forderung K. Rahners nachzukommen, der von allen theologischen Disziplinen „das Moment von praktischer Theologie, das in ihnen selbst ist und sein muß"[33], erkannt und gewahrt sehen möchte. Erläuternd führt er aus:

> „Die ganze Theologie ist in allen Disziplinen eine kirchliche Wissenschaft, gerade wenn und weil sie auch der Kirche gegenüber eine kritische Funktion ausübt, da ja diese dem Glauben der Kirche als solcher immanent ist. Das bedeutet aber auch, daß alle theologischen Disziplinen dem Selbstvollzug der Kirche zu dienen haben, also ein Moment der praktischen Theologie in sich tragen."[34]

Jede theologische Disziplin, so natürlich auch die exegetische, hat die ihr „selbst immanente, auf die Praxis der Kirche ausgerichtete Aufgabe"[35] wahrzunehmen, so Rahners anschließende zweite Forderung. Von diesen grundsätzlichen Überlegungen ausgehend, ist nun konkret formuliert an die exegetische Wissenschaft der Wunsch zu richten,

---

[31] Die Forderung von E.-M. BECKER, Person 231 („Die neutestamentliche Exegese muß um die verständliche Vermittlung ihrer exegetischen Arbeit an ihre theologischen Nachbardisziplinen bemüht sein.") geht in die richtige Richtung, in meinen Augen aber definitiv nicht weit genug. Vgl. O. WISCHMEYER, Lehrbuch 7, wo die Schlagworte *allgemeinverständlich* und *offen* mit Blick auf die Aufgabe/Verpflichtung der theologischen Wissenschaften im gesellschaftlichen Kontext genannt werden. Mit einer Situation, wie sie R. HUNING, Bibelwissenschaft 14 beschreibt, sollte man sich meiner Meinung nach nicht abfinden: „Der Kontakt zwischen wissenschaftlicher und populärer Bibellektüre ist in den seltensten Fällen direkt. Dies ist schon deshalb kaum möglich, weil es Wissenschaften inhärent es (sic!), einen eigenen Sprachgebrauch zu entwickeln, der populären Lesern nicht unmittelbar verständlich ist." An diesem Kommunikationsdefizit sollte unter allen Umständen gearbeitet werden!

[32] D. FRICKENSCHMIDT, Empfänger 57.

[33] K. RAHNER, Theologie 140 (im Original kursiv). Genau genommen spricht K. Rahner in besagtem Artikel von Forderungen, die – seiner Meinung nach! – die praktische Theologie an die übrigen theologischen Disziplinen stellt.

[34] Ebd. 140.

[35] Ebd. 141.

„daß sie neben der immer detaillierteren, für den Prediger nicht mehr übersehbaren, ins Uferlose wachsenden Einzelforschung sehr minutiöser Art immer wieder neu auch jene theologische Literatur schafft, die, wenn auch in einer neuen ‚Mitte' zwischen exakter Forschung und ‚haute vulgarisation', für einen Theologen und Prediger (der nicht mehr exegetischer Fachmann im strengen Sinn sein kann) für seine Aufgabe brauchbar ist und ihn in genügender Nähe zur wissenschaftlich exegetischen Forschung hält. Solche Bücher zu schreiben sollte der wirkliche Fachexeget nicht unter seiner Würde erachten, sondern als seine höhere Aufgabe betrachten."[36]

Wohlgemerkt: Es wird nicht die eine Art exegetischer Literatur (hochwissenschaftliche, detaillierte, komplexe Werke) gegen die andere (*populärwissenschaftliche*, leicht eingängige Abhandlungen) ausgespielt und eine Konkurrenz heraufbeschworen, sondern angesichts des vorherrschenden Übergewichts der ersten Gattung regt K. Rahner dezidiert eine vermehrte Produktionstätigkeit hinsichtlich des zweiten Genres an. Derartige allgemein verständliche Bücher zu schreiben, ist als *höhere Aufgabe* des wissenschaftlichen Exegeten anzusehen, der sich hierfür nicht zu fein/schade sein darf – vorausgesetzt, er will wirklich Brücken in die *alltagsexegetische* Welt bauen und die Basis für eine Rezeption außerhalb fachwissenschaftlicher Kreise schaffen. Auf Fragen der Menschen von heute müssen auch Exegeten „eine Antwort geben, man muß sie so sagen, daß auch der Nichtfachmann eine Antwort auf seine Fragen hört."[37]

Folglich sollte der Blick nicht nur auf theologisch gebildete Prediger gerichtet werden, denn auch der in die tieferen Geheimnisse der Theologie nicht eingeweihte *ordinary reader* als theologischer Nichtfachmann verlangt zu Recht, von der wissenschaftlichen Exegese als potenzieller Konsument exegetischer Publikationen ernst- und wahrgenommen zu werden. *Alltagsexegeten* jeder (theologischen) Vorbildung kommen als Zielpublikum in Frage. So kann bei wissenschaftlichen Exegetinnen mit U. Luz folgende *Bestellung* aufgegeben werden:

„Bücher für an der Bibel interessierte Nichttheolog/innen. Dazu gehören auch [...] Kommentare, aber andere [als die existierenden; C. S.]! Einen informativen Kommentar, welchen man z. B. Lehrerinnen und Lehrern in die Hand drücken kann, gibt es nicht. [...] Auch gute, lesbare, für Nicht-Theolog/innen verständliche Informationsbücher, z. B. über Jesus, über das Frühjudentum, über neutestamentliche Zeitge-

---

[36] Ebd. 143f. Dementsprechend muss das eigene *wissenschaftliche* Selbstverständnis eine Ausweitung dahingehend erfahren, dass man eben nicht nur *wissenschaftliche* Texte produziert – „für die Wissenschaft selbst, also für die Fachkollegen. [... W]issenschaftliche Texte schreibt man für seinesgleichen. Wir brauchen uns also nicht zu sehr wundern, wenn außerhalb unserer wissenschaftlichen Szene niemand unsere Texte versteht und sich nieman dafür interessiert." (J. KÜGLER, Gegenwart 17; vgl. ders., Kontrast 101; ders., Zeichen 208f.).

[37] Ebd. 106.

schichte, über die Apokryphen, über neutestamentliche Theologie etc. gibt es zu wenige."³⁸

Es ist für eine Art von exegetischer Literatur zu plädieren, die als Brücke zwischen der wissenschaftlich-universitären auf der einen und der *alltagsexegetischen* Welt auf der anderen Seite dienen kann. Es gilt in meinen Augen, vermehrt exegetische Bücher/Zeitschriften/Kommentare für jedermann zu schreiben, exegetische Literatur, die von vielen Menschen verstanden und mit Gewinn gelesen werden kann. Es gilt, „Verständigungsmöglichkeiten [zu; C. S.] erkunden, die sowohl loyal mit neutestamentlichen Texten als auch solidarisch mit heutigen Empfängern umgehen."³⁹

Wirft man im Sinne einer ersten – notwendigerweise unvollständigen – Bestandsaufnahme einen Blick auf den exegetischen Zeitschriften- und Büchermarkt, so finden sich dort einige gelungene Versuche des hier geforderten Brückenschlages; an einigen Stellen ist aber auch das Fazit zu ziehen, dass dem erhobenen breitenwirksamen Anspruch eher nicht entsprochen wird. Im Bereich der *Monografien* nennt U. Luz als gelungenes Beispiel für ein gutes, lesbares, für Nichttheologen verständliches Informationsbuch J. ROLOFF, Einführung in das Neue Testament, Stuttgart 1995.⁴⁰ Vergleichbare Bücher finden sich einige in den Buchhandlungen, doch ist U. Luz darin zuzustimmen, dass es, abgesehen von einigen Ausnahmen, deren zu wenige – gute – gibt.

Blickt man sich auf dem weiten Feld biblisch-exegetischer *Zeitschriften* um, so begegnen neben ausgewiesenen Fachzeitschriften auch solche, die ein Interesse an *alltagsexegetischen* Leserkreisen erkennen lassen bzw. dies ausdrücklich betonen.⁴¹ Für den deutschen Kontext sind hier an erster Stelle *Bibel und Kirche* (BiKi) sowie *Bibel heute* zu nennen.⁴² BiKi richtet sich – gemäß der Selbstcharakterisierung auf der Homepage – an „Interessierte, die mehr wissen wollen"⁴³, und es wird als ausgesprochenes Anliegen betont, „einem *breiten Publikum* biblisches Wissen zu erschließen. [... Dementsprechend; C. S.] werden biblische Basics vermittelt und neue For-

---

³⁸ U. LUZ, Was hast du, das du nicht empfangen hast? 300f.
³⁹ D. FRICKENSCHMIDT, Empfänger 57.
⁴⁰ Vgl. U. LUZ, Was hast du, das du nicht empfangen hast? 301 Anm. 5. Bei E.-M. BECKER, Person 215 Anm. 28 wird das gleiche Buch als Beispiel für eine gelungene Vermittlung exegetischen Wissens an eine breitere Öffentlichkeit per Publikation in einem *großen literarischen Verlag* genannt.
⁴¹ Die Zeitschrift *Biblical Interpretation. A Journal of Contemporary Approaches* (Biblical Interpretation) verweist zwar als grundlegende Motivation für die eigene Arbeit auf „a need for the field of biblical studies to become more public" (Editorial Statement, in: Biblical Interpretation 1,1 (1993) If., hier I), doch lässt sich neben dieser angestrebten Öffentlichkeits- nicht das Ziel einer Breitenwirkung erkennen. Biblical Interpretation ist dezidiert eine Fachzeitschrift, weswegen sie an dieser Stelle nicht angeführt wird. Vgl. dazu http://www.brill.nl/bi [17.11.2006]. Vgl. M. MEISER, Herausforderungen 35.
⁴² Vgl. die positive Würdigung dieser beiden Zeitschriften sowie der Arbeit des Bibelwerkes im Allgemeinen bei O. FUCHS, Hermeneutik 59 und 59 Anm. 9.
⁴³ Http://www.bibelundkirche.de/ [17.11.2006].

schungsergebnisse zu zentralen biblischen Themen oder biblischen Büchern *allgemein verständlich* aufbereitet."[44] *Bibel heute* stellt sich vor als „die einzige Zeitschrift im deutschsprachigen Raum, die die Bibel in aktueller Weise und fundiert einem *breiten, auch nicht-wissenschaftlichen Publikum* vermittelt."[45] Beide Versuche, Brücken zwischen universitärer Exegese und Alltagsexegese zu bauen, sind in meinen Augen als gelungen anzusehen. Dies ist mit Blick auf die *Zeitschrift für Neues Testament. Das Neue Testament in Universität, Schule und Gesellschaft* (ZNT) eher kritisch anzufragen. Zwar präsentiert sich diese verhältnismäßig junge Zeitschrift mit folgender Ausrichtung: „Nicht exegetische Spezialfragen, in exklusiver akademischer Sprache, sondern zentrale theologische Themen des Neuen Testaments und der gegenwärtigen gesellschaftlich-theologischen Diskussion bilden das Profil der Zeitschrift. Das Ziel der Zeitschrift ist der *Brückenschlag* zwischen wissenschaftlicher Textauslegung und der kirchlich-schulischen sowie der gesellschaftlichen Praxis, welchem auch die konzeptionelle Gestaltung der Zeitschrift dient."[46] Man möchte laufende exegetische Diskussionen „transparent und schnell zugänglich"[47] machen und das Editorial der ersten Ausgabe bringt sehr gut die Problematik herkömmlicher fachwissenschaftlicher Publikationsorgane auf den Punkt: „Exegetisch-theologische Fachzeitschriften erreichen durch ihre fachliche Spezialisierung und akademische Sprache im allgemeinen keine breite Öffentlichkeit. Selbst die, die von Berufs wegen ein Interesse an Fragen der neueren Forschung in Exegese und Theologie haben, fühlen sich nicht angesprochen."[48] Vor diesem (Problem-)Hintergrund sollen neue Wege beschritten werden. Gemäß dem eigenen Selbstverständnis informiert man „über die aktuelle Diskussion wichtiger theologischer Themen und führt sie weiter. Einerseits werden dabei keine umfangreichen Spezialkenntnisse vorausgesetzt. Andererseits wird auf den erforderlichen wissenschaftlichen Tiefgang nicht verzichtet. Die in ZNT schreibenden Autorinnen und Autoren werden dementsprechend ihre exegetische Fachkompetenz in die Beiträge einbringen und sie zugleich gut lesbar gestalten."[49] Man möchte „auf wissenschaftlichem Niveau in ansprechender und verständlicher Weise die Relevanz neutestamentlicher Schriften und Themen für die Gegenwart [... aufzeigen und; C. S.] sich nicht nur an die Fachvertreterinnen und Fachvertreter, sondern gerade auch an Studierende, sowie Lehrerinnen und Lehrer, Pfarrerinnen und Pfarrer und interessierte Laien"[50] wenden. Dementsprechend sollen die „Beiträge ansprechend und kurz"[51] gehalten werden. Man ist sich bewusst, Neues auszuprobieren: „Eine Zeitschrift, die für das Fach und seinen Gegenstand über die engere Fachwelt hinaus wirbt, war erstaunlicherweise eine Marktlücke."[52] Doch wird man dem eigenen Anspruch wirklich gerecht? Ohne eine fundierte Analyse der Praxisumsetzung des referierten Programms leisten zu können, sollen abschließend zwei an-

---

[44] Ebd. [Hervorhebungen C. S.].
[45] Http://www.bibelheute.de/bh_unsere.htm [17.11.2006] [Hervorhebungen C. S.].
[46] Http://www.znt-online.de/ [17.11.2006] [Hervorhebungen C. S.].
Vgl. http://www.narr.de/dzo/kategorien/201 //503_201.pdf [17.11.2006].
[47] Http://www.znt-online.de/hintergrund.html [17.11.2006]. Vgl. M. MEISER, Herausforderungen 35.
[48] S. ALKIER/K. ERLEMANN/R. HEILIGENTHAL, Editorial, in: ZNT 1 (1. Jg. 1998) 1.
[49] Ebd. 1.
[50] S. ALKIER, Anfang 121.
[51] Ebd. 121.
[52] S. ALKIER, Anfang 121.

fragende Beobachtungen angefügt werden: Zum einen fällt auf, dass das geschilderte Grundanliegen der Zeitschrift in den Editorials der ersten Ausgaben immer wieder sehr betont zum Ausdruck gebracht wird,[53] was sich in späteren Heften so nicht mehr findet. Zum anderen wird bereits in einer frühen Nummer die ursprüngliche Idee ansatzweise *verraten*, da „eine binnenexegetische Debatte in ZNT Eingang findet, was eigentlich am bewährten Konzept vorbeigeht. Gleichwohl halten wir [sc. die Herausgeber; C. S.] es für angebracht, in diesem Fall die ZNT zu einem Forum für eine drängende Fragestellung zu machen."[54] Trotz des vorhandenen Problembewusstseins ist kritisch zu fragen, ob dies wirklich einen einmaligen Fall darstellt, zumal zwei Ausgaben später das Hauptaugenmerk erneut der „aktuellen wissenschaftlichen Diskussion"[55] gilt. Welche Prinzipien leiten die Themenauswahl und die inhaltliche Gestaltung der einzelnen Hefte und wird dabei das ursprüngliche Ziel noch im Blick behalten?

Zu guter Letzt ist noch kurz auf eine Gattung einzugehen, die für exegetisches Schaffen geradezu typisch genannt werden kann: den (klassischen) Kommentar. Auf diesem Gebiet hat U. Luz eine Mangelsituation hinsichtlich *alltagsexegetisch* brauchbarer Exemplare festgestellt (vgl. obiges Zitat), auch wenn einige Kommentarreihen durchaus ein anderes Selbstverständnis an den Tag legen. So richtet sich der *Zürcher Bibelkommentar* (ZBK) „nicht nur an Theologen, sondern auch an Leser, die nur in beschränktem Maße mit wissenschaftlichen Kommentaren arbeiten. Sie ermöglichen dem Gemeindeglied – aber auch Menschen, die kirchlich nicht engagiert sind – eine fundierte und verständliche Einführung in die Bibel."[56] Auch das *Neue Testament Deutsch* (NTD) wirbt mit *verständlicher Darstellungsweise* neben der (obligatorischen) wissenschaftlichen Qualität.[57] Die *Neue Echter Bibel Neues Testament* (NEB.NT) bietet einen Kommentar zum Neuen Testament mit der Einheitsübersetzung, wobei diese Wahl der textlichen Grundlage (EÜ) bereits das Interesse an einer breiteren Leserschaft widerzuspiegeln scheint. Außerdem wird auf den im wissenschaftlichen Kontext sonst üblichen Anmerkungsapparat bewusst verzichtet, wie I. Broer im Vorwort zu seiner Einleitung in das Neue Testament konstatiert: „Entsprechend dem Charakter der Reihe war es nicht möglich, Nachweise in Anmerkungen zu geben."[58] Auch die Reihe *Stuttgarter Kleiner Kommentar Neues Testament* (SKK.NT) ist im vorliegenden Zusammenhang zu nennen, die „eine gut verständliche, auch auf die Existenzfragen des heutigen Menschen eingehende Hilfe beim Studium der neutestamentlichen Schriften"[59] zu sein beansprucht. Nach der Selbstcharakterisierung ist der SKK.NT „ein verständlich geschriebener Kommentar für alle interessierten Laien und eine hervorragende Handbibliothek für Bibelkreise, Katechet/innen und Seelsorger/innen"[60]. Allerdings fragt das Urteil von U. Luz den

---

[53] Vgl. ZNT 1 (1. Jg. 1998) 1; ZNT 2 (1. Jg. 1998) 1; ZNT 3 (2. Jg. 1999) 1; ZNT 5 (3. Jg. 2000) 1. In ZNT 8 (4. Jg. 2001) 1 wird besonders die Aktualität der behandelten Themen hevorgehoben, vgl. auch ZNT 10 (5. Jg. 2002) 1.
[54] S. ALKIER/K. ERLEMANN/R. HEILIGENTHAL, Editorial, in: ZNT 4 (2. Jg. 1999) 1.
[55] S. ALKIER/K. ERLEMANN/R. HEILIGENTHAL, Editorial, in: ZNT 6 (3. hg. 2000) 1.
[56] Http://www.tvz.ref.ch/zbk/zbk_default.htm [17.11.2006].
[57] Vgl. http://www.v-r.de/de/titel/352551337/ [17.11.2006] und http://www.v-r.de/de/reihen/516/ [17.11.2006].
[58] I. BROER, Einleitung 5.
[59] Http://www.bibelwerk.de/uploads/media/Fernkursprospekt.pdf [02.12.2006], S. 7.
[60] Http://www.theology.de/cd.html [02.12.2006].

vorhandenen Markt hinsichtlich der Brauchbarkeit über den fachwissenschaftlichen Bereich hinaus kritisch an: „Der ‚Stuttgarter Kleine Kommentar' ist zu klein, das ‚Neue Testament Deutsch', die ‚Zürcher Bibelkommentare' (die beide ursprünglich einmal für solche Leserkreise gedacht waren) und die ‚Neue Echter Bibel' sind für sehr viele Nichttheologen nicht mehr verständlich."[61] Vor diesem Hintergrund scheint durchaus ein Publikationsbedarf zu bestehen.[62]

2.3 Die Menschen dort abholen und ernst nehmen, wo sie lesen und verstehen! – Einige bibelpastorale Anregungen grundlagentheoretischer Art

Der dritte Sanierungsvorschlag für die wissenschaftliche Exegese knüpft unmittelbar an das Vorhergehende an. Ausgehend vom Plädoyer, den universitären Elfenbeinturm zu verlassen und eine breitere Öffentlichkeitswirkung anzustreben, ist in meinen Augen eine Adressatenbezogen- und gewissermaßen eine Publikumsorientiertheit für wissenschaftliche Exegeten nicht nur im Rahmen der Publikationstätigkeit wichtig, sondern es gilt darüber hinaus, auch selbst höchstpersönlich an die Öffentlichkeit zu gehen. Exegetinnen sind auch heute noch als Vortragende/Lehrende gefragt und für diese konkrete Arbeit mit *Alltagsexegeten* sollen im Folgenden einige aus den Forschungen entwickelte Anregungen mit auf den Weg gegeben werden. Dabei ist der je unterschiedliche Kontext (z. B. Vortrag, Diskussion, Bibelkurs, Workshop) natürlich als situative Komponente in Rechnung zu stellen.

Ausschlaggebend ist zunächst, sich dem Phänomen *Alltagsexegesen* überhaupt interessiert zuzuwenden; diese in ihrer grundsätzlichen Legitimität anzuerkennen. Dementsprechend sollte kein belehrender Grundton vorherrschend sein, zumal bei vielen der besuchten Gruppen diesbezüglich eine hohe Sensibilität festgestellt werden konnte. Entsteht das Gefühl, in der Eigenkompetenz entmündigt und v. a. mit den eigenen Fragen nicht ernst genommen zu werden, so sind kaum Offenheit gegenüber den exegetischen Ausführungen bzw. eine Akzeptanz derselben zu erwarten. Am deutlichsten bringt dies die Gruppe „KSJ" auf den Punkt:[63]

---

[61] U. LUZ, Was hast du, das du nicht empfangen hast? 301. Bei pauschalen Urteilen über ganze Kommentarreihen ist selbstverständlich immer zu berücksichtigen, dass es immer *Ausreißer* in positiver Hinsicht geben kann. Beispielsweise sind nicht alle Bände des SKK „zu klein".

[62] Vgl. auch das allgemeine Urteil von J. KÜGLER, Bestseller 134: „wenn man sich die gängigen Kommentarreihen als repräsentative Form exegetischen Arbeitens anschaut, so sind sie nicht geschrieben, um NichtexegetInnen zum Bibellesen zu bringen."

[63] Der hier konkret vorliegende Kontext *schulischer Religionsunterricht* mit dem Gegenüber *Religionslehrer* als theologisch gebildeter Person und dem Gesprächspartner

„Es ist nur oft so, dass ich dann das Gefühl hatte, dass man nicht für voll genommen wird, dass der Lehrer sich denkt: Ach was will der Bub da?! Ich hab Theologie studiert, ich weiß das, ich hab Ahnung davon, das muss so sein!"[64] „Das ist auch das große Problem, [...] wenn man mal 'ne kritische, etwas kritischere Frage hatte oder andere Meinung, oder wirklich ernsthafter diskutieren wollte, [...] dann wurde man in den meisten Fällen einfach nur abgeblockt. Das hat gar nicht weiter interessiert, das wurde dann irgendwie übergangen"[65].

Die Reaktionen auf ein derartiges Kommunikationsverhalten folgen auf dem Fuß: Abblocken, Resignation, Frust, Desinteresse.[66] Hinzu kommt, dass die klassische Rollenzuweisung an die wissenschaftlichen Exegetinnen als Auslegungsexpertinnen auf keinen Fall mehr flächendeckend anerkannt wird: „Also ich würde es niemandem zutrauen, mir diesen Text erklären zu können, weil ich einfach mal behaupte, dass es eine Interpretationssache ist"[67]. Teilweise wird die Auslegungskompetenz grundlegend demokratisiert und angesichts der vorherrschenden Interpretationspluralität selbstbewusst in die eigenen Hände genommen. Vor diesen Hintergründen tut man als wissenschaftlicher Exeget gut daran, sich entsprechend bescheiden und vorsichtig in *alltagsexegetischen* Kontexten zu bewegen. Man sollte nie vergessen, dass man trotz aller theologisch-exegetischen Studien zuallererst einmal ein Bibelleser unter vielen ist und sich in diesem Punkt prinzipiell von *Alltagsexegeten* nicht unterscheidet.[68]

Doch sind wissenschaftliche Exegetinnen nichtsdestotrotz wichtige Gesprächspartnerinnen für *Alltagsexegeten*,[69] nicht zuletzt, da sie ihre Auslegungen mit einem entsprechenden Anspruch vortragen. Dies setzt allerdings voraus, dass man intersubjektiv nachvollziehbar und plausibel argumentiert, wovon grundlegend die Akzeptanz einer exegetischen Auslegung im Besonderen bzw. einer exegetischen Position im Allgemeinen abhängt. Auch die gepflegte *Gesprächskultur* ist entscheidend: „Auf welche Weise bringt die theologische Fachperson [z. B.; C. S.] in einem Bibelkreis die Auskünfte [...] ein: dogmatistisch und indoktrinär oder auf der Basis der eigenen argumentativen Authentizität und Plausibilität?"[70] Hier gilt es, den dialogischen Angebotscharakter zu betonen. Gelingt es, die Zuhörerin-

---

Schüler kann in meinen Augen analog auf andere Konstellationen, z. B. *Fachexeget – Alltagsexeget*, übertragen werden.

[64] Gruppe „KSJ" S. 7, M$_8$.
[65] Gruppe „KSJ" S. 6, M$_8$.
[66] Vgl. Gruppe „KSJ" S. 6, M$_8$; S. 7, M$_{13}$.
[67] Gruppe „Gewerkschaft" S. 23, M$_4$; vgl. ebd. S. 24, M$_3$.
[68] Vgl. M. WOLTER, Exeget 102: „Die Exegeten tun freilich gut daran, wenn sie bei diesem Geschäft nicht vergessen, dass auch sie dem hermeneutischen Zirkel nicht entrinnen können, denn auch als Interpreten sind und bleiben sie immer nur Leser der biblischen Texte."
[69] J. KÜGLER, Pluralitätsfähigkeit 156 spricht von „Partner im Leseprozess".
[70] O. FUCHS, Hermeneutik 390.

nen zu überzeugen, dann kann man auch ein positives Echo erhalten: „Das, was der andere mir sagt, ist seine persönliche Meinung, das ist nicht meine Meinung, die kann ich rein theoretisch, weil er gut war, überzeugend war, zu meiner Meinung machen"[71].

Des Weiteren zeichnen sich wissenschaftliche Exegesen – für gewöhnlich – durch einen Wissensvorsprung sowie durch fundierte und reflektierte methodische Fertigkeiten aus. Hiervon können *Alltagsexegesen* profitieren, vorausgesetzt, dass dies von wissenschaftlicher Seite verständlich vermittelt wird. Dabei kann vielfach an Bekanntes angeknüpft werden; gerade in methodischer Hinsicht sollten *Alltagsexegesen* nicht unterschätzt werden. Es gilt, Menschen heute dazu zu befähigen und zu ermutigen, selbstständig die Bibel zu lesen, wobei genau diese ablaufenden Leseprozesse kritisch-reflektierend zu begleiten sind. Auf dieser Grundlage ist es dann auch möglich, praktizierte Auslegungen zu erweitern, zu bereichern, in Frage zu stellen. Dies sei an einem Beispiel erläutert: Wenn im Rahmen einer *Alltagsexegese* ein bestimmtes Textelement auffällig ausgeblendet wird, ist dies zunächst selbst zu bemerken und mit der auslegenden Gruppe/Person festzustellen. Sodann kann nach Gründen/Ursachen gesucht und gefragt werden, ob und wie die Auslegung durch die Einbeziehung genau dieses Elementes ausgeweitet wird. Dies erscheint wesentlich Erfolg versprechender als ein Insistieren auf der Falschheit bzw. Unvollständigkeit der *alltagsexegetischen* Auslegung. U. U. ist es auch hilfreich, einen anderen methodischen Zugang oder alternative Deutungsmöglichkeiten ins Spiel zu bringen – als Angebote wohlgemerkt. Fachwissen mag an vielen Stellen hilfreich sein, wobei darauf zu achten ist, es nicht *besser* zu wissen, sprich: besserwisserisch-belehrend aufzutreten.

Dabei hat in meinen Augen als Orientierungsmaßstab für wissenschaftliche Exegeten der biblische Text zu fungieren; es ist eine *Anwaltschaft* bzw. eine „Art Wächterfunktion"[72] wahrzunehmen. Nicht in dem Sinne, dass eine bestimmte Auslegung als die richtige gegen die vielen falschen gestellt wird, sondern dergestalt, dass dem biblischen Text immer wieder zu seinem Recht verholfen wird – wenn dies notwendig sein sollte. Die Forschungen belegen nämlich eindeutig, dass die Lebenswelt der *Alltagsexegeten* sofort und selbstverständlich Berücksichtigung findet; die *Korrelation* findet unmittelbar statt. Die Auslegungen vollziehen sich vor dem Horizont des je persönlichen Lebens. An dieser Stelle ist die wissenschaftliche Exegese folgendermaßen gefordert:

> „Was der Exegese in diesem Zusammenhang aber als genuine und unveräußerliche Aufgabe obliegt, besteht darin, dass sie gewissermaßen in einer Gegenbewegung zur Geltung bringt, dass Texte prinzipiell auch von der Intention ihrer Leser unabhängig

---

[71] Gruppe „Gewerkschaft" S. 23, M₄.
[72] J. KÜGLER, Kontrast 109.

sind. Die Exegese macht sich insofern zum Anwalt der Autonomie der Texte gegenüber ihren Lesern"[73]. „Im Prozess des Verstehens ist die Rolle des Exegeten nicht die des unparteiischen Mittlers zwischen den antiken Texten und den gegenwärtigen Rezipienten, sondern die eines Anwalts der Texte. Als Anwalt der Texte nimmt er ihre Interessen wahr, erläutert ihre Absichten, sorgt dafür, dass ihre Stimme gehört wird, verteidigt sie im Interpretationsstreit und bemüht sich, sie vor unangemessenen Urteilen zu schützen."[74] „Es gehört [...] zu den klassischen und bleibenden Aufgabenbestimmungen für die [...] Exegese, darauf zu achten, dass aus der Überwindung dieser Fremdheit nicht die Vereinnahmung des uneinholbaren Gegenübers wird."[75]

Dieses Rollenverständnis ist natürlich um die bisher ausgeführten Gesichtspunkte zu erweitern und auf keinen Fall auf eine historisch-kritische Sezierung der biblischen Texte zu reduzieren, wobei die *Anwaltschaft für die Lebenswelt* durchaus auch Relevanz besitzt: zwar nicht mit Blick auf den Kontakt mit *Alltagsexegetinnen*, wohl aber innerhalb des fachwissenschaftlich-universitären Kontextes. Hier werden nicht selten der heutige Leser, seine Erfahrungen, Probleme, Fragen sowie die heutige Lebenswelt als ausgesprochen wichtige Bezugsgrößen exegetischen Forschens und Lehrens aus dem Blick verloren.

Jenseits von diesen abstrakten und allgemeinen Ratschlägen können abschließend mit Blick auf die herausgearbeiteten drei grundsätzlichen Lesestrategien (*Übersetzen, Kritisieren, Selektieren*) noch konkretere Hinweise gegeben werden. Auf die verschiedenen anzutreffenden Lesestrategien ist in meinen Augen auch je entsprechend unterschiedlich zu reagieren, sprich: Wenn man feststellt, es vornehmlich mit einer bestimmten Lesestrategie zu tun zu haben, kann fruchtbar und weiterführend damit umgegangen werden. Folgende Vorschläge seien mit auf den Weg gegeben.

Der Lesestrategie *Übersetzen* (a) kann mit einer grundsätzlichen Einführung in methodisches Arbeiten begegnet werden. U. U. ist es auch erforderlich, den Wert methodischen Vorgehens an sich verständlich zu machen. An dieser Stelle herrscht augenscheinlich Interventionsbedarf. Es gilt, für einen distanzierteren bzw. distanzierenden Zugang zum Text zu plädieren, da der Text für gewöhnlich unmittelbar ins eigene Leben hineinprojiziert bzw. an dieses angepasst wird. Die Übersetzung verändert den vorliegenden Text nach eigenem Belieben. Gerade angesichts dieser Lesestrategie sind wissenschaftliche Exegeten als Anwälte des Textes gefordert, da dieser permanent vom eigenen aktuellen Lebenskontext völlig überlagert zu

---

[73] M. WOLTER, Exeget 101. Vgl. K. BERGER, Hermeneutik (besonders 76–82), der für eine *Hermeneutik der Fremdheit* plädiert. Vgl. den Epilog in H. WEDER, Hermeneutik 428–435, der die bezeichnende Überschrift „Der fremde Gast" trägt. Vgl. J. KÜGLER, Gegenwart 31, der in der Anwaltschaft einen „unverzichtbaren prophetischen Dienst im Gottesvolk" sieht.
[74] A. v. DOBBELER, Positionsbestimmung 11.
[75] M. MEISER, Herausforderungen 51f.

werden droht. Dies ist besonders bei der impliziten Variante (a_1) von Bedeutung, da hier kaum Problembewusstsein vorhanden ist. Bei Variante zwei (a_2) kann an die teilweise vorliegenden reflexiven Problematisierungen angeknüpft werden. Es ist somit eine wichtige Aufgabe, den biblischen Text als einen alten und als etwas Fremdes zu betonen, da beim *Übersetzen* der Schritt vom Text in die eigene Lebenswelt zumeist ohne Zwischenstufe und ohne jede Wahrnehmung, geschweige denn Wahrung einer Differenz, erfolgt. Außerdem scheint es ratsam, auf eine gründliche Lektüre der kompletten (!) Textbasis Wert zu legen und besonders auf einzelne, leicht überlesbare Details hinzuweisen. Zusätzlich mag es hilfreich sein, die Unterschiedenheit biblischer Texte von andersartigen Traditionen (z. B. Volksweisheiten = außerbiblisches Material) zu bedenken. Alles in allem wird der Erfolg bibelpastoraler Bemühungen im Kontext der Lesestrategie *Übersetzen* vorwiegend von zweierlei abhängen: Erstens ist entscheidend, ob es gelingt, die Prägung der Sinnkonstruktion durch den eigenen Lebenskontext bewusst und für diese Zusammenhänge sensibel zu machen. Und zweitens kommt es darauf an, eigene Auslegungsangebote, methodisches Vorgehen etc. an den jeweiligen Lebensalltag rückzubinden. Es darf nämlich auf keinen Fall vernachlässigt werden, dass Alltagspraktikabilität, Alltagsplausibilität und Alltagsbrauchbarkeit die hauptausschlaggebenden Kriterien für eine im Kontext der Lesestrategie *Übersetzen* anzutreffende akzeptable Auslegung darstellen.

Anhängern der Lesestrategie *Kritisieren* (b) wird es vermutlich ausgesprochen entgegenkommen, wenn historisch-kritisches methodisches Arbeiten (u. a. hinsichtlich der Ursprünge und der Zielrichtung) erläutert und das hierzu erforderliche Wissen (u. a. zeit- und sozialgeschichtlicher Kontext) – in allgemein verständlicher Art und Weise versteht sich – vermittelt wird. Hier kann z. T. an Vorhandenes, z. T. zumindest an vorhandenes Interesse, angeknüpft werden. Anschließend mag es fruchtbar und weiterführend sein, ergänzend die synchrone Textdimension zu stärken und textinternes methodisches Arbeiten ins Spiel zu bringen. Außerdem gilt es, die überwiegend in *widersprechend-kritisierender* Absicht erfolgende Verlinkungstätigkeit bewusst zu machen und dies angemessen zu problematisieren. Auch ist es hilfreich, die jeweilige Hypertextbasis in ihrer Gänze in den Mittelpunkt der Aufmerksamkeit zu rücken. Gerade bei der Variante eins (b_1: Bibel → Alltag) ist großes Potenzial für eine heutzutage interessante und relevante Bibelarbeit gegeben, doch auch bei Variante zwei (b_2) sind weiterführende Aspekte eruierbar. In jedem Fall ist die ausgeprägte Sensibilität für Konstellationen als Grundkompetenz zu würdigen und entsprechend einzubeziehen. Jeweils vorgenommene analoge Übertragungen sind hinsichtlich ihrer Tragfähigkeit zu hinterfragen. U. U. mag es die Bibellektüre befruchten, wenn eine mögliche persönliche Betroffenheit durch den Bibeltext thematisiert wird.

Auf die jeweilige Textvorlage im Gesamten das Augenmerk zu lenken, ist auch bei der dritten möglichen Strategie, dem *Selektieren* (c), angebracht. Es gilt, der selektiven Wahrnehmung einzelner Elemente bei gleichzeitiger Ausblendung anderer angemessen zu begegnen. Je nach Schwerpunktsetzung der angewandten Strategie (c_1: positiv; c_2: negativ/störend) empfiehlt es sich, die andere Seite, die es in jedem biblischen Text immer auch gibt, hervorzuheben: Jeder biblische Text hat seine *schönen*, aber eben auch seine schwierigen Seiten. Hierauf entsprechend hinzuweisen hilft, den Text umfassend in seiner Ganzheit(lichkeit) wahrnehmen zu lernen. In diesem Zusammenhang können textexterne methodische Arbeitsschritte das Spektrum entscheidend bereichern.

Alles in allem hat es in meinen Augen bereits einen entscheidenden Wert, mit den Gruppen zusammen dem eigenen Leseverhalten, den eigenen Lesestrategien auf die Spur zu kommen. Bewusstmachung ist der erste Schritt dahin, dass man die eigene Bibelauslegung als das versteht, was es ist: das Ergebnis eines sehr individuellen Lese- und Verstehensprozesses. Das eigene Textverständnis bildet gewissermaßen die Spitze eines Eisberges, dessen Korpus aus unzähligen und zumeist unreflektiert ablaufenden Sinnkonstruktionsbemühungen, Hypertextkonstruktionen etc. besteht. Dies gilt es, ins Bewusstsein zu heben, denn auf dieser Basis ist ein kritisch reflektierter Umgang damit möglich.

AUSBLICK
„SPIEGLEIN, SPIEGLEIN AN DER WAND ..." – EINE ABSCHLUSSREFLEXION ÜBER DIE WISSENSCHAFTLICHE EXEGESE

Das in der vorliegenden Arbeit untersuchte Phänomen *Alltagsexegesen* kann bzw. sollte der wissenschaftlichen Exegese in mancherlei Hinsicht zu denken geben, hält es ihr doch gewissermaßen einen Spiegel des eigenen Tuns vor. Entsprechend soll im Folgenden ein Ausblick unternommen werden unter der Prämisse einer grundsätzlichen Vergleichbarkeit *alltagsexegetischer* und wissenschaftlicher Auslegungsbemühungen.

1 Was es zu lernen gibt! – Eine Nachhilfestunde in methodischer Hinsicht

Blickt man als wissenschaftlich arbeitender Exeget auf *Alltagsexegesen*, insbesondere auf das dort praktizierte methodische Vorgehen, so kann dies einem hinsichtlich des eigenen Tuns heilsam die Augen öffnen und einen zu einem angemessenen Verständnis von Sinn, Zweck und Leistungsfähigkeit von Methoden führen. *Alltagsexegesen* zeigen eindeutig: Methoden werden ausgewählt und zielgerichtet eingesetzt und können auf keinen Fall als Garanten für Objektivität herhalten. Auch wenn im universitären Kontext die „Idee der Möglichkeit vorurteilsfreier Forschung [...] in der Theorie längst aufgegeben werden [... musste, haftet; C. S.] konkreten exegetischen Arbeiten teilweise immer noch ein Nimbus der ‚Objektivität' und der ‚einzig richtigen Interpretation' an[...]"[1]. Diese Ansprüche werden nicht selten durch Hinweis auf das methodische Arbeiten begründet, scheint doch auf diesem Weg das leidige Problem der persönlichen Prägung jeglicher Auslegung überwindbar zu sein. Methodische Kontrolle und Disziplinierung sollen somit gewährleisten, dass biblische Exegese nicht zu einer rein subjektiven – was zumeist mit *willkürlich* gleichgesetzt wird – Angelegenheit wird. Diese Grundüberzeugung ist in wissenschaftlich-exegetischen Kreisen vielfach anzutreffen, auch wenn die exegetische Praxis sie nicht bestätigt: Trotz der Anwendung von – z. T. sogar identischen – methodischen Arbeitsschritten finden sich vielfältige, zutiefst unterschiedliche Auslegungsresultate.

An dieser Stelle ist der empirische Blick auf *Alltagsexegesen* lehrreich und weiterführend. Es wird deutlich, „dass es eine ‚objektive', vom untersuchten Gegenstand wie auch vom untersuchenden Subjekt unabhängige Methodik in der Auslegungswissenschaft nicht geben kann."[2] Auch im

---

[1] S. A. STRUBE, Diskussionsanstoß 244 = S. A. STRUBE, Erforschung 338.
[2] C. CLAUSSEN/R. ZIMMERMANN, Methodenbücher 300.

wissenschaftlichen Bereich gilt, dass Methoden wie Werkzeuge zur Verfügung stehen und je nach Vorliebe, Interesse, Intention, Zielen etc. angewandt werden können. Auch der jeweils zur Diskussion stehende Text spielt in diesem Zusammenhang eine entscheidende Rolle: „Welcher Zugang je der geeignetste ist, muss sich von neutestamentlicher Quelle zu neutestamentlicher Quelle entscheiden"[3], da „nicht jede Methode bei jedem Text sinnvoll anzuwenden ist."[4] Methoden liegen „nicht wie Operationsinstrumente da, um an jedem Patienten unterschiedslos Verwendung zu finden. Mit jedem neuen Text verändert sich auch die Landschaft der anwendbaren Methoden."[5]

Damit keine Missverständnisse aufkommen: Es soll nicht wider methodisches Arbeiten im Rahmen der Auslegung biblischer Texte votiert werden – ganz im Gegenteil. Methodische Orientierung ist zwingend erforderlich, will ich einem Außenstehenden den argumentativen Weg vom vorliegenden Text zu meinen Interpretationsresultaten verständlich und nachvollziehbar machen. Dabei scheint es außerdem erstrebenswert, insgesamt verstärkt höhere Reflexionsniveaus einzubeziehen, sprich: nicht nur ein bestimmtes Vorgehen zu praktizieren, sondern auch darüber zu reflektieren und sich vielleicht sogar Gedanken über mögliche andere methodische Ansatzpunkte zu machen. Doch basiert methodisches Arbeiten immer auf vorgängigen Wahlentscheidungen und implizierten Zielsetzungen und ist somit seinerseits wieder subjektiv geprägt. Es gilt: „a researcher chooses a particular method for analyzing a biblical text, he/she begins the process of constructing his/her text and the meaning conclusions it bequeaths."[6] In der Folge ist zwar nicht methodisches Vorgehen an sich in Frage gestellt, wohl aber sind die damit verbundenen Hoffnungen zu relativieren:

„Die Textauslegung muß in ihren Methoden und Ergebnissen verobjektivierbar, d. h. individuenübergreifend nachvollziehbar sein. Die Erwartungen an eine objektive Textexegese müssen jedoch grundsätzlich deshalb beschränkt werden, weil die neutestamentliche Wissenschaft den Charakter einer ‚Vermutungswissenschaft' nicht verlieren darf."[7] Nicht einmal „die Handlungen der ‚historisch-kritischen Methode' [... sind in der Lage; C. S.], eine Kontrollwand von solcher Undurchlässigkeit aufzu-

---

[3] M. KARRER, Herausforderung 289.
[4] W. PRATSCHER, Weg 309.
[5] T. MEURER, Einführung 8. Vgl. C. CLAUSSEN/R. ZIMMERMANN, Methodenbücher 300, die davon sprechen, dass das „Abarbeiten eines festen Methodenkanons an einem beliebigen Text" gezwungen und unsachgemäß sein kann.
[6] B. K. BLOUNT, Cultural Exegesis 86. Vgl. ansatzweise W. RICHTER, Exegese 11: Es „wird deutlich, daß methodische Überlegungen nicht nur vom Gegenstand abhängen, sondern auch von einer Einstellung, Haltung oder Erwartung zu ihm." Vgl. J. C. ANDERSON/J. L. STALEY, Introduction 14, wo im Rahmen des *autobiographical biblical criticism* u. a. der Zusammenhang von auslegender Person und „methodological preferences" bewusst gemacht wird.
[7] E.-M. BECKER, Person 217.

richten, dass die Auslegung biblischer Texte vom Horizont ihrer jeweiligen Exegeten unbeeinflusst zu bleiben vermöchte: Die ‚Vorurteilsstruktur' [...] der Situation des Auslegers ist unvermeidlich."[8] Ergo sollten „die Methoden der Bibelauslegung im Bewusstsein ihrer Grenze(n) geübt werden"[9].

2 „Was hast du, das du nicht empfangen hast?" (U. Luz) – Der Person des Exegeten/der Exegetin auf der Spur

Die Beschäftigung mit *Alltagsexegesen* hat neben den überraschenden Erkenntnissen in methodischer Hinsicht deutlich gemacht, dass zur Sinnkonstruktion verschiedene Lesestrategien angewendet werden und dass beim Textverstehen der jeweils vorliegende Orientierungsrahmen eine entscheidende Rolle spielt. Das Subjekt der Auslegung – hier handelte es sich um Gruppen – trägt und prägt die Auslegung. Dies scheint auch im wissenschaftlichen Kontext nicht viel anders zu sein, denn „wie selten sonst läßt sich hier erkennen, wie unlöslich der interpretative Zugang zu den Texten mit den Standpunkten und Verstehenshorizonten der Interpreten verbunden ist."[10] Es ist illusionär, vom „Ausleger die Ausschaltung seiner Subjektivität zu verlangen"[11]. Auch jede wissenschaftliche Exegetin ist somit zuallererst einmal Leserin der biblischen Texte: „Die Exegeten tun freilich gut daran, wenn sie bei diesem Geschäft nicht vergessen, dass auch sie dem hermeneutischen Zirkel nicht entrinnen können, denn auch als Interpreten sind und bleiben sie immer nur Leser der biblischen Texte"[12] – und jeder „Leser bringt sich zwangsläufig selber in den Vorgang der Interpretation und des Verstehens mit ein."[13] Es gilt, sich „der Bedingtheit des eigenen Fragens und der eigenen Antworten bewusst zu bleiben"[14], „sich in seiner eigenen Rolle zurück[zu; C. S.]nehmen und sich primär auch als Leser biblischer Texte [zu; C. S.] verstehen."[15] In dieser Hinsicht lässt sich kein prinzipieller Unterschied zwischen *Alltagsexegese* auf der einen und wissenschaftlicher Exegese auf der anderen Seite erkennen:[16]

„Ausgehend von der Einsicht in die Subjektivität auch wissenschaftlichen Lesens wird deutlich, wie vergleichbar wissenschaftliche/exegetische und nichtwissenschaft-

---

[8] K. MÜLLER, Art. Exegese/Bibelwissenschaft 348.
[9] J. EBACH, Art. Bibel/Bibelauslegung 148.
[10] I. U. DALFERTH/P. STOELLGER, Orientierungsversuche 45.
[11] O. KAISER, Exegese 21.
[12] M. WOLTER, Exeget 102. Gegen O. WISCHMEYER, Lehrbuch 118.
[13] T. MEURER, Einführung 5.
[14] J. KÜGLER, Gegenwart 30.
[15] H. FRANKEMÖLLE, Matthäus 43.
[16] Vgl. S. A. STRUBE, Erforschung 338, wo ein Abschnitt folgendermaßen programmatisch überschrieben ist: „Protokolle des Dialogs: Die prinzipielle Vergleichbarkeit exegetischer und religiös-existentieller Leseprozesse" (im Original kursiviert).

liche Leseprozesse im Grunde genommen sind: In beiden Fällen fließen die eigenen Lebens-Kontexte der Lesenden in den Lese- und Verstehensprozeß ein, ein Absehen von ihnen ist nicht möglich. Der pure Text ohne die Eigenaktivität seines Lesers/seiner Leserin ist schlichtweg nicht erreichbar, weder für nichtwissenschaftlich noch für wissenschaftlich Lesende."[17] „In other words, there is no objective reading because there is no such thing as an objective reader."[18]

Auch wissenschaftliche Bibelauslegung stellt einen Leseprozess dar, „der notwendigerweise vom Subjekt des Lesens und seinem Kontext mitgeprägt wird. Die wissenschaftliche Bibellektüre unterscheidet sich von der nichtwissenschaftlichen Lektüre nicht durch Neutralität und Objektivität"[19]. Vor diesem Hintergrund ist darauf zu insistieren, dass es „der Wahrnehmung der jeweils Auslegenden und ihrer Interessen (dessen, was sie je angeht) bedarf"[20], denn es ist kaum zu bestreiten, „dass ich schon aufgrund meiner biographischen Voraussetzungen anders lese, als Menschen mit anderen Voraussetzungen, seien diese nun geschlechtlicher, sozialer, politischer, kultureller oder wissenschaftlicher Art und Weise."[21] Entsprechend ist mit der „prägenden Kraft biographischer Erfahrungen"[22] nicht nur zu rechnen, sondern auch verantwortungsbewusst umzugehen.

Doch welche Konsequenzen sind daraus zu ziehen? Sollte wissenschaftliche Exegese als grundsätzlich zum Scheitern verurteiltes Projekt aufgegeben werden? Mitnichten! Nach wie vor braucht es meiner Meinung nach mit Blick auf biblische Texte exegetische Bemühungen, die bestimmten Qualitätsanforderungen genügen und sich besonders der intersubjektiven Nachvollziehbarkeit verpflichtet wissen. Und nach wie vor braucht es Wissenschaftlerinnen, die sich der Auslegung der Bibel verschreiben und als professionelle Stimmen im vielfältigen Konzert der Interpretationen zu vernehmen sind. Allerdings muss man sich als wissenschaftlicher Exeget auch der Grenzen der eigenen Möglichkeiten bewusst sein und dazu gehört an erster Stelle, keine überzogenen Objektivitätsansprüche zu erheben. Es gilt, die eigene subjektive Prägung nicht zu verleugnen und sich selbst als auslegende Person beispielsweise nicht hinter methodischen Arbeitsschritten zu verstecken. Die „Behauptung, *keine* Interessen zu haben, vorgeblich wert- und vorurteilsfrei zu lesen und zu forschen, indiziert die ideologische Verschleierung *versteckter* Interessen."[23] „Text interpretation that purports to be neutral and scientific will thereby be ideological instead."[24]

---

[17] S. A. STRUBE, Diskussionsanstoß 244.
[18] B. K. BLOUNT, Cultural Exegesis 85.
[19] R. HUNING, Bibelwissenschaft 7.
[20] J. EBACH, Art. Bibel/Bibelauslegung 155.
[21] S. ALKIER, Anfang 127.
[22] D. SÄNGER, Perspektive 201 (Absatzüberschrift).
[23] J. EBACH, Art. Bibel/Bibelauslegung 156.
[24] B. K. BLOUNT, Cultural Interpretation 18.

Angesichts dessen möchte ich dafür plädieren, der eigenen Person Raum zu geben und anzuerkennen, dass eine neutrale, unpersönliche, subjekt- und voraussetzungslose Exegese nicht möglich ist. Denn dann besteht die große Chance, „diese Kontextabhängigkeiten und Subjektivitäten als konstruktive und produktive Chance verstehen zu lernen statt als bedauernswertes Defizit."[25]

Und die „*Kontextualität der Exegeten* ist bei der Beurteilung ihrer Deutungen immer mitzuberücksichtigen. Dem erst einmal unbequemen, weil verunsichernden Verlust an ‚Objektivität' und letzter Verbindlichkeit einer Auslegung steht jedoch der Gewinn einer Vielzahl unterschiedlicher, lebendiger Auslegungen gegenüber, die so eher in ihrem Eigenwert gewürdigt werden können."[26]

Für wissenschaftlich-exegetisches Forschen und Lehren folgt daraus, dass mehr als bisher Rechenschaft über den eigenen Standpunkt, die eigenen persönlichen Prägungen und Einflüsse sowie die eigenen Interessen und Zielsetzungen abzulegen ist. Eine Auslegung ist gerade „darin wissenschaftlich und redlich [...], dass sie ihre Interessen offen legt."[27] Es gilt nämlich auch für den Bereich der wissenschaftlichen Exegese, was Paulus im ersten Korintherbrief schreibt und was U. Luz treffenderweise für seinen autobiografischen Essay als Titel wählt: „Was hast du, das du nicht empfangen hast?"[28] (vgl. 1 Kor 4,7). Diesem *Empfangenen* ist immer wieder nachzuspüren, gegebenenfalls ist es sogar im Interpretationsprozess sichtbar zu machen.

Exkurs: Die von O. Wischmeyer vorgeschlagene Unterscheidung zwischen Exeget und Interpret respektive (herkömmlicher) Exegese und (moderner) Interpretation[29] wird schon im entsprechenden Kapitel ihres hermeneutischen Lehrbuches selbst nicht konsequent durchgehalten[30] – und kann dies wahrscheinlich auch gar nicht.[31]

---

[25] S. A. STRUBE, Diskussionsanstoß 245 = S. A. STRUBE, Erforschung 340.
[26] H. BEE-SCHROEDTER, Wundergeschichten 461.
[27] J. EBACH, Art. Bibel/Bibelauslegung 156; vgl. J. KÜGLER, Pluralitätsfähigkeit 151: „Wissenschaftlich wird historische Rekonstruktion vor allem dadurch, dass sie ihr Erkenntnisinteresse und ihre Erkenntnisprozesse offen legt" (vgl. ebd. 152).
[28] Vgl. U. LUZ, Was hast du, das du nicht empfangen hast?
[29] Vgl. insgesamt O. WISCHMEYER, Lehrbuch 113–125; vgl. im Besonderen ebd. 116: „Nicht mehr der Exeget und seine Exegese, sondern der Interpret und seine Interpretation stehen in Frage"; vgl. ebd. 117: „Ich frage nicht mehr herkömmlich nach dem Exegeten, sondern nach dem Interpreten"; vgl. ebd. 121: „Es ist die Unterscheidung zwischen Exeget und Interpret, die hier sachlich expliziert werden soll. *Der Interpret ist in der gegenwärtigen Situation nicht mehr einfach Exeget.*" Vgl. zusätzlich ebd. 57 Anm. 21.
[30] Vgl. O. WISCHMEYER, Lehrbuch 114: „In der klassischen Tradition heißen die Interpreten der biblischen Texte Exegeten". Vgl. ebd. 118–124: In ihren Ausführungen bzgl. der fünf Abgrenzungen wechselt das Subjekt unvermittelt und ohne weitere Erklärung immer wieder zwischen *Interpret* und *Exeget*. Vgl. zusätzlich in anderen Passagen des Lehrbuchs ebd. 16: „Träger dieser Verstehensmodelle und ihres Text-

Diese Differenzierung ist nicht praktikabel. Das von O. Wischmeyer mit diesen Überlegungen angestrebte Ziel liegt jedoch klar auf der Hand: Entgegen der vorgeblichen grundsätzlichen Zustimmung zur Bedeutsamkeit des auslegenden Subjekts (in O. Wischmeyers Terminologie = Interpret) für die Interpretation kommt mittels des Rekurses auf eine davon zu trennende Exegese mit der zugehörigen Person des Exegeten durch die Hintertür doch wieder die Idee einer objektiven und richtigen Auslegung, die gewissermaßen losgelöst ist von der konkret auslegenden Person, ins Spiel, denn bei „der exegetischen Arbeit treten die Person und das Interesse des Interpreten ganz zurück."[32] – *Exkurs Ende* –

Dabei können – auf der Basis eines grundsätzlichen Ernstnehmens der subjektiven Komponente in jeder Auslegung – unterschiedliche Akzentuierungen vorgenommen und v. a. unterschiedliche Konsequenzen mit Blick auf die entsprechende konkrete konzeptionelle Umsetzung im Alltagsgeschäft der Bibelauslegung gezogen werden. Einige Beispiele sollen abschließend herausgegriffen werden, anhand derer kurz aufgezeigt werden kann, welche Ansätze bereits existieren und in welche Richtung sich weiterzudenken lohnt.

2.1 *Cultural Exegesis*

Da wäre zum einen das Feld der *cultural exegesis*, welche die Rückwirkung der kulturellen Prägung einer Person auf die durch diese Person verantwortete Bibelauslegung bzw. die Interaktion dieser beiden Größen betont und für ein Bewusstsein mit Blick auf diese Zusammenhänge eintritt.[33]

> Folgende Arbeitshypothese liegt der *Cultural Exegesis* zugrunde: „[T]he contextual position of the reader plays a fundamental role in the exegetical/interpretative process right from the start"[34]; „one of the most critical and comprehensive contexts that may affect how the potential of meaning is actualized is the cultural background of

---

verstehens sind die *Interpretinnen und Interpreten* bzw. die Exegeten." Vgl. ebd. 31.39.

[31] Vgl. z. B. M. WOLTER, Exeget, der schon im Titel seines autobiografischen Essays dezidiert eine andere Grundüberzeugung zum Ausdruck bringt: „Der Exeget als Leser und Interpret der Bibel", vgl. ebd. 102.

[32] O. WISCHMEYER, Lehrbuch 125.

[33] Vgl. zur ersten Orientierung B. K. BLOUNT, Cultural Interpretation; B. K. BLOUNT, Cultural Exegesis; R. L. ROHRBAUGH, Social Location; sowie das diesbezügliche Semeia-Volumen Semeia 82 (1998) „In Search of the Present: The Bible through Cultural Studies" (vgl. dort besonders S. D. MOORE, Cultural Studies, der einen erhellenden geschichtlichen Abriss sowie umfangreiche Literaturangaben bietet). I. R. KITZBERGER, Pre-liminaries 5 Anm. 24 führt diesen Ansatz als eine Spielart des *personal voice biblical criticism* auf.

[34] B. K. BLOUNT, Cultural Exegesis 78.

the interpreter."[35] „Therefore it should not be overly surprising that people from different sociolinguistic backgrounds might interpret the same texts in radically different ways."[36] Ausgehend von der Grundüberzeugung: „Every exegesis is a reading that is influenced by the cultural position and perspective of the exegete"[37], wird nicht länger danach gefragt: „what does the text say", sondern: „what does the reader *hear* the text saying when text and culture interact during the reading process [...]. In cultural exegesis the reader does not *find* meaning in a text; he/she *makes* meaning. The critical question is how? The answer is interactive. The cultural exegete assumes that the reader's contemporary context [...] is so critical to the exegetical/interpretative process that it interacts with the text as the reader reads. Through this encounter of text and cultural context meaning occurs. All exegesis, then, is interpretation, and all interpretation is cultural. [...] Cultural exegesis maintains that a person's identification with a particular ‚pattern of meaning' determines his/her answer to the question, ‚what does a biblical text mean? [... Therefore; C. S.] meaning develops as a result of the interaction between the biblical text as object and the cultural perspective and presuppositions of the subject reading it.'"[38]

Es wird somit mit der Einflussgröße (jeweilige zeitgenössische) *Kultur* gearbeitet und gefordert, diese im Interpretationsprozess entsprechend zu berücksichtigen.

2.2 Autobiographical Biblical Criticism

Eine persönlichere und individuellere Zuspitzung weist der ebenfalls originär vorwiegend im amerikanischen Kontext beheimatete Ansatz des *autobiographical biblical criticism* auf, der auch unter Bezeichnungen wie *personal criticism, confessional criticism, autocritography, autobibliocriticism, New Belletrism, New Subjectivism* oder *moi criticism* bekannt ist[39]

---

[35] B. K. BLOUNT, Cultural Interpretation 12; vgl. ebd. 16: „the social context of the reader determines which potential meaning is most appropriate."
[36] B. K. BLOUNT, Cultural Interpretation 16.
[37] B. K. BLOUNT, Cultural Exegesis 78.
[38] Ebd. 78f.; vgl. ebd. 83: „Meaning does not exist as an identifiable, objective entity within the text. The reader and the text co-create it; meaning occurs when text and reader collide in the reading process."
[39] Vgl. zu diesen Begrifflichkeiten S. D. MOORE, Confessions 19 und J. L. STALEY, Autobiographical (Biblical) Criticism 18. Zum *autobiographical biblical criticism* vgl. insgesamt das informative Semeia-Volumen Semeia 72 (1995) unter dem Titel „Taking It Personally: Autobiographical Biblical Criticism". Heutigen Exegeten soll geboten werden: „a critical forum for exploring the connections between themselves as real readers, their exegetical practice, and biblical texts" (J. C. ANDERSON/J. L. STALEY, Introduction 10). Dies soll folgendermaßen geschehen: „in a self-conscious, autobiographical manner" (ebd. 10). In genannter Ausgabe sind besonders die beiden einleitenden Beiträge J. C. ANDERSON/J. L. STALEY, Introduction und S. D. MOORE, Confessions hervorzuheben, wo sich jeweils weitere Literaturangaben finden. Vgl. außerdem insgesamt I. R. KITZBERGER (Hrsg.), Autobiographical Biblical Criticism

und eine Variante des *personal voice biblical criticism* darstellt, allerdings nicht eine x-beliebige, sondern: „the most personal and intimate variant"⁴⁰.

„[A]bsence of the I and any mention of the present or writing process"⁴¹ – dies zeichnet klassischerweise wissenschaftliches Schreiben aus. Demgegenüber legt der *autobiographical biblical criticism* sein Hauptaugenmerk gerade auf die auslegende Person als individuelles Subjekt und versteht sich dabei sehr wohl bzw. gerade deshalb als wissenschaftliches, als kritisches Tun: „Autobiographical biblical criticism [...] is critical [...] precisely for this reason: it openly challenges the traditional genre of academic discourse – the distanced, third-person voice that by default has counted as ‚scientific objectivity.' [...] Autobiographical biblical criticism is critical because it works hard at developing new, self-conscious and culturally sensitive metaphors to illumine our reading experiences."⁴² „Thus, autobiographical biblical criticism marks not the end of criticism, but rather points the way towards a more rigorously self-reflective and contextualized biblical criticism."⁴³ Es geht darum, „literary criticism and autobiographical reflections"⁴⁴ miteinander zu verbinden, denn: „scholarship and life [...] are always connected."⁴⁵ Vor diesem Hintergrund erklärt sich die nicht zu leugnende Tatsache: „different sorts of people with different experiences wrote different kinds of biblical criticism wether they acknowledged it or not."⁴⁶ Entsprechend lohnt es sich, zu bedenken: „the role of social location and personal experience in interpretation"⁴⁷, wobei mit Blick auf Ersteres (*social location*) grundsätzlich eine Vielzahl unterschiedlicher *descriptors/markers* (u. a. ethnische und religiöse Zugehörigkeit, geografische Herkunft, Klassenzugehörigkeit, Alter, Lebensstand, Beschäftigungssituation) in Anschlag gebracht werden können. Nimmt man zweitens noch die *personal experience* mit dazu, dann ist folgendes Resultat zu erwarten: „The inescapability of multiple perspectives only becomes more apparent [...]. Autobiographical criticism by its very nature underlines multiple perspectives because it highlights individual as well as shared experiences that play a role in reading."⁴⁸ Das Ziel des *autobiographical biblical criticism* lässt sich wie folgt skizzieren: „to go about the critical investigation of ourselves as readers; an investigation which would have

---

(dort v. a. I. R. KITZBERGER, Pre-liminaries und J. L. STALEY, Autobiographical (Biblical) Criticism); J. L. STALEY, Autobiographical Acts; P. R. DAVIES (Hrsg.), First Person (dort v. a. den einleitenden Beitrag P. R. DAVIES, Introduction).

⁴⁰ I. R. KITZBERGER, Pre-liminaries 5.
⁴¹ J. C. ANDERSON/J. L. STALEY, Introduction 7.
⁴² J. L. STALEY, Autobiographical (Biblical) Criticism 15.
⁴³ J. C. ANDERSON/J. L. STALEY, Introduction 15f. Auf die möglichen Schwierigkeiten mit autobiografischen Ansätzen – u. a. „to navigate successfully between the Scylla of insufficient personalism, on the one hand, and the Charybdis of insufficient criticism, on the other" (S. D. MOORE, Confessions 29) – kann an dieser Stelle nicht differenziert eingegangen werden.
⁴⁴ J. C. ANDERSON/J. L. STALEY, Introduction 8.
⁴⁵ Ebd. 13.
⁴⁶ Ebd. 9.
⁴⁷ Ebd. 9.
⁴⁸ Ebd. 11.

hermeneutical significance not only for the individual, but for biblical reader-response criticism and biblical criticism at large."[49]

Das unter dem Stichwort *autobiographical biblical criticism* beschriebene Unterfangen – „as a mode of criticism that takes autobiography seriously into account"[50] – ist ein nicht ganz harmloses Wagnis: „It can be a dangerous and bewildering enterprise for scholars to explore how their personal experiences and social locations relate to their professional discourse on the Bible"[51] – nicht zuletzt deswegen stößt dies in wissenschaftlich-exegetischen Kreisen nicht selten auf Ablehnung und Kritik. V. a. der enthüllende Effekt wird gefürchtet: „To write about how our personal lives, economic situations, and prejudices affect our interpretation of the Bible is to reveal the tenuousness and interested nature of our exegetical moves. To write in an openly autobiographical manner exposes our exegetical enterprises as rooted in ‚ordinary readings' like all other readings of biblical texts"[52]. Doch ist der *autobiographical biblical criticism* schwerlich als Methode zu bezeichnen: „Since it does not and cannot lead all people to do roughly similar things with texts, it is hard to call it a method."[53] Entsprechend sind die Zukunftsaussichten dieses Ansatzes ungewiss: „Will ABC survive? Who am I to say? Perhaps it will. Will it teach us much about the Bible? Frankly, I doubt it. Will it teach us anything about our appropriation of the Bible? It surely has the potential to do so."[54]

Auch wenn eine methodologische Konkretisierung und Operationalisierung des Ansatzes *autobiographical biblical criticism* in weiter Ferne scheint bzw. u. U. sogar undurchführbar ist, stellt der Ansatz in meinen Augen einen sehr interessanten Versuch dar, die auslegende Person sowohl in der jeweils persönlichen individuellen Prägung als auch in ihrer sozialen Eingebundenheit in der Auslegung explizit vorkommen zu lassen.

2.3 Autobiografisches Schreiben/autobiografische Essays

Doch auch im deutschen Sprachraum sind jüngst – diese Zeitangabe versteht sich relativ zu den Ansätzen im amerikanischen Kontext – im Rahmen der wissenschaftlichen Exegese Überlegungen zur *Person des Exegeten* angestellt worden, wobei sowohl theoretische Grundsatzüberlegungen als auch konkrete praktische Umsetzungsversuche vorliegen.[55]

---

[49] J. L. STALEY, Autobiographical Acts 128.
[50] I. R. KITZBERGER, Pre-liminaries 3.
[51] J. C. ANDERSON/J. L. STALEY, Introduction 12.
[52] Ebd. 12. Sehr sympathisch finde ich, dass der autobiografische Ansatz sich selbst ebenfalls nicht absolut setzt: „autobiographical biblical criticism is not the only way to do biblical criticism" (ebd. 14).
[53] R. L. ROHRBAUGH, Response 252f.
[54] Ebd. 256.
[55] Vgl. v. a. E.-M. BECKER, Person; E.-M. BECKER, Autobiographie. Literatur zum Thema *autobiografisches Schreiben* findet sich in den beiden angegebenen Artikeln,

Damit soll ein „Beitrag zu dem ‚blinden Fleck' der neutestamentlichen Methodik und Hermeneutik [geleistet werden; C. S.]: der Gestalt des Interpreten."[56] Ein bislang *vernachlässigtes Thema* wird aufgearbeitet, da jeder Exeget seine Auslegungstätigkeit „vor dem Hintergrund seiner jeweiligen Zeitumstände, genauer gesagt: als Zeitgenosse"[57], betreibt und die jeweilige Interpretation mit seiner eigenen Person verantwortet.[58] „Die Subjektivität ist dadurch gegeben, dass sich der Exeget als individuelle Persönlichkeit um Textverstehen bemüht."[59] „Subjektivität und Individualität erweisen sich also als zwei Aspekte der Person des Interpreten. Sie werden im hermeneutischen Diskurs unterschiedlich gewertet, stellen aber konstitutive Größen in jedem Verstehens- und Interpretationsprozeß dar."[60]

Nimmt man dies ernst, so erscheint es als großes „Defizit neutestamentlicher Wissenschaft […], dass […] die *Person des Exegeten* […] nicht eigens behandelt wird. Auch an autobiographischen Reflexionen zur Person und Arbeit des Exegeten herrscht bisher ein Mangel. […] Aber auch unabhängig von autobiographischer (Selbst-)Darstellung muß die Person des Exegeten […] im Rahmen methodenkritischer und hermeneutischer Fragestellungen bedacht werden."[61] An dieser Stelle ist Abhilfe zu schaffen, und zwar, indem eine Ausweitung des Auslegungsgegenstands vorgenommen und die Person des Exegeten dezidiert in hermeneutische Überlegungen einbezogen wird: „Nun sind das verstehende Subjekt, sein Dasein und seine Verstehensvoraussetzungen selbst Gegenstand der Auslegung."[62]

Vorstehende theoretische Thematisierung des auslegenden Subjekts und seiner Rolle im Verstehensprozess kann als praktische Konsequenz ein verstärktes Engagement für autobiografisches Schreiben wissenschaftlicher Exegetinnen nach sich ziehen, nicht zuletzt, da das „exegetische Geschäft […] einfacher und erfolgreicher [wäre; C. S.], wenn die Exegeten wagten, ihre sehr spezifischen Forschungsinteressen und deren Bedingungen explizit zu reflektieren und als Chance der Kommunikation mit dem Text und der Interpretengemeinschaft zu verstehen."[63] Eine *Frucht* dieser Bemühun-

---

allgemein zu *Autobiografie* sei besonders auf E.-M. BECKER, Person 208 Anm. 8 hingewiesen. Vgl. M. MEISER, Herausforderungen 42.

[56] O. WISCHMEYER, Wissenschaft 267.
[57] E.-M. BECKER, Person 207.
[58] Vgl. ebd. 209. E.-M. Becker nimmt sieben dialektische Spannungen, in denen wissenschaftliche Exegeten heute leben und ihre Aufgaben wahrnehmen, unter die Lupe: 1.) Kontinuität und Diskontinuität; 2.) Investigation und Anknüpfung; 3.) Theologische Verantwortung und wissenschaftliche Interdisziplinarität; 4.) Wissenschaftlicher Kontext und gesellschaftliches Interesse; 5.) Subjektivität und Intersubjektivität; 6.) Textualität und Applikation; 7.) Rationalität und Leidenschaft (vgl. Aufzählung ebd. 209; die Ausführungen dazu finden sich ebd. 210–238).
[59] Ebd. 217. Subjektivität darf nicht mit Subjektivismus verwechselt werden bzw. bei mangelnder intersubjektiver Reflexion und Kritik steht Subjektivität immer in der Gefahr, zum Subjektivismus zu werden.
[60] Ebd. 223.
[61] Ebd. 208f.
[62] Ebd. 217.
[63] O. WISCHMEYER, Wissenschaft 267.

gen liegt mittlerweile in Gestalt eines Sammelbandes vor, der autobiografische Essays deutschsprachiger, überwiegend evangelischer Neutestamentler präsentiert.[64] Die Begründung für dieses unkonventionelle Projekt lautet wie folgt:

„[A]uch die neutestamentliche Wissenschaft darf das Experiment des autobiographischen Schreibens wagen und den Exegeten ‚hinter' der Exegese zum Vorschein bringen. Der Ertrag dieser autobiographischen Reflexionen hat daher eine hermeneutische Bedeutung – er kann die Konzeptionen neutestamentlicher Hermeneutiken um den Aspekt der Frage nach der individuellen ‚Person des Exegeten' erweitern. […] Der Interpret/die Interpretin befragt den Text, um zu verstehen, der Hermeneut/die Hermeneutin befragt beide: den Text und seine Interpreten."[65] Die „Form des autobiographischen Essays [wird; C. S.] als eine – vor allem hermeneutische – Herausforderung an die neutestamentliche Wissenschaft verstanden"[66] und in der Folge sehr wertgeschätzt. Wo sonst „tritt uns der individuelle Mensch vor dem Hintergrund seiner Zeit- und Lebensumstände deutlicher entgegen als in dem, was er über sich, seine Zeit und seine Lebenserfahrungen denkt und schreibt?"[67]

Im Bewusstsein möglicher Kritikpunkte (u. a. subjektivistische Verzerrungen, *Jahrmarkt der Eitelkeiten*) werden autobiografische Texte wissenschaftlicher Exegeten von daher hoch geschätzt, weil in dieser Gattung freie, selbstständige und unkonventionelle Reflexionen über die eigene Person möglich und zu erwarten sind.[68] Wenn es richtig ist, dass sich die „Frage nach dem Vor-Verständnis des Interpreten – die Grundfrage jeder modernen Hermeneutik – […] sachgemäßer als Frage nach dem *Selbstverständnis* oder nach der *individuellen Person* des Exegeten und besonders nach deren intellektueller Biographie bedenken und bearbeiten"[69] lässt, dann braucht es für einen wissenschaftlich verantworteten Betrieb entsprechende autobiografische Schriftstücke und zugehörige Reflexionen. „Die ‚Person des Exegeten' ist eine hermeneutische Konstante, die nur in ihrer Individualität und Zeitbezogenheit, in ihrer Kontingenz, einholbar ist. Ihr auf der Spur zu bleiben, kann der autobiographische Essay herausfordern."[70]

Der Person des jeweiligen Exegeten auf der Spur zu bleiben bzw. dem auslegenden Subjekt zuallererst einmal auf die Spur zu kommen – in diese Richtung lohnt es sich, weiter zu denken und zu forschen.

---

[64] Vgl. E.-M. BECKER (Hrsg.), Essays.
[65] E.-M. BECKER, Vorwort XIf.
[66] E.-M. BECKER, Hinweise XIV; vgl. E.-M. BECKER, Autobiographie 4.
[67] Ebd. 1.
[68] Vgl. ebd. 4.
[69] Ebd. 4.
[70] Ebd. 6.

Weitere Überlegungen in diesem Zusammenhang könnten sich auf professionelle wissenschaftliche Exegeten und Exegetinnen als Untersuchungssubjekte konzentrieren, indem Artikel und sonstige wissenschaftlich-exegetische Publikationen analysiert und parallel autobiografische Essay etc. ausgewertet werden, denn: „The gap between autobiographical topoi and interpretative acts is rarely bridged"[71]. Hierfür ist allerdings zunächst eine nachvollziehbare und operationalisierbare Methodik zu entwickeln.[72]

3 Außergerichtliche Verständigung statt K.O.-Lösung – Ein mediativer Vorschlag

Die empirischen Forschungen haben uns gelehrt, dass im Rahmen der *Alltagsexegese* die Sinnkonstruktion entscheidend durch den jeweiligen Orientierungsrahmen geprägt wird. Doch stellt sich die Situation für die wissenschaftliche Exegese nicht grundsätzlich anders dar: Auch hier kommt dem auslegenden Subjekt eine wichtige Rolle zu. Angesichts vorstehender Ausführungen bzgl. der Relevanz der Person des Exegeten und der Bedeutung derselben als hermeneutischer Konstante für die jeweils verantwortete Auslegung soll nun zum Abschluss noch ein kritisch-konstruktiver Blick auf das Feld wissenschaftlich-exegetischer Streitkultur geworfen werden.

Für gewöhnlich ähneln innerexegetische, wissenschaftliche Auseinandersetzungen – z. B. zwischen Exegetinnen unterschiedlicher Schulen, Richtungen, Ansätze – einer Art Boxkampf: Man trifft sich im Ring – beispielsweise real auf Tagungen oder virtuell auf der literarischen Ebene – und versucht mittels mehr oder weniger wissenschaftlicher Argumentation, den anderen auszuknocken. Es ist beim Aufeinandertreffen unterschiedlicher Ansätze jeweils das ausgesprochene Ziel, sich selbst durchzusetzen, was dann logischerweise auf Kosten des anderen gehen muss – denn: Nur einer kann Recht haben bzw. behalten. Dabei geht es im wissenschaftlichen Streit der Meinungen nicht selten hart zur Sache:

> „Der Streit [...], und zwar vor allem unter christlichen Neutestamentlern, wird mittlerweile [...] mit einem solchen konfessorischen Eifer und mit einer solchen Bitterkeit ausgetragen, die es leider nötig macht, an Jesu Liebesgebot und an das den Christen aufgetragene Amt der Versöhnung zu erinnern."[73]

---

[71] J. L. STALEY, Autobiographical Acts 132.

[72] In dieser Hinsicht ist der Versuch von J. L. STALEY, Autobiographical Acts als ungenügend zu qualifizieren: Das Vorgehen ist weder methodisch abgesichert noch selbstkritisch reflektiert.

[73] D. SÄNGER, Verlust 250f. D. Sänger formuliert diese Einschätzung konkret mit Blick auf die innerexegetischen Auseinandersetzungen im Kontext der Thematik/Problematik *Israel und die Kirche*. An anderer Stelle beklagt D. Sänger den „ag-

Ein Schiedsrichter, der eingreift, den Kampf unterbricht oder am Ende einen Sieger feststellt, ist allerdings nicht auszumachen – zumindest kein allseits anerkannter. Das gleiche Problem ergibt sich, wenn man das wissenschaftlich-exegetische Klärungsvorgehen mit Blick auf strittige Fragen/Auslegungen mit einer Gerichtsverhandlung vergleicht: Die zwei (oder mehr) streitenden Parteien treffen sich vor dem Richterstuhl, tragen ihren Fall vor und versuchen, den Kadi von der Richtigkeit der eigenen Position zu überzeugen. Ein Unentschieden ist in diesem Modell nicht vorgesehen. Bleibt die Frage: Wer spricht das Urteil und trifft am Ende die Entscheidung?

Doch stört diese Leerstelle augenscheinlich nicht besonders. Die wissenschaftlichen Kämpfe bzw. Verhandlungen werden fortgesetzt, Argumente werden ausgetauscht und oftmals auf der Stelle zurückgewiesen, Plausibilitäten werden geprüft und sofort verworfen, andersartige Auslegungsansätze werden zur Kenntnis genommen und unmittelbar in ihrer Legitimität angefochten.[74] Es besteht kaum ein Interesse daran, die Position des anderen zu verstehen, vielmehr geht es nur darum, die eigene Überzeugung durchzusetzen. Dabei ist des Weiteren problematisch, dass bei vielen Auseinandersetzungen eine gemeinsame (Gesprächs-)Basis längst verloren gegangen ist; man redet aneinander vorbei. Teils wird auf völlig unterschiedlichen Ebenen (z. B. konkrete Einzelauslegung; prinzipieller Ansatz) argumentiert; teils werden die jeweils vorgebrachten Argumente überhaupt nicht als solche akzeptiert; man wertet sie vielmehr als irrelevant, nicht zutreffend oder nicht stichhaltig ab. „Daß man selbst die Ergebnisse des anderen nicht zu beachten braucht, liegt in der Logik solchen Umgangs miteinander."[75] Ein gemeinsam-konstruktives Gespräch gelingt oftmals nicht. Es ist die berechtigte Frage zu stellen, woran es liegt,

„wenn man bei zwei Beiträgen zum gleichen Thema, die zu unterschiedlichen Resultaten gelangen, bisweilen den Eindruck gewinnen muß, daß der Autor ohne Kenntnis der Diskussionsgrundlage, wie sie der andere repräsentiert, geschrieben hat oder diese einfach ignoriert?"[76] Es begegnet ein „Unvermögen (um nicht zu sagen [...] Nichtwollen), dem Dialogpartner seinen Standpunkt überhaupt noch zu vermitteln und zugleich den des anderen samt diesen selbst zu respektieren. Und Dialogpartner

---

gressive[n] Ton, mit dem sich einige an der Debatte beteiligte Neutestamentler untereinander befehdeten" (D. SÄNGER, Perspektive 196f.).

[74] D. SÄNGER, Perspektive 197 bedauert das weitgehende Fehlen der Bereitschaft, „positionelle Differenzen zu respektieren, die Stichhaltigkeit von Argumenten vorbehaltlos zu prüfen und sich gegebenenfalls von ihnen korrigieren zu lassen."

[75] D. SÄNGER, Verlust 251. Hierbei wird die Grenze des guten Geschmacks sprachlich z. T. sogar über- respektive unterschritten: „Beliebtes Stilmittel des Umgangs miteinander ist die sprachliche Häme, die weit über das Erträgliche an erlaubter Polemik und persönlichem Engagement hinausgeht, zumal sie oft mit theologischen Invektiven verbunden wird" (ebd. 251).

[76] Ebd. 248.

ist zunächst jeder am wissenschaftlichen Gespräch Beteiligte."[77] Folglich ist es „symptomatisch, *wie* und *unter welchen Prämissen* die Diskussion sich abspielt. M. E. ist ein wirkliches Gespräch, d. h. ein Dialog über [... grundsätzliche; C. S.] Fragen kaum oder schon nicht mehr gegeben, weil es an der dazu nötigen kommunikativen Bereitschaft fehlt. Davon ist aber die ganze Disziplin betroffen."[78]

Es herrscht somit nicht nur eine flächendeckende Verstehensstörung mit Blick auf die Vermittlung wissenschaftlich-exegetischer Erkenntnisse nach außen vor, sondern ein „gravierendes Kommunikationsdefizit"[79] ist auch hinsichtlich der internen Streitkultur zu konstatieren. Dies bleibt nicht spurlos bzgl. des wissenschaftlichen Arbeitens; vorteilhaft für das Forschen ist es auf jeden Fall nicht. U. U. wird der Ruf der Exegese insgesamt in Mitleidenschaft gezogen:

„Ich kann mich des Eindrucks nicht erwehren, daß ‚ideologische Voreingenommenheit', gepaart mit einem Verlust an Vermittlung und Hörbereitschaft, auch das aufzunehmen, was dem eigenen Denken gegenüber quer liegt, die Wahrnehmungsfähigkeit insgesamt paralysiert. Zur Kenntnis genommen wird nur noch, was das ohnehin schon Gewußte bestätigt und verstärkt. Ein auf Dialogbereitschaft aufgebauter und ihn konstituierender Erkenntnisfortschritt wird dadurch abgeblockt. Was bleibt, ist steriles Wiederholen einmal eingenommener Positionen. Solches Verhalten zieht aber letztlich die Diskreditierung des eigenen wissenschaftlichen Anspruchs nach sich"[80]. Die „erschreckende Kommunikationsbarriere innerhalb der eigenen wissenschaftlichen Disziplin"[81] verbaut Wege des kritisch-konstruktiven Umgangs miteinander, denn: „Selbstbestätigung geht vor kritischen Diskurs."[82] Die „Beharrlichkeit, mit der missliebige Forschungspositionen und hermeneutische Alternativen ignoriert, abgekanzelt oder schlicht für absurd erklärt wurden, um sich ihrer zu entledigen, nährte bei mir den Verdacht, sie sollten von vornherein diskreditiert und so ins theologische Abseits befördert werden. Ein solches Verfahren hielt (und halte ich letztlich für kontraproduktiv, da es dem Anliegen der Exegese insgesamt schadet und die Überzeugungskraft ihrer Resultate schwächt. Schlimmer noch, ihre Notwendigkeit wie auch ihr Geltungsanspruch werden generell in Zweifel gezogen, sofern sie den Eindruck von Beliebigkeit erweckt und ihre Vertreter sich dem Vorwurf aussetzen, Dialogunfähigkeit mit Originalität zu verwechseln."[83]

Was ist angesichts dieser Situation, v. a. in Anbetracht des leeren Richterstuhls, zu tun, wenn man eine nie endende, letztlich immer ergebnislos bleibende Diskussion nicht zu akzeptieren bereit ist? An dieser Stelle ist das Augenmerk zurückzulenken auf die Person des Exegeten und die Be-

---

[77] Ebd. 248. D. Sänger belegt seine These anhand von zwei Beispielen: I) innerchristlicher Disput zum Thema *Israel und Kirche* (vgl. ebd. 248–254); II) Analyse eines Lehrbuchs *Einleitung in die drei ersten Evangelien* (vgl. ebd. 254–259).
[78] Ebd. 251.
[79] D. SÄNGER, Perspektive 197.
[80] D. SÄNGER, Verlust 253.
[81] Ebd. 258.
[82] Ebd. 258.
[83] D. SÄNGER, Perspektive 197.

deutung derselben für die jeweiligen Auslegungen. Wenn jede Auslegung untrennbar mit dem auslegenden Subjekt verbunden ist bzw. von diesem abhängt und wenn jede Person höchst individuelle Ansatzpunkte vertritt und Vorentscheidungen bereits getroffen sind, noch bevor das erste Wort eines biblischen Textes gelesen geschweige denn ausgelegt wird, dann erübrigen sich wissenschaftlich-exegetische Auseinandersetzungen keineswegs, doch scheint ein gewisser Systemwechsel notwendig zu sein. Vor jedem fachwissenschaftlichen Detailstreit über konkrete Einzelauslegungen sollte eine grundsätzliche Klärung der jeweiligen Positionen erfolgen – wobei diese Auseinandersetzungen notwendigerweise von anderer Qualität zu sein haben als wissenschaftlich-exegetisches Streiten normalerweise, denn: „It is one thing to criticize another person's scholarship; it is quite another thing to comment on another person's life."[84] Es gilt somit in einem ersten Schritt, sich über diese grundlegenden Einflüsse, Abhängigkeiten und Zusammenhänge – letzten Endes über den eigenen Orientierungsrahmen – klar zu werden und anschließend in ein Ringen um die Wahrheit einzusteigen. Letzteres sollte die Gestalt eines auch den eigenen Standpunkt einschließenden kritischen Diskurses annehmen.[85]

Weder ein Boxkampf noch eine Gerichtsverhandlung scheinen mir – im Bild gesprochen – an dieser Stelle weiterführend, vielmehr könnte das Instrument *Mediation* gewinnbringend zum Zuge kommen, ist doch gerade dieses Verfahren durch die Abwesenheit eines urteilenden Richters ausgezeichnet. Es geht um das richtige Verstehen des anderen. Damit ist keine Akzeptanz der anderen Position gemeint, sondern lediglich – doch dies dürfte bereits anspruchsvoll genug sein – ein nachvollziehendes Verstehen der anderen Seite. Für den wissenschaftlich-exegetischen Kontext bedeutet dies: Zunächst sollte den Streitparteien daran gelegen sein, die Position des anderen richtig zu verstehen und in all ihren Tiefendimensionen wahrzunehmen. Selbstverständlich muss ich diese Position des anderen nicht teilen, nicht einmal gut oder richtig finden, aber ich muss sie verstehen. Und ich muss mich selbst, meine eigene Position so weit verständlich machen, dass andere dies wiederum nachvollziehen können. Damit ist eine Grundlage geschaffen, auf der Erfolg versprechend weiterdiskutiert werden kann. Für einen derartigen Systemwechsel möchte ich plädieren. Damit dieser mediative Ansatz z. B. im Rahmen von Tagungen gelingen kann, ist wahrscheinlich eine vermittelnde Instanz jeweils unerlässlich: Es braucht einen Mediator, der durch Neutralität, Un- bzw. Allparteilichkeit ausgezeichnet ist und dessen Aufgabe darin besteht, den beiden Seiten dabei zu helfen,

---

[84] R. M. FOWLER, Response 231; vgl. J. C. ANDERSON/J. L. STALEY, Introduction 12.
[85] Vgl. D. SÄNGER, Verlust 257. Dazu gehört ganz grundlegend das „Bewusstsein, dass die eigene Position unter Umständen doch nur eine von mehreren möglichen ist" (J. KÜGLER, Gegenwart 26f.).

sich ihre Standpunkte wechselseitig zu erklären. Wer diese Rolle einnehmen kann, ist nicht von vorneherein festgelegt. Der Mediator hat dem Verständigungsprozess zu dienen. Auf einem mediativen Weg können in meinen Augen viele Missverständnisse beseitigt und ergebnisloses Aneinandervorbeireden vermieden werden. Und nach Klärung der unterschiedlichen, personenabhängigen Standpunkte, Sichtweisen, Positionen, Interessen etc. kann der wissenschaftlich-exegetische Diskurs mit umso größerem Erfolg fortgesetzt werden:

> „Das exegetische Geschäft wäre einfacher und erfolgreicher, wenn die Exegeten wagten, ihre sehr spezifischen Forschungsinteressen und deren Bedingungen explizit zu reflektieren und als Chance der Kommunikation mit dem Text und der Interpretengemeinschaft zu verstehen."[86]

> „The goal: foster a dialogue that encompasses all the text conclusions that have been culturally [or otherwise; C. S.] determined and influenced. Readers can then learn how the potentiality of the text comes to life in ways that their particular perspective never allowed them to appreciate. In this way, the fuller meaning of the text can arise, as readers from different cultures [or with different *Orientierungsrahmen*; C. S.] see the text ever afresh as they see it through the lens of other, equally valued cultural locations."[87]

Eine mögliche Zukunftsvision könnte somit folgendermaßen aussehen: eine „dialogische Streitkultur, die auf Stigmatisierung verzichtet und abweichenden Meinungen ihr relatives Recht zugesteht"[88]. Statt einander gegenseitig vom je eigenen Standpunkt aus zu kritisieren, scheint es wesentlich vielversprechender zu sein, sich über Letzteren selbst Rechenschaft zu geben und auf diesem Wege miteinander in ein weiterführendes Gespräch zu kommen. Ein mediativer Ansatz ist vor diesem Hintergrund auf jeden Fall einen Versuch wert.

NACHWORT

> „Habe das Problem stets vor Augen, und es wird sich lösen lassen – die Geschichte der Menschheit bezeugt, daß dies eine Tatsache ist. Jemand stößt auf ein Problem und ist einfach davon besessen, bis er/sie es gelöst hat. Und das Komische daran ist: Das Problem wird stets gelöst. Früher oder später läßt es sich knacken. [...] Ich glaube, jede sachkundige Person ist in der Lage, Probleme so lange mit sich herumzutragen, bis sie ihre Geheimnisse preisgeben. Was nicht jedermann besitzt, ist der erforderliche Wille, die Leidenschaft oder die verrückte Besessenheit, an dem Problem lange oder hartnäckig genug festzuhalten."[89]

Was auch immer mich an diesen Punkt geführt hat – Wille, Leidenschaft und/oder verrückte Besessenheit –, es ist nun an der Zeit, den Schlusspunkt zu setzen. Punkt.

---

[86] O. WISCHMEYER, Wissenschaft 267.
[87] B. K. BLOUNT, Cultural Exegesis 89f.
[88] D. SÄNGER, Perspektive 197.
[89] K. WILBER, Ganzheitlich handeln 53.

LITERATURVERZEICHNIS

E. J. AARSETH, *Nonlinearity* and Literary Theory, in: G. P. Landow (Hrsg.), Hyper/Text/Theory, Baltimore (MD) 1994, 51–86.

S. ALKIER, Am *Anfang* ein Rückblick mit Ausblick, in: E.-M. Becker (Hrsg.), Neutestamentliche Wissenschaft. Autobiographische Essays aus der Evangelischen Theologie (UTB 2475), Tübingen 2003, 113–127.

S. ALKIER/R. BRUCKER (Hrsg.), Exegese und *Methodendiskussion* (TANZ 23), Tübingen 1998.

–, *Einleitung:* Neutestamentliche Exegesen interdisziplinär – ein Plädoyer, in: S. Alkier/R. Brucker (Hrsg.), Exegese und Methodendiskussion (TANZ 23), Tübingen 1998, IX–XIX.

C. ALTMAYER, *Kultur* als Hypertext. Zu Theorie und Praxis der Kulturwissenschaft im Fach Deutsch als Fremdsprache, München 2004.

J. C. ANDERSON/J. L. STALEY, Taking It Personally: *Introduction*, in: Semeia 72 (1995) 7–18.

M. R. d'ANGELO, *Gender* and Power in the Gospel of Mark: The Daughter of Jairus and the Woman with the Flow of Blood, in: J. C. Cavadini (Hrsg.), Miracles in Jewish and Christian Antiquity. Imagining Truth (Notre Dame Studies in Theology 3), Notre Dame (IN) 1999, 84–109.

P. BAIRD/M. PERCIVAL, *Glasgow* online: database development using Apple's HyperCard, in: R. McAleese (Hrsg.), Hypertext. Theory into Practice, Exeter ²1999, 64–79.

E. BARRETT (Hrsg.), *Text*, ConText, and HyperText. Writing with and for the Computer (MIT Press Series in Information Systems), Cambridge (MA) ³1989.

–, *Introduction*: A New Paradigm for Writing *with* and *for* the Computer, in: E. Barrett (Hrsg.), Text, ConText, and HyperText. Writing with and for the Computer (MIT Press Series in Information Systems), Cambridge (MA) ³1989, XIII–XXV.

E. BARRETT (Hrsg.), The *Society* of Text. Hypertext, Hypermedia, and the Social Construction of Information (MIT Press Series in Information Systems), Cambridge (MA) ²1991.

–, Introduction: *Thought* and Language in a Virtual Environment, in: Ders. (Hrsg.), The Society of Text. Hypertext, Hypermedia, and the Social Construction of Information (MIT Press Series in Information Systems), Cambridge (MA) ²1991, XI–XIX.

E.-M. BECKER, Die *Person* des Exegeten. Überlegungen zu einem vernachlässigten Thema, in: O. Wischmeyer (Hrsg.): Herkunft und Zukunft der neutestamentlichen Wissenschaft (NET 6), Tübingen 2003, 207–243.

E.-M. BECKER (Hrsg.), Neutestamentliche Wissenschaft. Autobiographische *Essays* aus der Evangelischen Theologie (UTB 2475), Tübingen 2003.

–, *Vorwort*, in: E.-M. Becker (Hrsg.), Neutestamentliche Wissenschaft. Autobiographische Essays aus der Evangelischen Theologie (UTB 2475), Tübingen 2003, XIf.

–, *Hinweise* zur Gestaltung und zur Lektüre des Bandes, in: E.-M. Becker (Hrsg.), Neutestamentliche Wissenschaft. Autobiographische Essays aus der Evangelischen Theologie (UTB 2475), Tübingen 2003, XIII–XV.

–, *„Autobiographie"* als Herausforderung an die Neutestamentliche Wissenschaft, in: E.-M. Becker (Hrsg.), Neutestamentliche Wissenschaft. Autobiographische Essays aus der Evangelischen Theologie (UTB 2475), Tübingen 2003, 1–6.

H. BEE-SCHROEDTER, Neutestamentliche *Wundergeschichten* im Spiegel vergangener und gegenwärtiger Rezeptionen. Historisch-exegetische und empirisch-entwicklungspsychologische Studien (SBB 39), Stuttgart 1998.

Ch. BERG, Art. *Methodologie*, in: RGG V (⁴2002) 1187–1189.

H. K. BERG, Ein *Wort* wie Feuer. Wege lebendiger Bibelauslegung, München/Stuttgart ⁴2000.

K. BERGER, *Exegese* des Neuen Testaments. Neue Wege vom Text zur Auslegung (UTB 658), Heidelberg ³1991.

–, *Hermeneutik* des Neuen Testaments (UTB 2035), Tübingen 1999.
H. D. BETZ, The *Sermon* on the Mount. A Commentary on the Sermon on the Mount, including the Sermon on the Plain (Matthew 5:3–7:27 and Luke 6:20–49), Minneapolis (MN) 1995.
W. BINDEMANN, „… Gutes tun und leihen …" (Lk 6,35). Feindesliebe im *Wirtschaftsleben*, in: K. Füssel/F. Segbers (Hrsg.), „… so lernen die Völker des Erdkreises Gerechtigkeit". Ein Arbeitsbuch zu Bibel und Ökonomie, Luzern/Salzburg 1995, 259–265.
H. BLAUMEISER, *Einführung* in die Qualitative Sozialforschung, in: T. Hug (Hrsg.), Wie kommt Wissenschaft zu Wissen? Bd. 3: Einführung in die Methodologie der Sozial- und Kulturwissenschaften, Hohengehren 2001, 31–51.
J. BLIGH, The *Sermon* on the mount. A Discussion on Mt 5–7, Slough 1975.
B. K. BLOUNT, *Cultural Interpretation*. Reorienting New Testament Criticism, Minneapolis (MN) 1995.
–, If You Get MY Meaning: Introducing *Cultural Exegesis*, in: S. Alkier/R. Brucker (Hrsg.), Exegese und Methodendiskussion (TANZ 23), Tübingen 1998, 77–97.
H.-J. BLUM, Biblische *Wunder* – heute. Eine Anfrage an die Religionspädagogik (SBTB 23), Stuttgart 1997.
R. BOHNSACK, *Alltagsinterpretation* und soziologische Rekonstruktion (Beiträge zur sozialwissenschaftlichen Forschung 51), Opladen 1983.
–, *Generation*, Milieu und Geschlecht. Ergebnisse aus Gruppendiskussionen mit Jugendlichen (Biographie und Gesellschaft 8), Opladen 1989.
–, Dokumentarische *Interpretation* von Orientierungsmustern. Verstehen – Interpretieren – Typenbildung in wissenssoziologischer Analyse, in: M. Meuser/R. Sackmann (Hrsg.), Analyse sozialer Deutungsmuster. Beiträge zur empirischen Wissenssoziologie (Bremer soziologische Texte 5), Pfaffenweiler 1992, 139–160.
–, *Dokumentsinn*, intendierter Ausdruckssinn und Objektsinn, in: EuS 4,4 (1993) 518–521.
–, Gruppendiskussionen: *Neue Wege* einer klassischen Methode, in: ZSE 16,3 (1996) 323–326.
–, *„Orientierungsmuster"*: Ein Grundbegriff qualitativer Sozialforschung, in: F. Schmidt (Hrsg.), Methodische Probleme der empirischen Erziehungswissenschaft, Hohengehren 1997, 49–61.
–, Dokumentarische *Methode*, in: R. Hitzler/A. Honer (Hrsg.), Sozialwissenschaftliche Hermeneutik. Eine Einführung (UTB 1885), Opladen 1997, 191–211.
–, Rekonstruktive Sozialforschung und der *Grundbegriff* des Orientierungsmusters, in: D. Siefkes/P. Eulenhöfer/H. Stach/K. Städtler (Hrsg.), Sozialgeschichte der Informatik. Kulturelle Praktiken und Orientierungen (Studien zur Wissenschafts- und Technikforschung), Wiesbaden 1998, 105–121.
–, Milieu als konjunktiver Erfahrungsraum. Eine dynamische *Konzeption* von Milieu in empirischer Analyse, in: U. Matthiesen (Hrsg.), Die Räume der Milieus. Neue Tendenzen in der sozial- und raumwissenschaftlichen Milieuforschung, in der Stadt- und Raumplanung, Berlin 1998, 119–131.
–, *„Milieubildung"*. Pädagogisches Prinzip und empirisches Phänomen, in: L. Böhnisch/M. Rudolph/B. Wolf (Hrsg.), Jugendarbeit als Lebensort. Jugendpädagogisches Orientierungen zwischen Offenheit und Halt (Dresdner Studien zur Erziehungswissenschaft und Sozialforschung), Weinheim 1998, 95–112.
–, Dokumentarische Methode und die Analyse kollektiver *Biographien*, in: G. Jüttemann/H. Thomae (Hrsg.), Biographische Methoden in den Humanwissenschaften (Beltz-Taschenbuch 43), München 1999, 213–230.
–, *Gruppendiskussion*, in: U. Flick/E. v. Kardorff/I. Steinke (Hrsg.), Qualitative Forschung. Ein Handbuch, Reinbek 2000, 369–384.

–, Dokumentarische Methode. *Theorie und Praxis* wissenssoziologischer Interpretation, in: T. Hug (Hrsg.), Wie kommt Wissenschaft zu Wissen? Bd. 3: Einführung in die Methodologie der Sozial- und Kulturwissenschaften, Hohengehren 2001, 326–345.

–, *Typenbildung*, Generalisierung und komparative Analyse: Grundprinzipien der dokumentarischen Methode, in: R. Bohnsack/I. Nentwig-Gesemann/A.-M. Nohl (Hrsg.), Die dokumentarische Methode und ihre Forschungspraxis. Grundlagen qualitativer Sozialforschung, Opladen 2001, 225–252.

–, *Gruppendiskussionsverfahren* und dokumentarische Methode, in: D. Schaeffer/G. Müller-Mundt (Hrsg.), Qualitative Gesundheits- und Pflegeforschung, Bern 2002, 305–325.

–, Rekonstruktive *Sozialforschung*. Einführung in qualitative Methoden (UTB 8242), Opladen ⁵2003.

–, Gruppendiskussionsverfahren und *Milieuforschung*, in: B. Friebertshäuser/A. Prengel (Hrsg.), Handbuch Qualitative Forschungsmethoden in der Erziehungswissenschaft. Studienausgabe, Weinheim 2003, 492–502.

–, *Art. Dokumentarische Methode*, in: R. Bohnsack/W. Marotzki/M. Meuser (Hrsg.), Hauptbegriffe Qualitativer Sozialforschung (UTB 8226), Opladen 2003, 40–44.

–, *Art. Fokussierungsmetapher*, in: R. Bohnsack/W. Marotzki/M. Meuser (Hrsg.), Hauptbegriffe Qualitativer Sozialforschung (UTB 8226), Opladen 2003, 67.

–, *Art. Orientierungsmuster*, in: R. Bohnsack/W. Marotzki/M. Meuser (Hrsg.), Hauptbegriffe Qualitativer Sozialforschung (UTB 8226), Opladen 2003, 132f.

R. BOHNSACK/W. MAROTZKI/M. MEUSER (Hrsg.), *Hauptbegriffe* Qualitativer Sozialforschung (UTB 8226), Opladen 2003.

R. BOHNSACK/I. NENTWIG-GESEMANN, *Art. Typenbildung*, in: R. Bohnsack/W. Marotzki/ M. Meuser (Hrsg.), Hauptbegriffe Qualitativer Sozialforschung (UTB 8226), Opladen 2003, 162–166.

R. BOHNSACK/I. NENTWIG-GESEMANN/A.-M. NOHL, *Einleitung*: Die dokumentarische Methode und ihre Forschungspraxis, in: R. Bohnsack/I. Nentwig-Gesemann/A.-M. Nohl (Hrsg.), Die dokumentarische Methode und ihre Forschungspraxis. Grundlagen qualitativer Sozialforschung, Opladen 2001, 9–24.

R. BOHNSACK/A.-M. NOHL, Exemplarische Textinterpretation: Die *Sequenzanalyse* der dokumentarischen Methode, in: R. Bohnsack/I. Nentwig-Gesemann/A.-M. Nohl (Hrsg.), Die dokumentarische Methode und ihre Forschungspraxis. Grundlagen qualitativer Sozialforschung, Opladen 2001, 303–307.

R. BOHNSACK/B. SCHÄFFER, *Gruppendiskussionsverfahren*, in: T. Hug (Hrsg.), Wie kommt Wissenschaft zu Wissen? Bd. 2: Einführung in die Forschungsmethodik und Forschungspraxis, Hohengehren 2001, 324–341.

–, Exemplarische Textinterpretation: *Diskursorganisation* und dokumentarische Methode, in: R. Bohnsack/I. Nentwig-Gesemann/A.-M. Nohl (Hrsg.), Die dokumentarische Methode und ihre Forschungspraxis. Grundlagen qualitativer Sozialforschung, Opladen 2001, 309–321.

K. BÖHLE/B. WINGERT/U. RIEHM, *Zwischenbericht* zur Prototypentwicklung eines elektronischen Buches (Kernforschungszentrum Karlsruhe GmbH. Abteilung für angewandte Systemanalyse), Karlsruhe 1990.

N. BOLZ, Am Ende der *Gutenberg-Galaxis*. Die neuen Kommunikationsverhältnisse, München 1993.

I. BROER, *Einleitung* in das Neue Testament. Bd. 1. Die synoptischen Evangelien, die Apostelgeschichte und die johanneische Literatur (NEB Ergänzungsband 2/I), Würzburg 1998.

A. BUCHER, *Gleichnisse* verstehen lernen. Strukturgenetische Untersuchungen zur Rezeption synoptischer Parabeln (PTD 5), Freiburg i. Ue. 1990.

A. BUCHER/F. OSER, „Wenn zwei das gleiche *Gleichnis* hören ...", in: ZP 33 (1987) 167–183.

V. BUSH, *As we may think*, in: Atlantic monthly 176,1 (1945) 101–108.

C. BUSSMANN/D. VAN DER SLUIS, Die *Bibel* studieren. Einführung in die Methoden der Exegese, München 1982.

G. BÜTTNER, „Meine Oma hat zu mir gesagt, daß ich für sie ein Schatz bin". *Gleichnisverstehen* von Kindern und Jugendlichen, in: GlLern 13 (1998) 152–164.

P. A. CARLSON, Hypertext: A Way of Incorporating User *Feedback* into Online Documentation, in: E. Barrett (Hrsg.), Text, ConText, and HyperText. Writing with and for the Computer (MIT Press Series in Information Systems), Cambridge (MA) ^{3}1989, 93–110.

E. CHARPENTIER, *Führer* durch das Neue Testament. Anleitung zum Selbst- und Gruppenstudium, Düsseldorf ^{5}1992.

C. CLAUSSEN/R. ZIMMERMANN, Wie kann ich (verstehen), wenn mich niemand anleitet? (Apg 8,31). Neuere *Methodenbücher* zur neutestamentlichen Exegese, in: ThBeitr 33 (2002) 290–301.

J. CONKLIN, A *Survey* of Hypertext (MCC Technical Report Number STP–356–86, Rev. 2), Austin (TX) ^{2}1987.

R. D. CUMMING, *Starting Point*. An Introduction to the Dialectic of Existence, Chicago (IL) 1979.

I. U. DALFERTH/P. STOELLGER, Hermeneutik in der Diskussion. *Orientierungsversuche* in einem unübersichtlichen Gebiet, in: ThR 69 (2004) 30–74.

P. R. DAVIES (Hrsg.), *First Person*. Essays in Biblical Autobiography (The Biblical Seminar 81), Sheffield 2002.

P. R. DAVIES, *Introduction:* Autobiography as Exegesis, in: P. R. Davies (Hrsg.), First Person. Essays in Biblical Autobiography (The Biblical Seminar 81), Sheffield 2002, 11–24.

A. DILLON/C. MCKNIGHT/J. RICHARDSON, *Space* – the Final Chapter *or* Why Physical Representations are not Semantic Intentions, in: A. Dillon/C. McKnight/J. Richardson (Hrsg.), Hypertext. A Psychological Perspective, New York (NY) 1993, 169–191.

A. v. DOBBELER, Der Exeget als Historiker und Theologe. Eine *Positionsbestimmung*, in: ZNT 13 (7. Jhg. 2004) 11–21.

Ch. DOHMEN, *Art. Exegese*. I. Begriff, in: LThK III (^{3}1995) 1087.

–, Die *Bibel* und ihre Auslegung, München ^{2}2003.

M. DREHER/E. DREHER, *Gruppendiskussion*, in: G. L. Huber/H. Mandl (Hrsg.), Verbale Daten. Eine Einführung in die Grundlagen und Methoden der Erhebung und Auswertung, Weinheim ^{2}1994, 141–164.

–, *Gruppendiskussionsverfahren*, in: U. Flick/E. v. Kardorff/H. Keupp/L. v. Rosenstiel/S. Wolff (Hrsg.), Handbuch Qualitative Sozialforschung. Grundlagen, Konzepte, Methoden und Anwendungen, Weinheim ^{2}1995, 186–188.

E. DREWERMANN, *Krieg* ist Krankheit, keine Lösung. Eine neue Basis für den Frieden. Im Gespräch mit Jürgen Hoeren, Freiburg i. Br. ^{3}2002.

J. EBACH, *Art. Bibel/Bibelauslegung*, in: P. Eicher (Hrsg.), Neues Handbuch Theologischer Grundbegriffe. Bd. 1, München 2005, 148–161.

M. EBNER, *Feindesliebe* – Ein Ratschlag zum Überleben? Sozial- und religionsgeschichtliche Überlegungen zu Mt 5,38–47 par Lk 6,27–35, in: J. M. Asgeirsson/K. de Troyer/M. W. Meyer (Hrsg.), From Quest to Q (FS J. M. Robinson) (BEThL 146), Leuven 2000, 119–142.

–, Exegese des Neuen Testaments im *Spannungsfeld* zwischen Religions-, Text- und Geschichtswissenschaft, in: ThRv 98 (2002) 365–372.

M. EBNER/B. HEININGER, *Exegese* des Neuen Testaments. Ein Arbeitsbuch für Lehre und Praxis (UTB 2677), Paderborn 2005.

U. ECO, Die *Grenzen* der Interpretation, München 1992.

T. EIBL, *Hypertext*. Geschichte und Formen sowie Einsatz als Lern- und Lehrmedium. Darstellung und Diskussion aus medienpädagogischer Sicht, München 2004.

B. ELTROP, Verstehst du auch, was du liest? *Bibelarbeit* in den Gemeinden und Erwachsenenbildung, in: BiKi 56 (2001) 130–135.

M. EPPLE/G. HAHN, *Dialog* im virtuellen Raum – Die Online-Focusgroup in der Praxis der Marktforschung, in: A. Theobald/M. Dreyer/T. Starsetzki (Hrsg.), Online-Marktforschung. Theoretische Grundlagen und praktische Erfahrungen, Wiesbaden ²2003, 297–307.

G. ERDOGAN, Die *Gruppendiskussion* als qualitative Datenerhebung im Internet. Ein Online-Offline-Vergleich, in: kommunikation@gesellschaft 2 (2001) Beitrag 5, http://www.uni-frankfurt.de/fb03/K.G/ B5_2001_Erdogan.pdf [01.06.2006].

M. FANDER, Die *Wunder* Jesu auf dem sozialgeschichtlichen Hintergrund seiner Zeit. Eine sozialgeschichtliche Auslegung von Mk 1,40–45 und Mk 5,25–34, Münster 1981.

–, Die *Stellung* der Frau im Markusevangelium. Unter besonderer Berücksichtigung kultur- und religionsgeschichtlicher Hintergründe, Altenberge 1989.

W. FENSKE, *Arbeitsbuch* zur Exegese des Neuen Testaments. Ein Proseminar, Gütersloh 1999.

G. FISCHER, *Wege* in die Bibel. Leitfaden zur Auslegung, Stuttgart 2000.

U. FLICK, *Qualitative Sozialforschung*. Eine Einführung (rowohlts enzyklopädie 55654), Reinbek ⁶2002.

G. FOHRER u. a., *Exegese* des Alten Testaments. Einführung in die Methodik (UTB 267), Heidelberg ⁶1993.

R. M. FOWLER, Taking It Personally: A Personal *Response*, in: Semeia 72 (1995) 231–238.

H. FRANKEMÖLLE, *Matthäus*. Kommentar Bd. 1, Düsseldorf 1994.

S. FREISLER, Hypertext – Eine *Begriffsbestimmung*, in: Deutsche Sprache 22 (1994) 19–50.

D. FRICKENSCHMIDT, *Empfänger* unbekannt verzogen? – Ergebnisse empirischer Glaubensforschung als Herausforderung für die neutestamentliche Exegese, in: ZNT 4 (2. Jhg. 1999) 52–64.

O. FUCHS, Praktische *Hermeneutik* der Heiligen Schrift (Praktische Theologie heute 57), Stuttgart 2004.

H. GARFINKEL, *Studies* in Ethnomethodology, Cambridge 1984 (Nachdruck 1987 und 1994).

H. GELLER, *Liebe* zwischen Ehre und Engagement. Zur Konfrontation zweier Orientierungssysteme in binationalen Ehen zwischen deutschen Frauen und Einwanderern der ersten Generation aus mediterranen Ländern, Opladen 1999.

U. GERHARDT, *Typenbildung*, in: U. Flick/E. v. Kardorff/H. Keupp/L. v. Rosenstiel/S. Wolff, Handbuch Qualitative Sozialforschung. Grundlagen, Konzepte, Methoden und Anwendungen, Weinheim ²1995, 435–439.

C. F. GETHMANN, *Art. Methode/Methodologie*. I. Philosophisch, in: LThK VII (³1998) 201f.

S. L. GRAHAM, Silent *Voices*: Women in the Gospel of Mark, in: Semeia 54 (1991) 145–158.

T. GREINER, „Verstehst Du, was Du liest?" *Jugendumfrage* zum Thema Bibellesen, in: ZThG 8 (2003) 322–356.

H. L. GROB/F. BENSBERG/S. BIELETZKE, *Hypertext* (Computer Assisted Learning/Computer Assisted Teaching CAL + CAT Arbeitsberichte 4), Münster 1995.

J. HABERMAS, *Theorie* des kommunikativen Handelns. Bd. 1: Handlungsrationalität und gesellschaftliche Rationalisierung, Frankfurt a. M. 1981.

M. HENGEL, Eine junge theologische *Disziplin* in der Krise, in: E.-M. Becker (Hrsg.), Neutestamentliche Wissenschaft. Autobiographische Essays aus der Evangelischen Theologie (UTB 2475), Tübingen 2003, 18–29.

H. H. HIEBEL, *Art. Interpretation*, in: A. Nünning (Hrsg.), Metzler Lexikon Literatur- und Kulturtheorie. Ansätze – Personen – Grundbegriffe, Stuttgart ³2004, 297f.

T. HIEKE, Neue *Horizonte*. Biblische Auslegung als Weg zu ungewöhnlichen Perspektiven, in: ZNT 12 (6. Jhg. 2003) 65–76.

P. HOFFMANN, *Tradition* und Situation. Zur „Verbindlichkeit" des Gebots der Feindesliebe in der synoptischen Überlieferung und in der gegenwärtigen Friedensdiskussion, in: Ders., Tradition und Situation. Studien zur Jesusüberlieferung in der Logienquelle und den synoptischen Evangelien (NTA N. F. 28), Münster 1995, 3–61.

M. HOFMANN/L. SIMON, *Problemlösung* Hypertext. Grundlagen, Entwicklung, Anwendung, München 1995.

F. W. HORN, Zwischen *Redaktionsgeschichte* und urchristlicher Religionsgeschichte, in: E.-M. Becker (Hrsg.), Neutestamentliche Wissenschaft. Autobiographische Essays aus der Evangelischen Theologie (UTB 2475), Tübingen 2003, 206–215.

R. A. HORSLEY, *Ethics* and Exegesis: „Love Your Enemies" and the Doctrine of Nonviolence, in: W. M. Swartley (Hrsg.), The Love of Enemy and Nonretaliation in the New Testament (Studies in Peace and Scripture), Louisville (KY) 1992, 72–101.

–, *Response* to Walter Wink, „Neither Passivity nor Violence: Jesus' Third Way", in: W. M. Swartley (Hrsg.), The Love of Enemy and Nonretaliation in the New Testament (Studies in Peace and Scripture), Louisville (KY) 1992, 126–132.

T. HUG, *Erhebung* und Auswertung empirischer Daten. Eine Skizze für AnfängerInnen und leicht Fortgeschrittene, in: T. Hug (Hrsg.), Wie kommt Wissenschaft zu Wissen? Bd. 2: Einführung in die Forschungsmethodik und Forschungspraxis, Hohengehren 2001, 11–29.

U. HUGL, Qualitative *Inhaltsanalyse*, in: T. Hug (Hrsg.), Wie kommt Wissenschaft zu Wissen? Bd. 2: Einführung in die Forschungsmethodik und Forschungspraxis, Hohengehren 2001, 356–379.

R. HUNING, *Bibelwissenschaft* im Dienste populärer Bibellektüre. Bausteine einer Theorie der Bibellektüre aus dem Werk von Carlos Mesters (SBB 54), Stuttgart 2005.

A. M. HUNTER, Un idéal de Vie. Le *Sermon* sur la montagne, Paris 1976.

H. IDENSEN, Schreiben/Lesen als *Netzwerk-Aktivität*. Die Rache des (Hyper-)Textes an den Bildmedien, in: M. Klepper/R. Mayer/E.-P. Schneck (Hrsg.), Hyperkultur. Zur Fiktion des Computerzeitalters, Berlin 1996, 81–107.

S. JÄGER, Die Methoden der Kritischen *Diskurs- und Dispositivanalyse*, in: T. Hug (Hrsg.), Wie kommt Wissenschaft zu Wissen? Bd. 2: Einführung in die Forschungsmethodik und Forschungspraxis, Hohengehren 2001, 106–119.

V. J. JAHNKE, „Love Your Enemies": The *Value* of New Perspectives, in: CThMi 15,3 (1998) 267–273.

B. JANOWSKI, „Verstehst du auch, was du liest?" *Reflexionen* auf die Leserichtung der christlichen Bibel, in: F.-L. Hossfeld (Hrsg.), Wieviel Systematik erlaubt die Schrift? Auf der Suche nach einer gesamtbiblischen Theologie (QD 185), Freiburg i. Br. 2001, 150–191.

O. KAISER, Die alttestamentliche *Exegese*, in: G. Adam/O. Kaiser/W. G. Kümmel/O. Merk, Einführung in die exegetischen Methoden, Gütersloh 2000, 13–70.

M. KARRER, Das Neue Testament als theologische *Herausforderung*, in: E.-M. Becker (Hrsg.), Neutestamentliche Wissenschaft. Autobiographische Essays aus der Evangelischen Theologie (UTB 2475), Tübingen 2003, 286–294.

U. KELLE/S. KLUGE, Vom *Einzelfall* zum Typus. Fallvergleich und Fallkontrastierung in der qualitativen Sozialforschung (Qualitative Sozialforschung 4), Opladen 1999.

R. KELLER, *Diskursanalyse*, in: R. Hitzler/A. Honer (Hrsg.), Sozialwissenschaftliche Hermeneutik. Eine Einführung (UTB 1885), Opladen 1997, 309–333.

K. KERTELGE, *„Verstehst du auch, was du liest?"* (Apg 8,30), in: A. T. Khoury/L. Muth (Hrsg.), Glauben durch Lesen? Für eine christliche Lesekultur (QD 128), Freiburg i. Br. 1990, 14–22.

D. KETTLER/V. MEJA/N. STEHR, Karl Mannheims frühe kultursoziologischen *Arbeiten*, in: K. Mannheim, Strukturen des Denkens (hrsg. von D. Kettler, V. Meja und N. Stehr) (stw 298), Frankfurt a. M. 1980, 9–31.

H. KINUKAWA, The *Story* of the Hemorrhaging Woman (Mark 5:25–34) read form a Japanese Feminist Context, in: Biblical Interpretation 2,3 (1994) 283–293.

W. KIRCHSCHLÄGER, *Einführung* in das Neue Testament, Stuttgart 1994.

I. R. KITZBERGER (Hrsg.), *Autobiographical Biblical Criticism*. Between Text and Self, Leiden 2002.

–, *Pre-liminaries*, in: I. R. Kitzberger (Hrsg.), Autobiographical Biblical Criticism. Between Text and Self, Leiden 2002, 1–11.

W. KLASSEN, „Love Your Enemies": Some *Reflections* on the Current Status of Research, in: W. M. Swartley (Hrsg.), The Love of Enemy and Nonretaliation in the New Testament (Studies in Peace and Scripture), Louisville (KY) 1992, 1–31.

M. KLEPPER/R. MAYER/E.-P. SCHNECK (Hrsg.), *Hyperkultur*. Zur Fiktion des Computerzeitalters, Berlin 1996.

S. KLUGE, Empirisch begründete *Typenbildung* in der qualitativen Sozialforschung, in: Forum Qualitative Sozialforschung/Forum Qualitative Social Research 1,1 (2000), http://www.qualitative-research.net/fqs-texte/1-00/1-00kluge-d.htm [05.06.2006].

O. KNOCH, Dem, der glaubt, ist alles möglich. Die *Botschaft* der Wundererzählungen der Evangelien. Ein Werkbuch zur Bibel, Stuttgart 1986.

H. KNOLAUCH, *Art. Transkription*, in: R. Bohnsack/W. Marotzki/M. Meuser (Hrsg.), Hauptbegriffe Qualitativer Sozialforschung (UTB 8226), Opladen 2003, 159f.

S. KOWAL/D. C. O'CONNELL, Zur *Transkription* von Gesprächen, in: U. Flick/E. v. Kardorff/I. Steinke (Hrsg.), Qualitative Forschung. Ein Handbuch, Reinbek 2000, 437–447.

S. KREUZER/D. VIEWEGER, *Exegese* des Alten Testaments, in: S. Kreuzer u. a., Proseminar I. Altes Testament. Ein Arbeitsbuch, Stuttgart ²2005, 13–123.

H. KROMREY, *Gruppendiskussionen*. Erfahrungen im Umgang mit einer weniger häufigen Methode empirischer Sozialwissenschaft, in: J. H. P. Hoffmeyer-Zlotnik (Hrsg.), Qualitative Methoden der Datenerhebung in der Arbeitsmigrantenforschung, Mannheim 1986, 109–143.

H. KRÜGER, *Gruppendiskussionen*. Überlegungen zur Rekonstruktion sozialer Wirklichkeit aus der Sicht der Betroffenen, in: SozW 34,1 (1983) 90–109.

J. KÜGLER, Für wen arbeitet die Bibelwissenschaft? Exegese im *Kontrast* gegenwärtiger und zukünftiger Pluralität, in: R. Bucher (Hrsg.), Theologie in den Kontrasten der Zukunft. Perspektiven des theologischen Diskurses (Theologie im kulturellen Dialog 8), Graz 2001, 95–116.

–, Auf dem Weg zur *Pluralitätsfähigkeit*? Bibelwissenschaft im Spannungsfeld von Sozialkonstruktivismus, Rezeptionsästhetik und Offenbarungstheologie, in: A. J. Bucher (Hrsg.), Welche Philosophie braucht die Theologie? (Eichstätter Studien 47), Regensburg 2002, 135–160.

–, Ferne *Zeichen* lesen lernen. Wie mit der Bibel umgehen?, in: R. Bucher (Hrsg.), Die Provokation der Krise. Zwölf Fragen und Antworten zur Lage der Kirche, Würzburg 2004, 203–219.

–, Der ungelesene *Bestseller* oder Warum man die Bibel nicht lesen muss, in: ders./W. H. Ritter (Hrsg.), Auf Leben und Tod oder völlig egal. Kritisches und Nachdenkliches zur Rolle der Bibel (bayreuther forum TRANSIT Kulturwissenschaftliche Reiligionsstudien 3), Münster 2005, 123–136.

–, Die *Gegenwart* ist das Problem! Thesen zur Rolle der neutestamentlichen Bibelwissenschaft in Theologie, Kirche und Gesellschaft, in: U. Busse (Hrsg.), Die Bedeutung der Exegese für Theologie und Kirche (QD 215), Freiburg i. Br. 2005, 10–37.

R. KUHLEN, *Hypertext*. Ein nicht-lineares Medium zwischen Buch und Wissensbank, Berlin 1991.

H.-W. KUHN, Das *Liebesgebot* Jesu als Tora und als Evangelium. Zur Feindesliebe und zur christlichen und jüdischen Auslegung der Bergpredigt, in: H. Frankemölle/K. Kertelge (Hrsg.), Vom Urchristentum zu Jesus (FS J. Gnilka), Freiburg i. Br. 1989, 194–230.

W. G. KÜMMEL, Die neutestamentliche *Exegese* (durchgesehen und ergänzt von O. Merk), in: G. Adam/O. Kaiser/W. G. Kümmel/O. Merk, Einführung in die exegetischen Methoden, Gütersloh 2000, 72–111.

S. LAMNEK, Qualitative Sozialforschung. *Lehrbuch*, Weinheim ⁴2005.

–, *Gruppendiskussion*. Theorie und Praxis (UTB 8303), Weinheim ²2005.

G. P. LANDOW, What's a *Critic* to Do?: Critical Theory in the Age of Hypertext, in: G. P. Landow (Hrsg.), Hyper/Text/Theory, Baltimore (MD) 1994, 1–48.

–, *Hypertext* 2.0. The Convergence of Contemporary Critical Theory and Technology, Baltimore (MD) 1997.

W. LANGER (Hrsg.), *Handbuch* der Bibelarbeit, München 1987.

B. LIEBIG/I. NENTWIG-GESEMANN, *Gruppendiskussion*, in: S. Kühl/P. Strodtholz (Hrsg.), Methoden der Organisationsforschung. Ein Handbuch (rowohlts enzyklopädie 55647), Reinbek 2002, 141–174.

G. LOHFINK, Der ekklesiale *Sitz im Leben* der Aufforderung Jesu zum Gewaltverzicht (Mt 5,39b–42/Lk 6,29f.), in: ThQ 162 (1982) 236–253.

P. LOOS/B. SCHÄFFER, Das Gruppendiskussionsverfahren. *Theoretische Grundlagen* und empirische Anwendung (Qualitative Sozialforschung 5), Opladen 2001.

U. LUZ, *Einleitung*. Die Bibel als Zankapfel, in: U. Luz (Hrsg.), Zankapfel Bibel. Eine Bibel – viele Zugänge, Zürich ²1993, 7–15.

–, *Was hast du, das du nicht empfangen hast?*, in: E.-M. Becker (Hrsg.), Neutestamentliche Wissenschaft. Autobiographische Essays aus der Evangelischen Theologie (UTB 2475), Tübingen 2003, 295–305.

W. MANGOLD, *Gegenstand* und Methode des Gruppendiskussionsverfahrens. Aus der Arbeit des Instituts für Sozialforschung (Frankfurter Beiträge zur Soziologie 9), Frankfurt a. M. 1960.

–, *Gruppendiskussionen*, in: R. König (Hrsg.), Handbuch der empirischen Sozialforschung. Bd. 2: Grundlegende Methoden und Techniken der empirischen Sozialforschung. Erster Teil, Stuttgart ³1974, 228–259.

K. MANNHEIM, Das *Problem* der Generationen, in: K. Mannheim, Wissenssoziologie. Auswahl aus dem Werk eing. u. hrsg. v. K. H. Wolff, Darmstadt ²1970, 509–565.

–, *Strukturen* des Denkens (hrsg. von D. Kettler, V. Meja und N. Stehr) (stw 298), Frankfurt a. M. 1980.

–, Über die *Eigenart* kultursoziologischer Erkenntnis, in: K. Mannheim, Strukturen des Denkens (hrsg. von D. Kettler, V. Meja und N. Stehr) (stw 298), Frankfurt a. M. 1980, 33–154.

–, Eine soziologische *Theorie der Kultur* und ihrer Erkennbarkeit (*Konjunktives und kommunikatives Denken*), in: K. Mannheim, Strukturen des Denkens (hrsg. von D. Kettler, V. Meja und N. Stehr) (stw 298), Frankfurt a. M. 1980, 155–322.

D. MASSA, *Verstehensbedingungen* von Gleichnissen. Prozesse und Voraussetzungen der Rezeption aus kognitiver Sicht (TANZ 31), Tübingen 2000.

U. MATTHIESEN, Das *Dickicht* der Lebenswelt und die Theorie des kommunikativen Handelns (Übergänge. Texte und Studien zu Handlung, Sprache und Lebenswelt 2), München ²1985.

R. MCALEESE (Hrsg.), *Hypertext*. Theory into Practice, Exeter ²1999.

–, *Preface*: Reflections – at some time after the event, in: R. McAleese (Hrsg.), Hypertext. Theory into Practice, Exeter ²1999, V–XVI.

–, *Overview* and questions for readers, in: R. McAleese (Hrsg.), Hypertext. Theory into Practice, Exeter ²1999, 1–4.

–, *Navigation* and browsing in hypertext, in: R. McAleese (Hrsg.), Hypertext. Theory into Practice, Exeter ²1999, 5–38.

C. MCKNIGHT/A. DILLON/J. RICHARDSON (Hrsg.), *Hypertext*. A Psychological Perspective, New York (NY) 1993.

C. MCKNIGHT/J. RICHARDSON/A. DILLON, The *authoring* of hypertext documents, in: R. McAleese (Hrsg.), Hypertext. Theory into Practice, Exeter ²1999, 116–124.

A. MEHRTENS, *Art. Methode/Methodologie*, in: H. J. Sandkühler (Hrsg.), Enzyklopädie Philosophie. Bd. 1, Hamburg 1999, 832–840.

W. MEINEFELD, Ein formaler *Entwurf* für die empirische Erfassung elementaren sozialen Wissens, in: Arbeitsgruppe Bielefelder Soziologen (Hrsg.), Kommunikative Sozialforschung. Alltagswissen und Alltagshandeln. Gemeindemachtforschung. Polizei. Politische Erwachsenenbildung, München 1976, 130–158.

M. MEISER, *Exegese* des Neuen Testaments, in: M. Meiser/U. Kühneweg u. a., Proseminar II. Neues Testament – Kirchengeschichte. Ein Arbeitsbuch, Stuttgart 2000, 15–125.

–, Gegenwärtige *Herausforderungen* und bleibende Aufgaben der neutestamentlichen Wissenschaft, in: O. Wischmeyer (Hrsg.), Herkunft und Zukunft der neutestamentlichen Wissenschaft (NET 6), Tübingen 2003, 35–62.

N. METTE, *Art. Interdisziplinarität*, in: LThK V (³1996) 557f.

T. MEURER, *Einführung* in die Methoden alttestamentlicher Exegese (Münsteraner Einführungen – Theologische Arbeitsbücher – Bd. 3), Münster 1999.

H. MÖCKEL-RIEKE, Der virtuelle *Text*, in: M. Klepper/R. Mayer/E.-P. Schneck (Hrsg.), Hyperkultur. Zur Fiktion des Computerzeitalters, Berlin 1996, 68–80.

S. D. MOORE, True *Confessions* and Weird Obsessions: Autobiographical Interventions in Literary and Biblical Studies, in: Semeia 72 (1995) 19–50.

–, Between Birmingham and Jerusalem: *Cultural Studies* and Biblical Studies, in: Semeia 82 (1998) 1–32.

K. MÜLLER, *Art. Exegese/Bibelwissenschaft*, in: P. Eicher (Hrsg.), Neues Handbuch Theologischer Grundbegriffe. Bd. 1, München 2005, 337–354.

P. MÜLLER, „Verstehst du auch, was du liest?" *Lesen* und Verstehen im Neuen Testament, Darmstadt 1994.

A. NACEUR, *Interesse* und Textverstehen. Eine Untersuchung zum Einfluss des thematischen Interesses und kognitiver Faktoren auf die Repräsentation und das langfristige Behalten von Textinformationen (Inaugural-Dissertation), Bielefeld 2001.

G. NADERER/M. WENDPAP, *Online-Gruppendiskussionen*. Möglichkeiten und Grenzen, http://www.ifm-mannheim.de/veroeffentlichung/gruppendiskussion_online.html [17.05.2006].

T. NELSON, A *File Structure* for The Complex, The Changing and the Indeterminate, in: Proceedings of the 1965 20th National ACM-Conference, Cleveland (OH) 1965, 84–100.

–, *Computer Lib.* „You can and must understand computers NOW", Redmond (WA) ²1987.

–, *Dream Machines*. New Freedoms Through Computer Screens – a Minority Report (veröffentlicht zusammen mit *Computer Lib.*), Redmond (WA) ²1987.

–, *Literary Machines* 93.1, Sausalito (CA) 1992.

I. NENTWIG-GESEMANN, Die *Typenbildung* der dokumentarischen Methode, in: R. Bohnsack/ I. Nentwig-Gesemann/A.-M. Nohl (Hrsg.), Die dokumentarische Methode und ihre Forschungspraxis. Grundlagen qualitativer Sozialforschung, Opladen 2001, 275–300.

H.-W. NEUDORFER/E. J. SCHNABEL (Hrsg.), Das Studium des Neuen Testaments. Band 1: Eine *Einführung* in die Methoden der Exegese (Bibelwissenschaftliche Monographien 5), Wuppertal 1999.

–, Die *Interpretation* des Neuen Testaments in Geschichte und Gegenwart, in: H.-W. Neudorfer/E. J. Schnabel (Hrsg.), Das Studium des Neuen Testaments. Band 1: Eine Einführung in die Methoden der Exegese (Bibelwissenschaftliche Monographien 5), Wuppertal 1999, 13–38.

– (Hrsg.), Das Studium des Neuen Testaments. Band 2: Exegetische und hermeneutische *Grundfragen* (Bibelwissenschaftliche Monographien 8), Wuppertal 2000.

J. NIELSEN, *Multimedia*, Hypertext und Internet. Grundlagen und Praxis des elektronischen Publizierens, Braunschweig 1996.

M. NIESSEN, *Gruppendiskussion*. Interpretative Methodologie – Methodenbegründung – Anwendung, München 1977.

A.-M. NOHL, *Migration* und Differenzerfahrung. Junge Einheimische und Migranten im rekonstruktiven Milieuvergleich (Forschung Erziehungswissenschaft 112), Opladen 2001.

–, Komparative *Analyse*: Forschungspraxis und Methodologie dokumentarischer Interpretation, in: R. Bohnsack/I. Nentwig-Gesemann/A.-M. Nohl (Hrsg.), Die dokumentarische Methode und ihre Forschungspraxis. Grundlagen qualitativer Sozialforschung, Opladen 2001, 253–273.

–, *Art. Komparative Analyse*, in: R. Bohnsack/W. Marotzki/M. Meuser (Hrsg.), Hauptbegriffe Qualitativer Sozialforschung (UTB 8226), Opladen 2003, 100f.

F. NUSCHELER/K. GABRIEL/S. KELLER/M. TREBER, Christliche *Dritte-Welt-Gruppen*. Praxis und Selbstverständnis (Forum Weltkirche 5), Mainz 1995.

M. OEMING, *Biblische Hermeneutik*. Eine Einführung, Darmstadt 1998.

J.-G. OH, Das Strategische *Textverstehen*. Theoretische Grundlagen, Methode und Anwendung des strategischen Textverstehens (Inaugural-Dissertation), Münster 2000.

D. OSMER, Die *Gruppendiskussionsmethode*, ein neues Verfahren der empirischen Soziologie (Inaugural-Dissertation), Frankfurt a. M. 1953.

M. PASSARGE, *Hypertext*, http://www.docuverse.de/passaerge_hypertext.php [10.02.2006] und http://www.docuverse.de/passarge_hypertext2.php [10.02.2006].

R. PEUKERT, *Gesprächshermeneutik*. Gruppendiskussion als Methode zur Rekonstruktion der Lebenswelt von Lehrlingen; Band I (Veröffentlichungen des Instituts für Jugendforschung und Jugendkultur e. V. Bd. 1), Frankfurt a. M. 1984.

P. J. du PLESSIS, *Love and Perfection* in Matt. 5:43–48, in: Neotest. I („The Sermon On The Mount"/Essays on Matthew 5–7) (1967) 28–34.

M. POLANYI, *Implizites Wissen* (stw 543), Frankfurt a. M. 1985 [Originalausgabe: The Tacit Dimension, New York (NY) 1966].

F. POLLOCK, *Gruppenexperiment*. Ein Studienbericht (Frankfurter Beiträge zur Soziologie 2), Frankfurt a. M. 1955.

S. POROMBKA, Hypertext. Zur *Kritik* eines digitalen Mythos, München 2001.

W. PRATSCHER, Der *Weg* der neutestamentlichen Wissenschaft: Mehr Integration als Konfrontation, in: E.-M. Becker (Hrsg.), Neutestamentliche Wissenschaft. Autobiographische Essays aus der Evangelischen Theologie (UTB 2475), Tübingen 2003, 306–314.

K. RAHNER, *Exegese* und Dogmatik, in: K. Rahner, Schriften zur Theologie. Bd. V, Einsiedeln ²1964, 82–111.

K. RAHNER, Die praktische *Theologie* im Ganzen der theologischen Disziplinen, in: K. Rahner, Schriften zur Theologie. Bd. VIII, Einsiedeln 1967, 133–149.

A. REICHERT, Offene *Fragen* zur Auslegung neutestamentlicher Texte im Spiegel neuerer Methodenbücher, in: ThLZ 126 (2001) 993–1006.

M. REISER, *Love of Enemies* in the Context of Antiquity, in: NTS 47 (2001) 411–427.

R. J. REZABEK, *Online Focus Groups:* Electronic Discussions for Research, in: Forum Qualitative Sozialforschung/Forum Qualitative Social Research 1,1 (2000), http://www.qualitative-research.net/fqs-texte/1-00/1-00rezabek-e.htm [31.05.2006].

T. RICHTER, Epistemologische *Einschätzungen* beim Textverstehen (Aktuelle Psychologische Forschung 39), Lengerich 2003.

W. RICHTER, *Exegese* als Literaturwissenschaft. Entwurf einer alttestamentlichen Literaturtheorie und Methodologie, Göttingen 1971.

R. L. ROHRBAUGH, „*Social Location* of Thought" as a heuristic construct in New Testament Studies, in: JSNT 30 (1987) 103–119.

–, A Social Scientific *Response*, in: Semeia 72 (1995) 247–258.

H. ROOSE/G. BÜTTNER, Moderne und historische *Laienexegesen* von Lk 16,1–13 im Lichte der neutestamentlichen Diskussion, in: ZNT 13 (7. Jhg. 2004) 59–69.

D. SÄNGER, Der *Verlust* an Vermittlung. Vermutungen zu gegenwärtigen Tendenzen in der deutschen neutestamentlichen Wissenschaft, in: EvTh 47,3 (1987) 245–259.

–, Neutestamentliche Exegese in kanonischer und biblisch-theologischer *Perspektive*, in: E.-M. Becker (Hrsg.), Neutestamentliche Wissenschaft. Autobiographische Essays aus der Evangelischen Theologie (UTB 2475), Tübingen 2003, 196–205.

B. SCHÄFFER, *Art. Gruppendiskussion*, in: R. Bohnsack/W. Marotzki/M. Meuser (Hrsg.), Hauptbegriffe Qualitativer Sozialforschung (UTB 8226), Opladen 2003, 75–80.

M. SCHERNER, *Sprache* als Text. Ansätze zu einer sprachwissenschaftlich begründeten Theorie des Textverstehens. Forschungsgeschichte – Problemstellung – Beschreibung (Reihe germanistische Linguistik 48), Tübingen 1984.

J. SCHLAEGER, *Art. Interdisziplinarität*, in: A. Nünning (Hrsg.), Metzler Lexikon Literatur- und Kulturtheorie. Ansätze – Personen – Grundbegriffe, Stuttgart [3]2004, 294.

W. SCHMITHALS, *Wunder* und Glaube. Eine Auslegung von Markus 4,35–6,6a (BSt 59), Neukirchen-Vluyn 1970, 83.

R. SCHMITT, Von der *Schwierigkeit*, Verstehen zu verstehen. Rezensionsaufsatz zu: R. Hitzler/A. Honer (Hrsg.), Sozialwissenschaftliche Hermeneutik. Eine Einführung (UTB 1885), Opladen 1997, in: Forum Qualitative Sozialforschung/Forum Qualitative Social Research 1,3 (2000), http://www.qualitative-research.net/fqs-texte/3-00/3-00review-schmitt-d.hmt [24.07.2006].

U. SCHNELLE, *Einführung* in die neutestamentliche Exegese (UTB 1253), Göttingen [6]2005.

P. SCHNUPP, *Hypertext* (Handbuch der Informatik 10.1), München 1992.

D. SCHÖNECKER, *Textvergessenheit* in der Philosophiehistorie, in: D. Schönecker/T. Zwenger (Hrsg.), Kant verstehen. Understanding Kant. Über die Interpretation philosophischer Texte, Darmstadt 2001, 159–181.

L. SCHOTTROFF, *Gewaltverzicht* und Feindesliebe in der urchristlichen Jesustradition. Mt 5,38–48; Lk 6,27–36, in: G. Strecker (Hrsg.), Jesus Christus in Historie und Theologie (FS H. Conzelmann), Tübingen 1975, 197–221.

–, Sucht mich bei meinen Kindern. *Bibelauslegung*[1] im Alltag einer bedrohten Welt, München 1986.

J. SCHREINER (Hrsg.), *Einführung* in die Methoden der biblischen Exegese, Würzburg 1971.

J. SCHRÖTER, *Gegenwart* und Zukunft der neutestamentlichen Wissenschaft. Ein autobiographischer Essay, in: E.-M. Becker (Hrsg.), Neutestamentliche Wissenschaft. Autobiographische Essays aus der Evangelischen Theologie (UTB 2475), Tübingen 2003, 146–156.

---

[1] So die CIP-Kurztitelaufnahme und der Titel im Buch. Der Umschlag dagegen verwendet den Plural *Bibelauslegungen*.

G. SCHULZE, Die *Erlebnis-Gesellschaft*. Kultursoziologie der Gegenwart, Frankfurt a. M. ⁸2000 (Studienausgabe).

M. SCHWAB-TRAPP, Art. *Diskursanalyse*, in: R. Bohnsack/W. Marotzki/M. Meuser (Hrsg.), Hauptbegriffe Qualitativer Sozialforschung (UTB 8226), Opladen 2003, 35–39.

H. SCHWEIZER, Biblische Texte verstehen. *Arbeitsbuch* zur Hermeneutik und Methodik der Bibelinterpretation, Stuttgart 1986.

M. J. SELVIDGE, Mark 5:25–34 and Leviticus 15:19–20: A *Reaction* to restrictive Purity Regulations, in: JBL 103 (1984) 619–623.

Semeia 72 (1995) „Taking It Personally: Autobiographical Biblical Criticism".

Semeia 82 (1998) „In Search of the Present: The Bible through Cultural Studies".

B. SHNEIDERMAN, *Reflections* on Authoring, Editing, and managing Hypertext, in: E. Barrett (Hrsg.), The Society of Text. Hypertext, Hypermedia, and the Social Construction of Information (MIT Press Series in Information Systems), Cambridge (MA) ²1991, 115–131.

J. M. SLATIN, Hypertext and the *Teaching* of Writing, in: E. Barrett (Hrsg.), Text, ConText, and HyperText. Writing with and for the Computer (MIT Press Series in Information Systems), Cambridge (MA) ³1989, 111–129.

T. SÖDING, *Glaube* bei Markus. Glaube an das Evangelium, Gebetsglaube und Wunderglaube im Kontext der markinischen Basileiatheologie und Christologie (SBB 12), Stuttgart 1984.

–, *Wege* der Schriftauslegung. Methodenbuch zum Neuen Testament, Freiburg i. Br. 1998.

B. SOLOMON, Is „*Internet focus group*" an oxymoron?, in: Quirk's Marketing Research Review (Article QuickLink Number 0388) Dezember 1998, http://www.quirks.com/articles/article_print.asp?arg_articleid=388 [17.05.2006].

J. L. STALEY, The Father of Lies: *Autobiographical Acts* in Recent Biblical Criticism and Contemporary Literary Theory, in: S. E. Porter/T. H. Olbricht (Hrsg.), Rhetoric, Scripture and Theology. Essays from the 1994 Pretoria Conference (JSNT.S 131), Sheffield 1996, 124–160.

–, What is Critical about *Autobiographical (Biblical) Criticism*? in: I. R. Kitzberger (Hrsg.), Autobiographical Biblical Criticism. Between Text and Self, Leiden 2002, 12–33.

J. STANDINGER, Die *Bergpredigt*, Wien 1957.

M. G. STEINHAUSER, The *Violence* of Occupation: Matthew 5:40–41 and Q, in: TJT 8,1 (1992) 28–37.

G. STEINS, Die „*Bindung Isaaks*" im Kanon (Gen 22). Grundlagen und Programm einer kanonisch-intertextuellen Lektüre. Mit einer Spezialbibliographie zu Gen 22 (HBS 20), Freiburg i. Br. 1999.

–, Das *Lesewesen* Mensch und das Buch der Bücher. Zur aktuellen bibelwissenschaftlichen Grundlagendiskussion, in: StZ 221 (2003) 689–699.

O. H. STECK, Exegese des Alten Testaments. *Leitfaden* der Methodik, Neukirchen-Vluyn ¹⁴1999.

W. STENGER, Biblische *Methodenlehre* (LeTh 18), Düsseldorf 1987.

S. A. STRUBE, Den „garstig breiten Graben" überwinden. Plädoyer für ein erweitertes Selbstverständnis der Exegese – ein *Diskussionsanstoß*, in: Orientierung 68 (2004) 242–245.

–, Den „garstig breiten Graben" überwinden. Empirische *Erforschung* heutiger Alltagslektüren als Teil exegetischen Forschens. Plädoyer für ein erweitertes Selbstverständnis der Exegese, in: R. G. Czapla/U. Rembold (Hrsg.), Gotteswort und Menschenrede. Die Bibel im Dialog mit Wissenschaften, Künsten und Medien. Vorträge der interdisziplinären Ringvorlesung des Tübinger Graduiertenkollegs „Die Bibel – ihre Entstehung und ihre Wirkung" 2003-2004 (Jahrbuch für Internationale Germanistik. Reihe A: Kongressberichte, Bd. 73), Bern 2006, 327–340.

–, „Anders ist der Glanz des Mondes" – Meditative *Laien-Bibellektüre* als exegetischer Erkenntnisgewinn. Zwei Exegesen zu 1 Kor 15,35–44, in: G. Hotze/E. Spiegel (Hrsg.), Verantwortete Exegese. Hermeneutische Zugänge – Exegetische Studien – Systematische Reflexionen – Ökumenische Perspektiven – Praktische Konkretionen (FS F. G. Untergaßmair) (Vechtaer Beiträge zur Theologie 13), Münster 2006, 93–107.

G. THEISSEN, *Gewaltverzicht* und Feindesliebe (Mt 5,38–48/Lk 6,27–38) und deren sozialgeschichtlicher Hintergrund, in: G. Theißen, Studien zur Soziologie des Urchristentums (WUNT 19), Tübingen ³1983, 160–197.

G. THORNE, *On-line focus groups:* Mainstream in the Millenium, in: Quirk's Marketing Research Review (Article QuickLink Number 0549) Dezember 1999, http://www.quirks.com/articles/article_print.asp?arg_articleid=549 [17.05.2006].

P. TRUMMER, Die blutende *Frau.* Wunderheilung im Neuen Testament, Freiburg i. Br. 1991.

H. UTZSCHNEIDER, Text – Leser – Autor. *Bestandsaufnahme* und Prolegomena zu einer Theorie der Exegese, in: BZ 43 (1999) 224–238.

H. UTZSCHNEIDER/S. A. NITSCHE, *Arbeitsbuch* literaturwissenschaftliche Bibelauslegung. Eine Methodenlehre zur Exegese des Alten Testaments, Gütersloh 2001.

W. VÖGELE/H. BREMER/M. VESTER (Hrsg.), *Soziale Milieus und Kirche* (Religion in der Gesellschaft 11), Würzburg 2002.

S. VOLLENWEIDER, Wider die *Langeweile.* Das Neue Testament als Auftakt zur Liaison von Antike und Christentum, in: E.-M. Becker (Hrsg.), Neutestamentliche Wissenschaft. Autobiographische Essays aus der Evangelischen Theologie (UTB 2475), Tübingen 2003, 315–322.

U. VOLMERG, *Kritik* und Perspektiven des Gruppendiskussionsverfahrens in der Forschungspraxis, in: T. Leithäuser/B. Volmerg/G. Salje/U. Volmerg/B. Wutka, Entwurf zu einer Empirie des Alltagsbewußtseins (editio suhrkamp 878), Frankfurt a. M. 1977, 184–217.

H. VORGRIMLER, *Art. Methode,* in: H. Vorgrimler (Hrsg.), Neues Theologisches Wörterbuch, Freiburg i. Br. 2000, 417.

M.-T. WACKER, *Art. Bibelkritik.* I. Methoden der Bibelkritik im Alten Testament, in: RGG I (⁴1998) 1474–1480.

D. J. WEAVER, Transforming Nonresistence*:* From *Lex Talionis* to „Do Not Resist the Evil One", in: W. M. Swartley (Hrsg.), The Love of Enemy and Nonretaliation in the New Testament (Studies in Peace and Scripture), Louisville (KY) 1992, 32–71.

M. WEBER, *Wirtschaft* und Gesellschaft. Grundriss der verstehenden Soziologie (Studienausgabe), Tübingen ⁵2002 (Nachdruck).

H. WEDER, Die *„Rede* der Reden". Eine Auslegung der Bergpredigt heute, Zürich 1985.

–, Neutestamentliche *Hermeneutik* (ZGB), Zürich 1986.

K. WEIMAR, *Enzyklopädie* der Literaturwissenschaft (UTB 1034), Tübingen ²1993.

H. G. WELLS, *World Brain.* H. G. Wells on the Future of World Education (Adamantine Classics for the 21st century 2), London 1994 (Originalfassung von 1938).

–, Science and the *World-Mind,* London 1942.

P. WHALLEY, An Alternative *Rhetoric* for Hypertext, in: C. McKnight/A. Dillon/J. Richardson (Hrsg.), Hypertext. A Psychological Perspective, New York (NY) 1993, 7–17.

K. WILBER, *Ganzheitlich handeln.* Eine integrale Vision für Wirtschaft, Politik, Wissenschaft und Spiritualität, Freiamt ⁶2006.

W. WINK, Neither *Passivity* nor Violence. Jesus' Third Way (Matt 5:38–42//Luke 6:29–30), in: Forum 7,1–2 (1991) 5–28.

–, Neither Passivity nor *Violence:* Jesus' Third Way (Matt. 5:38–42 par.), in: W. M. Swartley (Hrsg.), The Love of Enemy and Nonretaliation in the New Testament (Studies in Peace and Scripture), Louisville (KY) 1992, 102–125.

–, *Counterresponse* to Richard Horsley, in: W. M. Swartley (Hrsg.), The Love of Enemy and Nonretaliation in the New Testament (Studies in Peace and Scripture), Louisville (KY) 1992, 133–136.

S. WINKO, Art. *Methode*, literaturwissenschaftliche, in: A. Nünning (Hrsg.), Metzler Lexikon Literatur- und Kulturtheorie. Ansätze – Personen – Grundbegriffe, Stuttgart ³2004, 454.

O. WISCHMEYER, Das *Selbstverständnis* der neutestamentlichen Wissenschaft in Deutschland. Bestandsaufnahme. Kritik. Perspektiven. Ein Bericht auf der Grundlage eines neutestamentlichen Oberseminars, in: ZNT 10 (5. Jhg. 2002) 13–36.

–, Die neutestamentliche *Wissenschaft* am Anfang des 21. Jahrhunderts. Überlegungen zu ihrem Selbstverständnis, ihren Beziehungsfeldern und ihren Aufgaben, in: Dies. (Hrsg.): Herkunft und Zukunft der neutestamentlichen Wissenschaft (NET 6), Tübingen 2003, 245–271.

–, Hermeneutik des Neuen Testaments. Ein *Lehrbuch* (NET 8), Tübingen 2004.

M. WOLTER, Der *Exeget* als Leser und Interpret der Bibel, in: E.-M. Becker (Hrsg.), Neutestamentliche Wissenschaft. Autobiographische Essays aus der Evangelischen Theologie (UTB 2475), Tübingen 2003, 90–102.

P. WRIGHT, To *Jump* or Not to Jump: Strategy Selection While Reading Electronic Texts, in: C. McKnight/A. Dillon/J. Richardson (Hrsg.), Hypertext. A Psychological Perspective, New York (NY) 1993, 137–152.

G. YOUNGGREN, Using an Object-Oriented Programming *Language* to Create Audience-Driven Hypermedia Environments, in: E. Barrett (Hrsg.), Text, ConText, and HyperText. Writing with and for the Computer (MIT Press Series in Information Systems), Cambridge (MA) ³1989, 77–92.

H.-G. ZIEBERTZ, Art. *Peer Groups*, in: LThK VIII (³1999) 2.

H. ZIMMERMANN, Neutestamentliche *Methodenlehre*. Darstellung der historisch-kritischen Methode, Stuttgart ⁷1982.

Internetseiten (von denen zitiert oder auf die verwiesen wird)

Http://de.selfhtml.org/intro/hypertext/begriffe.htm [09.02.2006].
Http://de.selfhtml.org/intro/hypertext/definitionen.htm [09.02.2006].
Http://de.selfhtml.org/intro/hypertext/geschichte.htm [09.02.2006].
Http://www.bibelheute.de/bh_unsere.htm [17.11.2006].
Http://www.bibelundkirche.de/ [17.11.2006].
Http://www.bibelwerk.de/uploads/media/Fernkursprospekt.pdf [02.12.2006].
Http://www.brill.nl/bi [17.11.2006].
Http://www.cvjm-online.de/typo3/ [22.04.2006].
Http://www.ics.uci.edu/~ejw/csr/nelson_pg.html [10.02.2006].
Http://www.ksj.de [20.01.2007].
Http://www.narr.de/dzo/kategorien/201//503_201.pdf [17.11.2006].
Http://www.solid-web.de/index.php [20.01.2007].
Http://www.theologisches-seminar-elstal.de/index.php?id=262 [08.09.2007].
Http://www.theology.de/cd.html [02.12.2006].
Http://www.tvz.ref.ch/zbk/zbk_default.htm [17.11.2006].
Http://www.uni-tuebingen.de/gkbibel/k_strube.html [22.09.2006].
Http://www.v-r.de/de/reihen/516/ [17.11.2006].
Http://www.v-r.de/de/titel/352551337/ [17.11.2006].
Http://www.znt-online.de/ [17.11.2006].
Http://www.znt-online.de/hintergrund.html [17.11.2006].
Http://xanadu.com [09.02.2006].
Http://xanadu.com/xuTheModel/index.html [10.02.2006].

ANHANG

Anhang 1: Leitfaden zum Diskussionsteil zur Bibel allgemein

Im Vorfeld der Diskussionen sind vom Forschungsteam insgesamt fünf Fragekomplexe als relevant und auf jeden Fall interessierend festgelegt und entsprechende mögliche Frageformulierungen festgehalten worden. Sollten diese Themen im Diskussionsteil zur Bibel allgemein überhaupt nicht zur Sprache gekommen sein, so erfolgten (exmanente) Nachfragen vonseiten der Forschenden, wobei nachfolgender Leitfaden als Orientierungshilfe diente:

Begegnung mit der Bibel

- Wo sind Sie der Bibel begegnet bzw. wo begegnen Sie der Bibel? In welchen Zusammenhängen ist Ihnen die Bibel begegnet?
- Durch wen sind Sie mit der Bibel in Kontakt gekommen?
- Welche Erfahrungen haben Sie bei der Begegnung mit der Bibel gemacht?
- Was verbinden Sie mit der Bibel? Welche Gefühle, Assoziationen, Gedanken, Vorstellungen ... kommen Ihnen?

Persönliche Benutzung

- In welchen Situationen/wann greifen Sie zur Bibel? Wann lesen Sie in der Bibel? In welchen Kontexten befassen Sie sich mit der Bibel?
- Haben Sie Lieblingstexte?
- Wenn Sie selbst in der Bibel lesen, suchen Sie sich bestimmte Stellen aus? Wenn ja, welche? Nach welchem Prinzip?
- Was erwarten Sie von der Bibellektüre? Welchen persönlichen Gewinn erhoffen Sie sich?
- Werden diese Hoffnungen/Erwartungen erfüllt?

Relevanz/aktuelle Bedeutung

- Welche Relevanz/Bedeutung würden Sie der Bibel heute zusprechen – gesellschaftlich, politisch, innerkirchlich, persönlich, im privaten Bereich? Welchen Stellenwert hat die Bibel in Ihren Augen?
- Lässt sich Ihrer Meinung nach mit der Bibel heute etwas anfangen? Ist die Bibel heute zu etwas gut?
- Wo sollte Ihrer Meinung nach auf jeden Fall ein Exemplar der Bibel zu finden sein? Warum?

Autorität

- Die Bibel – ein Buch wie jedes andere?! Halten Sie die Bibel für ein besonderes Buch? Warum (nicht)? Wenn ja: Worin sehen Sie die Besonderheit?
- Lesen Sie die Bibel wie jedes andere Buch? Wie würden Sie das Verhältnis der Bibel zu anderen Büchern, die Sie lesen, beschreiben?
- Welcher Art von Literatur würden Sie die Bibel am ehesten zuordnen?
- Hat die Bibel (Ihnen!) etwas zu sagen?
- Kommt der Bibel Ihrer Meinung nach Autorität zu? Welche? Woher bezieht sie diese? Wer oder was verleiht der Bibel in Ihren Augen Autorität?

Auslegungskompetenz/Grenzen der Deutung

- Wie gehen Sie mit schwierigen/anstößigen/komplizierten/schwer verständlichen Bibeltexten um?
- Wenn Sie Fragen zum Verständnis von Bibeltexten haben, an wen wenden Sie sich? Wen würden Sie fragen, wenn Sie etwas nicht verstehen?
- Gibt es Ihrer Meinung nach Grenzen der Deutung/Auslegung? Können Sie derartige Grenzen benennen? Fallen Ihnen Kriterien ein?
- Wie gehen Sie mit der Tatsache um, dass es unterschiedliche Deutungen/Auslegungen biblischer Texte gibt?
- Wer ist in Sachen Bibelauslegung in Ihren Augen kompetent? Warum? Was bedeutet es für Sie, kompetent in Bibelauslegung zu sein?

Anhang 2: (Statistischer) Kurzfragebogen

Um einige für das Forschungsprojekt relevante (statistische) Daten zu ermitteln, möchten wir Sie abschließend um Ihre Mithilfe bitten. Sie helfen uns sehr weiter, wenn Sie nachfolgende Fragen per Ankreuzen beantworten. Selbstverständlich werden diese Angaben anonym gehalten, vertraulich behandelt und nur im Rahmen des Forschungsprojektes ausgewertet.

❶ Geschlecht: ☐ männlich ☐ weiblich

❷ Alter: ☐ unter 20 ☐ 20 – 30 ☐ 30 – 40
☐ 40 – 50 ☐ 50 – 60 ☐ 60 – 70
☐ über 70

❸ Konfession: ☐ Römisch-katholisch
☐ Evangelisch-lutherisch/Protestantisch/Reformiert
☐ Ohne Bekenntnis

❹ (Aus-)Bildung: ☐ Volks-/Hauptschule (ohne Abschluss)
☐ Volks-/Hauptschule (Qualifizierter Abschluss)
☐ Mittlere Reife
☐ (abgeschlossene) Lehre
☐ Abitur/Fachabitur
☐ Hochschulstudium

❺ „Lesegewohnheiten":

	sehr häufig	häufig	regelmäßig	hin u. wieder	selten	nie
• (Tages-)Zeitung	☐	☐	☐	☐	☐	☐
• (Wochen-)Magazine	☐	☐	☐	☐	☐	☐
• Fachzeitschriften	☐	☐	☐	☐	☐	☐
• Krimis/Romane	☐	☐	☐	☐	☐	☐
• Unterhaltungsliteratur	☐	☐	☐	☐	☐	☐
• Sachbücher/-literatur	☐	☐	☐	☐	☐	☐
• Gedichte/Lyrik/Poesie	☐	☐	☐	☐	☐	☐
• _____	☐	☐	☐	☐	☐	☐

Anhang 3: Dokumentationsbogen

Codename	
Datum & Ort der Gruppendiskussion	
Zeit & Dauer der Gruppendiskussion	
Interviewer (Team)	
Anzahl der teilnehmenden Personen	
Geschlechtsverteilung: m / w Altersstruktur (→ Fragebogen)	
Bildungsstruktur (→ Fragebogen)	
Milieuzugehörigkeiten (vermutet bzw. über → Fragebogen ermittelt)	
Konfessionszugehörigkeit (→ Fragebogen)	

Geografie:
 	
    Land/Stadt
 	
    Ost/West	

Besonderheiten/Auffälligkeiten	

Summary

"*Alltagsexegesen:* The Construction of Meaning and the Comprehension of (Biblical) Texts in the Context of Every-Day Life"

The classical relationship between traditionally understood scientific exegesis and today's common reader of the Bible, might best be described as that of *professional academics visiting amateurs*! Therefore, contact between academic exegesis and that done in the context of every-day life, if such contact takes place at all, is often viewed as a one-way-street. The scientific exegetes impart their knowledge to interested readers of the Bible. An actual exchange between the academic scholar and the reader is rare – unfortunately. This one-way-street leads increasingly to a dead end for academic exegesis itself. Consequently, academic exegesis is faced with decreasing recognition as an academic subject. Neither other theological disciplines nor non-academic recipients show outstanding interest in its insights. The result seems to be an overall confusion and lack of comprehension. Academic exegesis faces a far-reaching crisis due to its basic deficit in communication: only seldom do the questions and problems dealt with correspond to those of every-day life. Rarely indeed do biblical scholars employ a language understood outside academic circles.

Academic research on *Alltagsexegesen* i. e. the interpretation of biblical texts in the context of every-day life might provide a way out of this dilemma and at the same time contain great potential for the future. By looking at the *ordinary reader* a new field of hermeneutical observations reveals itself. In order to make this approach a success, however, the *ordinary reader* must be accepted as an equal. The key question in research is not: "Do you understand what you are reading?" (cf. Acts 8:30) but, "*How* do you understand *while* you are reading?" The experience of listening to an *every-day exegete* while he is constructing or producing meaning can be fascinating for the academic exegete.

Inter-disciplinary cooperation between scientific exegesis and sociology, therefore, is necessary: the method of group-discussion (*Gruppendiskussionsverfahren*) has proved itself to be an excellent tool for collecting the necessary data for this. Twelve groups, selected according to different ages, educational levels, gender, geographical origins and confessional backgrounds, were asked to discuss two biblical texts (Matthew 5:38–48: i. e. "Go the second mile", and, "Love for one's enemies"; and Mark 5:24–34: i. e. "The woman with the flow of blood"). Their discussions were analyzed for the participants' implied comprehension of the texts. In order to analyze these group-discussions a new – completely innovative – method was developed consisting of four steps.

At the start (step A), the methods used by the groups interpreting the texts are investigated. Secondly, (step B), the focus falls on the perception of the text. Each group constructs a text of its own, forming their own specific virtual text. In terms of modern computer slang, the groups construct a *hypertext* by focusing on certain passages of the text and ignoring others, as well as by inserting further material (e. g. proverbs, song-texts and biblical references). In the mind of the group members a virtual text evolves. This is done by deconstructing the text basis into different units and then putting these units together anew, i. e. by *linking*. The group can also create links to further texts in the form of virtual *pop-ups* or *substituting windows*, to use an analogy to the Internet. For the researcher it is important to look at the groups' intentions underlying these linking activities (e. g. *contradictions, support, generalizations, additions*). In the third step, the specific self-*positioning* of the groups is analyzed. Each group concentrates on different figures in the text. Via identification and demarcation the groups try to find a place within the *hypertext* they constructed themselves. In the end, the results of the three previous steps of analysis are synthesized. This synthesis leads to an overall-strategy aimed at the construction of meaning for each group. Afterwards, the researcher examines the *Orientierungsrahmen* (frames of orientation), i. e. the main topics and *central point* stressed by each group, which are – on the basis of the same material – reconstructed using the sociological *Dokumentarischen Methode der Interpretation* (documentary method of interpretation) developed by R. Bohnsack. The inclusion of the *Orientierungsrahmen* into the analysis provides answers to the question of why the groups constructed their own specific meaning. Last but not least, by viewing these single-case studies it is possible to develop reading-strategies that help to understand the construction of meaning in general.

The method of analysis introduced by this study is a methodologically proven and theoretically based approach to the phenomenon of *Alltagsexegesen*. Instead of dealing with the hypothetical reconstruction of historical, idealised or implicit readers, today's concrete, actual reader of the Bible can be studied empirically. The spotlight is very much on the real *ordinary reader*. Thus the traditional one-way-street mentioned at the beginning is turned around. It becomes possible to observe hermeneutically relevant procedures, as it were *live*. Here, some basic insights can be won. First of all, the complex process of text comprehension (cf. the model of *hypertext*) is better understood. Secondly, basic reading strategies (*translating/transferring, criticizing and selecting*) can be identified. Thirdly, it can be shown that each interpretation is dependent on the interpreting subject (in this case the groups). This basic hermeneutical principle is empirically verified. Construction of meaning takes place before, during, after, and beyond reading. The specific *Orientierungsrahmen* has a great impact on this procedure.

In relation to scientific, academic exegesis this research-project is a committed appeal for an exit from the ivory tower of the academy, keeping in mind a broader self-image, one that explicitly includes the analysis of *Alltagsexegesen* as part of academic exegetical research. An honest interest in *Alltagsexegesen* guarantees that one will be richly rewarded – also by the non-academic recepients! Furthermore, this research demands that more bridges be built between the university and every-day life. We need more publications, which present the knowledge of academic exegesis to the *ordinary reader*, who ought to be able to understand the crucial points of such research at the level of every-day life. Biblical-pastoral work should aim to reach people where they are, in their own reading and understanding; it should take into account the specific reading-strategies used by different groups.

Scientific, academic exegesis and *Alltagsexegese* are similar: Therefore, the latter functions as a mirror for the work of the professionals. On the one hand, this comparison is interesting in terms of exegetical methods. *Alltagsexegesen* apply methodological procedures and even more, show what a method can and cannot do. As "a way to a certain goal" methods are intentionally chosen and used. They help to interpret texts but do not lead to "objective" results. On the other hand, *Alltagsexegesen* remind the professional exegete of the fact that there is always a specific reading subject that is responsible for a particular interpretation of a biblical text. This is true as well for "professional interpretation". These interpretations, too, have an individual coinage: the academic exegete is just as unable to escape the hermeneutical circle. Therefore, the interpreting subject should not be denied but on the contrary considered a hermeneutical constant in the process of interpretation. This can be achieved through several approaches developed particularly in the North American context (e. g. cultural exegesis, autobiographical biblical criticism and the use of autobiographical essays). In this field, further elaboration and development are needed. As ongoing contribution to the academic debate between scientific exegetes (e. g. in the context of conferences or by means of publications) this paper is a plea for a more mediative approach, which does not aim to *knock out* one's opponent, but rather, first and foremost, to understand the other's point of view. On this basis, constructive criticism becomes possible and a way is opened up towards a better understanding of the Bible.